Die gesammten Materialien

zu den

das Bürgerliche Gesetzbuch und seine Nebengesetze betreffenden bayerischen Gesetzen und Verordnungen

nebst den

einschlägigen Ministerialerlassen

herausgegeben

von

Heinrich Becher.

IV. und V. Abtheilung.

Ausführungsgesetz zum Bürgerlichen Gesetzbuche

vom 9. Juni 1899.

Band 2.

Abth. V.: Materialien zum Entwurf eines Gesetzes, die durch die Einführung des Bürgerlichen Gesetzbuchs veranlaßten Aenderungen der seit 1818 erlassenen Gesetze betreffend (bis zur Vereinigung mit dem Entwurf eines Ausführungsgesetzes zum Bürgerlichen Gesetzbuch [Abth. IV u. V Bd. 1]).

München, 1899.

J. Schweitzer Verlag.

(Arthur Sellier.)

Die gesammten Materialien

zu dem

Ausführungsgesetze

zum Bürgerlichen Gesetzbuche

vom 9. Juni 1899.

Band 2.

Abth. V. Materialien zum Entwurf eines Gesetzes, die durch die Einführung des Bürgerlichen Gesetzbuchs veranlaßten Aenderungen der seit 1818 erlassenen Gesetze betreffend (bis zur Vereinigung mit dem Entwurf eines Ausführungsgesetzes zum Bürgerlichen Gesetzbuch [Abth. IV u. V Bd. 1]).

Herausgegeben

von

Heinrich Becher.

München, 1899.

J. Schweitzer Verlag.

(Arthur Sellier.)

S. 1. Artikel 2.

Das Gesetz vom 15. August 1828, die allgemeine Grundsteuer betreffend, in der Fassung der Bekanntmachung vom 10. Juni 1881 wird dahin geändert:

I. Als § 71a werden folgende Vorschriften eingestellt:

Die Umschreibung eines Grundstücks auf einen neuen Besitzer setzt den Nachweis voraus, daß der neue Besitzer Eigenthümer des Grundstücks ist.

Die Umschreibung auf den neuen Besitzer erfolgt, wenn zu dem Erwerbe des Eigenthums die Eintragung in das Grundbuch erforderlich ist, auf Grund der Eintragung im Grundbuche. In den übrigen Fällen muß das Eigenthum des neuen Besitzers in der für die Eintragung in das Grundbuch vorgeschriebenen Weise nachgewiesen werden.

Zur Eintragung einer Aenderung in dem Bestand eines Grundstücks, abgesehen von der Vereinigung ganzer Grundstücke, insbesondere zur Eintragung einer Theilung, ist die Vorlage eines von der Messungsbehörde angefertigten Planes, in welchem die Aenderung ersichtlich gemacht ist, und eines Auszugs des Messungsverzeichnisses erforderlich.

II. Der § 72 erhält folgende Fassung:

Jede Aenderung, durch die nach § 71 eine Umschreibung veranlaßt wird, ist bei der Umschreibbehörde anzumelden.

Die Anmeldepflicht obliegt bei Aenderungen, zu denen die Eintragung in das Grundbuch erforderlich ist, den Grundbuchämtern, bei anderen Aenderungen den Behörden oder Notaren, von welchen eine die Aenderung betreffende Urkunde aufgenommen oder eine die Aenderung betreffende Entscheidung erlassen wird, im Falle einer neuen Messung der Messungsbehörde, in den übrigen Fällen den Parteien.

Die Art der Anmeldung wird durch Ministerialvorschrift bestimmt.

III. Der § 73 Abs. 1 erhält folgende Fassung:

Unterlassen die Parteien die ihnen nach § 72 Abs. 2 obliegende Anmeldung, so hat die Umschreibbehörde sie unter Festsetzung einer Frist von mindestens zwei Wochen und Androhung der im § 74 bestimmten Ordnungsstrafe zu der Anmeldung aufzufordern.

IV. Der § 81 erhält folgenden Abs. 3:

Ueberläßt der Eigenthümer das Grundstück einem Anderen ohne Uebertragung des Eigenthums zum Eigenbesitze, so bleibt er neben dem Besitzer für die Grundsteuer haftbar.

V. Der § 116 Abs. 2, 3 wird aufgehoben.

Artikel 3.

In dem Gesetze vom 15. August 1828, die allgemeine Haussteuer betreffend, in der Fassung der Bekanntmachung vom 10. Juni 1881 wird der § 37 Abs. 2, 3 aufgehoben.

Artikel 4.

Das Forststrafgesetz für die Pfalz vom 28. Dezember 1831 in der Fassung der Bekanntmachung vom 2. Oktober 1879 wird dahin geändert:

I. Der Artikel 13 Abs. 1 erhält folgende Fassung: S. 1.

Als civilverantwortlich sind außer dem Forstfrevler vorzuladen und als haftbar für Geldstrafe, Werth- und Schadenersatz, dann für die Kosten — vorbehaltlich des Rückgriffs, wo ein solcher statthat, — mitzuverurtheilen:

1) die Ehemänner wegen der Frevel ihrer bei ihnen wohnenden Ehefrauen;
2) die Väter und nach ihrem Tode die Mütter wegen der Frevel ihrer bei ihnen wohnenden und noch unverheiratheten Kinder (leibliche Kinder, Stief-, Adoptiv- und Pflegekinder);
3) die Vormünder und Pfleger sowie überhaupt diejenigen, welchen Minderjährige in Pflege gegeben sind, wegen der Frevel der bei ihnen wohnenden Pflegebefohlenen;
4) die Dienstherrschaften wegen der Frevel ihrer bei ihnen wohnenden Dienstboten; S. 2.
5) die Lehrmeister und Gewerbsleute wegen der Frevel ihrer Zöglinge, Gesellen und Gehilfen, solange diese Personen unter ihrer Aufsicht stehen;
6) die Geschäftsgeber wegen der Frevel ihrer Arbeiter und Geschäftsträger, wenn der Frevel in oder bei der Ausführung der aufgetragenen oder anvertrauten Verrichtungen geschah.

II. Im Artikel 16 wird

1) der Eingang des Abs. 1 dahin geändert:

Die öffentliche Klage wegen Forstfrevels verjährt:

2) der Abs. 3 aufgehoben.

III. Der Artikel 66 erhält folgende Fassung:

Die Vorladung des Angeklagten sowie der civilverantwortlichen Person muß enthalten:

1) Namen, Stand, Wohn- oder Aufenthaltsort des Vorzuladenden;
2) eine kurze Bezeichnung der Forstrügesache;
3) die beantragte Strafe und Entschädigung;
4) Tag und Stunde der Verhandlung;
5) den Hinweis darauf, daß gegen den Angeklagten und gegen die civilverantwortliche Person auch dann, wenn weder sie noch Bevollmächtigte erscheinen, zur Hauptverhandlung geschritten würde.

IV. Der Artikel 67 erhält folgende Fassung:

Die Zustellung der Vorladung hat wenigstens drei Tage vor der Sitzung zu geschehen.

In Fällen, in denen Gefahr auf Verzug ist, kann der Richter die Abkürzung der im Abs. 1 bestimmten Frist verfügen; von der Verfügung ist in der Vorladung Mittheilung zu machen.

V. Der Artikel 91 erhält folgende Abs. 2, 3:

Für die durch den Gerichtsdiener erfolgenden Zustellungen in dem Verfahren vor den Amtsgerichten kann das Staatsministerium der Justiz anordnen, daß das Schriftstück offen übergeben wird, und eine abgekürzte Beurkundung in tabellarischer Form vorschreiben.

S. 2. Das offen zu übergebende Schriftstück wird mit der Geschäftsnummer bezeichnet, unter der es in dem zur Beurkundung der Zustellung bestimmten Verzeichniß eingetragen ist. Der Tag der Zustellung ist auf dem Schriftstücke zu vermerken.

VI. Der Artikel 68 wird aufgehoben.

Artikel 5.

Das Gesetz vom 17. November 1837, die Zwangsabtretung von Grund-Eigenthum für öffentliche Zwecke betreffend, wird dahin geändert:

I. Im Artikel XV werden

1. im Satz 2 die Worte: „durch Anschlagung an dem Gerichtssitze und in sämmtlichen betheiligten Gemeinden" ersetzt durch die Worte:
„durch Veröffentlichung in dem ihr zu amtlichen Kundmachungen dienenden Blatte und durch Anheftung in den betheiligten Gemeinden"
2. in der Ziff. 2 des Satz 3 die Worte: „für die Angerufenen" ersetzt durch die Worte:
„für die Abtretungspflichtigen"
3. als Ziff. 3 folgende Vorschrift beigefügt:
3) für die übrigen Betheiligten, in der Voraussetzung des Erschienenseins der Anrufenden, Ausschließung mit den etwaigen Einwendungen gegen die angesprochene Abtretung.
4. folgende Vorschriften als Abs. 2, 3 eingestellt:
Die schriftliche Mittheilung an die Betheiligten und die Antragsteller oder deren Vertreter ist durch die Gemeindebehörde oder durch die Post gegen Nachweis zuzustellen. Die Zustellung unterbleibt, wenn der Wohnort der zu ladenden Person nicht bekannt ist. Die Rechtswirksamkeit der Ladung ist von der Zustellung der schriftlichen Mittheilung nur insoweit abhängig, als es sich um den Eintritt der im Artikel XII bestimmten Beschränkung des Eigenthümers in der thatsächlichen Verfügung handelt.
Die im Artikel XI bezeichneten Betheiligten, die nicht im Grundbuch eingetragen sind, werden nur berücksichtigt, wenn sie Erben eines eingetragenen Berechtigten sind oder wenn ihre Rechte angemeldet und auf Verlangen der Distriktspolizeibehörde glaubhaft gemacht sind.

II. Der Eingang des Artikel XVI hat zu lauten:
Die Distriktspolizeibehörde hat, sobald die Ladung erfolgt ist, bezüglich der in Anspruch genommenen Gegenstände . . . .

III. Der Artikel XXII Ziff. 1 bis 4 wird aufgehoben.

Artikel 6.

Der Artikel 5 Abs. 2 Ziff. 1 des Gesetzes vom 4. Juni 1848, die Wahl der Landtags-Abgeordneten betreffend, in der Fassung der Bekanntmachung vom 22. März 1881 erhält folgende Fassung:

1) Personen, welche entmündigt oder nach § 1906 des Bürgerlichen Gesetzbuchs unter vorläufige Vormundschaft gestellt sind.

Artikel 7.

S. 2.

Das Gesetz vom 4. Juni 1848 über die Aufhebung der standes- und gutsherrlichen Gerichtsbarkeit, dann die Aufhebung, Fixirung und Ablösung von Grundlasten wird dahin geändert:

I. Der Artikel 29 Abs. 2 Satz 1 erhält folgende Fassung:

Solche Bodenzinskapitalien haben denselben Rang wie die Grundrenten, an deren Stelle sie treten.

II. Der Artikel 30 Abs. 2 Satz 1 erhält folgende Fassung:

Solche Annuitäten haben den Rang der Gefälle, an deren Stelle sie getreten sind.

Artikel 8.

S. 3.

Die noch geltenden Vorschriften des Gesetzes vom 12. März 1850, die Verpflichtung zum Ersatze des bei Aufläufen diesseits des Rheins verursachten Schadens betreffend, werden auf die Pfalz erstreckt.

Die Schließung einer gütlichen Uebereinkunft mit dem Beschädigten nach Artikel 4 Abs. 1 und die Vertheilung der Umlage auf die Pflichtigen nach Artikel 10 Abs. 1 des Gesetzes vom 12. März 1850 erfolgt in der Pfalz durch den Gemeinderath.

Artikel 9.

Das Gesetz vom 30. März 1850, die Ausübung der Jagd betreffend, wird dahin geändert:

I. Als Artikel Ia werden folgende Vorschriften eingestellt:

Dem Jagdrecht unterliegen die wilden Säugethiere und Vögel, deren Fleisch, Pelzwerk oder Gefieder verwerthet zu werden pflegt oder die als Raubthiere diesem Wilde nachstellen. Die Thiergattungen, welche zu dem jagdbaren Wilde gehören, können durch Königliche Verordnung bestimmt werden.

Das ausschließliche Recht des Jagdberechtigten erstreckt sich auf die verendeten Thiere sowie auf die Eier des Federwildes.

II. Im Artikel 18 erhält die Ziff. 1 folgende Fassung:

1) den wegen Geisteskrankheit oder Geistesschwäche Entmündigten und den notorisch Geisteskranken.

III. Im Artikel 19 erhält die Ziff. 1 folgende Fassung:

1) den Minderjährigen, den wegen Verschwendung oder wegen Trunksucht Entmündigten und den nach § 1906 des Bürgerlichen Gesetzbuchs unter vorläufige Vormundschaft gestellten Personen.

Die in der Ziff. I enthaltenen Vorschriften gelten auch für die Pfalz.

Artikel 10.

Das Gesetz vom 15. Juni 1850, den Ersatz des Wildschadens betreffend, wird dahin geändert:

I. Der Artikel 1 erhält folgende Fassung:

Die Vorschriften des Bürgerlichen Gesetzbuchs über die Verpflichtung zum Ersatze des Wildschadens werden durch die folgenden Bestimmungen ergänzt.

S. 3. II. Der Artikel 2 erhält folgende Fassung:

Die Ersatzpflicht erstreckt sich auf den Schaden, welcher durch jagdbare Säugethiere anderer als der im Bürgerlichen Gesetzbuche bezeichneten Gattungen angerichtet wird.

III. Der Artikel 3 Abs. 1, 2 erhält folgende Fassung:

Ist das Jagdrecht auf den zu einem Jagdbezirke vereinigten Grundstücken nach den gesetzlichen Vorschriften über die Ausübung der Jagd von der Gemeinde verpachtet oder wird es von der Gemeinde in Selbstverwaltung ausgeübt, so haftet dem Beschädigten an Stelle der Grundeigenthümer die Gemeinde.

Sind mehrere Gemeindebezirke zu einem Jagdbezirke vereinigt, so haften die Gemeinden als Gesammtschuldner.

IV. Der Artikel 5 erhält folgende Fassung:

Der vom Wilde in Baumschulen, in Obstgärten oder an einzeln stehenden jungen Bäumen verursachte Schaden wird nicht vergütet, wenn die Herstellung von Schutzvorrichtungen unterblieben ist, die unter gewöhnlichen Umständen zur Abwendung des Schadens ausreichen.

V. Als Artikel 8a wird folgende Vorschrift aufgenommen:

Der Beschädigte hat den Anspruch auf Ersatz des Wildschadens bei Verlust des Anspruchs binnen drei Tagen, nachdem er von der Beschädigung Kenntniß erlangt hat, bei der Ortspolizeibehörde anzumelden, in deren Bezirke der Schaden entstanden ist. Zur Wahrung der Frist genügt die Absendung der Anmeldung.

VI. Die Artikel 4, 6 werden aufgehoben.

Die Artikel 1, 2, 5, 7 bis 8a des Gesetzes vom 15. Juni 1850 werden auf die Pfalz erstreckt.

Artikel 11.

In der Pfalz können die bestehenden Jagdpachtverträge von jedem Theile unter Einhaltung einer dreimonatigen Kündigungsfrist für den 31. Dezember 1899 gekündigt werden.

Artikel 12.

Im Artikel 14 des Gesetzes vom 4. Mai 1851, das Einschreiten der bewaffneten Macht zur Erhaltung der gesetzlichen Ordnung betreffend, werden die Worte: „in dem Pfalzkreise die Bestimmungen des einschlägigen Gesetzes vom 10. Vend. IV“ gestrichen.

Artikel 13.

Das Forstgesetz vom 28. März 1852 in der Fassung der Bekanntmachung vom 4. Juli 1896 wird dahin geändert:

I. Der Artikel 154 erhält folgende Fassung:

Die Vorladung des Angeklagten sowie der civilverantwortlichen Person muß enthalten:

1. Namen, Stand, Wohn- oder Aufenthaltsort des Vorzuladenden;
2. eine kurze Bezeichnung der Forstrügesache;
3. die beantragte Strafe und Entschädigung;

Tag und Stunde der Verhandlung;

5. den Hinweis darauf, daß gegen den Angeklagten und gegen die civilverantwortliche Person auch dann, wenn weder sie noch Bevollmächtigte erscheinen, zur Hauptverhandlung geschritten würde. S. 3.

II. Der Artikel 155 erhält folgende Fassung:

Die Zustellung der Vorladung hat wenigstens drei Tage vor der Sitzung zu geschehen.

In Fällen, in denen Gefahr auf Verzug ist, kann der Richter die Abkürzung der im Abs. 1 bestimmten Frist verfügen; von der Verfügung ist in der Vorladung Mittheilung zu machen.

III. Der Artikel 188 erhält folgende Abs. 2, 3: S. 4.

Für die durch den Gerichtsdiener erfolgenden Zustellungen in dem Verfahren vor den Amtsgerichten kann das Staatsministerium der Justiz anordnen, daß das Schriftstück offen übergeben wird, und eine abgekürzte Beurkundung in tabellarischer Form vorschreiben.

Das offen zu übergebende Schriftstück wird mit der Geschäftsnummer bezeichnet, unter der es in dem zur Beurkundung der Zustellung bestimmten Verzeichniß eingetragen ist. Der Tag der Zustellung ist auf dem Schriftstücke zu vermerken.

IV. Der Artikel 156 wird aufgehoben.

Artikel 14.

Das Gesetz vom 28. Mai 1852 über die Benützung des Wassers wird dahin geändert:

I. Der Artikel 21 erhält folgende Fassung:

Für Beschädigungen, die nicht eine nothwendige Folge der Benützung des Leinpfads sind, sondern durch Mißbrauch oder Nachlässigkeit der bei der Schiff- oder Floßfahrt beschäftigten Personen verursacht werden, sind die Urheber und ihre Dienstherrn nach den bestehenden Vorschriften verantwortlich.

II. Der Artikel 37 erhält folgende Fassung:

Durch Begründung einer Dienstbarkeit können von den Bestimmungen der Artikel 34 und 35 abweichende Verhältnisse festgesetzt werden.

III. Im Artikel 39 Abs. 1 werden die Worte: „als Zubehör der Grundstücke" ersetzt durch die Worte:

„als zu den Grundstücken gehörig".

IV. Der Artikel 47 Abs. 1 erhält folgende Fassung:

Wo nicht durch Lokalverordnungen, Herkommen oder besondere Rechtsverhältnisse etwas Anderes festgesetzt ist, liegt jedem Ufereigenthümer die Pflicht ob, sein Ufer von allen Hindernissen des Wasserablaufs frei zu erhalten.

V. Der Eingang des Artikel 54 hat zu lauten:

Sofern nicht Lokalverordnungen, Herkommen oder besondere Rechtsverhältnisse eine Ausnahme begründen, ...

VI. Der Eingang des Artikel 59 Abs. 1 hat zu lauten:

Die durch Lokalverordnungen, Herkommen oder besondere Rechtsverhältnisse festgesetzte Vertheilung des Wassers . . . .

S. 4. VII. Im Artikel 60 Abs. 1 und im Artikel 68 Abs. 1 werden die Worte: „Herkommen, besondere Rechtstitel oder Verjährung" ersetzt durch die Worte:

„Herkommen oder besondere Rechtsverhältnisse".

VIII. Der Artikel 103 wird aufgehoben.

Artikel 15.

In dem Gesetze vom 28. Mai 1852 über die Bewässerungs- und Entwässerungs-Unternehmungen zum Zwecke der Boden-Cultur erhält der Artikel 14 folgende Fassung:

Die Beitragsverbindlichkeit zu den Unterhaltungskosten ist öffentliche Last der betheiligten Grundstücke und erlischt nur mit dem vorschriftsmäßigen Ausscheiden des Grundstücks oder mit der Auflösung der Genossenschaft.

Artikel 16.

Der Artikel 29 des Gesetzes vom 28. Mai 1852 über den Uferschutz und den Schutz gegen Ueberschwemmungen wird aufgehoben.

Artikel 17.

Das Gesetz vom 28. Mai 1852 über die Ausübung und Ablösung des Weiderechtes auf fremdem Grund und Boden wird dahin geändert:

I. Im Artikel 17 werden die Worte: „mit den in § 12 Ziffer 3 und 4 des Hypothekengesetzes und § 12 Ziff. 7 der Prioritätsordnung vom 1. Juni 1822 festgesetzten Vorzügen" ersetzt durch die Worte:

„mit dem Range des Weiderechts".

II. Im Artikel 18 werden die Worte: „welches gleichfalls die im Artikel 17 erwähnten Vorrechte des Hypothekengesetzes und der Prioritätsordnung genießt" ersetzt durch die Worte:

„welches gleichfalls den im Artikel 17 bestimmten Rang hat".

III. Im Artikel 42 werden die Worte: „mit den im Artikel 17 bestimmten Vorrechten" ersetzt durch die Worte:

„mit dem im Artikel 17 bestimmten Range".

Artikel 18.

Der Artikel 8 Abs. 2 und der Artikel 9 Abs. 3 des Gesetzes vom 28. Mai 1852, die Sicherung, Fixirung und Ablösung der auf dem Zehentrechte lastenden kirchlichen Baupflicht betreffend, werden aufgehoben.

Artikel 19.

Das Gesetz vom 22. Februar 1855, die landwirthschaftlichen Erbgüter betreffend, wird dahin geändert:

I. Der Schluß des Artikel 4 Abs. 2 erhält folgende Fassung:

. . . . daß ihre Forderungen dergestalt, wie sie angezeigt sind, und für Forderungen, für die eine dingliche Haftung nicht besteht, Sicherungshypotheken auf das Erbgut eingetragen werden sollen.

II. Im Artikel 6 erhält

1. der Abs. 4 Satz 3 folgende Fassung:

Zur Gültigkeit solcher Rechtsgeschäfte ist die Bestätigung des zuständigen Gerichts (Art. 3) erforderlich.

2. An die Stelle der Abs. 6, 7 treten folgende Vorschriften: S. 4.

Zu einer Belastung des Erbguts, zu der der Eigenthümer nach den Vorschriften dieses Gesetzes verpflichtet ist, ist die Zustimmung des Anerben nicht erforderlich.

Wegen anderer als derjenigen Verbindlichkeiten, die auf dem Erbgute haften, oder den Eigenthümer nach den Vorschriften dieses Gesetzes treffen, findet die Zwangsvollstreckung in das Erbgut nur mittelst Zwangsverwaltung statt.

III. Im Artikel 8 werden die Worte: „vorbehaltlich der Bestimmungen des Hypothekengesetzes §§ 24 — 26" ersetzt durch die Worte: S. 5.

„vorbehaltlich der Vorschriften zu Gunsten derjenigen, welche Rechte von einem Nichtberechtigten herleiten,".

IV. Der Artikel 10 Abs. 5 erhält folgende Fassung:

Zur Gutsübergabe unter Lebenden ist die Bestätigung durch das nach Art. 3 zuständige Gericht erforderlich.

V. Im Artikel 27 erhält

1. der Eingang folgende Fassung:

Die Bestellung einer Sicherungshypothek an dem Erbgute können verlangen:

2. Die Ziff. 3 wird durch folgenden Abs. 3 ersetzt:

Die Personen, welche nach den Art. 20, 24 Alimente anzusprechen haben, können, falls ihnen ein zu dem Erbgute gehörendes Gebäude oder ein Theil eines solchen Gebäudes als Wohnung zum ausschließlichen Gebrauche zu gewähren ist, die Bestellung eines Wohnungsrechts, falls ihnen ein Theil des Erbguts zu sonstiger Benützung zu gewähren ist, die Bestellung einer entsprechenden persönlichen Dienstbarkeit und, soweit andere wiederkehrende Leistungen zu entrichten sind, die Bestellung einer entsprechenden Reallast an dem Erbgute verlangen.

VI. Die Artikel 2, 30, 33 werden aufgehoben.

Artikel 20.

Das Gesetz vom 23. Februar 1868, die Ablösbarkeit der auf Grund und Boden haftenden oder mit einer Gewerbsrealität verbundenen Ehehafts-Verhältnisse betreffend, wird dahin geändert:

I. Im Artikel 11 Abs. 1 Satz 1 werden die Worte: „mit fünf vom Hundert" ersetzt durch die Worte:

„mit vier vom Hundert".

II. Der Artikel 12 Abs. 1 erhält folgende Fassung:

Für die Ablösungssumme haftet das Grundstück in gleicher Weise wie für ein Bodenzinskapital; die Ablösungssumme hat den Rang der Reichnisse, an deren Stelle sie tritt. Für die im Falle des Verzugs zu entrichtenden Zinsen gelten die Vorschriften über die aus einer Reallast zu entrichtenden wiederkehrenden Leistungen.

III. An die Stelle der Artikel 13, 14 tritt folgende Vorschrift:

Ist die Ehehaftsgerechtigkeit mit Rechten Dritter belastet, so ist die Beiziehung und die Zustimmung der Berechtigten zu der Ablösung nicht erforderlich.

S. 5. An dem Anspruch auf die Ablösungssumme haben die Dritten, soweit ihre Rechte beeinträchtigt werden, dieselben Rechte, die ihnen im Falle des Erlöschens ihrer Rechte durch Zwangsversteigerung an dem Erlöse zustehen. Die Vorschriften des § 1128 des Bürgerlichen Gesetzbuchs finden entsprechende Anwendung; die im § 1128 vorgeschriebene Benachrichtigung der Berechtigten erfolgt nach dem Vollzuge der in Artikel 2 vorgeschriebenen Protokollirung oder nach dem Abschlusse der in Gemäßheit der Artikel 3 bis 8 gepflogenen Ablösungsverhandlungen durch die Distriktsverwaltungsbehörde.

Erhebt ein Berechtigter innerhalb der im § 1128 bestimmten Frist Widerspruch gegen die Zahlung der Ablösungssumme an den Bezugsberechtigten, so kann dieser und jeder der Berechtigten die Eröffnung eines Vertheilungsverfahrens nach den für die Vertheilung des Erlöses im Falle der Zwangsversteigerung geltenden Vorschriften beantragen. Die Zahlung hat in diesem Falle an das für das Vertheilungsverfahren zuständige Gericht zu erfolgen.

Artikel 21.

Das Gesetz vom 16. April 1868 über Heimat, Verehelichung und Aufenthalt wird dahin geändert:

I. Der Artikel 1 Abs. 3 erhält folgende Fassung:

Den ehelichen Kindern werden die Kinder gleichgeachtet, welche nach dem bürgerlichen Rechte die rechtliche Stellung von ehelichen Kindern haben.

II. Im Artikel 4 erhält

1. der Absatz 1 folgende Fassung:

Einer geschiedenen Frau bleibt die Heimat, welche der Mann zur Zeit der Scheidung hatte. Die Aufhebung der ehelichen Gemeinschaft nach § 1575 des Bürgerlichen Gesetzbuchs wird der Scheidung gleichgeachtet.

2. der Abs. 3 folgende Fassung:

Ist die Ehe nichtig, so behält die Frau die Heimat, die der Mann zur Zeit der Nichtigkeitserklärung oder der Auflösung der Ehe hat, wenn ihr die Nichtigkeit der Ehe bei der Eheschließung nicht bekannt war; die Vorschriften des § 1345 Abs. 2 und des § 1704 des Bürgerlichen Gesetzbuchs finden entsprechende Anwendung.

III. Im Artikel 6 in der Fassung des Gesetzes vom 17. Juni 1896 wird

1. dem Abs. 3 folgender Satz beigefügt:

Die Vorschriften des Art. 1 Abs. 3 und des Art. 4 Abs. 1 Satz 2 finden Anwendung.

2. die Abs. 5, 6 erhalten folgende Fassung:

Als selbständig sind nicht zu erachten:

1) entmündigte Personen;

2) Dienstboten und Gewerbsgehilfen, die in die häusliche Gemeinschaft des Dienstherrn aufgenommen sind, sowie Kinder, die dem elterlichen Hausstande angehören und von dem Familienhaupt unterhalten werden.

Steuern der Ehefrau, sofern nicht die eheliche Gemeinschaft nach § 1575 des Bürgerlichen Gesetzbuchs aufgehoben ist, und der minderjährigen im elterlichen Unterhalte stehenden Kinder sind dem Familienhaupte zuzurechnen. S. 5.

IV. Der Artikel 12 erhält folgende Fassung: S. 6.

Für Verhandlungen über den Vollzug der Art. 6 bis 7a wird eine andere als die Gebühr, welche für die Urkunde über die Verleihung des Heimatrechts zu entrichten ist, nicht erhoben.

V. Im Artikel 13 Abs. 3, 5 treten an die Stelle der Worte: „die aus dieser Ehe hervorgegangenen Kinder“ die Worte:

„die Kinder dieser Ehe, sowie die durch die Ehe legitimirten Kinder“.

VI. Der Artikel 17 Abs. 1 erhält folgende Fassung:

Der auf Grund der Art. 15, 16 einem Manne angewiesenen vorläufigen Heimat folgt auch seine Ehefrau, es sei denn, daß die eheliche Gemeinschaft nach § 1575 des Bürgerlichen Gesetzbuchs aufgehoben ist.

VII. Im Artikel 18 Abs. 2 werden die Worte: „der angewiesenen Heimatgemeinde“ ersetzt durch die Worte:

„der vorläufigen Heimatgemeinde“.

VIII. Im Artikel 25 werden die Worte: „vorbehaltlich dessen, was das Gesetz über den obersten Verwaltungsgerichtshof bestimmen wird“ ersetzt durch die Worte:

„unbeschadet dessen, was das Gesetz vom 8. August 1878, betreffend die Errichtung eines Verwaltungsgerichtshofes und das Verfahren in Verwaltungsrechtssachen, bestimmt.“

IX. Im Artikel 31 werden die Worte: „und nach dem örtlichen Herkommen“ gestrichen.

X. Im Artikel 33 in der Fassung des Gesetzes vom 17. März 1892 erhält

1. der Abs. 1 folgende Fassung:

   Ein in den Landestheilen rechts des Rheins heimatberechtigter Mann darf eine Ehe erst eingehen, wenn durch ein von der zuständigen Behörde ausgestelltes Zeugniß festgestellt ist, daß der Eheschließung das im Art. 36 bestimmte Einspruchsrecht nicht entgegensteht.

2. Im Abs. 2 werden ersetzt im Satz 1 die Worte: „die aus der Ehe entsprossenen oder durch dieselbe legitimirten Kinder“ durch die Worte:

   „die Kinder dieser Ehe sowie die durch die Ehe legitimirten Kinder“

   und im Satz 3 die Worte: „mit ihren aus dieser Ehe entsprossenen oder durch dieselbe legitimirten Kinder“ durch die Worte:

   „mit den Kindern dieser Ehe sowie den durch die Ehe legitimirten Kindern“.

3. Als Abs. 5 wird folgende Vorschrift beigefügt:

   Das Zeugniß verliert seine Kraft, wenn die Ehe nicht binnen sechs Monaten nach der Ausstellung des Zeugnisses geschlossen wird.

XI. Im Artikel 36 werden ersetzt

1. im Abs. 1 Ziff. 3 in der Fassung der Königlichen Deklaration vom 21. April 1884 die Worte: „wegen Diebstahl“ durch die Worte:

   „wegen Raubes, Diebstahls“.

S. 6. 2. im Abs. 1 Ziff. 7 in der Fassung der Königlichen Deklaration vom 21. April 1884 die Worte: „gegen ihn Antrag auf Entmündigung gestellt" durch die Worte:
„das Entmündigungsverfahren gegen ihn eingeleitet"

3. im Abs. 3 die Worte: „eine angewiesene Heimat" durch die Worte:
„eine vorläufige Heimat"
und die Worte: „die angewiesene Heimatgemeinde" durch die Worte:
„die vorläufige Heimatgemeinde".

XII. Im Artikel 37 Abs. 3 werden die Worte: „eine angewiesene Heimat" ersetzt durch die Worte:
„eine vorläufige Heimat".

XIII. Im Artikel 40 werden

1. im Abs. 1 die Worte: „vorbehaltlich dessen, was in dem Gesetze über den obersten Verwaltungsgerichtshof bestimmt werden wird" ersetzt durch die Worte:
„unbeschadet dessen, was das Gesetz vom 8. August 1878, betreffend die Errichtung eines Verwaltungsgerichtshofes und das Verfahren in Verwaltungsrechtssachen, bestimmt".

2. Der Abs. 2 Ziff. 3 wird aufgehoben.

XIV. Im Artikel 41 in der Fassung des Gesetzes vom 23. Februar 1872 werden ersetzt

1. im Abs. 1 die Worte: „bis zu fünfzig Thalern" durch die Worte:
„bis zu einhundertfünfzig Mark"

2. im Abs. 3 die Worte: „wieder aufgelöst worden ist" durch die Worte:
„für nichtig erklärt oder aufgelöst worden ist".

XV. Im Artikel 43 Abs. 1 in der Fassung des Gesetzes vom 23. Februar 1872 treten an die Stelle der Worte: „nach Maßgabe des Artikels 45 Ziff. 5, 6 und 9" die Worte:
„nach Maßgabe des Artikel 45 Ziff. 5, 6".

XVI. Im Artikel 44 treten

1. im Abs. 2 an die Stelle der Worte: „bis zu 10 fl." die Worte:
„bis zu achtzehn Mark".

2. Im Abs. 3 wird das Wort: „taxfreie" ersetzt durch das Wort:
„gebührenfreie".

XVII. Im Artikel 45 in der Fassung des Gesetzes vom 23. Februar 1872 werden ersetzt

1. in der Ziffer 5 die Worte: „wegen Diebstahls" durch die Worte:
„wegen Raubes, Diebstahls"

2. in der Ziff. 6 die Worte: „nach Artikel 149 Abs. I des Polizeistrafgesetzbuches" durch die Worte:
„nach § 148 Abs. 1 Nr. 5 oder 7 oder § 149 Abs. 1 Nr. 1, 3 oder 5 der Gewerbeordnung"
und die Worte: „oder Artikel 10 des Gesetzes, den Vollzug der Einführung des Strafgesetzbuches für das Deutsche Reich in Bayern betreffend," durch die Worte:
„oder § 153 der Gewerbeordnung".

XVIII. Im Artikel 51 ist statt „Art. 50 Abs. III" zu setzen:
„Art. 50 Abs. 1."

XIX. Im Artikel 52 werden ersetzt S. 6.

1. im Abs. 1 die Worte: „vorbehaltlich dessen, was das Gesetz über die Errichtung eines obersten || Verwaltungsgerichtshofes bestimmen wird" durch die Worte: S. 7.

„unbeschadet dessen, was das Gesetz vom 8. August 1878, betreffend die Errichtung eines Verwaltungsgerichtshofes und das Verfahren in Verwaltungsgerichtssachen, bestimmt"

2. im Abs. 5 die Worte: „von der Tax- und Stempelpflicht befreit" durch das Wort:

„gebührenfrei".

XX. Die noch bestehenden Ueberschriften vor einzelnen Artikeln werden gestrichen.

XXI. Die Artikel 20, 26, 32, 34, 35, 38 werden aufgehoben.

Artikel 22.

Das Gesetz vom 16. Mai 1868 über den Malzaufschlag in der Fassung der Bekanntmachung vom 10. Dezember 1889 wird dahin geändert:

I. Der Artikel 52 Abs. 3 erhält folgende Fassung:

Ist eine solche Mühle im Besitz einer politischen Gemeinde, so haftet die Gemeindekasse; ist sie im Besitz einer Genossenschaft, so haften die Genossenschaft und die Genossen für Strafe und Kosten nach den für Genossenschaftsverbindlichkeiten geltenden Vorschriften; in beiden Fällen bleibt der Rückgriff gegen denjenigen, welcher die Uebertretung veranlaßt hat, vorbehalten.

II. Der Artikel 60 Abs. 2 Satz 2 und der Artikel 61 Abs. 2 Satz 2 werden aufgehoben.

Artikel 23.

Das Gesetz vom 16. Mai 1868, die Vermarkung der Grundstücke betreffend, wird dahin geändert:

I. Der Eingang des Artikel 2 Abs. 1 hat zu lauten:

Zur Abmarkung zwischen Nachbargrundstücken kann von jedem betheiligten Grundeigenthümer . . .

II. Der Artikel 5 erhält folgende Fassung:

Verständigen sich die betheiligten Grundeigenthümer, die bestehende Grenzlinie mittelst Austausches von Grund und Boden zu verändern, oder nehmen die Feldgeschworenen wahr, daß eine Verrückung der bisherigen Grenze beabsichtigt wird, so darf die Vermarkung erst erfolgen, wenn die Aenderungen im Bestande der Grundstücke und in den Eigenthumsverhältnissen in das Grundbuch eingetragen sind.

III. Der Eingang des Artikel 7 hat zu lauten:

Streitigkeiten über den Anspruch auf Errichtung oder Wiederherstellung fester Grenzzeichen und über die Art der Vermarkung, insbesondere . . . .

IV. Im Artikel 8 werden die Worte: „unter Darlegung des Bedürfnisses" ersetzt durch die Worte:

„unter Darlegung der Beschaffenheit der Grenze."

V. Die Artikel 1, 3, 4 werden aufgehoben.

S. 7.

Artikel 24.

Das Berggesetz vom 20. März 1869 wird dahin geändert:

I. Der Artikel 6 erhält folgenden Abs. 3:

Auf die jährlich zu leistende Entschädigung finden die Vorschriften des Art. 129a, auf den Ersatz des Minderwerths finden die Vorschriften des Art. 134 entsprechende Anwendung.

II. Als Artikel 36a werden folgende Vorschriften eingestellt:

Die Bergbehörde hat dem Grundbuchamt eine beglaubigte Abschrift der Verleihungsurkunde und eine beglaubigte Zeichnung des Planes (Art. 33) zur Eintragung des verliehenen Bergwerkseigenthums in das Grundbuch mitzutheilen.

In den Fällen des Art. 35 Abs. 2 hat die Bergbehörde dem Grundbuchamte von der Aufhebung oder Aenderung der Verleihung zur Berichtigung des Grundbuchs Kenntniß zu geben.

III. Der Artikel 40 erhält folgende Fassung:

Auf das Bergwerkseigenthum finden die sich auf Grundstücke beziehenden Vorschriften entsprechende Anwendung.

IV. Der Artikel 41 erhält folgende Fassung:

Für den Erwerb eines bestehenden Bergwerkseigenthums gelten dieselben Vorschriften wie für den Erwerb des Eigenthums an einem Grundstücke.

Auf die Ansprüche aus dem Bergwerkseigenthume finden die für die Ansprüche aus dem Eigenthume geltenden Vorschriften entsprechende Anwendung.

V. Der Artikel 50 erhält folgenden Abs. 2:

Auf die Entschädigungsforderung finden die Vorschriften des Art. 134 Abs. 1 entsprechende Anwendung.

VI. Der Artikel 55 erhält folgenden Zusatz:

Die Vereinbarung muß öffentlich beurkundet oder öffentlich beglaubigt sein.

VII. Als Artikel 62a wird folgende Vorschrift eingestellt:

Ist die Bestätigung der Vereinigung mehrerer Bergwerke, der Theilung des Feldes eines Bergwerkes in selbständige Felder oder des Austausches von Feldestheilen erfolgt, so hat die Bergbehörde das Grundbuchamt unter Mittheilung einer beglaubigten Abschrift der Bestätigungsurkunde und beglaubigter Planzeichnungen um die Eintragungen zu ersuchen, welche durch die eingetretenen Rechtsänderungen veranlaßt werden.

Soweit Hypotheken, Grundschulden oder Rentenschulden von der Rechtsänderung betroffen werden, finden auf die Eintragung die Vorschriften der §§ 42 bis 44 der Grundbuchordnung keine Anwendung. Das Grundbuchamt hat den Besitzer des Hypotheken-, Grundschuld- oder Rentenschuldbriefs zur Vorlegung anzuhalten, um nach den Vorschriften des § 62 Abs. 1 und des § 70 Abs. 1 der Grundbuchordnung zu verfahren.

S. 8. VIII. An die Stelle des Artikel 93 Abs. 5 treten folgende Vorschriften:

Ein abhanden gekommener oder vernichteter Kuxschein kann, wenn nicht das Gegentheil bestimmt ist, im Wege des Aufgebotsverfahrens für kraftlos erklärt werden.

Die Vorschriften der §§ 798, 800 des Bürgerlichen Gesetzbuchs finden auf Kuxscheine entsprechende Anwendung. S. 8.

IX. Der Artikel 101 Abs. 3 hat zu lauten:

Gewerken, die nicht im Deutschen Reiche wohnen, haben zur Empfangnahme der Einladungen einen im Deutschen Reiche wohnenden Bevollmächtigten zu bestellen.

X. An die Stelle des Artikel 112 Satz 2, 3 tritt folgende Vorschrift:

Bestellt die Gewerkschaft einen Grubenvorstand, so kann die Zustellung an jedes Mitglied des Grubenvorstandes erfolgen.

XI. Im Artikel 117 wird das Wort: „Vollmachtsvertrag" ersetzt durch das Wort:

„Auftrag"

XII. Als Artikel 129a wird folgende Vorschrift eingestellt:

Die im Art. 126 und im Art. 129 Abs. 1 bezeichneten Entschädigungsforderungen haften, wenn das benützte Grundstück oder das Grundstück, dessen jeweiligem Eigenthümer die Dienstbarkeit an dem benützten Grundstücke zusteht, mit Reallasten, Hypotheken, Grundschulden oder Rentenschulden belastet ist, für diese Rechte. Die Vorschriften des § 1123 Abs. 2 Satz 1 und der §§ 1124, 1125 des Bürgerlichen Gesetzbuchs finden mit der Maßgabe entsprechende Anwendung, daß Verfügungen über die Entschädigungsforderungen den Berechtigten gegenüber unwirksam sind, soweit die Fälligkeit erst später als drei Monate nach der Beschlagnahme eintritt.

XIII. Der Artikel 134 erhält folgende Fassung:

Die von dem Grundeigenthümer nach der Vorschrift des Art. 127 Abs. 1 erworbenen Ansprüche auf Ersatz des Minderwerths haften, wenn das beschädigte Grundstück oder das Grundstück, dessen jeweiligem Eigenthümer die Dienstbarkeit an dem beschädigten Grundstücke zusteht, mit Reallasten, Hypotheken, Grundschulden oder Rentenschulden belastet ist, für diese Rechte nach Maßgabe der Vorschriften des § 1127 Abs. 2 und des § 1128 des Bürgerlichen Gesetzbuchs. Erhebt ein Berechtigter innerhalb der im § 1128 bestimmten Frist Widerspruch gegen die Zahlung der Entschädigung an den Eigenthümer, so kann der Eigenthümer und jeder Berechtigte die Eröffnung eines Vertheilungsverfahrens nach den für die Vertheilung des Erlöses im Falle der Zwangsversteigerung geltenden Vorschriften beantragen. Die Zahlung hat in diesem Falle an das für das Vertheilungsverfahren zuständige Gericht zu erfolgen.

Das Recht, die im Art. 127 Abs. 2 bezeichnete Sicherheitsleistung zu verlangen, steht auch den im Abs. 1 bezeichneten Berechtigten zu. Macht einer der Berechtigten von dieser Befugniß Gebrauch, so ist die Sicherheit in der Weise zu leisten, daß sie auch dem Berechtigten haftet.

XIV. Im Artikel 135 wird der Satz 2 durch folgenden Abs. 2 ersetzt:

Auf die in den Fällen des Art. 127 Abs. 3, des Art. 128, des Art. 129 Abs. 2 und des Art. 132 zu leistenden Entschädigungen finden, wenn das betroffene Grundstück oder das Grundstück, dessen jeweiligem Eigenthümer das betroffene Recht zusteht, mit Hypotheken, Grundschulden oder Rentenschulden oder mit anderen Rechten belastet

S. 8. ist, für welche eine besondere Entschädigung nicht gewährt wird, die für die Entschädigung im Falle der Zwangsenteignung geltenden Vorschriften Anwendung.

XV. Der Artikel 151 erhält folgenden Abs. 2:

Auf die Entschädigungsforderung finden im Falle der Beschädigung eines Grundstücks die Vorschriften des Art. 134 Abs. 1 entsprechende Anwendung; im Falle der Beschädigung von Zubehörstücken haftet die Entschädigungsforderung den im Art. 134 Abs. 1 bezeichneten Berechtigten nach Maßgabe der Vorschriften des § 1123 Abs. 2 Satz 1, des § 1124 Abs. 1, 3 und des § 1127 Abs. 2 des Bürgerlichen Gesetzbuchs.

XVI. Der Artikel 154 erhält folgende Fassung:

Ansprüche auf Ersatz eines durch den Bergbau verursachten Schadens (Art. 151, 152), welche sich nicht auf Vertrag gründen, verjähren nach den für Ersatzansprüche aus unerlaubten Handlungen geltenden Vorschriften.

XVII. Der Artikel 162 erhält folgenden Abs. 3:

Die Vorschriften des Art. 62a finden entsprechende Anwendung.

XVIII. Der Eingang des Artikel 227 erhält folgende Fassung:

Die Art. 85 bis 88, 91, 93, 95, 96, 98 und 99 finden .....

XIX. Der Artikel 228 Abs. 2 erhält folgende Fassung:

Die Kuxe behalten die Eigenschaft von Rechten, die den Grundstücken gleichstehen. Die Vorschrift des Art. 41 Abs. 1 findet entsprechende Anwendung.

XX. Im Artikel 229 Satz 2 werden die Worte: „Veräußerung von Kuxen und“ gestrichen.

XXI. Der Artikel 232 erhält folgende Fassung:

In den Fällen der Art. 119, 121 müssen die Erklärungen des Gewerken und der Gläubiger öffentlich beurkundet oder öffentlich beglaubigt sein.

In dem Falle der Art. 119, 120 erfolgt der Verkauf des Antheils im Wege der Zwangsversteigerung unbeweglicher Sachen.

Ein unverkäuflicher Antheil wird in den Fällen der Art. 120, 121 der Gewerkschaft im Grundbuche zugeschrieben.

XXII. Der Artikel 48 Abs. 3, der Artikel 94 Abs. 2 und der Artikel 115 Abs. 2 werden aufgehoben.

S. 9.

Artikel 25.

Das Gesetz vom 29. April 1869, die Gemeindeordnung für die Landestheile diesseits des Rheins betreffend, wird dahin geändert:

I. Im Artikel 11 erhalten die Abs. 2, 3 folgende Fassung:

Als selbständig sind nicht zu erachten:

1) Personen, welche entmündigt sind;

2) Dienstboten und Gewerbsgehilfen, die in die häusliche Gemeinschaft des Dienstherrn aufgenommen sind, sowie Kinder, die dem elterlichen Hausstand angehören und von dem Familienhaupt unterhalten werden.

Steuern der Ehefrau, sofern nicht die eheliche Gemeinschaft nach § 1575 des Bürgerlichen Gesetzbuchs aufgehoben ist, und der minderjährigen im elterlichen Unterhalte stehenden Kinder sind dem Familienhaupte zuzurechnen. S. 9.

II. Der Artikel 13 Abs. 2 lit. f. erhält folgende Fassung:

f) wenn das Entmündigungsverfahren gegen ihn eingeleitet ist;

III. Im Artikel 15 Abs. 5 werden die Worte: „minderjährige und andere unselbständige Personen" und im Artikel 47 Abs. 4 Satz 2 werden die Worte: „minderjährige und unter Kuratel stehende Personen" ersetzt durch die Worte:

„Minderjährige und Personen, die entmündigt oder nach § 1906 des Bürgerlichen Gesetzbuchs unter vorläufige Vormundschaft gestellt sind."

IV. Der Artikel 67 erhält folgende Fassung:

Ist die Erfüllung des Stiftungszwecks unmöglich geworden oder gefährdet sie das Gemeinwohl, so finden auch bei Stiftungen des öffentlichen Rechtes die Vorschriften des § 87 des Bürgerlichen Gesetzbuchs Anwendung.

Zu der zu treffenden Verfügung ist in Gemeinden mit städtischer Verfassung die Zustimmung der Gemeindebevollmächtigten, in den übrigen Gemeinden die Zustimmung der Gemeinde- beziehungsweise Ortsversammlung erforderlich. Der Beschluß bedarf der Genehmigung der vorgesetzten Verwaltungsbehörde.

V. Der Artikel 112 Abs. 1 Ziff. 12 erhält folgende Fassung:

12) bei Abschließung von Vergleichen, wenn dadurch eine Aenderung an der Substanz des Gemeinde- oder Stiftungsvermögens herbeigeführt wird.

Artikel 26.

Das Gesetz vom 29. April 1869, die Gemeindeordnung für die Pfalz betreffend, wird dahin geändert:

I. Im Artikel 10 erhalten die Abs. 2, 3 folgende Fassung:

Als selbständig sind nicht zu erachten:

1) Personen, welche entmündigt sind;
2) Dienstboten und Gewerbsgehilfen, die in die häusliche Gemeinschaft des Dienstherrn aufgenommen sind, sowie Kinder, die dem elterlichen Hausstand angehören und von dem Familienhaupt unterhalten werden.

Steuern der Ehefrau, sofern nicht die eheliche Gemeinschaft nach § 1575 des Bürgerlichen Gesetzbuchs aufgehoben ist, und der minderjährigen im elterlichen Unterhalte stehenden Kinder sind dem Familienhaupte zuzurechnen.

II. Der Artikel 11 Abs. 2 lit. f. erhält folgende Fassung:

f) wenn das Entmündigungsverfahren gegen ihn eingeleitet ist;

III. Im Artikel 37 Abs. 3 Satz 2 werden die Worte: „minderjährige und unter Kuratel stehende Personen" ersetzt durch die Worte:

„Minderjährige und Personen, die entmündigt oder nach §1906 des Bürgerlichen Gesetzbuchs unter vorläufige Vormundschaft gestellt sind."

IV. Der Artikel 51 erhält folgende Fassung:

Ist die Erfüllung des Stiftungszwecks unmöglich geworden oder gefährdet sie das Gemeinwohl, so finden auch bei Stiftungen des

S. 9. öffentlichen Rechtes die Vorschriften des § 87 des Bürgerlichen Gesetzbuchs Anwendung.

Zu der zu treffenden Verfügung bedarf der Gemeinderath der Genehmigung der vorgesetzten Verwaltungsbehörde.

Artikel 27.

Das Gesetz vom 29. April 1869, die öffentliche Armen- und Kranken-Pflege betreffend, wird dahin geändert:

I. Der Artikel 5 Abs. 2 erhält folgende Fassung:

Desgleichen haben diejenigen, welche einem Hilfsbedürftigen gegenüber nach den Vorschriften des Bürgerlichen Gesetzbuches unterhaltspflichtig waren, Ersatz der in Folge der Nichterfüllung ihrer Verpflichtung für dessen Unterhalt gemachten Aufwendungen zu leisten.

II. Der Artikel 5a Abs. 1 in der Fassung des Gesetzes vom 3. Februar 1888 hat zu lauten:

Auf Antrag der Armenpflege können der Ehegatte und der frühere Ehegatte, die Eltern und Großeltern, die Kinder und Enkel eines Hilfsbedürftigen durch Beschluß der Distriktsverwaltungsbehörde angehalten werden, dem Hilfsbedürftigen nach Maßgabe ihrer gesetzlichen Unterhaltspflicht die erforderliche Unterstützung zu gewähren und Ersatz der in Folge der Nichterfüllung ihrer Verpflichtung für den Unterhalt gemachten Aufwendungen zu leisten. Das Gleiche gilt in Ansehung eines unehelichen Kindes von dem Vater, sofern er seine Vaterschaft nach § 1718 des Bürgerlichen Gesetzbuchs anerkannt hat oder seine Unterhaltspflicht in einem vollstreckbaren Titel festgestellt ist.

III. Im Artikel 7 in der Fassung des Gesetzes vom 3. Februar 1888 werden

1. die Worte: „wenn nicht arme Notherben vorhanden sind oder der Unterstützte von einer Wohlthätigkeitsanstalt beerbt wird" ersetzt durch die Worte:

„wenn nicht arme Pflichttheilsberechtigte vorhanden sind."

S. 10. 2. Als Satz 2 wird folgende Vorschrift beigefügt:

Trifft ihr Anspruch mit dem Ersatzanspruch einer öffentlichen Wohlthätigkeitsanstalt zusammen, von der der Verstorbene innerhalb der letzten zehn Jahre vor dem Tode unterstützt oder unentgeltlich verpflegt worden ist, so kann er nicht zum Nachtheile dieses Anspruchs geltend gemacht werden.

IV. Im Artikel 8 werden

1. im Abs. 1 die Worte: „tax- und stempelfrei zu behandeln" ersetzt durch das Wort:

„gebührenfrei".

2. Der Abs. 2 erhält folgende Fassung:

In bürgerlichen Rechtsstreitigkeiten steht den Armenpflegen in dem Verfahren vor den bayerischen Gerichten Gebührenfreiheit zu.

V. Im Artikel 11 Abs. 1 werden hinter den Worten: „im Dienste oder in einer ständigen Arbeit stehen" die Worte eingeschaltet:

„und nicht kraft Gesetzes oder statutarischer Bestimmung der Krankenversicherungspflicht unterliegen."

VI. Der Artikel 23 Abs. 3 Ziff. 1 erhält folgende Fassung: S. 10.

1) Personen, die entmündigt oder nach § 1906 des Bürgerlichen Gesetzbuchs unter vorläufige Vormundschaft gestellt sind;

VII. Der Artikel 36 Abs. 4 erhält folgende Fassung:

Der Armenpflegschaftsrath ist berechtigt, die Entmündigung wegen Verschwendung oder wegen Trunksucht zu beantragen, wenn Grund zu der Besorgniß besteht, daß der zu Entmündigende der Armenkasse zur Last fallen werde.

VIII. Im Artikel 43 Abs. 1 werden die Worte: „vorbehaltlich dessen, was das Gesetz über den obersten Verwaltungsgerichtshof bestimmen wird" ersetzt durch die Worte:

„unbeschadet dessen, was das Gesetz vom 8. August 1878, betreffend die Errichtung eines Verwaltungsgerichtshofes und das Verfahren in Verwaltungsrechtssachen, bestimmt".

IX. Im Eingange des Artikel 44 tritt an die Stelle des Wortes „Arrest" das Wort:

„Haft."

Artikel 28.

Das Gesetz vom 29. April 1869, die privatrechtliche Stellung der Erwerbs- und Wirthschaftsgesellschaften betreffend, wird für die noch bestehenden registrirten Gesellschaften dahin geändert:

I. An die Stelle des Artikel 38 Abs. 3 tritt folgende Vorschrift:

In jedem Falle kann die Gesellschaft einen Gesellschafter aus den im Gesellschaftsvertrage festgesetzten Gründen sowie wegen Verlustes der bürgerlichen Ehrenrechte ausschließen.

II. An die Stelle des Artikel 74 Abs. 1 tritt folgende Vorschrift

Das Register für die registrirten Gesellschaften wird von den Gerichten geführt, denen die Führung des Handelsregisters obliegt.

III. Der Artikel 43 Abs. 2 wird aufgehoben.

Artikel 29.

Das Polizeistrafgesetzbuch vom 26. Dezember 1871 wird dahin geändert:

I. Der Artikel 81 Abs. 2 erhält folgenden Zusatz:

Die Ermächtigung ist, wenn es sich um eine Maßregel handelt, zu der eine Anordnung des Vormundschaftsgerichts erforderlich ist, von der Erlassung dieser Anordnung abhängig zu machen.

II. Im Artikel 122 Abs. 2 wird statt „113" gesetzt „113 Ziff. 2, 3."

Artikel 30.

In dem Gesetze vom 28. April 1872, die Grundentlastung betreffend, erhält der Satz 2 des Artikel 17 Abs. 1 folgende Fassung:

Sie haben den gleichen Rang wie die Grundabgabe und die belasteten Grundstücke haften für sie in gleicher Weise wie für diese.

Artikel 31.

Das Gesetz vom 3. April 1875, die Brandversicherungsanstalt für Gebäude in den Landestheilen rechts des Rheins betreffend, wird dahin geändert:

S. 10. I. Der Artikel 3 Abs. 1 erhält folgende Fassung:

Ausnahmsweise müssen der Anstalt einverleibt werden:

1) die sämmtlichen Gebäude des Staates;
2) die Gebäude der Gemeinden, der Kirchen, der Schul- und sonstigen Stiftungen;
3) die Gebäude der Pfarreien, Benefizien, ständigen Curatien, Pfarrvikariate und Expposituren.

II. Im Artikel 8 wird die Verweisung „(Art. 3 Ziff. 5)" gestrichen.

III. In den Artikel 10 wird zwischen Abs. 1 und Abs. 2 folgender neue Absatz eingefügt:

Die Versicherung kann auch von dem Nießbraucher zu Gunsten des Eigenthümers und für ein Gebäude, das im Eigenthume Mehrerer steht, von einem der Miteigenthümer zu Gunsten der sämmtlichen Eigenthümer genommen werden.

IV. Der Artikel 14 erhält folgende Fassung:

Bei den im Artikel 3 Abs. 1 bezeichneten Gebäuden richtet sich der Mindestbetrag der Versicherung nach den jeweiligen besonderen Ministerialvorschriften, er darf jedoch nicht auf weniger als den halben Werth der verbrennbaren Theile bestimmt werden.

V. Der Artikel 15 Abs. 3 erhält folgende Fassung:

Die Minderung tritt mit dem nächstfolgenden Jahre in Wirksamkeit. Ist das Grundstück mit Hypotheken, Grundschulden oder Rentenschulden belastet, so ist der Nachweis erforderlich, daß die Gläubiger ihre Zustimmung in rechtsverbindlicher Weise erklärt haben.

S. 11. VI. Der Artikel 39 Abs. 3 erhält folgende Fassung:

Die Bewilligung zum Wiederaufbau des abgebrannten Gebäudes auf einem Grundstücke mit anderer Plannummer sowie die Bewilligung zu einer anderen Verwendung der Entschädigungsgelder setzt, wenn das Grundstück mit Reallasten, Hypotheken, Grundschulden, Rentenschulden oder mit einem Nießbrauche belastet ist, den Nachweis voraus, daß die Berechtigten ihre Zustimmung in rechtsverbindlicher Weise erklärt haben. Der Nachweis ist zu den Akten zu bringen. Bei Reallasten, Hypotheken, Grundschulden und Rentenschulden genügt der Nachweis, daß die Berechtigten innerhalb der im § 1128 Abs. 1 des Bürgerlichen Gesetzbuchs bestimmten Frist einen Widerspruch nicht erhoben haben; die Anzeige von dem Eintritt des Schadens kann durch die nach Abs. 2 zuständige Behörde erfolgen. Der Nachweis ist nicht erforderlich, wenn das zuständige Gericht festgestellt hat, daß die Bewilligung für die Berechtigten unschädlich ist.

VII. Der Artikel 43 Satz I, 2 erhält folgende Fassung:

Der Anspruch auf Entschädigungsgelder kann, soweit diese zu einem bestimmten Zwecke, insbesondere nach Art. 38, 39 zum Wiederaufbau des Gebäudes, zu verwenden sind, vorbehaltlich der Bestimmung des Art. 41 Abs. 2, nicht abgetreten werden. Der Anspruch auf die zum Wiederaufbau zu verwendenden Entschädigungsgelder kann jedoch mit der Baustelle unter der Bedingung des Wiederaufbaus veräußert werden.

VIII. Der Artikel 46 erhält folgende Fassung: S. 11.

Ist das beschädigte Gebäude eines der vorsätzlichen oder fahrlässigen Brandstiftung beschuldigten Versicherten mit Hypotheken, Grundschulden, Rentenschulden oder mit einem Nießbrauche belastet oder ist von den Miteigenthümern des Gebäudes einer beschuldigt, so wird zwar zum Besten der Berechtigten oder der anderen Miteigenthümer die Entschädigungssumme gegen dereinstigen Ersatz aus dem Vermögen des Schuldigen von der Anstalt vorgeschossen, jedoch zu keinem anderen Zwecke als zu dem der Wiederherstellnng der beschädigten Gegenstände.

Die Versicherungskammer ist berechtigt, für die festgesetzte Entschädigungssumme eine Sicherungshypothek an den Grundstücken des Beschuldigten eintragen zu lassen.

Die Eintragung der Hypothek an mehreren Grundstücken des Beschuldigten darf nur soweit verlangt werden, daß der Werth der Grundstücke das Doppelte des zu sichernden Betrags erreicht; der Werth wird unter Abzug der Belastungen berechnet, welche der Hypothek im Range vorgehen.

IX. Der Artikel 71 erhält folgende Fassung:

Steht das versicherte Gebäude im Miteigenthume Mehrerer, so haften die Miteigenthümer, welche die Versicherung genommen haben, für die Beiträge als Gesammtschuldner.

Das Grundstück haftet im Ganzen, auch wenn nur einer der Miteigenthümer die Versicherung genommen hat. Das Gleiche gilt, wenn der Nießbraucher die Versicherung zu Gunsten des Eigenthümers genommen hat.

X. Der Artikel 75 erhält folgende Fassung:

Werden Brandversicherungsbeiträge von einem Stellvertreter (Art. 70, 73, 74) vorgeschossen, so geht der Anspruch auf diesen über.

XI. Im Artikel 77 Abs. 1 werden die Worte: „insbesondere auch die Einwilligung der sämmtlichen Hypothekgläubiger oder amtliche Bescheinigung der Hypothekfreiheit" gestrichen.

XII. Der Artikel 9 Abs. 2, der Artikel 32 Abs. 4 Satz 2, der Artikel 47 Abs. 2, der Artikel 72, der Artikel 78 Abs. 1 Ziff. 3 und der Artikel 88 Satz 2 werden aufgehoben.

Die Aufhebung des Artikel 3 Abs. 1 Ziff. 6 und des Artikel 32 Abs. 4 Satz 2 sowie die Aenderungen der Artikel 10, 15, 71 treten schon vor der Zeit, zu welcher das Grundbuch als angelegt anzusehen ist, in Kraft.

Artikel 32.

In den Artikel 10 des Gesetzes vom 8. August 1878, betreffend die Errichtung eines Verwaltungsgerichtshofes und das Verfahren in Verwaltungsrechtssachen, wird folgende Vorschrift als Ziff. 3a eingestellt:

3a) Umwandlung des Zweckes oder Aufhebung einer Stiftung nach den Vorschriften des § 87 des Bürgerlichen Gesetzbuchs, wenn von dem Vorstande der Stiftung oder von einem zum Genuß oder zum Mitgenusse der Stiftung Berechtigten bestritten wird, daß die Erfüllung des Stiftungszwecks unmöglich geworden sei oder das Gemeinwohl gefährde.

S. 11. **Artikel 33.**

Das Gesetz vom 23. Februar 1879 zur Ausführung der Reichs-Civilprozeßordnung und Konkursordnung wird dahin geändert:

I. Als Artikel 9a wird folgende Vorschrift eingestellt:

Ueber das Vermögen einer der im Artikel 9 Abs. 2 bezeichneten juristischen Personen des öffentlichen Rechtes findet ein Konkurs nicht statt.

II. Der Artikel 10 Abs. 1 erhält folgende Fassung:

Die Ansprüche aus der Haftung des Staates oder der Gemeinden für den bei Zusammenrottungen verursachten Schaden sowie die Ansprüche des Fiskus gegen die betheiligten Gemeinden auf Ersatz der Kosten, die aus dem Einschreiten der bewaffneten Macht zur Erhaltung der inneren Sicherheit oder der gesetzlichen Ordnung entstehen, erlöschen mit dem Ablauf eines Jahres, wenn nicht vorher die Klage erhoben wird. Die einjährige Frist beginnt für die Ansprüche der ersteren Art mit der Beschädigung, für die Ansprüche der letzteren Art mit dem Zeitpunkt, in welchem die Verwendung der bewaffneten Macht ihr Ende erreicht.

S. 12. III. Im Artikel 20 werden die Worte: „in den nicht zur ordentlichen streitigen Gerichtsbarkeit gehörenden Sachen" ersetzt durch die Worte: „in den Angelegenheiten, für welche die Landesgesetze maßgebend sind."

IV. Die Ueberschrift vor dem Artikel 45 hat zu lauten:

„Zwangsenteignung."

V. Im Artikel 46 Abs. 1 werden

1. im Satz 1 die Worte: „und unter den Betheiligten nur noch die Frage über die Art oder den Betrag der zu leistenden Entschädigung streitig" gestrichen.

2. An die Stelle des Satz 2 treten folgende Vorschriften:

Der Antrag hat die genaue Bezeichnung des abzutretenden Grundstücks sowie die Angabe des Abtretungspflichtigen und der sonstigen Betheiligten zu enthalten. Der Antrag soll, soweit thunlich für die in demselben Verwaltungsbezirke belegenen Grundstücke gleichzeitig gestellt werden.

VI. In den Artikel 47 Abs. 2 wird zwischen Satz 1 und Satz 2 folgende Vorschrift eingestellt:

Auf die Ladung finden die Vorschriften des Artikel XV Abs. 1 Satz 2, Abs. 2 des Gesetzes vom 17. November 1837 entsprechende Anwendung; schriftliche Mittheilung erfolgt nur an den Abtretungsberechtigten, die Abtretungspflichtigen und die sonstigen Betheiligten, die sich zur Theilnahme an dem Schätzungsverfahren bei der Distriktsverwaltungsbehörde gemeldet haben.

VII. Der Abs. 2 des Artikel 50 erhält folgende Fassung:

Für die Klage ist das Gericht ausschließlich zuständig, in dessen Bezirke das abzutretende Grundstück liegt.

VIII. Der Artikel 51 Satz 2 erhält folgende Fassung:

Ist der Abtretungsberechtigte der Staat, so kann an Stelle der Einweisung in den Besitz die sofortige Zwangsabtretung erwirkt werden; zu einer Sicherheitsleistung ist der Staat nicht verpflichtet.

IX. Der Artikel 53 erhält folgende Fassung: S. 12.

An der Entschädigungssumme stehen den Betheiligten, deren Rechte nach Artikel XI des Gesetzes vom 17. November 1837 auf die Entschädigungssumme übergegangen sind, dieselben Rechte zu, die sie im Falle des Erlöschens ihrer Rechte durch Zwangsversteigerung an dem Erlöse haben würden. Der bisherige Eigenthümer und jeder Berechtigte kann die Eröffnung eines Vertheilungsverfahrens nach den für die Vertheilung des Erlöses im Falle der Zwangsversteigeruug geltenden Vorschriften beantragen.

X. Der Artikel 55 erhält folgenden Zusatz:

Vor dieser kann auch die Auflassung erklärt werden.

XI. Als Artikel 55a wird unter der Ueberschrift: „Ablösung" folgende Vorschrift eingestellt:

Bei der Ablösung eines Rechtes, das dem jeweiligen Eigenthümer eines Grundstücks zusteht, finden, wenn das Grundstück des Berechtigten mit Rechten Dritter belastet ist, auf die Ablösungssumme, soweit nicht besondere Vorschriften bestehen, die im Falle der Zwangsenteignung für die Entschädigung geltenden Vorschriften eutsprechende Anwendung.

XII. Als Artikel 68a wird folgende Vorschrift eingestellt:

Bei Familienfideikommissen, Lehen mit Einschluß der allodifizirten Lehen, Stammgütern und landwirthschaftlichen Erbgütern finden auf die Zwangsvollstreckung gegen den Rechtsnachfolger des Schuldners die für die Zwangsvollstreckung gegen den Erben des Schuldners geltenden Vorschriften entsprechende Anwendung.

XIII. An die Stelle des Artikel 69 treten unter der Ueberschrift: „Aufgebotsverfahren folgende Vorschriften:

Artikel 69.

Für das Aufgebotsverfahren zum Zwecke der Kraftloserklärung ist bei Schuldverschreibungen des bayerischen Staates das Amtsgericht, bei welchem die Staatsschuldentilgungsanstalt ihren allgemeinen Gerichtsstand hat, bei Schuldverschreibungen, die von einer dem bayerischen Staate angehörenden Körperschaft, Stiftung oder Anstalt des öffentlichen Rechtes ausgestellt sind, das Amtsgericht, bei welchem die Körperschaft, Stiftung oder Anstalt ihren allgemeinen Gerichtsstand hat, ausschließlich zuständig.

Artikel 69a.

Für das Aufgebotsverfahren zum Zwecke der Kraftloserklärung einer Urkunde der im § 808 des Bürgerlichen Gesetzbuchs bezeichneten Art, für welche Zins- oder Rentenscheine nicht ausgegeben sind, sowie eines Hypotheken-, Grundschuld- oder Rentenschuldbriefs gelten die nachfolgenden besonderen Bestimmungen.

Die öffentliche Bekanntmachung des Aufgebots und der Zahlungssperre erfolgt durch Anheftung an die Gerichtstafel und durch zweimalige Einrückung in das für die Bekanntmachungen des Gerichts bestimmte Blatt. Das Gericht kann anordnen, daß die Bekanntmachung noch in anderen Blättern erfolgen soll. Die Aufgebotsfrist muß mindestens drei Monate betragen. Sie beginnt mit der

S. 12. ersten Einrückung in das für die Bekanntmachungen des Gerichts bestimmte Blatt.

Die im § 1017 Abs. 2, 3 und im § 1022 Abs. 1 der Civilprozeßordnung vorgeschriebenen Bekanntmachungen erfolgen in dem für die Bekanntmachungen des Gerichts bestimmten Blatte.

Auf Versicherungspolizen sowie auf Grundschuld- und Rentenschuldbriefe, die auf den Inhaber ausgestellt sind, finden diese Vorschriften keine Anwendung.

S. 13. Artikel 69b.

Die öffentliche Bekanntmachung der in den §§ 977, 982, 988 1002 der Civilprozeßordnung bezeichneten Aufgebote erfolgt durch Anheftung an die Gerichtstafel und einmalige Einrückung in das für die Bekanntmachungen des Gerichts bestimmte Blatt. Die Aufgebotsfrist beginnt mit der Einrückung in dieses Blatt.

Wird die öffentliche Bekanntmachung des wesentlichen Inhalts des Ausschlußurtheils angeordnet, so erfolgt sie durch das im Abs. 1 bezeichnete Blatt.

XIV. Der Artikel 88 wird als Artikel 70a eingestellt.

XV. Die Artikel 12 bis 19, 23 bis 33, 56 bis 67, 71 bis 77, 79 bis 121, 123 bis 126, 135, 140 bis 168, 171 bis 174, 176 bis 219, 222 bis 224 werden aufgehoben.

Die Vorschriften der Artikel 25 bis 33, 125, 171 bleiben jedoch in Kraft, bis das Grundbuch als angelegt anzusehen ist. Für das im § 82 des Hypothekengesetzes bestimmte Aufgebot verbleibt es in Ansehung des Verfahrens bei den bisherigen Vorschriften mit der Maßgabe, daß die Vorschriften des Artikel 69b entsprechende Anwendung finden und die Aufgebotsfrist mindestens sechs Wochen betragen muß. Bei einer vertragsmäßigen Versteigerung von Grundstücken nach Artikel 202 bleiben für das Verfahren die Vorschriften des Artikel 202 Abs. 1, 4 bis 7 maßgebend.

Die Artikel 127 bis 134, 136 bleiben in Ansehung der Hypotheken in Kraft, welche zu der Zeit bestehen, zu der das Grundbuch als angelegt anzusehen ist.

Der Artikel 169 bleibt für Rechtsverhältnisse, die sich nach den bisherigen Vorschriften bestimmen, in Kraft, sofern der Wohnsitz vor dem Inkrafttreten des Bürgerlichen Gesetzbuchs erwählt worden ist.

Die Artikel 220, 221 bleiben für die nach den bisherigen Vorschriften errichteten Urkunden der in ihnen bezeichneten Art in Kraft.

Die noch geltenden Vorschriften der preußischen Allgemeinen Gerichtsordnung und der pfälzischen Civilprozeßordnung werden aufgehoben. Die Vorschrift des § 128 Theil I Titel 10 der preußischen Allgemeinen Gerichtsordnung bleibt jedoch für die vor dem 1. Januar 1876 erfolgten Eintragungen in die Kirchenbücher in Kraft.

Soweit nach dem Inkrafttreten des Bürgerlichen Gesetzbuchs das in Theil I Titel 51 §§ 100 bis 109 der preußischen Allgemeinen Gerichtsordnung bestimmte Aufgebot stattfindet, verbleibt es in Ansehung des Verfahrens bei den bisherigen Vorschriften. Das Gleiche gilt für das Hypothekenreinigungsverfahren nach pfälzischem Rechte.

Artikel 34. S. 13.

Das Ausführungsgesetz vom 23. Februar 1879 zum Reichs-Gerichts-Verfassungsgesetze wird dahin geändert:

I. Der Artikel 15 erhält folgende Fassung:

Die Amtsgerichte sind, soweit nicht andere Bestimmungen getroffen sind, für die Angelegenheiten zuständig, welche zur Zuständigkeit der Stadt- und Landgerichte gehört haben.

Die Amtsgerichte sind zuständig für die Beurkundung von Vereinbarungen zwischen dem Vater eines unehelichen Kindes und diesem über den Unterhalt für die Zukunft oder über eine an Stelle des Unterhalts zu gewährende Abfindung. Die Amtsgerichte sind nicht zuständig für die Beurkundungen, die nach den Vorschriften der Reichsgesetze durch ein Gericht oder einen Notar zu bewirken sind, sowie für die öffentliche Beglaubigung einer Unterschrift oder eines Handzeichens.

Die Amtsgerichte sind als Nachlaßgerichte nicht zuständig zur Aufnahme des Inventars.

II. Als Artikel 15a wird folgende Vorschrift eingestellt:

Die Amtsgerichte können für bestimmte Arten von Gutachten, soweit nicht besondere Vorschriften maßgebend sind, Sachverständige öffentlich bestellen und im Allgemeinen beeidigen.

III. Dem Artikel 17 Abs. 2 wird folgende Vorschrift beigefügt:

Ist die Dienstaufsicht zwischen mehreren Amtsrichtern getheilt, so bestimmt das Staatsministerium der Justiz denjenigen, welchem die Vertheilung der Geschäfte zusteht.

IV. Der Artikel 21 erhält folgende Fassung:

Die im Art. 20 Abs. 1 angeordnete Stellvertretung erstreckt sich nicht auf den Fall rechtlicher Verhinderung des Gerichts.

V. Der Artikel 22 erhält folgende Fassung:

Die Ausfertigungen in den nicht zur ordentlichen streitigen Gerichtsbarkeit gehörenden Angelegenheiten werden, soweit nicht besondere Vorschriften bestehen, von dem Amtsrichter unterschrieben.

VI. Der Artikel 29 erhält folgende Fassung:

Die in dem gegenwärtigen Gesetze den Landgerichten zugewiesenen nicht zur ordentlichen streitigen Gerichtsbarkeit gehörenden Angelegenheiten werden von den Civilkammern erledigt.

VII. Im Artikel 30 erhält

1. der Abs. 1 folgende Fassung:

Die Vorschriften der §§ 61 bis 68, 77 des Reichs-Gerichtsverfassungsgesetzes gelten auch für die zur Zuständigkeit der Landgerichte gehörenden Angelegenheiten, für welche die Vorschriften der Landesgesetze maßgebend sind.

2. Im Abs. 3 werden die Worte: „in den Fällen des § 100 des Reichs-Gerichtsverfassungsgesetzes der Vorsitzende der Kammer für Handelssachen" gestrichen.

3. Der Abs. 4 erhält folgende Fassung:

Ausfertigungen in den Angelegenheiten der freiwilligen Gerichtsbarkeit werden von dem Gerichtsschreiber unterschrieben.

S. 13. VIII. Im Artikel 36 Ziff. 2 werden die Worte: „nach den Vorschriften des gegenwärtigen Gesetzes“ ersetzt durch die Worte:

„nach Art. 28“.

S. 14. IX. Im Artikel 37 werden die Worte: „mit Ausnahme der Behandlung der im Art. 41 bezeichneten Strafsachen“ gestrichen.

X. Der Artikel 38 erhält folgende Fassung:

Die Vorschriften der §§ 121, 124 des Reichs-Gerichtsverfassungsgesetzes gelten auch für die zur Zuständigkeit der Oberlandesgerichte gehörenden Angelegenheiten, für welche die Vorschriften der Landesgesetze maßgebend sind.

Auf die Vertretung des Präsidenten finden die Vorschriften des Art. 32 entsprechende Anwendung.

XI. Der Artikel 39 erhält folgende Fassung:

Die Vorschriften des Art. 30 Abs. 3, 5 finden bei den Oberlandesgerichten entsprechende Anwendung.

Ausfertigungen in Angelegenheiten der freiwilligen Gerichtsbarkeit für die das Oberlandesgericht als oberes Gericht zuständig ist, werden von dem Gerichtsschreiber unterzeichnet.

XII. An die Stelle des Art. 42 Abs. 3 treten folgende Vorschriften:

Dem Obersten Landesgerichte wird ferner die Verhandlung und Entscheidung der zur Zuständigkeit der Oberlandesgerichte gehörenden Revisionen und Beschwerden in Strafsachen sowie, unbeschadet der Zuständigkeit des Reichsgerichts, die Entscheidung über das Rechtsmittel der weiteren Beschwerde in Grundbuchsachen und anderen Angelegenheiten der freiwilligen Gerichtsbarkeit zugewiesen.

Das Oberste Landesgericht ist, soweit nicht andere Bestimmungen getroffen sind, für die Angelegenheiten zuständig, welche zur Zuständigkeit des Obersten Gerichtshofs gehört haben.

XIII. Der Artikel 48 erhält folgende Fassung:

Die Civilsenate des Obersten Landesgerichts entscheiden in den Angelegenheiten, für welche die Vorschriften der Landesgesetze maßgebend sind, in der Besetzung von sieben Mitgliedern mit Einschluß des Vorsitzenden, über das Rechtsmittel der weiteren Beschwerde gegen Entscheidungen der Landgerichte als Beschwerdegerichte und über die Bestimmung des zuständigen Gerichts jedoch in der Besetzung von fünf Mitgliedern mit Einschluß des Vorsitzenden.

XIV. Der Artikel 51 Abs. 1 erhält folgende Fassung:

Bei dem Obersten Landesgerichte wird ein Generalstaatsanwalt, bei jedem Oberlandesgerichte wird ein Oberstaatsanwalt, bei jedem Landgerichte wird ein Erster Staatsanwalt aufgestellt.

XV. Der Artikel 52 Abs. 1 erhält folgende Fassung:

Der Generalstaatsanwalt, die Oberstaatsanwälte und die Staatsanwälte werden vom König ernannt.

XVI. Der Artikel 63 erhält folgende Fassung:

Die Gerichtsschreiber bei den Amtsgerichten sind zuständig, Siegelungen und Entsiegelungen, sowie die Verrichtungen einer Urkundsperson gemäß § 123 der Konkursordnung vorzunehmen und Vermögensverzeichnisse aufzunehmen, die nach gesetzlicher Vorschrift dem Vormundschaftsgericht einzureichen sind. Sie sollen sich diesen Geschäften nur auf Anordnung des Richters unterziehen. S. 14.

Den Gerichtsschreibern bei den Amtsgerichten kann von dem Nachlaßgerichte die Aufnahme des Inventars übertragen werden.

Die Aufnahme eines Vermögensverzeichnisses nach Abs. 1 oder eines Inventars nach Abs. 2 soll nur angeordnet werden, wenn anzunehmen ist, daß der Werth des Vermögens oder des Nachlasses ohne Abzug der Schulden den Betrag von zweitausend Mark nicht oder nicht erheblich übersteigt.

XVII. Im Artikel 64 werden die Worte: „verpflichteten Schreiber" ersetzt durch das Wort:

„Gerichtsschreibereibediensteten".

XVIII. Im Artikel 65 werden die Worte: „sowie des Zustellungswesens in Sachen der nichtstreitigen Rechtspflege" gestrichen.

XIX. Die Ziff. 6 des Artikel 69 Abs. 1 erhält folgende Fassung:

6. dem Generalstaatsanwalte hinsichtlich der Staatsanwaltschaft bei dem Obersten Landesgerichte, dem Oberstaatsanwalt und dem Ersten Staatsanwalte hinsichtlich der Staatsanwaltschaften ihres Bezirkes.

XX. Der dreizehnte Titel erhält die Ueberschrift:

„Hinterlegungswesen".

XXI. Im Artikel 76 treten

1. an die Stelle der Abs. 1, 2 folgende Vorschriften:

Für die in Angelegenheiten des bürgerlichen Rechtes oder nach den Vorschriften über das gerichtliche Verfahren erfolgenden Hinterlegungen werden bei den Amtsgerichten Hinterlegungsstellen errichtet. Für mehrere Amtsgerichtsbezirke kann eine Hinterlegungsstelle errichtet werden.

Die näheren Bestimmungen über die Hinterlegung werden durch Königliche Verordnung getroffen.

2. Der Abs. 3 erhält folgende Fassung:

Die Staatsregierung kann die Besorgung des Hinterlegungswesens der Königlichen Bank übertragen und die hiefür erforderlichen reglementären Vorschriften erlassen.

3. An die Stelle des Abs. 4 tritt folgende Vorschrift:

Bei den amtsgerichtlichen Hinterlegungsstellen findet die Anlegung von Mündelgeld nach § 1808 des Bürgerlichen Gesetzbuchs nicht statt.

XXII. Der Artikel 77 Abs. 1 erhält folgende Fassung:

Die Gerichte haben sich in den Angelegenheiten, für welche die Vorschriften der Landesgesetze maßgebend sind, Rechtshülfe zu leisten.

XXIII. Im Artikel 78 Abs. 1 und im Artikel 79 werden die Worte: „in den nicht zur ordentlichen streitigen Gerichtsbarkeit gehörenden Angelegenheiten" ersetzt durch die Worte: S. 15.

„in den Angelegenheiten, für welche die Vorschriften der Landesgesetze maßgebend sind."

XXIV. Der Artikel 28 Abs. 2, 3 und die Artikel 41, 46, 47 werden aufgehoben.

S. 15.

Artikel 35.

Das Gesetz vom 18. August 1879 zur Ausführung der Reichs-Strafprozeßordnung wird dahin geändert:

I. Im Artikel 107 werden die Worte: „Notare oder" gestrichen.

II. Die Artikel 14, 30, 31, 117 bis 121 werden aufgehoben.

Artikel 36.

Das Gesetz vom 18. August 1879 über die Erbschaftssteuer wird dahin geändert:

I. Im Artikel 1 Abs. 1 erhält

1. die lit. a folgende Fassung:

a) von Erbschaften, Vermächtnissen und Schenkungen auf den Todesfall, von Auflagen auf Zuwendungen dieser Art, die dem Empfänger der Leistung einen Vermögensvortheil zu verschaffen bezwecken, sowie von Pflichttheilsansprüchen;

2. die lit. b fällt weg.

II. Im Artikel 4 erhält

1. die Ziffer 1 folgende Fassung:

1) Als Verwandtschaft gilt auch die durch Annahme an Kindesstatt begründete Verwandtschaft sowie das Verhältniß zwischen einem unehelichen Kinde und dessen Abkömmlingen einerseits und dem Vater und dessen Verwandten andererseits, sofern die Vaterschaft erweislich anerkannt ist.

2. die Ziff. 2 folgenden Zusatz:

Die Aufhebung der ehelichen Gemeinschaft nach § 1575 des Bürgerlichen Gesetzbuchs steht der Scheidung gleich.

III. An die Stelle der Artikel 7, 8 treten folgende Vorschriften:

Artikel 7.

Auf Grundstücke und denselben gleichstehende Rechte, welche sich außerhalb Bayerns befinden, erstreckt sich die Steuerpflicht nicht.

Innerhalb Bayerns befindliche Grundstücke und denselben gleichstehende Rechte unterliegen der Erbschaftssteuer ohne Unterschied, ob der Erblasser Bayer oder Nichtbayer war und ob er seinen Wohnsitz in Bayern hatte oder nicht.

Artikel 8.

Anderes als das im Art. 7 bezeichnete Vermögen unterliegt der Erbschaftssteuer, wenn der Erblasser zur Zeit seines Todes, im Falle der Todeserklärung bei dem Beginne der Verschollenheit, seinen Wohnsitz in Bayern hatte.

Soweit hienach außerhalb Bayerns befindliches Vermögen der Besteuerung unterliegt, wird auf die Erbschaftssteuer die in dem Staate, in welchem sich das Vermögen befindet, von diesem Vermögen zu entrichtende Erbschaftsabgabe angerechnet.

Hatte der Erblasser zur Zeit seines Todes, im Falle der Todeserklärung bei dem Beginne der Verschollenheit, keinen Wohnsitz, so unterliegt das bewegliche Vermögen der Erbschaftssteuer, soweit es zur Zeit des Todes des Erblassers, im Falle der Todeserklärung zur Zeit der Erlassung des die Todeserklärung aussprechenden Urtheils, sich in Bayern befindet. S. 15.

Artikel 8a.

Für den Fall, daß der Erblasser seinen Wohnsitz in einem Staate gehabt hat, in dem die Erbschaftssteuer nach anderen als den im Art. 8 bestimmten Grundsätzen erhoben wird, oder Angehöriger eines solchen Staates gewesen ist, kann das Staatsministerium der Finanzen zum Zwecke der Ausgleichung und thunlichster Vermeidung einer Doppelbesteuerung anordnen, daß das bewegliche Vermögen

1) ohne Rücksicht auf den Wohnsitz des Erblassers der Erbschaftssteuer unterliegt, wenn der Erblasser bayerischer Staatsangehöriger gewesen ist;

2) ohne Rücksicht auf den Wohnsitz und die Staatsangehörigkeit des Erblassers der Erbschaftssteuer unterliegt, wenn das Vermögen sich in Bayern befindet.

IV. Im Artikel 11 werden die Worte: „oder die Einweisung in den Besitz des Vermögens eines Abwesenden (Art. 1b)“ gestrichen.

V. Der Artikel 22 erhält folgende Fassung:

Bei einer Nacherbfolge oder einem Nacherbvermächtnisse wird der Vorerbe oder der erste Vermächtnißnehmer als Nießbraucher und der Nacherbe oder der Nachvermächtnißnehmer als Erwerber der Substanz des an ihn herauszugebenden Vermögens behandelt.

Ist jedoch die Einsetzung des Nacherben oder das Nachvermächtniß auf dasjenige beschränkt, was bei dem Eintritte des Falles der Nacherbfolge oder des Nachvermächtnisses übrig sein wird, so haben sowohl der Vorerbe oder der erste Vermächtnißnehmer von dem vollen Betrage des ihm angefallenen als der Nacherbe oder der Nachvermächtnißnehmer von dem vollen Betrage des an ihn herausgegebenen Vermögens nach ihrem Verhältnisse zum Erblasser die Erbschaftssteuer zu entrichten. Die von dem Vorerben oder dem Vorvermächtnißnehmer entrichtete Steuer wird für den Betrag, für welchen der Nacherbe oder der Nachvermächtnißnehmer steuerpflichtig ist, insoweit zurückvergütet, als sie den Betrag übersteigt, den der Vorerbe oder der Vorvermächtnißnehmer als Nießbraucher schulden würde.

VI. Im Artikel 23 erhält der Satz 1 folgende Fassung:

Haben Ehegatten gemeinschaftlich Verwandte des einen oder beider Ehegatten als Erben ein ‖ gesetzt oder mit anderen Zuwendungen von Todeswegen bedacht, so wird angenommen, daß der Anfall von dem dem Bedachten am nächsten verwandten Ehegatten herrühre, soweit dessen Nachlaß reicht, sofern sich nicht aus den Umständen ergibt, daß die Zuwendung von dem anderen Ehegatten ausgegangen ist. S. 16.

VII. Der Artikel 26 erhält folgende Fassung:

Testamentsvollstrecker, gesetzliche Vertreter und Bevollmächtigte der Erbinteressenten, Nachlaßpfleger, sowie die Verwalter von

S. 16. Familienstiftungen haften persönlich für die Steuer, wenn sie vor deren Entrichtung oder Sicherstellung die Erbschaft, einzelne Erbtheile, Vermächtnisse, Schenkungen auf den Todesfall oder Bezüge aus Familienstiftungen ausantworten.

VIII. Im Artikel 28 Abs. 2 werden die Worte: „oder auf Einweisung in den Besitz des Vermögens eines Abwesenden" gestrichen.

IX. Im Artikel 30 werden ersetzt im Satz 1 die Worte: „letztwilliger Verfügungen" durch die Worte:

„einer Verfügung von Todeswegen"

und im Satz 2 die Worte: „letztwillige Verfügungen" durch die Worte:

„die Verfügungen von Todeswegen"

X. Im Artikel 31 Abs. 1 wird statt „notarielles Inventar" gesetzt „vorschriftsmäßig errichtetes Inventar."

XI. Der Artikel 34 erhält folgende Fassung:

Für Personen, die unter elterlicher Gewalt, unter Vormundschaft oder unter Pflegschaft stehen, sowie für juristische Personen sind die in den Art. 29, 31 bis 33 aufgestellten Verpflichtungen von den gesetzlichen Vertretern zu erfüllen.

XII. Im Artikel 35 Abs. 1 wird das Wort „notarieller" gestrichen.

XIII. Als Art. 44a wird der Abs. 4 des Artikel 46 eingestellt.

XIV. Der Artikel 25 Abs. 3 Satz 2 und der Artikel 46 werden aufgehoben.

Soweit für einen nach dem Inkrafttreten des Bürgerlichen Gesetzbuchs eintretenden Anfall die Vorschriften des bisherigen bürgerlichen Rechtes maßgebend bleiben, gilt das Gleiche von den bisherigen Vorschriften des Gesetzes über die Erbschaftssteuer; die Vorschriften der Artikel 7 bis 8a der neuen Fassung gelten jedoch auch für solche Anfälle.

Artikel 37.

Das Gesetz vom 21. April 1884, die Landeskultur-Rentenanstalt betreffend, wird dahin abgeändert:

I. Im Artikel 7 erhält der Satz 2 folgende Fassung:

Grundbesitz, welcher schon mit Hypotheken, Grundschulden oder Rentenschulden belastet ist, kann überdies nur dann als Sicherheit angenommen werden, wenn die Gläubiger der für das Darlehen und die Kulturrente zu bestellenden Hypothek im Range ausweichen.

II. Der Artikel 8 erhält folgende Fassung:

Die Sicherheit kann auch in der Weise geleistet werden, daß land- und forstwirthschaftlich benützbarer Grundbesitz mit der Kulturrente als ablösbarer Reallast belastet wird. Die Ablösungssumme muß innerhalb der ersten Werthshälfte zu stehen kommen. Ist der Grundbesitz schon mit Hypotheken, Grundschulden oder Rentenschulden belastet, so muß der Reallast der Vorrang eingeräumt werden.

Die Ablösung der Reallast kann binnen sechs Monaten von der Kommission gefordert werden

1) in den Fällen des Artikel 5 Abs. II Ziff. 1 und 2,

2) wenn der Erwerber des belasteten Grundbesitzes die persönliche Haftung für rückständige Renten nicht übernimmt,

3) wenn ohne Einwilligung der Anstaltsverwaltung und ohne gerichtliche Feststellung der Unschädlichkeit von dem belasteten Grundbesitz ein Grundstück oder eine Theilfläche oder ein Realrecht abgetrennt worden ist. S. 16.

III. Der Artikel 9 Abs. 2 Ziff. 3 erhält folgende Fassung:

3) Die ermittelten Theilrenten sind öffentliche Lasten der Grundstücke auf die sie nach Ziff. 2 vertheilt worden sind.

IV. Der Artikel 10 Abs. 2 Satz 3 erhält folgende Fassung:

Das Gesuch hat die Erklärung zu enthalten, ob die Sicherheit nach Artikel 7 oder nach Artikel 8 bestellt werden soll.

V. Im Artikel 12 werden

1. die Eingangsworte durch folgende Vorschriften ersetzt:

Soll als Sicherheit für das Darlehen und die Kulturrente eine Hypothek oder eine Reallast an dem Grundstücke bestellt werden, zu dessen Verbesserung das Darlehen gewährt wird, so findet auf Antrag des Gesuchstellers eine gerichtliche Aufforderung der Hypotheken-, Grundschuld- und Rentenschuldgläubiger zur Erklärung darüber statt, ob sie dem Vorrange der zu bestellenden Hypothek oder Reallast widersprechen. Ist das Recht eines der Gläubiger mit dem Rechte eines Dritten belastet, so ist die gerichtliche Aufforderung auch an den Dritten zu richten.

Für die gerichtliche Aufforderung gelten die nachfolgenden Bestimmungen:

2. Die Ziff. 2 erhält folgende Fassung:

Nach Zusicherung des Darlehens läßt die Kommission ihren Bescheid und das Darlehensgesuch mit den Beilagen durch die Distriktsverwaltungsbehörde dem Amtsgerichte, bei welchem das Grundbuch für das Grundstück geführt wird, mittheilen und das Amtsgericht um Erlassung der Aufforderung an die Hyotheken-, Grundschuld- und Rentenschuldgläubiger und, sofern ein Recht, das zurücktreten soll, mit dem Rechte eines Dritten belastet ist, an den Dritten ersuchen.

3. Die Ziff. 3 lit. b, c, d erhält folgende Fassung:

b) die Bezeichnung der Hypotheken, Grundschulden und Rentenschulden, welche der als ‖ Sicherheit für das Darlehen und die Kulturrente zu bestellenden Hypothek oder Reallast im Range ausweichen sollen; S. 17.

c) die Mittheilung, daß die Beschreibung des Unternehmens mit den Plänen und Kostenvoranschlägen und der Bescheid der Kommission auf der Gerichtsschreiberei eingesehen werden können;

d) die Eröffnung, daß die Zustimmung des Hypotheken-, Grundschuld- oder Rentenschuldgläubigers und, sofern dessen Recht mit dem Rechte eines Dritten belastet ist, auch die Zustimmung des Dritten zu der Rangausweichung angenommen werde, wenn nicht innerhalb eines Monats bei dem Amtsgerichte schriftlich oder zum Protokolle des Gerichtsschreibers Widerspruch erhoben wird.

S. 17. 4. An die Stelle der Ziff. 3 Abs. 2 Satz 2 treten folgende Vorschriften:

Die öffentliche Zustellung erfolgt durch Anheftung an die Gerichtstafel und einmalige Einrückung in das für die Bekanntmachungen des Amtsgerichts bestimmte Blatt. Das Amtsgericht kann anordnen, daß die Veröffentlichung noch in einem anderen Blatte erfolgen soll. Die Erklärungsfrist beginnt mit dem Ablaufe von zwei Wochen seit der Einrückung, im Falle mehrfacher Einrückung seit der letzten Einrückung.

5. Die Ziff. 3 erhält folgenden Abs. 3:

Berechtigte, die nicht im Grundbuch eingetragen sind, werden nur berücksichtigt, wenn sie Erben eines eingetragenen Berechtigten sind oder wenn ihre Rechte angemeldet und auf Verlangen des Amtsgerichts glaubhaft gemacht sind.

6. Die Ziff. 4 erhält folgende Fassung:

Soweit innerhalb der Frist Widerspruch nicht erhoben ist, hat das Amtsgericht auszusprechen, daß die Rangausweichung als von den aufgeforderten Berechtigten bewilligt zu erachten ist. Die Berechtigten sind in dem Beschlusse zu bezeichnen.

7. Als Ziff. 6 wird folgende Vorschrift hinzugefügt:

In dem Falle der Ziff. 4 finden auf die Eintragung des Vorranges der als Sicherheit für das Darlehen und die Kulturrente bestellten Hypothek oder Reallast, soweit durch die Eintragung eine Hypothek, Grundschuld oder Rentenschuld betroffen wird, die Vorschriften der §§ 42 bis 44 der Grundbuchordnung keine Anwendung. Das Grundbuchamt hat den Besitzer des Hypotheken-, Grundschuld- oder Rentenschuldbriefs zur Vorlegung anzuhalten, um nach den Vorschriften des § 62 Abs. 1 und des § 70 Abs. 1 der Grundbuchordnung zu verfahren.

VI. Im Artikel 13 Abs. 4 werden

1. die Worte: „und unterliegt nur der in dieses Grundstück stattfindenden Zwangsvollstreckung" gestrichen,
2. folgende Vorschrift beigefügt:

Ist das Grundstück zum Zwecke der Zwangsvollstreckung in Beschlag genommen, so ist die Anstalt zu der Auszahlung nicht verpflichtet.

VII. Der Artikel 18 erhält folgende Fassung:

Die Bewilligung zur Löschung der für die Landeskultur-Rentenanstalt eingetragenen Hypothek oder Reallast oder zur Umschreibung der Hypothek wird von der Anstaltsverwaltung durch schriftliche Erklärung ertheilt.

Hat die Hypothek den Vorrang vor den zur Zeit der Eintragung bestehenden Hypotheken, Grundschulden und Rentenschulden nach Artikel 12 Ziff. 4 erlangt, so kann diesen Rechten gegenüber der Vorrang, soweit sich die Hypothek mit dem Eigenthum an dem belasteten Grundstück in einer Person vereinigt, nicht geltend gemacht werden.

VIII. An die Stelle des Artikel 23 Abs. 1 Satz 2 treten folgende Vorschriften:

Für Schuldbekenntnisse und Bestellungen von Hypotheken und Reallasten, für Rangänderungen zu Gunsten der zu bestellenden

Hypotheken oder Reallasten, mit Einschluß der Berichtigung der Hypotheken-, Grundschuld- und Rentenschuldbriefe, sowie für Eintragung und Löschung der Hypotheken und Reallasten und für die Umschreibung der Hypotheken auf den Eigenthümer des belasteten Grundstücks werden Gebühren zur Staatskasse nicht erhoben. Das Gleiche gilt für Erklärungen, welche die Aufhebung einer Hypothek, Grundschuld oder Rentenschuld zu Gunsten der zu bestellenden Hypothek oder Reallast betreffen. S. 17.

IX. Der Artikel 22 wird aufgehoben.

Bis zu der Zeit, zu welcher das Grundbuch als angelegt anzusehen ist, bleibt die Geltung des Artikel 12 des Gesetzes vom 21. April 1884 auf die Landestheile rechts des Rheins beschränkt. Für die im Artikel 12 bestimmte gerichtliche Aufforderung tritt an die Stelle des Amtsgerichts, bei welchem das Grundbuch für das Grundstück geführt wird, das Amtsgericht, bei welchem das Hypothekenbuch für das Grundstück geführt wird; soweit es nach Artikel 12 Ziff. 3 Abs. 3 auf Eintragungen im Grundbuch ankommt, treten an deren Stelle die entsprechenden Eintragungen im Hypothekenbuche. Die Vorschrift des Artikel 18 Abs. 2 findet auf das nach § 84 des Hypothekengesetzes dem Schuldner zustehende Recht entsprechende Anwendung.

Artikel 38.

Das Gesetz vom 29. Mai 1886, die Flurbereinigung betreffend, wird dahin geändert:

I. Als Artikel 9a wird folgende Vorschrift eingestellt:

Zu den im Flurbereinigungsverfahren abzugebenden Erklärungen bedarf der Vater oder die Mutter als Inhaber der elterlichen Gewalt sowie ein Vormund oder Pfleger nicht der Genehmigung des Vormundschaftsgerichts oder des Familienraths, ein Nachlaßpfleger nicht der Genehmigung des Nachlaßgerichts, der gesetzliche || Vertreter einer Körperschaft, Stiftung oder Anstalt des öffentlichen Rechtes oder einer unter der Verwaltung einer öffentlichen Behörde stehenden Stiftung nicht der Genehmigung der vorgesetzten Behörde. S. 18.

II. Der Artikel 10 Abs. 1 erhält folgende Fassung:

Sind die in die Unternehmung einbezogenen Grundstücke desselben Eigenthümers verschieden belastet, so sind die an ihre Stelle tretenden Grundstücke in Ermangelung einer anderweitigen Uebereinkunft, soweit es zur Wahrung der auf sie übergehenden Rechte erforderlich ist, nach den verschiedenen Belastungen auszuscheiden und im Steuerkatasterplane mit besonderen Nummern zu bezeichnen. Verfügungsbeschränkungen stehen den Belastungen gleich.

III. Der Artikel 13 erhält folgende Fassung:

Wird bei einer Flurbereinigung zum Zwecke der Ausgleichung eine Geldentschädigung nach Art. 6 Abs. 5 geleistet, so ist sie zunächst zur Ablösung der Grundlasten zu verwenden, soweit diese wegen des Minderwerths der eingetauschten Grundstücke nicht auf diese übertragbar sind; auf den Rest finden, wenn die ausgetauschten Grundstücke mit Rechten Dritter belastet sind, die für die Haftung des Entschädigungsanspruchs und das Vertheilungsverfahren im Falle der Zwangsenteignung geltenden Vorschriften Anwendung.

S. 18. **Eine nach Art. 6 Abs. 6 zu leistende Geldentschädigung haftet für Reallasten, Hypotheken, Grundschulden und Rentenschulden, mit denen die ausgetauschten Grundstücke belastet sind, nach Maßgabe der Vorschriften des § 1123 Abs. 2 Satz 1 und des § 1124 Abs. 1, 3 des Bürgerlichen Gesetzbuchs.**

IV. Der Artikel 16 Abs. 1 erhält folgende Fassung:

Die nach den Art. 20, 25, 32 ergehenden Ladungen und Mittheilungen sind, wenn Personen betheiligt sind, die unter Vormundschaft stehen oder für die die Bestellung eines Pflegers oder eines Beistandes angeordnet ist, auch an das Vormundschaftsgericht, falls eine Nachlaßpflegschaft angeordnet ist, auch an das Nachlaßgericht, für Stiftungen auch an die Aufsichtsbehörde zu richten.

V. Der Artikel 18 Abs. 4 erhält folgenden Zusatz:

Bei Familienfideikommissen kann die Flurbereinigungs-Kommission auch in solchen Fällen das im Art. 9 bezeichnete Zeugniß ertheilen.

VI. Der Artikel 20 Abs. 1 erhält folgende Fassung:

Ist eine Unternehmung als zur weiteren Instruirung geeignet erklärt, so sind die nach Maßgabe des hiebei festgesetzten Umfanges der Unternehmung betheiligten Grundeigenthümer beziehungsweise deren gesetzliche Vertreter durch die Distriktsverwaltungsbehörde zu einer Tagsfahrt mit der Eröffnung zu laden, daß

1) Einwendungen bezüglich der Voraussetzungen der Flurbereinigung (Art. 1 bis 5) bei Vermeidung des Ausschlusses entweder in der Tagsfahrt oder binnen vierzehn Tagen nach derselben bei der Distriktsverwaltungsbehörde vorgebracht werden müssen,
2) daß diejenigen betheiligten Grundeigenthümer, welche weder in Person erscheinen noch durch einen Bevollmächtigten vertreten sind, als der Inangriffnahme der Flurbereinigung zustimmend erachtet werden und auch aller Einwendungen gegen die sonstigen Beschlüsse der Tagsfahrt verlustig gehen,
3) daß zur Stellvertretung eine von der Gemeindebehörde des Wohnorts beglaubigte Vollmacht genügt.

VII. Im Artikel 21 erhält

1. der Eingang folgende Fassung:

Bei der von der Distriktsverwaltungsbehörde abzuhaltenden Tagsfahrt ist zunächst die beabsichtigte Unternehmung unter Bekanntgabe des ungefähren Betrags der voraussichtlich erwachsenden Kosten darzulegen sowie auf den im Art. 20 Abs. 1 Ziff. 1 erwähnten Rechtsnachtheil hinzuweisen und sodann Beschluß zu fassen.

2. Der Abs. 5 wird aufgehoben.

VIII. Als Artikel 21 a wird folgende Vorschrift eingestellt:

Werden in der Tagsfahrt nach Art. 21 oder während der im Art. 20 Abs. 1 Ziff. 1 festgesetzten Frist von den Betheiligten Einwendungen bezüglich der Voraussetzungen der Flurbereinigung erhoben, so hat die Flurbereinigungs-Kommission zunächst dieselben zu verbescheiden.

Der Bescheid ist den betheiligten Grundeigenthümern in Ausfertigung zuzustellen. S. 18.

Gegen den Bescheid ist die Beschwerde an den Verwaltungsgerichtshof zulässig. Die Vorschriften des Art. 35 Abs. 3 finden Anwendung.

IX. Als Artikel 23a wird folgende Vorschrift eingestellt:

Der Ausschuß oder der beauftragte Geometer hat als Geschäftsführer des Unternehmens die auf dieses bezüglichen gemeinschaftlichen Angelegenheiten der betheiligten Grundeigenthümer gerichtlich und außergerichtlich wahrzunehmen.

X. Im Artikel 25 erhält

1. der Abs. 1 folgende Fassung:

Dem Ausschusse beziehungsweise dem beauftragten Geometer kommt der Betrieb aller auf die Ausarbeitung des Projekts bezüglichen Angelegenheiten zu. Hierunter fällt insbesondere die Herstellung des Uebersichtsplans, aus welchem das neu anzulegende Wegenetz || und die weiter nöthigen gemeinsamen Anlagen S. 19 ersichtlich sind, die Aufstellung des Forderungsregisters, die Entgegennahme von Erinnerungen der drittberechtigten Personen, die Vornahme der Werthsermittlungen, der Betrieb der Vermessungen, die Entwerfung des Vertheilungsplans mit Anfertigung der Vorschläge über die Vertheilung der Grundsteuern und Grundlasten sowie der verschiedenen Belastungen im Falle des Art. 10 Abs. 1 und die Ausscheidung der Kosten.

2. der Abs. 4 folgenden Zusatz:

Die vierzehntägige Frist beginnt mit dem Eröffnungstermine, wenn der Betheiligte ungeachtet ordnungsmäßiger Ladung in dem Termine nicht erschienen ist. Die Ladung erfolgt nach Art. 20 Abs. 3 und, wenn der Wohnort des Betheiligten nicht bekannt ist, nach Art. 20 Abs. 2, 4.

3. der Eingang des Abs. 5 folgende Fassung:

Nach Beschluß der Flurbereinigungs-Kommission kann die Anerkennung . . . .

XI. Als Artikel 25a werden folgende Vorschriften eingestellt:

Nach der Absteckung der neuen Flureintheilung kann die Flurbereinigungs-Kommission die betheiligten Grundeigenthümer auf Antrag von mindestens drei Viertheilen derselben vorläufig in den Besitz der Neuzutheilungen durch den Flurbereinigungs-Ausschuß beziehungsweise den beauftragten Geometer setzen, wenn aus einem längeren Aufschube der Ueberweisung den Antragstellern ein erheblicher Nachtheil erwachsen würde.

Soweit die Flureintheilung bei der endgiltigen Feststellung geändert wird, ist den widersprechenden Betheiligten der Schaden zu ersetzen, den sie dadurch erlitten haben, daß die Ueberweisung vor der endgiltigen Feststellung der Flureintheilung erfolgt ist. Der Schadensersatz gehört zu den Kosten des Unternehmens.

XII. Der Artikel 26 erhält folgende Fassung:

Die Hypotheken-, Grundschuld- und Rentenschuldgläubiger sowie die sonstigen nach Art. 8 Abs. 2 widerspruchsfähigen Personen

S. 19. sind auf Antrag des Ausschusses oder des beauftragten Geometers durch das Amtsgericht, bei welchem das Grundbuch für die auszutauschenden Grundstücke geführt wird, öffentlich aufzufordern, ihre Erinnerungen gegen die sich aus der bevorstehenden Flurbereinigung ergebenden Aenderungen des Gegenstandes ihrer Rechte innerhalb einer Frist von einem Monat entweder bei dem Flurbereinigungs-Ausschusse beziehungsweise dem beauftragten Geometer oder schriftlich oder zum Protokolle des Gerichtsschreibers bei dem Amtsgerichte geltend zu machen. Die Aufforderung hat die Mittheilung zu enthalten, daß der genaue Ausweis des gegenwärtig den Gegenstand ihrer Rechte bildenden und des bei Durchführung der Unternehmung an dessen Stelle tretenden Grundbesitzes, der Schätzung beider und der etwaigen Geldentschädigungen auf der Gerichtsschreiberei eingesehen werden kann. In der Aufforderung ist darauf hinzuweisen, daß ein Widerspruchsrecht nur insoweit besteht, als der Grundbesitz, auf welchen die Rechte übergehen sollen, nicht mindestens den gleichen Werth hat wie der gegenwärtig den Gegenstand der Rechte bildende Grundbesitz. Als Rechtsnachtheil ist anzudrohen, daß das Widerspruchsrecht verloren geht, wenn es nicht vor dem Ablaufe der Frist geltend gemacht wird.

Die Aufforderung geschieht durch Anheftung an die Gerichtstafel und durch einmalige Einrückung in das für die Bekanntmachungen des Amtsgerichts bestimmte Blatt. Das Amtsgericht kann anordnen, daß die Veröffentlichung noch in einem anderen Blatte erfolgen soll. Die Erinnerungsfrist beginnt mit dem Ablaufe von zwei Wochen seit der Einrückung, im Falle der Einrückung in ein zweites Blatt seit der letzten Einrückung.

Der im Abs. 1 erwähnte Ausweis ist von dem Flurbereinigungs-Ausschusse beziehungsweise von dem beauftragten Geometer zu liefern.

XIII. Der Artikel 27 erhält folgende Fassung:

Nach dem Ablaufe der im Art. 26 bestimmten Frist hat das Amtsgericht das Ergebniß der Aufforderung dem Flurbereinigungs-Ausschusse beziehungsweise dem beauftragten Geometer mitzutheilen.

XIV. Im Artikel 28 Abs. 1 Satz 1 werden nach den Worten: „die Werthsermittlung" eingeschaltet die Worte:

„und auf die Höhe der nach Art. 25a zu leistenden Entschädigung".

XV. Im Artikel 34 Abs. 2 werden die Worte: „dann die Hypothekverhältnisse, Geldentschädigungen und Geldleistungen" ersetzt durch die Worte:

„die Ordnung der sich aus den Vorschriften der Art. 10, 12 ergebenden Belastungsverhältnisse, die Angabe der Geldentschädigungen und Geldleistungen".

XVI. In den Artikel 36 wird als Abs. 4 folgende Vorschrift aufgenommen:

Sind Geldentschädigungen festgesetzt, so erfolgt für den Grundbesitz, dessen Zuweisung mit den Entschädigungen zusammenhängt, die Ertheilung der vollziehbaren Auszüge und die Bezeichnung des Tages des Eigenthumsüberganges erst, wenn die von den

Betheiligten zu leistenden Geldbeträge eingezahlt oder die Empfangs- S. 19.
berechtigten befriedigt sind.

XVII. Der Artikel 37 erhält folgende Fassung:

Die Flurbereinigungs-Kommission hat das Grundbuchamt unter Mittheilung des Operats oder eines beglaubigten Auszugs aus diesem um die erforderlichen Eintragungen in das Grundbuch zu ersuchen. In dem Ersuchen ist der Tag || des Eigenthumsüberganges S. 20.
anzugeben. Bei Eintragungen, von denen Hypotheken, Grundschulden oder Rentenschulden betroffen werden, finden die Vorschriften der §§ 42 bis 44 der Grundbuchordnung keine Anwendung. Das Grundbuchamt hat den Besitzer des Hypotheken-, Grundschuld- oder Rentenschuldbriefs zur Vorlegung anzuhalten, um nach den Vorschriften des § 62 Abs. 1 und des § 70 Abs. 1 der Grundbuchordnung zu verfahren.

Von den nach Art. 6 Abs. 5 festgesetzten Geldentschädigungen hat die Flurbereinigungs-Kommission dem Amtsgerichte, welches für das im Art. 13 bezeichnete Vertheilungsverfahren zuständig ist, Mittheilung zu machen.

XVIII. Im Artikel 39 Abs. 1 werden die Worte: „Operatsauszügen und Hypothekenbriefen" ersetzt durch die Worte:

„Operatsauszügen, Hypotheken-, Grundschuld- und Rentenschuldbriefen".

XIX. Im Artikel 42 wird nach dem Worte: „Aussteckungspfähle" eingeschaltet das Wort:

„Sicherungssteine".

XX. Die Artikel 44 bis 50 werden aufgehoben.

Bis zu der Zeit, zu welcher das Grundbuch als angelegt anzusehen ist, tritt für die im Artikel 26 des Gesetzes vom 29. Mai 1886 bestimmte gerichtliche Aufforderung an die Stelle des Amtsgerichts, bei welchem das Grundbuch für die auszutauschenden Grundstücke geführt wird, in den Landestheilen rechts des Rheins das Amtsgericht, bei welchem das Hypothekenbuch für die Grundstücke geführt wird, in der Pfalz das Amtsgericht, in dessen Bezirke die Grundstücke belegen sind. Die Vorschriften des Artikel 37 Abs. 1 Satz 1 finden in den Landestheilen rechts des Rheins auf die Eintragungen in das Hypothekenbuch entsprechende Anwendung. In der Pfalz bleiben bis dahin an Stelle des Artikel 10 Abs. 1, 2 der Artikel 46 und an Stelle des Artikel 37 Abs. 1 der Artikel 49 in Geltung.

Artikel 39.

Der Artikel 4 des Gesetzes vom 5. Mai 1890, die Vereinigung der Brandversicherungsanstalt der Pfalz mit jener in den Landestheilen rechts des Rheins sowie die Abänderung einiger Bestimmungen des Brandversicherungsgesetzes vom 3. April 1875 und des Polizeistrafgesetzbuches vom 26. Dezember 1871 betreffend, wird aufgehoben.

Artikel 40.

In dem Gesetze vom 2. Februar 1898, die Fortsetzung der Grundentlastung betreffend, wird der Artikel 22 Abs. 1 Satz 2 aufgehoben.

S. 20.

Artikel 41.

Was in den in Kraft bleibenden landesgesetzlichen Vorschriften von dem Hypothekenbuch und dem Hypothekenamte bestimmt ist, findet auf das Grundbuch und das Grundbuchamt entsprechende Anwendung.

Die Vorschriften über Hypotheken finden entsprechende Anwendung auf Grundschulden und Rentenschulden.

Artikel 42.

Aufgehoben sind:

1. das Hypothekengesetz vom 1. Juni 1822;
2. das Gesetz vom 1. Juni 1822, die Einführung des Hypothekengesetzes und der Prioritätsordnung betreffend;
3. das Gesetz vom 11. September 1825, die Förmlichkeiten bei Anlegung und Abnahme der gerichtlichen Siegel, dann bei denjenigen Vermögensabtheilungen und Veräußerungen, welche unter Mitwirkung des Richteramts geschehen müssen, betreffend;
4. Das Gesetz vom 11. September 1825, die Aufhebung einiger Bestimmungen des Reglements für den Geschäftsgang der Justizämter im Fürstenthume Leiningen vom 31. August 1805 betreffend;
5. der § 30 Abs. 6 und die §§ 31 bis 34 des Finanzgesetzes vom 28. Dezember 1831;
6. das Gesetz vom 28. Dezember 1831, die Privatvereine zur Versicherung der Feldfrüchte gegen Wetter- und insbesondere Hagelschäden betreffend;
7. das Gesetz vom 28. Dezember 1831, einige civilrechtliche Gegenstände auf den Fall des Eindringens der asiatischen Cholera in Bayern betreffend;
8. die Ziff. 73 lit. a der Nummer III des Landtagsabschieds vom 29. Dezember 1831;
9. das Gesetz vom 23. Mai 1846, die Regulirung des Biersatzes und die Verhältnisse der Bräuer zu den Wirthen und dem Publikum betreffend;
10. Das Gesetz vom 29. Juni 1851, die kaufmännischen Anweisungen betreffend;
11. das Gesetz vom 29. Juni 1851, die bürgerlichen Rechte der israelitischen Glaubensgenossen betreffend;
12. das Gesetz vom 22 Februar 1855, die Statutar- und Gewohnheitsrechte der K. Haupt- und Residenzstadt München betreffend;
13. das Gesetz vom 22. Februar 1855, die Aufhebung der lex Anastasiana und anderer bezüglich der Abtretung von Rechten vorgeschriebenen Beschränkungen betreffend;
14. das Gesetz vom 26. März 1859, die Verjährungsfristen betreffend;
15. das Gesetz vom 26. März 1859, die Gewährleistung bei Viehveräußerungen betreffend;
16. das Gesetz vom 29 September 1861, die Verjährung der Forderung aus Staats-Schuldurkunden der Staatsschulden-Tilgungsanstalt betreffend;
17. der § 26 Ziff. 2 und der § 28 Ziff. 2 Abs. 2 des III. Abschnitts des Landtagsabschieds vom 10. November 1861;

18. das Gesetz vom 10. November 1861, die Einführung des allgemeinen deutschen Handelsgesetzbuchs betreffend; S. 20.
19. das Gesetz vom 5. Dezember 1867, die Abänderung der gesetzlichen Bestimmungen über die Zinsen betreffend;
20. das Gesetz vom 2. Mai 1868 über die Schließung und Trennung der Ehen der keiner anerkannten Religionsgesellschaft angehörenden Personen;
21. das Gesetz vom 16. Mai 1868, Abänderung einiger Bestimmungen des in der Pfalz geltenden Civilgesetzbuchs über Privilegien und Hypotheken betreffend; S. 21.
22. der § 60 des Landtagsabschieds vom 29. April 1869;
23. das Gesetz vom 29. April 1869, die privatrechtliche Stellung von Vereinen betreffend;
24. das Gesetz vom 14. Januar 1871, die Intercessionen betreffend;
25. der § 21 des Landtagsabschieds vom 18. Februar 1871;
26. das Gesetz vom 29. Dezember 1873, die Todeserklärung der in Folge des Krieges von 1870/71 vermißten Personen betreffend;
27. das Gesetz vom 27. Juli 1874, die Todeserklärung der in Folge des Krieges von 1866 vermißten Personen betreffend;
28. das Gesetz vom 28. Februar 1880, die Abänderung des Art. 9 des pfälzischen Notariatsgesetzes vom 25. ventôse XI betreffend;
29. das Gesetz vom 20 März 1882, die Vollstreckungsbefehle in der Pfalz betreffend;
30. das Gesetz vom 29. Mai 1886, die Abänderung einiger Bestimmungen des Hypothekengesetzes betreffend;
31. das Gesetz vom 18. Dezember 1887, die der Pfändung nicht unterworfenen Sachen und Forderungen betreffend;
32. das Gesetz vom 26. April 1888, die Abänderung von Bestimmungen des in der Pfalz geltenden Hypotheken- und Vormundschaftsrechts betreffend;
33. das Gesetz vom 5. Mai 1890, die Form einiger Rechtsgeschäfte betreffend;
34. das Gesetz vom 18. März 1896, die Abänderung des Art. 19 des Notariatsgesetzes vom 10. November 1861. betreffend;
35. das Gesetz vom 18. März 1896, einige Bestimmungen über die Inhaberpapiere betreffend.

Artikel 43.

Dieses Gesetz tritt gleichzeitig mit dem Bürgerlichen Gesetzbuch in Kraft.

Artikel 44.

Die in diesem Gesetz abgeänderten oder für aufgehoben erklärten Vorschriften des Liegenschaftsrechts bleiben insoweit in Kraft, als ihre Geltung im Artikel 189 des Einführungsgesetzes zum Bürgerlichen Gesetzbuche vorbehalten ist.

S. 21.

Artikel 45.

Die Staatsregierung wird ermächtigt, die Texte:

1. des Gesetzes über Heimat, Verehelichung und Aufenthalt vom 16. April 1868,
2. des Gesetzes, die öffentliche Armen- und Krankenpflege betreffend, vom 29. April 1869,
3. des ersten Abschnitts des Gesetzes zur Ausführung der Reichs-Civilprozeßordnung und Konkursordnung vom 23. Februar 1879,
4. des Gesetzes über die Erbschaftssteuer vom 18. August 1879,
5. des Gesetzes, die Flurbereinigung betreffend, vom 29. Mai 1886,

wie sie sich aus den Aenderungen ergeben, welche in

diesem Gesetze,
dem Gesetze vom 26. Dezember 1871 (G.-Bl. S. 81),
dem Gesetze vom 23. Februar 1872 (G.-Bl. S. 214),
dem Landtagsabschiede vom 15. April 1875 (G.- u. V.-Bl. S. 345),
dem Gesetze vom 28. Februar 1884 (G.- u. V.-Bl. S. 75),
dem Gesetze vom 21. April 1884 (G.- u. V.-Bl. S. 213),
dem Gesetze vom 3. Februar 1888 (G.- u. V.-Bl. S. 81),
dem Gesetze vom 17. März 1892 (G.- u. V.-Bl. S. 51),
dem Gesetze vom 26. Mai 1892 (G.- u. V.-Bl. S. 144),
dem Gesetze vom 17. Juni 1896 (G.- u. V.-Bl. S. 297)

vorgesehen sind, unter fortlaufender Nummernfolge der Artikel und bei den in einzelnen Artikeln enthaltenen Aufzählungen unter fortlaufender Reihenfolge der Ziffern oder Buchstaben sowie unter Berichtigung der Verweisungen, durch das Gesetz- und Verordnungs-Blatt bekannt zu machen.

Bei der Bekanntmachung des ersten Abschnitts des Gesetzes vom 23. Februar 1879 bleiben die Ueberschrift sowie die Vorschriften, die nur noch als Uebergangsbestimmungen gelten, weg.

Gegeben .

Für den Entwurf:

(gez.) Dr. Freiherr **von Leonrod.**

3.

S. 22.

Begründung.

(Beilage B z. d. Verhandl. des Gesetzgebungsausschusses d. K. d. Abg. 1898 S. 22 bis 67.)

Wie in der Einleitung der Begründung zu dem Entwurf eines Ausführungsgesetzes zum Bürgerlichen Gesetzbuche bemerkt ist, macht die Einführung des Bürgerlichen Gesetzbuchs eine Reihe von Aenderungen und Ergänzungen der Verfassungsurkunde und der seit deren Erlassung ergangenen Gesetze nothwendig. Diese Aenderungen und Ergänzungen enhält der gegenwärtige Entwurf.

Ausgeschieden sind jedoch: S. 22.

das Gesetz vom 10. November 1861, das Notariat betreffend, mit dem Gesetze vom 29. Juli 1876, die Abänderung einiger Bestimmungen des Notariatsgesetzes betreffend, und dem Gesetze vom 16. Mai 1868, das Notariat in der Pfalz betreffend;

das Gesetz vom 23. Februar 1879, die Zwangsvollstreckung in das unbewegliche Vermögen wegen Geldforderungen betreffend, mit dem Gesetze vom 29. Mai 1886, Aenderungen der Bestimmungen über die Zwangsvollstreckung in das unbewegliche Vermögen betreffend;

das Gesetz vom 18. August 1879 über das Gebührenwesen mit den Gesetzen, durch die es abgeändert worden ist;

die Gesetze vom 19. Mai 1881, die Einkommensteuer betreffend, die Kapitalrentensteuer betreffend und die Gewerbsteuer betreffend.

Die auf das Notariat und das Gebührenwesen bezüglichen Gesetze werden, wie in der Einleitung der Begründung zu dem Entwurf eines Ausführungsgesetzes bemerkt worden ist, in besonderen Gesetzentwürfen über die Einrichtung des Notariats und über das Gebührenwesen mit den neuen Reichsgesetzen in Einklang gebracht, die aufrechtzuerhaltenden landesgesetzlichen Vorschriften über die Zwangsvollstreckung in das unbewegliche Vermögen werden in den Entwurf eines besonderen Ausführungsgesetzes zu der Grundbuchordnung und zu dem Gesetz über die Zwangsversteigerung und die Zwangsverwaltung übernommen werden. Das Gesetz über die Gewerbsteuer soll durch ein neues Gesetz ersetzt werden, dessen Entwurf bereits dem Landtage vorgelegt ist (Verh. der Kamm. der Abg. 1897 Beil. Nr. 780), die erforderlichen Aenderungen der Gesetze über die Einkommensteuer und die Kapitalrentensteuer werden der in Angriff genommenen Umgestaltung dieser Gesetze (Verh. der Kamm. der Abg. 1897 Beil. Nr. 778, 779) vorbehalten.

Zu den einzelnen Bestimmungen des Entwurfes ist Folgendes zu bemerken:

Artikel 1.

Verfassungsurkunde vom 26. Mai 1818.

1. Die Vorschrift des § 14 Abs. 3 der VII. Beilage zu der Verfassungsurkunde, nach welcher gegen die Entscheidungen der Fideikommißgerichte dieselben Rechtsmittel wie in streitigen Rechtssachen stattfinden, ist durch den Artikel 56 des Gesetzes vom 23. Februar 1879 zur Ausführung der Civilprozeßordnung und Konkursordnung dahin geändert worden, daß auf die Beschwerden gegen Entscheidungen der Oberlandesgerichte in Fideikommißsachen die allgemeinen Vorschriften über Beschwerden in Angelegenheiten der freiwilligen Gerichtsbarkeit (Art. 56 bis 62 des Ausf.-Ges. zur CPO. und KO.) Anwendung finden. Als Beschwerdegericht ist im Artikel 42 Abs. 3 des Ausführungsgesetzes zum Gerichtsverfassungsgesetze vom 23. Februar 1879 das Oberste Landesgericht bestimmt.*) An die Stelle der bisherigen Vorschriften über die Beschwerde in Angelegenheiten der freiwilligen Gerichtsbarkeit treten nach Artikel 115 des Entwurfes eines Ausführungsgesetzes zum Bürgerlichen Gesetzbuche**) die Vorschriften des § 19 Abs. 1 und der §§ 20 bis 25 des Gesetzes

*) Vergl. Becher, bayr. Landescivilrecht ꝛc. § 150 Note 9, § 242.

**) Vergl. IV. Abth. Seite 30.

S. 22. über die Angelegenheiten der freiwilligen Gerichtsbarkeit. Der Entwurf bringt in der Ziff. I, 1 die Fassung des § 14 Abs. 3 mit diesem Rechtszustand in Einklang.*)

2. Der § 109 der VII. Beilage, welcher die Anordnung von fideikommissarischen Substitutionen im Bereiche des allgemeinen bürgerlichen Rechtes einschränkt, wird durch die §§ 2109, 2162, 2163, 2210 des Bürgerlichen Gesetzbuchs ersetzt.**)

Der § 28 Satz 2 der VII. Beilage bestimmt, daß eine die Errichtung eines Familienfideikommisses bezweckende Anordnung, wenn sie nicht als Familienfideikommiß bestehen kann, als fideikommissarische Substitution nach Maßgabe des § 109 giltig sein soll. Diese Vorschrift gehört gleichfalls nicht dem durch Artikel 59 des Einführungsgesetzes zum Bürgerlichen Gesetzbuche der Landesgesetzgebung vorbehaltenen Fideikommißrechte, sondern dem allgemeinen bürgerlichen Rechte an. Inwieweit eine nicht als Fideikommißerrichtung wirksame Anordnung als ein anderes Rechtsgeschäft wirksam ist, bestimmt sich nach dem Bürgerlichen Gesetzbuche.***)

Der Entwurf (Ziff. I, 2) erklärt deshalb den § 28 Satz 2 und den § 109 für aufgehoben.

3. Die Siegelmäßigkeit (Beil. VIII zu der Verfassungsurkunde) verliert durch die Beseitigung der besonderen Rechte, welche in einzelnen Rechtsgebieten siegelmäßigen Vätern in Ansehung des Mutterguts der Kinder zustehen, den letzten Rest ihres Inhalts. Der Entwurf (Ziff. II) hebt deshalb die VIII. Beilage auf.

Artikel 2.

Grundsteuergesetz vom 15. August 1828.

1. Die auf die Umschreibung im Grundsteuerkataster bezüglichen Vorschriften des Grundsteuergesetzes bedürfen mit Rücksicht auf ihren Zusammenhang mit dem im Bürgerlichen Gesetzbuche geordneten Liegenschaftsrecht einiger Aenderungen.

Nach § 71 des Grundsteuergesetzes ist bei Veränderungen, die sich in den Personen der Besitzer ereignen, das Grundsteuerkataster durch Umschreibung richtig zu stellen. Unter dem Besitzer ist, wie sich aus dem § 73 Abs. 1 ergibt, derjenige verstanden, welcher den Umständen nach als Eigenthümer erscheint. Von der Herstellung des Grundbuchs an treffen dieses und das Grundsteuerkataster insofern zusammen, als beide die Eintragung des Eigenthümers enthalten sollen. Bei dem auf Rechtsgeschäft beruhenden Erwerbe (§ 873 des B. GB.), auch der Aneignung in den Fällen des § 927 Abs. 2 und des § 928 Abs. 2 des Bürgerlichen Gesetzbuchs, bildet die Eintragung in das Grundbuch, die Erforderniß des Erwerbes ist, die Grundlage für die Umschreibung im Grundsteuerkataster. In den übrigen Fällen, bei einem Erwerbe, der sich ohne Eintragung vollzieht, und bei der Feststellung des Eigenthums

---

*) Hierdurch wird an dem bisherigen Rechtszustande nichts Wesentliches geändert. Vergl. hierher auch § 189 und § 185 Abs. 2 des Gesetzes über die Angelegenheiten der freiwilligen Gerichtsbarkeit.

**) Vergl. hierzu Becher a. a. O. § 216 Note 17; v. Roth-Becher, bayr. Civ.-R. Bd. III Abth. 1 § 344 Note 26, 27.

***) Vergl. hierzu Becher a. a. O. § 151 Note 25.

eines Anderen als des als Eigenthümer Eingetragenen, erfolgt die Umschreibung S. 22.
im Grundsteuerkataster unabhängig von der Berichtigung des Grundbuchs (Ziff. I). Soweit das Grundbuch auf Ersuchen einer Behörde zu berichtigen ist (vergl. insbesondere § 130 Abs. 1 des Gesetzes über die Zwangsversteigerung und die Zwangsverwaltung), hat die Behörde nach § 72 Abs. 2 (Ziff. II)
auch die Um || schreibung im Grundsteuerkataster zu veranlassen. In den S. 23.
übrigen Fällen bleibt die Erwirkung der Berichtigung des Grundbuchs den Betheiligten überlassen, während für die Umschreibung im Grundsteuerkataster von Amtswegen Sorge getragen werden muß. Da die Berichtigung des Grundbuchs in manchen Fällen, insbesondere bei der Erbfolge, wenn die Erben die Auseinandersetzung verschieben, geraume Zeit unterbleibt, so werden sich Verschiedenheiten zwischen dem Grundbuch und dem Grundsteuerkataster ergeben, die sich aus der verschiedenen Zweckbestimmung der beiden Bücher erklären. Um der Umschreibung im Grundsteuerkataster eine verlässige Grundlage zu geben und dafür zu sorgen, daß das Grundbuch und das Grundsteuerkataster wieder übereinstimmen, sobald das Grundbuch berichtigt wird, schreibt der Entwurf vor, daß das Eigenthum des neuen Besitzers in der für die Eintragung in das Grundbuch vorgeschriebenen Weise (§ 22 Abs. 1, §§ 29, 34 bis 36, 39 der GBO.) nachgewiesen sein muß.

Außer den Aenderungen in der Person des Besitzers sind nach § 71 auch die Aenderungen, die sich mit den Besitzungen selbst ereignen, Gegenstand der Umschreibung. Dies gilt insbesondere von Aenderungen in dem Bestand eines Grundstücks. Werden mehrere Grundstücke zu einem Grundstücke vereinigt oder wird ein Grundstück zum Bestandtheil eines anderen Grundstücks gemacht, so muß die Eintragung der Aenderung in das Grundbuch vorangehen, weil die Aenderung sich erst mit der Eintragung vollzieht (§ 890 des B. GB.). Außer dem Falle, daß ganze Grundstücke in der einen oder anderen Weise vereinigt werden muß, die Umschreibung im Grundsteuerkataster bei einer Aenderung in dem Bestand eines Grundstücks von der Vorlegung eines Auszugs des Messungsverzeichnisses und eines von der Messungsbehörde angefertigten Planes, in welchem die Aenderung ersichtlich gemacht ist, abhängig gemacht werden. Der Auszug des Messungsverzeichnisses bildet die Grundlage für die in das Grundsteuerkataster aufzunehmende Angabe der nunmehrigen Größe des Grundstücks, die Vorlegung einer Planzeichnung ist mit Rücksicht auf den § 69 geboten. Die Eintragung der Aenderung in das Grundbuch wird auf Grund des § 96 der Grundbuchordnung gleichfalls von der Beibringung einer Planzeichnung abhängig zu machen sein.

Die im § 72 Abs. 2 bestimmte Anmeldungspflicht muß in den die Mehrzahl bildenden Fällen, in denen zu der anzumeldenden Aenderung die Eintragung in das Grundbuch erforderlich ist, den Grundbuchämtern obliegen. Der Entwurf (Ziff. II) spricht dies ausdrücklich aus. Die übrigen Aenderungen, die im § 72 sonst vorgenommen werden, betreffen nur die Fassung.

Durch Verwaltungsvorschrift kann den Grundbuchämtern auch die Mittheilung solcher Aenderungen zur Pflicht gemacht werden, deren Eintragung zum Zwecke der Berichtigung des Grundbuchs erfolgt ist. Zur Erlassung einer solchen Anordnung, die auf den Fall berechnet ist, daß die im § 72 Abs. 2 vorgeschriebene Anmeldung unterbleibt, bedarf es einer gesetzlichen Vorschrift nicht.

Im § 73 Abs. 1 ist dafür Sorge getragen, daß Verschiedenheiten zwischen dem thatsächlichen Besitzstand und der aus dem Grundsteuerkataster ersichtlichen Rechtslage soweit thunlich verhütet werden. Zu diesem Zwecke findet,

S. 23. wenn festgestellt ist, daß das thatsächliche Verhältniß mit der Angabe des Katasters nicht übereinstimmt, ein Zwangsverfahren statt, in dem die Betheiligten durch Ordnungsstrafen angehalten werden, die Behelfe beizubringen, von denen die Umschreibung auf den jetzigen Besitzer abhängt, oder sich darüber auszuweisen, daß sie das ihrerseits Erforderliche gethan haben. Insbesondere soll, wenn ein Grundstück oder eine Theilfläche von dem Eigenthümer einem Anderen zum Eigenbesitz überlassen, das Eigenthum aber nicht übertragen worden ist, was insbesondere bei der Ordnung nachbarlicher Verhältnisse häufig vorkommt, die Eigenthumsübertragung erzwungen werden. Die Vorschrift hat bisher ihren Zweck nur theilweise erreicht; in vielen Fällen erweist sich die Nachholung des Uebertragungsgeschäfts als unthunlich. Der Entwurf (Ziff. III) erachtet dieses Zwangsverfahren, das in anderen deutschen Staaten aufgegeben worden ist, für entbehrlich. Die Verschiedenheit zwischen dem thatsächlichen Besitzstand und der Rechtslage ist für den Zweck, den das Grundsteuerkataster für die Führung des Grundbuchs hat, als amtliches Verzeichniß der Grundstücke (§ 2 Abs. 2 der GBO.) zu dienen, belanglos, und für die Steuererhebung genügt die Vorschrift, daß der Eigenthümer, wenn er das Grundstück einem Anderen ohne Uebertragung des Eigenthums zum Eigenbesitz überläßt, neben dem Besitzer für die Grundsteuer haftbar ist. Diese Vorschrift stellt der Entwurf (Ziff. IV) in den § 81 als Abs. 3 ein.

Hienach beschränkt sich die Vorschrift des § 73 Abs. 1 auf die den Parteien obliegende Anmeldungspflicht (§ 72 Abs. 2, Ziff. II). Für diese kann der Mindestbetrag der in dem Zwangsverfahren zu bestimmenden Frist auf zwei Wochen herabgesetzt werden.

2. Die Vorschriften des § 116 Abs. 2, 3 über die Verjährung rückständiger Grundsteuern und über die Verjährung des Anspruchs auf Rückerstattung bezahlter Grundsteuern werden durch die Artikel 112, 113 des Entwurfes eines Ausführungsgesetzes zum Bürgerlichen Gesetzbuch*) ersetzt. Der Entwurf (Ziff. V) erklärt sie deshalb für aufgehoben.

Artikel 3.

Haussteuergesetz vom 15. August 1828.

Der § 37 des Haussteuergesetzes bestimmt im Abs. 2 die Verjährung rückständiger Haussteuern und im Abs. 3 die Verjährung des Anspruchs auf Rückersatz bezahlter Haussteuern. Diese Bestimmungen werden aus demselben Grunde wie der § 116 Abs. 2, 3 des Grundsteuergesetzes (vergl. Begründung zu Art. 2 unter Ziff. 2) für aufgehoben erklärt.

Artikel 4.

Forststrafgesetz für die Pfalz vom 28. Dezember 1831.

1. Die Ziff. I bringt den Artikel 13 Abs. I des Forststrafgesetzes für die Pfalz mit dem Artikel 69 Abs. 1 des Forstgesetzes vom 28. März 1852 in der Fassung der Bekanntmachung vom 4. Juli 1896 in Einklang. Eine Aenderung ist schon deshalb geboten, weil die bisherige Fassung der Ziff. 5, welche den „Kommittenten" für civilverantwortlich erklärt, mit dem Artikel 1384 des Code civil zusammenhängt. Durch die Neufassung werden ferner die Ziff. 2 und 3 dahin verdeutlicht, daß der Ausdruck „Kinder" in der Ziff. 2 sowohl leibliche als auch Stief-, Adoptiv- und Pflegekinder umfaßt und daß in der Ziff. 3 den Vormündern nicht nur die Pfleger (§ 1915 des B. GB.),

*) Vergl. Abth. IV Seite 29, 30.

sondern auch diejenigen gleichstehen, welchen Minderjährige in Pflege gegeben sind. Die Ziff. 7 des Artikel 69 Abs. 1 ist in der neuen Fassung des Artikel 13 Abs. 1 mit Rücksicht auf den Artikel 27 des Forststrafgesetzes weggelassen. S. 23.

2. Die Ziff. II ändert den Artikel 16 dahin, daß die von der Verjährung des Schadensersatzanspruchs handelnden Bestimmungen gestrichen werden. Für die Verjährung des Schadensersatzanspruchs gelten künftig die Vorschriften des § 852 des Bürgerlichen Gesetzbuchs. Der gleiche Rechtszustand besteht im rechtsrheinischen Bayern. S. 24.

3. Für die in Forstrügesachen im Verfahren vor den Amtsgerichten stattfindenden Zustellungen gelten theils die allgemeinen Vorschriften der Strafprozeßordnung (Art. 91 des rev. Forststrafgesetzes für die Pfalz, Art. 188 des Forstgesetzes, §§ 37 ff. der StPO.), theils besondere, nach mehreren Richtungen abweichende Bestimmungen des Forststrafgesetzes (Art. 66 bis 68) und des Forstgesetzes (Art. 154 bis 156) in der Weise, daß für die verschiedenen Arten der zuzustellenden Schriftstücke verschiedene Vorschriften über die Zustellung maßgebend sind.

Bei den zahlreichsten dieser Schriftstücke, den Strafbefehlen, wird die Zustellung durch den Gerichtsvollzieher besorgt, der sie entweder persönlich ausführt, oder, soweit ihm dies gestattet ist (Bekanntm. des Staatsministeriums der Justiz vom 28. Dezember 1880, JMBl. 1881 S. 1), die Post um Bewirkung der Zustellung ersucht. Die bei der Zustellung zu übergebende Abschrift wird von dem Gerichtsschreiber beglaubigt.

Bei den Ladungen zur Hauptverhandlung dagegen ist, wenn durch die Post zugestellt werden soll, das Ersuchen um Bewirkung der Zustellung von dem Gerichtsschreiber zu stellen und der Gerichtsvollzieher nur zur Besorgung der von ihm persönlich auszuführenden Zustellungen berufen. Diese Vorschrift wird auch auf die Zustellung der in Abwesenheit des Angeklagten oder der civilverantwortlichen Person erlassenen Urtheile und der Ladungen zum Strafantritt angewendet. Die Abschrift des Urtheils wird von dem Gerichtsschreiber beglaubigt; bei den Ladungen obliegt die Beglaubigung dem Gerichtsvollzieher.

Für den Nachweis der Zustellung sind bei den Strafbefehlen nach § 37 der Strafprozeßordnung die Vorschriften der Civilprozeßordnung über Zustellungen maßgebend, wonach die Zustellungsurkunde oder die Bescheinigung über die Uebergabe der zuzustellenden Abschrift an die Post auf die Urschrift des zuzustellenden Schriftstücks zu setzen und bei der Zustellung auch eine Abschrift der Zustellungsurkunde zu übergeben ist. Die übrigen Zustellungen werden thunlichst kurz in den vorgeschriebenen tabellarischen Verzeichnissen beurkundet. Auf das zu übergebende Schriftstück wird bei der Zustellung der Ladung zur Hauptverhandlung und bei der Zustellung eines in Abwesenheit des Verurtheilten erlassenen Urtheils ein Vermerk über die Ausführung der Zustellung gesetzt; die Ladung zum Strafantritt erhält einen solchen Vermerk nicht.

Die für die Ladung zur Hauptverhandlung geltenden Bestimmungen weichen auch in den Vorschriften darüber, in welcher Weise die Zustellung zu bewirken ist, wenn dem Zustellungsempfänger selbst nicht zugestellt werden kann (Ersatzzustellung), von den für die übrigen Zustellungen maßgebenden Bestimmungen der Civilprozeßordnung ab. Nach diesen erfolgt die Ersatzzustellung, wenn sie nicht in der Wohnung des Zustellungsempfängers an einen Hausgenossen oder an eine in der Familie dienende Person und nicht an den Hauswirth oder den Vermiether geschehen kann, durch Niederlegung

S. 24. des zu übergebenden Schriftstücks auf der Gerichtsschreiberei des Amtsgerichts oder bei der Postanstalt oder bei dem Gemeinde- oder Polizeivorsteher. Durch eine an die Thüre der Wohnung zu befestigende schriftliche Anzeige und soweit thunlich durch mündliche Mittheilung an zwei in der Nachbarschaft wohnende Personen wird dafür gesorgt, daß der Zustellungsempfänger von der Niederlegung Kenntniß erhält. Ist dieser ein Gewerbetreibender, welcher ein besonderes Geschäftslokal hat, so kann, wenn er in diesem nicht angetroffen wird, die Zustellung auch an einen darin anwesenden Gewerbegehilfen erfolgen; der Zustellungsbeamte ist aber, wenn er nicht in der Wohnung und auch nicht an den Hauswirth oder den Vermiether zustellen kann, berechtigt, die Zustellung durch Niederlegung auszuführen, ohne sie erst noch im Geschäftslokale zu versuchen. Für die Ladungen zur Hauptverhandlung dagegen sind die Vorschriften der früheren bayerischen Gesetzgebung (Art. 308 Abs. 3, 4 des Strafprozeßgesetzes vom 10. November 1848) beibehalten worden. Die Niederlegung findet nur bei dem Gemeindevorsteher statt, die Anheftung einer Anzeige an die Wohnungsthüre und die Mittheilung an Nachbarn unterbleibt, der Gemeindevorsteher ist aber verpflichtet, die bei ihm niedergelegte Abschrift sogleich an den Zustellungsempfänger gelangen zu lassen. Ist dieser ein Gewerbetreibender, der ein besonderes Geschäftslokal hat, so kann durch Niederlegung nur zugestellt werden, wenn auch die Zustellung im Geschäftslokale vergeblich versucht worden ist.

Die Aenderungen, welche die Civilprozeßordnung durch das Gesetz vom 17. Mai 1898 erfahren hat, enthalten auch eine Vereinfachung der Zustellungen von Amtswegen (§§ 208 bis 213 der neuen Fassung). Bei diesen fällt die Thätigkeit des Gerichtsvollziehers weg. Für die Bewirkung der Zustellungen hat der Gerichtsschreiber Sorge zu tragen. Der Gerichtsschreiber hat die bei der Zustellung zu übergebende Abschrift zu beglaubigen; das zu übergebende Schriftstück ist in einem durch das Gerichtssiegel verschlossenen, mit der Adresse der Person, an die zugestellt werden soll, versehenen und mit einer Geschäftsnummer bezeichneten Briefumschlag einem Gerichtsdiener oder der Post zur Zustellung auszuhändigen. Die Geschäftsnummer wird in den Akten vermerkt. Die Beurkundung der Zustellung durch den Gerichtsdiener oder den Postboten erfolgt nach den für Zustellungen durch die Post geltenden Vorschriften; eine Abschrift der Zustellungsurkunde ist indessen nicht zu übergeben, sondern es wird nur der Tag der Zustellung auf dem Briefumschlage vermerkt.

Diese Vorschriften gelten, wenn das Forststrafgesetz und das Forstgesetz unverändert belassen werden, auch in Forstrügesachen für die Zustellung von Strafbefehlen und für die sonstigen Zustellungen, soweit diese durch die Post bewirkt werden; im Uebrigen verbleibt es bei den bisherigen Vorschriften. Die Verschiedenheit der Vorschriften über die Zustellung nach dem Inhalte des zuzustellenden Schriftstücks ist aber unzweckmäßig und führt trotz der erlassenen eingehenden Dienstanweisungen (Bekanntm. vom 16. August 1879 Nr. 1, G.- u. V.-Bl, S. 1001, JMBl. S. 557; Dienstvorschr. für die Gerichtsschreiber vom 14. September 1879 § 29 Abs. 3, JMBl. S. 787; Bekanntm. vom 25. September 1879 § 28 Abs. 2, JMBl. S. 1254; Anweisung zur postdienstlichen Behandlung der Schreiben mit Zustellungsurkunden v. 21. Dezember 1890 § 13 Abs. 10) nicht selten zu Verstößen.

Der Entwurf (Art. 4 Ziff. III, IV, VI, Art. 13 Ziff. I, II, IV) hebt deshalb die von der Ersatzzustellung handelnden Vorschriften des Artikel 68 des Forststrafgesetzes und des Artikel 156 des Forstgesetzes auf und streicht

in den Artikeln 66, 67 des Forststrafgesetzes und in den Artikeln 154, 155 S. 24.
des Forstgesetzes die von der Zustellung handeln ‖ den Vorschriften. Die S. 25.
Artikel 66, 154 werden auf die Ladung des Angeklagten und der civilverantwortlichen Person beschränkt; für die Ladung der Zeugen paßt die Ziff. 3 des Abs. 2 nicht und tritt an die Stelle der Ziff. 5 der § 48 Abs. 1 der Strafprozeßordnung.

Für die durch den Gerichtsdiener zu bewirkenden Zustellungen will der Entwurf aber die Beibehaltung der bisherigen Vorschriften insoweit ermöglichen, als nach diesen das zu übergebende Schriftstück offen bleibt und die Beurkundung der Zustellung in abgekürzter Weise in einem tabellarischen Verzeichniß erfolgt. Diese Vereinfachungen sollen in dem Verfahren vor den Amtsgerichten für alle Zustellungen, auch für die Zustellung der Strafbefehle, zugelassen werden. Fällt der Briefumschlag weg, so müssen die Geschäftsnummer, deren Angabe in der Beurkundung des Gerichtsdieners die Bezeichnung des zuzustellenden Schriftstücks ersetzt, und der Vermerk des Tages der Zustellung auf das offen zu übergebende Schriftstück gesetzt werden. Die hiezu erforderlichen Vorschriften werden durch die Ziff. V des Artikel 4 und die Ziff. III des Artikel 13 dem Artikel 91 des Forststrafgesetzes und dem Artikel 188 des Forstgesetzes eingefügt.

Artikel 5.

Zwangsabtretungsgesetz vom 17. November 1837.

Die Vorschriften des Zwangsabtretungsgesetzes vom 17. November 1837 bleiben infolge des Vorbehalts des Artikel 109 des Einführungsgesetzes zum Bürgerlichen Gesetzbuch aufrecht, bedürfen indessen, insbesondere mit Rücksicht auf das Liegenschaftsrecht des Bürgerlichen Gesetzbuchs, einiger Aenderungen und Ergänzungen.*)

1. Nach Artikel XV Satz 2 werden die Betheiligten zu dem zur Verhandlung über die Abtretungspflicht bestimmten Termine durch Anschlag an dem Gerichtssitz und in den sämmtlichen betheiligten Gemeinden sowie durch schriftliche Mittheilung geladen. Die schriftliche Mittheilung ist jedoch in manchen Fällen, insbesondere wenn der Wohn- oder Aufenthaltsort des Betheiligten unbekannt ist, nicht ausführbar. Fälle dieser Art werden künftig häufiger vorkommen, weil nach dem Bürgerlichen Gesetzbuche bei Hypotheken, Grundschulden und Rentenschulden die Ertheilung des Briefes die Regel ist und der Erwerber, wenn ihm die Hypothekenforderung, die Grundschuld oder die Rentenschuld nach § 1154 des Bürgerlichen Gesetzbuchs durch schriftliche Erklärung und Uebergabe des Briefes abgetreten wird, nicht selten unterlassen wird, die Eintragung zu erwirken. Ist die schriftliche Mittheilung nicht ausführbar, so ist der Anschlag an der Gerichtstafel und in den Gemeinden nicht ausreichend, um die Betheiligten auf die beantragte Enteignung aufmerksam zu machen. Der Entwurf schreibt deshalb nach dem Vorbilde des Artikel 20 Abs. 2, 3 und des Artikel 32 Abs. 3, 4 des Flurbereinigungsgesetzes vom 29. Mai 1886 vor, daß die Ladung durch Veröffentlichung in dem der Distriktspolizeibehörde zu amtlichen Kundmachungen dienenden Blatte, durch Anheftung in den betheiligten Gemeinden und durch schriftliche Mittheilung zu erfolgen hat. Die Anheftung an die Gerichtstafel ist als neben der öffentlichen Bekanntmachung entbehrlich weggelassen. Die schriftliche Mittheilung wird wie nach den angeführten Vorschriften des Flurbereinigungsgesetzes an die zu ladenden Personen nur gerichtet, wenn ihr Wohnort bekannt ist, und die Wirksamkeit der Ladung ist, ebenso wie bei der Flurbereinigung, auch in diesem Falle nicht

*) Vgl. v. Roth-Becher, bayr. Civ.-R. Bd. II Abth. 1 § 152 Note 3.

S. 25. von der schriftlichen Mittheilung abhängig. Dies gilt auch für die Eintragung der nach Artikel XII mit der Zustellung der Ladung verbundenen Verfügungsbeschränkung. Dagegen darf die dort bestimmte Beschränkung des Eigenthümers in der thatsächlichen Verfügung gegenüber einem Eigenthümer, an den die schriftliche Mittheilung zu erfolgen hat, erst mit der Zustellung der Mittheilung eintreten.

Ueber die nach Artikel XI Betheiligten soll das Grundbuch Aufschluß geben. Ist einer dieser Betheiligten nicht im Grundbuch eingetragen, was bei Hypotheken-, Grundschuld- und Rentenschuldgläubigern nicht selten vorkommen wird, so muß er, um sich die Berücksichtigung zu sichern, sein Recht anmelden und auf Verlangen der Behörde glaubhaft machen. Eine Ausnahme ist aber für die Erben eines eingetragenen Berechtigten geboten, weil ihnen nicht zugemuthet werden kann, daß sie sofort nach dem Eintritte des Erbfalls ihre Eintragung erwirken. Sind die Erben unbekannt, so genügt die öffentliche Bekanntmachung der Ladung. Vorschriften gleichen Inhalts finden sich im Artikel 6 Abs. 2 des Gesetzes vom 15. Juni 1898 über das Unschädlichkeitszeugniß*) und im Artikel 12 Ziff. 3 Abs. 3 des Gesetzes über die Landeskultur-Rentenanstalt in der Fassung des Artikel 37 Ziff. V, 5 des Entwurfes.**)

Ueber die Zustellung der schriftlichen Mittheilung enthält das Zwangsabtretungsgesetz keine Vorschrift. Der Entwurf füllt die Lücke durch eine dem Artikel 20 Abs. 3 und dem Artikel 32 Abs. 4 des Flurbereinigungsgesetzes entsprechende Bestimmung aus.

Hierauf beruhen die in Ziff. I, 1, 4 enthaltenen Aenderungen des Artikel XV.

Die unter Ziff. I, 2, 3 vorgenommenen Aenderungen des Artikel XV entscheiden, den bei der Anwendung des Gesetzes entstandenen Zweifel, ob unter den Angerufenen im Sinne des Artikel XV Satz 3 Ziff. 2 nur die Abtretungspflichtigen (Art. I, Art. II Ziff. 2, Art. VI Abs. 2) oder auch die übrigen Betheiligten zu verstehen sind. Da die übrigen Betheiligten regelmäßig nicht an der Frage der Abtretungspflicht, sondern nur an der Höhe der Entschädigung interessirt sind und deshalb thatsächlich fast nie in der zur Verhandlung über die Abtretungspflicht bestimmten Tagsfahrt erscheinen, so schränkt der Entwurf die Ziff. 2 auf die Abtretungspflichtigen ein. Den übrigen Betheiligten wird in einer neuen Ziff. 3 in Anlehnung an den Artikel 26 Abs. 1 des Flurbereinigungsgesetzes (Art. 38 Ziff. XII des Entw.)***) als Rechtsnachtheil der Ausschluß mit etwaigen Erinnerungen gegen die Abtretung angedroht.

2. Die in der Ziff. II vorgenommene Aenderung des Einganges des Artikel XVI entbindet die Distriktspolizeibehörde von der Verpflichtung, dem Grundbuchamte den Nachweis des Vollzugs der Ladungen mitzutheilen. Da die Distriktsverwaltungsbehörde das Grundbuchamt um die Eintragung der im Artikel XII bestimmten Verfügungsbeschränkung zu ersuchen hat, so bedarf es nach § 39 der Grundbuchordnung nicht des Nachweises, daß die Ladungen vollzogen sind, deren Vollziehung der Stellung des Antrags vorausgehen muß, vielmehr erfolgt die Eintragung auf Grund des Ersuchens ohne weitere Prüfung.

3. Von den im Artikel XXII für die Pfalz getroffenen Sonderbestimmungen ist die der Ziff. 1 schon durch die Einführung der gegenwärtigen Verwaltungsorganisation (Verordnung vom 24. Februar 1862, R.-Bl. S. 409, Verordnung vom 19. April 1862, R.-Bl. S. 631) entbehrlich geworden. Mit der Einführung des Liegenschaftsrechts des Bürgerlichen Gesetzbuchs verlieren auch die Ziff. 2, 4
S. 26. die ‖ Geltung. Die Ziff. 3 enthält eine Erläuterung des Arkikel XV, die durch den neuen Abs. 2 des Artikel XV gegenstandslos wird. Der Entwurf (Ziff. III) erklärt daher die Ziff. 1 bis 4 für aufgehoben. Die Ziff. 5, 6 sind schon

*) Vergl. Abth. II Seite 268. **) Vergl. oben S. 32. ***) Vergl. oben S. 35, 36.

durch Artikel 6 des Einführungsgesetzes zur Prozeßordnung vom 29. April 1869 aufgehoben worden (vergl. Art. 45 des Ausf.-Ges. zur CPO. und KO.). S. 26.

4. Da das Bürgerliche Gesetzbuch neben der Hypothek die Grundschuld und die Rentenschuld als Formen des Grundkredits kennt und an die Stelle des Hypothekenamts das Grundbuchamt tritt, so erleiden die Artikel XI, XV, XVI insofern Aenderungen, als neben den Hypotheken die Grundschulden und die Rentenschulden zu berücksichtigen und die dem Hypothekenamt obliegenden Verrichtungen von dem Grundbuchamte wahrzunehmen sind. Der Artikel 41 des Entwurfes macht in dieser Beziehung besondere Bestimmungen entbehrlich.

Artikel 6.

Landtagswahlgesetz vom 4. Juni 1848.

Nach Artikel 5 Abs. 2 Ziff. 1 des Gesetzes vom 4. Juni 1848 in der Fassung der Bekanntmachung vom 22. März 1881 sind von der Wahlfähigkeit ausgeschlossen Personen, welche unter Kuratel stehen oder welchen nach Artikel 499 und 513 des in der Pfalz geltenden Civilgesetzbuchs ein Beistand gerichtlich beigegeben ist. Die Vorschrift hat ihren Grund darin, daß diese Personen nicht voll geschäftsfähig sind. Nach dem Bürgerlichen Gesetzbuche sind geschäftsunfähig oder in der Geschäftsfähigkeit beschränkt — abgesehen von den Minderjährigen — die Personen, welche entmündigt sind oder unter vorläufiger Vormundschaft stehen (§§ 6, 104, 114 des B. GB.). Die Bestellung eines Beistandes nach Artikel 513 des pfälzischen Civilgesetzbuchs steht nach Artikel 156 Abs. 2 des Einführungsgesetzes zum Bürgerlichen Gesetzbuche von dem Inkrafttreten des Bürgerlichen Gesetzbuchs an der Entmündigung gleich. Dementsprechend will Artikel 6 die Ziff. 1 des Artikel 5 Abs. 2 des Landtagswahlgesetzes ändern. Eine sachliche Aenderung liegt in der neuen Fassung nur insofern, als die nach Artikel 499 des pfälzischen Civilgesetzbuchs angeordnete Bestellung eines Beistandes, die nach Artikel 211 des Einführungsgesetzes zum Bürgerlichen Gesetzbuch ihre Wirkung mit dem Ablaufe von sechs Monaten nach dem Inkrafttreten des Bürgerlichen Gesetzbuchs verliert, schon vom 1. Januar 1900 an keinen Einfluß auf die Wahlfähigkeit mehr hat.

Artikel 7.

Ablösungsgesetz vom 4. Juni 1848.*)

Nach Artikel 29 Abs. 2 Satz 1 des Gesetzes vom 4. Juni 1848 haben die Bodenzinskapitalien, welche zum Ersatze für eine an die Ablösungskasse nicht abgetretene Realrente bestellt sind, dieselben Vorrechte des Hypothekengesetzes und der Prioritätsordnung, welche den Grundrenten zustanden, an deren Stelle sie treten. Diese Vorrechte sind im § 12 Nr. 4 des Hypothekengesetzes und im § 12 Nr. 7 der Prioritätsordnung von 1822 bestimmt.

Die Vorschriften des Hypothekengesetzes kommen mit der Einführung des Liegenschaftsrechts des Bürgerlichen Gesetzbuchs in Wegfall. Die Vorschrift der Prioritätsordnung gilt schon jetzt nicht mehr, an die Stelle des dort bestimmten Vorzugsrechts im Konkurs ist der Rang nach Artikel 108 Abs. 1 Ziff. 1 und Artikel 151 Abs. 1 Ziff. 1 der Subhastationsordnung bei der Zwangsvollstreckung in das belastete Grundstück getreten. Da diese Vorschriften aufgehoben werden, so ändert der Entwurf (Ziff. I) die Fassung des Artikel 29 Abs. 2 Satz 1 dahin, daß er an die Stelle der Vorrechte der Grundrenten den Rang setzt.

*) Vergl. hierzu Becher, bayerisches Landescivilrecht 2c. § 92; v. Roth-Becher, bayr. Civ.-R. Bd. II Abth. 2 § 189 A.

S. 26. Die gleiche Aenderung wird Abs. 2 Satz 1 des Artikel 30 vorgenommen (Ziff. II), von dem nach Artikel 13 des Gesetzes vom 28. April 1872, die Grundentlastung betreffend, und den Artikeln 7, 8 des Gesetzes vom 2. Februar 1898, die Fortsetzung der Grundentlastung betreffend, neuer Gebrauch nicht mehr gemacht werden kann.

Artikel 8.

Ausdehnung des Gesetzes vom 12. März 1850 auf die Pfalz.*)

Nach Artikel 108 des Einführungsgesetzes zum Bürgerlichen Gesetzbuche bleiben die landesgesetzlichen Vorschriften über die Verpflichtung zum Ersatze des Schadens unberührt, der bei einer Zusammenrottung, einem Auflauf oder einem Aufruhr entsteht.

Diese Vorschriften sind für die Landestheile rechts des Rheins hauptsächlich in dem Gesetze vom 12. März 1850, die Verpflichtung zum Ersatze des bei Aufläufen diesseits des Rheins verursachten Schadens betreffend, und für die Pfalz insbesondere in dem Gesetze vom 10. vendémiaire IV über die innere Polizei der Gemeinden enthalten.

Der Artikel 1 des Entwurfes eines Ausführungsgesetzes zum Bürgerlichen Gesetzbuche führt unter den von ihm aufrechterhaltenen Vorschriften des bürgerlichen Rechtes, welche aus der Zeit vor der Erlassung der Verfassungsurkunde vom 26. Mai 1818 stammen, die im Artikel 108 des Einführungsgesetzes zum Bürgerlichen Gesetzbuche vorbehaltenen nicht auf. Das Gesetz vom 10. vendémiaire IV sowie die mit ihm zusammenhängenden älteren Vorschriften des bürgerlichen Rechtes (Staatsrathsgutachten vom 13. prairial VIII und Regierungsbeschluß vom 8. nivôse VI) sollen mit dem Inkrafttreten des Bürgerlichen Gesetzbuchs wegfallen. Um die hier durch entstehende Lücke auszufüllen, erstreckt der Entwurf (Art. 8) die noch geltenden Vorschriften des Gesetzes vom 12. März 1850 (Art. 1 bis 3, Art. 4 Abs. 1, Art. 8 Abs. 1, Art. 9 bis 15) auf die Pfalz; er stellt damit auch in Bezug auf den Schadensersatz die Rechtseinheit her. Das Gesetz vom 4. Mai 1851, das Einschreiten der bewaffneten Macht zur Erhaltung der gesetzlichen Ordnung betreffend, gilt schon jetzt im ganzen Königreiche.

Eine wesentliche Aenderung des in der Pfalz geltenden Rechtes liegt in der Erstreckung des Gesetzes vom 12. März 1850 auf die Pfalz nicht; denn die Vorschriften dieses Gesetzes schließen sich an die Grundsätze des Gesetzes vom 10. vendémiaire IV an und enthalten in den wenigen Beziehungen, in denen sie abweichen, nur Verbesserungen.

Mit Rücksicht auf die Verschiedenheit der pfälzischen Gemeindeverfassung von der rechtsrheinischen kann indessen die Erstreckung nur mit der im Abs. 2 des Artikel 8 bestimmten Maßgabe vorgeschrieben werden. Nach Artikel 4 Abs. 1 des Gesetzes vom 12. März 1850 bedarf es zum Abschluß einer gütlichen Uebereinkunft der Gemeinde mit dem Beschädigten in Gemeinden mit städtischer Verfassung der Zustimmung der Gemeindebevollmächtigten, in Landgemeinden der Zustimmung der Gemeindeversammlung. Gleiches gilt nach Artikel 10 Abs. 1 des Gesetzes vom 12. März 1850 von der Vertheilung der Umlage auf die Pflichtigen. Die pfälzische Gemeindeordnung kennt den Unterschied von
S. 27. Gemeinden mit städtischer Verfassung und Landgemeinden nicht. ‖ Die Zustimmung der Gemeindeversammlung zu verlangen, würde in den größeren Städten zu bedenklichen Unzuträglichkeiten führen. Der Entwurf überträgt deshalb die Schließung einer Uebereinkunft und die Vertheilnng der Umlagen dem Gemeinderathe.

---

*) Vergl. hierzu Becher a. a. O. § 205 Note 21.

Artikel 9. S. 27.

Jagdgesetz vom 30. März 1850.*)

Das Jagdrecht steht in den rechtsrheinischen Landestheilen nach Artikel 1 des Gesetzes vom 30. März 1850 die Ausübung der Jagd betreffend, dem Grundeigenthümer zu. Die Ausübung des Jagdrechts ist durch das Gesetz in der Weise geregelt, daß — von gewissen Ausnahmen abgesehen — nur der Eigenthümer einer größeren zusammenhängenden Grundfläche selbst die Jagd ausüben darf, das Jagdrecht auf den übrigen Grundstücken des Gemeindebezirkes aber von der Gemeinde für Rechnung der betheiligten Grundeigenthümer verpachtet wird. In der Pfalz wird nach der Verordnung der gemeinschaftlichen Landesadministration vom 21. September 1815 (Amtsblatt S. 253), welche durch die Verordnung der bayerischen Landesadministration am linken Rheinufer vom 11. Juli 1816 (Amtsblatt S. 105) auf den Kreis Landau erstreckt worden ist, zwischen der Waldjagd und der Feldjagd unterschieden. Die Waldjagd steht dem Eigenthümer des Waldes zu. Auf Privatwaldgrundstücken darf jedoch der Eigenthümer die Jagd nur ausüben, wenn die Grundstücke eine zusammenhängende Fläche von mehr als 200 rheinländischen Morgen (= 76,20 ha) haben. Auf Privatwaldgrundstücken von geringerem Umfange wird, wenn sie ihrer Lage nach mit Waldungen des Staates, der Gemeinden oder öffentlicher Anstalten zusammenhängen, die Jagd für Rechnung des Eigenthümers mit der Jagd in diesen Waldungen verwaltet. Liegen solche Waldgrundstücke einzeln im Felde, so gehören sie zur Feldjagd. Die Feldjagd wird in der Regel von der Gemeinde verpachtet; der Ertrag fließt in die Gemeindekasse. Die Grundeigenthümer, welche zusammenhängende Feldgrundstücke von 100 rheinländischen Morgen oder darüber besitzen, dürfen die Jagd auf ihren Grundstücken, jedoch nur für ihre Person, mitbenützen. Die Feldjagd ist nach der vom Verwaltungsgerichtshof angenommenen Ansicht (Samml. IV S. 122, VII S. 303, VIII S. 71, X S. 257, XI S. 501) für die Regel vom Grundeigenthume losgelöst und steht der Gemeinde als eigenes Recht zu. Nach der Ansicht der Gerichte (Urtheil des bayer. Kass.-Hofes vom 16. Mai 1845, Amtsblatt S. 216), die auch in der Literatnr überwiegend gebilligt wird, steht dagegen auch die Feldjagd dem Grundeigenthümer zu und ist dieser nur regelmäßig gehindert, das Recht selbst auszuüben. Das Verhältniß unterscheidet sich nach dieser Ansicht von dem im rechtsrheinischen Bayern bestehenden darin, daß die Gemeinde das Jagdrecht nicht für Rechnung der Grundeigenthümer, sondern für eigene Rechnung ausübt. Im Uebrigen ist es bei den Vorschriften der in den einzelnen Landestheilen geltenden bürgerlichen Rechte verblieben. Dies gilt insbesondere von dem Inhalte des Jagdrechts, sowohl für die Bestimmung der Thiergattungen, die zu dem jagdbaren Wilde gehören, als für den Erwerb des Eigenthums an dem Wilde. Die Jagdfolge ist jedoch durch Artikel 10 des Gesetzes vom 25. Juli 1850, die Bestrafung der Jagdfrevel betreffend, im ganzen Königreich aufgehoben worden.

Welche Thiergattungen dem Jagdrecht unterliegen, bestimmt sich im Gebiete des gemeinen Rechtes nach dem Herkommen; dieses geht in den meisten Bezirken dahin, daß alle nutzbaren wilden Säugethiere und Vögel als jagdbar gelten (Entsch. des bayr. obersten Gerichtshofs in Straff. IX S. 473, des Reichsgerichts in Straff. XIX S. 349, XXIX S. 8, des Oberlandesgerichts München III S. 584). Nach Preußischem Landrecht entscheiden örtliche und provinzielle Bestimmungen. In deren Ermangelung erklärt das Landrecht das

*) Vergl. hierzu Becher a. a. O. § 182; v. Roth-Becher, bayr. Civ.-R. Bd. II Abth. 3 § 310.

S. 27. vierfüßige Wild und das wilde Geflügel nur für jagdbar, sofern sie zur Speise gebraucht zu werden pflegen (L.R. II 16 §§ 31 bis 34). Von den im rechtsrheinischen Bayern geltenden Partikularrechten enthalten nur wenige Rechte Bestimmungen und diese begnügen sich mit der Anerkennung der Jagdbarkeit einzelner Thiergattungen, wie das Würzburger Recht (Weber, Darstellung der Provinzial- und Statutarrechte Bd. III Theil 1 S. 318, 333) und das Schweinfurter Stadtrecht (Weber, Bd. III Theil 2 S. 707). Eine Ausnahme macht das Fuldaische Recht, das die jagdbaren Thiere einzeln aufzählt (Weber, Bd. II S. 984, 985). Die in der Pfalz geltende Gesetzgebung enthält gleichfalls keine ausdrückliche Bestimmung der jagdbaren Thiergattungen. Rechtsprechung und Wissenschaft beantworten die Frage in demselben Sinne wie die im Gebiete des gemeinen Rechtes herrschende Auffassung.

Dem ausschließlichen Aneignungsrechte des Jagdberechtigten unterliegt nicht blos das lebende Wild, sondern auch das Fallwild. Als solches gelten jedoch die Reste eines völlig in Verwesung übergegangenen Thierkörpers nicht mehr.

Vergl. Reichsgericht, Entsch. in Straff. III S. 226, V S. 281, XIII S. 84, XV S. 268, XIX S. 49, XXIII S. 89, bayr. oberster Gerichtshof in Straff. VIII S. 26, 479, Oberlandesgericht München IV S. 440, V S. 343, 349, VII S. 282.

Auf die abgeworfenen Geweihe erstreckt sich das ausschließliche Recht des Jagdberechtigten nach der überwiegenden Ansicht nicht.*) Dagegen unterliegen dem Rechte die Eier des jagdbaren Federwildes; das Ausnehmen ist aber auch dem Berechtigten nur mit besonderer Bewilligung gestattet (§ 10 der Verordnung vom 5. Oktober 1863, polizeiliche Vorschriften über Ausübung und Behandlung der Jagden betr., R.-Bl. S. 1657).

Der Jagdberechtigte erlangt nach allen in Bayern geltenden Rechten das Eigenthum an dem jagdbaren Wilde durch Aneignung.**) Im Gebiete des pfälzischen Rechtes besteht Streit darüber, ob zu der Aneignung nicht schon die tödtliche Verletzung des Wildes genügt. Die Frage, welche Wirkung die Aneignung Seitens eines Unberechtigten hat, ist für das gemeine Recht, das Preußische Landrecht und das pfälzische Recht streitig.

Durch den Artikel 69 des Einführungsgesetzes zum Bürgerlichen Gesetzbuch ist die Regelung des Jagdrechts der Landesgesetzgebung vorbehalten. Für den Fall, daß ein Unberechtigter sich jagdbares Wild aneignet, ist aber ohne Rücksicht auf landesgesetzliche Vorschriften der § 958 Abs. 2 des Bürgerlichen Gesetzbuchs für anwendbar erklärt, nach welchem durch die Besitzergreifung eines Unberechtigten weder für diesen noch für den Berechtigten Eigenthum erworben wird. Auf die Aneignung, durch welche der Jagdberechtigte das Eigenthum an dem Wilde erwirbt, findet die Vorschrift des § 958 Abs. 1 des Bürgerlichen Gesetzbuchs Anwendung.***)

Von den Vorschriften des Gesetzes vom 30. März 1850 bedürfen nur die des Artikel 18 Ziff. 1 und des Artikel 19 Ziff. 1 geringer Aenderungen (Ziff. II, III).

S. 28. Nach Artikel 18 Ziff. 1 müssen den wegen Geisteskrankheit unter Kuratel Gestellten oder notorisch Geisteskranken und nach Artikel 19 Ziff. 1 können den Minderjährigen und Verschwendern Jagdkarten verweigert werden. Mit Rücksicht auf § 6 Abs. 1 Nr. 1 des Bürgerlichen Gesetzbuchs ist ebenso wie in anderen Gesetzen (Art. 6, Art. 25 Ziff. I, III, Art. 26 Ziff. I, III, Art. 27

---

*) Vergl. Becher a. a. O. § 182 Note 15.

**) Vergl. Becher a. a. O. § 182 Note 11; v. Roth-Becher, bayr. Civ.-R. Bd. II Abth. 1 § 151 Note 16.

***) Vergl. v. Roth-Becher, bayr. Civ.-R. Bd. II Abth. 3 § 310 Note 47.

Ziff. VI des Entw.) statt der Stellung unter Kuratel die Entmündigung zu nennen. Bei den Verschwendern setzt der Artikel 19 Ziff. I die Beschränkung der Geschäftsfähigkeit durch gerichtliche Anordnung voraus, die nach § 6 Abs. 1 Nr. 2 des Bürgerlichen Gesetzbuchs durch Entmündigung erfolgt. S. 28.

Das Bürgerliche Gesetzbuch kennt noch zwei weitere Gründe der Entmündigung, die Geistesschwäche und die Trunksucht (§ 6 Abs. 1 Nr. 1, 3). Die wegen Geistesschwäche Entmündigten dürfen ebensowenig wie die Geisteskranken Jagdkarten erhalten, während die wegen Trunksucht Entmündigten den wegen Verschwendung Entmündigten gleichzustellen sind. Den unter vorläufige Vormundschaft gestellten Personen (§ 1906 des B. GB.) muß die Jagdkarte gleichfalls verweigert werden können, weil die Anordnung der vorläufigen Vormundschaft voraussetzt, daß die Entmündigung beantragt ist, und nach § 114 des Bürgerlichen Gesetzbuchs die Beschränkung der Geschäftsfähigkeit zur Folge hat (vergl. Art. 6, Art. 25 Ziff. III, Art. 26 Ziff. III, Art. 27 Ziff. VI des Entw.).

Die noch geltenden Vorschriften der Verordnung vom 21. September 1815 bleiben unberührt.

Die Verschiedenheiten, die bezüglich der Bestimmung der jagdbaren Thiergattungen zwischen den einzelnen Landestheilen bestehen, haben keine innere Berechtigung und lassen sich gegenüber der Aufgabe, auf dem der Landesgesetzgebung vorbehaltenen Gebiete des bürgerlichen Rechtes soweit thunlich die Rechtseinheit im Königreiche herzustellen (vergl. die Einleitung der Begründung zu dem Entwurf eines Ausführungsgesetzes zum Bürgerlichen Gesetzbuche), nicht aufrechterhalten. Der Entwurf ergänzt deshalb das Gesetz vom 30. März 1850 durch einen neuen Artikel 1a (Ziff. I), in dem er den Gegenstand des Jagdrechts im Wesentlichen in Uebereinstimmung mit dem bestehenden Rechtszustande bestimmt, und erstreckt diese Bestimmung in dem Abs. 2 des Artikel 9 auf die Pfalz. Für die Jagdbarkeit der einzelnen Thiergattungen können in dem Gesetze nur allgemeine Merkmale aufgestellt werden. Der Entwurf ermöglicht es aber, zur Verhütung von Zweifeln durch Königliche Verordnung die dem Jagdrecht unterliegenden Thiergattungen einzeln zu bestimmen. Eine sichere Begrenzung der jagdbaren Thiergattungen ist insbesondere auch mit Rücksicht auf die Bedeutung wünschenswerth, welche die Jagdbarkeit für die Anwendung der Vorschriften des Strafgesetzbuchs über unberechtigte Jagdausübung (§§ 292 bis 295, § 368 Nr. 11) hat. In Ansehung der Vögel ist die Entscheidung der Frage, welche Gattungen jagdbar sind, auch maßgebend für die Anwendbarkeit des Reichsgesetzes, betreffend den Schutz von Vögeln, vom 22. März 1888 (§ 8 Abs. 1 lit. b des Gesetzes).

Inwieweit der Fischereiberechtigte zur Erlegung von jagdbaren Thieren befugt ist, die den Fischen nachstellen, wird bei der in Aussicht genommenen Regelung des Fischereirechts bestimmt werden. Einstweilen verbleibt es nach Artikel 1 des Entwurfes eines Ausführungsgesetzes zum Bürgerlichen Gesetzbuche*) bei dem bisherigen Rechte (vergl. Entsch. des vorm. Kassationshofs IV S. 434).

Artikel 10, 11.

Wildschadengesetz vom 15. Juni 1850.)**

Die Verpflichtung zum Ersatze des Wildschadens ist im § 835 des Bürgerlichen Gesetzbuchs geregelt, die Artikel 70 bis 72 des Einführungsgesetzes behalten jedoch der Landesgesetzgebung eine Reihe von Ergänzungen vor.

1. Von den im rechtsrheinischen Bayern geltenden Artikeln 1 bis 8 des Gesetzes vom 15. Juni 1850 werden die Artikel 1, 4, der Artikel 5 Satz 1 und

---

*) Vergl. Abth. IV S. 7. **) Vergl. hierzu Becher a. a. O. § 205, IV.

S. 28. der Artikel 6 durch § 835, der Artikel 2 durch den § 840 Abs. 1 und den § 426 des Bürgerlichen Gesetzbuchs ersetzt. Eine sachliche Aenderung liegt darin nur insofern, als nach dem Gesetze vom 15. Juni 1850 der von den jagdbaren Säugethieren an Grundstücken oder deren Erzeugnissen angerichtete Schaden ohne Rücksicht auf die Gattung, welcher das Thier angehört, zu ersetzen (Art. 1), der vom Federwilde verursachte Schaden aber nicht zu ersetzen ist (Art. 6), während nach dem Bürgerlichen Gesetzbuche die Ersatzpflicht eintritt, wenn der Schaden durch Schwarz-, Roth-, Elch-, Dam- oder Rehwild oder durch Fasanen verursacht wird. In der Erstreckung der Ersatzpflicht auf den Schaden, der von anderen als den im § 835 des Bürgerlichen Gesetzbuchs bezeichneten Säugethieren, insbesondere von Hasen oder Kaninchen, angerichtet wird, hat jedoch die Landesgesetzgebung nach Artikel 71 Nr. 1 des Einführungsgesetzes freie Hand.

Die im Artikel 5 Satz 2 bestimmte Beschränkung der Ersatzpflicht kann nach Artikel 71 Nr. 4 des Einführungsgesetzes mit Aenderung der Beweislast aufrecht erhalten werden. Die auf die Feststellung des Schadens bezüglichen Vorschriften der Artikel 7, 8 sind durch den Artikel 70 des Einführungsgesetzes vorbehalten.

Das Jagdrecht steht, wie in der Begründung zum Artikel 9*) dargelegt worden ist, den Grundeigenthümern zu, wird aber bei dem kleineren Grundbesitz in der Regel durch die Gemeinde als das von dem Gesetz im öffentlichen Interesse dazu berufene und mit der erforderlichen Verfügungsmacht ausgestattete Organ (vgl. die Begründung zum Artikel 38 Ziff. 8) für Rechnung der Grundeigenthümer ausgeübt. Nach § 835 Abs. 3 des Bürgerlichen Gesetzbuchs sind deshalb diese nach dem Verhältnisse der Größe ihrer Grundstücke ersatzpflichtig, der Artikel 71 Nr. 6 des Einführungsgesetzes gestattet jedoch der Landesgesetzgebung, zu bestimmen, daß die Gemeinde zum Ersatze des Schadens verpflichtet und zum Rückgriff auf die Eigenthümer berechtigt ist, und ermöglicht dadurch die Beibehaltung der Vorschriften des Artikel 3.

Der Entwurf beschränkt sich den Vorschriften des Gesetzes vom 15. Juni 1850 gegenüber auf die Aenderungen, die erforderlich sind, um sie mit den Vorschriften des Bürgerlichen Gesetzbuchs und des Einführungsgesetzes in Einklang zu bringen.

Die Ziff. I setzt an die Stelle des Artikel 1 eine einleitende Bestimmung, die zum Ausdrucke bringt, daß die Vorschriften des Gesetzes zur Ergänzung der Vorschriften des Bürgerlichen Gesetzbuchs über die Verpflichtung zum Ersatze des Wildschadens dienen, die Ziff. II weist der in Geltung bleibenden Bestimmung des bisherigen Artikel 1, daß die Ersatzpflicht sich auf den Schaden erstreckt, welcher durch jagdbare Säugethiere anderer als der im Bürgerlichen Gesetzbuche bezeichneten Gattungen angerichtet wird, die Stelle des wegfallenden Artikel 2 an. Die in der Ziff. 3 vorgenommene Aenderung der Abs. 1, 2 des
S. 29. Artikel 3 betrifft nur die Fassung. Die Ziff. IV ändert den Satz 2 ‖ des Artikel 5 im Sinne der sich aus dem Artikel 71 Nr. 4 des Einführungsgesetzes ergebenden Bestimmung der Beweislast.

Nach Artikel 70 des Einführungsgesetzes bleiben auch die landesgesetzlichen Vorschriften unberührt, nach welchen der Anspruch auf Ersatz des Wildschadens innerhalb einer bestimmten Frist bei der zuständigen Behörde geltend gemacht werden muß. Das geltende bayerische Recht kennt eine solche Vorschrift nicht. Dagegen haben die meisten anderen Wildschadengesetze der deutschen Staaten (vergl. z. B. das preußische Gesetz vom 11. Juli 1891 § 6, das sächsische Gesetz vom 28. Mai 1898 § 7) den Ersatzanspruch dieser Be-

---

*) Siehe oben Seite 54.

schränkung unterworfen, die sich zur Verhütung von Streitigkeiten empfiehlt. S. 29.
Der Ersatzpflichtige wird dadurch vor der Erhebung unbegründeter Ansprüche geschützt und in die Lage versetzt, gegebenen Falles den Gegenbeweis, daß der Schaden nicht vom Wilde herrührt, rechtzeitig vorzubereiten. Der Entwurf nimmt deshalb in einem neuen Artikel 8a (Ziff. V) eine Vorschrift dieses Inhalts in das Gesetz auf.

2. In der Pfalz bestehen besondere Vorschriften über den Ersatz des Wildschadens nicht. Mit den Vorschriften des Bürgerlichen Gesetzbuchs können auch die sie ergänzenden Bestimmungen der Artikel 1, 2, 5 (neuer Fassung), 7, 8, 8a des Gesetzes vom 15. Juni 1850 in der Pfalz eingeführt werden; der Herstellung der Rechtseinheit im Königreiche steht insoweit kein Bedenken entgegen.

Anders verhält es sich mit der auf einer Einrichtung des öffentlichen Rechtes beruhenden Vorschrift des Artikel 3. Die Stellung der Gemeinde gegenüber den Eigenthümern der zu einem Jagdbezirke vereinigten Grundstücke ist, wie in der Begründung zum Artikel 9 ausgeführt worden ist, in der Pfalz eine andere als in den Landestheilen rechts des Rheins. Die Gemeinde hat nach der einen Ansicht selbst das Jagdrecht, nach der anderen steht ihr die Ausübung des Jagdrechts der Grundeigenthümer als eigenes Recht zu. Die Ersatzpflicht wegen des Wildschadens trifft deshalb nach § 825 Abs. 1, 2 des Bürgerlichen Gesetzbuchs sie. Für eine landesgesetzliche Vorschrift ist kein Raum. Ist der Eigenthümer eines der Grundstücke zur Mitbenutzung der Feldjagd berechtigt, so steht ihm nach den Vorschriften des Bürgerlichen Gesetzbuchs ein Ersatzanspruch nicht zu.

3. Die gesetzlichen Bestimmungen über den Wildschadensersatz sind von erheblichem Einfluß auf den Inhalt der Jagdpachtverträge. Aus Billigkeitsgründen trifft daher der Artikel 11 des Entwurfes nach dem Vorbilde des Artikel 12 Abs. 2, 3 des Gesetzes vom 15. Juni 1850 eine Uebergangsbestimmung, nach welcher in der Pfalz die bestehenden Jagdpachtverträge von jedem Theile unter Einhaltung einer dreimonatigen Kündigungsfrist für den 31. Dezember 1899 gekündigt werden können.

Artikel 12.

Gesetz vom 4. Mai 1851 über das Einschreiten der bewaffneten Macht.*)

Die im Artikel 12 vorgenommene Aenderung des Artikel 14 des Gesetzes vom 4. Mai 1851 über das Einschreiten der bewaffneten Macht zur Erhaltung der gesetzlichen Ordnung hängt mit der im Artikel 8 des Entwurfes enthaltenen Ausdehnung des Gesetzes vom 12. März 1850 auf die Pfalz und der Aufhebung des Gesetzes vom 10. vendémiaire IV zusammen und stellt nur eine Verweisung richtig.

Artikel 13.

Forstgesetz vom 28. März 1852.

Wegen der vorgeschlagenen Aenderungen der das Zustellungswesen in Forstrügesachen betreffenden Vorschriften des Forstgesetzes wird auf die Begründung zu Artikel 4 unter Ziff. 3 verwiesen.

Artikel 14.

Wasserbenützungsgesetz vom 28. Mai 1852.**)

Die bürgerlich-rechtlichen Vorschriften des Wasserbenützungsgesetzes vom 28. Mai 1852 werden durch den Artikel 65 des Einführungsgesetzes zum

*) Vergl. hierzu Becher a. a. O. § 205, VI.

**) Vergl. hierzu Becher a. a. O. §§ 184 bis 188; v. Roth-Becher, bayr. Civ.-R. Bd. II Abth. 3 §§ 311 bis 320.

S. 29. Bürgerlichen Gesetzbuch aufrechterhalten. Es sind jedoch einige Aenderungen erforderlich.

1. Nach Artikel 21 des Wasserbenützungsgesetzes sind für Beschädigungen, die nicht eine nothwendige Folge der Benützung des Leinpfads sind, sondern durch Mißbrauch oder Nachlässigkeit der bei der Schiff- oder Floßfahrt beschäftigten Personen verursacht werden, die Urheber und ihre Dienstherrn solidarisch ersatzpflichtig. Die Vorschrift hat ihre Geltung zum großen Theile durch die §§ 3, 4 (bisher §§ 3, 4) des Gesetzes vom 15. Juni 1895, betreffend die privatrechtlichen Verhältnisse der Binnenschiffahrt, verloren, nach welchen der Schiffseigner, falls ihm eigenes Verschulden nicht zur Last fällt, oder der Schaden von ihm durch fehlerhafte Führung des Schiffes verursacht worden ist, nur mit Schiff und Fracht haftet. Die Haftung des Eigenthümers eines Floßes für einen Schaden, der infolge des Verschuldens des Floßführers oder einer Person der Floßmannschaft durch das Floß verursacht wird, beschränkt sich nach den §§ 22, 23 des Gesetzes vom 15. Juni 1895, betreffend die privatrechtlichen Verhältnisse der Flößerei, auf das Floß, im § 23 Abs. 2 ist aber eine nach dem bürgerlichen Rechte begründete persönliche Haftung vorbehalten. Die unbedingte Haftung des Dienstherrn, die dem Artikel 1384 des Code civil nachgebildet ist, steht im Widerspruche mit dem Grundsatze des § 831 des Bürgerlichen Gesetzbuchs, der denjenigen, welcher einen Anderen zu einer Verrichtung bestellt, für den Schaden, den der Andere in Ausführung der Verrichtung einem Dritten widerrechtlich zufügt, nicht schlechthin, sondern nur mit der Maßgabe haftbar macht, daß die Ersatzpflicht nicht eintritt, wenn der Geschäftsherr bei der Auswahl der bestellten Person und, sofern er Vorrichtungen oder Geräthschaften zu beschaffen oder die Ausführung der Verrichtung zu leiten hat, bei der Beschaffung oder der Leitung die im Verkehr erforderliche Sorgfalt beobachtet oder wenn der Schaden auch bei Anwendung dieser Sorgfalt entstanden sein würde. Soweit die Sondervorschrift des Artikel 21 neben den Vorschriften der §§ 3, 4 des Binnenschiffahrtsgesetzes und der §§ 22, 23 des Flößereigesetzes noch gilt, sprechen für die von eigenem Verschulden unabhängige Haftung des Dienstherrn nicht andere Gründe als diejenigen, welche den Code civil und die ihm folgenden Gesetzgebungen — auch den Entwurf eines Bürgerlichen Gesetzbuchs für Bayern Theil II (1861) Artikel 67 Abs. 1 — bestimmt haben, eine allgemeine Haftpflicht des Dienstherrn für das Verschulden aufzustellen, das von seinen Angestellten in Ausführung der ihnen übertragenen Verrichtungen Dritten gegenüber begangen wird. Das Bürgerliche Gesetzbuch hat diese allgemeine Haftpflicht abgelehnt und sich damit begnügt, dem Dienstherrn für den Fall, daß er sein Verschulden bestreitet, die Beweislast aufzuerlegen. Der Entwurf
S. 30. (Ziff. I) will deshalb die Sonder‖vorschrift des Artikel 21 beseitigen und neben den Sondervorschriften der angeführten Reichsgesetze die allgemeinen Vorschriften des Bürgerlichen Gesetzbuchs zur Anwendung kommen lassen. Aus § 840 des Bürgerlichen Gesetzbuchs ergibt sich, daß der Dienstherr, soweit er neben den bei der Schiffahrt oder der Floßfahrt beschäftigten Personen ersatzpflichtig ist, als Gesammtschuldner haftet.

2. In den Ziff. II, IV bis VII wird die Verjährung, d. h. die Ersitzung von Rechten, die dem Bürgerlichen Gesetzbuch, abgesehen von dem hier nicht in Betracht kommenden Falle des § 900 Abs. 2, bei Gegenständen des unbeweglichen Vermögens fremd ist, beseitigt. Gegen die im Artikel 37 zugelassene Ersitzung sprechen dieselben Gründe, wegen deren das Bürgerliche Gesetzbuch die Ersitzung von Dienstbarkeiten an Grundstücken ausgeschlossen

hat. Der Artikel 47 Abs. 1, der Artikel 54 Abs. 1, der Artikel 59 Abs. 1, der Artikel 60 Abs. 1 und der Artikel 68 Abs. 1 setzen voraus, daß nach den Vorschriften des bürgerlichen Rechtes durch Verjährung Rechte an Gegenständen des und beweglichen Vermögens erworben werden können, und bieten, auch wenn diese Voraussetzung nicht zutrifft, durch Berücksichtigung des Herkommens die Möglichkeit, daß ein bestehender Zustand durch lange Dauer rechtliche Geltung erlangt. S. 30.

3. Die Ziff. III des Entwurfes ändert die Fassung des Artikel 39 Abs. 1 mit Rücksicht darauf, daß nach § 97 des Bürgerlichen Gesetzbuchs nur bewegliche Sachen Zubehör einer anderen Sache sein können. Das Flußbett ist, soweit es zu dem Ufergrundstücke gehört, Bestandtheil des letzteren.

4. Der Artikel 103 bestimmt, daß Herkommen und Lokalverordnungen, soweit sie in dem Gesetz als maßgebend bezeichnet sind, eine rechtliche Wirkung nur äußern, sofern sie nach den in den einzelnen Landestheilen geltenden Gesetzen eine Rechtsquelle bilden beziehungsweise rechtsgültig sind. Die gleiche Bestimmung enthält für das Gesetz vom 28. Mai 1852 über den Uferschutz und den Schutz gegen Ueberschwemmungen der Artikel 29 dieses Gesetzes. Die Vorschriften der in den einzelnen Landestheilen geltenden Gesetze über die Rechtswirksamkeit eines Herkommens (Gewohnheitsrechts) fallen mit dem Inkrafttreten des Bürgerlichen Gesetzbuchs weg. Daß Lokalverordnungen nur dann maßgebend sind, wenn sie rechtsgültig sind, ist selbstverständlich. Der Artikel 103 des Wasserbenützungsgesetzes und der Artikel 29 des Uferschutzgesetzes sind daher aufzuheben (Ziff. VIII des Art. 14 und Art. 16 des Entw.). Die bestehenden Verordnungen und das schon begründete Herkommen behalten nach Artikel 1 Abs. 2 des Entwurfes eines Ausführungsgesetzes zum Bürgerlichen Gesetzbuch ihre Geltung auch insoweit, als sie aus der Zeit vor der Erlassung der Verfassungsurkunde stammen.

Artikel 15.

Gesetz über die Bewässerungs- und Entwässerungs-Unternehmungen vom 28. Mai 1852.*)

Der Artikel 14 des Gesetzes vom 28. Mai 1852 über die Bewässerungs- und Entwässerungs-Unternehmungen zum Zwecke der Boden-Kultur bezeichnet die Beiträge zu den Kosten der Unterhaltung genossenschaftlicher Bewässerungs- und Entwässerungsanlagen als Reallasten, meint damit aber nicht eine Reallast im Sinne des Bürgerlichen Gesetzbuchs, sondern, wie das Urtheil des Obersten Gerichtshofs vom 9. Oktober 1877 (Samml. VII S. 129) ausführt, eine öffentlich-rechtliche Last. Die Renten, welche zur Tilgung eines von der Landeskultur-Rentenanstalt einer Bewässerungs- oder Entwässerungsgenossenschaft gewährten Darlehens auf die einzelnen Genossen vertheilt werden, sind in dem Artikel 9 Abs. 2 Ziff. 3 des Gesetzes vom 21. April 1884 für öffentliche Abgaben erklärt worden. Der Entwurf stellt die Fassung des Artikel 14 des Gesetzes vom 28. Mai 1852 richtig und bringt im Artikel 37 Ziff. III die Fassung des Artikel 9 Abs. 2 Ziff. 3 des Gesetzes vom 21. April 1884 mit ihr in Einklang. Aus der Eigenschaft der Beiträge als öffentlicher Last des Grundstücks ergibt sich die Anwendbarkeit des § 10 Abs. 1 Nr. 3 des Gesetzes über die Zwangsversteigerung und die Zwangsverwaltung und des Artikel 110 des Entwurfes eines Ausführungsgesetzes zum Bürgerlichen Gesetzbuche.

---

*) Vergl. hierzu Becher a. a. O. § 189; v. Roth-Becher, bayr. Civ.-R. Bd. II Abth. 3 § 322.

S. 30. Artikel 16.

Gesetz über den Uferschutz und den Schutz gegen Ueberschwemmungen vom 28. Mai 1852.*)

Die Aufhebung des Artikel 29 des Gesetzes vom 28. Mai 1852 über den Uferschutz und den Schutz gegen Ueberschwemmungen ist schon in der Begründung zu Artikel 14 des Entwurfes unter Ziff. 4 gerechtfertigt worden.

Artikel 17.

Weiderechtsgesetz vom 28. Mai 1852.)**

Die Aenderungen, welche im Artikel 17 an dem Weiderechtsgesetze vorgenommen werden, beruhen auf den gleichen Gründen wie die im Artikel 7 des Entwurfes enthaltenen Aenderungen des Grundlastenablösungsgesetzes vom 4. Juni 1848.

Artikel 18.

Gesetz über die Zehentbaupflicht vom 28. Mai 1852.*)**

Nach den Artikeln 8, 9 des Zehentbaupflichtgesetzes kann die auf einem Zehentrechte lastende kirchliche Baupflicht als Reallast auf Grundbesitz übertragen oder in eine Reallast auf Leistung eines jährlichen Baukanons umgewandelt werden. Die aus der Reallast der Baupflicht zu entrichtenden Leistungen haben nach Artikel 8 Abs. 2 im Konkurse das im § 12 Nr. 7 der Prioritätsordnung bestimmte Vorzugsrecht, an dessen Stelle der im Artikel 108 Abs. 1 Ziff. 1 und im Artikel 151 Abs. 1 Ziff. 1 der Subhastationsordnung bestimmte Rang bei der Zwangsvollstreckung in das belastete Grundstück getreten ist, jedoch nur unbeschadet der bestehenden Hypotheken; dem jährlichen Baukanon ist im Artikel 9 Abs. 3 dasselbe Vorzugsrecht und der im § 12 Nr. 4 des Hypothekengesetzes bestimmte gesetzliche Hypothekentitel eingeräumt.

Für die Reallasten, die nach der Anlegung des Grundbuchs bestellt werden, sind die Vorschriften des Bürgerlichen Gesetzbuchs maßgebend; der Rang bestimmt sich nach dem § 879. Die vor dieser Zeit begründeten Reallasten behalten nach Artikel 184 des Einführungsgesetzes zum Bürgerlichen Gesetzbuche den Rang, der sich aus den bisherigen Gesetzen ergiebt. Der gesetzliche Hypothekentitel fällt mit der Aufhebung des Hypothekengesetzes weg. Der Entwurf hebt deshalb die angeführten Vorschriften des Gesetzes vom 28. Mai 1852 auf.

Artikel 19.

Erbgütergesetz vom 22. Februar 1855.†)

Die nach dem Gesetze vom 22. Februar 1855 errichteten landwirthschaf-
S. 31. lichen Erbgüter gehören, wie in den Materialien ‖ zum dritten Abschnitte des Entwurfes eines Einführungsgesetzes zum Bürgerlichen Gesetzbuch (Reichstagsdrucks. 1896 Anlagenband II S. 10) anerkannt ist, zu den Familienfideikommissen im Sinne des Artikel 59 des Einführungsgesetzes zum Bürgerlichen Gesetzbuche. Infolge dessen bleibt das Gesetz vom 22. Februar 1855 im Allgemeinen unberührt. Einzelne seiner Vorschriften bedürfen jedoch wegen ihres Zusammenhanges mit dem allgemeinen Liegenschaftsrecht einer Aenderung.

1. Das Bürgerliche Gesetzbuch kennt weder unbewegliches Zubehör, noch gewillkürte Zubehörstücke im Sinne des § 34 des Hypothekengesetzes. Die

---

*) Vergl. hierzu Becher a. a. O. § 190; v Roth-Becher, bayr. Civ.-R. Bd. II Abth. 3 § 321.

**) Vergl. hierzu Becher a. a. O. § 88 Note 17; v. Roth-Becher, bayr. Civ.-R. Bd. II Abth. 2 § 179.

***) Vergl. hierzu Becher a. a. O. § 92 Note 44, 45.

†) Vergl. hierzu v. Roth-Becher, bayr. Civ.-R. Bd. II Abth. 3 § 267.

beweglichen Sachen, welche nach § 34 des Hypothekengesetzes durch Willens- S. 31.
erklärung Zubehör eines Grundstücks werden können, sind nach den §§ 97, 98 des Bürgerlichen Gesetzbuchs in der Regel gesetzliches Zubehör. Der Artikel 2 des Gesetzes vom 22. Februar 1855 ist daher, soweit er unbewegliches und gewillkürtes Zubehör betrifft, aufzuheben, soweit er sich auf gesetzliches Zubehör bezieht, ist er selbstverständlich (Ziff. VI).

2. Nach Artikel 4 Abs. 2 sind vor der Beurkundung der Errichtung eines Erbguts die bekannten Gläubiger des Stifters unter dem Rechtsnachtheile vorzuladen, daß ihre Forderungen dergestalt, wie sie angezeigt sind, auf das Erbgut eingetragen werden sollen. Unter der Eintragung auf das Erbgut ist die Eintragung einer Hypothek für die Forderung zu verstehen. Da das Bürgerliche Gesetzbuch mehrere Formen der Hypothek aufstellt, so ist für die Forderungen, für die ein dingliches Recht nicht besteht, eine Bestimmung darüber erforderlich, welcher Art die einzutragende Hypothek sein soll. Der Entwurf (Ziff. I) wählt in Uebereinstimmung mit den sonstigen Vorschriften, die ein Recht auf Erlangung einer Hypothek gewähren (vergl. Art. 91 des Einf.-Ges. zum B. GB.), die Sicherungshypothek.

3. Der Artikel 6 Abs. 4 gestattet dem Gutseigenthümer unter bestimmten Voraussetzungen den Austausch von Grundstücken auch ohne Zustimmung der Anerben. Satz 3 des Abs. 4 verlangt zur Gültigkeit solcher Rechtsgeschäfte die Verlautbarung vor dem im Artikel 3 bezeichneten Gericht. Das bezeichnete Gericht hat die Verlautbarung nur vorzunehmen, wenn es sich von dem Vorhandensein der gesetzlichen Voraussetzungen überzeugt hat. Die gerichtliche Verlautbarung wird deshalb durch die notarielle Beurkundung des Tauschvertrags (§ 313 des B. GB.) und die Auflassung nicht vollständig ersetzt, es muß vielmehr von dem zuständigen Gerichte festgestellt werden, daß die Voraussetzungen vorliegen, unter denen die Zustimmung der Anerben entbehrlich ist. Der Entwurf (Ziff. II, 1) verlangt daher die gerichtliche Bestätigung des Austausches.

4. Nach Artikel 6 Abs. 6 finden die Vorschriften des § 12 des Hypothekengesetzes über die gesetzlichen Hypothekentitel auf Erbgüter keine Anwendung. Da dem Bürgerlichen Gesetzbuche gesetzliche Hypothekentitel fremd sind, wird der Abs. 6 gegenstandslos und könnte es sich nur fragen, ob er durch eine entsprechende Vorschrift für die Fälle ersetzt werden soll, in denen ein gesetzliches Recht auf Erlangung einer Hypothek besteht. Nach dem Zwecke der Vorschrift müßte insbesondere die Eintragung von Hypotheken auf Grund der im Artikel 91 des Einführungsgesetzes zum Bürgerlichen Gesetzbuche vorbehaltenen Vorschriften und die Eintragung von Vollstreckungs- und Arresthypotheken ausgeschlossen werden. Der dem Artikel 6 zu Grunde liegende Gedanke trägt aber noch weiter. Es genügt nicht, den Zugriff der Gläubiger des Eigenthümers auf das Erbgut insoweit auszuschließen, als die Zwangsvollstreckung mittelst Eintragung einer Hypothek erfolgt, sondern das Erbgut muß auch der Zwangsversteigerung wegen Schulden des Eigenthümers grundsätzlich entzogen und Ausnahmen dürfen nur insoweit zugelassen werden, als die Verbindlichkeit auf dem Erbgute haftet oder auf dem besonderen Rechte des Erbguts beruht. Dagegen ist die Zwangsverwaltung ebenso wie bei Familienfideikommissen wegen aller Schulden des Eigenthümers zulässig. Der Entwurf ändert diesem Gedanken entsprechend den Abs. 6. Die Beseitigung der gesetzlichen Hypothekentitel und die damit zusammenhängende Aenderung des Artikel 27 (Ziff. V) macht auch eine Aenderung der Fassung des Abs. 7 nothwendig. Wegen des inneren Zusammenhanges, in dem der Abs. 7 mit den Abs. 1 bis 5 steht, stellt der Entwurf (Ziff. II, 2) den Agj. 7 vor den bisherigen Abs. 6.

S. 31. 5. Die zu Artikel 8 vorgeschlagene Aenderung (Ziff. III) entspricht der im Artikel 61 des Einführungsgesetzes zum Bürgerlichen Gesetzbuch enthaltenen Einschränkung des Vorbehalts des Artikel 59. Eine sachliche Abweichung von dem geltenden Rechte liegt in ihr nicht.

6. Im Artikel 10 Abs. 5 muß die gerichtliche Verlautbarung ebenso wie im Artikel 6 Abs. 4 durch die gerichtliche Bestätigung ersetzt werden (Ziff. IV).

7. Da das Bürgerliche Gesetzbuch gesetzliche Hypothekentitel nicht kennt, muß die Vorschrift des Artikel 27 nach dem Vorbilde des § 648 des Bürgerlichen Gesetzbuchs und des Artikel 8 des Entwurfes eines Ausführungsgesetzes zum Bürgerlichen Gesetzbuch umgestaltet werden (Ziff. V, 1).

Die im Artikel 27 Ziff. 3 bezeichneten Alimente gehören, soweit sie nach Artikel 24 für den bisherigen Eigenthümer und dessen Ehegatten bedungen sind, zu den Leibgedingsreichnissen im Sinne des Artikel 25 des Entwurfes eines Ausführungsgesetzes zum Bürgerlichen Gesetzbuche, für die nach Artikel 34 des angeführten Entwurfes dingliche Sicherung durch Bestellung entsprechender persönlicher Dienstbarkeiten und Reallasten verlangt werden kann. Diese Art der Sicherung paßt auch für die übrigen nach den Artikeln 20, 24 zu entrichtenden Alimente besser als eine Sicherungshypothek. Der Entwurf (Ziff. V, 2) setzt deshalb an die Stelle des Artikel 27 Ziff. 3 eine dem Artikel 34 des Entwurfes eines Ausführungsgesetzes zum Bürgerlichen Gesetzbuche nachgebildete Vorschrift.

8. Der Artikel 30, welcher von dem Erlöschen der Erbgutseigenschaft durch Verjährung handelt, wird gegenstandslos, weil dem Bürgerlichen Gesetzbuch eine Ersitzung von unbeweglichen Sachen — abgesehen von dem hier nicht in Betracht kommenden Falle des § 900 Abs. 2 — unbekannt ist.

Der Artikel 33 bestimmt die Rechtsmittel, welche gegen die auf Grund des Gesetzes vom 22. Februar 1855 in Angelegenheiten der freiwilligen Gerichtsbarkeit erlassenen Verfügungen stattfinden. Die Beschwerde ist nur innerhalb einer Frist von dreißig Tagen zulässig und hat aufschiebende Wirkung; eine Anfechtung der Entscheidung des Beschwerdegerichts findet nicht statt. Diese Vorschriften sind nach Artikel 56 Abs. 2, Artikel 57 Abs. 2 und Artikel 59 des Gesetzes zur Ausführung der Civilprozeßordnung und Konkursordnung in Geltung geblieben. Gegenüber den im Artikel 115 des Entwurfes eines Ausführungsgesetzes zum Bürgerlichen Gesetzbuche für anwendbar erklärten Vorschriften des Gesetzes über die Angelegenheiten der freiwilligen Gerichtsbarkeit besteht kein Bedürfniß, sie aufrechtzuerhalten.

Der Entwurf (Ziff. VI) will deshalb sowohl den Artikel 30 als den Artikel 33 aufheben.

S. 32.

Artikel 20.

Gesetz über die Ablösung der Ehehaftsverhältnisse vom 23. Februar 1868.*)

1. Die im Artikel 11 Abs. 1 Satz 1 des Gesetzes vom 23. Februar 1868 auf fünf vom Hundert festgesetzte Höhe der gesetzlichen Verzugszinsen ist im Einklange mit den §§ 246, 288 des Bürgerlichen Gesetzbuchs auf vier vom Hundert zu ermäßigen (Ziff. I).

2. Nach Artikel 12 Abs. 1 stehen der Ablösungssumme alle gesetzlichen Vorzüge der Reallasten zu. Damit ist insbesondere zum Ausdrucke gebracht, daß das Grundstück für die Ablösungssumme haftet und daß für die fälligen Verzugszinsen (Art. 11 Abs. 1 Satz 1) der gesetzliche Hypothekentitel des § 12 Nr. 4 des Hypothekengesetzes besteht. Die weitere Vorschrift, daß der Ablösungs-

*) Vergl. hierzu Becher a. a. O. § 192 B.; v. Roth-Becher, bayr. Civ.R. Bd. II Abth. 3 § 323.

summe im Konkurse das im § 12 Nr. 7 der Prioritätsordnung bestimmte Vorzugsrecht der aus einer Reallast zu entrichtenden wiederkehrenden Leistungen zusteht, ist seit der Einführung der Konkursordnung dahin geändert, daß an die Stelle des Vorzugsrechts im Konkurse der im Artikel 108 Abs. 1 Ziff. 1 und im Artikel 151 Abs. 1 Ziff. 1 der Subhastationsordnung bestimmte Rang dieser Leistungen bei der Zwangsvollstreckung in das belastete Grundstück getreten ist. Da die angeführten Vorschriften des Hypothekengesetzes und der Subhastationsordnung aufgehoben werden, so empfiehlt es sich, dem Artikel 12 Abs. 1 eine Fassung zu geben, welche seinen in Geltung bleibenden Inhalt klarstellt. S. 32.

Der Entwurf (Ziff. II) schreibt deshalb vor, daß das Grundstück für die Ablösungssumme in gleicher Weise wie für ein Bodenzinskapital haftet, daß der Rang der Ablösungssumme sich nach dem Range der Reichnisse bestimmt, an deren Stelle die Ablösungssumme tritt, und daß auf die im Falle des Verzugs zu entrichtenden Zinsen die Vorschriften über die aus einer Reallast zu entrichtenden wiederkehrenden Leistungen (§§ 1107, 1108 des B. G.B.) Anwendung finden.

3. Der Artikel 13 regelt den Fall, daß eine Ehehaftsgerechtigkeit mit Hypotheken belastet ist. Im Artikel 14 sind die Vorschriften des Artikel 13 auf den Fall erstreckt, daß dauernde Lasten anderer Art auf den Ehehaftsreichnissen ruhen. Der Entwurf (Ziff. III) faßt die Artikel 13, 14 zusammen und erstreckt die Vorschrift auf alle Fälle, in denen die Ehehaftsgerechtigkeit mit Rechten Dritter belastet ist.

Die Vorschriften des Artikel 13 Abs. 1, Abs. 2 Satz 2, Abs. 3, 4 beruhen auf demselben Gedanken wie die für den nahe verwandten Fall der Zwangsenteignung gegebenen Vorschriften des Artikel 52 und des Artikel 53 Abs. 1 des Einführungsgesetzes zum Bürgerlichen Gesetzbuche. Der Entwurf schließt sich in den Einzelheiten an diese Vorschriften an, die das Rechtsverhältniß vollständiger ordnen als die des Artikel 13 in seiner bisherigen Fassung.

Der Abs. 5 des Artikel 13 fällt mit der Aufhebung des Hypothekengesetzes weg. Eine Sondervorschrift ist neben den §§ 894, 895 des Bürgerlichen Gesetzbuchs nicht erforderlich.

Artikel 21.

Heimatgesetz vom 16. April 1868.

Das Heimatgesetz bedarf wegen seines Zusammenhanges mit dem bürgerlichen Rechte, insbesondere mit dem Familienrecht, einer Reihe von Aenderungen und Ergänzungen. Da schon durch die Gesetze vom 23. Februar 1872, 21. April 1884, 17. März 1892 und 17. Juni 1896 ziemlich zahlreiche Aenderungen erfolgt sind, so ist im Artikel 45 des Entwurfes die Ermächtigung der Staatsregierung in Aussicht genommen, den Text des Heimatgesetzes, wie er in Zukunft gelten wird, neu bekannt zu machen. Zu diesem Behufe muß die Fassung verschiedener Vorschriften, die mit dem geltenden Rechte nicht oder nicht völlig übereinstimmen, bisher aber noch nicht geändert worden sind, richtiggestellt werden.

1. Die Ziff. I gibt dem Gedanken, auf welchem der Artikel 1 Abs. 3 des Heimatgesetzes beruht, einen den Vorschriften des Bürgerlichen Gesetzbuchs entsprechenden Ausdruck, indem sie als den ehelichen Kindern in Ansehung der Heimat gleichgestellt diejenigen Kinder bezeichnet, welche nach den Vorschriften des bürgerlichen Rechtes die rechtliche Stellung von ehelichen Kindern

S. 32. haben. Diese Stellung kommt nach dem Bürgerlichen Gesetzbuche den Kindern aus einer nichtigen Ehe, sofern nicht beide Eltern bei der Eingehung der Ehe die Nichtigkeit gekannt haben oder die Nichtigkeit auf einem Formfehler beruht und die Ehe nicht in das Heirathsregister eingetragen worden ist, den durch nachfolgende Ehe oder durch Ehelichkeitserklärung legitimirten und den angenommenen Kindern zu (B. GB. §§ 1699, 1719, 1736, 1757). Die Einkindschaft ist dem Bürgerlichen Gesetzbuche fremd.

Die Aenderung des Artikel 1 Abs. 3 hat zugleich Bedeutung für den Artikel 9 Abs. 2 und den Artikel 10 Abs. 3.

2. Nach Abs. 2 des Artikel 4 bleibt der Frau, wenn die Ehe geschieden wird, die Heimat, welche der Mann zur Zeit der Scheidung hat; der Scheidung steht die für immer oder auf unbestimmte Zeit ausgesprochene Trennung von Tisch und Bett gleich. Das Bürgerliche Gesetzbuch kennt eine Trennung für unbestimmte Zeit nicht und setzt an die Stelle einer dauernden Trennung die Aufhebung der ehelichen Gemeinschaft (§ 1575), die gleichfalls das Band der Ehe bestehen läßt, in vermögensrechtlicher Beziehung aber dieselben Wirkungen wie die Scheidung hat (§ 1580). Der Entwurf legt sowohl hier (Ziff. II, 1) als im Artikel 17 Abs. 1 (Ziff. VI) der Aufhebung der ehelichen Gemeinschaft auch für die Heimat der Frau die der Scheidung zukommende Wirkung bei.

3. Der Abs. 3 des Artikel 4 bestimmt den Einfluß der Nichtigkeit der Ehe auf die Heimat der Frau. Als Regel ist die sich aus dem Artikel 3 ergebende Vorschrift aufgestellt, daß die für nichtig erklärte Ehe auch in Bezug auf die Heimat der Frau als nicht vorhanden anzusehen ist. Der Halbsatz 2 macht für die gutgläubige Frau die Ausnahme, daß die Nichtigkeitserklärung wie eine Scheidung behandelt wird.

Das Bürgerliche Gesetzbuch verlangt für die Wirkungen, die es dem guten Glauben eines oder beider Ehegatten beilegt, nicht guten Glauben im Sinne des § 932 Abs. 2, sondern nur Unkenntniß der Nichtigkeit, läßt diese Wirkungen aber nur eintreten, wenn wenigstens der äußere Schein einer Ehe vorliegt; sie entfallen, wenn die Nichtigkeit auf einem Formmangel beruht und die Ehe nicht in das Heirathsregister eingetragen worden ist (§ 1345 Abs. 2, § 1699 Abs. 2 des B. GB.). Ist die Ehe wegen Drohung anfechtbar und angefochten, so trifft bei dem Ehegatten, gegen den die Drohung verübt worden ist, die Voraussetzung der Unkenntniß der Nichtigkeit nicht zu. Da aber der Ehegatte, welcher durch Drohung zur Eingehung der Ehe gezwungen worden ist, in gleichem Maße schutzbedürftig ist, wie derjenige, welcher die Ehe in Unkenntniß der Nichtigkeit eingegangen hat, so fügt das Bürgerliche Gesetzbuch den Vorschriften, welche den Einfluß der Nichtigkeit auf das Verhältniß der Ehegatten zu einander und auf die rechtliche Stellung der Kinder
S. 33. bestimmen, den Satz bei, daß die aus der Drohung || sich ergebende Anfechtbarkeit einer dem anfechtungsberechtigten Ehegatten unbekannt gewesenen Nichtigkeit gleichsteht (§§ 1346, 1704).

Der Nichtigkeitserklärung bedarf es nach dem Bürgerlichen Gesetzbuche nicht, wenn die Ehe aufgelöst ist. Die Nichtigkeit der Ehe kann in diesem Falle ohne Weiteres und von Jedem geltend gemacht werden (§ 1329, § 1343 Abs. 2 des B. GB.). Die Berufung auf die Nichtigkeit der Ehe ist deshalb auch in dem Verfahren zulässig, in welchem die Heimat der Frau festgestellt wird. Ist die Frau in Ansehung der Heimat wie eine geschiedene Frau zu behandeln, so ist für die Heimat an Stelle des Zeitpunkts der Nichtigkeitserklärung die Zeit der Auflösung der Ehe maßgebend (vergl. § 1345 Abs. 1 des B. GB.).

Der Entwurf (Ziff. II, 2) läßt den Halbsatz 1 als selbstverständlich weg und bringt den Halbsatz 2 mit den angeführten Vorschriften des Bürgerlichen Gesetzbuchs in Einklang. S. 33.

4. In der Ziff. III, 1 wird der Artikel 6 Abs. 3 in Ansehung der Wittwe durch Bezugnahme auf den Artikel 4 Abs. 2 Satz 2 und in Ansehung der ehelichen Kinder durch Verweisung auf den Artikel 1 Abs. 3 ergänzt. Die Ergänzung entspricht dem geltenden Rechte (vergl. Begründung zu den §§ 2, 3 des Entwurfes des Gesetzes vom 17. Juni 1896 in den Verh. der Kamm. der Abg. 1895/96 Beil.-Bd. VIII S. 59) und bezweckt lediglich eine Verdeutlichung.

5. Nach Abs. 5 Ziff. 2 des Artikel 6 sind als selbständig nicht zu erachten Dienstboten, Gewerbsgehilfen und volljährige Kinder, welche im Brode des Dienstherrn oder Familienhaupts stehen und keine eigene Wohnung haben. Im Anschluß an die §§ 617, 1617 des Bürgerlichen Gesetzbuchs bestimmt der Entwurf (Ziff. III, 2) diese Voraussetzung bei Dienstboten und Gewerbsgehilfen dahin, daß sie in die häusliche Gemeinschaft des Dienstherrn aufgenommen sind, und bei volljährigen Kindern dahin, daß sie dem elterlichen Hausstand angehören und von dem Familienhaupt unterhalten werden.

6. Die in der Ziff. III, 2 vorgenommene Aenderung des Artikel 6 Abs. 6 beruht darauf, daß die Aufhebung der ehelichen Gemeinschaft nach § 1580 des Bürgerlichen Gesetzbuchs in vermögensrechtlicher Beziehung die Wirkung der Scheidung hat. Die Ersetzung des Wortes „Brod" durch „Unterhalt" entspricht dem Sprachgebrauche des Bürgerlichen Gesetzbuchs.

7. Die Ziff. IV giebt dem Artikel 12 eine neue Fassung, welche die Einschaltung des Artikel 7a (Gesetz vom 17. Juni 1896) und den Sprachgebrauch des Gesetzes über das Gebührenwesen berücksichtigt.

Weitere Aenderungen der letzteren Art werden im Artikel 44 Abs. 3 (Ziff. XVI, 2) und im Artikel 52 Abs. 5 (Ziff. XIX, 2) vorgenommen.

8. Die Verpflichtung des Staates zur Unterstützung der Frau und der Kinder eines Mannes, der zu den im Artikel 13 Abs. 2 genannten Personen gehört, entfällt nach Abs. 3 des Artikel 13, wenn die Ehe erst nach dem Ausscheiden des Mannes aus dem Dienste eingegangen worden ist, in Ansehung der Ehefrau und der „aus dieser Ehe hervorgegangenen" Kinder. Die Bezeichnung der Kinder ist zu eng. Es müssen nicht nur die durch die Ehe legitimirten Kinder unter die Vorschrift fallen, sondern es ist auch zu berücksichtigen, daß das Bürgerliche Gesetzbuch (§ 1591) ein vor der Ehe erzeugtes und nach der Eingehung der Ehe geborenes Kind für ein eheliches Kind erklärt. Die Vorschriften über die Anfechtbarkeit der Ehelichkeit (B GB. §§ 1593, 1596, 1598) können dahin führen, daß auch ein nicht von dem Ehemann erzeugtes Kind als ein eheliches Kind des Mannes anzusehen ist. Der Entwurf (Ziff. V) gebraucht deshalb den Ausdruck „Kinder dieser Ehe" und erstreckt die Vorschrift ausdrücklich auf die durch die Ehe legitimirten Kinder.

Die erstere Aenderung nimmt der Entwurf (Ziff. X, 2) auch im Artikel 33 Abs. 2 Satz 1, 3 vor; die durch die Ehe legitimirten Kinder sind dort schon in der bisherigen Fassung genannt.

9. Die in der Ueberschrift vor dem Artikel 15 sowie im Artikel 18 Abs. 2, im Artikel 36 Abs. 3 und im Artikel 37 Abs. 3 gebrauchte Bezeichnung „angewiesene Heimat" ist nicht vollständig zutreffend. Die angewiesene Heimat ist nur eine Art der im Artikel 15 behandelten vorläufigen Heimat; diese tritt in den Fällen des Artikel 15 Abs. 3, 4 von Rechtswegen, ohne Anweisung, ein. Der Entwurf ersetzt deshalb den Ausdruck „angewiesene Heimat" durch die

S. 33. Bezeichnung „vorläufige Heimat" (Ziff. VII, XI, 3, XII). Die Ueberschrift vor dem Artikel 15 wird in der Ziff. XX gestrichen.

10. Der Artikel 20 ist durch Artikel 26 des Gesetzes vom 8. August 1878, betreffend die Errichtung eines Verwaltungsgerichtshofes und das Verfahren in Verwaltungsrechtssachen, ersetzt worden. Die Ziff. XXI erklärt ihn deshalb für aufgehoben.

11. Die im Artikel 25 enthaltene Verweisung auf ein künftiges Gesetz über den obersten Verwaltungsgerichtshof ist seit dem Inkrafttreten des Gesetzes vom 8. August 1878 auf dieses Gesetz zu beziehen. Der Schluß des Artikel 25 muß deshalb eine veränderte Fassung erhalten (Ziff. VIII).

Aus dem gleichen Grunde ist eine Aenderung des Artikel 40 Abs. 1 (Ziff. XIII, 1) und des Artikel 52 Abs. 1 geboten (Ziff. XIX, 1).

12. Der Artikel 26 ist, soweit verwaltungsrechtliche Streitigkeiten in Frage stehen, durch die Artikel 30, 31 des Gesetzes vom 8. August 1878 ersetzt (vergl. auch Art. 84, 102 der rechtsrheinischen Gemeindeordnung vom 29. April 1869). Seine Geltung beschränkt sich daher auf Unterstützungsansprüche nach Art. 13 Abs. 1 lit. b, Abs. 2, soweit es sich um den Bestand der Unterstützungspflicht handelt, während für die Art und das Maß der zu gewährenden Unterstützung das Armen- und Krankenpflegegesetz vom 29. April 1869 maßgebend ist (Verh. der Kamm. der Abg. 1867/69 Gesg.-Aussch. Abth. II S. 147). Da der Artikel 26 nahezu gegenstandslos geworden ist, so erachtet der Entwurf es für unbedenklich, ihn aufzuheben (Ziff. XXI).

13. Die Verweisung des Artikel 31 auf das örtliche Herkommen ist nach dem in der Pfalz geltenden Rechte (Art. 25 der pfälzischen Gemeindeordnung vom 29. April 1869, vergl. Entsch. des Verw.G.H. XIV S. 353) gegenstandslos (Ziff. IX).

14. Das bayerische Reservatrecht bezüglich des Verehelichungswesens (Bündnißvertrag vom 23. November 1870 Ziff. III § 1, Schlußprotokoll vom gleichen Tage Ziff. I) wird durch die Einführung des Bürgerlichen Gesetzbuchs nicht berührt (Mot. zum B. GB. IV S. 34, Mot. zu Art. 28 des E. I des Einf.-Ges. zum B. GB. S. 140, Kom.-Ber. zum B. GB. S. 2011, Sten. Ber. des Reichstags S. 3051). Die Regelung, welche das Eheschließungsrecht im Bürgerlichen Gesetzbuche gefunden hat, ist jedoch nicht ohne Einfluß auf das bayerische Recht. Abgesehen davon, daß das Bürgerliche Gesetzbuch ein Einspruchsrecht Dritter gegen eine beabsichtigte Eheschließung im Sinne des Artikel 35 Abs. 5 nicht kennt, giebt sie Anlaß zu der Prüfung der Frage, ob die in den Landestheilen rechts des Rheins geltenden Sonderbestimmungen auch insoweit aufrechterhalten werden sollen, als sie sich auf die Ehehindernisse beziehen, für die in Zukunft die Vorschriften des Bürgerlichen Gesetzbuchs gelten.

S. 34. Das distriktspolizeiliche Verehelichungszeugniß soll nach dem geltenden Rechte auch feststellen, daß ein Ehehinderniß des bürgerlichen Rechtes nicht besteht. Diese Feststellung kann aber keine endgiltige sein, das Verehelichungszeugniß kann den Standesbeamten, wenn sich Zweifel über die Zulässigkeit der Eheschließung ergeben, nicht der Pflicht eigener Prüfung überheben. Nach § 48 des Personenstandsgesetzes hat der Standesbeamte die Eheschließung abzulehnen, wenn, gleichgiltig zu welcher Zeit, Ehehindernisse zu seiner Kenntniß gelangen. Er macht sich strafbar, wenn er dieser Vorschrift zuwiderhandelt. Lehnt der Standesbeamte ab, so kann nach § 11 Abs. 2 des Personenstandsgesetzes und § 69 des Gesetzes über die Angelegenheiten der freiwilligen Gerichtsbarkeit die Entscheidung des Amtsgerichts angerufen werden, in dessen Bezirke der Standesbeamte seinen Sitz hat. Bei der Eheschließung von nichtbayerischen Deutschen fällt die Mitwirkung der Distriktspolizeibehörde weg, und das Gleiche gilt in der Pfalz auch bei der Eheschließung von Pfälzern. In diesen Fällen hat der bayerische Standesbeamte die Zulässigkeit der Eheschließung, vorbehaltlich der gerichtlichen Entscheidung, ebenso allein zu prüfen wie der Standesbeamte eines der übrigen deutschen Bundesstaaten. Die Aufgabe ist aber bei der Eheschließung von Angehörigen der Landestheile rechts des Rheins und bei der Eheschließung eines Pfälzers in den Landestheilen rechts des Rheins ganz dieselbe, das Sonderrecht der rechtsrheinischen Landestheile erfordert eine doppelte Prüfung bei einer solchen Eheschließung ebensowenig wie bei der Eheschließung eines Deutschen, der einem andern Bundesstaat angehört. Die Einfachheit der gesetzlichen Vorschriften über die Ehehindernisse und die Zusammenfassung dieser Vorschriften in den §§ 1303 bis 1315 des Bürgerlichen Gesetzbuchs machen es unbedenklich, auf die Mitwirkung der Distriktspolizeibehörde zu verzichten. S. 34.

Das Aufgebot wird nach dem geltenden Rechte für die Angehörigen der Landestheile rechts des Rheins von der Gemeindeverwaltung, im Uebrigen von dem Standesbeamten angeordnet und vollzogen. Bei dem gemeindlichen Aufgebote beträgt die Frist zehn, bei dem standesamtlichen beträgt sie vierzehn Tage. Von dem standesamtlichen, nicht aber von dem gemeindlichen Aufgebot ist Befreiung zulässig. Wird eine lebensgefährliche Krankheit, welche einen Aufschub der Eheschließung nicht gestattet, ärztlich bescheinigt, so kann das gemeindliche Aufgebot nur von der Distriktsverwaltungsbehörde, das standesamtliche vom Standesbeamten nachgelassen werden. Diese Verschiedenheiten haben keine innere Berechtigung und sind für das Sonderrecht der Landestheile rechts des Rheins ohne Bedeutung. Wird die Prüfung der Zulässigkeit der Eheschließung dem Standesbeamten überlassen, so muß auch die Anordnung und der Vollzug des Aufgebots ihm zustehen.

Es ist deshalb das Zweckmäßigste, die reichsgesetzlichen Vorschriften über das Aufgebot unverändert in Geltung treten zu lassen und das distriktspolizeiliche Verehelichungszeugniß auf die Feststellung zu beschränken, daß ein im Artikel 36 des Heimatgesetzes begründetes Einspruchsrecht nicht besteht. Diese Rechtsgestaltung läßt das Wesen des Sonderrechts der Landestheile rechts des Rheins, das Einspruchsrecht der Gemeinde, nach Form und Inhalt unberührt und befreit sowohl die Distriktsverwaltungsbehörden als die Gemeindeverwaltungen von Aufgaben, die ihrem eigentlichen Wirkungskreise fremd sind.

Der Entwurf streicht demgemäß die Artikel 32, 34, 35, 38 (Ziff. XXI) und ändert den Abs. 1 des Artikel 33 entsprechend ab (Ziff. X, 1). Mit dem Einspruchsrechte Dritter fällt ferner die Ziff. 3 des Artikel 40 Abs. 2 weg (Ziff. XIII, 2). Die im Artikel 34 Abs. 1 Ziff. 1, 3 enthaltenen Vorschriften über das Erforderniß der dienstlichen Verehelichungsbewilligung bei Militärpersonen und Beamten werden durch den § 1315 Abs. 1 des Bürgerlichen Gesetzbuchs ersetzt.

Das Verehelichungszeugniß verliert nach dem Heimatgesetze seine Kraft nicht durch Zeitablauf. Bei Verzögerungen der Eheschließung kommt es aber vor, daß nach der Ausstellung des Zeugnisses Thatsachen eintreten, welche das Einspruchsrecht der Gemeinde begründen. Die Ziff. X, 3 fügt deshalb im Anschluß an den § 1316 Abs. 1 Satz 2 des Bürgerlichen Gesetzbuchs dem Artikel 33 als Abs. 5 die Vorschrift bei, daß das Zeugniß mit dem Ablaufe von sechs Monaten seit der Ausstellung die Wirksamkeit verliert.

Der Artikel 39 wird durch den § 1315 Abs. 2 des Bürgerlichen Gesetzbuchs aufrechterhalten.

S. 34. 15. Die Erwähnung des Raubes neben dem Diebstahl in der Ziff. 3 des Artikel 36 Abs. 1 (Ziff. XI, 1) bezweckt eine Berichtigung der Fassung (vergl. Verh. der Kamm. der Abg. 1897/98 Sten. Ber. XI S. 378, 379). Die gleiche Aenderung ist im Artikel 45 Ziff. 5 vorgenommen (Ziff. XVII, 1).

Wenn die Ziff. 7 des Artikel 36 Abs. 1 der Gemeinde das Einspruchsrecht gegen die beabsichtigte Eheschließung für den Fall gewährt, daß gegen den Mann Antrag auf Entmündigung gestellt ist, so wird dabei ein Antrag vorausgesetzt, auf den die Entmündigung erfolgen kann; ein Antrag, der zurückgewiesen werden muß, ohne daß es zu einem Entmündigungsverfahren kommt, insbesondere der Antrag eines nicht Antragsberechtigten, soll das Einspruchsrecht nicht begründen. Da nach § 648 (596a) der Civilprozeßordnung das Gericht über die Einleitung des Entmündigungsverfahrens zu beschließen hat, so macht die Ziff. XI, 2 das Einspruchsrecht der Gemeinde davon abhängig, daß das Entmündigungsverfahren eingeleitet ist (vergl. Art. 25 Ziff. II, Art. 26 Ziff. II des Entw.).

16. Die in der Ziff. XIV, 1 vorgenommene Aenderung des Artikel 41 Abs. 1 entspricht der geltenden Währung.

Der Abs. 3 des Artikel 41 schließt die Strafverfolgung aus, wenn vor der Eröffnung des Strafverfahrens die Ehe wieder aufgelöst worden ist. Der Auflösung muß die Nichtigkeitserklärung der Ehe gleichstehen, weil auch in diesem Falle der dem Abs. 3 zu Grunde liegende Gedanke zutrifft, von der Bestrafung abzusehen, wenn das Verhältniß nicht mehr besteht. Die Ziff. XIV, 2 ergänzt den Abs. 3 in diesem Sinne.

17. Die Ziff. XV berichtigt ein Versehen des Gesetzes. Die Ziff. 9 des Artikel 45 kann nach § 3 Abs. 1 des Freizügigkeitsgesetzes vom 1. November 1867 auf Deutsche keine Anwendung finden.

18. In der Strafbestimmung des Artikel 44 Abs. 2 ist an die Stelle des Höchstbetrags von zehn Gulden nach Artikel 1 des Gesetzes vom 1. November 1875, die Bestimmung von Geldstrafen und einigen Geldsätzen nach der Reichswährung betreffend, der Betrag von achtzehn Mark getreten (Ziff. XVI, 1).

19. Die im Art. 45 Ziff. 6 angeführten Vorschriften des Artikel 149 des Polizeistrafgesetzbuchs und des Artikel 10 des Gesetzes, den Vollzug der Einführung des Strafgesetzbuchs für das Deutsche Reich in Bayern betreffend, sind durch die in der Ziff. XVII, 2 genannten Vorschriften der Gewerbeordnung ersetzt worden.

20. Im Artikel 51 ist in Folge der geänderten Fassung, welche der Artikel 50 durch das Gesetz vom 23. Februar 1872 erhalten hat, die Verweisung auf den Artikel 50 Abs. 3 nunmehr auf den Abs. 1 des Artikel 50 zu beziehen (Ziff. XVIII).

S. 35. **Von den Ueberschriften, welche das Heimatgesetz innerhalb der einzelnen Titel enthält, sind die des 3. Titels schon durch Artikel 12 des Gesetzes vom 23. Februar 1872 zum Theile gestrichen worden. Von den übrigen bedürfen mehrere der Aenderung, weil sie mit dem Sprachgebrauche der jetzt geltenden Gesetze nicht übereinstimmen (Ueberschrift vor Art. 12) oder weil sie ungenau sind (Ueberschrift vor Art. 15) oder weil sie nach den Vorschlägen des Entwurfes wegfallen (Ueberschriften zu Art. 32 bis 34, zu Art. 35 bis 37, vor Art. 38). Da die Ueberschriften für das Verständniß des Gesetzes entbehrlich sind, so folgt der Entwurf (Ziff. XX) dem Gesetze vom 23. Februar 1872 indem er sie sämmtlich streicht.**

Artikel 22. S. 35.

Malzaufschlaggesetz vom 16. Mai 1868.

1. Nach Artikel 52 Abs. 3 des Gesetzes über den Malzaufschlag haften bei Uebertretungen, die im aufschlagpflichtigen Betrieb oder bei dem Betrieb einer Malzmühle oder durch Mißbrauch von Futterschrot- und Hausmühlen verübt werden, wenn die Mühle einer Genossenschaft gehört, deren Mitglieder für Strafe und Kosten solidarisch. Diese Vorschrift steht nicht im Einklange mit den Vorschriften des Genossenschaftsgesetzes vom 1. Mai 1889, nach welchen die Genossen für die Genossenschaftsverbindlichkeiten nur bei Genossenschaften mit unbeschränkter Haftpflicht, nicht aber bei Genossenschaften mit unbeschränkter Nachschußpflicht oder mit beschränkter Haftpflicht als Gesammtschuldner haften. Die Ziff. I ändert deshalb den Artikel 52 Abs. 3 dahin, daß die Genossen nach den für die Genossenschaftsverbindlichkeiten geltenden Vorschriften haften.

2. Nach Artikel 60 des Malzaufschlaggesetzes kann das Hauptzollamt unter bestimmten Voraussetzungen verfügen, daß ein wiederholt wegen Malzaufschlaghinterziehung bestrafter Pächter oder selbständiger Geschäftsführer in keinem aufschlagpflichtigen Betrieb und in keiner zum Malzbrechen verwendeten Mühle als Pächter oder selbständiger Geschäftsführer zugelassen werden darf. Infolge dieser Verfügung muß der Betriebsberechtigte den Pächter oder Geschäftsführer aus dem Geschäft entfernen. Tritt dieser in ein anderes Geschäft als Pächter oder Geschäftsführer ein, so muß er nach Artikel 61 auch aus der neuen Stellung entfernt werden. Dabei bleiben nach Artikel 60 Abs. 2 Satz 2 und Artikel 61 Abs. 2 Satz 2 dem Betriebsberechtigten alle Entschädigungsansprüche gegen den Pächter oder Geschäftsführer vorbehalten, während dieser solche Ansprüche wegen Auflösung des Pacht- oder Dienstvertrags nicht geltend machen kann.

Der Einfluß, welchen die durch das öffentliche Recht vorgeschriebene Entfernung des Pächters oder Geschäftsführers aus dem Geschäft auf die beiderseitigen Ansprüche und Verpflichtungen aus dem Pachtvertrag oder dem Dienstvertrag hat, gehört dem Gebiete des bürgerlichen Rechtes an und bestimmt sich in Zukunft nach den Vorschriften des Bürgerlichen Gesetzbuchs, dessen § 325 auf demselben Gedanken beruht wie die angeführten Vorschriften. Der Entwurf (Ziff. II) hebt deshalb diese auf.

Artikel 23.

Vermarkungsgesetz vom 16. Mai 1868.*)

1. Der Anspruch des Eigenthümers eines Grundstücks gegen den Eigenthümer eines Nachbargrundstücks auf Errichtung oder Wiederherstellung fester Grenzzeichen und die Vertheilung der Kosten der Abmarkung auf die Eigenthümer der beiden Grundstücke sind im § 919 Abs. 1, 3 des Bürgerlichen Gesetzbuchs bestimmt. Für die Art der Abmarkung und das Verfahren sind dagegen nach Abs. 2 des § 919 die Landesgesetze maßgebend. Infolge dessen fallen von den Vorschriften des Gesetzes vom 16. Mai 1868 die der Artikel 1, 3, 4 ganz und die des Artikel 2 insoweit weg, als dort bestimmt ist, daß die Vermarkung, die ein Grundeigenthümer von dem anderen verlangen kann, „auf das wirkliche Bedürfniß beschränkt" ist; dagegen bleiben die übrigen Vorschriften des Artikel 2 und die der Artikel 12 bis 25 in Geltung (Ziff. I, V des Entw.).

2. Streitigkeiten über die Vermarkungspflicht sind nach den Artikeln 7 bis 11 des Gesetzes vom 16. Mai 1868 und dem Artikel 8 Ziff. 16 des Gesetzes

*) Vergl. hierzu Becher, bayerisches Landescivilrecht rc. § 86; v. Roth-Becher, bayr. Civ.-R. Bd. II Abth. 1 § 135 Note 29 ff., 40.

S. 35. vom 8. August 1878, betreffend die Errichtung eines Verwaltungsgerichtshofes und das Verfahren in Verwaltungsrechtssachen, Sachen letzterer Art. Hieran wird durch die Einführung des Bürgerlichen Gesetzbuchs nichts geändert, da die Landesgesetzgebung in der Ausschließung des Rechtswegs nach Maßgabe des § 13 des Gerichtsverfassungsgesetzes auch in Zukunft freie Hand hat. Die Fassung des Artikel 7, 8 bedarf jedoch aus demselben Grunde wie die des Artikel 2 einer Aenderung, die sie mit der des § 919 des Bürgerlichen Gesetzbuchs in Einklang bringt (Ziff. III, IV).

3. Nach Artikel 5 Satz 1 darf, wenn die betheiligten Grundeigenthümer die Grenze durch Austausch von Grund und Boden verändern wollen oder wenn die Feldgeschworenen wahrnehmen, daß eine Veränderung der bisherigen Grenze beabsichtigt ist, die Vermarkung erst erfolgen, nachdem die Vermessung durch den Bezirksgeometer und die Beurkundung der Besitzveränderung stattgefunden haben. Unter der Besitzveränderung ist die Uebertragung des Eigenthums verstanden, die nach dem geltenden Rechte (Art. 14 des Notariatsgesetzes vom 10. November 1861, Art. 219 Abs. 1 des Ausf.-G. zur CPO. und KO.) notariell beurkundet werden muß. Von der Zeit an, zu welcher das Grundbuch als angelegt anzusehen ist, erfolgt die Uebertragung des Eigenthums durch Auflassung und Eintragung in das Grundbuch (§§ 873, 925 des B. GB.) und die Vereinigung der von dem einen Grundstück abgetrennten Fläche mit dem anderen Grundstücke durch Zuschreibung im Grundbuche (§ 890 Abs. 2 des B. GB.). Der Entwurf (Ziff. II) stellt deshalb die Fassung des Artikel 5 Satz 1 dahin richtig, daß die Vermarkung erst erfolgen darf, wenn die Aenderungen im Bestande der Grundstücke und in den Eigenthumsverhältnissen in das Grundbuch eingetragen sind. Die Erwähnung des Erfordernisses der Vermessung durch den Bezirksgeometer wird durch den neuen § 71 a Abs. 3 des Grundsteuergesetzes (Art. 2 Ziff. I des Entw.) und dadurch entbehrlich, daß die Abschreibung eines Theiles eines Grundstücks im Grundbuch auf Grund des § 96 der Grundbuchordnung von der Beibringung einer die Lage und die Grenzen des Grundstücks theils darstellenden Karte abhängig gemacht werden wird (vergl. die Begründung zum Art. 2 des Entw. unter Ziff. 1).

Auf eine durch Austausch von Grundstückstheilen bewirkte Grenzveränderung sollen nach Artikel 5 Satz 2 die Bestimmungen des Gesetzes über die Zusammenlegung von Grundstücken, jetzt des Flurbereinigungsgesetzes, Anwendung finden. Der Satz 2 des Artikel 5 ist weggelassen, weil dieser Satz, abgesehen von der nicht mehr zutreffenden Verweisung, seinem wahren Inhalte nach selbstverständlich ist, die Fassung aber zu dem Mißverständniß Anlaß gibt, als sollten die Vorschriften des Flurbereinigungsgesetzes, insbesondere der Artikel 8, auf jeden Grundaustausch Anwendung finden, durch den eine Aenderung der bestehenden
S. 36. Grenzlinie bezweckt ‖ wird, auch wenn die Voraussetzungen einer Flurbereinigung nicht vorliegen. In der Mehrzahl der Fälle wird nicht eine Flurbereinigung, sondern die Erwirkung des Unschädlichkeitszeugnisses nach dem Gesetze vom 15. Juni 1898 in Frage kommen.

4. Die Vorschriften des Gesetzes vom 16. Mai 1868 haben sich als unzureichend erwiesen. Es ist deshalb die Ausarbeitung des Entwurfes eines neuen Gesetzes in Aussicht genommen, durch welches das Gesetz vom 16. Mai 1868 ersetzt werden soll. Das neue Gesetz wird aber erst nach dem Inkrafttreten des Bürgerlichen Gesetzbuchs erlassen werden können. Für die Zwischenzeit begnügt sich der Entwurf mit den Aenderungen, die erforderlich sind, um das bestehende Gesetz mit den Vorschriften des Bürgerlichen Gesetzbuchs in Einklang zu bringen.

Artikel 24. S. 36.

Berggesetz vom 20. März 1869.*)

Nach Artikel 67 Abs. 1 des Einführungsgesetzes zum Bürgerlichen Gesetzbuche bleiben die landesgesetzlichen Vorschriften unberührt, welche dem Bergrecht angehören. Infolge dessen behalten die dem bürgerlichen Rechte angehörenden Vorschriften des Berggesetzes vom 20. März 1869 im Allgemeinen ihre Geltung. Der Zusammenhang des Berggesetzes mit den im Bürgerlichen Gesetzbuche geordneten Rechtsgebieten, insbesondere mit dem Liegenschaftsrechte, macht jedoch die Abänderung einiger Bestimmungen nothwendig und die Vorschrift des Artikel 67 Abs. 2 des Einführungsgesetzes, nach welcher auf eine wegen Beschädigung eines Grundstücks durch Bergbau zu gewährende Entschädigung die Vorschriften der Artikel 52, 53 des Einführungsgesetzes zum Bürgerlichen Gesetzbuch Anwendung finden, soweit nicht die Landesgesetze ein Anderes bestimmen, gibt Anlaß zu der Prüfung der Frage, ob die mit diesen Vorschriften nicht übereinstimmenden Vorschriften des Berggesetzes im Sinne dieser Vorschriften geändert werden sollen.

1. Für die Benützung eines fremden Grundstücks zum Schürfen und für die Werthminderung, die das Grundstück durch die Schürfarbeiten erleidet, hat der Schürfer den Besitzer nach Artikel 6 des Berggesetzes in gleicher Weise zu entschädigen, wie der Bergwerksunternehmer nach Artikel 126 und Artikel 127 Abs. 1 verpflichtet ist, dem Besitzer für die Benützung des Grundstücks zum Betriebe des Bergbaus und für die durch diese Benützung entstehende Werthminderung Entschädigung zu leisten. Im einen wie im anderen Falle kann der Besitzer für den Ersatz der zu erwartenden Werthminderung Sicherheitsleistung verlangen (Art. 6 Abs. 2, Art. 127 Abs. 2). Ist das Grundstück mit Hypotheken belastet, so haftet nach Artikel 134 die Entschädigung, welche für die durch Benützung des Grundstücks zum Bergbau entstehende Werthminderung zu leisten ist, den Gläubigern und können diese auch das Recht des Besitzers auf Sicherheitsleistung für sich geltend machen. Dagegen fehlt es an einer Vorschrift, die den Hypothekengläubigern dieselbe Stellung auch im Falle der Minderung des Werthes durch Schürfarbeiten einräumt. Ein innerer Grund für diese Verschiedenheit besteht nicht und der Artikel 67 Abs. 2 des Einführungsgesetzes behandelt die beiden Fälle gleich.

Auf die für die Benützung des Grundstücks zu gewährende Entschädigung erstreckt sich nach dem Berggesetze die Hypothek weder im Falle der Benützung zum Schürfen noch im Falle der Benützung zum Bergbau. Der Entwurf will aus den zum Artikel 129a (Ziff. XII, vergl. unten Ziff. 15) angeführten Gründen die für die Benützung zum Bergbau zu leistende Entschädigung derselben Haftung unterwerfen, die nach dem Bürgerlichen Gesetzbuche Mieth- und Pachtzinsen trifft und erachtet es wegen Gleichheit der Sachlage für geboten, das Gleiche auch für die Entschädigung vorzuschreiben, die für die Benützung des Grundstücks zum Schürfen zu entrichten ist.

Auf diesen Erwägungen beruht der neue Abs. 3, den der Entwurf (Ziff. I) dem Artikel 6 beifügt.

2. Nach den Artikeln 4, 5 muß der Besitzer eines Grundstücks das Schürfen und nach den Artikeln 124, 125 muß er die Benützung des Grundstücks für den Betrieb des Bergbaus unter gewissen Voraussetzungen gestatten. Ueber die Gestattungspflicht entscheiden bei Schürfarbeiten nach Artikel 8 die Bergbehörden, bei dem Betriebe des Bergbaus nach Artikel 136 des Berggesetzes

*) Vergl. hierzu Becher a. a. O. §§ 159 bis 181; v. Roth-Becher, bayr. Civ.-R. Bd. II Abth. 3 §§ 271 bis 309.

S. 36. und Artikel 10 Ziff. 9 des Gesetzes vom 8. August 1878 über den Verwaltungsgerichtshof die Verwaltungs- und die Bergbehörden gemeinschaftlich und in letzter Instanz der Verwaltungsgerichtshof. Das festgestellte Benützungsrecht des Schürfers oder des Bergwerksunternehmers eignet sich nicht zur Eintragung in das Grundbuch, weil es sich nicht um eine Belastung des Grundstücks, sondern um eine gesetzliche Eigenthumsbeschränkung handelt.

3. Das Bergwerkseigenthum muß, da es den für Grundstücke geltenden Vorschriften unterliegt (Art. 40), in das Grundbuch eingetragen werden. Um dem Grundbuchamte die Eintragung zu ermöglichen, verpflichtet der in der Ziff. II eingestellte Artikel 36a Abs. 1, 2 die Bergbehörde, dem Grundbuchamte von der Verleihung, durch welche das Bergwerkseigenthum nach den Artikeln 30, 32 entsteht, Kenntniß zu geben und die zur Eintragung nöthigen urkundlichen Unterlagen mitzutheilen.

Nach Artikel 35 Abs. 3 kann die Geltendmachung eines Vorzugsrechts auf das verliehene Feld oder einen Theil des Feldes zur Aufhebung oder Aenderung der Verleihung führen. Der Artikel 36a Abs. 3 trifft Vorsorge, daß das Grundbuchamt durch die Bergbehörde von der Aufhebung oder Aenderung in Kenntniß gesetzt wird, um das Grundbuch richtig zu stellen.

4. Nach den Artikeln 40, 41 unterliegt das Bergwerkseigenthum den gesetzlichen Vorschriften über das Grundeigenthum. Hieran muß auch unter der Herrschaft des Bürgerlichen Gesetzbuchs festgehalten werden. Die Fassung der Artikel 40, 41 bedarf jedoch der Anpassung an die Vorschriften des Bürgerlichen Gesetzbuchs. Die in den Ziff. III, IV enthaltene neue Fassung der Artikel 40, 41 schließt sich an die für das Erbbaurecht geltenden Vorschriften des § 1017 des Bürgerlichen Gesetzbuchs unter Berücksichtigung des Umstandes an, daß das Bergwerkseigenthum durch Verleihung entsteht, die für den Erwerb des Eigenthums an Grundstücken geltenden Vorschriften daher nur auf den Erwerb eines bestehenden Bergwerkseigenthums Anwendung finden.

Der Abs. 2 des Artikel 41, welcher die Vorschriften über die Anfechtbarkeit wegen übermäßiger Verletzung ausschließt, wird gegenstandslos, weil derartige Vorschriften dem Bürgerlichen Gesetzbuche fremd sind.

5. Nach Artikel 48 ist der Bergwerkseigenthümer kraft des Bergwerkseigenthums berechtigt, außerhalb seines Feldes Hilfsbaue anzulegen. Der Hilfsbau wird im Abs. 3 als Zubehör des Bergwerkes oder, falls die Eigenthümer mehrerer Bergwerke einen Hilfsbau gemeinschaftlich angelegt und eine besondere Vereinbarung nicht getroffen haben, als Zubehör der sämmtlichen
S. 37. Bergwerke bezeichnet. Da das Bürgerliche ‖ Gesetzbuch unbewegliches Zubehör nicht kennt, so will der Entwurf (Ziff. XXII) den Abs. 3 des Artikel 48 streichen. Der Abs. 3 hat keinen selbständigen Inhalt; der Ausdruck „Zubehör" bezweckt lediglich eine Erläuterung des in den Abs. 1, 2 ausgesprochenen Gedankens, daß das Recht zur Anlegung eines Hilfsbaus zu dem Inhalte des Bergwerkseigenthums gehört, und die Gemeinschaftlichkeit eines gemeinschaftlich angelegten Hilfsbaus versteht sich von selbst.

Die in den Artikeln 48, 49 bestimmte Verpflichtung des Bergwerkseigenthümers, die Anlegung eines Hilfsbaus für ein fremdes Bergwerk in seinem Felde zu gestatten, wird in das Grundbuch ebensowenig eingetragen, wie die in der Ziff. 2 besprochenen Gestattungspflichten des Grundstückbesitzers; sie beruht, obwohl der Artikel 50 von dem „belasteten Bergwerke" spricht, gleichfalls nicht auf einer Belastung im Sinne des Bürgerlichen Gesetzbuchs, sondern ist eine gesetzliche Beschränkung des Bergwerkseigenthums.

6. Nach Artikel 50 muß der Bergwerkseigenthümer, der in einem fremden

Felde einen Hilfsbau anlegt, dem Bergwerkseigenthümer, dem das Feld gehört, allen Schaden ersetzen, der durch seine Anlagen dem Bergwerke des Anderen zugefügt wird. Die Vorschrift entspricht der des Artikel 151, welche in gleicher Weise den Bergwerksunternehmer zum Ersatze des Schadens verpflichtet, der durch den Betrieb des Bergwerkes dem Grundeigenthümer zugefügt wird. Da der Entwurf aus den in der Ziff. 18 angeführten Gründen die nach Artikel 151 zu leistende Entschädigung den Hypotheken und den gleichgestellten Rechten unterwirft, so muß das Gleiche auch für die nach Artikel 50 zu leistende Entschädigung bestimmt werden (Ziff. V). S. 37.

7. Die im Artikel 55 bezeichnete Vereinbarung der Eigenthümer, deren Bergwerke zu einem Bergwerke vereinigt werden sollen, mit den Berechtigten, deren Rechte nur auf einem der Bergwerke ruhen, muß nach Artikel 14 des Notariatsgesetzes vom 10. November 1861 und Artikel 219 Abs. 1 des Gesetzes zur Ausführung der Civilprozeßordnung und Konkursordnung notariell beurkundet werden. Da diese Vorschriften aufgehoben werden, so muß durch eine neue Vorschrift Sorge getragen werden, daß die Vereinbarung der Bergbehörde in zuverlässiger Form vorgelegt wird. Der Entwurf (Ziff. VI) schließt sich an den § 29 der Grundbuchordnung an, indem er die Vorlegung einer öffentlichen oder öffentlich beglaubigten Urkunde verlangt.

8. Die Rechtsänderungen, welche durch die Bestätigung der Vereinigung mehrerer Bergwerke, der Theilung des Feldes eines Bergwerkes in selbständige Felder und des Austausches von Feldestheilen bewirkt werden, treten ohne Eintragung in das Grundbuch ein. Das Grundbuch bedarf deshalb der Berichtigung. Um diese sicher und rasch herbeizuführen, verpflichtet der Entwurf in einem neuen Artikel 62a Abs. I (Ziff. VII) auf Grund des § 83 der Grundbuchordnung die Bergbehörde, das Grundbuchamt von Amtswegen um die Eintragung der durch ihre Verfügung bewirkten Rechtsänderungen zu ersuchen.

Die Eintragung der Rechtsänderungen darf wie in anderen Fällen, in denen die Rechtsänderung durch die Verfügung einer Behörde bewirkt wird, bei Hypotheken-Grundschulden oder Rentenschulden, über die ein Brief ertheilt ist, und bei Hypotheken für Forderungen aus einer Schuldverschreibung auf den Inhaber, aus einem Wechsel oder einem anderen Papiere, das durch Indossament übertragen werden kann, abweichend von den Vorschriften der §§ 42 bis 44 der Grundbuchordnung nicht von der Vorlegung des Briefes oder der sonstigen Urkunde abhängig gemacht werden. Hierauf beruht die Vorschrift des Artikel 62a Abs. 2 Satz 1. Der Abs. 2 Satz 2 verpflichtet im Anschluß an den § 62 Abs. 2 der Grundbuchordnung das Grundbuchamt, den Hypotheken-, Grundschuld oder Rentenschuldbrief einzufordern, um die eingetragene Rechtsänderung nachträglich auf dem Briefe zu vermerken und dadurch Täuschungen des Verkehrs thunlichst zu verhüten.

9. Das Berggesetz (Art. 93 Abs. 5, Art. 95 Abs. 2, 3) setzt die Zulässigkeit der Kraftloserklärung von Kuxscheinen voraus. Zur Abschneidung von Zweifeln empfiehlt es sich, die Zulässigkeit ausdrücklich auszusprechen. Die Kraftloserklärung muß aber, wie es bei Aktien nach § 228 Abs. 1 des Handelsgesetzbuchs und bei Urkunden der im § 808 des Bürgerlichen Gesetzbuchs bezeichneten Art nach dem Abs. 2 Satz 2 des § 808 der Fall ist, ausgeschlossen werden können; die Ausschließung kann in dem Kuxscheine selbst oder in der Satzung der Gewerkschaft bestimmt werden.

Nach dem Vorbilde des § 228 Abs. 1 Satz 2 und des § 229 des Handelsgesetzbuchs müssen auch die in den §§ 798, 800 des Bürgerlichen Gesetzbuchs enthaltenen Vorschriften für anwendbar erklärt werden. Dadurch

S. 37. wird die Verpflichtung der Gewerkschaft zum Umtausch eines beschädigten Kuxscheins und zur Ertheilung eines neuen Kuxscheins an Stelle des für kraftlos erklärten ausgesprochen. Ohne den Besitz des Kuxscheins ist der Gewerke in der Verfügung über seinen Kux gehindert, für die Verpfändung (Art. 98) ist der Besitz des Kuxscheins sogar gesetzliches Erforderniß. Durch die Anwendbarkeit des § 798 wird auch die im Artikel 93 Abs. 5 getroffene Vorschrift ersetzt, daß die Erneuerung des Kuxscheins zulässig ist, wenn der bisherige Schein zurückgegeben wird.

Hiedurch rechtfertigen sich die in der Ziff. VIII zum Ersatze des Art. 93 Abs. 5 vorgeschlagenen Vorschriften.

Da die Zulässigkeit der Kraftloserklärung von Kuxscheinen auf Landesgesetz beruht, so ist die Landesgesetzgebung nach § 11 des Einführungsgesetzes zur Civilprozeßordnung befugt, das Verfahren, in dem die Kraftloserklärung erfolgt, abweichend von den Vorschriften der Civilprozeßordnung über das Aufgebotsverfahren zu bestimmen. Nach dem geltenden Rechte findet die Kraftloserklärung von Kuxscheinen im Wege des Urkundenaufgebots nach den Vorschriften der Civilprozeßordnung statt. Die im Artikel 69 des Gesetzes vom 23. Februar 1879 zur Ausführung der Civilprozeßordnung und Konkursordnung ausgenommenen §§ 1010 bis 1014 (bisher §§ 843 bis 846) sind in Ansehung der Kuxe gegenstandslos. Der Entwurf beläßt es bei den allgemeinen Vorschriften der Civilprozeßordnung. Den gleichen Standpunkt nehmen das preußische und das badische Recht ein (preuß. Ausf.-Ges. zur CPO. vom 24. März 1879 § 20, badisches Berggesetz vom 22. Juni 1890 § 89).

10. Der Abs. 2 des Artikel 94, nach welchem den Gewerken ein Vorkaufsrecht an den Kuxen nicht zusteht, fällt weg, weil das Bürgerliche Gesetzbuch das gesetzliche Vorkaufsrecht nicht aufgenommen hat, welches den Theilhabern einer Gemeinschaft im Abschnitt III § 28 Ziff. 2 Abs. 2 des Landtagsabschieds vom 10. November 1861 gewährt ist (Ziff. XXII).

11. Nach Artikel 101 Abs. 3 haben Gewerken, welche weder im Inlande noch in einem Staate des früheren Deutschen Bundes wohnen, zur Empfangnahme der Einladung zu den Gewerkenversammlungen einen Bevollmächtigten im Inlande zu bestellen. Die Verpflichtung, einen Zustellungsbevollmächtigten zu bezeichnen, muß jetzt einen außerhalb des Deutschen Reichs wohnenden
S. 38. Gewerken treffen; für ‖ den Zustellungsbevollmächtigten genügt es, daß er seinen Wohnsitz im Deutschen Reiche hat (Ziff. IX).

12. Die Ziff. X berichtigt die Vorschriften des Artikel 112 Satz 2, 3 über die Befugniß der Mitglieder des Grubenvorstandes zur Entgegennahme von Zustellungen mit Rücksicht auf den § 171 (bisher § 157) Abs. 3 der Civilprozeßordnung.

13. Nach Artikel 115 Abs. 2 haften der Repräsentant und die Mitglieder des Grubenvorstandes für einen Schaden, den sie dadurch verursachen, daß sie außerhalb der Grenzen ihres Auftrags oder entgegen den Vorschriften des vierten Titels des Berggesetzes handeln, persönlich und als Gesammtschuldner. Die Vorschrift hat nicht die Bedeutung einer bergrechtlichen Sondervorschrift, sondern will lediglich der Vollständigkeit wegen das aussprechen, was sich aus den allgemeinen Vorschriften des bürgerlichen Rechtes ergiebt. Da sie mit den Vorschriften der §§ 179, 180 des Bürgerlichen Gesetzbuchs nicht vollständig übereinstimmt, so hebt der Entwurf (Ziff. XXII) sie auf, um die allgemeinen Vorschriften des Bürgerlichen Gesetzbuchs zur Anwendung kommen zu lassen.

14. Die Ziff. XI bringt den Artikel 117 mit dem Sprachgebrauche des Bürgerlichen Gesetzbuchs in Einklang (vergl. § 27 Abs. 3, § 713 des B. GB.). S. 38.

15. Nach den §§ 1123 bis 1125 des Bürgerlichen Gesetzbuchs erstreckt sich die Hypothek, wenn das belastete Grundstück vermiethet oder verpachtet ist, auf die Mieth- oder Pachtzinsforderung, das Recht des Hypothekengläubigers steht aber, solange nicht die Forderung zu Gunsten des Gläubigers in Beschlag genommen ist, der Einziehung des Mieth- oder Pachtzinses und einer anderen Verfügung über die Forderung nicht entgegen. Im Falle der Beschlagnahme sind Verfügungen, die sich auf den Mieth- oder Pachtzins für eine spätere Zeit als das zur Zeit der Beschlagnahme laufende und das folgende Kalendervierteljahr beziehen, dem Hypothekengläubiger gegenüber unwirksam. Die Haftung der Mieth- oder Pachtzinsforderung hat ihren Grund darin, daß die in das Eigenthum des Pächters gelangenden Früchte der Hypothek nicht unterworfen sind und der Hypothekengläubiger auch aus dem dem Miether oder Pächter überlassenen Gebrauche des Grundstücks nicht Befriedigung suchen kann (§ 1120 des B. GB., § 21 Abs. 3, § 152 Abs. 3 des Gesetzes über die Zwangsversteigerung und die Zwangsverwaltung, Mot. zum Entw. des B. GB. I L., III S. 658). Bei der Benützung für den Betrieb eines Bergwerkes, zu dem das Grundstück nach den Artikeln 124, 125 dem Bergwerksunternehmer gegen Entschädigung überlassen werden muß, ist die Sachlage ganz dieselbe. Der Hypothekengläubiger kann sich nicht an die Nutzung des Grundstücks halten, diese steht, oft auf eine Reihe von Jahren, dem Bergwerksunternehmer zu, und darum muß dem Hypothekengläubiger in der Haftung der Entschädigungsforderung gegen den Bergwerksunternehmer (Art. 126, Art. 129 Abs. 1) Ersatz gewährt werden. Der Entwurf Art. 129 a (Ziff. XII) erklärt deshalb die Vorschriften des § 1123 Abs. 2 Satz 1 und der §§ 1124, 1125 des Bürgerlichen Gesetzbuchs für entsprechend anwendbar. Der Satz 2 des § 1123 Abs. 2 eignet sich nicht zur Uebertragung, weil die Entschädigung nach dem Gesetz auf je ein Jahr im voraus zu entrichten ist; die Vorschrift des § 1124 Abs. 2 muß aus demselben Grunde dahin geändert werden, daß Verfügungen über die Entschädigung dem Hypothekengläubiger gegenüber unwirksam sind, soweit die Fähigkeit erst später als ein Vierteljahr nach der Beschlagnahme eintritt.

Den Hypotheken stehen außer den Grundschulden und den Rentenschulden mit Rücksicht auf die Vorschrift des § 1107 des Bürgerlichen Gesetzbuchs auch die Reallasten gleich.

16. Die Entschädigung, welche nach Art. 127 Abs. 1 für die durch die Benützung des Grundstücks für den Betrieb des Bergbaus entstehende Minderung des Werthes des Grundstücks zu leisten ist, haftet nach Art. 134 den Hypothekgläubigern und den sonstigen Realberechtigten in der Weise, daß die Entschädigungsforderung auf die Berechtigten, soweit es zu deren Deckung erforderlich ist, kraft Gesetzes übergeht. Die Vorschrift ist insofern unzureichend, als ohne ein gerichtliches Vertheilungsverfahren schwer zu ermitteln ist, inwieweit für die einzelnen Berechtigten die Voraussetzung des Ueberganges der Entschädigungsforderung eingetreten ist. Der Artikel 53 des Einführungsgesetzes zum Bürgerlichen Gesetzbuche füllt die Lücke aus und enthält in seinen übrigen Vorschriften, die auf den § 1128 des Bürgerlichen Gesetzbuchs verweisen und eine dem § 1127 Abs. 2 entsprechende Bestimmung treffen, eine zweckmäßige Ausgestaltung der Haftung der Entschädigungsforderung. Der Entwurf (Ziff. XIII) giebt deshalb dem Artikel 134, soweit er sich auf die

S. 38. Haftung dieser Forderung bezieht, eine sich an den Art. 53 des Einführungsgesetzes anschließende Fassung.

Der Artikel 134 gewährt den Berechtigten auch die Befugniß, bei der Festsetzung der Sicherheitsleistung für den Ersatz der zu erwartenden Werthminderung, zu der der Bergwerksunternehmer nach Art. 127 Abs. 2 dem Besitzer des Grundstücks gegenüber verpflichtet ist, ihre Rechte zu wahren. Der Entwurf bestimmt diese Befugniß im Abs. 2 des Art. 134 neuer Fassung dahin, daß die Sicherheit auf Verlangen eines Berechtigten in der Weise zu leisten ist, daß sie nicht nur dem Besitzer, sondern auch dem Berechtigten haftet.

17. Der Artikel 135 entspricht dem Artikel XI Abs. 2 des Zwangsenteignungsgesetzes vom 17. November 1837 und wird wie dieser durch den Artikel 53 des Gesetzes zur Ausführung der Civilprozeßordnung und Konkursordnung (Art. 33 Ziff. IX des Entw.) ergänzt. Die Vorschrift ist insofern zu eng, als sie den Fall unberücksichtigt läßt, daß ein Recht, für das nach Artikel 132 eine besondere Entschädigung zu leisten ist, dem jeweiligen Eigenthümer des mit der Hypothek belasteten Grundstücks zusteht (Art. XI Abs. 1 des Gesetzes vom 17. November 1837, Art. 54 des Ausf.-Ges. zur CPO. und KO.). Der Entwurf (Ziff. XIV) ersetzt den Satz 2 des Artikel 135 durch einen neuen Abs. 2, in dem für die in Fällen des Artikel 127 Abs. 3, des Artikel 128, des Artikel 129 Abs. 2 und des Artikel 132 zu leistenden Entschädigungen auf die für die Entschädigung im Falle der Zwangsenteignung geltenden Vorschriften verwiesen wird.

18. Im dritten Abschnitte des fünften Titels enthält das Berggesetz weitere Vorschriften, nach denen wegen Beschädigung eines Grundstücks durch Bergbau Entschädigung gewährt werden muß. Nach Artikel 151 ist der Bergwerksunternehmer für allen Schaden haftbar, der einem ihm nicht nach den Artikeln 124, 125 zur Benützung überlassenen fremden Grundstücke durch den Betrieb des Bergbaus zugefügt wird, und die gleiche Ersatzpflicht ist im Artikel 155 dem Schürfer für die durch die Schürfarbeiten entstehenden Beschädigungen auferlegt. Die Vorschrift des Artikel 134 ist auf die nach Artikel 151 zu leistende Entschädigung nicht erstreckt. Die Sachlage ist aber im Wesentlichen die gleiche und der Artikel 67 Abs. 2 des Einführungsgesetzes macht deshalb zwischen dem Falle des Artikel 151 und dem des Artikel 127 Abs. 1,
S. 39. für den der Artikel 134 gilt, keinen ‖ Unterschied. Der Entwurf (Ziff. XV) schließt sich dem Gedanken des Artikel 67 Abs. 2 an, indem er in einem neuen Abs. 2 des Artikel 151 die Vorschriften des Artikel 134 Abs. 1 für anwendbar erklärt.

Die Artikel 151, 155 gewähren einen Ersatzanspruch auch wegen Beschädigung des Zubehörs eines Grundstücks. Für diesen Ersatzanspruch treten an die Stelle des im Artikel 134 Abs. 1 für anwendbar erklärten § 1128 des Bürgerlichen Gesetzbuchs nach dem Vorbilde des Artikel 53 Abs. 2 des Einführungsgesetzes zum Bürgerlichen Gesetzbuche die Vorschriften des § 1123 Abs. 2 Satz 1 und des § 1124 Abs. 1, 3; für die Zulassung des im Artikel 134 Abs. 1 Satz 2 bestimmten Vertheilungsverfahrens besteht kein Bedürfniß. Die Ersatzpflicht wird ebenso behandelt, wie wenn sie auf einer bei dem Bergwerksunternehmer genommenen Versicherung des Zubehörs gegen die aus dem Bergwerksbetrieb entstehenden Gefahren beruhte (§§ 1127, 1129 des B. GB.).

Nach der Fassung des Artikel 155 erstrecken sich die Ergänzungen des Artikel 151 ohne Weiteres auf die dort bestimmten Entschädigungen.

19. Die Ziffer XVI ersetzt die auf die Verjährung bezügliche Vorschrift des Artikel 154 durch eine Verweisung auf die für die Verjährung von Ersatz-

ansprüchen aus unerlaubten Handlungen geltenden Vorschriften des Bürgerlichen Gesetzbuchs (§ 852). S. 39.

20. Wird das Bergwerkseigenthum durch Entziehung (Art. 159, 162) oder durch Verzicht auf das ganze Bergwerk (Art. 161) oder auf einzelne Theile des Feldes (Art. 164) aufgehoben, so wird das Grundbuch unrichtig. Die Sachlage ist die gleiche wie in den im Artikel 62a bezeichneten Fällen. Der Entwurf (Ziff. XVII) erklärt deshalb durch einen Zusatz zu dem Artikel 162 den Artikel 62a für anwendbar.

21. Die in der Ziff. XVIII enthaltene neue Fassung des Einganges des Artikel 227 weicht von der bisherigen Fassung darin ab, daß unter den auf die Kuxe des älteren Rechtes nicht anwendbaren Vorschriften auch der Artikel 93 aufgeführt ist. Die Weglassung des Artikel 93, der in dem Gesammtbeschlusse der beiden Kammern des Landtags zu dem Artikel 220 des Entwurfes eines Berggesetzes (Verh. der Kamm. der Reichs-R. 1868/69, Beil.-Bd. VI S. 265 Nr. 36) mit angeführt war, beruht auf einem Versehen. Der dem Artikel 93 entsprechende § 103 des preußischen Berggesetzes vom 24. Juni 1865 ist auch in dem dem Artikel 227 entsprechenden § 227 des preußischen Berggesetzes für nicht anwendbar erklärt.

22. Die Ziff. XIX ergänzt den Artikel 228 Abs. 2 durch die der neuen Fassung des Artikel 40 und des Artikel 41 Abs. 1 entsprechenden Vorschriften, daß die Kuxe des älteren Rechtes den Grundstücken gleichstehen und daß auf den Erwerb solcher Kuxe die für den Erwerb des Eigenthums an Grundstücken geltenden Vorschriften entsprechende Anwendung finden. Eine sachliche Aenderung des geltenden Rechtes liegt hierin nicht. An die Stelle des Gegenbuchs tritt das Grundbuch. Der Satz 2 fällt deshalb weg.

23. Die Streichung des auf die Veräußerung der Kuxe des älteren Rechtes bezüglichen Theiles des Artikel 229 Satz 2 (Ziff. XX) ist die Folge der Aufnahme einer Verweisung auf den Artikel 41 Abs. 1 neuer Fassung in den Artikel 228 Abs. 2 (Ziff. XIX).

24. Nach Artikel 232 erfolgt der Verkauf eines Kuxes des älteren Rechtes in den Fällen der Artikel 119 bis 121 im Wege der Zwangsversteigerung unbeweglicher Sachen (Art. 182 bis 188 der Subhastationsordnung). Für den Fall des Artikel 121 besteht aber kein Grund, eine solche Versteigerung vorzuschreiben, vielmehr kann es bei der Vorschrift des Abs. 2 des Artikel 121 belassen werden. Die Vorschriften, welche die Liquidatoren einer offenen Handelsgesellschaft, einer Kommanditgesellschaft, einer Aktiengesellschaft und einer eingetragenen Genossenschaft verpflichten, die Veräußerung unbeweglicher Sachen im Wege öffentlicher Versteigerung vorzunehmen (Art. 137 Abs. 2, Art. 172, Art. 244a Abs. 4 des HGB., § 87 Abs. 2 des Genossenschaftsgesetzes vom 1. Mai 1889), sind in dem Handelsgesetzbuch vom 10. Mai 1897 und in dem Artikel 10 Nr. IX des Einführungsgesetzes zu diesem beseitigt (vergl. die Begründung zu Art. 28 des Entw. unter Ziff. 3). Der Entwurf (Ziff. XXI) beschränkt deshalb die Zwangsversteigerung auf die Fälle der Artikel 119, 120.

Die in den Fällen der Artikel 119, 121 erforderlichen Erklärungen des Gewerken oder Gläubigers müssen bei den Kuxen des älteren Rechtes, um den Antrag auf gerichtliche Versteigerung des Kuxes oder die Umschreibung des Kuxes im Grundbuche zu ermöglichen, öffentlich beurkundet oder öffentlich beglaubigt sein (vergl. § 29 der GBO.).

Im Falle der Unverkäuflichkeit eines Kuxes tritt an die Stelle der Zuschreibung im Gewerkenbuche die Zuschreibung im Grundbuche.

S. 39. 25. Aenderungen des Berggesetzes ergeben sich auch daraus, daß das Bürgerliche Gesetzbuch neben der Hypothek die Grundschuld und die Rentenschuld als Formen des Grundkredits kennt, sowie daß die Rechtsverschiedenheit zwischen dem rechts- und dem linksrheinischen Liegenschaftsrechte durch das Bürgerliche Gesetzbuch beseitigt wird. Die Abänderung der hier in Betracht kommenden Vorschriften des Berggesetzes (Art. 55, 57 bis 59, 61, 62, 88, 135, 140, 160, 161, 163, 229, 233 bis 236) ist theils mit Rücksicht darauf, daß schon die Fassung der fraglichen Vorschriften die Berücksichtigung der Grund- und Rentenschulden gestattet, theils mit Rücksicht auf den Artikel 41 des Entwurfes entbehrlich.

Der im Artikel 118 Abs. 3 bestimmte ausschließliche Gerichtsstand für die Klage der Gewerkschaft gegen einen Gewerken auf Zahlung des festgesetzten Beitrags ist schon durch den § 14 des Einführungsgesetzes zur Civilprozeßordnung aufgehoben worden.

Artikel 25, 26.

Gemeindeordnungen für die Landestheile rechts des Rheins und für die Pfalz vom 29. April 1869.

1. Die Ziff. I gibt dem Artikel 11 Abs. 2 der rechtsrheinischen und dem Artikel 10 Abs. 2 der pfälzischen Gemeindeordnung die gleiche Fassung, welche der entsprechende Artikel 6 Abs. 5 des Heimatgesetzes in der Ziff. 1 seit dem Gesetze vom 17. Juni 1896 hat und in der Ziff. 2 durch den Artikel 21 Ziff. III des Entwurfes erhält.

Die Aenderung des Abs. 3 des Artikel 11 der rechtsrheinischen und des Abs. 3 des Artikel 10 der pfälzischen Gemeindeordnung beruht auf dem gleichen Grunde wie die im Artikel 21 Ziff. 3 des Entwurfes vorgenommene Aenderung des Artikel 6 Abs. 6 des Heimatgesetzes (vergl. die Begründung zum Art. 21 unter Ziff. 5).

2. Der Artikel 13 Abs. 2 lit. f der rechtsrheinischen und der Artikel 11 Abs. 2 lit. f der pfälzischen Gemeindeordnung räumen der Gemeinde die Befugniß ein, das Bürgerrecht zu versagen, wenn der Bewerber einem gerichtlichen Verfahren wegen Verhängung der Kuratel unterliegt. Wie im Artikel 11 Abs. 2 Ziff. 1 der rechtsrheinischen und im Artikel 10 Abs. 2 Ziff. 1 der pfälzischen Gemeindeordnung an die Stelle der von dem Gericht angeordneten Kuratel die Entmündigung gesetzt ist, so tritt hier an die Stelle des gerichtlichen Verfahrens wegen Verhängung der Kuratel die Einleitung des Entmündigungs-
S. 40. verfahrens (§ 648 [596a] ‖ der CPO.). Die Anordnung einer vorläufigen Vormundschaft (§ 1906), die nur zulässig ist, wenn die Entmündigung beantragt ist, braucht nicht erwähnt zu werden, weil sie in der Regel erst nach der Einleitung des Entmündigungsverfahrens erfolgen wird. Die Ziff. II läßt deshalb die Versagung des Bürgerrechts zu, wenn das Entmündigungsverfahren eingeleitet ist.

3. Die in der Ziff. III vorgenommenen Aenderungen des Artikel 15 Abs. 5 und des Artikel 47 Abs. 4 Satz 2 der rechtsrheinischen und des Artikel 37 Abs. 3 Satz 2 der pfälzischen Gemeindeordnung hängen mit den §§ 6, 104, 114 des Bürgerlichen Gesetzbuchs zusammen.

4. Das Bürgerliche Gesetzbuch unterscheidet in seinen die Stiftungen betreffenden Vorschriften zwischen Stiftungen des bürgerlichen und Stiftungen des öffentlichen Rechtes. Die Verfassung der Stiftungen des bürgerlichen Rechtes ist in den §§ 86 bis 88 theilweise geordnet; im Uebrigen bestimmt sie sich

nach den Landesgesetzen und dem Stiftungsgeschäfte. Als landesgesetzliche S. 40.
Verfassungsbestimmungen kommen insbesondere die Vorschriften des öffentlichen Rechtes in Betracht, welche die Verwaltung gewisser Stiftungen öffentlichen Behörden übertragen, die Grundsätze festsetzen, nach denen die Verwaltung zu führen ist, und zu gewissen Rechtshandlungen der verwaltenden Behörde die Genehmigung der Aufsichtsbehörde verlangen. Für die Verfassung der Stiftungen des öffentliches Rechtes sind, abgesehen von der Vorschrift des § 89 Abs. 2, nur die Landesgesetze maßgebend.

Die Unterscheidung, welche das Bürgerliche Gesetzbuch zwischen den Stiftungen des bürgerlichen und den Stiftungen des öffentlichen Rechtes macht, deckt sich nicht völlig mit der für das bayerische Recht in Geltung gekommenen Unterscheidung zwischen öffentlichen Stiftungen und reinen Privatstiftungen. Nach der herrschenden Anschauung wird als öffentliche Stiftung im Sinne des bayerischen Rechtes jede Stiftung angesehen, mit deren Zwecke sich ein öffentliches Interesse verknüpft (vergl. v. Seydel, Bayerisches Staatsrecht, 2. Auflage, II § 284 zu den Noten 19, 20, v. Kahr, Gemeindeordnung I S. 678, 679). Das Bürgerliche Gesetzbuch dagegen betrachtet eine Stiftung nicht schon deswegeu als Stiftung des öffentlichen Rechtes, weil sich mit ihrem Zwecke ein öffentliches Interesse verknüpft, sondern verlangt einen organischen Zusammenhang der Stiftung mit dem Staate, einer Gemeinde oder einem sonstigen Verband oder einer Anstalt des öffentlichen Rechtes, der die Stiftung selbst zu einer öffentlichen Einrichtung macht. In der Bestimmung darüber, was erforderlich ist, um eine Stiftung in die öffentlichen Einrichtungen einzugliedern, hat die Landesgesetzgebung freie Hand. Es genügt aber nicht, daß die Verwaltung der Stiftung mit Rücksicht auf den Zweck der Stiftung einer öffentlichen Behörde übertragen ist (vergl. § 86 des B. GB., Art. 91 des Einf.-Ges. zum B. GB.).

Infolge dessen werden der Artikel 67 der rechtsrheinischen und der Artikel 51 der pfälzischen Gemeindeordnung, welche, wenn der Stiftungszweck unausführbar geworden ist, bei örtlichen Stiftungen eine Aenderung des Stiftungszwecks gestatten, insofern durch den § 87 des Bürgerlichen Gesetzbuchs ersetzt, als sie sich auf Stiftungen des bürgerlichen Rechtes beziehen. Für die Stiftungen des öffentlichen Rechtes kann es bei den Vorschriften der Gemeindeordnungen bewenden. Gründe der Zweckmäßigkeit sprechen aber dafür, den § 87 auf die unter der Verwaltung einer Gemeinde stehenden Stiftungen des öffentlichen Rechtes zu erstrecken und insoweit durch Schaffung gleichen Rechtes für alle von den Gemeindebehörden zu verwaltenden Stiftungen die nicht immer zweifelsfreie Entscheidung darüber, ob eine Stiftung des bürgerlichen oder eine Stiftung des öffentlichen Rechtes vorliegt, entbehrlich zu machen (Ziff. IV). Eine wesentliche Abweichung vom geltenden bayerischen Rechte ist in der vorgeschlagenen Aenderung nicht enthalten. Es wird von der Zustimmung der Betheiligten abgesehen, die in der Regel durch die rein formale Zustimmung eines von der Verwaltungsbehörde aufgestellten Vertreters der Stiftungsinteressen ersetzt wird, und neben der Aenderung des Zweckes für den Fall, daß sie nicht thunlich sein sollte, auch die Aufhebung der Stiftung zugelassen. Gefährdet der Stiftungszweck das Gemeinwohl, so wird er im Sinne der Gemeindeordnungen als unausführbar anzusehen sein.

An den Vorschriften des Titel IV § 9 Abs. 4, § 10 der Verfassungsurkunde und des § 47 der II. Beilage zu der Verfassungsurkunde wird durch die neue Fassung des Artikel 67 der rechtsrheinischen und des Artikel 51 der pfälzischen Gemeindeordnung nichts geändert, sie bleiben sowohl bei einer

S. 40. Aenderung der Zweckbestimmung als auch bei der Aufhebung einer Stiftung unberührt.

5. Die in der Ziff. V des Artikel 25 enthaltene neue Fassung des Artikel 112 Abs. 1 Ziff. 12 der rechtsrheinischen Gemeindeordnung läßt die nach § 54 (bisher § 52) der Civilprozeßordnung unwirksame Beschränkung der Vertretungsmacht des Magistrats in Ansehung der Erklärung des Streitabstandes weg.

Artikel 27.

Armen- und Krankenpflegegesetz vom 29. April 1869.

1. Nach Artikel 103 des Einführungsgesetzes zum Bürgerlichen Gesetzbuche bleiben die landesgesetzlichen Vorschriften unberührt, nach welchen der Staat sowie Verbände und Anstalten, die auf Grund des öffentlichen Rechtes zur Gewährung von Unterhalt verpflichtet sind, Ersatz der für den Unterhalt gemachten Aufwendungen von der Person, welcher sie den Unterhalt gewährt haben, sowie von denjenigen verlangen können, welche nach den Vorschriften des Bürgerlichen Gesetzbuchs unterhaltspflichtig waren. Infolge dessen bleibt der Abs. 1 des Artikel 5 des Armen- und Krankenpflegegesetzes (Art. 1 des Gesetzes vom 3. Februar 1888) aufrecht, auch wenn er als eine Vorschrift des bürgerlichen Rechtes anzusehen sein sollte. Dagegen tritt der Abs. 2 des Artikel 5 insoweit außer Kraft, als er den Unterhaltspflichtigen die aus einem anderen Grunde zur Unterstützung eines Hilfsbedürftigen Verpflichteten gleichstellt. Der Ersatzanspruch der Armenpflege gegen solche Verpflichtete, insbesondere gegen denjenigen, gegen welchen dem Hilfsbedürftigen wegen einer Verletzung des Körpers oder wegen Tödtung des Unterhaltspflichtigen (§ 823, 843, § 844 Abs. 2 des B. GB.) ein Anspruch auf Entrichtung einer Geldrente zusteht, gehört, wie sich aus dem Artikel 5a Abs. 3 und dem Artikel 43 Abs. 1 ergiebt, dem Gebiete des bürgerlichen Rechtes an und bestimmt sich in Ermangelung eines Vorbehalts für landesgesetzliche Vorschriften künftig nach den allgemeinen Grundsätzen des Bürgerlichen Gesetzbuchs. Der Entwurf (Ziff. I) bringt deshalb die Fassung des Artikel 5 Abs. 2 mit dem Artikel 103 in Einklang.

2. Der Artikel 5a Abs. 1 (Art. 2 des Gesetzes vom 3. Februar 1888) ermächtigt die Distriktsverwaltungsbehörde, auf Antrag der Armenpflege den Ehemann, die Ehefrau, die Eltern und Großeltern, die Kinder und Enkel sowie die uneheliche
S. 41. Mutter eines Hilfsbedürftigen und die unehelichen Kinder in Ansehung der hilfsbedürftigen Mutter durch vorläufig vollstreckbare Entscheidung anzuhalten, dem Hilfsbedürftigen nach Maßgabe ihrer gesetzlichen Verpflichtung Unterstützung zu gewähren und für die in Folge der Nichterfüllung ihrer Verbindlichkeit nothwendig gewordene Armenunterstützung Ersatz zu leisten. Der Entwurf (Ziff. II) erstreckt die Vorschrift des Artikel 5a Abs. 1 mit Rücksicht darauf, daß nach den §§ 1589, 1705 des Bürgerlichen Gesetzbuchs die unehelichen Kinder zu der Mutter und den mütterlichen Großeltern in demselben Verwandtschaftsverhältnisse stehen wie die ehelichen, auf das Verhältniß zwischen einem unehelichen Kinde und den mütterlichen Großeltern, wodurch sich zugleich eine Vereinfachung der Fassung ergiebt, und läßt das Zwangsverfahren auch gegenüber dem unterhaltspflichtigen früheren Ehegatten (§§ 1345, 1346, 1351, 1578, 1583, 1586 des B. GB.) und gegenüber dem Vater eines unehelichen Kindes zu. Gegenüber diesem ist jedoch mit Rücksicht auf die nach § 1717 des Bürgerlichen Gesetzbuchs statthafte Berufung auf die Beiwohnung eines Anderen die Einschränkung erforderlich, daß die Vaterschaft nach § 1718 des

Bürgerlichen Gesetzbuchs anerkannt oder die Unterhaltspflicht in einem vollstreckbaren Titel festgestellt sein muß. Als vollstreckbarer Titel kommt insbesondere die von dem Amtsgerichte beurkundete Anerkennung der Unterhaltspflicht (vergl. Art. 15 Abs. 2 des Ausf.=G. zum GVG. in der Fassung des Art. 34 Ziff. I des Entw.) in Betracht, sofern der Vater sich in der Urkunde der sofortigen Zwangsvollstreckung unterworfen hat. S. 41.

3. Die Vorschrift des Artikel 7 (Art. 3 des Gesetzes vom 3. Februar 1888) wird durch den Vorbehalt des Artikel 103 des Einführungsgesetzes zum Bürgerlichen Gesetzbuche gedeckt. Die in der Ziff. III vorgenommenen Aenderungen berücksichtigen, daß das Bürgerliche Gesetzbuch kein Notherbrecht, sondern nur ein Pflichttheilsrecht kennt und daß nach dem Artikel 92 des Entwurfes eines Ausführungsgesetzes zum Bürgerlichen Gesetzbuche den öffentlichen Wohlthätigkeitsanstalten in Ansehung des Nachlasses der von ihnen unterstützten oder unentgeltlich verpflegten Personen nicht ein Erbrecht, sondern ein Ersatzanspruch zusteht. Diesem muß im Verhältnisse zu dem Ersatzanspruche der Armenpflege derselbe Vorrang zugestanden werden, den nach dem geltenden Rechte das Erbrecht der Wohlthätigkeitsanstalten gegenüber dem Ersatzanspruche der Armenpflegen hat. Bezüglich des im Artikel 93 des Entwurfes eines Ausführungsgesetzes zum Bürgerlichen Gesetzbuche den Wohlthätigkeitsanstalten gewährten Rechtes auf die von der verpflegten Person eingebrachten Sachen ist eine Bestimmung nicht erforderlich, weil diese Sachen nicht zum Nachlasse gehören, sondern mit dem Eintritte des Erbfalls in das Eigentum der Anstalt übergehen.

4. Der Artikel 23 Abs. 3 Ziff. 1 schließt von der Wählbarkeit zum Armenpflegschaftsrathe, ebenso wie es im Artikel 5 Abs. 2 Ziff. 1 des Gesetzes vom 4. Juni 1848 über die Wahl der Landtagsabgeordneten für das Wahlrecht bei dieser Wahl geschieht, die Personen aus, die unter Kuratel stehen. Der Entwurf (Ziff. VI) setzt in Uebereinstimmung mit der im Artikel 6 für das Gesetz vom 4. Juni 1848 getroffenen Bestimmung an die Stelle der unter Kuratel stehenden Personen diejenigen, welche entmündigt oder nach § 1906 unter vorläufige Vormundschaft gestellt sind.

5. In der Ziff. VII wird die Fassung des Artikel 36 Abs. 4 dahin berichtigt, daß nicht die Bestellung einer gerichtlichen Kuratel, sondern die Entmündigung zu beantragen ist (§ 680 [bisher § 621] Abs. 5 der CPO.). Ferner wird von der der Landesgesetzgebung im § 680 der Civilprozeßordnung vorbehaltenen Befugniß Gebrauch gemacht, dem Armenpflegschaftsrath auch das Recht zur Stellung des Antrags auf Entmündigung wegen Trunksucht zu gewähren. Für das Antragsrecht des Armenpflegschaftsraths sprechen bei der Entmündigung wegen Trunksucht dieselben Gründe wie bei der Entmündigung wegen Verschwendung. In beiden Fällen ist der Armenpflegschaftsrath zur Stellung des Antrags nur berufen, wenn Grund zu der Besorgniß besteht, daß der zu Entmündigende der Armenpflege zur Last fallen werde.

6. Da das Gesetz vom 29. April 1869 durch das Gesetz vom 26. Dezember 1871 zum Vollzuge der Einführung des Strafgesetzbuchs, durch den § 41 des Landtagsabschieds vom 15. April 1875 und durch die Gesetze vom 28. Februar 1884, 3. Februar 1888, 26. Mai 1892 und 17. Juni 1896 eine Reihe von Aenderungen erlitten hat, wird im Artikel 45 des Entwurfes vorgeschlagen, die Staatsregierung zur Bekanntmachung des Textes, wie er sich aus diesen Aenderungen und den Aenderungen des Entwurfes ergiebt, zu ermächtigen.

S. 41. Aus den gleichen Gründen wie beim Heimatgesetze (vergl. die Begründung zum Art. 21 des Entw.) muß deshalb auch beim Armengesetze die Fassung der bisher nicht geänderten, mit dem geltenden Rechtszustand aber nicht übereinstimmenden Vorschriften richtig gestellt werden.

Hierauf beruhen die Ziff. IV, V, VIII, IX.

Zu einer Bemerkung geben nur die Aenderungen des Artikel 8 Abs. 2 (Ziff. IV, 2) und des Artikel 11 Abs. 1 (Ziff. V) Anlaß.

Nach Artikel 8 Abs. 2 sind die Armenpflegen für Rechtsstreitigkeiten kraft des Gesetzes zum Armenrechte zugelassen. Das Armenrecht in bürgerlichen Rechtsstreitigkeiten ist nunmehr durch die Civilprozeßordnung §§ 114 bis 127 (bisher § 106 bis 118) geregelt; ein Vorbehalt für die Landesgesetzgebung ist nicht gemacht. Nach § 98 Abs. 2, 4 des Gerichtskostengesetzes bleiben aber die landesgesetzlichen Vorschriften unberührt, welche für gewisse Rechtssachen oder für gewisse Personen in dem Verfahren vor den Landesgerichten Gebührenfreiheit gewähren; soweit demjenigen, welchem die Gebührenfreiheit zusteht, Kosten des Verfahrens auferlegt werden, sind die Gebühren nicht zu erheben und erhobene zurückzubezahlen. Als eine landesgesetzliche Vorschrift dieses Inhalts ist die des Artikel 8 Abs. 2 jetzt anzusehen (Entsch. des Obersten Landesgerichts XV S. 163).

Die Aenderung der Fassung des Artikel 11 Abs. 1 beruht auf den Artikeln 1, 2 des Gesetzes vom 26. Mai 1892, betreffend die Ausführung des Krankenversicherungsgesetzes.

Artikel 28.

Gesetz über die privatrechtliche Stellung der Erwerbs- und Wirthschafts-Gesellschaften vom 29. April 1869.*)

Nach Artikel 165 des Einführungsgesetzes zum Bürgerlichen Gesetzbuche bleiben die Vorschriften des Gesetzes über die privatrechtliche Stellung der Erwerbs- und Wirthschaftsgesellschaften für diejenigen registrirten Gesellschaften in Kraft, welche auf Grund dieses Gesetzes nach § 2 des Gesetzes vom 23. Juni 1873, betreffend die Einführung des Gesetzes des Norddeutschen Bundes über die privatrechtliche Stellung der Erwerbs- und Wirthschaftsgenossenschaften vom 4. Juli 1868 im Königreiche Bayern, zur Zeit des
S. 42. Inkrafttretens des ‖ Bürgerlichen Gesetzbuchs noch bestehen (vergl. auch § 6 des Einf.-Ges. zur KO., § 153 der bisherigen Fassung des Gesetzes vom 1. Mai 1889 über die Erwerbs- und Wirthschaftsgenossenschaften). Diese Vorschriften bedürfen indessen einiger Aenderungen.

1. Das Register für die registrirten Gesellschaften wird nach Artikel 28 Abs. 2 des Ausführungsgesetzes zum Gerichtsverfassungsgesetze vom 23. Februar 1879 ebenso wie das Handelsregister und das Genossenschaftsregister von den Landgerichten geführt. Nach § 125 des Gesetzes über die Angelegenheiten der freiwilligen Gerichtsbarkeit sind für die Führung des Handelsregisters künftig die Amtsgerichte zuständig und kann durch Anordnung der Landesjustizverwaltung die Führung des Registers für mehrere Amtsgerichtsbezirke einem Amtsgericht übertragen werden. Nach § 10 (bisher § 10) Abs. 2 des Gesetzes vom 1. Mai 1889, betreffend die Erwerbs- und Wirthschaftsgenossenschaften, geht die Führung des Genossenschaftsregisters auf die für die Führung des Handelsregisters zuständigen Amtsgerichte über. Da es nicht thunlich ist, die Führung des Registers für die registrirten Gesellschaften allein den Land-

*) Vergl. hierzu Becher a. a. O. § 27 Note 23; § 51 Note 30 ff.; § 54 Note 12 ff.

gerichten zu belassen, so trifft der Entwurf (Ziff. II) für sie die gleiche Vorschrift. S. 42.

Nach Artikel 72 Abs. 2 des Gesetzes vom 29. April 1869 finden auf das Verfahren, in welchem die Mitglieder des Vorstandes oder die Liquidatoren einer registrirten Gesellschaft durch Ordnungsstrafen zur Erfüllung der dort bezeichneten gesetzlichen Verpflichtungen angehalten werden, die Vorschriften der Artikel 10 bis 24 des Einführungsgesetzes vom 10. November 1861 zum Handelsgesetzbuch Anwendung. An deren Stelle treten nach § 185 Abs. 2 des Gesetzes über die Angelegenheiten der freiwilligen Gerichtsbarkeit die Vorschriften der §§ 132 bis 139 dieses Gesetzes, die nach § 160 (bisher § 152) Abs. 2 des Genossenschaftsgesetzes auch für die eingetragenen Genossenschaften gelten.

2. Ist nach dem unter Ziff. 1 Bemerkten eine Aenderung des Gesetzes vom 29. April 1869 erforderlich, so empfiehlt es sich, auch die im Artikel 79 des Gesetzes zur Ausführung der Civilprozeßordnung und Konkursordnung bestimmte Aenderung des Artikel 38 Abs. 3, die nur aus einem zufälligen Grunde in dieses Ausführungsgesetz eingestellt worden ist, in den Artikel 28 zu übernehmen (Ziff. I).

3. Nach Artikel 43 Abs. 2 des Gesetzes vom 29. April 1869 müssen die Liquidatoren einer registrirten Gesellschaft die Veräußerung unbeweglicher Sachen, sofern nicht der Gesellschaftsvertrag oder ein Gesellschaftsbeschluß anders bestimmt, mittelst öffentlicher Versteigerung bewirken. Die entsprechende Vorschrift des § 87 des Genossenschaftsgesetzes ist als unzweckmäßig durch den Artikel 10 Nr. IX des Einführungsgesetzes zum Handelsgesetzbuche vom 10. Mai 1897 aufgehoben worden. Der § 49 des Bürgerlichen Gesetzbuchs, die §§ 149, 298 des Handelsgesetzbuchs und der § 70 (bisher § 71) des Gesetzes vom 20. April 1892, betreffend die Gesellschaften mit beschränkter Haftung, haben eine Vorschrift dieses Inhalts nicht aufgenommen. Der Entwurf (Ziff. III) will deshalb den Artikel 43 Abs. 2 aufheben.

Artikel 29.

Polizeistrafgesetzbuch vom 26. Dezember 1871.

1. Nach Artikel 81 Abs. 2 des Polizeistrafgesetzbuchs kann, wenn jemand ihm angehörige oder anvertraute Kinder, Kranke, Gebrechliche, Blödsinnige oder andere dergleichen hilflose Personen in Bezug auf Schutz, Aufsicht, Verpflegung oder ärztlichen Beistand verwahrlost und deshalb bestraft wird, die Polizeibehörde in dem Strafurtheil ermächtigt werden, auf Kosten des Pflichtigen für anderweitige Unterbringung der hilfsbedürftigen Person zu sorgen.

Diese Vorschrift wird, soweit sie die Ermächtigung enthält, demjenigen, welcher die Verpflichtung zur Obhut verletzt hat, die Kosten der anderweitigen Unterbringung aufzuerlegen, durch das Bürgerliche Gesetzbuch nicht berührt und bildet eine werthvolle Ergänzung der Bestimmungen des Gesetzes über die Armen- und Krankenpflege und der über die Zwangserziehung zu erlassenden Vorschriften.

Soweit dagegen die Vorschrift sich auf die Unterbringung bezieht, kann sie gegenüber dem Bürgerlichen Gesetzbuche nicht unverändert belassen werden. Nach den §§ 1627, 1686, 1793, 1901, 1915 des Bürgerlichen Gesetzbuchs hat über die Unterbringung von Personen, die unter elterlicher Gewalt oder unter Vormundschaft oder Pflegschaft stehen, derjenige, welchem das Recht der Sorge für die Person des Kindes oder des Mündels oder Pfleglinges zusteht, und in den Fällen des § 1629, des § 1797 Abs. 1 Satz 2 und des

S. 42. § 1798 das Vormundschaftsgericht zu entscheiden. Für einen Eingriff in das Recht der Sorge für die Person wegen Verwahrlosung (§§ 1666, 1838) ist nur das Vormundschaftsgericht zuständig. Im Ermessen des Vormundschaftsgerichts steht auch die Art, in welcher wegen Verwahrlosung eingegriffen werden soll. Für Minderjährige gestattet allerdings Artikel 135 Abs. 2 des Einführungsgesetzes zum Bürgerlichen Gesetzbuche den Landesgesetzen, die Entscheidung darüber, ob der Minderjährige, dessen Zwangserziehung angeordnet ist, in einer Familie oder in einer Erziehungsanstalt oder Besserungsanstalt unterzubringen ist, einer Verwaltungsbehörde zu übertragen, sofern die Unterbringung auf öffentliche Kosten zu erfolgen hat. Der Vorbehalt kommt aber hier nicht in Betracht, weil die Unterbringung auf Kosten des Pflichtigen geschehen soll. Der Strafrichter muß deshalb die nach Artikel 81 Abs. 2 im Urtheil auszusprechende Ermächtigung der Polizeibehörde, wenn es sich um eine Maßregel handelt, zu der eine Anordnung des Vormundschaftsgerichts erforderlich ist, von der Erlassung dieser Anordnung abhängig machen. (Ziff. I.)

2. Der Artikel 122 Abs. 2, 3 regelt die Civilverantwortlichkeit des Familienhaupts oder Dienstherrn bei Feldfreveln der Kinder, Pflegekinder und Dienstleute. Die Vorschrift fällt im Allgemeinen unter den Vorbehalt des Artikel 107 des Einführungsgesetzes zum Bürgerlichen Gesetzbuche, nach welchem die landesgesetzlichen Vorschriften über die Verpflichtung zum Ersatze des Schadens unberührt bleiben, der durch das Zuwiderhandeln gegen ein zum Schutze von Grundstücken erlassenes Strafgesetz verursacht wird, geht aber insofern weiter, als sie auch den Fall des Artikel 113 Ziff. 1 (unbefugter Gebrauch fremder auf dem Felde zurückgelassener Ackergeräthe) einbezieht. Der Entwurf (Ziff. II) scheidet diesen Fall nicht nur in Ansehung der Verpflichtung zum Schadensersatze, sondern, weil die Trennung unthunlich ist, auch in Ansehung der Haftung für Geldstrafe und Kosten aus.

Artikel 30.

Gesetz über die Grundentlastung vom 28. April 1872.

Nach Artikel 17 Abs. 1 Satz 2 des Gesetzes vom 28. April 1872 stehen den auf Grund dieses Gesetzes zu entrichtenden Leistungen die gesetzlichen Vorzüge der bisherigen Grundabgabe zu und haften die belasteten Grundstücke für sie in gleicher Weise wie für die Grundabgabe. Unter den gesetzlichen
S. 43. Vorzügen verstand das Gesetz den Hypothekentitel ‖ nach § 12 Nr. 4 des Hypothekengesetzes und das im § 12 Artikel 7 der Prioritätsordnung bestimmte Vorzugsrecht im Konkurs, an dessen Stelle der Rang nach Artikel 108 Abs. 1 Ziff. 1 und Artikel 151 Abs. 1 Ziff. 1 der Subhastationsordnung bei der Zwangsvollstreckung in das belastete Grundstück getreten ist. Der Entwurf setzt ebenso wie in dem Artikel 7 Ziff. I, II, dem Artikel 17 Ziff. I, II, III und dem Artikel 20 Ziff. II an die Stelle der gesetzlichen Vorzüge der Grundabgaben den Rang dieser. Für die dem Staate oder der Ablösungskasse zustehenden Bodenzinsen gewährt der Artikel 114 Abs. 2 des Entwurfes eines Ausführungsgesetzes zum Bürgerlichen Gesetzbuche an Stelle des gesetzlichen Hypothekentitels das Recht auf Eintragung einer Sicherungshypothek.

Artikel 31.

Brandversicherungsgesetz vom 3. April 1875.

I. Nach Artikel 75 des Einführungsgesetzes zum Bürgerlichen Gesetzbuche bleiben die landesgesetzlichen Vorschriften, welche dem Versicherungsrecht angehören, insoweit unberührt, als nicht in dem Bürgerlichen Gesetzbuche besondere Bestimmungen getroffen sind. S. 43.

Für die Gesetze vom 3. April 1875, die Brandversicherungsanstalt für Gebäude in den Landestheilen rechts des Rheins betreffend, vom 5. Mai 1890, die Vereinigung der Brandversicherungsanstalt der Pfalz mit jener in den Landestheilen rechts des Rheins u. s. w. betreffend, vom 13. Februar 1884, die Hagelversicherungsanstalt betreffend, und vom 11. Mai 1896, die Viehversicherungsanstalt betreffend, kommen außer dem § 1088, dem § 1385 Nr. 3 in Verbindung mit dem § 1388, dem § 1529 Abs. 2 in Verbindung mit den §§ 1530, 1531 und dem § 1654 Satz 1, die der Versicherungsanstalt in dem Nießbraucher, dem Ehemann und dem Vater einen zweiten Schuldner geben, die für den Nießbrauch geltenden §§ 1045, 1046 und die für die Hypothek, die Grundschuld, die Rentenschuld und nach Maßgabe des § 1107 auch für die Reallast geltenden §§ 1127 bis 1130 in Betracht.

Der Nießbraucher ist nach § 1045 verpflichtet, die dem Nießbrauch unterliegende Sache für die Dauer des Nießbrauchs gegen Brandschaden und sonstige Unfälle auf seine Kosten unter Versicherung zu bringen, sofern die Versicherung einer ordnungsmäßigen Wirthschaft entspricht. Die Versicherung ist so zu nehmen, daß die Forderung gegen den Versicherer dem Eigenthümer zusteht. Das zu versichernde Interesse ist das des unbelasteten Eigenthums, die Versicherung umfaßt also auch das Interesse des Nießbrauchers. An der Forderung gegen den Versicherer steht nach § 1046 Abs. 1 dem Nießbraucher der Nießbrauch nach den Vorschriften zu, die für den Nießbrauch an einer auf Zinsen ausstehenden Forderung gelten (vergl. §§ 1070, 1077 bis 1079). Der Versicherer kann die Versicherungssumme nur an den Nießbraucher und den Eigenthümer gemeinschaftlich zahlen und jeder von ihnen kann verlangen, daß die Summe an sie gemeinschaftlich gezahlt oder für beide hinterlegt wird. Die gezahlte oder hinterlegte Summe ist entweder nach § 1046 Abs. 2 zur Wiederherstellung der Sache oder zur Beschaffung eines Ersatzes zu verwenden oder nach § 1079 verzinslich anzulegen. Ist die Sache bereits versichert, so erstreckt sich das Recht des Nießbrauchers auf die Forderung aus der Versicherung in gleicher Weise wie bei einer von ihm für den Eigenthümer genommenen Versicherung. Für die Zeit, während deren der Versicherer von dem Nießbrauche noch nicht Kenntniß erlangt hat, finden die §§ 404 bis 408 zu Gunsten des Versicherers nach § 1070 entsprechende Anwendung.

Durch diese Vorschriften werden die Versicherungsbestimmungen, nach welchen die Versicherungssumme nur zur Wiederherstellung des versicherten Gegenstandes zu zahlen ist, nicht berührt. Die Landesgesetzgebung ist auch nicht gehindert, zu bestimmen, daß das Recht des Nießbrauchers der Versicherungsanstalt gegenüber erst wirksam wird, wenn es zur Eintragung in das Versicherungsbuch (Grundbuch der Versicherungsanstalt) angemeldet wird (vergl. § 27 Abs. 4 des Normalstatuts für die der bayer. Viehversicherungsanstalt beitretenden Ortsviehversicherungsvereine, G.- u. V.-Bl. 1896 S. 223), und daß, auch wenn die Versicherung von dem Nießbraucher genommen wird, das Grundstück für die Versicherungsbeiträge in gleicher Weise wie für die von dem Grundstücke zu entrichtenden Abgaben haftet.

Die Zulässigkeit einer Versicherung, die der Nießbraucher zu Gunsten des Eigenthümers nimmt, ist in dem Brandversicherungsgesetze nicht ausdrücklich anerkannt, aber auch nicht ausgeschlossen. Zur Vermeidung von Zweifeln empfiehlt es sich, die Verpflichtung der Brandversicherungsanstalt zur Annahme solcher Versicherungen durch einen Zusatz zu dem Artikel 10

S. 43. ausdrücklich auszusprechen. Die Vorschriften des Artikel 39 Abs. 3 und des
Artikel 46 finden in allen Fällen, in denen sich das Recht des Nießbrauchers
auf die Forderung aus der Versicherung erstreckt; zu Gunsten des Nießbrauchers
entsprechende Anwendung. Die Minderung der Versicherungssumme (Art. 15)
und der Austritt aus der Anstalt (Art. 77) können, wenn der Nießbraucher
die Versicherung genommen hat, nicht ohne seine Zustimmung erfolgen. Dagegen
bedarf es nicht der Zustimmung des Eigenthümers und, wenn dieser
die Versicherung genommen hat, nicht der Zustimmung des Nießbrauchers.
Das Recht des einen wie des anderen ist von dem Bestande der Versicherung
abhängig und das Versicherungsverhältniß besteht nur zwischen dem Versicherungsnehmer
und der Versicherungsanstalt. Der Nießbraucher ist dem
Eigenthümer gegenüber verpflichtet, die Versicherung aufrechtzuerhalten, für
den Eigenthümer besteht dem Nießbraucher gegenüber eine solche Verpflichtung
nicht.

Bei der Viehversicherung sind die erforderlichen Bestimmungen in dem Normalstatute zu treffen (Art. 4 Abs. 1 des Gesetzes vom 11. Mai 1896).

Die Versicherung der stehenden, in dem nämlichen Wirthschaftsjahr einzuerntenden Feldfrüchte gegen Hagelschaden wird der Nießbraucher für sich selbst nehmen.

Die §§ 1127 bis 1130 erstrecken die Haftung für die Hypothek nicht
nur auf die Forderung aus der Brandversicherung, sondern auch auf die
Forderung aus der Hagelversicherung und — sofern die versicherten Viehstücke
Zubehör sind (§ 98 Nr. 2, § 1120) — auf die Forderung aus der Viehversicherung.
Voraussetzung ist, daß die Forderung dem Eigenthümer oder
dem Eigenbesitzer zusteht; wer die Versicherung genommen hat, ist ohne Belang.
Die Haftung erlischt, wenn der versicherte Gegenstand wiederhergestellt oder
Ersatz für ihn beschafft ist (§ 1127 Abs. 2). Hat der Versicherer nach den
Versicherungsbestimmungen die Versicherungssumme nur zur Wiederherstellung
des versicherten Gegenstandes zu zahlen, so ist eine diesen Bestimmungen entsprechende
Zahlung an den Versicherten dem Hypothekengläubiger gegenüber
wirksam (§ 1130). Im Uebrigen ist die Haftung eine verschiedene, je nachdem
S. 44. ein Gebäude (§ 1128) ‖ oder ein anderer Gegenstand (§ 1129) versichert ist.
Im ersteren Falle finden im Allgemeinen die für eine verpfändete Forderung
geltenden Vorschriften (§§ 1275, 1281 bis 1290) Anwendung. Der Versicherer
kann sich jedoch nicht darauf berufen, daß er eine aus dem Grundbuch ersichtliche
Hypothek nicht gekannt habe. Im letzteren Falle bestimmt sich die Haftung
der Forderung gegen den Versicherer nach den für die Haftung der Miethoder
Pachtzinsforderung geltenden Vorschriften des § 1123 Abs. 2 Satz 1 und
des § 1124 Abs. 1, 3. Bei der Gebäudeversicherung kann der Versicherer die
Versicherungssumme mit Wirkung gegen den Hypothekengläubiger an den Versicherten
zahlen, wenn er oder der Versicherte den Eintritt des Schadens dem
Gläubiger angezeigt hat und seit dem Empfange der Anzeige ein Monat verstrichen
ist, ohne daß der Gläubiger der Zahlung widersprochen hat. Bei den
übrigen Versicherungen kann der Versicherte über die Forderung gegen den
Versicherer solange frei verfügen, bis der Hypothekengläubiger die Beschlagnahme
erwirkt hat. Eine Beschlagnahme, welche erst nach Ablauf eines Jahres
seit dem Eintritte der Fälligkeit erwirkt wird, ist auf die Forderung gegen
den Versicherer einflußlos. Die Beschlagnahme wird nach § 22 Abs. 2, § 146
des Gesetzes über die Zwangsversteigerung und die Zwangsverwaltung dem
Versicherer gegenüber erst mit dem Zeitpunkte wirksam, in dem sie ihm bekannt
oder das gerichtliche Zahlungsverbot ihm zugestellt wird.

Nach dem Brandversicherungsgesetze Artikel 38 bis 43 ist die Entschädigung nur zur Wiederherstellung des Gebäudes oder des Zubehörs zu zahlen. Es wird also in Zukunft der § 1130 des Bürgerlichen Gesetzbuchs Anwendung finden. In außerordentlichen Fällen kann die Verwendung der Entschädigungssumme für das abgebrannte Gebäude zu einem anderen Zwecke mit Zustimmung der Hypothekengläubiger bewilligt werden. Die Zustimmung der Hypothekengläubiger wird nach § 1128 durch die Unterlassung rechtzeitigen Widerspruchs ersetzt. Bezüglich der Entschädigungssumme für Zubehörstücke kann in Ausnahmefällen die Verwendung zur Beschaffung von Zubehörstücken anderer Art bewilligt werden. Für die Bewilligung wird in Zukunft § 1129 gelten. S. 44.

Das Brandversicherungsgesetz giebt der Versicherung insofern auch Wirkung zu Gunsten der Hypothekengläubiger, als die Entschädigungssumme im Falle der Belastung des Grundstücks mit Hypotheken auch dann zur Wiederherstellung der beschädigten Gegenstände auszuzahlen ist, wenn der Eigenthümer wegen strafbarer Verursachung des Brandes Entschädigung nicht beanspruchen kann (Art. 46), und gewährleistet den Hypothekengläubigern den Fortbestand der Versicherung, indem es die Minderung der Versicherungssumme und die Aufhebung der Versicherung nur mit ihrer Zustimmung gestattet (Art. 15 Abs. 3, Art. 77). Diese die Förderung des Grundkredits bezweckenden Vorschriften des öffentlichen Versicherungsrechts bleiben durch das Bürgerliche Gesetzbuch unberührt.

II. Im Einzelnen ist zu den im Artikel 31 in Aussicht genommenen Aenderungen Folgendes zu bemerken:

1. Die Vorschriften des bürgerlichen Rechtes, welche das Brandversicherungsgesetz in den Artikeln 2, 6, dem Artikel 70 Abs. 1 und dem Artikel 75 enthält, gehören dem unberührt bleibenden Gebiete des Versicherungsrechts an. Der Satz 1 des Artikel 88 wird durch Artikel 80 des Einführungsgesetzes zum Bürgerlichen Gesetzbuch aufrecht erhalten.

Anders verhält es sich mit den Vorschriften des bürgerlichen Rechtes, die im Artikel 3 des Brandversicherungsgesetzes enthalten sind. Das im Artikel 3 Abs. 1 Ziff. 2 des Brandversicherungsgesetzes, für die Pfalz im Artikel 4 Abs. 1 des Gesetzes vom 5. Mai 1890 ausgesprochene Gebot der Versicherung der Gebäude, die wegen Minderjährigkeit des Eigenthümers oder aus einem anderen Grunde unter der Verwaltung eines Vormundes oder eines Pflegers stehen, unterwirft nicht die Eigenthümer, für welche eine Vormundschaft oder eine Pflegschaft besteht, einer Versicherungspflicht des öffentlichen Rechtes, von der andere Eigenthümer frei sind, sondern ist eine nähere Bestimmung der Verpflichtung des Vormundes oder des Pflegers, für die Erhaltung des Vermögens des Mündels oder Pfleglinges zu sorgen. Ist der Vormund oder der Pfleger mit der Stellung des Versicherungsantrags säumig, so hat ihn das Vormundschaftsgericht zur Erfüllung seiner Obliegenheit anzuhalten. Die Versicherungskammer kann das Einschreiten des Vormundschaftsgerichts anrufen. Ein anderweitiger Zwang zur Erfüllung der Versicherungspflicht steht ihr nicht zu Gebote.

Das Bürgerliche Gesetzbuch hat eine ausdrückliche Bestimmung über die dem Vormund oder dem Pfleger obliegende Versicherungspflicht nicht für erforderlich erachtet. Es begnügt sich damit, ihnen die Sorge für das Vermögen des Mündels oder des Pflegebefohlenen zu übertragen und sie für schuldhafte Verletzung ihrer Pflicht verantwortlich zu machen (§§ 1793, 1833, 1897, 1915). Ihre Geschäftsführung wird von dem Gegenvormunde, wenn ein solcher bestellt ist (§ 1799), überwacht und steht unter der Aufsicht des

S. 44. Vormundschaftsgerichts (§ 1837), dessen Einschreiten auch von der Versicherungskammer angerufen werden kann. Nach diesen Vorschriften wird auch in Zukunft der Vormund oder der Pfleger angehalten werden, für die von ihm verwalteten Gebäude Versicherung zu nehmen. Das Verhältniß ist im Wesentlichen dasselbe wie bei der Ersetzung der konkursrechtlichen Sondervorschrift des Artikel 3 Abs. 1 Ziff. 7 durch die allgemeinen Vorschriften der §§ 82 bis 84 (bisher §§ 74 bis 76) der Konkursordnung.

Die Vorschrift des Artikel 3 Abs. 1 Ziff. 5 über die Versicherungspflicht der Miteigenthümer ist eine nähere Bestimmung der sich für die Miteigenthümer aus dem Gemeinschaftsverhältniß ergebenden Verpflichtung. Das Bürgerliche Gesetzbuch begnügt sich mit der Vorschrift des § 744 Abs. 2.

Um die einzelnen Miteigenthümer in den Stand zu setzen, Versicherung für das gemeinschaftliche Gebäude zu nehmen, das nach Artikel 8 nur im Ganzen versichert werden kann, empfiehlt sich die Aufnahme einer Vorschrift in den Artikel 10, die jedem Miteigenthümer gestattet, die Versicherung zu Gunsten der sämmtlichen Miteigenthümer zu nehmen. Das Rechtsverhältniß aus einer solchen Versicherung gestaltet sich ähnlich wie bei der Versicherung, die der Nießbraucher für sich und den Eigenthümer nimmt.

Der Artikel 3 Abs. 1 Ziff. 6 des Brandversicherungsgesetzes giebt den Hypothekengläubigern das Recht, von dem Eigenthümer des belasteten Grundstücks die Versicherung der auf dem Grundstücke stehenden Gebäude zu verlangen, und der Artikel 4 Abs. 2 des Gesetzes vom 5. Mai 1890 nennt für die Pfalz neben den Hypothekengläubigern die Gläubiger, denen ein eingeschriebenes Vorzugsrecht zusteht. Das Bürgerliche Gesetzbuch hat eine solche Vorschrift nicht aufgenommen. Das zwischen dem Eigenthümer und dem Hypothekengläubiger bestehende Rechtsverhältniß bringt in Zukunft die Ver-
S. 45. sicherungspflicht nicht mit sich und nach den Artikeln 192, 193 des Einführungsgesetzes zum Bürgerlichen Gesetzbuche fällt diese mit dem Zeitpunkt, in welchem das Grundbuch als angelegt anzusehen ist, auch bei den bestehenden Hypotheken weg. Bei der geringen Bedeutung, die ihr thatsächlich zukommt, wird sich eine merkliche Aenderung nicht ergeben.

Demgemäß treten im Artikel 3 Abs. 1 die Ziff. 2, 5, 6 infolge des Bürgerlichen Gesetzbuchs außer Wirksamkeit (Ziff. I). Die Ziff. 7 ist bereits durch den § 4 des Einführungsgesetzes zur Konkursordnung aufgehoben.

2. Infolge des Wegfalls des Artikel 3 Ziff. 5 ist im Artikel 8 die Verweisung auf den Artikel 3 Ziff. 5 zu streichen (Ziff. II).

3. Die Nothwendigkeit der Erweiterung des Artikel 10 (Ziff. III) ergiebt sich aus den Ausführungen unter I und II, 1.

4. Der Artikel 14 bedarf einer Aenderung der Fassung (Ziff. IV), weil die Ziff. 1 infolge der Streichung der Ziff. 2, 5 bis 7 des Artikel 3 in Wegfall kommt.

5. Im Artikel 15 Abs. 3 ist gleichfalls die Streichung der Ziff. 5 bis 7 des Artikel 3 zu berücksichtigen und sind neben den Hypotheken die Grundschulden und die Rentenschulden zu nennen (Ziff. V).

6. Nach den Ausführungen unter I ist in den Fällen des Artikel 39 die Zustimmung der Hypotheken-, Grundschuld- und Rentenschuldgläubiger, der Reallastberechtigten und, falls das Grundstück mit einem Nießbrauche belastet ist, mit Rücksicht auf § 1046 des Bürgerlichen Gesetzbuchs auch die Zustimmung des Nießbrauchers erforderlich. Der Entwurf (Ziff. VI) ändert den Artikel 39 Abs. 3 in diesem Sinne.

Für das Recht der Hypotheken-, Grundschuld- und Rentenschuldgläubiger sowie der Reallastberechtigten ist der § 1128 des Bürgerlichen Gesetzbuchs maßgebend; die Versicherungssumme wird von der Haftung frei, wenn der Berechtigte, nachdem ihm der Eintritt des Schadens von dem Versicherten angezeigt worden ist, nicht vor dem Ablauf eines Monats der Zahlung widerspricht. Die Anzeige der Versicherungsanstalt wird nach dem Entwurfe durch die Anzeige der für die Bewilligung der beabsichtigten Verwendung der Versicherungssumme zuständigen Verwaltungsbehörde ersetzt; insoweit ist diese berufen, für die Versicherungsanstalt zu handeln. Der Nachweis, daß die Anzeige erfolgt und Widerspruch nicht erhoben worden ist, soll sich aus den Akten der Verwaltungsbehörde ergeben; die Versicherungskammer soll in der Lage sein, auf Grund der Akten festzustellen, daß die Berechtigten mit ihrem Widerspruch ausgeschlossen sind. Ebenso soll, wenn die Berechtigten der Verwaltungsbehörde gegenüber ihre Zustimmung erklären, der Nachweis der Zustimmung zu den Akten gebracht werden. S. 45.

Die Zustimmung der Hypotheken-, Grundschuld- und Rentenschuldgläubiger kann nach Artikel 17 des Gesetzes vom 15. Juni 1898, das Unschädlichkeitszeugniß betreffend, durch die gerichtliche Feststellung ersetzt werden, daß die beabsichtigte Verwendung der Versicherungssumme für die Gläubiger unschädlich ist. Das Gleiche gilt nach dem Entwurfe für die Reallastberechtigten.

7. Nach dem gegenwärtigen Rechtszustande beruht die Unpfändbarkeit der Forderung aus der Brandversicherung (Art. 43) darauf, daß die Landesgesetzgebung der Entschädigungsforderung auf Grund des § 757 Abs. 2 der bisherigen Fassung der Civilprozeßordnung die Eigenschaft eines unbeweglichen Vermögensstücks beigelegt hat. Die im § 757 Abs. 2 der Civilprozeßordnung der Landesgesetzgebung vorbehaltene Befugniß, zu bestimmen, welche Sachen und Rechte in Ansehung der Zwangsvollstreckung zum unbeweglichen Vermögen gehören, wird aufgehoben. Nach § 865 (757a) Abs. 2 der Civilprozeßordnung unterliegen die Rechte, auf welche sich die Hypothek erstreckt, der Zwangsvollstreckung in das bewegliche Vermögen, solange nicht ihre Beschlagnahme im Wege der Zwangsvollstreckung in das unbewegliche Vermögen erfolgt ist. Eine nicht übertragbare Forderung kann nach § 851 (749a) Abs. 2 insoweit gepfändet und zur Einziehung überwiesen werden, als der geschuldete Gegenstand der Pfändung unterworfen ist. Die Pfändung kann aber die zum Inhalte des Schuldverhältnisses gehörende Zweckbestimmung der Versicherungssumme (Art. 38, Art. 39 Abs. 1, Art. 40) nicht ändern und hat wegen dieser Zweckbestimmung für den Gläubiger kein Interesse. Nur wenn nach Art. 39 Abs. 2 die Verwendung der Entschädigungssumme zu einem Zwecke bewilligt werden sollte, dessen Ausführung nicht der Ueberwachung durch die Anstaltsverwaltung unterliegt, ist die Pfändung der nun freies Vermögen des Versicherten bildenden Entschädigungsforderung mit dem Erfolge möglich, daß die Entschädigungssumme dem Gläubiger zukommt. Im Falle der Zwangsversteigerung geht nach § 20 Abs. 2, § 55 Abs. 1, § 90 Abs. 2 des Gesetzes über die Zwangsversteigerung und die Zwangsverwaltung der Anspruch auf die Entschädigungssumme mit dem Grundstück auf den Ersteher über. Der Entwurf (Ziff. VII) beschränkt daher den Artikel 43 auf die rechtsgeschäftliche Uebertragung und ändert den Satz 1 dahin, daß die Abtretung des Anspruchs auf Entschädigungsgelder, soweit diese zu einem bestimmten Zwecke zu verwenden sind, vorbehaltlich des Artikel 41 Abs. 2 ausgeschlossen ist. Aus der Unübertragbarkeit ergibt sich nach § 1274 Abs. 2 des Bürgerlichen Gesetzbuchs die Unzulässigkeit der Verpfändung.

S. 45 8. Die Erstreckung des Artikel 46 Abs. 1 auf den Fall des Nießbrauchs (Ziff. VIII) ist bereits unter I begründet. Die Erwähnung der Grundschulden und der Rentenschulden hängt mit dem Liegenschaftsrechte des Bürgerlichen Gesetzbuchs zusammen.

Der Artikel 46 Abs. 2 bleibt nach Artikel 91 des Einführungsgesetzes zum Bürgerlichen Gesetzbuche mit der Maßgabe in Kraft, daß die Hypothek nur als Sicherungshypothek eingetragen werden kann.

Zum Ersatze des § 11 Abs. 1 des Hypothekengesetzes wird das Maß von Sicherheit, welches von der Versicherungskammer beansprucht werden darf, wenn der Versicherte mehrere Grundstücke hat, in derselben Weise bestimmt wie im Artikel 8 Abs. 2, im Artikel 80 Abs. 3, im Artikel 111 Abs. 1 und im Artikel 114 Abs. 2 des Entwurfes eines Ausführungsgesetzes zum Bürgerlichen Gesetzbuche.

9. Die Aenderung des Artikel 71 (Ziff. IX) hängt mit dem neuen Abs. 2 des Artikel 10 zusammen. Die persönliche Haftung für die Versicherungsbeiträge trifft nur diejenigen, welche den Versicherungsvertrag geschlossen haben; das Grundstück haftet aber, weil die Brandversicherungsbeiträge zu den öffentlichen Lasten des Grundstücks gehören, in gleicher Weise, wie wenn die Versicherung von allen Betheiligten genommen worden ist (vergl. Art. 110 des Entwurfes eines Ausf.-Ges. zum B. GB.).

10. Die in den Artikeln 70, 73, 74 bezeichneten Verpflichtungen der Stellvertreter werden durch das Bürgerliche Gesetzbuch nicht berührt. Um den Stellvertretern die ihnen im Artikel 75 eingeräumten Vorzugsrechte zu
S. 46. wahren, läßt ‖ der Entwurf (Ziff. X), falls sie den Beitrag vorschießen, den Anspruch der Anstalt auf sie übergehen, womit sie nach § 401 Abs. 2 des Bürgerlichen Gesetzbuchs auch die der Anstalt zustehenden Vorzugsrechte erlangen.

11. Die vom Entwurf (Ziff. XI) im Artikel 77 gestrichenen Worte sind mit Rücksicht auf die neue Fassung des Artikel 15 Abs. 3 entbehrlich und insofern zu eng, als auch die Grundschulden und die Rentenschulden in Betracht kommen.

12. Mit den im Art. 3 Abs. 1 Ziff. 5 bis 7 bestimmten Versicherungspflichten hängen die Ausnahmen zusammen, die im Artikel 9 Abs. 2 von dem der Anstaltsverwaltung eingeräumten Ablehnungsrechte gemacht werden. Trotz der Beseitigung der im Artikel 3 Abs. 1 Ziff. 5 bis 7 bestimmten Versicherungspflichten müssen diese Ausnahmen aus Gründen der Billigkeit und Zweckmäßigkeit aufrechterhalten werden. Das Ablehnungsrecht muß auch dem Nießbraucher gegenüber ausgeschlossen sein, sofern nicht die Voraussetzung der Ablehnung in seiner Person zutrifft. Eine weitere Ausnahme ist für den Fall erforderlich, daß der Versicherungsantrag bei der Zwangsverwaltung von dem für diese bestellten Verwalter oder von einem Nachlaßverwalter (§§ 1975, 1981 bis 1988 des B. GB.) oder von einem zur Verwaltung des Grundstücks berechtigten Testamentsvollstrecker (§ 2205 des B. GB.) gestellt wird. Auch im Falle einer Vorerbschaft sprechen Gründe der Billigkeit dafür, das Ablehnungsrecht auszuschließen, wenn der Vorerbe die Versicherung im Interesse des Nacherben beantragt. Das Ablehnungsrecht muß hienach durch so viele Ausnahmen beschränkt werden, daß es nahezu bedeutungslos ist. Der Entwurf (Ziff. XII) hebt deshalb den Artikel 9 Abs. 2 auf.

Der Artikel 32 Abs. 4 Satz 2 hängt mit der Vorschrift des § 132 Abs. 1 Satz 2 des Hypothekengesetzes zusammen, nach welcher die Brandversicherungssumme im Hypothekenbuch anzugeben ist. Für das Grundbuch besteht eine gesetzliche Vorschrift dieses Inhalts nicht. Nach § 1 Abs. 2 der

Grundbuchordnung kann die Landesjustizverwaltung die Angabe der Versicherungssumme im Grundbuch anordnen, ein Bedürfniß hiezu ist indessen nicht anzunehmen. S. 46.

Der Artikel 47 Abs. 2 ist bereits durch § 14 des Einführungsgesetzes zur Civilprozeßordnung, der Artikel 72 und der Artikel 88 Satz 2 sind bereits durch § 4 des Einführungsgesetzes zur Konkursordnung beseitigt.

Der Artikel 78 Abs. 1 Ziff. 3 fällt infolge der Aufhebung des Artikel 9 Abs. 2 weg.

13. Die Aufhebung des Artikel 3 Abs. 1 Ziff. 6 und des Artikel 32 Abs. 4 Satz 2 sowie die Aenderungen der Artikel 39, 43, 46 hängen mit dem Liegenschaftsrechte des Bürgerlichen Gesetzbuchs zusammen. Das Gleiche gilt von den Aenderungen der Artikel 10, 71, soweit sie den Nießbrauch betreffen, und von der neuen Fassung des Artikel 15 Abs. 3, soweit neben den Hypotheken die Grundschulden und die Rentenschulden erwähnt werden. Es ist aber unbedenklich und zur Verhütung von Anständen zweckmäßig, die Aufhebung des Artikel 3 Abs. 1 Ziff. 6 und des Artikel 32 Abs. 4 Satz 2 ohne Rücksicht auf die Anlegung des Grundbuchs schon gleichzeitig mit dem Bürgerlichen Gesetzbuch in Kraft treten zu lassen. Auch die Aenderung des Art. 15, mit der die des Artikel 77 zusammenhängt, kann schon vor der Anlegung des Grundbuchs in Geltung gesetzt werden; die Erwähnung der Grundschulden und der Rentenschulden ist so lange gegenstandslos, als solche Belastungen nicht bestehen.

Artikel 32.

Gesetz über den Verwaltungsgerichtshof vom 8. August 1878.

Nach § 87 des Bürgerlichen Gesetzbuchs kann, wenn die Erfüllung des Zweckes einer Stiftung des bürgerlichen Rechtes unmöglich geworden ist oder wenn sie das Gemeindewohl gefährdet, die zuständige Behörde der Stiftung eine andere Zweckbestimmung geben oder sie aufheben. Nach der in den Artikeln 25, 26 des Entwurfes vorgeschlagenen neuen Fassung des Artikel 67 der rechtsrheinischen und des Artikel 51 der pfälzischen Gemeindeordnung sollen die Vorschriften des § 87 auch auf die örtlichen Stiftungen des öffentlichen Rechtes Anwendung finden.

Die Aufhebung einer Stiftung und die Aenderung ihrer Zweckbestimmung sind mit der Entziehung der Rechtsfähigkeit eines Vereins (§ 43 des Bürgerlichen Gesetzbuchs) nahe verwandt. Aehnliche Gründe wie diejenigen, wegen deren der § 44 des Bürgerlichen Gesetzbuchs gegen den einem Vereine die Rechtsfähigkeit entziehenden Beschluß den Verwaltungsrechtsweg eröffnet, sprechen dafür, auch die Anfechtung von Beschlüssen auf Umwandlung des Stiftungszwecks oder Aufhebung der Stiftung im Verwaltungsstreitverfahren insoweit zuzulassen, als bestritten wird, daß die Erfüllung des Stiftungszwecks unmöglich geworden sei oder das Gemeindewohl gefährde. Die Prüfung der Frage, ob das Gemeinwohl gefährdet ist, gehört hier ebenso zur Zuständigkeit des Verwaltungsgerichtshofs wie in den Fällen des Ausführungsgesetzes vom 28. November 1889 zu dem Genossenschaftsgesetze, des Ausführungsgesetzes vom 22. Mai 1892 zu dem Gesetz über die Gesellschaften mit beschränkter Haftung und des Artikel 3 des Entwurfes eines Ausführungsgesetzes zum Bürgerlichen Gesetzbuche. Das Recht, Beschwerde zum Verwaltungsgerichtshofe zu erheben, muß außer dem Vorstande der Stiftung auch denjenigen zustehen, die ein Recht auf den Genuß oder Mitgenuß der Stiftung haben.

S. 46. In der Bestimmung des Streitverfahrens schließt sich der Entwurf den Vorschriften an, welche der Artikel 3 des Entwurfes eines Ausführungsgesetzes zum Bürgerlichen Gesetzbuche für die Anfechtung des auf Grund des § 43 des Bürgerlichen Gesetzbuchs erlassenen Beschlusses trifft.

Artikel 33.

Ausführungsgesetz zur Civilprozeßordnung und Konkursordnung vom 23. Februar 1879.

Der Entwurf ergänzt das Gesetz zur Ausführung der Civilprozeßordnung und Konkursordnung durch die Vorschriften, welche auf Grund der in den Gesetzen vom 17. Mai 1898, betreffend Aenderungen der Civilprozeßordnung und betreffend Aenderungen der Konkursordnung, enthaltenen Vorbehalte sowie auf Grund der Einführungsgesetze zu diesen Gesetzen zu erlassen sind. Von den bisherigen Vorschriften des Ausführungsgesetzes bedürfen einige der Aenderung. Der größte Theil wird durch die Einführung des Bürgerlichen Gesetzbuchs und die mit ihm zusammenhängenden Reichsgesetze außer Geltung gesetzt.

Im Einzelnen wird zu den Vorschriften des Artikel 33 Folgendes bemerkt:

1. Die in der Ziff. I neu eingestellte Vorschrift des Artikel 9a beruht auf dem Artikel IV des Einführungsgesetzes zu dem Gesetze, betreffend Aenderungen der Konkursordnung, und entspricht der im Artikel 9 Abs. 2 in Ansehung der Zwangsvollstreckung getroffenen Bestimmung. Dieselben Gründe,
S. 47. die es erforderlich machen, gegenüber den im || Artikel 9 Abs. 2 bezeichneten juristischen Personen des öffentlichen Rechtes bei Geldschulden nur die Zwangsmittel zuzulassen, welche den Aufsichtsbehörden auf Grund des öffentlichen Rechtes zustehen, schließen die Eröffnung des Konkurses aus.

2. Die neue Fassung des Artikel 10 Abs. 1 (Ziff. II) hängt mit der im Artikel 8 des Entwurfes in Aussicht genommenen Erstreckung des Gesetzes vom 12. März 1850, die Verpflichtung zum Ersatze des bei Aufläufen diesseits des Rheins verursachten Schadens betreffend, auf die Pfalz zusammen.

3. Der Artikel 20, welcher die Vorschriften des § 4 des Gesetzes vom 15. August 1828, die Militärgerichtsbarkeit in bürgerlichen Rechtssachen betreffend, über Zustellungen an Militärpersonen und Ladungen von Militärpersonen als Zeugen oder Sachverständigen geändert hat, beschränkt sich auf die nicht zur ordentlichen streitigen Gerichtsbarkeit gehörenden Sachen, weil für das Gebiet der ordentlichen streitigen Gerichtsbarkeit die reichsgesetzlichen Vorschriften der Civilprozeßordnung und der Strafprozeßordnung maßgebend sind. Da vom Inkrafttreten des bürgerlichen Gesetzbuchs an auch die Zustellungen und Ladungen in den durch Reichsgesetz den Gerichten übertragenen Angelegenheiten der freiwilligen Gerichtsbarkeit und die Zustellungen im bürgerlichen Verkehre (§ 132 des B. GB.) reichsgesetzlich geregelt sein werden, so bezeichnet der Entwurf (Ziff. III) als Anwendungsgebiet des Artikel 20 die Angelegenheiten, für welche die Vorschriften der Landesgesetze maßgebend sind. Die gleiche Aenderung wird im Artikel 34 Ziff. VII, X, XII, XXII, XXIII vorgenommen.

4. In den Ziff. IV bis X enthält der Entwurf Aenderungen und Ergänzungen der in den Artikeln 45 bis 55 des Ausführungsgesetzes gegebenen Vorschriften über die Zwangsenteignung.

Die Vorschrift des Artikel 46 Abs. 1 Satz 2, nach welcher der Antrag auf Eröffnung des Schätzungsverfahrens auf alle in demselben Verwaltungsbezirke belegenen Grundstücke zu erstrecken ist, bezüglich deren die Abtretungspflicht feststeht und nicht schon eine Vereinbarung über die Entschädigung erfolgt ist, führt nicht selten zu Verzögerungen, die nicht nur dem Unternehmer, sondern auch den abtretungspflichtigen Grundeigenthümern Nachtheile bringen. Der Entwurf (Ziff. V, 1) läßt deshalb, wie es der Artikel 47 Abs. 1 für die Anordnung des Schätzungsverfahrens thut, Ausnahmen für die Fälle zu, in denen die gleichzeitige Stellung des Antrags für alle in demselben Verwaltungsbezirke belegenen Grundstücke unthunlich ist. S. 47.

Die aus dem Artikel XIX Abs. 1 des Gesetzes vom 17. November 1837 übernommenen Worte des Artikel 46 Abs. 1 Satz 1, die der Entwurf (Ziff. V, 2) streichen will, sind ungenau; aus Satz 2 ergibt sich, daß das Bestehen eines Streites über die Entschädigung nicht Voraussetzung des Schätzungsverfahrens ist, der Abtretungsberechtigte dieses vielmehr in allen Fällen zu beantragen hat, in denen nicht schon eine Einigung über die Entschädigung erzielt worden ist. Auch der Fall der Einigung ist nicht zu erwähnen; wenn die Einigung erfolgt ist, wird der Antrag nicht gestellt werden, wird er aber gestellt, weil über die Wirksamkeit der Einigung Streit besteht, so ist das Schätzungsverfahren anzuordnen.

Der Artikel 47 Abs. 2 enthält keine Bestimmung darüber, in welcher Weise die Betheiligten zu dem Schätzungstermine zu laden sind. Der Entwurf (Ziff. VI) ergänzt den Artikel 47 Abs. 2 durch Vorschriften, die sich an den § 25 Abs. 3, 4 des preußischen Gesetzes vom 11. Juni 1874 über die Enteignung von Grundeigenthum anschließen. Es ist nicht erforderlich, zu dem Schätzungsverfahren ebenso wie zu dem Verfahren über die Abtretungspflicht (Art. XV des Gesetzes vom 17. November 1837) außer dem Abtretungsberechtigten und den Abtretungspflichtigen auch alle sonstigen Betheiligten besonders zu laden. Die meisten von diesen werden keinen Anlaß haben, an dem Schätzungsverfahren theilzunehmen. Denjenigen, die besonders geladen werden wollen, darf zugemuthet werden, daß sie sich zu diesem Zwecke bei der Distriktspolizeibehörde melden. Für diejenigen, die sich nicht gemeldet haben, genügt die öffentliche Bekanntmachung des Termins. Die öffentliche Bekanntmachung und die besonderen Ladungen sollen in gleicher Weise erfolgen wie in dem Verfahren über die Abtretungspflicht (Art. XV Abs. 1 Satz 2, Abs. 2 des Gesetzes vom 17. November 1837 in der Fassung des Art. 5 des Entw.).

Im Artikel 50 Abs. 2 läßt der Entwurf (Ziff. VII) die Sondervorschrift für den Fall weg, daß es sich um Grundstücke handelt, die in einem Pertinenzverhältnisse zu einander stehen. Das Bürgerliche Gesetzbuch kennt nur bewegliches Zubehör (§ 97). Für Fälle der Vereinigung mehrerer Grundstücke nach § 890 des Bürgerlichen Gesetzbuchs kann es bei der Vorschrift des § 36 (bisher § 36) Nr. 4 der Civilprozeßordnung verbleiben. Das Berggesetz enthält im Artikel 8 Abs. 3 Satz 2 eine Vorschrift dieser Art nicht. Das im Artikel 50 Abs. 2 bestimmte Gericht ist ausschließlich zuständig. Der Entwurf bringt dies in der Fassung der Vorschrift zum Ausdrucke.

Nach dem geltenden Rechte tritt der Uebergang des Eigenthums an dem Grundstücke, das den Gegenstand der Enteignung bildet, oder das Erlöschen des der Enteignung unterliegendes Rechtes kraft des Gesetzes ein, wenn die Abtretungspflicht und die Entschädigung endgiltig festgestellt sind und die Entschädigungssumme an den empfangsberechtigten Abtretungspflichtigen gezahlt oder für die empfangsberechtigten Betheiligten hinterlegt ist; eine Enteignungserklärung, wie sie in dem preußischen Gesetze vom 11. Juni 1874 und in anderen neueren Enteignungsgesetzen vorgeschrieben ist, oder eine Vollziehbar-

S. 47. keitserklärung, wie sie bei der Flurbereinigung nach Artikel 36 des Gesetzes vom 26. Mai 1886 und Artikel 38 Ziff. XVI des Entwurfes erfolgt, wird nicht erlassen. Nach der Einführung des Grundbuchs wird es Sache des Abtretungsberechtigten sein, die Berichtigung des Grundbuchs, mit Einschluß der Löschung des nach Artikel XVI des Gesetzes vom 17. November 1837 eingetragenen Vermerkes, oder, falls das Grundstück infolge der Enteignung nach § 90 der Grundbuchordnung von der Verpflichtung der Eintragung befreit ist, die Ausscheidung des Grundstücks aus dem Grundbuche zu beantragen und die eingetretene Rechtsänderung dem Grundbuchamte nach § 22 Abs. 1, § 29 der Grundbuchordnung nachzuweisen. Einer besonderen Vorschrift bedarf es nur für die Löschung der nach Artikel XI des Gesetzes vom 17. November 1837 erloschenen Hypotheken, Grundschulden und Rentenschulden, sofern ein Brief ertheilt ist oder die Hypothek für eine der im § 1187 des Bürgerlichen Gesetzbuchs bezeichneten Forderungen besteht. Die Löschung muß, abweichend von den Vorschriften der §§ 42 bis 44 der Grundbuchordnung, ohne Vorlegung des Briefes oder der sonstigen Urkunde erfolgen; das Grundbuchamt hat aber den Brief einzufordern, um ihn gemäß § 69 der Grundbuchordnung unbrauchbar zu machen oder, falls nur ein Theil des belasteten Grundstücks enteignet ist, die Befreiung des enteigneten Theiles gemäß § 62 der Grundbuchordnung
S. 48. auf dem Briefe zu vermerken. Eine Vorschrift dieses Inhalts ‖ wird für alle Fälle einer Zwangsenteignung oder Zwangsbelastung und für die verwandten Fälle der Gemeinheitstheilung und der Ablösung von Dienstbarkeiten oder anderen Rechten in dem Entwurf eines Ausführungsgesetzes zu der Grundbuchordnung und zu dem Gesetz über die Zwangsversteigerung und die Zwangsverwaltung getroffen werden.

Für den Fall, daß der Abtretungsberechtigte der Staat ist, will der Entwurf (Ziff. VIII), wenn die Voraussetzungen vorliegen, unter denen nach Artikel 51 die Einweisung des Berechtigten in den Besitz des abzutretenden Gegenstandes beantragt werden kann, die Anordnung der sofortigen Zwangsabtretung zulassen. Die Erlangung des Eigenthums an den abzutretenden Grundstücken gegen Zahlung der im Schätzungsverfahren festgestellten Entschädigung und der Kosten hat sich insbesondere bei dem Eisenbahnbau als wünschenswerth erwiesen und kann dem Staate aus demselben Grunde unbedenklich gewährt werden, aus dem er nach Artikel 51 Satz 2 von der Sicherheitsleistung für die im Rechtswege beantragte Erhöhung der Entschädigung befreit ist.

Nach Artikel 109 Satz 2 des Einführungsgesetzes zum Bürgerlichen Gesetzbuche finden, soweit nicht die Landesgesetze ein Anderes bestimmen, auf die nach landesgesetzlicher Vorschrift wegen Enteignung zu gewährende Entschädigung die Vorschriften der Artikel 52, 53 des Einführungsgesetzes Anwendung, welche für die auf Grund Reichsgesetzes erfolgende Enteignung gelten. Der Entwurf (Ziff. IX) nimmt in den Artikel 53 eine dem Artikel 52 des Einführungsgesetzes entsprechende Vorschrift auf, wiederholt aber im Uebrigen den wesentlichen Inhalt des Artikel 53 des Ausführungsgesetzes in einer sich an den Artikel 53 Abs. 1 Satz 2 des Einführungsgesetzes anschließenden Fassung. Die im Artikel 53 Abs. 1 Satz 1 des Einführungsgesetzes vorgeschriebene entsprechende Anwendung des § 1128 des Bürgerlichen Gesetzbuchs würde mit dem Artikel XI des Gesetzes vom 17. November 1837 nicht im Einklange stehen und, insbesondere wenn die Anzeige von der Enteignung unthunlich ist, die Berechtigten einer Gefahr aussetzen, vor der das geltende Recht sie schützt. Ist die Person eines Berechtigten nicht zu ermitteln, so bietet der nach Artikel 53 des Ausführungsgesetzes anwendbare § 138 des Gesetzes über die Zwangsversteigerung und die Zwangsverwaltung die Möglichkeit, ihn im Wege des Aufgebotsverfahrens mit seinem Rechte auf Befriedigung aus der Entschädigungssumme auszuschließen. S. 48.

Nach Artikel 55 wird eine gütliche Einigung der Betheiligten über die Abtretung oder über die zu leistende Entschädigung mit der Protokollirung durch die Distriktsverwaltungsbehörde rechtswirksam. Die Protokollirung ersetzt also, wenn die Einigung in dem Sinne erfolgt, daß das Eigenthum nicht im Wege der Enteignung übergehen, sondern durch Rechtsgeschäft übertragen werden soll, die nach Artikel 14 des Notariatsgesetzes und Artikel 219 Abs. 1 des Gesetzes zur Ausführung der Civilprozeßordnung und Konkursordnung erforderliche Notariatsurkunde. Unter der Herrschaft des Bürgerlichen Gesetzbuchs wird nicht nur der im § 313 des Bürgerlichen Gesetzbuchs bezeichnete Vertrag, sondern auch die Auflassung von der Distriktsverwaltungsbehörde beurkundet werden können. Der Entwurf (Ziff. X) spricht dies für die Auflassung ausdrücklich aus. Die Zulässigkeit dieser Vorschrift beruht auf den Artikeln 109, 142, 143 des Einführungsgesetzes zum Bürgerlichen Gesetzbuche.

Die Aenderung der Ueberschrift zu den Artikeln 45 bis 55 (Ziff. IV) stellt klar, daß es sich bei den Artikeln 46, 47, dem Artikel 48 Abs. 1 Satz 1, dem Artikel 52 Abs. 1 und den Artikeln 53 bis 55 nicht um eine Streitigkeit über die Entschädigung handeln muß.

5. Wird ein der Ablösung unterliegendes Recht, das dem jeweiligen Eigenthümer eines Grundstücks zusteht, durch Zahlung der Ablösungssumme aufgehoben, so tritt die Ablösungssumme, wenn das Grundstück des Berechtigten mit Hypotheken oder anderen Rechten belastet ist, die von der Aufhebung des der Ablösung unterliegenden Rechtes betroffen werden, für diese Rechte in gleicher Weise an die Stelle des abgelösten Rechtes wie die Entschädigungssumme für ein dem jeweiligen Eigenthümer des belasteten Grundstücks zustehendes Recht, das im Wege der Zwangsenteignung aufgehoben wird (Art. 54). Die Haftung der Ablösungssumme für die Hypotheken und das Recht der Hypothekengläubiger, aus der Ablösungssumme Befriedigung zu verlangen, ist im § 38 Satz 3 des Hypothekengesetzes anerkannt. Von den Ablösungsgesetzen enthält das Gesetz vom 4. Juni 1848 über die Aufhebung, Fixirung und Ablösung von Grundlasten eine ausdrückliche Bestimmung über die Haftung der Ablösungssumme für Hypotheken und andere dauernde Lasten. Das Gesetz vom 28. Mai 1852 über die Ausübung und Ablösung des Weiderechts begnügt sich in den Artikeln 28, 45 mit der Andeutung, daß die Ablösung „unbeschadet" der Hypothekenrechte stattfindet, in anderen Vorschriften, insbesondere im Artikel 29 Abs. 2 und im Artikel 31 Abs. 4 des Forstgesetzes vom 28. März 1852 in der Fassung der Bekanntmachung vom 4. Juli 1896, wird die Haftung nicht berührt.

Der Entwurf (Ziff. XI) ersetzt in einem neuen Artikel 55a den § 38 Satz 3 des Hypothekengesetzes durch Verweisung auf die im Falle der Zwangsenteignung für die Entschädigung geltenden Vorschriften. Die allgemeine Fassung der Verweisung bringt auch die Anwendbarkeit des Artikel 18 des Gesetzes vom 15. Juni 1898, das Unschädlichkeitszeugniß betreffend, mit sich. Als Ablösung im Sinne des Artikel 55a wird auch die Beschränkung eines Forstrechts nach Artikel 26 des Forstgesetzes angesehen werden können, wenn als Entschädigung eine Abfindung in Geld gewährt wird. Für die Ablösung

S. 48. von Ehehaftsverhältnissen gelten die besonderen Vorschriften der Artikel 13, 14 des Gesetzes vom 23. Februar 1868 (Art. 20 Ziff. III des Entw.).

6. Der in der Ziff. XII neu eingestellte Artikel 68a ist durch die neue Nr. 4 veranlaßt, welche in den § 15 des Einführungsgesetzes zur Civilprozeßordnung durch den Artikel II des Einführungsgesetzes zu dem Gesetze, betreffend Aenderungen der Civilprozeßordnung, aufgenommen worden ist. Eine sachliche Aenderung des geltenden Rechtes liegt hierin nicht.

7. Die Geltung des Artikel 69 Abs. 1 beschränkt sich auf diejenigen Urkunden, in Ansehung deren die Landesgesetzgebung ermächtigt ist, das Aufgebotsverfahren abweichend von den Vorschriften der Civilprozeßordnung zu regeln. Dies ist nach § 11 des Einführungsgesetzes zur Civilprozeßordnung bei denjenigen Urkunden der Fall, bei denen die Zulässigkeit der Kraftloserklärung auf Landesgesetz beruht. Die Vorschrift des Artikel 69 Abs. 1 kann deshalb auf Grund des Artikel 101 des Einführungsgesetzes zum Bürgerlichen Gesetzbuche für die von dem bayerischen Staate oder einer ihm angehörenden Gemeinde, Stiftung oder Anstalt des öffentlichen Rechtes auf den Inhaber ausgestellten und auf den Namen des Gläubigers umgeschriebenen Schuldverschreibungen aufrecht erhalten werden. Der Entwurf eines Ausführungs-
S. 49. gesetzes zum Bürgerlichen Gesetzbuche || hat sie im Artikel 47 Abs. 2 und in den Artikeln 48, 50 für diese Schuldverschreibungen übernommen, ohne einen Unterschied zwischen den Schuldverschreibungen, die erst nach dem Inkrafttreten des Bürgerlichen Gesetzbuchs umgeschrieben werden, und den Schuldverschreibungen zu machen, deren Umschreibung schon vor diesem Zeitpunkt erfolgt ist. Für die übrigen nach dem Inkrafttreten des Bürgerlichen Gesetzbuchs ausgestellten Urkunden, die zu den in den §§ 1010 bis 1014 (bisher §§ 843 bis 846) der Civilprozeßordnung bezeichneten Werthpapieren und Schuldurkunden gehören, ist der Vorbehalt gegenstandslos, weil landesgesetzliche Vorschriften, welche die Kraftloserklärung solcher Urkunden zulassen, nicht bestehen. Für die aus der Zeit vor dem Inkrafttreten des Bürgerlichen Gesetzbuchs stammenden Urkunden wird seine Tragweite dadurch wesentlich beschränkt, daß für die Kraftloserklärung von Urkunden der im § 808 des Bürgerlichen Gesetzbuchs bezeichneten Art und von Aktien nach den Artikeln 174, 177 des Einführungsgesetzes zum Bürgerlichen Gesetzbuch und Artikel 25 des Einführungsgesetzes zum Handelsgesetzbuche die Vorschriften des Bürgerlichen Gesetzbuchs und des Handelsgesetzbuchs maßgebend sind. Es bleiben daher nur die auf den Namen des Berechtigten ausgestellten Urkunden anderer Art, insbesondere die Staatsschuldverschreibungen auf Namen, übrig. Für die noch in Betracht kommenden Urkunden wird in den Entwurf der Uebergangsvorschriften eine dem Artikel 69 Abs. 1 entsprechende Bestimmung aufgenommen werden.

Der Abs. 2 des Artikel 69, welcher nach Artikel 2 des Gesetzes vom 18. März 1896, einige Bestimmungen über die Inhaberpapiere betreffend, auch für die auf den Inhaber lautenden Schuldverschreibungen des bayerischen Staates gilt, bleibt nicht nur für die Staatsschuldverschreibungen aufrecht, welche unter den Vorbehalt des § 11 des Einführungsgesetzes zur Civilprozeßordnung fallen, sondern kann nach § 1006 (839a) Abs. 3 und § 1023 (850e) der Civilprozeßordnung auch auf die Schuldverschreibungen auf den Inhaber und auf die Schuldverschreibungen erstreckt werden, welche zu den Urkunden der im § 808 des Bürgerlichen Gesetzbuchs bezeichneten Art gehören. Die angeführten Vorbehalte gewähren überdies die Möglichkeit, eine entsprechende Vorschrift auch für die Schuldverschreibungen zu geben, die von einer dem bayerischen Staate angehörenden Körperschaft, Stiftung oder Anstalt des öffentlichen Rechtes ausgestellt sind. Die Bestimmung eines ausschließlich zuständigen Gerichts liegt nicht nur im Interesse der Schuldenverwaltung, sondern erleichtert auch die wegen der Kostenersparniß wünschenswerthe Verbindung mehrerer Aufgebote und gewährt den Besitzern der Schuldverschreibungen den Vortheil, daß sie, um von den Aufgeboten Kenntniß zu erlangen, nur die Bekanntmachungen in einem amtlichen Blatte beachten müssen. Der Entwurf behält für die Staatsschuldverschreibungen die bisherige Fassung bei, die sich auf alle Arten von Schuldverschreibungen bezieht, bei denen die Kraftloserklärung im Aufgebotsverfahren zulässig ist, und fügt eine Vorschrift gleicher Art für die Schuldverschreibungen der übrigen juristischen Personen des öffentlichen Rechtes hinzu. Die hiernach erforderliche Aenderung der Fassung des Artikel 69 ist in der Ziff. XIII vorgenommen. S. 49.

Nach § 1009 (bisher § 842) Abs. 3 Satz 2 und § 1017 (bisher § 848) Abs. 2 Satz 2, Abs. 3 der Civilprozeßordnung kann für Schuldverschreibungen, die von einem Bundesstaat ausgegeben sind, eine weitere öffentliche Bekanntmachung des Aufgebots, des Ausschlußurtheils und des auf die Anfechtungsklage ergangenen Urtheils durch bestimmte Blätter landesgesetzlich vorgeschrieben werden. In der gleichen Weise wie das Aufgebot ist nach § 1019 (850a) Abs. 1 Satz 2 der Civilprozeßordnung auch die Zahlungssperre zu veröffentlichen, wenn sie mit dem Aufgebote verbunden wird. Eine Vorschrift dieser Art trifft das Gesetz vom 18. März 1896, einige Bestimmungen über die Inhaberpapiere betreffend, indem es das Staatsministerium der Finanzen ermächtigt, die Blätter zu bezeichnen, in welchen die weiteren Bekanntmachungen erfolgen sollen. Von der Bezeichnung solcher Blätter ist aber bisher abgesehen worden, weil weitere Bekanntmachungen, welche die ohnehin nicht unbeträchtlichen Kosten des Aufgebotsverfahrens erhöhen würden, für nicht erforderlich erachtet worden sind. Aus demselben Grund nimmt der Entwurf eine Vorschrift dieses Inhalts nicht auf.

8. In den nach der Ziff. XIII neu einzustellenden Artikeln 69a, 69b macht der Entwurf von den Vorbehalten Gebrauch, durch welche die Civilprozeßordnung in den §§ 1023, 1024 (850e, 850f) für gewisse Fälle Erleichterungen der für das Aufgebotsverfahren geltenden Vorschriften zuläßt.

Der Artikel 69a bezieht sich auf die Kraftloserklärung der im § 808 des Bürgerlichen Gesetzbuchs bezeichneten Urkunden, z. B. Sparurkunden (Sparbücher, Sparscheine), Hinterlegungsscheine, Pfandscheine, Versicherungspolizen, und auf die Kraftloserklärung von Hypotheken-, Grundschuld- und Rentenschuldbriefen. Bei diesen Urkunden ist es im Allgemeinen thunlich und wünschenswerth, dem Verlierer rascher und mit geringeren Kosten zu der Kraftloserklärung zu verhelfen. Die meisten der Urkunden der erstern Art pflegen im Verkehre nicht von Hand zu Hand zu gehen, und ein großer Theil von ihnen hat Leistungen von so geringem Werthe zum Gegenstande, daß die von der Civilprozeßordnung vorgeschriebenen Bekanntmachungen in öffentlichen Blättern unverhältnißmäßige Kosten verursachen würden. Bei den Hypotheken-, Grundschuld- und Rentenschuldbriefen liegt die Gefahr eines Mißbrauchs des Aufgebotsverfahrens schon deswegen fern, weil derjenige, welcher das Recht oder ein Pfandrecht an dem Rechte erworben hat, durch die Vorschriften der §§ 1158, 1289 des Bürgerlichen Gesetzbuchs veranlaßt ist, dem Eigenthümer des belasteten Grundstücks von seinem Erwerb alsbald Kenntniß zu geben.

Der Entwurf schließt sich im Wesentlichen an die Vorschriften an, welche in den Artikeln 102, 103, 105, 107 des Entwurfes eines Ausführungsgesetzes zum Bürgerlichen Gesetzbuche für das von dem Vorstand einer öffentlichen

S. 49. Sparkasse zu erlassende Aufgebot von Sparurkunden getroffen sind. Die Aufgebotsfrist ist auf drei Monate herabgesetzt, die Anheftung in dem Lokale der Börse und die Veröffentlichungen im Deutschen Reichsanzeiger sind erlassen, für das Aufgebot und die Zahlungssperre ist zweimalige Einrückung in das für die amtlichen Bekanntmachungen des Gerichts bestimmte Blatt vorgeschrieben, die im § 1017 (bisher § 848) Abs. 2, 3 und im § 1022 (850d) Abs. 1 der Civilprozeßordnung vorgeschriebenen Bekanntmachungen sollen in diesem Blatte erfolgen. Aehnliche Vorschriften finden sich auch in den Gesetzgebungen anderer deutscher Staaten (vergl. z. B. bezüglich des Aufgebots von Hypotheken- und Grundschuldbriefen das preußische Ausführungsgesetz zur CPO. vom 24. März 1879 § 20 Abs. 4, hinsichtlich des Aufgebots von Sparurkunden und ähnlichen Papieren das hessische Ausführungsgesetz zur CPO. vom 5. Juni 1879 Art. 16).

Für Urkunden der im § 808 des Bürgerlichen Gesetzbuchs bezeichneten
S. 50. Art, die mit Zins- oder Rentenscheinen || versehen sind, sowie für Versicherungspolizen beläßt es der Entwurf wegen der größeren Bedeutung, die sie für den Verkehr haben, bei den Vorschriften der Civilprozeßordnung. Ebenso muß es für Grundschuld- und Rentenschuldbriefe, die auf den Inhaber ausgestellt sind (§§ 1195, 1199 des B. GB.), bei den für die Kraftloserklärung von Inhaberpapieren geltenden Vorschriften der Civilprozeßordnung verbleiben.

Für das Aufgebot zum Zwecke der Ausschließung des Eigenthümers eines Grundstücks nach § 927 des Bürgerlichen Gesetzbuchs (§ 977 [836 s] der CPO.), für das Aufgebot zum Zwecke der Ausschließung eines Hypotheken-, Grundschuld- oder Rentenschuldgläubigers auf Grund der §§ 1170, 1171 des Bürgerlichen Gesetzbuchs (§ 982 [836 x] der CPO.), für das Aufgebot zum Zwecke der in den §§ 887, 1104, 1112, 1269 des Bürgerlichen Gesetzbuchs für die Vormerkung, das Vorkaufsrecht, die Reallast und für das Pfandrecht an Schiffen bestimmten Ausschließung des Berechtigten (§ 988 [836 dd] der CPO.) und für das Aufgebot zum Zwecke der Ausschließung eines Schiffsgläubigers auf Grund des § 765 des Handelsgesetzbuchs und des § 111 (bisher § 111) des Binnenschiffahrtsgesetzes (§ 1002 [836 ss] der CPO.) kann die Landesgesetzgebung nach § 1024 (850 f) der Civilprozeßordnung die Art der Veröffentlichung des Aufgebots und des Ausschlußurtheils sowie die Aufgebotsfrist anders bestimmen als in den §§ 948, 950, 956 (bisher §§ 825, 827, 833) der Civilprozeßordnung vorgeschrieben ist. Da in diesen Aufgebotsfällen einerseits die Gefahr eines Mißbrauchs der Kraftloserklärung gering ist, andererseits insbesondere in den Landestheilen, in welchen der Grundbesitz stark zersplittert ist, die in den §§ 887, 927, 1170 des Bürgerlichen Gesetzbuchs zugelassenen Aufgebote nicht selten bei Grundstücken von geringem Werthe erforderlich sein werden, so begnügt sich der Entwurf (Art. 69b) nach dem Vorbilde des § 21 des preußischen Ausführungsgesetzes zur Civilprozeßordnung mit der Bekanntmachung des Aufgebots durch Anheftung an die Gerichtstafel und einmaliger Einrückung in das für die gerichtlichen Bekanntmachungen bestimmte Blatt. Wird die öffentliche Bekanntmachung des wesentlichen Inhalts des Ausschlußurtheils angeordnet, so soll sie durch dieses Blatt erfolgen. Für eine andere Bestimmung der Aufgebotsfrist besteht kein Bedürfniß, die im § 950 (bisher § 827) der Civilprozeßordnung festgesetzte Frist von mindestens sechs Wochen entspricht den Verhältnissen.

9. Da die in den Artikeln 69 bis 69b behandelten Aufgebote nicht nur die Kraftloserklärung von Urkunden, sondern auch andere Aufgebote betreffen, so ändert der Entwurf (Ziff. XIII) die vor dem Artikel 69 stehende Ueberschrift entsprechend ab.

10. Die im Artikel 88 getroffenen Vorschriften über die Feststellung des Datums einer Privaturkunde waren, wie sich aus ihrer Stellung in dem zweiten Abschnitte des Ausführungsgesetzes ergibt, nur für die Landestheile rechts des Rheins bestimmt, durch den Artikel 278 Abs. 2 des Gebührengesetzes vom 18. August 1879 (Art. 271 Abs. 2 in der Fassung der Bekanntmachung vom 6. Juli 1892) sind sie aber auf die Pfalz erstreckt worden. Der Entwurf (Ziff. XIV) stellt die Vorschrift des Artikel 88 als Artikel 70a in den ersten Abschnitt ein, womit die Beschränkung des Geltungsgebiets der Vorschrift beseitigt wird und alle Vorschriften, die nicht blos als Uebergangsvorschriften in Geltung bleiben, in demselben Abschnitte vereinigt werden. S. 50.

11. Durch die Einführung des Bürgerlichen Gesetzbuchs und der mit ihm zusammenhängenden Reichsgesetze verlieren die Artikel 12 bis 19, 23 bis 33, 56 bis 67, 71 bis 77, 79 bis 121, 123 bis 126, 135, 140 bis 168, 171 bis 174, 176 bis 219, 222 bis 224 des Ausführungsgesetzes die Geltung (Ziff. XV).

Von diesen Artikeln geben nur die folgenden zu einer Bemerkung Anlaß.

Der Artikel 26 wird in Ansehung des Grundbuchs durch die §§ 11, 14 der Grundbuchordnung, im Uebrigen durch den § 792 (700a) der Civilprozeßordnung und den Artikel 122 des Entwurfes eines Ausführungsgesetzes zum Bürgerlichen Gesetzbuch*) ersetzt.

An die Stelle der Artikel 56 bis 67, welche die Beschwerde in Angelegenheiten der freiwilligen Gerichtsbarkeit regeln, treten für die Grundbuchsachen die §§ 71 bis 81 der Grundbuchordnung, für die durch Reichsgesetz den Gerichten übertragenen Angelegenheiten der freiwilligen Gerichtsbarkeit die §§ 19 bis 30 des Gesetzes über die Angelegenheiten der freiwilligen Gerichtsbarkeit und für diejenigen Angelegenheiten der freiwilligen Gerichtsbarkeit, für welche die Landesgesetze maßgebend bleiben, der Artikel 115 des Entwurfes eines Ausführungsgesetzes zum Bürgerlichen Gesetzbuche.**)

Der Artikel 79 wird durch den Artikel 28 Ziff. I des Entwurfes ersetzt.

Der Artikel 80, welcher das Gesetz vom 29. April 1869 über die privatrechtliche Stellung von Vereinen ändert, soll aufgehoben werden, weil beabsichtigt ist, durch eine in den Entwurf der Uebergangsvorschriften aufzunehmende Bestimmung die anerkannten Vereine in eingetragene Vereine (§ 21 des B. GB.) zu verwandeln.

Sondervorschriften über den Offenbarungseid (Art. 85) in Ansehung derjenigen Rechtsgebiete, für welche die Landesgesetze maßgebend sind, z. B. für das Fideikommißrecht, zu geben (§ 16 Nr. 2 des Einführungsgesetzes zur CPO.), ist durch ein Bedürfniß nicht veranlaßt und entspricht auch nicht dem geltenden bayerischen Rechte.

Nach Artikel 89 Abs. 2 werden die gesetzlichen Befugnisse der Polizeibehörden durch die Bestimmungen des bürgerlichen Rechtes über Rückkehr- und Besserungsbefehle nicht berührt. Rückkehr- und Besserungsbefehle sind dem Bürgerlichen Gesetzbuche fremd. Deshalb wird Artikel 89 Abs. 2 gegenstandslos. Im Uebrigen versteht es sich von selbst, daß durch eine Verurtheilung zur Herstellung des ehelichen Lebens die Befugnisse der Polizeibehörden zur Untersagung des Aufenthalts an bestimmten Orten nicht berührt werden.

Die im Artikel 126 enthaltenen Abänderungen des Notariatsgesetzes werden, soweit sie nicht wegfallen, in den Entwurf eines Gesetzes über die Einrichtung des Notariats zu übernehmen sein.

Für den Artikel 135 gilt das Gleiche wie für den Artikel 26.

---

*) Vergl. IV. Abth. Seite 32. **) Vergl. IV. Abth. Seite 30.

S. 50. Die Artikel 222, 223 werden in dem Entwurf eines Gesetzes über die Einrichtung des Notariats Berücksichtigung finden.

Soweit die für aufgehoben erklärten Vorschriften dem Liegenschaftsrecht angehören, bleiben sie für Rechtsänderungen, die nach dem Inkrafttreten des Bürgerlichen Gesetzbuchs erfolgen, nach Maßgabe des Artikel 189 des Einführungsgesetzes zu diesem in Kraft (Art. 44 des Entw.).

Für ein zur Zeit des Inkrafttretens des Bürgerlichen Gesetzbuchs anhängiges Verfahren, das eine Todeserklärung zum Gegenstande hat, und für die Wirkung der Todeserklärung bleiben nach Artikel 161 Abs. 1, 3 des Ein-
S. 51. führ || ungsgesetzes zum Bürgerlichen Gesetzbuche die Artikel 103 bis 119, 121 in Kraft. Das Gleiche gilt von den Artikeln 71 bis 73. Die mit dem § 632 (bisher § 586) der Civilprozeßordnung übereinstimmende Vorschrift des Artikel 93 behält ihre Geltung für die Nichtigkeitsklage gegen eine vor dem Inkrafttreten des Bürgerlichen Gesetzbuchs geschlossene Ehe (Art. 198 Abs. 1 des Einf.-Ges.). Ebenso bleiben nach Artikel 213 des Einführungsgesetzes die Vorschriften der Artikel 150 bis 157 über das erbschaftliche Liquidationsverfahren und des Artikel 161 über die öffentliche Aufforderung unbekannter Erben nach preußischem Rechte für den Nachlaß eines vor dem Inkrafttreten des Bürgerlichen Gesetzbuchs verstorbenen Erblassers in Geltung. Der Entwurf erachtet es nicht für erforderlich, ausdrücklich hervorzuheben, daß die Aufhebung der angeführten Vorschriften mit diesem Vorbehalte zu verstehen ist.

Die prozeßrechtlichen Vorschriften, welche an die Stelle der Artikel 25 bis 33, 125, 171 treten, setzen voraus, daß das Grundbuch als angelegt anzusehen ist; bis dahin verbleibt es bei den bisherigen Vorschriften.

Für das Aufgebot nach den §§ 82, 166 des Hypothekengesetzes (Art. 123 Ziff. 3, 6) und das Aufgebot nach Theil I Titel 51 §§ 100 bis 109 der preußischen Allgemeinen Gerichtsordnung (Art. 158 bis 160) bleiben die bestehenden Vorschriften in Geltung. Für das Aufgebot nach den §§ 82, 166 des Hypothekengesetzes empfiehlt es sich jedoch, die Erleichterungen eintreten zu lassen, welche künftig für das Aufgebot zum Zwecke der Ausschließung eines Hypothekengläubigers (§ 982 [836 x] der CPO.) gelten.

Soweit nach dem Inkraftreten des Bürgerlichen Gesetzbuchs eine vertragsmäßige Versteigerung von Grundstücken (Art. 202) zulässig ist, bleiben die Verfahrensvorschriften des Artikel 202 Abs. 1, 4 bis 7 in Geltung (vgl. Art. 18 Satz 2 des Gesetzes vom 1. Juli 1898 über das Liegenschaftsrecht in der Pfalz). Ebenso verbleibt es für das Hypothekenreinigungsverfahren (Art. 203 bis 209) bei den bisherigen Vorschriften.

Für die Beschwerde in Angelegenheiten der freiwilligen Gerichtsbarkeit (Art. 56 bis 67) und für die in den Artikeln 163 bis 168, 174, 178, 179, 181 bis 187, 189 bis 197, 211 enthaltenen Vorschriften des pfälzischen Rechtes werden in dem Entwurfe der Uebergangsvorschriften die erforderlichen Bestimmungen getroffen werden.

Die Artikel 34 bis 44 sind durch das Reichsgesetz vom 21. Juli 1879, betreffend die Anfechtung von Rechtshandlungen eines Schuldners außerhalb des Konkursverfahrens, der Artikel 170 ist durch Artikel 33 Ziff. 1 des Gesetzes vom 1. Juli 1898 über das Liegenschaftsrecht in der Pfalz, der Artikel 175 ist durch Artikel 41 Abs. 1 des Gesetzes vom 26. April 1888, die Abänderung von Bestimmungen des in der Pfalz geltenden Hypotheken- und Vormundschaftsrechts betreffend, aufgehoben.

12. Die Artikel 127 bis 134, 136 regeln die Vollstreckbarkeit von Hypothekenurkunden. An ihre Stelle treten für die nach dem Inkrafttreten

des Liegenschaftsrechts des Bürgerlichen Gesetzbuchs entstehenden Hypotheken die §§ 799, 800, (705b, 705c) der Civilprozeßordnung. In Ansehung der Hypotheken dagegen, welche schon zu der Zeit bestehen, zu welcher das Grundbuch als angelegt anzusehen ist, bleiben nach Artikel VIII des Einführungsgesetzes zu dem Gesetze, betreffend Aenderungen der Civilprozeßordnung, die landesgesetzlichen Vorschriften über die Vollstreckbarkeit von Hypothekenurkunden in Kraft. Auf diesem Vorbehalte beruht die Vorschrift des Abs. 2 des Artikel 33 des Entwurfes. S. 51.

Für die vor dem Inkrafttreten der Civilprozeßordnung errichteten Hypothekenurkunden bleiben die Artikel 137, 138 in Geltung.

Der Artikel 139, der die Vollstreckbarkeit von Ewiggeldbriefen regelt, bleibt auf Grund des § 801 (bisher § 706) der Civilprozeßordnung für die nach den bisherigen Vorschriften begründeten Ewiggelder in Kraft.

Ebenso behalten die nach den bisherigen Vorschriften des pälzischen Rechtes errichteten Notariatsurkunden der im Artikel 220 bezeichneten Art die Eigenschaft vollstreckbarer Urkunden und verbleibt es für die aus ihnen stattfindende Zwangsvollstreckung bei den Vorschriften des Artikel 221 (Abs. 4 des Artikel 33 des Entw.).

Die Vorschrift des Artikel 169 über die Zustellung im erwählten Wohnsitze kann nach Artikel 157 des Einführungsgesetzes zum Bürgerlichen Gesetzbuche für Rechtsverhältnisse, die sich nach den bisherigen Vorschriften bestimmen, aufrechterhalten werden, sofern der Wohnsitz vor dem Inkrafttreten des Bürgerlichen Gesetzbuchs erwählt worden ist. Der Entwurf (Abs. 3 des Art. 33) beläßt sie in diesem Umfang in Geltung.

13. Von der preußischen Allgemeinen Gerichtsordnung gelten außer den in den Artikeln 143, 144, 146 bis 148, 152 bis 154, 158, 161, 162 des Gesetzes zur Ausführung der Civilprozeßordnung und Konkursordnung in Bezug genommenen Vorschriften nur noch wenige Vorschriften des I. Theiles und und ein Theil der in dem II. Theile enthaltenen Vorschriften über die Angelegenheiten der freiwilligen Gerichtsbarkeit. Von diesen Vorschriften muß die des § 128 Theil I Titel 10 für die vor dem 1. Januar 1876 erfolgten Eintragungen in die Kirchenbücher mit Rücksicht auf den § 418 (bisher § 383) Abs. 3 der Civilprozeßordnung in Geltung bleiben, im Uebrigen kann die Allgemeine Gerichtsordnung aufgehoben werden.

Die Vorschriften der pfälzischen Civilprozeßordnung gelten nach Artikel 235 Ziff. 7 des Gesetzes zur Ausführung der Civilprozeßordnung und Konkursordnung nur noch insoweit, als sie in diesem als fortbestehend bezeichnet sind. Die vorbehaltenen Vorschriften verlieren mit den Vorschriften des Ausführungsgesetzes, in denen sie aufrechterhalten sind, ihre Geltung mit Ausnahme des Artikel 911 Ziff. 3; durch den Artikel 95 des Entwurfes eines Ausführungsgesetzes zum Bürgerlichen Gesetzbuche*) wird auch dieser ersetzt.

Soweit die für aufgehoben erklärten Vorschriften des Ausführungsgesetzes nach den Uebergangsvorschriften in Kraft bleiben, gilt das Gleiche von den mit ihnen zusammenhängenden Vorschriften der preußischen Allgemeinen Gerichtsordnung und der pfälzischen Civilprozeßordnung.

Artikel 34.

Ausführungsgesetz zum Gerichtsverfassungsgesetze vom 23. Februar 1879.

In dem Ausführungsgesetze zum Gerichtsverfassungsgesetze werden insbesondere die Aenderungen und Ergänzungen vorgenommen, welche durch die in den Artikeln I, III des Gesetzes, vom 17. Mai 1898, betreffend Aenderungen des Gerichtsverfassungsgesetzes und der Strafprozeßordnung, enthaltenen Aenderungen

*) Vergl. Abth. IV Seite 27.

S. 51. des Gerichtsverfassungsgesetzes und des Einführungsgesetzes zu diesem und durch das Gesetz über die Angelegenheiten der freiwilligen Gerichtsbarkeit veranlaßt sind.

S. 52. 1. Der in der Ziff. I neu gefaßte Artikel 15 wiederholt im Abs. 1 die allgemeine Zuständigkeitsvorschrift des Abs. 1 der bisherigen Fassung. Die neue Fassung unterscheidet sich nur unwesentlich von der bisherigen. In der Tragweite besteht aber ein erheblicher Unterschied, sofern durch die reichsrechtlichen Vorschriften über die Zuständigkeit der Amtsgerichte diesen eine Reihe von Angelegenheiten, die ihnen vom geltenden Rechte nicht übertragen sind, zugewiesen (vergl. unten Ziff. 19) und zugleich die in Ansehung der Zuständigkeit in Angelegenheiten der freiwilligen Gerichtsbarkeit zwischen den Landestheilen rechts des Rheins und der Pfalz bestehende Verschiedenheit beseitigt wird.

Der bisherige Abs. 2 des Artikel 15 ist weggelassen. Nach dem Abs. 2 umfaßt die Zuständigkeit der Amtsgerichte in den Landestheilen rechts des Rheins insbesondere das Hypotheken- und Grundbuchwesen nebst den Ewiggeldsachen, das Vormundschafts- und Kuratelwesen, die Verlassenschaften und alle übrigen Gegenstände der freiwilligen Rechtspflege, welche eine gerichtliche Prüfung, Bestätigung, überhaupt eine Beschlußfassung erfordern und nicht zur Zuständigkeit der Landgerichte oder der Oberlandesgerichte gehören. Für die Grundbuchsachen wird die Zuständigkeit in dem Entwurf eines Ausführungsgesetzes zu der Grundbuchordnung und zu dem Gesetz über die Zwangsversteigerung und die Zwangsverwaltung bestimmt werden. Für die Verrichtungen des Vormundschaftsgerichts und des Nachlaßgerichts und für einen großen Theil der sonstigen im Abs. 2 genannten Angelegenheiten beruht die Zuständigkeit der Amtsgerichte in Zukunft auf den §§ 35, 65, 69, 72, 164 bis 166 des Gesetzes über die Angelegenheiten der freiwilligen Gerichtsbarkeit; die übrigen Angelegenheiten haben theils schon zur Zuständigkeit der früheren Stadt- und Landgerichte gehört (Verrichtungen bei landwirthschaftlichen Erbgütern, Feststellung des Bestehens von Realgewerbeberechtigungen), theils sind sie durch besondere Vorschriften der auf sie bezüglichen Gesetze den Amtsgerichten zugewiesen (vergl. z. B. §§ 21, 29, § 37 Abs. 2, § 73, § 132 Abs. 2, § 176 Abs. 2, § 261 Abs. 1, § 1141 Abs. 2, § 1435 des B. GB., Art. 12 des Gesetzes vom 21. April 1884, die Landeskultur-Rentenanstalt betr., in der Fassung des Art. 37 Ziff. V, Art. 26, 27 des Gesetzes vom 29. Mai 1886, die Flurbereinigung betr., in der Fassung des Art. 38 Ziff. XII, XIII des Entw., Art. 1, Art. 17 Abs. 1, Art. 18 Abs. 1, Art. 19 Abs. 1 des Gesetzes vom 15. Juni 1898, das Unschädlichkeitszeugniß betr.,*) Art. 78 Abs. 1 des Entwurfes eines Ausführungsgesetzes zum B. GB.**).

Der Abs. 2 der neuen Fassung grenzt die Zuständigkeit der Amtsgerichte und der Notare in Ansehung des Beurkundungswesens ab. Nach dem geltenden bayerischen Rechte (Art. 11, 16, 17 des Notariatsgesetzes vom 10. November 1861, Art. 1 des Gesetzes vom 25. ventôse XI, Art. 224 des Ausf.-Ges. zur CPO. und KO.) sind die Notare die Beurkundungsbeamten für rechtsgeschäftliche Erklärungen und solche thatsächliche Vorgänge, über die im bürgerlichen Verkehr eine öffentliche Urkunde zu errichten ist. Zur Aufnahme öffentlicher Urkunden (§ 415 [bisher § 380] der CPO.) solcher Art sind die Gerichte nur in den Fällen zuständig, in welchen ihnen die Zuständigkeit durch besondere Vorschrift übertragen ist. Diesen Rechtszustand hält der Entwurf auf Grund des Art. 141 des Einführungsgesetzes zum Bürgerlichen Gesetzbuche sowie des § 189 und des § 191 Abs. 2 des Gesetzes über die Angelegenheiten der freiwilligen Gerichtsbarkeit aufrecht, indem er die Amtsgerichte für nicht zuständig erklärt für die

*) Vergl. Abth. II Seite 266 ff. **) Vergl. Abth. IV Seite 23.

Beurkundungen, die nach den Vorschriften der Reichsgesetze durch ein Gericht oder einen Notar zu bewirken sind, sowie für die öffentliche Beglaubigung einer Unterschrift oder eines Handzeichens. Unter die Beurkundungen, die nach den Vorschriften der Reichsgesetze durch ein Gericht oder einen Notar zu bewirken sind, fällt nicht nur die Beurkundung von Rechtsgeschäften (§ 167 Abs. 1 des Gesetzes über die Angelegenheiten der freiwilligen Gerichtsbarkeit, Einf.-Ges. zum B. GB. Art. 141), sondern auch die Aufnahme des Protokolls über thatsächliche Vorgänge (z. B. über die Beschlüsse der Generalversammlung einer Aktiengesellschaft oder Kommanditgesellschaft auf Aktien, HGB. § 259 Abs. 1, § 320, über die Erhebung eines Wechselprotestes, Art. 87 der WO.). S. 52.

Von dem geltenden Rechte weicht der Entwurf nur insofern ab, als er die Amtsgerichte für zuständig erklärt für die Beurkundung von Vereinbarungen zwischem dem Vater eines unehelichen Kindes und diesem über den Unterhalt für die Zukunft und über eine an Stelle des Unterhalts zu gewährende Abfindung (B. GB. 1714). Solche Vereinbarungen werden von dem Vormundschaftsgerichte durch Protokoll festgestellt. Das Protokoll dient dem Vormundschaftsgericht als Grundlage für die Ertheilung der Genehmigung, hat aber nicht die Bedeutung einer öffentlichen Beurkundung der Vereinbarung. Für die öffentliche Beurkundung, insbesondere die Aufnahme einer Urkunde, aus der nach § 794 (bisher § 702) Abs. 1 Nr. 5 der Civilprozeßordnung die Zwangsvollstreckung stattfindet, sind vielmehr nur die Notare zuständig. Dies hat sich als unzweckmäßig erwiesen. Der Vater des unehelichen Kindes würde sich nicht selten dazu verstehen, sich in dem Protokolle des Vormundschaftsgerichts der sofortigen Zwangsvollstreckung zu unterwerfen, während er sich weigert, nach der bei dem Vormundschaftsgericht erfolgten Feststellung seiner Leistungspflicht noch eine notarielle Urkunde über diese aufnehmen zu lassen. Zur Aufnahme der Urkunde, in welcher die Vaterschaft anerkannt wird (§§ 1718, 1720 des B. GB.), sind die Amtsgerichte nach § 167 Abs. 2 des Gesetzes über die Angelegenheiten der freiwilligen Gerichtsbarkeit ohnehin zuständig.

Der neue Abs. 3 wahrt auf Grund des Artikel 148 des Einführungsgesetzes zum Bürgerlichen Gesetzbuche die bisherige Zuständigkeit der Notare zur Aufnahme des Nachlaßinventars (Art. 19 des Notariatsgesetzes vom 10. November 1861, pfälz. Gesetz vom 6./27. März 1791 Art. 10). Wieweit neben den Notaren die Gerichtsschreiber bei den Amtsgerichten zuständig sind, ist im Artikel 63 Abs. 2 des Ausführungsgesetzes zum Gerichtsverfassungsgesetze (Ziff. XVI des Entw.) bestimmt.

2. Die Civilprozeßordnung § 404 Abs. 2, § 407 Abs. 1, § 410 Abs. 2 (bisher §§ 369, 372, 375), die Strafprozeßordnung § 73 Abs. 2, § 75 Abs. 1, § 79 Abs. 2 und das Gesetz vom 8. August 1878 über den Verwaltungsgerichtshof Artikel 20 Abs. 5 setzen das Vorhandensein von Sachverständigen voraus, welche zur Erstattung von Gutachten gewisser Art öffentlich bestellt und im Allgemeinen beeidigt sind. Allgemeine Vorschriften über die Zuständigkeit für die Bestellung und Beeidigung solcher Sachverständigen bestehen in Bayern nicht, es hat sich jedoch schon auf Grund der Gerichtsordnung von 1753 cap. XII § 3 Nr. 2 und des Art. 443 der Prozeßordnung vom 29. April 1869, welche ähnliche Vorschriften enthielten, bei größeren Gerichten die Uebung gebildet, für die häufiger vorkommenden Arten von Gutachten Sachverständige öffentlich zu bestellen und im Allgemeinen zu beeidigen. Der Artikel 15a (Ziff. II) gibt dieser Uebung eine gesetzliche Grundlage, indem er die Bestellung und Beeidigung der Sachverständigen den Amtsgerichten zuweist. ‖ Die nach S. 53.
Artikel 78 Abs. 1 des Entwurfes eines Ausführungsgesetzes zum Bürgerlichen

S. 53. Gesetzbuche*) für die amtliche Feststellung des Werthes von Grundstücken zu bestellenden Schätzer werden auch zur Erstattung von Gutachten in streitigen Angelegenheiten zu bestimmen sein; in welchem Umfang im Uebrigen von der Befugniß zur Bestellung und Beeidigung von Sachverständigen Gebrauch zu machen ist, bestimmt sich nach den örtlichen Verhältnissen.

Selbstverständlich werden durch den Artikel 15a die besonderen Vorschriften über die Aufstellung und Beeidigung von Sachverständigen nicht berührt (vergl. insbesondere für die Sachverständigenvereine, die nach den §§ 31, 49 des Gesetzes vom 11. Juni 1870 über das Urheberrecht an Schriftwerken u. s. w., § 16 des Gesetzes vom 9. Januar 1876 über das Urheberrecht an Werken der bildenden Künste, § 10 des Gesetzes vom 10. Januar 1876, betreffend den Schutz der Photographien gegen unbefugte Nachbildung, § 14 des Gesetzes vom 11. Januar 1876, betreffend das Urheberrecht an Mustern und Modellen, zu bilden sind, § 3 der Instruktion vom 4. November 1871 (Reichs-Gesetzbl. S. 1923) und Ziff. II der Bekanntmachung vom 2. März 1872 (R.-Bl. S. 945), § 3 der Bestimmungen über die Zusammensetzung und den Geschäftsbetrieb der künstlerischen, photographischen und gewerblichen Sachverständigenvereine vom 29. Februar 1876 (Reichs-Gesetzbl. S. 302) und Ziff. II der Bekanntmachung vom 28. Juni 1876 (R.-Bl. S. 387).

3. Die in der Ziff. III enthaltene Ergänzung des Artikel 17 Abs. 2 beruht auf der neuen Fassung des § 22 Abs. 2 Satz 1 des Gerichtsverfassungsgesetzes.

4. Die Ziff. IV ersetzt den Abs. 2 des Artikel 21 durch Verallgemeinerung des Abs. 1 mit Rücksicht darauf, daß dem § 36 (bisher § 36) der Civilprozeßordnung entsprechende Vorschriften im § 5 des Gesetzes über die Angelegenheiten der freiwilligen Gerichtsbarkeit getroffen sind und diese Vorschriften nach dem Artikel 115 des Entwurfes eines Ausführungsgesetzes zum Bürgerlichen Gesetzbuch**) auch für die durch Landesgesetz geordneten Angelegenheiten der freiwilligen Gerichtsbarkeit gelten sollen. Für die Grundbuchsachen wird durch den Entwurf eines Ausführungsgesetzes zu der Grundbuchordnung und dem Gesetz über die Zwangsversteigerung und die Zwangsverwaltung das Gleiche bestimmt werden.

5. Während die Ausfertigungen der Entscheidungen in bürgerlichen Rechtsstreitigkeiten und im Konkursverfahren vom Gerichtsschreiber unterschrieben werden (§ 317 [bisher § 288] Abs. 3, § 329 [bisher § 294] Abs. 2 der CPO., § 72 [bisher § 65] der KO), unterscheidet das Ausführungsgesetz zum Gerichtsverfassungsgesetze (Art. 22, Art. 30 Abs. 3, 4, Art. 39) für die nicht zur ordentlichen streitigen Gerichtsbarkeit gehörenden Angelegenheiten zwischen den Landestheilen rechts des Rheins und der Pfalz. In der Pfalz werden die Ausfertigungen auch in diesen Angelegenheiten vom Gerichtsschreiber unterschrieben; in den Landestheilen rechts des Rheins sind sie bei den Amtsgerichten mit der Unterschrift des Amtsrichters, zu dessen Geschäftskreise die Angelegenheit gehört, bei den Landgerichten und den Oberlandesgerichten mit der Unterschrift des Präsidenten, bei den Kammern für Handelssachen mit der Unterschrift des Vorsitzenden zu versehen. Für die Beschwerde in Angelegenheiten der freiwilligen Gerichtsbarkeit gelten jedoch nach den Artikeln 56, 61, 67 des Gesetzes zur Ausführung der Civilprozeßordnung und Konkursordnung im ganzen Königreiche die Vorschriften der Civilprozeßordnung. In Rheinschiffahrtssachen erklärt der § 5 der Verordnung vom 18. Juni 1879, die Rheinschiffahrtsgerichte betreffend (G.- u. V.-Bl. S. 661), die für die Angelegenheiten der ordentlichen streitigen Gerichtsbarkeit geltenden Vorschriften für anwendbar. Das Gesetz über die Angelegenheiten der freiwilligen

*) Vergl. Abth. IV Seite 23. **) Vergl. Abth. IV Seite 30.

Gerichtsbarkeit enthält nur eine Vorschrift für die Protokolle über die gerichtliche Beurkundung eines Rechtsgeschäfts (§ 182). Die Artikel 56, 61, 67 des Gesetzes zur Ausführung der Civilprozeßordnung und Konkursordnung werden durch den Artikel 33 Ziff. XV des Entwurfes aufgehoben. S. 53.

Der Entwurf (Ziff. V, Ziff. VII, 2. 3, Ziff. XI) beseitigt die Verschiedenheit zwischen den für die Landestheile rechts des Rheins und die Pfalz geltenden Vorschriften, indem er sich an die in den Landestheilen rechts des Rheins maßgebenden Vorschriften anschließt. Die Ausfertigungen sollen, soweit nicht besondere Vorschriften bestehen, in den Angelegenheiten, für die das Gericht als erste Instanz zuständig ist, von dem Gerichtsvorstande bei den Amtsgerichten vor dem Amtsrichter, zu dessen Geschäftskreise die Angelegenheit gehört (Art. 22), in den Angelegenheiten dagegen, für die das Gericht als oberes Gericht, insbesondere als Beschwerdegericht zuständig ist, von dem Gerichtsschreiber unterschrieben werden, weil die Aufgabe und Stellung des Gerichts in diesen Angelegenheiten im Wesentlichen die gleiche ist wie bei den verwandten Entscheidungen in bürgerlichen Rechtsstreitigkeiten. Bei den Landgerichten fällt infolge der Aenderung des Artikels 29 (Ziff. VI) die für die Kammern für Handelssachen im Artikel 30 Abs. 7 getroffene Sondervorschrift weg und sind die Ausfertigungen in Angelegenheiten der freiwilligen Gerichtsbarkeit, mit Einschluß der Grundbuchsachen, da die Landgerichte in diesen Angelegenheiten nur als obere Gerichte thätig werden (vergl. unten Ziff. 19), von dem Gerichtsschreiber zu unterschreiben (Art. 30 Abs. 4). Bei den Oberlandesgerichten findet nach Artikel 39 die Vorschrift des Artikel 30 Abs. 3 entsprechende Anwendung, es werden also insbesondere die Ausfertigungen in Fideikommißsachen und in standesherrlichen Vormundschaftssachen (§ 10 Abs. 1 der IV. Beil. zu der VU.) von dem Präsidenten unterschrieben; soweit die Oberlandesgerichte in Angelegenheiten der freiwilligen Gerichtsbarkeit als obere Gerichte zuständig sind (vergl. Art. 42 Abs. 3 in der Fassung der Ziff. XII), hat auch bei ihnen der Gerichtsschreiber die Ausfertigung zu unterzeichnen.

6. Infolge der Aufhebung des Artikel 28 Abs. 2, 3 (Ziff. XXIV) fällt der Abs. 1 des Artikel 29 weg und bedarf der Abs. 2 einer Aenderung des Einganges. Die Ziff. VI giebt dementsprechend dem Artikel 29 eine neue Fassung.

7. Durch die Grundbuchordnung und das Gesetz über die Angelegenheiten der freiwilligen Gerichtsbarkeit werden von den Vorschriften, welche im Artikel 30 Abs. 1, im Artikel 38, im Artikel 77 Abs. 1, im Artikel 78 Abs. 1 und im Artikel 79 für die nicht zur ordentlichen streitigen Gerichtsbarkeit gehörenden Angelegenheiten getroffen sind, die des Artikel 30 Abs. 1, des Artikel 38 und des Artikel 79 auf diejenigen Angelegenheiten, für welche die Vorschriften der Landesgesetze maßgebend bleiben, die des Artikel 77 Abs. 1 und des Artikel 78 Abs. 1 auf diese Angelegenheiten und Grundbuchsachen beschränkt. Für die dem Geltungsbereiche der Reichsgesetze angehörenden Angelegenheiten werden der Artikel 30 Abs. 1, welcher die §§ 61 bis 68, 77 des Gerichtsverfassungsgesetzes für die Landgerichte, der Artikel 38, welcher die §§ 121, 124 des Gerichtsverfassungsgesetzes für die Oberlandesgerichte, und der Artikel 79, welcher die §§ 194 bis 199 des Gerichtsverfassungsgesetzes über die Berathung ‖ und Abstimmung für anwendbar erklärt, durch S. 54. den § 81 Abs. 1 der Grundbuchordnung, den § 8 und den § 30 Abs. 1 des Gesetzes über die Angelegenheiten der freiwilligen Gerichtsbarkeit, der Artikel 77 Abs. 1, welcher die Rechtshülfe betrifft, durch den § 2 und der Artikel 78 Abs. 1, welcher die Sitzungspolizei zum Gegenstande hat, durch den § 8 des Gesetzes über die Angelegenheiten der freiwilligen Gerichtsbarkeit ersetzt.

S. 54. Für die Grundbuchsachen werden in dem Entwurf eines Ausführungsgesetzes zu der Grundbuchordnung und zu dem Gesetz über die Zwangsversteigerung und die Zwangsverwaltung die §§ 2, 8 des Gesetzes über die Angelegenheiten der freiwilligen Gerichtsbarkeit für anwendbar erklärt werden, sie bedürfen deshalb im Artikel 77 Abs. 1 und im Artikel 78 Abs. 1 nicht der Erwähnung. Nach Artikel 115 des Entwurfes eines Ausführungsgesetzes zum Bürgerlichen Gesetzbuche*) sollen zwar die §§ 2, 8 und der § 30 Abs. 1 des Gesetzes über die Angelegenheiten der freiwilligen Gerichtsbarkeit auch für diejenigen Angelegenheiten der freiwilligen Gerichtsbarkeit gelten, für welche die Vorschriften der Landesgesetze maßgebend sind, eine Einschränkung der Geltung des Artikel 30 Abs. 1, des Artikel 38, des Artikel 77 Abs. 1, des Artikel 78 Abs. 1 und des Artikel 79 ist aber nicht erforderlich, weil diese Vorschriften inhaltlich mit denen des Reichsgesetzes übereinstimmen.

Der Entwurf (Ziff. VII, 1, X, XXII, XXIII) ändert deshalb die Fassung des Artikel 30 Abs. 1, des Artikel 38, Artikel 77 Abs. 1, des Artikel 78 Abs. 1 und des Artikel 79 des**) dahin ab, daß sie nur für die Angelegenheiten gelten, für welche die landesgesetzlichen Vorschriften maßgebend sind.

8. Die Ziff. VIII berichtigt die Fassung des Artikel 36 Ziff. 2 dahin, daß sie die durch den Artikel 26 den Landgerichten zugewiesenen Angelegenheiten nicht umfaßt, weil für diese Angelegenheiten die Vorschriften des § 123 Nr. 1, 4 des Gerichtsverfassungsgesetzes maßgebend sind.

9. Die Aenderung des Artikel 37 (Ziff. IX) hängt mit der Uebertragung der zur Zuständigkeit der Oberlandesgerichte gehörenden Revisionen und Beschwerden in Strafsachen auf das Oberste Landesgericht (Ziff. 11) zusammen.

10. Für die Vertretung des Präsidenten des Oberlandesgerichts begnügt sich der Artikel 38 mit der Verweisung auf den § 121 des Gerichtsverfassungsgesetzes, nach dem für die Geschäfte, die dem Präsidenten nicht als ordentlichem Vorsitzenden eines Senats obliegen, nur die Senatspräsidenten als Vertreter berufen sind; eine dem Artikel 32 entsprechende Vorschrift ist nicht aufgenommen. Bei den Oberlandesgerichten, die nur einen Senatspräsidenten haben, ist das Bedürfniß hervorgetreten, die Vertretung des Präsidenten in der gleichen Weise wie die des Landgerichtspräsidenten zu ordnen. Der Entwurf (Ziff. X) erklärt deshalb die Vorschriften des Artikel 32 für entsprechend anwendbar.

11. Der Artikel 42 Abs. 2 weist dem Obersten Landesgerichte die Verhandlung und Entscheidung der zur Zuständigkeit des Reichsgerichts gehörenden Revisionen und Beschwerden in bürgerlichen Rechtsstreitigkeiten nach Maßgabe des § 8 des Einführungsgesetzes zum Gerichtsverfassungsgesetze zu. Nach § 8 Abs. 2 des Einführungsgesetzes erstreckt sich die Zuständigkeit des Obersten Landesgerichts nicht auf die Rechtsstreitigkeiten, welche zur Zuständigkeit des Reichs-Oberhandelsgerichts gehört haben oder durch besondere Gesetze dem Reichsgerichte zugewiesen werden. Seit dem Inkrafttreten des Gerichtsverfassungsgesetzes sind Zuweisungen an das Reichsgericht erfolgt durch den § 155 (bisher § 146) des Gesetzes vom 1. Mai 1889, betreffend die Erwerbs- und Wirthschaftsgenossenschaften, den § 38 des Patentgesetzes vom 7. April 1891, den § 12 des Gesetzes vom 1. Juni 1891, betreffend den Schutz der Gebrauchsmuster, den § 33 des Reichsstempelgesetzes vom 27. April 1894, den § 21 des Gesetzes vom 12. Mai 1894 zum Schutze der Waarenbezeichnungen, den § 130 (bisher § 138) des Gesetzes vom 15. Juni 1895, die privatrechtlichen Verhältnisse der Binnenschiffahrt betreffend, den § 31 des Gesetzes vom

*) Vergl. Abth. IV Seite 30.

**) Das Wort „des" fällt entweder weg oder es ist zu ergänzen: „Ausführungsgesetzes zum Gerichtsverfassungsgesetze".

15. Juni 1895, die privatrechtlichen Verhältnisse der Flößerei betreffend, den § 15 des Gesetzes vom 27. Mai 1896 zur Bekämpfung des unlauteren Wettbewerbes und den § 47 des Börsengesetzes vom 22. Juni 1896. Der Artikel 6 des Einführungsgesetzes zum Bürgerlichen Gesetzbuch überträgt dem Reichsgerichte die Verhandlung und Entscheidung letzter Instanz in bürgerlichen Rechtsstreitigkeiten, in welchen durch Klage oder Widerklage ein Anspruch auf Grund des Bürgerlichen Gesetzbuchs geltend gemacht ist, und die gleiche Bestimmung ist für die Ansprüche aus dem Anfechtungsrechte der Gläubiger im Artikel IX des Einführungsgesetzes zu dem Gesetze, betreffend Aenderungen der Konkursordnung, getroffen. Infolge dessen wird die Zuständigkeit des Reichsgerichts thatsächlich die Regel bilden. S. 54.

Auf der anderen Seite ermöglicht der § 9 des Einführungsgesetzes zum Gerichtsverfassungsgesetze in der Fassung des Artikel III des Gesetzes, betreffend Aenderungen des Gerichtsverfassungsgesetzes und der Strafprozeßordnung, die Verhandlung und Entscheidung der zur Zuständigkeit der Oberlandesgerichte gehörenden Revisionen und Beschwerden in Strafsachen, die auf Grund der bisherigen Fassung des § 9 durch den Artikel 41 ausschließlich dem Oberlandesgerichte München zugewiesen sind, dem Obersten Landesgerichte zu übertragen. Die Zuständigkeit des Obersten Landesgerichts entspricht dem Wesen dieser Angelegenheiten besser als die eines Oberlandesgerichts, weil es sich um eine Rechtsprechung in letzter Instanz handelt, die sich für das ganze Königreich einheitlich gestalten soll. In diesem Sinne bestimmt der Entwurf (Ziff. XII) in der neuen Fassung, die er dem Artikel 42 Abs. 3 giebt.

Mit Rücksicht hierauf fällt der Artikel 41 weg.

Nach § 79 Abs. 1 der Grundbuchordnung und § 28 Abs. 1 des Gesetzes über die Angelegenheiten der freiwilligen Gerichtsbarkeit entscheidet über die weitere Beschwerde gegen die Entscheidungen der Landgerichte in Grundbuchsachen und in den durch Reichsgesetz den Gerichten übertragenen Angelegenheiten der freiwilligen Gerichtsbarkeit das Oberlandesgericht. Durch die Gesetzgebung eines Bundesstaats, in dem mehrere Oberlandesgerichte errichtet sind, kann jedoch die Entscheidung über das Rechtsmittel der weiteren Beschwerde einem der mehreren Oberlandesgerichte oder an Stelle eines solchen Oberlandesgerichts dem Obersten Landesgerichte zugewiesen werden (§ 102 der Grundbuchordnung, § 199 Abs. 1 des Gesetzes über die Angel. der freiw. Ger.). Von diesem Vorbehalte macht der Entwurf (Ziff. XII) Gebrauch, um die Vorschrift des Artikel 42 Abs. 3, nach welcher über die weitere Beschwerde in Sachen der nichtstreitigen Rechtspflege das Oberste Landesgericht entscheidet, dem Inhalte nach zu wahren.

Infolge dessen tritt das Oberste Landesgericht gemäß § 199 Abs. 2 des Gesetzes über die Angelegenheiten der freiwilligen Gerichtsbarkeit auch für die Beschwerde gegen die dort bezeichneten Verfügungen des Landgerichts an die Stelle des nach § 64 und §143 Abs. 2 dieses Gesetzes zuständigen Oberlandesgerichts und gilt es im Sinne der §§ 5, 46 dieses Gesetzes als gemeinschaftliches oberes Gericht || für die bayerischen Gerichte. Der § 199 Abs. 2 wird S. 55. durch den Artikel 115 des Entwurfes eines Ausführungsgesetzes zum Bürgerlichen Gesetzbuch*) auf die Angelegenheiten der freiwilligen Gerichtsbarkeit erstreckt, für welche die Vorschriften der Landesgesetze maßgebend sind. Für die Grundbuchsachen wird das Oberste Landesgericht in dem Entwurf eines Ausführungsgesetzes zu der Grundbuchordnung und zu dem Gesetz über die Zwangsversteigerung und die Zwangsverwaltung gleichfalls als gemeinschaftliches oberes Gericht für die bayerischen Gerichte im Sinne des § 5 erklärt werden.

---

*) Vergl. Abth. IV Seite 30.

S. 55 Das Oberste Landesgericht tritt für die Grundbuchsachen und die durch Reichsgesetz den Gerichten übertragenen Angelegenheiten der freiwilligen Gerichtsbarkeit an die Stelle eines Oberlandesgerichts; es gelten daher auch für das Oberste Landesgericht die Bestimmungen des § 79 Abs. 2, 3 der Grundbuchordnung und des § 28 Abs. 2, 3 des Gesetzes über die Angelegenheiten der freiwilligen Gerichtsbarkeit. Hienach muß das Oberste Landesgericht, wenn es bei der Auslegung einer reichsgesetzlichen Vorschrift, die das Grundbuchrecht oder eine der bezeichneten Angelegenheiten der freiwilligen Gerichtsbarkeit betrifft, von der Entscheidung eines Oberlandesgerichts, falls aber über die Rechtsfrage bereits eine Entscheidung des Reichsgerichts ergangen ist, von dieser abweichen will, die weitere Beschwerde unter Begründung seiner Rechtsauffassung dem Reichsgerichte vorlegen. Ueber die weitere Beschwerde entscheidet in solchen Fällen das Reichsgericht. Die neue Fassung des Abs. 3 des Artikel 42 bringt diese Beschränkung der Zuständigkeit des Obersten Landesgerichts durch den Vorbehalt der Zuständigkeit des Reichsgerichts zum Ausdrucke.

Im bisherigen Abs. 3 des Artikel 42 ist das Oberste Landesgericht auch für die sonstigen nicht zur ordentlichen streitigen Gerichtsbarkeit gehörenden Angelegenheiten für zuständig erklärt, die ihm durch besondere Landesgesetze übertragen werden. Dieser Vorbehalt ist als selbstverständlich weggelassen worden. Dagegen ist die Bestimmung, daß das Oberste Landesgericht im Allgemeinen an die Stelle des früheren Obersten Gerichtshofs getreten ist, als Abs. 4 aufgenommen.

12. Nach § 10 Abs. 2 des Einführungsgesetzes zum Gerichtsverfassungsgesetze bestimmt sich die Besetzung der Senate des Obersten Landesgerichts in Strafsachen nach § 124, in bürgerlichen Rechtsstreitigkeiten nach § 140 des Gerichtsverfassungsgesetzes; die Senate entscheiden mithin in Strafsachen in der Besetzung von fünf und in bürgerlichen Rechtsstreitigkeiten in der Besetzung von sieben Mitgliedern mit Einschluß des Vorsitzenden. Auf die Besetzung der Senate des Obersten Landesgerichts in Grundbuchsachen, sowie in den nach § 199 des Gesetzes über die Angelegenheiten der freiwilligen Gerichtsbarkeit dem Obersten Landesgerichte zugewiesenen Angelegenheiten findet nach § 10 Abs. 3 des Einführungsgesetzes zum Gerichtsverfassungsgesetze der § 124 des Gerichtsverfassungsgesetzes Anwendung, die Senate sind in diesen Sachen, in denen das Oberste Landesgericht ebenso wie in Strafsachen an die Stelle eines Oberlandesgerichts tritt, mit fünf Mitgliedern besetzt.

Für die Angelegenheiten, für welche die Vorschriften der Landesgesetze maßgebend sind, ist die Besetzung der Senate des Obersten Landesgerichts im Artikel 48 bestimmt. Der Entwurf (Ziff. XIII) hält die Regel der Besetzung mit sieben Mitgliedern aufrecht, schließt sich aber in Ansehung des Rechtsmittels der weiteren Beschwerde gegen Entscheidungen der Landgerichte als Beschwerdegerichte und in Ansehung der Bestimmung des zuständigen Gerichts an den § 10 Abs. 3 des Einführungsgesetzes zum Gerichtsverfassungsgesetze an, weil es mißlich sein würde, die Besetzung der Senate für die Angelegenheiten der freiwilligen Gerichtsbarkeit, für welche die Vorschriften der Landesgesetze maßgebend sind, anders zu bestimmen als für die durch Reichsgesetz geordneten Angelegenheiten der gleichen Art und Gründe der Zweckmäßigkeit gegen eine Unterscheidung zwischen Angelegenheiten der freiwilligen Gerichtsbarkeit und sonstigen Angelegenheiten sprechen. Die Besetzung der Senate mit fünf Mitgliedern steht auch im Einklange mit der für den Verwaltungsgerichtshof geltenden Vorschrift des Artel 39 des Gesetzes vom 8. August 1878,

13. In den Ziff. XIV, XV, XIX wird im Anschluß an die Artikel 60, 61 des Gerichtsverfassungsgesetzes vom 10. November 1861 mit Rücksicht auf die neue Zuständigkeit des Obersten Landesgerichts in Strafsachen die Aufstellung eines Generalstaatsanwalts bei dem Obersten Landesgericht in Aussicht genommen. S. 55.

14. Die Ziff. XVI ergänzt den Artikel 63 im Sinne des Gesetzes vom 18. März 1896, die Abänderung des Artikel 19 des Notariatsgesetzes vom 10. November 1861 betreffend, dahin, daß das Nachlaßgericht die Aufnahme des Inventars dem Gerichtsschreiber übertragen kann (§ 2003 Abs. 1 des B. GB.), und erstreckt die Zuständigkeit der Gerichtsschreiber bei den Amtsgerichten auf die Aufnahme von Vermögensverzeichnissen, die dem Vormundschaftsgericht einzureichen sind (B. GB. § 1640 Abs. 2, § 1667 Abs. 2, § 1686, § 1760 Abs. 1 Satz 2, § 1802 Abs. 2, 3). Für die Erstreckung sprechen die gleichen Gründe wie für die Zulassung der Aufnahme von Nachlaßinventaren durch den Gerichtsschreiber.

Die im bisherigen Abs. 2 des Artikel 63 ausgesprochene Beschränkung der Zuständigkeit der Gerichtsschreiber in der Pfalz fällt mit der Beseitigung der Rechtsverschiedenheit in Ansehung der freiwilligen Gerichtsbarkeit und des Notariats weg.

15. Die in der Ziff. XVII vorgenommene Aenderung der Fassung des Artikel 64 beruht auf der gegenwärtigen Geschäftseinrichtung der Gerichtsschreibereien.

16. Die im Artikel 65 enthaltene Bestimmung über das Zustellungswesen in den Angelegenheiten der freiwilligen Gerichtsbarkeit wird für die durch Reichsgesetz den Gerichten übertragenen Angelegenheit durch den § 16 des Gesetzes über die Angelegenheiten der freiwilligen Gerichtsbarkeit ersetzt. Der § 16 soll nach Artikel 115 des Entwurfes eines Ausführungsgesetzes zum Bürgerlichen Gesetzbuch auch für die Angelegenheiten der freiwilligen Gerichtsbarkeit gelten, für welche die Vorschriften der Landesgesetze maßgebend sind, und für die Grundbuchsachen wird eine entsprechende Vorschrift in dem Entwurf eines Ausführungsgesetzes zu der Grundbuchordnung und zu dem Gesetz über die Zwangsversteigerung und die Zwangsverwaltung getroffen werden. Die Ziff. XVIII beschränkt deshalb den Artikel 65 auf die Dienst- und Geschäftsverhältnisse der Gerichtsvollzieher.

17. Die Ziff. XX bringt die Ueberschrift des dreizehnten Titels mit dem Sprachgebrauche des Bürgerlichen Gesetzbuchs in Einklang.

18. Das Bürgerliche Gesetzbuch sowie die Vorschriften über das gerichtliche Verfahren setzen voraus, daß die Landesgesetzgebung öffentliche Stellen zur Hinterlegung von Geld, ‖ Werthpapieren und sonstigen Urkunden sowie Kostbarkeiten zur Verfügung stellt (vergl. z. B. §§ 232 bis 235, 372 bis 386, 1077, 1082, 1142, 1224, 1281, 1382, 1667, 1814, 1818, 1960, 2039, 2114, 2116 des B. GB., §§ 108, 805, 827, 853, 854, 885, 923 [bisher §§ 101, 710, 728, 750, 751, 771, 803] der CPO., § 49, 65, 108, 117, 120, 126 des Gesetzes über die Zwangsversteigerung und die Zwangsverwaltung, §§ 54, 78, 129, 132, 169 [bisher §§ 47, 70, 118, 120, 156] der KO., §§ 118, 174, 419, 488 der StPO). Nach § 1808 des Bürgerlichen Gesetzbuchs kann Mündelgeld bei den Hinterlegungsstellen angelegt werden. Die Regelung der sachlichen und örtlichen Zuständigkeit der Hinterlegungsstellen ist durch Artikel 144 Satz 1 des Einführungsgesetzes zum Bürgerlichen Gesetzbuche der Landesgesetzgebung überlassen. Diese kann ins- S. 56.

S. 56. besondere auch Gerichte als Hinterlegungsstellen bestimmen. Die Landesgesetzgebung kann anordnen, daß die Hinterlegungsstellen auch andere Sachen als Geld, Werthpapiere und sonstige Urkunden sowie Kostbarkeiten anzunehmen haben (vergl. Art. 146 des Einf.-Ges. zum B. GB.); die Anlegung von Mündelgeld bei den Hinterlegungsstellen kann durch Landesgesetz ausgeschlossen werden (Art. 144 Satz 2 des Einf.-Ges. zum B. GB.).

Das geltende Recht regelt das Hinterlegungswesen nur insoweit durch Gesetz, als der Artikel 76 Abs. 1 des Ausführungsgesetzes zum Gerichtsverfassungsgesetze die Besorgung des gerichtlichen Hinterlegungswesens den Gerichten zuweist. Die näheren Bestimmungen über die Hinterlegung sind durch den Artikel 76 Abs. 2 einer Königlichen Verordnung überwiesen und durch den Artikel 76 Abs. 3 ist die Staatsregierung ermächtigt, die Besorgung des gerichtlichen Hinterlegungswesens der Königlichen Bank oder anderen staatlichen Kassen zu übertragen. Die Bestimmungen über die Hinterlegung sind in den Verordnungen vom 8. September 1879, die Behandlung des Depositenwesens bei den Gerichten in den rechtsrheinischen Landestheilen betreffend (G.- u. V.-Bl. S. 1115), vom 25. September 1879, das gerichtliche Hinterlegungswesen im Regierungsbezirke der Pfalz betreffend (G.- u. V.-Bl. S. 1300), und vom 17. Oktober 1888, das gerichtliche Hinterlegungswesen in der Pfalz betreffend (G.- u. V.-Bl. S. 635), enthalten.*)

Der Entwurf will es grundsätzlich bei dem geltenden Rechte belassen.

Die in Ziff. XXI vorgenommenen Aenderungen des Artikel 76 Abs. 1 bis 3 enthalten, abgesehen davon, daß sie die Fassung mit dem Sprachgebrauche des Bürgerlichen Gesetzbuchs in Einklang bringen, nur zwei sachliche Abweichungen. Nach dem Abs. 1 werden nur bei den Amtsgerichten Hinterlegungsstellen errichtet; dabei wird die Errichtung einer Hinterlegungsstelle für mehrere Amtsgerichtsbezirke zugelassen. Im Abs. 3 ist die Ermächtigung, an Stelle der Amtsgerichte eine andere Behörde als Hinterlegungsstelle zu bezeichnen, auf die Königliche Bank beschränkt. Diese Abweichungen entsprechen den zur Zeit bestehenden Einrichtungen. Die Bestimmung einer Hinterlegungsstelle für mehrere Amtsgerichtsbezirke ist gegenwärtig nur in der Pfalz zugelassen (§ 1 Abs. 2 der Verordnung vom 17. Oktober 1888).

Der bisherige Abs. 4 des Artikel 76, welcher die gesetzlichen Bestimmungen über die Anlegung gerichtlicher Depositen (Art. 1 des Gesetzes vom 25. Juli 1850, die Ueberweisung der Depositen und Einstandskapitalien von der k. Staatsschuldentilgungsanstalt an die k. Bank zu Nürnberg betr.) aufrecht erhält, ist entbehrlich. Dagegen muß mit Rücksicht auf den § 1808 des Bürgerlichen Gesetzbuchs bestimmt werden, daß Mündelgeld bei den amtsgerichtlichen Hinterlegungsstellen nicht angelegt werden kann. Die Königliche Bank ist nach § 3 Abs. 1 Ziff. 2 der Verordnung vom 13. Dezember 1878, die Formation und den Wirkungskreis der Königlich Bayerischen Bank betreffend (G.- u. V.-Bl. S. 489), auch Anlegungsstelle für Mündelgeld.

Ein Bedürfniß, die Hinterlegungsstellen zur Annahme von anderen Sachen als Geld, Werthpapieren und sonstigen Urkunden und Kostbarkeiten zu verpflichten, besteht nicht.

19. Von den Vorschriften, die in der Ziff. XXIV aufgehoben worden, fällt der Artikel 28 Abs. 2 dadurch weg, daß die Angelegenheiten, die er betrifft, durch die §§ 125, 145, 149 des Gesetzes über die Angelegenheiten der freiwilligen Gerichtsbarkeit, den § 10 (bisher § 10) Abs. 2 des Genossen-

*) Vergl. hierzu Becher, bayerisches Landescivilrecht ꝛc. § 44 Note 72 ff.

schaftsgesetzes vom 1. Mai 1889, den § 9 Abs. 1 des Gesetzes über das Urheberrecht an Mustern und Modellen vom 11. Januar 1876, den § 120 (bisher § 121) Abs. 1 des Binnenschiffahrtsgesetzes vom 15. Juni 1895, den § 54 des Börsengesetzes vom 22. Juni 1896 und die neue Fassung, welche der Artikel 28 Ziff. III des Entwurfes dem Artikel 74 Abs. 1 des Gesetzes vom 29. April 1869 über die Erwerbs- und Wirthschaftsgesellschaften giebt, den Amtsgerichten übertragen werden. In Ansehung der anerkannten Vereine (Gesetz vom 29. April 1869, die privatrechtliche Stellung von Vereinen betr., Art. 165 des Einf.-Ges. zum B. GB.) ist für den Entwurf der Uebergangsvorschriften die Bestimmung in Aussicht genommen, daß sie in eingetragene Vereine im Sinne des § 21 des Bürgerlichen Gesetzbuchs umgewandelt werden. Hiedurch wird die Bedeutung des Artikel 28 Abs. 1 eingeschränkt, ohne daß es einer Aenderung der Fassung bedarf. S. 56.

Der Artikel 28 Abs. 3 wird durch die Vorschriften der §§ 377, 437 des Handelsgesetzbuchs gegenstandslos.

Die Streichung des Artikel 41 ist schon unter Ziff. 11 begründet worden.

Die Artikel 46, 47, die der ursprünglichen Fassung des § 137 Abs. 1 und dem § 139 des Gerichtsverfassungsgesetzes entsprechen, bezwecken, die für Revisionen und Beschwerden in bürgerlichen Rechtsstreitigkeiten geltenden Vorschriften über die Verweisung an die vereinigten Civilsenats auf die Angelegenheiten zu erstrecken, für welche die Vorschriften der Landesgesetze maßgebend sind. Der § 137 ist durch das Gesetz vom 17. März 1886 (R.-G.-Bl. S. 61) und durch den Artikel I des Gesetzes, betreffend Aenderungen des Gerichtsverfassungsgesetzes und der Strafprozeßordnung, geändert worden. Nach § 10 des Einführungsgesetzes zum Gerichtsverfassungsgesetze finden die §§ 137, 139 auf die Civilsenate des Obersten Landesgerichts in den Angelegenheiten der ordentlichen streitigen Gerichtsbarkeit entsprechende Anwendung; sie gelten nicht für die Strafsenate und ebensowenig für die Civilsenate in Grundbuchsachen und den nach § 199 des Gesetzes über die Angelegenheiten der freiwilligen Gerichtsbarkeit dem Obersten Landesgerichte zugewiesenen Angelegenheiten. Bei dieser Rechtslage will der Entwurf auf die landesgesetzlichen Vorschriften der Artikel 46, 47 verzichten. Für die wenig zahlreichen Angelegenheiten, für die allein die Vorschriften aufrechterhalten werden könnten, läßt sich die Einheitlichkeit der Rechtsprechung dadurch erreichen, daß diese Angelegenheiten einem Civilsenate zugetheilt werden.

Von der Aenderung der auf Zuständigkeitsstreitigkeiten zwischen den bürgerlichen und den Militärgerichten bezüglichen ‖ Artikel 11 bis 14 sieht der Entwurf ab, weil diese Vorschriften außer Kraft treten, wenn die Militärstrafgerichtsordnung zur Einführung gelangt. S. 57.

Artikel 35.

Ausführungsgesetz zur Strafprozeßordnung vom 18. August 1879.

1. Der Artikel 14 des Gesetzes zur Ausführung der Strafprozeßordnung enthält eine Sondervorschrift über die Verpflichtung zum Ersatze des Schadens, der durch eine mittelst einer nicht periodischen Druckschrift begangene strafbare Handlung verursacht wird, für den Fall, daß der Verfasser ein Ausländer ist oder ein Teutscher, der sich im Ausland aufhält; für den Schaden soll dem Verletzten auch der Verleger oder, falls ein Verleger nicht vorhanden ist, der Drucker haftbar sein. Nach Artikel 30 haften mehrere Thäter einer strafbaren Handlung und mehrere Theilnehmer für den Schaden als Gesammtschuldner.

S. 57. Im Artikel 31 wird die Erhebung einer Entschädigungsklage für das pfälzische Recht ausgeschlossen, wenn die Strafverfolgung verjährt ist.

Diese Vorschriften gehören dem bürgerlichen Rechte an und werden durch die Bestimmungen des Bürgerlichen Gesetzbuchs über unerlaubte Handlungen (§§ 830, 840, 852, 853) ersetzt. Der Entwurf (Ziff. II) erklärt sie deshalb für aufgehoben.

2. Die in den Artikeln 107, 117 bis 123 bezüglich der Notare enthaltenen Disziplinarbestimmungen werden in den Entwurf eines Gesetzes, betreffend die Einrichtung des Notariats, übernommmen werden. Der Entwurf ändert deshalb die Fassung des Artikel 107 entsprechend ab (Ziff. I) und erklärt die Artikel 117 bis 123 für aufgehoben (Ziff. II).

Artikel 36.

Erbschaftssteuergesetz vom 18. August 1879.

Die Bestimmungen des Erbschaftssteuergesetzes vom 18. August 1879 bedürfen infolge ihres Zusammenhanges mit dem im Bürgerlichen Gesetzbuche geregelten Erbrechte verschiedener Aenderungen und Ergänzungen. Zugleich sind einige Bestimmungen, die sich bei der Anwendung als nicht zweckmäßig erwiesen haben, zu verbessern.

1. Den im Artikel 1 lit. a aufgezählten steuerpflichtigen Anfällen fügt der Entwurf Auflagen auf die dort genannten Zuwendungen, die dem Empfänger der Leistung einen Vermögensvortheil zu verschaffen bezwecken, und Pflichttheilsansprüche bei. Die Auflagen müssen den Vermächtnissen gleichstehen, weil sie, insbesondere in Verbindung mit der Bestellung eines Testamentvollstreckers (§ 2203 des B. GB.), ein Vermächtniß zu ersetzen geeignet sind. Die Pflichttheilsansprüche sind ebenfalls eine Art des Erwerbes von Todeswegen und müssen nach ihrem Zwecke, den nächsten Angehörigen des Erblassers die Hälfte des Werthes ihrer gesetzlichen Erbtheile zu verschaffen, dem Erwerbe durch Erbfolge oder Vermächtniß gleichgestellt werden. Der auf dem Pflichttheilsrechte beruhende Erwerb unterliegt schon im geltenden Rechte der Erbschaftssteuer, die ausdrückliche Hervorhebung der Pflichttheilsansprüche ist dadurch veranlaßt, daß das Pflichttheilsrecht nach § 2303 des Bürgerlichen Gesetzbuchs nur ein Forderungsrecht begründet. In Frage kommt übrigens mit Rücksicht auf Artikel 3 des Erbschaftssteuergesetzes und § 2303 des Bürgerlichen Gesetzbuchs nur der Pflichttheilsanspruch der Eltern.

Die in der lit. b erwähnte Einweisung in den Besitz des Vermögens eines Abwesenden fällt weg, weil das Bürgerliche Gesetzbuch diese Einrichtung nicht kennt. Mit der Streichung des Artikel 1 lit. b hängen die Aenderungen des Artikel 11 (Ziff. IV) und des Artikel 28 Abs. 2 (Ziff. VIII) zusammen.

2. Die in der Ziff. II vorgenommenen Aenderungen der Fassung des Artikel 4 beruhen auf dem Familienrechte des Bürgerlichen Gesetzbuchs (vergl. wegen der Annahme an Kindesstatt §§ 1757, 1762, 1763, wegen der unehelichen Kinder § 1589 Abs. 2, §§ 1736, 1737, wegen der Aufhebung der ehelichen Gemeinschaft § 1586). Die Einkindschaft ist dem Bürgerlichen Gesetzbuche fremd. Sachlich verbleibt es bei dem bisherigen Inhalte des Artikel 4.

3. Nach den Vorschriften des Artikels 7 Abs. 2 und des Artikel 8 Abs. 2 ist für die Steuerpflicht in Ansehung des nicht in Liegenschaften bestehenden Vermögens, außer dem Orte, an dem das Vermögen sich befindet, und dem Wohnsitze des Erben, nicht nur die Staatsangehörigkeit, sondern

auch der Wohnsitz des Erblassers maßgebend. Diese ziemlich verwickelten Bestimmungen haben zu mancherlei Schwierigkeiten und Anständen Anlaß gegeben und in zahlreichen Fällen zu Doppelbesteuerungen geführt, die in den von anderen Besteuerungsgrundsätzen ausgehenden Gesetzgebungen fremder Staaten ihren Grund hatten. Solche Erfahrungen sind auch in anderen deutschen Staaten gemacht worden. Allenthalben hat es sich als unzweckmäßig erwiesen, die Staatsangehörigkeit allein oder neben dem Wohnsitze zur Grundlage der Erbschaftssteuer zu nehmen. In neuerer Zeit ist deshalb in einer Reihe von deutschen Staaten der Grundsatz der Besteuerung nach der Staatsangehörigkeit des Erblassers aufgegeben und das Recht zur Erhebung der Erbschaftssteuer ausschließlich von dem Wohnsitze des Erblassers abhängig gemacht worden, S. 57.

> vergl. die preußischen Gesetze vom 29. Mai 1891 und vom 31. Juli 1895, das braunschweig'sche Gesetz vom 10. Juni 1892, das anhaltische Gesetz vom 29. März 1892, das schwarzburg-sondershausen'sche Gesetz vom 19. Februar 1892 und das elsaß-lothringen'sche Gesetz vom 12. Juni 1889,

während in anderen Staaten Gesetzentwürfe gleichen Inhalts in Ausarbeitung begriffen sind.

Im Interesse thunlichster Vermeidung von Konflikten mit auswärtigen Steuergesetzgebungen empfiehlt es sich auch für Bayern, in Uebereinstimmung mit den nach dem Gesetze über die Beseitigung der Doppelbesteuerung vom 13. Mai 1870 für die direkte Besteuerung im Deutschen Reiche maßgebenden Grundsätzen die Erhebung der Erbschaftssteuer regelmäßig, und zwar ohne Rücksicht auf die Person des Erben, von dem Wohnsitze des Erblassers abhängig zu machen. Für das außerhalb Bayerns befindliche bewegliche Vermögen ist die im Artikel 7 Abs. 2 bestimmte Einschränkung beizubehalten, daß es der bayerischen Erbschaftssteuer nur insoweit unterworfen ist, als in dem Staate, in dem es sich befindet, keine derartige Abgabe zu entrichten ist oder die bayerische Erbschaftssteuer die dort zu entrichtende Abgabe übersteigt. Im Falle der Todeserklärung tritt an die Stelle des Wohnsitzes, den der Erblasser zur Zeit des Todes hatte, der Wohnsitz, den er bei dem Beginne der Verschollenheit hatte.

Für den allerdings nicht häufig vorkommenden Fall, daß der Erblasser bei seinem Tode, im Falle der Todeserklärung bei dem Beginne der Verschollenheit keinen Wohnsitz || hatte, wird nach dem Vorbilde des preußischen S. 58.
Gesetzes vom 31. Juli 1895 zu bestimmen sein, daß dasjenige bewegliche Vermögen, welches zur Zeit des Todes des Erblassers, im Falle der Todeserklärung zur Zeit der Erlassung des die Todeserklärung aussprechenden Urtheils sich in Bayern befindet, zur bayerischen Erbschaftssteuer herangezogen wird.

Der Entwurf (Ziff. III) faßt die auf das bewegliche Vermögen bezüglichen Vorschriften in dem Artikel 8 zusammen und versetzt, um auch die für das unbewegliche Vermögen geltenden Vorschriften in einem Artikel zu vereinigen, den bisherigen Abs. 2 des Artikel 8 in den Artikel 7.

Durch den Artikel 8a soll die Möglichkeit geboten werden, mit Rücksicht auf fremde, insbesondere außerdeutsche Gesetzgebungen zum Zwecke der Ausgleichung und thunlichsten Vermeidung der Doppelbesteuerung Ausnahmen von der Regel des Artikel 8 zuzulassen, wenn es sich um den Nachlaß einer Person handelt, die ihren Wohnsitz in einem Staate gehabt oder einem Staate angehört hat, in dem die Erbschaftssteuer nach anderen internationalen Grund-

S. 58. sätzen als in Bayern erhoben wird. An Stelle des Wohnsitzes soll die Staatsangehörigkeit des Erblassers oder der Ort, an dem sich das Vermögen befindet, für maßgebend erklärt werden können.

Zur Erlassung solcher Anordnungen soll nach dem Vorbilde der Erbschaftssteuergesetze anderer Bundesstaaten das Staatsministerium der Finanzen ermächtigt werden, weil bei der Verschiedenartigkeit und Mannigfaltigkeit der in Betracht kommenden Gesetzgebungen auswärtiger Staaten eine erschöpfende gesetzliche Regel nicht aufgestellt werden kann.

4. Für die Berechnung der Erbschaftssteuer betrachtet der Artikel 22 im Falle der fideikommissarischen Substitution den Fiduziar als Nutznießer und den Fideikommissar als Substanzerben der Erbschaft; bei einem auf den Ueberrest beschränkten Fideikommisse dagegen ist die Steuer von dem Fiduziar nach dem vollen Betrage der Erbschaft und von dem Fideikommissar nach dem vollen Betrage des an ihn herausgegebenen Vermögens zu entrichten.

Der fideikommissarischen Substitution entsprechen die Nacherbschaft (B. GB. § 2100) und das Nachvermächtniß (B. GB. § 2191), an die Stelle des Fiduziars tritt der Vorerbe oder der Vorvermächtnißnehmer, an die des Fideikommissars tritt der Nacherbe oder der Nachvermächtnißnehmer. Der Entwurf (Ziff. V) ändert die Fassung des Artikel 22 in diesem Sinne.

Für den Fall, daß der Nacherbe oder Nachvermächtnißnehmer auf dasjenige beschränkt ist, was bei dem Eintritte des Falles der Nacherbfolge oder des Nachvermächtnisses übrig sein wird, führt die Vorschrift des Artikel 22 Abs. 2 zu einer Doppelbesteuerung des Vermögens, welches an den Nacherben oder den Nachvermächtnißnehmer herausgegeben wird. Bei der Berathung des Erbschaftssteuergesetzes ist dies auch nicht verkannt worden; man hat jedoch mit Rücksicht auf die Verschiedenheit der in Bayern geltenden erbrechtlichen Vorschriften von der Aufnahme einer die Doppelbesteuerung verhütenden Bestimmung abgesehen (Verh. der Kamm. der Abg. 1879, Gesetzgeb.-Aussch. Beil.-Bd. VII 2. Abth. S. 22, 23). Da dieser Grund mit der Einführung des Bürgerlichen Gesetzbuchs wegfällt, so ergänzt die Ziff. V den Absatz 2 des Artikel 22 durch die Vorschrift, daß die von dem Vorerben oder dem Vorvermächtnißnehmer entrichtete Steuer für den Betrag, für welchen der Nacherbe oder der Nachvermächtnißnehmer steuerpflichtig ist, insoweit zurückvergütet werden soll, als sie den Betrag übersteigt, den der Vorerbe oder der Vorvermächtnisnehmer als Nießbraucher schulden würde. Dadurch wird die steuerrechtliche Behandlung der Zuwendung des Ueberrestes mit dem für Zuwendungen unter einer auflösenden Bedingung geltenden Grundsatze des Artikel 16 Abs. 2 in Einklang gebracht.

5. Haben Ehegatten gemeinschaftlich Verwandte des einen oder beider Ehegatten als Erben eingesetzt oder in anderer Weise bedacht, so soll nach Artikel 23 Satz 1 für die Bestimmung der Erbschaftssteuer der Anfall im Zweifel als von dem dem Bedachten am nächsten verwandten Ehegatten herrührend angesehen werden, soweit dessen Nachlaß reicht. Die Vorschrift will die Frage entscheiden, welcher der Ehegatten im Zweifel als der Zuwendende anzusehen ist; nach der Person des Zuwendenden bestimmt sich die Erbschaftssteuer. Für die steuerrechtliche Behandlung des Anfalls ist die Erwägung maßgebend, daß die Zuwendung in der Regel um des Verhältnisses willen gemacht worden ist, in dem der Bedachte zu dem ihm am nächsten verwandten Ehegatten steht; es ist gleichgiltig, ob der Bedachte das ihm von diesem Zugewendete unmittelbar aus dessen Nachlaß oder in der Rechtsform einer Zuwendung aus dem Nachlasse des anderen Ehegatten erhält. Die Ziff. VI stellt

klar, daß der Artikel 23 Satz 1 von der Auslegungsregel des § 2269 des Bürgerlichen Gesetzbuchs nicht berührt wird, indem sie die Fassung dahin ändert, daß der Anfall als von dem näher verwandten Ehegatten, soweit dessen Nachlaß reicht, herrührend angesehen werden soll, sofern nicht aus den Umständen hervorgeht, daß die Zuwendung von dem anderen Ehegatten ausgegangen ist. S. 58.

6. Die Erstreckung des Artikel 26 auf die „Verlassenschaftskommissäre", die in dem entsprechenden § 30 des preußischen Erbschaftssteuergesetzes nicht erwähnt sind, beruht auf der in dem größten Theile des rechtsrheinischen Bayern bestehenden Einrichtung, daß der Erbe sich nicht selbst in den Besitz des Nachlasses setzen darf, sondern das Nachlaßgericht den Nachlaß in seine Obhut zu nehmen, den Erben zu ermitteln und ihm den Nachlaß auszuantworten hat. Diese Einrichtung ist dem Bürgerlichen Gesetzbuch und dem Gesetz über die Angelegenheiten der freiwilligen Gerichtsbarkeit fremd. Für den Fall der Nachlaßpflegschaft bestimmt der Artikel 26 die Haftung des Nachlaßpflegers, den er „Nachlaßverwalter" nennt. Der Entwurf (Ziff. VII) läßt deshalb die Erwähnung der Verlassenschaftskommissäre weg und setzt im Anschluß an den Sprachgebrauch des Bürgerlichen Gesetzbuchs (§§ 1960 bis 1962, 1975) an die Stelle der Bezeichnung „Nachlaßverwalter" das Wort „Nachlaßpfleger", weil das Bürgerliche Gesetzbuch (§§ 1975 ff.) unter der Nachlaßverwaltung diejenige Nachlaßpflegschaft versteht, welche zum Zwecke der Befriedigung der Nachlaßgläubiger angeordnet wird.

7. Unter einer letztwilligen Verfügung versteht das Bürgerliche Gesetzbuch (§ 1937) nur eine einseitige Verfügung von Todeswegen. Da auch die vertragsmäßige Verfügung von Todeswegen (§ 1941 des B. GB.) unter den Artikel 30 fallen muß, ändert die Ziff. IX die Fassung des Artikel 30 entsprechend ab.

8. Wenn der Artikel 31 Abs. 1 die Vorlage eines Nachlaßverzeichnisses erläßt, sofern ein notarielles Inventar errichtet ist, so versteht es sich schon vom Standpunkte des geltenden Rechtes aus, welches seit dem Gesetze vom 18. März 1896, die Abänderung des Art. 19 des Notariatsgesetzes betreffend, auch ein von dem Gerichtsschreiber aufgenommenes Inventar kennt, daß die Befreiung eintritt, ‖ sofern überhaupt ein vorschriftsmäßig errichtetes Inventar S. 59. vorliegt. Der Rechtszustand wird nach der Einführung des Bürgerlichen Gesetzbuchs zufolge der §§ 2002, 2003 des Bürgerlichen Gesetzbuchs und des Artikel 63 des Ausführungsgesetzes zum Gerichtsverfassungsgesetze (in der Fassung des Artikel 34 Ziff. XVI des Entw.) der gleiche sein. Die Ziff. X stellt deshalb die Fassung des Artikel 31 richtig.

Damit hängt die Aenderung des Artikel 35 Abs. 1 (Ziff. XII) zusammen.

9. Die in der Ziff. XI vorgeschlagene Fassung des Artikel 34 berücksichtigt die elterliche Gewalt des Bürgerlichen Gesetzbuchs, führt neben der Vormundschaft die Pflegschaft an und läßt die Erwähnung der Vermögensmassen, welche den juristischen Personen gleichstehen, weg, weil das Bürgerliche Gesetzbuch solche Vermögensmassen, insbesondere die ruhende Erbschaft, nicht kennt.

10. Die Vorschrift des Artikel 25 Abs. 3 Satz 2, welche die Haftung des Erwerbers eines Universalvermächtnisses oder eines Vermächtnisses unter einem Universaltitel für die Erbschaftssteuer regelt, fällt mit den Rechtseinrichtungen, auf welchen sie beruht (Code civil Art. 1003 bis 1013), weg.

Die Abs. 1 bis 3 des Artikel 46 werden durch die Artikel 112, 113 des Entwurfes eines Ausführungsgesetzes zum Bürgerlichen Gesetzbuch*) ersetzt.

---

*) Vergl. Abth. IV Seite 17.

S. 59. Der Abs. 4 des Artikel 46, welcher von der Verjährung der Strafverfolgung und der Strafvollstreckung bei Zuwiderhandlungen gegen das Erbschaftssteuergesetz handelt, bleibt aufrecht und wird in der Ziff. XIII wegen seines Zusammenhanges mit den in den Artikeln 40 bis 44 enthaltenen Strafbestimmungen als Artikel 44a eingestellt.

Der Entwurf (Ziff. XIV) hebt deshalb den Artikel 25 Abs. 3 Satz 2 und den Artikel 46 auf.

11. Nach Artikel 213 des Einführungsgesetzes zum Bürgerlichen Gesetzbuche bleiben für die erbrechtlichen Verhältnisse, wenn der Erblasser vor dem Inkrafttreten des Bürgerlichen Gesetzbuchs gestorben ist, die bisherigen Gesetze maßgebend. Auch infolge der Bestimmungen der Artikel 161, 200 des Einführungsgesetzes kann nach diesem Zeitpunkt ein Anfall auf Grund der bisherigen Vorschriften eintreten; insbesondere behalten die bei dem Inkrafttreten des Bürgerlichen Gesetzbuchs bestehenden Einkindschaftsverhältnisse ihre erbrechtliche Bedeutung. Die Schlußbestimmung des Artikel 36 bringt zum Ausdrucke, daß, soweit das bisherige bürgerliche Recht für einen steuerpflichtigen Anfall maßgebend bleibt, das Gleiche auch von den bisherigen Vorschriften des Erbschaftssteuergesetzes gilt. Die Vorschriften der Artikel 7 bis 8a der neuen Fassung müssen aber, da sie nicht mit der Aenderung des bürgerlichen Rechtes zusammenhängen, auch in diesen Fällen zur Anwendung kommen.

Artikel 37.

Gesetz über die Landeskultur-Rentenanstalt vom 21. April 1884.

Für das Gesetz vom 21. April 1884 ist hauptsächlich der Vorbehalt des Artikel 118 des Einführungsgesetzes zum Bürgerlichen Gesetzbuche von Bedeutung. Nach Artikel 118 Satz 1 bleiben die landesgesetzlichen Vorschriften unberührt, welche einer Geldrente, Hypothek, Grundschuld oder Rentenschuld, die dem Staate oder einer öffentlichen Anstalt wegen eines zur Verbesserung des belasteten Grundstücks gewährten Darlehens zusteht, den Vorrang vor anderen Belastungen des Grundstücks einräumen. Die im Artikel 118 Satz 2 enthaltene Einschränkung, daß zu Gunsten Dritter die Vorschriften der §§ 892, 893 des Bürgerlichen Gesetzbuchs Anwendung finden, entspricht dem in Bayern geltenden Rechte, nach welchem die für die Landeskultur-Rentenanstalt bestellte Hypothek oder Reallast sowie deren Rang in das Hypothekenbuch eingetragen wird. Der Vorbehalt des Artikel 118 wird gegenüber den Vorschriften der Grundbuchordnung durch den § 83 der letzteren ergänzt.

Für die Einzelheiten des Gesetzes vom 21. April 1884 macht die Einführung des Bürgerlichen Gesetzbuchs eine Reihe von Ergänzungen und Aenderungen nothwendig, die auf dem Zusammenhange des Gesetzes vom 21. April 1884 mit dem Liegenschaftsrechte beruhen.

1. Das Bürgerliche Gesetzbuch kennt als Formen des Grundkredits außer der Hypothek die Grundschuld und die Rentenschuld. Infolge dessen muß im Artikel 7 Satz 2 (Ziff. I), im Artikel 8 Abs. 1 (Ziff. II) und im Artikel 12 (Ziff. V) berücksichtigt werden, daß an dem Grundstücke, das zu Gunsten der Landeskultur-Rentenanstalt belastet werden soll, auch Grundschulden und Rentenschulden bestehen können.

Es kommt in Frage, ob nicht die für das Darlehen und die Kulturrente zu leistende Sicherheit auch durch Bestellung einer Grundschuld oder einer Rentenschuld soll beschafft werden können. Das preußische Gesetz vom 13. Mai 1879, die Errichtung von Landeskultur-Rentenbanken betreffend, § 6 gestattet die

Bestellung einer Grundschuld. Wird aber auf die persönliche Haftung des Eigenthümers (Art. 5 Abs. 2 Ziff. 3) Gewicht gelegt, so kann die Bestellung einer Grundschuld, für die auch die Vorschrift des § 416 des Bürgerlichen Gesetzbuchs nicht gilt, zur Beschaffung der Sicherheit nicht zugelassen werden. Noch weniger wird die Bestellung einer Rentenschuld als genügende Sicherstellung anzuerkennen sein. Denn in Ermangelung eines Vorbehalts für die Landesgesetzgebung läßt sich die im Artikel 5 Abs. 2 für die Hypothek und im Artikel 8 Abs. 3 für die Reallast getroffene Vorschrift, daß die Zurückzahlung des Darlehens und die Ablösung der Reallast unter gewissen Voraussetzungen gefordert werden können, in Folge des § 1201 Abs. 2 des Bürgerlichen Gesetzbuchs auf die Rentenschuld nicht übertragen. Uebrigens besteht für die Zulassung der Rentenschuld neben der Möglichkeit, die Sicherheit durch Bestellung einer Reallast zu leisten, kein Bedürfniß. Für den Schuldner sind diese beiden Arten der Sicherheitsleistung gleichwerthig. S. 59.

2. Der Abs. 1 des Artikel 8 wird auf die Pfalz erstreckt (Ziff. II), weil mit der Anlegung des Grundbuchs die zwischen dem rechtsrheinischen Bayern und der Pfalz bestehende Verschiedenheit des Liegenschaftsrechts beseitigt wird.

Der Abs. 2 des Artikel 8 wird durch die §§ 1107, 1108 des Bürgerlichen Gesetzbuchs ersetzt. Ein Vorbehalt, der die Landesgesetzgebung zu einer Erweiterung der persönlichen Haftung des Eigenthümers ermächtigt, besteht, abgesehen von der Uebergangsvorschrift des Artikel 184 des Einführungsgesetzes zum Bürgerlichen Gesetzbuche, nicht. Zum Ersatze für die Vorschrift des Artikel 8 Abs. 2, nach welcher der Eigenthümer für alle Rückstände persönlich haftet, erstreckt der Entwurf im Anschluß an den Artikel 5 Abs. 2 Ziff. 3 das im Abs. 3 des Artikel 8 der Anstaltsverwaltung eingeräumte Recht, die Ablösung der Reallast zu verlangen, auf den Fall, daß der Erwerber des belasteten Grundbesitzes die persönliche Haftung für die rückständigen Renten nicht übernimmt.

Der Artikel 8 Abs. 3 Ziff. 2 giebt der Anstaltsverwaltung das Recht, die Ablösung der Reallast zu verlangen, wenn von dem belasteten Grundbesitz ohne Einwilligung der Anstaltsverwaltung ein Grundstück abgetrennt worden ist. Eine Ausnahme ist aber für den Fall zu machen, daß die lastenfreie Abschreibung des Grundstücks oder einer Theilfläche auf Grund der Feststellung der Unschädlichkeit in Gemäßheit des Gesetzes vom 15. Juni 1898, das Unschädlichkeitszeugniß betreffend,*) erfolgt. S. 60.

3. Der Artikel 9 Abs. 2 Ziff. 3 Satz 2 räumt den Theilrenten bei Darlehen für Bewässerungs- und Entwässerungsunternehmungen für den Fall der Zwangsvollstreckung das Vorzugsrecht ein, welches nach Artikel 108 Abs. 1 Ziff. 1 und Artikel 151 Abs. 1 Ziff. 1 der Subhastationsordnung den Steuern zusteht. An die Stelle der Subhastationsordnung tritt das Gesetz über die Zwangsversteigerung und die Zwangsverwaltung. Der Artikel 9 Abs. 2 Ziff. 3 Satz 2 fällt deshalb weg (Ziff. III). Sachlich bleibt sein Inhalt indessen aufrecht, weil die Theilrenten im Satz 1 in Uebereinstimmung mit der im Artikel 15 des Entwurfes dem Artikel 14 des Gesetzes vom 28. Mai 1852 über die Bewässerungs- und Entwässerungsunternehmungen zum Zwecke der Bodenkultur gegebenen neuen Fassung für öffentliche Lasten des Grundstücks im Sinne des § 10 Nr. 3 des angeführten Gesetzes erklärt werden.

4. Die Ausdehnung des Artikel 8 auf die Pfalz erfordert die Aenderung des Artikel 10 Abs. 2 Satz 3 (Ziff. IV).

---

*) Vergl. Abth. II Seite 266 ff.

S. 60. 5. Im Artikel 12 werden Aenderungen, abgesehen von der Berücksichtigung der Grundschulden und Rentenschulden, durch die Beseitigung der Verschiedenheit des Liegenschaftsrechts im rechts- und im linksrheinischen Bayern nothwendig (Ziff. V). Die in dieser Vorschrift dem Hypothekenamte zugewiesene Aufgabe ist mit Rücksicht auf die Stellung des Grundbuchamts dem Amtsgerichte, bei dem das Grundbuch geführt wird, zu übertragen.

Außerdem sind folgende Aenderungen veranlaßt.

Im Eingang ist zu berücksichtigen, daß der Artikel 118 des Einführungsgesetzes zum Bürgerlichen Gesetzbuche die Einräumung des Vorranges nur bei dem Grundstücke gestattet, zu dessen Verbesserung das Darlehen gewährt wird.

In der Ziff. 2, der Ziff. 3 lit. d und der Ziff. 4 des Artikel 12 muß berücksichtigt werden, daß nach § 880 Abs. 3 des Bürgerlichen Gesetzbuchs, wenn ein Recht, das mit dem Rechte eines Dritten belastet ist, im Range zurücktreten soll, auch die Zustimmung des Dritten erforderlich ist.

Zu der Ziff. 3 Abs. 2 Satz 1 des Artikel 12 kommt in Betracht, daß das Gesetz vom 23. Februar 1879 durch das Gesetz über die Zwangsversteigerung und die Zwangsverwaltung ersetzt wird. Die Bestimmungen dieses Gesetzes über Zustellungen können auf die Zustellung der im Artikel 12 bestimmten Aufforderung nicht für anwendbar erklärt werden. An die Stelle der im Artikel 12 Ziff. 3 Abs. 2 Satz 2 enthaltenen Bezugnahme auf den Artikel 18 des Gesetzes vom 23. Februar 1879 müssen daher neue Vorschriften gesetzt werden, die sich zweckmäßig dem Artikel 7 Abs. 3 des Gesetzes über das Unschädlichkeitszeugniß anschließen werden. Eine wesentliche Abweichung von dem bisherigen Rechte ist darin nicht enthalten.

Die der Ziff. 3 als Abs. 3 beigefügte neue Vorschrift ist dem Artikel 6 Abs. 2 des Gesetzes über das Unschädlichkeitszeugniß nachgebildet.*) Die ergänzende Vorschrift ist insbesondere durch die Hypothek mit Brief veranlaßt, bei der im Falle der Uebertragung die Eintragung des Erwerbers nicht selten längere Zeit unterbleiben wird.

Wenn nur ein Theil der aufgeforderten Berechtigten widerspricht, so hat die im Artikel 12 bezeichnete Feststellung nur den nicht widersprechenden Betheiligten gegenüber zu erfolgen. Dies macht eine Aenderung des Einganges der Ziff. 4 und die Hinzufügung der Vorschrift erforderlich, daß die Berechtigten in dem Beschlusse zu bezeichnen sind (vergl. Art. 7 Abs. 4 des Gesetzes über das Unschädlichkeitszeugniß).

Wird die Einwilligung der Hypotheken-, Grundschuld- oder Rentenschuldgläubiger nach Artikel 12 Ziff. 4 durch Beschluß des Amtsgerichts ersetzt, so muß die Eintragung des Vorranges der für die Landeskultur-Rentenanstalt bestellten Hypothek oder Realrente ohne Vorlegung des Hypotheken-, Grundschuld- oder Rentenschuldbriefs und bei einer Hypothek für die Forderung aus einer Schuldverschreibung auf den Inhaber, aus einem Wechsel oder einem anderen Papiere, das durch Indossament übertragen werden kann, ohne Vorlegung der Urkunde erfolgen dürfen (vgl. Motive zu Art. 75 des Entw. I. L. des Einf.-Ges. zum B. GB.). Der Entwurf schließt deshalb in Uebereinstimmung mit dem Artikel 10 des Gesetzes über das Unschädlichkeitszeugniß**) die Anwendbarkeit der §§ 42 bis 44 der Grundbuchordnung aus, trägt aber durch die Vorschrift, daß das Grundbuchamt die Briefe einfordern soll, um die Rangänderung nachträglich auf ihnen zu vermerken (vergl. die Begründung zu Art. 33 unter Ziff. 4) dafür Sorge, daß die Briefe richtig gestellt werden.

---

*) Vergl. Abth. II Seite 268. **) Vergl. Abth. II Seite 268.

6. An die Stelle des in den Schlußworten des Artikel 13 Abs. 4 enthaltenen Rechtssatzes, daß der Anspruch auf die nicht ausbezahlten Darlehensbeträge nicht nach den Vorschriften über die Pfändung von Forderungen gepfändet werden kann, tritt der neue § 851 (749a) der Civilprozeßordnung. Der in den Schlußworten des Artikel 13 Abs. 4 enthaltene Satz, daß der Anspruch von der Zwangsvollstreckung in das Grundstück ergriffen wird, kann gegenüber den Vorschriften des Gesetzes über die Zwangsversteigerung und die Zwangsverwaltung (§ 20 Abs. 2, § 21, § 146 Abs. 1, § 148 Abs. 1) nicht aufrechterhalten werden (Ziff. VI). S. 60.

Eine Gefährdung der Landeskultur-Rentenanstalt ergibt sich aus diesen Aenderungen nicht. Denn das Darlehen ist nach Artikel 13 Abs. 1 dem Eigenthümer des zu verbessernden Grundstücks nicht zu beliebiger Verwendung, sondern nur zur Ausführung des bestimmten Unternehmens bewilligt, diese Zweckbestimmung gehört zum Inhalte des Vertrags über die Gewährung des Darlehens, die Anstalt ist deshalb nicht verpflichtet, das Darlehen hinzugeben, wenn der Eigenthümer außer Stand ist, das Unternehmen auszuführen. Aus demselben Grunde ist die nach § 851 Abs. 2 der Civilprozeßordnung zulässige Pfändung und Ueberweisung des Anspruchs zur Einziehung ohne thatsächliche Bedeutung. Der Gläubiger könnte die Auszahlung des Darlehens nur verlangen, um das Geld zur Ausführung des Unternehmens zu verwenden, eine Pfändung zum Zwecke der Befriedigung des Gläubigers aus dem Gelde ist ausgeschlossen.

Für den Fall der Zwangsvollstreckung in das Grundstück, die nach dem Gesagten das Forderungsrecht des Eigenthümers gegen die Anstalt an sich unberührt läßt, spricht der Entwurf, um jeden Zweifel auszuschließen, in einem Zusatz ausdrücklich aus, daß die Anstalt zu der Auszahlung nicht verpflichtet ist.

Die Aenderungen, welche der Artikel 13 Abs. 4 hiernach erfährt, können ohne Rücksicht auf die Anlegung des Grundbuchs sofort mit dem Inkrafttreten des Bürgerlichen Gesetzbuchs zur Anwendung kommen. S. 61.

7. Die im Artikel 18 enthaltene Vorschrift, daß die Bewilligung zur Löschung der für die Landeskultur-Rentenanstalt eingetragenen Hypothek oder Reallast durch schriftliche Erklärung ertheilt wird, bleibt auch gegenüber den Vorschriften der Grundbuchordnung aufrecht. Denn die in der vorgeschriebenen Form ausgestellte schriftliche Erklärung der Anstaltsverwaltung ist eine öffentliche Urkunde im Sinne des § 29 der Grundbuchordnung, da die Anstalt nach Artikel 1 Abs. 1 des Gesetzes Staatsanstalt und die sie nach Artikel 1 Abs. 4 des Gesetzes und § 7 der Verordnung vom 4. Juni 1884 (G.- u. V.-Bl. S. 413) vertretende Regierungsfinanzkammer eine staatliche Behörde ist.

Dagegen bedarf der Artikel 18, abgesehen davon, daß neben der Löschung wegen der Vorschrift des § 1163 des Bürgerlichen Gesetzbuchs auch die Umschreibung der Hypothek auf den Eigenthümer zu erwähnen ist, nach einer anderen Richtung der Abänderung (Ziff. VII).

Das Bürgerliche Gesetzbuch geht im Gegensatze zum geltenden bayerischen Rechte davon aus, daß das Erlöschen der durch Hypothek gesicherten Forderung nicht das Erlöschen, sondern den Uebergang der Hypothek auf den Eigenthümer zur Folge hat. Soweit daher das Darlehen der Landeskultur-Rentenanstalt abgetragen wird, würde die Hypothek dem Eigenthümer zustehen und sich nach § 1177 des Bürgerlichen Gesetzbuchs in eine Grundschuld verwandeln. Die den übrigen Hypothekengläubigern im Range vorgehende Belastung würde also eine dauernde sein. Der Zweck, dem die im Artikel 118 des Einführungsgesetzes zugelassene Gewährung des Vorranges zu dienen bestimmt ist, erfordert aber nicht, daß die für das Darlehen der Anstalt bestellte Hypothek den Vorrang

S. 61. behält, wenn die Darlehensschuld getilgt und die Hypothek Eigenthümerhypothek geworden ist. Ein über den Zweck hinausgehender Eingriff in die bestehenden Rechte der Hypotheken-, Grundschuld- und Rentenschuldgläubiger muß schon deswegen für bedenklich erachtet werden, weil es leicht geschehen kann, daß im Falle der Zwangsversteigerung ein Erlös erzielt wird, der nicht um den vollen Betrag des Darlehens höher ist als derjenige, der ohne die Verbesserung des Grundstücks würde erzielt worden sein. Abgesehen von den Zufälligkeiten, die auf die Höhe des Erlöses bei Zwangsversteigerungen Einfluß üben, muß mit der Möglichkeit gerechnet werden, daß die Werthsteigerung von Anfang an hinter dem für die Verbesserung des Grundstücks gemachten Aufwande zurückbleibt und daß die hergestellte Anlage sich abnützt oder durch Naturereignisse zerstört wird. Die dem Eigenthümer im Artikel 13 Abs. 2 auferlegte Verpflichtung, die Anlage in gutem Zustande zu erhalten, wird nicht immer ausgefüllt werden und erlischt mit der Tilgung der Darlehensschuld. Die Erfahrung zeigt, daß insbesondere die im Artikel 2 Ziffer 1, 2, 4 bezeichneten Anlagen nicht von unbegrenzter Dauer sind und raschem Verfall unterliegen, wenn sie nicht gehörig unterhalten werden; an der gehörigen Unterhaltung aber pflegt es, wenn der Eigenthümer in mißliche Vermögensverhältnisse geräth, zu fehlen. Es ist deshalb zu befürchten, daß der Werth der Anlage, wenn es nach der Tilgung der Darlehensschuld zur Zwangsversteigerung kommt, zu einem mehr oder minder großen Theile verschwunden ist. Der nach Artikel 12 erlangte Vorrang muß daher erlöschen, soweit sich die der Anstalt bestellte Hypothek mit dem Eigenthum an dem belasteten Grundstück in einer Person vereinigt. Hierdurch rechtfertigt sich der dem Artikel 18 beizufügende Abs. 2.

8. Der Artikel 22 wird mit Rücksicht auf die im Artikel 49 des Entwurfes eines Ausführungsgesetzes zum Bürgerlichen Gesetzbuch enthaltene Vorschrift entbehrlich (Ziff. IX), daß das Erlöschen und die Verjährung der Ansprüche aus einer Staatsschuldverschreibung oder einem Zinsscheine dem Fonds zu statten kommt, aus dem die Zahlung zu leisten war. Die Landeskulturrentenschuld ist im Artikel 1 Abs. 2 Satz 2, Abs. 3 für eine „besondere Staatsschuld" erklärt, die „als besonderer Fonds zu verwalten" ist.

9. Im Artikel 23 Abs. 1 Satz 2 ist, abgesehen von der Nothwendigkeit der Erwähnung der Grund- und Rentenschulden und der Umschreibung der Hypotheken auf den Eigenthümer, zu berücksichtigen, daß zuweilen Hypothekengläubiger zu Gunsten der für die Kulturrente zu bestellenden Hypothek oder Reallast auf ihre Hypotheken ganz verzichten. Unter der Herrschaft des Bürgerlichen Gesetzbuchs wird in solchen Fällen an die Stelle des Verzichts, der nicht das Erlöschen der Hypothek, sondern den Uebergang auf den Eigenthümer zur Folge hat (§ 1168), die Aufhebung der Hypothek durch den Gläubiger mit Zustimmung des Eigenthümers (§ 1183) treten. Auch die Berichtigung der Hypotheken-, Grundschuld- und Rentenschuldbriefe (vergl. oben Ziff. 5) muß wie im Falle des Artikel 39 des Flurbereinigungsgesetzes (Art. 38 Ziff. XVIII des Entw.) gebührenfrei sein. In Folge dessen ist die in der Ziff. VIII enthaltene Ergänzung erforderlich.

10. Die Aenderungen des Artikel 12 (Ziff. V) und des neuen Abs. 2 des Artikel 18 (Ziff. VII) setzen die Geltung des Liegenschaftsrechts des Bürgerlichen Gesetzbuchs voraus und können deshalb erst zur Anwendung kommen, wenn das Grundbuch angelegt ist. In den Landestheilen rechts des Rheins, für die allein der Artikel 12 gegenwärtig gilt, muß bis dahin nach dem Vorbilde des Artikel 19 Abs. 1, 2 des Gesetzes über das Unschädlichkeitszeugniß*)

*) Vergl. Abth. II Seite 270.

an die Stelle des Amtsgerichts, bei welchem das Grundbuch für das belastete Grundstück geführt wird, das Amtsgericht, bei welchem das Hypothekenbuch für das Grundstück geführt wird, und, soweit es nach Ziff. 3 Abs. 3 auf eine Eintragung im Grundbuch ankommt, an deren Stelle die entsprechende Eintragung im Hypothekenbuche treten; die neue Ziff. 6 des Artikel 12 bleibt einstweilen außer Anwendung. Die Bestimmung, die in dem Artikel 18 Abs. 2 für den Fall, daß die der Anstalt bestellte Hypothek sich mit dem Eigenthum an dem belasteten Grundstück in einer Person vereinigt, über ihren Rang getroffen wird, muß auf das der Eigenthümerhypothek des Bürgerlichen Gesetzbuchs entsprechende Recht des Eigenthümers, an der Stelle der erloschenen Hypothek eine neue Hypothek zu begründen (§ 84 des Hypothekengesetzes), entsprechende Anwendung finden. S. 61.

Diese Uebergangsbestimmungen trifft der Entwurf im Abs. 2 des Artikel 37.

Artikel 38.

Flurbereinigungsgesetz vom 29. Mai 1886.*)

Das Flurbereinigungsgesetz wird im Wesentlichen durch den Vorbehalt des Artikel 113 des Einführungsgesetzes zum Bürgerlichen Gesetzbuch aufrechterhalten. Der Zusammenhang seiner || Vorschriften mit anderen Rechtsgebieten S. 62. insbesondere mit dem Liegenschaftsrechte, macht indessen einige Aenderungen und Ergänzungen nothwendig. Mit diesen Aenderungen und Ergänzungen verbindet der Entwurf einige andere, zu denen die mit der Anwendung des Gesetzes gemachten Erfahrungen Anlaß geben.

1. Der Artikel 9a (Ziff. 1) faßt den Artikel 21 Abs. 5, in welchem die Erwähnung des Konkursgerichts gegenüber dem § 134 (bisher § 122) Nr. 1 und dem § 136 (bisher § 124) der Konkursordnung nicht zutreffend ist, und den Artikel 50 zusammen und berücksichtigt die Vorschriften des Bürgerlichen Gesetzbuchs über die Stellung des Inhabers der elterlichen Gewalt, des Vormundes und des Pflegers.

2. In der Ziff. II ist dem Artikel 10 Abs. 1 eine neue Fassung gegeben, die mit dem Liegenschaftsrechte des Bürgerlichen Gesetzbuchs zusammenhängt und sachlich von dem geltenden Rechte nicht abweicht.

3. Die Ziff. III enthält eine neue Fassung des Artikel 13 Abs. 1. Der Schluß des Abs. 1 ist schon dem geltenden Rechte gegenüber verbesserungsbedürftig und kann neben den Vorschriften der Artikel 52, 53, 109 des Einführungsgesetzes zum Bürgerlichen Gesetzbuch und des Artikel 12 des Gesetzes vom 15. Juni 1898, das Unschädlichkeitszeugniß betreffend,**) nicht wohl unverändert belassen werden. Die Entschädigungssumme bildet einen Theil des Ersatzes für die dem bisherigen Eigenthümer entzogenen Grundstücke und muß deshalb den Rechten, mit welchen diese Grundstücke belastet waren und die nunmehr auf den Ersatz übergehen, in der gleichen Weise unterworfen werden wie die als Ersatz dienenden Grundstücke. Das Verhältniß ist ganz dasselbe wie bei der Zwangsenteignung oder bei der auf Grund eines Unschädlichkeitszeugnisses erfolgenden lastenfreien Veräußerung eines Theiles des belasteten Grundstücks. Die Entschädigungssumme darf nicht ohne Weiteres zur Befriedigung von Hypotheken-, Grundschuld- oder Rentenschuldgläubigern verwendet werden, sondern es kommen auch andere Rechte, die von der eingetretenen Rechtsänderung betroffen werden, z. B. ein Nießbrauch, eine Reallast, in Betracht. Für das Recht der Hypotheken-, Grundschuld- oder Rentenschuldgläubiger auf

*) Vergl. hierzu Becher, bayerisches Landescivilrecht ꝛc. § 85; v. Roth-Becher, bayr. Civ.-R. Band II Abth. 1 § 140 A.

**) Vergl. Abth. II Seite 269.

S. 62. die Entschädigung sind nicht lediglich die Eintragungen im Grundbuche maßgebend, es muß vielmehr den Betheiligten die Möglichkeit eröffnet werden, Einwendungen gegen den Bestand der eingetragenen Rechte oder den eingetragenen Rang geltend zu machen. Zu diesem Zwecke muß ihnen gestattet werden, die Eröffnung eines Vertheilungsverfahrens zu beantragen, für welches die für die Vertheilung des Erlöses bei der Zwangsversteigerung geltenden Vorschriften maßgebend sind.

Auch eine nach Artikel 6 Abs. 6 zur Ausgleichung eines vorübergehenden Mehrwerths zu leistende Entschädigung muß einer gewissen Haftung für die Reallasten, Hypotheken, Grundschulden und Rentenschulden, mit denen die ausgetauschten Grundstücke belastet waren, unterworfen werden, weil sie einen Theil des Ersatzes für die bisher haftenden Gegenstände bildet. Der nebensächlichen Bedeutung, die sie für diese Rechte hat, entspricht es, ihre Haftung in der gleichen Weise zu beschränken wie die der Entschädigung für eine Benützung des Grundstücks oder für die Entziehung oder Beschädigung von Früchten oder Zubehörstücken (Art. 53, 109 des Einf.-Ges. zum B. GB., Art. 6 Abs. 3, Art. 129a, Art. 151 Abs. 2 des Berggesetzes in der Fassung des Art. 24 des Entw.). Nach der für entsprechend anwendbar erklärten Vorschrift des § 1124 Abs. 1 Satz 1 des Bürgerlichen Gesetzbuchs kann die Entschädigung an den Grundeigenthümer gezahlt werden, solange nicht die Forderung zu Gunsten eines der Berechtigten in Beschlag genommen worden ist.

Der Abs. 2 des Artikel 13 wird durch die Verweisung auf die Vorschriften über das Vertheilungsverfahren entbehrlich.

4. Die neue Fassung des Artikel 16 Abs. 1 (Ziff. IV) ist durch das Familien- und das Erbrecht des Bürgerlichen Gesetzbuchs veranlaßt und enthält keine sachliche Aenderung.

5. Bei Familienfideikommissen ist die Ausstellung des von dem Fideikommißgerichte nach Artikel 9 zu ertheilenden Zeugnisses im Artikel 18 Abs. 1 davon abhängig gemacht, daß die Flurbereinigung unter Mitwirkung der Flurbereinigungskommission stattfindet. Wird diese nicht in Anspruch genommen, (Art. 18 Abs. 4), so muß die Zustimmung der Anwärter erholt werden. Dies bedeutet gegenüber dem früheren Rechte (Art. 6 Abs. 3 des Gesetzes vom 10. November 1861, die Zusammenlegung der Grundstücke betr.) eine Erschwerung, die schon manche zweckmäßige Flurbereinigung verhindert hat. Dem Bedürfnisse wird theilweise durch den Artikel 14 des Gesetzes über das Unschädlichkeitszeugniß*) abgeholfen, welcher die Vertauschung von Grundstücken, die zu einem Familienfideikommisse gehören, unter der Voraussetzung ermöglicht, daß das Ausscheiden der zu vertauschenden Grundstücke nur eine im Verhältnisse zu dem Umfang und dem Werthe des Restes geringfügige Verringerung des Fideikommisses bewirkt. Für die übrigen Fälle trifft die Ziff. V durch Aufnahme eines entsprechenden Zusatzes in den Artikel 18 Abs. 4 Vorsorge.

6. Nach den Artikeln 24, 31, 34, 35 wird über das Vorhandensein der in den Artikeln 1 bis 5 aufgestellten Voraussetzungen einer Flurbereinigung erst im Endentscheide der Flurbereinigungskommission und, falls gegen diesen Beschwerde eingelegt wird, in dem Bescheide des Verwaltungsgerichtshofs entschieden. Diese Regelung kann zur Folge haben, daß ein Unternehmen nach vollständiger Durchführung wegen Mangels der Voraussetzungen abgelehnt wird. Zeit und Kosten sind dann umsonst aufgewendet. Zur Abwendung dieser Gefahr erscheint es angezeigt, die Frage des Vorhandenseins der Voraussetzungen schon vor dem Beginne der Ausarbeitung des Unternehmens zum

*) Vergl. Abth. II Seite 269.

Austrage zu bringen und zu diesem Zwecke für die Erhebung von Einwendungen gegen das Vorhandensein der Voraussetzungen der Artikel 1 bis 5 im Anschluß an die erste Tagsfahrt eine Ausschlußfrist festzusetzen, sowie einen selbständig anfechtbaren Vorentscheid der Flurbereinigungskommission einzuschalten, welcher nach dem Eintritte der Rechtskraft für das weitere Verfahren und den Endentscheid maßgebend ist. In der Ladung zur Tagsfahrt und in dieser selbst muß auf die Ausschlußfrist und die sich an deren Versäumung knüpfenden Rechtsnachtheile mit Rücksicht auf ihre Bedeutung für die Betheiligten aufmerksam gemacht werden. Die Einwendungen müssen bei der Distriktsverwaltungsbehörde angebracht werden, weil in diesem Abschnitte des Verfahrens die Akten und Pläne sich bei der Distriktsverwaltungsbehörde befinden. S. 62.

Auf diesen Erwägungen beruhen die in den Ziff. VI, VII, 1, VIII vorgeschlagenen Aenderungen und Ergänzungen.

7. Die Ziff. VII, 2 hebt den Abs. 5 des Artikel 21 mit Rücksicht auf den in der Ziff. I vorgeschlagenen Artikel 9a auf.

8. Nach Artikel 25 Abs. 1 und Artikel 38 obliegt dem Flurbereinigungsausschuß und in dessen Ermangelung dem beauftragten Geometer der Betrieb aller auf die Ausarbeitung des Unternehmens bezüglichen Angelegenheiten. Es ist Zweifel darüber entstanden, ob dem Ausschuß und dem Geometer auch die gerichtliche und außergerichtliche Vertretung der Grundeigenthümer in den auf das Unternehmen bezüglichen gemeinschaftlichen Angelegenheiten zukommt. Den Schwierigkeiten, die sich hieraus ergeben, will die in der Ziff. IX vorgeschlagene Ergänzung abhelfen. S. 63.

Der Flurbereinigungsausschuß ist nicht Bevollmächtigter oder gesetzlicher Vertreter der bei der Flurbereinigung betheiligten Grundeigenthümer, sondern ein im öffentlichen Interesse geschaffenes und von dem Gesetze mit der zur Erfüllung seiner Aufgabe nothwendigen Verfügungsmacht ausgestattetes Organ zur Durchführung des Unternehmens. Er hat schon nach dem bestehenden Gesetze nicht nur die Ausarbeitung des Planes zu besorgen, nach dem die Flurbereinigung bewirkt werden soll, sondern ist (Art. 38) auch zu den zur Ausführung des Unternehmens nothwendigen rechtsgeschäftlichen Verfügungen berufen. Seine rechtliche Stellung ist eine ähnliche wie die des Testamentsvollstreckers, der, ohne gesetzlicher Vertreter des Erben zu sein, die Verfügungen des Erblassers zur Ausführung zu bringen hat und zu diesem Zwecke von dem Gesetze mit der erforderlichen Verfügungsgewalt ausgestattet ist (§§ 2203 bis 2206, 2211 bis 2214 des B. GB.), und die des Konkursverwalters, der nicht gesetzlicher Vertreter des Gemeinschuldners oder der Konkursgläubiger, sondern ein vom Gesetze geschaffenes Organ zur Durchführung des Zweckes des Konkursverfahrens mit selbständiger Verfügungsgewalt ist (Entsch. des Reichsgerichts C.-S. XXIX S. 36). Die gleiche Stellung kommt, wenn ein Ausschuß nicht bestellt wird, dem mit der Durchführung des Unternehmens beauftragten Geometer zu.

9. Die in der Ziff. X, 1 vorgeschlagene Fassung des Artikel 25 Abs. 1 Satz 2 enthält bezüglich der dem Ausschuß obliegenden Vertheilung der Hypotheken eine Aenderung, die darauf beruht, daß diese Arbeit nur für die verschiedenen Belastungen im Falle des Artikel 10 Abs. 1 von wesentlicher Bedeutung ist. Die Aufnahme der nach Artikel 8 Abs. 2 auf die Ersatzgrundstücke übergehenden Belastungen in den Vertheilungsplan ist entbehrlich und verzögert die Fertigstellung der Ausarbeitung. Die Erwähnung der „Herbeiführung der Einvernahme der widerspruchsfähigen drittberechtigten Personen, Miteigenthümer und Streitbetheiligten (Art. 8 Abs. 2, 3)“ ist weggelassen. Die

S. 63. Einvernahme der „Miteigenthümer und Streitbetheiligten" ist in den Abs. 2 bis 5 geordnet, eine gerichtliche Aufforderung ist nur an die nach Artikel 8 Abs. 2 „widerspruchsfähigen drittberechtigten Personen" zu richten und es erscheint zweckmäßig, von dem Antrag auf Erlassung der gerichtlichen Aufforderung erst in dem von dieser handelnden Artikel 26 zu sprechen. Dabei genügt es, in den Abs. 1 Satz 1 der neuen Fassung des Artikel 26 (Ziff. XII) die Worte: „auf Antrag des Ausschusses oder des beauftragten Geometers" aufzunehmen.

Der zu Artikel 25 Abs. 4 in der Ziff. X, 2 vorgeschlagene Zusatz bezweckt, die im geltenden Gesetze für den Fall bestehende Lücke auszufüllen, daß ein Betheiligter die vorgeschriebene Eröffnung nicht entgegennimmt.

Der Artikel 25 Abs. 5 ermächtigt die Flurbereinigungskommission, die Anerkennung des Uebersichtsplans und der Werthsermittelung und die Anerkennung des Vertheilungsplans in gesondertem Verfahren herbeizuführen, macht aber die Sonderung davon abhängig, daß es sich um Unternehmungen von größerem Umfange handelt. Die Erfahrung hat gezeigt, daß oft auch bei kleineren, aber infolge besonderer Verhältnisse, z. B. einer großen Zahl oder besonders unregelmäßiger Gestaltung der Parzellen, schwierigen Unternehmungen die Sonderung wünschenswerth ist. Die in der Ziff. X, 3 vorgenommene Aenderung des Abs. 5 stellt es daher dem Ermessen der Flurbereinigungskommission anheim, ob die Sonderung stattfinden soll.

10. Nach Artikel 38 Abs. 2 darf die Einweisung der betheiligten Grundeigenthümer in die ihnen zugetheilten Grundstücke erst angeordnet werden, wenn das Flurbereinigungsoperat für vollziehbar erklärt ist. Die Vollziehbarkeitserklärung wird indessen nicht selten durch einzelne widersprechende Betheiligte längere Zeit, unter Umständen auf Jahre hinaus, verzögert. Dadurch erleiden die mit dem Unternehmen einverstandenen Grundeigenthümer mitunter empfindlichen Schaden. Der Schaden entsteht insbesondere daraus, daß die Düngung unterlassen wird und die abzutretenden Grundstücke in unwirthschaftlicher Weise ausgenützt werden. Auch werden die Ausführungskosten durch die Nothwendigkeit wiederholter Messungen und Werthsermittelungen vermehrt. Der in der Ziff. XI eingestellte neue Artikel 25a ermöglicht es, diese Nachtheile durch eine vorläufige Besitzeinweisung zu vermeiden. In gleicher Weise verfahren auch andere Gesetzgebungen, z. B. der § 21 des preußischen Gesetzes vom 17. Januar 1883, betreffend die Abänderung des hannoverschen Gesetzes vom 30. Juni 1842. Zur Besitzeinweisung erklärt der Entwurf mit Rücksicht auf die Wichtigkeit dieser Maßregel nur die Flurbereinigungskommission für befugt. Die Besitzeinweisung ist von dem Antrage der Mehrheit der betheiligten Grundeigenthümer abhängig gemacht; die Mehrheit soll mindestens drei Viertheile der Betheiligten betragen. Die Berechnung der Mehrheit erfolgt nach Maßgabe des Artikel 5, dessen entsprechende Anwendbarkeit sich von selbst versteht. Die der Besitzeinweisung widersprechenden Grundeigenthümer müssen entschädigt werden, wenn die einstweilen in Vollzug gesetzte Flureintheilung bei der endgiltigen Feststellung geändert wird. Die Entschädigung muß zu den Kosten des Unternehmens gehören; es geht nicht an, den geschädigten Grundeigenthümer an den vielleicht zahlungsunfähigen Betheiligten zu verweisen, der vorläufig in den Besitz der Grundstücke des geschädigten Grundeigenthümers gelangt ist.

Mit dem Artikel 25a hängt die in der Ziff. XIV vorgeschlagene Ergänzung des Artikel 28 zusammen, wonach die Festsetzung der Höhe der Entschädigung im Streitfall einem Schiedsgericht obliegt.

11. Nach den Artikeln 26, 27 werden die Hypothekengläubiger und die sonstigen nach Artikel 8 Abs. 2 widerspruchsfähigen Drittberechtigten (Nießbraucher, Vorkaufsberechtigte, Reallastenberechtigte, sofern es sich nicht um Grundlasten handelt) von dem Amtsgericht, in dessen Bezirke die belasteten Grundstücke liegen, aufgefordert, etwaige Erinnerungen binnen der Frist von einem Monat geltend zu machen. Die Aufforderung muß an jeden Berechtigten einzeln ergehen und für jeden Berechtigten einen Ausweis des gegenwärtig belasteten und des bei Durchführung der Unternehmung an dessen Stelle tretenden Grundbesitzes, der Schätzung beider und der etwaigen Geldentschädigungen enthalten. Diese Gestaltung der Einvernehmung der Drittberechtigten verzögert ‖ die Erledigung der Flurbereinigung und verursacht nicht unerhebliche Kosten. Sie ist, wie die Erfahrung zeigt (vergl. den Geschäftsbericht der Flurbereinigungskommission für die Jahre 1887 bis 1897 S. 19, 20), entbehrlich. Denn Widerspruch ist bei den bisher durchgeführten Flurbereinigungen von den Drittberechtigten nur in den seltensten Fällen erhoben und noch niemals aufrecht erhalten worden. Die Einvernehmung der Drittberechtigten kann deshalb unbedenklich in der vom Entwurfe Ziff. XII, XIII vorgeschlagenen Weise dadurch vereinfacht werden, daß lediglich eine öffentliche Aufforderung ergeht. Die Flurbereinigungsgesetze der übrigen deutschen Staaten kennen eine gerichtliche Einvernahme der Drittberechtigten überhaupt nicht, sondern begnügen sich mit dem Satze, welchen auch das Flurbereinigungsgesetz im Artikel 8 aufstellt, daß der eingetauschte Grundbesitz an die Stelle des bisher belasteten tritt (vergl. z. B. § 148 der preußischen Gemeinheitstheilungsordnung vom 7. Juni 1821, §§ 23 bis 25 des sächsischen Gesetzes vom 23. Juli 1861, Art. 52 des württembergischen Gesetzes vom 30. März 1886, Art. 13 des badischen Gesetzes vom 5. Mai 1856, Art. 18 des hessischen Gesetzes vom 18. August 1871, ferner österreichisches Gesetz vom 7. Juni 1883 § 15). Bei der Ausgestaltung der öffentlichen Aufforderung hat sich der Entwurf an den Vorschlag angeschlossen, der im Artikel 37 Ziff. V, 4 zu dem Artikel 12 Ziff. 3 Abs. 2 des Gesetzes vom 21. April 1884, die Landeskultur-Rentenanstalt betreffend, gemacht ist.

S. 63. S. 64.

12. Die zu Artikel 34 Abs. 2 in der Ziff. XV vorgeschlagene Aenderung ist nur eine Folge der unter Ziff. X vorgeschlagenen neuen Fassung des Artikel 25 Abs. 1 Satz 2.

13. Für den mit der Flurbereinigung verbundenen Eigenthumswechsel gilt nach Artikel 6 Abs. 1 der Grundsatz des Enteignungsrechts, daß der bisherige Eigenthümer vollen Ersatz erhalten muß. Sind Geldentschädigungen zu leisten, so genügt es nicht, die Leistungspflicht festzustellen, sondern die Empfangsberechtigten müssen befriedigt sein oder es muß die Auszahlung an den Eigenthümer oder gegebenen Falles an das für das Vertheilungsverfahren nach Artikel 13 zuständige Gericht sofort erfolgen können. Solange nicht die Empfangsberechtigten befriedigt sind oder der zu leistende Geldbetrag zur Auszahlung bereit liegt, darf dem Eigenthümer und den übrigen Berechtigten der Gegenstand ihrer Rechte nicht entzogen werden. Der Entwurf macht deshalb für den Grundbesitz, dessen Zuweisung mit den Geldentschädigungen zusammenhängt, im Artikel 36 Abs. 4 (Ziff. XVI) die Ertheilung der vollziehbaren Auszüge aus dem Flurbereinigungsoperat und die Bestimmung des Tages des Eigenthumsüberganges von der Befriedigung der Empfangsberechtigten oder der Einzahlung der von den Betheiligten zu leistenden Geldbeträge bei dem Flurbereinigungsausschuß oder dem beauftragten Geometer (Art. 38 Abs. 2) abhängig. Mit einer Geldentschädigung hängt nicht nur die Zuweisung der-

S. 64. jenigen Grundstücke zusammen, deren bisheriger Eigenthümer die Entschädigung zu erhalten hat, sondern, wenn dessen bisheriger Grundbesitz einem Dritten und der Grundbesitz des Dritten dem Schuldner des als Entschädigung zu leistenden Geldbetrags zugewiesen wird, auch die Zuweisung des Grundbesitzes des Dritten.

Um die Flurbereinigungskommission in den Stand zu setzen, die einstweilen ausgesetzten Handlungen vorzunehmen, wird der Flurbereinigungsausschuß oder der beauftragte Geometer ihr von der Einzahlung Anzeige zu machen haben. Hat der zur Zahlung einer Entschädigung Verpflichtete die Empfangsberechtigten selbst befriedigt, so muß die Befriedigung der Flurbereinigungskommission nachgewiesen werden.

14. Die neue Fassung des Artikel 37 (Ziff. XVII) verpflichtet die Flurbereinigungskommission, das Grundbuchamt um die erforderlichen Eintragungen in das Grundbuch zu ersuchen (§ 39 der GBO.). In dem Ersuchen ist der Tag des Eigenthumsüberganges anzugeben. Das Ersuchen kann daher, wenn Geldentschädigungen festgesetzt sind, nach dem in der Ziff. 13 Bemerkten für den Grundbesitz, dessen Zuweisung mit den Entschädigungen zusammenhängt, erst gestellt werden, wenn die Geldbeträge eingezahlt oder die Empfangsberechtigten befriedigt sind. Die Eintragung findet erst statt, wenn der Eigenthumswechsel eingetreten ist. Bei Hypotheken, Grundschulden und Rentenschulden muß die Eintragung der durch die Flurbereinigung veranlaßten Aenderungen erfolgen, ohne daß der Hypotheken-, Grundschuld- oder Rentenschuldbrief und bei einer Hypothek für die Forderung aus einer Schuldverschreibung auf den Inhaber, aus einem Wechsel oder einem andern Papiere, das durch Indossament übertragen werden kann, die Urkunde vorliegt. Der Entwurf verpflichtet aber das Grundbuchamt wie in den ähnlichen Fällen der Zwangsenteignung und der Ablösung (Begründung zum Art. 33 unter Ziff. 4), den Brief zur Richtigstellung einzufordern.

Die im Abs. 1 vorgeschriebene Verständigung der Hypothekengläubiger von den Aenderungen des Gegenstandes ihrer Rechte ist mit Rücksicht auf den § 55 der Grundbuchordnung als entbehrlich weggelassen. An die Stelle der Benachrichtigung der Hypothekengläubiger von den nach Artikel 6 Abs. 5 festgesetzten Geldentschädigungen tritt infolge der Aenderung des Artikel 13 (Ziff. III) die Mittheilung der Flurbereinigungskommission an das für das Vertheilungsverfahren zuständige Gericht.

15. Die in der Ziff. XVIII vorgenommene Aenderung des Artikel 39 Abs. 1 erstreckt die Gebührenfreiheit auf die Bestätigungen, welche auf Grundschuld- und Rentenschuldbriefen nothwendig werden.

16. Die Ausdehnung des strafgesetzlichen Schutzes des Artikel 42 auf die Sicherungssteine (Ziff. XIX) empfiehlt sich durch die Erwägung, daß es im Interesse der Kostenersparniß wünschenswerth ist, die Wegnetzlinien und sonstige der dauernden Sicherung bedürftige Punkte von vorneherein mit Steinen zu versehen.

17. Die Artikel 44 bis 49 treffen für die Pfalz eine Reihe von besonderen Bestimmungen, die lediglich durch die Rücksicht auf das dort geltende bürgerliche Recht veranlaßt sind und mit diesem in Wegfall kommen (Ziff. XX).

18. Die in der Ziff. XX ausgesprochene Aufhebung des Artikel 50 hängt mit der Aufnahme des Artikel 9a zusammen.

19. Der neue Abs. 2 des Artikel 13 (Ziff. III), die Artikel 26, 27 und der Artikel 37 Abs. 1 in der neuen Fassung (Ziff. XII, XIII, XVII) können, da sie die Geltung des Liegenschaftsrechts des Bürgerlichen Gesetzbuchs voraus-

setzen, erst nach der Anlegung des Grundbuchs zur Anwendung kommen. Für die Zwischenzeit bedarf es einer Uebergangsbestimmung, bei der der Entwurf (Abs. 2) sich an den Artikel 19 des Gesetzes über das Unschädlichkeitszeugniß*) und den Abs. 2 seines Artikel 37 anschließt. S. 64.

Die Vorschriften des Artikel 37 Abs. 1 Satz 1 müssen in den Landestheilen rechts des Rheins bis zu der Zeit, zu welcher das Grundbuch als angelegt anzusehen ist, || auf die Eintragungen in das Hypothekenbuch entsprechende S. 65. Anwendung finden; in der Pfalz muß es dagegen einstweilen bei den Vorschriften des Artikel 49 verbleiben. Der bisherige Abs. 2 des Artikel 37 ist neben dem § 172 des Hypothekengesetzes entbehrlich; in der neuen Fassung des Artikel 39 Abs. 1 (Ziff. XVIII) sind unter den Hypothekenbriefen auch die Hypothekenbriefe des bisherigen Rechtes zu verstehen.

Die Erstreckung des Artikel 10 Abs. 1, 2 auf die Pfalz ist erst nach der Anlegung des Grundbuchs thunlich; bis dahin muß der Artikel 46 in Geltung bleiben.

Artikel 39.

Gesetz, die Vereinigung der Brandversicherungsanstalt der Pfalz mit jener in den Landestheilen rechts des Rheins betreffend, vom 5. Mai 1890.

Der Einfluß des Bürgerlichen Gesetzbuchs auf die Bestimmungen des Gesetzes vom 5. Mai 1890, die Vereinigung der Brandversicherungsanstalt der Pfalz mit jener in den Landestheilen rechts des Rheins betreffend, ist schon in der Begründung zum Artikel 31 unter Ziff. I dargelegt worden.

Von den Bestimmungen des Gesetzes vom 5. Mai 1890 fällt der Artikel 4 mit der Beseitigung der Verschiedenheit zwischen dem rechtsrheinischen und dem pfälzischen bürgerlichen Rechte, auf welcher er beruht, weg. Der Artikel 4 Abs. 1 wird übrigens auch infolge der Aenderungen, welche der Artikel 3 des Brandversicherungsgesetzes erleidet, gegenstandslos.

Artikel 40.

Gesetz über die Fortsetzung der Grundentlastung vom 2. Februar 1898.

Nach Artikel 22 Abs. 1 des Gesetzes vom 2. Februar 1898 ist der Eigenthümer eines Grundstücks, das mit einer unter die Vorschriften des Gesetzes fallenden Bodenzinspflicht belastet ist, im Falle der Ablösung der Bodenzinspflicht berechtigt, eine Hypothek in dem Betrage der Ablösungssumme mit dem Range vor den bestehenden Hypotheken zu bestellen; die jährliche Zinsleistung darf jedoch den Betrag der bisherigen Jahresleistung nicht übersteigen. Diese Beschränkung steht im Widerspruche mit dem § 1119 Abs. 1 des Bürgerlichen Gesetzbuchs, der die Hypothek ohne Zustimmung der im Range gleich- oder nachstehenden Berechtigten dahin zu erweitern gestattet, daß das Grundstück für Zinsen bis zu fünf vom Hundert haftet. Der Entwurf hebt deshalb den Artikel 22 Abs. 1 Satz 2 auf.

Artikel 41.

Anwendbarkeit der für Hypotheken geltenden Vorschriften auf Grundschulden und Rentenschulden.

Die Einführung des Liegenschaftsrechts des Bürgerlichen Gesetzbuchs macht es nothwendig, zu bestimmen, ob die landesgesetzlichen Vorschriften, welche von dem Hypothekenbuche sprechen, künftig von dem Grundbuche zu

*) Vergl. Abth. II Seite 270, 271.

S. 65. verstehen sind, inwieweit die Verrichtungen, welche in den aufrechtbleibenden Landesgesetzen den Hypothekenämtern übertragen sind, künftig den Grundbuchämtern obliegen und inwieweit die für Hypotheken getroffenen Bestimmungen auch für Grundschulden und Rentenschulden gelten.

Vergl. insbesondere §§ 10, 26, 68, 70, 101 der VII. Beilage zu der Verf.-Urkunde, § 6 des Gesetzes vom 11. September 1825, die Anwendung u. s. w. einiger Bestimmungen des Fideikommißedikts betr., Art. XI, XV, XVI des Gesetzes vom 17. November 1837 über die Zwangsenteignung, Art. 34 des Grundlastenablösungsgesetzes vom 4. Juni 1848, Art. 31 Abs. 3, Art. 32 des Gesetzes über die Bewässerungs- und Entwässerungsunternehmungen vom 28. Mai 1852, Art. 27, 28 des Weideablösungsgesetzes vom 28. Mai 1852, Art. 8 Abs. 1, Art. 9 Abs. 2 des Gesetzes über die Zehentbaupflicht vom 28. Mai 1852, Art. 3 Ziff. 3, Art. 4, Art. 6 Abs. 1, Art. 34 des Erbgütergesetzes vom 22. Februar 1855, Art. 13 des Gesetzes über die Ablösbarkeit der Ehehaftsverhältnisse vom 23. Februar 1868, Art. 55, 57 bis 59, 61, 62, 88, 134, 135, 140, 160, 161, 163, 229, 233 bis 236 des Berggesetzes vom 20. März 1869, Art. 32 Abs. 4, Art. 44, Art. 46 Abs. 1, Art. 77 Abs. 1 des Brandversicherungsgesetzes vom 3. April 1875, Art. 132, 134 des Gesetzes vom 23. Februar 1879 zur Ausführung der CPO. und KO., Art. 7, Art. 8 Abs. 1, Art. 12 des Gesetzes vom 21. April 1884, die Landeskultur-Rentenanstalt betr., Art. 10, 13, 25, Art. 26 Abs. 1, Art. 27 Abs. 1, Art. 34 Abs. 2, Art. 37, 39 des Gesetzes vom 29. Mai 1886, die Flurbereinigung betr.

Der Entwurf giebt im Artikel 41 eine allgemeine Vorschrift. Bei den einzelnen Gesetzen sind die durch die Einführung des Grundbuchs und die Zulassung von Grundschulden und Rentenschulden veranlaßten Aenderungen regelmäßig nur dann berücksichtigt, wenn die von ihnen betroffenen Vorschriften auch aus anderen Gründen einer Aenderung bedürfen.

Artikel 42.

Aufhebung von Gesetzen.

Nach Artikel 55 des Einführungsgesetzes zum Bürgerlichen Gesetzbuche treten die privatrechtlichen Vorschriften der Landesgesetze außer Kraft, soweit nicht ein Anderes bestimmt ist. Den gleichen Grundsatz enthalten Artikel 15 des Einführungsgesetzes zum Handelsgesetzbuch und durch Verweisung auf den Artikel 55 des Einführungsgesetzes zum Bürgerlichen Gesetzbuche der § 1 des Einführungsgesetzes zu dem Gesetz über die Zwangsversteigerung und die Zwangsverwaltung und der § 82 Abs. 2 der Grundbuchordnung. Ebenso verlieren nach § 14 des Einführungsgesetzes zur Civilprozeßordnung und nach § 4 des Einführungsgesetzes zur Konkursordnung die landesgesetzlichen Vorschriften ihre Geltung, welche sich auf die Rechtsgebiete beziehen, deren Regelung durch die Aenderungen der Civilprozeßordnung und der Konkursordnung erfolgt ist. Das Gesetz über die Angelegenheiten der freiwilligen Gerichtsbarkeit zieht der Landesgesetzgebung insofern weniger enge Grenzen, als es im § 200 Abs. 1 landesgesetzliche Vorschriften zur Ergänzung und Ausführung auch außerhalb des Bereichs der besonderen Vorbehalte zuläßt.

Die Einführung des Bürgerlichen Gesetzbuchs und der mit ihm zusammenhängenden Reichsgesetze giebt, wie in der Einleitung der Begründung zu dem Entwurf eines Ausführungsgesetzes zum Bürgerlichen Gesetzbuche bemerkt worden ist,*) der Landesgesetzgebung Anlaß, auch einen Theil der Vorschriften, die von den Reichsgesetzen unberührt bleiben, aufzuheben und durch neue Vorschriften zu ersetzen. S. 65.

Der Entwurf führt im Interesse der Uebersichtlichkeit des noch anwendbaren Rechtsstoffs zur Erleichterung der Rechtsanwendung die Gesetze einzeln auf, welche mit dem Inkrafttreten des Bürgerlichen Gesetzbuchs ihre Geltung verlieren, ohne zu unterscheiden, ob sie durch Reichsgesetz außer Kraft gesetzt werden oder die Aufhebung durch die Landesgesetzgebung erfolgt. Den gleichen Standpunkt hat die bayerische Gesetzgebung bei der Einführung des Strafgesetzbuchs und der Prozeßordnungen eingenommen. S. 66.

Vergl. Gesetz vom 26. Dezember 1871, den Vollzug der Einführung des Strafgesetzbuchs u. s. w. betr., Art. 2, Gesetz vom 23. Februar 1879 zur Ausführung der Civilprozeßordnung und Konkursordnung Art. 235, Gesetz vom 18. August 1879 zur Ausführung der Strafprozeßordnung Art. 2.

Zu Bemerkungen geben lediglich die nachstehenden Gesetze und Gesetzesbestimmungen Anlaß.

Zu Ziff. 1.

Von den dem bürgerlichen Rechte angehörenden Vorschriften des Hypothekengesetzes werden der § 12 Nr. 1, 2, 4, 10 und der mit diesen Vorschriften zusammenhängende § 11 Abs. 1 durch die Artikel 8, 80, 111 und den Artikel 114 Abs. 2 des Entwurfes eines Ausführungsgesetzes zum Bürgerlichen Gesetzbuch**) ersetzt. Der § 37 ist durch die Vorschriften der Artikel 1 bis 12, 16 des Gesetzes vom 15. Juni 1898, das Unschädlichkeitszeugniß betreffend,***) entbehrlich geworden. Dem § 38 Satz 3 entspricht der Artikel 55a des Gesetzes zur Ausführung der Civilprozeßordnung und Konkursordnung (Art. 33 Ziff. XI des Entw.).

Zu Ziff. 5.

Der § 30 Abs. 6 und die §§ 31 bis 34 des Finanzgesetzes vom 28. Dezember 1831 werden durch die Artikel 112, 113 des Entwurfes eines Ausführungsgesetzes zum Bürgerlichen Gesetzbuch†) ersetzt.

Zu Ziff. 6.

Das Gesetz vom 28. Dezember 1831 über die Privatvereine zur Versicherung gegen Wetter- und insbesondere Hagelschaden ist neben dem Hagelversicherungsgesetze vom 13. Februar 1884 thatsächlich völlig bedeutungslos. Der Entwurf will es deshalb ebenso aufheben, wie der Artikel 39 des Gesetzes vom 18. März 1896, einige Bestimmungen über die Inhaberpapiere betreffend, das Gesetz vom 11. September 1825, die Creditvereine der bayerischen Gutsbesitzer betreffend, beseitigt hat.

---

*) Vergl. Abth. IV Seite 33 ff.
**) Vergl. Abth. IV Seite 9, 23, 24, 29, 30.
***) Vergl. Abth. II Seite 266 bis 270.
†) Vergl. Abth. IV Seite 29, 30.

S. 66. Zu Ziff. 9.

An die Stelle des § 12 des Gesetzes vom 31. Mai 1846, die Regulirung des Biersatzes und die Verhältnisse der Bräuer zu den Wirthen und dem Publikum betreffend, tritt der Artikel 7 Abs. 2 des Entwurfes eines Ausführungsgesetzes zum Bürgerlichen Gesetzbuche.*)

Zu Ziff. 10.

Das Gesetz vom 29. Juni 1851 über die kaufmännischen Anweisungen wird durch Artikel 21 Satz 2 des Einführungsgesetzes zum Handelsgesetzbuch aufgehoben.

Zu Ziff. 12.

Das Gesetz vom 22. Februar 1855 über die Statutar- und Gewohnheitsrechte der Stadt München kommt nur für das in den Generalmandaten vom 7. November 1724 und vom 23. Januar 1775 bestätigte Recht der Stadt München auf die Verlandungen der Isar (Art. 23 Abs. 4 des Gesetzes vom 28. Mai 1852 über die Benützung des Wassers, Art. 65 des Einf.-Ges. zum B. GB.) in Betracht, dieses Recht ist aber jetzt ohne Bedeutung.

Zu Ziff. 16.

Von den Bestimmungen des Gesetzes vom 29. September 1861 gelten nur noch die Artikel 1, 2, 4, 6, 7.

Für die auf den Namen des Gläubigers umgeschriebenen Staatsschuldverschreibungen auf den Inhaber (Art. 101 des Einf.-Ges. zum B. GB.) ersetzt der Artikel 47 Abs. 1**) des Entwurfes eines Ausführungsgesetzes zum Bürgerlichen Gesetzbuche die bisherigen Vorschriften über die Verjährung durch die Vorschriften der §§ 801, 802 des Bürgerlichen Gesetzbuchs. Nach Artikel 48 des angeführten Entwurfes gilt das Gleiche für die Staatsschuldverschreibungen, deren Umschreibung auf den Namen des Gläubigers schon vor dem Inkrafttreten des Bürgerlichen Gesetzbuchs erfolgt ist.

Ueber die Verjährung der Ansprüche aus den vor dem Inkrafttreten des Bürgerlichen Gesetzbuchs ausgestellten Staatsschuldverschreibungen auf den Inhaber (Art. 174 Abs. 2, Art. 175 des Einf.-Ges. zum B. GB.) wird in dem Entwurfe der Uebergangsvorschriften Bestimmung getroffen werden.

An die Stelle der finanzrechtlichen Bestimmungen der Artikel 1, 2 des Gesetzes vom 29. September 1861 tritt der Artikel 49 des Entwurfes eines Ausführungsgesetzes zum Bürgerlichen Gesetzbuche.***)

Die im Artikel 4 des Gesetzes vom 29. September 1861 vorausgesetzte Verwaltungseinrichtung, vermöge deren die Staatsschuldenverwaltung bei der Einlösung der Haupturkunde von dem Rechte, den Betrag der fehlenden Zinsscheine abzuziehen (§ 803 Abs. 2 des B. GB.), keinen Gebrauch macht, wenn für diesen Betrag Sicherheit geleistet wird, bleibt, wie in der Begründung zu Artikel 47 Abs. 1 des Entwurfes eines Ausführungsgesetzes zum Bürgerlichen Gesetzbuche bemerkt ist,†) unberührt.

---

*) Vergl. Abth. IV Seite 9.
**) Vergl. Abth. IV Seite 17.
***) Vergl. Abth. IV Seite 17.
†) Vergl. Abth. IV Seite 17.

Zu Ziff. 17. S. 66.

Der § 26 Ziff. 2 des III. Abschnitts des Landtagsabschieds vom 10. November 1861 wird, soweit die dort gegebenen Vorschriften noch gelten, durch den Artikel 7 des Entwurfes eines Ausführungsgesetzes zum Bürgerlichen Gesetzbuch*) ersetzt.

Der § 28 hebt in der Ziff. 2 alle gesetzlichen Vorkaufsrechte mit Ausnahme des Vorkaufsrechts der Theilhaber an einer Gemeinschaft auf. Nicht berührt durch den § 28 ist jedoch das Vorkaufsrecht des Staates an den vormals reichsständischen Besitzungen der Standesherrn (Deklaration vom 19. März 1807 H Ziff. 14 mit Art. 27 der Rheinbundsakte vom 12. Juli 1806, Beilage IV zu der Verfassungsurkunde § 65). Nach Artikel 58 des Einführungsgesetzes zum Bürgerlichen Gesetzbuche bleibt dieses Vorkaufsrecht bestehen.

Zu Ziff. 23. S. 67.

Nach Artikel 165 des Einführungsgesetzes zum Bürgerlichen Gesetzbuche bleiben die Vorschriften des Gesetzes vom 29. April 1869, die privatrechtliche Stellung von Vereinen betreffend, in Ansehung derjenigen Vereine in Kraft, welche auf Grund dieses Gesetzes zur Zeit des Inkrafttretens des Bürgerlichen Gesetzbuchs bestehen. Es ist indessen, wie schon in der Begründung zu Artikel 33 unter Ziff. 11 und zu Artikel 34 unter Ziff. 19 bemerkt worden ist, in Aussicht genommen, die anerkannten Vereine in dem Entwurfe der Uebergangsvorschriften in eingetragene Vereine im Sinne des § 21 des Bürgerlichen Gesetzbuchs umzuwandeln.

Zu Ziff. 30.

Die im Artikel 1 Ziff. 1 des Gesetzes vom 29. Mai 1886 enthaltene Vorschrift wird auf Grund des Artikel 114 des Einführungsgesetzes zum Bürgerlichen Gesetzbuche durch den Artikel 114 Abs. 1 des Entwurfes eines Ausführungsgesetzes zum Bürgerlichen Gesetzbuch**) ersetzt.

Zu Ziff. 31.

Wegen des nach Artikel 81 des Einführungsgesetzes zum Bürgerlichen Gesetzbuche zum Theile aufrechtbleibenden Artikel 2 des Gesetzes vom 18. Dezember 1887 wird auf die Artikel 6, 15 des Entwurfes eines Ausführungsgesetzes zum Bürgerlichen Gesetzbuche***) verwiesen.

Zu Ziff. 32.

Der Artikel 17 des Gesetzes vom 26. April 1888 wird im Artikel 122 Abs. 1 des Entwurfes eines Ausführungsgesetzes zum Bürgerlichen Gesetzbuche†) durch eine für das ganze Königreich geltende Vorschrift ersetzt.

Zu Ziff. 34.

Der sachliche Inhalt des Gesetzes vom 18. März 1896, die Abänderung des Art. 19 des Notariatsgesetzes vom 10. November 1861 betreffend, ist vom Entwurfe (Art. 34 Ziff. XVI) in den Artikel 63 des Ausführungsgesetzes zum Gerichtsverfassungsgesetz übernommen worden.

---

*) Vergl. Abth. IV Seite 8, 9.
**) Vergl. Abth. IV Seite 30.
***) Vergl. Abth. IV Seite 8, 10.
†) Vergl. Abth. IV Seite 32.

S. 67.

Zu Ziff. 35.

Von den Bestimmungen des Gesetzes vom 18. März 1896 bleiben außer der auf die Gebühr für die Ertheilung der staatlichen Genehmigung bezüglichen Vorschrift des Artikel 38 Abs. 3, die bei den Aenderungen des Gesetzes über das Gebührenwesen berücksichtigt werden wird, nur die des Artikel 4 Abs. 2 und des Artikel 9 Abs. 2 ganz und die des Artikel 2 und des Artikel 17 Abs. 2 theilweise unberührt. Nach Artikel 4 Abs. 2 ist bei Staatsschuldverschreibungen auf den Inhaber das Aufgebot auch durch die vom Staatsministerium der Finanzen bezeichneten Blätter bekannt zu machen. Das Gleiche ist im Artikel 9 Abs. 2 für das Ausschlußurtheil und das auf die Anfechtungsklage ergangene Urtheil bestimmt. Der Entwurf erachtet, wie in der Begründung zu Artikel 33 unter Ziff. 7 bemerkt worden ist, die Anordnung weiterer Bekanntmachungen für nicht erforderlich. Die im Artikel 2 enthaltene Verweisung auf den Artikel 69 Abs. 2 des Gesetzes zur Ausführung der Civilprozeßordnung und Konkursordnung wird durch die neue Fassung ersetzt, die dieser Artikel in dem Artikel 33 Ziff. XIII des Entwurfes erhält. Die im Artikel 17 Abs. 2 enthaltene Strafvorschrift kann neben dem im Artikel 34 Nr. IV des Einführungsgesetzes zum Bürgerlichen Gesetzbuch enthaltenen § 145a des Strafgesetzbuchs insoweit bestehen bleiben, als sie Zuwiderhandlungen gegen die Bestimmungen betrifft, unter denen die staatliche Genehmigung ertheilt worden ist. Es besteht aber kein Bedürfniß, sie aufrechtzuerhalten. Für die wichtigsten Fälle wird das in Aussicht stehende Reichsgesetz über die Hypothekenbanken das Erforderliche vorkehren. Im Uebrigen kann den Gläubigern überlassen werden, ihre Rechte geltend zu machen.

Artikel 44.

Einstweilige Aufrechterhaltung von Vorschriften des Liegenschaftsrechts.

Die Vorschrift entspricht dem Artikel 123 des Entwurfes eines Ausführungsgesetzes zum Bürgerlichen Gesetzbuch*) und beruht auf demselben Grunde.

Als selbstverständlich betrachtet der Entwurf, daß diejenigen Vorschriften, die nach ihrer Fassung das Liegenschaftsrecht des Bürgerlichen Gesetzbuchs voraussetzen, so weit nicht ein Anderes bestimmt ist, nicht vor der Anlegung des Grundbuchs in Kraft treten.

---

*) Vergl. Abth. IV Seite 32.

4.

Verhandlungen des Justiz-Gesetzgebungsausschusses der Kammer der Abgeordneten.

16.

Protokoll

über die Sitzung des besonderen (XVIII.) Ausschusses der Kammer der Abgeordneten zur Berathung der durch die Einführung des Bürgerlichen Gesetzbuchs veranlaßten Gesetzentwürfe.*)

(Beilagenband XX, Abth. II, z. d. Verhandl. d. K. d. Abg. 1898 Seite 253 bis 272.)

München, den 5. Dezember 1898, Vormittags $9^1/_2$ Uhr. S. 253.

Gegenwärtig:

Die Vertreter der k. Staatsregierung: der k. Staatsminister der Justiz Dr. Freiherr von Leonrod, Excellenz, der k. Senatspräsident am obersten Landesgerichte Dr. Ritter von Jacubezky, der k. Ministerialrath im Staatsministerium der Finanzen, Kronanwalt Ritter von Schubart, der k. Oberregierungsrath im Staatsministerium des Innern Schreiber, der k. Oberregierungsrath im Staatsministerium des Innern Krazeisen, der k. Regierungsrath im Staatsministerium des Innern Brettreich; ferner die Ausschußmitglieder: von Stobäus, Vorsitzender, Wagner, Stellvertreter des Vorsitzenden, Michel, Stellvertreter des Schriftführers, Conrad, Fuchs, Joseph Geiger, Joseph Huber, Landmann, Lerno, Lutz, Seeberger, Segitz, von Walter (Dr. Casselmann und Dr. Ratzinger entschuldigt).

Tagesordnung:

Entwurf eines Gesetzes, die durch die Einführung des Bürgerlichen Gesetzbuchs veranlaßten Aenderungen der seit 1818 erlassenen Gesetze betreffend.

Artikel 1 mit 9.

Erste Lesung.

Der Vorsitzende **von Stobäus** eröffnet die Sitzung um 9 Uhr 34 Minuten.

Da eine Generaldiskussion nicht veranlaßt erscheint, wird sofort in die **Spezialdiskussion** eingetreten.

Artikel 1.

Abg. **von Walter** (Referent): Nach Artikel 1 soll zunächst in der VII. Beilage der Verfassungsurkunde, welche von den Fideikommissen handelt, der § 14 Abs. 3 eine geänderte Fassung erhalten, und dann sollen der § 28 Satz 2 und der § 109 dieser Beilage aufgehoben werden.

§ 28 der VII. Verfassungsbeilage bestimmt:

> „Wenn sich entweder gleich bei der Errichtung oder bei den nur bedingt bestätigten Fideikommissen in der Folge ein Mangel an dem zur Gründung eines Familien-Fideikommisses nothwendigen Vermögen bezeigt, so können diejenigen, welche zum Fideikommisse berufen sind, das Mangelnde entweder aus eigenem Vermögen oder durch Verwendung der Früchte zur Vermehrung der Substanz nach der im § 10 enthaltenen Bestimmung ergänzen und hiedurch die fideikommissarische Disposition aufrecht erhalten."

*) Die Protokolle 1 bis 15 gehören in die IV. Abtheilung.

S. 253. In einem weiteren Satze wird ausgesprochen:

„Kann die Disposition als Familien-Fideikommiß nicht bestehen, so bleibt sie als fideikommissarische Substitution (§ 109) gültig.“

In § 109 wird dann die weitere Bestimmung getroffen:

„Jeder bayerische Unterthan kann durch rechtsgültige Handlungen unter Lebenden oder von Todeswegen über sein Vermögen so verfügen, daß derjenige, welcher es erhält, verpflichtet ist, dasselbe nach seinem Tode oder in andern bestimmten Fällen dem ernannten Nachfolger zu überlassen.“

Der letzte Satz in § 28 und der zweite Absatz des § 109 handeln von der sogenannten fideikommissarischen Substitution, von dem Nacherbenrecht, und der Entwurf geht nach meinem Dafürhalten mit Recht von der Voraussetzung aus, daß für diese Bestimmungen, welche rein privatrechtlicher Natur sind, bei der Aenderung des bürgerlichen Rechts in der VII. Verfassungsbeilage, die nur öffentliches Recht konstituirt, kein Raum ist, und deßhalb wird die Aufhebung der bekannt gegebenen Bestimmungen vorgeschlagen. Ich für meinen Theil stimme vollständig den Motiven zu und beantrage, den ersten Satz des Artikel 1 in beiden Richtungen anzunehmen.

In einer zweiten Ziffer wird uns vorgeschlagen, daß die VIII. Verfassungsbeilage aufgehoben wird. Diese handelt von dem Rechte der Siegelmäßigkeit. Das Recht der Siegelmäßigkeit ist eine Einrichtung, die längst in allen ihren Beziehungen antiquirt ist. Ich weiß auch nicht eine einzige Bestimmung der VIII. Verfassungsbeilage, welche noch giltig wäre. Es würde deßhalb nach meinem Dafürhalten einer ausdrücklichen Aufhebung der VIII. Beilage nicht bedürfen. Ich habe aber auch nichts dagegen, wenn diese Aufhebung ausdrücklich ausgesprochen wird; nur meine ich, müßten wir dann etwas weiter gehen und die Bestimmungen der Verfassungsurkunde selbst, auf welche die VIII. Verfassungsbeilage sich bezieht, aufheben. Es sind diese Bestimmungen enthalten in Tit. V § 4 Ziff. 4 und § 5 der Verfassungsurkunde, und außerdem kommt noch ein Gesetz vom 28. Mai 1852 über die Siegelmäßigkeit in Frage, welches auch keine Bedeutung mehr hat und welches deßhalb gleichfalls aufzuheben wäre.

Ich würde also beantragen, daß dem Regierungsentwurfe zugestimmt und zugleich ausgesprochen werde, daß auch Tit. V § 4 Ziff. 4 und § 5 der Verfassungsurkunde, sowie das Gesetz vom 28. Mai 1852 über die Siegelmäßigkeit aufgehoben werden.

Bei diesem Anlasse muß ich noch eine Frage allgemeiner Art aufwerfen. Bei dem 24. Deutschen Juristentag ist nämlich auch die Frage erörtert worden, inwieweit der Adel des Mannes auf die Frau und die Kinder übergehen solle. In dieser Beziehung sind nun die Meinungen sehr auseinandergegangen. Es sind drei Gutachten abgegeben worden: von dem Reichsgerichtssenatspräsidenten Dr. Freiherrn von Bülow, von dem Professor Dr. Karl Krückmann und von dem Privatdozenten Dr. Obet. Das Bürgerl. Gesetzbuch enthält sich in dieser Richtung jeder Entscheidung, was Rechtens sein solle, wenn ein adeliger Gatte
S. 254. eine bürgerliche Frau heirathet, und was Rechtens sein solle in Bezug || auf uneheliche Kinder, die durch nachfolgende Ehe legitimirt, sowie auch in Bezug auf jene Kinder, die für ehelich erklärt oder an Kindesstatt angenommen werden, und ob auch sie an dem Adel des Vaters theilnehmen sollen. Nach meinem Dafürhalten, und darin stimmen auch die drei Gutachten überein, handelt es sich hier um eine Frage des öffentlichen Rechts, bezüglich welcher das Bürgerl.

Gesetzbuch sich mit Recht einer Entscheidung enthalten hat. Im Allgemeinen sind die drei Herren sich auch darüber einig, daß in Bezug auf den hohen Adel ohnehin das Familienrecht zu gelten hat, daß auch in Bezug auf den landsässigen Adel, also bezüglich der Grafen und Freiherren, anzunehmen ist, daß dieser Adel sich nicht ohne Weiteres auf die Kinder erstreckt, namentlich dann nicht, wenn die Kinder durch Allerhöchstes Rescript für ehelich erklärt oder an Kindesstatt angenommen werden. Dagegen sind die Meinungen sehr auseinandergegangen in Bezug auf die Frage, ob auch der „Von"-Titel, der Adel, den ein Ritter durch Verleihung eines Ordens u. s. w. erhält, sich auf die Kinder erstreckt, und da ist theilweise angenommen worden, daß das „von" zum Namen gehört und, weil der Name des Vaters auch dem Kinde zu Theil wird, auch der „Von"-Titel auf das Kind übergehen muß. Allein ich glaube, daß in dieser Beziehung im Königreich Bayern die V. Verfassungsbeilage, das Edikt über den Adel, entscheidend ist. Hier finden wir folgende Bestimmungen: S. 254.

§ 1: „Der Adel wird durch eheliche Abstammung von einem adeligen Vater ererbt oder durch Königliche Verleihung erworben."

§ 2: „Die durch nachfolgende Ehe Legitimirten werden den ehelich Geborenen gleich geachtet.

Durch Legitimation mittelst Königlichen Rescripts, durch Adoption oder irgend einen andern Privatakt kann der Adel nur mit ausdrücklicher, Königlicher Bewilligung übertragen werden, welche dann für eine neue Verleihung gilt.

Soll der Legitimirte, der Adoptirte den Besitz der adeligen Titel und Wappen der Familie desjenigen, von welchem er sein Recht ableitet, erlangen, so ist überdieß die Einwilligung der Agnaten erforderlich."

Damit, glaube ich, ist die ganze Materie für uns auch in Bezug auf den niederen Adel vollständig im öffentlichen Rechte geregelt und können deßhalb die Bestimmungen des Bürgerl. Gesetzbuchs nicht weiter in Frage kommen. Dieselben sind niedergelegt in

§ 1355: „Die Frau erhält den Familiennamen des Mannes."

§ 1616: „Das Kind erhält den Familiennamen des Vaters."

§ 1719: „Ein uneheliches Kind erlangt dadurch, daß sich der Vater mit der Mutter verheirathet, mit der Eheschließung die rechtliche Stellung eines ehelichen Kindes."

§ 1723 Abs. 1: „Ein uneheliches Kind kann auf Antrag seines Vaters durch eine Verfügung der Staatsgewalt für ehelich erklärt werden."

§ 1734: „Die Ehelichkeitserklärung kann versagt werden, auch wenn ihr ein gesetzliches Hinderniß nicht entgegensteht."

§ 1736: „Durch die Ehelichkeitserklärung erlangt das Kind die rechtliche Stellung eines ehelichen Kindes."

§ 1757 Abs. 1: „Durch die Annahme an Kindesstatt erlangt das Kind die rechtliche Stellung eines ehelichen Kindes des Annehmenden."

Die Annahme, daß das Prädikat „von" oder „Ritter" zum Namen gehört und nicht eine spezielle Auszeichnung ist, die mit der Verleihung des Adels verbunden wird, ist nach meinem Dafürhalten in Bayern auch durch die weitere Bestimmung ausgeschlossen, daß derjenige, dem z. B. der Kronorden verliehen ist, nicht sofort zur Führung dieses Prädikats berechtigt ist, sondern erst, wenn er in die Adelsmatrikel eingetragen ist. Damit ist nach meinem Dafürhalten ausgesprochen, daß das Prädikat „von" ein Bestandtheil des Adels und nicht blos ein Bestandtheil des Namens ist. Die Ehefrau wird

S. 254. beim niedern Adel auch den Adel erwerben und den Titel, ebenso die ehelichen und die durch nachfolgende Ehe legitimirten unehelichen Kinder, während bei den übrigen Kindern sowohl bei der Ehelichkeitserklärung als auch bei der Annahme an Kindesstatt der Uebergang des Adels nur dann eintreten kann, wenn er ausdrücklich bei der Legitimation, Arrogation u. s. w. verliehen wird. —

Im Gesetzentwurfe soll ferner Abs. 3 des § 14 der VII. Verfassungsbeilage, welcher lautet: „Gegen die Entschließungen der Appellationsgerichte in Fideikommißsachen finden Rechtsmittel, wie in streitigen Rechtssachen, statt", abgeändert werden. Diese Bestimmung hat nun schon längst ihre Bedeutung verloren und findet die Beschwerde statt, wie in allen Gegenständen der nichtstreitigen Rechtspflege. Deßhalb macht uns die k. Staatsregierung den Vorschlag, daß der Abs. 3 künftig lauten soll:

„Die Anfechtung der Entscheidungen richtet sich nach den für die Beschwerde in Angelegenheiten der freiwilligen Gerichtsbarkeit geltenden Vorschriften."

Abg. **Conrad** (Korreferent): Ich kann mich, zunächst was die Regierungsvorlage anlangt, mit der Anschauung des Herrn Referenten einverstanden erklären.

Bezüglich der Ziff. I des Artikel 1 werden zwei Punkte zur Abänderung, d. h. Anpassung an das neue Recht, empfohlen. Wir haben uns schon in Artikel 115 des Ausführungsgesetzes dahin ausgesprochen, daß auch diejenigen Gegenstände der freiwilligen Gerichtsbarkeit, welche eigentlich der landesgesetzlichen Regelung zustehen, durch reichsgesetzliche Normen geregelt, beziehungsweise daß letztere für unsere Angelegenheiten der freiwilligen Gerichtsbarkeit herübergenommen werden können. Dahin gehören auch die Bestimmungen über die Fideikommisse, und wird es wohl keinem Bedenken unterliegen, daß der neue Rechtszustand anerkannt und klargestellt wird. Hauptsächlich wird dieß hinsichtlich der sogenannten Vulgarsubstitution in der VII. Verfassungsbeilage erwünscht sein. Es ist überhaupt merkwürdig, daß diese beiden Bestimmungen des § 28 und des § 109 der VII. Verfassungsbeilage, die doch eigentlich materielles Privatrecht betreffen, in einem Gesetze Aufnahme fanden, das ausgesprochenermaßen die Vorrechte des Adels hinsichtlich der Fideikommißerrichtung zum Gegenstande hat. Ich habe gehört, daß sogar Gerichte darüber gestolpert seien, daß sie diese Bestimmungen gewissermaßen nicht entdeckten. Da das neue Recht über die gewöhnliche Substitution anderweite Bestimmungen trifft in seinem Nacherbenrecht, so wird die erwähnte Norm unserer VII. Verfassungsbeilage zu streichen sein.

Was die VIII. Verfassungsbeilage betrifft, so ist ihre Aufhebung wohl auch natürlich; denn es kann sich höchstens nur um ganz spärliche Reste der Siegelmäßigkeit handeln, die bis jetzt noch in Geltung waren. Bei Verfügungen über das Muttergut war es den Siegelmäßigen noch zugelassen, mit dem Rechte der Siegelmäßigkeit Urkunden auszufertigen. ‖ Daß nun dieser
S. 255. letzte Rest auch in Wegfall kommt, ist durchaus angezeigt.

Wenn der Herr Referent im Zusammenhange damit noch weitere Verfassungsbestimmungen anführt, die außer Kraft zu setzen seien, so bin ich im Moment nicht genügend orientirt. Wenn dem nichts im Wege steht, so dürfte der § 4 Ziff. 4 des V. Titel der Verfassungsurkunde, der von der Siegelmäßigkeit spricht, auch nach meiner Ansicht in Wegfall kommen, ebenso das andere vom Herrn Referenten angeführte Gesetz vom 28. Mai 1852.

Dann hat der Herr Referent die Uebertragung des Adels bei den verschiedenen Gattungen von Kindern besprochen. Auch ich glaube, daß jedenfalls die ehelichen und die durch nachgefolgte Ehe legitimirten des vollen Besitzes der väterlichen Rechte sich zu erfreuen haben auch hinsichtlich des Adels. Anders aber wird es mit den anerkannten beziehungsweise den durch Allerhöchstes Rescript erst als ehelich erklärten und mit den an Kindesstatt angenommenen Kindern sich verhalten. Schon das Gesetz über die Verleihung der Bundes- und Staatsangehörigkeit beruht in den Fällen der Uebernahme von Angehörigen anderer Staaten auf dem Gedanken, daß es unterscheidet zwischen den durch nachfolgende Ehe legitimirten und den anderen durch privaten Willkürakt ehelich gewordenen Kindern, und ebenso dürfte die Analogie des hohen Adels angeführt werden, der auch ein abgeschlossenes Ganze bildet und nicht etwa durch Allerhöchstes Rescript Andern verliehen werden kann. S. 255.

Der k. Staatsminister der Justiz Dr. Freiherr **von Leonrod:** Ich bin mit den Ausführungen des Herrn Referenten im Wesentlichen einverstanden und möchte nur einige Bemerkungen beifügen.

Von der VIII. Beilage zu der Verfassungsurkunde, welche von der Siegelmäßigkeit handelt, ist der § 12 noch in Geltung. Nach diesem richtet sich die Auszeigung und Nutznießung des Mutterguts nach den bestehenden Gesetzen. Die Besonderheiten, welche bezüglich der Auszeigung des Mutterguts für die siegelmäßigen Personen früher gegolten haben, sind durch den Artikel 150 des Notariatsgesetzes beseitigt. Dagegen sind die bestehenden Gesetze über die Nutznießung des Mutterguts noch in Kraft. Besondere Vorschriften für die siegelmäßigen Personen enthalten in dieser Beziehung das Bayerische Landrecht (I 5 § 5 Nr. 3) und die Augsburger Protokollarordnung. Der siegelmäßige Vater hat danach die lebenslängliche Nutznießung des Mutterguts. Diese Bestimmungen des Bayerischen Landrechts und des Augsburger Statutarrechts fallen mit dem Inkrafttreten des Bürgerl. Gesetzbuchs nicht nur für die nach diesem Zeitpunkte, sondern auch für die vorher geborenen Kinder weg; denn nach Artikel 203 des Einführungsgesetzes zum Bürgerl. Gesetzbuch bestimmt sich das Rechtsverhältniß zwischen den Eltern und einem vor dem Inkrafttreten des Bürgerl. Gesetzbuchs geborenen ehelichen Kinde von dem Inkrafttreten des Bürgerl. Gesetzbuchs an nach dessen Vorschriften. Mit Rücksicht hierauf hebt der Entwurf die VIII. Verfassungsbeilage ausdrücklich auf.

Gegen die Aufhebung des Tit. V § 4 Nr. 4 und § 5 der Verfassungsurkunde habe ich nichts zu erinnern. Das vom Herrn Referenten angezogene Gesetz vom 28. Mai 1852 über die Siegelmäßigkeit ist längst gegenstandslos geworden. Es ist nicht erforderlich, es ausdrücklich als aufgehoben zu erklären.

Das Bürgerl. Gesetzbuch trifft an verschiedenen Stellen Vorschriften über die Namensführung. In Betracht kommen:

§ 1355, nach welchem die Frau den Familiennamen des Mannes erhält;

§ 1577, nach welchem die geschiedene Frau regelmäßig den Familiennamen des Mannes behält, der Mann aber unter Umständen berechtigt ist, ihr die Fortführung seines Namens zu verbieten, und ebenso die Frau unter gewissen Voraussetzungen ihren früheren Namen wieder annehmen kann;

§ 1616, nach welchem das eheliche Kind den Familiennamen des Vaters erhält;

§ 1706, nach welchem das uneheliche Kind den Familiennamen der Mutter erhält, der Ehemann der Mutter aber unter bestimmten Voraussetzungen dem Kinde seinen Namen ertheilen kann;

S. 255. §§ 1719, 1736, nach welchen ein durch nachfolgende Ehe oder durch Ehelichkeitserklärung legitimirtes Kind die rechtliche Stellung eines ehelichen Kindes und damit auch den Namen des Vaters erhält;

§ 1758, nach welchem das angenommene Kind den Familiennamen des Annehmenden erhält, dem neuen Namen jedoch den früheren hinzufügen darf, sofern nicht in dem Annahmevertrag ein Anderes bestimmt ist;

§ 1772, nach welchem mit der Aufhebung der Annahme an Kindesstatt das Kind und diejenigen Abkömmlinge des Kindes, auf welche sich die Aufhebung erstreckt, das Recht verlieren, den Familiennamen des Annehmenden zu führen.

Es ist die Behauptung aufgestellt worden, daß durch diese Bestimmungen auch das Recht der Führung eines adeligen Namens geregelt und insofern die V. Beilage zu der Verfassungsurkunde, das Adelsedikt, geändert worden sei. Dieser insbesondere von v. Bülow in der deutschen Juristenzeitung vertretenen Ansicht ist zwar schon von verschiedenen Seiten entgegengetreten worden. Insbesondere ist dieß in einem in Gruchot's Beiträgen zur Erläuterung des deutschen Rechts Bd. 41 S. 443 erschienenen Aufsatze von dem früheren Vorsitzenden der Kommission für die zweite Lesung des Entwurfes eines Bürgerl. Gesetzbuchs, dem jetzigen Oberlandesgerichtspräsidenten Dr. Küntzel, geschehen; auch pflichten die bis jetzt erschienenen Kommentare, namentlich der Kommentar von Planck, Erläuterungen zu den §§ 12, 1355, den Ausführungen Bülow's nicht bei. Bei der Wichtigkeit der Sache möchte ich jedoch auch den Standpunkt der bayerischen Regierung darlegen.

Die bayerische Gesetzgebung und Rechtsprechung ist stets davon ausgegangen, daß die Vorschriften über den Erwerb und den Verlust des Adels nicht dem bürgerlichen, sondern dem öffentlichen Rechte angehören. In den Motiven zum Entwurf erster Lesung des Bürgerl. Gesetzbuchs Bd. 4 S. 106, 983 ist bemerkt, daß eine Bestimmung darüber, ob die Frau den Stand des Mannes theile und ob die Annahme an Kindesstatt auf den Stand des Angenommenen von Einfluß sei, nicht aufgenommen sei, weil die Bestimmungen über den Erwerb des Standes im publizistischen Sinne, insbesondere des Adelsstandes, dem öffentlichen Rechte angehörten und deßhalb nicht im Bürgerl. Gesetzbuch zu treffen seien. Dieser Standpunkt ist von der zweiten Kommission (gedruckte Protokolle, herausgegeben von Achilles u. s. w., Bd. 4 S. 98) festgehalten und auch von der Reichstagskommission (Komm.-Bericht zum 4. Buche S. 95) gebilligt worden; in der Reichstagskommission ist sogar ausdrücklich
S. 256. anerkannt worden, daß die Bestimmungen über den Adel ‖ dem Landesrecht angehören. Hiernach kann ein begründeter Zweifel darüber nicht bestehen, daß die einschlägigen Vorschriften der V. Beilage zu der Verfassungsurkunde, insbesondere die §§ 1, 2 derselben, durch das Bürgerl. Gesetzbuch nicht berührt worden sind.

Abg. **Segitz:** Wenn eine Aenderung der Verfassungsurkunde beantragt wird, so hätte ich von meinem politischen Standpunkte eine ganze Reihe von Anträgen zu stellen behufs Beseitigung von Bestimmungen, die nach meiner Auffassung nicht mehr zeitgemäß sind. Allein ich glaube nicht, daß eine Neigung besteht, einschneidende Aenderungen in der Verfassungsurkunde vorzunehmen, und ich will keine aussichtslosen Anträge stellen.

Was die Vorlage selbst betrifft, so habe ich gegen den Regierungsentwurf und die weitergehenden Anträge des Herrn Referenten, soweit sie sich auf die VII. Verfassungsbeilage beziehen, keine Einwendung. Ich bin auch einverstanden, daß die VIII. Verfassungsbeilage aufgehoben wird. S. 256.

Die Frage der Uebertragung des Adelstitels auf die Familienangehörigen liegt mir zu fern, ist mir auch zu gleichgiltig, als daß ich mir darüber den Kopf zerbreche. Aber etwas Anderes möchte ich anführen, ob es nicht zeitgemäß wäre, eine Neuparagraphirung der Verfassung vorzunehmen. Jetzt schon ist ein Theil der Bestimmungen der Verfassungsurkunde außer Kraft gesetzt und heute beschließen wir wahrscheinlich wieder, daß verschiedene Bestimmungen aufgehoben werden, so daß man nicht mehr weiß, was in der Verfassungsurkunde giltig oder ungiltig ist. Ich glaube, es dürfte sich deßhalb empfehlen, eine Neuparagraphirung der Verfassung vorzunehmen. Irgend welche prinzipielle Bedenken können dem nicht entgegenstehen und zur Klarheit der Verfassung, dieses wichtigsten Gesetzes, das wir haben, wird es nur beitragen, wenn wir genau wüßten, was von diesem Gesetze noch giltig und was außer Kraft erklärt ist.

Abg. **von Walter** (Referent): Was die letzte Bemerkung des Herrn Abg. Segitz anlangt, so wird seiner Anregung wohl entsprochen werden. Das Archivariat nämlich ist schon seit längerer Zeit in der Ausarbeitung einer Neusammlung der Verfassungsgesetze begriffen, und es wird diese Arbeit um so mehr beschleunigt werden müssen, als der alte Vorrath der Sammlung nahezu vergriffen ist, und da wird wohl auch darauf Rücksicht genommen werden müssen, was von der Verfassungsurkunde und den Verfassungsbeilagen noch giltig ist.

Wenn ich Seine Excellenz den Herrn Staatsminister richtig verstanden habe, so ist er nur meiner Auffassung entgegengetreten, daß von der VIII. Verfassungsbeilage gar nichts mehr gelte. Wenn der § 12 noch in Wirksamkeit ist, wird er mit der Einführung des Bürgerl. Gesetzbuchs ebenfalls fallen. Deßhalb steht nach meinem Dafürhalten nichts im Wege, gelegentlich des Gesetzentwurfs, der mit dem Bürgerl. Gesetzbuch in Wirksamkeit tritt, diese ganze Verfassungsbeilage aufzuheben. Ich stelle deßhalb den Antrag:

Artikel 1 Ziff. II soll lauten:

„Titel V § 4 Ziff. 4 und § 5 der Verfassungsurkunde, die Siegelmäßigkeit betreffend, werden aufgehoben."

Es ist richtig, daß das Gesetz vom 28. Mai 1852 keine Giltigkeit mehr hat, allein, um jeden Zweifel auszuschließen, würde es nicht schaden, wenn wir auch in dieser Beziehung gleich den Strich machen, der nothwendig ist, um zu zeigen, daß das Gesetz nicht mehr gilt.

Senatspräsident Dr. **von Jacubezky:** Was zunächst das Gesetz vom 28. Mai 1852 anlangt, so bitte ich, es jedenfalls nicht hier zu erwähnen. Wenn es erwähnt werden soll, so müßte es in dem Artikel 42 erwähnt werden, der die aufzuhebenden Gesetze aufzählt; allein auch dort wird es nicht zu erwähnen sein, denn es ist schon durch das Notariatsgesetz Artikel 150 Abs. 2 ausdrücklich aufgehoben worden. — Der § 4 Abs. 2 Nr. 4 und der § 5 Abs. 2 des V. Titels der Verfassungsurkunde sind gleichfalls in dem Entwurfe nicht angeführt aus dem Grunde, weil sowohl im § 4 Abs. 2 als im § 5 Abs. 2 neben dem Rechte der Siegelmäßigkeit noch andere Rechte erwähnt sind, die gleichfalls nicht mehr bestehen. Wenn aber die ausdrückliche Aufhebung gewünscht wird, so mag man auch Tit. V § 4 Abs. 2 Nr. 4 und § 5 hier anführen. Ich weiß nicht, ob ich den Herrn Referenten richtig verstanden habe, ob er das Citat „§ 4 Abs. 2" hat.

(Referent von Walter: Abs. 2 habe ich nicht!)

S. 256. Im § 5 spricht nur der zweite Absatz von dem Rechte der Siegelmäßigkeit; man kann aber unbedenklich den ganzen Paragraphen für aufgehoben erklären.

Abg. **von Walter** (Referent): Da die Aufhebung des Gesetzes vom 28. Mai 1852 bereits geschehen ist und eine nochmalige Aufhebung nicht nothwendig ist, ziehe ich meinen Antrag in dieser Beziehung zurück.

Senatspräsident Dr. **von Jacubezky:** Ich möchte bemerken, es steht in dem Notariatsgesetz, daß „das Vorrecht der Siegelmäßigkeit bezüglich der nichtstreitigen Rechtspflege aufzuhören“ hat. Daraus ergibt sich, daß das Gesetz von 1852, das nur von Urkunden über „nichtstreitige Rechtsgeschäfte“ spricht, aufgehoben ist, wenn es auch nicht speziell angeführt ist.

Abg. **Michel:** Bei der Berathung des Ausführungsgesetzes zum Bürgerl. Gesetzbuch habe ich mir erlaubt, darauf hinzuweisen, daß die VII. Beilage der Verfassungsurkunde für die Pfalz nicht praktisch geworden ist, weil Artikel 896 des Code civil Substitutionen untersagt. Es bestand damals im Ausschusse Uebereinstimmung darüber, daß die Errichtung von Familienfideikommissen in der Pfalz unzulässig ist, und wurde von Seite Seiner Excellenz des Herrn Justizministers damals zugesagt, daß der bisherige Zustand in der Pfalz aufrecht erhalten werden soll. Ich glaube, daß jetzt der Zeitpunkt gekommen ist, um das Erforderliche zu veranlassen, und wünsche ich, daß dem Artikel 1 der Vorlage noch ein besonderer Absatz beigefügt werde, der dahin ginge: „Auf die Pfalz findet die VII. Beilage der Verfassungsurkunde keine Anwendung.“ Ich bin der Ansicht, daß es sich da nicht um Aufhebung eines Gesetzes handelt und daß um deswillen auch nicht im letzten Paragraphen eine dieser Bestimmungen untergebracht werden kann, sondern daß hier die richtige Stelle ist. Ich bescheide mich jedoch, wenn diese meine Ansicht unrichtig sein sollte, und bitte zunächst die königliche Regierung um eine Aeußerung in dieser Richtung, behalte mir jedoch vor, einen förmlichen Antrag zu stellen.

Der k. Staatsminister der Justiz: Im Namen der Staatsregierung kann
S. 257. ich erklären, daß gegen diese An‖regung kein Bedenken besteht. Es dürfte vielleicht die Fassung so lauten:

„III. In der Pfalz können Familienfideikommisse auch in Zukunft nicht errichtet werden.“

Abg. **von Walter** (Referent): Ich habe nichts dagegen zu erinnern, daß dieser Passus als Ziff. III dem Artikel 1 angefügt wird.

Abg. **Conrad** (Korreferent): Ich kann mich mit diesen Ausführungen einverstanden erklären, um so mehr, als ich schon bei Berathung des Ausführungsgesetzes zum Bürgerl. Gesetzbuch mich ebenfalls dahin ausgesprochen habe, daß es eines förmlichen gesetzgeberischen Aktes bedürfe, um die Bestimmungen über die Fideikommisse in der Pfalz einzuführen. Da nun aber doch Zweifel geäußert worden sind, so würde, um alle Bedenken zu beseitigen, eine ausdrückliche Erklärung dieser Art hier am besten ihre Stelle finden.

Was die Anregung des Herrn Kollegen Segitz betrifft, so bin ich froh, daß er heute nicht weiter zu sprechen kam auf Abänderungen materieller Natur, denn das verbietet sich meines Erachtens schon durch unsere Geschäftslage. Auch unsererseits besteht wohl bei dem Einen oder Anderen die Lust, da und dort bei den unserer Berathung unterstellten Gesetzen materielle, sachliche Aenderungen vorzunehmen; aber ich meine, ein derartiges Unterfangen würde an seiner Ungeheuerlichkeit scheitern, denn wir können unmöglich eine Revision

all' der Gesetze, die durch das neue Gesetz in formeller Beziehung geändert S. 257.
werden, auch materiell in Angriff nehmen und so tief einschneidende Aenderungen vornehmen. Wenn es möglich ist, blos formell die Verfassung in all' den Beziehungen richtig zu stellen, in denen sie jetzt noch gilt, so kann ich mich damit einverstanden erklären, um so mehr, als ich mir erlauben werde, an der einen oder anderen Stelle auch bezüglich anderer Gesetze eine andere Redigirung in Anregung zu bringen.

Abg. **Wagner:** Was die letztere Aeußerung des Herrn Kollegen Conrad betrifft, so stimme ich mit dem Herrn Referenten darin überein, daß es richtig ist, daß das Archivariat beauftragt ist, eine neue Verfassungsurkunde herauszugeben. Es ist natürlich nicht eine eigentlich offizielle Arbeit, sondern es ist eine Arbeit, die in usum des Landtags gemacht wird. Es wird also eine Ausgabe der Verfassungsurkunde mit Anmerkungen erscheinen, in welchen klargelegt ist, was von der Verfassungsurkunde noch gilt und was nicht.

Vorsitzender: Das Wort wird nicht weiter begehrt.

Es wäre also der Artikel 1 in der Fassung anzunehmen, die er nach dem Antrag „von Walter" erhält, nämlich daß Artikel 1 Ziff. II zu lauten habe:

„Titel V § 4 Abs. 2 Ziff. 4 und § 5 der Verfassungsurkunde, sowie die VIII. Verfassungsbeilage werden aufgehoben."

Dann bekäme der Artikel 1 noch eine Ziffer III des Inhalts:

„In der Pfalz können Familienfideikommisse auch in Zukunft nicht errichtet werden."

Artikel 1 ist angenommen.

Wir gehen über zu **Artikel 2.**

Abg. **von Walter** (Referent): Ich glaube, es wird nothwendig sein, daß wir in der Diskussion die einzelnen römischen Ziffern trennen, damit bei den größeren Artikeln nicht Alles durcheinanderschwimmt. Außerdem möchte ich hier ein für allemal die Bemerkung machen, daß ich es nicht für nothwendig erachte, auf die Motive zurückzukommen, weil ich sicher voraussetzen darf, daß die Herren Mitglieder des Ausschusses sich mit denselben bekannt gemacht haben werden. Ich werde also auf die Motive nur dann zurückkommen, wenn im Verlaufe der Diskussion sich irgend ein Anlaß ergibt.

Was nun die Ziff. I des Artikel 2 anlangt, so schlägt uns derselbe eine Aenderung des Grundsteuergesetzes vom 15. August 1828 vor und zwar zunächst durch einen § 71a. Das Grundsteuergesetz handelt im V. Kapitel unter lit. C von der Umschreibung im Kataster und bestimmt im § 71 Folgendes. (Referent verliest den Artikel.) Zu dieser Bestimmung soll nun der § 71a nach dem Entwurfe eingeschaltet werden, dessen Wortlaut Sie ohnehin vor sich haben. Die Aenderung ist namentlich deßhalb nothwendig, weil fortan auch im Kataster ebenso wie im Grundbuch nicht der Besitzer, sondern der Eigenthümer eingetragen werden muß, und weil daher Bestimmungen nothwendig sind, welche diesen Zweck zum Ausdruck bringen und sichern.

Der Abs. 1 des § 71a schreibt vor, daß die Umschreibung eines Grundstücks auf einen neuen Besitzer den Nachweis voraussetzt, daß der neue Besitzer Eigenthümer des Grundstücks ist.

In Abs. 2 wird bestimmt, daß die Umschreibung, wenn zu dem Erwerbe des Eigenthums die Eintragung in das Grundbuch erforderlich ist, auf Grund der Eintragung im Grundbuche zu erfolgen hat. In den übrigen Fällen muß das Eigenthum des neuen Besitzers in der für die Eintragung in das Grundbuch vorgeschriebenen Weise nachgewiesen werden.

S. 257. Endlich bestimmt noch ein Abs. 3:

„Zur Eintragung einer Aenderung in dem Bestand eines Grundstücks, abgesehen von der Vereinigung ganzer Grundstücke, insbesondere zur Eintragung einer Theilung, ist die Vorlage eines von der Messungsbehörde angefertigten Planes, in welchem die Aenderung ersichtlich gemacht ist, und eines Auszugs des Messungsverzeichnisses erforderlich."

Diese Bestimmungen, namentlich der Abs. 3, stehen im Zusammenhang mit einer Bestimmung, welche wir bereits in dem Gesetze über das Unschädlichkeitszeugniß beschlossen haben, und entsprechen der hier getroffenen Bestimmung. Ich habe nur bezüglich des Abs. 3 ein Bedenken, nämlich daß, wenn die Vereinigung ganzer Grundstücke stattfindet, die Vorlage eines Planes und eines Auszugs des Messungsverzeichnisses nicht erforderlich sein soll; so fasse ich den Abs. 3 auf. Nun wäre es gar nicht ganz unbedenklich, diese Bestimmung so allgemein zu fassen, weil unter Umständen auch bei der Vereinigung ganzer Grundstücke die Grenze nicht so ganz außer Zweifel steht, und weil in diesem Falle dann eine Unrichtigkeit sowohl in das Steuerkataster als in das Grundbuch eingetragen würde. Vorbehaltlich einer Aufklärung dieses Bedenkens beantrage ich die Zustimmung zu dem § 71a.

Abg. **Conrad** (Korreferent): Ich muß gestehen, auch ich hatte den Abs. 3 der Ziff. I, während ich gegen die übrigen Bestimmungen eine Erinnerung nicht
S. 258. zu machen ‖ habe, nicht unbedenklich gefunden; ich glaube aber, daß wohl praktische Gründe und solche technischer Art maßgebend dafür waren, warum man im Falle einer Vereinigung ganzer Grundstücke von der Vorschrift Umgang nehmen zu können glaubte. Die übrigen Bestimmungen scheinen mir wohl motivirt. Es verfolgt ja allerdings das Steuerkataster andere Zwecke als das Grundbuch. Dem ersteren ist es um die Steuer zu thun, dem letzteren um die Sicherstellung dinglicher Rechte. Aber soweit zwischen beiden Uebereinstimmung besteht, ist es wohl ganz angemessen, daß man auch für das Kataster sich die Anlage des Grundbuchs zu Nutzen macht. Vielleicht ist die k. Staatsregierung in der Lage, uns nähere Aufklärung darüber zu geben, warum man den Fall der Vereinigung ganzer Grundstücke davon ausgenommen hat.

Abg. **Wagner:** Ich habe im großen Ganzen gegen den § 71a auch kein Bedenken; nur wünschte ich noch eine Aeußerung darüber, was im Abs. 2 unter den „übrigen Fällen" zu verstehen ist. In den Motiven wird, wenn ich mich recht entsinne, nur auf den Fall der Universalsuccession hingewiesen. Außer dem Falle der Universalsuccession wird namentlich auch der Fall hieher gehören, daß es sich um nichtbuchungspflichtige Grundstücke handelt. Ich würde um eine Erläuterung darüber bitten, ob das der Fall ist oder nicht.

Was den Abs. 3 betrifft, so möchte ich eine Aufklärung darüber, wer die Kosten zu tragen hat für den Plan beziehungsweise für einen Auszug des Messungsverzeichnisses. Müssen diese Kosten die Parteien tragen oder wird das gratis geschehen? Nach meiner Meinung handelt es sich hier um Kosten, welche lediglich im Interesse der Steuerveranlagung erwachsen. Ich glaube, daß der Grundsteuerkataster künftighin, wenn wir das Grundbuch haben, für die Parteien nicht mehr die Bedeutung hat, welche er jetzt hat. Künftighin wird der Grundsteuerkataster mehr als bisher etwas sein, was im Interesse der Staatskasse errichtet wurde. Ich möchte daher auch bitten, uns mitzutheilen, ob diese Kosten die Partei zu tragen hat oder ob diese Kosten von dem Staate selbst übernommen werden.

Senatspräsident Dr. **von Jacubezky:** In dem Abs. 3 des § 71a ist S. 258. eine Ausnahme gemacht für den Fall, daß ganze Grundstücke vereinigt werden sollen. Die Vereinigung ganzer Grundstücke ist mit der Wirkung, daß die vereinigten Grundstücke, das ganze neue Grundstück, nur eine Plannummer erhalten und auf der Karte als einheitliches Grundstück erscheinen, nach der Natur der Sache nur denkbar, wenn die Grundstücke aneinanderstoßen. Die ganze Aenderung besteht darin, daß die Grenzlinie verschwindet. Wenn das eine Grundstück z. B. 2,5 ha enthält und das andere 1,5 ha, so braucht man im Falle einer solchen Vereinigung nicht erst neu zu messen, man weiß ohnehin, daß das ganze neue Grundstück 4 ha umfaßt, und man braucht nicht erst einen Plan zu zeichnen; man weiß ja ohnehin, es ändert sich nichts, als daß die trennende Zwischenlinie wegfällt. Die neue Messung und die Herstellung einer Planzeichnung würden nur unnöthige Weiterungen und Kosten verursachen.

Was die Kosten anlangt, so würde der Herr Abg. Wagner vielleicht Recht haben, wenn es sich blos um die Steuerveranlagung handelte; es handelt sich aber nicht blos darum, sondern das Grundsteuerkataster bildet auch das amtliche Verzeichniß der Grundstücke im Sinne des § 2 der Grundbuchordnung und ist deßhalb von wesentlicher Bedeutung für die Führung des Grundbuchs. Die Grundstücke müssen im Grundbuch, wie es jetzt auch im Hypothekenbuch geschieht, nach dem Grundsteuerkataster bezeichnet werden, nach den Plannummern, unter denen sie im Grundsteuerkataster aufgeführt sind. Wenn nun Jemand eine Theilung eines Grundstücks, eine Zerlegung in zwei Parzellen beabsichtigt, wozu es nach dem Entwurfe einer Planzeichnung und einer Messung bedarf, so wird — das wird auf Grund des Vorbehalts im § 96 der Grundbuchordnung von der Justizverwaltung vorgeschrieben werden — verlangt werden müssen, daß die Theilung in das Grundsteuerkataster eingetragen ist. Die neuen Parzellen müssen Plannummern haben, ehe sie im Grundbuch als selbständige Grundstücke bezeichnet werden können, und wenn sie als selbständige Grundstücke besondere Plannummern erhalten, so müssen sie als solche auch in der Kartirung ersichtlich gemacht werden. Es ist auch jetzt so: wenn man ein Grundstück theilt, wenn man eine Parzelle abtrennt, so muß eine Messung vorgenommen und ein Katasterplan angefertigt werden. Eine ausdrückliche Vorschrift dieses Inhalts ist z. B. im Artikel 50 der Subhastationsordnung für den Fall getroffen, daß ein Betheiligter die Versteigerung einer Parzelle beantragt, die erst aus einem der zu versteigernden Grundstücke ausgeschieden werden soll.

Abg. **Wagner:** Was den letzten Punkt betrifft, so habe ich, ich will nicht sagen eine Erinnerung gegen die Ausführungen des Herrn Senatspräsidenten zu erheben, aber ich wünschte eine weitere Aufklärung. Es wird nichts zu erinnern sein, wenn lediglich für das Grundbuchamt und die Katasterbehörde zusammen einmal die Planzeichnung beziehungsweise der Auszug des Messungsverzeichnisses angefertigt wird. Jetzt ist die Sache so, daß die Urkunde vom Rentamt an das Hypothekenamt kommt. Wenn künftighin der Plan und das Messungsverzeichniß zuerst an das Grundbuchamt kommen und hiemit dann im Zusammenhang die Umschreibung im Kataster bewirkt wird, so macht die Sache nur gegen bisher den umgekehrten Weg. Wenn aber künftighin sowohl der Grundbuch- als der Katasterbehörde je ein Plan und ein Messungsverzeichniß-Auszug vorgelegt werden muß, dann vermehren sich schon die Kosten gegen bisher, denn dann brauchen wir die gleichen Urkunden zweimal. Ich möchte nun wissen, ob das künftig nothwendig ist oder nicht. Wenn man die Urkunden zweimal braucht, dann, glaube ich, müssen die zweiten Abschriften

S. 258. von der Staatskasse bezahlt werden. Wäre das nicht der Fall, dann habe ich allerdings keine Bedenken mehr. — Auch möchte ich um gefällige Aeußerung darüber bitten, was unter den „übrigen Fällen“ im Abs. 2 des § 71a zu verstehen ist.

Senatspräsident Dr. **von Jacubezky:** Was die „übrigen Fälle“ des Abs. 2 Satz 2 anlangt, so ist das eine Frage, deren erschöpfende Beantwortung erfordern würde, daß man alle Gesetze durchforschte, in denen von dem Uebergange des Eigenthums an einem Grundstücke die Rede sein kann. Es sind unter Anderem die Zwangsversteigerung, die Enteignung, die Flurbereinigung gemeint. Wir haben keine solchen Zusammenstellungen gemacht und ich bin daher leider nicht in der Lage, auf die Frage näher einzugehen. — Was die doppelte Vorlage der Urkunden anlangt, so wird es genügen, den Plan und die Messung einmal vorzulegen. Ich kann natürlich nicht darüber Aufschluß geben, welche Vorschriften von Seite der Finanzverwaltung in dieser Richtung beabsichtigt sind.

S. 259. Abg. **von Walter** (Referent): Ich habe mir die Frage, welche vom Herrn Kollegen Wagner gestellt wurde, auch zurecht gelegt und habe mir die Antwort hierauf aus § 72 geholt. Wenn derartige Aenderungen beim Grundbuch angemeldet werden, so hat das Grundbuchamt die Verpflichtung, sie der Steuerbehörde mitzutheilen, und ist es deßhalb nach meinem Dafürhalten nicht nothwendig, daß die Anmeldung sowohl beim Grundbuchamt als bei der Steuerbehörde erfolgt. Wenn ein Grundbuchblatt für ein Grundstück besteht, so hat die Anmeldung beim Grundbuchamt zu erfolgen und das Grundbuchamt gibt der Steuerbehörde von der geschehenen Berichtigung Nachricht. Also eine doppelte Anmeldung oder doppelte Vorlage von Plänen und Messungsverzeichnissen wird nicht nothwendig sein.

Ministerialrath, Kronanwalt **von Schubart:** Ich bin nicht in der Lage, einen bestimmten Aufschluß darüber zu geben, in welcher Weise auf Grund der Aenderungen, welche durch die neue Vorlage erfolgen, die seinerzeitige Instruktion für die Rentämter gegenüber der bestehenden Instruktion geändert werden wird; aber so viel kann ich schon jetzt sagen, daß es überflüssig wäre, wenn man sowohl für die Berichtigung des Grundbuchs als für die Richtigstellung des Katasters jedesmal eine besondere Vorlage verlangen würde. Der Fall also, daß doppelte Kosten erwachsen, ist meines Erachtens ausgeschlossen. Ich wollte da noch bemerken, daß unter Aenderungen im Sinne des § 71 auch jene Aenderungen verstanden sind, welche hinsichtlich der Eigenschaft des katastrirten Besitzes sich ergeben, und da ist es ohnehin ausgeschlossen, daß die Parteien in die Lage kommen, die Urkunden doppelt vorlegen zu müssen.

Abg. **Conrad** (Korreferent): Ich hätte noch dem Wunsche Ausdruck zu geben, daß die zu erwartende Instruktion so abgefaßt ist, daß nicht doppelte überflüssige Arbeit erwächst, sondern daß, wenn von einer Behörde die Operate gefertigt, diese auch für die andere gelten.

Vorsitzender: Nach der Erklärung des Herrn Vertreters des Finanzministeriums haben wir eine solche Instruktion zu erwarten.

Ziff. I ist angenommen.

Wir kommen zu Ziff. II.

Abg. **von Walter** (Referent): Durch Ziff. II wird die Fassung des § 72 abgeändert. (Referent verliest § 72.) Nach dem Entwurf sollen also Abs. 1 und 2 geändert werden.

Die Aenderung des Abs. 1 ist nothwendig, weil nach § 71 nicht blos S. 259.
die Besitzveränderungen, sondern alle anderen Aenderungen auch in Bezug auf Bewirthschaftung u. s. w. angemeldet werden müssen.

Was den Abs. 2 betrifft, so ist hier die Bestimmung niedergelegt, aus welcher ich gefolgert habe, daß, wenn eine Eintragung im Grundbuch erforderlich ist, das Grundbuchamt allgemein die Verpflichtung hat, die Aenderung auch der Steuerbehörde mitzutheilen. Weiter wird den Notaren, den Behörden und Gerichten, welche irgendwelche Aenderungen durch ihre Beurkundungen oder Beschlüsse oder Urtheile veranlaßt haben, die Anmeldungspflicht auferlegt und endlich auch den Messungsbehörden, wenn blos eine neue Messung vorgenommen wird, in allen übrigen Fällen den Parteien. Gegen die letzte Bestimmung ist mir ein Bedenken aufgestiegen, nämlich daß man eine unmittelbare Anmeldung bei der Steuerbehörde doch wohl im Allgemeinen nur dann für nothwendig erachten wird, wenn die Eintragung im Grundbuch nicht erforderlich ist, und weil dieß der Fall und es möglich ist, daß die Parteien im Irrthum darüber sein können, ob die Anmeldung beim Grundbuchamt erfolgen muß, so könnte daraus eine Gefahr erwachsen, insofern als zwar die Aenderung der Steuerbehörde mitgetheilt wird und die Umschreibung im Kataster erfolgt, aber die Eintragung der Aenderung im Grundbuch unterbleibt. Daraus würde die Gefahr entstehen, daß die Einträge im Grundbuch mit den Einträgen im amtlichen Verzeichniß, im Steuerkataster, nicht übereinstimmen und die Berichtigung im Grundbuch nicht erfolgt. Ich möchte bitten, dieses Bedenken aufzuklären. Außerdem wäre eine andere Fassung nothwendig und würde zu bestimmen sein, daß überhaupt alle Aenderungen beim Grundbuchamt angemeldet und von diesem der Steuerbehörde mitgetheilt werden. — Etwas Weiteres habe ich nicht zu bemerken.

Abg. **Conrad** (Korreferent): Was die wörtliche Fassung betrifft, so ist dieselbe durch die Einstellung des neuen Paragraphen veranlaßt. — Das Bedenken des Herrn Referenten, daß Gefahr bestünde, daß ein Eintrag, der in das Grundbuch gehört, dort nicht rechtzeitig erfolge, daß überhaupt eine Nichtübereinstimmung zwischen dem Grundbuch und dem Steuerkataster zu befürchten sei, ist wohl beachtenswerth. Ich meine aber, daß überhaupt die beiden Urkunden nicht immer übereinstimmen können, weil Fälle vorliegen, wo erst nach einiger Zeit die Verhältnisse so geordnet sind, daß die Eintragung in das Steuerkataster möglich sein wird. Ein lebendiger Verkehr, eine rege Korrespondenz zwischen den beiden Organen der Verwaltung wird wohl erwünscht sein. Aber für jeden Zeitpunkt eine völlige Uebereinstimmung zu erzielen, das ist, wie ich glaube, kaum möglich. Es gibt, was die Parteien betrifft, auch Fälle, wo sie sich nicht anzumelden haben, beim Erbgang z. B. oder solchen Verlassenschaftsverhandlungen, die zunächst notariell oder gerichtlich beurkundet werden. Da fehlt es an einem Vorgang, der zur Kenntniß der anderen Behörde gelangt. Wenn das durch die Instruktion möglichst sicher gestellt werden kann, so ist es gewiß im allgemeinen Interesse gelegen.

Senatspräsident Dr. **von Jacubczky:** Der Herr Referent befürchtet, daß die Parteien sich mit der Anmeldung beim Rentamt begnügen und aus Rechtsirrthum es unterlassen, auch die nöthige Eintragung in das Grundbuch zu erwirken. Wenn das geschehen sollte, so hätte das Rentamt ohne Weiteres den Antrag zurückzuweisen und die Partei zu veranlassen, zuvor die Aenderung durch Erwirkung der Eintragung in das Grundbuch herbeizuführen; denn in das Grundsteuerkataster wird nicht die beabsichtigte, sondern die eingetretene

S. 259. Aenderung eingetragen. Dieß geht aus dem § 71 hervor, welcher unverändert bleiben soll. Es werden also in Zukunft Aenderungen, die die Eintragung in das Grundbuch voraussetzen, in das Grundsteuerkataster nicht eingetragen, bevor die Eintragung in das Grundbuch erfolgt ist, so daß der Fall, daß die Partei in Folge von Rechtsirrthum es unterlassen könnte, die erforderliche Eintragung in das Grundbuch zu erwirken, nicht vorkommen kann. Uebrigens werden nicht alle Aenderungen, die im Grundsteuerkataster vermerkt werden, in das Grundbuch eingetragen. Der Herr Korreferent hat schon angeführt, daß die Erben des Eigenthümers nicht sofort in das Grundbuch eingetragen
S. 260. werden müssen. Die Eintragung hat für sie keinen Zweck, solange sie keine Verfügung über das Grundstück treffen. Dagegen müssen sie in das Grundsteuerkataster mit Rücksicht auf die Zwecke der Besteuerung sich sofort eintragen lassen. Ebenso wird es nicht nothwendig sein, jede Aenderung in der Benützung des Grundstücks, z. B. die Verwandlung eines Ackers in einen Garten, sofort im Grundbuch ersichtlich zu machen.

Abg. **von Walter** (Referent): Der Fall, den der Herr Senatspräsident angeführt hat von den Erben, ist meiner Ansicht nach doch wohl auch für das Grundbuch maßgebend. Wenn in Folge des Todes des Besitzers eines Grundstücks oder Anwesens die Erben sofort an seine Stelle treten, so ist es doch nicht gleichgiltig, ob diese Besitzänderung erst nach geraumer Zeit oder sofort eingetragen wird. Ich meine, daß auch die Erben, solange sie nicht das ererbte Grundstück weiter verkaufen, im Grundbuch als Erben eingetragen werden sollten; denn eine hereditas jacens gibt es nach dem Bürgerl. Gesetzbuch nicht und die Erbschaftsfolge tritt sofort mit dem Tode des Erblassers ein. Es würde nach meinem Dafürhalten der Fall nicht ganz so zu beurtheilen sein, wie ihn der Herr Senatspräsident betrachtet.

Senatspräsident Dr. **von Jacubezky:** Es ist nach der Grundbuchordnung keineswegs erforderlich, daß die Erben sofort in das Grundbuch eingetragen werden. Nach § 41 der Grundbuchordnung können sie sogar das Grundstück veräußern, ohne sich als die Erben des bisherigen Eigenthümers eintragen zu lassen. Eine andere Verfügung, z. B. die Bestellung einer Hypothek, können sie nur vornehmen, nachdem sie ihre Eintragung erwirkt haben. Solange sie eine solche Verfügung nicht treffen, sind sie nicht verpflichtet, sich eintragen zu lassen.

Vorsitzender: Ziff. II ist angenommen.

Wir kommen zu Ziff. III.

Abg. **von Walter** (Referent): Ziff. III ändert den ersten Absatz des § 73 ab. (Referent verliest § 73.) In den Motiven ist ausgeführt, daß dieser Absatz sich bisher in der Praxis nicht bewährt und nicht zu den gewünschten Ergebnissen geführt hat. Es ist insbesondere der Fall hervorgehoben, daß ein Grundstück von einem Nachbarn dem anderen zum Eigenbesitz überwiesen wird und daß in diesem Falle es überhaupt nicht nothwendig ist, daß eine Umschreibung stattfindet, weil derjenige, der das Grundstück zum Eigenbesitz abtritt, so lange für die Grundsteuer zu haften hat, bis er selbst das bezügliche Verhältniß im Kataster zur Eintragung bringt. Deßhalb wird nun vorgeschlagen, daß der § 73, der auch dazu verpflichtet, daß erst die Notariatsurkunde oder der Beschluß oder die Entscheidung der zuständigen Behörde erholt wird, in der Weise abgeändert werde, daß er lediglich auf die Anmeldungspflicht der Parteien beschränkt wird. Ich glaube, diese Aenderung ist eine vollständig sachgemäße

und in den Motiven hinglänglich begründet. Auch entspricht die Abkürzung S. 260.
der Frist von sechs Wochen auf zwei Wochen durchaus, weil die Parteien, die die Anmeldungspflicht zu erfüllen haben, das nöthige Material für die Anmeldung bereits in Händen haben und sich dasselbe nicht erst auf langem Umwege verschaffen müssen.

Ich beantrage deßhalb Zustimmung zum Vorschlage der k. Staatsregierung.

Abg. **Conrad** (Korreferent): § 73 Abs. 1 ist jetzt kürzer geworden, weil § 72 an Umfang zugenommen hat. Ich stimme vollständig bei, daß diese Bestimmung sehr sachgemäß ist und speziell die Abkürzung der Frist von sechs auf zwei Wochen sehr erwünscht erscheint. Ich habe dagegen keine Erinnerung.

Vorsitzender: Dann darf ich konstatiren, daß Ziff. III angenommen ist.

Wir kommen zu Ziff. IV.

Abg. **von Walter** (Referent): Ziff. IV betrifft einen Zusatz zu § 81. Es soll nämlich zu Abs. 1 und 2 des § 81 in der bisherigen Fassung ein neuer Abs. 3 hinzugefügt werden:

„Ueberläßt der Eigenthümer das Grundstück einem Anderen ohne Uebertragung des Eigenthums zum Eigenbesitze, so bleibt er neben dem Besitzer für die Grundsteuer haftbar."

Ich habe gegen diese neue Bestimmung keinerlei Erinnerung; denn solange der Eigenthümer nicht das eingetretene Rechtsverhältniß zur Anmeldung bringt, haftet er ohnehin der Steuerbehörde für die Steuer, und es wird nichts Anderes gesagt, als daß er selbst in dem Falle, wenn er zur Steuerzahlung angehalten wird, vom Eigenbesitzer die Rückvergütung der Steuer verlangen kann. Ich beantrage Zustimmung.

Abg. **Conrad** (Korreferent): Die neue Vorschrift ist im Interesse der Steuererhebung und der Ordnung. Dagegen ist eine Erinnerung nicht zu erheben.

Vorsitzender: Ich erkläre Ziff. IV für angenommen.

Ziff. V.

Abg. **von Walter** (Referent): Ziff. V schlägt vor, den § 116 Abs. 2 und 3 des Gesetzes vom 15. August 1828 aufzuheben. § 116 handelt von der Erhebung der Steuer. (Referent verliest den § 116.) Die verehrten Herren erinnern sich, daß der § 32 des Finanzgesetzes vom 28. Dezember 1831 aufgehoben werden soll und daß sowohl bezüglich der Verjährung der Grundsteuer als auch bezüglich des Anspruchs auf Wiedererssatz der bezahlten Grundsteuer in den Artikeln 112 und 113 des Ausführungsgesetzes zum Bürgerl. Gesetzbuch bereits ausreichende Bestimmungen getroffen sind. Abs. 2 und 3 des § 116 werden deßhalb überflüssig und stimme ich dem Vorschlag der k. Staatsregierung bei, daß dieselben aufgehoben werden.

Abg. **Conrad** (Korreferent): Der Herr Referent hat schon ausgeführt, daß in den Artikeln 112 und 113 des Ausführungsgesetzes neue Bestimmungen in Aussicht stehen über die Verhältnisse, wenn der Staat Steuern zu fordern hat, oder umgekehrt über Rechtsansprüche, die gegen den Staat gehen. Durch diese Bestimmungen werden Abs. 2 und 3 des § 116 hinfällig und ist die Aufhebung dadurch von selbst gegeben.

Vorsitzender: Nachdem Ziff. V angenommen ist, kann ich den ganzen Artikel 2 für angenommen erklären.

Wir kommen zu **Artikel 3.**

S. 260. Abg. **von Walter** (Referent): Artikel 3 schlägt vor, Abs. 2 und 3 des
S. 261. § 37 des Haussteuergesetzes auf‖zuheben. Diese Absätze 2 und 3 enthalten ebenfalls Bestimmungen bezüglich der Verjährung sowohl der Ansprüche des Finanzärars als der Ansprüche auf Rückersatz bezahlter Haussteuern. Es sind diese beiden Bestimmungen durch die Artikel 112 und 113 des Ausführungsgesetzes gedeckt und beantrage ich Zustimmung zu dem Vorschlag der k. Staatsregierung.

Abg. **Conrad** (Korreferent): Ich bin mit den Gründen, welche der Herr Referent vorgeführt hat, vollständig einverstanden.

Vorsitzender: Artikel 3 ist angenommen.

Wir kommen zu **Artikel 4.**

Hier werden wir wohl, entsprechend dem vom Herrn Referenten zu Artikel 2 geäußerten Wunsche, die einzelnen Ziffern gesondert behandeln.

Zunächst Ziff. I.

Abg. **von Walter** (Referent): Der Artikel 4 betrifft die Abänderung des Forststrafgesetzes für die Pfalz vom 28. Dezember 1831 in der Fassung der Bekanntmachung vom 2. Oktober 1879.

In der Ziff. I wird eine neue Fassung für Artikel 13 Abs. 1 dieses Gesetzes vorgeschlagen. Derselbe bestimmt, wer als civilrechtlich verantwortlich nebst dem Frevler zu laden und als haftbar für Geldstrafe, Werth- und Schadensersatz und Kosten mit zu verurtheilen ist vorbehaltlich des Regresses bei sich ereignendem Falle. (Referent verliest den Artikel.) Der zweite Absatz bleibt unverändert, dagegen soll Abs. 1 folgende Fassung erhalten: (Referent verliest den Entwurf.)

Die meisten dieser Aenderungen sind redaktioneller Art; hauptsächlich ist eine Aenderung nothwendig wegen des Wortes „Kommittenten" in Ziff. 5. Sachlich wird eine Aenderung eigentlich nicht getroffen, es wird nur das Wort „Kommittent" näher erklärt. Dazu kommt in Ziff. 2 eine Einschaltung: „leibliche Kinder, Stief-, Adoptiv- und Pflegekinder". Diese versteht sich nach der Bestimmung des Bürgerl. Gesetzbuchs von selbst; denn die Adoptiv- und Pflegekinder sind im Bürgerl. Gesetzbuch den leiblichen Kindern gleichgestellt.

Eine Aenderung der Redaktion wünschte ich nur bezüglich der Ziff. 5 und 6. In Ziff. 5 wird nämlich der Ausdruck „Zöglinge" gebraucht, indem es heißt: „die Lehrmeister und Gewerbsleute wegen der Frevel ihrer Zöglinge" rc. Dieser Ausdruck ist uns etwas fremd und deckt sich nicht mit dem Ausdruck des Bürgerl. Gesetzbuchs, das von Lehrlingen und nicht von Zöglingen spricht. Ferner ist uns in Ziff. 6 der Ausdruck „Geschäftsgeber" etwas ungeläufig. Auch das Bürgerl. Gesetzbuch gebraucht die Bezeichnung „Geschäftsherren". Ich glaube, wir sollten es in diesen beiden Richtungen bei dem bisherigen landläufigen Ausdrucke belassen, und würde deßhalb vorschlagen, daß in Ziff. 5 anstatt des Wortes „Zöglinge" das Wort „Lehrlinge" und in Ziff. 6 anstatt des Wortes „Geschäftsgeber" das Wort „Geschäftsherren" gebraucht werde.

Sonst beantrage ich Zustimmung zur neuen Fassung.

Abg. **Conrad** (Korreferent): Der Herr Referent hat schon ausgeführt, daß es sich lediglich um formelle Berichtigungen, um Angleichungen an die neue Gesetzgebung handelt. Der neue Artikel hat sich den Artikel 69 des bayerischen Forstgesetzes vom Jahre 1852 beziehungsweise in der neuen Fassung vom Jahre 1896 zum Vorbilde genommen, und ich finde auch, daß die dort gegebenen Vorschriften zutreffend erscheinen.

Was speziell den vom Herrn Referenten zur Abänderung empfohlenen Ausdruck „Zögling" betrifft, so findet sich derselbe schon im bayerischen Forstgesetze in der neuen Fassung vom Jahre 1896. S. 261.

Was den Ausdruck „Geschäftsgeber" anlangt, so würde mir der Ausdruck „Geschäftsherren" auch besser gefallen; doch ist auch der Ausdruck „Geschäftsgeber" schon im bayerischen Forstgesetze gebraucht.

Daß der Ausdruck „Kommittent", dessen sich der Gesetzgeber des Code civil bediente, zur Uebertragung in die neuen Verhältnisse sich nicht empfiehlt, glaube ich ebenfalls betonen zu sollen.

Im Uebrigen finde ich meinerseits keinen Anlaß zu einer Erinnerung.

Auch was die Ergänzung „leibliche Kinder 2c." anlangt, so halte ich diese Fassung für eine ganz glückliche.

Senatspräsident Dr. **von Jacubezky:** Es ist schon von dem Herrn Korreferenten angeführt und auch in der Begründung erwähnt, daß der Entwurf sich bezüglich der Fassung des Artikel 13 Abs. 1 des pfälzischen Forststrafgesetzes wörtlich angeschlossen hat an den Artikel 69 Abs. 1 des rechtsrheinischen Forstgesetzes.

Das pfälzische Forststrafgesetz hat seit dem Jahre 1879 mehrere Aenderungen erfahren, durch welche eine Anzahl seiner Bestimmungen in Uebereinstimmung gebracht wurde mit den entsprechenden Vorschriften des rechtsrheinischen Forstgesetzes. Es sollte, soweit nicht ein besonderer Grund bestand, eine Abweichung aufrecht zu erhalten, der gleiche Gesetzestext hergestellt und damit auch die gleiche Rechtsprechung herbeigeführt werden. Mit Rücksicht hierauf möchte ich die Herren bitten, von einseitigen Redaktionsverbesserungen abzusehen. Ich weiß wohl, daß die Fassung nicht in jeder Beziehung mustergiltig ist: allein es würde unerwünscht sein, wenn das pfälzische Forststrafgesetz eine andere Fassung erhielte, als das rechtsrheinische Gesetz, obwohl in beiden Gesetzen genau das Gleiche gemeint ist.

Es ist also hier vorgeschlagen, den ersten Absatz in vollen Einklang zu bringen mit dem, was für die Landestheile rechts des Rheines gilt, und die Herstellung des vollen Gleichlautes dürfte kleinen redaktionellen Verbesserungen vorzuziehen sein.

Abg. **von Walter** (Referent): Ich lege auf diese redaktionellen Aenderungen kein besonderes Gewicht; ich habe nur hervorheben wollen, daß die hier gebrauchten Ausdrücke nicht sehr stark gebräuchlich sind und auch das Bürgerl. Gesetzbuch sich einer anderen Ausdrucksweise bedient.

Vorsitzender: Der Herr Referent ist also einverstanden mit der Fassung und ich kann daher Ziff. I für angenommen erklären.

Wir kommen zu Ziff. II.

Abg. **von Walter** (Referent): Ziff II schlägt eine Abänderung des Artikel 16 des Gesetzes vor und zwar eine doppelte, indem der Eingang des Abs. 1 geändert und der Abs. 3 aufgehoben werden soll.

Der Artikel 16 handelt von der Verjährung der Klagen und lautete der Eingang des Abs. 1 seither: S. 262.

„Die öffentliche Klage und die damit verbundene Civilklage wegen Forstfrevels erlöschen durch Verjährung".

Künftighin soll der Eingang des Abs. 1 lauten:

„Die öffentliche Klage wegen Forstfrevels verjährt."

In Bezug auf die Verjährung der Civilklage soll es bei den Bestimmungen des Bürgerl. Gesetzbuchs belassen werden.

S. 262. Der Abs. 3 des Artikels handelt von der Civilklage. Hat der Beschädigte seine Civilklage vor dem ordentlichen Civilrichter besonders eingeleitet, so gelten dafür in Bezug auf die Verjährung die Regeln des Civilrechts. Daß diese Bestimmung wegzufallen hat, ist schon eine Folge der Aenderung des Eingangs und habe ich deßwegen gegen die beiden vorgeschlagenen Abänderungen nichts zu erinnern.

Abg. **Conrad** (Korreferent): Im Anschlusse an das, was der Herr Referent vorgetragen hat, bin ich ebenfalls dafür, daß die Verjährung der Civilklage beseitigt wird; denn in diesem Punkte wird in Artikel 852 des Bürgerl. Gesetzbuchs eine neue Norm aufgestellt. Es muß dieser Absatz gestrichen werden.

Vorsitzender: Ziff. II ist angenommen.

Wir gehen über zu Ziff. III.

Abg. **von Walter** (Referent): In Artikel 66 werden die Bestimmungen über die Vorladung des Angeklagten, sowie der civilverantwortlichen Personen getroffen. In den Motiven ist ausdrücklich ausgeführt, daß in dieser Beziehung eine große Verschiedenheit bezüglich der Ladungen und Zustellungen besteht, und ist insbesondere ausgeführt, daß die Civilprozeßordnung in der neuen Fassung eine Vereinfachung der Ladungen durch die Gerichtsschreiberei ermöglicht, und mit Rücksicht darauf wird uns vorgeschlagen, auch das Forststrafgesetz für die Pfalz in der Weise abzuändern, daß die einfache Form, welche die Civilprozeßordnung vorschlägt, künftighin in Anwendung kommen kann. Artikel 66 hat bisher gehandelt von der Vorladung der genannten Personen durch den Gerichtsdiener, die nach einem gemeindeweise angelegten Verzeichnisse erfolgt. Diese Bestimmung soll auch aufrecht erhalten bleiben. Hier handelt es sich aber um eine Ladung durch den Gerichtsschreiber und gibt die Aenderung die hiefür maßgebenden Vorschriften.

(Referent verliest die fünf Ziffern des Entwurfs.)

Diese Bestimmungen sind sachlich auch in dem ursprünglichen Artikel 66 enthalten. Ziff. 6 und 7 des bisherigen Artikel 66 sollen vollständig aufgehoben werden. Dieselben lauten dahin, daß das Verzeichniß eine besondere Spalte zum Eintrag der Personen, an welche, sowie der Zeit und des Ortes, wann und wo die Vorladung geschah, enthalten solle, und weiter eine besondere Spalte zum Eintrag etwaiger Bemerkungen. Diese beiden Bestimmungen werden hier überflüssig.

Ich beantrage, daß dem Artikel 66 in der vorliegenden Fassung zugestimmt werden wolle.

Abg. **Conrad** (Korreferent): Wie der Herr Referent schon ausgeführt, handelt es sich hier hauptsächlich um die Vereinfachung des Zustellungswesens, wofür bis jetzt recht komplizirte Vorschriften bestanden haben. Die Vereinfachung soll erfolgen hauptsächlich im Anschlusse an die Vorschriften der Civilprozeßordnung, besonders wenn es sich um Zustellungen von Amtswegen handelt. Daß in Abs. 1 des Artikel 66 die Zeugen wegfallen, ist selbstverständlich. Für sie können keine Strafbestimmungen gelten. Ich kann mich also nur mit dem, was hier vorgeschlagen wird, einverstanden erklären.

Senatspräsident Dr. **von Jacubezky:** Ich möchte mir die Bemerkung erlauben, daß aus dem Vortrage des Herrn Referenten nicht klar hervorging, daß die Verzeichnisse, die der Abs. 1 des Artikel 66 vorschreibt, in Zukunft nicht nothwendig sind, daß vielmehr ein Verzeichniß nur in Frage kommt, wenn nach Ziff. 5 verfahren wird. Deßwegen ist in dem Artikel 66 von dem Verzeichnisse nicht mehr die Rede. S. 262.

Vorsitzender: Ziff. III ist angenommen.

Ziff. IV.

Abg. **von Walter** (Referent): Ziff. IV betrifft den Artikel 67 des Gesetzes und bestand bisher aus vier Absätzen (welche Referent verliest). Nach dem Vorschlag der k. Staatsregierung sollen nur mehr Abs. 2 und 4 des bisherigen Artikels aufrechterhalten, dagegen Abs. 1 und 3 gestrichen werden. Artikel 66 bezieht sich nach seiner neuen Fassung auf die Zustellung der Ladung von Amtswegen durch die Gerichtsschreiberei und deßhalb sind hier in Artikel 67 die beiden Absätze 1 und 3 nicht mehr nothwendig. Von den Verzeichnissen handelt der Artikel 91 des Gesetzes und, soweit derselbe noch von der Vorladung durch Verzeichniß Gebrauch macht, werden damit die Bestimmungen des Artikel 67 Abs. 1 und 3 getroffen. Es sind deßhalb die Absätze 1 und 3 aufzuheben.

Abg. **Conrad** (Korreferent): Der Herr Referent hat bereits motivirt, warum die Bestimmung des Artikel 67 abzukürzen und auf zwei Absätze zu beschränken sei. Ich bin damit einverstanden.

Vorsitzender: Ziff. IV ist angenommen.

Ziff. V.

Abg. **von Walter** (Referent): Ziff. V betrifft den Artikel 91. Derselbe lautet in der bisherigen Fassung:

> In allen Fällen und Punkten, für welche in dem gegenwärtigen Abschnitte nicht besondere Bestimmung getroffen ist, bleiben die allgemeinen gesetzlichen Vorschriften in Anwendung.

Dazu sollen die von der k. Staatsregierung vorgeschlagenen Absätze 2 und 3 gefügt werden. (Referent verliest den Entwurf.) Ich habe gegen diese beide Absätze, die nothwendig sind, um die Ladung durch den Gerichtsdiener in der Form tabellarischer Verzeichnisse für einzelne Gemeindebezirke zu machen, nichts zu erinnern und beantrage Zustimmung zu diesen Abänderungen des Artikel 91.

Abg. **Conrad** (Korreferent): Hier soll also das schon erwähnte tabellarische Verzeichniß in abgekürzter Form aus Gründen der Vereinfachung zur Anwendung kommen. Wenn in Abs. 1 des Artikel 91 gesagt ist, daß die „allgemeinen gesetzlichen Vorschriften“ noch zur Anwendung zu kommen hätten, so darf ich S. 263. wohl annehmen, daß sich das auf die Bestimmungen der Strafprozeßordnung § 37 ff. bezieht.

(Senatspräsident Dr. von Jacubezky bejaht.)

Ich bin mit dem Regierungsvorschlage einverstanden.

Vorsitzender: Ziff. V ist angenommen.

Ziff. VI.

Abg. **von Walter** (Referent): Nach Ziff. VI soll der Artikel 68 aufgehoben werden. Artikel 68 enthält die nothwendigen Bestimmungen über die Ersatzzustellung, wenn die Person, welcher zugestellt werden soll, in ihrer Wohnung nicht angetroffen wird. In dieser Beziehung enthält aber § 181 der Reichscivilprozeßordnung in der neuen Fassung vollständig ausreichende Vorschriften und ist deßhalb eine besondere Vorschrift in dem Gesetze selbst nicht mehr

S. 263. nothwendig. Ich beantrage Zustimmung zu dem Vorschlage der k. Staatsregierung.

Abg. **Conrad** (Korreferent): Gerade die Normen für die sogenannte Ersatzzustellung haben viele Umständlichkeiten zur Folge gehabt, und haben wir es nur zu begrüßen, daß diese Vereinfachung gekommen. Ich kann mich daher nur damit einverstanden erklären, daß Artikel 68 in Wegfall kommt.

Vorsitzender: Ziff. VI und damit der ganze Artikel 4 ist angenommen.

Abg. **Michel:** Ich möchte, was das Forststrafgesetz für die Pfalz anlangt, noch eine allgemeine Anregung geben bezüglich der solidarischen Geldstrafe. In Artikel 8 des pfälzischen Forststrafgesetzes ist ausgesprochen, daß, wenn mehrere Angehörige derselben Familie einen der näher bezeichneten Forstfrevel verüben, dieselben solidarisch in die Geldstrafe zu verurtheilen sind. Eine ähnliche Bestimmung enthält auch der Artikel 26. Wenn nun derartige Geldstrafen im Falle der Zahlungsunfähigkeit der Verurtheilten zur Umwandlung kommen müssen, dann fehlt es für die Pfalz an einer bestimmten Norm dafür, in welcher Weise die Umwandlung zu erfolgen hat. Nach dem Gesetz vom 18. Dezember 1831 war in solchen Fällen die Leibeshaft, contrainte par corps, zulässig, allein das war blos ein Exekutionsmittel, keine Strafe. Durch Artikel 81 des Einführungsgesetzes zum bayerischen Strafgesetzbuch vom 10. November 1861 wurden dann Normen dafür gegeben, wie Geldstrafen im Allgemeinen umzuwandeln sind. Dieser Artikel ist dem diesseitigen Forststrafgesetzbuch entlehnt und ist auch in das Forststrafgesetzbuch für die Pfalz in der neuen Fassung übergegangen; allein eine Bestimmung, wie sie Artikel 56 des Forststrafgesetzbuchs für die Landestheile diesseits des Rheins enthält, ist dem pfälzischen Forststrafgesetzbuch unbekannt. Zu welchen Konsequenzen das führt, mögen Sie daraus ersehen, daß im Jahre 1867 der Generalstaatsanwalt des obersten Gerichtshofes auf eine Weisung des Justizministeriums, gestützt auf Artikel 441 des Code d'instruction criminelle, veranlaßt wurde, zur Wahrung des Gesetzes Beschwerde zum obersten Gerichtshof zu erheben, weil die Landgerichte bei der Umwandlung von solidarischen Geldstrafen sehr verschiedenen Maßstab anlegten. Der oberste Gerichtshof hat dann durch Erkenntniß vom 10. Mai 1867 — abgedruckt im Justizministerialblatt vom Jahre 1867 S. 130 — ausgesprochen, daß in einem solchen Falle die Sache so zu behandeln sei, daß die Geldstrafe nach Köpfen getheilt und für die einzelnen Personen in Arrest umgewandelt werde auch dann, wenn das zulässige Strafminimum von 10 Kreuzer, jetzt 30 Pfennig, in Frage steht. Wenn also drei Frevler solidarisch zu einer Geldstrafe von 30 Pfennig verurtheilt werden, so müßte in einem solchen Falle auf Grund dieses Erkenntnisses gegen jede Person eine Arreststrafe, jetzt Haftstrafe, von 1 Tag ausgesprochen und vollzogen werden. Zu welchen Ungereimtheiten das führen kann, möchte ich Ihnen an einem Beispiel klarlegen. Von drei auf diese Weise verurtheilten Personen, die bisher in Waldfischbach wohnten und dort verurtheilt wurden, zieht der Vater nach Pirmasens, die Tochter geht nach Worms als Dienstmagd, der Sohn kommt nach Metz als Soldat. Nun soll die solidarische Geldstrafe von 30 Pfennig gegen die Betreffenden vollzogen werden. Die Geldstrafe wird für jeden Betheiligten in eine Haftstrafe von 1 Tag umgewandelt, da sie die 10 Pfennig nicht zahlen. Die Haftstrafen werden vollzogen und nimmt die Sache einen glatten Verlauf. Denken Sie sich aber den Fall anders beim Vollzug. Der Vater in Pirmasens erlegt die 30 Pfennig baar. In dem Moment, wo die Summe erlegt wird, darf die Geldstrafe oder Haftstrafe

gegen die Tochter in Worms oder den Sohn in Metz nicht mehr vollzogen S. 263.
werden. Jetzt weiß aber das Gericht nicht, was zu geschehen hat, ob die Strafen in Worms und Metz verbüßt sind oder nicht. Es dauert ja immer 3—4 Tage, bis Nachweis über Vollzug einlauft. Das führt zu Konsequenzen, die durch das Gesetz ferngehalten werden sollen. Es wäre um deswillen wünschenswerth, daß eine Bestimmung, wie sie im diesseitigen Forststrafgesetz in Artikel 56 enthalten ist, auch in das pfälzische Forststrafgesetz aufgenommen werde des Inhalts, daß in dem Urtheile auszusprechen ist, gegen welchen Frevler die Umwandlung der Geldstrafe in Haftstrafe einzutreten hat, wenn erstere nicht beigetrieben werden kann, weil eine solche Bestimmung für die Pfalz fehlt. Es mußte der Strafvollzugsbeamte diese Strafe auf Grund des Urtheils vom 10. Mai 1867 in dieser Weise umwandeln. Es scheint aber mit einer solchen Bestimmung, wie sie im diesseitigen Forststrafgesetze enthalten ist, der Sache mehr gedient zu sein. Ich möchte um eine Erklärung Seitens der k. Staatsregierung über diese meine Anregung bitten.

Senatspräsident Dr. **von Jacubezky:** Die Vorschrift, die der Herr Abg. Michel angeführt hat, ist nicht eine allgemeine Vorschrift, sondern sie bezieht sich nur auf die Forstfrevel, die nach Artikel 80, 84 und 85 begangen sind; es ist eine Sondervorschrift für gewisse Arten von Forstfreveln, für dieselben, auf die sich der Artikel 8 Satz 2 des pfälzischen Forststrafgesetzes (in der Fassung des Gesetzes vom 17. Juni 1896) bezieht. Für diese Fälle ist allerdings vorgeschrieben, daß die Geldstrafe, wenn sie nicht beigetrieben werden kann, nicht gegen alle Verurtheilten in Haft umgewandelt werden muß, sondern daß das Gericht die Frevler zu bestimmen hat, gegen welche die Umwandlung eintreten soll, und daß die Gesammtdauer der Haft die nach Artikel 54 der Geldstrafe entsprechende Dauer nicht übersteigen darf. Diese Vorschriften enthalten gegenüber dem Artikel 54, der mit dem Artikel 5 des pfälzischen Forststrafgesetzes wörtlich übereinstimmt, Milderungen, sie schließen aber den Fall nicht aus, den der Herr Abg. Michel ausgeschlossen wissen will. Ich führe folgendes Beispiel an: Es sind drei Familienangehörige, Vater, Sohn und Tochter, verurtheilt und in || dem Urtheil ist bestimmt, daß, wenn die Geld- S. 264.
strafe nicht beigetrieben werden kann, Vater und Sohn Haftstrafen von je einem Tage zu erstehen haben. Der Vater wohnt in einem anderen Amtsgerichtsbezirk als der Sohn; nachdem schon die Umwandlung der Geldstrafe erfolgt ist, bezahlt er. Bei dem anderen Amtsgerichte, in dessen Bezirke der Sohn wohnt, weiß man davon nichts und so kommt es zum Vollzuge der Haftstrafe gegen den Sohn. Das ist auch bei anderen als den in Forstrügesachen ausgesprochenen Geldstrafen möglich. Damit soll aber der Anregung des Herrn Abg. Michel die Berechtigung nicht abgesprochen werden. Für die Rechtsverschiedenheit, die bezüglich der angeführten Vorschriften zwischen dem Artikel 56 des rechtsrheinischen Forstgesetzes und dem Artikel 8 des pfälzischen Forststrafgesetzes besteht, scheint es auch mir an einem inneren Grunde zu fehlen. Ich möchte vorschlagen, die Frage zur zweiten Lesung zurückzustellen, damit inzwischen das erforderliche Benehmen mit dem Finanzministerium stattfinden kann.

Vorsitzender: Es sind die Herren damit einverstanden, daß die Anregung des Herrn Abg. Michel bis zur zweiten Lesung zurückgestellt wird.

Es bleibt also dabei, daß Artikel 4 angenommen ist.

Artikel 5.

Abg. **von Walter** (Referent): Der Artikel 5 schlägt eine Abänderung des Gesetzes vom 17. November 1837, die Zwangsabtretung von Grund-

S. 264. eigenthum für öffentliche Zwecke betreffend, vor. Eine Aenderung dieses Gesetzes ist schon durch das Ausführungsgesetz zur Reichscivilprozeßordnung vom 23. Februar 1879 erfolgt, und es werden uns nun zu diesen Abänderungen im Artikel 33 des Entwurfs noch weitere Aenderungen vorgeschlagen. Wir haben also zu demselben Gesetz an zwei verschiedenen Stellen Abänderungsvorschläge.

Ich möchte bemerken, daß es außerordentlich mißlich ist, wenn in einem und demselben Gesetze wiederholt und räumlich von einander getrennte Abänderungen vorgeschlagen werden. Wir werden uns wohl mit der Frage zu beschäftigen haben, ob nicht eine Vereinigung dieser Abänderungen erfolgen kann. Sonst würde ja die Uebersicht über das Gesetz von 1837 außerordentlich erschwert werden. Ich wollte den Gedanken nur angeregt haben. Ich glaube, daß sich für die Redaktionskommission ein Weg finden wird, diese nicht nur wünschenswerthe, sondern auch nothwendige Vereinigung herbeizuführen.

Was die Ziff. I des Artikel 5 betrifft, so sollen durch dieselbe viererlei Abänderungen vorgenommen werden. Die erste Abänderung behandelt die Form der Ladung; die zweite Abänderung ist eine redaktionelle, die dritte betrifft die Voraussetzungen, unter welchen die übrigen Betheiligten zu laden sind; die vierte behandelt die Frage, wie die schriftliche Mittheilung an die Betheiligten und die Antragsteller oder deren Vertreter zu erfolgen hat.

Der Artikel XV lautete bisher: (Der Wortlaut wird verlesen.) An diesen Bestimmungen sollen nun zunächst in der Einleitung Aenderungen in der Weise getroffen werden, daß statt der Worte „durch Anschlagung an dem Gerichtssitze und in sämmtlichen betheiligten Gemeinden“ die Worte zu treten haben „durch Veröffentlichung in dem ihr zu amtlichen Kundmachungen dienenden Blatte und durch Anheftung in den betheiligten Gemeinden“. Diese Abänderung entspricht auch sonst den Bestimmungen, welche wir im Ausführungsgesetze schon wiederholt genehmigt haben, um die Form der öffentlichen Ladung festzustellen, und ich würde dagegen keine Erinnerung haben.

In der Ziff. 2 des Satz 3 sollen statt der Worte „für die Angerufenen“ gesetzt werden die Worte „für die Abtretungspflichtigen“. Die Angerufenen sind nämlich nicht nur die Abtretungspflichtigen, sondern auch die übrigen Betheiligten, Hypothekgläubiger u. s. w., und um nun zum Ausdruck zu bringen, daß diese Vorschrift lediglich für die Abtretungspflichtigen und nicht für die übrigen Betheiligten gilt, wird es entsprechend sein, diesen Ausdruck in das Gesetz einzusetzen.

Als Ziff. 3 soll folgende Vorschrift eingesetzt werden:

„für die übrigen Betheiligten, in der Voraussetzung des Erschienenseins der Anrufenden, Ausschließung mit den etwaigen Einwendungen gegen die angesprochene Abtretung.“

Ich glaube, daß gegen diese Bestimmung nichts zu erinnern sein wird; denn, wenn der Anrufer selbst nicht erscheint, dann kann auch für die übrigen Betheiligten ein Rechtsnachtheil nicht verwirkt sein, und der Rechtsnachtheil, der für sie entstehen soll, wird mit Recht dahin zusammengefaßt, daß, wenn zwar der Anrufer erscheint, nicht aber die übrigen Betheiligten, sie mit Erinnerungen gegen die angesprochene Abtretung ausgeschlossen werden.

Weiter sollen folgende Vorschriften als Abs. 2, 3 eingestellt werden:

„Die schriftliche Mittheilung an die Betheiligten und die Antragsteller oder deren Vertreter ist durch die Gemeindebehörde oder durch die Post gegen Nachweis zuzustellen. Die Zustellung unterbleibt,

wenn der Wohnort der zu ladenden Person nicht bekannt ist. Die S. 264.
Rechtswirksamkeit der Ladung ist von der Zustellung der schriftlichen Mittheilung nur insoweit abhängig, als es sich um den Eintritt der im Artikel XII bestimmten Beschränkung des Eigenthümers in der thatsächlichen Verfügung handelt.

Die im Artikel XI bezeichneten Betheiligten, die nicht im Grundbuch eingetragen sind, werden nur berücksichtigt, wenn sie Erben eines eingetragenen Berechtigten sind oder wenn ihre Rechte angemeldet und auf Verlangen der Distriktspolizeibehörde glaubhaft gemacht sind."

Diese neuen Absätze schließen sich im Wesentlichen an die Bestimmungen an, welche bereits im Gesetz über das Unschädlichkeitszeugniß getroffen worden sind; sie erscheinen auch sonst vollständig entsprechend; es ist dagegen nichts zu erinnern.

Ich stelle den Antrag, der Ziff. I zuzustimmen.

Abg. **Conrad** (Korreferent): Der Herr Referent hat schon auf die Mißlichkeiten hingewiesen, die entstehen, wenn an verschiedenen Stellen Abänderungen eines und desselben Gesetzes vorgeschlagen werden. Es leidet die Uebersichtlichkeit und bei der Anwendung solch' zusammenhangloser Normen über ein und dieselbe Materie wird Mancher ärgerlich. Ich möchte noch weiter gehen und der Regierung zur Würdigung geben, ob es sich nicht empfehle, überhaupt eine vollständig neue Redigirung auch dieses Gesetzes in Angriff zu nehmen mit anderer Paragraphen- und Ziffernfolge, wie es Ihnen ja auch bezüglich der anderen größeren Gesetze vorgeschlagen wird. Wenn man bisher das Gesetz anzuwenden hatte, so || mußte man immer gleich auch ein zweites S. 265.
Gesetz zur Hand nehmen, nämlich das Ausführungsgesetz zur Civilprozeßordnung; denn es haben diejenigen Bestimmungen über das Verfahren, die ursprünglich das Gesetz von 1837 enthielt, durch das 1879er Ausführungsgesetz zur Civilprozeßordnung eine Abänderung erfahren bezw. sind in Wegfall gekommen. Das Ausführungsgesetz von 1879 hat unter einer besonderen Ueberschrift diese Vorschriften über das Verfahren in den Artikeln 45—55 incl. behandelt, und da nun diese Bestimmungen lediglich vom Verfahren bei Streitigkeiten über Entschädigung aus Zwangsenteignung handeln, können sie meines Erachtens recht gut, ohne eine Lücke dort zurückzulassen, herübergenommen werden; dann hätte man in Verbindung mit den neu vorgeschlagenen Abänderungen wieder etwas Zusammenhängendes, was bei einem Gesetz, das so wichtig ist und das so häufig zur Anwendung kommt, sehr wünschenswerth wäre.

Was die einzelnen Bestimmungen anlangt, so hätte ich zu Ziff. I bezüglich eines Punktes um Aufklärung zu bitten. Es wird die Veröffentlichung im bezirksamtlichen Amtsblatte vorgeschlagen. Nun haben wir in der Pfalz nicht überall bezirksamtliche Amtsblätter, wie sie großentheils im rechtsrheinischen Bayern bestehen. Es bedienen sich dort die Bezirksämter regelmäßig der Circulare an die Gemeindeverwaltungen, nicht öffentlicher Blätter. Für gewisse Veröffentlichungen wird auch die Tagespresse benützt. Einen offiziellen oder offiziösen Charakter haben diese Blätter für das Bezirksamt jedoch nicht. Ich weiß wohl, daß dieselbe Ausdrucksweise schon im Flurbereinigungsgesetze gebraucht ist; dort ist aber als gegeben angenommen, was in der Pfalz eben doch nicht besteht. Es bedienen sich übrigens die Bezirksämter im Allgemeinen derselben Publikationsorgane, wie die Gerichtsbehörden. Sie nehmen dasjenige Blatt, welches eben das gelesenste ist. Es würde daher genügen, wenn heute ausgesprochen würde, daß, was ja auch die allgemein gehaltene Fassung

S. 265. andeutet, diejenige Zeitung, deren sich das Bezirksamt jeweils bedient, im Sinne des Gesetzes als Publikationsorgan gelten soll; dann ist kein Bedenken mehr vorhanden.

Senatspräsident Dr. **von Jacubezky:** In der Ziff. I, 1 ist nur von einem der Distriktspolizeibehörde zu amtlichen Kundmachungen dienenden Blatte die Rede, und der Herr Korreferent hat mit Recht angeführt, daß dieselbe Vorschrift auch im Flurbereinigungsgesetze steht. Der Entwurf verlangt keineswegs, daß die Bezirksämter der Pfalz besondere Amtsblätter halten, wie sie für einen großen Theil der rechtsrheinischen Bezirksämter bestehen. Die Veröffentlichung der Ladung muß nur durch dasjenige Blatt erfolgen, welches das Bezirksamt zu seinen sonstigen Bekanntmachungen benützt, für die es die Veröffentlichung in einem Blatte anordnet.

Die Zerreißung der Vorschriften in verschiedene Gesetze ist allerdings in gewissem Maße mißlich, aber so schlimm, wie die Herren Referenten die Sache geschildert haben, ist sie bei dem Zwangsenteignungsgesetze nicht. Einige Vorschriften sind im Ausführungsgesetze zur Civilprozeßordnung aufgehoben und durch neue Vorschriften ersetzt; diese sind aber nicht in das Gesetz von 1837 eingefügt worden, sondern sie sind ihrer Fassung nach selbständige Vorschriften. Mit Rücksicht hierauf ist auch im Entwurf dasjenige, was sich auf die noch bestehenden Vorschriften des Gesetzes von 1837 bezieht, hier eingesetzt, und was sich auf die neuen Vorschriften des Gesetzes von 1879 bezieht, in dem Artikel 33 bestimmt, der sich mit diesem Gesetze befaßt. Ob es zweckmäßig ist, das Gesetz von 1837, das nach manchen Richtungen den heutigen Verhältnissen nicht mehr Genüge leistet, neu zu textiren, möchte ich dahingestellt sein lassen. Wenn das geschehen soll, wird es nothwendig sein, noch mehr Aenderungen vorzunehmen, man müßte alle diejenigen Fassungen abändern, welche mit dem künftigen Rechtszustande nicht übereinstimmen. Das Gesetz von 1837 wird aber wohl den größten Theil seiner Lebenszeit hinter sich haben; es wird in nicht zu ferner Zeit an die Aufstellung eines neuen Enteignungsgesetzes gegangen werden müssen, und deßwegen wird es sich nicht empfehlen, dieses Gesetz neu bekannt zu machen, wie es für andere Gesetze im Entwurfe vorgeschlagen ist.

Abg. **Segitz:** Gegen die vorgeschlagene Aenderung habe ich keine Einwendung.

Ich möchte anfragen, ob es nicht zeitgemäß wäre, daß wir, wie der Herr Ministerialkommissär schon angeregt hat, überhaupt auf eine materielle Aenderung des Gesetzes eingehen, und zwar in der Richtung, daß die Befugniß der Zwangsenteignung ausgedehnt wird auf die Gemeinden. Zur Zeit befindet sich eine Petition des pfälzischen Städtetages in Umlauf, die an verschiedene Gemeindeverwaltungen gerichtet ist und noch in dieser Session in den Einlauf der Kammer gelangen wird. In dieser Petition wird die Ausdehnung des Zwangsenteignungsrechts auf die Gemeinden befürwortet und es scheint mir das auch absolut geboten. In welche Verlegenheit eine Gemeinde kommen kann bei der Durchführung ihrer Straßen und bei sonstigen Gelegenheiten, das werden alle Herren wissen, welche in Gemeindevertretungen sitzen. Dazu kommt, daß einzelne Städte unter besonderen Verhältnissen schwer zu leiden haben, namentlich z. B. die Stadt Nürnberg, in welcher der Verkehr durch den Bahnkörper der Ludwigsbahn außerordentlich gehemmt wird. Diese Bahn weigert sich, die nothwendigen Uebergänge für Fußgänger und Fuhrwerke herzustellen; so kommt es, daß an bestimmten Stellen, die die Arbeiter passiren müssen, um rechtzeitig zur Arbeit zu gelangen, große Mißstände eingetreten

sind; die Leute überschreiten den Bahnkörper, werden von der Polizei abgefaßt S. 265.
und bestraft, sind aber doch thatsächlich zur Gesetzesübertretung gezwungen, wenn sie rechtzeitig zur Arbeit kommen wollen; es fehlt eben an Bahnübergängen, das Publikum muß deßhalb große Umwege machen oder die Geleise überschreiten. Mindestens 50 Arbeiter sind in der letzten Zeit um 3 M. beziehungsweise 6 M. bestraft worden. Die Stadt Fürth hat fortwährend mit der Gesellschaft zu kämpfen, um den nothwendigen Schutz gegen Unglücksfälle, Einzäunung des Bahnkörpers, zu erlangen. In allen diesen Fällen sind die Gemeinden der Gesellschaft gegenüber machtlos. Wenn ich nicht irre, liegt von der Gemeindevertretung Nürnberg eine Vorstellung bezüglich der Ludwigseisenbahn beim Ministerium, deren Verbescheidung baldigst erwünscht wäre.

Ich bin mir nicht klar darüber, ob diese Frage hier mit diesem Gesetze verbunden werden kann, weil dasselbe lediglich von Grundabtretungen spricht; aber ich glaube, man könnte diese Angelegenheit gleich mit diskutiren. Jedenfalls halte ich es für zweckmäßig, wenn der Ausschuß sich dafür ausspricht, das Zwangsenteignungsrecht auch den Gemeinden zu ermöglichen, und auch die Regierung Stellung nimmt. Die Befürchtung, daß die Gemeinden von diesem Rechte zu weitgehenden Gebrauch machen, halte ich für unbegründet. Es sitzen fast ausschließlich Haus- und Grundbesitzer in den Gemeindevertretungen und da ist nicht zu befürchten, daß ‖ sie anderen Grundbesitzern wehe S. 266.
thun. Ich halte es aber für selbstverständlich, daß, wenn den Gemeinden das Zwangsenteignungsrecht eingeräumt werden soll, dem auch die Entschädigungspflicht gegenüber stehen muß.

Abg. **Wagner**: Ich habe mich zum Worte gemeldet, um die Anregung zu geben, daß man wenigstens insoweit eine Aenderung des Zwangsenteignungsrechts konzediren möchte, daß das Expropriationsrecht auf die Herstellung von Gemeindestraßen ausgedehnt werden könnte. Der Artikel I A 5 spricht nur von „Staats-, Kreis- und Bezirksstraßen". Der Bürgermeister der Stadt, in welcher ich wohne, hat mich ersucht, ich möchte die Gelegenheit, welche sich allenfalls bei den Justizgesetzen ergibt, benützen, um anzuregen, daß es wünschenswerth wäre, wenn wenigstens nach der von mir bezeichneten Richtung hin eine Aenderung erfolgt, daß die Expropriationsbefugniß auf die „Gemeindestraßen" ausgedehnt würde. Es würde das mit dem noch nicht zusammenfallen, was der Herr Vorredner anführte, daß die Gemeindebehörde selbständig über die Expropriation zu entscheiden hätte. Bei meiner Anregung würde es sich lediglich um die Abänderung der Ziff. 5 handeln. Ich gebe zu, daß das, was der Herr Senatspräsident bemerkt hat, richtig ist, daß das Gesetz nach vielen Richtungen hin einer Aenderung bedürfe; sollte eine solche in nicht allzuferner Zeit nicht erfolgen können, so möchte auch ich wünschen, was von Seite des Herrn Referenten ausgesprochen wurde, daß das Zwangsenteignungsgesetz unter diejenigen aufgenommen würde, bezüglich welcher eine Neutextirung von Seite der Regierung erfolgen soll.

Der k. Oberregierungsrath **Krazeisen**: Bezüglich der Anregung der Herren Vorredner erlaube ich mir zu bemerken, daß eine Petition des pfälzischen Städtetages in den Einlauf des Staatsministeriums des Innern bis jetzt nicht gelangt ist. Ich bin Referent für das Enteignungswesen und hätte jedenfalls Kenntniß davon. Das Ministerium war in Folge dessen noch nicht veranlaßt, zur Sache Stellung zu nehmen, und aus dem gleichen Grunde bin ich auch nicht in der Lage, wegen der Anregung bezüglich der Neutextirung des Zwangsenteignungsgesetzes eine Aeußerung abzugeben.

S. 266. Was die von dem Herrn Abg. Segitz berührten Mißstände bezüglich der Ludwigseisenbahn und der Schädigung der Arbeiter betrifft, so ist mir persönlich nichts bekannt. Ich weiß nicht, ob die Angelegenheit etwa in einem anderen Referate des Ministeriums des Innern behandelt wird. Allein ich werde der Sache nachgehen; gegebenen Falles wird das Ministerium das Möglichste zur Beseitigung vorhandener Mißstände thun.

Abg. **Fuchs**: Ich schließe mich im Großen und Ganzen den Ausführungen der Herren Segitz und Wagner an und möchte anknüpfend an die Erörterungen des Herrn Senatspräsidenten den lebhaften Wunsch äußern, daß das Zwangsenteignungsgesetz mit Rücksicht auf die seit dem Jahre 1837 zweifellos ganz wesentlich geänderten Verhältnisse so bald als möglich neu bearbeitet werden möge, wobei auch die Frage zu entscheiden wäre, ob den Gemeinden ein erweitertes Zwangsenteignungsrecht eingeräumt werden soll oder nicht.

Abg. **Landmann**: Ich möchte darauf aufmerksam machen, daß ich bei der letzten Berathung des Etats des k. Staatsministeriums des Innern auf die Wichtigkeit der von Herrn Segitz angeregten Frage schon hingewiesen habe. Ich habe damals schon bemerkt, daß es im Interesse der veränderten Verkehrsverhältnisse der Gemeinden dringend geboten erscheint, das Expropriationsgesetz auch auf die Gemeinden auszudehnen, und ich wurde in der öffentlichen Sitzung hiebei von einigen Herren unterstützt. Ich stehe noch auf demselben Standpunkt, den ich damals eingenommen habe. Im Uebrigen bin ich der Ansicht, daß bei dieser Berathung die Sache sich nicht machen läßt; der Gesetzentwurf führt den Titel: „Die durch die Einführung des Bürgerlichen Gesetzbuchs veranlaßten Aenderungen der seit 1818 erlassenen Gesetze." Man kann aber nicht sagen, daß die Aenderungen, die wir wünschen, durch das Bürgerl. Gesetzbuch veranlaßt sind. Es wird wohl genügen, wenn wir neuerlich den Wunsch aussprechen und von Seite des Staatsministeriums des Innern entsprechende Notiz davon genommen wird.

Abg. **von Walter** (Referent): Ich bemerke vor Allem, daß ich nicht eine Neutextirung des Gesetzes gewünscht, sondern mich darauf beschränkt habe, den Wunsch auszusprechen, daß die Bestimmungen, die im gegenwärtigen Gesetze getroffen werden, aneinander gereiht werden.

Im Uebrigen aber bin ich der Ansicht des Herrn Abg. Landmann, daß wir bei der gegenwärtigen Gesetzesvorlage uns lediglich auf die Abänderungen der Bestimmungen beschränken sollen, welche durch die Einführung des Bürgerl. Gesetzbuchs veranlaßt sind. Es werden im Entwurfe allerdings noch bei anderen Gesetzen verschiedene Aenderungen zu Sprache kommen, die weiter gehen und mit dem Bürgerl. Gesetzbuch nicht im Zusammenhang stehen. Allein gleichwohl möchte ich die Berathung nicht so weit ausdehnen, daß wir auch auf die Verhältnisse der Ludwigseisenbahn in Nürnberg und ähnliche Verhältnisse eingehen.

Was die Ludwigseisenbahn betrifft, so scheint es mir, daß die Anregung des Herrn Segitz mit der Expropriation nicht im Zusammenhang steht; denn es handelt sich hier um Verhältnisse bereits bestehender Art, um Verhältnisse, die auf Grund von Verträgen bei der Anlage dieser Bahn geschaffen worden sind, und auch darum, Sicherheitsvorschriften zu finden für den Verkehr, die durch die Bahn veranlaßt sind.

Was die Frage anlangt, ob wir nicht im gegenwärtigen Expropriationsgesetze Bestimmungen für die Gemeinden treffen sollen, so möchte ich mich mit allen Kräften dagegen wehren; abgesehen davon, daß eine Bestimmung, wie sie der Herr Abg. Wagner will, außerordentlich bedenklich ist, und daß wir

das Expropriationsrecht der Gemeinden schon im Zusammenhang behandeln S. 266.
müßten, würden wir uns jetzt in Weiterungen verlieren, die uns die Lösung unserer Aufgabe vollständig unmöglich machten.

Ich würde sehr bitten, daß wir uns auf das beschränken, was uns von der Regierung vorgeschlagen ist, und nicht weiter hinausgreifen, weil wir sonst Gefahr laufen, daß wir mit unserer Aufgabe nicht fertig werden. Wir haben eine gemessene Marschroute und innerhalb dieser müssen wir uns bewegen. Die Frage der Ausdehnung des Expropriationsrechtes auf die Gemeinden würde wohl eine eingehende Berathung und einen eingehenden Vorschlag der Regierung, sowie eine eingehende Begründung derselben nothwendig machen, — darauf können wir uns im Augenblick nicht einlassen.

Abg. **Conrad** (Korreferent): Ich habe nichts Besonderes zu bemerken, zumal ich in der Aeußerung des Herrn Senatspräsidenten bezüglich der Reformbedürftigkeit des Zwangsenteignungsgesetzes eine kleine Aussicht erblicke, daß in nicht zu ferner Zeit die bessernde Hand an das Gesetz angelegt wird. Ich will S. 267.
also auf der Neutextirung nicht mehr bestehen, so nützlich dieselbe wäre.

Was die Aeußerung des Herrn Abg. Segitz anlangt, so scheint mir der von ihm erwähnte Fall nicht einschlägig zu sein. Es handelt sich dort um festgeordnete Verhältnisse. Als die Ludwigsbahn konzessionirt wurde, wurden der Gesellschaft bezüglich ihrer Weganlagen bestimmte Auflagen gemacht. Wenn nun der Verkehr inzwischen gewachsen ist, wird sich eben das Bedürfniß ergeben, weitere Straßenzüge herzustellen. Das gehört aber zunächst nicht in's Expropriationsrecht.

Vorsitzender: Ich darf konstatiren, daß Ziff. I angenommen ist.

Ziff. II.

Abg. **von Walter** (Referent): Der Artikel XVI des Expropriationsgesetzes hatte bisher folgenden Wortlaut (verliest den bisherigen Artikel). Es ist den Distriktspolizeibehörden durch diese Fassung zur Pflicht gemacht, dem Hypothekenamte oder dem Grundbuchamte die Ladungen mitzutheilen, um dieser Behörde zu ermöglichen, sich darüber zu vergewissern, daß die Ladung auch richtig erfolgt ist. Ich bin mit der Regierung der Meinung, daß eine derartige Bestimmung nicht nothwendig ist, daß man es vielmehr der Distriktspolizeibehörde überlassen kann, zu beurtheilen, ob die Ladungen richtig erfolgt sind oder nicht. Die Ziff. II schlägt deßhalb vor, die Bestimmung, wie folgt, zu fassen:

„Die Distriktspolizeibehörde hat, sobald die Ladung erfolgt ist, bezüglich der in Anspruch genommenen Gegenstände . . . .“

Ich empfehle Ihnen die Annahme des Vorschlags der Regierung und bemerke, daß allerdings in Artikel XVI das Wort „Hypothekenamt“ stehen bleibt, daß das aber deßhalb keinerlei Bedenken hat, weil im Artikel 41 des Entwurfs ausdrücklich festgesetzt werden soll, daß an die Stelle des Hypothekenamts künftig das Grundbuchamt zu treten hat.

Abg. **Conrad** (Korreferent): Es würde also das Bezirksamt dem Grundbuchamt den Nachweis zu erbringen haben. Ich halte auch das mit Rücksicht auf § 59 der Grundbuchordnung für überflüssig und stimme mit der vorgeschlagenen Gesetzesänderung überein.

Vorsitzender: Ziff. II ist angenommen.

Ziff. III.

Abg. **von Walter** (Referent): Durch Ziff. III soll der Artikel XXII Ziff. 1 bis 4 aufgehoben werden. Dieser Artikel bestimmt, daß das Gesetz Verfassungs-

S. 267. gesetz ist und auch auf den Rheinkreis Ausdehnung zu finden hat und zwar unter Aufhebung des Gesetzes vom 8. März 1810. Es sind eine Reihe von Bestimmungen angereiht, welche die nothwendigen Aenderungen für die Pfalz vorsehen und damals veranlaßt waren durch die Bestimmungen theils civilrechtlicher, theils prozessualer Natur, welche in der Pfalz anders gelagert waren als im diesseitigen Bayern. Auch diese Bestimmungen von Ziff. 1 bis 4 des Artikel XXII kommen in Wegfall.

Abg. **Conrad** (Korreferent): Ich wollte nur bemerken, daß auch die beiden Absätze 5 und 6 des Artikel XXII aufgehoben sind durch Artikel 45 des Ausführungsgesetzes vom Jahre 1869. Auch die ersten vier Absätze eignen sich zur Aufhebung.

Vorsitzender: Ich konstatire, daß der Ausschuß mit der Ziff. III einverstanden ist und demnach auch mit dem ganzen Artikel 5.

Wir kommen zu **Artikel 6.**

Abg. **von Walter** (Referent): Dieser Artikel 6 bezweckt die Abänderung des Artikel 5 Abs. 2 Ziff. 1 des Gesetzes vom 4. Juni 1848, die Wahl der Landtags-Abgeordneten betreffend, in der Fassung der Bekanntmachung vom 22. März 1881. Artikel 5 bestimmt, wer als Urwähler wahlberechtigt ist, und sagt in Ziff. 1 Folgendes (verliest Ziff. 1). Der Entwurf schlägt vor, Ziff. 1 dahin zu fassen.

„Personen, welche entmündigt oder nach § 1906 des Bürgerlichen Gesetzbuchs unter vorläufige Vormundschaft gestellt sind."

Ich glaube, daß diese Fassung der Rechtslage vollständig entspricht, welche durch das Bürgerl. Gesetzbuch geschaffen wird und bei der ein Unterschied zwischen dem rechtsrheinischen Bayern und der Pfalz nicht nothwendig ist. Ich beantrage Zustimmung.

Abg. **Conrad** (Korreferent): Auch ich kann mich damit einverstanden erklären. Am Schlusse der Motive ist gesagt, daß eine sachliche Aenderung nur im Hinblick auf Artikel 499 des Code civil insoferne gegeben ist, als noch vom Falle der Bestellung eines Beistands gesprochen ist, welche bereits mit dem 1. Januar 1900 ihren Einfluß auf die Wahlfähigkeit verliert. Dieser Fall erscheint jedoch belanglos.

Abg. **Wagner:** Es ist ein Unterschied hinsichtlich der Beistandschaft wegen Geistesschwäche und der Beistandschaft wegen Verschwendung gemacht. Die Beistandschaft wegen Verschwendung verwandelt sich künftighin in Entmündigung und die Beistandschaft wegen Geistesschwäche fällt weg, und weil diese wegfällt, fällt auch das weg, daß derjenige, welcher wegen Geistesschwäche einen Beistand hatte, das Wahlrecht verloren hat. Letzteres bekommt er schon vom 1. Januar 1900 an, während die Wirksamkeit der Beistandschaft noch sechs Monate länger dauert. Das ist der Unterschied zwischen beiden Arten der Beistandschaft. Gegen den Artikel selbst wird nichts zu erinnern sein.

Vorsitzender: Artikel 6 ist angenommen.

Wir kommen zu **Artikel 7.**

Abg. **von Walter** (Referent): Der Artikel 7 bezielt eine Aenderung des Gesetzes vom 4. Juni 1848 über die Aufhebung der standes- und gutsherrlichen Gerichtsbarkeit, dann die Aufhebung, Fixirung und Ablösung von Grundlasten und zwar in Artikel 29 Abs. 2 Satz 1. Derselbe bestimmt Folgendes (wird verlesen). Nach § 12 Ziff. 7 der Prioritätsordnung hatten diese Grundrenten ersten Hypothekenrang. Das war damals im Jahre 1848 zweifellos noch Gesetz und ist auch in der Subhastationsordnung vom Jahre 1879 noch aufrecht erhalten worden. Bisher war es nicht zweifelhaft, um welchen Rang es sich für diese Grundrenten gehandelt hat. Nun schlägt die Regierung vor, für die Folge den Artikel 29 in Abs. 2 Satz 1 so zu fassen: S. 267.

„Solche Bodenzinskapitalien haben denselben Rang wie die Grundrenten, an deren Stelle sie treten." S. 268.

Die Prioritätsordnung ist bereits aufgehoben und die Subhastationsordnung von 1879 soll ebenfalls aufgehoben werden und sind wir nun darauf angewiesen, zu ermitteln, welchen Rang diese Bodenzinskapitalien und Grundrenten für die Zukunft haben. In dieser Beziehung werden die §§ 4 und 9 des Einführungsgesetzes zum Gesetz über Zwangsversteigerung und Zwangsverwaltung Anwendung zu finden haben (verliest die beiden Paragraphen). Dazu trifft das Ausführungsgesetz zum erwähnten Gesetz in Artikel 28 folgende Bestimmung (verliest Artikel 28). — In diesem Artikel 28 ist zwar von dem Rechte Gebrauch gemacht, welches der § 9 des Einführungsgesetzes der Landesgesetzgebung eingeräumt hat; es ist aber nichts bestimmt über den Rang, welchen diese Reallasten, Grundgefälle, Bodenzinskapitalien u. s. w. haben, obwohl in § 4 des Einführungsgesetzes auch in dieser Beziehung der Vorbehalt offen gelassen ist. Ich meine, es könnte bei dieser Sachlage für die Folge zweifelhaft werden, welchen Rang die Bodenzinskapitalien haben, und es dürfte deßhalb die von der Regierung vorgeschlagene Bestimmung etwas genauer zu fassen sein, um zum Ausdruck zu bringen, daß die Bodenzinskapitalien wie bisher den ersten Hypothekenrang genießen. Denn aus der Bestimmung, wie wir sie vor uns haben, kann, nachdem von dem § 4 des Einführungsgesetzes kein Gebrauch gemacht wird, nicht wohl ermessen werden, daß es sich wirklich um den bisher den Bodenzinskapitalien eingeräumten ersten Hypothekenrang handelt, weil die Gesetze, in denen es ausgesprochen ist, aufgehoben sind. Ich erwarte in dieser Beziehung eine weitere Aufklärung Seitens der Regierung.

Ab. **Conrad** (Korreferent): Ich war nicht in der Lage, den Ausführungen des Herrn Referenten vollständig zu folgen, und muß sagen, daß meinerseits keine Erinnerung gegen die vorgeschlagene Fassung besteht. Ich halte es für sachgemäß, daß man den Bodenzinskapitalien den Rang zuweist, wie den Grundrenten, an deren Stelle sie treten.

Senatspräsident Dr. **von Jacubezky:** Der Artikel 29 Abs. 2 Satz 1 soll in der neuen Fassung dasselbe sagen wie in der alten Fassung, es ist nur der Wortlaut an das künftige Recht angepaßt. Für den Rang kommt neben dieser Vorschrift der Artikel 184 des Einführungsgesetzes zum Bürgerl. Gesetzbuch in Betracht, nach welchem Rechte, mit denen eine Sache zur Zeit des Inkrafttretens des Bürgerl. Gesetzbuchs belastet ist, mit dem sich aus den bisherigen Gesetzen ergebenden Range bestehen bleiben. Der Herr Referent hat nicht Recht, wenn er annimmt, diese Grundrenten oder Bodenzinse gehörten zu den öffentlichen Lasten des Grundstücks, dessen Eigenthümer der Pflichtige ist. Das oberste Landesgericht hat dahin entschieden, daß sie nicht öffentliche Lasten, sondern privatrechtliche Reallasten sind. Deßhalb kann für sie nicht von dem § 4 Abs. 1 des Einführungsgesetzes zu dem Gesetz über die Zwangsversteigerung Gebrauch gemacht werden; vielmehr gelten § 10 Nr. 4 und § 11 Abs. 1 des Gesetzes über die Zwangsversteigerung auch für diese Reallasten. Darnach gehen ihnen die öffentlichen Lasten, die in der Ziff. 3 genannt sind, vor und

S. 268. kommen sie bei dem Zusammentreffen mit anderen Ansprüchen aus Rechten an dem Grundstück nach dem Rangverhältniß zum Zuge, welches unter den Rechten besteht, d. h. nach ihrem bisherigen Range. Es bleibt also das Rangverhältniß, welches bisher bestand, unverändert und deßhalb liegt kein Grund vor, eine neue Bestimmung zu treffen. Gegen den Vorschlag des Herrn Referenten spricht auch die Erwägung, daß möglicher Weise in dem einen oder anderen Falle im Laufe der Zeit eine Rangänderung eingetreten ist, die wir selbstverständlich nicht rückgängig machen können.

Abg. **von Walter** (Referent): So klar sehe ich in der Sache noch nicht. Ich habe den Paragraphen des Einführungsgesetzes allegirt, der von den öffentlichen Lasten handelt; allein ich habe die Bodenzinskapitalien nicht als öffentliche Lasten bezeichnet. Nun sagt Herr Senatspräsident selbst, daß es nach dem Reichsgesetze freisteht, diesen Reallasten ihren bisherigen Rang zu belassen. Bisher wußte man, welchen Rang diese Lasten hatten — ich habe § 12 der Prioritätsordnung und den Art. 108 der Subhastationsordnung angegeben —, aber jetzt stehen wir nach meinem Dafürhalten vor einer offenen Frage. Wenn wir den Lasten den Rang einräumen dürfen, den sie früher gehabt haben, dann muß das doch in irgend einer Form zum Ausdruck kommen. Es ist mir auch nicht denkbar, daß im Laufe der Zeit der erste Hypothekenrang, der den Bodenzinskapitalien eingeräumt war, sich verwischt oder geändert hat; anders liegt die Frage bei dem Gesetz über die Zehnbautenpflicht, dort haben wir eine ausdrückliche Bestimmung, daß der Kanon oder die in ein Kapital umzuwandelnde Baupflicht den bisher schon bestehenden Hypotheken nachzugehen hat, aber im Gesetz von 1848 haben wir eine derartige Bestimmung nicht. Die Kommentatoren zu diesem Gesetz sagen überall, daß der diesen Bodenzinskapitalien eingeräumte Rang der erste Hypothekenrang ist. Nun, wenn wir alle Gesetze aufheben, aus welchen das gefolgert werden konnte, wissen wir nicht, in welcher Weise diese Bodenzinskapitalien zu rangiren haben. Nach meinem Dafürhalten ist das eine Frage, die unter Bezugnahme auf das Reichsgesetz keineswegs vollständig und zweifellos gelöst wird. Ich glaube daher, daß wir da in der Vorlage der Regierung eine Lücke zu suchen und diese auszufüllen haben.

Senatspräsident Dr. **von Jacubezky:** Bei den Grundrenten, deren Rang für den Rang der Bodenzinskapitalien maßgebend ist, handelt es sich um einen abgeschlossenen Kreis von Rechtsverhältnissen, neue Rechtsverhältnisse dieser Art können nicht mehr entstehen. Jedes der bestehenden Rechte hat jetzt seinen Rang und den behält es, weil Artikel 184 des Einführungsgesetzes zum Bürgerl. Gesetzbuch bestimmt, daß bestehende Rechte, mit denen ein Grundstück belastet ist, ihren Rang behalten.

Soweit die Bodenzinskapitalien der Eintragung in das Grundbuch bedürfen — das trifft nur bei denjenigen zu, die nicht dem Staate oder der Ablösungskasse gehören —, müssen sie mit dem Range eingetragen werden, den sie jetzt haben.

Es ist übrigens gerade bei denjenigen Bodenzinskapitalien, welche der Eintragung bedürfen, sehr wohl möglich, daß sie ihren Vorrang verlieren in Folge des öffentlichen Glaubens des Hypothekenbuchs. In einzelnen Fällen ist dieß thatsächlich vorgekommen. Wenn ein solches Bodenzinskapital nicht eingetragen worden ist und es ist zu Gunsten eines Gläubigers, der von dieser Belastung keine Kenntniß hatte, eine Hypothek an dem Grundstück bestellt worden, so hat der Hypothekengläubiger den Vorrang kraft

des öffentlichen Glaubens des Hypothekenbuchs erworben, und dabei muß S. 268.
es sein Verbleiben haben. Wir können also nicht unbedingt sagen, daß diese S. 269.
Bodenzinskapitalien den Vorang vor allen dinglichen Rechten haben, die an dem Grundstück bestehen.

Wenn darauf Gewicht gelegt wird, daß Artikel 108 Ziff. 1 der Subhastationsordnung aufgehoben wird, so muß ich bemerken, daß die Aufnahme der Grundabgaben und Reallasten in die erste Reihe der aus der Masse zu berichtigenden Ansprüche nicht die Bedeutung hat, daß nicht in Folge besonderer Rechtsverhältnisse eine Abweichung möglich wäre. Nach dem Wortlaute würden alle Reallasten, d. h. die wiederkehrenden Leistungen aus Reallasten, unbedingt allen Hypotheken vorgehen; das ist aber nur die Regel, es gilt nicht, wenn ein Rechtsverhältniß besteht, in Folge dessen eine Reallast einer Hypothek im Range nachsteht. Wenn z. B. für ein Leibgeding an einem schon mit Hypotheken belasteten Grundstück eine Reallast bestellt worden ist — was immerhin möglich, wenn auch in Bayern nicht üblich ist — so würde sie nicht den älteren Hypotheken vorgehen.

Die Aufhebung des Artikel 108 Ziff. 1 der Subhastationsordnung ändert an dem Range der Bodenzinskapitalien nichts, und ebensowenig thut dieß der Entwurf. Er sagt ausdrücklich: „Solche Bodenzinskapitalien haben denselben Rang wie die Grundrenten, an deren Stelle sie treten", und das ist, wie der Herr Referent mit Recht sagt, im Allgemeinen der erste und nur dann ausnahmsweise ein anderer, wenn in Folge besonderer Umstände eine Rangänderung eingetreten sein sollte.

Abg. **von Walter** (Referent): Meine Zweifel sind noch nicht gelöst. Wenn Bodenzinskapitalien von Privaten in das Hypothekenbuch eingetragen worden sind, kann sich in der That der Rang derselben nach den Einträgen im Hypothekenbuch regeln; daß man aber ein Leibgeding bisher nicht als eine Reallast betrachten konnte, die allen anderen Hypotheken im Range vorgeht, folgt schon daraus, weil man bisher das Leibgeding gar nicht als Reallast betrachtete, sondern als persönliche Forderung ansah. Aber wir stehen hier doch vor der anderen Frage bezüglich der Bodenzinskapitalien des Staates, der Ablösungskasse. Für diese war niemals eine Eintragung nothwendig und ist auch nie erfolgt. Aus den Einträgen im Hypothekenbuch kann man deßhalb den Rang nicht erkennen, und wenn in absehbarer Zeit einmal die Erinnerung an die Prioritätsordnung und die Subhastationsordnung vollständig verschwunden ist, so hat sich derjenige, der den Rang zu bestimmen hat, bei der Fassung, wie sie vorgeschlagen ist, zu fragen, welchen Rang hat das Bodenzinskapital gehabt, und diese Frage ist durch den Entwurf nicht gelöst. Es wird nur der bisherige Rang eingeräumt, aber ich für meinen Theil kann keine Bestimmung finden, aus der sich ergibt, daß der Rang nicht erst nach der Zeit des Eintrags sich bestimmt, sondern daß der Rang bleibt, der bei der Umwandlung der Grundrenten in Bodenzinskapitalien bestanden hat. In dieser Beziehung müssen wir uns deutlich fassen, sonst ist in 30 Jahren kein Mensch im Stande, zu sagen: dem Bodenzinskapital steht der oder jener Rang zu.

Senatspräsident Dr. **von Jacubezky**: Der Artikel 29 Abs. 2 Satz 1 soll nach der Regierungsvorlage die Fassung erhalten:

> „Solche Bodenzinskapitalien haben denselben Rang wie die Grundrenten, an deren Stelle sie treten."

Daraus ergibt sich mit voller Klarheit, daß in Bezug auf den Rang nichts geändert wird. Man wird auch, solange diese Grundrenten bestehen — es ist

S. 269. jetzt durch das Gesetz vom 2. Februar 1898 Vorsorge getroffen, daß sie in allerdings noch ziemlich ferner Zeit verschwinden — sich daran erinnern, daß sie entstanden sind aus Belastungen, die viel älter sind als alle Hypotheken, und daher im Allgemeinen den Vorrang vor den Hypotheken haben. Man braucht, um zu diesem Ergebnisse zu gelangen, nicht auf die Prioritätsordnung von 1822 zurückzugreifen, denn der Vorrang der Grundrenten ist nicht durch die Prioritätsordnung geschaffen worden, sie hatten den Vorrang schon lange, ehe die Prioritätsordnung erlassen wurde. Ich kann mich nicht von der Nothwendigkeit überzeugen, hier etwas Anderes zu bestimmen, als was der Entwurf vorschlägt, und möchte wiederholt darauf hinweisen, daß eine so allgemeine Vorschrift, wie die vom Herrn Referenten vorgeschlagene, bedenklich ist, weil es vorkommen kann, daß der Rang einzelner Bodenzinskapitalien von Privaten sich in Folge der Unterlassung der Eintragung geändert hat. Bei den Bodenzinskapitalien des Staates und der Ablösungskasse ist dieß freilich nicht möglich, weil sie mit rückwirkender Kraft von der Eintragung befreit worden sind.

Abg. **von Walter** (Referent): Ich möchte für heute zweierlei feststellen: erstens, daß diejenigen Bodenzinskapitalien, welche der Eintragung in das Hypothekenbuch nicht bedurft haben, im Zweifel immer den Hypotheken vorgehen, und zweitens, daß dieß auch bei den anderen Bodenzinskapitalien der Privaten der Fall ist, soweit nicht ein anderer Rang durch schon bestehende Einträge im Hypothekenbuche erworben wurde. Ich glaube, wenn ich den Herrn Senatspräsidenten richtig aufgefaßt habe und wenn diese Feststellung in das Protokoll aufgenommen wird, daß ich vorläufig keinen weiteren Antrag zu stellen brauche. Es war aber nothwendig, aufzuklären, welches der Rang sein soll, der den Bodenzinskapitalien vorbehalten ist und auch eingeräumt werden soll.

Abg. **Wagner:** Nach den Erklärungen des Herrn Referenten habe ich nichts Weiteres beizufügen. Ich glaube, daß die hier gemachte Konstatirung für die Auslegung des Gesetzes immerhin werthvoll sein wird.

Ich möchte nur noch einen Punkt erwähnen, daß die Hoffnung, welche der Herr Senatspräsident ausgesprochen hat, daß die Bodenzinse im Laufe der Zeit vollständig verschwinden werden, leider kaum in Erfüllung gehen wird. Wie ich erfahren habe, ist leider versäumt worden, rechtzeitig von der Ueberweisung der verschiedenen Bodenzinse an die Staatskasse Gebrauch zu machen; es sind viele nicht überwiesen worden und zwar theils aus Irrthum, theils aus anderen Gründen. Es werden also diese Dinge noch ziemliche Zeit fortdauern.

Vorsitzender: Ich kann die Annahme der Ziff. I konstatiren.

Ziff. II.

Abg. **von Walter** (Referent): Ziff. II behandelt die Abänderung des Artikel 30 Abs. 2 Satz 1. Der Artikel 30 handelt von Annuitäten und dem Range, den dieselben haben. Er lautet (Referent verliest Artikel 30). Der Entwurf schlägt vor, diesen Satz dahin zu ändern:

„Solche Annuitäten haben den Rang der Gefälle, an deren Stelle sie getreten sind."

S. 270. Nach den Aufklärungen und Feststellungen zum vorigen Artikel habe ich gegen diese Ziff. II keine Erinnerung.

Abg. **Conrad** (Korreferent): Es ist das nur eine Konsequenz der vorhin gefaßten Beschlüsse.

Vorsitzender: Damit ist Artikel 7 angenommen.

Artikel 8. S. 270.

Abg. **von Walter** (Referent) (verliest Artikel 8): In den Motiven ist ausreichend begründet, warum das Gesetz vom 12. März 1850 auch auf die Pfalz ausgedehnt werden soll. Ich für meinen Theil kann die in der Pfalz bestehenden Verhältnisse nicht so genau beurtheilen, um ermessen zu können, ob nicht etwa Erinnerungen dagegen vorzubringen sind, und erkläre mich vorläufig mit der Ausdehnung des Gesetzes auf die Pfalz einverstanden.

Abs. 2 trifft die Bestimmung, daß die Vertheilung der Umlage und die Schließung einer gütlichen Uebereinkunft mit dem Beschädigten in der Pfalz durch den Gemeinderath zu erfolgen habe. Er ist nothwendig, wenn wir dem Abs. 1 zustimmen. In der Pfalz besteht eben kein Unterschied zwischen Gemeinden mit magistratischer Verfassung und anderen Gemeinden. Es muß also ausgesprochen werden, daß in der Pfalz der Gemeinderath zuständig sei. Ich beantrage Zustimmung.

Abg. **Conrad** (Korreferent): Das Gesetz vom 12. März 1850 ist dem Gesetze vom 10. vendémiaire IV nachgebildet worden und ist gewiß als eine Verbesserung seines Vorbildes zu betrachten. In dem vendémiaire-Gesetz war auch die Bestimmung, daß die Einwohner eventuell noch einer Geldstrafe (amende) unterworfen, also strafbar verfolgt werden konnten. Das ist heute nicht mehr zeitgemäß. Uebrigens ist es schon nach prozessualen Bestimmungen zweifelhaft, ob jene Vorschriften des vendémiaire-Gesetzes noch Geltung hätten. Durch das Ausführungsgesetz zur Civilprozeßordnung Artikel 10 sind sie meines Erachtens schon aufgehoben. Wir begegnen hier diesen Bestimmungen in neuer Fassung auf Seite 77 unseres Entwurfs.

Ich hätte hier noch eine Kleinigkeit zur Sprache zu bringen, ob nämlich nicht an dem Gesetze selbst, nachdem dasselbe auf die Pfalz ausgedehnt wird, dessen Betreff abgeändert werden könnte. Es steht hier die Bezeichnung „diesseits des Rheins“. Diese Bezeichnung finde ich überhaupt für keine glückliche. Besser hieße es „rechts des Rheins“. Es ist das objektiver. Sonst könnte wieder einmal vorkommen, daß eine Allerhöchste Verordnung, wie sie Seiner Majestät König Max II. zum Vollzuge vorgelegt wurde, als er sich gerade in Aachen aufhielt, im Texte das rechtsrheinische Bayern als „diesseits des Rheins“ bezeichnet. Am Schlusse heißt es dann: Gegeben zu Aachen am so und so vielten 2c. 2c.

Senatspräsident Dr. **von Jacubezky**: Die noch geltenden Vorschriften des Gesetzes vom 12. März 1850 sind auf Seite 92 der Begründung angeführt.

Man könnte den Titel des Gesetzes durch eine besondere Bestimmung dahin ändern, daß die Worte „diesseits des Rheins“ gestrichen werden. Allein wir ändern am Wortlaut des Gesetzes nichts und deßhalb scheint es mir nicht nothwendig zu sein, einen besonderen Absatz einzusetzen, der sagt, daß in der Ueberschrift des Gesetzes die Worte „diesseits des Rheins“ wegfallen.

Vorsitzender: Ich konstatire die Annahme des Artikel 8.

Artikel 9.

Abg. **von Walter** (Referent): Artikel 9 betrifft Abänderungen des Jagdgesetzes vom 30. März 1850 und wird zunächst vorgeschlagen, dem Artikel 1 einen Artikel 1a zuzusetzen.

Artikel 1 des betreffenden Gesetzes sagt:

„Im Grundeigenthum liegt die Berechtigung zur Jagd auf eigenem Grund und Boden.

S. 270. Die Jagdgerechtigkeit auf fremdem Grund und Boden bleibt aufgehoben und darf in Zukunft nicht wieder als Grundgerechtigkeit bestellt werden."

Artikel 1a lautet (verliest Artikel 1a).

In den Motiven ist ausgeführt, warum eine nähere Bestimmung in dieser Beziehung nothwendig ist. Es gehen die Ansichten hierin sehr weit auseinander und es ist gewiß nur wünschenswerth, daß Klarheit darüber geschaffen wird, welche Thiere, als dem Jagdrechte unterliegend, zur Jagd gehörig gelten. Diese Frage ist auch bisher im Verordnungswege geregelt gewesen und es wird weit einfacher sein, wenn wir das der Verordnung überlassen und nicht bei jeder Aenderung die komplizirte Gesetzgebungsmaschine in Bewegung setzen.

Abs. 2 regelt dann einige bisher offene Streitfragen, indem er bestimmt, daß das ausschließliche Recht des Jagdberechtigten sich auf die verendeten Thiere — mit Ausschluß der verwesten Kadaver — sowie auf die Eier des Federwildes erstreckt. In Bezug auf die Eier wird in den Motiven hervorgehoben, daß auch der Jagdberechtigte die Eier nicht ohne Weiteres ausnehmen kann, sondern er bedarf dazu besonderer Bewilligung. Es ist diese Frage in § 10 der Verordnung vom 5. Oktober 1863 geregelt und muß auch künftighin diese Verordnung aufrechterhalten oder eine neue erlassen werden.

Ich habe gegen den Artikel keine Erinnerung und beantrage Zustimmung.

Abg. **Conrad** (Korreferent): Im Allgemeinen habe ich keine Erinnerung zu machen. Nachdem diese Bestimmungen für die Pfalz neu sind, würde ich es als erwünscht erachten, daß im Anschluß an das neue Recht genau gesagt wird, welche Thiergattungen zu den jagdbaren gehören. Es wird das Bürgerl. Gesetzbuch wohl durch eine Königliche Verordnung noch eine Erweiterung erfahren hinsichtlich der bereits als jagdbar bezeichneten Thiere.

In den Motiven vermisse ich eine Bemerkung darüber, daß in der Pfalz hinsichtlich der Verpachtung der Gemeindejagden nicht blos die Verordnung von 1815 maßgebend war. Auch eine Anordnung der Kreisregierung vom Jahre 1818 hat hierin Anordnungen getroffen. Insoferne sind die Ausführungen der Motive nicht ganz erschöpfend.

Ueber die verschiedenen Rechtsauffassungen, die in der Pfalz und im rechtsrheinischen Bayern bestehen über den Umfang der Jagdausübung, will ich mich nicht weiter verbreiten. Ich meine, daß die hier einschlägigen Bestimmungen der pfälzischen Jagdordnung in erster Linie als polizeiliche Maßnahmen sich darstellen, und von diesem Gesichtspunkte aus betrachtet, werden die Schwierigkeiten, die sich in der Auslegung der Verordnung finden, leicht sich heben lassen.

Abg. **Lerno**: Ein sehr häufiges Occupationsobjekt Seitens der nicht jagd-
S. 271. berechtigten Personen sind die abgefallenen || Stangen oder Geweihe; bezüglich dieser ist in den Motiven betont, daß auf abgeworfene Geweihe sich das ausschließliche Recht des Jagdberechtigten nicht erstreckt, und damit stimmt auch unsere Rechtsprechung überein Ich möchte aber doch anheimgeben, ob es nicht angezeigt wäre, dieß ausdrücklich im Gesetze zu sagen. Ich sehe wohl ein, daß durch die Nichtaufführung dieser Objekte in der Regierungsvorlage eigentlich schon indirekt ausgesprochen ist, daß sich das Jagdrecht nicht darauf erstreckt; aber ich glaube, um Mißverständnissen vorzubeugen, dürfte es gut sein, hier in Abs. 2 nach dem Worte „Federwildes" beizufügen: „nicht aber auf abgefallene Stangen oder Geweihe".

Abg. **Michel:** Ich möchte anregen, ob bei der in Aussicht stehenden Verordnung nicht auch die Hauskatzen unter die jagdbaren Thiere inbegriffen werden sollen für den Fall, daß sie umherschleichend auf fremdem Jagdgebiet betroffen werden. Es hat sich bei der Jagdausübung eine Praxis dahin gebildet, daß Hauskatzen in solchem Falle unbedenklich erschossen werden. S. 271.

Senatspräsident Dr. **von Jacubezky:** Die Hauskatzen, die in einem Jagdbezirk auf Raub ausgehen, werden dadurch nicht jagdbare Thiere, d. h. sie sind nicht „wilde" Thiere und unterliegen nicht dem ausschließlichen Aneignungsrecht des Jagdberechtigten. Es handelt sich hier um eine ganz andere Frage, nämlich darum, ob sich der Jagdberechtigte solcher Thiere, die sein Jagdrecht beeinträchtigen, entledigen darf. Hunde, die in einem Jagdbezirk aufsichtslos herumlaufen, dürfen nach § 17 der in der Begründung angeführten Verordnung von 1863 erschossen werden, aber deßwegen ist ein solcher Hund noch nicht ein jagdbares Thier.

Auch der Zusatz, den der Herr Abg. Lerno wünscht, dürfte nicht zu empfehlen sein. Wenn das Gesetz sagt, daß die verendeten Thiere und die Eier des Federwildes dem Jagdrecht unterliegen, von den abgeworfenen Stangen aber schweigt, so hat es damit zur Genüge ausgedrückt, daß diese Stangen dem Jagdrecht nicht unterliegen.

Ich möchte noch ein Versehen berichtigen, das auf Seite 93 der Begründung unterlaufen ist. Am Schlusse des ersten Absatzes heißt es dort:

> „Die Jagdfolge ist jedoch durch Artikel 10 des Gesetzes vom 25. Juli 1850, die Bestrafung der Jagdfrevel betreffend, im ganzen Königreich aufgehoben worden."

Es soll heißen: „in den Landestheilen rechts des Rheins"; denn in der Pfalz hat das Gesetz vom 25. Juli 1850, das übrigens inzwischen aufgehoben worden ist, niemals gegolten.

Abg. **Michel:** Ich wollte nur feststellen, warum ich die Hauskatzen mit angeführt wissen möchte. Der Artikel spricht von wilden Säugethieren, deren Pelzwerk verwerthet werden kann. Bei den Hunden trifft das nicht zu, aber es gibt Katzen, die sehr werthvolle Pelze haben, und da rentirt es sich wohl für manchen Schützen, wenn er einen Schuß auf eine solche abgibt, abgesehen von dem großen Schaden, den solche verwilderte Katzen der Jagd zufügen.

Abg. **Conrad** (Korreferent): Nachdem Herr Kollege Michel diesen Fall erwähnt hat, möchte ich bemerken, daß mir eine im freiem Felde herumlaufende Katze noch nicht als jagdbares Thier erscheint. Etwas Anderes ist es aber, wenn Katzen lange Zeit, Wochen und Monate lang draußen im Freien verweilen und förmlich verwildern. Es sind dann das verwilderte Katzen, wenn auch noch nicht Wildkatzen.

Eine Bitte aber möchte ich hier anfügen, daß nämlich in der zu erwartenden Königlichen Verordnung auch hinsichtlich der Kaninchen Bestimmungen getroffen werden. Die Kaninchen, Lapins, sind äußerst schädliche Thiere; alle Vertilgungsmaßnahmen, die man bis jetzt gegen sie angewandt, reichen nicht aus. Durch Legen von Fallen, durch Räuchern u. s. w. kann man ihrer nicht Herr werden. Ihre Vermehrung ist eine außerordentliche und nur durch tüchtiges, regelmäßiges und energisches Abschießen zur Sommerszeit, wo sie sich hauptsächlich vermehren, kann man ihnen Einhalt thun. Sie sind äußerst gefräßig, sie beißen 3—4 Jahre alte Pflanzen und Kulturen in den Wäldern ab, nagen die Rinden an, schädigen die Bäumchen und sind überhaupt für die verschiedensten Pflanzen außerordentlich schädlich. In einzelnen

S. 271. Gegenden kommen sie wenig vor und in nicht gefährlicher Weise, aber in verschiedenen Forstämtern, namentlich der Vorderpfalz, weiß man sich ihrer nicht mehr zu erwehren. Es ist dringend nothwendig, daß durch energisches Abschießen dieser Thiere Wandel geschieht. Das Auswerfen von Schießprämien hat auch nicht hinreichend genützt. Bei der zu erlassenden Verordnung sollte man daher, und ich möchte hierum gebeten haben, sich dieses Thieres doch in der von mir gewünschten Weise annehmen.

Vorsitzender: Ziff. I ist angenommen.

Ziff. II.

Abg. **von Walter** (Referent): Ziff. II schlägt eine Abänderung des Artikel 18 Ziff. 1 vor. Artikel 18 bestimmt die Personen, welchen die Jagdkarten verweigert werden müssen. Nach Ziff. 1 müssen sie den wegen Geisteskrankheit unter Kuratel Gestellten oder notorisch Geisteskranken verweigert werden. Der Regierungsentwurf schlägt nun vor, in Ziff. 1 zu sagen: „den wegen Geisteskrankheit oder Geistesschwäche Entmündigten und den notorisch Geisteskranken". Die Fassung schließt sich an das Bürgerl. Gesetzbuch an und ist dagegen nichts zu erinnern.

Vorsitzender: Ziff. II. ist angenommen.

Ziff. III.

Abg. **von Walter** (Referent): Ziff. III schlägt eine Aenderung zu Artikel 19 des Gesetzes vor. Dieser Artikel bestimmt jene Personen, welchen die Jagdkarte verweigert werden kann, und zählt in Ziff. 1 auf die Minderjährigen und Verschwender. Die Regierungsvorlage schlägt vor, diese Ziff. 1 dahin zu fassen:

> „den Minderjährigen, den wegen Verschwendung oder wegen Trunksucht Entmündigten und den nach § 1906 des Bürgerlichen Gesetzbuchs unter vorläufige Vormundschaft gestellten Personen".

Ich glaube, es ist hiegegen nichts zu erinnern, und insbesondere mag es sehr am Platze sein, Personen, die wegen Trunksucht und Verschwendung entmündigt sind, die Jagdkarte zu verweigern, da diese Karten nicht beitragen, sie auf bessere Wege zu lenken oder ihre Vermögenslage zu bessern. Ich beantrage Zustimmung.

Abg. **Conrad** (Korreferent): Auch ich habe gegen diese Erweiterung um
S. 272. so weniger eine Einwendung, als speziell in ‖ der Pfalz solchen Personen, die wegen Trunksucht befürchten ließen, daß sie ihre wirthschaftlichen Verhältnisse nicht ordentlich führen könnten, die Jagdkarte entzogen zu werden pflegt. In der Pfalz ist die Ertheilung von Jagdkarten lediglich in das Ermessen der Behörde gestellt.

Abg. **Michel:** Ich habe noch Bedenken wegen des Ausdrucks „Minderjährige". Ich glaube, daß blos die Personen unter 21 Jahren gemeint sind, und denke an den Fall einer Volljährigkeitserklärung; der Gesetzgeber wird aber kaum Personen unter 21 Jahren die Jagdkarte geben wollen, und ich möchte anregen, ob nicht gleich direkt gesagt werden soll: „Personen unter 21 Jahren".

Senatspräsident Dr. **von Jacubezky:** Ich glaube, wir haben keinen Anlaß, an der bisherigen Fassung des Gesetzes, die gleichfalls von „Minderjährigen" spricht, eine Aenderung vorzunehmen. Der Artikel 19 sagt: „Jagd-

karten können verweigert werden," schließt also die Minderjährigen nicht S. 272.
unbedingt aus, und ich sehe nicht ein, warum man Jemand, der für volljährig erklärt worden ist, weil er so reif ist, daß ihm die Verwaltung seines Vermögens anvertraut werden kann, für unreif erachten sollte, die Jagd auszuüben.

Vorsitzender: Ziff. III ist angenommen.

Abs. 2.

Abg. **von Walter** (Referent): Der zweite Absatz des Artikel 9 bestimmt, daß die in der Ziff. I enthaltenen Vorschriften auch für die Pfalz gelten. Dagegen werden die Bestimmungen der Ziff. II und III nicht auf die Pfalz ausgedehnt, weil dort für die Ertheilung der Jagdkarten schon ausreichende Vorschriften bestehen. Ich beantrage Zustimmung.

Vorsitzender: Abs. 2 und damit Artikel 9 ist angenommen. —

Nachdem noch eine Mittheilung des k. Kultusministeriums bekanntgegeben wurde, wonach Herr Oberregierungsrath Leichtenstern als Kommissär zu den Ausschußsitzungen abgeordnet wurde, wird die Sitzung auf den 6. Dezember Vormittags 9½ Uhr vertagt.

(Schluß der Sitzung um 1 Uhr 15 Minuten.)

von Stobäus,
Vorsitzender.

Michel,
Schriftführer.

---

17. S. 273.

Protokoll

über die Sitzung des besonderen (XVIII.) Ausschusses der Kammer der Abgeordneten zur Berathung der durch die Einführung des Bürgerlichen Gesetzbuchs veranlaßten Gesetzentwürfe.

(Beilagenband XX, Abth. II, z. d. Verhandl. d. K. d. Abg. 1898 Seite 273 bis 293.)

München, den 6. Dezember 1898, Vormittags 9½ Uhr.

Gegenwärtig:

Die Vertreter der k. Staatsregierung: der k. Staatsminister der Justiz Dr. Freiherr von Leonrod, Exzellenz, der k. Senatspräsident am obersten Landesgerichte Dr. Ritter von Jacubezky, der k. Ministerialrath im Staatsministerium des Innern Hörmann, der k. Oberregierungsrath im Staatsministerium des Innern Müller, der k. Oberregierungsrath im Staatsministerium des Innern Schreiber, der k. Oberregierungsrath im Staatsministerium des Innern Krazeisen, der k. Regierungsrath im Staatsministerium des Innern Brettreich, der k. Oberbaurath Sörgel;

ferner die Ausschußmitglieder: von Stobäus, Vorsitzender, Wagner, Stellvertreter des Vorsitzenden, Dr. Casselmann, Schriftführer, Michel, Stellvertreter des Schriftführers, Conrad, Fuchs, Joseph Geiger, Joseph Huber, Landmann, Lerno, Lutz, Seeberger, Segitz, von Walter (Dr. Ratzinger entschuldigt).

Tagesordnung:

Entwurf eines Gesetzes, die durch die Einführung des Bürgerlichen Gesetzbuchs veranlaßten Aenderungen der seit 1818 erlassenen Gesetze betreffend.

Artikel 10 mit 20.

Erste Lesung.

Der Vorsitzende **von Stobäus** eröffnet die Sitzung um 9 Uhr 32 Minuten.

Die Berathung beginnt bei **Artikel 10.**

S. 273. Abg. **von Walter** (Referent): Bevor wir in die Berathung des Artikel 10 eintreten, wird es wohl zweckmäßig erscheinen, die Denkschrift des pfälzischen Jagdschutzvereins zu besprechen, welche den verehrlichen Mitgliedern des Ausschusses zugekommen ist. Die Denkschrift befaßt sich einerseits mit der Jagdverordnung vom Jahre 1815, die für die Pfalz noch gilt, und bespricht anderseits die Wildschadenhaftpflicht. Der erste Theil ist wohl schon durch die gestrige Diskussion erledigt. Ich habe gestern diese Denkschrift noch nicht zur Hand gehabt, sie ist mir erst mitgetheilt worden.

Was aber den zweiten Theil über die Wildschadenhaftpflicht betrifft, so enthält derselbe Klagen darüber, daß unter dem Titel des Wildschadens Erpressungen aller Art ausgeübt werden, wobei vor Anwendung der verwerflichsten Mittel, wie Betrug, Meineid u. s. w. nicht zurückgescheut wird, daß Ueberforderungen vorkommen und daß diese Ueberforderungen dann seltener werden, wenn nicht der Jagdpächter, sondern die Gemeinde für Wildschaden haftet. Es wird dann vorgeschlagen, daß, um diese Wildschadensersatzansprüche etwas einzudämmen, ein obligatorisches, gebührenfreies Sühneverfahren eingeführt werde, das der Beschreitung des Rechtsweges voranzugehen hätte. Ferner wird vorgeschlagen die Aufstellung beeidigter Sachverständiger für größere Bezirke und die Entnahme der Sachverständigen aus der Klasse von Landwirthen, die auch Jäger sind, oder aus den Forstbeamten oder Jägern, die auch Landwirthschaft treiben. Weiter wird begehrt, daß eine möglichst kurze Frist zur Geltendmachung des Schadensersatzanspruchs festgestellt wird und daß der Wildschaden, der an Gärten, Obstgärten, Weinbergen, Baumschulen und an einzelstehenden Bäumen angerichtet wird, dann nicht zu ersetzen ist, wenn die Herstellung von Schutzvorrichtungen unterblieben ist, die unter gewöhnlichen Umständen zur Abwendung des Schadens ausreichen. Es ist dann weiter hervorgehoben, daß durch § 254 des Bürgerl. Gesetzbuchs, wenn er richtig angewendet würde, auch einiger Schutz für die Jäger geboten würde, insbesondere wenn man denselben auf den Fall ausdehnen würde, daß Bodenerzeugnisse in der Absicht, Schadensersatz zu erzielen, gezogen oder über die gewöhnliche Erntezeit hinaus auf dem Felde belassen werden. Da aber diese Auslegung nicht sicher ist, wird die Forderung gestellt, eine ausdrückliche Bestimmung zu treffen, daß ein Wildschaden nicht zu vergüten sei, wenn die Bodenerzeugnisse in der Absicht, Schadensersatz zu erzielen, gezogen oder über die gewöhnliche Erntezeit hinaus auf dem Felde belassen werden. Das ist der wesentliche Inhalt.

Daß mit dem Ersatz des Wildschadens auch Unfug getrieben wird, wird ja nicht zu bestreiten sein; aber ob gerade in der Ausdehnung Mißbrauch getrieben wird, wie das in der Denkschrift behauptet wird, wo von Meineid u. s. w. die Rede ist, das muß ich dahingestellt sein lassen.

Was die erste Forderung betrifft, daß ein obligatorisches, gebührenfreies Sühneverfahren eingeführt wird, so wäre das nach meinem Dafürhalten eine prozessuale Vorschrift und ich zweifle sehr, ob uns die Civilprozeßordnung in die Lage versetzt, einen derartigen Sühneversuch obligatorisch einzuführen. Ich halte das auch nicht für nöthig, denn der Beklagte kann in jedem einzelnen Falle einen Sühneversuch herbeiführen und sich auf diese Weise verständigen, ohne daß es zu einem Prozesse kommt.

Die zweite Forderung, daß für größere Bezirke Sachverständige aufgestellt werden, ist theilweise schon erfüllt durch die Bestimmung im Ausführungsgesetze, daß an jedem Amtsgerichte Sachverständige aufgestellt werden können. Ob diese gerade aus der Klasse der Jäger zu wählen sind, bezweifle ich für meinen Theil. Ich würde in dieser Beziehung doch der Forderung

nicht zu weit entgegenkommen. Aber es würde auch nichts entgegenstehen, S. 273.
daß der in Anspruch genommene Jäger auch seinerseits einen Sachverständigen benennt, und den kann er aus der Zahl der Jäger wohl auswählen.

Der Forderung, eine möglichst kurze Frist zur Geltendmachung des Schadensersatzanspruchs zu bestimmen, ist bereits im Gesetzentwurfe entsprochen. Es muß der Schaden binnen drei Tagen bei der Gemeindeverwaltung angemeldet werden.

Ebenso ist der Forderung entsprochen, daß der Wildschaden, der an Gärten, Obstgärten, Weinbergen, Baumschulen und einzelstehenden Bäumen angerichtet wird, nicht zu ersetzen ist, wenn die Herstellung von Schutzvorrichtungen || unterblieben ist, die unter gewöhnlichen Umständen zur Abwendung S. 274.
des Schadens ausreichen.

Daß eine formelle Bestimmung darüber getroffen wird, daß Wildschaden nicht zu ersetzen sei, wenn Bodenerzeugnisse deßhalb gezogen werden, um einen Wildschaden möglich zu machen, oder wenn dieselben zu spät vom Felde hereingeholt werden, wird kaum möglich sein. Ein Vorbehalt besteht nach dieser Richtung im Einführungsgesetze zum Bürgerl. Gesetzbuch nicht und ich denke, daß der § 254 des Bürgerl. Gesetzbuchs ausreichen wird. (Referent verliest den § 254.) Ein Verschulden des Beschädigten kommt hier also bereits in Konkurrenz und wird es dem Ermessen des Gerichts zu überlassen sein, festzustellen, auf welcher Seite das größere Verschulden liegt.

Etwas Weiteres habe ich zur Denkschrift meinerseits nicht zu bemerken und meine nur, daß wir keinen Anlaß haben, einen Antrag auf Grund derselben zu stellen, da sie auch keinerlei Petitum enthält. Sie ist nach meiner Auffassung lediglich zur Kenntnißnahme und zur Vorkehrung der nöthigen Bestimmungen mitgetheilt worden. Es ist derselben auch bereits in großem Umfange im Gesetzentwurfe Rechnung getragen und weiter zu gehen, haben wir, glaube ich, weder die Befugniß noch einen besonderen Anlaß.

Abg. **Conrad** (Korreferent): Die Denkschrift des pfälzischen Jagdschutzvereins, über deren einzelne Petita sich der Herr Referent eingehend ausgesprochen hat, enthält so vielerlei, daß man wohl im Einzelnen nicht Alles berathen und darüber beschließen kann. Es scheint mir indeß Verschiedenes durch das Bürgerl. Gesetzbuch selbst erledigt.

Die Denkschrift stellt an die Spitze ihrer Wünsche den Satz, daß die Pfalz mit dem rechtsrheinischen Jagdgesetze verschont bleiben möge. Nun darum handelt es sich hier ja nicht. Es ist das eine Verkennung der Sachlage. Es besteht keineswegs die Absicht, daß das bayerische Jagdgesetz auf die Pfalz ausgedehnt werden soll. Es handelt sich hauptsächlich nur um die Anpassung der jetzt geltenden jagdgesetzlichen Bestimmungen an das neue Recht des Bürgerl. Gesetzbuchs und von diesem Gesichtspunkte ausgehend müssen wir uns eine Beschränkung auferlegen, wenn in der Petition etwa beabsichtigt sein sollte, eine das ganze Jagdrecht umfassende Revision herbeizuführen. Das kann nicht unsere Aufgabe sein. Uebrigens sind, wie auch der Herr Referent bereits ausgeführt hat, eine Reihe von Wünschen der Petition bereits ausdrücklich berücksichtigt. Was insbesondere die Beiziehung von Sachverständigen betrifft, so ist dieß Sache des Gerichts. Die Wildschadensfrage ist ohnedieß in der Pfalz glücklicher gelagert als im dießrheinischen Bayern; wenn aber das Bürgerl. Gesetzbuch neue Bestimmungen einführt, so ist dagegen nichts zu machen. Daß die Verwaltungsbehörde auf Grundlage der pfälzischen Jagdverordnung manche Mißstände, wenn sie so bezeichnet werden können, fernhalten kann, ist

S. 274. in der Petition selbst zugestanden. Ein förmlicher Ausspruch des Satzes, daß die Jagdpolizeibehörden für berechtigt und verpflichtet zu erklären seien, allen jenen Maßnahmen der Gemeindebehörden die Genehmigung zu versagen, die mit einer pfleglichen Behandlung der Jagden unvereinbar sind, scheint mir demnach nicht gerade veranlaßt zu sein, da, wie ich schon gestern mir zu bemerken erlaubte, die pfälzische Jagdverordnung, soweit sie überhaupt noch Rechtens ist, doch vorwiegend polizeilicher Natur ist und ohnedieß ein viel eingehenderes Eingreifen gestattet. Ein Regreßparagraph, den die Petition perhorreszirt, ist im Bürgerl. Gesetzbuch nicht vorhanden. Allerdings besteht der § 823 des Bürgerl. Gesetzbuchs, welcher als eine Art abgeschwächte Bestimmung des Code civil gelten könnte, wonach zu Schadensersatz verpflichtenden Handlungen der Jagdpächter herangezogen werden kann. Aber diese Grundlage ist durch das Bürgerl. Gesetzbuch schon geschaffen. Auf die Kündigungsfrist werde ich noch später zurückkommen. Ich hätte daher nur den Wunsch, daß wenn dieß thunlich, die Petition der k. Staatsregierung zur Kenntnißnahme hinübergegeben wird, falls die k. Staatsregierung etwa bei Erlaß von Instruktionen oder Vollzugsbestimmungen in die Lage kommt, die hier vorgetragenen noch unerledigten prinzipiellen Punkte zu berücksichtigen.

Abg. **von Walter** (Referent): Ich habe bereits ausgeführt, daß wir es nicht mit einer Petition, sondern blos mit einer Denkschrift zu thun haben und daß diese Denkschrift selbst ein Petitum nicht enthält. Ich wüßte deßhalb in der That nicht, was wir für einen Anlaß hätten, die Denkschrift der k. Staatsregierung, sei es zur Kenntnißnahme oder zur Würdigung, hinüberzugeben. Die Petenten scheinen das selbst nicht gewollt zu haben und über ihre Absicht hinauszugehen, halte ich in keiner Weise veranlaßt.

Abg. **Michel:** Die Denkschrift ist mir zugegangen zu einer Zeit, in welcher für mich Veranlassung bestand, über die einzelnen Punkte mich näher zu informiren. Ich gebe selbst zu, daß die Denkschrift weiter nichts sein soll, als eine informatorische Zusammenstellung von einzelnen Punkten, die bei unserer Berathung von Werth sind. Ein Petitum enthält dieselbe allerdings nicht und bin auch ich der Ansicht, daß durch die bisherige Besprechung dem, was eigentlich die Verfasser derselben gewollt haben, genügt wurde. Was die einzelnen Punkte anlangt, die in der Denkschrift hervorgehoben sind, besonders den Wildschaden, so sind dieselben durch die beiden Herren Referenten zureichend behandelt worden und hätte ich für mich keinen Anlaß, noch weitere Gesichtspunkte geltend zu machen. Ich beschränke mich daher auf diese Konstatirung und wiederhole, daß nach meinem Dafürhalten der Zweck der Denkschrift jetzt schon erreicht ist, insoweit es sich um vorwürfigen Artikel handelt.

Vorsitzender: Damit werden wir die Denkschrift verlassen können.

Wir gehen nun über zu Artikel 10 selbst.

Abg. **von Walter** (Referent): Artikel 10 schlägt Aenderungen des Wildschadengesetzes vom 15. Juni 1850 vor.

In Bezug auf den Wildschaden trifft das Bürgerl. Gesetzbuch selbst Bestimmungen in § 835 (welchen Referent verliest). Diese Bestimmungen lassen aber auch nach Artikel 70 und 71 des Einführungsgesetzes der Landesgesetzgebung noch einen Spielraum. (Referent verliest die beiden Artikel.) Durch § 835 des Bürgerl. Gesetzbuchs wird vor Allem der Artikel 1 unseres bisherigen Gesetzes ersetzt. (Referent verliest Artikel 1 des Wildschadengesetzes.) Der Entwurf schlägt deßhalb vor, den Artikel 1 aufzuheben und, damit kein

Vacuum entsteht und das Gesetz mit einem Artikel 1 || beginnen kann, eine S. 275.
einleitende Bestimmung zu treffen. (Referent verliest Ziff. I des Artikel 10.) Ich habe gegen diese einleitende Bestimmung meinerseits eine Erinnerung nicht zu erheben und beantrage, daß sowohl der Aufhebung des Artikel 1 als auch dem Ersatze desselben durch die einleitende Bestimmung zugestimmt werden möge.

Abg. **Conrad** (Korreferent): Ich finde die Bestimmung der Ziff. I, die für Artikel 1 vorgeschlagen wird, durchaus sachgemäß und habe im Anschluß an die Ausführungen des Herrn Referenten keine Erinnerung dagegen zu erheben.

Vorsitzender: Ich kann demnach Ziff. I für angenommen erklären.

Wir kommen zu Ziff. II.

Abg. **von Walter** (Referent) (verliest Artikel 2 des bisherigen Gesetzes): Dieser Artikel 2 ist ebenfalls durch das Bürgerl. Gesetzbuch in seinem ersten Theile ersetzt. Nach Artikel 71 Ziff. 1 bleibt es der Landesgesetzgebung vorbehalten, die Verpflichtung zum Ersatze des Wildschadens auch dann eintreten zu lassen, wenn der Schaden durch jagdbare Thiere anderer Art als der in § 835 des Bürgerl. Gesetzbuchs bezeichneten angerichtet wird. Die k. Staatsregierung schlägt nun vor, den Artikel 2 durch folgende Bestimmung zu ersetzen. (Referent verliest). Die Befugniß ist bereits vorbehalten und finde ich diese Bestimmung vollständig angemessen, da nach meinem Dafürhalten die Aufzählung der Thiere, welche Schaden anrichten können, im Bürgerl. Gesetzbuch nicht vollständig ist. Ich glaube, daß für die Schadensersatzpflicht auch die Verordnung maßgebend sein wird, durch welche nach dem Gesetze über die Ausübung der Jagd die jagdbaren Thiere bestimmt werden, jedoch selbstverständlich unter dem Vorbehalte, daß die Thiere auch derartige sind, daß durch sie Schaden angerichtet werden kann. Unter dieser Voraussetzung habe ich gegen die Ziff. II meinerseits keine Erinnerung und beantrage Zustimmung.

Es wird sich vielleicht nur noch fragen, ob nicht etwa zur Verdeutlichung des Gesetzes gesagt werden könnte: „Die Ersatzpflicht erstreckt sich „auch“ auf den Schaden“ u. s. w. Die Anregung ist übrigens rein redaktioneller Natur und kann nach meinem Dafürhalten der Redaktionskommission vorbehalten werden.

Abg. **Conrad** (Korreferent): Der Entwurf hat mit Recht, wie ich glaube, die Bestimmung noch weiterer Thiergattungen, die als jagdbare im Sinne des Bürgerl. Gesetzbuchs zu erachten sind, dem Verordnungswege überwiesen, weil das doch Verhältnisse berührt, die in den einzelnen Landestheilen und auch zu verschiedenen Zeiten sich ändern. Ich habe darum nichts weiter dagegen zu bemerken. Es ist das eine ganz neue Bestimmung, die an die leer gewordene Stelle hier tritt.

Was das Wörtchen „auch“ betrifft, so bin ich beim Lesen des Satzes auch darauf gekommen, glaube aber gefunden zu haben, daß dieß die Ausdrucksweise des Gesetzes überhaupt ist. Wo die Worte „erstreckt sich“ vorkommen, wird das Wörtchen „auch“ weggelassen. Zum Verständniß wird es nicht unbedingt nothwendig sein.

Senatspräsident Dr. **von Jacubezky:** Ich möchte nur bemerken, daß meiner Auffassung nach das Wörtchen „auch“ neben „erstreckt“ nur eine Tautologie bedeutet; denn „die Ersatzpflicht erstreckt sich“ heißt, daß die Ersatzpflicht auch bei einem anderen Schaden als dem im Bürgerl. Gesetzbuch bezeichneten eintritt. Außerdem sagt der Artikel 1, daß die Vorschriften des Bürgerl. Gesetzbuchs durch die folgenden Vorschriften ergänzt werden. Daraus ergibt

S. 275. sich, daß das, was in diesem Gesetze bestimmt ist, neben das Bürgerl. Gesetzbuch gestellt wird. Es ist also schon im Artikel 1 ausgesprochen, daß es sich lediglich um Zusätze zum Bürgerl. Gesetzbuch handelt.

Abg. **von Walter** (Referent): Ich will nur bemerken, daß ich einen Antrag nicht gestellt habe.

Vorsitzender: Ich erkläre Ziff. II für angenommen.

Ziff. III.

Abg. **von Walter** (Referent): In Ziff. III wird eine Aenderung des Artikel 3 Abs. 1 und 2 vorgeschlagen. (Referent verliest die beiden Absätze.) Diese Bestimmung ist auch durch das Bürgerl. Gesetzbuch veranlaßt. Einer ausdrücklichen Bestimmung des Regreßrechtes bedarf es nicht, da dasselbe sich nach dem Bürgerl. Gesetzbuch von selbst versteht. Ich beantrage Zustimmung.

Abg. **Conrad** (Korreferent): Hier tritt für das pfälzische Recht eine Aenderung nicht ein, da Artikel 3 auf die Pfalz nicht erstreckt wird. Ich möchte mir jedoch die Frage gestatten, ob die beiden Absätze 3 und 4 dieses Artikels fortbestehen bleiben, indem nur die Absätze 1 und 2 eine neue Fassung erhalten.

Senatspräsident Dr. **von Jacubezky:** Es sollen nur die beiden ersten Absätze des Artikel 3 geändert werden; die Vorschriften der Absätze 3 und 4 bleiben unverändert.

Vorsitzender: Nach dem Antrage des Herrn Referenten erkläre ich Ziff. III für angenommen.

Ziff. IV.

Abg. **von Walter** (Referent): Nach Ziff. IV soll Artikel 5 eine andere Fassung erhalten. (Referent verliest Artikel 5.) Nach der Fassung des Artikel 71 Ziff. 4 des Einführungsgesetzes muß in dieser Beziehung eine Aenderung vorgenommen werden, weil diese Ziffer die Beweislast nicht dem Beschädigten, sondern dem Jagdberechtigten in der Weise auferlegt, daß der Jagdberechtigte zu beweisen hat, daß die Herstellung von Schutzvorrichtungen unterblieben ist, die unter gewöhnlichen Umständen zur Abwendung des Schadens ausreichen. Ich beantrage die Zustimmung zu Ziff. IV.

Abg. **Conrad** (Korreferent): Ich habe lediglich zu konstatiren, daß die Beweispflicht abgeändert ist. Der Ersatzpflichtige hat den Beweis zu liefern, daß die Schutzvorrichtungen nicht angebracht wurden, obwohl sie zur Verhütung des Schadens ausgereicht hätten.

Noch möchte ich fragen, aus welchen Gründen unter den in Ziff. 4 des Artikel 71 des Einführungsgesetzes aufgeführten Grundstücken die Weinberge
S. 276. nicht genannt sind; wahrscheinlich, wie ich vermuthe, aus dem Grunde, ‖ weil bei ihnen solche umfassende Schutzvorrichtungen anzubringen nicht so leicht ist.

Abg. **Segitz:** Ich finde es doch bedenklich, dem Grundeigenthümer aufzuerlegen, die nothwendigen Schutzvorrichtungen zu treffen. Das wird in vielen Fällen mit hohen Kosten verbunden sein. Wie soll z. B. eine Baumschule geschützt werden? Doch nur durch Einfriedung der ganzen Baumanlage. Das verursacht aber sehr hohe Ausgaben und ich meine, es wäre doch Aufgabe des Jagdbesitzers, des Wildhegers, dafür zu sorgen, daß der Grundbesitzer nicht geschädigt wird. Der Jagdbesitzer sollte also die Verpflichtung haben, diese Schutzvorrichtungen zu treffen; diese Pflicht dem Grundbesitzer aufzuladen, finde ich nicht für angezeigt, besonders wenn wir berück-

sichtigen, daß fast in jedem Jahre in der Kammer große Klagen der Grund- S. 276.
eigenthümer über Wildschaden zu vernehmen sind in der Richtung, daß die Entschädigung für Wildschaden nicht ausreicht. Das können Sie auch daraus ersehen, daß, wenn ich recht unterrichtet bin, im Jahre 1896 nicht mehr als 4000 M. für Wildschaden ausgegeben wurden, womit den Klagen über zu großen Wildschaden in Folge übermäßiger Hege des Wildes nicht mit Erfolg entgegengetreten werden kann. Ich glaube daher, wir sollten nicht dem Grundbesitzer die Schutzvorrichtungen aufladen. Das wäre Sache des Wildhegers.

Abg. **Landmann:** So weit können wir doch nicht gehen, wie Herr Abg. Segitz meint, daß man diese Last dem Jagdberechtigten aufhalsen sollte. Auf diese Weise würde das Jagdrecht, das doch auch ein Recht ist, geradezu illusorisch gemacht. Ich halte diesen Gedanken nicht für ausführbar.

Ich habe mir übrigens das Wort zu einer ähnlichen Anfrage erbeten, wie sie der Herr Korreferent gestellt hat. Ich vermisse auch unter den einzelnen Objekten die Gemüsegärten. Es ist bekannt, daß Gemüsegärten im freien Felde angelegt werden. Es wird in diesem Falle also wohl der Gartenbesitzer es sein, der diese Gärten zu schützen hat.

Abg. **Lutz:** Ich kann mich den Ausführungen des Herrn Kollegen Segitz nicht anschließen. Es geht nicht an, eine derartige Last dem Jagdpächter aufzuladen. Der Wildschaden soll gewährt werden, wenn durch übermäßig hohen Wildstand die Früchte auf dem Felde geschädigt werden. Bei einer Baumschule aber, die möglicher Weise vom Wild in einer einzigen Nacht ruinirt wird, kann es nicht anders gemacht werden, als daß der betreffende Baumschulbesitzer dieselbe einfriedigt.

Ich habe etwas Anderes sagen wollen. Es heißt hier, daß ein Schaden vergütet werden muß, wenn Schutzvorrichtungen hergestellt sind, die unter gewöhnlichen Umständen zur Abwendung des Schadens ausreichen. Es kann unter gewöhnlichen Umständen ein Zaun um eine Baumschule vollständig ausreichen, um den Schaden abzuwenden. Aber denken die Herren einmal den Fall großer Schneewehen, da ist der Besitzer nicht Schuld daran, es können aber dann die Hasen über den Zaun und fressen die ganze Baumschule in einer Nacht zusammen. Da kann ein Jagdinhaber, der eine ganz geringe Jagd hat, wo bei Treibjagden vielleicht nur zwei, drei Hasen geschossen werden, einen ganz erheblichen Schaden bezahlen müssen. Ich möchte um Aufklärung bitten, ob solche „außergewöhnliche Umstände“ auch Schneeverwehungen zu gelten haben.

Senatspräsident Dr. **von Jacubezky:** Die Anfrage des Herrn Abg. Lutz ist dahin zu beantworten, daß in dem angeführten Falle eine Schadensersatzpflicht eintritt. Der Entwurf sagt im Anschluß an den Vorbehalt des Artikel 71 Nr. 4 des Einführungsgesetzes zum Bürgerl. Gesetzbuch, daß der Schaden nicht vergütet wird, wenn die Herstellung von Schutzvorrichtungen unterblieben ist, die unter gewöhnlichen Umständen zur Abwendung des Schadens ausreichen; es genügt also für den Anspruch des Beschädigten auf die Vergütung, daß Schutzvorrichtungen vorhanden sind, die unter gewöhnlichen Umständen ausreichen. Die Gefahr, daß außergewöhnliche Umstände eintreten, bei welchen die Schutzvorrichtungen nicht mehr genügen, trägt der Ersatzpflichtige, der Jagdberechtigte. Dem Grundbesitzer kann nicht zugemuthet werden, auch für außergewöhnliche Umstände Vorkehrungen zu treffen.

Die Weinberge und die Gemüsegärten sind schon in der bisherigen Fassung des Gesetzes nicht angeführt, weil Wein und Gemüse sehr häufig im

S. 276. freien Felde gepflanzt werden. Wo Wein gebaut wird, da sind weite Strecken, ganze Fluren mit Weinstöcken besetzt und ebenso werden ganze Aecker mit Gemüse bebaut. Ich glaube nicht, daß Anlaß gegeben ist, in den jetzigen Rechtszustand, der nun fast ein halbes Jahrhundert besteht, einzugreifen; man hat sich an das lang bestehende Gesetz gewöhnt, die Vorschrift hat sich eingelebt. Es müßten besondere Gründe bestehen, es müßten Klagen der Betheiligten vorliegen, wenn wir uns zu einer Aenderung entschließen sollten.

Ebensowenig geht es an, die Herstellung aller Schutzvorrichtungen dem Jagdberechtigten aufzuerlegen, d. h. im Allgemeinen der Gemeinde. Was würden unsere Gemeinden sagen, wenn man sie dazu verpflichten wollte? Der Herr Abg. Segitz befindet sich übrigens insofern in einem Irrthum, als er davon spricht, es werde der Wildschaden vergütet, der durch übermäßige Hege des Wildes entsteht. Auf übermäßiges Hegen kommt es nicht an, sondern es wird aller Wildschaden ersetzt; die bloße Thatsache, daß das Wild Schaden anrichtet, verpflichtet den Jagdberechtigten beziehungsweise die Gemeinde zum Schadensersatz, obwohl sie keinerlei Verschulden trifft. Es handelt sich um eine Garantiepflicht, die mit der Berechtigung auf das Wild verbunden ist.

Abg. **von Walter** (Referent): Ich pflichte den Ausführungen des Herrn Senatspräsidenten vollständig bei. Was die Gärten und andere Anlagen betrifft, so haben dieselben in der Regel schon eine Lage, daß sie Einzäunungen nicht blos zum Schutze gegen das Wild bedürfen, sondern auch der Beschädigung durch andere Thiere, z. B. Schweine, ausgesetzt sind, und daher der Eigenthümer schon an und für sich ein Interesse hat, diese Grundstücke einzuzäunen. Daß diese Einzäunungspflicht nicht auf Krautäcker und Weinberge erstreckt werden kann, versteht sich von selbst. Daß in dem Falle, den der Herr Kollege Lutz angeführt hat, der Schaden vergütet werden muß, versteht sich ebenfalls von selbst. Ich glaube, das wird auch der Fall sein, wenn z. B. der Sturm die Einzäunung theilweise beschädigt und dadurch das Eindringen der Thiere ermöglicht wird, bis der Zaun in entsprechender Zeit wieder hergestellt ist. Darauf beruht auch die Bestimmung des Gesetzes von
S. 277. 1850 und wir schaffen daher nichts Neues auf dem Gebiete des || Wildschadensersatzes, sondern wir ändern blos die Beweispflicht, indem wir sie von dem Beschädigten abwälzen und dem Jagdberechtigten überbürden.

Abg. **Conrad** (Korreferent): Die Ausführungen des Herrn Senatspräsidenten haben mich vollständig befriedigt. Ich hatte mir gedacht, daß es solche Momente gewesen sind, die hinsichtlich der Weinberge in Betracht kamen.

Vorsitzender: Ziff. IV ist angenommen.

Wir kommen zu Ziff. V.

Abg. **von Walter** (Referent): In Ziff. V wird uns ein neuer Artikel 8a einzuschalten vorgeschlagen. (Referent verliest denselben.) Dieser neue Artikel entspricht dem Vorbehalt des Artikel 70 des Einführungsgesetzes und füllt nach meinem Dafürhalten eine bisher bestandene Lücke aus. Wir haben eine ähnliche Bestimmung nicht gehabt. In den Motiven ist zutreffend ausgeführt, daß die Frist so kurz als möglich bemessen werden muß, damit mit dem Rechte, Wildschadensersatz zu verlangen, nicht so leicht Mißbrauch getrieben werden kann. Zu der Bestimmung, daß zur Wahrung der Frist die Absendung der Anmeldung genügt, wird zu bemerken sein, daß jede Art der Absendung, sei es durch die Post, durch Boten oder auf andere Weise, genügt, um den Ersatzanspruch zu wahren, daß aber natürlich der Ersatzanspruchberechtigte auch den

Nachweis der rechtzeitigen Absendung zu liefern hat. Unter dieser Voraussetzung beantrage ich Zustimmung zu Artikel 8a. S. 277.

Abg. **Conrad** (Korreferent): Wir haben es hier mit einer neuen Bestimmung zu thun, welche auch den Wünschen des pfälzischen Jagdschutzvereins entgegenkommt, was ich ausdrücklich konstatiren möchte. Im Uebrigen habe ich keine Bemerkung zu machen und auch was den zuletzt vom Herrn Referenten angeführten Punkt bezüglich der Anmeldung betrifft, stimme ich demselben vollständig bei. Auch ich glaube, daß es lediglich Sache des Beschädigten ist, die Anmeldung zu bethätigen.

Abg. **Segitz**: Die Frist von drei Tagen zur Anmeldung des Wildschadens erscheint mir doch etwas zu kurz bemessen. Bisher war die Anmeldung des Wildschadens an eine Frist überhaupt nicht gebunden. Wenn wir uns in die Lage denken, daß der Grundbesitzer weit vom Sitze der Ortspolizeibehörde wohnt, so wird es nicht gut angehen, ihm nur drei Tage Zeit zu lassen, um den Wildschaden anzumelden. Es wird zwar schriftliche Anmeldung zugestanden, aber wir wissen ja, wie schwer der Landwirth sich entschließt, eine schriftliche Anzeige zu machen. Ich glaube, daß wir mindestens eine Frist von vierzehn Tagen setzen sollen. Die Frist von drei Tagen scheint mir unter allen Umständen zu kurz.

Abg. **Wagner**: Was das letzte Bedenken betrifft, so ist wenigstens in Gebirgsgegenden die Wahrnehmung zu machen, daß der Beschädigte immer sehr rasch auf Abschätzung dringt. Man wünscht, daß möglichst schnell der Schaden festgestellt wird, so daß es eigentlich keiner Frist bedürfte, um den Beschädigten zu möglichst rascher Anmeldung zu bringen. Das sind wenigstens die Erfahrungen, die ich kenne. Es besteht im Gebirge im Gegentheil die Klage, daß der Jagdberechtigte beziehungsweise Schadensersatzpflichtige keine große Eile habe, dahin zu wirken, daß die Schadensabschätzung möglichst schnell vorgenommen wird. Ich möchte nun um Aufklärung bitten, ob vielleicht im Instruktionswege den Gemeindebehörden auferlegt werden soll, daß, wenn eine derartige Schadensanmeldung erfolgt, sie auch verpflichtet sind, dahin zu wirken, daß die Schadensabschätzung möglichst rasch vorgenommen wird. Das würde gewiß im Interesse derjenigen Bezirke gelegen sein, welche ich kenne. In einer Beziehung muß ich Herrn Kollegen Segitz beistimmen. Ich kann mir auch denken, daß Fälle vorkommen, in welchen die Frist zu kurz ist; das ist namentlich im Hochgebirge dann der Fall, wenn es sich um Gegenden handelt, welche vielleicht durch Unwetter vom Verkehr auf mehrere Tage vollständig abgeschnitten sind. Ich möchte fragen, ob für diese Fälle, wie anzunehmen ist, die Frist als gehemmt zu betrachten ist. Wenn Letzteres der Fall ist, so wäre mein Bedenken beseitigt. Im Uebrigen, glaube ich, dürfte die Frist von drei Tagen unter gewöhnlichen Umständen wohl ausreichen, da sie erst von der Kenntnißnahme des Schadens an beginnt.

Abg. Joseph **Huber**: Ich bin auch der Ansicht, daß die Frist zu kurz ist. Die Fälle sind sehr verschieden. Es hat z. B. Jemand einen Wildschaden, den besichtigt er, er scheint ihm aber noch zu klein und will daher die Sache einstweilen noch beruhen lassen. Später beschaut er den Schaden noch einmal — das Wild macht ja den Schaden nicht auf einmal, sondern geht fortwährend heraus oder zu verschiedenen Zeiten, namentlich das Rehwild; das Hochwild hingegen macht in einer Nacht oft so viel Schaden, daß man leicht abschätzen kann, ob eine Wildschadensanzeige am Platze ist oder

S. 277. nicht, aber bei den Hasen und besonders bei den Rehen geht es in der Regel langsam voran —, wenn dann der Beschädigte sieht, daß der Schaden jetzt größer geworden ist, und macht dann Anzeige von dem ganzen Schaden, so finde ich die Sache für ganz richtig. Ich sehe nun nicht ein, warum die Frist so kurz gehalten sein soll, das leuchtet mir nicht ein, und ich wäre der Ansicht, daß doch wenigstens acht Tage statt drei zu setzen wären.

Senatspräsident Dr. **von Jacubezky:** Wenn die Frist nicht kurz bemessen wird, so wird der Zweck verfehlt. Es soll eine Nöthigung bestehen, die Anzeige so zeitig zu machen, daß der Schaden alsbald, solange er noch frisch ist, festgestellt werden kann. Es soll den hie und da vorkommenden Bestrebungen, einen Schaden als Wildschaden auszugeben, der kein Wildschaden ist, der vielleicht absichtlich oder durch Hausthiere herbeigeführt worden ist, entgegengetreten werden und dazu ist erfahrungsgemäß erforderlich, daß der Schaden bald festgestellt wird; denn mit der Zeit verwischen sich die besonderen Merkmale, es ist nicht mehr genau zu erkennen, welche Art von Thieren den Schaden angerichtet hat. Die Vorschrift ist auch nicht etwas ganz Neues, sondern sie besteht schon in dem größten Theile des Deutschen Reiches, sie gilt insbesondere in Preußen und in Sachsen.

Wenn durch ein Naturereigniß eine Gegend vom Verkehr abgeschnitten wird, so wird die Auslegung kein Bedenken haben, den § 203 Abs. 2 des Bürgerl. Gesetzbuchs entsprechend anzuwenden, nach welchem eine Hemmung der Verjährung im Falle einer Verhinderung durch höhere Gewalt — dazu gehören auch solche Naturereignisse — eintritt.

S. 278. Die Beantwortung der Frage, ob eine Instruktion ‖ an die Gemeindebehörden zu erlassen sein wird, muß ich dem Herrn Vertreter des Staatsministeriums des Innern überlassen.

Oberregierungsrath **Schreiber:** Eine solche Instruktion ist bis jetzt nicht in Aussicht genommen; ich kann in Folge dessen nicht zusichern, daß eine solche erlassen werden wird. Da es sich um civilrechtliche Entschädigungsansprüche handelt und es eigentlich nur nothwendig ist, daß rasch die Anmeldung der Ansprüche erfolgt, so kann ich im Moment die Nothwendigkeit der Instruktion nicht zugeben; wenn jedoch die Erlassung einer solchen Instruktion an die Gemeindebehörden sich als wünschenswerth oder nothwendig erweisen sollte, so wird das Ministerium des Innern wohl nicht anstehen, eine solche zu erlassen.

Abg. **Wagner:** Ich bin schon der Meinung, daß die Nothwendigkeit bestehen dürfte; ich muß sagen, daß mir schon wiederholt Klagen darüber zugekommen sind, daß man die Schadensabschätzung von Seite der Schadensersatzpflichtigen weit hinauszuziehen bestrebt ist. Den Beweis muß natürlich derjenige führen, welcher den Schaden zu haben vorgibt. Dieser hat ein Interesse daran, daß möglichst rasch festgestellt wird, welchen Schaden er hat, der Andere hat das gegentheilige Interesse; je länger sich die Sache verschiebt, um so schwerer ist der Nachweis zu bringen, und deßwegen sollte nach meiner Meinung — es wäre vielleicht sogar gut, wenn eine gesetzliche Bestimmung in dieser Richtung gemacht würde — der Schadensersatzpflichtige auch gezwungen werden können, daß er in eine solche Abschätzung möglichst rasch willigt. Allerdings wird das außerordentlich schwer sein; denn, wenn er nicht will, bleibt nichts Anderes übrig, als der Prozeßweg. Nun scheint die vorgeschlagene Bestimmung hauptsächlich den Zweck zu haben, eine Sicherung dafür zu gewähren, daß Differenzen möglichst vermieden werden; die Ortspolizeibehörde soll angegangen werden, damit sie in der Lage ist, wirklich rasch dahin zu S. 278. wirken, daß die Feststellung des Schadens erfolgt und daß sie eine entsprechende Ausgleichung unter den Parteien herbeiführt; das kann aber nur dadurch geschehen, daß wenigstens die Ortspolizeibehörde veranlaßt wird, auch auf den Gegner des Geschädigten eine gewisse Einwirkung vorzunehmen.

Abg. Joseph **Huber:** Mit den Ausführungen des Herrn Vorredners bin ich durchaus einverstanden, daß, wenn ein solcher Fall einmal anhängig ist, schnell abgeschätzt werden soll, wenn die Schätzung überhaupt einen Ausgleich herbeiführen soll, was bei solchen Angelegenheiten in den meisten Fällen das Beste ist.

Die Bedenken, welche von Seite des Herrn Referenten hervorgehoben wurden, ob nicht auf eine andere Weise der Schaden herbeigeführt wurde, sind in meinen Augen doch ganz kleinlich. Der betreffende Jagdberechtigte wird wohl Männer beibringen können, die im Stande sind, zu beurtheilen, ob der Schaden auf die eine oder andere Weise verursacht wurde, und es wird sich doch Jeder hüten, derartige Manipulationen zu machen oder etwas Falsches anzugeben, weil er weiß, daß er möglicherweise wegen Betrug bestraft werden kann.

Ich muß aber noch einmal darauf zurückkommen, daß ich mit der Frist von drei Tagen nicht einverstanden bin; sie ist nach meiner Ansicht zu kurz.

Senatspräsident Dr. **von Jacubezky:** Ich möchte gegenüber dem Herrn Abg. Huber nur bemerken, daß, wenn der Beschädigte eine Zeit lang zuwartet, ob noch ein weiterer Schaden entsteht, er den Schaden nicht mehr geltend machen kann, welcher mehr als drei Tage vor der Anzeige liegt, dagegen den später entstandenen Schaden, auf dessen Eintritt er erst noch gewartet hat, kann er geltend machen. Wenn die Rehe zu verschiedenen Zeiten Schaden anrichten, so kann der Schaden, der in den letzten drei Tagen entstanden ist, immer noch geltend gemacht werden, wenn auch das Recht, Ersatz für den früher entstandenen Schaden zu verlangen, verloren ist.

Abg. Joseph **Huber:** Ich meine immerhin, der betreffende Beschädigte hat schon Schaden durch diese Bestimmung dadurch, daß er den ersten Schaden vorübergehen läßt, weil er vielleicht gutmüthig ist (und das sind noch viele Bauern) und sich denkt: ich will nicht so rigoros sein, daß ich gleich auf Schadensersatz klage. Wenn er aber sieht, daß der Schaden bedeutend größer geworden ist, sind schon mehr als drei Tage vorüber; er hat daher die Frist übersehen und kann nur für den letzten Schaden Entschädigung verlangen. In solchen Fällen haben schon die Schätzer eine sehr schwierige Aufgabe und im Nachtheil ist nach meiner Meinung immer der Beschädigte. Aus diesem Grunde halte ich meine Meinung aufrecht, daß die Frist länger bemessen werden soll.

Abg. **Wagner:** Aus den Ausführungen des Herrn Kollegen Huber entnehme ich, daß allerdings gegen die Vorschrift mehr Bedenken angebracht sind, als ich anfänglich selbst hatte. Die Dinge sind so, wie der Herr Kollege Huber darlegt. Das ist außer allem Zweifel, und es wird für die Beschädigten aus diesem Artikel die Gefahr entstehen, daß ihnen vom Jagdberechtigten beziehungsweise Schadensersatzpflichtigen immer entgegengehalten wird: „Ja, du hast den Schaden zu spät angezeigt." Nun frägt es sich, ob es an dem Geschädigten ist, beweisen zu müssen, daß er die Anzeige rechtzeitig vorgenommen hat. Wenn das der Fall wäre, daß er erst beweisen müßte, daß

S. 278. er die Anzeige rechtzeitig vorgenommen hat, dann wäre es besser, wenn man die ganze Vorschrift fallen ließe; denn dann gäbe es Chikane über Chikane.

Senatspräsident Dr. **von Jacubezky:** Wenn der Schaden so bald angezeigt werden muß, so sehen ja die Sachverständigen, daß der Schaden noch ein frischer ist. Man kann doch unterscheiden, ob der Schaden ein frischer oder ein alter ist. Gerade darin, daß die Sachverständigen sehen, daß der Schaden ein frischer ist, liegt auch ein Schutz gegen etwaige Chikanen des Ersatzpflichtigen, der behaupten möchte, der Schaden sei nicht rechtzeitig angezeigt. Wir dürfen annehmen, daß die Anmeldepflicht nicht so gefährlich ist, weil sie ja, wie ich vorhin schon bemerkt habe, anderwärts schon geltendes Recht ist. Es hat sich aber auch bei uns herausgestellt, daß nicht selten derartige Ersatzansprüche mißbräuchlich erhoben werden, und um dem Mißbrauch entgegenzutreten, soll eine Nöthigung zu einer baldigen Anzeige eingeführt werden. Es ist meines Erachtens nicht zu begünstigen, daß Jemand, der den Schaden erst für zu gering erachtet, um Ersatz zu begehren, ihn später doch noch geltend machen will. Ich meine, er soll sich bald entscheiden, ob er
S. 279. Schadensersatz haben will oder nicht. ‖ Will er den Schaden ersetzt erhalten, so soll er die Anzeige zu einer Zeit machen, zu der man noch erkennen kann, ob wirklich ein Wildschaden vorliegt.

Abg. **Landmann:** Ich bitte, Ziff. V so zu belassen, wie sie im Entwurfe festgesetzt ist. Es ist ja nicht ausgeschlossen, daß, wenn wir diese Anzeigefrist beseitigen, der Chikane Thür und Thor geöffnet ist. Es ist ganz gut möglich, daß ein Schaden künstlich fabrizirt wird und nach einigen Wochen der Betreffende mit einem Schadensersatz hervortritt und behauptet, daß der Schaden durch Wild veranlaßt ist. Es läßt sich dieß nach einem längeren Zeitablaufe nicht mehr feststellen. Ich halte es im Interesse der ersatzpflichtigen Gemeinde für nothwendig, daß eine Frist von drei Tagen festgesetzt wird; eine besondere Schädigung kann nicht eintreten, nachdem eigens vorgesehen ist: „nachdem er von der Beschädigung Kenntniß erlangt hat." Der Beschädigte muß also Kenntniß haben. Wenn solche Fälle vorkommen, von welchen der Herr Kollege Wagner gesprochen hat, so steht dem Betreffenden auch § 203 des Bürgerl. Gesetzbuchs zur Seite. Ich würde daher bitten, Ziff. V beziehungsweise Artikel 8a in der von der Regierung vorgeschlagenen Weise anzunehmen.

Vorsitzender: Herr Abg. Huber hat den Antrag übergeben, die Frist von drei Tagen in eine solche von acht Tagen umzuwandeln.

Senatspräsident Dr. **von Jacubezky:** Ich möchte noch nachtragen, was ich vorhin zu sagen vergessen habe, daß die Herren Vorredner von einer irrigen Auffassung der Beweislast auszugehen scheinen. Der Entwurf sagt nicht, der Antrag besteht nur, wenn er binnen drei Tagen angemeldet wird, — es heißt vielmehr, der Anspruch geht verloren, wenn er nicht binnen drei Tagen angemeldet wird. Derjenige, der sich darauf beruft, daß der Anspruch verloren sei, muß die Thatsachen beweisen, die den Verlust begründen. Der Ersatzpflichtige muß also darthun, daß der Anspruch nicht rechtzeitig angemeldet worden ist, und das wird ihm, wenn es sich nur um eine geringfügige Verzögerung handelt, Schwierigkeiten bereiten, die ihn veranlassen, den Einwand nicht zu erheben. Etwas Anderes ist es natürlich, wenn man aus der Besichtigung des Schadens die Ueberzeugung gewinnt, daß der Schaden viel älter als drei Tage ist.

Abg. Joseph **Geiger:** Die letztere Bemerkung des Herrn Senatspräsidenten möchte ich doch beanstanden. Wer nach dieser Gesetzesvorlage einen Schaden

geltend machen will, braucht zur Substanzirung erstens die Behauptung, daß S. 279.
ihm ein Schaden zugegangen ist, und zweitens die Behauptung, daß er den Schaden rechtzeitig angemeldet hat. Erst durch die rechtzeitige Anmeldung wird er berechtigt, Schadensersatz zu fordern nach der jetzigen Bestimmung. Es dürfte daher nicht Sache des Jagdberechtigten sein, nachzuweisen, daß der Andere den Schaden verspätet angemeldet hat, sondern Sache dessen, der einen Anspruch erhebt, zu beweisen, daß ihm ein Schaden zugefügt sei und daß er rechtzeitig das gethan hat, was zur Geltendmachung des Schadens nothwendig ist.

Senatspräsident Dr. **von Jacubezky:** Der Herr Abg. Geiger stellt sich mit dem Wortlaut des Entwurfs in offenbaren Widerspruch. Der Entwurf sagt nicht, wie der Herr Abgeordnete meint, die Erhebung des Anspruchs erfordert erstens die Entstehung des Schadens, zweitens die rechtzeitige Anmeldung, sondern er sagt, der Anspruch erfordert allein die Entstehung des Schadens, er geht aber verloren — es heißt ausdrücklich „bei Verlust des Anspruchs" —, wenn nicht rechtzeitig der Anspruch angemeldet wird. Es ist wie bei der Verjährung; auch bei dieser hat nicht der Kläger nachzuweisen, daß sein Anspruch noch nicht verjährt ist, sondern der Beklagte muß die Einrede der Verjährung vorschützen und beweisen.

Abg. **Wagner:** Ich glaube auch, der Herr Senatspräsident hat Recht. Ich fasse die Einleitungsworte des Artikel 8a dahin auf, daß sie sagen wollen: „Der Beschädigte verliert den Anspruch auf Ersatz des Wildschadens, wenn er denselben nicht binnen drei Tagen, nachdem er von der Beschädigung Kenntniß erhalten hat, bei der Ortspolizeibehörde anmeldet." Das ist offenbar der Sinn des Satzes, und wenn wir den Sinn so auffassen, dann ist außer Zweifel, daß derjenige den Beweis zu führen hat, der sagt, daß eine Thatsache eingetreten ist, welche den Verlust des Schadensersatzes zur Folge hat, und ich würde von diesem Gesichtspunkt aus eine Erinnerung gegen den Artikel nicht haben.

Abg. **Lutz:** Die Ausführungen des Herrn Kollegen Huber haben mir auch Bedenken gegen den Artikel, so weit er vorliegt, gebracht. Ich muß auch sagen, es kann unter Umständen für den Beschädigten außerordentlich schwierig sein, nachzuweisen, daß er zur rechten Zeit den Schaden angemeldet hat, so besonders bei Wildschaden, der nach und nach entsteht. Wenn nun in dem bisherigen Jagdgesetz eine derartige Frist nicht gegeben ist, warum sollen wir jetzt eine setzen? Ich würde also damit einverstanden sein, daß die Frist ganz gestrichen wird. Jedenfalls aber würde ich für den Antrag „Huber" stimmen.

Abg. Joseph **Geiger:** Das Bedenken, das ich gehabt habe, und der Zweifel, der in mir wachgerufen worden ist, ist durch die Erklärung des Herrn Senatspräsidenten wohl behoben. Es ist von ihm betont — und das wird in Zukunft bei der Auslegung des Gesetzes beachtet werden —, daß „bei Verlust" so viel bedeutet, als daß der Entschädigungsanspruch zwar besteht, aber wegen verspäteter Anzeige verloren werde. Macht der Jagdberechtigte dem erhobenen Anspruche gegenüber geltend, daß die Anzeige eine verspätete war, so steht er auf dem Boden der Einrede und hat selbstverständlich den Nachweis seiner Einrede zu führen.

Ich möchte aber bitten, daß eine längere Frist für die Anzeige festgesetzt wird aus all' den Gründen, die wir eben gehört haben. Die Bedenken, die gegen die kurze Frist von drei Tagen erhoben wurden, theile ich auch. Ich

S. 279. meine, Herr Kollege Huber hat Recht, wenn er sagt, wir sollen die Frist auf acht Tage erstrecken. Es kann unter Umständen innerhalb drei Tagen die Anzeige, auch ohne daß gerade eine vis major erwiesen werden könnte, wegen verschiedener Verhältnisse äußerst schwer zu bewerkstelligen sein. Wenn wir also statt drei Tage acht Tage setzen, so ist diese Frist nicht so groß, daß die Nachtheile eintreten würden, welche befürchtet werden, wenn man eine längere Frist setzt. Ich schließe mich dem Antrag „Huber“ an.

Senatspräsident Dr. **von Jacubezky:** Ich befürchte, daß die acht Tage
S. 280. den Zweck der Vorschrift || wesentlich beeinträchtigen, und glaube, weiter als auf fünf Tage wird man nicht gehen können.

Der Herr Abg. Geiger meint, es sei schwer, daß derjenige, der die Frist versäumt, aber gleichwohl den Anspruch deßwegen nicht verloren hat, weil ein Naturereigniß eingetreten ist, das die Einhaltung der Frist unmöglich gemacht hat, den Nachweis führt. Ich glaube nicht, daß das so schwer sein wird. Wenn ein Wolkenbruch niedergeht, der die Wege zerstört, so kann man in der nächsten Zeit sehr leicht beweisen, daß die Wege zerstört worden sind. Es wird aber des Beweises nicht bedürfen, weil Niemand wagen wird, das in Abrede zu stellen.

Abg. Joseph **Huber:** Ich ginge gerne weiter, aber ich sehe keine Aussicht für einen weitergehenden Antrag. Ich wäre auch am liebsten für die Weglassung einer Fristbestimmung. Denken Sie sich den Fall: Das Wild geht schon hinaus im Frühjahre, ehe das Getreide in die Aehren schoßt, und äst da herum, das ist der erste Schaden. Dann geht das Wild wieder hinaus auf die reifen Aehren bei Roggen und Weizen z. B. Da ist der Betreffende genöthigt, zweimal den Schaden anzuzeigen; dann haben das Gericht und die Sachverständigen zweimal damit zu thun. Ich sehe aber ein, daß man mit einem Vorschlag, die Frist wegzulassen, nicht durchdringt, und wenn die Herren wirklich darauf bestehen, daß eine Frist vorgeschrieben wird, so würde ich nunmehr, da der Herr Kollege Wagner und meine Freunde mir anrathen, eine Frist von fünf Tagen in Vorschlag zu bringen, den Antrag auf eine Frist von sechs Tagen stellen.

Senatspräsident Dr. **von Jacubezky:** Ich glaube, daß es ziemlich gleichgiltig ist, ob man fünf oder sechs Tage annimmt.

Abg. **Conrad** (Korreferent): Ich möchte schon glauben, daß man mit dem Regierungsvorschlag sich befreunden könnte. Nachdem aber von Seite der k. Staatsregierung die Erweiterung der Frist zugestanden erscheint in der Richtung des Antrags „Huber“, so könnte ich auch für diesen Antrag stimmen. Daß aber hier etwas geschehen muß, dürfte doch die allgemeine Ueberzeugung sein, wenn es überhaupt einen Zweck haben soll, ein Wildschadensersatzverfahren vor sich gehen zu lassen. Auch in anderen Gesetzen, z. B. im Naturalleistungsgesetz bezüglich der Flurbeschädigungen, wird darauf gehalten, daß es möglichst bald zur Konstatirung des behaupteten Schadens komme.

Die Bedenken des Herrn Abg. Geiger sind ja von ihm selbst bereits zurückgezogen worden. Derjenige, der einen Schaden anmeldet, wird eben sagen: ich habe ihn gestern oder vorgestern wahrgenommen. Das ist eine Behauptung zur Substanzirung seines Klagevorgehens. Das Gegentheil hat dann der Ersatzpflichtige zu beweisen.

Abg. **von Walter** (Referent): Wir dürfen nicht vergessen, daß wir zweierlei Interessen zu wahren haben, einerseits das Interesse des Grundeigenthümers

und anderseits doch auch das Interesse des Jagdberechtigten. So ganz preis- S. 280.
geben dürfen wir doch auch das Interesse des Jagdberechtigten nicht. Die volkswirthschaftliche Bedeutung der Jagd ist ja schon an anderer Stelle wiederholt hervorgehoben worden; darauf brauche ich nicht weiter zurückzugreifen. Wenn aber die Jagd ein Recht auf Beachtung hat, dann müssen wir die Interessen des Jagdberechtigten auch in's Auge fassen. Ich würde unbedenklich dem Artikel 8a in der Fassung des Regierungsentwurfes zugestimmt haben; nachdem aber die k. Staatsregierung selbst eine Ausdehnung der Frist auf sechs Tage zugibt, habe ich auch nichts dagegen.

Noch weiter greifen würde ich aber die Frist unter allen Umständen nicht, weil sonst das Interesse des Jagdberechtigten in erheblicherem Maße geschädigt würde, was durch die Vorschrift des Artikel 8a verhütet werden soll. Wir dürfen nicht übersehen, daß den Interessen des Grundeigenthümers auch durch die Bestimmung Rechnung getragen wird, daß er Anzeige erst zu erstatten hat, wenn er vom Schaden Kenntniß erhalten hat, und darin liegt zum Theil der nöthige Schutz für den Grundeigenthümer. Wenn der Grundeigenthümer den Schaden wahrnimmt und meint, es sei nicht der Mühe werth, denselben anzumelden, so verzichtet er eben auf Schadensersatz.

Die Meinung des Herrn Kollegen Huber, daß das Gericht zweimal mit einer Schadensfeststellung behelligt werde, kommt nicht in Betracht. So oft ein Schaden eintritt, muß er angemeldet, untersucht und ersetzt werden. Wenn der Grundeigenthümer deßwegen, weil er meint, der Schaden sei nicht so groß, daß er ihn anzumelden braucht, auf Schadensfestsetzung verzichtet, so verzichtet er auch auf Schadensersatz. Ich glaube aber, es wird nicht zu befürchten sein, daß die Grundeigenthümer den Schaden für zu gering halten; es wird eher das Gegentheil eintreten, daß sie den Schaden für größer halten, als er wirklich ist.

Vorsitzender: Wir haben also nunmehr über den Antrag „Huber" abzustimmen, nach welchem statt binnen „drei Tagen" binnen „sechs Tagen" gesetzt werden soll.

Der Antrag „Huber" ist angenommen und damit auch die Ziff. V mit der Modifikation einer sechstägigen Frist.

Ziff. VI.

Abg. **von Walter** (Referent): In Ziff. VI wird uns vorgeschlagen, die Artikel 4 und 6 aufzuheben. Das Bürgerl. Gesetzbuch nimmt in § 835 ohnehin keine Rücksicht darauf, daß der Schaden durch übermäßiges Hegen entstanden ist, und es wird deßhalb eine besondere Bestimmung im Landesgesetze nicht nothwendig sein. Und was das sonstige Verschulden betrifft, so sind dafür wieder die gesetzlichen Bestimmungen des Bürgerl. Gesetzbuchs maßgebend, über welche wir nicht hinauskönnen. Die Aufhebung des Artikel 4 unterliegt daher keinem Anstand

Bezügl. des Artikel 6 trifft das Bürgerl. Gesetzbuch in 835 eine Bestimmung dahin, daß auch der durch Fasanen angerichtete Schaden ersetzt werden muß. Es ist deßhalb die Bestimmung des Artikel 6 ausgeschlossen und ich beantrage, der Streichung des Artikel 6 die Zustimmung zu ertheilen.

Abg. **Conrad** (Korreferent): Ich bin gleichfalls mit der Aufhebung dieser beiden Artikel einverstanden. Sie passen nicht mehr in das neue Recht.

Vorsitzender: Ziff. VI ist angenommen. Wir fahren weiter.

S. 281. Abg. **von Walter** (Referent): In Abs. 2 des Artikel 10 wird vorgeschlagen: „Die Artikel 1, 2, 5, 7 bis 8a des Gesetzes vom 15. Juni 1850 werden auf die Pfalz erstreckt.“

Ich habe gegen diesen Vorschlag keine Einwendung zu machen.

Abg. **Conrad** (Korreferent): Ich habe gleichfalls nichts weiter zu bemerken; es sind ja die Momente schon im Laufe der Diskussion genügend aufgeklärt worden, die dazu führen müssen, diese Artikel auch auf die Pfalz auszudehnen.

Vorsitzender: Ich kann konstatiren, daß Abs. 2 und damit der ganze Artikel 10 mit der Modifikation „Huber“ zu Ziff. V angenommen ist.

Artikel 11.

Abg. **von Walter** (Referent) (verliest Artikel 11): Für das rechtsrheinische Bayern hatten wir eine bezügliche Bestimmung schon bisher in Artikel 12 des Gesetzes und zwar in Abs. 2 und 3. Vollständig decken sich die bisher für das rechtsrheinische Bayern geltenden und die für die Pfalz jetzt vorgeschlagenen Bestimmungen allerdings nicht. Es sind auch in der Denkschrift, wie ich bereits erwähnt habe, in der Beziehung Bemängelungen gemacht worden; es wird nämlich ausgeführt:

„Die Zulässigkeit der Kündung der laufenden Verträge dürfte daher auf die vor der Publikation des Bürgerl. Gesetzbuchs und einige Monate nachher abgeschlossenen Verträge zu beschränken sein, also etwa auf die vor dem 1. Januar 1897 abgeschlossenen. Bei Verträgen, die nach dieser Zeit abgeschlossen wurden, muß wohl angenommen werden, daß die Kontrahenten, falls sie nicht Anderes bestimmten, für die Zeit nach dem 1. Januar 1900 sich den von da ab geltenden gesetzlichen Bestimmungen unterwerfen wollten und daß demnach die gebotenen Pachtsummen mit Rücksicht auf die gesetzliche Wildschadenhaftung der Gemeinden bemessen wurden, also sich erheblich höher stellten, als wenn vom 1. Januar 1900 ab Haftpflicht der Pächter für Wildschaden stipulirt worden wäre. Diese hohen Summen müssen bis 1900 bezahlt werden, also in den ersten Jahren der sechs beziehungsweise neun Jahre dauernden Pachtperiode, das heißt gerade in den Jahren, in welchen die verpachteten Jagden erfahrungsgemäß der Schonung bedürfen und die geringsten Erträgnisse abwerfen, wofür auf theilweisen Ersatz in den letzten drei beziehungsweise sechs Jahren zu rechnen ist. Hienach wäre es wohl im hohen Grade unbillig, eine Kündung auch für die nach 1. Januar 1897 abgeschlossenen Jagdverträge für zulässig zu erklären. Die Vortheile einer meist mit erheblichem Kostenaufwand verknüpften Hege gebühren dem Pächter.“

Ich bin zu wenig jagdverständig, um ermessen zu können, inwieweit diese Anregung berechtigt ist; allein es scheint mir in der That, daß, wenn ein Pachtvertrag erst nach Geltung des gegenwärtigen Gesetzes abgeschlossen wird, die Jagdpächter bereits mit dem gegenwärtigen Gesetze rechnen und deßhalb auch bemessen können, bis zu welcher Höhe sie mit dem Offerte eines Pachtschillings gehen können. Ob die Kündigungszeit richtig gegriffen ist, die bis zum 31. Dezember 1899 erfolgen soll, ist auch nach meinem Dafürhalten zu bezweifeln. Ich mache darauf aufmerksam, daß das dießrheinische Gesetz den Kündigungstermin auf den 1. Juli festgesetzt hat. Wie weit die Hege oder die Rücksicht auf die Witterung und die Entwicklung des Wildes maßgebend ist, kann ich nicht beurtheilen.

Das Weitere wird wohl der Herr Korreferent mittheilen können.

Abg. **Conrad** (Korreferent): Die Behauptung der Denkschrift, daß eine S. 281.
Jagd in den ersten Jahren der Pachtperiode mit besonderer Sorgfalt gepflegt wird, dürfte von allen Sachkundigen getheilt werden. Es liegt im Interesse des Pächters, in den ersten Jahren der Jagd Schonung angedeihen zu lassen, sie pfleglich zu behandeln, um dann einigermaßen einen Ertrag und Vergnügen daran zu haben. Dieses auch in der Denkschrift ausgesprochene Moment möchte wohl Anspruch auf Berücksichtigung haben. Ob man aber in der Fiktion so weit gehen darf, unter allen Umständen anzunehmen, daß die Kontrahenten vom 1. Januar 1897 an — in der Sommerszeit 1896 wurde das Bürgerl. Gesetzbuch beschlossen — von dessen einschlägigen Normen genaue Kenntniß gehabt haben, ist vielleicht doch zweifelhaft. Trotzdem liegen die Gründe so, daß eine Kündigungsfrist einzuräumen sein wird. Auch dagegen hätte ich meinerseits nichts zu erinnern, daß sie etwa auf drei Monate festgesetzt wird. Aber daß diese drei Monate, so wie sie der Regierungsvorschlag uns an die Hand gibt, gerade für die Jagdverhältnisse passend sind, möchte ich doch bezweifeln. Es handelt sich in der Pfalz hauptsächlich um Hasenjagden. Die Jagd wird Mitte September eröffnet. In den ersten Monaten wird sie nicht erheblich genützt und unter Umständen sogar im Dezember noch nicht. In milder Winterszeit, wie z. B. bisher, pflegen die Hauptjagden erst im Januar stattzufinden. Wenn nun der Jagdpächter im ersten Theile des eigentlichen Jagdjahres — die Benützung dauert nur etwa vier Monate — nicht in der Lage ist, ordentlich zu schießen, so wird er unter Umständen, wenn die Kündigung auf den letzten Dezember gesetzt ist, mit seinen Jagdinteressen zu kurz kommen. Es wird wohl da und dort geschehen, daß im Falle der Kündigung der Jagdpächter möglichst rasch die Jagd abschießt, um nicht zu Schaden zu kommen. Man wird mit diesem Gelüste aber weniger zu rechnen haben, wenn man die Kündigungsfrist auf das Ende des Jagdjahres — wenn mir diese Bezeichnung gestattet ist — setzt, also auf den 2. Februar kommenden Jahres, und ich hätte in erster Linie — wenn nicht etwa beliebt werden sollte, eine theilweise Rückvergütung der Pachtzinse zu normiren, was ich für weniger glücklich hielte — den Wunsch, daß statt 31. Dezember 1899 nun 2. Februar 1900 gesagt würde. Wir gehen damit allerdings in das neue Jahr hinein, in die Zeiten, wo das Bürgerl. Gesetzbuch bereits in Geltung ist, allein ich glaube doch nicht, daß schwerwiegende Bedenken dagegen bestehen; denn im Januar dürfte ohnedem nicht viel Wildschaden zu befürchten sein, so daß man berechtigte Interessen nicht schädigt, wenn man diesen meinen Vorschlag annimmt.

Abg. **Wagner**: Zunächst möchte ich eine formelle Bemerkung machen. Wenn der Artikel so angenommen wird, wie er ist, dann wird wohl bezüglich dieses Artikels || bestimmt werden müssen, daß derselbe mit der Publikation des S. 282.
Gesetzes in Kraft tritt.

Sodann habe ich das Wort aus denselben Gründen ergriffen, aus welchen sich der Herr Korreferent geäußert hat. Es wurde an mich das Ersuchen gerichtet, dahin zu wirken, daß den Jagdverpächtern das Kündigungsrecht wenigstens hinsichtlich jener Pachtverträge nicht zugestanden werden soll, welche in den letzten zwei Jahren geschlossen wurden. Ich bin nun nicht in der Lage, mich mit voller Sicherheit darüber zu äußern, ob wir das thun sollen oder nicht. Ich möchte hierüber zunächst die Aeußerung der k. Staatsregierung hören. Die Gründe hat der Herr Korreferent bereits vorgetragen. Das ist außer allem Zweifel, daß in den ersten Pachtjahren der Jagdberechtigte aus seiner Jagd nicht den Nutzen herausschlägt, den er später daraus zieht. In der

S. 282. ersten Zeit wird er, wenn er in einen neuen Jagdpacht eintritt, die Hege des Wildes in etwas umfangreicherem Maße vornehmen, als am Schlusse eines solchen Jagdpachtvertrags. Derjenige Jäger, welcher von einer Jagd abziehen muß, wird darnach trachten, am Schlusse möglichst viel Nutzen aus der Jagd noch herauszuschlagen. Wenn ein neuer Pächter dann aufzieht, so hat er in den ersten Jahren nur Nachtheile und das soll etwas berücksichtigt werden, weil ja der Jagdpachtzins nicht in der Weise bemessen wird, daß man ihn für die ersten Jahre geringer als für die nächsten Jahre ansetzt.

Was die Anregung des Herrn Kollegen Conrad beziehungsweise seinen Antrag betrifft, so möchte ich doch ein Bedenken hiegegen vorbringen. Ich bin nicht der Meinung, daß im Januar die Hasenjagd noch sehr viel werth sein wird; es müßten denn in dieser Richtung in der Pfalz ganz andere Verhältnisse als diesseits bestehen. Nach meiner Meinung wird die Jagd im Januar zwar noch ausgeübt, aber nicht in so umfangreichem Maße, daß gerade auf diesen Monat ein ganz besonderes Gewicht zu legen wäre. Und dann bräche eigentlich der Zeitpunkt, den er vorgeschlagen hat, mit dem Gedanken, den das Gesetz verfolgt. Das Gesetz will, daß mit dem Momente, wo neue Grundsätze bezüglich des Wildschadens eintreten, auch eine Aenderung der Jagdpachtverträge herbeigeführt werde, weil anzunehmen ist, daß, wenn man diese Gesetzesänderung gekannt hätte, man die Jagdpachtverträge nicht so geschlossen hätte. Also dieser Gedankengang wird durch den Antrag „Conrad" allerdings durchbrochen und ich sehe keinen rechten Nutzen hievon ein.

Wenn man einen Antrag stellen will, dann wird das Einfachste sein, man rückt die Kündigungsfrist weiter in das Jahr hinein oder man verlegt sie gleich auf den Endpunkt des Jahres 1900; dann wird es auch nicht nothwendig sein, eine andere Bestimmung bezüglich des Inkrafttretens des Artikel 11 zu treffen.

Senatspräsident Dr. **von Jacubezky**: Ich muß zunächst dem Herrn Abg. Wagner darin zustimmen, daß Artikel 11 nicht an dieser Stelle belassen werden kann. Es trifft dasselbe zu, was ich neulich zu dem Artikel 86 Abs. 2 Satz 2 des ersten Entwurfes (Beil. A) bemerkt habe. Dort ist auch eine Vorschrift, welche vor dem 1. Januar 1900 in Kraft treten muß, in den letzten Artikel versetzt worden als Zusatz zu dem Satze, daß dieses Gesetz gleichzeitig mit dem Bürgerl. Gesetzbuch in Kraft tritt. Ebenso gehört die Uebergangsvorschrift des Artikel 11 in den Artikel 43 als Abs. 2.

Was die Sache selbst anbelangt, so, glaube ich, hat die Anregung oder der Antrag des Herrn Korreferenten insoferne viel für sich, als gewünscht wird, daß die Kündigung zum üblichen Schlusse des Jagdpachtjahres erfolge. Ich glaube aus den Aeußerungen des Herrn Korreferenten entnehmen zu müssen, daß es in der Pfalz üblich ist, die Jagd in der Weise zu verpachten, daß das Pachtjahr am 2. Februar beginnt. Wenn dem so ist, so würde wohl für den 1. Februar zu kündigen sein. Vielleicht könnten wir aber den Termin auf den 31. Januar festsetzen, damit das Ende der Pacht mit einem Monatsschlusse zusammenfällt.

Der Herr Referent hat ein anderes Bedenken erhoben, das auch vom pfälzischen Jagdschutzverein geltend gemacht worden ist. Es wird nämlich angenommen, daß schon seit längerer Zeit bei Eingehung von Jagdpachtverträgen auf die Vorschriften des Bürgerl. Gesetzbuchs über den Wildschaden Rücksicht genommen worden ist, und daraus gefolgert, daß ein Kündigungsrecht für diese Verträge nicht gerechtfertigt ist, weil sie schon mit Rücksicht auf die künftige Rechtsgestaltung geschlossen sind. Der Jagdschutzverein glaubt, die Verträge, welche seit dem Anfange des Jahres 1897 eingegangen worden sind, seien alle schon in der Voraussetzung geschlossen, daß vom 1. Januar 1900 an die Ersatzpflicht für Wildschaden bestehe. Das möchte ich bezweifeln. Ich glaube nicht, daß man in den Landgemeinden sich mit dem Bürgerl. Gesetzbuch sogleich, nachdem es im Reichsgesetzblatt erschienen war, befaßt hat, vermuthe vielmehr, daß die Kenntniß des Bürgerl. Gesetzbuchs noch jetzt auf dem Lande wenig verbreitet ist. — Der Herr Referent hat gemeint, man könne als den entscheidenden Zeitpunkt die Zeit der Verkündigung dieses Gesetzes, d. h. des Entwurfes, wenn er Gesetz sein wird, bezeichnen; das erachte auch ich für annehmbar. Wenn die Herren diesem Gedanken geneigt sind, so könnte man etwa bestimmen: S. 282.

> „In der Pfalz können die vor der Verkündigung dieses Gesetzes geschlossenen Jagdpachtverträge von jedem Theile unter Einhaltung einer dreimonatigen Kündigungsfrist für den 31. Januar 1900 gekündigt werden."

Weiter zu gehen und schon früher geschlossene Verträge, etwa die seit dem 1. Januar 1898 geschlossenen, als solche anzusehen, bei denen auf das künftige Recht Rücksicht genommen worden ist, ist doch wohl bedenklich. Ich glaube also, sowohl die Anregung des Herrn Referenten, das Kündigungsrecht auf die vor der Verkündung dieses Gesetzes geschlossenen Verträge zu beschränken, als auch die Anregung des Herrn Korreferenten in der Weise, daß die Kündigung für den 31. Januar 1900 erfolgen soll, befürworten zu können.

Abg. **Conrad** (Korreferent): Ich hätte lediglich noch zu bemerken, daß ich sehr gerne das Anerbieten der k. Staatsregierung acceptire. Es wird dadurch immerhin einem Wunsche der Pfälzer Jagdpächter entgegengekommen und dieses Entgegenkommen dankbar angenommen werden.

Im Uebrigen modifizire ich meinen Antrag dahin, statt „2. Februar" zu sagen „31. Januar". Ich hatte Anfangs auch diesen Zeitpunkt im Auge gehabt.

Den Bemerkungen des Herrn Kollegen Wagner gegenüber muß ich sagen, daß in der Pfalz eben hauptsächlich Werth darauf gelegt wird, daß das Jagdpachtjahr ganz genommen wird. Allerdings hat man sich dabei dem Gedanken nicht verschlossen, daß hiemit in eine neue Zeit eingegriffen wird. Das dürfte aber doch nicht so mißlich sein.

Abg. **von Walter** (Referent): Ich habe gegen den Vorschlag der k. Staatsregierung nichts einzuwenden und bin insbesondere auch damit einverstanden, daß Artikel 11 hier ausgeschieden und dem Artikel 43 als Abs. 2 beigefügt werde. S. 283.

Abg. **Michel**: Der 1. Februar gehört noch zum Jagd- und Pachtjahr. Ich habe die Befürchtung, daß sich Schwierigkeiten ergeben könnten, wenn wir den 31. Januar festsetzen. Ich möchte bitten, den 1. Februar um deswillen anzunehmen, weil das der letzte Tag des Jagdjahres ist und mit diesem Zeitpunkte die Verpachtungen in der Pfalz gewöhnlich ablaufen.

Senatspräsident Dr. **von Jacubezky**: Die k. Staatsregierung ist mit dieser Aenderung einverstanden.

Vorsitzender: Der Herr Referent hat nichts dagegen zu erinnern.

Artikel 11 ist sohin als Abs. 2 des Artikel 43 angenommen mit der Aenderung, daß als Kündigungsfrist der 1. Februar 1900 festgesetzt wird.

Wir gehen über zu **Artikel 12.**

S. 283. Abg. **von Walter** (Referent): Das Gesetz vom 4. Mai 1851, das Einschreiten der bewaffneten Macht zur Erhaltung der gesetzlichen Ordnung betreffend, soll auch auf die Pfalz ausgedehnt und in der Beziehung einheitliches Recht geschaffen werden. Es wird deßhalb vorgeschlagen, daß im Artikel 14 des genannten Gesetzes die Worte: „in dem Pfalzkreise die Bestimmungen des einschlägigen Gesetzes vom 10. Vend. IV" gestrichen werden sollen. Dagegen ist nichts zu erinnern.

Abg. **Conrad** (Korreferent): Nachdem gestern das Gesetz vom 12. März 1850 auf die Pfalz ausgedehnt worden ist, muß natürlich das bezügliche Citat hier gestrichen werden und erkläre ich hiezu mein Einverständniß.

Vorsitzender: Artikel 12 ist angenommen.

Artikel 13.

Abg. **von Walter** (Referent): Artikel 13 können wir gleich im Zusammenhang behandeln. In den Ziffern I, II und III werden zum Forstgesetz vom 28. März 1852 dieselben Aenderungen vorgeschlagen, welche bereits im Artikel 4 Ziff. III bis V für die Pfalz die Zustimmung des Ausschusses gefunden haben. Es wird also nothwendig sein, die Bestimmungen auch hier in gleicher Weise zu treffen. Die Aenderungen stimmen wörtlich mit den Abänderungen im Artikel 4 überein. Außerdem soll nach Artikel 13 auch Artikel 156 des Forstgesetzes aufgehoben werden. (Wird verlesen.) Dieser Artikel ist in seinem ganzen Inhalte überflüssig durch die Bestimmungen der Strafprozeßordnung, welche auch für das forstliche Verfahren Anwendung finden. Deßhalb stimme ich der Streichung bei.

Abg. **Conrad** (Korreferent): Ich stimme den Ausführungen des Herrn Referenten bei.

Senatspräsident Dr. **von Jacubezky:** Der Herr Referent hat sich insoferne geirrt, als er übersehen hat, daß das Forstgesetz citirt ist in der Fassung der Bekanntmachung vom 4. Juli 1896. In dieser Fassung enthält Artikel 156 nicht das, was der Herr Referent vorgelesen hat, der vorgelesene Artikel ist vielmehr in der neuen Fassung der Artikel 157. Der Artikel 156 enthält lediglich dieselben Vorschriften über die Ersatzzustellungen, die wir gestern in dem Forststrafgesetze für die Pfalz beseitigt haben. Aus denselben Gründen sollen sie auch hier beseitigt werden.

Abg. **von Walter** (Referent): Ich bedauere meinen Irrthum. Derselbe rührt davon her, daß ich die Fassung des Gesetzes vom Jahre 1896 nicht zur Hand genommen habe, weil ich geglaubt habe, es werde auch die Fassung der Bekanntmachung vom 26. September 1879 ausreichen, und ich nehme also meine dießbezügliche Bemerkung zurück.

Vorsitzender: Ich konstatire, daß Artikel 13 angenommen ist.

Artikel 14.

Abg. **von Walter** (Referent): Artikel 14 schlägt einige Aenderungen zum Gesetze vom 28. Mai 1852 über die Benützung des Wassers vor. In dieser Beziehung möchte ich vor Allem eine allgemeine Anregung geben. Während in dem Gesetze alle Bestimmungen gestrichen werden sollen, welche sich auf „Verjährung" beziehen, soll es beim „Herkommen" bleiben. Nun ist das

Herkommen überhaupt eine etwas zweifelhafte Rechtsquelle und ich hätte nichts S. 283.
dagegen, wenn auch das Herkommen aus dem Gesetze entfernt würde. Wenn sich nicht schon bisher ein Herkommen gebildet hat, dann wird wohl auch für die Folge der Beweis eines solchen außerordentlich schwer sein und wird zu unnützen Weiterungen und Prozessen führen. Ich meine deßhalb, daß, nachdem das Gesetz von 1852 mehr als vierzig Jahre in Anwendung ist, es sich schon gezeigt haben muß, inwieweit das Herkommen besteht oder nicht, und daß wir in der Folge auf das Herkommen überhaupt nicht zurückzugreifen haben. Ich wäre um so mehr geneigt, die Bestimmungen über das Herkommen aus dem Gesetze zu entfernen, als uns auch vorgeschlagen wird, Artikel 103 des Gesetzes aufzuheben. Artikel 103 enthält die Bestimmung, daß das Herkommen nur da als Rechtsquelle angesehen werden soll, wo die bisherigen civilrechtlichen Bestimmungen das Herkommen als Rechtsquelle anerkannt haben. Der Artikel 103 soll aufgehoben werden, weil alle diese älteren civilrechtlichen Bestimmungen durch das Bürgerl. Gesetzbuch außer Wirksamkeit gesetzt werden. Das gebe ich vollständig zu; aber in der Aufhebung des Artikel 103 liegt nach anderer Richtung eine Gefahr, nämlich die, daß das Herkommen auch auf jene Landestheile erstreckt werde, in welchen bisher dasselbe keine Rechtsquelle gebildet hat, und daß wir dem Herkommen eine Ausdehnung verschaffen, die vom Gesetzgeber seinerzeit nicht beabsichtigt war, und gegen welche sich wohl auch die Landestheile ablehnend verhalten werden, welche bisher mit dem Herkommen verschont waren. Ich meine deßhalb, wir sollten, da das Herkommen, an und für sich zweifelhaft, schwer zu beweisen ist und auf der anderen Seite nach so langer Wirksamkeit des Gesetzes wohl auch entbehrt werden kann, das Herkommen streichen. Jedenfalls aber würde ich, wenn meiner Anregung nicht entsprochen werden sollte, mich dagegen aussprechen müssen, daß
Artikel 103 aufgehoben wird, weil es || nach meinem Dafürhalten nicht unsere S. 284.
Aufgabe ist, die Rechtsquelle des Herkommens auch noch in jene Gegenden zu verpflanzen, in welchen dieselbe bisher nicht gegolten hat.

Ich erwarte in dieser Richtung zunächst eine Aeußerung der k. Staatsregierung und werde darnach meine Anträge stellen.

Abg. **Conrad** (Korreferent): Wenn ich den Herrn Referenten richtig verstanden habe, möchte er den Artikel 103 des Gesetzes aus dem Grunde nicht aufgehoben haben, weil, wenn er ausscheide, dann auch Rechtsgebiete, welche bisher nicht oder nur in beschränktem Sinne das Herkommen kannten, nun mit einem Male davon ergriffen würden. Das gilt speziell für die Pfälzer Verhältnisse. Bekanntlich hat das französische Recht das Herkommen nicht zugelassen, und wenn heute in Prozessen sich noch auf Herkommen berufen wird, so kann damit nur die Zeit gemeint sein, die vor der Emanation des Code civil liegt; es muß also schon in jener Zeit sich ein Herkommen gebildet haben, rechtsbeständig und fix geworden sein, wenn es überhaupt Beachtung finden soll. Wenn das die Tragweite einer Streichung des Artikel 103 ist, dann würde ich allerdings auch mich für dessen Beibehaltung aussprechen müssen, weil wir — und ich glaube dann auf dem Boden des neuen Rechts zu stehen — auch nicht wollen, daß dem Herkommen eine weitere Ausdehnung angewiesen wird, als bisher schon der Fall ist. Das ist ja auch die Tendenz des Bürgerl. Gesetzbuchs, soweit ich das zu überblicken vermag. Ich möchte die k. Staatsregierung bitten, sich über diese eventuelle Tragweite auszusprechen.

Senatspräsident Dr. **von Jacubezky:** Der Herr Referent will das Herkommen nur insoweit noch zulassen, als es sich vor dem 1. Januar 1900

S. 284. gebildet hat. Es soll eine Aenderung des Herkommens nicht mehr berücksichtigt werden und es soll ein neues Herkommen sich nicht mehr bilden können. Wenn das bestimmt werden soll, so wird die Verweisung auf das Herkommen in denjenigen Artikeln des Wasserbenützungsgesetzes, in denen das Herkommen zugelassen ist, stehen bleiben müssen, denn die Streichung würde auch das schon entstandene Herkommen beseitigen; man müßte aber in Artikel 103 sagen: „Nach dem 1. Januar 1900 kann neues Herkommen sich nicht mehr bilden.“ Ich bitte aber, von diesem Gedanken abzustehen; die Aenderung würde den Zweck, wegen dessen das Wasserbenützungsgesetz das Herkommen zugelassen hat, vereiteln. Die Ausschließung neuen Herkommens widerstreitet dem Wesen des Herkommens. Das Herkommen ist etwas Lebendiges, sich Fortentwickelndes; der Antrag will es erstarren machen. Und welche Schwierigkeit würde sich nach längerer Zeit, etwa im Jahre 1930 oder 1950, für den Beweis ergeben, wenn dargethan werden müßte, daß das Herkommen schon vor dem Jahre 1900 bestanden hat.

Ich habe, als neulich bei der Berathung des ersten Gesetzentwurfes die Frage gestreift wurde, schon darauf aufmerksam gemacht, daß das Wasserbenützungsgesetz das Herkommen nur zuläßt in einem engen Rahmen, bei Verhältnissen, die nicht dazu geeignet sind, ohne Weiteres unter eine und dieselbe Schablone gebracht zu werden, Verhältnisse, bei denen örtliche Umstände und Gepflogenheiten Berücksichtigung erheischen. Das Gesetz hat mit Rücksicht auf diese örtlichen Bedürfnisse das Herkommen zugelassen, und wir könnten auf keinen Fall ohne nähere Untersuchung der einzelnen Vorschriften, die auf das Herkommen verweisen, eine Aenderung vornehmen. Zu einer Aenderung besteht aber kein Grund; meines Wissens sind keine Klagen darüber laut geworden, daß das Wasserbenützungsgesetz das Herkommen in einem zu weiten Umfange zulasse.

Ich möchte weiter darauf aufmerksam machen, was auch schon in der Begründung angeführt ist, daß nach dem Vorschlag des Entwurfes die Verjährung, d. h. die Ersitzung, die das Wasserbenützungsgesetz als Verjährung bezeichnet, beseitigt wird. Wenn man nun auch die Berufung auf das Herkommen abschneidet, so wird dem längeren Bestehen eines Zustandes jede Bedeutung abgesprochen. Die Verhältnisse, deren Ordnung dem Herkommen überlassen ist, sind aber von der Art, daß man dasjenige, was sich im Laufe der Zeit herausgebildet und, wie anzunehmen ist, nach den Bedürfnissen der Betheiligten herausgebildet hat, nicht unberücksichtigt lassen darf. Gegen die Ersitzung sprechen allerdings dieselben Gründe, die das Bürgerl. Gesetzbuch bestimmt haben, eine Ersitzung von Dienstbarkeiten nicht zuzulassen. Etwas Anderes ist es aber mit dem Herkommen. Wenn eine lange Reihe von Jahren hindurch die Betheiligten sich stets in gleichmäßiger Weise verhalten haben, eine bestimmte Norm immer als maßgebend anerkannt haben, so soll es dabei sein Bewenden haben. Durch die Beseitigung der Ersitzung, die nicht mehr haltbar ist, würde eine zu große und fühlbare Lücke entstehen, wenn wir auch das Herkommen nicht mehr anerkennen wollten.

Nun wird allerdings vorgeschlagen, den Artikel 103 bestehen zu lassen, der bezüglich der Geltung des Herkommens auf die „in den verschiedenen Gebietstheilen geltenden Gesetze“ verweist. Es wird aber nicht angehen, daß wir die bisherige Rechtsverschiedenheit aufrecht erhalten, daß wir in dieser Beziehung in den Landestheilen rechts des Rheins das gemeine Recht, das Preußische Landrecht und in einem ganz kleinen Bezirke auch das Oesterreichische Gesetzbuch in Geltung belassen.

Es könnte sich wohl nur fragen, ob bestimmt werden solle, daß in der Pfalz auch in Zukunft das Herkommen nicht maßgebend ist, daß man sich in der Pfalz auch in Zukunft auf das Herkommen nicht berufen kann. Wenn Sie ein so großes Gewicht darauf legen, daß die Pfälzer, wie gesagt worden ist, mit dem Herkommen verschont werden sollen, so müßte man sich dazu entschließen. Ich glaube aber, daß überwiegende Gründe dagegen sprechen. Es würde jedenfalls unerwünscht sein, hier eine Sondervorschrift für die Pfalz zu geben, deren innere Berechtigung nicht recht einzusehen ist, und das, was ich vorhin wegen der Beseitigung der Ersitzung gesagt habe, gilt auch für die Pfalz. Nach dem geltenden Rechte würde in den Fällen, in denen künftig die Berufung auf das Herkommen zulässig sein soll, wohl meistens Ersitzung anzunehmen sein, so daß thatsächlich durch die Erstreckung des Herkommens auf die Pfalz nichts wesentlich Neues geschaffen, sondern ein auch von dem bisherigen Rechte anerkannter Gedanke in einer neuen Rechtsform verwirklicht wird. Ich glaube, die Rechtsänderung würde für die Pfalz größer werden, wenn wir im Artikel 103 bestimmten, daß man sich auch in Zukunft in der Pfalz auf Herkommen nicht berufen kann, als wenn wir der Pfalz als theilweisen Ersatz für die Verjährung das Herkommen gewähren, und die mit der Feststellung des Herkommens verbundene Schwierigkeit wird für die Pfalz keine größere sein, als für die Landestheile rechts des Rheins; die Ermittlung eines Herkommens wird dort nicht mehr Streitigkeiten hervorrufen, als es hier der Fall ist. S. 284.

Wir haben auch im ersten Entwurf (Artikel 68) in || Ansehung des Anwenderechts das Herkommen beibehalten und auch dort nicht bestimmt, daß für die Geltung des Herkommens in dem einen Gebietstheile das gemeine Recht maßgebend sei, in einem anderen das Preußische Landrecht und in einem dritten das Oesterreichische Gesetzbuch; vielmehr ist auch dort die Geltung des Herkommens ohne Rücksicht auf die abgeschafften Rechte zu beurtheilen. S. 285.

Abg. **von Walter** (Referent): Die Ausführung des Herrn Senatspräsidenten hat mich von meiner Ansicht nicht abgebracht, daß es angängig und wünschenswerth ist, das Herkommen überhaupt aus dem Gesetze hinauszustreichen. Gerade die Bemerkung des Herrn Senatspräsidenten, daß das Herkommen in den oberstrichterlichen Entscheidungen eine sehr bescheidene Rolle spielt und sich sehr selten auf das Herkommen berufen wird, gerade diese Bemerkung bestärkt mich in meiner Anschauung, daß das Herkommen überhaupt vollständig entbehrlich ist. Herkommen und Ersitzung liegen so nahe aneinander, daß man oft kaum entscheiden kann, ob irgend ein Rechtszustand durch Verjährung oder durch Herkommen entstanden ist. Wenn nun das bürgerliche Recht sich keine Bedenken daraus gemacht hat, die Verjährung zu streichen, die nach meiner Ansicht eine viel größere Rolle im Rechtsverkehr spielt als das Herkommen, so könnten wir schon den weiteren Schritt auch noch machen und das Herkommen aus dem Wasserbenützungsgesetze entfernen. Ich bin der Meinung, daß seit der Geltung der Wassergesetze die Rechtszustände bereits sich allseitig so geklärt und eine Feststellung gefunden haben, daß man es nicht mehr nothwendig hat, sich im nächsten Jahrhundert auf das Herkommen zu berufen, und ich meine, daß es gut ist, wenn wir diese an und für sich zweifelhaften und selten in Anwendung kommenden Rechtsnormen aus dem Gesetze entfernen.

Inwieweit die Pfalz durch die Aufhebung des Artikel 103 einen Nachtheil erleiden würde, kann ich nicht ermessen. Nur das steht unter allen Umständen fest, die Pfalz hat bisher von einem Herkommen auf dem Gebiete der Wasser-

S. 285. gesetze nichts gewußt, und ihr wird das Herkommen nun auf einmal aufoktroyirt und zwar dadurch, daß wir einen Artikel, der seit 1852 in Geltung war, streichen. Wenn wir das Herkommen belassen, so belassen wir es nur für die Landestheile, für welche es bisher gegolten hat. Wenn nun die Fassung vorgeschlagen wird, daß es in der Pfalz auch gelten soll, so kann ich mich darüber nicht aussprechen. Gefallen würde mir eine derartige Fassung deßhalb nicht, weil in einem Augenblick, wo wir eine Rechtseinheit zwischen dem diesseitigen und jenseitigen Bayern herstellen, diese Bestimmung doch etwas auffällig wäre. Wir bringen der Einheit unsererseits ein Opfer, indem wir das Herkommen für das dießrheinische Bayern streichen, und dann bleibt es in der Pfalz beim alten Zustande. Ich wäre der Ansicht, daß wir brechen sollten mit dem Herkommen, zumal ein Bedürfniß dafür so wenig zu Tage getreten ist.

Senatspräsident Dr. **von Jacubezky:** Der Herr Referent meint, daß seit der Geltung des Wassergesetzes die Verhältnisse, für welche nach dem Wassergesetze das Herkommen maßgebend ist, sich so geklärt hätten, daß es möglich sei, das Herkommen ganz zu beseitigen. Ich glaube, daß die von dem Herrn Referenten gewünschte Beseitigung des Herkommens diese Klärung rückgängig machen würde. Wenn ich den Herrn Referenten richtig verstanden habe, so will er in Artikel 47 Abs. 1, Artikel 54, Artikel 59 Abs. 1, Artikel 60 Abs. 1 und Artikel 68 Abs. 1 nicht nur das Wort Verjährung, sondern auch das Wort Herkommen streichen. Wenn das seine Meinung ist — und der Herr Referent bestätigt es mir —, so muß ich darauf aufmerksam machen, daß damit auch durch das bestehende Herkommen ein Strich gemacht wird, das Herkommen seine Bedeutung auch für die Verhältnisse verliert, die nach der Ansicht des Herrn Referenten in der Zwischenzeit seit 1852 durch das Herkommen klar geworden sind, und es in Folge dessen mit der gewonnenen Klarheit zu Ende ist. Wenn das Herkommen nicht ferner gelten soll, so müssen wir doch dasjenige, was es bisher geschaffen hat, beibehalten, wir müssen diejenige Ordnung, die sich im Wege des Herkommens herausgebildet hat, und die, wie der Herr Referent sagt, jetzt klar ist, aufrecht erhalten. Es kann also meines Erachtens nicht in Frage kommen, die Verweisung auf das Herkommen in den angeführten Artikeln ganz zu streichen, sondern es kann sich höchstens darum handeln, in dem Artikel 103 zu bestimmen, daß neues Herkommen sich nach dem 1. Januar 1900 nicht mehr bilden kann, und etwa, daß in der Pfalz die Berufung auf das Herkommen auch in Zukunft ausgeschlossen ist. Ich muß aber wiederholen, daß eine solche Unterbindung des Herkommens, das etwas Lebendiges und darum der allmählichen Aenderung Unterworfenes ist, dem Wesen des Herkommens widerspricht und in der Folge, wenn geraume Zeit nach dem Normaljahre abgelaufen ist, es außerordentlich schwer, fast unmöglich macht, den Beweis eines rechtswirksamen Herkommens zu führen. Nach fünfzig Jahren würde der Beweis kaum mehr möglich sein. Dadurch würden die Verhältnisse, die sich geklärt haben und klar geblieben sind, durch den üblen Willen eines Betheiligten plötzlich in Gefahr kommen, unrichtig beurtheilt zu werden, weil der Beweis, daß das Herkommen am 1. Januar 1900 schon bestanden hat, nicht zu führen ist. Wenn der Gesetzgeber sich überzeugt, daß er bei gewissen Rechtsverhältnissen auf das Herkommen Rücksicht nehmen muß, so muß er das Herkommen nehmen, wie es seiner Natur nach ist, und seine Natur verträgt es nicht, daß man es mitten entzwei schneidet. Das Lebende ist von Natur aus ganz und muß, wenn es lebendig bleiben soll, auch ganz bleiben.

Was die Rechtseinheit anlangt, so wird die Sache dadurch, daß wir S. 285.
Artikel 103 unverändert lassen, nicht besser, als wenn wir den Zusatz für die Pfalz machen, den ich übrigens nur als Aushilfe für den schlimmsten Fall bezeichnet habe. Wenn wir uns entschlossen haben, die alten Gesetze zu beseitigen, so ist es doch wirklich seltsam, daß wir im Artikel 103 für eine einzelne, ganz untergeordnete Frage das gemeine Recht, das preußische Landrecht, das österreichische bürgerliche Gesetzbuch und den Code civil in Geltung belassen. Ich meine, wir können diese Rechtsverschiedenheit nicht beibehalten, und wenn wir das Herkommen belassen, so sollen wir es hier ebenso machen, wie wir es beim Anwenderecht gemacht haben, nämlich lediglich den Begriff des Herkommens entscheiden lassen.

Abg. **Conrad** (Korreferent): Ich bin keineswegs der Anschauung, daß wir der Herbeiführung der Rechtseinheit vom pfälzischen Standpunkte aus entgegentreten sollen. Das war auch meine Absicht nicht bei der Anfrage an die k. Staatsregierung über die Tragweite einer Streichung des Artikels. Diese Anfrage war nur dadurch hervorge || rufen, daß ich befürchtete, es würde S. 286.
gerade in einem höheren Maße, als es allgemeine Absicht ist, dem Herkommen Thür und Thor neu geöffnet. Der Herr Senatspräsident hat ausgeführt, daß das Herkommen nur unter bestimmten örtlichen Verhältnissen und nach Maßgabe der besonderen einzelnen Artikel, die davon handeln, daß ein Herkommen pro futuro noch bestehen soll, also in dem vom Wasserbenützungs- und Entwässerungsgesetze bezeichneten engeren Rahmen sich bilden kann. Es ist auch nicht meine Absicht, etwa dafür einzutreten, daß die Rechtsbildung erstarre. Ich kann mich daher bei den erhaltenen Aufschlüssen begnügen. Ich komme sonach zu der von der Ansicht des Herrn Referenten etwas abweichenden Anschauung, daß in dem beschränkten Rahmen es nicht anders gehen wird, als daß man das Herkommen wird beibehalten müssen. Der Herr Senatspräsident hat schon ausgeführt, daß wir im Anwenderecht dieselbe Konzession schon gemacht haben. Ich erinnere daran, daß wir auch in der rechtsrheinischen Gemeindeordnung Fälle haben, wo Rücksicht zu nehmen ist auf das Herkommen und seine rechtsbildende Kraft fortbestehen soll. Die Verhältnisse, die der Herr Senatspräsident bezüglich der Pfalz angeführt hat, beziehen sich wohl auf die Acquisitivverjährung, indem bei offensichtlichen und kontinuirlichen Anlagen jetzt schon nach pfälzischem Recht eine Ersitzung des Rechts zugelassen war. Auch darin liegt eine Anerkennung der konkreten Verhältnisse und der Absicht der Betheiligten. Ich stehe also davon ab, dem Herkommen in allen Formen und in beschränktem Rahmen entgegenzutreten, und erkläre mich durch die Ausführungen des Herrn Senatspräsidenten für beruhigt.

Abg. **Wagner**: Ich möchte doch auch der Meinung sein, daß wir es beim Regierungsvorschlag belassen sollen. Ich kann die Anschauung des Herrn Referenten, daß das Herkommen eine große Rolle beim Wasserbenützungsgesetz nicht spielt, nicht theilen. Ich habe zwar noch nicht sehr viele derartige Prozesse in der Hand gehabt, aber doch in denjenigen, welche zu beurtheilen waren, hat meist das Herkommen eine nicht unwichtige Rolle gespielt. Es wäre ja wohl möglich und denkbar, daß man all' das, was jetzt unbestritten feststeht, urkundlich feststellt; aber man muß auch an den Fall denken, daß die Urkunden verloren werden. Gibt es dann künftig Streit und kann man sich auf das Herkommen nicht mehr berufen, wie soll dann der Beweis für die Rechtmäßigkeit eines bestehenden Zustands geliefert werden? Gerade hiebei handelt es sich um Rechtsverhältnisse, wobei meistens eine große Anzahl von Personen betheiligt

S. 286. ist, z. B. in Orten, wo nicht jeder Hausbesitzer seinen eigenen Brunnen hat, sondern wo nur eine oder mehrere Wasseranlagen für das Dorf oder den Weiler bestehen. Bei allen diesen Verhältnissen wird meistens ein strikter Nachweis dafür, wie die Dinge sich entwickelt haben, nicht erbracht werden können, sondern die sämmtlichen Ortseinwohner sagen: Die Sache besteht so, wie sie ist, solange wir denken, es ist Niemand da, der einen anderen Zustand gekannt hat. Man könnte allerdings sagen, das sei die unvordenkliche Verjährung; allein die Voraussetzungen für die unvordenkliche Verjährung werden in der Regel nicht gegeben sein und man wird den seit unvordenklicher Zeit bestehenden Zustand, mit dem Alle einverstanden waren, als die Rechtsnorm, welche solche Rechtsverhältnisse beherrscht, anzusehen haben. Ich glaube sogar, wenn wir das Herkommen streichen, es würde sich doch immer wieder bilden und respektirt werden müssen; denn man würde in vielen Fällen gar keinen anderen Ausweg haben, als auf dasselbe zurückzugreifen. Ich glaube, daß gerade hier eine Materie vorliegt, für welche dieses Rechtsinstitut nicht entbehrt werden kann.

Ich möchte dann, weil ich das Wort habe und um nicht noch einmal dasselbe ergreifen zu müssen, einen anderen Gegenstand noch berühren, welcher nicht das Justiz-, sondern das Staatsministerium des Innern berührt. Mir ist nämlich nahegelegt worden, daß ich eine Modifikation des Artikel 15 oder eine vollständige Streichung desselben herbeiführen soll, weil es an der oberen Iller oft als lästig empfunden wird, daß das Holen von Sand aus der Iller erschwert ist, daß im einzelnen Falle erst eine Erlaubniß erholt werden muß und auch eine Gebühr dafür zu entrichten ist. Die Iller ist in ihrem Oberlauf kein öffentlicher Fluß, sondern ein Privatfluß, steht aber im Eigenthum des Staates. Ich bin nicht gewillt, jetzt einen Antrag, der hier zu berathen wäre, zu stellen; ich glaube auch, daß durch eine einfache Verfügung geholfen werden könnte; ich möchte nur an die Herren Vertreter des Ministeriums des Innern die Bitte stellen, von den Beschwerden, welche desfalls bestehen, Kenntniß zu nehmen und vielleicht im Instruktionswege Abhilfe zu schaffen. Ich glaube, die Gebühren, die hier zu entrichten sind, sind weniger finanziell von Bedeutung, sie haben nur den Charakter einer Rekognitionsgebühr, allein sie sind für die Betheiligten lästig. Es könnte wenigstens eine generelle Erlaubniß für gewisse Bezirke gegeben werden, und damit wäre vielleicht das erfüllt, was mit einer Abänderung des Artikel 15 herbeigeführt werden soll.

Oberregierungsrath **Müller**: Ich möchte nur bezüglich der Anregung des Herrn Abg. Wagner bemerken, daß hinsichtlich der Gebühr für die Entnahme von Sand aus der Iller die Initiative dem k. Finanzministerium zukommt. Das Ministerium des Innern hat die gebührenfreie Abgabe von Sand aus den Flüssen in geeigneten Einzelfällen immer vertreten und ich glaube, daß es bei dieser Praxis auch in künftigen Fällen verbleiben wird.

Abg. Joseph **Geiger**: Bei der Natur der Verhältnisse, auf die sich die Wassergesetze beziehen, scheint mir die Ersitzung eine größere Rolle zu spielen wie das Herkommen, und wenn wir nun gezwungen sind, die Ersitzung fallen und nicht mehr als fernere Rechtsquelle gelten zu lassen, so wird in der Belassung des Herkommens ein, wie der Herr Senatspräsident sich ausgesprochen hat, theilweiser Ersatz gefunden werden, den wir nicht zurückweisen dürfen. Es ist Bezug genommen worden auf Artikel 103 und mit Recht ist von dem Herrn Referenten dargelegt worden, daß, wenn wir diesen Artikel streichen, wir das Herkommen auch in jenen kleinen Landestheilen einführen, in welchen bisher dasselbe eine Rechtsquelle nicht gebildet hat. Ich zweifle nicht, daß aber gerade in jenen Landestheilen die Ersitzung eine um so größere Rolle gespielt hat, und es wird daher wohl richtiger sein, wenn wir bestimmen, daß auch in jenen Landestheilen das Herkommen in Zukunft zur rechtlichen Geltung gelangen soll und gewissermaßen an die Stelle der Ersitzung zu treten hat, so daß sich die Ersitzung gleichsam verallgemeinern kann. Ich glaube daher, daß wir den Anregungen des Herrn Referenten eine Folge nicht geben sollen. Ich habe mich Anfangs auch zu seiner Auffassung, mit dem Herkommen überhaupt ein Ende zu machen, hingeneigt, aber die Erörterung des Herrn Senatspräsidenten hat mich eines Besseren belehrt. Der || Wegfall der Ersitzung als Rechtsquelle ist bedauerlich. Wir können ihn aber nicht hindern und deßhalb glaube ich, daß wir dem Herkommen gewissermaßen zum Ersatze auch die Thüre da aufmachen sollen, wo sie bisher verschlossen war. S. 286. S. 287.

Ich will mich daher der Anschauung des Herrn Senatspräsidenten anschließen und es beim Regierungsentwurfe belassen.

Oberregierungsrath **Müller:** Ich möchte nur konstatiren, daß von dem Standpunkte des administrativen Bedürfnisses es wünschenswerth wäre, daß das Herkommen als Rechtsquelle beibehalten wird. Denn es bestehen sehr oft bei der Bewässerung herkömmliche Rechtsbildungen, besonders in Unterfranken, und es ist daher von hoher wirthschaftlicher Bedeutung, daß das Herkommen bestehen bleibt.

Abg. **von Walter** (Referent): Ich bin auf den Gedanken, das Herkommen fallen zu lassen, nur durch den Vorschlag gebracht worden, daß der Artikel 103 aufgehoben werden soll. Daß mit der Ersitzung aufgeräumt worden ist, ist bedauerlich; denn die Ersitzung spielt — das muß man ein für allemal festhalten — im Rechtsleben eine weit bedeutendere Rolle als das Herkommen. Man behauptet in der Regel: „da liegt Herkommen eventuell Ersitzung vor"; hinterher vermag man aber nichts zu beweisen, als daß Ersitzung vorliegt. Die Ersitzung und das Herkommen liegen so nahe bei einander, daß man den Unterschied schwer findet, wenn man nicht etwa annimmt, daß das Herkommen sich meist auf eine größere Anzahl von Personen erstreckt, während die Ersitzung in der Regel nur zwischen zwei Individuen sich abspielt.

Ich kann die Gründe nicht verkennen, aus denen man das Herkommen noch nach dem 1. Januar 1900 fortgelten lassen will; ich fürchte aber, daß wir mit dem Herkommen der Ersitzung eine Hinterthüre öffnen. Es mag vielleicht im Interesse des Einen oder Anderen gelegen sein, der sich darauf berufen kann, aber im Großen und Ganzen fürchte ich, werden wir dadurch nur die Prozesse vermehren.

Nachdem man sich von allen Seiten gegen meinen Vorschlag ausgesprochen hat, verfolge ich die Sache nicht weiter und bin bereit, die betreffenden Artikel anzunehmen.

Vorsitzender: Wir gehen nun zu Artikel 14 selbst über.

Abg. **von Walter** (Referent): In Artikel 14 wird zunächst eine andere Fassung des bisherigen Artikel 21 vorgeschlagen (wird verlesen). Der Artikel 21 kann in dieser Fassung nicht mehr aufrecht erhalten werden, wie in den Motiven ausgeführt ist, weil das Reichsgesetz vom 15. Juni 1895 über die Binnenschifffahrt eine bedeutende Aenderung getroffen hat nnd weil das Bürgerl. Gesetzbuch noch weiter geht und eine Haftung des Dienstherrn nur in dem Falle anerkennt, wenn er in der Auswahl der Personen sich eine Nachlässigkeit

S. 287. hat zu Schulden kommen lassen oder wenn er die Sache selbst ungenügend leitete oder wenn er die Vorkehrungen, die zur Sicherstellung nothwendig waren, nicht in entsprechender Weise getroffen hat.

Mit Rücksicht darauf ist eine Aenderung des Artikel 21 nothwendig und in der Ziff. I des Artikel 14 wird uns folgende Fassung vorgeschlagen:

> „Für Beschädigungen, die nicht eine nothwendige Folge der Benützung des Leinpfads sind, sondern durch Mißbrauch oder Nachlässigkeit der bei der Schiff- oder Floßfahrt beschäftigten Personen verursacht werden, sind die Urheber und ihre Dienstherren nach den bestehenden Vorschriften verantwortlich."

Auf diese Vorschriften habe ich bereits hingewiesen und ich beantrage die Zustimmung zu Ziff. I.

Abg. **Conrad** (Korreferent): Der Abänderung, wie sie vorgeschlagen ist, wird wohl nicht entgegenzutreten sein; denn sie berücksichtigt die neue Gesetzgebung über die Schifffahrt und Floßfahrt, worin schon die Abänderung theilweise statuirt ist. Der Entwurf berücksichtigt die Haftung der Dienstleute und ergänzend die der Dienstherren. Ich habe nichts zu erinnern.

Abg. Joseph **Huber**: Ich möchte mir nur eine ganz kurze Anfrage erlauben, nämlich wie es sich verhält, wenn z. B. der Fluß das Ufer weggeschwemmt hat und dann der Schiffer mit der Leine auf einem Privatgrund ziehen muß, ob der Private sich das gefallen lassen muß, auch wenn er einen Schaden davon hat, und ob der Schiffer, ohne den Grundanliegenden zu entschädigen, dieses Recht hat.

Senatspräsident Dr. **von Jacubezky**: Diese Frage ist im Artikel 20 des Wasserbenützungsgesetzes entschieden. Dort heißt es: „Der Leinpfad ist von den Eigenthümern der am Ufer und erforderlichen Falles selbst der entfernter gelegenen Grundstücke zu gestatten." Wenn das bisherige Ufer weggeschwemmt ist, so ist eben ein Grundstück, das bisher nicht unmittelbar am Flusse lag, Ufergrundstück geworden, es muß also hier der Leinpfad gestattet werden. Die näheren Bestimmungen über die Richtung und Breite hat die Verwaltungsbehörde zu treffen. Vorbehaltlich bestehender Rechtsverhältnisse hat die Gestattung des Leinpfades an den vorhandenen öffentlichen Flüssen unentgeltlich zu geschehen. Entschädigung ist aber zu gewähren, wenn zur Herstellung des Leinpfades die Wegräumung von Gebäulichkeiten erforderlich wird.

Vorsitzender: Ich darf konstatiren, daß Ziff. I angenommen ist.

Ziff. II.

Abg. **von Walter** (Referent): In Ziff. II wird Artikel 37 geändert. Derselbe lautete bisher (verliest Artikel 37). Der Artikel soll nun folgende Fassung erhalten.

> „Durch Begründung einer Dienstbarkeit können von den Bestimmungen der Artikel 34 und 35 abweichende Verhältnisse festgesetzt werden."

Die Verjährung und Ersitzung ist durch das Bürgerl. Gesetzbuch ausgeschlossen. Es wird also etwas von den Artikeln 34 und 35 Abweichendes nur mehr durch Vertrag festgesetzt werden können und deßwegen schreibt der Artikel vor, daß eine Dienstbarkeit nur mehr durch Vertrag begründet werden kann bezw. eine Abweichung von dem sonst geltender Rechte festgesetzt werden kann. Ich beantrage die Zustimmung zu Ziff. II.

Abg. **Conrad** (Korreferent): Es wird auch hier nichts dagegen einzuwenden sein. Es handelt sich zwar um eine tiefgreifende Neuerung; durch die neue Fassung ist aber wenigstens ermöglicht, daß die Betheiligten ihre Intentionen auf dem Vertragswege verwirklichen können. S. 288.

Vorsitzender: Ich erkläre Ziff. II für angenommen.

Ziff. III.

Abg. **von Walter** (Referent): Nach Ziff. III soll der Artikel 39 Abs. 1 abgeändert werden; dort heißt es (verliest Artikel 39 Abs. 1). Bisher hat unser bürgerliches Recht auch unbewegliche Zubehörungen eines Grundstücks anerkannt. Nach § 97 des Bürgerl. Gesetzbuchs gibt es nunmehr nur noch bewegliche Zubehörungen und darum muß das Gesetz dahin abgeändert werden, daß statt: „als Zubehör der Grundstücke" gesetzt wird: „als zu den Grundstücken gehörig". Ich beantrage Zustimmung.

Abg. **Conrad** (Korreferent): Man könnte ja davon reden, ob es glücklich war, daß das Bürgerl. Gesetzbuch unbewegliche Zubehörungen eines Grundstücks nicht mehr kennt, so daß man vielleicht in vielen Fällen nicht weiß, was Zubehör sein wird, woraus sich unter Umständen eine ganze Reihe von Prozessen entwickeln kann. Aber das ist hier nicht weiter zu verfolgen, sondern wir haben uns lediglich auf den Boden zu stellen, den uns das Bürgerl. Gesetzbuch anweist.

Vorsitzender: Ich erkläre Ziff. III für angenommen.

Ziff. IV.

Abg. **von Walter** (Referent): Nach Ziff. IV soll Artikel 47 Abs. 1 eine andere Fassung erhalten. Bisher lautete der Artikel (verliest Artikel 47 Abs. 1). Die neue Fassung soll lauten:

> „Wo nicht durch Lokalverordnungen, Herkommen oder besondere Rechtsverhältnisse etwas Anderes festgesetzt ist, liegt jedem Ufereigenthümer die Pflicht ob, sein Ufer von allen Hindernissen des Wasserablaufs frei zu erhalten."

Die Aenderung ist dadurch veranlaßt, daß das Wort Verjährung hier, wie in einer Reihe anderer Artikel, gestrichen wird. Sie haben sich hierüber bereits ausgesprochen; ich beantrage daher die Zustimmung.

Abg. **Conrad** (Korreferent): Der neue Artikel ist nur eine Konsequenz des bereits Beschlossenen. Ich stimme zu.

Vorsitzender: Ich erkläre Ziff. IV für angenommen.

Ziff. V.

Abg. **von Walter** (Referent): Ziff. V schlägt vor, den Eingang des Artikel 54 so zu fassen:

> „Sofern nicht Lokalverordnungen, Herkommen oder besondere Rechtsverhältnisse eine Ausnahme begründen, ..."

Das ist derselbe Fall. Ich beantrage zuzustimmen.

Abg. **Conrad** (Korreferent): Auch ich habe keine Erinnerung.

Vorsitzender: Ich erkläre Ziff. V für angenommen.

S. 288. Ziff. VI.

Abg. **von Walter** (Referent): Ziff. VI schlägt vor, den Eingang des Artikel 59 Abs. 1 so zu fassen:

„Die durch Lokalverordnungen, Herkommen oder besondere Rechtsverhältnisse festgesetzte Vertheilung des Wassers . . . ."

Auch hier ist die Verjährung gestrichen. Ich beantrage die Zustimmung.

Abg. **Conrad** (Korreferent): Ich bin ebenfalls für die Zustimmung.

Vorsitzender: Ich erkläre Ziff. VI für angenommen.

Ziff. VII.

Abg. **von Walter** (Referent): Ziff. VII bestimmt:

Im Artikel 60 Abs. 1 und im Artikel 68 Abs. 1 werden die Worte: „Herkommen, besondere Rechtstitel oder Verjährung" ersetzt durch die Worte:

„Herkommen oder besondere Rechtsverhältnisse".

Also auch hier soll das Wort „Verjährung" gestrichen und ebenso soll das Wort „Rechtstitel" ersetzt werden durch „Rechtsverhältnisse". Ich beantrage Zustimmung.

Abg. **Conrad** (Korreferent): Ich beantrage gleichfalls Zustimmung.

Vorsitzender: Ich erkläre Ziff. VII für angenommen.

Ziff. VIII.

Abg. **von Walter** (Referent): In Ziff. VIII ist beantragt, daß Artikel 103 gestrichen werden soll. Sie haben sich bereits für die Streichung ausgesprochen und beantrage ich deßhalb Zustimmung.

Abg. **Conrad** (Korreferent): Ich beantrage ebenfalls Zustimmung.

Vorsitzender: Ich erkläre demnach den Artikel 14 im Ganzen angenommen. Wir gehen über zu **Artikel 15.**

Abg. **von Walter** (Referent): Artikel 15 beschäftigt sich mit dem Gesetze vom 18. Mai 1852 über die Bewässerungs- und Entwässerungs-Unternehmungen zum Zwecke der Bodenkultur und zwar zunächst mit Artikel 14. Derselbe lautet (verliest Artikel 14). Das Wort „Reallast" bedeutet in der Rechtssprache eine privatrechtliche Leistung, während nach dem Gesetze über Bewässerungs- und Entwässerungs-Unternehmungen die Beitragspflicht der Betreffenden eine „öffentliche Last" ist. Es ist das bereits zum Artikel 110 des Ausführungsgesetzes ausgeführt worden und deßhalb schlägt uns der Entwurf vor, statt des Wortes „Reallast" einzusetzen „öffentliche Last". Ich beantrage Zustimmung.

Abg. **Conrad** (Korreferent): Ich kann ebenfalls nur zustimmen. Es soll hier die Verwirrung ferne gehalten werden, daß es sich nicht um eine Reallast nach § 1105 des Bürgerl. Gesetzbuchs handelt; denn der Erstehungsgrund ist ja ein ganz anderer.

S. 289. **Vorsitzender:** Ich erkläre Artikel 15 für angenommen. Wir gehen über zu **Artikel 16.**

Abg. **von Walter** (Referent): Artikel 16 handelt von dem Gesetze vom 28. Mai 1852 über den Uferschutz und den Schutz gegen Ueberschwemmungen und hier ist der einzige Vorschlag enthalten, daß der Artikel 29

dieses Gesetzes aufgehoben werden soll. Derselbe hat den nämlichen Inhalt S. 289.
wie Artikel 103 des Gesetzes über die Benützung des Wassers. Ich beantrage Zustimmung.

Abg. **Conrad** (Korreferent): Ich beantrage ebenfalls Zustimmung.

Vorsitzender: Ich erkläre Artikel 16 für angenommen.

Wir gehen über zu **Artikel 17.**

Abg. **von Walter** (Referent): Artikel 17 betrifft das Gesetz vom 28. Mai 1852 über die Ausübung und Ablösung des Weiderechtes auf fremdem Grund und Boden. Hier handelt es sich um eine Frage, die bereits behandelt worden ist und die auch durch den Ausschuß schon ihre Erledigung gefunden hat. Es wird nämlich in den bisherigen Artikeln 17 und 18 des Gesetzes festgestellt, daß die Ablösungskapitalien und die Bodenzinse denselben Rang haben sollen wie das Weiderecht, und es wird dabei auf die Bestimmungen des § 12 Ziff. 3 und 4 des Hypothekengesetzes und des § 12 Ziff. 7 der Prioritätsordnung vom 1. Juni 1822 verwiesen. Da diese beiden Gesetze theils schon aufgehoben sind, theils aufgehoben werden sollen, so paßt die Verweisung darauf nicht mehr und es wird daher vorgeschlagen, statt der Bezugnahme auf diese Gesetze zu setzen und zwar im Artikel 17: „mit dem Range des Weiderechts" und im Artikel 18: „welches gleichfalls den im Artikel 17 bestimmten Rang hat". — Ebenso wird im Artikel 42 eine ähnliche Bestimmung getroffen. Dort heißt es nämlich: „mit den im Artikel 17 bestimmten Vorrechten", und da diese Vorrechte jetzt im Artikel 17 als Rang bezeichnet sind, so soll gesagt werden: „mit dem im Artikel 17 bestimmten Range". Der Ausschuß hat bereits bei dem Gesetze über Ablösung und Fixirung der Grundlasten in gleicher Weise entschieden und beantrage ich daher Zustimmung.

Abg. **Conrad** (Korreferent): Wir hatten die gleiche Abänderung, wie schon der Herr Referent bemerkt hat, bei Artikel 7 der Gesetzesvorlage. Da wir dort schon in diesem Sinne beschlossen haben, so wird sich hier lediglich dem anzuschließen sein.

Vorsitzender: Ich erkläre den Artikel 17 für angenommen.

Artikel 18.

Abg. **von Walter** (Referent): Artikel 18 betrifft das Gesetz vom 28. Mai 1852 über die Sicherung, Fixirung und Ablösung der auf dem Zehentrechte lastenden kirchlichen Baupflicht. Hier handelt es sich ebenfalls nur um die Anwendung desselben Grundsatzes, der bei dem vorigen Gesetze maßgebend gewesen ist. Es hat nämlich die Aufhebung der Prioritätsordnung und des Hypothekengesetzes auch hier die Nothwendigkeit hervorgerufen, eine Abänderung der betreffenden Bestimmungen zu treffen. In Artikel 8 Abs. 2 ist bestimmt: „die aus einer solchen Reallast entspringenden Verpflichtungen genießen im Konkurse den Vorzug des § 12 Nr. 7 der Prioritätsordnung vom 1. Juni 1822, unbeschadet jedoch bereits erworbener Hypothekrechte", und der Artikel 9 Abs. 3 bestimmt: „Derselbe (der Baukanon) genießt die nämlichen Vorrechte des Hypothekengesetzes und der Prioritätsordnung, wie die Grundrenten." Diese beiden Absätze sollen aufgehoben werden. Dagegen ist nichts zu erinnern. Es fehlt dann zwar eine Bestimmung über den Rang, allein diese Bestimmung ist hier um so entbehrlicher, als sowohl die radizirte Baupflicht als auch der Baukanon im Hypothekenbuche eingetragen werden

S. 289. müssen, und als deßhalb der Rang ohnehin nach dem Eintrag im Hypothekenbuche sich bestimmt. Ich beantrage daher die Zustimmung zu dem Vorschlage der k. Staatsregierung.

Abg. **Conrad** (Korreferent): Dem Antrage des Herrn Referenten stimme ich zu. Wenn das Grundbuch einmal angelegt ist, so wird nach § 879 des Bürgerl. Gesetzbuchs und Artikel 184 des Einführungsgesetzes der neue Rang maßgebend sein.

Vorsitzender: Artikel 18 ist angenommen.

Artikel 19.

Ziff. I.

Abg. **von Walter** (Referent): Artikel 19 beschäftigt sich mit dem Gesetze vom 22. Februar 1855, die landwirthschaftlichen Erbgüter betreffend.

Zu Ziff. I wird uns zunächst eine Aenderung des Artikel 4 Abs. 2 dieses Gesetzes vorgeschlagen. Der Artikel 4 handelt von der gerichtlichen Beurkundung der Erbgutserrichtung und bestimmt insbesondere der Abs. 2: „Die von den Gerichten und Hypothekenämtern angezeigten, sowie die von dem Stifter des Erbgutes benannten Gläubiger sind, erforderlichen Falles, unter dem Rechtsnachtheile vorzuladen, daß ihre Forderungen dergestalt, wie sie angezeigt sind, auf das Erbgut eingetragen werden sollen." Nach dem Vorschlage der k. Staatsregierung soll die Ladung derselben unter dem Rechtsnachtheile erfolgen, „daß ihre Forderungen dergestalt, wie sie angezeigt sind, und für Forderungen, für die eine dingliche Haftung nicht besteht, Sicherungshypotheken auf das Erbgut eingetragen werden sollen." Die Abänderung ist hauptsächlich dadurch veranlaßt, daß das Bürgerl. Gesetzbuch einen Hypothektitel nicht mehr kennt und an die Stelle der Hypothektitel Sicherungshypotheken treten können. Ich habe gegen diese Bestimmung nichts zu erinnern und beantrage Zustimmung.

Abg. **Conrad** (Korreferent): Ich beantrage ebenfalls im Anschlusse an den Herrn Referenten die Zustimmung zu Ziff. I des Artikel 19.

Vorsitzender: Ich erkläre Ziff. I für angenommen.

Ziff. II.

Abg. **von Walter** (Referent): In Ziff. II sind mehrere Aenderungen des Artikel 6 vorgeschlagen.

Zuerst soll der Abs. 4 Satz 3 eine andere Fassung erhalten. Der Abs. 4
S. 290. bestimmt, unter welchen Voraus‖setzungen der Gutseigenthümer eine Belastung des Erbgutes vornehmen kann. Er lautet:

> „Der Austausch von Grundstücken kann von dem Gutseigenthümer auch ohne Zustimmung der Anerben vorgenommen werden, wenn dieses Rechtsgeschäft zum Zwecke der Arrondirung geschieht und dadurch der Grundbesitz nicht in dem Maße verringert wird, daß derselbe nicht mehr mit einem Simplum der Grundsteuer von wenigstens sechs Gulden belegt ist (Art. 28 Ziff. 2). Die auf diesem Wege erworbenen Grundstücke gehören zur Substanz des Erbgutes. Zur Gültigkeit solcher Rechtsgeschäfte ist die Verlautbarung derselben vor dem zuständigen Gerichte (Art. 3) erforderlich."

Nach Ziff. II soll nun der Satz 3 dieser Bestimmung die Fassung erhalten:

> „Zur Gültigkeit solcher Rechtsgeschäfte ist die Bestätigung des zuständigen Gerichts (Art. 3) erforderlich."

Dagegen ist nichts zu erinnern; aber wenn einmal das Wort „Verlaut- S. 290. barung" durch das Wort „Bestätigung" ersetzt werden soll, dann wird es wohl auch in anderen Fällen zutreffend sein, es zu thun. Ich verweise hier auf den Artikel 3 Ziff. 2, wo auch von einer gerichtlichen Beurkundung die Rede ist, während wahrscheinlich auch hier die gerichtliche Bestätigung gemeint sein wird. Im Uebrigen habe ich gegen die Aenderung zu Abs. 4 des Artikel 6 keine Erinnerung.

Senatspräsident Dr. **von Jacubezky:** Es ist richtig, daß an anderer Stelle in dem Artikel 3 und in dem Artikel 29 auch das Wort „Beurkundung" vorkommt. Es ist dort belassen worden, weil die Beurkundung der Errichtung und der Aufhebung des Erbguts etwas Anderes ist, als die Beurkundung des Rechtsgeschäftes, von welchem im Artikel 6 Abs. 4 Satz 3 die Rede ist. Nach dem jetzigen und dem künftigen Rechtszustande ist unter der Verlautbarung oder der Beurkundung eines Rechtsgeschäftes die Aufnahme einer öffentlichen Urkunde über das Rechtsgeschäft zu verstehen. Hier soll aber das Gericht die Verlautbarung nur vornehmen, wenn es sich überzeugt hat, daß die Voraussetzungen für die gewünschte Rechtsänderung vorhanden sind. Da nun nach der jetzigen Vertheilung der Zuständigkeit das Tauschgeschäft nicht von dem Gerichte, sondern von dem Notar beurkundet wird, so muß eine gerichtliche Thätigkeit noch hinzutreten, und diese bezeichnet der Entwurf als Bestätigung. Bei der Errichtung des Erbguts ist nicht das Rechtsgeschäft, die Willenserklärung des Stifters, der Gegenstand der „Beurkundung", vielmehr ist für die rechtsgeschäftliche Erklärung des Stifters in der Nr. 1 des Artikel 3 eine öffentliche Urkunde, jetzt eine Notariatsurkunde, oder ein schriftliches Privattestament, in Zukunft ein holographisches Testament, erforderlich. Wenn diese urkundliche Erklärung des Stifters vorliegt, soll von dem zuständigen Gericht eine Urkunde aufgenommen werden, in welcher das Gericht feststellt, daß die Voraussetzungen, von welchen das Gesetz die Entstehung eines landwirthschaftlichen Erbguts abhängig macht, erfüllt sind. Das ist die im Artikel 3 Ziff. 2 vorgeschriebene „Beurkundung". Ebenso verhält es sich nach Artikel 29 mit der „Beurkundung" der Aufhebung.

Abg. **Conrad** (Korreferent): Ich wollte auch nur erwähnen, daß in Ziff. 2 des Artikel 3 die nach vorgängiger Prüfung der gesetzlichen Erfordernisse zu bethätigende „Beurkundung" der Erbgutserrichtung durch das Gericht verlangt ist, welche ebenfalls eine „Bestätigung" enthält. Daß es sich, wie der Herr Senatspräsident ausführte, bei der Gründung eines Erbguts um fideikommißähnliche Verhältnisse handelt, ist richtig, hindert uns aber nicht, für die Mitwirkung des Gerichts im Erbgütergesetze die gleichen Ausdrücke zu gebrauchen.

Abg. **Wagner:** Im Wesentlichen, glaube ich, wird nicht recht viel Neues statuirt. Es ist im Allgemeinen ohnehin schon so gemacht worden, wie es jetzt vorgeschrieben wird. Seitdem wir das Notariat haben, ist bisher schon der Vertrag vom Notar beurkundet worden und das Gericht hat sich darauf beschränkt, Kenntniß zu nehmen und zu bestätigen, daß eine Erinnerung nicht besteht. Das war der bisherige Gang. Allein diese Ziff. 2 des Artikel 3 hat nach meiner Meinung doch eine ziemlich weittragende Bedeutung insofern, als wir hiebei voraussetzen, daß wir es bei der Absicht der k. Staatsregierung belassen, und daß auch künftighin Verträge über Immobilien, wie bisher schon, durch die Notare beurkundet werden. Wenn wir also diese Bestimmung hier

S. 290. annehmen, so hat das indirekt die Tragweite, welche ich hier erwähnte. Wir setzen das auch für die Zukunft als richtig voraus, was jetzt Rechtens ist, und wer sich mit diesem Zustand befreunden kann, der wird eine Erinnerung dagegen nicht haben. Ich will mich lediglich auf diese Konstatirung beschränken.

Abg. **von Walter** (Referent): Daß die „Beurkundung“ im Artikel 3 Ziff. 2 in dem Sinne aufzufassen ist, wie der Herr Senatspräsident es dargelegt hat, war mir auch nicht zweifelhaft; allein diese Beurkundung ist nur eine Beschlußfassung, eine Bestätigung, und die Thätigkeit des Gerichts in dem Falle des Artikel 3 Ziff. 2 ist ganz gewiß keine andere, als in dem Falle des Artikel 6 Abs. 4. Auch dort wird blos ein Beschluß darüber aufgenommen, daß gegen den Austausch der Grundstücke nichts zu erinnern ist. Ich lege übrigens kein Gewicht darauf, wenn man in der Beziehung einer verschiedenen Sprechweise sich befleißigen will. Die Thätigkeit ist dieselbe, es ist eben ein Beschluß in dem einen Falle eine Urkunde und in dem anderen Falle eine Bestätigung genannt. Wenn man das will, so habe ich nichts dagegen.

Vorsitzender: Ich darf also konstatiren, daß in Artikel 19 Ziff. II Nr. 1 angenommen ist.

Ziff. II Nr. 2.

Abg. **von Walter** (Referent): Unter Ziff. II Nr. 2 werden Aenderungen zu Artikel 6 Abs. 6 und 7 vorgeschlagen. Der Artikel 6 Abs. 5 handelt von der Verwendung der Geldsumme, die an den Gutseigenthümer zu bezahlen ist. Hier wird bestimmt, daß die Geldsumme, falls die Anerben nicht zu einer anderen Verwendung zugestimmt haben, wieder zum Ankauf von Grundstücken zu verwenden ist. Im Anschluß daran bestimmt nun Abs. 6: „Die Bestimmung des Hypothekengesetzes vom 1. Juni 1822 § 12 findet auf Erbgüter keine Anwendung.“ Abs. 7 bestimmt: „Zur Eintragung von Hypotheken, für welche nach gegenwärtigem Gesetze ein Rechtstitel besteht, ist die Zustimmung der Anerben nicht erforderlich.“

Diese beiden Absätze 6 und 7 sollen nach dem Entwurfe folgende Fassung erhalten:

S. 291. „Zu einer Belastung des Erbguts, zu der der Eigenthümer nach den Vorschriften dieses Gesetzes verpflichtet ist, ist die Zustimmung des Anerben nicht erforderlich.

Wegen anderer als derjenigen Verbindlichkeiten, die auf dem Erbgute haften oder den Eigenthümer nach den Vorschriften dieses Gesetzes treffen, findet die Zwangsvollstreckung in das Erbgut nur mittelst Zwangsverwaltung statt.“

Die Abänderung ist in den Motiven ausreichend begründet. Es ist zunächst eine Umstellung der beiden Absätze vorgenommen worden, indem der bisherige Abs. 7 Abs. 6 wird und umgekehrt, und außerdem wird auch die Bestimmung erweitert, daß zur Eintragung der Hypothek die Zustimmung der Anerben nicht erforderlich ist, indem überhaupt statt der Eintragung einer Hypothek gesagt wird „Belastung“. Es handelt sich auch um andere Lasten, um Grund- und Rentenschulden, um Reallasten u. dergl. Darum ist der Ausdruck „Belastung“ vorzuziehen. Es ist auch im Entwurfe ausreichend begründet, daß und warum für die Verbindlichkeiten, die nicht auf Erbgütern haften oder nach den Vorschriften des Gesetzes sich ergeben, keine Zwangsversteigerung, sondern eine Zwangsvollstreckung mittelst Zwangsverwaltung stattfinden soll. Es liegen hiefür dieselben Gründe vor wie bei den Fideikommissen, S. 291. wo auch eine Zwangsversteigerung nicht stattfinden kann. Ich beantrage Zustimmung.

Abg. **Conrad** (Korreferent): Abs. 1 der neuen Fassung bezieht sich wohl auf Artikel 27 dieses Gesetzes.

(Senatspräsident Dr. von Jacubezky: und auch auf Artikel 24!)

Es sind das also Verbindlichkeiten, die nicht sowohl der Person des Eigenthümers als solchen gelten, sondern die sich eben gerade um des Besitzes und des Erbguts willen auf ihn beziehen. Es ist das eine sachgemäße Anordnung und ich habe nichts dagegen zu erinnern.

Vorsitzender: Damit ist Nr. 2 und sohin die ganze Ziff. II erledigt.

Ziff. III.

Abg. **von Walter** (Referent): Hier sollen in Artikel 8 die Worte: „vorbehaltlich der Bestimmungen des Hypothekengesetzes §§ 24—26" ersetzt werden durch die Worte: „vorbehaltlich der Vorschriften zu Gunsten derjenigen, welche Rechte von einem Nichtberechtigten herleiten". Der bisherige Artikel 8 lautete: (verliest). Nachdem das Hypothekengesetz und damit auch die §§ 24—26, welche von der Oeffentlichkeit des Hypothekenbuchs, von der Wirkung seines öffentlichen Glaubens und von der Gutgläubigkeit des Erwerbers eines Grundstücks oder einer Hypothek handeln, aufgehoben werden, so müssen an die Stelle dieser Paragraphen fortan die Bestimmungen des Bürgerl. Gesetzbuchs über die Rechte, welche von einem Nichtberechtigten abgeleitet werden, und insbesondere § 932 treten. § 932 lautet (verliest). Also in dem Falle ersetzt § 932 auch sachlich die Bestimmungen des Hypothekengesetzes in den §§ 24—26 und es wird deßhalb beantragt, die vorgeschlagene Aenderung zu genehmigen.

Abg. **Conrad** (Korreferent): Ich kann in der vorgeschlagenen Aenderung eine sachliche Abweichung von den früheren Bestimmungen nicht finden. Es handelt sich um den Schutz, den das Bürgerl. Gesetzbuch dem gutgläubigen Dritten gewährt.

Senatspräsident Dr. **von Jacubezky:** Die Vorschriften des Bürgerl. Gesetzbuchs, die der Herr Referent angeführt hat, sind in der Begründung allerdings auch erwähnt; allein dieselben beziehen sich auf bewegliche Sachen und kommen nur für das Zubehör in Betracht. Dagegen treten an die Stelle der angeführten Vorschriften des Hypothekengesetzes die Vorschriften der §§ 892, 893 des Bürgerl. Gesetzbuchs, welche denjenigen schützen, der im Vertrauen auf die Eintragung im Grundbuch erwirbt.

Abg. **von Walter** (Referent): Ich gebe das zu.

Vorsitzender: Ziff. III ist angenommen.

Ziff. IV.

Abg. **von Walter** (Referent): Der Artikel 10 Abs. 5 soll dahin abgeändert werden, daß er lautet:

> „Zur Gutsübergabe unter Lebenden ist die Bestätigung durch das nach Art. 3 zuständige Gericht erforderlich."

Die ursprüngliche Fassung lautete:

> „Zur Gutsübergabe unter Lebenden ist die Verlautbarung derselben vor dem im vorstehenden Absatze erwähnten Gerichte erforderlich."

Ich beantrage Zustimmung.

S. 291. **Vorsitzender:** Nachdem auch der Herr Korreferent keine Erinnerung hat, gilt Ziff. IV als angenommen.

Ziff. V.

Abg. **von Walter** (Referent): Diese Ziff. V schlägt zu Artikel 27 zweierlei vor, einmal eine Aenderung des Eingangs, der bisher lautete: „Einen gesetzlichen Titel zur Erwerbung einer Hypothek auf dem Erbgute haben:" Dieser soll nun folgende Fassung bekommen: „Die Bestellung einer Sicherheitshypothek an dem Erbgute können verlangen:" Dann soll Ziff. 3 durch folgenden Abs. 2 ersetzt werden (verliest). Bisher hat der betreffende Artikel so gelautet: „Alle Personen, welche nach Art. 20 und 24 Alimente anzusprechen haben, für diese Alimente". Die bisherige Bestimmung wird durch die neue Fassung den Bestimmungen angeglichen, die wir im Entwurfe des Ausführungsgesetzes über das Leibgeding, namentlich in Artikel 34 getroffen haben. Ich beantrage Zustimmung.

Abg. **Conrad** (Korreferent): Das Bürgerl. Gesetzbuch kennt keine gesetzlichen Hypothektitel mehr; also muß nach Analogie des Artikel 8 des Ausführungsgesetzes zum Bürgerl. Gesetzbuch auch hier eine geeignete Bestimmung getroffen werden.

Vorsitzender: Ziff. V ist angenommen.

Ziff. VI.

Abg. **von Walter** (Referent): Nach Ziff. VI sollen die Artikel 2, 30, 33 aufgehoben werden.

Artikel 2 lautet:

„Als Zugehörungen eines Erbgutes sind nicht nur die gesetzlichen
S. 292. beweglichen oder unbeweglichen || Pertinenzien, sondern auch diejenigen Sachen zu betrachten, welche durch ausdrückliche Willenserklärung des Erbgutstifters oder eines nachfolgenden Erbguteigenthümers als Zugehörungen des Erbguts erklärt und als solche in das Hypothekenbuch eingetragen werden, wobei bezüglich der beweglichen Sachen auf § 34 des Hypothekengesetzes hingewiesen wird."

Was die Aufhebung dieses Artikels betrifft, so gibt es nach dem Bürgerl. Gesetzbuch unbewegliche Pertinenzien nicht und die Pertinenzeigenschaft bezüglich der beweglichen Sachen ist im § 97 des Bürgerl. Gesetzbuchs geregelt, so daß dieser Artikel 2 entbehrt werden kann.

Artikel 30 lautet:

„Durch Verjährung kann die Erlöschung der im Hypothekenbuche eingetragenen Erbgutseigenschaft nicht herbeigeführt werden, außer insoweit etwa ein Dritter durch erwerbende Verjährung das freie Eigenthum zu dem Erbgute gehöriger Gegenstände erlangt hat."

Das Bürgerl. Gesetzbuch kennt eine ersitzende Verjährung nicht, abgesehen von dem hier nicht einschlägigen Falle des § 900 Abs. 2. Es muß deßhalb dieser Artikel aufgehoben werden.

Artikel 33 lautet:

„Wer sich durch eine Verfügung des zuständigen Kreis- und Stadt- oder Landgerichts beschwert glaubt, kann sich innerhalb einer ausschließenden Frist von 30 Tagen, vom Tage der Eröffnung an gerechnet, mit einer Beschwerde an das einschlägige Appellationsgericht wenden.

Auf die beglaubigte Anzeige einer solchen Beschwerde hat das Untergericht mit dem weiteren Verfahren bis zum erfolgten Erkenntnisse des Apellationsgerichtes inne zu halten. S. 292.

Gegen dieses Erkenntniß findet kein weiteres Rechtsmittel statt."

Auch dieser Artikel wird überflüssig, weil wir in dem Ausführungsgesetze im Artikel 115 bereits die Bestimmung getroffen haben, daß für Angelegenheiten der freiwilligen Rechtspflege — und um eine solche handelt es sich hier — die Bestimmungen des Reichsgesetzes über die Angelegenheiten der freiwilligen Gerichtsbarkeit Anwendung finden sollen. Ich beantrage Zustimmung.

Abg. **Conrad** (Korreferent): Ich möchte mir die Frage gestatten, ob hier die Bestimmungen des Reichsgesetzes über die freiwillige Gerichtsbarkeit ausschlaggebend sind. Dort sind meines Wissens drei Instanzen geschaffen für die Beschwerde. Sollen nun diese drei Instanzen auch bei uns eingeführt werden oder, wie sonst gebräuchlich, nur zwei Instanzen?

Senatspräsident Dr. **von Jacubezky**: Mehrere bayerische Gesetze aus früherer Zeit enthielten Vorschriften, wonach mit der Entscheidung des Appellationsgerichts in Angelegenheiten der freiwilligen Gerichtsbarkeit der Rechtszug erschöpft war. Eine solche Vorschrift bestand insbesondere im Hypothekengesetz, im Einführungsgesetz zum Handelsgesetzbuch und in dem gegenwärtigen Gesetz. Die Bedürfnisse des Rechtslebens haben dazu geführt, daß durch besondere Gesetze diese Beschränkung zuerst für das Einführungsgesetz zum Handelsgesetzbuch, sodann für das Hypothekengesetz beseitigt worden ist. Dagegen ist sie in diesem Gesetze stehen geblieben, das fast niemals zur Anwendung kommt. Eine solche abweichende Vorschrift hier noch aufrecht zu halten, kann nicht in Frage kommen. Es ist also die Beschwerde zum obersten Landesgericht auch hier zulässig.

Vorsitzender: Ich kann konstatiren, daß Ziff. VI und damit Artikel 19 angenommen ist.

Artikel 20.

Ziff. I.

Abg. **von Walter** (Referent): Artikel 20 schlägt zu dem Gesetze vom 23. Februar 1868, die Ablösbarkeit der auf Grund und Boden haftenden oder mit einer Gewerbsrealität verbundenen Ehehafts-Verhältnisse betreffend, mehrere Aenderungen vor.

In Ziff. I wird vorgeschlagen, im Artikel 11 Abs. 1 Satz 1 die Worte: „mit fünf vom Hundert" zu ersetzen durch die Worte: „mit vier vom Hundert". Es geschieht das mit Rücksicht darauf, daß in den §§ 246 und 288 des Bürgerl. Gesetzbuchs der gesetzliche Zinsfuß auf 4 Prozent festgesetzt ist.

Abg. **Conrad** (Korreferent): Der Herr Referent hat bereits die beiden Paragraphen des Bürgerl. Gesetzbuchs angeführt, die hier für uns bestimmend sein müssen. Ich habe nichts zu erinnern.

Vorsitzender: Ziff. I ist hiemit angenommen.

Ziff. II.

Abg. **von Walter** (Referent): Ziff. II behandelt eine Aenderung des Artikel 12 Abs. 1. Dieser lautet:

„Das Ablösungskapital genießt alle gesetzlichen Vorzüge der Reallasten und ist im Konkurse gemäß § 12 Ziff. 7 der Prioritätsordnung zu lociren."

S. 292. Diese Bestimmung kann nicht aufrecht erhalten werden wegen der von uns beschlossenen Aenderungen und deßhalb schlägt die k. Staatsregierung folgende Fassung vor:

„Für die Ablösungssumme haftet das Grundstück in gleicher Weise wie für ein Bodenzinskapital; die Ablösungssumme hat den Rang der Reichnisse, an deren Stelle sie tritt. Für die im Falle des Verzugs zu entrichtenden Zinsen gelten die Vorschriften über die aus einer Reallast zu entrichtenden wiederkehrenden Leistungen."

Diese Fassung entspricht so ziemlich dem, was wir bereits beschlossen haben, und insbesondere ist die Bestimmung angemessen, daß die Zinsen wie eine Reallast behandelt werden sollen.

Abg. **Conrad** (Korreferent): Es entspricht das denselben Bestimmungen, die wir zu Artikel 7 beschlossen haben.

Vorsitzender: Ziff. II ist angenommen.

Ziff. III.

Abg. **von Walter** (Referent): Die jetzigen Artikel 13 und 14 sollen durch
S. 293. neue Vorschriften ersetzt werden. ‖ (Die bisherigen Artikel 13 und 14 werden verlesen.) Diese Bestimmungen sind theils wegen Wegfalls des Hypothekengesetzes, theils wegen entgegenstehender Bestimmungen des Bürgerl. Gesetzbuchs nicht mehr aufrecht zu erhalten. Es treten deßhalb folgende Bestimmungen an ihre Stelle (welche verlesen werden). Die Aenderung der Fassung ist den §§ 994 und 995 des Bürgerl. Gesetzbuchs im Allgemeinen entsprechend. Ebenso entspricht sie auch dem Gesetze über Zwangsenteignung und auch der Fassung, die wir in dem Gesetze über das Unschädlichkeitszeugniß angenommen haben. Es ist dagegen nichts zu erinnern. In den Motiven liegt eine ausreichende Begründung dieser Aenderung vor. Ich beantrage Zustimmung.

Abg. **Conrad** (Korreferent): Es handelt sich hier nur um eine analoge Heranziehung der Artikel 52 und 53 des Einführungsgesetzes zum Bürgerl. Gesetzbuch und ebenso der §§ 1107 und 1108 des Bürgerl. Gesetzbuchs. Ich bin mit dieser Fassung einverstanden.

Vorsitzender: Damit ist Ziff. III und sohin auch Artikel 20 erledigt. — Bezüglich des folgenden Artikel 21 möchte ich die Herren aufmerksam machen, daß hier die k. Staatsregierung beantragt, eine neue Ziff. VIIa einzuschalten:

Im Artikel 24 Ziff. 2 des Gesetzes werden die Worte „angewiesene Heimat" ersetzt durch die Worte „vorläufige Heimat".

Abg. **von Walter** (Referent): Es ist das nur ein Uebersehen.

Senatspräsident Dr. **von Jacubezky:** Ich möchte hier zum Artikel 21 einen Druckfehler berichtigen. In Ziff. II Nr. 1 muß es nicht heißen: der „Abs. 1" erhält folgende Fassung, sondern: der „Abs. 2"; ebenso muß es in Ziff. III Nr. 1 bei Artikel 4 heißen: „Abs. 2", nicht: „Abs. 1".

Hierauf wird die Sitzung auf den 7. Dezember Vormittags 9½ Uhr vertagt.
(Schluß der Sitzung um 12 Uhr 50 Minuten.)

von Stobäus,
Vorsitzender.

Michel,
Schriftführer.

18.

S. 295.

Protokoll

über die Sitzung des besonderen (XVIII.) Ausschusses der Kammer der Abgeordneten zur Berathung der durch die Einführung des Bürgerlichen Gesetzbuchs veranlaßten Gesetzentwürfe.

(Beilagenband XX, Abth. II, z. d. Verhandl. d. K. d. Abg. 1898 Seite 295 bis 313.)

München, den 7. Dezember 1898, Vormittags $9^1/_2$ Uhr.

Gegenwärtig:

Die Vertreter der k. Staatsregierung: der k. Staatsminister der Justiz Dr. Freiherr von Leonrod, Excellenz, der k. Senatspräsident am obersten Landesgerichte Dr. Ritter von Jacubezky, der k. Ministerialrath im Staatsministerium des Innern Hörmann, der k. Oberregierungsrath im Staatsministerium des Innern Schreiber, der k. Oberregierungsrath im Staatsministerium des Innern Krazeisen, der k. Regierungsrath im Staatsministerium des Innern Brettreich;

ferner die Ausschußmitglieder: von Stobäus, Vorsitzender, Wagner, Stellvertreter des Vorsitzenden, Dr. Casselmann, Schriftführer, Michel, Stellvertreter des Schriftführers, Conrad, Fuchs, Joseph Geiger, Joseph Huber, Landmann, Lerno, Lutz, Seeberger, Segitz, von Walter (Dr. Ratzinger entschuldigt).

Tagesordnung:

Entwurf eines Gesetzes, die durch die Einführung des Bürgerlichen Gesetzbuchs veranlaßten Aenderungen der seit 1818 erlassenen Gesetze betreffend.

Artikel 21 mit 26.

Erste Lesung.

Der Vorsitzende **von Stobäus** eröffnet die Sitzung um 9 Uhr 32 Minuten und gibt bekannt, daß der k. Ministerialrath Anton Reisenegger Seitens des k. Staatsministeriums der Finanzen als Kommissär für die Sitzungen des Ausschusses aufgestellt ist, ferner daß die Redaktionskommission für den Gesetzentwurf Beilage A am nächsten Montag Nachmittags $3^1/_2$ Uhr zusammentreten wird; dieselbe besteht aus dem Herrn Senatspräsidenten Dr. von Jacubezky, den beiden Herren Referenten Abg. Wagner und Lerno und dem zweiten Schriftführer Abg. Michel, da der erste Schriftführer Abg. Dr. Casselmann einer Schwurgerichtssitzung beiwohnen muß.

Die Berathung beginnt bei

Artikel 21.

Abg. **von Walter** (Referent): Artikel 21 betrifft das Gesetz vom 16. April 1868 über Heimat, Verehelichung und Aufenthalt und die dazu ergangenen Abänderungsgesetze.

Ziff. I schlägt eine andere Fassung des Artikel 1 Abs. 3 des Gesetzes vom 16. April 1868 vor. Artikel 1 handelt von der Heimat; in Abs. 1 wird die ursprüngliche Heimat behandelt; in Abs. 2 wird bestimmt, daß bei ehelichen Kindern die Heimat des Vaters entscheidet. Der Entwurf trifft nun zu Abs. 3 folgende Aenderung (Referent verliest). Gegen diese Angleichung an das Bürgerl. Gesetzbuch, das die legitimirten und adoptirten Kinder den ehelichen gleichstellt, ist nichts zu erinnern. Es ist nothwendig, daß aus dem bisherigen Gesetz der Ausdruck: „die in einer putativen Ehe erzeugten Kinder" gestrichen werde, weil in Bezug auf diese nichtigen Ehen das Bürgerl. Gesetzbuch eine andere Bezeichnung gebraucht. Das einzige Bedenken, das ich habe, besteht darin,

S. 295. daß von den durch Einkindschaft angenommenen Kindern im Gesetzestext gar nichts erwähnt werden soll. Die Einkindschaft ist ja in das Bürgerl. Gesetzbuch nicht aufgenommen worden, was allerdings in einem großen Theile des Landes sehr schwer beklagt werden wird. Allein dagegen ist nichts zu machen. Am Ende wäre es doch besser, eine Einschaltung: „die vor dem 1. Januar 1900 vereinkindschafteten Kinder" zu machen. Im Uebrigen beantrage ich Zustimmung zu Ziff. I.

Abg. **Conrad** (Korreferent): Ich habe es vor Allem zu begrüßen, daß das fremde Wort „putative Ehe" weggefallen ist und daß nach der Unterlage und Begrenzung, die das Bürgerl. Gesetzbuch an die Hand gibt, das Verhältniß der in solcher Ehe erzeugten Kinder neu geregelt wird.

Daß die Einkindschaft in Wegfall kommt — der Herr Referent hat ja den Grund selbst schon angegeben —, beruht darauf, weil das Rechtsverhältniß im Bürgerl. Gesetzbuch selbst nicht Aufnahme gefunden hat. Ob es aber angezeigt ist, dieselbe noch fortzuführen oder gewissermaßen wieder aufleben zu lassen, möchte ich doch nach den Grundsätzen, zu denen wir uns bisher bekannt haben, die auf möglichste Rechtseinheit und Vereinfachung hinausgehen, bezweifeln. Dieser Anregung des Herrn Referenten könnte ich also nicht beitreten.

Es gibt jetzt Abs. 2 in kürzerer und knapperer Form dem Gedanken Ausdruck, der im bisherigen Artikel 1 enthalten war.

Senatspräsident Dr. **von Jacubezky:** Einkindschaften können nach dem 1. Januar 1900 nicht mehr vorkommen. Dagegen bleiben die vorher erfolgten Einkindschaftungen in Geltung. Bei Aufstellung des Entwurfes ist man davon ausgegangen, daß, wenn auch aus dem Texte des Gesetzes die Erwähnung der Einkindschaften wegfällt, doch dasjenige Verhältniß, welches durch die Einkindschaft begründet wird, unberührt bleibt und daher auch in Ansehung der Heimat die bisherige Bedeutung behält. Da das Gesetz neu bekannt gemacht werden soll, ist es wünschenswerth, daß in dem neuen Texte ein Verhältniß nicht mehr erwähnt wird, das dem Rechte der Zeit, für welche der neue Text gelten soll, fremd ist.

Abg. **von Walter** (Referent): Ich möchte doch dagegen bemerken, daß wir allerdings nicht mehr mit der Einkindschaft als solcher nach dem 1. Januar 1900 zu rechnen haben, daß aber eine große Anzahl eingekindschafteter Kinder vor-
S. 296. handen ist, bezüglich welcher Klarheit geschaffen || werden muß, was bezüglich ihrer gilt. Eine Verunstaltung des Gesetzes wird dadurch gewiß nicht herbeigeführt, wenn wir die eingekindschafteten Kinder ausdrücklich erwähnen. Auf der anderen Seite dürfen wir doch auch nicht vergessen, daß das Heimatgesetz nicht vom Richter, sondern von den Administrativbehörden anzuwenden ist und daß diese, weil sie weder in diesem Gesetze noch im Bürgerl. Gesetzbuch über die eingekindschafteten Kinder etwas finden, doch sehr leicht in Zweifel gerathen können, was bezüglich derselben zu gelten hat. Meistentheils wird ja die Einkindschaftung ohnehin an dem Orte erfolgen, wo das Kind bereits beheimatet ist in Folge der Heimat seines Vaters. Aber es könnte auch sein, daß der Vater einen anderen Wohnsitz hat, und da könnten Zweifel entstehen. Ich würde also glauben, daß in dem Punkte — es kommt die Einkindschaftung auch noch bei dem Erbschaftssteuergesetz in Frage — zur Vermeidung von Zweifeln eine Bestimmung nothwendig wäre.

Abg. **Wagner:** Ich würde der Anregung des Herrn Kollegen von Walter Berücksichtigung wünschen. Ich bin auch der Meinung, daß wir gerade mit

Rücksicht darauf, daß mit diesem Gesetz die ländlichen Bürgermeister sehr viel zu schaffen haben, eine ausdrückliche Bestimmung über die vor dem 1. Januar 1900 erfolgte Vereinkindschaftung treffen sollten. Vielleicht würde sich aber, um dem Gedanken des Herrn Senatspräsidenten gerecht zu werden, die Sache in der Weise machen lassen, daß am Schlusse eine Uebergangsbestimmung angefügt wird. Das würde dann den Vortheil haben, daß die Redaktion des Gesetzes im Uebrigen nicht beeinträchtigt und das Verhältniß doch in der Weise geschützt wird, wie es nach meiner Meinung der Herr Referent mit Recht angeregt hat. S. 296.

Senatspräsident Dr. **von Jacubezky**: Ich wollte eben einen Vorschlag gleicher Art machen, wie der Herr Vorredner. Ich glaube, es wird am zweckmäßigsten sein, hinter der Ziff. XXI als Abs. 2 die Uebergangsvorschrift beizufügen: „Die vor dem Inkrafttreten des Bürgerl. Gesetzbuchs vereinkindschafteten Kinder stehen in Ansehung der Heimat den ehelichen Kindern gleich.“ Für das Erbschaftssteuergesetz ist eine ähnliche Vorsorge getroffen. Im Artikel 36 ist auch in einem Schlußabsatz bemerkt, daß, soweit für die Beerbung noch das bisherige Recht maßgebend ist, auch die bisherige Fassung des Erbschaftssteuergesetzes in Geltung bleibt.

Abg. **von Walter** (Referent): Ich bin mit dieser Lösung vollständig einverstanden und habe gegen Ziff. I weiter keine Bedenken.

Vorsitzender: Ich darf konstatiren, daß Ziff. I angenommen ist und daß die Ziff. XXI des Artikel 21 die von dem Herrn Senatspräsidenten verlesene Bestimmung beigefügt erhält.

Ziff. II.

Abg. **von Walter** (Referent): Nach Ziff. II sollen im Artikel 4 des Gesetzes vom 16. April 1868 zwei Aenderungen getroffen werden:

Zunächst soll der Abs. 2 geändert werden dahin, daß es heißt: „Einer geschiedenen Frau bleibt die Heimat, welche der Mann zur Zeit der Scheidung hatte.“ Es handelt sich hier nur um eine Angleichung an die Ausdrucksweise des Bürgerl. Gesetzbuchs. Ferner werden dann die Worte: „die für immer oder auf unbestimmte Zeit ausgesprochene Trennung von Tisch und Bett“ jetzt ersetzt durch die Worte: „Aufhebung der ehelichen Gemeinschaft nach § 1575 des Bürgerlichen Gesetzbuchs“.

Außerdem soll Abs. 3 geändert werden (Referent verliest Abs. 3). Die Nichtigkeit der Ehe ist auch bezüglich der Heimat wirkungslos; dieß soll jedoch nicht der Fall sein, wenn der Frau die Nichtigkeit nicht bekannt war. Hievon wird aber eine Ausnahme getroffen für den Fall, daß die Nichtigkeit der Ehe auf einem Formmangel beruht und die Ehe überhaupt nicht im Standesregister eingetragen war. In diesem Falle ist ein sogenanntes matrimonium non existens gegeben und kann deßhalb durch die Ehe eine Heimat für keinen Fall begründet werden. Dieß wird durch die Verweisung auf § 1345 Abs. 2 des Bürgerl. Gesetzbuchs zum Ausdruck gebracht. — Der § 1704 handelt von dem Falle, wo eine Ehe von der Ehefrau wegen Drohung angefochten und als nichtig erklärt wird. In diesem Falle wäre allerdings von der Gutgläubigkeit der Ehefrau insofern keine Rede, als sie ja gewußt hat, daß sie zur Ehe durch Drohung gezwungen war. Aber das Bügerl. Gesetzbuch stellt in § 1704 die Nichtigkeit der Ehe in dieser Beziehung dem Falle gleich, wo die Ehe zwar nichtig ist, die Ehefrau sich aber in gutem Glauben befunden hat, von dem Nichtigkeitsgrunde nichts gewußt hat.

S. 296. Gegen die vorgeschlagenen Aenderungen ist nichts zu erinnern und ich beantrage deßhalb die Zustimmung zu Ziff. II.

Abg. **Conrad** (Korreferent): Bezüglich des Abs. 2 habe ich überhaupt keine Bemerkung zu machen; der Herr Referent hat das Nöthige ohnehin schon ausführlich erörtert.

Zu Abs. 3 finde ich es selbstverständlich, daß, wenn die Ehe nichtig ist, auch alle Folgen, die an die Ehe geknüpft sind, nicht eintreten. Im Uebrigen ist der Invalt des Abs. 3 ebenfalls vom Herrn Referenten ausführlich begründet worden. Derselbe dürfte eine Beanstandung nicht erfahren.

Abg. **von Walter** (Referent): Ich bemerke nur noch, daß die bürgerliche Ungiltigkeit der Ehe ohnehin schon durch die Abänderungen, welche das ursprüngliche Gesetz erfahren hat, weggefallen ist.

Abg. **Lerno:** Ich möchte nur bezüglich des Satzes 2 in Abs. 2 eine mehr redaktionelle Aenderung anregen. Ich bin vor Allem dafür, daß in den Gesetzen möglichst klar und mit Vermeidung von möglichen Mißverständnissen das gesagt wird, was gesagt werden soll. Nun ist ja selbstverständlich, daß der Satz 2 in Abs. 2 im Zusammenhalte mit Satz 1 und seiner Stellung einem Mißverständniß nicht unterliegen kann. Allein, wenn der Satz herausgerissen wird, lautet er anders und könnte zu Mißverständnissen führen, wenn mit dürren Worten gesagt ist: „Die Aufhebung der ehelichen Gemeinschaft nach § 1575 des Bürgerlichen Gesetzbuchs wird der Scheidung gleich geachtet.“ Es ist doch zu unterscheiden zwischen den beiden Rechtsverhältnissen. Um ein solches mögliches Mißverständniß zu vermeiden, würde ich vorschlagen, statt des Satzes 2, wie er hier steht, zu sagen: „Dasselbe gilt im Falle des § 1575 des Bürgerlichen Gesetzbuchs.“ Wir haben denselben Fall noch bei Artikel 36 Ziff. II Nr. 2. Dort ist der gleiche Satz aufgestellt; auch dort wird dieselbe Aenderung zu treffen sein.

S. 297. Senatspräsident Dr. **von Jacubezky:** Ich kann nicht glauben, daß es nothwendig sei, um das von dem Herrn Vorredner befürchtete Mißverständniß abzuwenden, hier eine Aenderung vorzunehmen. Dieses Mißverständniß scheint mir gänzlich ausgeschlossen zu sein. Abgesehen davon, daß die Landesgesetzgebung gar nicht befugt ist, das Bürgerl. Gesetzbuch abzuändern — und um eine Abänderung des Bürgerl. Gesetzbuchs würde es sich offensichtlich handeln —, wird Niemand auf den Gedanken kommen, sie beabsichtige in dem Heimatgesetze in einem Absatz, der davon spricht, welche Bedeutung die Scheidung der Ehe für die Heimat der Frau hat, durch die Gleichstellung der Aufhebung der ehelichen Gemeinschaft mit der Scheidung zu bestimmen, daß nach anderen Richtungen als der hier in Frage stehenden und ganz im Allgemeinen die Aufhebung der ehelichen Gemeinschaft der Scheidung gleichgeachtet werde. Wenn einer Vorschrift ein Zusatz dieser Art beigefügt wird, so hat das nie die Bedeutung, daß der Zusatz das Verhältniß, auf das er die vorangehende Vorschrift erstreckt, hier die Aufhebung der ehelichen Gemeinschaft, über den Bereich der vorangehenden Vorschrift hinaus und ganz im Allgemeinen regelt, sondern der Zusatz hat nur die Bedeutung, daß er das zweite Verhältniß in Bezug auf diejenige Materie, von welcher die vorangehende Vorschrift spricht, dem in dieser Vorschrift genannten Verhältnisse gleichstellt.

Abg. **Wagner**: Ich möchte dem Herrn Abg. Lerno auch bitten, auf seiner Anregung nicht zu bestehen. Ich meine, gerade wenn wir berücksichtigen, daß dieses Gesetz von ländlichen Bürgermeistern in die Hand genommen wird, so

ist es angemessen, den Herren auch gleich zu sagen, worum es sich eigentlich S. 297.
in dem betreffenden Paragraphen des Bürgerl. Gesetzbuchs handelt. Wird die Fassung so gewählt, wie der Herr Kollege Lerno vorschlägt, dann ist jeder Bürgermeister erst gezwungen, das Bürgerl. Gesetzbuch in die Hand zu nehmen; so aber weiß er schon, worum es sich handelt, und es hat hier die Hinzufügung des § 1575 überhaupt nur den Zweck, festzustellen, welches Rechtsverhältniß in Frage ist.

Abg. Dr. **Casselmann:** Ich kann mich dem nur vollständig anschließen. Es handelt sich hier darum, die Wirkung bezüglich der Heimat für die Frau festzustellen. Zu einem Mißverständnisse ist kein Anlaß gegeben. Wenn zunächst ausgesprochen wird, wie es mit einer geschiedenen Frau gehalten werden soll, und wenn dann weiter der Fall der Aufhebung der ehelichen Gemeinschaft erörtert wird, so soll weiter nichts gesagt sein, als daß die Wirkungen bezüglich der Heimat in diesem Falle dieselben sind, wie bei der Scheidung.

Vorsitzender: Ein Antrag ist nicht gestellt. Ziff. II ist angenommen.

Ziff. III.

Abg. **von Walter** (Referent): Ziff. III schlägt Aenderungen zu Artikel 6 des Gesetzes vor; dieser Artikel hat bereits durch das Gesetz vom 17. Juni 1896 eine Aenderung erfahren und lautet (Referent verliest).

Es soll nun nach dem Entwurfe dem Abs. 3 beigefügt werden: „Die Vorschriften des Art. 1 Abs. 3 und des Art. 4 Abs. 2 Satz 2 finden Anwendung." Die Vorschriften sind in dem ursprünglichen Texte des Gesetzes enthalten und lauten (Referent verliest). Die Aenderung ist nach meinem Dafürhalten vollständig zutreffend und habe ich nichts dagegen zu erinnern.

Ferner sollen die Absätze 5 und 6 folgende Fassung erhalten (Referent verliest die Fassung des Entwurfs). Nach meinem Dafürhalten entspricht diese Aenderung nur dem Sprachgebrauch des Bürgerl. Gesetzbuchs und ist ebenfalls eine Erinnerung dagegen nicht zu erheben. Ich beantrage Zustimmung.

Abg. **Conrad** (Korreferent): Abs. 3 des Artikel 6 des Heimatgesetzes bezieht sich auf die mit der rechtlichen Stellung als eheliche Kinder ausgestatteten Kinder sowie auf die Ehefrau nach Aufhebung der ehelichen Gemeinschaft. Er enthält nur eine nothwendige Ergänzung. Dagegen ist nichts zu erinnern.

Auch gegen die folgendeu Absätze babe ich nichts zu erinnern.

Vorsitzender: Ziff. III ist angenommen.

Ziff. IV.

Abg. **von Walter** (Referent): Ziff. IV will den Artikel 12 folgendermaßen ändern:

> „Für Verhandlungen über den Vollzug der Art. 6 bis 7a wird eine andere als die Gebühr, welche für die Urkunde über die Verleihung des Heimatrechts zu entrichten ist, nicht erhoben."

Eine Tax- und Stempelfreiheit gibt es schon nach dem Gebührengesetze nicht mehr, sonden nur eine Gebührenfreiheit, und deßhalb ist die Aenderung des Artikel 12 gerechtfertigt. Ich beantrage die Zustimmung.

Abg. **Segitz:** Bei Ziff. IV möchte ich eine alte Forderung meiner politischen Freunde geltend machen, wozu mir jetzt um so mehr Gelegenheit geboten erscheint, als das Gesetz im neuen Texte herausgegeben werden soll. Ich meine die Gleichstellung der in Bayern geborenen Staatsangehörigen bei Erwerbung

S. 297. der Heimat mit den aus den übrigen Bundesstaaten zugezogenen, die sich das bayerische Staatsbürgerrecht erwerben. Es ist gewiß ein mißlicher Zustand, daß die in Bayern geborenen Staatsbürger die Heimat unter sehr erschwerenden Umständen gebührenfrei erlangen, während andere Staatsangehörige, die das Indigenat erworben haben, kraft des Gesetzes unentgeltlich in den Besitz der Heimat gelangen. Ich meine, es wäre Zeit, Wandel zu schaffen. Der bayerische Staatsangehörige muß unter allen Umständen Gebühren zahlen; nur auf Grund des Artikel 7 kann er sich Gebührenfreiheit sichern. Aber auch diese Befugniß ist sehr beschränkt, weil Arbeits- und Wohngemeinde zusammenfallen; die zahlreichen Bauhandwerker, die in den meisten Fällen nicht an den Orten arbeiten, wo sie wohnen, sind vollständig ausgeschlossen. Außerdem hat aber auch die Rechtsauslegung noch Bestimmungen getroffen, die den Arbeitern sehr erschwert, die Heimat unentgeltlich zu erwerben. So hat sich die Rechtsprechung die Auffassung angeeignet, daß Arbeiter, die auf Grund des Unfallversicherungsgesetzes Rente beziehen, nicht als Staatsangehörige anzusehen sind, die sich aus eigenen Mitteln ernähren, und deßhalb die Heimat nicht unentgeltlich erwerben können, weil die Rente nicht als eigener Erwerb gedacht wird. Ich will auf
S. 298. diese Dinge nicht näher eingehen. Ich meine, es wäre ein Gebot der ‖ Gerechtigkeit, die in Bayern geborenen Staatsbürger nicht ungünstiger zu stellen, als die von den übrigen Bundesstaaten zugezogenen. Man wird ja vielleicht sagen, die Heimatgemeinde ist nicht gezwungen, Gebühren zu erheben, es ist ihr freigestellt Sie wissen aber aus Erfahrung, daß hier die Heimatgemeinden, die Gemeindeverwaltungen von einem sehr engherzigen Standpunkt ausgehen. Mir ist keine Gemeinde bekannt, die sich bis jetzt dazu entschlossen hätte, von solchen, die in Bayern geboren sind, Heimatgebühren nicht zu erheben. Hier müßte der Gesetzgeber nachhelfen und ich meine, jetzt wäre die günstigste Zeit dazu.

Abg. Joseph **Geiger:** Die Herren, welche seiner Zeit Mitglieder des Ausschusses waren, in welchem die Novelle vom 17. Juni 1896 berathen worden ist, werden sich erinnern, daß wir die Frage, die Herr Segitz angeregt hat, eingehend in mehreren Sitzungen berathen haben und daß wir schließlich zu dem Resultate gekommen sind, wie in der Novelle niedergelegt. Ich glaube, es ist nicht wohl möglich, jetzt nach so kurzer Zeit dieselbe Frage wieder in einem andern Ausschusse zum Gegenstand einer weiteren Erörterung zu machen. Wir werden kaum zu einem anderen Resultate gelangen. Es war damals eine schwierige Mühe, eine Mehrheit zu erzielen. Es wird nicht angehen, die Angelegenheit, welche der engere Kollege des Herrn Segitz damals zur Berathung gebracht hat, nochmals in Berathung zu nehmen.

Abg. **Lerno:** Ich möchte ergänzend hiezu nur noch bemerken, daß, wenn ich mich recht erinnere, ein Antrag, der das bezielte, was Herr Segitz eben angeführt hat, bei Berathung des Heimatgesetzes im Plenum von dem Abg. Grillenberger gestellt, aber mit allen gegen die Stimmen der Sozialdemokraten abgelehnt wurde, daß also auch zur Zeit keine Aussicht wäre, eine Aenderung des Heimatgesetzes nach dieser Richtung vorzunehmen.

Vorsitzender: Ich konstatiere die Annahme der Ziff. IV.

Ziff. V.

Abg. **von Walter** (Referent): Ziff. V behandelt den Artikel 13 in der ursprünglichen Fassung des Gesetzes. Der Ausdruck: „die aus dieser Ehe hervorgegangenen Kinder" wird von der k. Staatsregierung als zu eng erachtet und vorgeschlagen, dafür zu setzen: „die Kinder dieser Ehe sowie die durch die Ehe legitimirten Kinder", namentlich mit Rücksicht auf die Bestimmung

des § 1719 des Bürgerl. Gesetzbuchs, wonach den ehelichen Kindern die durch S. 298.
nachfolgende Ehe legitimirten Kinder gleich zu achten sind. Es wird insbesondere darauf hingewiesen, daß unter Umständen ein Streit, der über die Vaterschaft entsteht, dahin führen würde, daß der Ehemann, der ein Kind nicht erzeugt hat, gleichwohl als Vater anzusehen wäre, und daß kein Zweifel darüber entstehen darf, daß auch die durch nachfolgende Ehe legitimirten Kinder unter diese Bestimmung fallen. Ich habe gegen die Abänderung nichts einzuwenden.

Abg. **Conrad** (Korreferent): Auch mir scheint die neue Ausdrucksweise zutreffend.

Vorsitzender: Ich konstatire die Annahme der Ziff. V.

Ziff. VI.

Abg. **von Walter** (Referent): Ziff. VI schlägt eine Abänderung zu Artikel 17 Abs. 1 des Gesetzes vor. Derselbe soll künftig folgende Fassung erhalten (Referent verliest). Dagegen ist eine Erinnerung nicht zu erheben. Die Einschränkung, welche durch die Verweisung auf § 1575 des Bürgerl. Gesetzbuchs eintritt, ist nothwendig und ist auch in einem früheren Artikel angewendet worden.

Vorsitzender: Ziff. VI ist angenommen.

Wir kommen zu Ziff. VII und hiezu rufe ich gleichzeitig auf den Beisatz (Ziff. VIIa), den die k. Staatsregierung vorschlägt: Im Artikel 24 Ziff. 2 werden die Worte „angewiesene Heimat" ersetzt durch die Worte „vorläufige Heimat".

Abg. **von Walter** (Referent): Die vor dem Artikel 15 befindliche Ueberschrift soll gestrichen werden.

Senatspräsident Dr. **von Jacubezky:** Es ist allerdings vorgeschlagen, den Ausdruck „angewiesene Heimat" in allen Artikeln, in welchen er vorkommt, durch den Ausdruck „vorläufige Heimat" zu ersetzen. Indessen geht der Wunsch der k. Staatsregierung nicht dahin, daß die Ueberschrift vor dem Artikel 15 geändert, sondern, wie sich aus Ziff. XX ergibt, dahin, daß sie gestrichen wird. Es ist nämlich in der Begründung angeführt, daß ein Theil der vorhandenen Ueberschriften schon durch die Novelle vom 23. Februar 1872 gestrichen worden ist. Da die Ueberschriften nicht nothwendig sind, so wird vorgeschlagen, sie alle zu streichen.

Abg. **von Walter** (Referent): Ich habe gegen die Streichung nichts zu erinnern.

Vorsitzender: Angenommen.

Ziff. VIII.

Abg. **von Walter** (Referent): Ziff. VIII schlägt eine Aenderung des Artikel 25 des bisherigen Gesetzes vor. Dieser Artikel lautete (Referent verliest die frühere Fassung). Die Aenderung besteht darin, daß statt der Worte: „vorbehaltlich dessen, was das Gesetz über den obersten Verwaltungsgerichtshof bestimmen wird" gesetzt werden soll: „unbeschadet dessen, was das Gesetz vom 8. August 1878 ꝛc. ꝛc. bestimmt". Bei Erlassung des Gesetzes war der Verwaltungsgerichtshof nicht errichtet. Seit der Zeit ist die Errichtung erfolgt, weßhalb diese Aenderung angezeigt erscheint.

Vorsitzender: Ziff. VIII ist angenommen.

S. 298. ## Ziff. IX.

Abg. **von Walter** (Referent): Artikel 31 lautete bisher (Referent verliest). Nach dem Vorschlag der k. Staatsregierung sollen die Worte: „und nach dem örtlichen Herkommen" gestrichen werden. Es ist in den Motiven ausgeführt, daß das örtliche Herkommen in der Pfalz schon bisher gegenstandslos war. Ich beantrage Zustimmung.

Abg. **Conrad** (Korreferent): Ueber die Tragweite des örtlichen Herkommens haben wir uns gestern schon unterhalten. Wie jetzt der Stand der Literatur ist, hält man überhaupt die Bestimmung des Artikel 31 nicht mehr als zu Recht bestehend. Denn die Gemeindeordnung von 1869 — und die hätte doch
S. 299. viel mehr Grund gehabt — hat schon ‖ das örtliche Herkommen nicht mehr besprochen. Es ist allerdings bekannt, daß der Kommentar von Wand daran festhält, aber die Rechtsprechung hat sich dieser Anschauung nicht angeschlossen und hält das, was hier aufgehoben werden soll, schon nicht mehr als geltendes Recht. Allerdings hat in der rechtsrheinischen Gemeindeordnung das örtliche Herkommen noch eine Stelle gefunden; mehrere Artikel dieser Gemeindeordnung werden nach wie vor das örtliche Herkommen noch anerkennen: die Artikel 32, 38 und 153. Darüber haben wir aber an dieser Stelle nicht weiter zu sprechen.

Vorsitzender: Ziff. IX ist angenommen.

Ziff. X.

Abg. **von Walter** (Referent): Wir kommen jetzt an Abänderungen, die etwas eingehender besprochen werden müssen. Die folgenden Bestimmungen handeln von der Verehelichung.

Nach III § 1 Abs. 1 der Versailler Verträge und Nummer 1 des Schlußprotokolls vom 23. November 1870 besteht für Bayern bezüglich der Heimats- und Niederlassungsverhältnisse ein Reservatrecht und ist das Reich nicht zuständig, das Verehelichungswesen in Bayern zu regeln, so daß das Reichsgesetz vom 4. Mai 1868, die Aufhebung der polizeilichen Beschränkungen der Eheschließung betr., in Bayern keine Anwendung findet. Das Bürgerl. Gesetzbuch enthält nun eine Reihe von Vorschriften, die bezüglich der Eheschließung einen Einfluß auf das Gesetz vom 6. April 1868 äußern und mehrere Bestimmungen dieses Gesetzes wenigstens überflüssig machen. Die k. Staatsregierung glaubt nun, daß eine Verletzung des Reservatrechts nicht erfolgt, wenn in dieser Beziehung unser Gesetz dem Bürgerl. Gesetzbuch angepaßt wird, und schlägt deßhalb Aufhebung der Artikel 32, 34, 35 und 38 desselben vor.

Die Artikel betreffen zunächst die Vorschrift, daß der Bürgermeister des Wohnorts des Bräutigams einen öffentlichen Aufruf zu erlassen hat, um die Anzeige civilrechtlicher Ehehindernisse zu veranlassen. Das Gesetz vom Jahre 1875 über die Beurkundung des Personenstandes enthält eine ähnliche Bestimmung. Es verpflichtet den Standesbeamten ebenfalls, ein Aufgebot zu erlassen, das so ziemlich denselben Zweck verfolgt, wie der Aufruf des Bürgermeisters. Es ist klar, daß dadurch eine Förmlichkeit doppelt erfüllt werden muß, die einfach angewendet vollständig hinreicht, um die erforderlichen Ermittlungen und Feststellungen herbeizuführen. Ich glaube nun nicht, daß wir durch Aufhebung der betreffenden Bestimmungen in das Reservatrecht eingreifen.

Das Wort „Reservatrecht" hat ja in neuerer Zeit einen Klang erhalten, der uns etwas beunruhigt. Wir fürchten sehr, daß auch unsere Reservatrechte den Weg alles Fleisches, wie man sagt, allmählich gehen werden. Allein diese Furcht muß uns um so ängstlicher machen, bei etwaigen Aenderungen der bestehenden Gesetze die Frage, ob ein Reservatrecht geschädigt wird oder nicht, S. 299. eingehend zu würdigen.

Gleichwohl bin ich nach genauer Prüfung der Sache für meine Person zur Ueberzeugung gelangt, daß ein Eingriff, eine Abschwächung des uns in dieser Beziehung zustehenden Reservatrechts nicht erfolgt, und deßhalb bin ich auch bereit, den vorgeschlagenen Aenderungen, welche lediglich die Beseitigung einer doppelten Formalität herbeiführen, meine Zustimmung zu geben.

Ich werde deßhalb die Zustimmung des Ausschusses zu diesen Aenderungen beantragen.

Was nun zunächst die erste Aenderung betrifft, so soll der Artikel 32 aufgehoben werden. Der Artikel 32 bestimmt bisher (Referent verliest). Das ist blos eine einleitende Bestimmung; ich glaube, daß es keinem Anstand unterliegen würde, wenn wir diese Bestimmung beibehalten wollten; es ist in der neuen Fassung des Artikel 37 auf diese Bestimmung ohnehin Rücksicht genommen und deßhalb stimme ich zunächst der Aufhebung des Artikel 32 bei.

Ebenso soll Artikel 34 aufgehoben werden, welcher lautet (Referent verliest). Diese Bestimmung hängt also mit dem, was ich vorhin über das Reservatrecht ausgeführt habe, zusammen. Allein wir können sie vollständig entbehren, weil, soweit der Einspruch aus dem Artikel 36 in Frage kommt — und das ist hier die Hauptsache —, im Gesetze die nöthige Vorsorge getroffen wird. Die übrigen Bestimmungen, insbesondere das Nichtvorhandensein civilrechtlicher Ehehindernisse werden ja auch in Folge des Aufgebots des Standesbeamten ermittelt. Gegen die Aufhebung des Artikel 34 habe ich für meinen Theil keine Erinnerung.

Ferner soll aufgehoben werden Artikel 35, welcher von dem Einspruchsrechte aus civilrechtlichen Gründen handelt, das ebenfalls bei der Distriktspolizeibehörde geltend gemacht werden soll. Dieses Einspruchsrecht ist, abgesehen davon, daß es dem Bürgerl. Gesetzbuch fremd ist, ebenfalls überflüssig und in seiner Aufhebung eine Schädigung des Reservatrechts nicht zu erblicken.

Endlich soll auch Artikel 38 aufgehoben werden, welcher besondere Bestimmungen hinsichtlich der Pfalz trifft. Auch die Aufhebung dieses Artikels ist nach meinem Dafürhalten in den Motiven genügend begründet.

Uebergehend nun zu der ersten Ziffer, welche eine Aenderung vorschlägt, so ist dieß die Ziff. X und betrifft den Artikel 33 in der Fassung des Gesetzes vom 17. März 1892. Derselbe lautet (Referent verliest). Der Abs. 1 ist noch in der ursprünglichen Fassung giltig; dagegen hat Abs. 2 folgende Fassung erhalten (Referent verliest). Der bisherige Abs. 3 mit Abs. 4 lautet (Referent verliest).

Nach dem Entwurfe soll nun Artikel 33 zunächst dahin abgeändert werden, daß derselbe in Abs. 1 folgende Fassung erhält:

> Ein in den Landestheilen rechts des Rheins heimatberechtigter Mann darf eine Ehe erst eingehen, wenn durch ein von der zuständigen Behörde ausgestelltes Zeugniß festgestellt ist, daß der Eheschließung das im Art. 36 bestimmte Einspruchsrecht nicht entgegensteht.

Der alte Abs. 1 soll also gänzlich wegfallen und durch diese neue Bestimmung ersetzt werden.

Im Abs. 2 sollen die Worte: „die aus der Ehe entsprossenen oder durch dieselbe legitimirten Kinder“ ersetzt werden durch die Worte: „die Kinder dieser Ehe sowie die durch die Ehe legitimirten Kinder“, und im Satz 3 sollen die Worte: „mit ihren aus dieser Ehe entsprossenen oder durch dieselbe legitimirten Kindern“ ersetzt werden durch die Worte: „mit den Kindern dieser Ehe sowie den durch die Ehe legitimirten Kindern“.

S. 299. Als Abs. 5 wird folgende Vorschrift beigefügt:

„Das Zeugniß verliert seine Kraft, wenn die Ehe nicht binnen sechs Monaten nach der Ausstellung des Zeugnisses geschlossen wird."

Die Aenderungen in Abs. 1 und 2 sind nicht zu beanstanden. Der neue
S. 300. Abs. 5 ist nach meinem Dafürhalten || eine Verbesserung des Gesetzes, weil es sich in der That ereignen kann wie in den Motiven ausgeführt ist, daß, wenn die Verheirathung nach der Ausstellung des Zeugnisses lange nicht erfolgt, in der Zwischenzeit der Gemeinde ein Einspruchsrecht erwachsen kann und dieses nicht berücksichtigt werden würde, wenn dieser Abs. 5 nicht eingesetzt werden würde. Ich beantrage deßhalb Zustimmung zu Ziff. X.

Abg. **Conrad** (Korreferent): Der Herr Referent hat in seiner Erörterung auch zum größeren Theil den Artikel 21 hereingezogen, was des Zusammenhanges halber auch ganz berechtigt war. Ich bin aber auch materiell mit seinen Ausführungen durchaus einverstanden, insofern hier gewiß nicht die Stelle wäre, wo man noch eine Sonderstellung der bayerischen Heimatgesetzgebung gegenüber den Interessen außerhalb Bayerns verfechten soll. Wir würden damit uns die Behörden selbst, die Distriktspolizeibehörden vor Allem, zu wenig Dank verpflichten. Im Gegentheil sie werden uns dankbar sein dafür, wenn wir hier alles das wegräumen helfen, was nicht mehr als zeitgemäß bezeichnet werden kann. Warum soll man ein Doppeltes thun? Der Standesbeamte muß pflichtgemäß in jedem Falle der Eheschließung prüfen, ob kein Ehehinderniß vorliege. Er muß das auch dann thun, wenn die Distriktspolizeibehörde kraft des bayerischen Heimatrechts eine solche Prüfung noch vorzunehmen hat. Bezüglich der Pfälzer und der nicht bayerischen Deutschen war bisher schon der Standesbeamte ausschließlich veranlaßt, diese Prüfung vorzunehmen. Warum soll dieselbe nicht auch bezüglich des rechtsrheinischen Bayern bei der Distriktspolizeibehörde in Wegfall kommen, wo der Standesbeamte doch zur Prüfung verpflichtet ist? Diese doppelte Arbeit scheint mir also überflüssig und zwecklos und ich kann mich deßhalb einverstanden erklären, daß sie beseitigt wird.

Bezüglich der übrigen Bestimmungen, die in Ziff. X vorgeschlagen sind, ist früher schon in gleichem Sinne beschlossen worden. Was Nr. 3 betrifft, insofern es sich also um den neuen Abs. 5 des Artikel 33 handelt, so hat der Herr Referent schon hervorgehoben, daß das nur als eine Verbesserung betrachtet werden kann. Auch mir scheint sie höchst zweckmäßig und kann ich mich damit nur einverstanden erklären.

Abg. Dr. **Casselmann**: Ich bin auch der Meinung des Herrn Referenten, daß man die dem bayerischen Staate vertragsmäßig gewährleisteten Reservatrechte da aufrecht erhalten soll, wo sie begründet sind in besonderen bayerischen Verhältnissen und wo man daran festhält selbst dann, wenn man auf dem Standpunkt steht, möglichst im Deutschen Reiche eine Rechtseinheit herzustellen. Ich bin nicht der Meinung, daß man die Reservatrechte, die man bisher aufgegeben hat, nicht hätte aufgeben sollen, und ich für meine Person weine der Aufgabe dieser Reservatrechte keine Thräne nach. Ich bin der Meinung des Herrn Referenten, daß hier von einer nationalen Gefahr nicht gesprochen werden kann; denn in der That handelt es sich hier um die Beseitigung von Bestimmungen, die absolut überflüssig sind. Ich kann mich nur dem Gesagten anschließen. Warum die Distriktspolizeibehörde mitwirken soll bei der Feststellung von etwaigen Ehehindernissen des bürgerlichen Rechts, warum sie mitwirken soll beim Aufgebot, wenn der Zweck, der dadurch erreicht werden soll,

auf andere Weise bereits erreicht wird, ist nicht einzusehen. Meiner Ansicht S. 300.
nach genügt es auch vollständig, wenn man nur da, wo ein öffentliches Interesse in Frage kommt, diese Feststellung bestehen läßt, und das ist der Fall, wenn man die Feststellung beschränkt auf die Voraussetzungen, welche der Artikel 36 des Heimat- und Verehelichungsgesetzes aufstellt.

Ich kann mich also in dieser Beziehung nur den Ausführungen des Herrn Referenten anschließen.

Abg. **Wagner**: Ich glaube, es ist überhaupt nicht angemessen, viel über die Aufgabe von Reservatrechten hier zu sprechen; denn es werden ja keine aufgegeben; das Reservatrecht bleibt ja. Also ich glaube, eine lange Erörterung über diese Frage ist nicht wohl am Platze.

Abg. **Landmann**: Ich bin auch im großen Ganzen mit der vorgeschlagenen Aenderung einverstanden. Dieses neue Verfahren bezweckt ja eine wesentliche Vereinfachung, und wesentliche Rechte werden auf keine Weise verletzt. Die bisherigen Vorschriften haben allerdings nach der militärischen Seite hin eine gewisse Kontrole gegeben, nämlich Leute, welche militärpflichtig waren, waren auf diese Weise genöthigt, einen Nachweis zu liefern, ob sie ihrer Militärpflicht genügt haben. Das ist aber eine Frage, die uns hier nicht beschäftigt. Ich möchte aber die Anfrage an die k. Staatsregierung richten: Das distrikts-polizeiliche Zeugniß hat sich in der Zukunft lediglich mit der Konstatirung zu beschäftigen, daß keines der im Artikel 36 des Heimatgesetzes vorgesehenen Einspruchsrechte besteht. Wenn nun ein solches distriktspolizeiliches Zeugniß nicht ausgestellt wird, weil ein Hinderniß besteht, was ist dann Rechtens? Ich nehme z. B. an, es wird in Württemberg eine Ehe abgeschlossen ohne ein solches Zeugniß, welche rechtliche Wirkung hat diese Ehe?

Senatspräsident Dr. **von Jacubezky**: Es ist durch die Novelle vom 17. März 1892, deren Text von dem Herrn Referenten verlesen worden ist, bestimmt worden, daß eine ohne Erwirkung des Verehelichungszeugnisses abgeschlossene Ehe nicht deßwegen ungiltig ist, mit anderen Worten, der Mangel des distriktspolizeilichen Verehelichungszeugnisses ist nicht ein trennendes, sondern ein aufschiebendes Ehehinderniß. Was der Herr Abg. Landmann von der Kontrole der Militärpersonen gesagt hat, das wird, glaube ich, durch den § 1315 des Bürgerl. Gesetzbuchs erreicht, nach welchem Militärpersonen nicht ohne die vorgeschriebene Erlaubniß eine Ehe eingehen dürfen. Der Standesbeamte muß sie also zurückweisen, wenn sie sich über diese Erlaubniß nicht ausweisen.

Abg. **Landmann**: Ich glaube, ich bin hier mißverstanden worden. Das ist klar, daß eine Militärperson immer diesen Nachweis beibringen muß. Ich rede aber von militärpflichtigen Personen, über deren Militärpflicht noch nicht endgiltig entschieden ist. Diese befanden sich bisher in der Nothwendigkeit, nachweisen zu müssen, daß sie ihrer Militärpflicht bezw. den Vorschriften der Wehrordnung genügt haben; sie mußten ein Zeugniß darüber vorlegen, sei es nun einen Militärpaß oder sonst einen Nachweis, daß sie zurückgestellt sind oder sich angemeldet haben. Sonst wurde wenigstens im diesseitigen Bayern das Verehelichungszeugniß nicht ausgestellt. Es ist das eine lediglich im militärischen Interesse gelegene Sache, die uns hier nicht beschäftigt; aber ich wollte das nur der Vollständigkeit halber hervorheben.

Oberregierungsrath **Krazeisen**: Es handelt sich hier um solche Personen, die schon über 20 Jahre alt || sind, aber zurückgestellt wurden, S. 301.
oder um solche, die noch nicht 20 Jahre alt sind. Nun steht der Verehelichung

S. 301. dieser Personen ein gesetzliches Hinderniß nicht entgegen, sie werden nur bei der Ausstellung des Verehelichungszeugnisses darauf aufmerksam gemacht, daß sie in Gefahr stehen, unter Umständen noch eingezogen zu werden; aber ein Hinderniß der Verehelichung ist dieser Umstand nicht.

Abg. **Landmann:** Ein Ehehinderniß war es nicht; allein die Distriktspolizeibehörde hat so lange das distriktspolizeiliche Verehelichungszeugniß nicht ausgestellt, als der Nachweis nicht erbracht war, daß die militärischen Verhältnisse geordnet sind. Der Fall wird vielleicht klar sein, wenn ich ein Beispiel gebe. Einer heirathet z. B. mit 24 Jahren, wo er seine Militärpflicht in der einen oder anderen Weise absolvirt hat, er ist also bei der Reserve oder dem Landsturm; hier wurde der Nachweis gleichfalls verlangt, und wenn er ihn nicht brachte, so wurde das distriktspolizeiliche Zeugniß nicht ausgestellt.

Oberregierungsrath **Krazeisen:** Das ist allerdings richtig. Diese Verhältnisse mußten liquid gestellt sein; er mußte nur klar stellen, wie sind momentan seine militärischen Verhältnisse, aber es mußte ihm, obwohl er z. B. zurückgestellt war oder Reservist oder Landwehrmann war, das Verehelichungszeugniß ausgestellt werden. Bedingung der Ausstellung des Zeugnisses war nur der Nachweis dafür, wie es mit seinen Dienstpflichtverhältnissen steht.

Vorsitzender: Ich glaube, ich kann nunmehr die Ziff. X für angenommen erklären.

Ziff. XI.

Abg. **von Walter** (Referent): Ziff. XI betrifft den Artikel 36, der bereits durch Königliche Deklaration vom 21. April 1884 eine Abänderung erfahren hat. Derselbe handelt von dem Einspruchsrechte der Gemeinden. Es wird uns nun vorgeschlagen, diese Bestimmung theils zu ändern, theils zu ergänzen.

Insbesondere soll in Abs. 1 Ziff. 3 eine Aenderung getroffen werden. Diese Ziff. 3 lautet (wird verlesen). Der Entwurf schlägt nun vor, hier die Worte „wegen Diebstahl" zu ersetzen durch die Worte „wegen Raubes, Diebstahls".

Im Abs. 1 Ziff. 7 soll ebenfalls eine Aenderung getroffen werden; dieselbe lautet in der bisherigen Fassung (wird verlesen). Hier soll statt der Worte: „gegen ihn Antrag auf Entmündigung gestellt" gesetzt werden: „das Entmündigungsverfahren gegen ihn eingeleitet". Diese letzte Bestimmung schließt sich an das Bürgerl. Gesetzbuch an.

Was den ersten Vorschlag betrifft, so wird nur ein Versehen berichtigt, das bei der Abfassung des Artikel 34 unterlaufen ist. Es ist gar nicht abzusehen, warum denn, wenn Jemand wegen Diebstahls bestraft worden ist, ein Einspruchsrecht bestehen soll, aber nicht dann, wenn er wegen Raubes bestraft worden ist. Der Raub ist doch ein schwereres Verbrechen als der Diebstahl, der unter Umständen nur ein Vergehen ist. Ich halte deßhalb diesen Vorschlag für zutreffend und beantrage die Zustimmung zu Ziff. XI.

Abg. **Conrad** (Korreferent): Ich habe zu dem, was der Herr Referent ausgeführt hat, nichts zu bemerken, würde auch der vorgeschlagenen Fassung meine Zustimmung geben, glaube aber, hier Veranlassung nehmen zu sollen noch zu einer anderweiten Abänderung dieser Bestimmung. Bei näherer Prüfung werden dieß die Herren auch zutreffend finden. Ich glaube nämlich, es sind die einzelnen Fälle, die der Artikel behandelt, nicht in gehöriger Weise geordnet. Wenn Sie die Ziff. 3 aufmerksam lesen, so werden Sie es sofort finden: „Wenn der Mann oder die Braut zu einer Zuchthausstrafe oder wegen Verbrechens oder Vergehens ꝛc. ꝛc. zu einer Freiheitsstrafe von wenigstens vier Wochen oder innerhalb der unmittelbar vorhergehenden drei Jahre mindestens dreimal wegen Arbeitsscheue 2c. 2c. verurtheilt worden ist und seit Verbüßung oder Nachlaß der Strafe drei Jahre noch nicht verflossen sind". Hier kommt man auf einen Widersinn insofern, als es nicht wohl möglich ist, daß, wenn man in den letzten drei Jahren dreimal wegen Arbeitsscheue verurtheilt worden ist, dann auch drei Jahre verflossen sein können seit Abbüßung oder Nachlaß der Strafe. Dieser Fall kann gar nicht eintreten; denn innerhalb der unmittelbar vorhergehenden drei Jahre soll die Verurtheilung stattgefunden haben und seit der bezeichneten Zeit sollen drei Jahre verflossen sein. Wahrscheinlich ist hier der Zwischensatz „wegen Arbeitsscheue u. s. w." später dazu gekommen und dann die letzte Voraussetzung, daß seit der Abbüßung drei Jahre verflossen sein müssen, noch an das Ganze angehängt worden, während sie sich nur auf den ersten Fall vernünftiger Weise beziehen kann. Der Gesetzgeber wollte offenbar sagen, es kann Einspruch erhoben werden, wenn der Mann oder die Braut zu einer Zuchthausstrafe von mindestens vier Wochen verurtheilt worden ist und seit der Abbüßung — hier muß das eingesetzt werden — also seit Abbüßung oder Nachlaß der Strafe drei Jahre noch nicht verflossen sind, oder — jetzt kommt der zweite Fall — wenn der Mann oder die Braut innerhalb der unmittelbar vorhergehenden drei Jahre mindestens dreimal wegen Arbeitsscheue bestraft worden ist. S. 301.

Ich glaube also, hier eine Umstellung der einzelnen Fälle beantragen zu müssen, weil sonst die Bestimmung keinen rechten Sinn hat.

Abg. **Segitz:** Ich möchte die Frage zur Erörterung stellen, ob es nicht überhaupt angezeigt erschiene, die zahlreichen Einspruchsgründe, die in Artikel 36 enthalten sind, zu beseitigen oder mindestens zu mildern. Mir ist kein Verehelichungsgesetz in ganz Deutschland bekannt, das so zahlreiche Einspruchsrechte statuirt wie unser Artikel 36. Wir bestrafen in Bayern das Konkubinat allerdings nur dann, wenn sich Jemand darüber ärgert, wir setzen aber so zahlreiche Einspruchsgründe gegen die Verehelichung fest, daß eine ganze Anzahl von Leuten zum außerehelichen Zusammenleben geradezu gezwungen sind. Ich habe insbesondere die Ziffern 3, 4, 5 und 6 im Auge, die ich im Zusammenhange hier besprechen will.

Es ist das Einspruchsrecht begründet, wenn seit der Verbüßung der Strafe oder seit dem Bezug von Armenunterstützung nicht drei Jahre verflossen sind. Ich meine, diese Probezeit ist doch viel zu sehr ausgedehnt. Wenn man sich nicht entschließen kann, solche Einspruchsgründe überhaupt fallen zu lassen, so sollte man wenigstens die Frist verkürzen, vielleicht auf ein Jahr. Im Uebrigen bin ich der Meinung, daß diese Einspruchspründe sozial sehr ungünstig wirken. Ich will nur einen Fall herausgreifen. Einer Prostituirten ist Gelegenheit geboten, zu heirathen, sie ist aber innerhalb der drei letzten Jahre bestraft. Die Möglichkeit, ein geordnetes Leben zu finden, wird ihr durch den Einspruch der Gemeinde abgeschnitten. Daß das kein Zustand ist, der das || soziale Leben günstig beeinflußt, wird Jedermann zugeben müssen. S. 302.

Noch bedenklicher erscheint mir das Einspruchsrecht beim Manne, der eine Armenunterstützung innerhalb der letzten drei Jahre genossen hat. Wie leicht kommt manchmal ein Mann in die Lage, Armenunterstützung genießen zu müssen. Es war z. B. die erste Frau vor dem Tode lange Zeit krank, die Familie zahlreich, er mußte also die öffentliche Armenunterstützung in Anspruch nehmen; jetzt nach dem Tode der Frau hätte er Gelegenheit, die Familie durch Verheirathung zu versorgen, aber die Gemeinde erhebt Einspruch.

S. 302. Man wird mir hier einwenden, die Gemeinde ist ja nicht verpflichtet, Einspruch zu erheben; aber, wie gesagt, die Gemeindeverwaltungen sind in dieser Beziehung sehr engherzig, namentlich in Bezug auf Personen, die unter Ziff. 3 und 4 fallen. Jede Gemeinde ist bestrebt, sich diese Leute vom Halse zu halten, ohne Rücksicht darauf, was schließlich aus ihnen wird. Sie werden dadurch nicht verhindert, in der Stadt zu leben, daß man ihnen die Verehelichung unmöglich macht; sie werden bleiben, aber ein minder geordnetes Leben führen, als wenn ihnen das Recht der Verehelichung zugestanden würde. Ich glaube, bei ruhiger Prüfung der Gründe, die ich vorgetragen, dürften wir wohl zur Ueberzeugung kommen, daß mindestens eine Kürzung der Frist sehr angezeigt wäre.

Abg. Dr. **Casselmann:** Ich kann mich damit nicht befreunden. Man muß davon ausgehen, daß der Artikel 36 der Gemeinde nicht die Verpflichtung auferlegt, beim Vorhandensein der im Artikel 36 angegebenen Einspruchsgründe gegen die Verehelichung zu protestiren, sondern ihr nur die Möglichkeit, dieß zu thun, einräumt, und diese Möglichkeit möchte ich der Gemeinde um deswillen nicht nehmen, weil die Gemeinde unter Umständen durch die Verehelichung der betreffenden Personen Verpflichtungen finanzieller Art, die eben aus dem Heimatbegriffe sich ergeben, übernehmen muß. Wenn solche Fälle vorliegen, wie sie Herr Abg. Segitz herausgegriffen hat, wenn also z. B. Jemand, der sich verheirathen will, in den letzten drei Jahren Armenunterstützung erhalten hat, aber der Gemeinde nachweist, daß er inzwischen zu Vermögen gekommen ist, dann wird es wohl kaum der Gemeinde einfallen, einem solchen die Verehelichungsbewilligung nicht auszustellen. Die Gemeinde hat ja nur dann einen Geund, es zu verweigern, wenn sie fürchtet, daß sie durch die Verehelichung des Betreffenden im Laufe der Zeit finanziell in Anspruch genommen wird. Was den Fall der Prostituirten anlangt, so glaube ich, daß man auch hier der Gemeinde das Recht nicht nehmen soll, unter Berücksichtigung der einzelnen Verhältnisse zu prüfen, ob eine Besserung bei einer solchen Prostituirten anzunehmen ist mit Rücksicht auf einen nach der Verurtheilung wegen Prostitution geführten besseren Lebenswandel, oder ob nicht vielmehr in Aussicht steht, daß, wenn nun diese Person sich verehelicht, wie dieß leider in Großstäden sehr oft vorkommt, sie während der Ehe oft unter Zustimmung ihres Ehemannes die Prostitution gewerbsmäßig weiter betreibt. Also der Gemeinde das Recht zu nehmen, nach Lage der Sache beim Vorhandensein solcher Einspruchsgründe das Zeugniß zu verweigern, das möchte ich nicht befürworten und ich glaube, wir werden gut thun, wenn wir es bei der Fassung des Artikel 36 belassen.

Vorsitzender: Ich muß gegenüber dem, was der Herr Abg. Segitz ausgeführt hat, darauf hinweisen, daß die Strenge der Gemeinden hie und da dadurch hervorgerufen wird, daß andere Gemeinden zuweilen illoyal handeln. Es kommen Fälle vor, wo ein Mann, der das Recht hat, sich zu verehelichen, durch Geschenke Seitens einer andern Gemeinde sich dazu verführen läßt, eine Person zu heirathen, die vielleicht ein halbes Dutzend Kinder hat und schlecht beleumundet ist. Die Gemeinde, in die er heirathet, muß dann diese Kinder mit übernehmen. Darum ist es gut, wenn eine Gemeinde unter diesen Umständen das Recht hat, „nein" sagen zu können. Ich habe in dieser Beziehung selbst schon Erfahrungen gemacht und das Verhalten mancher Gemeinden bedauert.

Oberregierungsrath **Krazeisen:** Ich möchte mir nur zu der Anregung des Herrn Abg. Conrad die Bemerkung erlauben, daß ich glaube, es wird

vorsichtiger sein, vielleicht bei der zweiten Lesung näher auf seinen Antrag S. 302.
einzugehen und bis dorthin die Entstehungsgeschichte des Artikel 36 beziehungsweise seiner einzelnen Ziffern näher nachzugehen. Auf den ersten Anblick hat allerdings die Anregung des Herrn Korreferenten eine gewisse Berechtigung; ich glaube selbst, daß ein redaktionelles Versehen hier vorliegt, aber man muß doch in dieser Beziehung vorsichtig sein. Ich bitte also, in dieser Richtung die Beschlußfassung bis zur zweiten Lesung aufzusparen.

Vorsitzender: Die Herren sind damit einverstanden, daß der Antrag des Herrn Korreferenten bei der zweiten Lesung zur Berathung und Beschlußfassung kommt; der Antrag selbst lautet:

„wenn der Mann oder die Braut zu einer Zuchthausstrafe . . . . zu einer Freiheitsstrafe von wenigstens vier Wochen verurtheilt worden ist und seit Abbüßung oder Nachlaß der Strafe drei Jahre noch nicht verflossen oder wenn der Mann oder die Braut innerhalb der unmittelbar vorhergehenden drei Jahre mindestens drei Mal wegen Arbeitsscheue . . . . verurtheilt worden ist“.

Dieser Antrag wird also zurückgestellt.

Der Herr Abg. Segitz stellt keinen besonderen Antrag.

Die Nummern 1 und 2 der Ziff. XI sind angenommen.

Wir kommen zu Nr. 3.

Abg. **von Walter** (Referent): Endlich wird vorgeschlagen, daß im Abs. 3 des Artikel 36 die Worte: „eine angewiesene Heimat“ durch die Worte: „eine vorläufige Heimat“ und die Worte: „die angewiesene Heimatgemeinde“ durch die Worte: „die vorläufige Heimatgemeinde“ ersetzt werden sollen. Dieß entspricht ohnehin einem Beschlusse, den wir heute gefaßt haben.

Abg. **Conrad** (Korreferent): Ich habe hiegegen nichts zu erinnern.

Vorsitzender: Ich erkläre also die ganze Ziff. XI für angenommen.

Ziff. XII.

Abg. **von Walter** (Referent): In Ziff. XII handelt es sich blos darum, daß im Artikel 37 Abs. 3 die Worte: „eine angewiesene Heimat“ ersetzt werden durch die Worte: „eine vorläufige Heimat“. Dagegen habe ich nichts zu erinnern.

Abg. **Conrad** (Korreferent): Ich habe ebenfalls keine Erinnerung. S. 303.

Vorsitzender: Ich erkläre Ziff. XII für angenommen.

Ziff. XIII.

Abg. **von Walter** (Referent): Ziff. XIII bezweckt zunächst im Abs. 1 des Artikel 40 eine Aenderung, die wir bereits bei einem anderen Anlasse gebilligt haben. Es ist auch hier statt der Verweisung auf den künftigen obersten Verwaltungsgerichtshof die Verweisung auf das bereits erlassene Gesetz vorgeschlagen. Dagegen ist nichts zu erinnern.

Außerdem soll auch der Abs. 2 Ziff. 3 des Artikel 40 aufgehoben werden. Im Artikel 40 wird von dem Beschwerderecht gehandelt und in Abs. 2 werden diejenigen Personen bestimmt, die als betheiligt zu erachten sind und denen eine Beschwerde zusteht, nämlich:

1. demjenigen, dem die Ausstellung des Zeugnisses verweigert wird;
2. den gesetzlichen Vertretern der Gemeinden oder des Fiskus, wenn ein auf Grund des Art. 36 von ihnen erhobener Einspruch zurückgewiesen wurde;

S. 303. 3. denjenigen Privatpersonen, deren auf Grund des Art. 35 erhobener Einspruch keine Berücksichtigung fand.

Der Artikel 35 soll aufgehoben werden und deßhalb hat diese Ziff. 3 keinen Platz mehr. Ich beantrage Zustimmung.

Abg. **Conrad** (Korreferent): Ich habe ebenfalls keinen Widerspruch zu erheben; die vorgeschlagene Aenderung ist in den Motiven ausführlich begründet.

Vorsitzender: Ich erkläre Ziff. XIII für angenommen.

Ziff. XIV.

Abg. **von Walter** (Referent): Ziff. XIV schlägt Aenderungen zu Artikel 41 vor. Dieser Artikel ist bereits durch Gesetz vom 23. Februar 1872 abgeändert worden und lautet derselbe (wird verlesen).

Nach Nr. 1 sollen im Abs. 1 die Worte „bis zu fünfzig Thalern" ersetzt werden durch die Worte „bis zu einhundertfünfzig Mark".

Abs. 2 lautet (wird verlesen). Dieser Absatz soll unverändert bleiben.

Abs. 3 lautet (wird verlesen). Zu diesem Absatz wird unter Nr. 2 die Aenderung vorgeschlagen, daß die Worte „wieder aufgelöst worden ist" durch die Worte „für nichtig erklärt oder aufgelöst worden ist" ersetzt werden. Die Einschaltung der Worte „für nichtig erklärt" wird im Anschlusse an das Bürgerl. Gesetzbuch nothwendig sein.

Ich beantrage die Zustimmung zu Ziff. XIV.

Abg. **Conrad** (Korreferent): Ich beantrage gleichfalls Zustimmung.

Vorsitzender: Ich erkläre Ziff. XIV für angenommen.

Ziff. XV.

Abg. **von Walter** (Referent): Nach Ziff. XV soll Artikel 43 Abs. 1 des Gesetzes abgeändert werden. Dieser Artikel ist gleichfalls bereits durch das Gesetz vom 23. Februar 1872 abgeändert worden und lautet (verliest Artikel 43 Abs. 1). Nach dem Vorschlage der k. Staatsregierung sollen im Abs. 1 an die Stelle der Worte „nach Maßgabe des Artikels 45 Ziff. 5, 6 und 9" die Worte „nach Maßgabe des Artikel 45 Ziff. 5, 6" treten. Die Ziff. 9 soll also gestrichen werden. Die Weglassung derselben wird einem Anstande nicht unterliegen, weil es sich hier nicht um Strafen handelt, die vom Strafrichter erkannt worden sind, sondern nur um Disziplinarstrafen und § 3 des Freizügigkeitsgesetzes das Verbot des Aufenthalts wegen solcher Strafen ausschließt. Ich beantrage Zustimmung.

Abg. **Conrad** (Korreferent): Die Ziff. 9 in Abs. 1 des Artikel 45, um die es sich hier handelt, betrifft Studirende oder Zöglinge einer Unterrichtsanstalt, sowie Lehrlinge. Es handelt sich um Maßnahmen der Schul- und Hausdisziplin. Das Freizügigkeitsgesetz setzt aber gerichtliche Bestrafung voraus. Es soll also hier die Verweisung auf eine Gesetzesstelle fallen, deren Nichtanwendbarkeit schon bisher nicht mehr zweifelhaft war.

Abg. **Fuchs:** Die Anschauung, daß Ziff. 9 auf Reichsangehörige nicht anwendbar sei, ist bisher strittig gewesen. Während von Seydel im Hinblick auf § 3 des Freizügigkeitsgesetzes die Ziff. 9 als nicht anwendbar auf Reichsangehörige erklärt, läßt Proebst in seinem Kommentar (7. Auflage Note 49 S. 294) diese Anwendung zu. Es ist gut, daß nunmehr Klarheit geschaffen wird.

Oberregierungsrath **Krazeisen:** Bei Auslegung des Freizügigkeitsgesetzes hat sich die Wissenschaft dahin geeinigt, daß unter den „Strafen" des

§ 3 des Freizügigkeitsgesetzes nur gerichtliche Strafen zu verstehen seien und S. 303.
nicht disziplinäre. Die Aufnahme der Erwähnung der Ziff. 9 des Artikel 45 in Artikel 43 Abs. 1 beruht entschieden auf einem Versehen. Der ganze Artikel 43 Abs. 1 hatte von Anfang an eigentlich nur eine deklaratorische, nicht eine konstitutive Bedeutung. Er sollte nur feststellen, inwieweit die Ausweisung von Deutschen aus einer bayerischen Gemeinde jetzt noch zulässig sei. Diese Zulässigkeit beschränkt sich nach §§ 3, 4 und 5 des Freizügigkeitsgesetzes erstens auf gerichtlich bestrafte Personen und dann auf solche, welche einer öffentlichen Armenunterstützung bedürfen. Die übrigen Bestimmungen des Artikel 45, welche die einzelnen Ausweisungsfälle aufführen, waren in Folge der Einführung des Reichsgesetzes nicht mehr auf Deutsche anwendbar. Dem wollte der Artikel 43 in seiner Fassung vom 23. Februar 1872 Ausdruck geben.

Vorsitzender: Ich darf annehmen, daß dadurch der Herr Abg. Fuchs zufrieden gestellt ist.

Ich kann demnach die Ziff. XV für angenommen erklären.

Ziff. XVI.

Abg. **von Walter** (Referent): Ziff. XVI schlägt zu Artikel 44 des Gesetzes zwei Aenderungen vor. Einmal sollen im Abs. 2 an die Stelle der Worte „bis zu 10 fl.“ die Worte „bis zu achtzehn Mark“ treten und im Abs. 3 soll das Wort „taxfreie“ ersetzt werden durch das Wort „gebührenfreie“. Die erste Abänderung hat in dem geänderten Münzfuße und die zweite Abänderung im Gebührengesetze ihren Grund. Ich beantrage Zustimmung.

Abg. **Conrad** (Korreferent): Ich beantrage gleichfalls Zustimmung. S. 304.

Vorsitzender: Dann wäre die ganze Ziff. XVI angenommen.

Ziff. XVII.

Abg. **von Walter** (Referent): In Ziff. XVII werden Aenderungen des Artikel 45 in der Fassung des Gesetzes vom 23. Februar 1872 vorgeschlagen. Es sollen zunächst einmal hier in der Ziff. 5 die Worte „wegen Diebstahls“ durch die Worte „wegen Raubes, Diebstahls“ ersetzt werden und in der Ziff. 6 sollen die Worte „nach Art. 149 Abs. 1 des Polizeistrafgesetzbuches“ durch die Worte „nach § 148 Abs. 1 Nr. 5 oder 7 oder § 149 Abs. 1 Nr. 1, 3 oder 5 der Gewerbeordnung“ ersetzt werden. Die Motive enthalten nach meinem Dafürhalten eine genügende Begründung dieser letzten Abänderung; die erste ist ohnehin zu Ziff. XI beschlossen worden. Ich beantrage Zustimmung.

Abg. **Conrad** (Korreferent): Ich bin mit den beantragten Aenderungen gleichfalls einverstanden.

Vorsitzender: Ich erkläre Ziff. XVII für angenommen.

Ziff. XVIII.

Abg. **von Walter** (Referent): Nach Ziff. XVIII soll im Artikel 51 das Allegat „Art. 50 Abs. III“ ersetzt werden durch das Allegat „Art. 50 Abs. 1“. Auch dagegen ist nichts zu erinnern, da diese Aenderung in den Motiven durch die Verweisung auf die Aenderung des Artikel 50 begründet erscheint.

Abg. **Conrad** (Korreferent): Ich bin gleichfalls einverstanden.

Vorsitzender: Ich erkläre Ziff. XVIII für angenommen.

Ziff. XIX.

Abg. **von Walter** (Referent): Ziff. XIX betrifft den Artikel 52. Hier ist zunächst in Nr. 1 vorgeschlagen, im Abs. 1 statt der Verweisung auf das

S. 304. künftige Verwaltungsgerichtshofgesetz die Verweisung auf das erschienene Gesetz einzusetzen. Dann sollen im Abs. 5 die Worte „von der Tax- und Stempelpflicht befreit" ersetzt werden durch das Wort „gebührenfrei". Ich beantrage Zustimmung.

Abg. **Conrad** (Korreferent): Ich beantrage gleichfalls Zustimmung.

Vorsitzender: Ich erkläre Ziff. XIX für angenommen.

Ziff. XX.

Abg. **von Walter** (Referent): Nach dem Vorschlag in Ziff. XX sollen die noch bestehenden Ueberschriften vor einzelnen Artikeln gestrichen werden. Ich beantrage Zustimmung.

Abg. **Conrad** (Korreferent): Ich beantrage gleichfalls Zustimmung.

Vorsitzender: Ich erkläre Ziff. XX für angenommen.

Ziff. XXI.

Abg. **von Walter** (Referent): Nach Ziff. XXI sollen die Artikel 20, 26, 32, 34, 35, 38 aufgehoben werden.

Bezüglich des Artikel 20 ist die Streichung deßhalb gerechtfertigt, weil dieser Artikel durch den Artikel 26 des Gesetzes über den Verwaltungsgerichtshof ersetzt wird.

Die Streichung des Artikel 26 ist in den Motiven Seite 99 Nr. 12 genügend begründet. Ich habe auch dagegen nichts zu erinnern.

Die Artikel 32, 34, 35 und 38 haben wir bereits besprochen und habe ich ihre Aufhebung begutachtet.

Ich beantrage deßhalb die Annahme der Ziff. XXI und bitte nunmehr um Bekanntgabe der Ergänzung, welche zu Artikel 21 erfolgen soll.

Abg. **Conrad** (Korreferent): Ich habe den Bemerkungen des Herrn Referenten nichts Weiteres hinzuzufügen.

Vorsitzender: Der Vorschlag der k. Staatsregierung zu Artikel 21 lautet:

> „Die vor dem Inkrafttreten des Bürgerlichen Gesetzbuchs vereinkindschafteten Kinder stehen in Ansehung der Heimat den ehelichen Kindern gleich."

Abg. **von Walter** (Referent): Diese Bestimmung soll Abs. 2 werden. Ich beantrage Zustimmung.

Abg. **Conrad** (Korreferent): Ich erkläre mich einverstanden und bemerke nur, daß ich anfänglich glaubte, daß sich das von selbst verstehe. Wenn es jedoch ausdrücklich bestimmt wird, so habe ich natürlich auch nichts dagegen.

Vorsitzender: Ich konstatire die Annahme der Ziff. XXI mit dem von der k. Staatsregierung hiezu vorgeschlagenen Zusatze und damit des ganzen Artikel 21.

Wir gehen über zu **Artikel** 22 und zwar zu Ziff. I.

Abg. **von Walter** (Referent): Artikel 22 schlägt Aenderungen zu dem Gesetze über den Malzaufschlag vom 16. Mai 1868 in der Fassung der Bekanntmachung vom 10. Dezember 1889 vor.

Nach Ziff. I soll vor Allem der Artikel 52 Abs. 3 eine andere Fassung erhalten. Der Artikel 52 bestimmt Folgendes (Referent verliest den ganzen Artikel). Es soll nun der Abs. 3 dahin geändert werden:

„Ist eine solche Mühle im Besitz einer politischen Gemeinde, so haftet die Gemeindekasse; ist sie im Besitz einer Genossenschaft, so haften die Genossenschaft und die Genossen für Strafe und Kosten nach den für Genossenschaftsverbindlichkeiten geltenden Vorschriften; in beiden Fällen bleibt der Rückgriff gegen denjenigen, welcher die Uebertretung veranlaßt hat, vorbehalten.“ S. 304.

Dieser Zusatz ist, wie in den Motiven ausgeführt ist, mit Rücksicht auf das Genossenschaftsgesetz gemacht, weil dieses eine unbedingte solidarische Haftpflicht nicht überall anerkennt. Es wird deßhalb gegen diese Aenderung eine Einwendung nicht zu machen sein.

Abg. **Conrad** (Korreferent): Die Abänderung ist nicht sowohl durch das S. 305. Bürgerl. Gesetzbuch als durch die Novelle zum Genossenschaftsgesetze vom 1. Mai 1889 bedingt. Sie hätte also schon bei der Redaktion des Gesetzes vom 10. Dezember 1889 stattfinden können. Das ist damals übersehen worden. Es passen diese Bestimmungen nicht mehr, weil wir jetzt verschiedene Haftformen von Genossenschaften haben. Ich finde es nicht veranlaßt, alle diese Haftformen einzeln hier aufzuführen. Es scheint mir, daß der Vorschlag der k. Staatsregierung, welcher alles das zusammenfaßt, indem er sagt: „nach den für Genossenschaftsverbindlichkeiten geltenden Vorschriften“, hier das Richtige in knapper Form trifft. — Zur Sache selbst habe ich eine Einwendung nicht zu machen.

Abg. **Lutz:** Die neue Fassung des Artikel 52 Abs. 3 paßt sich allerdings dem neuen Genossenschaftsgesetze an. Es dürfte aber nicht ganz richtig sein, wenn der Herr Referent meint, es sei eine unbedingte Solidarhaft meist nicht vorhanden. Im Gegentheil, die meisten Genossenschaften in Bayern sind auf der Basis der Solidarhaft begründet. Ich meine, es wäre einfacher gewesen, zu sagen:

„Ist eine solche Mühle im Besitz einer politischen Gemeinde, so haftet die Gemeindekasse; ist sie im Besitz einer Genossenschaft, so haftet die Genossenschaft für Strafe und Kosten ꝛc. ꝛc.“

Wenn das Genossenschaftsgesetz genaue Bestimmungen über die Art der Haftung der einzelnen Genossenschaften hat, so dürfte hier eine nähere Bestimmung wohl nicht nothwendig sein. Ich beantrage diese Vereinfachung, weil die Genossenschaften auf dem Lande vielfach Mühlen haben; denn sie haben die Verpflichtung, den Immobiliarverkehr zu besorgen. Da könnte nun mancher Genossenschafter ängstlich werden und die Genossenschaften könnten dazu kommen, das Brechen von Malz einzustellen, weil es hier heißt: nicht allein die Genossenschaft, sondern auch die Genossen sind verpflichtet. Ich würde also beantragen, daß man den Zusatz „und die Genossen“ hier streiche.

Senatspräsident Dr. **von Jacubezky:** Ich glaube, der Herr Abg. Lutz beabsichtigt nicht eine sachliche Aenderung. Die bisherige Fassung spricht blos von den Genossen und erwähnt die Genossenschaft gar nicht. Der Entwurf spricht zunächst die Haftung der Genossenschaft aus und erwähnt daneben auch die Haftung der Genossen, die schon deßwegen nicht übergangen werden darf, weil es auch nicht eingetragene Genossenschaften gibt, die nicht juristische Personen sind. Er fügt aber bei, daß die Haftung sich „nach den für Genossenschaftsverbindlichkeiten geltenden Vorschriften“ bestimmt. Bei diesem Wortlaut ist es ganz unmöglich, anzunehmen, daß die Genossen ohne Weiteres haften, ohne Rücksicht auf die für Genossenschaftsverbindlichkeiten geltenden Vorschriften. Ich kann deßwegen nicht verstehen, wie die Genossen, die das lesen, in Angst kommen, sie würden ohne Weiteres haften.

S. 305. Abg. **Conrad** (Korreferent): Ich habe vorhin schon bemerkt, die Tendenz gehe dahin, Alles möglichst knapp zusammenzufassen. Wenn das nicht der Fall wäre, so müßte man sich ja sehr ausführlich darüber verbreiten. Daß eine Genossenschaft, eine Korporation nicht in Strafe genommen werden kann, ist klar. Anderen Falls müßte man die verschiedenen Gesellschaftsformen einzeln vornehmen und erläutern, was sich auf die Genossenschaft bezieht, wann ein Genosse als solcher herangezogen werden kann; bei Genossenschaften, wo nur eine beschränkte Haftpflicht besteht, müßte es heißen, daß die Genossenschaft in erster Linie diejenige ist, gegen welche vorgegangen wird u. s. w. Ich glaube, daß nach dem Gesagten das Bedenken des Herrn Abg. Lutz schwinden dürfte. Es muß eben Alles so betrachtet und verstanden werden, wie es gemeint ist. Es ist ja jetzt auch das Schreckgespenst der sogenannten Solidarhaft ziemlich verblichen und verblaßt, der frühere Einzelangriff ist durch ein genau geregeltes Verfahren ersetzt, welches bestimmt, in welcher Weise gegen den Schuldner vorgegangen werden muß.

Abg. **Lutz:** Ich will keinen Antrag stellen; aber das steht doch fest, daß die Genossenschaften juristische Personen sind. Warum man also neben den Genossenschaften noch die einzelnen Genossen aufführt, sehe ich absolut nicht ein; ich glaube, es wäre besser, wenn man diesen Zusatz fallen ließe.

Vorsitzender: Ein Antrag ist nicht gestellt; ich erkläre daher Artikel 22 Ziff. I für angenommen.

Wir kommen zu Ziff. II.

Abg. **von Walter** (Referent): Nach Ziff. II sollen Artikel 60 Abs. 2 Satz 2 und Artikel 61 Abs. 2 Satz 2 aufgehoben werden. (Referent verliest Artikel 60.) Die Motive führen aus, daß die Entlassung eines Pächters oder Geschäftsführers, wenn sie wegen rückfälliger Verfehlungen gegen das Malzaufschlagsgesetz ausgesprochen wird, auf öffentlichem Recht beruht und daß die weitere Frage, welchen Einfluß die Entlassung auf das privatrechtliche Vertragsverhältniß zwischen dem Geschäftsherrn und Geschäftsführer oder Pächter hat, sich nicht mehr nach dem öffentlichen Recht, sondern nach dem bürgerlichen Recht bestimmt und daß in dieser Beziehung § 325 des Bürgerl. Gesetzbuchs eine ausreichende Vorschrift enthält, so daß Abs. 2 Satz 2 des Artikel 60 nicht mehr nothwendig ist. (Referent verliest § 325.) Dieser Satz wird vollständig ausreichen, um das Verhältniß zwischen den Betheiligten zu regeln, und habe ich meinerseits gegen die Aufhebung des Artikel 60 Abs. 2 Satz 2 nichts zu erinnern.

Artikel 61, von dem ebenfalls Abs. 2 Satz 2 aufgehoben werden soll, lautet (Referent verliest). Es versteht sich von selbst, daß, wenn Artikel 60 Abs. 2 Satz 2 aufgehoben wird, dann nicht mehr eine Verweisung auf denselben statthaft ist, sondern daß auch in dieser Beziehung die Bestimmungen des § 325 des Bürgerl. Gesetzbuchs anwendbar sind. Ich habe auch gegen diese Aufhebung nichts einzuwenden und beantrage Zustimmung zur ganzen Ziff. II.

Abg. **Conrad** (Korreferent): Der Herr Referent hat die Gründe hinreichend entwickelt, aus welchen Artikel 60 Abs. 2 Satz 2 und Artikel 61 Abs. 2 Satz 2 in Wegfall zu kommen haben. Ich habe hiezu nichts weiter zu bemerken.

Daß der Anspruch des Entlassenen aus einem Pacht- und Dienstvertrage gegen den Dienstherrn dem Privatrechte angehört, ergibt sich aus der angeführten Gesetzesbestimmung des § 325, worauf ich ebenfalls hinweisen möchte.

Vorsitzender: Damit ist Ziff. II und auch Artikel 22 im Ganzen angenommen. S. 305.

Wir kommen zu **Artikel 23** und zwar zu Ziff. I.

Abg. **von Walter** (Referent): Artikel 23 befaßt sich mit dem Gesetze vom 16. Mai 1868, die Vermarkung der Grundstücke betreffend.

Nach dem Vorschlag in Ziff. I soll zunächst eine Abänderung des Artikel 2 S. 306. Abs. 1 herbeigeführt werden. Artikel 2 Abs. 1 lautet in der bisherigen Fassung (Referent verliest). Der Unterschied besteht darin, daß bisher die Vermarkung nur angeordnet werden konnte, wenn ein Bedürfniß vorlag, daß aber jetzt in § 919 Abs. 1 und 3 des Bürgerl. Gesetzbuchs Bestimmungen getroffen sind, welche nicht mehr das Bedürfniß, sondern blos den Antrag des einen Nachbarn berücksichtigen. (Referent verliest § 919.) Mit Rücksicht auf diese Bestimmungen des Bürgerl. Gesetzbuchs wird sich die Aenderung des Artikel 2 Abs. 1 rechtfertigen und beantrage ich deßhalb Zustimmung.

Abg. **Conrad** (Korreferent): In Nr. 4 der Begründung der vorwürfigen Gesetzesabänderung finde ich die Bemerkung, daß eine Ausarbeitung des Gesetzes in umfassenderer Weise beabsichtigt oder schon in Angriff genommen ist. Dieser Umstand gestattet mir, zu den Ziffern, welche hier zur Aenderung vorgeschlagen sind, mich ganz kurz zu fassen; denn sonst bestünde allerdings Anlaß zu weiter ausholenden Wünschen.

Es ist den Herren bekannt, daß der Wunsch nach einer gründlicheren, eingehenderen Abänderung des Vermarkungsgesetzes schon seit langen Jahren weite Kreise beschäftigt. Daß das Gesetz so, wie es heute noch vorliegt, auf längere Zeit nicht mehr haltbar sei, wird wohl die allgemeine Ansicht sein. Die Wünsche gehen, um das mit einem Wort hier auszusprechen, auf Einführung des Vermarkungszwanges, sei es nun im engeren Sinne, daß nur diejenigen Grundstücke, welche gerade vermessen werden, auch obligatorisch zu vermarken sind, oder im weiteren Sinne auf Durchführung einer allgemeinen Vermarkung. Darüber haben wir uns heute glücklicherweise nicht zu unterhalten. Die deutsche Geometerversammlung in Straßburg hat vor einigen Jahren hiezu den Anstoß gegeben, und ich hoffe, daß sich in dieser Richtung auch die zu erwartende Gesetzesvorlage bewegt.

Das, was heute vorliegt, ist einfacherer Art; es greift nicht tiefer ein. Die in Artikel 1, der unter Ziff. V zur Aufhebung beantragt wird, enthaltene Voraussetzung, daß überhaupt die Grenze zwischen zwei Nachbarn unbestritten feststeht, wird wohl auch jetzt noch aufrecht erhalten werden müssen. Auch jetzt haben wir es mit Verhältnissen zu thun, bei welchen die Grenze an und für sich unbestritten ist. Es kann eine Grenzverwirrung vorhanden sein, aber nicht solche Verhältnisse, in welchen man zur Klage vor das Gericht zu treten hat, weil eine Grenze überhaupt nicht existirt.

Um mich kurz zu fassen, so habe ich gegen Ziff. I nichts zu erinnern.

Abg. **Fuchs:** Ich wollte nur meiner Befriedigung darüber Ausdruck geben, daß die k. Staatsregierung ein neues Vermarkungsgesetz in Aussicht gestellt hat; dieß wird im ganzen Lande mit großer Freude begrüßt werden, da das bisherige Gesetz sich nach jeder Richtung als unzureichend erwiesen hat. Ich wünsche, daß die k. Staatsregierung seiner Zeit den Gemeindebehörden Gelegenheit gibt, sich zu dem Entwurfe zu äußern; ich habe namentlich jene Gemeinden im Auge, in welchen wegen des parzellirten Grundbesitzes häufig Vermarkungen vorzunehmen sind.

S. 306. Abg. **Lutz:** Der Herr Korreferent meint, daß man sich bei dieser Gelegenheit kurz fassen soll. Aber ich glaube auch, daß man unser seitheriges Vermarkungsgesetz als durchaus unzureichend bezeichnen muß. Die Sache mit der freiwilligen Vereinbarung von Grenzen hat außerordentlich große Gefahren; denn die Grenze konnte so falsch sein, als sie wollte, sie konnte, wenn die Parteien einverstanden waren, festgelegt werden und später hat sich bei allen Vermessungen der Fehler weiter verbreitet. Ich möchte meiner Befriedigung darüber Ausdruck geben, daß ein neues Vermarkungsgesetz in Aussicht gestellt ist, und möchte wünschen, daß die Bestimmung aufgenommen wird, daß überall da, wo eine Vermessung vorgenommen wird, zugleich auch die Vermarkung damit Hand in Hand gehe.

Senatspräsident Dr. **von Jacubezky:** Im Artikel 2 des Gesetzes fallen die Worte „auf das wirkliche Bedürfniß beschränkt" weg, sie werden, wie schon in der Begründung bemerkt ist, durch den § 919 Abs. 1 des Burgerl. Gesetzbuchs ersetzt. Es ist aber nicht der Sinn des § 919 Abs. 1, daß überflüssige Grenzzeichen sollen gesetzt werden müssen, wenn einer der Betheiligten es verlangt, sondern die Vorschrift ist dahin aufzufassen, daß die dem Bedürfniß entsprechenden, nach vernünftiger Erwägung für den Zweck erforderlichen Grenzzeichen errichtet werden müssen. Die Errichtung von Grenzzeichen setzt voraus, daß die Grenze feststeht; solange noch darüber gestritten wird, wie die Grenze verläuft, kann sie noch nicht durch feste Grenzzeichen ersichtlich gemacht werden. Man kann die Grenze erst dann bezeichnen, wenn man sie hat. In dieser Beziehung tritt, obwohl die Fassung des § 919 nicht hervorhebt, daß die Grenze unbestritten sein muß, eine Aenderung nicht ein. Auch der Artikel 1 des Gesetzes vom 16. Mai 1868 wird durch den § 919 ersetzt. Der Abs. 2 des § 919 behält der Landesgesetzgebung nur die Bestimmung der Art der Abmarkung und des Verfahrens vor; alles Uebrige ist, soweit es sich um den privatrechtlichen Anspruch auf Abmarkung handelt, durch das Bürgerl. Gesetzbuch geordnet. Das Gesetz vom 16. Mai 1868 muß deßhalb auf die Art der Abmarkung und das Verfahren beschränkt werden.

Abg. **Michel:** Mit Rücksicht auf die starke Parzellirung der Grundstücke in der Pfalz möchte ich mich ebenfalls dem Wunsche des Herrn Abg. Fuchs anschließen und auch bitten, daß seiner Zeit den größeren pfälzischen kommunalen Verbänden dieser Entwurf vorgelegt werde, damit Stellung zu den einzelnen Fragen genommen werden kann.

Regierungsrath **Brettreich:** Die Vorarbeiten für ein neues Vermarkungsgesetz sind bereits eingeleitet, und die äußeren Behörden werden seiner Zeit über den Entwurf gehört werden. Das Gesetz hat seinen Schwerpunkt im äußeren Vollzuge, und es ist daher für das Staatsministerium des Innern von Interesse, auch die Ansichten dieser Behörden kennen zu lernen.

Abg. **von Walter** (Referent): Herr Abg. Lutz hat mit Recht beanstandet, daß die Verständigung der betheiligten Grundeigenthümer bisher zu großen Mißständen geführt hat, weil man auf die wirkliche Grenze nicht Rücksicht nahm, sondern, wenn die Betheiligten einverstanden waren, einfach die Grenzzeichen gesteckt hat. Ich glaube, einigermaßen wird diesem Zustande schon durch die Abänderung des Artikel 5 abgeholfen werden und es wird dieser Artikel jedenfalls eine wesentliche Besserung bringen.

Vorsitzender: Ich kann Ziff. I für angenommen erklären.
Wir kommen zu Ziff. II.

Abg. **von Walter** (Referent): Ziff. II schlägt zu Artikel 5 eine Aenderung S. 307.
der Fassung vor. Artikel 5 hat bisher gelautet (Referent verliest). Die neue Fassung soll lauten (Referent verliest). Diese Bestimmung steht im Zusammenhang mit den Bestimmungen in §§ 873, 925 und 890 des Bürgerl. Gesetzbuchs, sie steht aber auch im Zusammenhang mit dem neuen § 71a des Grundsteuergesetzes und kann ich die Annahme dieser Aenderung empfehlen.

Abg. **Conrad** (Korreferent): Der Herr Referent hat schon hervorgehoben, daß das Bürgerl. Gesetzbuch eine veränderte Fassung nothwendig macht. Es kann sich hier nur um eine Angleichung an diese neue Norm handeln, und habe ich hiegegen nichts zu erinnern.

Vorsitzender: Ziff. II ist angenommen.

Wir kommen zu Ziff. III.

Abg. **von Walter** (Referent): Nach Ziff. III soll der Eingang des Artikel 7 geändert werden, der von der Zuständigkeit und dem Verfahren bei Grenzstreitigkeiten handelt; er lautete bisher (Referent verliest). Es wird nun vorgeschlagen, den Eingang zu ändern, so daß er zu lauten hat (Referent verliest). Es ist die Fassung des Eingangs in dieser Weise nach meinem Dafürhalten vollständig zutreffend und auch genügend motivirt. Ich beantrage Zustimmung.

Abg. **Conrad** (Korreferent): Ich bin ebenfalls mit dem Herrn Referenten für Genehmigung der neuen Fassung.

Vorsitzender: Ziff. III ist angenommen.

Wir kommen zu Ziff. IV.

Abg. **von Walter** (Referent): Nach Ziff. IV sollen im Artikel 8 die Worte „unter Darlegung des Bedürfnisses" ersetzt werden durch die Worte „unter Darlegung der Beschaffenheit der Grenze". Artikel 8 lautet in der bisherigen Fassung (Referent verliest). Die Aenderung steht mit Ziff. 1 im Einklang und beantrage ich Zustimmung.

Abg. **Conrad** (Korreferent): Ich beantrage gleichfalls Zustimmung.

Vorsitzender: Ziff. IV ist angenommen.

Wir kommen zu Ziff. V.

Abg. **von Walter** (Referent): Nach Ziff. V sollen die Artikel 1, 3 und 4 aufgehoben werden. (Referent verliest diese Artikel.) In den Motiven wird ausgeführt, daß diese Bestimmungen durch die Bestimmung in § 919 des Bürgerl. Gesetzbuchs ersetzt sind. Ich halte diese Auffassung für zutreffend und beantrage Zustimmung zur Aufhebung der genannten Artikel.

Abg. **Conrad** (Korreferent): Ich habe dem vom Herrn Referenten Vorgetragenen nichts hinzuzufügen.

Vorsitzender: Ziff. V ist angenommen und damit der ganze Artikel 23.

Nun erlauben Sie mir, daß ich mich zum Sprachrohr eines Wunsches mache, der mir sehr sympathisch ist, nämlich ob man nicht den ganzen **Artikel 24**, der das Berggesetz vom 20. März 1869 betrifft, en bloc annehmen könnte.

Abg. **von Walter** (Referent): Ich habe meinerseits nichts dagegen, wenn Artikel 24 en bloc angenommen wird. Die Herren verzichten dann auch auf die Besprechung einer prinzipiellen Frage, die ich übrigens im Allgemeinen jetzt anführen kann. Der Schwerpunkt liegt darin, daß von nun an auch Entschädigungen, welche der Grundeigenthümer für die Benützung seines Grnndstücks zum Bergbau oder zur Schürfung u. s. w. erhält, mögen sie nun auf

S. 307. Vertrag beruhen oder blos der Ausfluß der Beschädigung sein, dem Angriffe der Gläubiger zugänglich gemacht werden sollen, was bisher nicht der Fall war. Ich für meinen Theil nehme keinen Anstand, der Auffassung der k. Staatsregierung beizutreten, daß diese Entschädigungen wie Mieth- und Pachtzinse zu betrachten sind und unter den gleichen Voraussetzungen wie Pachtzinse von den Gläubigern beschlagnahmt werden können. Ich würde gegen diese Bestimmung meinerseits einen Einwand nicht zu erheben haben. Sonst handelt es sich nur um Abänderungen, welche das Berggesetz mit den Bestimmungen des Bürgerl. Gesetzbuchs und einigen anderen neuen Reichsgesetzen, insbesondere dem Handelsgesetzbuch, in Einklang bringen, gegen die ohnehin nach meinem Dafürhalten nicht aufzukommen sein wird. Wenn die Herren beschließen wollen, daß der Artikel 24 en bloc angenommen wird, so ist das nach meinem Dafürhalten allerdings ein etwas starker Eingriff in die parlamentarische Form der Behandlung solcher Gesetzentwürfe, aber materiell wird damit kaum ein anderes Resultat herauskommen, als wenn wir die sämmtlichen 22 Ziffern des Artikel 24 durchbesprechen.

Abg. **Conrad** (Korreferent): Der Vorschlag des Herrn Vorsitzenden klingt außerordentlich summarisch. Doch kann ich erklären, daß meinerseits eine Erinnerung dagegen nicht besteht. Ich war nicht in der Lage, den Herren tiefgehende Vorschläge oder Anträge zu bringen. Was speziell die vom Herrn Referenten berührte Frage der Entschädigungen betrifft, so bin auch ich der Ansicht, wie es ganz in der Ordnung ist, daß bezüglich dieser Entschädigungen die gleichen Rechte zu gelten haben, welche das Bürgerl. Gesetzbuch auch für die Verpachtung der Grundstücke gewährt, also deren Sicherstellung. Ich hätte mich in dieser Frage jedenfalls auch nur zustimmend aussprechen können. Im Uebrigen habe ich materielle Anträge nicht zu stellen.

Abg. **Lerno**: Auch ich kann mich nur für den Vorschlag des Herrn Vorsitzenden aussprechen, der jetzt um so mehr angezeigt ist, nachdem der Herr Referent bereits die einzige prinzipielle Frage, die darin vorkommt, vorgetragen hat und die übrigen von der Regierung vorgeschlagenen Aenderungen nur nothwendige Konsequenzen der neuen Gesetzgebung sind.

Gegenüber dem Bedenken des Herrn Referenten über den etwaigen Eingriff in die parlamentarische Behandlung möchte ich nur darauf hinweisen, daß der gemachte Vorschlag nicht ohne Vorbild ist; denn z. B. im vorigen Jahre hat das Plenum des Reichstags das ganze Handelsgesetzbuch in dritter Lesung ohne jegliche Debatte en bloc angenommen.

Abg. **Wagner**: Mir kommt allerdings für einen Ausschuß ein derartiger Beschluß etwas eigenthümlich vor; allein ich will eine Erinnerung gegen den
S. 308. Vorschlag des Herrn || Vorsitzenden nicht machen. Wenn im Plenum ein derartiger Vorschlag gemacht wird, so ist er begreiflich, sofern eine Ausschußberathung vorausgegangen ist. Hier liegt aber die Sache insofern anders, als wir gewissermaßen unseren Kollegen gegenüber die Verantwortung dafür übernehmen, daß wir die Sache gründlich geprüft haben, und daß wir den Kollegen sagen können: wir haben die Sache geprüft, es ist eine Erinnerung nicht zu machen, ihr könnt die Sache ruhig en bloc annehmen. Ich weiß aber nicht, ob wir in der Lage sind, das zu thun, wenn eine Ausschußberathung nicht vorausgegangen ist.

Vorsitzender: Da mein Vorschlag ein etwas ungewöhnlicher ist, bitte ich abzustimmen und ersuche diejenigen Herren, sich zu erheben, welche damit einverstanden sind, daß Artikel 24 en bloc angenommen wird. (Geschieht.)

Der Antrag ist angenommen. S. 308.

Wir gehen über zu **Artikel 25.**

Abg. **von Walter** (Referent): Die Artikel 25 und 26 des Entwurfs betreffen Abänderungen der Gesetze vom 29. April 1869, betr. die Gemeindeordnung für die Landestheile diesseits des Rheins und die Gemeindeordnung für die Pfalz. Die Abänderungen der Ziff. I—IV im Artikel 25 und I—IV im Artikel 26 sind ganz die gleichen und dürfte es sich deßhalb empfehlen, die beiden Artikel zusammen aufzurufen. Es besteht nur ein einziger Unterschied bezüglich der Ziff. V des Artikel 25.

Vorsitzender: Es steht sohin auch **Artikel** 26 zur Diskussion.

Abg. **von Walter** (Referent): In den beiden Gesetzen sollen zunächst Artikel 11 der diesseitigen Gemeindeordnung und Artikel 10 der pfälzischen Gemeindeordnung abgeändert werden in folgender Weise (Referent verliest). Die Abänderung der Absätze 2 und 3 entspricht einerseits den Bestimmungen der §§ 617 und 1617 des Bürgerl. Gesetzbuchs, anderseits aber auch der Abänderung des Artikel 21 des Heimatgesetzes, wie wir sie heute zu Ziff. III Nr. 2 bereits beschlossen haben. Es ist daher gegen diese Aenderung nichts zu erinnern und beantrage ich Zustimmung.

Abg. **Conrad** (Korreferent): Was uns zur Annahme vorgeschlagen wird, ist lediglich die Konsequenz bereits gefaßter Beschlüsse, worüber eine weitere Bemerkung nicht wohl veranlaßt ist.

Abg. **Segitz:** Wenn Artikel 11 der diesseitigen Gemeindeordnung geändert wird, dann ist es wohl am Platze, darauf hinzuweisen, welche Erschwerniß den Minderbemittelten bereitet wird bei Erwerb des Bürgerrechts durch die Erhebung der Bürgeraufnahmegebühr. Es ist Ihnen nicht unbekannt, daß in manchen Städten die Zahl der Umlagepflichtigen zur Zahl der Wahlberechtigten in großem Mißverhältnisse steht. In Nürnberg z. B. haben wir 33,000 Umlagezahlende und höchstens 7,000 Wähler zur Gemeindevertretung, also nur 7,000 Umlagepflichtige, welche die Möglichkeit haben, die hohe Bürgerrechtsgebühr zu bezahlen. Dadurch bildet sich in manchen Gemeindevertretungen eine einseitige Herrschaft aus, die nicht im Interesse der Gesammtheit liegt. Die Minderbemittelten, namentlich die Arbeiter, tragen zu den kommunalen Lasten sehr erheblich bei in Form von direkten Gemeindeumlagen und auch in Form von indirekten Steuern. Durch die Höhe der Bürgeraufnahmegebühr sind sie aber vollständig davon ausgeschlossen, an der Gemeindevertretung theilzunehmen, weil das Wahlrecht an Kosten geknüpft ist, die sie nicht aufbringen können. Daß die Gemeindevertretungen freiwillig auf die Aufhebung der Bürgeraufnahmegebühren verzichten, ist nicht wohl anzunehmen. Bis jetzt ist nur eine städtische Vertretung in dieser Beziehung mit gutem Beispiel vorangegangen, nämlich Fürth. Da haben sich in Folge Aufhebung der Bürgeraufnahmegebühr recht friedliche Zustände herausgebildet. Während früher heftige Parteikämpfe über den Gemeindehaushalt entstanden sind, sind dieselben verschwunden, seitdem alle Parteien in der Gemeindevertretung zusammenwirken. Ein ähnliches günstiges Verhältniß würde sich in den übrigen Gemeindevertretungen herausbilden, wenn man sich dazu entschließen könnte, durch Aufhebung der Bürgeraufnahmegebühr auch den Minderbemittelten die Möglichkeit zu geben, in die Gemeindevertretung einzutreten. Das finanzielle Erträgniß der einzelnen Gemeinden ist so gering, daß es kaum ernstlich in Betracht gezogen werden kann. Bei einem Etat von circa 14 Millionen hat die Kommune

S. 308. Nürnberg höchstens eine Einnahme von 15,000 M. jährlich durch die Bürgeraufnahmegebühr, eine Summe, welche kaum in's Gewicht fällt. Ich glaube, wir würden gut thun, die Bürgerrechtsgebühr zu beseitigen.

Abg. **von Walter** (Referent): Ich will nur bemerken, daß die Anregung des Herrn Abg. Segitz erstens mit dem Bürgerl. Gesetzbuch nicht in Zusammenhang steht und daß zweitens die Aufhebung der Bürgerrechtsgebühr eine Maßnahme ist, die doch nicht so nebenbei bei Berathung der Aenderungen, die ein Gesetz in Folge der Einführung des Bürgert. Gesetzbuchs erfahren muß, besprochen werden kann. Dazu, meine ich, müßte doch eine andere Gelegenheit ergriffen werden, als die uns heute vorliegende. So auf den ersten Anblick scheint mir die Anregung nicht sympathisch. Ich würde meinerseits doch schon glauben, daß den Gemeinden der Anspruch auf diese Gebühr nicht so leicht entzogen werden kann, da doch auch durch die Verleihung des Bürgerrechts die Gemeinden ganz erhebliche Lasten übernehmen, für die sie einige Ausgleichung erhalten müssen.

Abg. **Conrad** (Korreferent): Ich meine auch, die Anregung des Herrn Abg. Segitz geht sehr tief und kann heute unmöglich in der umfassenden Weise behandelt werden, wie sie behandelt werden muß.

In der Pfalz haben wir nur eine Heimatgebühr; aber wenn Herr Abg. Segitz meint, daß die Gebühren in den Gemeinden überhaupt in Wegfall kommen sollen, daß es für die Gemeindeangehörigkeit genügt, wenn der Ortsanwesende nur die Gemeindeumlagen entrichtet, so kann ich dem doch nicht zustimmen. Es kann übrigens die Heimatgebühr für sich schon so hoch stehen, als sonst die Bürgerrechts- und Heimatgebühr zusammen. Aber daß man den Begriff einer Gebühr, sei dieß Heimat- oder Bürgerrechtsgebühr, der gerechtfertigt ist durch die engere Zusammengehörigkeit, einfach verschwinden läßt, das würde doch zu weit gehen. Wir stehen ja nicht mehr auf dem Boden der altdeutschen Nutzungsgemeinde, die ein Privatrechtsbegriff war und alle Fremden ängstlich abschloß. Der neue Verkehr und die neue staatsrechtliche Entwicklung hat andere Formen geschaffen. Aber daß man Jemand, ohne daß er eine Reihe von Voraussetzungen erfüllt, einfach als Vollbürger aufnehme und ihn
S. 309. theilnehmen lasse an den engeren Verhältnissen und Vortheilen des Gemeindelebens, das geht doch nicht an. Die gewöhnlichen Vortheile, die die Gemeinde bietet, wie Straßen, Beleuchtung, öffentliche Brunnen, öffentliche Schulen rc. rc., genießt Jeder, der in der Gemeinde wohnt, aber zum vollen Genuß des Bürgerrechts gehört noch ein Weiteres und das kann nicht so einfach beseitigt werden.

Abg. **Landmann:** Ich bin auch der Ansicht des Herrn Referenten, daß wir eine so tief einschneidende Aenderung der Gemeindeordnung nicht bei diesem Anlaß vornehmen können. Mit Rücksicht hierauf möchte ich mich lediglich auf die Konstatirung beschränken, daß den Bürgerrechtsabgaben ganz wesentliche Rechte zur Seite stehen. Ich mache aufmerksam auf eine Reihe von Nutzungen an Stiftungen und von Nutzungen, welche nicht den sämmtlichen Gemeindeangehörigen, sondern nur den Bürgern vorbehalten sind.

Vorsitzender: Es wurde bereits von Seite des Herrn Referenten erwähnt, daß die Gelegenheit zur Stellung eines Antrags bezüglich Aufhebung der Bürgerrechtsgebühren nicht günstig gewählt sei. Wir stehen bei Artikel 25 des Entwurfs; aber ich darf vielleicht doch bemerken, daß die Heimatgebühr von der Bürgerrechtsgebühr in Abzug gebracht werden muß, und das ändert die Sache ganz bedeutend.

Da Niemand mehr das Wort ergreift, darf ich den Antrag des Herrn Referenten als angenommen erklären. S. 309.

Es sind also Artikel 25 Ziff. I und Artikel 26 Ziff. I angenommen.

Ziff. II.

Abg. **von Walter** (Referent): Ziff. II betrifft eine Abänderung des Artikel 13 Abs. 2 lit. f der dießrheinischen und des Artikel 11 Abs. 2 lit. f der pfälzischen Gemeindeordnung. In Artikel 13 der dießrheinischen und Artikel 11 der pfälzischen Gemeindeordnung wird festgesetzt, wann die Gemeinde zur Versagung des Bürgerrechts befugt ist. Unter lit. f ist in beiden Gesetzen auch dieses Versagungsrecht festgestellt, wenn der Bewerber einem gerichtlichen Verfahren wegen Verhängung der Kuratel unterliegt. Der Entwurf schlägt nun vor, die Bestimmung dahin abzuändern: „wenn das Entmündigungsverfahren gegen ihn eingeleitet ist". Es handelt sich blos um eine Aenderung, welche dem Sprachgebrauche des Bürgerl. Gesetzbuchs entspricht, und beantrage ich Zustimmung.

Abg. **Conrad** (Korreferent): Ich beantrage gleichfalls Zustimmung.

Vorsitzender: Der Antrag des Herrn Referenten ist angenommen.

Ziff. III.

Abg. **von Walter** (Referent): Eine weitere Aenderung wird in Ziff. III vorgeschlagen zu Artikel 15 Abs. 5 und Artikel 47 Abs. 4 Satz 3 der dießrheinischen, dann zu Artikel 37 Abs. 3 Satz 3 der pfälzischen Gemeindeordnung. In den beiden Gesetzen findet sich der Ausdruck „minderjährige und unter Kuratel stehende Personen". Dieser Ausdruck soll nach dem Vorschlag des Entwurfs ersetzt werden durch die Worte „Minderjährige und Personen, die entmündigt oder nach § 1906 des Bürgerlichen Gesetzbuchs unter vorläufige Vormundschaft gestellt sind". Diese Aenderung entspricht nicht nur den Bestimmungen des Bürgerl. Gesetzbuchs, sondern auch verschiedenen Beschlüssen, welche wir bereits gefaßt haben. Ich beantrage Zustimmung.

Abg. **Conrad** (Korreferent): Auch hier kann ich mich nur zustimmend verhalten.

Vorsitzender: Der Antrag des Herrn Referenten ist angenommen.

Ziff. IV.

Abg. **von Walter** (Referent): In Artikel 67 der dießrheinischen und Artikel 51 der pfälzischen Gemeindeordnung werden Bestimmungen getroffen für den Fall, daß der Zweck einer Stiftung unausführbar geworden ist. Diese Bestimmungen sollen sowohl in der dießrheinischen wie in der pfälzischen Gemeindeordnung durch folgende Bestimmungen ersetzt werden (Referent verliest). Die neue Fassung ist schon bei Berathung des Ausführungsgesetzes besprochen worden, ist durch § 87 des Bürgerl. Gesetzbuchs veranlaßt und daher nicht zu beanstanden. Ich beantrage Zustimmung.

Abg. **Conrad** (Korreferent): Die neue Fassung des Entwurfs scheint auch mir korrekter. Sie schließt sich an das Bürgerl. Gesetzbuch an. Auch im Bürgerl. Gesetzbuch, wie in dem bisherigen Artikel 67 der Gemeindeordnung ist das Eingreifen der Behörde fakultativ, wenn es sich darum handelt, eine Stiftung, die sich als unausführbar erwiesen hat, entsprechend abzuändern. Ich kann damit um so mehr einverstanden sein, als ich bereits bei einem anderen Anlaß mir erlaubt habe, dem Wunsche Ausdruck zu geben, daß mit Rücksicht auf die bestehende Streitfrage, was als Stiftung des öffentlichen

S. 309. Rechts, was als Stiftung des bürgerlichen Rechts zu betrachten ist, möglichst für beide Kategorien eine einigermaßen gleichmäßige Behandlung eintreten sollte. Das ist hier nun insoferne wenigstens geschehen, als auch für diejenigen örtlichen Stiftungen, die unter der Aufsicht der Gemeinde stehen, dieser Artikel einschlagen soll. Leider ist nicht für alle Fälle Zweifellosigkeit geschaffen, denn die Motive sprechen sich dahin aus, daß über die Frage, was eine Stiftung des bürgerlichen Rechts und was eine Stiftung des öffentlichen Rechts ist, die Ansichten noch auseinandergehen und daß auch hier nur diejenigen Stiftungen, welche in gemeindlicher Verwaltung stehen, in die neuen Normen herübergenommen werden können. Die Fassung des Artikels könnte vielleicht auch die Meinung aufkommen lassen, als ob auch die Privatstiftungen, die Stiftungen des bürgerlichen Rechts, hier gemeint seien. Das ist wohl nicht der Fall, denn diese gehören, wie ich einer Anmerkung zu § 89 des Bürgerl. Gesetzbuchs in der Ausgabe „Fischer-Henle" entnehme, unter allen Umständen vor die Civilbehörden; es wird also der Zweifel hier als beglichen gelten können. Ich hätte freilich gewünscht, daß es noch in weiterem Umfange möglich gewesen wäre, die Fälle der Unklarheit von vornherein zu beseitigen. Ueber den Regierungsvorschlag können wir aber hier nicht hinausgehen.

Vorsitzender: Da Niemand das Wort begehrt, darf ich annehmen, daß Ziff. IV in beiden Artikeln angenommen ist.

Es bleibt noch Ziff. V des Artikel 25.

Abg. **von Walter** (Referent): Artikel 112 der dießrheinischen Gemeindeordnung bestimmt, in welchen Fällen der Magistrat an die Zustimmung der Gemeindebevollmächtigten gebunden ist, und bestimmt insbesondere in Abs. 1
S. 310. Ziff. 12, daß dieß der Fall ist bei Abschließung von Vergleichen oder bei Erklärung des Streitabstandes, wenn dadurch eine Aenderung an der Substanz des Gemeinde- oder Stiftungsvermögens herbeigeführt wird. Der Entwurf schlägt vor, die Bestimmung dahin zu ändern (Referent verliest Ziff. V). Es soll also eine Zustimmung der Gemeindebevollmächtigten nicht erforderlich sein, wenn der Streitabstand erklärt wird. Ich bin nicht in der Lage, zu ermessen, wie oft ein Streitabstand in Prozessen vorkommt, welche Gemeinden führen; aber an und für sich scheint es mir doch bedenklich, die Erklärung des Streitabstandes hier ganz wegzulassen, weil sie nur dann der Zustimmung der Gemeindebevollmächtigten unterliegt, wenn eine Aenderung an der Substanz des Gemeindevermögens dadurch herbeigeführt wird. Ich kann mir wohl Fälle denken, in welchen es sich um Grundstücke, um Rechte handelt, die zu einem Prozeß zwischen Gemeinde und anderen Personen führen und die dann, wenn die Gemeinde den Streitabstand erklärt, eine wesentliche Aenderung der Substanz des Gemeindevermögens herbeiführen, und in solchen Fällen, glaube ich, sollte man den Streitabstand gerade so behandeln wie den Vergleich. Vorbehaltlich besserer Aufklärung wäre ich deßhalb im Augenblick geneigt, die vorgeschlagene Aenderung abzulehnen.

Abg. **Conrad** (Korreferent): Es handelt sich darum, ob man blos wegen des Vergleichs oder auch wegen Abstehens vom Streit die neue Norm treffen will. Es ist mir beim Lesen des Artikels in der That nicht überzeugend klar geworden, warum man hier eine solche Unterscheidung treffen will und demgemäß diese Aenderung vorgeschlagen hat.

Senatspräsident Dr. **von Jacubezky:** In der Begründung ist gesagt, daß die Vorschrift schon durch die Civilprozeßordnung beseitigt ist, durch § 54 der neuen, § 52 der alten Fassung:

„Einzelne Prozeßhandlungen, zu welchen nach den Vorschriften des bürgerlichen Rechts eine besondere Ermächtigung erforderlich ist, sind ohne dieselbe gültig, wenn die Ermächtigung zur Prozeßführung im Allgemeinen ertheilt oder die Prozeßführung auch ohne eine solche Ermächtigung im Allgemeinen statthaft ist“. S. 310.

Der Streitabstand ist eine Prozeßhandlung und in Folge dessen ist eine Beschränkung der Vertretungsmacht dahin, daß für diese Handlung eine besondere Ermächtigung erforderlich sein soll, mit Wirkung gegenüber dem Prozeßgegner nicht möglich. Die Civilprozeßordnung geht davon aus, daß der Vetreter eine allgemeine Vertretungsmacht für den Prozeß haben muß, daß die Genehmigung für einzelne Prozeßhandlungen nicht einer Aufsichtsbehörde oder einem besonderen Organe der vertretenen juristischen Person vorbehalten werden kann. Wenn die Klage zurückgenommen oder im Prozeß ein Anerkenntniß abgegeben wird, so ist das eine Prozeßhandlung, die dem Gegner gegenüber auch ohne Zustimmung der Gemeindebevollmächtigten wirksam ist.

Abg. **von Walter** (Referent): § 54 der Civilprozeßordnung handelt doch blos von der Wirksamkeit der einzelnen Prozeßhandlungen gegenüber der Gegenpartei. Das ist richtig, daß die Gegenpartei, wenn einmal der Vertreter der Gemeinde den Abstand vom Streit erklärt, geschützt sein muß gegen eine Anfechtung seiner Erklärung von Seite der Gemeindebevollmächtigten. Allein auf der anderen Seite ist doch das Verhältniß zwischen dem gemeindlichen Vertreter und seinem Auftraggeber zu berücksichtigen. Ich glaube, daß wohl nicht bestritten werden kann, daß, wenn die Prozeßordnung einmal dahin lautet, daß auch zum Vergleichsabschluß Vollmacht ertheilt wird, der Vergleich auch giltig ist, wenn ein solcher abgeschlossen wird; aber die Frage, ob der Vertreter zum Abschluß des Vergleichs berechtigt ist, regelt sich nur nach dem Verhältniß zwischen ihm und dem Auftraggeber. Wenn der Auftraggeber in dem Falle sagt: ich kann den Vergleich nicht ohne Zustimmung der Gemeindebevollmächtigten als abgeschlossen erachten, so wird sich der Vertreter danach zu richten haben, und das Gleiche sollte auch beim Abstand vom Streit der Fall sein. Es ist das allerdings eine Handlung, die zwischen den Parteien sich abspielt, aber das Verhältniß des Vertreters einer Gemeinde kann doch nicht ohne Weiteres durch Abänderung von Bestimmungen der Gemeindeordnung gelöst werden. Ich sehe in dieser Beziehung nicht klar genug, aber wir haben ja die Ehre, eine Reihe von Vertretern von Gemeinden unter uns zu haben, vielleicht kann der eine oder andere uns Anhaltspunkte geben. Aber § 54 der Civilprozeßordnung zwingt uns nach meinem Dafürhalten absolut nicht, den Streitabstand im Artikel 112 zu streichen.

Senatspräsident Dr. **von Jacubezky:** Artikel 112 der Gemeindeordnung hat den Sinn, daß die Vertretungsmacht des Magistrats nach außen hin beschränkt wird. Als Wille der Gemeinde gilt, wie auch schon vom obersten Landesgericht ausgesprochen worden ist, nur der übereinstimmende Beschluß beider Gemeindekollegien. Es geht nicht an, eine Vorschrift, die lediglich die Verpflichtung des Magistrats begründet, von seiner Vertretungsmacht nicht ohne Zustimmung der Gemeindebevollmächtigten Gebrauch zu machen, unter den Bestimmungen zu treffen, welche die Vertretungsmacht des Magistrats dahin beschränken, daß er ohne die Zustimmung der Gemeindebevollmächtigten nicht im Namen der Gemeinde handeln kann. Eine solche Vorschrift ist eine Vorschrift ganz anderen Inhalts als die Vorschriften des Artikel 112. Sollte es für nothwendig erachtet werden, dem Magistrat eine

S. 310. solche Verpflichtung aufzuerlegen, so müßte eine besondere Vorschrift aufgenommen werden, die einen besonderen Absatz zu bilden hätte. Ich kann aber nicht glauben, daß hiefür ein Bedürfniß besteht. Es ist insbesondere nicht einzusehen, warum der Magistrat den Verzicht auf einen Anspruch der Gemeinde oder die Anerkennung des gegnerischen Anspruchs nach der Erhebung der Klage nur mit Zustimmung der Gemeindebevollmächtigten soll erklären dürfen, wenn er vor der Erhebung der Klage nach Artikel 112 Ziff. 7 zu dem Verzicht oder der Anerkennung der Zustimmung der Gemeindebevollmächtigten nicht bedarf. Im Falle eines Verschuldens sind die Mitglieder des Magistrats ja ohnehin haftbar.

Ein Vergleich ist nicht eine Prozeßhandlung, sondern ein selbständiges Rechtsgeschäft des bürgerlichen Rechts. In diesem Sinne ist die Streitfrage vom Reichsgericht entschieden worden. Für den Vergleich findet sich eine dem Artikel 112 Ziff. 12 entsprechende Vorschrift auch in § 1822 Nr. 12 des Bürgerl. Gesetzbuchs, dagegen nicht für den Streitabstand. Ob der Vergleich vor oder nach dem Beginn eines Rechtsstreits geschlossen wird, ist gleichgiltig.

Der Ausdruck „Streitabstand" ist übrigens dem Sprachgebrauche der Civilprozeßordnung fremd und keineswegs glücklich gewählt.

S. 311. Abg. **von Walter** (Referent): Daß der Ausdruck „Streitabstand" unter Ziff. 12 des Artikel 112 Abs. 1 auch zugleich als Verzicht auf den Gegenstand aufgefaßt wird und aufgefaßt werden kann, geht aus der weiteren Bestimmung hervor: es ist die Zustimmung der Gemeindebevollmächtigten nothwendig, wenn dadurch eine Aenderung der Substanz des Gemeinde- oder Stiftungsvermögens herbeigeführt wird, und weil der Streitabstand hienach zugleich als Verzicht auf den Gegenstand aufgefaßt wird, muß er ebenso wie der Vergleich der Genehmigung der Gemeindebevollmächtigten unterliegen. Nur in dieser Einschränkung habe ich Bedenken gegen die Streichung der Worte „Erklärung des Streitabstandes", weil für die Aenderung der Substanz des Gemeindevermögens die Zustimmung der Gemeindebevollmächtigten nicht umgangen werden kann und darf.

Ich glaube, daß Artikel 112 der Gemeindeordnung weniger die Zuständigkeit des Magistrats nach außen regelt als das Verhältniß des Magistrats zu den Gemeindebevollmächtigten. Die Außenwelt braucht sich wohl um die Bestimmung nicht zu kümmern, ob wirklich der Magistrat daran gebunden ist, in allen in den im Artikel 112 aufgeführten Fällen die Zustimmung der Gemeindebevollmächtigten zu erholen.

Ich kann auch nach den bisherigen Erörterungen nicht zugeben, daß die Erklärung des Streitabstandes im Artikel 112 entbehrlich ist.

Abg. **Landmann**: Ich möchte mich auch der Auffassung des Herrn Referenten anschließen. Es ist richtig, nach den Ausführungen des Herrn Senatspräsidenten handelt es sich zunächst um eine civilprozessuale Bestimmung; aber ich kann mir nicht denken, daß ein Magistrat den Streitabstand erklären wird, ohne das Gemeindekollegium gehört zu haben, weil es sich doch wahrscheinlich um einen Verzicht handeln wird. Es ist sehr gut denkbar, wenn wir das Wort „Streitabstand" streichen, daß dann Streitigkeiten und Differenzen zwischen Magistrat und Gemeindekollegium vorkommen werden, und ich halte daher diese Bestimmung sogar für nothwendig. Lediglich prozessuale Fälle, von welchen der Herr Senatspräsident sprach, also wenn es sich um einen Streitabstand handelt, wo kein Verzicht dabei ist, werden in den seltensten Fällen vorkommen. Ich bin also dafür, daß die bisherige Bestimmung belassen wird.

Senatspräsident Dr. **von Jacubezky**: Wenn die Herren so schwere Bedenken hegen, so kann auf die Aenderung verzichtet werden. Das, was sich aus dem § 54 der Civilprozeßordnung ergibt, gilt ja schon seit dem 1. Oktober 1879 und dabei hat es auch für die Zukunft sein Bewenden. S. 311.

Abg. **Conrad** (Korreferent): Ich hatte an dieser Stelle mir ebenfalls meine Bedenken notirt gehabt und zwar genau im Sinne des Herrn Referenten. Wenn wir die Ziffer stehen lassen, bleibt sie stehen mit dem Zusatz, wie ihn jetzt Artikel 112 enthält. Wenn dadurch einmal eine Aenderung in der Substanz des Gemeindevermögens herbeigeführt wird, muß auch meines Erachtens die Ermächtigung der Gemeindebevollmächtigten erfolgen. Lassen wir die Bestimmung stehen, so bleibt Alles beim Alten und der § 54 der Civilprozeßordnung in der neuen Fassung würde sich auf ein rein prozessuales Gebiet beziehen.

Abg. Dr. **Casselmann**: Der Herr Referent hat zur Begründung seiner Anschauung den Satz ausgesprochen, daß, wenn die Vertreter des Magistrats in einem Prozesse, ohne sich an den Artikel 112 — ich meine nicht speziell Ziff. 12, sondern überhaupt den Artikel 112 — zu halten, mit dem Gegner einen Vergleich abschließen, dieser dem Gegner gegenüber auch dann Giltigkeit habe, wenn die Zustimmung der Gemeindebevollmächtigten nicht beigeholt wird. Meiner Meinung nach ist die Zustimmung der Gemeindebevollmächtigten in den Fällen des Artikel 112 derart nothwendig, daß ohne ihre Zustimmung die Handlung des Magistrats überhaupt nicht rechtsgiltig ist, auch dem Dritten gegenüber. Nachdem diese Frage aufgeworfen wurde, möchte ich um eine Aeußerung der k. Staatsregierung bitten.

Abg. **Fuchs**: Ich halte die Ausführungen des Herrn Dr. Casselmann für zutreffend. Wenn ein Magistrat ohne Zustimmung des Gemeindekollegiums einen dießbezüglichen Vergleich abschließen würde, so wäre dieser nach meinem Dafürhalten nicht rechtsgiltig. Ein vorsichtiger Notar wird einen solchen Vergleich nur dann beurkunden, wenn Beschlüsse des Magistrats und des Gemeindekollegiums vorliegen, oder wenn in der Urkunde selbst die nachträgliche Vorlage dieser Beschlüsse zugesichert wird; bis zu dieser Vorlage kann die Urkunde nicht vollzogen werden.

Im Uebrigen möchte ich eine Schmälerung der Rechte des Gemeindekollegiums nicht befürworten und mich auch dafür aussprechen, daß Ziff. 12 des Artikel 112 Abs. 1 der Gemeindeordnung unverändert belassen werde.

Abg. Dr. **Casselmann**: Was versteht man denn unter Streitabstand im Sinne des Artikel 112? Dieser Begriff ist der Terminologie der Reichscivilprozeßordnung fremd. Es kann sich doch nur um Zurücknahme der von der Gemeinde gestellten Klage oder um Anerkenntniß des Klagsanspruchs durch die Gemeinde handeln. Sollte man da nicht einen Ausdruck wählen, der dem Sprachgebrauch der Civilprozeßordnung entspricht?

Abg. **von Walter** (Referent): Es ist das die Erklärung, daß man den Prozeß nicht fortsetzen will.

Die Zurücknahme der Klage ist etwas Anderes als der Streitabstand. Vom Streit kann auch der Beklagte abstehen. Streitabstand ist einfach die Erklärung: ich setze den Prozeß nicht mehr fort und zahle die Kosten.

Vorsitzender: Ich kann in der Annahme der Regierungsvorlage gar nichts Verfängliches erblicken; denn der Magistrat wird eben einfach den Prozeß nicht mehr fortsetzen und damit ist die Sache aus. Wenn es sich aber um

S. 311. die Prozeßkosten handelt, wie er das Geld herbeischafft, das wird er dann mit dem Gemeindekollegium auszumachen haben und deßhalb sich vorher sicher stellen. Ich halte die Annahme der Regierungsvorlage in Ziff. V für die Gemeinden nicht nachtheilig. Meiner Ansicht nach haben die Gemeinden keine Ursache, daraus Bedenken zu schöpfen.

Abg. **von Walter** (Referent): Der Magistrat ist zur Einholung der Zustimmung der Gemeindebevollmächtigten zu einem Streitabstand nur dann verpflichtet, wenn dadurch eine Aenderung an der Substanz des Gemeinde- oder Stiftungsvermögens herbeigeführt wird. Ich setze den Fall, eine Stadtgemeinde wird verklagt, wie das ja hier öfters vorkommt, wegen des Eigenthums an einem Theil eines Kanals. Der Kläger behauptet: An dem Theile des Stadt-
S. 312. baches steht mir das Eigenthum zu. Der Magistrat entgegnet: ‖ Das Eigenthum steht der Stadtgemeinde zu, Du hast nur ein Dienstbarkeitsrecht daran. Im Prozeß erklärt nun der Magistrat: ich führe den Streit nicht mehr und gibt damit das Eigenthum am Stadtbach auf. Damit wird die Substanz des Gemeindevermögens verändert und in diesem Falle ist nach der jetzigen Bestimmung des Artikel 112 der Magistrat verpflichtet, die Zustimmung der Gemeindebevollmächtigten einzuholen. Es ist das doch ein wichtiger Fall, denn durch das Eigenthum eines Theiles am Stadtbach kann die ganze Benützbarkeit des Baches für die Stadtgemeinde unmöglich werden und es tritt also jedenfalls eine Veränderung in der Substanz des Vermögens ein. In allen diesen Fällen kann der Magistrat nicht für sich allein ein solches Recht aufgeben, und weil das der Fall ist und weil nicht eine prozessuale Handlung allein in Frage kommt, sondern weil ein materiellrechtlicher Inhalt gegeben ist, halte ich die Aufrechterhaltung der Bestimmung für nothwendig.

Abg. **Wagner:** Der Ausdruck hängt wohl zusammen mit der Terminologie der Civilprozeßordnung von 1869. Damals hatten wir ausdrücklich Bestimmungen über den Streitabstand, die sich allerdings nicht decken mit den Bestimmungen der nunmehrigen Civilprozeßordnung über Zurücknahme der Klage. Nachdem nun die k. Staatsregierung selbst ihre Zustimmung dazu gibt, die Ziff. V fallen zu lassen, so glaube ich, daß wir es dabei bewenden lassen können. Es wird kaum einen vorsichtigen Magistrat geben, welcher in solchen Fällen ohne vorheriges Befragen der Gemeindebevollmächtigten eine Erklärung abgibt, durch welche werthvolle Rechte der Gemeinde beseitigt werden. Es ist der Sinn des Artikel 112 Ziff. 12 allerdings seit 1879 ein anderer, als er früher war, allein, nachdem man bisher damit auskam, wird es sich wohl auch künftighin machen lassen. Ich bin dafür, man lasse es, wie es ist, und lehne die Ziff. V ab.

Senatspräsident Dr. **von Jacubezky:** Ich habe vorhin schon gesagt, daß nach meiner Auffassung der Magistrat zu einem Vergleiche der Zustimmung der Gemeindebevollmächtigten bedarf, auch wenn der Vergleich im Laufe eines Rechtsstreits geschlossen wird, weil der Vergleich nicht eine prozessuale Handlung im Sinne des § 54 der Civilprozeßordnung ist.

Vorsitzender: Ich konstatire, daß Ziff. V der Regierungsvorlage abgelehnt ist. Damit ist die Sache erledigt. —

Abg. **Conrad** (Korreferent): Es ist mir aus den Kreisen der pfälzischen Gemeindeschreiber die Anregung geworden, bei diesem Anlaß eine Bitte vorzutragen, die zum Theil bereits in der Gemeindeordnungsnovelle von 1896 ihre Erledigung gefunden hat. Es bitten die Gemeindeschreiber, daß sie durch den Gemeinderath und nicht, wie früher es theilweise der Fall war, durch den Bürgermeister zu ihrer Stellung berufen werden. Der Gemeindeschreiber war früher in den pfälzischen Gemeinden recht eigentlich nur das Organ des Bürgermeisters, der ihn aufgestellt hatte und der ihn auch entlassen konnte. Diese Bestimmung ist nun abgeändert worden durch den Artikel 64 der pfälzischen Gemeindeordnung neuer Fassung. Dort ist gesagt, daß der Gemeinderath es sei, der das Personal aufstellt und natürlich auch entläßt. Nach ihrer Stellung im Gesetze bezieht sich diese Bestimmung aber nicht auf die Gemeindeschreiber jener Bürgermeistereien, welche sich auf mehrere Gemeinden erstrecken. Man hat in der Pfalz, während dieß in Bayern rechts des Rheins nur sehr vereinzelt der Fall ist, auch kombinirte Bürgermeistereien und zwar in sehr großer Zahl. Unter den sämmtlichen vorhandenen Bürgermeistereien — 438 an der Zahl — sind nicht weniger als 127 solche kombinirte, die also mehrere Gemeinden umfassen. Die Gemeindeschreiber dieser kombinirten Bürgermeistereien, deren Verhältnisse in Artikel 84 der pfälzischen Gemeindeordnung geregelt sind, stehen noch unter der alten Norm, daß nämlich der Bürgermeister allein es ist, der sie aufzustellen und zu entlassen hat. Von ihm allein sind sie abhängig. Sie erkennen wohl die Folgen einer solchen Stellung. Solche Gemeindeschreiber halten es meist durch die Umstände geboten mit dem Bürgermeister, dessen Schicksal sie theilen, wenn ein neues Regiment oder eine neue Wahl ein anderes Oberhaupt für die Gemeinde bringt. Dadurch ist ihre Stellung zweifellos eine höchst prekäre. Es bedarf wohl keiner weiteren Worte, um Ihnen zu sagen, welche Zufälligkeiten oft in Gemeinden wirken, um ein neues Regiment in die Höhe zu bringen, wie da oft Parteiverhältnisse herrschen, die man nicht billigen kann, die aber dann den Ausschlag geben; daß trotz aller Zurückhaltung der Gemeindeschreiber dennoch in diese Strömung mit hineingerissen wird, ist begreiflich. Der Gesetzgeber von 1896 hat auch bezüglich der Gemeindeschreiber, wie schon bemerkt, in einfachen Bürgermeistereien eine neue Ordnung getroffen. Er hat das mißliche Verhältniß, als welches es damals erkannt wurde, berücksichtigt und den Gemeinderath als Organ bestellt, der das Gemeindepersonal mit Einschluß der Gemeindeschreiber zu berufen hat. Nun möchten aber auch die Gemeindeschreiber der kombinirten Bürgermeistereien mit hereingenommen werden und bitten, es möchte in diesem Sinne Artikel 84 der Gemeindeordnung abgeändert werden. Man glaubt, diese Vorschrift sei lediglich in Folge eines Versehens in der alten Fassung stehen geblieben und es sei, wenn man die Tendenz der Gemeindeordnungsnovelle von 1896 richtig auffasse, eigentlich selbstverständlich, daß auch die Gemeindeschreiber in kombinirten Bürgermeistereien in dieser Weise bedacht würden. Ich möchte um Aufschluß Seitens der Regierung bitten, ob Geneigtheit besteht, diesen Wünschen der Gemeindeschreiber in der Pfalz entgegenzukommen. S. 312.

Ministerialrath Hörmann: Wie der Herr Korreferent selbst schon dargelegt hat, wurden früher nach der pfälzischen Gemeindeordnung vom 29. April 1869 in der Pfalz die Gemeindeschreiber vom Bürgermeister aufgestellt und sie konnten nur in widerruflicher Weise aufgestellt werden. Es wurde dieses Verhältniß von Seite der Betheiligten als sehr mißlich gefühlt und auf wiederholte Anregungen hin wurde im Jahre 1896, wie der Herr Korreferent schon erwähnt hat, darin eine Aenderung getroffen und die Bestimmung in Einklang gebracht mit den Verhältnissen der diesrheinischen Gemeindeordnung. Es werden also jetzt die Gemeindeschreiber in der Pfalz vom Gemeinderath auf-

S. 312. gestellt und sie können auch unwiderruflich aufgestellt werden. Es besteht in dieser Beziehung jetzt Uebereinstimmung der beiden Gemeindeordnungen.

Nun hat der Herr Korreferent bemerkt, diese Aenderung sei nicht getroffen worden für kombinirte Bürgermeistereien, deren es in der Pfalz noch ziemlich viele gibt, und man sei in den interessirten Kreisen der Ansicht, es beruhe das auf
S. 313. Versehen. Das ist nun aber nicht der Fall, sondern die || Aenderung wurde absichtlich auf solche Bürgermeistereien nicht erstreckt und schon deßhalb nicht, weil darin wieder eine Abweichung hervorgerufen würde gegenüber der dießrheinischen Gemeindeordnung, denn auch die dießrheinische Gemeindeordnung enthält Bestimmungen über Bürgermeistereien, obschon allerdings davon ja überhaupt wenig Gebrauch gemacht worden und jetzt diese Bestimmungen nahezu gegenstandslos geworden sind; aber sie bestehen noch und könnten jeden Augenblick wieder in's Leben treten. In der hier fraglichen Beziehung besteht nun die ganz gleiche Bestimmung in der dießrheinischen, wie in der pfälzischen Gemeindeordnung. Die dießrheinische Gemeindeordnung sagt in Artikel 152 Schlußsatz: „Die Aufstellung des in Abs. I genannten Personals kommt dem Bürgermeister zu", und das Nämliche sagt Artikel 84 der pfälzischen Gemeindeordnung: „Die Aufstellung des in Abs. I genannten Personals kommt dem Bürgermeister zu." In dieser Beziehung sind also die Betheiligten diesseits und jenseits ganz gleich gestellt. Aber es dürfte kaum ein Bedürfniß gegeben sein, hier eine Wandlung eintreten zu lassen; denn es handelt sich dabei nur um den Gemeindeschreiber für den Bürgermeister selbst, soweit als er nur für die Bürgermeisterei allein, nicht auch für die gemeinsamen Geschäfte der darin vereinigten Gemeinden verwendet wird. Wird er zu gleicher Zeit verwendet für die Geschäfte der in der Bürgermeisterei umfaßten Gemeinden, so ist er nicht lediglich Gemeindeschreiber des Bürgermeisters, sondern er ist auch Gemeindeschreiber für die betreffenden Gemeinden, sei es nun für sämmtliche Gemeinden oder vielleicht nur für jene, wo der Sitz des Bürgermeisters ist. Ich glaube, es wird sehr wenige Gemeindeschreiber geben, die lediglich für die Bürgermeistereigeschäfte selbst aufgestellt werden. In der Regel werden sie auch verwendet werden für die Geschäfte in den vereinigten Gemeinden oder wenigstens in der Gemeinde des Bürgermeistersitzes. In diesem Falle aber muß ihre Aufstellung durch den betreffenden Gemeinderath erfolgen und es tritt von selbst ein, was Artikel 64 der neuen Fassung in dieser Beziehung bestimmt. Ich glaube also nicht, daß hier eine Lücke im Gesetze besteht, und glaube auch nicht, daß die Interessenten dadurch in besonderen Nachtheil versetzt sind.

Abg. **Michel**: Auch an mich sind dieselben Wünsche herangetreten, wie an den Herrn Kollegen Conrad. Ich schließe mich seinen Ausführungen in allen Theilen an. Nach den Erklärungen des Herrn Ministerialkommissärs aber verzichte ich vorerst auf weitere Ausführungen und begnüge mich damit, daß diese Erklärungen einfach zu Protokoll konstatirt werden.

Abg. **Conrad** (Korreferent): Ich möchte nur meiner Freude über die Aufschlüsse des Herrn Ministerialkommissärs Ausdruck geben. Sie sind außerordentlich beachtens- und dankenswerth, und wenn ich sie richtig auffasse, so wäre eigentlich für die betheiligten Kreise jede Befürchtung geschwunden. Ich meine aber, die bisherigen Anschauungen in jenen Kreisen sind andere gewesen. Die Betheiligten glaubten, durch ihre Aufstellung lediglich Seitens des Bürgermeisters, der sie zunächst beruft und anstellt, seien sie auch abhängig von ihm. Wenn sie nun aber thatsächlich mit Angelegenheiten der in der Bürgermeisterei

vereinigten Gemeinden beschäftigt sind und dadurch die Qualität eines Gemeinde- S. 313.
schreibers im Sinne des Artikel 64 erhalten, so erscheint ihre Stellung ja als eine andere, und ich glaube, sie könnten durch die heutigen Aufschlüsse beruhigt sein. Bisher war diese Auffassung freilich nicht vorhanden. —

Sodann wird die Sitzung auf den 9. Dezember Vormittags 9½ Uhr vertagt.

(Schluß der Sitzung um 1 Uhr.)

von Stobäus,
Vorsitzender.

Michel,
Schriftführer.

---

19. S. 315.

Protokoll

über die Sitzung des besonderen (XVIII.) Ausschusses der Kammer der Abgeordneten zur Berathung der durch die Einführung des Bürgerlichen Gesetzbuchs veranlaßten Gesetzentwürfe.

(Beilagenband XX, Abth. II, z. d. Verhandl. d. K. d. Abg. 1898 Seite 315 bis 335.)

München, den 9. Dezember 1898, Vormittags 9½ Uhr.

Gegenwärtig:

Die Vertreter der k. Staatsregierung: der k. Staatsminister der Justiz Dr. Freiherr von Leonrod, Excellenz, der k. Senatspräsident am obersten Landesgerichte Dr. Ritter von Jacubezky, der k. Ministerialdirektor, Vorstand der k. Versicherungskammer Dr. Ritter von Haag, der k. Ministerialrath im Staatsministerium des Innern Ritter von Thelemann, der k. Oberregierungsrath im Staatsministerium des Innern Krazeisen;

ferner die Ausschußmitglieder: von Stobäus, Vorsitzender, Wagner, Stellvertreter des Vorsitzenden, Dr. Casselmann, Schriftführer, Michel, Stellvertreter des Schriftführers, Conrad, Fuchs, Joseph Geiger, Joseph Huber, Landmann, Lutz, Seeberger, Segitz, von Walter (Lerno und Dr. Ratzinger entschuldigt).

Tagesordnung:

Entwurf eines Gesetzes, die durch die Einführung des Bürgerlichen Gesetzbuchs veranlaßten Aenderungen der seit 1818 erlassenen Gesetze betreffend.

Artikel 27 mit 33.

Erste Lesung.

Der Vorsitzende **von Stobäus** eröffnet um 9 Uhr 37 Minuten die Sitzung.

Die Berathung beginnt mit **Artikel 27.**

Abg. **von Walter** (Referent): Artikel 27 betrifft die Abänderungen, welche zum Gesetze vom 29. April 1869, die öffentliche Armen- und Krankenpflege betreffend, nothwendig sind. In Bezug auf diese Aenderungen ist maßgebend Artikel 103 des Einführungsgesetzes zum Bürgerl. Gesetzbuch, wonach unberührt bleiben die landesgesetzlichen Vorschriften, nach welchen der Staat sowie Verbände und Anstalten, die auf Grund des öffentlichen Rechts zur Gewährung von Unterhalt verpflichtet sind, Ersatz der für den Unterhalt gemachten Aufwendungen von der Person, welcher sie den Unterhalt gewährt haben, sowie von denjenigen verlangen können, welche nach den Vorschriften des Bürgerl. Gesetzbuchs unterhaltspflichtig waren. Der Artikel 103 ist blos vorsorglich in's Gesetz aufgenommen worden und zwar insbesondere aus

S. 315. dem Grunde, weil nicht immer ganz zweifellos ist, ob der in der Armengesetzgebung gewährte Anspruch öffentlicher Verbände gegen die unterhaltspflichtigen Verwandten eines Unterstützten öffentlich- oder privatrechtlicher Natur ist. Es wird weiter ausgeführt in den Anmerkungen, daß der Vorbehalt sich nur auf den Unterhaltsanspruch bezieht, also das auf Ehe oder Verwandtschaft beruhende Recht auf Alimentation umfaßt, mithin nicht auch den aus einer unerlaubten Handlung entstehenden Anspruch auf Schadensersatz. In Bezug auf Letzteres wird insbesondere in Betracht kommen, daß in den Fällen, in welchen eine Unterhaltspflicht aus einer strafbaren Handlung gegeben ist, das Bürgerl. Gesetzbuch überhaupt nicht den Ausdruck „Unterhaltspflicht", sondern „Ersatzpflicht" gebraucht. Da Artikel 103 nur eine Ausnahme von den Vorschriften des Bürgerl. Gesetzbuchs betrifft, so muß auch der Begriff der Unterhaltspflicht im strikten Sinne aufgefaßt und darf nicht mit den Fällen vermischt werden, in denen es sich nicht um eine Unterhaltspflicht, sondern um eine Ersatzpflicht aus einer strafbaren Handlung handelt.

Mit Rücksicht darauf werden nun in Ziff. I und II des Artikel 27 Abänderungen zu Artikel 5 und 5a vorgeschlagen.

Der Artikel 5, der bereits eine Abänderung durch das Gesetz vom 3. Februar 1888 erfahren hat, lautet zur Zeit in seinem Zusammenhang und zwar Abs. 1 in der Fassung des Gesetzes vom 3. Februar 1888 (verliest). Die Absätze 2 und 3 in der Fassung des Gesetzes vom 29. April 1869 lauten (verliest). Von diesen drei Absätzen soll Abs. 2 geändert werden und folgende neue Fassung erhalten:

> „Desgleichen haben diejenigen, welche einen Hilfsbedürftigen gegenüber nach den Vorschriften des Bürgerlichen Gesetzbuchs unterhaltspflichtig waren, Ersatz der in Folge der Nichterfüllung ihrer Verpflichtung für dessen Unterhalt gemachten Aufwendungen zu leisten."

Es werden also hier die Worte des bisherigen Gesetzes „oder Unterstützung eines Hilfsbedürftigen" weggelassen. Das ist nach meinem Dafürhalten nach Lage der Reichsgesetzgebung und insbesondere nach dem Vorbehalte des Artikel 103 des Einführungsgesetzes zum Bürgerl. Gesetzbuch vollständig gerechtfertigt und ist auch sonst in den Motiven noch alles zur Begründung Nöthige angegeben.

Aus diesen Gründen beantrage ich Zustimmung.

Abg. **Conrad** (Korreferent): Der Herr Referent hat sich schon darüber ausgesprochen, daß ein Ersatzanspruch der Armenpflege gegen diejenigen, welche aus anderen Gründen, als aus dem Grunde der Alimentation zur Unterstützung eines Hilfsbedürftigen verpflichtet sind, civilrechtlicher Natur ist. In gleicher Weise sprechen sich die Motive aus. Ich halte die Fassung gerechtfertigt und habe keine Erinnerung zu machen.

Vorsitzender: Nachdem von keiner Seite mehr das Wort begehrt wird, erkläre ich Ziff. I für angenommen.

Ziff. II.

Abg. **von Walter** (Referent): Ziff. II bringt eine Neufassung des Artikel 5a Abs. 1 des Gesetzes in der Fassung vom 3. Februar 1888 in Vorschlag. Artikel 5a lautet in seinem Abs. 1 (verliest Artikel 5a Abs. 1). Nach dem Entwurfe soll diese Bestimmung folgendermaßen gefaßt werden:

> „Auf Antrag der Armenpflege können der Ehegatte und der frühere Ehegatte, die Eltern und Großeltern, die Kinder und Enkel eines

Hilfsbedürftigen durch Beschluß der Distriktsverwaltungsbehörde an- S. 315.
gehalten werden, dem Hilfsbedürftigen nach Maßgabe ihrer gesetzlichen Unterhaltspflicht die erforderliche Unterstützung zu gewähren und Ersatz der in Folge der Nichterfüllung ihrer Verpflichtung für den Untlrhalt gemachten Aufwendungen zu leisten. Das Gleiche gilt in Ansehung eines unehelichen Kindes von dem Vater, sofern er seine Vaterschaft nach § 1718 des Bürgerlichen Gesetzbuchs anerkannt hat oder seine Unterhaltspflicht in einem vollstreckbaren Titel festgestellt ist."

Im Großen und Ganzen ist auch diese Bestimmung wesentlich dieselbe, S. 316.
wie sie im Gesetze vom Jahre 1888 enthalten ist. Der Unterschied ist nur der, daß eine Ausdehnung stattfindet auch auf den früheren Ehegatten, soweit er unterhaltspflichtig ist, dann auf die Mutter, die Großeltern des unehelichen Kindes sowie auf dessen außerehelichen Vater. Bei dem außerehelichen Vater bedarf es aber einer Einschränkung, wie in den Motiven hervorgehoben ist, deßhalb, weil der außereheliche Vater als unterhaltspflichtig nur anzusehen ist, wenn er die Vaterschaft anerkannt hat, oder auch im Falle der Geltendmachung der Einrede der mehreren Zuhälter gleichwohl die Alimentationspflicht anerkannt hat, so daß ein vollstreckbarer Titel vorliegt. Gegen die Einschränkung und die Ausdehnung auf die oben genannten Personen ist nichts zu erinnern und beantrage ich deßhalb Zustimmung.

Abg. **Conrad** (Korreferent): Ich kann ebenfalls nur zustimmen. Diese Einschränkung ist speziell im Verhältnisse zum unehelichen Vater darum geboten, weil, wenn die exceptio plurium concubentium nicht ausgeschlossen wäre, es zu einem civilgerichtlichen Verfahren kommen müßte.

Abg. **Segitz:** Ich möchte mir nur die Anfrage an den Herrn Referenten gestatten, ob unter dem früheren Ehegatten der geschiedene Ehegatte zu verstehen ist.

Abg. **von Walter** (Referent): Ja, soweit er als der schuldige Theil erklärt wird und deßhalb eine Unterhaltspflicht gegenüber der geschiedenen Ehefrau besteht. Der Ehemann oder die Ehefrau ist in diesem Falle nach dem Gesetze unterhaltspflichtig gegenüber dem früheren Ehegatten.

Vorsitzender: Ich erkläre Ziff. II für angenommen.

Ziff. III.

Abg. **von Walter** (Referent): Nach Ziff. III sind im Artikel 7 in der Fassung des Gesetzes vom 3. Februar 1888 mehrere Aenderungen vorgeschlagen und zwar sollen zunächst die Worte: „wenn nicht arme Notherben vorhanden sind, oder der Unterstützte von einer Wohlthätigkeitsanstalt beerbt wird" ersetzt werden durch die Worte: „wenn nicht arme Pflichttheilsberechtigte vorhanden sind", und dann soll als Satz 2 folgende Vorschrift beigefügt werden:

> Trifft ihr Anspruch mit dem Ersatzanspruch einer öffentlichen Wohlthätigkeitsanstalt zusammen, von der der Verstorbene innerhalb der letzten zehn Jahre vor dem Tode unterstützt oder unentgeltlich verpflegt worden ist, so kann er nicht zum Nachtheile dieses Anspruchs geltend gemacht werden.

Was die erste Aenderung betrifft, so beruht dieselbe darauf, daß das bürgerliche Recht ein Notherbenrecht nicht mehr kennt, sondern nur einen Pflichttheilsanspruch. Es wird also hier die Anpassung an die Bestimmung des bürgerlichen Rechts erzielt.

S. 316 Was den Satz 2 betrifft, so handelt es sich hier um einen Anspruch öffentlicher Wohlthätigkeitsanstalten, für welchen die nöthige Bestimmung bereits in Artikel 92 des Ausführungsgesetzes getroffen ist. Wir haben dort allerdings eine Aenderung, die hieher keinen Einfluß hat, dahin beschlossen, daß, wenn Jemand in einer öffentlichen Wohlthätigkeitsanstalt innerhalb zehn Jahren vor seinem Tode die nöthige Verpflegung und Unterstützung gefunden hat, dann die Anstalt einen Anspruch auf Ersatz aller während der ganzen Zeit seines Aufenthalts in der Anstalt gemachten Aufwendungen zu machen hat. Dieser Ersatzanspruch ist in erster Linie zu berücksichtigen und erst in zweiter Linie kann die Armenpflege dann auch einen Anspruch auf Erstattung der von ihr gemachten Aufwendungen machen. Dieses Vorrecht der öffentlichen Anstalten ist auch schon bisher im Gesetze ausgesprochen gewesen und wird deßhalb in dieser Beziehung nichts Neues bestimmt.

Ich kann Ihnen nur die Annahme der Ziff. III empfehlen.

Abg. **Conrad** (Korreferent): Der Herr Referent hat schon berührt, daß durch das Bürgerl. Gesetzbuch diese Aenderungen nothwendig sind, weil es ein Notherbenrecht nicht kennt und weil ebensowenig die Wohlthätigkeitsanstalten ein Erbrecht besitzen. Es sind also die vorgeschlagenen Aenderungen durchaus begründet.

Vorsitzender: Das Wort wird von keiner Seite begehrt und erkläre ich Ziff. III für angenommen.

Ziff. IV.

Abg. **von Walter** (Referent): Nach Ziff. IV sollen im Artikel 8 Abs. 1 zunächst die Worte „tax- und stempelfrei zu behandeln" ersetzt werden durch das Wort „gebührenfrei", und der Abs. 2 soll folgende Fassung erhalten: „In bürgerlichen Rechtsstreitigkeiten steht den Armenpflegen in dem Verfahren vor den bayerischen Gerichten Gebührenfreiheit zu." Der Abs. 2 hat bisher eine weitere Fassung gehabt und Folgendes ausgesprochen (verliest Abs. 2). An Stelle des Armenrechts soll nunmehr nur die Gebührenfreiheit treten. Es ist in den Motiven genügend ausgeführt, daß die Materie über das Armenrecht in der Neufassung des bürgerlichen Rechts ausreichend behandelt ist und daß weder in der neuen Civilprozeßordnung noch in dem Ausführungsgesetze dazu sich irgend ein Vorbehalt zu Gunsten einer gesetzlichen Zulassung der Armenpflege zum Armenrecht findet. Das ist auch ganz richtig. Es war aber auch bisher so. Auch die ältere Fassung der Civilprozeßordnung hat weder eine bezügliche Bestimmung enthalten, noch einen Vorbehalt zu Gunsten der Landesgesetzgebung gemacht. Gleichwohl ist aber der Artikel 8 in seiner ursprünglichen Fassung stehen geblieben und hat in dem seinerzeitigen Ausführungsgesetze zur Civilprozeßordnung und Konkursordnung eine Aenderung nicht erfahren. Man könnte nun allerdings sagen, daß der Satz auch jetzt stehen bleiben könnte; allein ich meine, wir können ihn nicht stehen lassen und zwar deßhalb, weil wir zwar mit Zustimmung des Finanzärars die Staatsgebühren, die im Prozesse zu entrichten sind, erlassen, aber nicht die unentgeltliche Dienstleistung der Rechtsanwälte und Gerichtsvollzieher feststellen können. In der Beziehung sind uns durch das Reichsgesetz die Hände gebunden. Ich glaube aber auch, daß die Sache nicht sehr bedenklich sein wird. Es ist anzunehmen, daß die Armenpflegen aussichtslose Prozesse überhaupt nicht in großer Anzahl führen werden, und insoferne werden sie, wenn die Gegenpartei zum Ersatze der Kosten verurtheilt wird, vollständige Schadloshaltung finden. Auf der anderen Seite

ist es auch ganz gewiß möglich und zulässig, daß die Armenpflegen auf Antrag S. 316.
zum Armenrechte zugelassen werden, daß ihnen das Armenrecht bewilligt wird, wenn die Voraussetzungen der Civilprozeßordnung vorliegen, wenn also insbesondere die Rechtsverfolgung nicht aussichtslos und muthwillig ist und wenn auf der anderen Seite dargethan wird, daß die Armenpflege außer Stande ist, ohne Beeinträchtigung der Möglichkeit, ihre eigenen Zwecke zu erfüllen, die Prozeßkosten zu bezahlen. In Bezug auf diese Möglichkeit wird insbesondere wohl anzunehmen sein, daß die Armenpflegen nicht im Stande sind, ohne Gefährdung ihrer Zwecke die Prozeßkosten zu bezahlen, wenn sie mit ihrem eigenen Vermögen ihren Zweck nicht erfüllen können und deßhalb auf die Gemeindeumlagen || angewiesen sind. Ich glaube, daß meine Auffassung S. 317.
richtig sein wird, und beantrage Zustimmung zu vorstehender Ziffer.

Abg. **Conrad** (Korreferent): Die Ausführungen des Herrn Referenten scheinen mir einleuchtend; wir können ja freilich hier keine Norm geben darüber, ob und wann das Civilgericht das Armenrecht zu bewilligen hat, aber wenn man in Betracht zieht, daß die Armenpflege einen gewissen Favor verdient in ihren Angelegenheiten, so dürften Momente genug vorliegen für die Praxis, daß in solchen Fällen der Armenpflege auch das Armenrecht bewilligt wird. Ich bin daher mit der vorgeschlagenen Fassung einverstanden.

Vorsitzender: Wenn von keiner Seite mehr das Wort begehrt wird, erkläre ich Ziff. IV für angenommen.

Zu Ziff. V beantragt die k. Staatsregierung in Ziff. Va einen weiteren Zusatz und ebenso eine Aenderung der Ziff. VI.

Ich ersuche den Herrn Referenten, den Antrag bekannt zu geben.

Abg. **von Walter** (Referent): Der Antrag ist mir soeben zugegangen; derselbe geht dahin:

Zwischen Ziff. V und VI des Entwurfs wird folgende Ziff. Va eingeschaltet:

„Im Artikel 20 Abs. 1 in der Fassung des § 41 des Landtagsabschiedes vom 15. April 1875 wird das Wort Reichswährung gestrichen."

Ich glaube, das ist nur eine redaktionelle Abänderung, die gar keine Bedeutung hat; wir haben nur eine Währung und das ist die Reichswährung. Ich beantrage Zustimmung.

Abg. **Conrad** (Korreferent): Ich habe gleichfalls nichts zu erinnern.

Vorsitzender: Ich eröffne die Diskussion zu Ziff. V.

Abg. **von Walter** (Referent): Nach Ziff. V sollen im Artikel 11 Abs. 1 hinter den Worten: „im Dienste oder in einer ständigen Arbeit stehen" die Worte eingeschaltet werden: „und nicht kraft Gesetzes oder statutarischer Bestimmung der Krankenversicherungspflicht unterliegen". Der Artikel 11 lautet in Abs. 1 (verliest). Es sollen hier die Worte eingeschaltet werden: „und nicht kraft Gesetzes oder statutarischer Bestimmung der Krankenversicherungspflicht unterliegen". Diese Einschaltung ist vollständig entsprechend, weil, wenn eine solche Versicherung besteht, nicht die Armenpflege zunächst, sondern die Krankenversicherung einzutreten hat. Ich beantrage, zuzustimmen.

Abg. **Conrad** (Korreferent): Daß hier zunächst die Krankenversicherung einzutreten hat, ist bestimmt durch das Ausführungsgesetz vom 26. Mai 1892.

Vorsitzender: Ich konstatire, daß sowohl Ziff. V wie Ziff. Va angenommen sind.

S. 317.

Ziff. VI.

Abg. **von Walter** (Referent): Nach Ziff. VI soll Artikel 23 Abs. 3 Ziff. 1 folgende Fassung erhalten:

„Personen, die entmündigt oder nach § 1906 des Bürgerlichen Gesetzbuchs unter vorläufige Vormundschaft gestellt sind;“

Der Artikel 23 handelt von der Bestellung des Armenpflegschaftsrathes und bestimmt in Abs. 3, wer in den Armenpflegschaftsrath gewählt werden kann und wer von der Wählbarkeit ausgeschlossen ist. Ausgeschlossen von der Wählbarkeit sind: 1) Personen, die unter Kuratel stehen. Diese Bestimmung soll nun nach Ziff. VI dahin abgeändert werden: „1) Personen, die entmündigt oder nach § 1906 des Bürgerlichen Gesetzbuchs unter vorläufige Vormundschaft gestellt sind;“ Nach dem Modifikationsvorschlage der k. Staatsregierung soll auch die Ziff. 3 eine andere Fassung erhalten. Ziff. 3 soll künftig lauten: „3) Personen, über deren Vermögen der Konkurs eröffnet ist;“ Es handelt sich auch hier wie in Ziff. 1 nur um Aenderungen, die wir theilweise auch schon zu den Gemeindeordnungen getroffen haben und die lediglich dem Sprachgebrauche des Bürgerl. Gesetzbuchs entsprechen.

Ich beantrage, zuzustimmen.

Abg. **Conrad** (Korreferent): Dieser Vorschlag ist eine Konsequenz früherer Beschlüsse. Ich beantrage, zuzustimmen.

Vorsitzender: Wenn von keiner Seite eine Erinnerung erhoben wird, erkläre ich Ziff. VI für angenommen.

Ziff. VII.

Abg. **von Walter** (Referent): Ziff. VII schlägt eine neue Fassung des Artikel 36 Abs. 4 vor. Artikel 36 Abs. 4 lautet (verliest). Nach dem Vorschlage der k. Staatsregierung soll die neue Fassung folgende sein:

„Der Armenpflegschaftsrath ist berechtigt, die Entmündigung wegen Verschwendung oder wegen Trunksucht zu beantragen, wenn Grund zu der Besorgniß besteht, daß der zu Entmündigende der Armenkasse zur Last fallen werde.“

Es wird also die Befugniß der Armenpflege, die Entmündigung zu beantragen, auch auf die Trunksüchtigen ausgedehnt und dagegen ist nach meinem Dafürhalten nichts zu erinnern, sondern diese Ergänzung nur zu begrüßen.

Ich beantrage, zuzustimmen.

Abg. **Conrad** (Korreferent): Diese Neuerung wird kaum einer Beanstandung unterliegen, wenn man die Lasten in Betracht zieht, die bisher der Armenpflege durch die Vernachlässigung der Fürsorge Seitens derer, die für sich oder auch für die Ernährung und den Unterhalt ihrer Familienangehörigen zu sorgen haben, erwachsen sind. Auch ich habe in dieser Beziehung reichliche Erfahrungen in meiner Praxis sammeln können. Es könnte sich vielleicht noch fragen, ob diese Bestimmung nicht etwas zu eng gefaßt ist, insofern nämlich gesagt ist, daß der zu Entmündigende der Armenkasse zur Last fallen wird. Es ist auch nicht ausgeschlossen, daß die, deren Fürsorge ihm obliegt, also seine Familienangehörigen, durch seine Trunksucht der Armenpflege zur Last fallen. Es ist ja richtig: fällt er der Armenpflege zur Last, so wird diese auch für diejenigen thätig zu werden haben, für die er zu sorgen hat, aber nach der strengen Wortfassung könnte man da vielleicht zweifelhaft sein. Wie gesagt, zu einer formellen Antragstellung habe ich keine Veranlassung; es

dürfte vielleicht eine Erklärung der k. Staatsregierung genügen, in welchem S. 317.
Umfange sie eine derartige Bestimmung auffaßt.

Ministerialrath **von Thelemann:** Die Bestimmung des Artikel 36 Abs. 4 schließt sich in dem von dem Herrn Korreferenten angeführten Punkte an den bisherigen Rechtszustand an. Es ist schon im Artikel 36 Abs. 4 der jetzigen Fassung des Gesetzes die Voraussetzung statuirt, daß die Besorgniß bestehen muß, der Betreffende werde der Armenkasse zur Last fallen. Ich halte es für selbstverständlich, daß die gesetzliche Voraussetzung auch dann gegeben ist, wenn diese Befürchtung nicht sowohl in Betreff des Verschwenders, des Trunksüchtigen selbst, als seiner Angehörigen besteht. Auch in anderen
Punkten, z. B. bezüglich der Frage der Hilfs || bedürftigkeit, geht die Tendenz S. 318.
des Armengesetzes allgemein dahin, daß unter dem Familienhaupte immer auch die Familienglieder mitinbegriffen werden. Wenn also die Besorgniß, der Armenpflege zur Last zu fallen, gegenüber einem Mitgliede der Familie vorhanden ist, dessen alimentationspflichtiges Haupt, Verschwender oder trunksüchtig ist, so ist es ebenso, wie wenn diese Besorgniß gegenüber seiner eigenen Person begründet wäre.

Abg. **Conrad** (Korreferent): Ich habe das auch angenommen, jedoch einen Ausspruch über diese Frage nicht für überflüssig gehalten.

Vorsitzender: Ich erkläre Ziff. VII für angenommen.

Ziff. VIII.

Abg. **von Walter** (Referent): Ziff. VIII schlägt eine unbedeutende Aenderung zu Artikel 43 Abs. 1 vor. Dieser handelt von der Regelung des Verfahrens in Streitigkeiten der Armenpflege in Bezug auf Unterstützung und Ersatzansprüche und ist in Abs. 1 ausgesprochen: „vorbehaltlich dessen, was das Gesetz über den obersten Verwaltungsgerichtshof bestimmen wird". Inzwischen ist dieses Gesetz erschienen und wird daher vorgeschlagen, statt der jetzigen Bestimmung einzuschalten:

> „unbeschadet dessen, was das Gesetz vom 8. August 1878, betreffend die Errichtung eines Verwaltungsgerichtshofes und das Verfahren in Verwaltnngsrechtssachen, bestimmt".

Diese Aenderung wird heute nicht zum ersten Male vorgenommen. Ich beantrage Zustimmung.

Abg. **Conrad** (Korreferent): Ich erkläre mich auch damit einverstanden.

Vorsitzender: Ziff. VIII ist angenommen.

Ziff. IX.

Abg. **von Walter** (Referent): Ziff. IX betrifft den Artikel 44. Derselbe enthält eine Strafandrohung gegen gewisse Verfehlungen derjenigen Personen, die Armenunterstützung genießen. Hier wird im Eingang eine Arreststrafe bis zu acht Tagen, im Rückfalle bis zu dreißig Tagen angedroht. Das Reichsstrafgesetzbuch und das Polizeistrafgesetzbuch kennen eine Arreststrafe nicht, sondern nur eine Haftstrafe und ist deßhalb der Artikel in diesem Sinne zu berichtigen. Ich beantrage Zustimmung.

Abg. **Conrad** (Korreferent): Ich beantrage gleichfalls Zustimmung.

Vorsitzender: Ziff. IX ist angenommen und damit der ganze Artikel 27.

S. 318. **Artikel 28.**

Abg. **von Walter** (Referent): Artikel 28 schlägt Aenderungen vor zum Gesetze vom 29. April 1869, die privatrechtliche Stellung der Erwerbs- und Wirthschaftsgesellschaften betreffend, und zwar zunächst in Ziff. I folgende Bestimmung, welche an die Stelle des Artikel 38 Abs. 3 zu treten hat:

„In jedem Falle kann die Gesellschaft einen Gesellschafter aus den im Gesellschaftsvertrage festgesetzten Gründen sowie wegen Verlustes der bürgerlichen Ehrenrechte ausschließen."

Der Artikel 38 Abs. 3 lautete bisher (verliest). Die Abänderung ist keine wesentliche, sie ist bereits im Artikel 79 des Einführungsgesetzes zur Civilprozeßordnung und Konkursordnung getroffen worden. Ich beantrage deßhalb Zustimmung.

Abg. **Conrad** (Korreferent): Es handelt sich hier nur um eine kleine Zahl von aus der früheren Gesetzgebung vorhandenen registrirten Gesellschaften, bezüglich welcher diese Aenderung getroffen werden sollte. Ich habe das Gesetz nicht zur Hand, aber soviel mir bekannt ist, ist bisher in der That der Ausdruck „Gesellschaft" gebraucht worden. Ich bemerke dieß, weil es auffallen müßte, daß das Wort „Gesellschaft" vorkommt, während man nach der jetzigen Sprachweise „Genossenschaft" sagt.

Zur Sache selbst habe ich nichts zu bemerken. Die Aenderung ist veranlaßt durch das neue Einführungsgesetz zum Handelsgesetzbuch und dann durch das Einführungsgesetz zum Gesetz über die Angelegenheiten der freiwilligen Gerichtsbarkeit und durch das Genossenschaftsgesetz selbst, das in der einschlägigen Richtung eine Aenderung erfahren hat.

Vorsitzender: Ich erkläre Ziff. I für angenommen.

Ziff. II.

Abg. **von Walter** (Referent): Ziff. II schlägt eine Aenderung der Fassung des Artikel 74 Abs. 1 vor. Diese Bestimmung lautet (wird verlesen). Statt dessen soll bestimmt werden: „Das Register für die registrirten Gesellschaften wird von den Gerichten geführt, denen die Führung des Handelsregisters obliegt." Die Handelsgerichte sind nicht mehr die registerführenden Gerichte, sondern die Amtsgerichte und deßhalb ist die Aenderung der Fassung gerechtfertigt. Ich beantrage Zustimmung.

Abg. **Conrad** (Korreferent): Ich bin ebenfalls damit einverstanden.

Vorsitzender: Ziff. II ist angenommen.

Ziff. III.

Abg. **von Walter** (Referent): Nach Ziff. III soll Artikel 43 Abs. 2 aufgehoben werden. Derselbe lautet (wird verlesen). Diese Bestimmung hat eine Aenderung erfahren durch das Handelsgesetzbuch. Es ist nämlich nach dem Handelsgesetzbuch eine derartige öffentliche Versteigerung nicht mehr für erforderlich erachtet und deßhalb kann die Bestimmung auch hier entbehrt werden. Die Veräußerung muß aber nicht durch öffentliche Versteigerung erfolgen. Ich beantrage Zustimmung.

Abg. **Conrad** (Korreferent): Diese Aenderung ist, wie schon der Herr Referent ausgeführt, durch die neue Gesetzgebung, besonders auch das Genossenschaftsgesetz, geboten und dürfte einem Bedenken nicht unterliegen.

Abg. **von Walter** (Referent): Ich habe noch ein Bedenken, nämlich der Artikel 66 Abs. 2 bestimmt Folgendes (wird verlesen). Ich habe das Gefühl, daß eigentlich diese Bestimmung auch entbehrlich ist oder wenigstens geändert werden müßte; ich möchte darüber Aufschluß erbitten. S. 318.

Senatspräsident Dr. **von Jacubezky**: Die Artikel 10 bis 24 des Einführungsgesetzes zum Handelsgesetzbuch behandeln das sogenannte Ordnungsstrafverfahren, d. h. das Verfahren, in dem der Vorstand und die Liquidatoren einer Gesellschaft durch Ordnungsstrafen angehalten werden, die erforderlichen Anmeldungen zum Register zu machen. An die Stelle dieser Vorschriften des Einführungsgesetzes zum Handelsgesetzbuch treten die §§ 132 bis 139 des Gesetzes über die Ange || legenheiten der freiwilligen Gerichtsbarkeit. Das Gesetz über die S. 319. Angelegenheiten der freiwilligen Gerichtsbarkeit erklärt nämlich im § 185 Abs. 2 den Artikel 4 des Einführungsgesetzes zum Bürgerl. Gesetzbuch für entsprechend anwendbar; nach diesem sind, soweit in den bestehenden Gesetzen auf Vorschriften verwiesen ist, welche durch das Bürgerl. Gesetzbuch und dessen Nebengesetze außer Kraft gesetzt werden, diese Verweisungen in Zukunft auf die Vorschriften der neuen Reichsgesetze zu beziehen. Es ist also schon kraft reichsgesetzlicher Vorschrift die Verweisung auf die Artikel 10 bis 24 des Einführungsgesetzes zum Handelsgesetzbuch zu verstehen als Verweisung auf die §§ 132 bis 139 des Gesetzes über die Angelegenheiten der freiwilligen Gerichtsbarkeit. Dieß ist auch in der Begründung zum Artikel 28 bemerkt.

Abg. **von Walter** (Referent): Ich erkläre mich mit dieser Aufklärung für befriedigt.

Vorsitzender: Ziff. III und somit der ganze Artikel 28 ist angenommen.

Wir kommen nun zu **Artikel 29.**

Der Herr Abgeordnete Segitz stellt zu diesem Artikel folgenden Antrag:

„Artikel 106, 107, 108 und 155 des Polizeistrafgesetzbuches sind aufzuheben."

Der Herr Antragsteller wird sich darüber später näher erklären und wir werden hierauf am Schlusse des Artikels näher zurückkommen.

Zunächst gebe ich das Wort dem Herrn Referenten.

Abg. **von Walter** (Referent): Der Artikel 29 schlägt Aenderungen zum Polizeistrafgesetzbuch vom 26. Dezember 1871 vor und zwar zunächst in Ziff. I eine solche zu Artikel 81 Abs. 2, der folgenden Zusatz erhalten soll:

„Die Ermächtigung ist, wenn es sich um eine Maßregel handelt, zu der eine Anordnung des Vormundschaftsgerichts erforderlich ist, von der Erlassung dieser Anordnung abhängig zu machen."

Der Artikel 81 bestimmt Folgendes (wird verlesen). Abs. 2 soll nun den von mir bereits bekannt gegebenen Zusatz erhalten. Dieß ist nach meinem Dafürhalten nothwendig durch die Bestimmung des Bürgerl. Gesetzbuchs über die Befugnisse des Vormundschaftsgerichts, in welche ein Eingriff der Polizeibehörden nicht ohne Weiteres statthaben darf. Ich beantrage deßhalb Zustimmung.

Abg. **Conrad** (Korreferent): Ich möchte mich auch zustimmend verhalten. Es handelt sich hier um eine Anordnung, die auf Kosten des Pflichtigen erfolgen soll, also nicht aus öffentlichen Rücksichten. Ich erkläre mich damit einverstanden.

Vorsitzender: Ziff. I ist angenommen.

S. 319.

Ziff. II.

Abg. **von Walter** (Referent): Nach Ziff. II soll im Artikel 122 Abs. 2 eine Aenderung des Citates vorgenommen werden. Artikel 122 Abs. 2 besagt (wird verlesen). Hier soll nun statt „113" gesetzt werden „113 Ziff. 2, 3". Es ist das eine Einschränkung, die durch den Artikel 107 des Einführungsgesetzes begründet ist und gegen die ich eine Erinnerung nicht vorzubringen habe.

Abg. **Conrad** (Korreferent): Ich habe gleichfalls nichts zu erinnern.

Vorsitzender: Ich erkläre Ziff. II für angenommen.

Ich gebe nun das Wort dem Herrn Abg. Segitz zur Begründung seines Antrags.

Abg. **Segitz:** Ich habe schon bei der ersten Lesung des ersten Entwurfs (Beil. A) angeregt, die Bestimmungen des Polizeistrafgesetzbuchs bezüglich der Dienstboten und insbesondere die Strafbestimmungen, den blauen Montag betreffend, zu beseitigen. Es ist mir damals erwidert worden, daß dieser Antrag sich besser eigne zu vorliegendem Gesetzentwurf, in welchem eine Aenderung des Polizeistrafgesetzbuchs vorgesehen ist. Wie Sie wissen, droht der Artikel 106 des Polizeistrafgesetzbuchs eine Haftstrafe bis zu acht Tagen oder eine Geldstrafe bis zu fünfzehn Thaler an für Dienstboten, welche sich weiter verdingen, ihrer Dienstherrschaft nicht rechtzeitig aufkündigen, sich an mehrere Dienstherrschaften zugleich verdingen, an abgeschafften Feiertagen und Sonntagen das Arbeiten verweigern, ohne Erlaubniß der Dienstherrschaft Jemanden beherbergen u. s. w. Vierzehn Tage Haft ist angedroht landwirthschaftlichen Dienstboten oder auf längere Zeit in Beschäftigung genommenen Taglöhnern, welche ohne genügenden Rechtfertigungsgrund zur Erntezeit oder zur Saat- und Ausbauzeit den Dienst ohne Kündigung verlassen. Außerdem ist die zwangsweise Vorführung von Dienstboten gestattet, wenn sie widerrechtlich den Antritt oder die Fortsetzung des Dienstes verweigern. Die Haft kann bis zu drei Wochen verlängert werden, wenn der vorgeführte Dienstbote sich zum zweiten Male seiner Pflicht entzieht.

Wie ich über derartige Zwangsbestimmungen denke, habe ich schon bei der Berathung der Dienstbotenordnung ausgeführt. Ich bin der Meinung, daß eine Arbeit, die erzwungen wird, ein gedeihliches Verhältniß zwischen Dienstboten und Dienstherrschaft nicht zur Folge haben kann. Die Anwendung dieser Zwangsbefugnisse führt nicht selten auf Seite des Gezwungenen zu Ausschreitungen aller Art. Die Kriminalstatistik weist zahlreiche Fälle von Vergehungen der Dienstboten auf, die zwangsweise in den Dienst zurückgeführt worden sind; Ueberschreitungen der Gesetze in Bezug auf die Mißhandlung von Thieren, Beschädigung der Feldfrüchte, sogar Brandstiftungen sind von solchen Dienstboten schon begangen worden. Ich meine, daß Strafbestimmungen, die an sich einen praktischen Werth kaum haben, am besten beseitigt werden.

Ich habe schon gelegentlich der Berathung der Dienstbotenordnung darauf hingewiesen, daß man in Baden und Elsaß-Lothringen derartige Bestimmungen nicht kennt und doch ganz gut mit den dortigen Dienstbotenverhältnissen auskommt. Ich habe mir die Berathungen der badischen Abgeordnetenkammer kommen lassen gelegentlich der Aenderung der Dienstbotenordnung, insbesondere den Bericht der Sonderkommission von der Sitzung vom 12. Februar 1898, die einen ausführlichen Bericht über die Dienstbotenordnung und die Klagen der Landwirthschaft über Dienstbotenmangel u. s. w. erstattet hat. Es würde zu weit führen, wenn ich Ihnen diesen umfangreichen Bericht auch nur im

Auszuge vorlesen wollte. Sie wollen nur Notiz davon nehmen, daß die badische Kammer ganz von dem gleichen Gedanken ausging, wenn sie alle die Zwangsbestimmungen in die Dienstbotenordnung aufzunehmen verweigert hat. Die badische Kammer ging insbesondere von dem Gedanken aus, daß die Bestrafung des Kontraktbruches, die in einer Anzahl von Staaten gegen die Dienstboten geübt wird, wesentlich dazu beiträgt, die Dienstbotennoth auf dem Lande zu verschärfen. Es wird hier statistisch nachgewiesen, daß in Baden die Dienstbotennoth keine größere ist als in anderen Staaten, wo man Zwangsbefugnisse wie bei uns in die Dienstbotenordnung aufgenommen hat. Ich glaube, daß das genügt, auch für Bayern ein Fallenlassen der Zwangsbefugnisse gegen die Dienstboten zu befürworten. S. 319.

Der Artikel 107 des Polizeistrafgesetzbuchs handelt von der An- und Abmeldung der Dienstboten, sowie von der Vorlage und Aufbewahrung der Dienstbücher. In dieser An- und Abmeldepflicht scheint mir eine spezielle Kontrole der Dienstboten gegeben zu sein, für die ich einen Grund nicht einsehe. Es ist das eine Belästigung für die Dienstherrschaften sowohl als für die Dienstboten. Die beste Kontrole über die Dienstboten führt die Dienstherrschaft und diese ist durch unsere Polizeigesetze an sich schon genügend kontrolirt. Spezielle Bestimmungen scheinen mir da nicht nothwendig zu sein. S. 320.

Aus denselben Gründen könnte dann auch der Artikel 108 des Polizeistrafgesetzbuchs entbehrt werden.

Artikel 110 müßte nach Beseitigung dieser Artikel eine kleine redaktionelle Aenderung erfahren.

Der Artikel 155 des Polizeistrafgesetzbuchs handelt von dem blauen Montag und gerade dieser Artikel scheint mir für die jetzige Zeit absolut nicht mehr geeignet. Man müßte auf die Geschichte des blauen Montags eingehen, um nachzuweisen, daß diese Strafbestimmung einen ganz anderen Zweck hatte, als sie heute erfüllen kann. Die Gesetze über den blauen Montag datiren aus der Zeit des 13. bis 17. Jahrhunderts, haben also ein ehrwürdiges Alter erreicht und kein anderer Staat außer Bayern hat diese monströse Bestimmung in die jetzige Zeit herübergenommen. Ich bin der Meinung, daß wir diese Bestimmung in der Hauptsache nur einem Versehen des Gesetzgebers zu verdanken haben, denn einen praktischen Werth hat sie in der That nicht und ein Bedürfniß hiefür kann erst recht nicht anerkannt werden. Nach den heutigen Grundsätzen verfügt der Arbeiter nach freiem Ermessen über seine Arbeitskraft. Eine Arbeitspflicht, wie sie durch den Artikel 155 des Polizeistrafgesetzbuchs statuirt ist, könnte nur dann einen Sinn haben, wenn gegenüber der Arbeitspflicht ein Arbeitsrecht bestünde. Ein Recht auf Arbeit erkennt aber die heutige Gesetzgebung nicht an. Der Kontraktbruch ist nach der Reichsgewerbeordnung straflos. Die Bestrafung des blauen Montags ist aber thatsächlich nichts Anderes, als eine Bestrafung des Kontraktbruchs und steht nach meiner Auffassung im Widerspruch mit der Reichsgesetzgebung. Und dann, welcher Widersinn liegt in diesem Artikel 155; wenn ein Arbeiter am Montag blau macht, kann er bestraft werden, wenn er aber am Dienstag oder die ganze Woche nicht arbeitet, ist er straflos. Ich glaube, diese wenigen Andeutungen dürften genügen, um darzuthun, daß eine Aufrechterhaltung des Artikel 155 in keiner Weise mehr zweckmäßig erscheint, und ersuche ich Sie, mindestens diesen Artikel aus unserem Polizeistrafgesetzbuch zu entfernen.

Abg. **von Walter** (Referent): Ich kann die Zustimmung zu dem Antrage „Segitz“ nicht empfehlen.

S. 320. Ich will mich zuerst mit Artikel 155 befassen, der die Blaumontagfeier verbietet. Ich glaube, der Herr Antragsteller befindet sich in einem Irrthum, wenn er meint, daß nur das Nichtarbeiten an den Montagen verboten ist, denn es ist gleich, an welchem Tag in der Woche der blaue Montag gefeiert wird. Es ist in der ganzen Woche verboten, und was die weitere Bemerkung betrifft, daß der Arbeiter die ganze Woche nicht zu arbeiten braucht, wenn er nur am Montag arbeitet, so wird in dieser Richtung die Gewerbeordnung ausreichende Bestimmungen haben, um dem Arbeitsvertrag, den der Arbeiter mit dem Arbeitgeber eingegangen hat, die nöthige Wirksamkeit zu verschaffen. Also nach dieser Richtung läßt sich nach meinem Dafürhalten eine Aufhebung des Artikel 155 nicht rechtfertigen und begründen.

Was die Bestimmungen der Dienstbotenordnung betrifft, so wäre sowohl in dieser Beziehung als auch in Bezug auf den blauen Montag eine gesetzliche Bestimmung vielleicht im Sinne des Herrn Antragstellers gelegen: die Dienstboten und Arbeiter können thun, was sie wollen, Dienstherrschaft und Arbeitgeber sind an ihre Verpflichtungen gebunden. Auf dem Standpunkt stehen wir doch noch nicht. Der Dienstherrschaft und dem Arbeitgeber muß doch noch eine gewisse Autorität zugestanden werden und diese Autorität wird sich wohl auch dadurch äußern müssen, daß der Dienstbote und der Arbeiter auch den Anforderungen, die der Dienstherr und der Arbeitgeber und der Vertrag, den er mit ihnen abgeschlossen hat, stellt, gerecht wird. Ich würde deßhalb glauben, daß die Bestimmungen, wenn sie noch nicht bestünden, jetzt getroffen werden müßen, statt daß sie, nachdem sie jetzt bestehen, aufgehoben werden sollen. Die Verweisung auf Baden ist für mich gar nicht zugkräftig. In Baden hat man schon allerlei probirt, um hinterher zur Einsicht zu kommen, daß die Probe eine sehr gewagte und sehr wenig ergebnißreiche war. Es könnte auch in Baden dazu kommen, daß man wieder auf diese Bestimmungen zurückgreifen und sie in Geltung setzen müßte. Ich würde es beklagen, wenn dem Antrag auf Aufhebung dieser Bestimmungen stattgegeben würde.

Was aber den weiteren Artikel betrifft, daß der Ein- und Austritt von Dienstboten angezeigt werden muß, so glaube ich, wird es doch wohl ein Recht der Polizei sein, zu wissen, wo irgend eine Person zur Zeit sich befindet, und wenn die Anzeigepflicht aufgehoben wird, so ist das Recht der Ueberwachung, das der Polizeibehörde nicht blos über Dienstboten und Arbeiter, sondern auch über andere Leute zusteht, vollständig illusorisch. Auch der Ein- und Auszug von Miethparteien muß angezeigt werden. Warum? Weil die Polizeibehörde darüber klar sein muß, wo Jemand zu finden ist, wenn man ihn braucht, und wir haben nicht gehört, daß der Herr Antragsteller auch diese Anzeige verpönt haben will. Die beiden Anzeigen über den Miethswechsel und über den Dienst- und Arbeitswechsel beruhen auf ganz gleicher Grundlage.

Was aber die Aufhebung der Bestimmung des Artikel 108 des Polizeistrafgesetzbuchs betrifft, wonach derjenige bestraft werden soll, der einen bereits gedungenen Dienstboten für die nämliche Zeit für sich dingt oder einem Dienstboten bei Auflösung des Dienstverhältnisses die Ausstellung des Zeugnisses im Dienstbotenbuche verweigert, so, glaube ich, wird doch wohl in dieser Beziehung ein Anlaß nicht geboten sein, die Bestimmung aufzuheben. Die Korruption der Dienstboten ist ohnehin eine sehr weitgehende, und wenn nun Jeder sich erlauben darf, einen Dienstboten, den bereits ein Anderer gedungen hat, für sich zu dingen und ihn zum Austritt aus dem Dienst zu verleiten, so würde das nur noch zu einer Verschlimmerung der Verhältnisse zwischen

Dienstherrschaft und Dienstboten führen und ich kann deßhalb dem Antrag S. 320.
meine Zustimmung nicht geben und ersuche ich Sie auch, denselben abzulehnen.

Abg. **Conrad** (Korreferent): Die Ausführungen des Herrn Abg. Segitz geben immerhin in einzelnen Punkten etwas zu denken. Ich glaube auch, daß wir die angezogenen Bestimmungen nicht so leichthin abwerfen können. Mißlich mag ja sein, daß bezüglich des Vollzugs manche Schwierigkeiten bestehen und daß der Ausspruch von Polizeistrafen schließlich nicht den beabsichtigten Zweck haben mag. Wenn es richtig ist, was ich im Moment nicht überschauen kann, daß in keinem anderen deutschen Bundesstaat die Gesetzgebung noch an derartigen Bestimmungen festhält, dann würden wir ja sagen können, daß auch bei uns solche veraltete Zustände aufhören müssen. Ich kann das aber nicht annehmen. Der Herr Referent hat schon ausgeführt, daß die An- und Abmeldepflicht der Dienstboten nicht etwas Singuläres ist. Auch die Bestimmungen der Fremdenpolizei machen demjenigen, der in einem Gasthause sich einquartirt, es zur Pflicht, sich || in das Fremdenbuch einzutragen. Die Polizei muß eben S. 321.
wissen, wer sich da und dort aufhält. Das ist schon wegen der Ordnung nothwendig. Wir werden daher so radikal kaum vorgehen können. Ich könnte wohl zugeben, daß im einen oder anderen Punkt vielleicht Erleichterungen zweckmäßig sein können, aber die Dienstboten vollständig freigeben, diese Verhältnisse ganz ausnehmen von einer gesetzlichen Normirung, das geht entschieden zu weit. So, wie der Antrag gestellt ist, könnte ich meinerseits unmöglich dafür stimmen.

Abg. **Wagner:** Die Frage, die der Herr Abg. Segitz angeregt hat, ist nach meiner Meinung eine sehr weittragende. Sie vollständig zu erledigen, würde uns wohl sehr lange Zeit aufhalten und dazu, glaube ich, ist jetzt nicht der richtige Zeitpunkt. Mir scheint z. B., daß Artikel 155 sich mit der Gewerbeordnung nicht vollständig im Einklang befindet. Ich glaube wenigstens, daß nach dem Geiste der Gewerbeordnung, soweit nicht eine Modifikation derselben ohnehin schon erfolgt ist, eine Umänderung desselben wünschenswerth wäre. Allein derartige Fragen jetzt zu regeln, glaube ich, würde zu viel Zeit in Anspruch nehmen. Wir sind auf anderen Gebieten mit unseren Wünschen ebenfalls zurückgetreten, weil wir anerkannt haben, daß wir jetzt mit der Lösung so weittragender Fragen nicht durchkommen können. Wir haben Material genug, wenn wir auch nur die Aufgaben, die uns durch die Vorlagen der k. Staatsregierung gestellt sind, erfüllen wollen. Ich möchte daher auf die Materie selbst gar nicht eingehen, sondern würde den Herrn Abg. Segitz bitten, diesen Antrag jetzt wegzulassen. Er führt uns zu weit und gibt zu großen Debatten Anlaß, welche nach meiner Meinung jetzt zu einem Ziele absolut nicht führen können.

Abg. Joseph **Huber:** Wenn dem Antrage „Segitz" zugestimmt würde, so hätte das traurige Folgen. Ich gebe Herrn Segitz zu, daß von dem Zwange überhaupt nicht viel Gebrauch gemacht wird, und das ist das Gute, daß die Dienstboten nicht zu sehr geplagt werden. Das ist eben der Beweis, daß diese Gesetze durchaus keine Härte bilden. Aber wie würde es aussehen, wenn wir diese Gesetze überhaupt gar nicht hätten? Denken Sie sich einen Feiertag in der Heu- oder Getreideernte! Der Landwirth wartet schon mit Sehnsucht, wenn nur der Feiertag vorüber wäre, daß er seine Frucht bearbeiten oder heimbringen könnte u. s. w. Denn etwas Egoismus steckt in jedem Menschen und mit Recht, wenn er auch recht fromm ist. Nun thun sich am nächsten Tage ein paar Knechte zusammen und sagen: heute machen wir blau! — wir

S. 321. haben das schon erlebt —; auf diese Weise wäre auch der zweite Tag halbwegs verloren, besonders wenn die leichtfertigen Menschen auch noch die Anderen verführen. Dadurch würde auf den Landwirth ein Zwang geübt, daß er sich gar nicht mehr helfen könnte. Auf diese Weise wäre der Landwirth der Willkür seiner Dienstboten vollständig preisgegeben. Jetzt, wenn Aehnliches vorkommt, kann der Landwirth sagen: Euch will ich helfen! Wenn aber diese Gesetze, wie wir sie vor uns haben, die zur Aufrechthaltung der ländlichen Dienstbotenordnung so unumgänglich nothwendig sind, beseitigt würden, so wäre das direkt eine Untergrabung des Bauernstandes und der Landwirthschaft. Ich für meinen Theil möchte eine solche Gesinnung nicht an den Tag legen in unserem Ausschusse, wo es doch ruhig zugehen sollte, denn es kann ja doch nur zu unnützen Debatten führen.

Abg. Dr. **Casselmann**: Ich kann zunächst der Auffassung des Herrn Referenten nicht beipflichten, daß sich der Abs. 1 des Artikel 155 des Polizeistrafgesetzbuchs auch auf das Feiern eines Handwerksgesellen oder Gewerbsgehilfen unter der Woche beziehe, sondern ich bin schon der Meinung, daß der Artikel nur den Montag im Auge hat, d. h. den Tag, der besonders in größeren Industriestädten als ein zweiter dem Sonntag nachfolgender Feiertag betrachtet wird, wo die Leute an den Vergnügungen des Sonntags nicht genug haben, sondern noch einen Tag zugeben, und diesem Unfug — es ist weiter nichts — zu steuern, ist die Bestimmung des Artikel 155 getroffen. Darum glaube ich auch, daß die Gründe, die zur Aufhebung der Abs. 2, 3 und 4 des Artikel 155 durch die Gewerbeordnung geführt haben, welche die Fälle des Kontraktbruchs betreffen, von anderen Voraussetzungen ausgingen. Hier die Strafbestimmung für das häufig massenhaft vorkommende gleichzeitig von Mehreren auftretende Feiern des blauen Montags aufzuheben, möchte ich nicht befürworten, und zwar um deswillen nicht, weil doch neben dem vom Abg. Segitz einseitig betonten Rechte des Arbeiters auch die Rechte des Arbeitgebers in Frage kommen, der unter Umständen — denken wir nur an einen Baumeister in der Stadt, der einen Bau auszuführen hat — in die größten Schwierigkeiten kommen kann, wenn nicht nur der eine oder andere seiner Arbeiter, sondern wenn so und so viele von ihnen ihn wegen der Unsitte des blauen Montags an diesem Tage im Stiche lassen. — Wenn der Herr Abg. Segitz dann die Aufhebung der Strafbestimmungen in Artikel 106, 107 und 108 befürwortet, so kann ich mich dem auch nicht anschließen. Ich möchte zunächst darauf hinweisen, daß ein Theil dieser Strafvorschriften nur in Anwendung kommt, wenn die Dienstherrschaft oder ihr Stellvertreter einen Strafantrag stellt, daß insbesondere die Bestrafung nach Abs. 2 des Artikel 106 nur auf Antrag erfolgt. Es werden in der Regel solche Anträge nicht gestellt. Mir sind aus meiner Praxis nur wenige derartige Fälle erinnerlich; aber wenn Anträge gestellt wurden, da war es meines Erachtens auch vollständig am Platze, daß solche Dienstboten auch bestraft wurden, weil bei dem Umstande, daß die civilrechtliche Haftung des Dienstboten dem Dienstherrn gegenüber praktisch in der Regel ohne Bedeutung ist, ohne den unter Strafe gestellten Zwang nicht viel zu machen ist. Der Artikel 107, der davon handelt, daß die Dienstherrschaft verpflichtet ist, die Anzeige zu machen, mag unter Umständen, wie Herr Segitz meinte, eine Belästigung der Dienstherrschaft mit sich führen. Allein, wenn er sagt, die wirksamste Kontrole wird von der Dienstherrschaft selbst geübt, so kann doch dieser Standpunkt über die Nothwendigkeit der Strafbestimmung des Artikel 107 nicht hinweghelfen. Die Dienstherrschaft muß eben die Anzeige machen, und

wenn sie dieselbe nicht macht, wird sie mit vollem Rechte bestraft. Und gar S. 321.
im Falle des Artikel 108 die Strafe aufzuheben, dazu könnte ich mich am wenigsten verstehen; denn gerade, wenn ein Dienstherr wissentlich einen bereits gedungenen Dienstboten für die nämliche Zeit für sich dingt, so ist gewiß eine entsprechende Strafbestimmung am Platz. — Ich meine übrigens, wenn man einmal an eine Revision des Polizeistrafgesetzbuchs im weiteren Sinne gehen wollte, daß es da noch ganz andere Bestimmungen dieses Gesetzes gäbe, bei denen eine Aenderung eher am Platze wäre als in den vom Abg. Segitz angeregten Punkten. Ich kann mich aber nur dem anschließen, was der Herr Kollege Wagner in dieser Beziehung angeführt, daß es zur Zeit kaum zu einem praktischen Ergebniß führt, wenn man sich allzu tief in die materielle Würdigung der Frage der Revisionsbedürftigkeit des Gesetzes hier einläßt.

Abg. **Seeberger**: Wir sind es von dieser Seite gewöhnt; wir haben bei der Regelung der Dienstbotenangelegenheiten, beim Gesinderecht, erfahren, daß Herr Segitz nur danach trachtet, die Dienstherrschaften möglichst schutzlos zu machen, und daß er in den Dienstboten stets die Unterdrückten sieht. Ich habe schon damals erklärt, daß wir für unsere Verhältnisse die Anträge, wie sie auch heute wieder gestellt ‖ sind, absolut nicht annehmen können. Ich bin S. 322.
auch anderer Ansicht als der Herr Abg. Dr. Casselmann, wenn er glaubt, daß blos im „blauen Montag" das Uebel zu suchen sei und das Nichtarbeiten nicht auch an anderen Tagen bestraft werden solle. Denken Sie sich nur in die Lage eines Landwirths! Das Wetter war lange nicht schön; mitten in der Woche kommt es nun dazu, daß die Arbeit sich häuft und es einem oder mehreren Knechten einfällt, zu streiken und den „blauen Montag" am Freitag zu feiern; für mich würde das Nichtarbeiten an diesem Tag ebenso strafbar sein wie am „blauen Montag" selbst. Ich glaube, daß wir uns in dieser Beziehung in keine Weitläufigkeiten verlieren, sondern die Anregung des Herrn Abg. Segitz rundweg ablehnen sollen. Wenn er auf Baden verweist, das diese Bestimmung nicht hat, so darf ich wohl daran erinnern, daß man in Baden schon vieles probirt hat und daß Baden dadurch sich die Bezeichnung „Probirländle" zugezogen hat. Die Bestimmung soll, wie der Herr Abg. Segitz gesagt hat, schon mehrere Jahrhunderte alt sein. Ich kann nicht untersuchen, ob das richtig ist, aber gerade deßhalb, weil sich seit so langer Zeit kein Landtag und keine Gesetzgebung gefunden hat, diese Bestimmung zu beseitigen, sollen wir das auch nicht thun. Ich bitte Sie, diesen Antrag abzulehnen.

Abg. **Fuchs**: Herr Abg. Segitz hat bemerkt, daß die Bestimmungen des Polizeistrafgesetzbuchs, deren Streichung er beantragt, keinen praktischen Werth hätten; ich glaube im Gegentheil aus eigener Erfahrung bestätigen zu können, daß solche Bestimmungen absolut bestehen müssen und jede Dienstherrschaft geschützt sein muß gegen jene Dienstboten, welche pflichtvergessen sind. Ich kann auch darin, daß die Dienstboten durch die Dienstherrschaft angemeldet werden müssen, eine Belästigung der Dienstherrschaft nicht erblicken. Die Dienstherrschaft muß an jenen Orten, wo eine Gemeindekrankenversicherung besteht, die Dienstboten auch für die Gemeindekrankenversicherung anmelden; es muß die Polizeibehörde doch in der Lage sein, sich Kenntniß zu verschaffen, wo ein Dienstbote sich aufhält, da sie vielfach auf auswärtige Requisitionen hin über den Aufenthalt von Dienstboten Aufschluß zu geben hat. Mit Herrn Dr. Casselmann bin ich der Ansicht, daß die Vorschrift in Abs. 1 des Artikel 155, welche von wesentlich anderem Gesichtspunkt als dem des Vertragsbruchs aufzufassen ist, von der Gewerbeordnung nicht berührt wurde. Ich kann mich nicht für

S. 322. die Annahme des Antrags „Segitz“ erklären, sondern bitte, es bei den bisherigen Bestimmungen zu belassen.

Abg. **Conrad** (Korreferent): Der Herr Abg. Segitz hat auch den Fall des Ungehorsams der Dienstboten gegen die Dienstherrschaft besprochen. Ich bemerke, daß Artikel 155 des Polizeistrafgesetzbuchs zum größeren Theil durch die Gewerbeordnung aufgehoben ist, und ebenso, daß nach Artikel 106 Ziff. 5 bei Dienstboten das Nichtarbeiten an allen gewöhnlichen Werktagen unter Strafe gestellt ist.

Der k. Staatsminister der Justiz Dr. Freiherr **von Leonrod**: Auf den Antrag des Herrn Abg. Segitz kann die k. Staatsregierung nicht eingehen. Ich ersuche Sie daher um dessen Ablehnung.

Abg. **Segitz**: Es hätte keinen praktischen Werth, wenn ich auf der Abstimmung bestehen wollte, nachdem ich von keiner Seite Unterstützung gefunden habe. Ich möchte mir nur noch einige Worte erlauben. Wenn Herr Kollege Huber meint, man sollte eine solche Gesinnung wie ich gar nicht an den Tag legen und die ruhigen Verhandlungen des Ausschusses nicht durch derartige Anträge stören, so entgegne ich, daß meine Gesinnung wahrscheinlich ebenso berechtigt ist, wie die Auffassung auf der anderen Seite, um im Jargon des Herrn Kollegen Seeberger zu reden, dessen Ansicht auf einer absolut unzutreffenden Auffassung beruht. Es ist merkwürdig, daß man stets auf der anderen Seite über die Dienstbotennoth so große Klage erhebt, die eigenen Kinder aber so viel als möglich in die Städte abschiebt, um sie von den idyllischen Verhältnissen der landwirthschaftlichen Arbeit zu befreien. Es ist in München auf dem Verbandstage der Arbeitsnachweise konstatirt worden, daß gerade die Bauern ihre Söhne und Töchter so viel als möglich in der Industrie unterzubringen suchen, wo sie bessere Arbeitsverhältnisse vorfinden, höhere Löhne erhalten und ein ungebundeneres Leben führen können. Daß sie darauf verzichten, ihre eigenen Söhne und Töchter landwirthschaftlich zu beschäftigen, muß besonders festgestellt werden. Man könnte der Dienstbotennoth in der Landwirthschaft ganz wesentlich entgegentreten, wenn man die eigenen Kinder alle jene „Wohlthaten“ genießen lassen würde, die man anderen Leuten im ländlichen Dienste zugedacht hat.

Was die Ausführungen des Herrn Abg. Dr. Casselmann betrifft, so scheint es mir durchaus richtig, daß hier nur an die Bestrafung des blauen Montags gedacht ist. Ich habe noch nicht gehört, daß ein Arbeiter bestraft wurde, weil er am Dienstag oder Mittwoch blau gemacht hat, sondern stets nur wegen des Montags. Nun sagt man, es könne eine derartige Bestimmung nicht entbehrt werden, sie sei nothwendig. Aber wie wollen sie dieselbe durchführen? Wie sollen denn alle Arbeiter, die blauen Montag feiern, bestraft werden? Es läßt sich ja gar nicht kontroliren, wer von den 50 oder 60,000 Arbeitern in München oder Nürnberg gerade blau macht. Man nimmt eben diejenigen beim Wickel, die irgend ein unwilliger Gewerbsmeister zur Anzeige bringt. Andere Tausende und Abertausende, die blau machen, kann man nicht bestrafen. Herr Abg. Dr. Casselmann hat vorgeführt, in welch' üble Lage ein Maurermeister kommen kann, wenn am Montag die Arbeiter die Arbeit verlassen. Das ist richtig, das kann eintreten. Wenn aber die Arbeiter am Dienstag die Arbeit einstellen, kontraktbrüchig werden — ein Kontraktbruch, der nicht einmal bestraft werden kann —, ist der Baumeister da nicht in eine ebenso schlimme Lage versetzt wie am Montag? Wenn Sie aus all' diesen

Dingen sich die Konsequenzen ausdenken, dann kommen Sie zu dem Ergebniß, S. 322.
daß der Artikel 155 absolut zwecklos ist.

Wenn der Herr Referent meint, ich stehe auf dem Standpunkte, daß der Arbeiter Alles thun dürfe, was er will, und daß die Dienstherrschaft jeden Schutz entbehren müsse, so habe ich dem zu entgegnen: Diese Selbstherrlichkeit der Arbeiter findet ihre Schranken durch die Nothwendigkeit zu leben, zu arbeiten. Der Arbeiter muß, um leben zu können, arbeiten und damit ist gegen Ausschreitungen, wie sie der Herr Referent befürchtet, ein Korrektiv geschaffen.

Ich habe durch die Ausführungen, die gegen meinen Antrag gemacht wurden, mich nicht überzeugen können, daß derselbe überflüssig wäre, aber, wie gesagt, ich will auf eine Abstimmung verzichten, nachdem ich von keiner Seite Unterstützung gefunden habe.

Vorsitzender: Nachdem der Antrag zurückgezogen ist, fahren wir fort bei

Artikel 30.

Abg. **von Walter** (Referent): Artikel 30 schlägt zum Gesetze vom 28. April 1872, die Grundentlastung betreffend, eine Aenderung vor. Es soll nämlich der Satz 2 des Artikel 17 Abs. 1 folgende Fassung erhalten (Referent verliest). Diese Aenderung begegnet uns heute nicht zum ersten Male. Wir haben eine Reihe von Gesetzen in || diesem Sinne geändert und deßhalb S. 323.
wird auch diese Aenderung vorzunehmen sein. Ich beantrage Zustimmung.

Abg. **Conrad** (Korreferent): Es sind wiederholt Gesetze im gleichen Sinne geändert worden. Hier handelt es sich um ähnliche Verhältnisse, so daß die neue Fassung unbedenklich erscheint.

Vorsitzender: Artikel 30 ist angenommen.

Artikel 31.

Ziff. I.

Abg. **von Walter** (Referent): Artikel 31 bringt eine Reihe von Aenderungen in Vorschlag bezüglich des Gesetzes vom 3. April 1875, die Brandversicherungsanstalt für Gebäude in den Landestheilen rechts des Rheins betreffend.

Zunächst soll nach Ziff. I der Artikel 3 Abs. 1 folgende Fassung erhalten (Referent verliest). Der bisherige Artikel 3 hat noch eine Reihe von anderen Fällen aufgeführt, in welchen eine Versicherungspflicht gegeben ist. (Referent verliest dieselben.) In diesen Fällen soll nun fortan eine Versicherungspflicht nicht bestehen. Was zunächst die Gebäude der minderjährigen oder sonst unter Kuratel stehenden Personen anlangt, so gehen die Motive von der Annahme aus, daß es ohnehin in der Verpflichtung des Vormunds und des Vormundschaftsgerichts gelegen ist, Sicherheit des Vermögens der Pflegebefohlenen herbeizuführen und demgemäß auch die Versicherung der Gebäude zu bewirken. Für Gebäude, welche Eigenthum Mehrerer sind, trifft ohnehin ein späterer Vorschlag die nöthige Vorsorge zu Artikel 10. Die Gebäude, auf welchen Hypotheken haften, mußten versichert werden, sobald der Hypothekgläubiger die Einverleibung verlangt. Es handelt sich wohl nur um eine Aufhebung der gesetzlichen Verpflichtung, nicht aber um Aufhebung des Rechtes des Hypothekgläubigers, eine Versicherung zu verlangen, und da kaum anzunehmen ist, daß da, wo Gebäude in Frage stehen, der Hypothekgläubiger von

S. 323. der Versicherung absehen wird, so hat die Bedingung der Ziff. 6 nur einen theoretischen Werth. Was Ziff. 7 anlangt, so ist durch § 4 des Einführungsgesetzes zur Konkursordnung eine derartige Verpflichtung, wie sie hier ausgesprochen ist, beseitigt. Nach all' dem, glaube ich, hätte es eigentlich an und für sich mit Ausnahme der Ziff. 7 gar kein Bedenken, wenn der Artikel in seiner bisherigen Fassung stehen bliebe. Aber es wird ebenso unbedenklich sein, die betreffenden Ziffern zu streichen, weil in anderer Weise die Versicherungspflicht wieder erreicht wird. Ich habe deßhalb gegen den Vorschlag in Ziff. I keine weitere Erinnerung.

Abg. **Conrad** (Korreferent): Ich habe bezüglich der einzelnen Ziffern nach den eingehenden Ausführungen des Herrn Referenten nichts hinzuzufügen. Es ist in der Begründung ausgeführt, warum die Ziffern 2, 6 und 7 in Wegfall kommen. Selbst wenn sie stehen blieben, würde es, wie der Herr Referent ausführte, keinen Schaden haben. Sie sind durch andere gesetzliche Bestimmungen thatsächlich ersetzt, aber es ist besser, man räumt damit auf. Ich bin daher mit der Fassung, wie sie vorgeschlagen ist, einverstanden.

Vorsitzender: Ziff. I ist angenommen.

Ziff. II.

Abg. **von Walter** (Referent): In Ziff. II handelt es sich um eine kleine Aenderung, die durch den eben gefaßten Beschluß bedingt ist. Der Artikel 8 lautet (Referent verliest). Da in Artikel 3 die Ziff. 5 gestrichen ist, so ist deßhalb auch die Verweisung „(Art. 3 Ziff. 5)" zu streichen.

Abg. **Conrad** (Korreferent): Die Verweisung muß allerdings geändert werden. Ich habe keine Erinnerung.

Vorsitzender: Ziff. II ist angenommen.

Ziff III.

Abg. **von Walter** (Referent): Ziff. III schlägt vor, in den Artikel 10 zwischen Abs. 1 und Abs. 2 einen neuen Absatz einzufügen. Artikel 10 lautete bisher (Referent verliest). Hier soll nun zwischen die beiden Absätze 1 und 2 eine neue Bestimmung eingefügt werden. (Referent verliest dieselbe.) Diese Neueinschaltung bezieht sich in ihrem letzten Theile auf das Verhältniß, welches zu Artikel 3 Abs. 1 Ziff. 5 besprochen wurde, nämlich auf die Gebäude, welche im Eigenthum Mehrerer sind, und stellt fest, daß bei einem Gebäude, welches im Eigenthum Mehrerer steht, schon Einer derselben berechtigt ist, die Versicherung des ganzen Gebäudes herbeizuführen. Außerdem soll dem Nießbraucher zu Gunsten des Eigenthümers das Recht zustehen, die Versicherung herbeizuführen, und dagegen wird wohl nichts zu erinnern sein. In letzterer Beziehung ist in den Motiven ausgeführt, daß ein Recht des Nutznießers zwar nicht ausdrücklich im Gesetze vorgesehen, daß es aber auch nicht ausgeschlossen ist. Ich beantrage Zustimmung.

Abg. **Conrad** (Korreferent): In den Motiven ist ausgeführt, daß der Nießbraucher ein Recht hat an der Versicherung des Grundstücks. Das Interesse, daß es zur Versicherung kommt, ist das des unbelasteten Grundeigenthums. Darum rechtfertigt sich die vorgeschlagene Aenderung und es kommt zur Versicherung mehrerer Miteigenthümer, worüber wir vorher zu Ziff. 5 des Artikel 3 bereits beschlossen haben.

Abg. **Landmann**: Ich möchte hier eine Bemerkung allgemeiner Art machen, S. 323.
welche sich zunächst auf den Eintritt in die Anstalt bezieht. Artikel 11 bestimmt, daß für das Jahr, in welchem der Eintritt in die Anstalt stattfindet, der Versicherte einen Beitrag zu leisten hat, dessen Höhe nach Zehnteln des betreffenden Jahresbeitrags berechnet wird. Nun sind mir schon früher Klagen des Inhalts vorgekommen, daß beim Eintritt in einem Jahre, in welchem die Beiträge nur zur Hälfte nach Artikel 68 des Gesetzes erhoben wurden, gleichwohl von dem neu Zugehenden der volle Beitrag erhoben wurde. Ich weiß nicht, ob dieß im Einklang mit dem Gesetze steht, und erlaube mir zunächst die Frage zu dem Zwecke anzuregen, damit von Seite der k. Staatsregierung mir entsprechender Aufschluß wird.

Ministerialdirektor, Vorstand der k. Versicherungskammer Dr. **von Haag**: Man muß unterscheiden zwischen den ordentlichen regelmäßigen Beiträgen, die im Artikel 59 des Brandversicherungsgesetzes geregelt sind, und den sonstigen Beiträgen der Mitglieder der Brandversicherungsanstalt. Zu den letzteren gehören die Beiträge, die auf Grund des Artikel 11 und im Zusammenhalte hiemit auf Grund des Artikel 66 des Brandversicherungsgesetzes erhoben werden. Wann und unter welchen Voraussetzungen der ordentliche Beitrag auf die Hälfte zu ermäßigen ist, wird nach Artikel 68 des Gesetzes zu beantworten sein. Was dagegen die Beiträge nach Artikel 66 des Gesetzes anlangt, so sind dieß Beitrittsgebühren, welche in den Vorschußfond der Landesbrandversicherungsanstalt zu fließen haben. Der ‖ Vorschußfond S. 324.
ist von dem übrigen Vermögen der Anstalt vollkommen getrennt und die Beitragsnachlässe auf Grund des Artikel 68 können den Leistungen an den Vorschußfond nicht zu gute kommen. Ebensowenig können an den beim Eintritt zu leistenden Zehntelbeiträgen noch weitere Nachlässe stattfinden.

Abg. **Landmann**: Danach ist die Mittheilung, daß von neu Eintretenden der volle Betrag erhoben wird, auch wenn die übrigen Mitglieder nur die Hälfte bezahlen, unrichtig.

Ministerialdirektor 2c. Dr. **von Haag**: Die Annahme, daß Beitrittsgebühren auf die Hälfte zu ermäßigen seien, ist unrichtig.

Vorsitzender: Ziff. III ist angenommen.
Wir kommen zu Ziff. IV.

Abg. **von Walter** (Referent): Nach Ziff. IV soll der Artikel 14 eine andere Fassung erhalten. Der Artikel 14 handelt von den Fällen, in welchen eine Beschränkung der freien Bestimmung bezüglich der Größe der Versicherungssumme einzutreten hat, und da sind in Ziff. 1 auch die Gebäude jener Personen aufgeführt, bezüglich welcher im Artikel 3 die Versicherungspflicht beseitigt worden ist. Deßhalb kann Artikel 14 in seiner bisherigen Fassung nicht aufrechterhalten bleiben und soll bestimmt werden, daß bei den im Artikel 3 Abs. 1 bezeichneten Gebäuden — das sind die Gebäude des Staates — sich der Mindestbetrag der Versicherung nach den jeweiligen besonderen Ministerialvorschriften zu richten hat, jedoch nicht auf weniger als den halben Werth der verbrennbaren Theile bestimmt werden darf. Bezüglich der Gebäude der Gemeinden, der Kirchen, der Schul- und sonstigen Stiftungen, der Pfarreien, Benefizien, ständigen Curatien, Pfarrvikariate und Expondituren bleibt es bei den bisherigen Bestimmungen. Ich beantrage Zustimmung.

S. 324. Abg. **Conrad** (Korreferent): Die neue Fassung des Artikel 14 ergibt sich aus den Aenderungen, die wir vorhin zu Artikel 3 beschlossen haben. Ich habe nichts zu erinnern.

Vorsitzender: Ziff. IV ist angenommen.

Wir gehen über zu Ziff. V.

Abg. **von Walter** (Referent): Nach Ziff. V soll Artikel 15 Abs. 3 eine andere Fassung erhalten. Artikel 15 handelt von der Erhöhung oder Verminderung der Versicherungssumme und bestimmt in dem bisherigen Abs. 3, daß die Minderung mit dem nächstfolgenden Jahre in Wirksamkeit tritt und den Nachweis voraussetzt, daß die nach Artikel 3 Ziff. 5—7 Betheiligten ihre Zustimmung in rechtsverbindlicher Weise erklärt haben. Da nun Ziff. 5—7 des Artikel 3 gestrichen worden sind, so ist eine andere Fassung nothwendig und soll dieselbe lauten (Referent verliest). Ich beantrage Zustimmung.

Abg. **Conrad** (Korreferent): Diese Fassung ergibt sich aus dem neuen Liegenschaftsrecht des Bürgerl. Gesetzbuchs und bin ich damit einverstanden.

Vorsitzender: Ziff. V ist angenommen.

Ziff. VI.

Abg. **von Walter** (Referent): Ziff. VI schlägt eine neue Fassung des Artikel 39 Abs. 3 vor. Artikel 39 handelt vom Wiederaufbau eines abgebrannten Gebäudes und bestimmt (Referent verliest Artikel 39). Dieser Artikel ist geboten einerseits durch die Ausdehnung auf die Grund- und Rentenschulden, Reallasten u. s. w. und entspricht andererseits auch den Bestimmungen, die seinerzeit im Gesetz über das Unschädlichkeitszeugniß getroffen wurden. Ich finde die Fassung vollständig entsprechend und beantrage Zustimmung.

Abg. **Conrad** (Korreferent): Ich stimme gleichfalls zu. Es genügt, wenn aus den Akten hervorgeht, daß Seitens der Berechtigten innerhalb Monatsfrist kein Widerspruch erfolgt und ebenso daß das Gericht in gleicher Weise, wie es beim Unschädlichkeitszeugniß der Fall ist, eine einfache Erklärung in diesem Sinne abgibt.

Vorsitzender: Ziff. VI ist angenommen.

Ziff. VII.

Abg. **von Walter** (Referent): Ziff. VII schlägt eine Aenderung der Fassung des Artikel 43 Satz 1 und 2 vor. Artikel 43 handelt von den Entschädigungsgeldern und bestimmt Folgendes (Referent verliest den Artikel). Die neue Fassung, durch welche die Sätze 1 und 2 geändert werden sollen, lautet (Referent verliest). Der Satz 3 bleibt. Ich habe auch gegen diese Aenderung keinen Anstand. Es wird hier allerdings nur die Nichtabtretbarkeit festgestellt, allein Forderungen, die nicht abtretbar sind, sind auch nicht der Zwangsvollstreckung unterworfen und insofern ist die bisherige Bestimmung überflüssig, daß diese Ansprüche nicht gepfändet werden dürfen. Ich beantrage Zustimmung.

Abg. **Conrad** (Korreferent): Es soll durch die neue Fassung die Unübertragbarkeit des Anspruchs dieser für ganz bestimmte Zwecke zu verwendenden Gelder ausgesprochen werden. Das folgt aus den neuen Bestimmungen der Civilprozeßordnung und der Gesetze über Zwangsversteigerung und Zwangsverwaltung. Ich habe ebenso wie der Herr Referent nichts zu erinnern.

Vorsitzender: Ziff. VII ist angenommen.

Ziff. VIII. S. 324.

Abg. **von Walter** (Referent): In Ziff. VIII wird eine neue Fassung des Artikel 46 des Gesetzes vorgeschlagen. Artikel 46 lautet (Referent verliest Artikel 46). Die neue Fassung soll lauten (Referent verliest). Es besteht hier nur ein geringer Unterschied. Es wird der Artikel nur ausgedehnt auch auf die Nutznießer, sowie auf die Renten- und Grundschuldgläubiger. In Abs. 2 wird statt der bisherigen gesetzlichen Hypothek eine Sicherungshypothek festgestellt und in Abs. 3 wird das Maß der Sicherheit für die Sicherungshypothek in Einklang mit verschiedenen Bestimmungen gebracht, die wir bereits getroffen haben. Ich beantrage Zustimmung.

Abg. **Conrad** (Korreferent): Die Fassung folgt aus dem Liegenschaftsrecht des Bürgerl. Gesetzbuchs und dessen hypothekrechtlichen Bestimmungen. Ich kann nur zustimmen.

Vorsitzender: Ziff. VIII ist angenommen.

Ziff. IX. S. 325.

Abg. **von Walter** (Referent): Nach Ziff. IX soll Artikel 71 eine andere Fassung erhalten. Bisher hat der Artikel gelautet (Referent verliest Artikel 71). Die k. Staatsregierung schlägt uns vor, diesen Artikel in zwei Absätzen, wie folgt, zu fassen (Referent verliest). Es wird also hier die solidarische Haftung der Miteigenthümer auf diejenigen eingeschränkt, welche Versicherung genommen haben; dagegen wird, soweit hiedurch der Versicherungsbeitrag ungedeckt bleiben würde, die Haftung des Grundstücks für den ganzen Beitrag festgestellt, auch wenn nur e i n Miteigenthümer Versicherung genommen hat und dasselbe soll auch gelten, wenn der Nießbraucher zu Gunsten des Eigenthümers Versicherung genommen hat; auch hier soll das Grundstück für den Versicherungsbeitrag haften. Es ist hiegegen nach meinem Dafürhalten schon mit Rücksicht auf Artikel 110 des Ausführungsgesetzes nichts zu erinnern. Ich beantrage Zustimmung.

Abg. **Conrad** (Korreferent): Der Herr Referent hat bereits ausgeführt, daß durch die neue Fassung des Artikel 110 das, was jetzt vorgeschlagen wird, veranlaßt ist; Artikel 71 hängt mit dieser Gesetzesänderung zusammen. Ich habe keine Bemerkung zu machen.

Vorsitzender: Ziff. IX ist angenommen.

Ziff. X.

Abg. **von Walter** (Referent): Nach Ziff. X soll der Artikel 75 geändert werden. Artikel 75 lautet (Referent verliest). Die neue Fassung dagegen soll lauten (Referent verliest). Es ist nichts dagegen zu erinnern. Nur möchte ich glauben, daß zur Verdeutlichung noch eine Einschaltung nothwendig wäre, nämlich daß der Anspruch „der Anstalt" auf den Stellvertreter übergeht.

Abg. **Conrad** (Korreferent): Ich glaube, das die vorausgehenden Artikel von den Forderungen der Anstalt handeln, wiewohl ich nichts dagegen habe, daß der Zusatz angenommen wird. Die Fassung, wie sie vorgeschlagen ist, halte ich für unbedenklich.

Senatspräsident Dr. **von Jacubezky:** Ich habe gegen die Einfügung der Worte „der Anstalt" nichts zu erinnern.

Vorsitzender: Ziff. X ist mit der Einschaltung nach dem Antrage des Herrn Referenten angenommen.

S. 325.

Ziff. XI.

Abg. **von Walter** (Referent): Ziff. XI schlägt eine Aenderung des Artikel 77 Abs. 1 vor. Artikel 77 Abs. 1 bestimmt (Referent verliest). Hier sollen nun die Worte: „insbesondere auch die Einwilligung der sämmtlichen Hypothekgläubiger oder amtliche Bescheinigung der Hypothekfreiheit" gestrichen werden. Ich glaube, daß die neue Fassung des Artikel 15 Abs. 3 diesen Zusatz entbehrlich macht, und beantrage Zustimmung.

Abg. **Conrad** (Korreferent): Ich bin ebenfalls einverstanden.

Vorsitzender: Ziff. XI ist angenommen.

Ziff. XII.

Abg. **von Walter** (Referent): In Ziff. XII sollen verschiedene Vorschriften des Gesetzes aufgehoben werden, zunächst Artikel 9 Abs. 2. Derselbe bestimmt, daß die Aufnahme vorbehaltlich der Bestimmungen in Artikel 3 Ziff. 5, 6 und 7 verweigert werden kann für die Gebäude derjenigen, welche wegen vorsätzlicher oder wiederholt wegen fahrlässiger Brandstiftung bestraft worden sind. Ich kann natürlich nicht ermessen, inwiefern es im Interesse der Anstalt selbst gelegen ist, daß die Ablehnung des Antrags gegenüber von Personen, die wegen Brandstiftung bestraft worden sind, beschränkt oder aufgehoben wird. Wenn von Seite der Anstalt nichts dagegen zu erinnern ist, habe ich auch meinerseits ein Bedenken nicht. Jedenfalls konnte Abs. 2 schon deßhalb nicht in der bisherigen Fassung aufrechterhalten werden, weil im Artikel 3 die Ziffern 5, 6 und 7 gestrichen wurden.

Abg. **Conrad** (Korreferent): Es ist in erster Linie das Interesse der Anstalt selbst, das hier gewahrt werden muß. Wird Seitens der k. Staatsregierung ein Werth weiter nicht darauf gelegt, diese Bestimmung aufrecht zu erhalten, so können wir um so weniger Bedenken haben. In den Motiven ist wohl ausgeführt, daß das Ablehnungsrecht durch so viele Ausnahmen beschränkt sei, daß es bedeutungslos wäre, es aufrecht zu erhalten. Vielleicht können wir Aufschluß erhalten, warum auf Beibehaltung der Bestimmung kein Werth mehr gelegt wird.

Ministerialdirektor ꝛc. Dr. **von Haag:** Bezüglich der Brandstiftung hat sich die Gesetzgebung bisher, ich möchte sagen, in gewissen Gegensätzen bewegt. Die alte Brandversicherungsordnung vom Jahre 1799 hatte die Anordnung daß der Brandstifter in der Anstalt bleiben müsse so lange, bis durch seine Beiträge die geleistete Entschädigung wieder gedeckt wäre. Die spätere Gesetzgebung hat dann zugelassen, daß den wegen Brandstiftung bestraften Personen der Eintritt verweigert werden kann. Diese letztere Bestimmung hat keine praktische Bedeutung gehabt. Wie die Herren wissen, ist die Ueberführung bei dem Reat der Brandstiftung sehr schwierig. Es erfolgen verhältnißmäßig wenig Verurtheilungen wegen Brandstiftung und von den Verurtheilten sind sehr viele besitzlose Menschen, bei denen die Aufnahme in die Brandversicherungsanstalt überhaupt nicht in Frage kommt. Die wenigen Verurtheilten, bei welchen sie vielleicht in Frage kommt, haben aber in der Regel Hypothekschulden. In solchen Fällen konnte man schon bisher mit Rücksicht auf die Hypothekgläubiger und die Interessen des Realkredits den Verurtheilten von der Brandversicherungsanstalt nicht ausschließen. Von den Bestimmungen in Artikel 9 Abs. 2 wurde seit dem Bestehen der Landesbrandversicherungsanstalt kein Gebrauch gemacht. Diese Bestimmungen können daher ohne jeden Schaden für die Anstalt entbehrt werden.

Abg. **von Walter** (Referent): Nach der gegebenen Erklärung habe ich gegen die Aufhebung des Artikel 9 Abs. 2 keine Bedenken und beantrage Zustimmung. S. 325.

Vorsitzender: Artikel 9 Abs. 2 ist demnach aufgehoben.

Abg. **von Walter** (Referent): Weiter soll Artikel 32 Abs. 4 Satz 2 aufgehoben werden. Derselbe bestimmt, daß alle Minderungen, welche an der Versicherungssumme sich ergeben, zur allenfallsigen Berichtigung des bezüglichen Eintrags im Hypothekenbuch dem einschlägigen Hypothekenamte mitgetheilt || werden. Die k. Staatsregierung schlägt vor, diesen Satz zu streichen S. 326. und zwar deßhalb, weil nach der Grundbuchordnung die Einschreibung der Brandversicherungssumme in das Grundbuch nicht vorgeschrieben ist und auch ein Bedürfniß nicht besteht, diese Einschreibung durch die Landesgesetzgebung zur Pflicht zu machen. Man kann ja die Sache so machen, allein vollständiger würde das Grundbuch nach meinem Dafürhalten sein, wenn wir in dieser Richtung eine landesgesetzliche Vorschrift treffen würden. Aus dem Grundbuche soll sich doch auch derjenige, welcher mit dem Eigenthümer des Gebäudes in irgend welche Beziehung treten, ihm Darlehen geben will u. s. w., sofort Aufschluß über die Brandversicherungssumme erholen können, und es wäre dieß um so wünschenswerther, als die Auszüge, welche der Gebäudeeigenthümer hat, nicht immer richtig gestellt und evident gehalten werden, während der Eintrag in das Grundbuch unter allen Umständen evident gehalten werden muß. Aus diesen Gesichtspunkten dürfte es sich vielleicht empfehlen, gleichwohl eine derartige Bestimmung in dem Ausführungsgesetze zur Grundbuchordnung bezüglich des Gesetzes über Zwangsversteigerung und Zwangsvollstreckung zu treffen. Ein wesentliches Gewicht lege ich übrigens nicht darauf. Derjenige, der ein Darlehen geben will, wird wohl denjenigen, der ein solches haben will, zwingen, sich darüber auszuweisen, wie hoch seine Gebäude der Brandversicherungsanstalt einverleibt sind. Allein richtiger und kürzer wäre schon der von mir angedeutete Weg.

Abg. **Conrad** (Korreferent): Ich kann mich auch dem Standpunkte des Herrn Referenten nicht verschließen, obwohl ich glaube, daß auch nach dem Regierungsvorschlag der Gläubiger sein Interesse ebenfalls wahren wird.

Ministerialrath **von Thelemann:** Die Vorschrift des Artikel 32 Abs. 4 Satz 2 des Brandversicherungsgesetzes, wonach bei Abminderung der Brandversicherungssumme auch dem Hypothekenamte zur Benachrichtigung des Hypothekgläubigers Mittheilung zu machen ist, beruht auf § 132 des Hypothekengesetzes und § 19 der Instruktion zu diesem, in welchem vorgeschrieben ist, daß jederzeit auch die Brandversicherungssumme in dem Hypothekenbuche vorzutragen sei. Nachdem nun § 132 des Hypothekengesetzes künftig in Wegfall kommt, so ist es zunächst eine natürliche Konsequenz, daß auch diese Bestimmung cessirt, weil sie ihren Boden verloren hat. Es würde dann für das rechtsrheinische Bayern derselbe Zustand eintreten, wie er schon jetzt in der Pfalz besteht. In der Pfalz, wo das Hypothekengesetz keine Geltung hat, hat auch die Bestimmung des Artikel 32 Abs. 4 Satz 2 des Brandversicherungsgesetzes keine Geltung; sie ist durch das Gesetz vom 5. Mai 1890 Artikel 4 ausdrücklich ausgeschlossen worden. Nun wäre allerdings, wie der Herr Referent bereits berührt hat, damit noch nicht entschieden, daß in Zukunft die Brandversicherungssumme in das bei den Amtsgerichten zu führende Grundbuch nicht mehr einzutragen sei; es könnte trotz dieses Wegfalls des § 132

S. 326. angeordnet werden, daß auch in Zukunft die Einträge der Brandversicherungssumme einen Bestandtheil des Vortrags im Grundbuch zu bilden haben, und man könnte sagen, es sei dieses im Interesse des Liegenschaftsverkehrs und des Realkredits gelegen. Es hat sich diese nicht ganz unwichtige Frage auch die k. Staatsregierung vorgelegt und dieselbe sehr eingehend und gewissenhaft geprüft. Das k. Staatsministerium des Innern war zunächst ebenfalls der Ansicht, daß es wünschenswerth im Interesse des Liegenschaftsverkehrs sei, die Brandversicherungssumme, wie dieses ja bisher im rechtsrheinischen Bayern der Fall war, auch ferner im Grundbuch, das an die Stelle des Hypothekenbuchs tritt, erscheinen zu lassen. Bei näherer Betrachtung der Sache und bei näherer Erwägung der nöthigen Ausführungsmaßregeln haben sich aber so viele Schwierigkeiten und Bedenken ergeben, daß schließlich das k. Staatsministerium des Innern dem Antrage der k. Versicherungskammer zugestimmt hat, mit dem sich sodann auch das k. Justizministerium einverstanden erklärte, daß nämlich von dem Vortrag der Brandversicherungssumme im Grundbuch fernerhin ganz abzusehen sei. Ich erlaube mir, die Bedenken und Schwierigkeiten, die sich ergeben haben, kurz vorzuführen.

Der Vortrag der Brandversicherungssumme im Grundbuch hat einen doppelten Zweck: er bezweckt zunächst, Aufschluß zu geben über die Brandversicherungsverhältnisse des betreffenden Gebäudes, und zweitens, einen Anhaltspunkt für den Werth desselben zu geben. Nun, in letzterer Beziehung ist der Eintrag fast bedeutungslos. Der Versicherungswerth, wie er jetzt im Hypothekenbuch eingetragen ist, ist ein ganz anderer Werth, als der Tauschwerth des betreffenden Gebäudes. Der Versicherungswerth ist der sogenannte Neubauwerth, welcher keine Rücksicht auf den Werth des Bauplatzes, die Lage desselben und dergl. nimmt. Also aus dem Eintrag der Versicherungssumme im Grundbuch kann derjenige, der das Grundstück belehnen oder kaufen will, über den eigentlichen Werth desselben nur wenig entnehmen, und von diesem Gesichtspunkt aus würde die Aufrechterhaltung des Eintrags keine besondere Bedeutung haben.

Was sodann die Aufschlüsse über die Versicherungsverhältnisse betrifft, so würde dieser Zweck des Eintrags ganz gewiß von Bedeutung sein, aber nur dann, wenn die Brandversicherungssumme bei allen überbauten Grundstücken und erschöpfend im Grundbuch vorgetragen wird. Wenn aber die Versicherungskammer verpflichtet würde, die Versicherungsverhältnisse aller Grundstücke und alle Aenderungen in diesen Verhältnissen jedem Amtsgericht mitzutheilen, so würde das für die Versicherungskammer eine kolossale Belastung ergeben. Es kommen mitunter an einem Tage Hunderte von Aenderungen der Versicherungssumme vor, welche dem Amtsgericht mitgetheilt werden müßten, und dazu kommt die erstmalige Mittheilung der Versicherungsverhältnisse aller Grundstücke in mehr als 8000 Gemeinden! Es würde, wenn man eine derartige Bestimmung durchführen wollte, welche allein Werth hätte für das amtsgerichtliche Grundbuch, eine solche Geschäftsmehrung bei der Versicherungskammer nothwendig eintreten und damit so große Kosten verbunden sein, daß die Maßregel nicht mehr im Verhältniß stünde zu ihrem praktischen Werth. Denn selbst wenn dieselbe mit großen Kosten durchgeführt würde, so bliebe sie eine Halbheit. Es ginge nämlich keinesfalls an, daß in das amtsgerichtliche Grundbuch der gesammte Inhalt des Versicherungsbuches übergetragen würde. Es könnte sich z. B. bei mehreren Gebäuden eines Anwesens immer nur darum handeln, die Versicherungssumme im Ganzen anzugeben. Es würde also der Interessent, d. i. derjenige, der ein Darlehen geben

oder das Grundstück kaufen will, auch wieder keinen vollständigen Aufschluß erhalten. S. 326.
Er würde keinen Aufschluß erhalten, wie sich die Versicherungssumme auf die einzelnen Gebäude des Anwesens vertheilt, in welchen Bauartsklassen und unter welchen Zuschlagsverhältnissen die einzelnen Gebäude versichert sind, ob sich die Versicherung auf das Ganze mit Grundmauern oder nur auf die verbrennbaren Theile bezieht u. s. w. Ueber alle diese Punkte kann authentischen Aufschluß nur die Aufnahmsurkunde geben oder der Grundbuchsauszug, und es ist Jedem freigestellt, welcher ein derartiges Geschäft machen || will, sich von S. 327.
dem Versicherten diese Urkunden vorlegen zu lassen. Es erhält jeder Eigenthümer eine Aufnahmsurkunde beziehungsweise einen Grundbuchsauszug von der Versicherungskammer und diese nimmt auch keinen Anstand, Berechtigten jederzeit auf Ansuchen Aufschluß über die Versicherungsverhältnisse zu geben. Es ist besser, man verweist die Interessenten auf diese Urkunden, als auf den etwaigen Eintrag im amtsgerichtlichen Grundbuch, der in sehr vielen Fällen nur unvollständige Aufschlüsse würde geben können. — Es kommt aber weiter in Betracht, wenn man der Versicherungskammer eine derartige Aufgabe überbürden wollte, daß die Sache formell außerordentlich schwer zu machen ist. In dem Grundbuch der Versicherungskammer sind nämlich die einzelnen Gebäude nach Hausnummern aufgeführt, in dem Grundbuch des Amtsgerichts dagegen werden die Grundstücke nach Plannummern vorgetragen. Die Versicherungskammer ist also nur in der Lage, die Hausnummer des betreffenden Gebäudes, um dessen Versicherungsverhältnisse es sich handelt, anzugeben, und es wird in sehr vielen Fällen vom Amtsgericht angefragt werden: „Was ist das für ein Objekt?" Die Feststellung der Identität wird unter Umständen schwierig sein, so daß also nach der Seite hin sich Schwierigkeiten und Weitläufigkeiten ergeben werden. — Nun ist es ja richtig: es kommt, wenn von dem Vortrag der Brandversicherungssumme im Grundbuch abgesehen wird, ein bene, das seither die Hypothekgläubiger genossen haben, nämlich daß sie von einer Abminderung der Versicherungssumme jedesmal in Kenntniß gesetzt werden, in Zukunft in Wegfall; aber doch nur in beschränktem Maße, nämlich nur in denjenigen Fällen, in welchen die Minderung der Versicherungssumme von Amtswegen vorgenommen wird von Seite der k. Versicherungskammer. Nimmt der Versicherte selbst eine Minderung der Versicherungssumme vor, so kann er nach Artikel 15 Abs. 3 des Brandversicherungsgesetzes dieß nur mit vorgängiger Zustimmung des Hypothekgläubigers thun. In dieser Beziehung sind also die Rechte des Hypothekgläubigers vollständig gewahrt. Es handelt sich nur um die ja immerhin in der Minderzahl befindlichen Fälle, wo die Versicherungssumme von der Versicherungskammer wegen verminderten Werthes des Gebäudes nach Artikel 32 des Gesetzes von Amtswegen herabgesetzt wird. In sehr vielen Fällen wird ja entweder die Sache gar keinen Einfluß haben auf den Realkredit oder es wird ein vorsichtiger Hypothekgläubiger auch noch andere Wege finden, um hier seine Rechte zu wahren. Aber ich kann, das ist wenigstens das Ergebniß der mit dem k. Staatsministerium der Justiz hierüber gepflogenen Verhandlungen, Folgendes erklären: Wenn sich in fraglicher Beziehung seiner Zeit Mißstände dahin ergeben sollten, daß wirklich die Rechte der Hypothekgläubiger gefährdet würden — das Justizministerium, das zunächst zuständig ist, erachtet diese Gefahr nicht für gegeben —, wenn sich also gleichwohl zeigen sollte, es sei eine Vorschrift wie die jetzt bestehende des Artikel 32 Abs. 4 Satz 2 nothwendig, dann könnte man auch im Wege der Verordnung oder der Dienstesinstruktion an die Versicherungskammer abhelfen. Wenn sich wirklich ein solches Bedürfniß ergeben sollte, die von Amtswegen erfolgenden

S. 327. Minderungen der Versicherungssumme dem Hypothekgläubiger mitzutheilen, so könnte das k. Staatsministerium des Innern, sobald das k. Justizministerium dieß wünscht, eine Vorschrift an die Versicherungskammer erlassen, daß derartige Fälle dem Amtsgericht mitzutheilen seien. Vor der Hand ist das nicht beabsichtigt, weil es wahrscheinlich nicht nothwendig werden wird. Ich sage das aber nur zur Beruhigung für jene Herren, deren Bedenken noch nicht ganz geschwunden sein sollten durch die Gründe, die ich mir vorzutragen erlaubt habe, daß es nämlich immerhin möglich ist, einen Zustand zu schaffen, wie sie ihn für den richtigen halten, ohne daß es hiezu einer besonderen gesetzlichen Vorschrift bedarf.

Also nach all' dem kann sich das k. Staatsministerium des Innern mit dem Antrag der k. Versicherungskammer und dem Vorschlag des k. Staatsministeriums der Justiz, den Artikel 32 Abs. 4 Satz 2 fallen zu lassen, nur einverstanden erklären.

Abg. **Wagner:** Ich glaube, daß wir den Standpunkt der k. Staatsregierung in dieser Frage vollständig theilen können. Der Eintrag der Brandversicherungssumme im Hypothekenbuch ist meines Wissens nur von Bankinstituten verlangt worden, andere Gläubiger haben das nicht verlangt. Nur auf jenen Hypothekfolien, auf welchen Bankkapitalien vorkommen, werden auch die Einträge einer Brandversicherungssumme zu finden sein. Es könnte sein, daß vielleicht auch bei Stiftungskapitalien etwas Aehnliches vorkommt, aber ich entsinne mich dessen nicht genau; aber wenn andere Private sich Hypotheken bestellen ließen, so wurde nach meinem Dafürhalten in der Regel der Eintrag nicht verlangt. Nun sind aber in der Regel die Banken und auch die Stiftungsverwaltungen, welche solche Einträge verlangen, gewiß in der Lage, sich von der Brandversicherungssumme und den Verminderungen derselben in Kenntniß zu erhalten. Es besteht also ein besonderes Bedürfniß für eine solche Mittheilung nicht und die Schwierigkeiten, die vorgetragen sind, sind nicht zu unterschätzen. Ich wäre der Meinung, daß man dem Vorschlag der k. Staatsregierung zustimmen könnte.

Abg. **von Walter** (Referent): Ich verkenne die Gründe nicht, welche von Seite des Herrn Ministerialkommissärs gegen meine Anregung vorgebracht worden sind, und gebe vollständig zu, daß das Maß von Arbeit für die Brandversicherungskammer in keinem Verhältniß stehen würde zum Erfolg, der dadurch erreicht werden könnte. Ich gebe auch zu, daß es vollständig richtig ist, daß der Gebäudeeigenthümer eine Abminderung der Versicherungssumme nicht ohne Zustimmung der Hypothekgläubiger herbeiführen kann und daß deßhalb die Letzteren nach dieser Richtung gesichert sind. Auch erkenne ich an, daß die Abminderung von Amtswegen, die in Folge der Offizialrevision erfolgt, in der Regel keine besondere Veranlassung bilden kann, eine Beunruhigung der Hypothekgläubiger zu schaffen; denn hier handelt es sich in der Regel nur um verhältnißmäßig geringe Summen, allein es könnte doch unter Umständen auch ein bedeutender Betrag für die Abminderung in Frage kommen und dann der Fall eintreten, daß der Hypothekgläubiger und die Berechtigten überhaupt eine Schädigung ihrer Sicherheit erfahren würden. Nun ist uns ja in Aussicht gestellt worden, daß, wenn in dieser Richtung sich die Aufhebung der fraglichen Bestimmung als nicht praktisch erweisen würde, man dann im Wege der Verordnung oder Dienstesinstruktion abhelfen könnte; allein es scheint mir doch bedenklich, erst abzuwarten, ob eine Schädigung der Hypothekgläubiger eintritt oder nicht, und ich möchte schon, daß man für die Fälle

in denen man nach Lage der Sache eine Schädigung der Hypothekgläubiger S. 327.
für möglich halten kann, die Diensteſinstruktion schon jetzt erläßt und anordnet, daß in solchen Fällen die Brandversicherungskammer den Hypothekgläubigern Mittheilung zu machen habe.

Im Großen und Ganzen schließe ich mich den Ausführungen des Herrn Vertreters des k. Staatsministeriums des ‖ Innern vollständig an, nur meine S. 328.
ich, sollte mit der Instruktion nicht zu lange zugewartet und die Möglichkeit geschaffen werden, daß eine Schädigung des Realkredits nicht eintritt.

Senatspräsident Dr. **von Jacubezky:** Der Herr Referent glaubt, daß in Fällen, in denen von Amtswegen die Brandversicherungssumme abgemindert wird, eine Schädigung der Hypothekgläubiger eintreten könnte. Nach meiner Ansicht besteht eine solche Gefahr nicht, denn von Amtswegen wird die Versicherungssumme nur gemindert, wenn der Werth, der der Versicherung zu Grunde gelegt worden ist, nicht mehr vorhanden ist. Es ist also die Minderung der Sicherheit für den Hypothekgläubiger schon eingetreten, das Haus ist nicht mehr so viel werth, wie es früher werth war, und für den Hypothekgläubiger ist es an sich gleichgiltig, ob die Brandversicherungssumme gemindert wird oder nicht. Denn wenn das Haus abbrennt, bevor die Minderung erfolgt ist, so wird nach Artikel 50 nicht die ganze versicherte Summe bezahlt, sondern nur der wirklich entstandene Schaden vergütet. Insoferne mindert sich eigentlich die Versicherungssumme mit der Minderung des Werths von selbst; die Minderung durch die Versicherungskammer hat nur die Bedeutung einer Feststellung. Diese Feststellung greift nicht in die Rechte des Hypothekgläubigers ein; andernfalls müßte man sie von der Zustimmung des Hypothekgläubigers abhängig machen. Deßhalb scheint es mir nicht nothwendig zu sein, eine solche Instruktion zu erlassen. Ich fürchte, daß man in vielen Fällen durch eine solche Nachricht blos eine unnütze Beunruhigung bei den Hypothekgläubigern hervorrufen und vielleicht bewirken würde, daß Kündigungen stattfänden, die den Versicherten in Verlegenheit bringen würden. Meines Erachtens ist es Sache des Hypothekgläubigers, daß er soweit, als es seine Sicherheit erfordert, die ihm verpfändeten Grundstücke überwacht. Er hat, wenn eine seine Sicherheit gefährdende Verschlechterung eintritt, nach § 1133 des Bürgerl. Gesetzbuchs ein außerordentliches Kündigungsrecht. Darüber, ob Umstände eingetreten sind, die dieses Recht begründen und Anlaß geben, von dem Rechte Gebrauch zu machen, hat er sich selbst zu vergewissern. Es ist nicht die Aufgabe der Brandversicherungsanstalt, den Hypothekgläubiger darauf aufmerksam zu machen, daß eine Verschlechterung des verpfändeten Gebäudes eingetreten ist.

Abg. **Landmann:** Ich bin doch anderer Meinung wie der Herr Senatspräsident. Ich mache in erster Linie darauf aufmerksam, daß bei dieser Frage in hohem Grade die Stiftungen betheiligt sind, und gerade bei den Stiftungen wird der Schätzungswerth immer im Hypothekenbuch eingetragen. Nun gebe ich gerne zu, daß der Werth, welcher eingetragen ist, nicht maßgebend ist für die Beleihung als solche; aber er ist von größter Bedeutung insoferne, daß man in Folge der Revision erfährt, ob das versicherte Gebäude im Werth zurückgegangen ist oder nicht. Nun gebe ich ja gerne zu, daß so kleine Minderungen eine Masse Arbeit machen und es sehr angezeigt ist, daß hier die Anzeigepflicht wegfallen kann. Ich würde aber dafür sein, daß eine solche Notifikation in jenen Fällen erfolgen sollte, wenn wenigstens die Minderung um die Hälfte stattfindet. Der Herr Senatspräsident meint, es trete eine Beunruhigung der Hypothekgläubiger ein. Das ist nicht der Fall, vielmehr

S. 328. das Gegentheil. Wenn eine solche Notifikation kommt, so ist das Erste, daß man das Anwesen ansieht und gegebenen Falles die Hypotheken kündet. Ich mache aufmerksam, daß bei Stiftungen in den meisten Fällen es sich um Objekte handelt, die dem Hypothekgläubiger nicht immer vor Augen sind. Solche Stiftungen haben vielfach Hypothekgläubiger im ganzen Lande. Es sind daher solche Notifikationen sehr werthvoll und ich wünschte eine Bestimmung dahin, daß, wenn eine Abminderung um ein Drittel oder die Hälfte stattfindet, eine Notifikation erfolgt. In meiner Nähe z. B. ist ein Haus um 10,000 Mk. versichert gewesen und schließlich auf 3000 Mk. zurückgeschätzt worden. Ich würde gerade in Bezug auf die ländlichen Anwesen, bei welchen eine Vernachlässigung öfter vorkommt, bitten, daß man in dieser Beziehung eine Aenderung trifft, beziehungsweise es beim Alten läßt.

Senatspräsident Dr. **von Jacubezky**: Der Herr Vorredner hat mit Recht gesagt, gerade bei ländlichen Anwesen sei die Gefahr, daß sie herunterkommen, eine große. Aber bei den ländlichen Anwesen spielen die landwirthschaftlichen Grundstücke eine größere Rolle als die Gebäude, und wenn die landwirthschaftlichen Grundstücke herunterkommen, so macht keine Behörde dem Hypothekgläubiger davon Anzeige, sondern er muß selbst Sorge tragen, daß er davon erfährt. Wie es bei der Verschlechterung der landwirthschaftlichen Grundstücke ist, so wird es auch bei den Gebäuden sein können. Wenn die Gebäude in einen solchen Zustand der Verschlechterung gerathen, daß der Werth die Versicherungssumme nicht mehr erreicht, so hat der Hypothekgläubiger, auch wenn eine solche Vorschrift erlassen wird, keine Gewähr dafür, daß die Versicherungskammer ihm rechtzeitig Mittheilung machen wird. Denn sie kann den Zustand der versicherten Gebäude nur in längeren Zeiträumen untersuchen lassen. Die Verschlechterung kann eine Reihe von Jahren bestehen, bevor sie festgestellt wird, und so scheint es auch in dem vom Herrn Vorredner angeführten Falle gewesen zu sein. Denn eine solche Verschlechterung kann doch nur im Laufe längerer Zeit eintreten. Will der Gläubiger in der Lage sein, rechtzeitig von dem im § 1133 des Bürgerl. Gesetzbuchs bestimmten Rechte Gebrauch zu machen, so muß er irgendwie Vorsorge treffen, daß er Kenntniß erhält, wenn die Grundstücke so verschlechtert werden, daß die Sicherheit seiner Hypothek gefährdet ist. Das thun die Banken alle und die Stiftungen werden es wohl auch so machen. Dieselben Vorkehrungen, die der Gläubiger trifft, um zu erfahren, ob landwirthschaftliche Grundstücke verschlechtert werden, werden auch dazu dienen, von der Verschlechterung eines zu dem Gut gehörigen Gebäudes Kenntniß zu erhalten. Dazu braucht man die Brandversicherungsanstalt nicht, und die gewünschte Vorschrift könnte leicht zu einer Täuschung des Gläubigers führen; er würde sich darauf verlassen, daß das Gebäude nicht wesentlich verschlechtert ist, solange er die Anzeige nicht erhält, während die Brandversicherungsanstalt die eingetretene Verschlechterung vielleicht erst nach Jahren feststellen kann.

Abg. **von Walter** (Referent): Ich möchte nur bemerken, daß für die Brandversicherungskammer eben diese Verpflichtung schon gesetzlich besteht und daß wir keinen Anlaß haben, die gesetzliche Bestimmung vollständig auch für den Fall aufzuheben, daß es sich um Offizialminderungen der Brandversicherungssumme handelt. Das Brandversicherungsgesetz beruht nun einmal darauf, daß dem Hypothekenamte zur Benachrichtigung der Hypothekgläubiger von der Verminderung der Summe alsbald Nachricht gegeben werden muß. Ich kann auch nicht vollständig zugeben, daß man einem Gebäude die Werthsminderung schon sofort

von außen ansieht, ‖ wie das bei einem Grundstück der Fall ist, wenn es nicht S. 329.
gehörig bewirthschaftet wird. Von letzterem kann man sich bei dem Vorübergehen leicht überzeugen, dagegen kann ein Gebäude nach außen ganz schön ausschauen und inwendig kann es baufällig sein. Insoferne treffen die Vergleiche nicht vollständig zu, die zwischen Gebäuden und Grundstücken gezogen werden, und nachdem es sich eigentlich darum handelt, eine Verpflichtung aufrecht zu erhalten, die der Brandversicherungskammer obliegt, diese Verpflichtung aber so einzuschränken, daß ihr eine ganz außerordentliche Arbeit dadurch nicht erwachsen kann, sehe ich nicht ein, warum wir über den Zweck unserer Gesetzesvorlage hinaus auch in der Beziehung eine Aenderung des bisherigen Rechts treffen müssen. Ich würde deßhalb schon sehr dankbar sein, wenn die Zusicherung gegeben wird, daß für Offizialminderungen eine betreffende Instruktion oder Verordnung erlassen wird.

Abg. **Conrad** (Korreferent): Aus den Ausführungen des Herrn Ministerialkommissärs haben wir erfahren, daß das Grundbuchamt nicht wohl in der Lage ist, genügende und befriedigende Aufklärungen über den Zustand eines Grundstücks und den Versicherungswerth zu bieten, daß es aber den Hypothekgläubigern und überhaupt den Interessenten freigestellt ist, sich unmittelbar an die Versicherungskammer zu wenden, von welcher Seite ihnen viel zutreffendere Aufschlüsse gegeben werden können. Ich möchte mir im Anschluß daran die Frage erlauben, ob die Brandversicherungskammer in der Lage ist, über die jeweiligen Veränderungen nach verhältnißmäßig nicht langen Zeitperioden, die sich im Werthe ergeben, Aufschlüsse zu ertheilen auf Grund periodischer Eruirung der Versicherungswerthe. Dann würde der Gläubiger besser fahren, sich dahin zu wenden, wo er zutreffenderen Aufschluß erhalten kann als auf dem Umwege des Grundbuchamts, auf welchem sich eine unverhältnißmäßige Arbeit ergeben würde.

Ministerialrath **von Thelemann:** Ich erlaube mir, die Anfrage des Herrn Vorredners dadurch zu beantworten, daß ich auf Artikel 30 des Brandversicherungsgesetzes Bezug nehme. Danach sind die Brandversicherungsinspektoren verpflichtet, innerhalb eines Zeitraums von je fünfzehn Jahren die sämmtlichen versicherten Gebäude ihres Bezirks einer genauen Untersuchung zu unterstellen.

Die Offizialuntersuchungen des baulichen Zustandes der versicherten Gebäude finden sohin regelmäßig in einem Turnus von fünfzehn Jahren statt.

Vorsitzender: Könnte die k. Staatsregierung in dieser Richtung entgegenkommen?

Ministerialrath **von Thelemann:** Ich habe, glaube ich, schon in dieser Beziehung den Standpunkt des k. Staatsministeriums des Innern bekannt gegeben. Dasselbe geht davon aus, daß die Beurtheilung der Frage, welcher rechtliche Schutz den Hypothekgläubigern zu gewähren sei, zunächst der Zuständigkeit des k. Staatsministeriums der Justiz unterliege und daß, wenn das Staatsministerium der Justiz der Anschauung ist, es sei nicht nothwendig und, wie der Herr Senatspräsident ausführte, auch nicht zweckentsprechend, die Hypothekgläubiger von derartigen Offizialminderungen in Kenntniß zu setzen, das Staatsministerium des Innern sich bei einer derartigen Auffassung bescheiden könne und müsse. Aber ebenso möchte ich wiederholen — es wurde das bereits in einer Note an das k. Staatsministerium der Justiz ausgeführt —, daß das Staatsministerium des Innern vollständig bereit ist, eine Instruktion an die Versicherungskammer zu erlassen, sobald von zuständiger Seite das

S. 329. Bedürfniß anerkannt ist, daß derartige Offizialminderungen den Hypothekgläubigern amtlich mitgetheilt werden. Der Herr Vorstand der Versicherungskammer hat mir soeben wiederholt erklärt und in seinem Berichte schon ausgeführt, wie vom Standpunkt der Versicherungskammer keine Erinnerung dagegen besteht, vorausgesetzt, daß die Mittheilungen an die Hypothekgläubiger auf derartige Offizialminderungen beschränkt werden, diese Mittheilungen auch fernerhin zu machen. Es würde also auch von Seite des Staatsministeriums des Innern eine Erinnerung dagegen nicht bestehen.

Vorsitzender: Ich bitte, diese Erklärung in's Protokoll aufzunehmen. Damit wird dann auch der Herr Referent sich zufrieden erklären. Wir fahren fort.

Abg. **von Walter** (Referent): Außerdem sollen noch aufgehoben werden Artikel 47 Abs. 2 und Artikel 88 Satz 2. Ich bemerke, daß diese Bestimmungen bereits durch § 14 des Einführungsgesetzes zur Civilprozeßordnung und § 4 des Einführungsgesetzes zur Konkursordnung gedeckt sind. (Referent verliest Artikel 47 Abs. 2 und Artikel 88 Satz 2.) Der Aufhebung dieser Bestimmungen steht also nichts im Wege.

Dann wird weiter die Aufhebung des Artikel 72 und des Artikel 78 Abs. 1 Ziff. 3 vorgeschlagen. Die Aufhebung der letzteren Bestimmung ist die Folge eines Beschlusses, den wir bereits gefaßt haben. Wir haben nämlich den Artikel 9 Abs. 2 gestrichen und damit ist das Ablehnungsrecht der Brandversicherungskammer in Wegfall gekommen. Damit ist nun auch eine Veranlassung weggefallen, welche die Aufrechterhaltung des Artikel 78 Abs. 1 Ziff. 3 nothwendig macht. Artikel 72 ist durch § 4 des Einführungsgesetzes zur Konkursordnung beseitigt. (Referent verliest.) Ich beantrage Zustimmung.

Abg. **Conrad** (Korreferent): Ich kann im Anschluß an die Darlegungen des Herrn Referenten mich nur mit der Streichung einverstanden erklären.

Vorsitzender: Gegen den Antrag des Herrn Referenten wurde keine Erinnerung erhoben.

Wir haben noch den Abs. 2 des Artikel 31 zu erledigen.

Abg. **von Walter** (Referent): Der Abs. 2 des Artikel 31 bestimmt:

„Die Aufhebung des Artikel 3 Abs. 1 Ziff. 6 und des Artikel 32 Abs. 4 Satz 2 sowie die Aenderungen der Artikel 10, 15, 71 treten schon vor der Zeit, zu welcher das Grundbuch als angelegt anzusehen ist, in Kraft."

Warum diese Bestimmungen getroffen werden sollen, ist in den Motiven ausreichend begründet. Ich beantrage Zustimmung.

Abg. **Conrad** (Korreferent): Ich beantrage gleichfalls Annahme.

Vorsitzender: Abs. 2 und damit Artikel 31 ist angenommen.

S. 330.

Artikel 32.

Abg. **von Walter** (Referent): Im Artikel 32 wird ein Zusatz vorgeschlagen zu Artikel 10 des Gesetzes vom 8. August 1878, betreffend die Errichtung eines Verwaltungsgerichtshofes und das Verfahren in Verwaltungsrechtssachen. Derselbe soll als Ziff. 3a eingestellt werden und lauten (Referent verliest). Wir haben bereits zu Artikel 25 des Entwurfs beschlossen, daß und auf welchem Wege eine Stiftung aufgehoben und umgewandelt werden kann. Deßhalb ist es auch nothwendig, zu bestimmen, wer in letzter Instanz in diesen Angelegenheiten zu entscheiden hat. Nach meinem Dafürhalten sind

dieselben nur verwaltungsgerichtlicher Natur und muß deßhalb, wie auch sonst, S. 330
die Zuständigkeit des Verwaltungsgerichtshofes festgestellt werden. Ich beantrage Zustimmung.

Abg. **Conrad** (Korreferent): Daß die hier vorgeschlagene Bestimmung ähnliche Verhältnisse berührt, wie sie auch schon bezüglich der Vereine gegeben sind, unterliegt keinem Zweifel. Auch nimmt das Bürgerl. Gesetzbuch selbst in seinem § 86 auf die Vorschriften Bezug, die das Vereinsrecht betreffen. Will einmal eine Stiftung in ihrer Verfassung geändert oder gar aufgehoben werden, so ist es gewiß gerechtfertigt, daß dieß nur unter Beobachtung der Vorschriften geschieht, wie sie das verwaltungsrechtliche Verfahren an die Hand gibt. Ich bin darum mit dem Vorschlag vollkommen einverstanden.

Vorsitzender: Artikel 32 ist angenommen.

Artikel 33.

Ziff. I.

Abg. **von Walter** (Referent): Der Artikel 33 schlägt eine Reihe von Aenderungen vor, welche an dem Ausführungsgesetze zur Reichs-Civilprozeßordnung und Konkursordnung vom 23. Februar 1879 vorgenommen werden sollen. Es ist das sehr natürlich, daß gerade dieses Gesetz die tiefsten Einschnitte zu erfahren hat, weil es Materien behandelt, welche durch die Reichsgesetze am meisten berührt werden. Vom Gesetze bleibt eigentlich nur recht wenig übrig, und insbesondere ist es fast nur der erste Abschnitt, der in sehr geänderter Form aufrecht erhalten werden kann. Es ist das eine Folge der eingetretenen Verhältnisse.

In Ziff. I wird vorgeschlagen, als Artikel 9a eine neue Vorschrift einzustellen folgenden Inhalts (Referent verliest). Diese Vorschrift ist nach meinem Dafürhalten vollständig gerechtfertigt und ich kann deßhalb nur Zustimmung beantragen. Wir haben ja auch ähnliche Vorschriften bezüglich der Fideikommisse und der landwirthschaftlichen Erbgüter bereits getroffen. Es wird also auch bei den Korporationen des öffentlichen Rechts nicht anders zu machen sein; diese müssen ihrem Zwecke erhalten werden und derselbe wird unmöglich gemacht, wenn die Zulassung eines Konkurses ausgesprochen würde.

Abg. **Conrad** (Korreferent): Der Herr Referent hat schon ausgeführt, in welchem Maße gerade dieses Gesetz durch das neue Recht berührt wird. Ich habe gegen die Abänderung keine Erinnerung zu erheben.

Vorsitzender: Ziff. I ist angenommen.

Ziff. II.

Abg. **von Walter** (Referent): In Ziff. II wird für Artikel 10 Abs. 1 eine neue Fassung vorgeschlagen. Zur Zeit lautet derselbe (Referent verliest). Künftig soll er lauten (Referent verliest). Sachlich wird nichts geändert. Es ist nur eine andere Fassung bestimmt und außerdem wird das Gesetz vom 10. Vend. IV weggelassen, weil in dieser Beziehung Rechtseinheit zwischen dem diesseitigen und jenseitigen Bayern bereits durch einen früher gefaßten Beschluß hergestellt ist.

Abg. **Conrad** (Korreferent): Ich kann mich nur damit einverstanden erklären, da wir ja schon oben bei Artikel 8 einen ähnlichen Beschluß gefaßt haben.

Vorsitzender: Ziff. II ist angenommen.

S. 330. Ziff. III.

Abg. **von Walter** (Referent): In Ziff. III wird eine Aenderung des Artikel 20 vorgeschlagen. Artikel 20 handelt von der Zustellung an Militärpersonen und zwar insbesondere auch „in den nicht zur ordentlichen streitigen Gerichtsbarkeit gehörenden Sachen“. Diese letzteren Worte sollen ersetzt werden durch die Worte: „in den Angelegenheiten, für welche die Landesgesetze maßgebend sind“. Die nicht zur ordentlichen streitigen Gerichtsbarkeit gehörenden Sachen zerfallen in Zukunft in zwei Arten, nämlich in solche, für welche Reichsgesetze, und in solche, für welche Landesgesetze maßgebend sind. Für die ersteren sind ohnehin die Reichsgesetze und insbesondere das Gesetz über die Angelegenheiten der nichtstreitigen Rechtspflege maßgebend. Nachdem wir im Artikel 115 des Ausführungsgesetzes bereits bestimmt haben, daß auch in den letzteren Angelegenheiten gewisse Bestimmungen des genannten Gesetzes Platz zu greifen haben, kann es sich nur mehr darum handeln, in jedem einzelnen Falle, in welchem es sich um dieselben handelt, festzustellen, daß sie nur „in Angelegenheiten, für welche die Landesgesetze maßgebend sind“, getroffen werden. Diese Aenderung kommt nicht nur in Artikel 20, sondern in einer ganzen Reihe von anderen Bestimmungen vor und muß dort überall vorgenommen werden, weil in den Angelegenheiten, für welche die Reichsgesetze maßgebend sind, Bestimmungen der Landesgesetzgebung ausgeschlossen sind.

Abg. **Conrad** (Korreferent): Ich stimme bei und möchte nur, um die Sache deutlicher zu machen, bitten, zu sagen: „Artikel 20 Abs. 1“.

Senatspräsident Dr. **von Jacubezky:** Damit kann ich mich einverstanden erklären.

Vorsitzender: Ziff. III ist mit diesem Zusatz angenommen.

Ziff. IV.

Abg. **von Walter** (Referent): In Ziff. IV wird vorgeschlagen, die vor dem Artikel 45 befindliche Ueberschrift zu ändern. Diese Ueberschrift lautet zur Zeit: „Verfahren bei Streitigkeiten über Entschädigung bei Zwangsenteignung.“ und soll nunmehr lauten: „Zwangsenteignung.“ Diese Aenderung ist vollständig gerechtfertigt, weil in den betreffenden Artikeln nicht blos Vorschriften über das
S. 331. Verfahren, sondern auch materiellrechtliche Vorschriften ge || troffen werden, zu denen die frühere Ueberschrift nicht mehr passen würde. Ich beantrage Zustimmung.

Vorsitzender: Ziff. IV ist angenommen.

Ziff. V.

Abg. **von Walter** (Referent): Nach Ziff. V sollen an dem Artikel 46 Abs. 1 zwei Aenderungen vorgenommen werden. Dieser Artikel 46 Abs. 1 lautet (Referent verliest). Nach Vorschlag der k. Staatsregierung sollen nun im Satz 1 die Worte: „und unter den Betheiligten nur noch die Frage über die Art oder den Betrag der zu leistenden Entschädigung streitig“ gestrichen werden und an die Stelle des Satz 2 folgende Vorschriften treten (Referent verliest). Dagegen wird eine Erinnerung nicht zu erheben sein. Die Aenderungen sind in den Motiven genügend begründet und ist insbesondere auch dargethan, daß die im ersten Satz zu beseitigenden Worte des Artikel 46 auch nach der bisherigen Gesetzgebung nicht vollständig zutreffend waren. Ich beantrage Zustimmung.

Abg. **Conrad** (Korreferent): Ich bin gleichfalls durch die Ausführungen S. 331.
der Motive überzeugt und glaube, daß unter Umständen eine gleichzeitige Antragstellung über alle in demselben Verwaltungsbezirk gelegenen Grundstücke nur verzögernd wirken würde. Das muß man der Behörde überlassen.

Vorsitzender: Ziff. V ist angenommen.

Ziff. VI.

Abg. **von Walter** (Referent): **Nach** Ziff. VI soll in den Artikel 47 Abs. 2 zwischen Satz 1 und Satz 2, welche lauten (Referent verliest), folgende Vorschrift eingestellt werden (Referent verliest). In ihrem ersten Theil ist die Einschaltung zweifellos nur eine Vervollständigung des Gesetzes und in ihrem zweiten Theile entspricht sie vollständig den Beschlüssen, welche wir bereits zum Zwangsenteignungsgesetz selbst gefaßt haben. Ich beantrage Zustimmung.

Abg. **Conrad** (Korreferent): Ich schließe mich diesem Antrag an.

Vorsitzender: Ziff. VI ist angenommen.

Ziff. VII.

Abg. **von Walter:** Nach Ziff. VII soll der Abs. 2 des Artikel 50 folgende Fassung erhalten: „Für die Klage ist das Gericht ausschließlich zuständig, in dessen Bezirke das abzutretende Grundstück liegt." Hier ist nämlich wohl vorausgesetzt, daß die Distriktsverwaltungsbehörde sich nur zur Einleitung des Verfahrens herbeilassen kann für jene Grundstücke, welche in ihrem Bezirke gelegen sind, und daß danach auch sich die Zuständigkeit des Gerichts bestimmen wird.

Abg. **Conrad** (Korreferent): Das Bürgerl. Gesetzbuch kennt ja keine Zubehör von Immobilien und deßwegen halte ich auch diese Vorschrift, wie sie vorgeschlagen ist, aus praktischen Gründen und aus Rücksicht für die Geschäftsvereinfachung für nothwendig.

Senatspräsident Dr. **von Jacubezky:** Ich möchte nur darauf aufmerksam machen, daß die jetzige Fassung nicht aufrecht erhalten werden kann, weil es Grundstücke, die in einem Pertinenzverhältnisse zu anderen Grundstücken stehen, nach dem Bürgerl. Gesetzbuch nicht mehr gibt.

Vorsitzender: Ziff. VII ist angenommen.

Ziff. VIII.

Abg. **von Walter** (Referent): Nach Ziff. VIII soll der Artikel 51 Satz 2 folgende Fassung erhalten (Referent verliest). Hier soll also eine Aenderung zu Gunsten des Staates getroffen werden dahin, daß derselbe nicht blos die Einweisung in den Besitz, sondern die sofortige Zwangsabtretung verlangen kann. Es ist dieß allerdings ein neues Privilegium, das der Staat erhalten soll, allein ich glaube nicht, daß die Abtretungspflichtigen dadurch geschädigt werden, weil der Staat, der ja ohne Sicherheitsleistung die Einweisung verlangen kann, wohl auch aus demselben Grunde die gesetzliche Zwangsabtretung beanspruchen kann und dadurch eine Reihe von Weiterungen abgeschnitten wird. Ich möchte insbesondere mit Rücksicht auf die Ausführungen in den Motiven Zustimmung beantragen.

Abg. **Conrad** (Korreferent): Diese Fassung scheint mir unbedenklich, da es sich darum handelt, eine Masse von Weiterungen abzuschneiden.

Vorsitzender: Ziff. VIII ist angenommen.

S. 331. Ziff. IX.

Abg. **von Walter** (Referent): Der Artikel 53 lautet (verliest). Die neue Fassung soll nun lauten:

„An der Entschädigungssumme stehen den Betheiligten, deren Rechte nach Artikel XI des Gesetzes vom 17. November 1837 auf die Entschädigungssumme übergegangen sind, dieselben Rechte zu, die sie im Falle des Erlöschens ihrer Rechte durch Zwangsversteigerung an dem Erlöse haben würden. Der bisherige Eigenthümer und jeder Berechtigte kann die Eröffnung eines Vertheilungsverfahrens nach den für die Vertheilung des Erlöses im Falle der Zwangsversteigerung geltenden Vorschriften beantragen."

Die Frage hat uns seinerzeit bei der Berathung des Gesetzes über das Unschädlichkeitszeugniß beschäftigt und es ist damals schon daran festgehalten worden, daß nach Artikel 11 des Gesetzes die Rechte an dem Grundstück erlöschen und daß dem Berechtigten nur mehr ein Anspruch auf die Entschädigungssumme zusteht. Auch hier kommt derselbe Gesichtspunkt in Betracht und ist die Aenderung des Artikel 53 in der vorgeschlagenen Fassung gerechtfertigt. Ich beantrage Zustimmung.

Abg. **Conrad** (Korreferent): Auch ich kann Zustimmung beantragen.

Vorsitzender: Ziff. IX ist angenommen.

Ziff. X.

Abg. **von Walter** (Referent): Nach Ziff. X soll Artikel 55 folgenden Zusatz erhalten: „Vor dieser kann auch die Auflassung erklärt werden." Artikel 55
S. 332. selbst lautet ‖ (verliest). Wir können nach dem Einführungsgesetze auch anderen Behörden als den Notaren und Gerichten die Auflassung übertragen. Von diesem Vorbehalt wird hier mit Recht Gebrauch gemacht. Es ist schon bisher im Artikel 55 von der Vorschrift des Artikel 14 des Notariatsgesetzes, daß eine notarielle Beurkundung erfolgen müsse, abgegangen und es ist nun am Platze, daß diese Bestimmung durch eine solche über die Auflassung ergänzt werde.

Abg. **Conrad** (Korreferent): Es werden also durch diese Bestimmung die Bezirksämter zu einer Art Notare konstituirt. Ich habe um so weniger Bedenken dagegen, als ich selbst schon eine ganze Reihe von derartigen Notariatsurkunden in meiner Praxis habe abfassen müssen.

Vorsitzender: Ich konstatire die Annahme der Ziff. X.

Ziff. XI.

Abg. **von Walter** (Referent): Nach Ziff. XI soll als Artikel 55a unter der Ueberschrift „Ablösung" folgende Vorschrift eingestellt werden:

„Bei der Ablösung eines Rechtes, das dem jeweiligen Eigenthümer eines Grundstücks zusteht, finden, wenn das Grundstück des Berechtigten mit Rechten Dritter belastet ist, auf die Ablösungssumme, soweit nicht besondere Vorschriften bestehen, die im Falle der Zwangsenteignung für die Entschädigung geltenden Vorschriften entsprechende Anwendung."

Dieser Vorschlag ist konform mit den Bestimmungen, die wir im Gesetze über das Unschädlichkeitszeugniß getroffen haben. Ich beantrage Zustimmung.

Abg. **Conrad** (Korreferent): Auch ich habe keine Erinnerung.

Abg. **Wagner:** Es heißt hier: „soweit nicht besondere Vorschriften be-

stehen." Unter diesen besonderen Vorschriften sind wohl jene gemeint, auf S. 332.
welche in den Motiven hingewiesen ist, nämlich jene, welche sich auf die Ablösung von Ehehaften beziehen.

Senatspräsident Dr. **von Jacubezky:** Besondere Vorschriften, die hieher gehören, sind meines Wissens außer denjenigen der Artikel 13 und 14 des Gesetzes über die Ablösung der Ehehaften nicht vorhanden.

Zu der Bemerkung des Herrn Referenten möchte ich noch anführen, daß der Hauptzweck des Artikel 55a der ist, Ersatz zu bieten für den wegfallenden § 38 Satz 3 des Hypothekengesetzes. Der wichtigste Fall einer Belastung des Grundstücks, dessen jeweiligem Eigenthümer das abzulösende Recht zusteht, ist der der Belastung mit Hypotheken und für diesen Fall bestimmt der § 38 Satz 3 des Hypothekengesetzes die Haftung der Ablösungssumme für die Hypotheken und das Recht der Hypothekgläubiger, aus der Ablösungssumme Befriedigung zu verlangen. Die Vorschrift ist hier eingestellt worden wegen der nahen Verwandtschaft der Ablösung mit der Zwangsenteignung.

Vorsitzender: Ziff. XI ist angenommen.

Ziff. XII.

Abg. **von Walter** (Referent): Nach Ziff. XII soll als Artikel 68a folgende Vorschrift eingestellt werden:

„Bei Familienfideikommissen, Lehen mit Einschluß der allodifizirten Lehen, Stammgütern und landwirthschaftlichen Erbgütern finden auf die Zwangsvollstreckung gegen den Rechtsnachfolger des Schuldners die für die Zwangsvollstreckung gegen den Erben des Schuldners geltenden Vorschriften entsprechende Anwendung."

Gegen diese Vorschrift wird nichts einzuwenden sein, da dieselbe lediglich von dem Vorbehalte des Artikel 15 Ziff. 4 des Einführungsgesetzes zur Civilprozeßordnung Gebrauch macht, wozu auch § 53 des Fideikommißedikts Veranlassung gibt. Es wird nur fraglich sein, ob nicht auch Artikel 68a eine neue Ueberschrift bekommen muß. Artikel 68 ist noch in dem Abschnitt enthalten: „Beschwerde in Sachen der nichtstreitigen Rechtspflege." Unter dieses Rubrum wird Artikel 68a nicht fallen können.

Senatspräsident Dr. **von Jacubezky:** Das ist richtig; es wird nothwendig sein, hier ebenso, wie es in Ziff. XI und in Ziff. XIII geschehen ist, zu sagen: „Als Artikel 68a wird unter der Ueberschrift . . . . . . folgende Vorschrift eingestellt." Die Ueberschrift dürfte etwa lauten: „Zwangsvollstreckung bei Fideikommissen, Lehen und landwirthschaftlichen Erbgütern gegen den Nachfolger."

Abg. **von Walter** (Referent): Ich glaube, wir brauchen das heute nicht festzusetzen. Mir genügt, die Sache angeregt zu haben. Das Andere können wir der Redaktionskommission überlassen.

Abg. **Conrad** (Korreferent): Vielleicht läßt sich eine gemeinsame Ueberschrift zugleich für die Fälle geben, die in Artikel 70 des Ausführungsgesetzes geregelt sind. Auch dort handelt es sich um Fideikommisse und landwirthschaftliche Erbgüter; allerdings wäre dann geboten, die beiden Artikel aneinander zu reihen.

Vorsitzender: Es wird also der Redaktionskommission überlassen, bis zur zweiten Lesung einen entsprechenden Vorschlag zu machen.

Ziff. XII ist angenommen.

S. 332. Ziff. XIII.

Abg. **von Walter** (Referent): Nach Ziff. XIII sollen an die Stelle des Artikel 69 unter der Ueberschrift „Aufgebotsverfahren“ mehrere neue Bestimmungen treten.

Artikel 69 hat das Aufgebotsverfahren nach der bisher geltenden Civilprozeßordnung geregelt. In dieser Hinsicht sind aber durch die neue Fassung der Civilprozeßordnung eine Reihe von anderen Vorschriften getroffen worden und denen müssen sich die landesgesetzlichen Bestimmungen innerhalb der gegebenen Vorbehalte anpassen.

Die Artikel 69, 69a und 69b sollen nach dem Entwurfe lauten (werden verlesen). Außerdem ist für die auf den Namen lautenden Urkunden noch eine Vorschrift in Aussicht genommen, die in die Uebergangsvorschriften aufgenommen werden soll.

Die Geltung des Artikel 69 beschränkt sich natürlich auf die Urkunden, in Ansehung derer die Landesgesetzgebung überhaupt ermächtigt ist, das Aufgebotsverfahren zu regeln. Wie weit das der Fall ist, bestimmt sich nach § 11 des Einführungsgesetzes zur Civilprozeßordnung. Diese Urkunden sind in den Motiven aufgeführt. Es ist uns auch noch die Möglichkeit gewährt, eine Vorschrift für Schuldverschreibungen anderer Art zu geben und zwar insbesondere
S. 333. für diejenigen, ‖ die von einer dem bayerischen Staate angehörenden öffentlichen Körperschaft ausgegeben sind. Auf diese soll auch die Bestimmung erstreckt werden. Die Bestimmung eines ausschließlich zuständigen Gerichts ist nothwendig und ist davon auch bei Berathung des Ausführungsgesetzes die Rede gewesen.

Nach § 1009 und § 1017 der Civilprozeßordnung kann für Schuldverschreibungen, die von einem Bundesstaate ausgegeben sind, eine weitere öffentliche Bekanntmachung des Aufgebots, des Ausschlußurtheils und des auf die Anfechtungsklage ergangenen Urtheils durch bestimmte Blätter landesgesetzlich vorgeschrieben werden. Auch von dieser Befugniß wird nun hier Gebrauch gemacht und es wird sich nur darum handeln, inwieweit die Beschränkungen, die in dieser Richtung im Ausführungsgesetzentwurfe getroffen worden sind, auch hier auf die Zahl der Einrückungen der Bekanntmachungen Einfluß haben sollen. Ich verkenne nicht, daß die Papiere, um die es sich hier handelt, von größerer Bedeutung sind als z. B. Sparkassebücher und dgl. Aber es wird auch unter den Staatsschuldverschreibungen und den Verschreibungen öffentlicher Korporationen eine Menge von Urkunden geben, bei denen der Betrag klein ist, z. B. 100 bis 500 Mark, und bei denen wird wohl die Rücksicht maßgebend sein, welche uns seinerzeit bestimmt hat, die Zahl der Blätter einzuschränken, um nicht durch die auf das Aufgebotsverfahren erlaufenden Kosten gleich den ganzen Betrag dieser Urkunde aufzuzehren. Es ist auch ganz entsprechend, daß insbesondere in Bezug auf die Versicherungspolicen und die mit Zins- oder Rentenscheinen versehenen Urkunden die neuen Vorschriften keine Anwendung finden sollen.

Ganz entsprechend ist es, daß Artikel 69b die öffentlichen Bekanntmachungen vereinfacht und von den Vorschriften der §§ 948, 950 und 956 absteht. Die betreffenden Paragraphen berühren häufig Angelegenheiten von geringerem Werthe. In diesen muß auf möglichste Kostenersparung Rücksicht genommen werden und ist wohl die Bekanntmachung an der Gerichtstafel und die einmalige Einrückung in ein Blatt ausreichend.

Ich möchte nur noch eine Aeußerung der k. Staatsregierung darüber erbitten, ob nicht auch in Artikel 69a eine Aenderung möglich wäre in Bezug auf die Bekanntmachung eines Aufgebotstages. — Im Allgemeinen aber möchte ich die Zustimmung zu den drei neuen Artikeln beantragen. S. 333.

Abg. **Conrad** (Korreferent): Den Vorschlägen in der Fassung der Artikel 69, 69a und 69b möchte ich in keiner Weise entgegentreten. Durch die Motive erachte ich sie ausreichend begründet. Ich schließe mich dem Wunsche des Herrn Referenten an, daß wir in dem bezeichneten Punkte noch weiteren Aufschluß von der k. Staatsregierung erhalten.

Senatspräsident Dr. **von Jacubezky**: Der Entwurf ist, wie auch in der Begründung bemerkt ist, in den Artikeln 69a, 69b bestrebt, das Maß der erforderlichen Veröffentlichungen thunlichst zu beschränken. Es ist deßhalb insbesondere von der Einrückung in den Reichsanzeiger abgesehen worden. Allein man muß bei Urkunden, bei denen die Uebertragung und die Verpfändung im Verkehr eine gewisse Rolle spielen, wie es bei den Legitimationspapieren des § 808 des Bürgerl. Gesetzbuchs der Fall ist, doch für eine gewisse Oeffentlichkeit sorgen. Die einmalige Veröffentlichung im Amtsblatt würde doch gar zu wenig Gewähr dafür bieten, daß das Aufgebot bekannt wird. Der Artikel 69a setzt an die Stelle der im § 1009 der Civilprozeßordnung vorgeschriebenen dreimaligen Einrückung die zweimalige Einrückung, die nach § 948 der Civilprozeßordnung bei allen Aufgeboten, nach § 204 bei allen öffentlichen Ladungen und nach § 132 des Bürgerl. Gesetzbuchs bei der öffentlichen Zustellung einer Willenserklärung erforderlich ist, auch wenn es sich um eine Angelegenheit von geringem Werthe handelt. Bei den im Artikel 69b behandelten Aufgeboten zur Ausschließung gewisser Rechte bieten schon die Voraussetzungen, von denen die Erlassung des Aufgebots abhängig ist, eine gewisse Gewähr dafür, daß die auszuschließenden Rechte nicht mehr bestehen.

Abg. **von Walter** (Referent): Ich gebe zu, daß, wenn es sich einmal um Schuldverschreibungen handelt von 1000 ℳ. und mehr, gewiß eine Sicherheit getroffen werden muß; allein man könnte doch hier eine Grenze schaffen, wie man es ja schon gethan hat, und könnte z. B. sagen, daß die einmalige Einrückung genügt, wenn der Betrag von 500 ℳ. nicht überstiegen wird. Es werden damit Kosten erspart, und mit dieser Einschränkung könnten doch keine besonderen Nachtheile verbunden sein.

Senatspräsident Dr. **von Jacubezky**: Nach den Bemerkungen des Herrn Referenten muß ich zweifeln, ob er nicht die Tragweite des Artikels unrichtig auffaßt. Sofern es sich um Schuldverschreibungen des Staates oder einer Gemeinde oder Pfandbriefe u. s. w. handelt, die auf den Inhaber gestellt sind, haben wir kein Recht, etwas Besonderes zu bestimmen; für die Inhaberpapiere gelten ausschließlich die Vorschriften der Civilprozeßordnung; es muß die dreimalige Einrückung in den Reichsanzeiger und in das für die öffentlichen Bekanntmachungen des Gerichts dienende Blatt erfolgen, auch wenn es sich nur um einen Abschnitt von 100 oder 200 ℳ. handelt. Der Vorbehalt des § 1023 der Civilprozeßordnung beschränkt sich auf die im § 808 des Bürgerl. Gesetzbuchs bezeichneten Urkunden, d. h. Urkunden, die zwar auf Namen lauten, bei deren Ausgabe aber der Aussteller sich das Recht vorbehalten hat, die versprochene Leistung an jeden Inhaber, an den Vorzeiger der Urkunde zu bewirken. In dieser Weise werden insbesondere die Hinterlegungsscheine der Banken ausgestellt, aber auch mancherlei sonstige Urkunden. Wenn aber der Herr Referent die Kosten des Aufgebots im Interesse der Leute mindern will, die ihr geringes Vermögen in Werthpapieren zu kleinen

S. 333. Beträgen, in bayerischen Staatspapieren oder Pfandbriefen zu 100 oder 200 M., angelegt haben, so liegt das außerhalb des Bereichs der Landesgesetzgebung, denn für die Schuldverschreibungen auf den Inhaber sind die Vorschriften der Civilprozeßordnung schlechthin maßgebend.

Vorsitzender: Ziff. XIII ist angenommen.

Ziff. XIV.

Abg. **von Walter** (Referent): Nach Ziff. XIV soll Artikel 88 als Artikel 70a eingestellt werden. Artikel 88 lautet (verliest). Dieser Artikel ist aufrecht erhalten worden, während in dem Abschnitte, wo er sich befindet, fast alle Artikel vor und nach ihm aufgehoben werden. Er soll nun als Artikel 70a eingeschaltet werden. Artikel 70 handelt von der öffentlichen Vorladung bei Fideikommissen und landwirthschaftlichen Erbgütern. Ich habe gegen diese Umstellung keine Erinnerung, nur wird die Ueberschrift vor Artikel 88 mit herübergenommen werden müssen.

S. 334. Abg. **Conrad** (Korreferent): Ich finde diese Anreihung des Artikel 88 an seine neue Stelle ganz zweckmäßig.

Vorsitzender: Die Anregung des Herrn Referenten kann man der Redaktionskommission überlassen.

Damit ist Ziff. XIV angenommen.

Ziff. XV.

Abg. **von Walter** (Referent): Ziff. XV schlägt vor, welche Vorschriften des Ausführungsgesetzes aufgehoben werden sollen. Es sind das die Artikel 12 bis 19, 23 bis 33, 56 bis 67, 71 bis 77, 79 bis 121, 123 bis 126, 135, 140 bis 168, 171 bis 174, 176 bis 219, 222 bis 224. Diese Vorschriften können, wie ich mich durch genaue und eingehende Prüfung überzeugt habe, der jetzigen Reichsgesetzgebung gegenüber nicht aufrecht erhalten werden, und ich kann deßhalb nur die Zustimmung zu ihrer Aufhebung beantragen.

Dann folgt Abs. 2. Derselbe lautet (verliest). Die Vorschriften der Artikel 25 u. ff. betreffen die Vollziehung des Arrestes in das unbewegliche Vermögen, dann die Eintragung des Veräußerungsverbots im Hypothekenbuch, dann die Eintragung in das Hypothekenbuch bei Eröffnung und Aufhebung des Konkurses, ferner die Eintragung der Pfändung einer Forderung im Hypothekenbuch und die Eintragungen in das Hypothekenbuch in Folge der Zwangsvollstreckung. Es müssen diese Vorschriften noch aufrecht erhalten werden, solange nicht das Grundbuch angelegt und damit das Hypothekenbuch beseitigt ist.

Nach dem nächsten Absatze bleiben die Artikel 127 bis 134 und 136 in Ansehung der Hypotheken in Kraft, welche zu der Zeit bestehen, zu der das Grundbuch als angelegt anzusehen ist. Artikel 127 handelt von der Vollstreckbarkeit von Hypothekurkunden und Ewiggeldbriefen und Artikel 134 und 136 handeln von der Vollstreckbarkeitserklärung und der Zwangsvollstreckung aus Hypothekurkunden.

Der folgende Absatz (Abs. 4) lautet:

> „Der Artikel 169 bleibt für Rechtsverhältnisse, die sich nach den bisherigen Vorschriften bestimmen, in Kraft, sofern der Wohnsitz vor dem Inkrafttreten des Bürgerlichen Gesetzbuchs erwählt worden ist."

Artikel 169 handelt von der Zustellung am erwählten Wohnsitz. Er wird durch das Bürgerl. Gesetzbuch bald seine Bedeutung verlieren und er kann nur aufrecht erhalten werden, soweit bereits bezügliche Rechtsverhältnisse vor dem Inkrafttreten des Bürgerl. Gesetzbuchs sich gebildet haben. S. 334.

Abs. 5 lautet:

„Die Artikel 220, 221 bleiben für die nach den bisherigen Vorschriften errichteten Urkunden der in ihnen bezeichneten Art in Kraft."

Artikel 220 bestimmt, daß die Notariatsurkunden vollstreckt werden sollen, welche bereits vor dem Gesetz von 1879 aufgenommen worden sind. Artikel 221 bestimmt, daß auf die Zwangsvollstreckung aus den im Artikel 220 erwähnten Urkunden die Bestimmungen des § 703 der Civilprozeßordnung Anwendung finden. Auch das muß als Uebergangsbestimmung aufrecht erhalten werden.

Abs. 6 lautet:

„Die noch geltenden Vorschriften der preußischen Allgemeinen Gerichtsordnung und der pfälzischen Civilprozeßordnung werden aufgehoben. Die Vorschrift des § 128 Theil I Titel 10 der preußischen Allgemeinen Gerichtsordnung bleibt jedoch für die vor dem 1. Januar 1876 erfolgten Eintragungen in die Kirchenbücher in Kraft."

Hier handelt es sich um die Beweiskraft besonders von Auszügen aus pfarramtlichen Matrikeln. Auch dagegen wird eine Erinnerung nicht bestehen.

Abs. 7 lautet:

„Soweit nach dem Inkrafttreten des Bürgerl. Gesetzbuchs das in Theil I Titel 51 §§ 100 bis 109 der preußischen Allgemeinen Gerichtsordnung bestimmte Aufgebot stattfindet, verbleibt es in Ansehung des Verfahrens bei den bisherigen Vorschriften. Das Gleiche gilt für das Hypothekenreinigungsverfahren nach pfälzischem Rechte."

Auch in dieser Beziehung wird eine Erinnerung nicht zu erheben sein.

Ich habe nur noch ein Bedenken. In den Motiven ist ausgeführt, daß Sondervorschriften über den Offenbarungseid als nicht nothwendig erachtet werden, daß dazu ein Bedürfniß nicht veranlaßt sei. Die Sondervorschriften sind ohnehin nur in Bezug auf solche Materien zulässig, für welche die Landesgesetze einschlägig sind. Allein ob Sondervorschriften vollständig entbehrt werden können, ist mir zur Zeit doch nicht vollständig klar. In den Motiven wird allerdings auf die Fideikommisse exemplifizirt und da gebe ich zu, daß eine Sondervorschrift nicht nothwendig sein wird. Allein der Vorbehalt greift doch weiter und es könnte allerdings der Fall eintreten, daß in einem solchen Falle der Offenbarungseid verlangt werden kann, und für diesen Fall ist eine Vorschrift nothwendig, welche vielleicht nicht vollständig die Bestimmungen der Reichsgesetze deckt. Hierüber möchte ich um Aufschluß bitten.

Abg. **Conrad** (Korreferent): Was den letzten von dem Herrn Referenten angeregten Punkt betrifft, so bin ich nicht in der Lage, mir jetzt so rasch ein Urtheil darüber zu bilden. Im Uebrigen habe ich gegen die Aufhebung oder das theilweise Fortbestehen der betreffenden Artikel nichts zu erwähnen.

Abg. **Wagner:** Ich hätte nur eine formelle Bemerkung, die vielleicht in der Redaktionskommission klargestellt werden kann. In Ziff. XIV wird Artikel 88 als Artikel 70a eingestellt und in Ziff. XV werden unter anderen Artikeln als aufgehoben aufgezählt die Artikel 79 bis 121. Da ist nun Artikel 88 mit inbegriffen und das scheint mir ein Widerspruch zu sein; denn Artikel 88 wird nicht aufgehoben, sondern erhält blos eine andere Ziffer. Es dürfte sich empfehlen, zu sagen: „79 bis 87, 89 bis 121".

Senatspräsident Dr. **von Jacubezky:** Ich erachte die Bemerkung des Herrn Abg. Wagner für zutreffend.

S. 334. Auf die Anfrage des Herrn Referenten habe ich zu erwidern, daß Artikel 85 des Ausführungsgesetzes die allgemeinen Vorschriften des dermalen geltenden bayerischen bürgerlichen Rechts über die Verpflichtung zur Leistung eines Offenbarungseides enthält. Die allgemeinen Vorschriften des dermaligen bürgerlichen Rechts werden ersetzt durch den § 260 des Bürgerl. Gesetzbuchs, der im Wesentlichen mit dem Abs. 1 des Artikel 85 übereinstimmt. Sondervorschriften für einzelne Rechtsgebiete, die in Zukunft noch der Landesgesetzgebung verbleiben, haben wir zur Zeit in Bayern nicht. Wenn die
S. 335. allgemeine Vorschrift des Artikel 85 des Aus || führungsgesetzes auch für diese Rechtsgebiete zutreffend ist, so wird es sich bezüglich des § 260 des Bürgerl. Gesetzbuchs ebenso verhalten. Eine Lücke entsteht nicht, weil die Vorschriften des Bürgerl. Gesetzbuchs auch für die der Landesgesetzgebung vorbehaltenen Gebiete gelten, soweit nicht die Landesgesetzgebung Sondervorschriften erläßt.

Vorsitzender: Es ist sohin Ziff. XV und damit Artikel 33 im Ganzen angenommen.

Nachdem vom Vorsitzenden noch mitgetheilt worden war, daß morgen, Samstag, Nachmittags 3½ Uhr die Sitzung der Redaktionskommission für den Gesetzentwurf Beilage A stattfinden werde, bei welcher Herr Abg. Fuchs die Stelle des entschuldigten Herrn Korreferenten Lerno vertritt, wird die Sitzung auf den 13. Dezember Vormittags 9½ Uhr vertagt.

(Schluß der Sitzung um 1 Uhr 15 Minuten.)

von Stobäus,
Vorsitzender.

Michel,
Schriftführer.

S. 337.

20.

Protokoll

über die Sitzung des besonderen (XVIII.) Ausschusses der Kammer der Abgeordneten zur Berathung der durch die Einführung des Bürgerlichen Gesetzbuchs veranlaßten Gesetzentwürfe.

(Beilagenband XX, Abth. II, z. d. Verhandl d. K. d. Abg. 1898 Seite 337 bis 352.)

München, den 13. Dezember 1898, Vormittags 9½ Uhr.

Gegenwärtig:

Die Vertreter der k. Staatsregierung: der k. Staatsminister der Justiz Dr. Freiherr von Leonrod, Excellenz, der k. Senatspräsident am obersten Landesgerichte Dr. Ritter von Jacubezky, der k. Ministerialrath im Staatsministerium der Justiz Thelemann; ferner die Ausschußmitglieder: von Stobäus, Vorsitzender, Wagner, Stellvertreter des Vorsitzenden, Dr. Casselmann, Schriftführer, Michel, Stellvertreter des Schriftführers, Conrad, Fuchs, Joseph Geiger, Joseph Huber, Landmann, Lerno Lutz, Seeberger, Segitz, von Walter (Dr. Ratzinger entschuldigt).

Tagesordnung:

Entwurf eines Gesetzes, die durch die Einführung des Bürgerlichen Gesetzbuchs veranlaßten Aenderungen der seit 1818 erlassenen Gesetze betreffend.

Artikel 34.

Erste Lesung.

Die Sitzung wird durch den Vorsitzenden **von Stobäus** um 9 Uhr 33 Minuten eröffnet mit der Mittheilung, daß vom k. Staatsministerium der Justiz mit allerhöchster Ermächtigung eine Reihe von Ergänzungen der

Entwürfe eines Ausführungsgesetzes zum Bürgerlichen Gesetzbuche S. 337.
und eines Gesetzes, die durch die Einführung des Bürgerlichen Gesetzbuchs veranlaßten Aenderungen der seit 1818 erlassenen Gesetze betreffend, eingelaufen seien.

Vorsitzender: Wir haben wohl morgen Gelegenheit, die geschäftliche Behandlung dieser Vorlage zu erledigen. Ich war noch nicht in der Lage, die Ergänzungen durchzulesen; doch scheint mir der letzte Abschnitt derselben zu Artikel 34, in dessen Berathung wir eben eintreten, in Beziehung zu stehen.

Abg. **von Walter** (Referent): Ich meine, daß wir nicht nöthig haben, die Abänderungsanträge bis zur zweiten Lesung zu verschieben. Sie liegen einmal vor, und wenn wir den ganzen Gesetzentwurf durchberathen haben, können wir wohl auf die bereits erledigten Artikel zurückgreifen und die Abänderungsvorschläge in Berathung ziehen. Von prinzipieller Wichtigkeit ist keiner der Abänderungsvorschläge; es handelt sich nur um Ergänzungen zu bereits angenommenen Artikeln.

Vorsitzender: Wenn die Herren damit einverstanden sind, so können wir gleich zu **Artikel 34** übergehen und zwar zu Ziff. I desselben.

Abg. **von Walter** (Referent): Es liegt eine Petition der älteren Gerichtsvollziehergehilfen vor, welche bei Gelegenheit der Gesetzesvorlage, in deren Berathung wir stehen, zu erledigen ist Mit einem bestimmten Artikel hängt sie nicht zusammen, aber ich glaube, der beste Anlaß, die Frage zu besprechen, wird der Artikel 34 sein, bei dessen Berathung wir jetzt angelangt sind und der das Ausführungsgesetz zum Reichs-Gerichtsverfassungsgesetze vom 23. Februar 1879 betrifft. Wenn deßhalb der Herr Vorsitzende und der Ausschuß damit einverstanden sind, will ich die Petition zunächst vortragen, weil vielleicht in Folge der Beschlußfassung darüber die eine oder andere Aenderung vorzunehmen oder der eine oder andere Zusatz im Gesetze zu machen wäre.

Die Petition ist mir zweimal zugetheilt, es ist aber nur eine einzige. Am 11. November wurde mir eine Abschrift und am 12. November das Original durch eine Verfügung des Herrn Vorsitzenden zugetheilt. Die Petition geht, wie ich bereits bemerkt habe, von den Gerichtsvollziehergehilfen beziehungsweise „Stellvertretern" in Bayern aus und geht dahin, daß die Kammer dahin wirken wolle, daß sie endlich an ihr Ziel gelangen und daß wenigstens diejenigen Gerichtsvollziehergehilfen, die schon lange Jahre und insbesondere vor dem Jahre 1886 als solche thätig waren, oder auch nur diejenigen, die durch langjährige Praxis bisher schon als Stellvertreter oder Verweser für würdig befunden wurden, die Möglichkeit ihrer Anstellung nach vorheriger Prüfung erlangen können. Der Petition liegt eine Vorstellung an das k. Staatsministerium der Justiz vom 20. September 1898 bei, auf welche den Petenten bisher eine Entschließung noch nicht zugegangen sein soll, wie sie behaupten. Im Uebrigen ist in dem Gesuche ausgeführt, daß, nachdem die Gerichtsvollzieherstellen sämmtlich nur mehr den Militärbewerbern offen gelassen sind und Civilbewerber gar nicht mehr zur Prüfung zugelassen werden, ihnen jede Hoffnung genommen ist, doch auch einmal im Gerichtsvollzieherdienst ein Unterkommen zu finden. Es ist insbesondere die Erwartung ausgesprochen, daß mit der Einführung des Bürgerl. Gesetzbuchs vermuthlich die Einnahmen der Gerichtsvollzieher fixirt und für manche der bisher angestellten Personen ein Anlaß zum Rücktritt dadurch geschaffen wird, indem ein großer Theil bisher finanziell besser gestellt war, und deßhalb die Petenten recht wohl mit

S. 337. den vorhandenen geprüften Militäranwärtern Berücksichtigung bei Besetzung von Gerichtsvollzieherstellen finden könnten. Sie beklagen sich insbesondere, daß Seine Excellenz der Herr Staatsminister der Justiz auf eine bezügliche Interpellation in der Kammer der Abgeordneten die bestimmte Erklärung abgegeben hat, daß für die Anstellung im Gerichtsvollerdienste fortan nur mehr Militärbewerber zugelassen werden. Es ist das eine Klage, die uns ja nicht zum ersten Male vorliegt und die nach meinem Dafürhalten auch nicht ganz unberechtigt ist. Bevor ich jedoch einen Antrag stelle, möchte ich zuerst eine Aeußerung des k. Staatsministeriums der Justiz abwarten. Die Sache ist ohnehin dem k. Staatsministerium bekannt, weil in der Eingabe vom 20. September Alles enthalten ist, was auch in der Petition vorgetragen ist.

Der k. Staatsminister der Justiz Dr. Freiherr **von Leonrod:** Was die Eingabe der Gerichtsvollziehergehilfen betrifft, so möchte ich vor Allem hier abermals betonen, was ich schon bei anderer Gelegenheit erklärt habe, daß nur Militäranwärter in die Stellung eines Gerichtsvollziehers ge-
S. 338. langen können. Das ist einmal eine Norm, von der nicht || abgegangen werden kann. Was im Uebrigen die Eingabe der Gerichtsvollziehergehilfen betrifft, so kann zur Zeit eine bestimmte Auskunft auf die gestellten Fragen nicht gegeben werden. Es muß das Gerichtsvollzieherwesen mit Rücksicht auf das Bürgerl. Gesetzbuch neu geregelt werden; aber ob und inwiefern hiebei die einzelnen Petita der Gerichtsvollziehergehilfen berücksichtigt werden können, läßt sich zur Zeit nicht sagen. Vielleicht ist es möglich, wenn beide Kammern des Landtages versammelt sind, das Nähere hierüber bereits im Finanzausschusse mitzutheilen.

Abg. **von Walter** (Referent): Unter diesen Umständen scheint mir, daß die Petition eigentlich an die unrichtige Adresse gelangt ist und daß es besser sein wird, daß wir heute einen Beschluß über dieselbe gar nicht fassen, sondern sie an den Finanzausschuß hinüberleiten. Das will ich hiemit auch beantragt haben.

Abg. **Conrad** (Korreferent): Ich kann gleichfalls nicht sagen, in welcher Weise wir der Petition heute gerecht werden sollten. Ich glaube auch, daß die Petition eher zur Budgetberathung durch den Finanzausschuß gehört, nachdem wir doch feste Normen organisatorischer Natur hier nicht berathen können.

Abg. **Wagner:** Ich bin auch der Meinung, daß der Vorschlag des Herrn Referenten der richtige ist. Denn nach den Erklärungen Seiner Excellenz ist es im gegenwärtigen Moment nicht möglich, einen Beschluß zu fassen. Die Petition enthält manches, was berücksichtigenswerth erscheint, obwohl es sehr zweifelhaft ist, daß sie einen materiellen Erfolg erreichen wird; zu wünschen wäre es. Es wäre aber nicht blos zu wünschen bezüglich der Gerichtsvollziehergehilfen, sondern auch bezüglich einer Reihe von Gerichtsbotengehilfen, die vielleicht um noch viel geringeres Geld jetzt arbeiten müssen, die ihren Dienst ausgezeichnet, wie ich weiß, versehen und leider Gottes, obwohl sie bereits in vorgerückten Jahren sich befinden, nicht zur Anstellung kommen können. Das sind recht bedauernswerthe Zustände, aber wir hier an dieser Stelle können nichts machen. Wenn etwas zu ändern ist, kann das blos durch einen Beschluß geschehen, der zu gleicher Zeit Mittel bereit stellt, wie der Beschluß ausgeführt werden soll, und das kann nur im Finanzausschusse geschehen. Ich bin daher auch der Meinung, daß man die Sache an den Finanzausschuß verweist.

Vorsitzender: Der Antrag des Herrn Referenten ist zum Beschluß erhoben. S. 338. Wir können in der Tagesordnung weitergehen.

Abg. **von Walter** (Referent): Wir stehen vor der Berathung der Abänderungen, welche im Ausführungsgesetze vom 23. Februar 1879 zum Reichs-Gerichtsverfassungsgesetze vorzunehmen sind.

In Ziff. I wird uns zunächst eine Abänderung des Artikel 15 dieses Gesetzes vorgeschlagen. Der Artikel 15 lautete in der bisherigen Fassung (Referent verliest). Für die Folge soll nun Artikel 15 folgende Fassung erhalten (Referent verliest). Nach diesem Vorschlag enthält der Artikel 15 Abs. 1 zunächst eine allgemeinere Fassung. Diese ist in den Motiven begründet und es wird dort auch hervorgehoben, daß die Fassung die Herstellung der Rechtseinheit zwischen dem rechtsrheinischen Bayern und der Pfalz ermöglicht. Der bisherige Abs. 2 soll vollständig beseitigt werden. Es ist auch klar, daß dieser Absatz in seiner jetzigen Fassung nicht fortbestehen könnte und durch die Reichsgesetzgebung, insbesondere durch das Gesetz über die Angelegenheiten der freiwilligen Gerichtsbarkeit überflüssig wird. Dagegen ist nichts zu erinnern. An Stelle des Abs. 2 soll eine andere Bestimmung treten, die einerseits die Beurkundung der Verträge über Vaterschaft und Alimentation außerehelicher Kinder den Amtsgerichten zuweist und auf der anderen Seite die Zuständigkeit der Amtsgerichte in sehr negativer Weise feststellt. Daß durch Satz 1 des zweiten Absatzes die Beurkundung von Vereinbarungen zwischen dem Vater eines unehelichen Kindes und diesem beziehungsweise seiner Kuratel über Unterhalt für die Zukunft oder über eine zu gewährende Abfindung den Amtsgerichten zugewiesen wird, ist ein dringendes Bedürfniß. Es ist darüber schon viel geklagt worden, daß man zur Beurkundung dieser Vereinbarungen den Notar beiziehen muß, und es ist mancher Vertrag dadurch vereitelt worden, weil der Vater des Kindes sich nicht herbeigelassen hat, auch noch beim Notar eine Urkunde zu errichten. In dieser Beziehung dürfen wir deßhalb die vorgeschlagenen Aenderungen nur begrüßen.

Etwas anders verhält es sich mit dem Satz 2, wonach die Amtsgerichte nicht zuständig sind für die Beurkundungen, die nach den Vorschriften der Reichsgesetze durch ein Gericht oder einen Notar zu bewirken sind, sowie für die öffentliche Beglaubigung einer Unterschrift oder eines Handzeichens. In dieser Beziehung ist schon bei Berathung des Ausführungsgesetzes die Frage angeregt worden, wer denn zur Beglaubigung einer Unterschrift oder eines Handzeichens zuständig sein soll, und man hat damals schon die Meinung ausgesprochen, daß es denn doch nicht angehen wird, diese Beglaubigungen sämmtlich dem Notar zuzuweisen. Es ist aber von Seite des k. Staatsministeriums der Justiz damals ausgesprochen worden, daß nichts im Wege stehen wird, diese Beglaubigungen theilweise auch durch die Gemeindebehörden vollziehen zu lassen; allein nach meinem Dafürhalten wird dieß nicht so ohne Weiteres angängig sein. Nach § 129 des Bürgerl. Gesetzbuchs kann die Beglaubigung durch die zuständige Behörde vorgenommen werden und bedarf es deßhalb, nachdem das Bürgerl. Gesetzbuch in dieser Beziehung eine Bestimmung nicht selbst enthält, jedenfalls einer landesgesetzlichen Bestimmung darüber, welche Behörde für die Beglaubigung zuständig sein soll. Ich habe bisher eine derartige landesgesetzliche Bestimmung nicht gefunden und glaube deßhalb, daß wir, wenn nicht Alles dem Notar zufallen soll, auch in dieser Beziehung noch eine Bestimmung treffen sollen. Ich gebe zu, daß im vorliegenden Gesetzentwurf für eine derartige Bestimmung kein Platz sein wird, meine aber, daß

S. 338. ein Raum dafür im Ausführungsgesetz zu finden wäre und daß wir deßhalb bei der zweiten Lesung des Ausführungsgesetzes wieder auf diese Frage zurückkommen sollen, die bei der ersten Lesung schon der Herr Referent angeregt hat. — Etwas zu weitgehend scheint mir auch die Bestimmung, daß das Amtsgericht für alle Beurkundungen unzuständig sein soll, welche nach den Vorschriften der Reichsgesetze durch ein Gericht oder einen Notar zu bewirken sind. In dieser Beziehung ist uns durch § 313 des Bürgerl. Gesetzbuchs und Artikel 141 und 142 des Einführungsgesetzes zum Bürgerl. Gesetzbuch weitgehender Vorbehalt gemacht. Wir können andere Behörden für diese Beurkundungen zuständig erklären, ja wir können sogar den Notar ganz ausschließen, und da scheint es mir doch nicht ganz am Platze, wenn wir von dieser Befugniß gar keinen Gebrauch machen und wahrscheinlich alle diese Beurkundungen ohne eine Ausnahme im seinerzeitigen Notariatsgesetze den Notaren zuweisen. Es ist das eine Frage, die ich vorläufig noch nicht entscheiden will; ich behalte mir übrigens vor, wenn die k. Staatsregierung ihre Erklärung abgegeben haben wird, in dieser Richtung weitere Anregungen zu geben.

Nichts zu erinnern ist gegen den neuen Abs. 3, wonach die Amtsgerichte als Nachlaßgerichte nicht zuständig sind zur Aufnahme des Inventars. Es entspricht das einerseits dem bisherigen Recht und anderseits wird auch in Ziff. XVI des Art. 34 eine Bestimmung wiederholt, welche schon auf An-
S. 339. regung der Kammer durch Gesetz vom 26. März 1896 dahin getroffen wurde, daß den Gerichtsschreibern bei den Amtsgerichten die Aufnahme des Inventars und die Aufnahme des Vermögensverzeichnisses dann übertragen werden kann, wenn anzunehmen ist, daß der Werth des Vermögens und des Nachlasses ohne Abzug der Schulden den Betrag von 2,000 M. nicht oder nicht erheblich übersteigt.

Vorbehaltlich der Aufklärungen, die etwa noch zu Abs. 2 gegeben werden, habe ich zur Zeit nichts weiter vorzutragen.

Abg. **Conrad** (Korreferent): Die uns hier vorgeschlagene Abänderung wird veranlaßt durch die veränderte Gesetzgebung vom 17. Mai 1898 über das Gerichtsverfassungsgesetz und die Strafprozeßordnung. Es wird eine Reihe von Abänderungen dadurch schon logisch unerläßlich und, soweit ich die Verhältnisse überschauen kann, scheinen mir dieselben auch zutreffend motivirt. Eine lex specialis scheint mir der Abs. 2 des Artikel 15 insofern zu sein, als hier für ein bestimmtes Geschäft das Amtsgericht zuständig erklärt wird, das seiner Natur nach, wie man denken sollte, auch eine Angelegenheit notarieller Zuständigkeit wäre. Doch es bestehen dafür praktische Gründe, denen ich mich auch nicht verschließen kann. In den Motiven ist ausgeführt, daß dieser Vorschlag auf eingehenden Erfahrungen beruht, und hat auch der Herr Referent aus seiner eigenen Erfahrung bestätigt, daß diese Vorschrift durchaus praktisch sei. Nach dem Wortlaut kann ich es nicht anders verstehen, als daß, was für die Beurkundung der Abmachungen zwischen Vater und unehelichem Kinde hier normirt ist, die Zuständigkeit des Amtsgerichts als eine ausschließliche, also nicht alternative gedacht ist. Eine klarstellende Bemerkung Seitens der k. Staatsregierung scheint mir aber doch sehr angezeigt.

Für eine Reihe von Rechtsgeschäften, bezüglich deren das Bürgerl. Gesetzbuch und seine Vollzugsgesetze alternativ den Gerichten oder den Notaren die Beurkundung zugewiesen haben wollten, ist hier ausschließlich die Zuständigkeit des Notars beabsichtigt. Der Herr Referent hat mit seinem Urtheile noch zurückgehalten, bis die k. Staatsregierung sich näher ausgesprochen haben wird. Vom Standpunkte der pfälzischen Bevölkerung, bei welcher, wie ich glaube bemerken zu sollen, das Notariat sich einer günstigeren Auffassung erfreut, hätte ich gegen diesen Vorschlag der k. Staatsregierung kein Bedenken. Ich kann also nur meine Zustimmung erklären. — Der Abs. 3 ist ausreichend motivirt und hätte ich dagegen ein Bedenken nicht zu erheben. S. 339.

Ueberhaupt finde ich, daß unter allen Umständen nothwendig war, hier bestimmt auszusprechen, wer nach den einzelnen Richtungen zuständig ist, und nicht eine alternative Zuständigkeit zweier verschiedener öffentlicher Organe zu normiren. Das wird entschieden werden müssen, so oder so.

Abg. **Wagner:** Was die erste Frage betrifft, nämlich die Beurkundung von Verträgen über die Vaterschaft unehelicher Kinder, so gibt die Fassung des ersten Satzes allerdings zu einigen Erinnerungen Anlaß. Ich bin übrigens dankbar dafür, daß uns der Vorschlag gemacht wurde. Denn faktisch ist die Sache bis jetzt so gewesen, daß die Vormundschaftsgerichte die Verträge zu beurkunden hatten, daß aber gesagt wurde, sie sind eigentlich zur Beurkundung nicht zuständig. Die Folge davon war, daß aus solchen Beurkundungen eine Zwangsvollstreckung nicht stattfinden konnte. Die Vormundschaftsbeamten sind genöthigt, die Leute anzuweisen, daß sie, wenn sie eine vollstreckbare Urkunde haben wollen, den Vertrag notariell beurkunden lassen sollen; aber meines Wissens wird fast nie davon Gebrauch gemacht, wenigstens in meiner Praxis ist es mir nicht vorgekommen, daß die Betheiligten je sich haben bestimmen lassen, derartige Verträge notariell verlautbaren zu lassen. Es ist also sehr zu begrüßen, daß in dieser Beziehung endlich einmal Wandel geschaffen wird. Die Erinnerungen, welche vielleicht am Platze sind, könnten möglicherweise durch eine entsprechende Erklärung der k. Staatsregierung gehoben werden. Ich vermisse in Satz 1 des Abs. 2, daß eine ausdrückliche Bestimmung darüber getroffen ist, wer die Beurkundung der Vaterschaftsanerkennung vorzunehmen hat. Die Fassung des Artikels läßt die Sache zweifelhaft, und es ist doch selbstverständlich, daß man annehmen sollte, das Vormundschaftsgericht sei dasjenige, welches zuständig wäre, die Beurkundung zu vollziehen. Vielleicht bin ich im Unklaren darüber, daß diese Bestimmung, die ich vermisse, schon aus anderen Bestimmungen folgt. Wenn ich in dieser Beziehung belehrt werde, kann ich mein Bedenken zurücktreten lassen. Ich nehme an, daß es gewollt ist, daß das Vormundschaftsgericht auch zuständig ist zur Beurkundung der Vaterschaft.

Dann sagt der Herr Abg. Conrad, und darauf möchte ich mit einem Worte kommen, er habe Zweifel, ob die Zuständigkeit des Amtsgerichts hier eine ausschließliche ist oder nicht. Der Zweifel ist nach dem Wortlaute des Abs. 1 nach meiner Meinung wohl berechtigt. Ich glaube aber nicht, daß die k. Staatsregierung gewollt hat, daß die notarielle Zuständigkeit hier ausgeschlossen werden soll; auch ich würde das nicht wollen und ich bin damit einverstanden, daß die Notare auch für zuständig erklärt werden, obwohl die Zuständigkeit praktisch kaum irgend eine Bedeutung haben wird.

Weniger einverstanden bin ich mit der generellen Vorschrift des Satzes 2 in Abs. 2. Ich erkenne an, daß dieser Satz 2 mit der Erhaltung des Notariats in innigem Zusammenhange steht. Es ist im Ausschusse neulich bei einer Gelegenheit, als ich ausdrücklich darauf aufmerksam gemacht habe, daß die Abstimmung über den Artikel der Notariatsfrage präjudizire, Niemand entgegengetreten, und ich darf wohl annehmen, daß der Ausschuß die Erhaltung

S. 339. des Notariats will, ebenso, wie sich auch, wenn ich mich recht entsinne, im vorigen Sommer schon das Plenum der Kammer in dem Sinne ausgesprochen hat, daß das Notariat erhalten werden soll. In Folge dessen wäre es nach meinem Dafürhalten vollständig müssig, über diese Frage noch ein weiteres Wort zu verlieren. Wenn ich also auch mit der Erhaltung des Notariats einverstanden bin, so bin ich doch der Meinung, daß man diese Erhaltung nicht auf Kosten praktischer Bedürfnisse eintreten lasse. Nun möchte ich aus meinen Erfahrungen als Vormundschaftsrichter Folgendes mittheilen. Es gibt eine Reihe von Geschäften, zu welchen der Inhaber der väterlichen Gewalt, der Vormund die Genehmigung des Vormundschaftsgerichts bedarf. Nun wird sich fragen, sollen wir die Sache so lassen, wie sie jetzt ist, oder wollen wir sie ändern? Wenn wir sie lassen, wie sie ist, so wird bei Verträgen über Immobilien der Notar den Vertrag errichten und es wird sich darum handeln, wie der Vormundschaftsrichter seine Pflicht auffaßt. Entweder faßt er sie lediglich von der formellen Seite auf, so daß er dem Vertrag, wenn formell nichts zu erinnern ist, einfach seine Genehmigung ertheilt, oder er faßt sie materiell auf. Nach meiner Meinung ist das schon nach den gegenwärtigen Gesetzen nothwendig, daß der Vormundschaftsrichter, bevor ein derartiger Vertrag abgeschlossen wird, sich vollständig über denselben unterrichtet und das sogenannte Veräußerungsdekret ertheilt, bevor der Vertrag geschlossen ist. Ist aber das Letztere der Fall und instruirt der Vormundschaftsrichter den Vertrag, welcher abgeschlossen werden muß, nach allen Seiten hin, so muß er eigentlich zum Schlusse ein Protokoll aufnehmen, welches den Vertrag in allen seinen Bestandtheilen enthält. Die Arbeit des Notars ist dann nur mehr eine formelle, insofern er das Pflegschaftsprotokoll einfach abschreibt. Das wird in all' den Fällen der Fall sein, wo ein Vormundschaftsrichter vorhanden ist, der seine Schuldigkeit nach allen Richtungen thut. Wenn das allerdings nicht gewollt wird, wenn die Thätigkeit des Vormundschaftsrichters
S. 340. zu einer formellen herabsinkt — und ‖ das ist nach meiner Meinung die Intention des Bürgerl. Gesetzbuchs nicht —, dann allerdings wird die vorgeschlagene Vorschrift unverändert bleiben können. Will man aber Beides, daß einerseits der Notar beurkundet, anderseits der Vormundschaftsrichter seine Pflicht erfüllt, dann bekommen die Parteien gerade genug zu thun. Dann wird es Anstände über Anstände geben und die Parteien bekommen überflüssige Gänge genug. Ich wäre also der Meinung, daß für jene Fälle, in welchen der Vormundschaftsrichter die Instruktion eines Vertrags bethätigen muß, in welchen er sich über die Details informiren muß, indem er mit den betheiligten Personen in Fühlung tritt, die Beurkundung des betreffenden Vertrags gleich beim Vormundschaftsrichter geschieht, und zwar im Interesse einmal der richtigen Behandlung der Vormundschaftssachen und dann im Interesse der Parteien, damit sie nicht wiederholte Gänge haben und nicht zwei Beamte mit der Instruktion einer und derselben Sache befaßt werden. Der Vormundschaftsrichter muß in der Lage sein, auch die Aufgabe des Notars zu erfüllen, und wenn er das kann, so sehe ich nicht ein, warum in derselben Sache noch ein anderer Beamter, der die nämliche Qualität hat, nämlich der Notar, noch thätig zu sein hat. Ich bin der Meinung, daß, nachdem die Funktion des Nachlaßgerichts ohnehin gegen bisher geändert wird, das, was ich hier anrege, praktisch keine sehr große Bedeutung mehr haben wird. Denn abgesehen von der Auseinandersetzung von Verlassenschaften wird es meiner Erfahrung nach nur selten vorkommen, daß derartige Verträge über Immobilien, zu welchen der Vormundschaftsrichter die Genehmigung ertheilen muß, errichtet werden.

Es werden vielleicht im Jahre bei einem Vormundschaftsgerichte von der S. 340
Größe des Amtsgerichts Memmingen zehn oder zwölf derartige Fälle eintreten, abgerechnet jene Verträge, welche mit Nachlaßauseinandersetzungen zusammenhängen. Was die letzteren betrifft, so bin ich der Ansicht, daß hier schon nach dem Gesetze über die Angelegenheiten der freiwilligen Gerichtsbarkeit das Nachlaßgericht zur Beurkundung zuständig ist, auch wenn Immobilien von der Auseinandersetzung betroffen werden. Die Abmachungen, welche vor einem Nachlaßgericht die Betheiligten treffen, sind, soferne die betreffenden Auseinandersetzungen vom Nachlaßgerichte bestätigt sind, vollstreckbar. Ich möchte nun in dieser Richtung eine Frage an die k. Staatsregierung stellen, ob für solche Auseinandersetzungen der Nachlaßgerichte noch eine besondere Auflassung nothwendig ist. Wenn diese erforderlich ist, würde ich doch bitten, daß auch eine Bestimmung dahingehend noch aufgenommen wird, daß die Auflassung auch vor dem Nachlaßgerichte vorgenommen werden kann. Denn wenn das nicht der Fall ist, bekommen die Leute wiederholte Gänge. Dann müßten sie, um die Auflassung vorzunehmen, nothwendig zum Grundbuchamt oder zum Notar gehen. Das ist noch ein Punkt, bezüglich dessen ich zunächst einen Antrag nicht stellen will. Im Uebrigen ist meine Meinung diese, daß man für Verträge, zu welchen der Inhaber der väterlichen Gewalt oder der Vormund die Genehmigung des Vormundschaftsgerichts braucht, nicht ausschließlich den Notar für zuständig erklären soll, die Beurkundung vorzunehmen, sondern auch den Vormundschaftsrichter, und zwar einerseits im Interesse der Mündel, andererseits im Interesse der Vereinfachung der Sache und um den Betheiligten Zeit und Gänge zu ersparen.

Was dann die öffentliche Beglaubigung betrifft, so theile ich ganz die Bedenken, welche der Herr Referent bereits vorgetragen hat. Ich bin auch der Meinung, daß wir im Hinblick auf die Vorschriften des gegenwärtigen Artikels eine gesetzliche Bestimmung dahin brauchen, daß für gewisse Fälle zur Beglaubigung auch andere Behörden als die Notare zuständig sind. Es ist uns bei der Frage der Vinkulirung der Staatspapiere bereits zugesichert worden, daß die Zuständigkeit der Gemeindebehörden zur Unterschriftsbeglaubigung bleiben soll. Nun theile ich ganz die Bedenken des Herrn Referenten, daß, wenn nicht ausdrücklich eine Bestimmung in dieser Richtung getroffen wird, Zweifel bestehen können, ob diese Zuständigkeit auch wirklich gegeben ist, wenn wir in diesem Gesetze sogar die Zuständigkeit des Amtsgerichts für alle Beglaubigungen ausschließen. Auch in dieser Beziehung halte ich es für bedenklich, die Zuständigkeit des Amtsgerichts ganz auszuschließen. Nach meiner Meinung sollte man die Zuständigkeit in dieser Beziehung so viel als möglich erweitern und sie auf alle Behörden, mit welchen die Betheiligten in Berührung kommen, ausdehnen.

Ich möchte noch eine weitere Frage anregen. Es gibt nach dem Bürgerl. Gesetzbuch eine Reihe von Erklärungen, welche dem Nachlaß- oder Vormundschaftsgerichte gegenüber, also nicht vor dem Verlassenschafts- oder Vormundschaftsgerichte abzugeben sind. Die Erklärung der Anfechtung der Ehe, die Erklärung der Aufhebung der fortgesetzten Gütergemeinschaft, die Erklärung der Anfechtung der Ehelichkeit eines Kindes, der Anfechtung der Anerkennung der Ehelichkeit eines Kindes, die Ausschlagung einer Erbschaft, die Anfechtung der Ausschlagung einer Erbschaft, das sind z. B. Erklärungen, welche dem Nachlaßgerichte gegenüber abzugeben sind; der Verzicht des Vaters auf Nutznießung des Vermögens des Kindes ist nach § 1662 des Bürgerl. Gesetzbuches dem Vormundschaftsgerichte gegenüber abzugeben. Bezüglich aller dieser

S. 340. Erklärungen, welche ich hier beispielsweise angeführt habe, muß eine öffentliche Urkunde errichtet werden. Nun frage ich, sind denn Angesichts der vorgeschlagenen Bestimmungen die Amtsgerichte zuständig, derartige Erklärungen aufzunehmen? Es wäre doch meistens mißlich, wenn wegen solcher Erklärungen, die am zweckmäßigsten nach meiner Meinung zu Protokoll des Gerichtsschreibers abzugeben wären, die Betheiligten erst zum Notar laufen müßten. Hierüber wird jedenfalls eine ausdrückliche Erklärung nothwendig sein. Wenn es mit der Bestimmung des Artikels sich vereinigen läßt, daß diese Erklärungen, die ich hier im Auge habe, vor Gericht abgegeben werden zu Protokoll des Amtsrichters oder noch besser des Gerichtsschreibers, dann habe ich schließlich keine Erinnerung dagegen, daß man, soweit die Unterschriftsbeglaubigung in Frage kommt, es bei der vorgeschlagenen Bestimmung beläßt; ist das aber nicht der Fall, dann würde ich auch in dieser Beziehung eine Aenderung beantragen müssen.

Was den Abs. 3 betrifft, so muß ich gestehen, daß ich mit demselben am wenigsten einverstanden bin und daß ich erwartet hätte, daß auch der Herr Referent mit demselben nicht einverstanden ist. Es ist ja richtig, die Nachlaßinventare können zur Zeit nur vor einem Notar errichtet werden; aber ich sehe nicht ein, warum, wenn das Gericht die Nachlaßbehandlung im Ganzen vornimmt, das Verfahren wieder in ein gerichtliches und ein notarielles auseinandergerissen wird und das Gericht genöthigt ist, die Partei zur Inventaraufnahme an den Notar zu verweisen. Ich bin im Gegentheil der Meinung, daß es außerordentlich gut wäre, wenn unsere Amtsrichter hinauskommen und draußen Land und Leute kennen lernen. Was hilft es ihnen, wenn sie immer blos die Gegenstände in den Urkunden verzeichnet finden? Wenn sie nicht selbst eine lebendige Anschauung von dem bekommen, worüber sie Beschluß zu fassen haben, werden die Leute nie praktisch. Wenn sie aber hinausgehen, mit den Leuten verkehren, sich die Sachen ansehen, dann sind sie im Stande, ein richtiges Urtheil zu fällen über das, was sie beschließen müssen. Es kommt noch Eines hinzu. Auf dem Lande werden die Geschäfte des Vormundschafts- und Verlassenschaftswesens in der Regel in Einer Hand sein. Der Verlassenschaftsbeamte, der zu gleicher Zeit Vormundschaftsbeamter ist, bekommt, wenn er ein solches Inventar aufnimmt, ganz genaue Kenntniß von den einzelnen Verhältnissen, er lernt Personen kennen, auf deren Urtheil er sich stützen muß, und wenn es sich dann darum
S. 341. handelt, irgend eine für den Mündel wichtige Ver‖fügung zu treffen, hat er an Ort und Stelle seine Information eingeholt und er ist dann viel besser in der Lage, einen richtigen Beschluß zu fassen, als wenn er das lediglich auf Grund der Akten thut. Ich wäre also der Meinung, daß man zwar für jene Fälle, in welchen der Notar die Verlassenschaftsbehandlung hat, das Inventar beim Notar beläßt, daß man aber im anderen Falle das Inventar beim Nachlaßgericht läßt und die Sache nicht in zwei Theile auseinanderreißt. Eines will ich zugeben: eine große Bedeutung wird künftig dieser Absatz nicht mehr haben; Gott sei Dank, es hören die ewigen Inventuren auf. Da ist eine Masse unnützes Geld hinausgeworfen worden, die Leute sind geplagt worden damit und sie haben absolut keinen Nutzen davon gehabt. Man braucht nur den letzten Absatz fallen zu lassen, dann versteht es sich von selbst, daß sowohl die Nachlaßgerichte als die Notare zur Inventuraufnahme befugt sind. Ich werde gegen diesen Abs. 3 stimmen und bitte deßhalb, über diesen Abs. 3 besonders abstimmen zu lassen.

Der k. Staatsminister der Justiz: Abs. 2 des zur Berathung stehenden Artikels gab zu prinzipiellen Bedenken Anlaß; deßhalb möchte ich schon jetzt

das Wort ergreifen, um den Standpunkt der Regierung kenntlich zu machen, S. 341.
gleichzeitig aber auch, um die Einwendungen zu widerlegen, welche wir soeben gehört haben.

Das Bürgerl. Gesetzbuch und das Handelsgesetzbuch verlangen für eine Menge von Handlungen des Privatrechtsverkehrs öffentliche Beurkundung oder öffentliche Beglaubigung. Die Reichsgesetzgebung hat sich nun in die Einrichtung der Urkundsbehörden und Urkundspersonen nicht eingemischt, sondern diese ganze Einrichtung der Landesgesetzgebung überlassen. Da wir in Bayern seit langer Zeit im ganzen Königreich als Urkundspersonen die Notare besitzen und da nach der Ansicht der Staatsregierung dieses Institut sich vollkommen bewährt hat, so war die bayerische Staatsregierung von Anfang an darauf bedacht, bei der Gestaltung der Reichsgesetzgebung dahin zu wirken, daß auch unter der Herrschaft des Bürgerl. Gesetzbuchs das Notariat als selbständiges Institut aufrecht erhalten werden kann.

Allerdings bestund anfänglich Gefahr, daß dieß nicht werde der Fall sein können, da in dem § 313 des Bürgerl. Gesetzbuchs (dem § 351 des ersten Entwurfs) bestimmt wurde, daß der obligatorische Vertrag über die Uebertragung des Eigenthums an einem Grundstück der gerichtlichen oder notariellen Beurkundung bedarf, daß aber auch ein ohne Beobachtung dieser Form abgeschlossener Vertrag seinem ganzen Inhalte nach giltig wird, wenn die Auflassung und die Eintragung in das Grundbuch erfolgt ist. In Folge der Bemühungen der bayerischen Staatsregierung wurde jedoch in die Artikel 141 und 143 des Einführungsgesetzes zum Bürgerl. Gesetzbuch die Bestimmung aufgenommen, daß landesgesetzlich ausgesprochen werden kann, einmal, daß für die Beurkundung von Rechtsgeschäften, die nach den Vorschriften des Bürgerl. Gesetzbuchs der gerichtlichen oder notariellen Beurkundung bedürfen, entweder nur die Gerichte oder nur die Notare zuständig sind, und sodann, daß die Auflassung der in dem Gebiete des Bundesstaates liegenden Grundstücke außer vor dem Grundbuchamt auch vor einem Notar erfolgen kann. Endlich gelang es, zu erwirken, daß in § 98 der Grundbuchordnung ausgesprochen wurde, es könne durch die Landesgesetzgebung bestimmt werden, daß das Grundbuchamt die Erklärung der Auflassung nur entgegennehmen soll, wenn die nach § 313 des Bürgerl. Gesetzbuchs erforderliche Urkunde vorgelegt wird.

Die bayerische Staatsregierung war bei ihrem Vorgehen einmal von dem Bestreben geleitet, zu verhüten, daß bei dem Abschluß von Immobiliarverträgen den wirthschaftlich Schwächeren geschadet wird, und glaubt dieses nun durch die genannten Vorbehalte, wenn von ihnen Gebrauch gemacht wird, auch erreicht zu haben. Es wird in Bayern danach nicht möglich sein, daß eine Auflassung — also der Uebergang des Eigenthums eines Immobils von einer Person auf eine andere — erfolgt, ohne daß vorher erst ein förmlicher Vertrag abgeschlossen ist. Allerdings wird von einzelnen Notaren, wie Sie ja wohl wissen, auf die Vorbehalte für die Landesgesetzgebung, insbesondere in § 98 der Grundbuchordnung kein besonderes Gewicht gelegt, indem sie der Ansicht sind, daß diese Bestimmung nicht zwingender, sondern mehr instruktioneller Natur sei, aber, ich glaube, mit Unrecht, da wohl kaum ein Grundbuchbeamter — eingedenk der Pflichtverletzung und Haftung, der er sich schuldig machen würde — es wagen wird, eine Auflassung entgegenzunehmen, ohne daß ihm der notarielle Vertrag vorgelegt worden ist.

Die bayerische Staatsregierung war aber auch, wie bereits bemerkt, von dem Bestreben geleitet, das Notariat als selbständiges Institut aufrecht zu

S. 341. erhalten und sie glaubt, daß auch diese Absicht erreicht werden kann, aber nur dann, wenn von den sämmtlichen Vorbehalten für die Landesgesetzgebung zu Gunsten der Notare ein vollständiger Gebrauch gemacht wird.

Die Bestimmungen, welche in dieser Beziehung für die Landesgesetzgebung in Bayern in Aussicht genommen sind, finden Sie in Artikel 73 des Entwurfs eines Ausführungsgesetzes zum Bürgerl. Gesetzbuche, welche Bestimmung von Ihnen bereits angenommen wurde, — Sie finden Sie sodann in Artikel 12 des Entwurfs eines Ausführungsgesetzes zur Grundbuchordnung und zu dem Gesetze über die Zwangsversteigerung und die Zwangsverwaltung, welcher Gesetzentwurf Ihnen bereits mitgetheilt wurde, und Sie finden sie in der Ziff. I Abs. 2 Satz 2 des Artikel 34 des gegenwärtig der Berathung unterstehenden Gesetzentwurfs.

Nach dem Eindruck, den ich bei den letzten Etatsberathungen von der Stimmung hinsichtlich des Notariats erhalten habe, will die Kammer der Abgeordneten in ihrer großen Mehrheit und wohl auch die Kammer der Reichsräthe die Aufrechterhaltung des Notariats als selbständiges Institut. Dieses Ziel läßt sich aber nur erreichen, wenn wir gleichzeitig ein lebenskräftiges Notariatsinstitut schaffen, ein Institut, dem auch genügende Einnahmen zufließen, da nur unter dieser Voraussetzung wir auch geeignete Bewerber für Notarstellen erhalten.

In dieser Beziehung muß aber die Anregung des Herrn Abg. Wagner die größten Bedenken hervorrufen, da sie geeignet ist, in das Prinzip, wonach auch künftig die Notare die eigentlichen Urkundspersonen sein sollen, eine Bresche zu legen und da, wenn einmal dieses Prinzip durchlöchert ist, die Konsequenzen daraus nicht zu ersehen sein werden; denn warum soll man denn dann bei dieser Ausnahme stehen bleiben und nicht auch noch andere Beurkundungen dem Gerichte zuweisen, und wo ist dann die Grenze? Mit der Annahme des Antrags „Wagner" würde dem Notariate der Todesstoß versetzt werden.

Der Antrag erscheint aber auch nach verschiedenen anderen Richtungen bedenklich. Vor Allem würde er — insbesondere an den größeren Gerichten — eine ganz außerordentliche Geschäftsbelastung der Pflegschaftsrichter und damit eine bedeutende Vermehrung dieser Richter zur nächsten Folge haben; denn wenn der Staat die fraglichen Beurkundungen dem Gerichte — wenn auch nur in Konkurrenz mit dem Notar — zuweist, so muß er doch auch Fürsorge treffen, daß die Arbeit an den Gerichten geleistet werden kann. In München müßte sofort eine Reihe von neuen Richtern und das nöthige Schreiberpersonal aufgestellt werden, um dem Bedürfnisse zu genügen. Ich müßte dann wohl sofort von Ihnen einige Millionen verlangen, um auf der Hälfte des Augustinerstocks für diesen Zweck allein ein neues Gebäude aufführen lassen zu können. Bei den Gerichten auf dem Lande würde sich
S. 342. allerdings vielleicht die Geschäftsvermehr‖ung nicht so sehr fühlbar machen, aber was auf dem Lande Rechtens wäre, müßte auch in der Stadt Rechtens sein, und hier wäre bei den außerordentlich vielen Kuratelen, in deren Vermögen sich Immobilien befinden, eine ganz ergiebige Personalvermehrung, wie bereits bemerkt, unvermeidlich.

Sodann ist es sehr fraglich, ob gerade der Pflegschaftsbeamte als der richtige Urkundsbeamte erscheint. Der Urkundsbeamte soll als Vertrauensmann zwischen beiden Parteien stehen. Er soll die Interessen Beider gleichmäßig wahrnehmen. Wenn der Vorschlag des Herrn Abg. Wagner davon ausgeht, daß der Vormundschaftsrichter beim Vertragsabschluß besser die Interessen des

Mündels wahren kann, als es geschieht, wenn der Notar protokollirt, so S. 342.
muthet er dem Pflegschaftsrichter zu, bei der Beurkundung seines Amtes als Pflegschaftsrichter zu walten und die Interessen seines Mündels mehr als die der Gegenpartei zu berücksichtigen. Dadurch käme aber der Richter in die Lage, bei der Beurkundung mehr die Rolle des Vormunds als die des Urkundsbeamten zu spielen. Die Folge müßte sein, daß er bei der Gegenpartei in den Verdacht der Befangenheit und damit in eine schiefe Stellung geriethe.

Nach § 1821 des Bürgerl. Gesetzbuchs bedarf der Vormund der Genehmigung des Vormundschaftsgerichts zur Verfügung über ein Grundstück oder über ein Recht an einem Grundstück, sowie zu einem Vertrag, der auf den entgeltlichen Erwerb eines Grundstücks oder eines Rechts an einem Grundstück gerichtet ist. Mit dieser Bestimmung sind die Rechte des Vormundschaftsgerichts vollständig gewahrt. Das Vormundschaftsgericht ist jeden Moment in der Lage, einem Vertrag, den es nicht im Interesse des Mündels gelegen erachtet, die Zustimmung zu versagen. Würde nach dem Antrag des Herrn Abg. Wagner der Vormundschaftsrichter selbst den Vertrag beurkunden, so müßte er auch selbst die Genehmigung zu dem von ihm selbst protokollirten Vertrag geben. Ob dieser Zustand ein entsprechender wäre und ob hiebei die Prüfung und Genehmigung des Vertrags nicht lediglich zu einer bloßen Form herabsinken würde, will ich nicht weiter ausführen.

Sollte vielleicht der Herr Abg. Wagner glauben, daß die Verträge, wenn sie vor Gericht geschlossen werden, billiger für den Mündel zu stehen kommen, so würde er sich wohl auch einer Täuschung hingeben. Die Kosten würden nach wie vor die gleichen bleiben, ob der Vertrag vor Gericht oder vor dem Notar abgeschlossen wird.

Ebensowenig würde aber auch das Verfahren für den Vormund ein viel bequemeres werden. Wie ich bereits bei den letzten Landtagsverhandlungen zu erklären mir erlaubte, wird es das Bestreben der Staatsregierung sein, dafür zu sorgen, daß an einem jeden Amtsgerichte die Notariatsgeschäfte vorgenommen werden können. Ist dieß aber der Fall, dann kann für den Vormund es keine größere Unbequemlichkeit sein, ob er am Gerichtssitz zum Notar oder zum Vormundschaftsgericht geht.

Die Bestimmungen in den Ausführungsgesetzen gehen alle von dem Grundsatz aus, daß der persönliche und der dingliche Vertrag stets in einem Akte vorgenommen werden können. Auch die Durchführung dieses Grundsatzes würde bei Annahme des Antrags „Wagner" nicht möglich sein, wenn man nicht auch die Auflassung vor dem Pflegschaftsrichter vornehmen lassen wollte. Vielleicht denkt sich der Herr Abg. Wagner, daß der Pflegschaftsrichter ohnedieß auch der Grundbuchrichter sein wird. Nach den Absichten der Justizverwaltung soll dieß jedoch künftig möglichst vermieden werden, da man gedenkt, das Pflegschaftswesen möglichst in die Hände der älteren erfahrenen Richter zu legen, denen man aber wohl kaum auch die Führung des Grundbuchamts wird zumuthen können.

Sie sehen also, daß gegen den Antrag des Herrn Abg. Wagner eine ganze Reihe schwerwiegender Bedenken sprechen. Ich bitte Sie, im Interesse der Aufrechterhaltung der aufgestellten Grundsätze und insbesondere im Interesse der Ermöglichung des Fortbestehens eines gesunden, lebenskräftigen Notariatsinstituts auf diesen Antrag nicht einzugehen.

Bezüglich einer von dem Herrn Referenten gemachten Anregung möchte ich noch hervorheben, daß im Artikel 34 Ziff. I Abs. 2 Satz 1 nicht gesagt ist, daß die Amtsgerichte für diese Beurkundungen ausschließlich zuständig sind.

S. 342. Daraus geht hervor, daß für Beurkundung der hier fraglichen Verträge sowohl die Amtsgerichte als die Notare zuständig sind.

Was die Beurkundung der Anerkennung der Vaterschaft anlangt, so darf ich den Herrn Abg. Wagner auf § 167 des Reichsgesetzes über die Angelegenheiten der freiwilligen Gerichtsbarkeit verweisen. Diese Frage ist durch die Reichsgesetzgebung erledigt, an der wir nichts mehr ändern können.

Abg. Dr. **Casselmann:** Auch nach meiner Meinung ist der Absatz, um den es sich hier handelt, von der größten prinzipiellen Bedeutung, und ich kann in dieser Beziehung den Ausführungen Seiner Excellenz nur zustimmen, indem auch ich glaube, daß, wenn man nicht zu Gunsten der Notare von dem Vorbehalte Gebrauch macht, der den Landesgesetzen eingeräumt ist, bei der Beurkundung von solchen Verträgen, welche nach den Vorschriften der Reichsgesetze sowohl vom Notar als vom Gericht beurkundet werden können, man dann das Notariat als selbständiges Institut nicht wird aufrecht erhalten können. Die Bedenken, die aus den Kreisen der Notare bisher laut geworden sind, gipfeln meist in dem Gedanken, daß durch den Wegfall des Artikel 14 des bayerischen Notariatsgesetzes die Einnahme der Notare derartig beschnitten werden würde, daß sich dieselben in der That nicht mehr halten können, und es ist zuzugeben, daß, wenn man das Notariat erhalten will, man eben Bestimmungen treffen muß, die geeignet sind, den Artikel 14 zu ersetzen. Nun glaube ich aber, daß Seine Excellenz die Ausführungen meines Freundes Wagner in einem Sinne aufgefaßt hat, wie sie nicht gemeint waren. Ich wenigstens habe die Ausführungen dahin verstanden, daß der Herr Kollege Wagner nicht bei allen Verträgen die Gerichte neben den Notaren zulassen wollte, sondern lediglich bei solchen Verträgen, bei welchen Minderjährige in Frage kommen. Die Befürchtungen, die sich für Seine Excellenz aus den Ausführungen des Herrn Kollegen Wagner ergeben haben, dürften demnach in solchem Umfange nicht zutreffen. Sollte Herr Kollege Wagner aber vom Herrn Minister richtig verstanden worden sein, dann müßte ich allerdings erklären, daß ich mit seinen Ausführungen nicht einverstanden sein kann. Es ist eine heikle Sache, über diese Dinge, die von so prinzipieller Bedeutung für das ganze Institut des Notariats sind, heute sich schlüssig zu machen, wo uns der Entwurf über ein Notariatsgesetz noch nicht vorliegt. Es ist bedauerlich, daß wir zur Zeit nicht in der Lage sein können, uns über die vollen Konsequenzen unserer Beschlüsse schlüssig zu machen. Aber auch, ohne daß man diesen Entwurf vor Augen hat, kann man wenigstens das Eine sagen, daß, wenn die Landesgesetzgebung nicht zu Gunsten der Notare die hier vorgeschlagene Fassung annimmt und nicht Gebrauch macht von dem Vorbehalte des § 98 der Grundbuchordnung, dann die Selbständigkeit der Notare nicht erhalten werden kann. Die aus Notariatskreisen geäußerten Bedenken, daß das Institut der Notare auch dann gefährdet bliebe, wenn von diesem Vorbehalte Gebrauch gemacht werde, kann ich vorerst nicht theilen, wenn ich auch der Meinung bin, daß der Staat sich auf weitgehende Ausgaben für das Notariat gefaßt machen muß. Die Bedenken, die da laut geworden sind, gipfeln darin, daß gesagt wird, es könne sich hier nur um eine instruktionelle Vorschrift der vorgesetzten Justizbehörde handeln, an die der Grundbuchrichter materiell nicht gebunden sei, und es könne deßhalb leicht der Fall eintreten, daß sich der Grundbuchrichter alsbald nicht mehr an diese instruktionelle Vorschrift
S. 343. halten werde. Ich theile die Ausführungen Seiner Excellenz, daß, wenn durch Dienstesinstruktion die Vorschrift erlassen wird, sich doch jeder Grundbuch-

richter hüten wird, einen Eintrag zu machen, ohne daß ihm der notarielle Ueberlassungsvertrag nach § 313 des Bürgerl. Gesetzbuchs vorgelegt wird. Weil ich das Notariat als ein lebensfähiges Institut erhalten wissen möchte, diese Lebensfähigkeit aber für ausgeschlossen halte, wenn man die Einnahmequellen des Notariats verstopft, so kann ich nur lebhaft wünschen, daß der Vorschlag der Staatsregierung Annahme finde. Die Berathung des Gesetzentwurfs über das Notariat wird uns ja Gelegenheit geben, auf diese äußerst wichtige Materie eingehend zurückzukommen. S. 343.

Abg. **Lutz:** Die Einwendungen, welche der Herr Abg. Wagner gegen Abs. 2 erhoben hat, theile ich vollständig, nämlich daß bei Verlassenschafts- und Pflegschaftssachen bei dem Vormundschaftsrichter die Verträge vollständig festgesetzt werden sollen. Geht man in solchen Fällen zum Notar, macht die Verträge, dann kommt man zum Vormundschaftsrichter und der findet dann, der Vertrag sei nicht richtig, so ist das immer eine gefährliche Sache, in den Vormundschaftssachen ohne vorherige Zustimmung des Vormundschaftsrichters die Verträge festzusetzen, weil man sich der Gefahr aussetzt, daß sie nicht genehmigt werden. Es ist genau so, wie der Herr Abgeordnete Wagner gesagt hat; ich wäre auch der Meinung, daß solche Verträge, die der Genehmigung des Pflegschaftsrichters bedürfen, von demselben auch zugleich ausgeführt werden sollen.

Ich bin auch mit dem Herrn Kollegen Wagner einverstanden, wenn der Abs. 3 vollständig gestrichen wird. Ich sehe nicht ein, warum hier Notare nothwendig sind. Es wird ja bei Inventaren, die sich als nothwendig herausstellen, ganz leicht möglich sein, dieselben durch den Sekretariatsassistenten aufstellen zu lassen. Ich bin übrigens auch mit dem Herrn Justizminister der Anschauung, daß die ganze Erklärung des Herrn Abg. Wagner eine Erklärung gegen das Fortbestehen des Notariats war, und ich bin mit dem Herrn Abg. Wagner vollständig in diesem Punkte einverstanden. Wenn der Herr Minister sagt, daß das Institut sich eingelebt habe bei der Bevölkerung und daß eine ganze Reihe von Gründen dafür spreche, es aufrecht zu erhalten, so ist heute und auch an anderen Plätzen ein Grund hiefür nicht vorgebracht worden. Es wird außerordentlich schwer sein, irgend einen Vortheil der Einrichtung des Notariats anzuführen, während eine ganze Reihe von Gründen aufgeführt werden kann, aus denen das Notariat als eine der verderblichsten Einrichtungen wird bezeichnet werden können, die wir seit einem Menschenalter geschaffen haben. Es unterliegt keinem Zweifel, daß nicht allein in der Stadt, sondern auch auf dem Lande eine gewisse Schwindelperiode eingerissen war dadurch, daß Grundstücke zu unverhältnißmäßig hohen Preisen gekauft worden sind, daß sich Wucher und Grundstückspekulation breit gemacht haben und durch die Einrichtung des Notariats, nicht durch die Notare, gefördert wurden. Es war sehr bedauerlich, daß seit dem Jahre 1863 die schlimmsten Verträge beurkundet werden mußten durch die Notare, und es war außerordentlich schlimm, daß den Geschäftsleuten draußen und in der Stadt die Notare nicht als k. bayerische Beamte und unabhängig gegenüberstanden, sondern als Geschäftsleute; ich könnte eine Reihe von Leuten aufführen, in Nürnberg z. B. sind Hunderte von Personen um Hab und Gut gekommen dadurch, daß sie unvorsichtig waren beim Einkauf von Wirthschaften, und diese Verträge sind fast immer bei einem Notar beurkundet worden. Hätten die Leute mit Beamten zu thun gehabt, so hätte es ihnen an Warnung nicht fehlen können; es haben eine Reihe von hochgestellten bayerischen Beamten —

S. 343. ich könnte Namen nennen — den Notariatsdienst aufgegeben, weil sie sagten: wir müßten uns nothgedrungen zum Handlanger der unlautersten Manipulationen machen.

Was nun die Neugestaltung der Dinge betrifft, so kann ich mich am allerwenigsten einverstanden erklären mit der Absicht der k. Staatsregierung, die Notare als solche an den großen Plätzen aufrecht zu erhalten, z. B. in München, Nürnberg u. dergl., dagegen die Notariatsgeschäfte an kleinen Plätzen den Sekretären, Amtsrichtern u. s. w. zu übertragen. Ich sehe nicht ein, warum man die außerordentlich einträglichen Stellen, wie sie hier in München und an anderen Plätzen so zahlreich sind, aufrecht erhalten muß. Man sagt mir, daß es hier Notare gibt, die ein Einkommen von 100,000 M. und mehr per Jahr haben. Ich weiß es nicht, die Herren von der k. Staatsregierung werden es besser wissen. Daß es aber Notare gibt, die nach zehn oder zwölf Jahren freiwillig resigniren, steht fest; mir ist ein ganz junger Herr gezeigt worden, der freiwillig resignirt hat, der ein ganz großes Vermögen erworben hat. Wenn der Herr Minister bange machen will mit den Kosten, die eine Ersetzung des Notariats in München macht, so wird die Volksvertretung nicht erschrecken darüber. Er hat gemeint, man müßte wenigstens zwei Millionen ausgeben und große Bauten aufführen. Das wäre nicht praktisch. Die Beamten, die die Notariatsgeschäfte versehen, müßten in der ganzen Stadt vertheilt sein; sie könnten recht gut Miethwohnungen haben und zu Gunsten der Staatskasse diese Geschäfte vornehmen. Wenn unabhängige bayerische Beamte mit den Geschäften des Notars betraut werden, dann macht der Staat Bayern noch ein ganz gutes Geschäft. Ich halte es also nicht für richtig, die schlecht bezahlten Notariatsgeschäfte auf kleineren Plätzen von Staatswegen zu besorgen und die äußerst guten Geschäfte in München den Notaren zu überlassen. Ich kenne Notare z. B. in kleinen Städten in Franken, die mehr Einkommen haben als ein bayerischer Minister.

Ich bin prinzipiell für Aufhebung des Notariats. Ich glaube, man stellt dem bayerischen Beamten und Richter ein Vertrauensvotum aus, wenn wir verlangen, es solle die Beurkundung bei Grundbesitz, bei wichtigen Verträgen, die bei dem Notar vorzunehmen vorgeschrieben ist, nicht von einem Geschäftsmann, sondern von einem unabhängigen Beamten, von einem bayerischen Richter vorgenommen werden. Ich bin also im Prinzip ein Gegner des Notariats, da ich auf's Engste vertraut bin mit den Verhältnissen in jenen Kreisen, die von der Institution des Notariats unendlich viel gelitten haben, und was geschehen kann, hier an Stelle der Notare unabhängige bayerische Richter zu setzen, soll in kräftigster Weise von mir unterstützt werden.

Abg. **Michel:** Sie werden es begreiflich finden, daß ich als Rheinpfälzer stets für das Notariat eintrete. Ich werde das auch bei dem vorwürfigen Artikel dadurch bethätigen, daß ich für denselben in der Fassung der Regierungsvorlage stimme.

Ich möchte mir nur gestatten, darauf hinzuweisen, daß dieser Abs. 2 in Satz 1 für die Pfalz etwas absolut Neues bringt. Wir haben in dem Art. 340 des Code civil die Bestimmung, daß es verboten ist, zu untersuchen, wer der Vater eines Kindes ist. Vereinbarungen aus Anlaß unehelicher Geburten kommen bisher zur richterlichen Kognition nicht, höchstens im Wege der Rechtshilfe, wenn derartige Verträge von diesseits zu uns hinüberkommen und den Betheiligten zur eventuellen Genehmigung mitgetheilt werden müssen. Allein ich halte es für äußerst praktisch, wenn, wie die Regierungsvorlage vorschlägt, gerade der Richter, der die ganze Frage von Anfang an zu prüfen hat, seinerseits in die Lage versetzt wird, dem Vertrage die richtige Formulirung zu geben und dafür zu sorgen, daß nach allen Richtungen hin den verschiedenen Wünschen genau entsprochen wird. S. 343.

Was den zweiten Satz anlangt, so schlägt derselbe auch insofern etwas Neues für die Pfalz vor, als, wie ich mir bei einer früheren Gelegenheit auseinanderzusetzen erlaubt habe, die Beurkundungen von Verträgen, bei welchen Minderjährige betheiligt sind, sich wesentlich unterscheiden von den diesseitigen. Ich will mich nur darauf beschränken, zu erwähnen, daß z. B. Veräußerungsverträge über Immobilien in der Pfalz nicht so verbrieft werden können, wenn Minderjährige in Frage kommen, als wenn Volljährige betheiligt sind. Nur in einem Falle, wenn das Expropriationsgesetz von 1837 in Frage steht, hat sich eine Praxis herausgebildet, welche gestattet, daß die einfache Beurkundung durch die Notare vorgenommen werden kann, wenn der Familienrath in einem vorher von der Civilkammer bestätigten Beschlusse sich dahin ausgesprochen hat, daß eben die Verhältnisse so liegen, daß man die Sache nicht ändern könne und in die Veräußerung einwilligen müsse. Die beiden anderen Fälle, in denen Veräußerungsverträge über Immobilien Minderjähriger zu beurkunden sind, betreffen jene absoluter Nothwendigkeit halber oder evidenten Nutzens wegen. In beiden Fällen muß der Familienrath den Vormund zur Versteigerung durch den Notar ermächtigen und die Civilkammer den Beschluß bestätigen, den Notar ernennen und mit der Versteigerung beauftragen, worauf öffentliche Versteigerung durch diesen erfolgt. Freihändiger Verkauf in solchen Fällen ist absolut unstatthaft. Bei Theilungen liegt die Sache ja auch wieder anders. Da wird einfach das Theilungsgeschäft und die Beurkundung über Immobilien von dem Notar vorgenommen, wie sie sich als nothwendig erweist. S. 344.

Ich halte diese Bestimmung, wie sie in Satz 2 Abs. 2 gegeben ist, für absolut nothwendig um deswillen, weil auch, wie mehrfach hervorgehoben worden ist, gerade diese Bestimmung geeignet ist, das Notariat in seinem Fortbestand und seiner Lebensfähigkeit zu erhalten.

Was den letzten Absatz anlangt, so glaube ich nicht, daß das zutrifft, was der Herr Kollege Wagner gemeint hat. Wir Amtsrichter brauchen den Anlaß zur Errichtung von Inventaren nicht, um uns die Kenntniß von Land und Leuten zu verschaffen, die wir ja sonst bei unserer Gesammtthätigkeit als Einzelrichter uns in vollem Maße zu eigen machen, besonders wenn wir lange am selben Platze ausharren. Ich würde also gegen eine Streichung des Abs. 3 sein.

Mit Rücksicht auf das pfälzische Recht glaube ich, noch besonders hervorheben zu sollen: wenn dieser Abs. 3 gestrichen wird, dann könnte im Justizetat eine Position kommen über Vermehrung von Richterstellen in der Pfalz, die vielleicht nicht erwünscht ist.

Abg. **Fuchs:** Ich bekenne mich als einen Freund des Notariats und möchte dieses Institut, welches sich im Großen und Ganzen gut bewährt hat, aufrecht erhalten wissen; ich möchte mich deßhalb im Anschluß an die Ausführungen des Herrn Dr. Casselmann für die Beibehaltung der Bestimmungen in Abs. 2 aussprechen. Nur wünsche ich eine Erweiterung dieser Bestimmungen, soweit sie die Beglaubigung einer Unterschrift oder eines Handzeichens betreffen, dahin, daß auch andere Behörden für dieses Geschäft zuständig sein sollen, als die Notare. Ich habe dabei insbesondere die Gemeindebehörden im Auge, welche bisher die Unterschriften beglaubigen durften; ich kann mich nicht entsinnen,

S. 344. daß jemals darüber Beschwerden eingelaufen wären. Man kann Personen, welche weit vom Amtsgerichtssitze entfernt sind, nicht zumuthen, daß sie wegen einer Unterschriftsbeglaubigung sich zum Amtsgerichtssitze begeben. Ich halte es daher für praktisch, daß man die Zuständigkeit in dieser Beziehung erweitert.

Ich würde es auch für richtiger halten, Satz 2 des Abs. 2 als neuen Absatz aufzuführen, damit die Bestimmungen über die Zuständigkeit und die Nicht-Zuständigkeit besser in die Augen fallen.

Abg. Joseph Geiger: Der Herr Justizminister hat am Eingange seiner Erörterungen darauf hingewiesen, daß eine große Gefahr, welche ursprünglich gedroht habe, glücklich beseitigt ist. Es ist dieß die Gefahr, daß in Zukunft Immobilien gekauft, verkauft und vertauscht werden können, ohne daß ein ordentlicher Vertrag vorher errichtet worden ist, und daß Mangels eines solchen Vertragszwanges der eine der Kontrahenten durch Wucher, Uebervortheilung u. s. w. schwer geschädigt werden könne. Diese Gefahr hat bestanden und wir erinnern uns noch lebhaft an die Befürchtungen, welche durch den ersten Entwurf hervorgerufen worden sind und welche erst zurücktraten, nachdem spätere reichsgesetzliche Bestimmungen erreicht worden waren. Seine Excellenz wird sich vielleicht erinnern, daß ich selbst vor mehreren Jahren die Ehre hatte, meine Besorgnisse in erwähnter Richtung vorzutragen, und Seine Excellenz haben damals gehofft, es werde noch gelingen, die drohende Gefahr abzuwenden. Es ist nun glücklich gelungen; wir stehen auf dem Boden, daß auch in Zukunft eine Auflassung nur erfolgen wird, wenn dem Grundbuchrichter ein „ordentlicher" Vertrag, welcher den Willen der Kontrahenten vollständig kund gibt, vorliegt. Somit ist etwas erreicht worden, was ich außerordentlich hoch schätze, und gegenüber dieser Errungenschaft sind mir alle die übrigen Verhältnisse, welche Gegenstand der Erörterung waren, minderwerthig. Der Herr Kollege Lutz war konsequent in seiner Auffassung, indem er vor Allem sagte: ich will das Notariat abgeschafft wissen, und hienach ist seine Stellung zu Abs. 2 des betreffenden Artikels von selbst gegeben. Ich weiß nicht, ob wir heute in die Erörterung der Frage eintreten sollten, ob das Notariat abgeschafft werden solle oder nicht, denn wir haben uns im Plenum der Kammer der Abgeordneten wiederholt darüber ausgesprochen, wir haben alle Gründe dafür und dagegen erwogen. Ich habe selbst große Bedenken geäußert, welche gegen das Institut des Notariats bestehen, habe aber auch den Gründen mich nicht verschließen können, welche für die Beibehaltung dieses Instituts in wirthschaftlicher und insbesondere auch in finanzieller Beziehung bestehen, und die Mehrheit der Kammer hat sich meines Wissens dahin ausgesprochen, sie wünsche das Notariat zu erhalten. Ich glaube nicht, daß ein entgegengesetzter Beschluß der Kammer zu Stande kommen werde, und weil also das Notariatsinstitut bestehen bleiben wird, dürfte eine weitere Diskussion hierüber unterbleiben können. Der Fortbestand des Notariats wird aber den Abs. 2 des Artikels nach der Regierungsvorlage nothwendig erscheinen lassen. Herr Kollege Wagner meint es sehr gut, indem er sagt: wenn ein Minderjähriger betheiligt ist und wenn die Verhältnisse hinsichtlich der Liegenschaft nach allen Richtungen vor dem Pflegschaftsrichter besprochen sind und das Interesse des Minderjährigen nach jeder Richtung geprüft worden ist, so soll der beim Pflegschaftsrichter punktirte Vertrag auch vor ihm verlautbart werden können. Hingegen darf nicht übersehen werden, daß, wenn wir alle Verträge, welche in Frage kommen, bei welchen nämlich ein Minderjähriger betheiligt ist — das sind sehr viele Fälle — den Gerichten überweisen und die Notare hievon ausschließen, daß

wir dann in der That das Notariatsinstitut in seiner Grundlage erschüttern; S. 344.
darüber besteht meines Erachtens kein Zweifel, entweder — oder; mit der Annahme des Fortbestandes des Notariats ist für mich die Annahme des Abs. 2 der Regierungsvorlage nothwendig. Wir können nicht ein Zweierlei-Verfahren schaffen und die Befürchtungen, die auf finanziellem Gebiete gehegt worden sind, haben Seine Excellenz bereits durch die Erklärung beseitigt, es würde im Großen und Ganzen die notarielle Behandlung nicht theurer zu stehen kommen. Wenn übrigens an jedem Orte, wo der Pflegschaftsrichter seinen Sitz hat, auch ein Notar, wie von ‖ Seite der k. Staatsregierung zu- S. 345.
gesichert wurde, vorhanden sein wird, so wird es meines Erachtens nicht so schwierig sein, sich mit dem Pflegschaftsrichter über die den Pflegling betreffenden Angelegenheiten zu benehmen und sodann zum Notar zu gehen; und wenn wirklich beim Notar etwas protokollirt worden ist, was dem Pflegschaftsrichter nicht zusagt, so wird ja eine Verbesserung möglich sein, ohne daß große Weitwendigkeiten und Schwierigkeiten entstehen. Es wäre etwas Anderes, wenn die Parteien an dem Ort, wo das Pflegschaftsgericht ist, nicht auch den Notar hätten. Ich meine also, daß die Konsequenz, indem wir das Notariatsinstitut erhalten, auch dazu führen muß, den Abs. 2 anzunehmen.

Was die Frage bezüglich der Inventarisirung betrifft, so habe ich kein besonderes Bedenken. Das, was uns am Herzen liegt im Interesse der kleinen Leute, daß die Notare nicht die Inventare aufnehmen müssen, wo es sich um einen ganz geringen Nachlaß handelt, — diese Befürchtung ist beseitigt, indem bei einem Nachlasse von 2,000 Mk. und etwas darüber von der Errichtung eines notariellen Inventars abgesehen werden kann und soll. Im Uebrigen, wenn es sich um ein größeres Nachlaßvermögen handelt, wird die Beiziehung des Notars zur Inventarserrichtung nicht zu beanstanden sein.

Was endlich die Frage der Unterschriftsbeglaubigung betrifft, so bin ich der Anschauung, daß hiefür auch andere Behörden außer den Notaren zuzulassen seien. Es wäre eine das Publikum belästigende und kostspielige Bestimmung, wenn die Beglaubigung jeder Unterschrift, wo solche verlangt wird, in allen Fällen, in welchen nicht bereits Sondervorschriften bestehen, nur von den Notaren bethätigt werden könnte, und es werden viele Unterschriftsbeglaubigungen am besten und kostenlos auch den Ortsbehörden überlassen werden dürfen.

Im Allgemeinen spreche ich mich dahin aus, daß Abs. 2 und 3 so angenommen werden, wie sie die Regierung vorgeschlagen hat.

Abg. **Landmann:** Ich habe nichts dagegen, wenn das Notariat als selbständiges Institut aufrecht erhalten wird. Ich halte es also für nothwendig, daß bei allen Verträgen, bei welchen es sich um eine Auflassung handelt, die Notare ausschließlich zuständig sein sollen. Ich bin der Ansicht, wenn wir in diesen Bestimmungen, die meines Erachtens sehr tief in das öffentliche Leben eingreifen, klar sehen wollen, so ist es wünschenswerth, daß sie einfach, klar, verständlich sind und wenigst möglich Kosten verursachen sollen. Von diesem Grundsatz ausgehend wünsche ich, daß der Abs. 2 deutlicher gehalten werde. Ich wünsche weiter, daß gerade die Fragen, die von Seite des Herrn Abg. Wagner gestellt worden sind, von der k. Staatsregierung beantwortet werden möchten; es bestehen hier Zweifel, inwieweit hier eine notarielle Beurkundung nothwendig ist oder nicht. Ich stehe auf dem Standpunkt, man sollte zum Mindesten die notarielle Beurkundung da nicht nothwendig machen, wo sie bisher nicht nothwendig war; ich fürchte, es wird — ich kann ja die

S. 345. Bestimmung des Satzes 2 Abs. 2 in seinen Folgen nicht genau sehen — mit der Aufnahme dieser Bestimmung der ausschließende Kreis der Thätigkeit des Notariats erweitert, was ich nicht wünsche; wenn das der Fall ist, daß wir uns in dem bisherigen Rahmen bewegen, so habe ich nichts gegen die Annahme des Abs. 2, weil ich der Ansicht bin, daß wir das Notariat aufrecht erhalten müssen. Dasselbe ist ja dem jetzigen vielseitigen Verkehrsleben gegenüber absolut nothwendig. Wenn wir diese Geschäfte dem Gerichte übertragen, so bekommen wir wieder bureaukratische Allüren, die wir schon früher hatten; das verträgt sich mit dem heutigen Verkehr nicht. Ich erinnere nur an die früheren Zustände hinsichtlich der Oberschreiber.

Was die Unterschriften anbelangt, so bin ich auch dafür, daß man eine größere Freiheit läßt. Ich habe allerdings Bedenken, ob nach § 167 des Gesetzes über die Angelegenheiten der freiwilligen Gerichtsbarkeit dieß zulässig ist. Nach diesem Paragraphen sind nämlich die Amtsgerichte bezw. die Notare zuständig, mit anderen Worten, es können andere Behörden die Beglaubigung der Unterschriften nicht vornehmen. Ich möchte mir die Frage an die k. Staatsregierung erlauben, ob Prozeßvollmachten, welche bisher auch von den Gemeindebehörden beglaubigt worden sind, auch unter § 167 fallen oder nicht.

Was speziell den dritten Absatz anlangt, wonach die Amtsgerichte als Nachlaßgerichte nicht zuständig sind zur Aufnahme des Inventars, so schließe ich mich der Auffassung des Herrn Abg. Geiger an.

Abg. **Segitz:** Meine Freunde werden wahrscheinlich für die Aufrechterhaltung des Notariats als selbständigen Instituts eintreten. Es ist vielleicht zweckmäßig, diese Erklärung jetzt schon zu geben, nachdem wir mitten in der Erörterung dieser Frage stehen. Wir möchten dabei allerdings wünschen, daß es gelingen möge, bei Aufrechterhaltung des Instituts das Publikum so viel als möglich vor Nachtheilen zu bewahren; denn ganz von der Hand sind die Klagen, die der Herr Kollege Lutz vorgebracht hat, nicht zu weisen. Ich erinnere nur daran, daß eine Anzahl von Verträgen geschlossen wird behufs Ausschluß der Güter- oder Errungenschaftsgemeinschaft, wenn der Mann Verpflichtungen hat gegen Kinder, die außerehelich geboren sind, Verträge, die die Genehmigung der Richter nicht finden. Hier wird den Parteien Geld abgenommen für Verträge, die keine Giltigkeit haben. Es dürfte aber doch möglich sein, diese Nachtheile vom Publikum abzuwenden. Wenn wir aber für die Erhaltung des Notariats eintreten, so wird mich das nicht hindern, den Anträgen des Herrn Abg. Wagner meine Zustimmung zu geben. Ich muß in der That zugeben, daß diese Anträge eine ganz wesentliche Vereinfachung des Verfahrens in sich schließen. Wenn es möglich wäre, die Anregung, die der Herr Abg. Wagner gegeben hat, aufzunehmen, sollte man das nicht versäumen. Ich werde vorläufig bei der ersten Lesung für die Anträge des Herrn Abg. Wagner stimmen, wenn sie speziell zur Abstimmung kommen. Ich behalte mir aber meine definitive Stellung in dieser Richtung für die zweite Lesung vor.

Abg. **Wagner:** Es ist mir von Sr. Excellenz der Vorwurf gemacht worden, daß ich bei dem Ausführungsgesetze hinsichtlich der Bestimmungen, welche wir für die Auflassung durch die Notare gegeben haben, nicht eine Aenderung deßhalb veranlaßt habe, weil ich jetzt auch die Zuständigkeit der Vormundschaftsgerichte bezw. der Nachlaßgerichte für die Auflassungen haben will. Nun befinde ich mich in dieser Beziehung in voller Uebereinstimmung mit meinem Freunde Casselmann. Es ist sehr bedauerlich, daß man zu bestimmten Fragen Stellung nehmen muß, ohne daß man Alles kennt, was

noch kommt. Wir wissen nicht, was das Notariatsgesetz bringen wird, in S. 345.
Folge dessen ist es außerordentlich schwer, bei den einzelnen Fragen sich vorher schlüssig zu machen und Anregungen zu geben. Man weiß nicht, veranlaßt man nutzlose Debatten über etwas oder wird der Gegenstand später noch geregelt; deßhalb haben wir auch eine zweite Lesung eingeführt und es ist selbstverständlich, daß ich nach den Erklärungen, die ich heute bekommen habe, bei der zweiten Lesung beantragen werde, daß für die Auflassung auch das Nachlaßgericht als zuständig erklärt werde, denn ich sehe beispielsweise nicht ein, warum, wenn das Nachlaßgericht die Befugniß hat, unter den Erben Verträge zu beurkunden, welche auf Immobilien sich beziehen, dasselbe nicht für zuständig erklärt werden soll, die Auflassung zu bethätigen, so daß die Betheiligten erst noch an den Notar oder an das Grundbuchamt sich wenden müssen. Das ist entschieden unzweckmäßig. So gut man den Notaren die Auflassung überträgt, so gut kann man sie auch den Nachlaßgerichten übertragen. || Das werde ich bei der zweiten Lesung unter allen Umständen nach- S. 346.
holen. Wenn mein Vorschlag Annahme findet, so würde ich auch eine Ausdehnung derselben Befugniß auf die Vormundschaftsgerichte bei dem ersten Entwurf in zweiter Lesung noch in Antrag bringen.

Es ist nun die Frage aufgeworfen worden, ob ich ein Gegner oder ein Freund des Notariats bin. Ich habe erklärt, daß nach meiner Auffassung diese Frage entschieden ist zu Gunsten des Notariats. Ich sage, daß das Notariat viel Licht- und Schattenseiten hat; es gibt sehr viel, was zu Gunsten des Notariats spricht, und sehr viel, was dagegen spricht. Ich möchte jetzt eine längere Debatte über diese Dinge nicht veranlassen, ich habe in meiner Praxis sehr viele Schattenseiten kennen gelernt, solche, welche das Institut in sehr ungünstigem Lichte erscheinen lassen; ich habe aber auch sehr viele Lichtseiten kennen gelernt, glaube aber, daß über diese Frage nicht weiter zu debattiren ist, nachdem feststeht, daß die Majorität der Kammer für die Aufrechterhaltung des Notariats ist.

Nun wird behauptet, die Anregung, die ich gab, sei geeignet, dem Notariat den Todesstoß zu versetzen. Wenn ich diese Ueberzeugung hätte gewinnen können, so würde ich die Anregung nicht gegeben haben. Ich bin nicht der Anschauung, welche die Herren und Seine Excellenz der Herr Minister vertreten, daß durch meine Anregung dem Notariat ein besonderer Schaden zugefügt wird. Der Hauptschaden, den das Notariat erleidet, liegt schon in der Befugniß — die wir nach meiner Meinung nicht ändern können und wollen —, daß die Nachlaßgerichte zur Auseinandersetzung der Verlassenschaften befugt sind. Bei den Nachlaßgerichten werden die Fälle, an welchen die Minderjährigen betheiligt sind, die allermeisten sein; da sind aber auf Grund des Reichsgesetzes die Nachlaßgerichte bereits zuständig. Das ist der Hauptfall. Im Uebrigen werden Verträge aus Immobilien wenig vorkommen, es wird selten für einen Minderjährigen ein Anwesen erworben, noch wird ein Anwesen oder ein Grundstück, das einem Minderjährigen gehört, veräußert. Außerhalb der Verlassenschaften kommt das sehr selten vor. Wie der Herr Kollege Michel vorhin gesagt hat, sind für die Pfalz durch die positiven Bestimmungen schon große Erschwerungen nach dieser Richtung gegeben. Bei uns sind auch gesetzliche Bestimmungen da, welche die Veräußerung von Immobilien besonders erschweren, wenigstens ist es immer so aufgefaßt worden, daß man ohne Noth nicht Immobilien veräußert. Man hat ja Bestimmungen in einzelnen Bezirken, in welchen die Veräußerung von Immobilien Minderjähriger nur durch öffentliche Versteigerung bewirkt werden kann. Ich hebe

S. 346. das hervor, weil Seine Excellenz behauptet haben, ich unterschätze die Tragweite meiner Anregung. Ich bin der Meinung, daß das durchaus nicht der Fall ist. Mein Freund Casselmann hat mich ganz richtig verstanden: ich habe nur gewollt, daß in denjenigen Fällen, in welchen der Vormundschaftsrichter ohnehin thätig sein muß, in welchen er, wenn er seine Pflicht erfüllt, den ganzen Vertrag vorher instruirt und vorbereitet, „punktirt" hat — wie Herr Kollege Geiger sagte —, es nicht nothwendig wird, daß der Notar den Vertrag noch einmal macht oder ihn einfach abschreibt. Nun stellt sich Seine Excellenz allerdings auf einen anderen Standpunkt, indem er sagt: ja, die Sache ist so zu machen: der Notar macht den Vertrag und der Vormundschaftsrichter sieht den Vertrag erst hinterher an und prüft ihn. Wenn das eintritt, wird die Genehmigung des Vormundschaftsrichters einfach eine bloße Form. Wenn das zugelassen wird, daß der Vormundschaftsrichter hinterdrein sich erst um die Sache bekümmert, dann wird seine Prüfung eine große nicht mehr sein; er wird sich, selbst wenn er Einwendungen gegen den Vertrag hat, vergegenwärtigen, daß ohne große Umstände, ohne daß er den Leuten Gänge und neue Kosten verursacht, die Sache nicht zu ändern ist, und er wird vielfach seine Genehmigung darunter setzen, obwohl er Aenderungen für nöthig hielte. Das ist nicht dasjenige Verfahren, welches von Seite des Bürgerl. Gesetzbuchs gewollt ist, in dem die Genehmigung von der Vormundschaft für derartige Verträge gefordert wird. Ich bin nicht überzeugt worden, daß meine Anregung eine unrichtige ist. Ich glaube auch, daß die Erträgnisse der Notare draußen auf dem Lande — und um dieß handelt es sich vor Allem — nicht wesentlich beeinträchtigt werden durch das, was ich anrege; — durch die Zuständigkeit der Nachlaßgerichte ganz entschieden, da werden sie ganz erheblich beeinträchtigt, aber durch das, was ich bezüglich der Vormundschaftsgerichte anrege, nach meiner festen Ueberzeugung nicht. Wenn in der Stadt andere Verhältnisse sind, da kann man sich mit der Zahl der Notare ja einrichten, dann stellt man eben etwas weniger auf. Im Uebrigen, glaube ich, können z. B. die sämmtlichen hiesigen Notare ganz gut auskommen; denn, soviel ich glaube, werden zwar die Summen, welche von Seite des Herrn Abg. Lutz bezüglich der hiesigen Notare genannt worden sind, nicht erreicht, aber immerhin haben die Notare hier entsprechendes Auskommen und würden es noch mehr haben, wenn sie die Geschäfte von selbst etwas gleichmäßiger vertheilen würden, als sie es leider nicht thun. Also für die großen Städte ist die Frage keine brennende, es handelt sich mehr um die kleineren Orte, und wenn man in den Fällen, wo das Notariat nicht mehr die genügenden Subsistenzmittel abwirft, um einen Notar aufzustellen, einen Sekretär oder Amtsrichter aufstellt, dann ist die Erwägung, welche aus der Subsistenz des Notariats gegen meine Anregung vorgebracht worden ist, durchaus nicht zutreffend; denn dann kommt das nicht in Frage. Ich würde also einen Antrag dahin formuliren: „Die Vorschrift des Satzes 2 findet keine Anwendung auf Beurkundung von Rechtsgeschäften, zu deren Abschluß der Vormund oder der Inhaber der elterlichen Gewalt der Genehmigung des Vormundschaftsgerichts bedarf." Ich glaube, daß, wenn ich in diesem Sinne Antrag stelle, das nicht die Tragweite hat, die ihr von Seite der k. Staatsregierung beigemessen wird, und daß der Antrag nicht in dem Sinne aufgefaßt werden kann, daß ich das Notariat zu Grunde richten will. Das ist weder meine Intention, noch glaube ich, daß die Befürchtungen, welche in dieser Beziehung gehegt werden, sich erfüllen werden. Nur Eines bemerke ich noch: Auf eine Frage habe ich bis jetzt noch keine Antwort erhalten, d. i. bezüglich der Erklärungen, welche gegenüber dem Vormundschafts- oder Nachlaßgerichte abgegeben werden. Würde hier eine befriedigende Erklärung abgegeben, so würde ich bezüglich dieser Beurkundung einen Antrag nicht einbringen. S. 346.

Dagegen muß ich allerdings den Herren, die angeregt haben, daß für die Unterschriftsbeglaubigung eine erweiterte Kompetenz anderer Behörden statuirt werden solle, zustimmen. Ich überlasse es aber den Herren, die hieran ein Interesse haben, einen dießbezüglichen Antrag zu stellen.

Was Abs. 3 betrifft, so habe ich schon vorhin gesagt, daß nach meiner Meinung derselbe für die Zukunft keine besondere Bedeutung hat, daß ich aber nicht zustimmen kann, daß in den Fällen, wo das Gericht mit der Nachlaßbereinigung beschäftigt ist, ein Theil herausgenommen und hiefür wieder eine andere Behörde für zuständig erklärt wird. Ich bemerke auch sofort, daß ich die Gründe, welche ich geltend gemacht habe, für den Abstrich dieses Absatzes, daß der Amtsrichter Gelegenheit haben soll, draußen Land und Leute besser kennen zu lernen, noch jetzt für recht triftig erachte. Ich bin also gegenden Abs. 3.

Abg. **Lutz:** Ich bin mit meiner prinzipiellen Gegnerschaft gegen das Notariat allein geblieben. Aber im Wesentlichen wird sich im Plenum ein anderes Bild ergeben. Ich kann dem nicht beistimmen, daß die Kammer sich prinzipiell gegen die Aufhebung des Notariats ausgesprochen hat, sondern man hat ‖ nur gesagt, daß die Sache noch nicht spruchreif sei und daß sie erst mit der Einführung des Bürgerl. Gesetzbuchs zur Entscheidung kommen werde. Der einzige Grund, der für das Notariat vorgebracht werden kann, ist von dem Herrn Abg. Landmann vorgebracht worden, d. i. die Befürchtung, es möchten die bureaukratischen Allüren und eine Oberschreiberwirthschaft einreißen. Hiegegen bemerke ich, ich habe von den bayerischen Richtern eine viel höhere Meinung; ich bin der Meinung, wenn die Post und Eisenbahn sich den Forderungen des modernen Lebens anpassen konnten, so werden das auch unsere heutigen Richter können. Ich bin der Meinung, daß der heutige Richter nicht mehr der Landrichter vor 1848 ist, und daß wieder eine Oberschreiberwirthschaft einreißen könnte, das glaube ich auch nicht. S. 347.

Senatspräsident Dr. **von Jacubezky:** Ich möchte zu der von mehreren Herren angeregten Frage der Beglaubigung einige Bemerkungen machen und zunächst auf die Frage des Herrn Abg. Wagner antworten. Das Bürgerl. Gesetzbuch verlangt in einer Reihe von Paragraphen, die der Herr Abgeordnete zum Theil angeführt hat, für gewisse Rechtsgeschäfte eine Erklärung gegenüber dem Nachlaßgerichte oder einem anderen Gerichte und bestimmt, daß die Erklärung in öffentlich beglaubigter Form abzugeben ist. Diese Vorschrift hat den Sinn, daß die Erklärung entweder vor dem Gericht abgegeben und von dem Gericht beurkundet werden muß oder in einer öffentlich beglaubigten schriftlichen Erklärung bei dem Gericht einzureichen ist. Im letzteren Falle bedarf lediglich die Unterschrift der Beglaubigung durch das Gericht oder den Notar oder eine andere zuständige Behörde. Der Entwurf will für die Beglaubigung ebenso wie bezüglich der Beurkundung von Rechtsgeschäften, mit Ausnahme der im Abs. 2 Satz 1 bezeichneten, lediglich den bisherigen Rechtszustand aufrecht erhalten. Die Amtsgerichte sind im Allgemeinen nach der bayerischen Gesetzgebung nicht berufen, Unterschriften zu beglaubigen. Wenn Jemand eine Unterschrift unter eine Urkunde setzt und sie beglaubigt haben will, so muß er, von Sonderschriften, die für gewisse Fälle gegeben sind, abgesehen, zum Notar gehen. Die allgemeine Zuständigkeit für die Unterschriftsbeglaubigung ist zur Zeit nur den Notaren zugewiesen. Damit, daß

S. 347. im Artikel 15 die Zuständigkeit zwischen den Gerichten und den Notaren in der gleichen Weise abgegrenzt wird, wie es bisher der Fall gewesen ist, ist aber nicht gesagt, daß die Notare in allen Fällen ausschließlich zuständig seien, daß insbesondere nicht in gewissen Fällen auch die Gemeindebehörden für die Beglaubigung zuständig seien. An den Vorschriften, die die Gemeinden für zuständig erklären, wird durch den Entwurf nichts geändert. Die Zuständigkeit der Gemeindebehörden ist aber allerdings keine allgemeine und sie geht besonders nicht so weit, wie der Herr Abg. Landmann anzunehmen scheint. Der Herr Abg. Landmann hat auch von den Prozeßvollmachten gesprochen, für diese sind aber landesgesetzliche Vorschriften überhaupt nicht zugelassen. Der § 80 der Civilprozeßordnung (in der neuen Fassung) verlangt im Allgemeinen nur eine schriftliche Vollmacht, also nicht eine Beglaubigung, bestimmt aber im Abs. 2: „Eine Privaturkunde muß auf Verlangen des Gegners gerichtlich oder notariell beglaubigt werden." Die Beglaubigung durch eine Gemeindebehörde ist hiedurch ausgeschlossen. Bei den übrigen Beglaubigungen ist ein Unterschied zu machen zwischen der Beglaubigung eines Handzeichens und der Beglaubigung einer Unterschrift. Ein Handzeichen muß nach § 126 Abs. 1 des Bürgerl. Gesetzbuchs gerichtlich oder notariell beglaubigt werden; nach § 416 der Civilprozeßordnung hat eine mittelst Handzeichens unterzeichnete Privaturkunde nur dann dieselbe Beweiskraft wie eine von dem Aussteller unterschriebene Urkunde, wenn das Handzeichen gerichtlich oder notariell beglaubigt ist. Die Beglaubigung einer Unterschrift kann nach § 129 Abs. 1 des Bürgerl. Gesetzbuchs durch jede zuständige Behörde erfolgen und in der Bestimmung der zuständigen Behörden hat die Landesgesetzgebung freie Hand. Von der Unterschriftsbeglaubigung ist schon neulich bei den auf den Namen des Gläubigers umgeschriebenen Staatsschuldverschreibungen die Rede gewesen. Die Staatsschuldenverwaltung begnügt sich bei Anträgen, die eine Verfügung über eine solche Schuldverschreibung enthalten, mit der Beglaubigung durch einen ihrer Beamten, wenn dieser den Antragsteller kennt, oder mit der Beglaubigung durch die Gemeindebehörde. In einer Reihe von Gesetzen, z. B. im Flurbereinigungsgesetze Artikel 20 Abs. 1, ist ausdrücklich bestimmt, daß in gewissen Fällen Vollmachtsurkunden von den Gemeindebehörden beglaubigt werden können. Eine solche Vorschrift ist auch für das Verfahren zur Anlegung des Grundbuchs im § 10 der Verordnung vom 23. Juli 1898 gegeben. Aber wir können meines Erachtens die Gemeindebehörden nicht für alle Fälle der Unterschriftsbeglaubigung für zuständig erklären. Wir würden damit nicht blos das geltende Recht ändern, das eine solche allgemeine Zuständigkeit der Gemeindebehörden nicht kennt, sondern würden diese Beglaubigung in einer Reihe von Fällen für genügend erklären, in denen jetzt notarielle Urkunden nothwendig sind. Ich erinnere nur daran, daß der § 873 des Bürgerl. Gesetzbuchs und der § 29 der Grundbuchordnung sich bei Verfügungen über Grundstücke, von der Auflassung abgesehen, mit öffentlich beglaubigten Urkunden begnügen. Man kann also z. B. eine Hypothek mittelst einer öffentlich beglaubigten Erklärung errichten, während das geltende bayerische Recht eine notarielle Urkunde verlangt. Es wird nicht in der Absicht des Ausschusses liegen, für alle diese Fälle die Gemeindebehörden für zuständig zu erklären. Für diese Aufgabe würde sich ein großer Theil der ländlichen Bürgermeister nicht eignen. Es ist eine bekannte Thatsache, daß man auf dem Lande nur zu oft geneigt ist, es mit amtlichen Beurkundungen leicht zu nehmen, daß das wahre Verständniß für die Bedeutung einer solchen Beurkundung nur zu oft fehlt. Daher kommen die ziemlich häufigen Verfehlungen gegen § 348 des Strafgesetzbuchs.

Mancher ländliche Bürgermeister würde nicht mehr als eine geringfügige Ordnungswidrigkeit zu begehen glauben, wenn er bezeugte, daß ein Schriftstück von dem Aussteller vor ihm unterschrieben worden sei, während in der Wirklichkeit das bereits unterschriebene Schriftstück ihm von einem Anderen mit dem Bemerken überbracht worden ist, der Aussteller könne nicht selbst kommen, weil er krank oder abwesend sei. Da heißt es: „Führe uns nicht in Versuchung.“ Wenn man den Bürgermeistern alle diese Beglaubigungen aufbürdet, so halten sie sich sehr oft für genöthigt, aus nachbarlicher Gefälligkeit und Rücksichtnahme die Beglaubigung zu ertheilen in der Annahme, die Unterschrift werde ja recht sein, ein Schaden werde nicht entstehen. Das ist aber die falsche Beurkundung einer recht erheblichen Thatsache und der Mann hat eine Gefängnißstrafe von mindestens einem Monat verwirkt. Die Gesetzgebung hat bisher in gewissen Fällen, in denen es unbedenklich erschien und besondere Gründe dafür sprachen, die Gemeindebehörden für zuständig erklärt. Dabei behält es, ich wiederhole dieß, sein Bewenden, es wird nichts an den bestehenden Vorschriften dieser Art geändert, und es ist nicht ausgeschlossen, daß man die Zahl der Fälle, in welchen die Bürgermeister Unterschriften zu beglaubigen haben, durch neue besondere Vorschriften vermehrt; aber eine ganz allgemeine Vorschrift würde in hohem Maße bedenklich sein. S. 347.

Abg. **Wagner:** Meine Bedenken gegen die Vorlage der k. Staatsregierung sind, soweit sie die öffentliche Beglaubigung einer Unterschrift oder eines Handzeichens betrifft, durch die Erklärung des Herrn Senatspräsidenten behoben. Ich bin nun auch der Meinung, daß wir in dieser Beziehung den bisherigen Zustand aufrecht erhalten sollen und können. Das, was ich befürchtet habe, S. 348. ist durch seine Erläuterung glücklicherweise beseitigt. In Folge dessen habe ich keine Veranlassung, in dieser Richtung einen Antrag zu stellen. Ich stelle aber einen Antrag folgenden Inhalts:

> „Die Vorschrift des Satzes 2 findet keine Anwendung auf Beurkundung von Rechtsgeschäften, zu deren Abschluß der Vormund oder der Inhaber der elterlichen Gewalt der Genehmigung des Vormundschaftsgerichts bedarf.“

Ich habe die Gründe schon auseinandergesetzt. Ich habe aber bei meinen vorigen Bemerkungen einen Punkt übersehen, den ich jetzt nachholen will. Seine Excellenz der Herr Staatsminister hat die Meinung ausgesprochen, daß der Vormundschaftsrichter auch deßwegen nicht mit der Beurkundung solcher Verträge betraut werden darf, weil er gewissermaßen Partei in dieser Sache ist. Ich kann das nicht zugeben. Der Vormundschaftsrichter hat nur die berechtigten Interessen seines Mündels zu wahren, er hat also dafür zu sorgen, daß Recht unter den Leuten geschaffen wird. Auf einen anderen Standpunkt kann sich der Richter nicht stellen, das ist aber kein Parteistandpunkt, sondern der Standpunkt, den der Richter überall einnimmt; es kann also der Umstand, daß er für die Interessen des Mündels zu sorgen hat, nicht ausschlaggebend sein. In dieser Beziehung ist vielmehr der Hinweis darauf am Platze, daß der Notar durch Gebühren entlohnt wird. Der Notar hat dadurch, daß er durch die Gebühr entlohnt wird, ein großes Interesse daran, daß ein Vertrag zu Stande kommt; es können manche Verträge geschlossen werden, die nicht zu Stande kämen, wenn eine Person zu beurkunden hätte, der es ganz gleichgiltig ist, ob ein Vertrag geschlossen wird oder nicht. Ich sage sofort, daß ich nicht etwa generell diese Behauptung aufstelle, sondern ich sage, es kann einzelne Notare geben, die darauf Rücksicht nehmen und sich verleiten lassen.

S. 348. Das ist eine der Schattenseiten des Notariats, die allerdings ganz im Institut selber liegt. Es können die einzelnen Personen gar nichts dafür, aber es ist klar zu Tage liegend, daß namentlich bei wichtigen Verträgen dem Notar daran liegt, daß der Vertrag bei ihm gemacht wird und daß er zu Stande kommt, weil ja davon seine Gebühr abhängt.

Seine Excellenz der Herr Staatsminister meinten dann noch weiter, daß die Vormundschaftsrichter überlastet würden, wenn ihnen diese Beurkundung zugeschoben würde. Ich habe bereits vorhin auseinandergesetzt, daß nach meiner Meinung eine große Zahl von Verträgen nicht in Frage kommt, aber ich bin auch der Ansicht, daß, wenn der Vormundschaftsrichter seine Pflicht voll erfüllt, er genau die gleiche Arbeit hat — es mag die Beurkundung der Notar bekommen oder nicht —, höchstens, daß er hinsichtlich der Beobachtung der Formvorschriften etwas genauer sein müßte, aber im Uebrigen muß er sich, auch wenn die Urkunde der Notar errichtet, in die Sache gerade so hineinleben, wie der Notar auch Wenn er das nicht thut, so erfüllt er eben meines Erachtens seine Pflicht nicht voll.

Ich bin also der Meinung, daß aus diesem Grunde eine Vermehrung der Arbeit der Vormundschaftsgerichte nicht eintreten würde, und daß darum auch eine Vermehrung der Beamten nicht erforderlich wäre. Ich empfehle daher noch einmal meinen Antrag zur Annahme.

Der k. Staatsminister der Justiz: Der Herr Abg. Lutz steht auf dem Standpunkt, daß er das Notariatsgesetz aufgehoben wissen will. Dieser Standpunkt ist zu diskutiren, das ist keine Frage, aber ich möchte doch darauf aufmerksam machen, daß es meine Pflicht gewesen ist, mich seit Jahren mit der Kammer in Fühlung zu setzen, und daß ich diese Pflicht nicht verletzt habe, sondern daß ich das redlicherweise gethan habe. Ich erinnere daran, daß im Finanzausschusse über die Frage der Fortdauer des Notariats lange gesprochen worden ist und daß die große Mehrheit sich dafür entschieden hat, an dem Notariat festzuhalten. Das war für mich maßgebend, was im Finanzausschusse und dann wiederholt in der Kammer zum Ausdruck gebracht wurde. Der Herr Abg. Lutz war vielleicht damals im Finanzausschusse nicht anwesend und hat in der Kammer die Fühlung mit den anderen Herren nicht so genommen, wie es mir möglich gewesen ist. Von dem Augenblick an, in welchem ich die Meinung der Kammer kannte, war ich mehr noch als früher dafür zu sorgen bestrebt, daß Alles so gerichtet wird, daß das Notariat als selbstständiges Institut forterhalten werden kann. Das bleibt ja selbstverständlich, daß diejenigen, welche für die Aufhebung des Notariats waren, es auch jetzt noch immer sind und sich durch diese Maßnahme nicht von der Ansicht abbringen lassen.

Der Herr Abg. Lutz spricht nicht von jener Zeit, die vor der Einführung des Notariatsgesetzes vom 10. November 1861 gelegen ist. Ich habe diese Zeit durchgemacht bei den Gerichten vom Jahre 1851 an. Ich könnte darüber Einiges sprechen, allein ich thue es um so weniger, als ich die feste Ueberzeugung habe, daß die Richter jetzt nicht mehr auf die Art der Geschäftsbehandlung von damals zurückgreifen, sondern daß sie diese Verträge nach bestem Wissen und Gewissen abschließen würden.

Ich muß wiederholt der Ansicht widersprechen, die der Herr Abg. Wagner soeben erst noch ausgesprochen hat, daß durch die von ihm befürwortete Aenderung des Abs. 2 der Ziff. I des Artikel 34 eine Vermehrung des Richterpersonals gar nicht nothwendig sei. Wenn der Herr Abg. Wagner meint,

daß sein ganzer Antrag sich eben doch eigentlich nur auf das Land beziehe S. 348.
und nicht auf die Städte, dann müßte dieß ausdrücklich bestimmt werden. Denn daß sonst auch hier die meisten Verträge bei den Gerichten abgeschlossen würden und daß jedenfalls dafür gesorgt werden müßte, daß die nöthigen Beamten vorhanden sind, wenn die Parteien kommen, das ist begreiflich. Wenn der Herr Abg. Wagner glaubt, daß die gegenwärtigen Pflegschaftsrichter außer ihrer sonstigen Arbeit auch noch diesen Zuwachs leicht bewältigen könnten, so gibt er sich einer großen Täuschung hin. Ich habe darüber Erhebungen gepflogen, ich habe mit den Richtern gesprochen und diese sind denn doch ganz anderer Ansicht gewesen, obwohl sie mit der Sache gewiß am besten vertraut sind. Wenn hier den siebzehn Notaren alle Verträge abgenommen werden, die sie zu schließen haben über Immobiliarsachen, wobei Minderjährige betheiligt sind, und alle diese Verträge den Amtsgerichten übertragen würden, dann wäre das ein tüchtiges Stück Arbeit und ich bleibe dabei stehen, daß ich dann einen Theil des Augustinerstocks wieder in Anspruch nehmen und auch etliche Schreiber und Sekretariatsgehilfen und Assistenten erbitten müßte.

Es sind siebzehn Notare hier, die sicherlich über 100 Schreiber oder Gehilfen beschäftigen. Dieses ganze Personal müßten wir übernehmen bei einer Aufhebung des Notariats. Das bezieht sich aber auf München allein. Berechnen Sie nun die Kosten von diesem Standpunkt aus für das ganze Land, dann wird der Herr Abg. Lutz, wenn er sich die Sache näher überlegt und vielleicht auch noch nachliest, was im letzten Landtag über die Sache gesprochen und geschrieben worden ist, sich überzeugen, daß diese Rechnung furchtbar groß würde und zwar für ständig, denn das würden lauter angestellte Beamte. Man kann bekanntlich auch einem Richter nicht zumuthen, daß er das Gleiche thut, was ein Notar thut, der den Vortheil hat, daß er die Gebühren, die als Honorar anfallen, für sich behalten darf. Ein Notar kann sich für eine Partei, die bei ihm einen Vertrag abschließt, ganze Nächte hinsetzen und kann daran arbeiten, um die Sache bestens festzustellen, das kann man aber dem Richter nicht zumuthen, auch dem Pflegschaftsrichter nicht; dieser ist auch nicht
immer || da, wenn die Parteien einen Vertrag abschließen wollen, denn er S. 349.
hat noch allerhand Anderes zu thun. In einem Momente, wo es einmal vorkommen würde, daß der Pflegschaftsrichter sagt, heute habe ich unmöglich Zeit und morgen auch nicht, kommen Sie in etwa drei Wochen wieder, in diesem Momente würde jeder Gegner des Notariats sagen: Gebt uns doch das Notariat wieder.

Wenn der Herr Abg. Lutz wirklich meint, daß ein Notar in München aus seinem Geschäfte ein Einkommen von über 100,000 ℳ. hat, so täuscht er sich. Ich weiß ja ganz genau, was jeder einnimmt, ich kann und darf es Ihnen aber nicht mittheilen. Der Herr Abg. Lutz kann das nicht wissen, allein er wird wohl aus der Erfahrung die Ueberzeugung gewonnen haben, daß in der Regel jeder Mensch in seinem Vermögen überschätzt wird. Diese Erfahrung machen wir doch Alle, und gerade so ist es auch bei den Einnahmen und so ist es auch bei den Einnahmen der Notare hier.

Wenn der Herr Abg. Wagner meint, die Mehrung der Richter kommt deßhalb gar nicht in Betracht, weil der Richter den Vertrag vorher schon kennt und sich ohnedieß über die Sache schon ganz klar ist, so ist doch, glaube ich, ein ungeheurer Unterschied zwischen dem Durchlesen einer Urkunde und dem Entwerfen eines Vertrags. Wenn der Pflegschaftsrichter die Pflegschaft kennt, da wird er sich über die Frage der Vertragsgenehmigung rasch schlüssig machen können; aber sich hinsetzen und mit den Parteien einen Vertrag, wie

S. 349. es hier manchmal vorkommt, von 50—60 Seiten erst zu bearbeiten, das erfordert geraume Zeit, darüber vergeht ein ganzer Vormittag oder vielleicht ein ganzer Tag wie beim Notar.

Also in dieser Beziehung möchte ich bitten, die Sache etwas bestimmter zu nehmen, als sie in der That genommen zu werden scheint. Ich kann Sie versichern, daß die Frage bezüglich der Aufrechterhaltung des Notariats, bezüglich der Kosten für die Bevölkerung, für den Staat sehr genau überlegt und berechnet wurde, und ich kann nur wiederholt erklären, meiner Ansicht nach kann die Bevölkerung nicht besser wegkommen, als wenn das Notariat so erhalten wird, wie es bisher geschah. Geschieht das nicht, so wäre das Ihre Sache, aber ich mache darauf aufmerksam, daß, wenn das nicht geschieht, dann der Justizminister einmal mit einem Antrag auf eine ganz wesentliche Erhöhung des Justizetats kommen muß; das ist unausbleiblich.

Abg. **Lutz:** Gestatten Sie mir zur Richtigstellung einige Worte. Der Herr Staatsminister, glaube ich, hat genaue Kenntniß von den Einkünften der Notare in München; ich bin aber fest überzeugt, daß, wenn der Staat die Notariatsgeschäfte selbst übernimmt und die Gebühren gleichfalls einsteckt, er ein ganz gutes Geschäft machen würde. Eines aber muß ich doch sagen, ich habe mir das Repertorium über die Verhandlungen vom Jahre 1896 kommen lassen und darin gefunden, was über das Notariat gesprochen worden ist, aber über Meinungen wird nicht abgestimmt. Ich glaube also, daß die Frage des Notariats noch durchaus nicht entschieden ist. Das geht auch daraus hervor, daß sich eine Reihe von Notaren an das Justizministerium gewendet hat mit der Bitte, das Notariat aufzuheben. Daß diejenigen Notare, welche eine große Einnahme haben, damit nicht einverstanden sind, das ist selbstverständlich. Ich glaube daher, daß, wenn uns das Notariatsgesetz vorgelegt wird, wir unsere Meinung frei darüber äußern und auch frei darüber abstimmen können.

Der k. Staatsminister der Justiz. Ich möchte nur, damit kein Mißverständniß entsteht, bemerken, daß eine Eingabe von den Notaren bezüglich Aufhebung des Notariats nicht an das Justizministerium gekommen ist, sondern daß nur von einem Notar in Bamberg eine Broschüre geschrieben wurde, in der er sich dafür ausspricht, daß das Notariat lieber aufgehoben werden soll, als daß es so beschränkt wird, wie es durch das Bürgerl. Gesetzbuch und die Nebengesetze geschehen wird. Er hat freilich dabei auch durchblicken lassen, daß selbstverständlich sämmtliche Notare hoffen, mit Pension vom Staate übernommen zu werden.

Abg. **Landmann:** Ich möchte zunächst gegenüber dem Antrage des Herrn Kollegen Wagner eine Bemerkung machen, denn ich habe die Empfindung, daß, was Seine Excellenz der Herr Minister bezüglich der bedeutenden Kostenmehrung ausgeführt hat, vollständig zutreffend ist. Wenn es möglich wäre, daß der Antrag des Herrn Abg. Wagner in der Weise gestellt werden könnte, daß eine Zweitheilung zwischen den großen und den kleineren Gerichten gemacht werden könnte, so wäre das sehr günstig, da wir nicht blos auf die Notare, sondern auch auf das Publikum Rücksicht zu nehmen haben; ich gebe aber zu, daß eine solche Theilung sehr schwierig ist.

Ich habe mir übrigens zunächst das Wort erbeten, um bezüglich der Unterschriftsbeglaubigung noch einige Bemerkungen zu machen. Die Ausführungen des Herrn Senatspräsidenten treffen bis zu einem gewissen Grade zu. Nur muß man bedenken, daß wir das Gesetz nicht für jetzt, sondern für eine

längere Reihe von Jahren machen, und wenn auch eine Reihe von Bürger- S. 349.
meistern jetzt nicht in der Lage ist, vollständig ihres Amtes zu walten, so dürfen wir doch überzeugt sein, daß die größere Anzahl es jetzt schon im Stande ist. Ich möchte nicht dazu beitragen — und ich mache hier keinen Unterschied zwischen rechtskundigen und nichtrechtskundigen Bürgermeistern —, daß bei denselben eine capitis deminutio eintritt; ich erinnere daran, daß die Bürgermeister jetzt schon in vielen Fällen Vollmachten auszustellen das Recht haben behufs Regelung von Verlassenschaften und Erbschaftsantritten u. s. w. Ich will zur Zeit keinen Antrag stellen, behalte mir aber vor, einen solchen in der zweiten Lesung zu stellen.

Was meine Bemerkung bezüglich der Vollmachtsausstellung bei Civilprozessen anlangt, so war mir diese Bestimmung nicht gegenwärtig; ich habe nur gewußt, daß Beglaubigungen dieser Art von den Gerichten stets respektirt wurden.

Senatspräsident Dr. **von Jacubezky:** Wenn, wie ich vorhin zweimal gesagt habe, bezüglich der Zuständigkeit der Gemeindebehörden Alles beim Alten bleibt, wenn an der bestehenden Zuständigkeit nicht das Mindeste geändert wird, so vermag ich nicht einzusehen, wie das eine deminutio und gar eine capitis deminutio sein soll. — Was die Prozeßvollmachten anlangt, so sind wir an die Vorschrift der Civilprozeßordnung gebunden; darum hat es keinen Zweck, diese Frage weiter zu erörtern.

Vorsitzender: Es liegt ein schriftlicher Antrag des Herrn Abg. Wagner vor zu Artikel 34 Ziff. I:

Es sei dem Abs. 2 nach Satz 2 folgender dritte Satz beizufügen:

„Die Vorschrift des Satzes 2 findet keine Anwendung auf Beurkundung von Rechtsgeschäften, zu deren Abschluß der Vormund oder der Inhaber der elterlichen Gewalt der Genehmigung des Vormundschaftsgerichts bedarf."

Ich bitte den Herrn Referenten, sich in seinem Schlußworte darüber zu äußern.

Abg. **von Walter** (Referent): Es ist nicht zu umgehen gewesen, daß heute die prinzipielle Frage berührt und ausführlich besprochen werden mußte, ob das Notariat aufrecht erhalten werden soll oder nicht. Wenn ich meinen
persönlichen || Standpunkt kundgeben müßte, so würde ich sagen, ich wäre mit S. 350.
der Aufhebung einverstanden, weil ich in dem Notariat nicht die Einrichtung sehe, die es werden sollte und die es nach der Anschauung Anderer auch wirklich ist, weil ich ein besonders wohlthätiges Institut darin nicht erblicke. Ich bin der Ansicht, daß es ein Fehler war, das Notariat in seiner jetzigen Gestalt einzuführen, und daß man gut gethan hätte, statt durch das Gesetz vom 10. November 1861 das Notariat zu schaffen, erst die Einrichtung auszubauen, die im Jahre 1857 bezüglich des gerichtlichen Notariats geschaffen worden ist. Im Jahre 1857 hat man die freiwillige Gerichtsbarkeit einem Assessor beim Landgericht übertragen und der hat seine Obliegenheiten so schlecht und recht erfüllt; besondere Klagen sind über diese Einrichtung übrigens damals nicht laut geworden. Die Sache ist aber jetzt vorüber. Man hat wiederholt Anlaß gehabt, sich mit dem Notariat und der Frage seiner Zweckmäßigkeit zu beschäftigen. Ich erinnere mich noch recht gut, solange ich der Kammer angehöre, hat schon der Herr Oberlandesgerichtsrath Kopp den Antrag auf Aufhebung des Notariats gestellt. Der Antrag hat damals keine Wirkung gehabt. Später habe ich einen anderen Antrag gestellt, nämlich das

S. 350 Notariat allmählich zu beseitigen und auf dem flachen Lande überall da, wo ein Notariatssitz durch Todesfall oder in einer anderen Weise sich erledigt, den Versuch zu machen, die Notariatsgeschäfte den Amtsgerichten zu übertragen. Vielleicht hätte der Weg uns Alle befriedigt, wenn er eingeschlagen worden wäre, sowohl die Gegner als die Freunde des Notariats, und wir würden heute nicht mehr vor der Frage stehen, ob wir das Notariat beibehalten sollen oder nicht. Allein es gilt auch da nach meinem Dafürhalten, was von allen versäumten Gelegenheiten gilt: Heute können wir nach meiner festen Ueberzeugung das Notariat nicht mehr aufheben, weil wir ohne ganz besondere Kosten, ohne ganz besondere Aenderung aller Gebäude und ohne ganz weitgehende Vermehrung des Personals absolut einen Ersatz für die Notare nicht mehr schaffen können. Es ist uns das Notariat heute, auch wenn wir dasselbe noch so heftig bekämpfen wollten, zu einem nothwendigen Uebel geworden. Auf dem Standpunkt stehe ich und deßhalb erkläre ich, daß ich mit allen denen, welche das Notariat aufrecht erhalten wollen, auch alle Schritte unternehme, die zu dieser Aufrechterhaltung führen. Der erste und wesentlichste Schritt ist, daß wir den Notaren ein ausreichendes, ihre und ihrer Familien Lebsucht deckendes Einkommen sichern, ohne daß wir die Staatskasse auch nach dieser Richtung hin zu sehr in Anspruch nehmen. Ich habe heute schon die Ueberzeugung, daß erstens eine Reihe von Notaren sich mit ihren Einnahmen nicht mehr werden halten können und daß deßhalb die Staatskasse mit Zuschüssen wird eintreten müssen, und ich habe die weitere Ueberzeugung, daß der Zuschuß sich nicht mehr darauf beschränken darf, daß man einfach den Gehalt eines Amtsrichters den Notaren gewährleistet, sondern daß man etwas tiefer in die Tasche greifen muß, um auch die entsprechenden Persönlichkeiten für das Notariat zu gewinnen, und wenn man es aufrecht erhalten will, dann ist es nothwendig, daß wir die entsprechenden Kräfte, die durch ihr Wissen und Können Bürgschaft dafür geben, daß die Geschäfte ordentlich besorgt werden, gewinnen müssen und nicht darauf uns zurückziehen dürfen, wie bisher, einfach als Notariatskandidaten diejenigen zu übernehmen, welche die III. Note im Staatskonkurs haben und deßhalb für alle anderen Branchen, mit Ausnahme der Gerichtsschreiber, die Aussicht auf das Vorwärtskommen verloren haben. Ich glaube, daß auch die k. Staatsregierung dieser Ansicht ist, und wenn wir dieser das zumuthen, so müssen wir Alles thun, um die Notare existenzfähig zu erhalten, und wir dürfen insbesondere nicht an dem bestehenden Rechte Aenderungen vornehmen, die dazu führen würden, das Einkommen der Notare so abzuschwächen, daß sie entweder Nahrungssorgen preisgegeben würden oder die Staatskasse zu sehr in Anspruch nehmen müßten.

Darum scheint mir der Antrag des Herrn Abg. Wagner sehr bedenklich. Ich gestehe offen, als ich den Gesetzentwurf Beilage B zur Hand bekommen habe, ist mir der Artikel 15 des Ausführungsgesetzes zum Reichs-Gerichtsverfassungsgesetze sofort aufgefallen, und der Herr Kollege Geiger wird sich erinnern, daß ich bereits damals mit ihm wiederholt darüber gesprochen habe, ob wir nicht eine doppelte Beurkundung der vom Herrn Kollegen Wagner bezeichneten Verträge dadurch überflüssig machen sollen, daß wir sagen, das, was das Vormundschaftsgericht für derartige Auseinandersetzungen protokollirt hat, soll auch gleich als Urkunde im Sinne des Bürgerl. Gesetzbuchs gelten. Allein ich bin davon nach reiflicher Ueberlegung zurückgekommen und ich habe mir gesagt, daß solche Beurkundungen zu dem bisherigen Geschäftskreise der Notare gehörten und daß man, wenn es sich darum handelt, das Notariatsinstitut aufrecht zu erhalten, das mit dem bestehenden Geschäftskreis kaum auskommt, nicht eine Schwächung des Einkommens der Notare herbeiführen darf. S. 350.

Nun ist heute davon gesprochen worden, ob das den Notaren nachtheilig ist und ob, wenn man diese Beurkundungen dem Amtsgericht überließe, eine Vermehrung des Richterpersonals nothwendig sein würde. Ich glaube schon, daß die Verträge nicht so selten sind, wie der Herr Antragsteller meint, ich glaube sogar, daß diese Verträge sehr zahlreich sind. Solange ich Landgerichtsassessor war, habe ich über diese Dinge einen genaueren Ueberblick gehabt und ich kann mich erinnern, daß der vierte, wenn nicht der dritte Theil der Verlassenschaften der Art war, daß minderjährige Erben dabei betheiligt waren und daß deßhalb die Erbtheilung der Notar zu beurkunden hatte. Wenn aber dieses Verhältniß auch nur annähernd zutrifft, dann entgeht den Notaren schon ziemlich viel und dann ist richtig, was schon Seine Excellenz gesagt haben, daß eine Vermehrung des Richterpersonals nothwendig ist und daß die zur Verfügung stehenden Räumlichkeiten nicht mehr ausreichen werden. Ob es gerade ein Unglück wäre, wenn die Justizverwaltung den Augustinerstock wieder belegen müßte, weiß ich nicht. Auf diese Weise könnten wir einmal erfahren, was aus dem Augustinerstock werden soll. So geht die Planmacherei und Projektmacherei über die Verwendung des Augustinerstocks immer fort und bleibt die Sache in der Schwebe. Unter allen Umständen werden wir in der allernächsten Zeit ohnehin erfahren, daß uns der Herr Justizminister für die Einführung des Bürgerl. Gesetzbuchs eine ganz kuriose Rechnung aufrecht machen wird, und ich möchte diese Rechnung in diesem Augenblick nicht weiter vermehren.

Das größte Bedenken gegen seinen Antrag hat aber der Herr Antragsteller selbst in mir dadurch hervorgerufen, daß er in Aussicht stellte, daß er nicht blos bezüglich der Verträge, bei welchen der Vormundschaftsrichter betheiligt ist, sondern auch bezüglich aller Verträge, die in einer Verlassenschaftssache über Immobilien errichtet werden, zur zweiten Lesung des Ausführungsgesetzes einen Antrag vorbereite. Da haben wir es; sobald wir einmal angefangen haben, eine Bresche in das bisher geltende Recht zu legen, wird der Appetit auch hier wie überall beim Essen kommen, und dann kann das Notariat nach meinem Dafürhalten nicht mehr aufrecht erhalten werden, wir werden so armselig dotirte Notariatsstellen bekommen, daß sich kein Bewerber hiefür findet, und zu dem Auskunftsmittel greifen, das auch schon angedeutet wurde, daß man dann die Besorgung der Notariatsgeschäfte den Gerichtsschreibern überlassen soll. Das möchte ich erst nicht empfehlen, das wäre das Allerbedenklichste, das wäre noch schlimmer, als wenn wir die Notariatskandidaten aus den Rechtspraktikanten mit der III. Konkursnote nehmen; denn die Notariatskandidaten müssen doch einige Jahre bei den Notaren praktiziren, während die Gerichtsschreiber auch || diese Praxis nicht hätten. Mit diesem Vorschlag ist es also auch nichts und darum sage ich, nicht freiwillig, sondern nothgedrungen und dem Gebote gehorchend, wollen wir uns auf Abänderungen des vorliegenden Artikels nicht einlassen. S. 351.

Was insbesondere die Unterschriftsbeglaubigung betrifft, so habe ich diese Frage anregen zu müssen geglaubt, weil insbesondere der § 129 des Bürgerl. Gesetzbuchs die Unterschriftsbeglaubigung nur dann gelten läßt, wenn sie durch die zuständige Behörde geschieht, wobei wir zunächst eine allgemeine Bestimmung darüber, wer zur Beglaubigung der Unterschrift zuständig sein soll, nicht haben. Allein ich sehe vollständig ein, daß überall da, wo in den Reichsgesetzen eine

S. 351. öffentliche Beglaubigung erforderlich ist, mit den Gemeindebehörden nicht zu operiren sein wird. Was insbesondere die Anregung des Herrn Kollegen Landmann anlangt und seine Ausführung, daß bisher die Prozeßvollmachten, die von den Bürgermeistern und den Gemeindebehörden beglaubigt waren, von den Gerichten nicht zurückgewiesen worden sind, so hat das seinen Grund in der Bestimmung der Prozeßordnung, daß die Vollmacht an sich gar keiner Beglaubigung bedarf und darum das Gericht überhaupt nicht das Recht hat, eine beglaubigte Vollmacht zu verlangen oder eine Vollmacht, die von einem Bürgermeister beglaubigt ist, zurückzuweisen. Erst wenn die Gegenpartei eine solche Beglaubigung zurückweist, wenn bezweifelt wird, daß der Gegenanwalt von der betreffenden Partei den Auftrag erhalten habe, sie zu vertreten, erst dann muß eine beglaubigte Vollmacht vorgelegt werden und die kann nach § 80 nur von einem Notar oder einem Gerichte beglaubigt werden. Ich glaube, daß wir diesen Punkt nicht weiter verfolgen sollten; es handelt sich doch meistens nur um Angelegenheiten, in welchen auch eine Privaturkunde ausreicht, und in diesen Fällen wird es gewiß Niemand beanstanden, daß eine Quittung oder eine andere derartige Urkunde von dem Bürgermeister beglaubigt wird. Für die Gegenpartei ist das doch ein Anhaltspunkt, daß die Urkunde wirklich von der Person unterzeichnet worden ist, von der sie ausgestellt sein soll, und es wird in Folge dessen eine so beglaubigte Urkunde weniger beanstandet werden, als wenn eine Beglaubigung gar nicht vorhanden ist. In solchen Fällen wird Niemand verhindern wollen, die Beglaubigung durch die Gemeindebehörden zuzulassen.

Mit Rücksicht darauf sehe ich für meine Person keine Möglichkeit, in einer zweiten Lesung des gegenwärtigen Gesetzes oder des Ausführungsgesetzes in diesem Punkte eine Aenderung herbeizuführen, einen Antrag so zu fassen, daß er auch aufrecht erhalten werden könnte, und ich begnüge mich deßhalb mit dem, was die k. Staatsregierung uns in Ziff. I vorschlägt. Ich würde auch Sie bitten, das Gleiche zu thun und der Ziff. I unter Ablehnung des Antrags „Wagner" die Zustimmung zu geben.

Abg. **Conrad** (Korreferent): Wir stehen bei schon ziemlich vorgerückter Stunde noch am ersten Punkt unserer heutigen Berathung. Das läßt schon erkennen, wie wichtig die Frage ist, die heute zur Erörterung steht. Ich habe mir vorhin vorbehalten, über meine Ansicht erst dann definitiv mich auszusprechen, weil ich mich vorher vergewissern wollte, aus welchen Gründen die k. Staatsregierung dazu gekommen war, für eine Reihe von Punkten bezüglich der Beurkundung von Rechtsgeschäften eine ausschließliche Zuständigkeit der Notare zu statuiren. Wir sind nun ausreichend darüber aufgeklärt worden, daß es aus dem Grunde geschah, weil andernfalls das Notariat nicht mehr lebensfähig sei, daß es also gelte, ein selbständiges Notariat durch alle gesetzlich noch möglichen Mittel so zu stellen, wie es gestellt werden muß. In der That handelt es sich hier um den Lebensnerv des Notariats.

Nun möchte ich mich nicht so tief in die Debatte einlassen, wie es heute vielfach geschehen ist, aber auf Eines muß ich doch zurückkommen. Mein Freund Wagner hat unter Anderem hauptsächlich hervorgehoben, wie nothwendig es sei, daß auch die Richter näher mit den Verhältnissen des Volkes bekannt werden, daß sie in lebendige Fühlung mit den Personen und ihren Angelegenheiten treten. Das ist ja ganz richtig; aber ich meine doch, das soll nicht geschehen auf Kosten des Publikums. Gerade das Interesse für das Publikum bringt mich zu dem Wunsche, daß der Notar in den Vordergrund

gestellt werde. Es haben Seine Excellenz zwar gemeint, der Herr Abg. Wagner S. 351.
sei ein Feind des Notariats. Das glaube ich zwar nicht; aber einigermaßen kühl steht er ihm doch gegenüber. Der Herr Abg. Lutz hat sich offen als Gegner des Notariats bekannt. Ich bekenne mich ebenso freimüthig als ein entschiedener Anhänger des Instituts und kann es nicht anders nach den Erfahrungen, wie sie uns in der Pfalz geworden sind. Der Notar ist nach meiner Meinung in hervorragendem Maße der Vertrauensmann der Bevölkerung. Ihm trägt der Einzelne seine Anliegen vor. Mehr, als es der Richter vermag, kann er sich um den Einzelnen annehmen und er thut es auch. Ich muß mich natürlich sofort dagegen verwahren, als ob ich etwa meinte, der Richter wäre weniger im Stande, das zu thun. Aber er kann es deßwegen nicht, weil er noch sonstige dienstliche Aufgaben hat und deßhalb sich nicht so ausschließlich und eingehend mit den Interessen der Parteien abgeben kann. Den guten Willen hiezu spreche ich ihm keineswegs ab. Aber der Notar muß seinem Berufe gemäß auf's Eingehendste die Verhältnisse studiren. Er dringt tiefer in die Verhältnisse ein, weil er regelmäßig länger am Orte bleibt, als der häufiger wechselnde Richter. Oft hat er erst den Parteien zu sagen, was sie eigentlich wollen, bevor der Vertrag gemacht wird. Ihm ist nichts zu viel, er läßt sich, wie schon Seine Excellenz bemerkt haben, ganze Tage und selbst die Stunden der Nacht kosten, um etwas Ordentliches zu Stande zu bringen, während man dem im Drange der verschiedensten Geschäfte stehenden Richter das nicht zumuthen kann. Wenn wir den Notar zurückdrängen, dann, glaube ich, bekommen wir eine ganz andere Klasse, dann kommen die eigentlichen Geschäftsleute hervor, die der Herr Kollege Lutz vorhin erwähnt, d. h. ihre Eigenschaften den Notaren zugeschrieben hat. Dann werden jene Geschäftsleute, Agenten u. s. w. die Rechtsgeschäfte besorgen, aber mit ganz anderen Kosten für das Publikum und gewiß nicht so gut, als es der Notar vermag. Das aber muß, scheint mir, unser Hauptwunsch bleiben, daß die Rechtsgeschäfte ordentlich und pflichtbewußt von einem besorgt werden, der wirklich rechtskundig ist. In der Pfalz hat dieser vorhin berührte Wunsch lange Zeit seine volle Berücksichtigung gefunden. Es waren nur Juristen der ersten oder der besten Noten, die sich dem Notariate zuwandten, es waren eigentliche Zierden des Juristenstandes und das gewiß nicht zum Nachtheile des Publikums.

Aus diesem Grunde kann ich auch, so sehr ich das bedauere, mit dem Antrage „Wagner“ nicht übereinstimmen. Mir scheint dieser Antrag eine Bresche zu legen in das ganze System, das hier zur Erhaltung eines richtigen und tüchtigen Notariats aufgebaut werden soll.

Der Herr Referent hat sich im großen Ganzen wohl auch zustimmend ausgesprochen, wenn auch mit einer gewissen Elegie und indem er retrospektive Betrachtungen daran knüpfte. Wie ich die Sache heute überblicken kann, ist aber das Notariat überall da, wo es im Laufe der Zeit entstanden ist, auch geblieben. Nirgends hat man es wieder aufgehoben und es nimmt seinen Zug durch das Rechtsleben bei allen Völkern. Eine rücklaufende Bewegung findet im Institut des Notariats nirgends statt.

Noch einen Punkt möchte ich erwähnen. Ich würde es viel eher S. 352.
wünschen — aber das ist vielleicht nicht mehr ausführbar —, daß bei Nachlaßregulirungen die Notare ausschließlich zuständig wären. In der Pfalz besorgen die Notare thatsächlich allein die Theilungen. Sie sind darin Spezialisten und ich muß sagen, die Gerichte wären in der größten Verlegenheit, wenn sie diese — und das ist wohl die schwierigste Seite der Notariatsfunktionen — besorgen müßten. Die Theilungen sind zwar schließlich von den Gerichten zu

S. 352. homologiren, aber die ganze Auf- und Fertigstellung des Theilungsgeschäfts — der schwierigste Punkt — liegt in der Hand der Notare. Daß mindestens, wie wir das im Ausführungsgesetz im Artikel 94 beschlossen haben, der Notar hier zugelassen bleibt bei diesen Geschäften, meine ich unter allen Umständen betonen zu müssen.

Was die Beglaubigung von Unterschriften betrifft, so meine ich auch, daß die Befürchtung des Herrn Kollegen Landmann nicht begründet ist. Der § 167 des Gesetzes über die Angelegenheiten der freiwilligen Gerichtsbarkeit will nur für gerichtliche Beurkundungen eines Rechtsgeschäftes Zuständigkeitsnormen geben. Er will sagen, daß die Amtsgerichte zuständig seien, aber er will damit gewiß nicht ein Gebiet gesetzgeberisch normiren, das gar nicht in Frage steht. In zahllosen Fällen z. B. werden Urkunden von Verwaltungsbehörden beglaubigt und finden nirgends Beanstandung. Ich meine, der § 167 will nur eine engere Normirung treffen.

Auf diese gedrängten Bemerkungen glaube ich mich heute beschränken zu können. —

Bei der hierauf erfolgten Abstimmung wird Ziff. 1 des Artikel 34 — unter Ablehnung des Antrags „Wagner" — in den drei Absätzen unverändert nach der Regierungsvorlage angenommen.

Der **Vorsitzende** vertagt sodann mit allgemeiner Zustimmung die Sitzung auf den 14. Dezember Vormittags 9½ Uhr.

(Schluß der Sitzung um 12 Uhr 45 Minuten.)

von Stobäus,
Vorsitzender.

Dr. Casselmann,
Schriftführer.

S. 353.

21.

Protokoll

über die Sitzung des besonderen (XVIII.) Ausschusses der Kammer der Abgeordneten zur Berathung der durch die Einführung des Bürgerlichen Gesetzbuchs veranlaßten Gesetzentwürfe.

(Beilagenband XX, Abth. II, z. d. Verhandl. d. K. d. Abg. 1898 Seite 353 bis 368.)

München, den 14. Dezember 1898, Vormittags 9½ Uhr.

Gegenwärtig:

Die Vertreter der k. Staatsregierung: der k. Staatsminister der Justiz Dr. Freiherr von Leonrod, Excellenz, der k. Senatspräsident am obersten Landesgerichte Dr. Ritter von Jacubezky, der k. Ministerialrath im Staatsministerium der Finanzen, Kronanwalt Ritter von Schubart, der k. Ministerialrath im Staatsministerium der Finanzen Reisenegger, der k. Regierungsrath im Staatsministerium des Innern Brettreich;

ferner die Ausschußmitglieder: von Stobäus, Vorsitzender, Wagner, Stellvertreter des Vorsitzenden, Dr. Casselmann, Schriftführer, Michel, Stellvertreter des Schriftführers, Conrad, Fuchs, Joseph Geiger, Joseph Huber, Landmann, Lerno, Lutz, Seeberger, Segitz, von Walter (Dr. Ratzinger entschuldigt).

Tagesordnung:

Entwurf eines Gesetzes, die durch die Einführung des Bürgerlichen Gesetzbuchs veranlaßten Aenderungen der seit 1818 erlassenen Gesetze betreffend.

Artikel 34 (Fortsetzung), Artikel 35 mit 37.

Erste Lesung.

S. 353.

Der Vorsitzende von Stobäus eröffnet um 9 Uhr 35 Minuten die Sitzung. Die Berathung beginnt bei **Artikel 34** Ziff. II.

Abg. **von Walter** (Referent): Nach Ziff. II soll im Ausführungsgesetze vom 23. Februar 1879 zum Reichs-Gerichtsverfassungsgesetze ein Artikel 15a eingeschaltet werden folgenden Inhalts (wird verlesen). Der Vorschlag ist in den Motiven genügend gerechtfertigt und ist auch insbesondere ausgeführt, daß bezüglich der besonderen Arten von Gutachten und Sachverständigen, wie sie dort aufgeführt sind, die bisherigen Bestimmungen maßgebend bleiben sollen. Ich beantrage Zustimmung.

Vorsitzender: Ziff. II ist angenommen.
Wir gehen über zu Ziff. III.

Abg. **von Walter** (Referent): Nach Ziff. III soll dem Artikel 17 Abs. 2 folgende Vorschrift angereiht werden (Referent verliest dieselbe). Diese Vorschrift ist veranlaßt durch den § 22 Abs. 2 des Reichs-Gerichtsverfassungsgesetzes in der neuen Fassung, wonach bei einem Amtsgerichte, welches mit mehr als fünfzehn Richtern besetzt ist, die Dienstaufsicht getheilt werden kann. Es kommen hier nur die größeren Amtsgerichte in Betracht und bei diesen wird eine solche Theilung angemessen sein. Weil aber dann eine Bestimmung darüber fehlen würde, wer im Falle der Theilung der Dienstaufsicht die Vertheilung der Geschäfte vorzunehmen hat, so soll die angeführte Ergänzung getroffen werden. Ich beantrage Zustimmung.

Vorsitzender: Ziff. III ist angenommen.
Wir gehen über zu Ziff. IV.

Abg. **von Walter** (Referent): Nach Ziff. IV soll Artikel 21 folgende neue Fassung erhalten (Referent verliest). Artikel 20 Abs. I lautet (Referent verliest). Diese Bestimmung trifft natürlich im Falle der rechtlichen Verhinderung nicht zu. Hier muß durch das vorgesetzte Gericht eine spezielle Anordnung getroffen werden, sei es nun, daß die sämmtlichen oder nur einzelne Amtsrichter rechtlich verhindert sind. Ich beantrage Zustimmung.

Abg. **Conrad** (Korreferent): Die Bestimmung ist ähnlich, wie sie das Verfahren nach § 36 der Civilprozeßordnung gibt. Es fällt jetzt Abs. 2, weil überflüssig, hinweg. Ich beantrage gleichfalls Zustimmung.

Vorsitzender: Ziff. IV ist angenommen.
Wir kommen zu Ziff. V.

Abg. **von Walter** (Referent): Nach Ziff. V erhält der Artikel 22 folgende neue Fassung (Referent verliest). Die Vorschriften darüber, wer die Ausfertigungen zu unterzeichnen hat, sind bisher so mannigfache gewesen, daß man fast ein eigenes Studium nöthig gehabt hat, um im einzelnen Falle herauszubringen, wer die Ausfertigungen zu unterzeichnen hat. Die Sache wird nun vereinfacht und insbesondere auch Rechtseinheit für die Pfalz und das diesseitige Bayern geschaffen, weßhalb ich Zustimmung beantrage.

Abg. **Conrad** (Korreferent): Hier kann ich mich vorerst nicht für den Vorschlag der k. Staatsregierung erwärmen. Wenn man die Begründung sich ansieht, so müßte man eigentlich zu einer anderen Konklusion kommen. Wir werden da belehrt, daß für das Verfahren in bürgerlichen Rechtsstreitigkeiten nach der Civilprozeßordnung es stets der Gerichtsschreiber ist, der die Aus-

S. 353. fertigung unterzeichnet, ferner daß für die nicht zur ordentlichen streitigen Gerichtsbarkeit gehörigen Rechtsangelegenheiten im rechtsrheinischen Bayern der Gerichtsvorsitzende, in der Pfalz, wie bisher, der Gerichtsschreiber die Ausfertigung unterzeichnet, daß für Beschwerdeangelegenheiten überall der Gerichtsschreiber und bei anderen detailgesetzlichen Bestimmungen, so für die Rheinschifffahrtsgerichte der Gerichtsschreiber es ist, der die Ausfertigung unterzeichnet, ebenso bei Beurkundung von Rechtsgeschäften in Angelegenheiten der freiwilligen Gerichtsbarkeit, soweit es hier gesetzliche Bestimmungen gibt. Es geschieht sonach die Ausfertigung nur in einem Falle durch den Gerichtsvorsitzenden. Nach meinem Dafürhalten sollte man deßhalb dahin kommen, wenn man Rechtsgleichheit herbeiführen will, daß man dieses Geschäft dem Gerichtsschreiber überträgt. Ich will von Zweckmäßigkeitsgründen absehen; ich kann im Augenblick nicht übersehen, ob es nicht aus praktischen Gründen angezeigt wäre, dem Gerichtsvorsitzenden bei den zahlreichen Geschäften, die er zu erledigen hat,
S. 354. diese Unterzeichnung zu erlassen und sie viel || mehr dem zuzuweisen, der ohnehin in fast allen übrigen Fällen dazu gesetzlich berufen ist.

Ich möchte darum noch um nähere Aufklärung bitten. Die Motive haben mir nicht die Ueberzeugung gegeben, warum man gerade hier eine Rechtseinheit, die mir eine solche gar nicht zu sein scheint, in dieser Weise herbeiführen will.

Senatspräsident Dr. **von Jacubezky:** Der Entwurf schreibt nicht vor, daß die Ausfertigungen vom Gerichtsvorstand unterschrieben werden sollen, er spricht nicht von dem Gerichtsvorstand, sondern es ist bestimmt, daß der Amtsrichter unterschreiben soll, d. h. derjenige Amtsrichter, welcher die Angelegenheit behandelt, in Vormundschaftssachen der Vormundschaftsrichter, in Nachlaßsachen der Nachlaßrichter, jeder Amtsrichter innerhalb seines Geschäftskreises. Der Amtsrichter, von dem der Entwurf spricht, ist derselbe, den die jetzige Fassung als den „dafür verantwortlichen Amtsrichter" bezeichnet; diese Worte sind als entbehrlich weggelassen worden. Man könnte freilich auch die Vorschrift treffen, die in der Pfalz besteht, daß nämlich der Gerichtsschreiber die Ausfertigungen unterschreibt. Es ist aber doch ein Unterschied zwischen den gerichtlichen Verfügungen in den Angelegenheiten der freiwilligen Gerichtsbarkeit und den Entscheidungen in der streitigen Gerichtsbarkeit. In der streitigen Gerichtsbarkeit werden die meisten und wichtigsten Entscheidungen verkündet und mit der Verkündigung wirksam. Die Verfügungen in den Angelegenheiten der freiwilligen Gerichtsbarkeit werden mit der Bekanntmachung, mit der Zustellung an den Betheiligten, für den sie bestimmt sind, wirksam. Nach dem Entwurfe soll nun die Verfügung, welche dem Betheiligten zugestellt wird, die Unterschrift desjenigen Beamten tragen, der die erst mit der Zustellung wirksam werdende Verfügung erlassen hat, der sich in der Verfügung an den Betheiligten wendet. Es ist auch in manchen Fällen erwünscht, daß der Richter bei der Unterzeichnung der Ausfertigung seine Verfügung nochmal zu Gesicht bekommt und unter Umständen sie noch verbessern kann. Wir haben auch Herren aus der Pfalz über die Frage gehört und es ist uns mitgetheilt worden, daß man es auch dort für zweckmäßig erachtet, daß insbesondere der Vormundschaftsrichter die Ausfertigung der Verfügungen, die er erlassen hat, auch selbst unterschreibt. Wenn für die oberen Instanzen, für die Beschwerde und die weitere Beschwerde, die Vorschriften der Civilprozeßordnung für anwendbar erklärt sind, so hat das seinen Grund darin, daß die Stellung des Beschwerdegerichts in den Angelegenheiten der freiwilligen Gerichtsbarkeit im Wesentlichen dieselbe ist, wie die des Beschwerdegerichts in der streitigen Gerichtsbarkeit.

Abg. **Conrad** (Korreferent): Ich steife mich nicht auf diese Frage. Mir fiel nur der Gegensatz auf. Eine Rechtseinheit ist durch den Regierungsvorschlag nicht herbeigeführt. Wir haben nach wie vor verschiedene Formen der Ausfertigung. S. 354.

Abg. **Michel**: Ich möchte mich dahin aussprechen, daß man es bei der Regierungsvorlage belassen sollte. Die Gründe, wie sie von Seite des Herrn Senatspräsidenten dargelegt worden sind, erscheinen mir als durchschlagende und habe ich meinerseits speziell in meiner Stellung als Einzelrichter keinerlei Bedenken gegen diese Fassung.

Vorsitzender: Ziff. V ist angenommen.
Wir kommen zu Ziff. VI.

Abg. **von Walter** (Referent): In Ziff. VI wird vorgeschlagen, daß der Artikel 29 eine neue Fassung erhält. Der Vorschlag hängt mit einem anderen Vorschlag in Ziff. XXIV zusammen, wonach der Artikel 28 in seinen Absätzen 2 und 3 aufgehoben werden soll, und ich bitte deßhalb, auch diesen Vorschlag gleich besprechen zu dürfen.

Artikel 28 lautete bisher in seinen drei Absätzen (Referent verliest). Die Absätze 2 und 3 sollen nunmehr aufgehoben werden. Die Gründe sind in den Motiven unter Nr. 19 ausreichend angegeben. Ich habe gegen die Aufhebung dieser beiden Absätze meinerseits nichts zu erinnern.

In Folge dessen muß nun Artikel 29 eine andere Fassung erhalten. Artikel 29 lautete bisher (Referent verliest). In Zukunft soll Artikel 29 lauten (Referent verliest). Die Aufhebung des Artikel 28 Abs. 2 und 3 ist insbesondere dadurch geboten, weil die Angelegenheiten, welche dortselbst aufgeführt sind, jetzt nicht mehr nach dem Gerichtsverfassungsgesetze zu den Landgerichten kompetiren sondern zu den Amtsgerichten, und weil deßhalb diese Vorschriften bei der Zuständigkeit der Landgerichte nicht mehr aufgeführt werden können. Wenn aber die Absätze 2 und 3 aufgehoben werden, so paßt natürlich die bisherige Fassung des Artikel 29 nicht mehr und ist die neue Fassung vollständig am Platze.

Ich beantrage deßhalb Zustimmung sowohl zur vorgeschlagenen Aufhebung der Absätze 2 und 3 des Artikel 28, als auch zur neuen Fassung des Artikel 29.

Abg. **Conrad** (Korreferent): Der Herr Referent hat eingehend dargethan, warum hier eine Aenderung veranlaßt ist, und mit Recht auch die Frage der Aufhebung des Artikel 28 Abs. 2 und 3 hier zum besseren Verständniß hereingezogen. Die Gründe sind auch für mich überzeugend. Es ist naturgemäß, daß Abs. 1 des Artikel 29 in Wegfall kommen mußte. Ich bin mit dem Regierungsvorschlag einverstanden.

Vorsitzender: Der Herr Referent hat von Ziff. XXIV einen Theil mit hereingezogen.
Ziff. VI ist genehmigt, ebenso die Aufhebung des Artikel 28 Abs. 2 und 3.
Wir kommen zu Ziff. VII.

Abg. **von Walter** (Referent): Nach Ziff. VII soll Artikel 30 geändert werden. Derselbe lautete bisher in seinen 5 Absätzen (Referent verliest). Hier soll nun zunächst Abs. 1 folgende neue Fassung erhalten. (Referent verliest.) Die Aenderung ist nothwendig, weil für diejenigen Angelegenheiten, für welche die Reichsgesetze maßgebend sind, ohnehin die Reichsgesetze und insbesondere § 81 der Grundbuchordnung, dann §§ 8 und 30 Abs. 3 des Gesetzes über

S. 354. die Angelegenheiten der freiwilligen Gerichtsbarkeit die entsprechenden Bestimmungen treffen.

Im Abs. 3 sollen die Worte: „in den Fällen des § 100 des Reichs-Gerichtsverfassungsgesetzes der Vorsitzende der Kammer für Handelssachen" gestrichen werden, weil hier auch die Unterschrift durch den Gerichtsschreiber zu erfolgen hat.

S. 355. In Folge des gefaßten Beschlusses fällt auch der Abs. 4 in seiner bisherigen Fassung weg. Dagegen wird folgender neue Abs. 4 vorgeschlagen:

„Ausfertigungen in den Angelegenheiten der freiwilligen Gerichtsbarkeit werden von dem Gerichtsschreiber unterschrieben."

Die übrigen Absätze, welche ich verlesen habe, bleiben in der bisherigen Fassung bestehen.

Abg. **Conrad** (Korreferent): Aus den Darlegungen des Herrn Referenten geht die Begründung der neuen Fassung überzeugend hervor. Dadurch, daß die Grundbuchordnung und das Gesetz über die Angelegenheiten der freiwilligen Gerichtsbarkeit hier einschlagen, sind die Artikel 61 bis 68, dann 77 eben auf das Geltungsgebiet der landesrechtlichen Zuständigkeit beschränkt und rechtfertigt sich dadurch vollständig die neue Fassung dieses Artikels. Ich stimme zu.

Vorsitzender: Nr. 1, 2 und 3 von Ziff. VII sind angenommen.

Ziff. VIII.

Abg. **von Walter** (Referent): In Ziff. VIII wird eine Aenderung der Fassung für Artikel 36 Ziff. 2 vorgeschlagen. Dieser Artikel lautete bisher (Referent verliest). Die Ziff. 2 soll nun dahin geändert werden, daß die Worte „nach den Vorschriften des gegenwärtigen Gesetzes" ersetzt werden durch die Worte „nach Art. 28". Die übrigen Bestimmungen des Gesetzes treffen nicht mehr zu, weil Berufung und Beschwerde gegen landgerichtliche Urtheile und Entscheidungen ohnehin durch § 123 Ziff. 1 und 4 des Reichs-Gerichtsverfassungsgesetzes den Oberlandesgerichten zugewiesen sind und deßhalb eine Bezugnahme darauf hier nicht weiter zulässig ist. Ich beantrage Zustimmung.

Abg. **Conrad** (Korreferent): Die Fassung des Artikel 36 Ziff. 2 ist vollständig gerechtfertigt durch die neue Fassung des Artikel 28. In diesem Artikel 28 ist ja jetzt die Zuständigkeit anders geregelt. Ich habe nichts zu erinnern.

Vorsitzender: Ziff. VIII ist angenommen.

Ziff. IX.

Abg. **von Walter** (Referent): Ziff. IX schlägt eine Aenderung zu Artikel 37 vor. Dieser lautete bisher (Referent verliest). Hier sollen nun die Worte „mit Ausnahme der Behandlung der im Art. 41 bezeichneten Strafsachen" gestrichen werden. Die Streichung hat ihren Grund darin, weil nach § 9 des Einführungsgesetzes zum Reichs-Gerichtsverfassungsgesetze die Verhandlung und Entscheidung der bisher den Oberlandesgerichten zugewiesenen Strafsachen dem in Bayern bestehenden obersten Landesgerichte übertragen werden kann und weil die k. Staatsregierung von dieser Befugniß auch Gebrauch machen will. Ich beantrage Zustimmung.

Vorsitzender: Ziff. IX ist angenommen.

Ziff. X.

Abg. **von Walter** (Referent): Ziff. X schlägt Aenderungen zu Artikel 38 vor. Derselbe lautete bisher (Referent verliest). Für die Folge soll nun diese

Bestimmung dahin lauten (Referent verliest). Dann soll ein neuer Abs. 2 angefügt werden: „Auf die Vertretung des Präsidenten finden die Vorschriften des Art. 32 entsprechende Anwendung.“ Die Aenderung der Fassung der bisherigen Bestimmung ist ohnehin nur die Folge eines bereits gefaßten Beschlusses und ist auch gegen den neuen Abs. 2 eine Erinnerung nicht zu erheben. Ich beantrage Zustimmung. S. 355.

Vorsitzender: Ziff. X ist angenommen.

Ziff. XI.

Abg. **von Walter** (Referent): In Ziff. XI werden Aenderungen zum Artikel 39 vorgeschlagen. Derselbe lautete bisher (Referent verliest). Die Aenderungen, die daran getroffen werden sollen, sind folgende: Es soll das bisherige Citat „des Art. 30 Abs. 3—5“ abgeändert werden in das Citat „Art. 30 Abs. 3, 5“. Die Aenderung ist geboten, weil der bisherige Abs. 4 des Artikel 30 aufgehoben ist und der neue Abs. 4 hier nicht paßt. Dann soll folgender Zusatz gemacht werden (Referent verliest). Dagegen ist nichts zu erinnern und ich beantrage deßhalb Zustimmung.

Abg. **Conrad** (Korreferent): Die veränderte Fassung des Abs. 1 ist durchaus angemessen.

Was den Abs. 2 betrifft, so ist das ebenfalls nur die Konsequenz von dem, was wir unter Ziff. VII bereits beschlossen haben.

Vorsitzender: Ziff. XI ist angenommen.

Ziff. XII.

Abg. **von Walter** (Referent): Nach Ziff. XII sollen an die Stelle des Artikel 42 Abs. 3 neue Vorschriften treten.

Der Abs. 3 lautet in der bisherigen Fassung (Referent verliest). Die neuen Bestimmungen, die an die Stelle dieses Absatzes treten sollen, lauten (Referent verliest). Hier wird von der bereits angedeuteten Befugniß der k. Staatsregierung, die Revisionen und Beschwerden in Strafsachen dem obersten Landesgerichte zuzuweisen, Gebrauch gemacht und ist dagegen nichts zu erinnern. Im Uebrigen entspricht der zweite Absatz ohnehin einer schon bisher bestehenden Bestimmung.

Wir haben allerdings damit die Existenz des obersten Landesgerichts vorläufig gerettet; allein, wie diese Existenz gestaltet wurde, ist zu beklagen. Denn das oberste Landesgericht hat allerdings jetzt wieder Beschäftigung, aber es ist doch durch die reichsgesetzlichen Bestimmungen in seiner bisherigen Bedeutung ganz erheblich reduzirt. Das oberste Landesgericht hat in Revisionen in Gegenständen der streitigen Gerichtsbarkeit, für welche die Landesgesetze maßgebend sind, in der Besetzung von sieben Mitgliedern, in allen anderen Angelegenheiten aber nur mehr in der Besetzung von fünf Richtern zu entscheiden und ist außerdem der Beschränkung unterworfen, daß es überall da, wo das Reichsgericht schon in einer Rechtsfrage eine Entscheidung getroffen hat, von welcher es abweichen will, nicht mehr zuständig ist, die Entscheidung zu treffen, sondern angewiesen ist, die Gründe, warum es anders entscheiden würde, dem Reichsgerichte vorzulegen, welches dann in eigener Zuständigkeit entscheidet. Daß diese Bestimmungen mit der Bedeutung und bisherigen Stellung eines obersten Landesgerichts nicht im Einklang stehen, unterliegt ja S. 356.
gar keinem Zweifel. Allein das Reichsgesetz gibt uns in dieser Beziehung gebundene Marschroute und deßhalb habe ich, wenn auch nicht mit besonderer

S. 356. Freude, die Zustimmung zu diesen und allen anderen Bestimmungen, welche das oberste Landesgericht betreffen, zu empfehlen.

Abg. **Conrad** (Korreferent): Mit Recht hat der Herr Referent auf die Bedeutung dieser Vorschriften hingewiesen.

Was die Neuregelung der Zuständigkeitsverhältnisse betrifft, so finde ich dadurch nur das normale Verhältniß hergestellt. Daß es das oberste Landesgericht ist, welches einen Theil der Angelegenheiten, die bisher dem Oberlandesgerichte München zugewiesen waren, bekommt, das war schon nothwendig, um dem obersten Landesgerichte überhaupt noch entsprechende Beschäftigung zu geben.

Was im Uebrigen Abs. 1 betrifft, so ist schon durch Artikel 115 des Ausführungsgesetzes § 199 Abs. 2 des Gesetzes über die Angelegenheiten der freiwilligen Gerichtsbarkeit anwendbar geworden. Dann kommt noch als oberstes Gericht für Grundbuchsachen die Zuständigkeit des obersten Landesgerichts hinzu. Ich muß ja anerkennen, daß dem obersten Landesgerichte nicht mehr ganz das, was ihm als oberstem Gerichtshofe des Landes zugehört, verbleibt und daß hier eine gewisse Beschneidung seines Ansehens und seiner Bedeutung eingetreten ist. Dagegen ist aber nichts zu machen; dieses Opfer war im Interesse der Einheit der Rechtsprechung geboten. Dem mußte man sich auch unterwerfen, wenn man das vielleicht auch beklagen mag. Ich glaube, wir können uns über diese Dinge schwerlich jetzt mehr unterhalten.

Vorsitzender: Ziff. XII ist angenommen.

Wir kommen zu Ziff. XIII.

Abg. **von Walter** (Referent): In Ziff. XIII wird eine neue Fassung des Artikel 48 vorgeschlagen. Derselbe hat bisher gelautet (wird verlesen). Künftig soll er lauten (wird verlesen). Ich kann natürlich nur die Zustimmung zu diesem Artikel beantragen. — Der Herr Korreferent hat zur vorigen Ziffer hervorgehoben, daß die einheitliche Rechtsprechung die Beschneidung des obersten Landesgerichts nothwendig gemacht hat. Ich erinnere mich einer Ausführung in den Motiven zum ursprünglichen Reichs-Gerichtsverfassungsgesetze und dem Einführungsgesetze dazu, in welchen auch schon Bedenken gegen die Errichtung von obersten Landesgerichten in den einzelnen Bundesstaaten erhoben, aber damit zurückgewiesen wurden, daß die Einheitlichkeit der Rechtsprechung allerdings ein großes Gut ist, daß aber ein noch größeres Gut die Gründlichkeit und Richtigkeit der Rechtsprechung ist, und diese Motive waren damals maßgebend, überhaupt den Bundesstaaten das Recht zur Errichtung von obersten Landesgerichten zuzugestehen. Ich weiß nicht, ob das oberste Landesgericht in Bayern seither jemals dazu beigetragen hat, die Einheitlichkeit der Rechtsprechung zu gefährden; ich glaube nicht, daß es in höherem Maße der Fall war, als es das Reichsgericht selbst gethan hat. Denn das ist ganz entschieden richtig, daß das Reichsgericht nicht nur in den verschiedenen Senaten, sondern auch in denselben Senaten schon sehr viel widersprechende Entscheidungen erlassen hat. Allein ich will darauf nicht weiter eingehen; daß verschiedene Ansichten bestehen, liegt in der menschlichen Natur und deßhalb kann auch dem Reichsgerichte ein Vorwurf nicht gemacht werden. Ich will das auch nur anführen, um zu beweisen, daß diese einschneidende Maßnahme gegenüber dem obersten Landesgerichte in Bayern nicht nothwendig gewesen wäre, und darf wohl auf jene Zeit zurückverweisen, in welcher in den verschiedenen größeren Bundesstaaten Oberappellationsgerichte bestanden haben. Jene Zeit ist die schlechteste in der Geschichte unserer Rechtsprechung sicherlich nicht und gerade

das Bestehen verschiedener oberster Gerichtshöfe hat damals eine Stagnation S. 356.
in der Rechtsprechung verhindert und eine Rechtsentwicklung gefördert, die nur im allgemeinen Interesse zu begrüßen war. Jetzt ist die Sache allerdings so eingerichtet, daß nur mehr das Reichsgericht auf die Rechtsbildung und Rechtsentwicklung einen Einfluß haben wird. Wir können ja abwarten, welche Folgen das haben wird. Zur Zeit habe ich nichts weiter zu erinnern und beantrage die Zustimmung zu Ziff. XIII.

Abg. **Conrad** (Korreferent): Ich habe gleichfalls nichts zu Ziff. XIII zu erklären und möchte Zustimmung beantragen. Hinzufügen möchte ich aber, daß, wie ich glaube, jetzt ein anderes Verhältniß geschaffen ist gegenüber dem früheren Zustand, insoferne der oberste Gerichtshof eines Partikularstaates doch verschiedene Rechte zu behandeln hatte, wenn auch vielleicht die Grundlage des Rechts: ein allgemeines Landesrecht bezw. römisches Civilrecht, die gleiche war. Jetzt haben wir ein gemeinsames materielles Recht und da muß doch festgehalten werden an der Einheitlichkeit der Rechtsprechung als dem obersten Prinzipe, speziell an der Rechtssicherheit, daß eine bestimmte Frage überall in gleicher Weise entschieden wird. Die Gründlichkeit der Entscheidungen der früheren obersten Landesgerichte soll in keiner Weise bezweifelt werden; es ist aber überhaupt nicht unsere Sache, uns über die Gediegenheit der Rechtsprechung der obersten Gerichtshöfe hier auseinanderzusetzen.

Abg. **Wagner**: Ich bin auch dafür, daß unser bayerisches oberstes Landesgericht erhalten wird, und wir haben ja nach dieser Richtung hin zusammengewirkt, um es möglich zu machen. Ich kann aber doch den Aeußerungen des Herrn Referenten mich nicht vollständig anschließen; ich muß schon sagen, daß ich glaube, die Einheit der Rechtsprechung ist doch dasjenige, was uns damit aussöhnen muß, daß wir einen gewissen Theil der Kompetenzen des obersten Landesgerichts an das Reichsgericht abzugeben haben. Es hat gewiß das oberste Landesgericht in Bayern von jeher seine Pflicht erfüllt und auch ein großes Ansehen in seiner Rechtsprechung gewonnen; das ist außer allem Zweifel. Es war auch von großem Einflusse auf die Judikatur der Untergerichte. Es wird aber nicht verkannt werden können, daß das oberste Landesgericht sich dem Einflusse des Reichsgerichts nicht hat entziehen können, und es ist gewiß außer allem Zweifel, daß es nothwendig ist, daß möglichst gleiche Rechtsprechung zwischen dem obersten Landesgerichte und dem Reichsgerichte vorhanden ist. Wenn das Verhältniß so bliebe, wie es bisher war, so würde immer die Möglichkeit gegeben sein, daß über ein und dieselbe Frage sowohl das oberste Landesgericht, als auch das Reichsgericht letztinstanziell entscheiden kann. Wenn beispielsweise eine civilprozessuale Frage mit einer civilrechtlichen
Frage zur Kognition des obersten Landes || gerichts kommt und die civilprozessuale S. 357.
Frage hier anders zur Entscheidung kommt, als beim Reichsgericht, welches Verhältniß besteht dann? Es wird eine gewisse Rechtsunsicherheit für die Untergerichte, namentlich die Amtsgerichte, geschaffen, die nicht so viel Zeit haben, in den einzelnen Fällen gründliche Studien wieder zu machen, sondern sich nach der Judikatur der obersten Gerichte richten. Deßhalb beklage ich es nicht, daß die Wahrung der Rechtseinheit ermöglicht wird, sondern ich begrüße es und ich glaube, daß es sehr gut ist, daß die Sache so geregelt wird.

Vorsitzender: Ziff. XIII ist angenommen.

Wir kommen zu Ziff. XIV.

Abg. **von Walter** (Referent): Ziff. XIV schlägt eine Aenderung zum Artikel 51 Abs. 1 vor. Artikel 51 Abs. 1 lautete bisher (wird verlesen). Die

S. 357. neuvorgeschlagene Fassung lautet (wird verlesen). Dadurch, daß die Revision in Strafsachen dem obersten Landesgericht übertragen werden soll, wird es nothwendig, bei demselben einen eigenen Staatsanwalt aufzustellen. Bisher hatte die Vertretung der Angelegenheiten, bei welchen beim obersten Landesgericht ein Staatsanwalt zuzuziehen war, der Oberstaatsanwalt am Oberlandesgericht in München. Diese Angelegenheiten waren sehr selten und beschränkten sich meistentheils auf die Ehescheidungsprozesse. Jetzt wird die Aufstellung eines Staatsanwalts nothwendig. Ich halte es für entsprechend, daß wenigstens dieser Staatsanwalt als Generalstaatsanwalt bezeichnet wird, und habe dagegen um so weniger ein Bedenken, als auch seit einer Reihe von Jahren im Gehaltsregulativ ein Generalstaatsanwalt wieder eingestellt ist und als uns in dieser Beziehung gesagt wurde, daß die Einstellung dieses Beamten nur für den Fall geschieht, daß dem obersten Landesgerichte die Revision in Strafsachen übertragen wird. Ich beantrage Zustimmung.

Abg. **Conrad** (Korreferent): Ich beantrage ebenfalls Zustimmung.

Vorsitzender: Ziff. XIV ist angenommen.
Wir kommen zu Ziff. XV.

Abg. **von Walter** (Referent): Nach Ziff. XV soll der Artikel 51 Abs. 1 eine andere Fassung erhalten. Artikel 52 Abs. 1 lautete bisher (wird verlesen). Künftig soll er lauten:

„Der Generalstaatsanwalt, die Oberstaatsanwälte und die Staatsanwälte werden vom König ernannt."

Die Aenderung besteht darin, daß auch der Generalstaatsanwalt hier angeführt ist. Ich beantrage Zustimmung.

Vorsitzender: Ziff. XV ist angenommen.

Ziff. XVI.

Abg. **von Walter** (Referent): Nach Ziff. XVI soll Artikel 63 eine vollständig neue Fassung erhalten. Artikel 63 lautete bisher (wird verlesen). Nun soll er lauten (wird verlesen). Gegen diese neue Fassung ist nichts zu erinnern. Der Abs. 2 entspricht einem bisher geltenden Gesetze von 1896 bezüglich der Errichtung der Inventare und es ist nach meinem Dafürhalten anzuerkennen, daß diese Kompetenz auch für die Folge dem Gerichtsschreiber gewahrt wird. Ich beantrage deßhalb Zustimmung zum ganzen Artikel.

Abg. **Conrad** (Korreferent): Ich kann gleichfalls nur zustimmen. Der letzte Absatz der vorgeschlagenen neuen Fassung ist nur als praktisch zu bezeichnen. Theilweise hat er schon im Lichte unserer gestrigen Betrachtung gestanden, daß man nämlich nur bei Vermögensaufnahmen, welchen ein gewisser erheblicher Werth zu Grunde liegt, die Aufnahme eines Inventars in's Auge faßt. Es ist das gewiß praktisch gerechtfertigt.

Abg. **Wagner:** Ich habe gegen den Artikel selbst nichts zu erinnern und möchte blos eine Frage vorbringen. Daß wir eine Aenderung der Zuständigkeit herbeiführen können, geht aus § 200 des Gesetzes über die Angelegenheiten der freiwilligen Gerichtsbarkeit hervor, und hier möchte ich nur darauf aufmerksam machen, daß in Note 5 der Ausgabe des Gesetzes über die Angelegenheiten der freiwilligen Gerichtsbarkeit von Schneider bemerkt ist: „Der Verstoß gegen die sachliche Zuständigkeit ist nicht an sich schon ein Ungiltigkeitsgrund, sondern das Landesrecht kann ihm durch ausdrückliche Vorschrift diese

Folge beilegen." Wir haben gestern die amtsgerichtliche Zuständigkeit für die S. 357.
Beurkundung von Verträgen, welche sich nach § 313 des Bürgerl. Gesetzbuchs richten, im Wesentlichen ausgeschlossen. Nun fehlt aber eine Bestimmung bei uns dahin, daß durch das Landesrecht ausdrücklich erklärt wird, daß ein Verstoß gegen die landesgesetzlich bestimmte sachliche Zuständigkeit ein Ungiltigkeitsgrund ist. Nach meiner Meinung bedarf es dessen nicht, sondern es wird wohl anzunehmen sein, daß, soweit eine Urkunde nicht von der Behörde errichtet ist, welche das Landesgesetz für die Beurkundung als zuständig erklärt, beziehungsweise soweit nicht diejenige Form gewählt ist, welche das Landesrecht hiefür vorschreibt, eben eine öffentliche Urkunde nicht vorliegt, sondern eine schriftliche, und daß, wenn auch das Landesgesetz es nicht ausdrücklich bestimmt, gleichwohl die Ungiltigkeit anzunehmen ist. Diese Ungiltigkeit wird nun bezüglich solcher Verträge, welche im Grundbuche einzutragen sind, dann geheilt, wenn auch entgegen den landesgesetzlichen Bestimmungen ein Eintrag im Grundbuche erfolgt. Ich möchte das blos erwähnen; es dürfte sich aber empfehlen, daß auch die k. Staatsregierung eine ausdrückliche Erklärung darüber abgibt, damit nicht draußen in der Praxis hinsichtlich der Auslegung Zweifel entstehen.

Der k. Staatsminister der Justiz Dr. Freiherr **von Leonrod:** Gegenüber den geäußerten Bedenken möchte ich bemerken, daß die vom Herrn Abgeordneten gegebene Auslegung den Ansichten der Regierung entspricht.

Abg. **Michel:** Ich möchte bei diesem Anlasse rechtfertigen, warum ich unlängst die Anfrage an die k. Staatsregierung gestellt habe, wie es künftig gehalten werden soll mit den Siegelgeschäften. Ich war der Ansicht, daß die Siegelungen und Entsiegelungen, von denen der Entwurf bei Ziff. XVI spricht, sich nur auf die Fälle des Konkurses beziehen, weil nach dem Worte „Entsiegelungen" kein Komma steht. In der Ausgabe des Ausführungsgesetzes zum Reichs-Gerichtsverfassungsgesetze vom 23. Februar 1879 ‖ (Beck, Verlag S. 358.
Nördlingen), die mir vorliegt, ist im Artikel 63 ein solches Komma gesetzt.

Senatspräsident Dr. **von Jacubezky:** Das Komma ist meines Erachtens überflüssig. Man setzt heutzutage vor dem Worte „sowie" das Komma nicht mehr; es ist auch im Bürgerl. Gesetzbuch vor diesem Worte nicht gebraucht. Der Wortlaut ist auch ohne Komma ganz klar. Hätte man die Verweisung auf die Konkursordnung, auf die Siegelungen und Entsiegelungen beziehen wollen, hätte man die Zuständigkeit der Gerichtsschreiber auf die nach der Konkursordnung vorzunehmenden Siegelungen und Entsiegelungen beschränken wollen, so würde die Fassung gerade so gewählt worden sein, wie die der Vorschrift, welche im Artikel 66 Ziff. 2 für die Gerichtsvollzieher gegeben ist. Dort ist die Zuständigkeit für Siegelungen und Entsiegelungen auf die Fälle des § 122 der Konkursordnung beschränkt und darum heißt es: „in den Fällen der §§ 112 und 113 (jetzt §§ 122, 123) der Reichs-Konkursordnung die Vornahme von Siegelungen und Entsiegelungen sowie die Vornahme der Verrichtungen einer Urkundsperson". Im Artikel 63 kann aber die Verweisung auf den § 123 schon deßwegen nicht auf die Siegelungen und Entsiegelungen bezogen werden, weil von diesen nicht der § 123, sondern der § 122 spricht. Wenn der § 122 der Konkursordnung, der von Siegelungen und Entsiegelungen spricht, überhaupt nicht citirt ist, so ist es von vornherein nicht möglich, anzunehmen, daß der Zusatz auch für die Siegelungen und Entsiegelungen gelten soll.

Abg. **Michel:** Ich bin durch diese Erklärung Seitens des Herrn Senatspräsidenten vollständig beruhigt und begnüge mich damit, daß dieß im Protokoll festgelegt wird.

S. 358. Abg. **Landmann:** Wenn ich den dritten Absatz richtig verstehe, so wird ein Inventar auch dann zu errichten sein, wenn der Werth des Vermögens, d. h. wenn das gesammte Vermögen incl. der Schulden 2,000 *M.* übersteigt; es wird beispielsweise, wenn der Nachlaß 2,500 M. beträgt, wobei aber 500 M. Schulden sind, ein Inventar zu errichten sein. Nun bin ich der Ansicht, daß Schulden nicht zum Werthe des Vermögens oder des Nachlasses gehören. Ich bitte hierüber um Aufschluß.

Senatspräsident Dr. **von Jacubetzk:** Die Meinung, daß die Schulden nicht zum Nachlasse gehören, beruht auf einem Irrthum. Der Erbe haftet als solcher für die Nachlaßverbindlichkeiten, und nach § 2001 des Bürgerl. Gesetzbuchs sollen im Inventar nicht nur die Nachlaßgegenstände, sondern auch die Nachlaßverbindlichkeiten vollständig angegeben werden. Die Vorschrift des Entwurfs ist übrigens keine Neuerung; sie wiederholt lediglich das, was erst kürzlich durch das Gesetz vom 18. März 1896 bestimmt worden ist. Es geht schon deßwegen nicht an, die Zuständigkeit von den Schulden abhängig zu machen, weil man die Schulden zu der Zeit, zu der es sich darum handelt, wer das Inventar errichten soll, meistens nicht kennt.

Vorsitzender: Ziff. XVI ist angenommen.

Ziff. XVII.

Abg. **von Walter** (Referent): Nach Ziff. XVII soll im Artikel 64 eine an und für sich unbedeutende Aenderung vorgenommen werden, indem die Worte „verpflichteten Schreiber" ersetzt werden durch das Wort „Gerichtsschreibereibediensteten". Hiegegen ist nichts zu erinnern. Die Aenderung entspricht nur der dermaligen Geschäftseinrichtung in den Gerichtsschreibereien. Ich beantrage Zustimmung.

Vorsitzender: Ziff. XVII ist angenommen.

Ziff. XVIII.

Abg. **von Walter** (Referent): Nach Ziff. XVIII sollen im Artikel 65 die Worte: „sowie des Zustellungswesens in Sachen der nichtstreitigen Rechtspflege" gestrichen werden. Der Artikel 65 bestimmte bisher (wird verlesen). Das Zustellungswesen in Sachen der nichtstreitigen Rechtspflege ist durch das Reichsgesetz, das nach § 115 des Ausführungsgesetzes zum Bürgerl. Gesetzbuch auch für die Angelegenheiten der freiwilligen Gerichtsbarkeit anwendbar sein soll, für welche die Landesgesetze maßgebend sind, ausreichend geregelt und es ist deßhalb für eine Regelung dieses Zustellungswesens durch Justizministerialvorschrift kein Platz mehr gegeben. Ich beantrage Zustimmung.

Abg. **Conrad** (Korreferent): Die hier beantragte Aenderung ist gerechtfertigt; es mußten die betreffenden Worte wegfallen, weil, wie der Herr Referent schon ausgeführt hat, nun das Reichsgesetz über die Angelegenheiten der freiwilligen Gerichtsbarkeit, und zwar § 116, hier eintritt. Nach Artikel 115 des Ausführungsgesetzes zum Bürgerl. Gesetzbuch, den wir bereits beschlossen haben, sind die reichsgesetzlichen Normen hier anwendbar.

Vorsitzender: Ziff. XVIII ist angenommen.

Ziff. XIX.

Abg. **von Walter** (Referent): Nach Ziff. XIX soll die Ziff. 6 des Artikel 69 Abs. 1 eine Abänderung erfahren. Zu diesem Artikel 69 sind nach

den uns vorliegenden Anträgen der k. Staatsregierung*) noch weitere S. 358.
Aenderungen in Aussicht genommen. Die Ziff. 4 Nr. 1 dieser Abänderungen deckt sich mit der in Ziff. XIX des Entwurfs vorgeschlagenen Aenderung und geht dahin, es solle Ziff. 6 folgende Fassung erhalten:

„6. dem Generalstaatsanwalte hinsichtlich der Staatsanwaltschaft bei dem Obersten Landesgerichte, dem Oberstaatsanwalt und dem Ersten Staatsanwalt hinsichtlich der Staatsanwaltschaften ihres Bezirkes."

Der Artikel 69 handelt nämlich von der Dienstaufsicht der vorgesetzten Behörden und war bisher blos dem Oberstaatsanwalt und dem Ersten Staatsanwalt hinsichtlich der Staatsanwaltschaften ihres Bezirkes diese Aufsicht zugewiesen. Nachdem nun die Aufstellung eines Generalstaatsanwalts am obersten Landesgerichte beschlossen worden ist, muß auch für die Beamten der Staatsanwaltschaft an diesem Gericht eine Bestimmung getroffen werden; diese enthält der Entwurf. Dagegen wird nichts einzuwenden sein.

Außerdem sollen aber auch noch andere Bestimmungen getroffen werden. Die neuen Vorschläge der k. Staatsregierung gehen dahin, zwischen Abs. 1 und Abs. 2 einen || neuen Absatz einzufügen. Abs. 1 behandelt das Recht S. 359.
der Aufsicht. Absatz 2 bestimmt:

„Der Präsident des obersten Landesgerichts, des Oberlandesgerichts und des Landgerichts hat in wichtigeren Angelegenheiten, welche sich auf die Aufsicht über das Gericht beziehen, dessen Vorstand er ist, namentlich bei Auflegung von Zwangsstrafen, sowie bei allen auf untergebene Gerichte bezüglichen Aufsichtssachen den Beschluß des Präsidiums zu erwirken."

Zwischen Abs. 1 und Abs. 2 soll nun folgender neue Absatz eingeschaltet werden:

„Der Präsident des Oberlandesgerichts und des Landesgerichts kann sich mit Genehmigung des Staatsministeriums der Justiz bei der Erledigung einzelner Aufsichtsgeschäfte, die sich auf ein untergebenes Gericht beziehen, durch einen richterlichen Beamten des Gerichts, dessen Vorstand er ist, vertreten lassen."

Es ist in den Motiven ausgeführt, daß künftighin die Aufgabe der Präsidenten der Oberlandesgerichte und der Landgerichte noch eine bedeutende Mehrung dadurch erfahre, daß ihnen auch die Aufsicht über die Notare zugewiesen wird. Es ist klar, daß durch diesen Aufsichtsdienst und namentlich durch die nothwendig werdenden Visitationsgeschäfte die Arbeit der Präsidenten bei beiden Arten von Gerichten erheblich vermehrt wird, und daß es auf der anderen Seite nicht angeht, sie ihrem eigentlichen Geschäfte, der Leitung der Geschäfte ihrer Gerichte, zu sehr zu entziehen.

Da sich die vorgeschlagene Bestimmung, die Erledigung einzelner Aufsichtsgeschäfte einem anderen Gerichtsmitgliede zu übertragen, auf untergebene Gerichte beschränkt — es wird darin kaum etwas Bedenkliches zu finden sein —, bin ich deßhalb mit der Einschaltung des Absatzes einverstanden.

Außerdem soll Abs. 2, den ich bereits bekannt gegeben habe, noch folgenden Zusatz erhalten:

„Wird der Präsident nach Abs. 2 durch einen richterlichen Beamten vertreten, der nicht Mitglied des Präsidiums ist, so nimmt dieser an der Beschlußfassung des Präsidiums mit berathender Stimme theil."

---

*) Beilage D.

S. 359. Auch hiegegen ist nichts zu erinnern und es ist im Gegentheil nur sehr zweckmäßig, daß jenes Gerichtsmitglied, welches den Präsidenten in der Vornahme der Aufsichtsgeschäfte vertreten hat, auch seine Anschauungen und Wahrnehmungen im Präsidium mittheilen kann. Es hat nur eine berathende Stimme, wenn es nicht ohnehin Mitglied des Präsidiums ist.

Ich beantrage, dem Artikel 69 in der nach dem jetzt vorliegenden Abänderungsantrag vorgeschlagenen Fassung die Zustimmung zu ertheilen.

Abg. **Conrad** (Korreferent): Auch ich kann nur meine Zustimmung und zwar nach den beiden Richtungen erklären, sowohl was Seitens der k. Staatsregierung in Ziff. XIX beantragt ist, wie auch in dem Nachtragsvorschlag, der uns dieser Tage zugegangen ist. Der Herr Referent hat nach seiner praktischen Erfahrung die Zweckmäßigkeitsgründe der neuen Bestimmungen erörtert. Ich kann dem nur beitreten.

Vorsitzender: Es handelt sich also nicht um die Ziff. XIX, wie sie in der Beilage B enthalten, sondern um die Ziff. XIX, wie sie in dem Nachtrag der k. Staatsregierung (Beilage D) uns mitgetheilt worden ist.

Erinnerung wird von keiner Seite erhoben; die Ziff. XIX in der neueren Fassung ist angenommen.

Ziff. XX.

Abg. **von Walter** (Referent): Ziff. XX schlägt vor, die vor Artikel 76 befindliche Ueberschrift abzuändern. Sie lautete bisher „Depositenwesen“ und soll künftighin mit dem Sprachgebrauche des Bürgerl. Gesetzbuchs in Uebereinstimmung gebracht werden und lauten „Hinterlegungswesen“. Ich beantrage, zuzustimmen.

Vorsitzender: Ziff. XX ist angenommen.

Ziff. XXI.

Abg. **von Walter** (Referent): Nach Ziff. XXI ist der Artikel 76 vollständig neu zu fassen.

Artikel 76 lautete bisher (wird verlesen). Künftig sollen nun Abs. 1 und 2 lauten:

> „Für die in Angelegenheiten des bürgerlichen Rechtes oder nach den Vorschriften über das gerichtliche Verfahren erfolgenden Hinterlegungen werden bei den Amtsgerichten Hinterlegungsstellen errichtet. Für mehrere Amtsgerichtsbezirke kann eine Hinterlegungsstelle errichtet werden.
>
> Die näheren Bestimmungen über die Hinterlegung werden durch Königliche Verordnung getroffen.“

Abs. 3 soll künftig lauten:

> „Die Staatsregierung kann die Besorgung des Hinterlegungswesens der Königlichen Bank übertragen und die hiefür erforderlichen reglementären Vorschriften erlassen.“

An die Stelle des Abs. 4 soll folgende Vorschrift treten:

> „Bei den amtsgerichtlichen Hinterlegungsstellen findet die Anlegung von Mündelgeld nach § 1808 des Bürgerl. Gesetzbuchs nicht statt.“

Eine besondere Neuerung liegt nun darin, daß für mehrere Amtsgerichtsbezirke eine Hinterlegungsstelle errichtet werden kann und daß ausdrücklich bestimmt wird, daß Mündelgelder bei den amtsgerichtlichen Hinterlegungsstellen nicht hinterlegt werden dürfen. Diese beiden Aenderungen sind ganz entsprechend. Für mehrere Amtsgerichtsbezirke wird nur dann eine einzige Hinterlegungsstelle errichtet werden, wenn die Amtsgerichte am selben Ort ihren Sitz haben, denn sonst würde die Sache sehr große Weiterungen zur Folge haben, und daß bei den amtsgerichtlichen Hinterlegungsstellen Mündelgelder nicht angelegt werden dürfen, ist ebenfalls ganz entsprechend, weil dadurch die Zinsen verloren gingen und weil die k. Bank ohnehin als Hinterlegungsstelle bezeichnet wird, bei welcher die Gelder mit 2 Prozent sofort verzinst werden und ohne vorherige Kündigung wieder zurückgenommen werden können. S. 359.

Abg. **Conrad** (Korreferent): Mit der neuen Fassung bin ich gleichfalls einverstanden. Ich will nur noch bemerken, daß diese Bestimmung in der Pfalz bisher schon für mehrere Amtsgerichte gegolten hat. Nach Abs. 3 sollen alle anderen Kassen von der Hinterlegung ausgeschlossen sein; es beruht das wohl auf den Erfahrungen, die man || bisher in dieser Beziehung gemacht hat. S. 360. An sich könnte man ja meinen, daß man dem Staate eine größere Latitüde lassen sollte. Allein ich halte mich auch dagegen nicht auf, wenn es sich als zweckmäßig erwiesen hat, das Hinterlegungswesen auf die k. Bank zu beschränken. Wir haben keinen Anlaß, hier am Alten festzuhalten.

Abg. **Wagner**: Ich will nur fragen, ob eine neue Verordnung erscheinen wird, oder ob die alte gelassen wird. Sehr viele Aenderungen dürften nicht nothwendig sein.

Senatspräsident Dr. **von Jacubezky**: Die Verordnung wird in manchen Einzelheiten geändert werden müssen und es wird auch eine Ausgleichung zwischen den rechtsrheinischen und den pfälzischen Vorschriften nothwendig sein. — Andere Kassen als die k. Bank als Hinterlegungsstellen zu bestimmen, hat sich nach den Erfahrungen, die man seit 1879 gemacht hat, als nicht erforderlich herausgestellt.

Vorsitzender: Damit darf ich auch Ziff. XXI als angenommen erklären.

Ziff. XXII.

Abg. **von Walter** (Referent): Nach Ziff. XXII soll Artikel 77 Abs. 1 eine andere Fassung erhalten. Derselbe lautete bisher (wird verlesen). Er soll künftig lauten:

„Die Gerichte haben sich in den Angelegenheiten, für welche die Vorschriften der Landesgesetze maßgebend sind, Rechtshülfe zu leisten."

Diese Aenderung ist darin begründet, daß für die Angelegenheiten, für die die Reichsgesetze maßgebend sind, ohnehin auch diese die Pflicht der Rechtshülfe auferlegen und deßhalb eine Vorschrift nur für die Angelegenheiten nothwendig ist, für welche die Landesgesetzgebung maßgebend ist. Ich beantrage, zuzustimmen.

Vorsitzender: Ziff. XXII ist angenommen.

Ziff. XXIII.

Abg. **von Walter** (Referent): Nach Ziff. XXIII soll im Artikel 78 Abs. 1 und im Artikel 79 eine Aenderung dahin vorgenommen werden, daß die Worte: „in den nicht zur ordentlichen streitigen Gerichtsbarkeit gehörenden Angelegenheiten" ersetzt werden durch die Worte: „in den Angelegenheiten, für welche die Vorschriften der Landesgesetze maßgebend sind". Diese Aenderung ist schon wiederholt beschlossen worden. Ich beantrage, zuzustimmen.

Vorsitzender: Ziff. XXIII ist angenommen.

S. 360. Wir kommen nun zu der bei Ziff. VI des Artikel 34 theilweise bereits angenommenen Ziff. XXIV.

Abg. **von Walter** (Referent): Nach Ziff. XXIV sollen der Artikel 28 Abs. 2, 3 und die Artikel 41, 46, 47 aufgehoben werden.

Der Artikel 41 bestimmt (wird verlesen). Diese Verhandlung und Entscheidung ist jetzt dem obersten Landesgerichte übertragen und daher Artikel 41 überflüssig.

Der Artikel 46 lautet (wird verlesen). Es ist ohnehin bei der künftigen Einrichtung des obersten Landesgerichts die Gefahr nicht mehr groß, daß die Civilsenate verschiedene Entscheidungen fällen, und deßhalb ist dieser Artikel entbehrlich und hat auch der Artikel 47, welcher lautet (wird verlesen), keine Bedeutung mehr.

Vorsitzender: Ziff. XXIV und damit der ganze Artikel 34 ist angenommen. Wir gehen über zu **Artikel 35.**

Abg. **von Walter** (Referent): Artikel 35 schlägt Aenderungen zum Gesetze vom 18. August 1879 zur Ausführung der Reichs-Strafprozeßordnung vor. In Ziff. I wird vorgeschlagen, daß im Artikel 107 die Worte „Notare oder" gestrichen werden. Artikel 107 lautete bisher (wird verlesen). Nach den Motiven sollen die Disziplinarvorschriften für die Notare sämmtlich in das neue Notariatsgesetz aufgenommen werden und ist deßhalb in diesem Gesetze eine Bestimmung nicht mehr nothwendig. Ich beantrage Zustimmung.

Vorsitzender: Ziff. I des Artikel 35 ist angenommen.

Ziff. II.

Abg. **von Walter** (Referent): Nach Ziff. II sollen die Artikel 14, 30, 31, 117 bis 121 aufgehoben werden.

Artikel 14 enthält folgende Vorschrift (wird verlesen). Hier ist eine civilrechtliche Vorschrift getroffen, die durch die Vorschrift des bürgerlichen Rechts beseitigt ist. — Artikel 30 lautet (wird verlesen). Artikel 31 lautet (wird verlesen). Auch hier handelt es sich um civilrechtliche Vorschriften, die durch das bürgerliche Recht ersetzt sind und deßhalb in dem Ausführungsgesetze zur Reichs-Strafprozeßordnung keinen Raum mehr haben. — Artikel 117 lautet (wird verlesen). Artikel 118 bezieht sich ebenfalls auf die Notare, ebenso die Artikel 119, 120 und 121, die Abänderungen zum Notariatsgesetze vom 10. November 1861 enthalten. Da das Notariatswesen in einem neuen Gesetze vollständig geregelt wird, so sind diese Bestimmungen ebenfalls überflüssig und beantrage ich daher die Zustimmung zu Ziff. II.

Vorsitzender: Ziff. II und damit der ganze Artikel 35 ist angenommen.

Artikel 36.

Abg. **von Walter** (Referent): Artikel 36 handelt von den Aenderungen, welche zum Gesetze vom 18. August 1879 über die Erbschaftssteuer vorgenommen werden sollen.

In Ziff. I wird der Artikel 1 Abs. 1 behandelt. Derselbe lautete bisher (wird verlesen). Nach dem Regierungsvorschlag soll die lit. a folgende Fassung erhalten:

„a) von Erbschaften, Vermächtnissen und Schenkungen auf den Todesfall, von Auflagen auf Zuwendungen dieser Art, die dem Empfänger der Leistung einen Vermögensvortheil zu verschaffen bezwecken, sowie von Pflichttheilsansprüchen;"

Die lit. b soll wegfallen.

Die Aenderung in lit. a ist durch die erbrechtlichen Bestimmungen des bürgerlichen Rechts nothwendig und enthält eine sachliche Neuerung nicht. S. 360.

Lit. b wird deßhalb hinfällig, weil in Bezug auf das Vermögen Abwesender ohnehin auch die bezüglichen Bestimmungen im Gesetze selbst getroffen werden und ein ‖ Unterschied zwischen dem rechtsrheinischen Bayern und der Pfalz in dieser Beziehung für die Folge nicht mehr bestehen soll. S. 361.

Ich beantrage Zustimmung.

Vorsitzender: Ziff. I ist angenommen.

Ziff. II.

Abg. **von Walter** (Referent): Ziff. II betrifft den Artikel 4 des Gesetzes. Dieser lautete bisher (wird verlesen). Künftighin soll nun Ziff. 1 folgende Fassung erhalten:

„1) Als Verwandtschaft gilt auch die durch Annahme an Kindesstatt begründete Verwandtschaft sowie das Verhältniß zwischen einem unehelichen Kinde und dessen Abkömmlingen einerseits und dem Vater und dessen Verwandten andererseits, sofern die Vaterschaft erweislich anerkannt ist."

Die Ziff. 2 soll folgenden Zusatz erhalten:

„Die Aufhebung der ehelichen Gemeinschaft nach § 1575 des Bürgerlichen Gesetzbuchs steht der Scheidung gleich."

In der Ziff. 1 sind die Aenderungen unbedeutend; es sind auch hier nur die Bestimmungen dem Bürgerl. Gesetzbuch angepaßt und insbesondere wird für uneheliche Kinder eine Bestimmung dahin getroffen, daß diese auch als Verwandte des außerehelichen Vaters behandelt werden, sofern die Vaterschaft erweislich anerkannt ist. Die Eingekindschafteten, die in der bisherigen Fassung erwähnt waren, sind hier weggelassen.

Daß die Aufhebung der ehelichen Gütergemeinschaft nach § 1575 des Bürgerl. Gesetzbuchs der Scheidung gleichzuachten ist, haben wir schon wiederholt anerkannt und wird deßhalb die Aufnahme einer bezüglichen Bestimmung auch hier erforderlich sein.

Ich habe gegen Ziff. II keine Erinnerung und beantrage Zustimmung.

Abg. **Conrad** (Korreferent): Ich beantrage gleichfalls Zustimmung. Der Herr Referent hat das Nöthige bereits erörtert. Besonders ist in Ziff. 11 der Motive angegeben, daß die Einkindschaftsverhältnisse noch erbrechtlich anerkannt werden, soweit sie aus früherer Zeit herrühren. In dieser Beziehung ist also jedes Bedenken beseitigt.

Vorsitzender: Ziff. II ist angenommen.

Ziff. III.

Abg. **von Walter** (Referent): Ziff. III schlägt Aenderungen der Artikel 7 und 8 des Gesetzes und zugleich die Einstellung eines neuen Artikel 8a vor Die Bestimmung des Artikel 7 lautete bisher (wird verlesen). Artikel 8 lautete bisher (wird verlesen). Bei der Abänderung dieser beiden Artikel ist nun über den Zweck des Gesetzes, die durch die Einführung des bürgerlichen Rechts veranlaßten Aenderungen vorzunehmen, hinausgegangen und ist eine Aenderung der Materie des Gesetzes selbst vorgeschlagen worden. Wie in den Motiven ausgeführt ist, hat diese Bestimmung bisher zu vielseitigen Konflikten und Kollisionen mit den auswärtigen Steuergesetzen geführt. Es wird deßhalb vorgeschlagen, daß einmal die Bestimmungen über die Grundstücke und die den-

S. 361. selben gleichstehenden Rechte und über das andere Vermögen in je einem Artikel vereinigt werden sollen. Bisher waren dieselben sowohl im Artikel 7 als im Artikel 8 enthalten. Es ist das eine Verbesserung des Gesetzes. Weiter soll für die Erhebung der Steuer nicht mehr die Staatsangehörigkeit des Erblassers, sondern nur sein Wohnort berücksichtigt werden. Hat der Erblasser seinen Wohnort nicht in Bayern, so wird die Steuer nur von dem in Bayern befindlichen Vermögen erhoben und das Gleiche tritt auch ein, wenn der Erblasser bei Beginn der Verschollenheit keinen Wohnsitz in Bayern hatte. Soweit hienach außerhalb Bayern befindliches Vermögen der Besteuerung unterliegt, wird auf die Erbschaftssteuer die in dem Staate, in dem sich das Vermögen befindet, von diesem Vermögen zu entrichtende Erbschaftsabgabe angerechnet. Ich glaube, daß gegen diesen Grundsatz nichts zu erinnern ist. In den Motiven ist die Aenderung der beiden Artikel genügend begründet und beantrage ich die Zustimmung zur neuen Fassung der Artikel 7 und 8.

Ein Bedenken habe ich für den Fall, wenn der Erblasser weder seinen Wohnsitz in Bayern hatte, noch auch sein Vermögen sich in Bayern befunden hat, die Erben aber in Bayern wohnen. Letztere werden, soweit ich die Bedeutung der Artikel auffasse, vollständig steuerfrei bleiben. Das scheint mir allzuweit zu gehen. Ich möchte darüber noch um Aufklärung bitten. Ich möchte glauben, daß die in Bayern wohnenden Erben besteuert werden sollen, auch wenn der Erblasser nicht in Bayern gewohnt hat und sein Vermögen in Bayern sich nicht befunden hat. Es kann aber auch sein, daß eine solche Bestimmung schon bisher Rechtens war, und dann würde meine Anregung gegenstandslos sein, weil wir wohl kein neues Recht schaffen wollen.

Abg. **Conrad** (Korreferent): Ich finde es vor Allem für zweckmäßig, daß in dem neuen Artikel 7 die Fälle zusammengestellt sind, die sich auf das Immobiliarverhältniß beziehen, und daß man im Artikel 8 die Mobiliarverhältnisse behandelt. Es ist das auch schon in dem Kommentar zum Erbschaftssteuergesetze von Pfaff zum besseren Verständniß in gleicher Weise behandelt. Dann, glaube ich, sind die Grundsätze, wie sie hier maßgebend waren und wie sie jetzt in gesetzgeberische Form gebracht werden sollen, die Folge von Erfahrungen, die bei der Handhabung des Gesetzes bisher gemacht worden sind, demgemäß sich praktisch bewährt haben und als nothwendig erweisen. Es ist mir auch bekannt geworden, welche Mannigfaltigkeit von Fällen hier eigentlich auftreten kann. Alle Möglichkeiten in der Gesetzgebung selbst zu berücksichtigen, ist ja unmöglich. Da hätte man schon mit außerordentlichen Schwierigkeiten zu kämpfen und darum finde ich es für zweckmäßig, daß nach Artikel 8a für solche Verhältnisse, wo der Erblasser seinen Wohnsitz in einem fremden Staate hatte, in dem die Grundsätze, wie sie in Artikel 8 aufgestellt sind, bis jetzt noch nicht anerkannt sind, oder wenn er einem fremden Staate überhaupt angehört hat, daß für solche Fälle das Finanzministerium weitere Anordnungen treffen kann. Eben weil man im Einzelnen nicht alle Fälle im vornherein fassen kann, muß man der k. Staatsregierung die Befugniß einräumen, hier neue Normen aufzustellen, wenn das Bedürfniß hiefür sich geltend macht. Auch das muß ich für diese Materie als durchaus zweckmäßig erklären.

Ministerialrath **Reisenegger:** Auf die Anfrage des Herrn Referenten beehre ich mich zu erwidern, daß, soferne man den Wohnsitz als Grundlage der Besteuerung nimmt, die Steuer allerdings dann nicht von dem im Inlande
S. 362. befindlichen beweglichen Vermögen erhoben werden || kann, wenn der Erblasser seinen Wohnsitz im Auslande hatte. Nach den bisherigen Bestimmungen war

dieß möglich, weil in unserem Gesetze Wohnsitz und Staatsangehörigkeit kon- S. 362.
kurrirten. Diese beiden Prinzipien nebeneinander haben sich aber, wie der Herr Korreferent schon bemerkte, in der Praxis nicht bewährt. Es hat fast regelmäßig zu Konflikten mit den fremden Steuergesetzen und zu Doppelbesteuerungen geführt, denen man nach den bisherigen Vorschriften häufig nicht anders begegnen konnte, als daß man die an sich geschuldete Steuer im Wege der Gnade zum Nachlaß gebracht hat. Hat sich nun durch die Praxis gezeigt, daß mit den gegenwärtigen Bestimmungen nicht mehr auszukommen war, so mußte man sich fragen, welches von den beiden Prinzipien, Staatsangehörigkeit oder Wohnsitz, für die künftige Gestaltung des Gesetzes zu wählen wäre. Was nun die Staatsangehörigkeit anlangt, so möchte ich mir die Bemerkung gestatten, daß, soviel mir bekannt ist, diejenigen Staaten, welche von der Staatsangehörigkeit des Erblassers die Besteuerung eines Nachlasses abhängig machen, keine besonders günstigen Erfahrungen gemacht zu haben scheinen. Die Wirkung war nur die, daß in sehr vielen Fällen solche Nachlasse weder von diesem Staate, noch von einem anderen Staate, in anderen Fällen aber von beiden Staaten zugleich besteuert wurden, daß ferner die Erbschaftssteuer von dem außerhalb des Landes befindlichen Vermögen eines im Ausland wohnenden inländischen Staatsangehörigen selten erhoben werden konnte, während anderseits das im Lande befindliche Vermögen eines auswärtigen Staatsangehörigen, der im Inland wohnte, frei aus dem Lande zog. In Bayern selbst wurde sehr oft die Erfahrung gemacht, daß die Steuerbehörde aus Gründen thatsächlicher Natur nicht in der Lage war, den Nachlaß eines außerhalb Bayerns verstorbenen bayerischen Staatsangehörigen zu besteuern, da die Behörde keine Kenntniß von dem Todesfall erhielt. Aus diesen Erwägungen ist in dem gegenwärtigen Entwurfe davon abgesehen worden, die Erhebung der Steuer von der Staatsangehörigkeit des Erblassers abhängig zu machen, und es ist in dem Entwurfe bestimmt worden, daß der Wohnsitz des Erblassers für die Steuererhebung maßgebend sein soll. Damit schließt sich der Entwurf einer ganzen Reihe anderer deutscher Gesetze an, wobei ich mir zu bemerken gestatte, daß die Aufführung dieser Gesetze in den Motiven keine erschöpfende ist, daß vielmehr neben den dort aufgeführten Bundesstaaten auch Bremen, Hamburg, Sachsen-Weimar, Oldenburg, Württemberg, Mecklenburg-Schwerin und Reuß j. L. von den gleichen Grundsätzen bei der Besteuerung des Nachlasses ausgehen. Ferner schließt sich der Entwurf auch den Grundsätzen des Reichsgesetzes über die Doppelbesteuerung an und steht gewissermaßen auch in Uebereinstimmung mit den Grundsätzen des § 27 der Civilprozeßordnung und des § 214 der Reichs-Konkursordnung, insoferne diese Gesetze bestimmen, daß für den Gerichtsstand der Erbschaft, sowie für das Konkursverfahren über einen Nachlaß das Gericht ausschließlich zuständig ist, bei welchem der Erblasser zur Zeit seines Todes den allgemeinen Gerichtsstand hatte. Zu dem Entwurfe selbst möchte ich noch bemerken, daß derselbe jedenfalls den Vorzug der größeren Einfachheit gegenüber den bisherigen Vorschriften hat, indem hienach vor Allem nur mehr der Wohnsitz des Erblassers für die Steuerpflicht des Nachlasses entscheidend ist, es nicht mehr darauf ankommt, ob die Erben innerhalb oder außerhalb Bayern wohnen und nur insoferne die bisherigen Bestimmungen aufrecht erhalten bleiben, als das außerhalb Bayern liegende Vermögen der Erbschaftssteuer nur insoweit unterliegt, als in dem Staate, in dem es sich befindet, keine oder eine geringere Steuer als in Bayern erhoben wird. Schließlich möchte ich mir aus Anlaß der Anfrage des Herrn Referenten auf die Bestimmungen des Artikel 8a des Entwurfs hinzuweisen gestatten, welche für den Fall, daß die Steuergesetze anderer Länder mit unserer

S. 362. Steuergesetzgebung im Prinzipe nicht übereinstimmen, eine entsprechende Besteuerung des im Inlande befindlichen Vermögens ohne Rücksicht auf den Wohnsitz und die Staatsangehörigkeit des Erblassers auf dem Wege der Vereinbarung mit anderen Staaten ermöglichen.

Abg. **von Walter** (Referent): Ich habe nach der Aufklärung, die ich soeben erhalten habe, gegen die Fassung der Artikel 7 und 8 kein weiteres Bedenken und beantrage Zustimmung.

Artikel 8a habe ich aber noch nicht behandelt; mit Erlaubniß des Herrn Vorsitzenden will ich auch gleich auf diesen eingehen. Derselbe lautet:

„Für den Fall, daß der Erblasser seinen Wohnsitz in einem Staate gehabt hat, in dem die Erbschaftssteuer nach anderen als den im Art. 8 bestimmten Grundsätzen erhoben wird, oder Angehöriger eines solchen Staates gewesen ist, kann das Staatsministerium der Finanzen zum Zwecke der Ausgleichung und thunlichster Vermeidung einer Doppelbesteuerung anordnen, daß das bewegliche Vermögen

1) ohne Rücksicht auf den Wohnsitz des Erblassers der Erbschaftssteuer unterliegt, wenn der Erblasser bayerischer Staatsangehöriger gewesen ist;
2) ohne Rücksicht auf den Wohnsitz und die Staatsangehörigkeit des Erblassers der Erbschaftssteuer unterliegt, wenn das Vermögen sich in Bayern befindet."

Die Grundsätze, die in Artikel 7 und 8 aufgestellt sind, sollen auch hier festgehalten werden; es soll durch Artikel 8a nur die Möglichkeit eröffnet werden,

a) das ganze bewegliche Vermögen der Steuer zu unterwerfen, wenn der Erblasser bayerischer Staatsangehöriger ist, und
b) dasselbe auch ohne Rücksicht auf den Wohnsitz und die Staatsangehörigkeit des Erblassers zu besteuern, wenn das Vermögen sich in Bayern befindet.

Weil aber die Verhältnisse namentlich durch die Steuergesetze anderer Staaten sehr verschiedenartig liegen können und weil wir in dieser Beziehung nicht ein für alle Mal bindende Vorschriften aufstellen können, so soll das Staatsministerium der Finanzen ermächtigt werden, in jedem einzelnen Falle die Voraussetzungen zu prüfen, inwieweit eine Erbschaftssteuer auch in Bayern erhoben werden kann. Ich halte diese Vorschriften für ganz entsprechend und bin der Meinung, daß diese Vermögen, um die es sich handelt, gar nicht anders getroffen werden können, als dadurch, daß wir dem Staatsministerium der Finanzen eine solche Befugniß einräumen. Ich habe auch zu genanntem Ministerium das volle Vertrauen, daß dasselbe in jedem einzelnen Falle zugreifen wird, wo etwas zu haben ist, und daß das bayerische Aerar in keinen Nachtheil kommen wird. Ich beantrage Zustimmung zu Artikel 8a.

Vorsitzender: Ich erkläre Ziff. III für angenommen.

S. 363.

Ziff. IV.

Abg. **von Walter** (Referent): Nach Ziff. IV sollen im Artikel 11 die Worte: „oder die Einweisung in den Besitz des Vermögens eines Abwesenden (Art. 1b)" gestrichen werden. Der Artikel 11 lautet (wird verlesen). Diese Bestimmung in Bezug auf die Einweisung in den Besitz des Vermögens des Abwesenden soll gestrichen werden, da dem Bürgerl. Gesetzbuche eine solche Einweisung fremd ist.

Abg. **Conrad** (Korreferent): Ich beantrage ebenfalls Zustimmung. Wir haben schon oben auszusprechen die Gelegenheit gehabt, daß das Bürgerl. Gesetzbuch die Einweisung in den Besitz eines Abwesenden gar nicht kennt. S. 363.

Vorsitzender: Ziff. IV ist angenommen.

Ziff. V.

Abg. **von Walter** (Referent): Nach Ziff. V soll der Artikel 22 eine neue Fassung erhalten. Derselbe lautete bisher (wird verlesen). Künftig soll der Artikel lauten:

> „Bei einer Nacherbfolge oder einem Nachvermächtnisse wird der Vorerbe oder der erste Vermächtnißnehmer als Nießbraucher und der Nacherbe oder der Nachvermächtnißnehmer als Erwerber der Substanz des an ihn herauszugebenden Vermögens behandelt.
>
> Ist jedoch die Einsetzung des Nacherben oder das Nachvermächtniß auf dasjenige beschränkt, was bei dem Eintritte des Falles der Nacherbfolge oder des Nachvermächtnisses übrig sein wird, so haben sowohl der Vorerbe oder der erste Vermächtnißnehmer von dem vollen Betrage des ihm angefallenen als der Nacherbe oder der Nachvermächtnißnehmer von dem vollen Betrage des an ihn herausgegebenen Vermögens nach ihrem Verhältnisse zum Erblasser die Erbschaftssteuer zu entrichten. Die von dem Vorerben oder dem Vorvermächtnißnehmer entrichtete Steuer wird für den Betrag, für welchen der Nacherbe oder der Nachvermächtnißnehmer steuerpflichtig ist, insoweit zurückvergütet, als sie den Betrag übersteigt, den der Vorerbe oder der Vorvermächtnißnehmer als Nießbraucher schulden würde."

In diesem Artikel handelt es sich um rein redaktionelle Aenderungen, die nur den Zweck haben, Gleichheit mit dem Bürgerl. Gesetzbuch herbeizuführen. Das Bürgerl. Gesetzbuch kennt nämlich eine fideikommissarische Substitution nicht mehr, sondern nur eine Nacherbschaft und ein Nachvermächtniß. In Folge dessen wird der Fideikommissar Nacherbe oder Nachvermächtnißnehmer und der Fiduziarerbe wird Vorerbe oder Vorvermächtnißnehmer. Wir müssen das Gesetz dem Sprachgebrauche des Bürgerl. Gesetzbuchs anpassen. Im Uebrigen werden durch die vorgeschlagene Aenderung Mißstände beseitigt. Die Bestimmung in Abs. 2, daß sowohl der Fideikommissar wie der Fiduziar für den vollen Betrag des Vermögens, der ihnen zukommt, steuerpflichtig sind, hat bisher vielfach zu einer doppelten Besteuerung geführt, die, wie in den Motiven ausgeführt ist, auch in der Kammer der Abgeordneten schon zu Klagen Anlaß gegeben hat. Allein bisher war eine Aenderung nicht möglich wegen der Rechtsverschiedenheit in Bayern. Diese Rechtsverschiedenheit hat nun das Bürgerl. Gesetzbuch beseitigt und deßhalb kann auch diese doppelte Besteuerung für die Folge beseitigt werden und wird es durch die Bestimmung, daß zwar sowohl der Vorerbe oder Vorvermächtnißnehmer als auch der Nacherbe oder Nachvermächtnißnehmer von dem vollen Betrage steuerpflichtig sind, daß aber der Vorerbe oder Vorvermächtnißnehmer, wenn er zu einer bestimmten Zeit das noch vorhandene Vermögen an den Nacherben oder Nachvermächtnißnehmer auszuantworten hat, nur als Nutznießer betrachtet und nur für die Nutznießung besteuert wird und daher Alles zurückerhält, was er zu viel bezahlt hat. Ich halte diese Bestimmung für recht und billig und beantrage, zuzustimmen.

Abg. **Conrad** (Korreferent): Ich stimme gleichfalls zu; insbesondere begrüße ich, daß hier eine Doppelbesteuerung, wie sie bisher stattgefunden hat

S. 363. und wie sie auch die Motive zugeben, künftig als eine unbillige Maßnahme in Wegfall kommt.

Vorsitzender: Ich erkläre die Ziff. V für angenommen.

Ziff. VI.

Abg. **von Walter** (Referent): Ziff. VI schlägt Aenderungen zu Artikel 23 Satz 1 vor. Dieser Satz lautete bisher (verliest). Künftighin soll diese Bestimmung lauten:

> „Haben Ehegatten gemeinschaftlich Verwandte des einen oder beider Ehegatten als Erben eingesetzt oder mit anderen Zuwendungen von Todeswegen bedacht, so wird angenommen, daß der Anfall von dem dem Bedachten am nächsten verwandten Ehegatten herrühre, soweit dessen Nachlaß reicht, sofern sich nicht aus den Umständen ergibt, daß die Zuwendung von dem anderen Ehegatten ausgegangen ist."

Nach den Motiven ist diese Bestimmung nothwendig, um die Auslegungsregel des § 2269 des Bürgerl. Gesetzbuchs auszuschließen, und wird auch materiell dagegen nichts zu erinnern sein. Im Zweifel wird also angenommen, daß der Anfall von dem dem Bedachten am nächsten verwandten Ehegatten herrühre und er deßhalb die geringere Steuer zu bezahlen hat. Wenn aber der Nachlaß dieses Ehegatten nicht so weit reicht oder sich aus den Umständen ergibt, daß die Zuwendung von dem anderen Ehegatten ausgegangen ist, so hat er den höheren Steuersatz zu entrichten. Ich beantrage Zustimmung.

Vorsitzender: Ziff. VI ist angenommen.

Ziff. VII.

Abg. **von Walter** (Referent): Ziff. VII schlägt eine Abänderung des Artikel 26 vor. Der Artikel 26 lautete bisher (verliest). Künftighin soll der Artikel lauten:

> „Testamentsvollstrecker, gesetzliche Vertreter und Bevollmächtigte der Erbinteressenten, Nachlaßpfleger sowie die Verwalter von Familienstiftungen haften persönlich für die Steuer, wenn sie vor deren Entrichtung oder Sicherstellung die Erbschaft, einzelne Erbtheile, Vermächtnisse, Schenkungen auf den Todesfall oder Bezüge aus Familienstiftungen ausantworten."

Es wird hier nun zunächst die Streichung des Wortes „Verlassenschaftskommissär" vorgeschlagen, weil es einen solchen nach dem Bürgerl. Gesetzbuch
S. 364. nicht mehr gibt, und ‖ außerdem wird das Wort „Nachlaßverwalter" ersetzt durch das Wort „Nachlaßpfleger", weil auch dieser Ausdruck der Sprachweise des Bürgerl. Gesetzbuchs entspricht. Ich habe gegen diese Aenderung nichts zu erinnern.

Vorsitzender: Ziff. VII ist angenommen.

Ziff. VIII.

Abg. **von Walter** (Referent): Ziff. VIII lautet: Im Artikel 28 Abs. 2 werden die Worte „oder auf Einweisung in den Besitz des Vermögens eines Abwesenden" gestrichen.

Diese Worte sind auch schon in Ziff. IV gestrichen worden und sie werden hier ebenfalls beseitigt werden müssen. Ich beantrage Zustimmung.

Vorsitzender: Ziff. VIII ist angenommen.

Ziff. IX. S. 364.

Abg. **von Walter** (Referent): Nach Ziff. IX wird eine Aenderung des Artikel 30 dahin vorgeschlagen, daß im Satz 1 die Worte „letztwilliger Verfügungen“ durch die Worte „einer Verfügung von Todeswegen“ und im Satz 2 die Worte „letztwillige Verfügungen“ durch die Worte „die Verfügungen von Todeswegen“ ersetzt werden. Diese Streichung ist in den Motiven genügend begründet. Es handelt sich darum, auch andere Verfügungen von Todeswegen als die Testamente zu berücksichtigen, und dagegen ist nichts zu erinnern.

Vorsitzender: Ziff. IX ist angenommen.

Ziff. X.

Abg. **von Walter** (Referent): In Ziff. X wird eine Aenderung zu Artikel 31 Abs. 1 vorgeschlagen. Hier sollen die Worte „notarielles Inventar“ ersetzt werden durch die Worte „vorschriftsmäßig errichtetes Inventar“. Wir haben bereits bei den Aenderungen des Ausführungsgesetzes zum Reichs-Gerichtsverfassungsgesetze beschlossen, daß auch die Gerichtsschreiber unter Umständen zuständig sind, Inventare zu errichten. Deßhalb ist diese Aenderung nothwendig. Ich beantrage Zustimmung.

Abg. **Conrad** (Korreferent): Das Inventar kann also sowohl von dem Notar als von dem Gerichte errichtet werden. Der Herr Referent hat schon ausgeführt, daß auch die Gerichtsschreiber zur Aufstellung eines Inventars nach dem Gesetze vom 18. März 1896, die Abänderung des Artikel 19 des Notariatsgesetzes betreffend, befugt sind. Es erscheint daher die vorgeschlagene neue Fassung angemessener.

Vorsitzender: Ziff. X ist angenommen.

Ziff. XI.

Abg. **von Walter** (Referent): Nach Ziff. XI soll der Artikel 34 eine andere Fassung erhalten. Derselbe lautete bisher (Referent verliest). Die neue Fassung soll lauten:

> „Für Personen, die unter elterlicher Gewalt, unter Vormundschaft oder unter Pflegschaft stehen, sowie für juristische Personen sind die in den Art. 29, 31 bis 33 aufgestellten Verpflichtungen von den gesetzlichen Vertretern zu erfüllen.“

Die Aenderung entspricht in dem ersten Theile dem Sprachgebrauche des Bürgerl. Gesetzbuchs und insbesondere auch dem Umstande, daß die unter Pflegschaft stehenden Personen gleich zu behandeln sind wie die unter Vormundschaft stehenden. In dem zweiten Theile handelt es sich blos um die Streichung der Worte: „einschließlich der den letztern gleichzuachtenden Vermögensmassen“, weil es nach dem Bürgerl. Gesetzbuch solche Vermögensmassen, insbesondere eine ruhende Erbschaft, nicht mehr geben soll, die den juristischen Personen gleichstehen. Ich beantrage Zustimmung.

Vorsitzender: Ziff. XI ist angenommen.

Ziff. XII.

Abg. **von Walter** (Referent): Nach Ziff. XII soll im Artikel 35 Abs. 1 das Wort „notariellen“ gestrichen werden. Der Artikel 35 Abs. 1 bestimmt (Referent verliest). Hier soll das Wort „notariellen“ gestrichen werden. Es entspricht das einem Beschlusse, den wir bereits zu Ziff. X gefaßt haben. Ich beantrage Zustimmung.

Vorsitzender: Ziff. XII ist angenommen.

S. 364.

Ziff. XIII.

Abg. **von Walter** (Referent): Ziff. XIII sagt: Als Artikel 44a wird der Abs. 4 des Artikel 46 eingestellt. Der Artikel 46 lautete bisher (Referent verliest). Zu diesem Vorschlag ist auch einschlägig der Vorschlag zu Ziff. XIV, wonach Artikel 46 aufgehoben werden soll. Die Aufhebung betrifft eigentlich nur die drei ersten Absätze, nämlich die Absätze, welche von der Verjährung der Erbschaftssteuerbeträge und von der Verjährung des Anspruchs auf Rückersatz bezahlter Erbschaftssteuern handeln. Diese Bestimmungen sind im Ausführungsgesetze zum Bürgerl. Gesetzbuche bereits ersetzt und deßhalb hier nicht mehr aufrecht zu erhalten. Um nun dem Abs. 4 des Artikel 46 gleichwohl seine Geltung zu verschaffen, wird vorgeschlagen, daß derselbe als Artikel 44a eingesetzt werden soll. Hiegegen ist nichts zu erinnern. Die Artikel 43 und 44 handeln vom Strafverfahren wegen Steuerhinterziehungen und sonstiger Verfehlungen und deßwegen wird nach Artikel 44 die bisherige Vorschrift des Artikel 46 Abs. 4 am besten einzustellen sein. Ich beantrage deßhalb Zustimmung zu Ziff. XIII und zugleich auch zur Aufhebung des bisherigen Artikel 46.

Abg. **Conrad** (Korreferent): Ich erkläre gleichfalls meine Zustimmung. Durch Artikel 112 und 113 des Ausführungsgesetzes sind die drei ersten Absätze des Artikel 46 aufgehoben. Um nun den vierten Absatz noch lebendig zu erhalten, ist die Einstellung desselben als Artikel 44a geboten.

Vorsitzender: Ziff. XIII ist angenommen.
Wir kommen zu Ziff. XIV.

Abg. **von Walter** (Referent): In Ziff. XIV wird die Aufhebung des Artikel 25 Abs. 3 Satz 2 vorgeschlagen. Artikel 25 handelt von Personen, welche die Erbschaftssteuer betrifft. In Abs. 3 Satz 1 ist die Bestimmung enthalten:
S. 365. „Erben und Miterben, welche in den Besitz der ‖ Erbschaft gelangt waren, sind bis zur Höhe des aus der Erbschaft Empfangenen für die Versteuerung derjenigen Anfälle haftbar, welche sie vor Entrichtung oder Sicherstellung der Steuer an die Berechtigten ausgeantwortet haben." Gegen die Aufhebung dieses Artikels besteht eine Erinnerung nicht; dieselbe ist in den Motiven begründet. Ich beantrage Zustimmung.

Vorsitzender: Ziff. XIV ist angenommen.
Wir kommen zum Schlußabsatz.

Abg. **von Walter** (Referent): Der Schlußabsatz lautet (Referent verliest). Die Bestimmung ist nach meinem Dafürhalten vollständig berechtigt. Soweit Erbschaften vor dem Inkrafttreten des Bürgerl. Gesetzbuchs anfallen, werden sie auch nach den Vorschriften des bisherigen bürgerlichen Rechts behandelt und kann deßhalb für die Erbschaftssteuer eine andere Norm nicht angenommen werden. — Daß die Vorschriften der Artikel 7 bis 8a der neuen Fassung sofort in Geltung treten sollen, halte ich für gerechtfertigt, weil die Konflikte, welche uns zu einer Aenderung veranlaßt haben, schon sofort bei Inkrafttreten des gegenwärtigen Gesetzes vermieden werden sollen. Ich beantrage Zustimmung.

Ich vermisse übrigens hier eine Bestimmung wegen der Einkindschaftungen.

Abg. **Conrad** (Korreferent): Aus den vom Herrn Referenten erörterten Gründen stimme ich gleichfalls zu.

Was der Herr Referent erwähnte, ist in der Begründung unter Ziff. 11 ausgeführt. Dort heißt es, daß auch die bei Inkrafttreten des Bürgerl. Gesetz-

buchs bestehenden Einkindschaftsverhältnisse ihre erbrechtliche Bedeutung behalten. S. 365.
Wenn das nicht genügen sollte, wenn der Gedanke vielmehr förmlich in das Gesetz aufgenommen werden müßte, so hätte ich schließlich auch nichts dagegen. Ich glaubte aber, daß die Motive ausreichen dürften, um hier etwaige Schwierigkeiten fern zu halten.

Senatspräsident Dr. **von Jacubezky**: Die bestehenden Einkindschaftsverhältnisse bleiben durch das Bürgerl. Gesetzbuch unberührt und werden diejenige erbrechtliche Wirkung, die sie nach dem bisherigen Recht haben, auch nach dem 1. Januar 1900 behalten. Insoweit bleiben für den nach dem Inkrafttreten des Bürgerl. Gesetzbuchs eintretenden Anfall die Vorschriften des bisherigen bürgerlichen Rechts maßgebend und insoweit soll nach dem Abs. 2 auch die bisherige Fassung des Erbschaftssteuergesetzes maßgebend bleiben. Die Einkindschaft allein im Abs. 2 ausdrücklich zu nennen, dürfte sich nicht empfehlen.

Abg. **von Walter** (Referent): Ich könnte mir doch denken, daß hier eine Einschaltung gemacht werden könnte, ähnlich derjenigen, welche wir zu Artikel 21 gemacht haben. Allerdings ist die dortige Fassung nicht vollständig entsprechend. Dort haben wir den Zusatz gemacht, daß die vor dem Inkrafttreten des Bürgerl. Gesetzbuchs eingekindschafteten Kinder in Ansehung der Heimath den ehelichen Kindern gleichstehen. Hier könnte man vielleicht den Zusatz zum ersten Satze machen: „Soweit für einen nach dem Inkrafttreten des Bürgerlichen Gesetzbuchs eintretenden Anfall die Vorschriften des bisherigen bürgerlichen Rechtes, insbesondere auch die für die eingekindschafteten Kinder maßgebend bleiben rc. rc.“ Ich glaube, das wäre deutlicher. Wir dürfen nicht vergessen, daß das Erbschaftssteuergesetz doch zunächst von den Rentämtern in Anwendung gebracht wird und daß wir den Steuerbehörden nicht zumuthen dürfen, auch die Motive und das Verhältniß zwischen dem Bürgerl. Gesetzbuche und dem bisher geltenden Rechte eingehend zu studiren, und daher dürfte es am Platze sein, hier eine Bestimmung zu treffen. Ich war sogar der Meinung, daß im Texte des Gesetzes das bereits enthalten war; ich habe mich aber jetzt überzeugt, daß blos in den Motiven davon gesprochen wird.

Senatspräsident Dr. **von Jacubezky**: Ich halte die Einschaltung nicht für wünschenswerth. Wenn man einen einzelnen Fall besonders nennt, so entsteht leicht der Anschein, als ob die Norm einen solchen Sinn hätte, daß ohne die besondere Anführung der Fall nicht getroffen sein würde. Die Sachlage ist hier eine andere als beim Heimathgesetz. Bei diesem handelt es sich ausschließlich um den einen Satz, daß auch in Zukunft das eingekindschaftete Kind den ehelichen Kindern gleichsteht. Hier aber handelt es sich um alle möglichen Verhältnisse des bisherigen Rechts, z. B. auch um eine Einweisung in den Besitz des Vermögens eines Abwesenden nach französischem Recht. Eben deßwegen wurde die allgemeine Fassung gewählt. Ein Mißverständniß dahin, daß das vereinkindschaftete Kind, obwohl es nach den bisherigen Vorschriften wie ein eheliches Kind erbt, nicht nach der bisherigen Vorschrift auch in Ansehung der Erbschaftssteuer einem ehelichen Kinde gleichstehen solle, ist nicht zu befürchten.

Abg. **von Walter** (Referent): Ich sehe allerdings, daß die von mir vorgeschlagene Einschaltung weder in der Form paßt, noch auch gegen Mißdeutungen des Gesetzes schützt. Ich würde deßhalb vorerst auf eine Einschaltung verzichten und es dem Gange der weiteren Berathung überlassen, ob nicht in der Beziehung Abhilfe getroffen werden kann. Ich muß allerdings zugeben,

S. 365. daß die Einleitungsworte: „Soweit für einen nach dem Inkrafttreten des Bürgerlichen Gesetzbuchs eintretenden Anfall die Vorschriften des bisherigen Rechtes maßgebend bleiben" auch die Auslegung zulassen, daß darunter auch Erbschaftsanfälle an die vor dem Inkrafttreten des Bürgerl. Gesetzbuchs bereits eingekindschafteten Kinder fallen. Aber undeutlich bleibt die Bestimmung immerhin.

Vorsitzender: Auch der Schlußabsatz ist angenommen.

Wir kommen zu **Artikel 37.**

Abg. **von Walter** (Referent): Zu Artikel 37 wird uns eine Reihe von Aenderungen vorgeschlagen, die im Gesetze vom 21. April 1884, die Landeskultur-Rentenanstalt betreffend, vorzunehmen sind.

In Ziff. I ist zunächst eine Aenderung für Artikel 7 Satz 2 des Gesetzes vorgeschlagen. Artikel 7 lautete bisher (Referent verliest). Der zweite Satz des Artikels soll künftighin lauten (Referent verliest). Diese Fassung ist blos durch die verschiedenen Formen des Grundkredits bedingt, welche durch das Bürgerl. Gesetzbuch eingeführt werden, und ist eine Erinnerung dagegen nicht zu erheben.

Abg. **Landmann:** Im Interesse der Kulturunternehmer wäre es sehr erwünscht, wenn die Bestimmung getroffen werden könnte, daß eine Zustimmung des Hypothekgläubigers zur Rangausweichung nicht nothwendig ist. Dem steht
S. 366. aber die Bestimmung des § 880 des Bürgerl. Gesetz‖buchs entgegen und es bleibt daher lediglich ein Wunsch, der nicht erfüllt werden kann.

Ich möchte mir übrigens bei diesem Anlaß eine Frage erlauben. Bei der Berathung des Etats des Ministeriums des Innern wurde von Seite des Herrn Staatsministers des Innern die Revision der Landeskultur-Rentenanstalt in Aussicht gestellt, welche insbesondere mit der Erweiterung der Zwecke, für welche Darlehen gegeben werden, sich befassen soll. Ich möchte an den Herrn Vertreter der k. Staatsregierung die Frage stellen, ob in der That eine solche Revision in Aussicht genommen ist.

Regierungsrath **Brettreich:** Eine Revision des Gesetzes vom 21. April 1884 ist in Aussicht genommen. Ursprünglich war projektirt, dieselbe mit dem Ausführungsgesetze zum Bürgerl. Gesetzbuche zu verbinden. Man ist aber davon abgegangen, da es sich doch um ziemlich tief einschneidende Bestimmungen materieller Art handelt, womit man dieses Gesetz nicht belasten wollte. Außerdem wären dreierlei Einführungstermine in das Gesetz aufzunehmen gewesen. Die Revision wird sich vorzugsweise auf die Artikel 2, 7, 8 und 9 beziehen und wird aller Wahrscheinlichkeit nach dem letzten Budgetlandtage der bezügliche Gesetzentwurf zugehen.

Vorsitzender: Ziff. I darf wohl als angenommen betrachtet werden.

Ziff. II.

Abg. **von Walter** (Referent): Ziff. II ändert den Artikel 8 des bisherigen Gesetzes. Derselbe lautet (Referent verliest). Künftig soll der Artikel 8 folgende Fassung erhalten (Referent verliest). Bei dieser Aenderung handelt es sich zunächst um die Erstreckung des Gesetzes auf die Pfalz, die jetzt möglich ist, weil das Liegenschaftsrecht in Folge der Anlegung des Grundbuchs nicht mehr verschieden ist. Abs. 1 wird zunächst redaktionell geändert. Die Bestimmung des Abs. 2 wird veranlaßt durch die §§ 1107 und 1108 des Bürgerl. Gesetzbuchs, weil hienach eine Haftung des Erwerbers nicht mehr ausgesprochen werden kann, wie es im bisherigen Gesetz der Fall war. Um übrigens die

Anstalt nicht zu schädigen, wird zum Ersatz dafür in Ziff. 3 Abs. 2 im Anschluß S. 366. an das in diesem Fall in Artikel 5 Abs. 2 Ziff. 3 der Anstalt bereits eingeräumte Kündigungsrecht die Ablösbarkeit bestimmt. Weiter ist auch die Bestimmung neu, daß für die Abtrennung eines Realrechts oder Grundstücks die Bestimmungen des Gesetzes über das Unschädlichkeitszeugniß maßgebend sind. Ich kann eine Beanstandung hiegegen nicht erheben und beantrage Zustimmung zu Ziff. II.

Abg. **Conrad** (Korreferent): Ich beantrage gleichfalls Zustimmung.

Was die pfälzischen Verhältnisse betrifft, so ist hier nichts zu machen. Das Liegenschaftsrecht wird in Zukunft auch in der Pfalz das gleiche sein. Gegen die Uebernahme des Artikels auf die Pfalz ist daher nichts zu erinnern. Der Herr Referent hat bereits erörtert, daß es durch § 1107 des Bürgerl. Gesetzbuchs veranlaßt ist, diese Norm zu treffen.

Vorsitzender: Ziff. II ist angenommen.

Ziff. III.

Abg. **von Walter** (Referent): Nach Ziff. III soll der Artikel 9 Abs. 2 Ziff. 3 eine andere Fassung erhalten. Der Artikel 9 lautet (Referent verliest). Die Ziff. 3 soll nun dahin geändert werden, daß sie künftig zu lauten hat (Referent verliest). Die Aenderung hat einerseits darin ihren Grund, daß die Subhastationsordnung aufgehoben wird und der Rang sich künftighin nach den Bestimmungen des Einführungsgesetzes zum Gesetze über Zwangsversteigerung und Zwangsverwaltung richtet und daß anderseits der Ausdruck „öffentliche Abgaben" durch „öffentliche Lasten" zu ersetzen ist. Der Artikel entspricht in letzterer Beziehung einem Beschlusse, den wir bereits im Ausführungsgesetze zum Bürgerl. Gesetzbuche gefaßt haben. Ich beantrage Zustimmung zu Ziff. III.

Abg. **Conrad** (Korreferent): Wie der Herr Referent bereits bemerkt hat, ist die neue Fassung veranlaßt durch die Aufhebung der Subhastationsordnung und durch das Gesetz über Zwangsversteigerung und Zwangsverwaltung. Was den Begriff „öffentliche Lasten" anlangt, so darf ich auf die Motive zu Artikel 15 unseres Gesetzentwurfs hinweisen, wo auch das Nähere erörtert ist. Ich bin mit der Fassung einverstanden.

Vorsitzender: Ziff. III ist angenommen.

Wir kommen zu Ziff. IV.

Abg. **von Walter** (Referent): Nach Ziff. IV soll der Artikel 10 Abs. 2 Satz 3 eine andere Fassung erhalten. Artikel 10 handelt von den Darlehensgesuchen. In Abs. 2 wird bestimmt (Referent verliest). Die Aenderung betrifft blos die Gleichstellung der Landestheile rechts des Rheins mit der Pfalz und werden deßhalb die Worte weggelassen „in den Landestheilen rechts des Rheins". Ich beantrage Zustimmung.

Vorsitzender: Ziff. IV ist angenommen.

Ziff. V.

Abg. **von Walter** (Referent): Nach Ziff. V sollen im Artikel 12 mehrfache Aenderungen vorgenommen werden und zwar sehr eingreifende. Artikel 12 lautete bisher (Referent verliest). Zunächst sollen unter Nr. 1 die Eingangsworte durch folgende Vorschriften ersetzt werden (Referent verliest). Die Aenderung ist theils redaktionell, theils hat sie ihren Grund in der Erstreckung des Gesetzes auf die Pfalz, dann im Artikel 118 des Einführungsgesetzes,

S. 366. welcher die Einräumung des Vorrangs nur auf dem Grundstücke gestattet, für dessen Verbesserung das Darlehen gereicht wird, wenn sie nicht mit Zustimmung des Berechtigten geschieht, und endlich darin, daß die Verweisung auf die Subhastationsordnung durch die Verweisung auf die Bestimmungen des Gesetzes über Zwangsversteigerung und Zwangsverwaltung ersetzt und die Bestimmungen über die Zustellungen im Anschluß an das Gesetz über das Unschädlichkeitszeugniß getroffen werden. Als zuständig wird erklärt das Amtsgericht, wo das Grundbuch geführt wird, und außer den Hypothekschulden werden auch noch die Grund- und Rentenschulden angeführt. Ich habe hiegegen eine Erinnerung nicht zu erheben.

Vorsitzender: Nr. 1 der Ziff. V ist angenommen.

S. 367.

Nr. 2.

Abg. **von Walter** (Referent): Unter Nr. 2 wird eine Aenderung zu Ziff. 2 vorgeschlagen, und zwar soll die Fassung künftig lauten (Referent verliest). Diese Aenderung entspricht dem Stande der neuen Gesetzgebung. Ich beantrage Zustimmung.

Vorsitzender: Nr. 2 ist angenommen.

Nr. 3.

Abg. **von Walter** (Referent): Nach Nr. 3 soll die Ziff. 3 lit. b, c, d folgende Fassung erhalten (Referent verliest). Diese Neuerung ist vollständig entsprechend nach dem Zwecke und der bereits wiederholt beschlossenen Form der Ladung. Ich beantrage Zustimmung.

Vorsitzender: Nr. 3 ist angenommen.

Nr. 4.

Abg. **von Walter** (Referent): Nach Nr. 4 sollen an die Stelle der Ziff. 3 Abs. 2 Satz 2 folgende Vorschriften treten (verliest). Auch diese Bestimmungen entsprechen verschiedenen Vorschriften, welche wir bereits bezüglich der öffentlichen Ladung bei Gelegenheit der Berathung anderer Gesetze, insbesondere auch des Gesetzes über das Unschädlichkeitszeugniß angenommen haben. Ich beantrage Zustimmung.

Vorsitzender: Nr. 4 ist angenommen.

Nr. 5.

Abg. **von Walter** (Referent): Nach Nr. 5 soll die Ziff. 3 folgenden Abs. 3 erhalten (verliest). Auch diese Vorschrift ist keine neue, sondern bereits theils im Unschädlichkeitsgesetz, theils in abändernden Bestimmungen anderer Gesetze aufgenommen worden. Ich beantrage Zustimmung.

Vorsitzender: Nr. 5 ist angenommen.

Nr. 6.

Abg. **von Walter** (Referent): Nach Nr. 6 soll die Ziff. 4 folgende Fassung erhalten (verliest). Auch diese Vorschrift hat schon ihre Vorgängerinnen. Ich beantrage Zustimmung.

Vorsitzender: Nr. 6 ist angenommen.

Nr. 7.

Abg. **von Walter** (Referent): Nach Nr. 7 soll als Ziff. 6 folgende Vorschrift hinzugefügt werden (verliest). Es handelt sich nur darum, festzustellen, daß die Eintragung vorgenommen werden kann, ohne daß die Urkunden der Berechtigten vorhanden sind, daß aber nachträglich die Berichtigung dieser Urkunden durch das Grundbuchamt zu bewerkstelligen ist. Ich beantrage Zustimmung. S. 367.

Vorsitzender: Nr. 7 und somit die ganze Ziff. V ist angenommen.

Wir kommen zu Ziff. VI.

Abg. **von Walter** (Referent): Nach Ziff. VI sollen im Artikel 13 Abs. 4 Aenderungen vorgenommen werden. Artikel 13 handelt davon, daß das Darlehen nur zur Ausführung des Unternehmens, zu welchem es bewilligt ist, verwendet werden soll. Abs. 4 bestimmt (verliest). Künftighin sollen die Worte: „und unterliegt nur der in dieses Grundstück stattfindenden Zwangsvollstreckung" gestrichen und folgende Vorschrift beigefügt werden: „Ist das Grundstück zum Zwecke der Zwangsvollstreckung in Beschlag genommen, so ist die Anstalt zu der Auszahlung nicht verpflichtet." Die Streichung der Worte: „und unterliegt nur der in dieses Grundstück stattfindenden Zwangsvollstreckung" ist gerechtfertigt mit Rücksicht auf § 20 Abs. 2, § 21, § 146 Abs. 1, § 148 Abs. 1 des Gesetzes über die Zwangsversteigerung und Zwangsverwaltung. Durch die Streichung wird aber die Einfügung einer neuen Vorschrift nothwendig und diese ist vollständig begründet und sachgemäß. Ich beantrage deßhalb Zustimmung zu Ziff. VI.

Abg. **Conrad** (Korreferent): Der Herr Referent hat bereits erörtert, daß namentlich das neue Gesetz über die Zwangsversteigerung und Zwangsverwaltung zu der vorgeschlagenen Aenderung Anlaß gibt. Namentlich aber darf ich auf eine Bemerkung in den Motiven hinweisen, die für die Rechtsauslegung nützlich ist, insofern die Rechte der Anstalt nicht so weit gehen als gegenwärtig. Es ist in den Motiven gesagt, daß das Darlehen bestimmungsgemäß eigentlich nur zur Verbesserung des Grundstücks gegeben werden kann. Das ist ja eben der Zweck der Anstalt. Wenn das Darlehen zu einer anderen Verwendung kommt, überhaupt nicht in dem Sinne gewirthschaftet wird, wie bei der Darlehenshingabe intendirt war, so kann aus diesem Grunde schon gegen den Darlehensempfänger vorgegangen werden, damit die Anstalt zu ihrem Rechte kommt.

Ich habe eine weitere Erinnerung nicht zu machen, nachdem die k. Staatsregierung selbst ihre Interessen ausreichend geschützt glaubt.

Abg. **von Walter** (Referent): Es ist mir gerade bemerkt worden, daß durch die Vorschrift, daß, wenn das Grundstück zur Zwangsvollstreckung beschlagnahmt worden ist, die Anstalt zur Auszahlung nicht verpflichtet sei, unter Umständen das Unternehmen gefährdet werden könne. Ich glaube, daß das nicht der Fall ist. Es kommt eben auf die Umstände an. Wenn demjenigen, gegen den die Beschlagnahme des Grundstücks erwirkt worden ist, schon zu viel ausbezahlt worden ist und mit dem Reste das Unternehmen nicht mehr ausgeführt werden kann, dann ist die Gefährdung nicht erst durch die Weigerung der Anstalt eingetreten, sondern sie ist ohnehin schon gegeben. In dem Falle, wo mit dem Reste das Unternehmen nicht ausgeführt werden kann, hätte die Auszahlung gar keinen Zweck. Ich glaube, daß die Anstalt selber ein Interesse daran hat, die Ausführung des Unternehmens zu begünstigen, und daß deßhalb nicht anzunehmen ist, daß sie ohne ausreichende und triftige Gründe die Auszahlung verweigern wird. Wenn freilich triftige Gründe entgegenstehen, wird ohnehin die Ausführung kaum mehr zu erwarten sein. Ich glaube daher, daß die Besorgniß, daß durch die Verweigerung der Auszahlung das Unter-

S. 367. nehmen gefährdet wird, nicht begründet ist. Bei der Entscheidung der Frage, ob die Anstalt die Zahlung bethätigen soll oder nicht, wird es sich wohl blos um einen Rest der Darlehenssumme handeln und hier wird es darauf ankommen, ob mit dem Reste die Ausführung des Unternehmens möglich ist oder nicht. So habe ich mir die Sache zurechtgelegt und deßhalb zu einer Beanstandung meiner Person keinen Anlaß gehabt.

S. 368. Regierungsrath **Brettreich:** Ich halte die Ausführungen des Herrn Referenten für vollständig zutreffend. Durch die neue Bestimmung soll der Anstalt nur die Befugniß gewährt werden, daß sie erforderlichen Falles das Darlehen nicht auszuzahlen braucht. Die Anstalt hat natürlich selbst ein Interesse daran, daß das Unternehmen ausgeführt werde, und wird, wenn irgendwie Gewähr dafür gegeben ist, daß das Geld bestimmungsgemäß verwendet wird, von der ihr zugedachten Befugniß keinen Gebrauch machen. Geht das Grundstück an einen Anderen über und ist das Unternehmen noch nicht vollständig ausgeführt, so kann, wenn der neue Besitzer des Grundstücks um das Restdarlehen nachsucht, dasselbe unbedenklich diesem neuen Besitzer unter den sonstigen gesetzlichen Voraussetzungen Seitens der Landeskulturrentenkommission gegeben werden.

Vorsitzender: Ich darf annehmen, daß Ziff. VI damit erledigt ist.

Wir kommen zu Ziff. VII.

Abg. **von Walter** (Referent): Nach Ziff. VII soll Artikel 18 eine neue Fassung erhalten. Artikel 18 lautete bisher (verliest). Künftighin soll er lauten (verliest). In Abs. 1 ist blos die Umschreibung der Hypotheken berücksichtigt und dagegen ist nichts zu erinnern. Was aber Abs. 2 betrifft, so ist derselbe, wie in den Motiven ausgeführt ist, nothwendig, um diejenigen Berechtigten, welche der Schuld, dem Darlehen oder der Reallast im Range ausgewichen sind, nicht zu benachtheiligen. Wenn die Hypothek sich mit dem Eigenthum in einer Hand vereinigt, so ist nach § 1177 des Bürgerl. Gesetzbuchs für den Eigenthümer eine Grundschuld erwachsen, und um dieß auszuschließen und um den Berechtigten, welche im Range ausgewichen sind, die durch die erfolgte Tilgung wieder auflebende bessere Hypothek zuzuwenden, die sie von vornherein gehabt haben, ist dieser Absatz bestimmt. Ich glaube, daß das vollständig berechtigt ist, und beantrage Zustimmung zu dieser Aenderung.

Abg. **Conrad** (Korreferent): Ich finde die neue Bestimmung gleichfalls gerechtfertigt. Es handelt sich um die sogenannte Eigenthümerhypothek des neuen Rechts, der gegenüber das Interesse der Anstalt gesichert werden mußte. Die Fassung an und für sich ist vollständig gerechtfertigt und zweckmäßig. Ich stimme daher derselben zu.

Vorsitzender: Ziff. VII ist angenommen.

Ziff. VIII.

Abg. **von Walter** (Referent): Nach Ziff. VIII sollen an die Stelle des Artikel 23 Abs. 1 Satz 2 neue Vorschriften treten. Artikel 33 Abs. 1 lautete bisher (verliest). Künftighin soll der zweite Satz lauten (verliest). Diese Erweiterung hat ihren Grund in der veränderten Gesetzgebung und ist nicht zu beanstanden. Ich beantrage Zustimmung.

Vorsitzender: Ziff. VIII ist angenommen.

Ziff. IX.

Abg. **von Walter** (Referent): Ziff. IX bezweckt die Aufhebung des Artikel 22. Derselbe lautet (verliest). Diese Bestimmungen sind bereits durch § 49 des

Ausführungsgesetzes zum Bürgerl. Gesetzbuche getroffen, die auf die Landeskulturrentenscheine u. s. w. Anwendung finden. Ich beantrage deßhalb Zustimmung zu der Aufhebung des Artikel 22. S. 368.

Vorsitzender: Artikel 22 wird aufgehoben.
Wir kommen zum Schlußabsatz.

Abg. **von Walter** (Referent): Der Schlußabsatz lautet (Referent verliest). Diese Vorschrift ist vollständig entsprechend. Die Aenderungen, welche wir heute beschlossen haben, treten erst mit dem Bürgerl. Gesetzbuche am 1. Januar 1900 in Wirksamkeit. Bis dahin sind Uebergangsbestimmungen nothwendig, entsprechend dem Vorgange von Bestimmungen, die bereits in den Gesetzen über die Vorbereitung der Anlegung des Grundbuchs und das Unschädlichkeitszeugniß getroffen sind. Insbesondere ist es auch am Platze, daß die Vorschriften des Artikel 18 Abs. 2 auf das nach § 84 des Hypothekengesetzes dem Schuldner zustehende Recht entsprechende Anwendung finden. Dieser § 84 behandelt nämlich den Fall, daß der Hypothekschuldner Eigenthümer oder Besitzer des verpfändeten Anwesens wird, und bestimmt, daß in diesem Falle die Hypothek durch Konsolidation erlischt, daß er aber das Recht hat, einer neuen Hypothek diesen Rang einzuräumen. Dieses Recht soll ebenfalls ausgeschlossen werden. Ich beantrage Zustimmung.

Abg. **Conrad** (Korreferent): Ich finde diese Bestimmung für zweckmäßig und vollständig zutreffend. Nur möchte ich fragen, ob sich hiefür nicht ein besonderer Artikel empfiehlt, anstatt diese Norm einfach am Schluß des Gesetzes anzuführen.

Senatspräsident Dr. **von Jacubezky:** Wir haben schon in mehreren vorhergehenden Artikeln, insbesondere in den Artikeln 33 und 36, solche Beispiele von Uebergangsbestimmungen, die in einem besonderen Absatze getroffen werden.

Vorsitzender: Damit ist auch der Schlußabsatz angenommen und demnach der ganze Artikel 37.

Hierauf wird die Sitzung auf den 15. Dezember Vormittags $9^1/_2$ Uhr vertagt.

(Schluß der Sitzung um 12 Uhr 30 Minuten.)

von Stobäus,
Vorsitzender.

Dr. Casselmann,
Schriftführer.

---

22. S. 369.

Protokoll

über die Sitzung des besonderen (XVIII.) Ausschusses der Kammer der Abgeordneten zur Berathung der durch die Einführung des Bürgerlichen Gesetzbuchs veranlaßten Gesetzentwürfe.

(Beilagenband XX, Abth. II, z. d. Verhandl. d. K. d. Abg. 1898 Seite 369 bis 381.)

München, den 15. Dezember 1898, Vormittags $9^1/_2$ Uhr.

Gegenwärtig:

Die Vertreter der k. Staatsregierung: der k. Staatsminister der Justiz Dr. Freiherr von Leonrod, Excellenz, der k. Senatspräsident am obersten Landesgerichte Dr. Ritter von Jacubezky, der k. Oberregierungsrath im Staatsministerium des Innern Krazeisen, der k. Regierungsrath im Staatsministerium des Innern Brettreich;

S. 369. ferner die Ausschußmitglieder: von Stobäus, Vorsitzender, Wagner, Stellvertreter des Vorsitzenden, Dr. Casselmann, Schriftführer, Michel, Stellvertreter des Schriftführers, Conrad, Fuchs, Joseph Geiger, Joseph Huber, Landmann, Lerno, Lutz, Seeberger, Segitz, von Walter (Dr. Ratzinger entschuldigt).

Tagesordnung:

Entwurf eines Gesetzes, die durch die Einführung des Bürgerlichen Gesetzbuchs veranlaßten Aenderungen der seit 1818 erlassenen Gesetze betreffend.

Artikel 38 mit 45, dann Artikel 24, 25 und 33. (Beilage D.)*)

Erste Lesung.

Der Vorsitzende **von Stobäus** eröffnet um 9 Uhr 35 Minuten die Sitzung.

Vorsitzender: Bevor wir in die Tagesordnung eintreten, möchte ich eine geschäftliche Angelegenheit zur Sprache bringen.

Gestern und vorgestern hat der Justizausschuß der hohen Reichsrathskammer Sitzung gehabt und wahrscheinlich wird morgen der Gesetzentwurf Beilage C erledigt werden. Ich bin der Meinung, daß, wenn auch zunächst dieser Gesetzentwurf der Reichsrathskammer vorgelegt worden ist, uns nichts hindert, in die Berathung desselben einzutreten. Wir würden dann während der Weihnachtsferien alle Protokolle erhalten und nach „Dreikönige" mit der Berathung der Beilage C beginnen können. Von Seite des k. Staatsministeriums der Justiz steht diesem Vorhaben nichts im Wege. Wenn sonst keine Erinnerung besteht, so nehme ich an, daß das Ihr Beschluß ist.

Wir stehen bei **Artikel 38** (der Beilage B).

Abg. **von Walter** (Referent): Artikel 38 bringt eine ganze Reihe mitunter sogar tief einschneidender Aenderungen und Neuerungen zu dem Gesetze vom 29. Mai 1886, die Flurbereinigung betreffend. Nach Ziff. I wird als Artikel 9a folgende Vorschrift eingestellt:

> „Zu den im Flurbereinigungsverfahren abzugebenden Erklärungen bedarf der Vater oder die Mutter als Inhaber der elterlichen Gewalt sowie ein Vormund oder Pfleger nicht der Genehmigung des Vormundschaftsgerichts oder des Familienraths, ein Nachlaßpfleger nicht der Genehmigung des Nachlaßgerichts, der gesetzliche Vertreter einer Körperschaft, Stiftung oder Anstalt des öffentlichen Rechtes oder einer unter der Verwaltung einer öffentlichen Behörde stehenden Stiftung nicht der Genehmigung der vorgesetzten Behörde."

Dieser Artikel enthält Bestimmungen, die sich bisher in Artikel 21 Abs. 5 und Artikel 50 des Gesetzes befunden haben. Diese beiden bisherigen Bestimmungen sollen aufgehoben und in Artikel 9a die Bestimmungen den Vorschriften des Bürgerl. Gesetzbuchs angepaßt werden. Es wird dagegen eine Erinnerung nicht zu erheben sein; ich beantrage, zuzustimmen.

Abg. **Conrad** (Korreferent): Ich möchte zunächst die Frage an die k. Staatsregierung richten, ob dieser Artikel 9a nicht besser etwas weiter zurückzustellen und zwar etwa bei Artikel 16 anzureihen wäre. Die Artikel des I. Abschnittes des Flurbereinigungsgesetzes handeln zunächst von den Grundstücken und Objekten, die in das Flurbereinigungsunternehmen einzubeziehen sind. Hiebei wird die Ersatzfähigkeit und die Art und Weise des Ersatzes abgewandelt. Erst im Artikel 16 kommen die Personen und Behörden vor, die als Vertretungsorgane in das Verfahren hereinzuziehen sind. Ich dächte daher, daß vielleicht hier für den neuen Artikel der angemessene Platz wäre.

---

*) Diese s. unten nach den Protokollen über die Ausschußverhandlungen erster Lesung.

Senatspräsident Dr. **von Jacubezky:** Ich glaube, daß die vom Herrn Korreferenten vorgeschlagene Stelle nicht die richtige ist; es handelt sich nicht blos um die Hereinziehung in das Verfahren. Artikel 16 handelt von den Ladungen und den im Flurbereinigungsverfahren erfolgenden Mittheilungen; er sagt, daß die Ladungen und Mittheilungen auch an die Aufsichts- und die Vormundschaftsbehörden zu richten sind. Hier haben wir es aber nicht mit der Ladung zu thun, sondern mit der Vertretungsmacht. Eine auf diese bezügliche Frage ist im Artikel 9 für die Familienfideikommisse behandelt; dort ist eine Vorschrift über die Genehmigung des Fideikommißgerichts gegeben, deren der Fideikommißbesitzer zu Veränderungen in dem Bestande des Fideikommisses bedarf. Die Genehmigung soll ohne weitere Prüfung und ohne Anhörung der Anwärter ertheilt werden, wenn die Voraussetzungen des Artikel 9 erfüllt sind. Mit dieser Vorschrift steht die des Artikel 9a in einer gewissen Verwandtschaft, nach welcher der Inhaber der elterlichen Gewalt, der Vormund und der Vertreter einer juristischen Person zu den im Flurbereinigungsverfahren abzugebenden Erklärungen nicht der Genehmigung des Vormundschaftsgerichts oder der Aufsichtsbehörde bedürfen. S. 369

Abg. **Conrad** (Korreferent): Im Uebrigen habe ich nichts zu erinnern. Der Artikel ist ja vollkommen gerechtfertigt. Er nimmt den Gedanken des Artikel 21 Abs. 5 || und Artikel 50 auf und zwar im Interesse eines zweckmäßigen förderlichen Verfahrens, eine Tendenz, die ja überhaupt das ganze Gesetz beherrscht. S. 370.

Vorsitzender: Ich erkläre Ziff. I für angenommen.

Ziff. II.

Abg. **von Walter** (Referent): Nach Ziff. II soll Artikel 10 Abs. 1 eine neue Fassung erhalten. Er lautete bisher (wird verlesen). Diese Bestimmung soll nun für die Folge lauten:

> „Sind die in die Unternehmung einbezogenen Grundstücke desselben Eigenthümers verschieden belastet, so sind die an ihre Stelle tretenden Grundstücke in Ermangelung einer anderweitigen Uebereinkunft, soweit es zur Wahrung der auf sie übergehenden Rechte erforderlich ist, nach den verschiedenen Belastungen auszuscheiden und im Steuerkatasterplane mit besonderen Nummern zu bezeichnen. Verfügungsbeschränkungen stehen den Belastungen gleich."

Durch diese neue Fassung wird an der bisherigen Bestimmung nichts geändert, sie hängt lediglich mit dem Liegenschaftsrechte des Bürgerl. Gesetzbuchs zusammen und beantrage ich Zustimmung.

Vorsitzender: Ich kann auch Ziff. II für angenommen erklären.

Ziff. III.

Abg. **von Walter** (Referent): Nach Ziff. III soll die Fassung des Artikel 13 geändert werden. Derselbe lautete bisher (wird verlesen). Für die Folge soll der Artikel lauten:

> „Wird bei einer Flurbereinigung zum Zwecke der Ausgleichung eine Geldentschädigung nach Art. 6 Abs. 5 geleistet, so ist sie zunächst zur Ablösung der Grundlasten zu verwenden, soweit diese wegen des Minderwerths der eingetauschten Grundstücke nicht auf diese übertragbar sind; auf den Rest finden, wenn die ausgetauschten Grundstücke mit Rechten Dritter belastet sind, die für die Haftung des

S. 370. Entschädigungsanspruchs und das Vertheilungsverfahren im Falle der Zwangsenteignung geltenden Vorschriften Anwendung.

Eine nach Art. 6 Abs. 6 zu leistende Geldentschädigung haftet für Reallasten, Hypotheken, Grundschulden und Rentenschulden, mit denen die ausgetauschten Grundstücke belastet sind, nach Maßgabe der Vorschriften des § 1123 Abs. 2 Satz 1 und des § 1124 Abs. 1, 3 des Bürgerlichen Gesetzbuchs."

Gegen diese neue Fassung ist nichts zu erinnern. Abs. 1 schließt sich in seiner Fassung an das Liegenschaftsrecht des Bürgerl. Gesetzbuchs an und der Abs. 2 in seiner bisherigen Fassung fällt vollständig weg. Nun soll dafür ein neuer Absatz eingestellt und in diesem bestimmt werden, daß für die Entschädigung eines blos vorübergehenden Minderwerths die Bestimmungen Anwendung finden, die für Mieth- und Pachtzinse nach §§ 1123 und 1124 des Bürgerl. Gesetzbuchs gelten. Es soll also die Entschädigung durch die Gläubiger mit Beschlag belegt und dadurch der Verfügung des Schuldners entzogen werden können. Ich glaube, daß dagegen nichts zu erinnern ist. Wir haben ähnliche Bestimmungen auch schon bei anderen Gesetzen gutgeheißen. Ich beantrage daher Zustimmung zu Ziff. III.

Vorsitzender: Ich erkläre Ziff. III für angenommen.

Ziff. IV.

Abg. **von Walter** (Referent): Nach Ziff. IV erhält Artikel 16 Abs. 1 eine neue Fassung. Derselbe lautete bisher (wird verlesen). In Zukunft soll diese Bestimmung lauten:

„Die nach den Art. 20, 25, 32 ergehenden Ladungen und Mittheilungen sind, wenn Personen betheiligt sind, die unter Vormundschaft stehen oder für die die Bestellung eines Pflegers oder eines Beistandes angeordnet ist, auch an das Vormundschaftsgericht, falls eine Nachlaßpflegschaft angeordnet ist, auch an das Nachlaßgericht, für Stiftungen auch an die Aufsichtsbehörde zu richten."

Diese Bestimmung schließt sich auch nur an die Bestimmungen des Bürgerl. Gesetzbuchs über das Familien- und Erbrecht an. Die bisherige Fassung kann nicht aufrecht erhalten werden; die neue enthält keine sachliche Aenderung. Ich beantrage Zustimmung.

Abg. **Conrad** (Korreferent): Ich stimme gleichfalls hier zu. Hauptsächlich kommen hier Kirchenstiftungen in Frage, die der Staat unter Kuratel hat. Ohne Genehmigung der Kuratelbehörde kann über das Vermögen keine Verfügung getroffen werden. Es muß deßhalb für die Ladung und Mitwirkung der Kuratelorgane gesorgt werden.

Abg. **Wagner:** An und für sich sollte man ja meinen, daß gegenüber der Bestimmung des neuen Artikel 9a die Bestimmung des Artikel 16 Abs. 1 nicht nothwendig wäre. Allein ich bin doch auch dafür, daß man es bei dieser Bestimmung beläßt, und ich würde nur wünschen, daß bei anderen ähnlichen Verhältnissen auch immer die entsprechende Mittheilung erfolgt. So z. B. ist bei der Zwangsversteigerung eine Mittheilung an die Pflegschaftsbehörde früher nicht nothwendig gewesen; ich glaube, es ist auch jetzt noch nicht nothwendig und wird, wenn ich die Sache richtig verfolgt habe, auch künftig nicht nothwendig sein. Ich halte das für einen Fehler und würde der Meinung sein, daß es zweckmäßiger wäre, wenn die Justizverwaltung im Aufsichtswege anordnen würde, daß die Vollstreckungsgerichte dem Vormundschaftsgericht Mit-

theilung zu machen haben. Ich möchte nur erwähnen, daß mir in der Praxis S. 370.
Folgendes vorgekommen ist: Bei einer Subhastation waren Minderjährige betheiligt und ihre Hypotheken wären zum Zuge gekommen, wenn der Vormund richtig geboten hätte. Es war das noch unter der früheren Subhastationsordnung, wo wir das Mindestgebot noch nicht hatten und wo die Art der Vertheilung des Erlöses, sofern die Versteigerung im Ganzen erfolgt war, sich nicht etwa nach dem Werthe der einzelnen Objekte richtete, sondern nach den einzelnen Geboten. Nun war der Vormund so ungeschickt, dort, wo die Mündel die erste Hypothek hatten, nur einen ganz geringen Betrag zu bieten; beim Gesammtgebot wurde er überboten und bei der Vertheilung des Erlöses kam auf die Mündel nur ein ganz geringer Betrag. Wäre der Vormund entsprechend instruirt gewesen, und das hätte die Vormundschaftsbehörde ohne Zweifel veranlaßt, wenn sie von der Sache gewußt hätte, dann hätte der Verlust vermieden werden können. Ein ähnlicher Fall kann wieder eintreten. Es ist gegen den Vormund damals auch Klage auf Haftung gestellt worden, aber er konnte nicht haftbar || gemacht werden. Die Mündel sind jedoch um ein Ver- S. 371.
mögen von glaublich circa 7,000 ℳ. gekommen. Das wäre zu vermeiden gewesen, wenn die Vormundschaftsbehörde rechtzeitig von der Zwangsversteigerung benachrichtigt worden wäre und wenn das Vormundschaftsgericht den Vormund instruirt hätte, wie er sich bei der Versteigerung zu verhalten habe. Nachdem die Versteigerung vorbei war, hat man die Geschichte erst erfahren und war sie nicht mehr rückgängig zu machen.

Senatspräsident Dr. **von Jacubezky**: Unter welchen Umständen bei der Zwangsversteigerung eine Zustellung an das Vormundschaftsgericht oder an die Aufsichtsbehörde stattzufinden hat, ist im § 6 Abs. 3 des Gesetzes über die Zwangsversteigerung und die Zwangsverwaltung bestimmt. Die Sachlage ist hier eine andere als bei der Zwangsversteigerung. Hier handelt es sich um Verfügungen über die Grundstücke des Mündels. Zu einer solchen Verfügung bedarf der Vormund im Allgemeinen der Genehmigung des Vormundschaftsgerichts. Nach Artikel 9a ist aber im Flurbereinigungsverfahren die Genehmigung des Vormundschaftsgerichts nicht erforderlich. Mit Rücksicht hierauf trifft der Artikel 16 Vorsorge, daß das Vormundschaftsgericht von dem Verfahren Kenntniß erlangt und dadurch in die Lage kommt, eine Einwirkung auf den Vormund zu üben; dadurch soll ein Ersatz für das wegfallende Erforderniß der Genehmigung geboten werden. Bei der Zwangsversteigerung kommt ein solcher Ersatz nicht in Frage, weil der Vormund zur Vertretung des Mündels in dem Verfahren von vornherein nicht der Genehmigung des Vormundschaftsgerichts bedarf. Hievon abgesehen besteht kein Bedürfniß, von jedem Zwangsversteigerungsverfahren, bei dem ein Minderjähriger betheiligt ist, dem Vormundschaftsgerichte Nachricht zu geben. Die Vertretung des Mündels obliegt nicht dem Vormundschaftsgericht, sondern dem Vormund. Es ist auch nicht die Aufgabe des Vormundschaftsgerichts, den Vormund auf Schritt und Tritt zu leiten. Es mag sein, daß in einzelnen Fällen ein Nachtheil von dem Mündel abgewendet werden könnte, wenn der Vormundschaftsrichter die Vormundschaft selbst führte und sich des Vormunds nur als Hilfsorgans bediente. Aber das Bürgerl. Gesetzbuch hat dem Vormundschaftsgericht nicht diese Stellung angewiesen und die Landesgesetzgebung kann die Aufgabe des Vormundschaftsgerichts nicht erweitern. Würde die im Bürgerl. Gesetzbuch bestimmte Aufgabe des Vormundschaftsgerichts es erfordern, daß dieses von jeder Zwangsversteigerung, ei der ein Mündel betheiligt ist, Kenntniß erhält, so hätte das Gesetz über

S. 371. die Zwangsversteigerung und die Zwangsverwaltung eine darauf bezügliche Vorschrift für das ganze Reich getroffen.

Abg. **Wagner:** Daß der gesetzliche Zustand so ist, wie der Herr Senatspräsident ausgeführt hat, gebe ich vollständig zu. Allein ich kann nicht vollständig damit übereinstimmen, daß das Vormundschaftsgericht um solche Dinge sich nicht kümmern soll. Wenn der Vormund ein wichtiges Vermögensobjekt veräußert oder wenn es sich z. B. um Hypothekenanlagen handelt, dazu braucht der Vormund die Zustimmung des Vormundschaftsgerichts. Wenn aber Verhältnisse eintreten, wo das ganze Mündelgeld zu Verlust kommen kann, so ist es doch eigenthümlich, daß die Vormundschaftsbehörde nicht in Kenntniß gesetzt werden, den Verlust ruhig hingehen lassen soll, ohne daß es dazu mitwirken kann, daß der Verlust verhindert wird. Die Belastung des Gerichts würde keine sehr bedeutende sein, weder jene der Zwangsvollstreckungs-, noch jene der Vormundschaftsgerichte; denn wenn man eine solche Mittheilung macht, so geschieht sie nach Formularen, und ob einem Gericht ein solches Formular mehr zugestellt wird oder nicht, das ist doch ziemlich gleichgiltig. Anderseits glaube ich, daß es unter Umständen doch angezeigt wäre, daß von Vormündern, die recht unerfahren sind, der Rath des Vormundschaftsgerichts erholt würde. Sie sind vielleicht der Meinung, daß sie ihn nicht brauchen, aber das Vormundschaftsgericht kann doch eher ermessen, ob hier nicht eine rechtliche Frage hereinspielt, die zu erwägen ist und auf die der Vormund aufmerksam zu machen ist. Ich glaube, daß, wenn eine solche Vorschrift erfolgt, das Vormundschaftsgericht und die Notare dieselbe wohl befolgen müßten. Es werden ja auch sonst solche Vorschriften erlassen (z. B. für die Staatsanwälte), die oft weniger nothwendig wären und doch befolgt werden, während sie mir im Interesse der betheiligten Minderjährigen sehr nothwendig erschienen.

Abg. **Conrad** (Korreferent): Ich glaube nicht, daß man so weit gehen darf, wie der Herr Kollege Wagner meint. Das Verhältniß der Kuratelbehörde zur Kirchenstiftung ist schon eine Art Vormundschaft selbst. Hier aber ist zur Wahrung der Interessen des Mündels zunächst der Vormund bestellt, für welchen das Vormundschaftsgericht dann eine weitere Instanz bildet. Mit der Notifikation allein dürfte es aber nicht genug sein. Die Folge wäre doch die, daß das Gericht gegebenen Falles selbst thätig werden müßte. Würde es hier eine Versäumniß begehen, so könnte es unter Umständen zur Verantwortung gezogen werden. Das geht denn doch zu weit.

Abg. **Wagner:** Mit dem Standpunkt des Herrn Vorredners kann ich mich absolut nicht einverstanden erklären, denn da bin ich doch der Meinung, daß es praktischer ist, daß der Staat die eventuelle Verantwortung riskirt, als wenn man einfach in Fällen, in denen der Minderjährige eines erhöhten Schutzes bedarf, nicht Vorsorge dafür trägt, daß dieser Schutz in entsprechendem Maße eintritt. Die Haftung wird eine so kolossale nicht werden, und ein ordentlicher Vormundschaftsrichter wird die erwachsende Verpflichtung nach meiner Meinung ganz gern erfüllen. Das wird vom Vormundschaftsrichter nicht zu viel verlangt sein; man verlangt ja nichts Unmögliches, sondern daß er, wo der Rath eines Rechtskundigen nothwendig ist, diesen Rath dem Vormund ertheile.

Abg. **von Walter** (Referent): Ich kann nicht recht einsehen, wie die Vorsorge gegriffen werden soll. Es ist ja gar nicht möglich, vorauszusehen, welche Komplikationen bei der Zwangsversteigerung selbst eintreten, und darum kann

eine Information des Vormunds durch das Vormundschaftsgericht nicht wohl S. 371.
so stattfinden, wie es nothwendig ist, um alle Fälle zu treffen. Ich würde glauben, daß, wenn man wirklich den Vormund in der Weise informiren wollte, nichts Anderes übrig bliebe, als daß der Vormundschaftsrichter selbst der Zwangsversteigerung beiwohnt; das kann man aber doch nicht anordnen. Ein vorsichtiger und erfahrener Vormund wird ohnehin den Weg finden, der eingeschlagen werden muß, um den Mündel zu sichern. Es steht auch nichts im Wege, daß er sich im Voraus beim Vormundschaftsgericht erkundigt, und ebensowenig steht im Wege, daß er den Notar, wenn ein solcher Fall eintritt, daß er sich nicht selbst zurecht zu finden weiß, um Rath frägt. Denn eine Information zu ertheilen, die alle Fälle deckt, ist nach meiner Ansicht nicht möglich, und darum wird eine Bestimmung, wie sie der Herr Kollege Wagner S. 372.
treffen will, sehr schwer zu treffen sein.

Abg. **Wagner:** Ich kann auch mit dem Herrn Referenten nicht ganz einverstanden sein. Ich gebe zu, daß nicht alle Verhältnisse zu überblicken sind, aber der Vormund ist doch weniger in der Lage als der Vormundschaftsrichter, zu prüfen, ob die Rechtsverhältnisse schwierig sind und ob es nothwendig ist, daß der betreffende Vormund bei der Versteigerung einen Rechtsbeistand beizieht. Es wird der Vormundschaftsrichter, wenn Veranlassung gegeben ist, daß der Vormund sich eines rechtskundigen Beistandes bedient, in der Lage sein, zum Vormund zu sagen, in dieser Sache müsse ein Rechtsanwalt beigezogen werden.

Vorsitzender: Ich erkläre Ziff. IV für angenommen.

Ziff. V.

Abg. **von Walter** (Referent): Ziff. V schlägt einen Zusatz zu Artikel 18 Abs. 4 des Gesetzes vor. Dieser Abs. 4 lautete (wird verlesen). Der Zusatz, der dazu gemacht werden soll, lautet:

„Bei Familienfideikommissen kann die Flurbereinigungs-Kommission auch in solchen Fällen das im Art. 9 bezeichnete Zeugniß ertheilen."

Die Flurbereinigungskommission soll das Zeugniß ertheilen können, um eine Einvernehmung der Anwärter auszuschließen. Diese Bestimmung ist gewiß sehr nothwendig und ich glaube, sie wird sich wohl auch auf den Fall beziehen, wenn nach Artikel 22 mit Zustimmung der Flurbereinigungskommission bei einer Flurbereinigung geringeren Umfangs beschlossen wird, daß die Ausarbeitung einem geprüften Geometer übertragen wird. Der Absatz dürfte wohl auch zu allegiren sein, um auch für diesen Fall Vorsorge zu treffen. Sonst habe ich gegen den Zusatz nichts zu erwähnen und beantrage Zustimmung.

Abg. **Conrad** (Korreferent): Mit dem Herrn Referenten finde ich diesen Zusatz, der eine neue materielle Bestimmung enthält, durchaus praktisch. Er liegt schon im Interesse und Geiste des Gesetzes. Wenn die Kommission nicht in Anspruch genommen würde, also das Zeugniß nicht auszustellen hätte, so würde nach Artikel 9 die Zustimmung der Anwärter zu erholen sein. Artikel 9 hat eben zur Voraussetzung die Ausstellung eines Zeugnisses der Flurbereinigungskommission. Es würde also eine unnöthige Weiterung herbeigeführt, die durch diesen Zusatz vermieden wird.

Regierungsrath **Brettreich:** Ich erachte die Citirung des Artikel 22 nicht für geboten. Dieser Artikel ist schon durch die Artikel 9 mit 18 Abs. 1 gedeckt. Es handelt sich bei der neuvorgeschlagenen Bestimmung hauptsächlich

S. 372. um die Fälle, in welchen Fideikommißbesitzer sich an die Flurbereinigungskommission wenden, um im Wege freien Uebereinkommens eine kleinere Flurbereinigung durchführen zu können. Solche Fälle sind schon öfters vorgekommen. Jetzt müßte die Flurbereinigungskommission eigentlich das ganze Verfahren nach Artikel 18 u. ff. des Gesetzes durchführen. Künftighin würde die Flurbereinigungskommission die Sache einfach durch einen Kommissär an Ort und Stelle prüfen lassen und dann eventuell das Zeugniß ausstellen, ohne daß ein weiteres Verfahren eingeleitet zu werden braucht.

Abg. **von Walter** (Referent): Es ist aber richtig, daß auch in den Fällen des Artikel 22 die Flurbereinigungskommission das Zeugniß ausstellen kann.

Regierungsrath **Brettreich**: Jawohl!

Vorsitzender: Ich erkläre Ziff. V für angenommen.

Ziff. VI.

Abg. **von Walter** (Referent): Ziff. VI schlägt eine Neufassung des Artikel 20 Abs. 1 vor. Artikel 20 Abs. 1 lautete (wird verlesen). Die Bestimmung soll künftig lauten:

„Ist eine Unternehmung als zur weiteren Instruirung geeignet erklärt, so sind die nach Maßgabe des hiebei festgesetzten Umfanges der Unternehmung betheiligten Grundeigenthümer beziehungsweise deren gesetzliche Vertreter durch die Distriktsverwaltungsbehörde zu einer Tagsfahrt mit der Eröffnung zu laden, daß

1) Einwendungen bezüglich der Voraussetzungen der Flurbereinigung (Art. 1 bis 5) bei Vermeidung des Ausschlusses entweder in der Tagesfahrt oder binnen vierzehn Tagen nach derselben bei der Distriktsverwaltungsbehörde vorgebracht werden müssen,
2) daß diejenigen betheiligten Grundeigenthümer, welche weder in Person erscheinen noch durch einen Bevollmächtigten vertreten sind, als der Inangriffnahme der Flurbereinigung zustimmend erachtet werden und auch aller Einwendungen gegen die sonstigen Beschlüsse der Tagsfahrt verlustig gehen,
3) daß zur Stellvertretung eine von der Gemeindebehörde des Wohnorts beglaubigte Vollmacht genügt."

Neu ist in diesen Bestimmungen die, daß Einwendungen bezüglich der Voraussetzung der Flurbereinigung auch noch innerhalb vierzehn Tagen nach der Tagsfahrt vorgebracht werden können; diese Bestimmung ist in Ziff. 1 enthalten. In Ziff. 2 werden aber die betheiligten Grundeigenthümer schon als zustimmend erachtet, wenn sie nicht in der Tagsfahrt selbst erscheinen und Einwendungen vorbringen. Ich kann mir nicht recht denken, daß Ziff. 2 mit Ziff. 1 vollständig harmonirt, und meine, daß auch in Ziff. 2 dieselbe vierzehntägige Frist eröffnet werden müßte, wie in Ziff. 1. Nach meinem Dafürhalten wäre es vielleicht überflüssig, außer der Tagsfahrt noch eine weitere Frist von vierzehn Tagen zu eröffnen. Es wird auch sonst in den nachfolgenden Bestimmungen diese weitere Frist etwas störend eingreifen, wenn die Beschlußfassung in der Tagsfahrt eine so beschränkte sein wird, während, wenn in der Tagsfahrt alle Einwendungen bei Vermeidung des Ausschlusses vorgetragen werden müßten, eine Beschlußfassung über die Flurbereinigung selbst ermöglicht wäre.

Ich behalte mir deßhalb vor, eventuell einen dießbezüglichen Antrag zu stellen.

Abg. **Conrad** (Korreferent): Wir stehen hier vor einem Zusatz von sach- S. 372.
lichem Inhalt und nicht ohne Bedeutung. Ich finde diese Bestimmung sehr praktisch. Es ist in den Motiven des Näheren die Rede von den Mißlichkeiten, die entstehen, wenn erst in einem späteren Stadium des Verfahrens, möglichenfalls S. 373.
sogar vor dem Verwaltungsgerichtshof, die Vorfrage bestritten wird, ob nämlich überhaupt die Voraussetzungen für ein Flurbereinigungswerk gegeben seien. Ich erinnere daran, daß sonst im Zwangsenteignungsverfahren diese Vorfrage vollkommen entschieden sein muß, ehe in das Verfahren über das Entschädigungsbegehren eingetreten wird. Damit nicht die Situation eintritt, daß in einem vorgerückten Stadium noch einmal eine grundlegende Einwendung kommt, ist dieses Zwischenverfahren gewissermaßen eingeschoben. Daß man, um die Betheiligten einigermaßen sicher zu stellen, eine Frist von vierzehn Tagen glaubte bewilligen zu müssen, das schien mir angezeigt und hätte ich eine Erinnerung nicht. Etwas anders scheint mir Ziff. 2 zu liegen, die überhaupt eine solche Aenderung gegenüber den früheren Bestimmungen nicht enthält. Ich hätte kein Bedenken gegen diese Fassung. Es ist auch in Artikel 21, über den wir noch zu reden kommen, ebenfalls auf diesen Rechtsnachtheil hingewiesen. Man wollte wenigstens Alles thun, was möglich ist, um die Betheiligten später vor Schädigung zu bewahren.

Regierungsrath **Brettreich:** Die Aenderungen der Artikel, die in den Ziff. VI—VIII vorgeschlagen werden, sind von ziemlich weittragender Bedeutung. Es handelt sich um folgendes Verhältniß: Bis jetzt wird in der sogenannten ersten Tagsfahrt nur über die Inangriffnahme einer Flurbereinigung Beschluß gefaßt, und sind Einwendungen in definitiver Weise erst in dem Verfahren nach Artikel 25 abzugeben. Die erste Tagsfahrt hat demnach einen mehr provisorischen Charakter. Dieß ist aber ein mißliches Verhältniß. Es kann der Fall eintreten, daß ein Unternehmen mit großem Zeit- und Kostenaufwande vollständig durchgeführt worden ist, schließlich aber ein Betheiligter kommt und sagt, es sind ja die Voraussetzungen einer Flurbereinigung gar nicht gegeben. Verfolgt dann derselbe die Sache im Beschwerdeweg und spricht der Verwaltungsgerichtshof schließlich aus, daß die Voraussetzungen in der That nicht vorliegen, so sind die Arbeit und der Aufwand umsonst. Um dem vorzubeugen, soll bestimmt werden, daß, wer die rechtlichen Voraussetzungen des Unternehmens bestreiten will, dieß in der ersten Tagsfahrt oder innerhalb vierzehn Tagen hernach bethätigen muß. Wird eine Einwendung nicht erhoben, so sind die Betheiligten in dieser Richtung gebunden und können später nur noch Einwendungen bezüglich der Art der Ausführung des Unternehmens geltend machen. Ich glaube, daß dieses Verfahren zu keinem Bedenken Anlaß geben kann. In der Regel sind die Fälle so wie so glatt. Die Frist von vierzehn Tagen wurde aufgenommen, weil es zu hart wäre, die Betheiligten ausschließlich auf die Tagsfahrt anzuweisen. Es soll einem vielmehr, wenn er bei derselben nicht erscheinen konnte, noch hinterher vierzehn Tage lang Gelegenheit geboten sein, Einwendungen vorzubringen. Es sind nach dem Gesagten also auseinanderzuhalten die Einwendungen nach Artikel 20 Ziff. 1 und die nach Ziff. 2, in welcher es sich nur darum handelt, ob ein Unternehmen in Angriff genommen werden soll oder nicht.

Abg. **Wagner:** Ich habe dasselbe Bedenken wie der Herr Referent und habe auch die Meinung gehabt, daß wir in Ziff. 2 ebenfalls die vierzehntägige Frist einfügen sollten. Nun hat aber der Herr Ministerialkommissär ausgeführt, daß das Präjudiz für den zweiten Fall ein ganz anderes ist als für

S. 373. die Ziff. 1; allein es besteht bei mir doch noch ein Zweifel, ob es nicht nothwendig ist, dem Gedanken des Herrn Referenten Rechnung zu tragen und eine geänderte Fassung zu wählen.

Regierungsrath **Brettreich**: In Ziff. 1 handelt es sich um die Fälle, daß z. B. ein Betheiligter behauptet, sein Grundstück unterliege nicht dem Zwange der Flurbereinigung (Art. 4), oder es kann mit Rücksicht auf seine Lage in einer anderen Gemeindeflur nicht hereingezogen werden (Art. 2), oder es liegt keine Flurbereinigung vor (Art. 1). In Ziff. 2 dagegen handelt es sich um die Frage, ob ein Unternehmen überhaupt in Angriff genommen werden soll, d. h. ob es thatsächlich durchzuführen, nicht ob es rechtlich zulässig ist. Außerdem werden nach Ziff. 2 in der ersten Tagsfahrt noch Beschlüsse darüber gefaßt, ob die Ausarbeitung durch einen Geometer oder durch den Flurbereinigungsausschuß erfolgen und wie das Schiedsgericht gebildet werden soll, dann bezüglich der Kosten. Die Einwendungen nach Ziff. 1 und 2 sind daher verschieden und ich glaube daher, daß kein Widerspruch besteht.

Abg. **von Walter** (Referent): Ich finde doch noch einen Widerspruch trotz der uns gewordenen Aufklärung; denn die Einwendungen bezüglich der Voraussetzungen der Flurbereinigung können doch auch nur vom Grundeigenthümer gemacht werden, und wenn in Ziff. 1 bestimmt ist, daß bezüglich der Voraussetzungen innerhalb einer Frist von vierzehn Tagen nach der Tagsfahrt Einwendungen vorgebracht werden können, so ist ja eine Beschlußfassung in der Tagsfahrt nach meinem Dafürhalten entweder nicht möglich oder überflüssig; denn wenn derselbe Grundeigenthümer in der Tagsfahrt keine Erinnerung vorgebracht hat, aber sie nach Ziff. 1 in vierzehn Tagen noch vorbringen kann, so kann er die Beschlußfassung in der Tagsfahrt wieder illusorisch machen, es ist dann die ganze Beschlußfassung umsonst gewesen. Ich meine deßhalb, man sollte entweder die Frist auch in Ziff. 1 weglassen oder sie auch in Ziff. 2 bestimmen und erst dann, wenn die vierzehntägige Frist abgelaufen ist, eine neue Tagsfahrt anberaumen. Nach meinem Dafürhalten ist die vierzehntägige Frist in Ziff. 1 entbehrlich. Es mag hart sein, aber wir haben bei anderen ähnlichen Gelegenheiten eine derartige Frist nicht. Wer nicht erscheint, gilt als zustimmend, und darum wäre es praktischer, wenn wir die Bestimmung der Frist in Ziff. 1 weglassen würden.

Regierungsrath **Brettreich**: Es könnte im Uebrigen dem Bedenken des Herrn Referenten dadurch Rechnung getragen werden, daß man in Ziff. 2 einfügt: „soweit es sich nicht um Einwendungen nach Ziff. 1 handelt". Auf die vierzehntägige Frist möchte nicht zu verzichten sein, da ein Betheiligter leicht aus irgend einem Grunde bei der Tagsfahrt nicht erscheinen kann und bei Flurbereinigungen es sich oft um in die Eigenthumsverhältnisse tief einschneidende Fragen und um große Werthe handelt.

Senatspräsident Dr. **von Jacubezky**: Ich möchte mir zu dem vom Herrn Ministerialkommissär gemachten Vorschlag eine ergänzende Bemerkung gestatten. Die gewünschte Verdeutlichung ließe sich etwa dadurch erzielen, daß man in Ziff. 2 hinter den Worten: „welche weder in Person erscheinen noch durch einen Bevollmächtigten vertreten sind", die Worte einfügt: „soweit sie nicht Einwendungen nach Ziff. 1 erheben". Der den Ziff. 1, 2 zu Grunde
S. 374. liegende Gedanke ist folgender: Für Einwendungen, welche ‖ die rechtliche Zulässigkeit der Flurbereinigung betreffen, ist außer der Tagsfahrt noch eine Frist von vierzehn Tagen gewährt, damit dieses wichtige Recht nicht dadurch ver-

loren geht, daß ein Betheiligter verhindert ist, der Tagsfahrt anzuwohnen. S. 374.
Wenn wir die Vorschrift der Ziff. 1 nicht hätten, so müßten wir mindestens eine Widereinsetzung in den vorigen Stand aufnehmen. Die Nachfrist von vierzehn Tagen ist der Einspruchsfrist im Versäumnißverfahren der Civilprozeßordnung ähnlich. Es bedarf nicht erst eines Wiedereinsetzungsverfahrens, sondern die Einwendungen können innerhalb einer kurzen Frist noch ohne Weiteres nachgebracht werden. Erinnerungen dagegen, welche nur die Einzelheiten betreffen, über die in der Tagsfahrt beschlossen wird, sollen ausgeschlossen sein, wenn sie nicht in der Tagsfahrt geltend gemacht werden. In der Tagsfahrt werden vorbereitende Beschlüsse gefaßt, die nothwendig sind, damit das Verfahren in Gang kommt. Die Bestimmung dessen, was dem einzelnen Betheiligten bei der Flurbereinigung zugewiesen wird, erfolgt erst bei der Feststellung des Vertheilungsplans. Ueber die rechtliche Zulässigkeit des Unternehmens wird in der Tagsfahrt überhaupt nicht beschlossen; die Einwendungen nach Ziff. 1 sind deßhalb nicht „Einwendungen gegen Beschlüsse der Tagsfahrt"; über sie wird vielmehr in dem im Artikel 21a bestimmten Verfahren entschieden. Die Einwendungen nach Ziff. 1 können nicht nur gesondert angebracht werden, sondern sie werden auch in einem besonderen Verfahren erledigt, weil über sie schon rechtskäftig entschieden sein soll zu einer Zeit, zu der sich das übrige Verfahren noch im Vorbereitungsstadium befindet.

Abg. **Lutz**: Ich halte die Fassung, wie sie die Regierung vorschlägt, für vollständig genügend. Wenn wir über die Flurbereinigungen eine Klage haben, so ist es nur die, daß sie sich oft so weit hinausschleppen und zwar wegen Mangels an Personal. Ich glaube, es genügt, daß die Grundbesitzer eingeladen werden, zu prüfen, ob es ein wirthschaftlicher Vortheil ist, das Flurbereinigungswerk in Angriff zu nehmen, und wenn die Mehrheit der Grundbesitzer sich dafür entschließt, so wird nach den Bestimmungen des Gesetzes ein bestimmtes Organ zur Einleitung des Verfahrens eingesetzt. Im Artikel 23a finden Sie, daß der Ausschuß oder der beauftragte Geometer als Geschäftsführer des Unternehmens vorzugehen hat. Wenn nun in der ersten Tagsfahrt Bestimmungen getroffen werden, womit die betheiligten Grundbesitzer sich nicht einverstanden erklären können, so müßte man ihnen das Recht geben, Einspruch innerhalb vierzehn Tagen zu erheben. Wollte man aber schon in der ersten Tagsfahrt die vierzehntägige Frist gegen die Inangriffnahme gewähren, so würden wir die Sache zu weit hinausschieben, denn dann wäre die Kompetenz des Verwaltungsgerichtshofs gegeben. Ich glaube, es wäre im Interesse der Betheiligten, die Sache nicht zu lange hinzuziehen bei der großen Anzahl von Flurbereinigungen, die, wie gesagt, wegen Mangels an Personal nicht erledigt werden können.

Abg. **Conrad** (Korreferent): Ich möchte noch bemerken, daß in Ziff. 1 nicht gesagt ist, daß nur etwa für diejenigen, welche der Einladung nicht gefolgt und beim Termine nicht erschienen sind die vierzehntägige Frist bestehe. Diese Frist ist allgemein eingeräumt; also auch solche, die anwesend waren, können noch vierzehn Tage nachher ihre Interessen zur Geltung bringen. Anders ist es im Falle der Ziff. 2. Da ist direkt gesagt, welchen Rechtsnachtheilen diejenigen sich aussetzen, welche nicht erschienen oder vertreten sind. Hier noch weiter zu gehen, als es das bisherige Gesetz gethan hat, dazu ist kein Anlaß gegeben; in der Beziehung stehe ich auf dem Standpunkte des Herrn Kollegen Lutz. Ich wiederhole, in Ziff. 2 ist genau das enthalten, was der jetzige Artikel 20 Abs. 1 besagt. Man wird hier das Gesetz wohl nicht

S. 374. zum Schlimmern ändern wollen; dazu liegt kein Anlaß vor. — Mit dem Zusatz, den die k. Staatsregierung eingebracht hat, bin ich einverstanden; es dürften damit wohl auch die Wünsche des Herrn Referenten und des Herrn Abg. Wagner erfüllt sein.

Abg. **von Walter** (Referent): Die Ausführungen sowohl des Herrn Abg. Lutz als auch des Herrn Korreferenten zeigen, daß meine Bedenken nicht richtig aufgefaßt wurden. Ich bin weit entfernt, eine Verzögerung des Verfahrens herbeiführen zu wollen, sondern ich will nur eine Klarstellung der Bestimmungen in Ziff. 1 und 2, und ich habe aus der neuen Fassung ebenso wenig wie aus den Motiven entnehmen können, daß es sich in Ziff. 1 und 2 um verschiedene Einwendungen handelt, und wenn das nicht klar gelegt wird, dann ist eben die Anwendbarkeit des Gesetzes gefährdet. Der Herr Senatspräsident hat meine Bedenken ganz richtig dahin festgestellt, daß die Ziff. 2 einen Zusatz erhalten muß, der klar stellt, daß es sich um ganz andere Einwendungen als in Ziff. 1 handelt, daß in Ziff. 1 die Einwendungen bezüglich der Voraussetzungen der Flurbereinigung in Frage stehen, während in Ziff. 2 nur nebensächliche Einwendungen gegen die Art und Weise der Ausführung, den Kostenpunkt u. s. w. gemeint sind. Wenn nun in Ziff. 2 eine Einschaltung dahin gemacht wird, wie sie der Herr Senatspräsident vorgeschlagen hat, so bin ich für meinen Theil zufrieden. Aber diese Einschaltung muß gemacht werden, um festzustellen, daß die Einwendungen, die in der Tagsfahrt geltend gemacht und verbeschieden werden müssen, andere sind als in Ziff. 1, für welche nach der Tagsfahrt noch eine weitere vierzehntägige Frist laufen soll. Ich würde also glauben, daß wir die Einschaltung dahin machen, daß diejenigen betheiligten Grundeigenthümer, welche weder in Person erscheinen noch durch einen Bevollmächtigten vertreten sind, „soweit sie nicht Einwendungen nach Ziff. 1 zu erheben haben", als der Inangriffnahme der Flurbereinigung zustimmend erachtet werden. Damit ist die Sache aufgeklärt.

Abg. **Wagner:** Ich kann mich dem Herrn Referenten vollständig anschließen. Ich habe die Ziff. 2 in derselben irrigen Weise aufgefaßt. Nachdem nunmehr diese Klärung erfolgt ist, kann ich mich materiell einverstanden erklären. Ich bin also ganz zufrieden, wenn die Worte eingeschaltet werden: „soweit sie nicht Einwendungen nach Ziff. 1 zu erheben haben."

Vorsitzender: Vorbehaltlich der näheren Redaktion werden also nach den Worten „vertreten sind" eingeschaltet die Worte: „soweit sie nicht Einwendungen nach Ziff. 1 zu erheben haben". Damit sind die Herren Referenten und die übrigen Herren einverstanden und ich kann daher Ziff. VI als angenommen erklären.

Ziff. VII.

Abg. **von Walter** (Referent): Nach Ziff. VII erhält

1. der Eingang des Artikel 21 eine neue Fassung und wird
2. der Abs. 5 aufgehoben.

S. 375 Artikel 21 bestimmt bis jetzt (Referent verliest). Der letzte Abs. 5 ist, wie ich bereits bei Artikel 9a bemerkt habe, in diesen Artikel aufgenommen und die Bestimmung daher hier überflüssig geworden.

Der Eingang des Artikel 21 soll folgende Fassung erhalten (Referent verliest). Gegen diese Fassung habe ich eine Einwendung nicht und finde insbesondere, nachdem jetzt aufgeklärt ist, welcher Unterschied zwischen den Einwendungen nach Artikel 20 Ziff. 1 und Ziff. 2 besteht, es für ganz angemessen, daß in der Tagsfahrt darauf aufmerksam gemacht wird, daß etwaige Einwendungen gegen die Zulässigkeit und Statthaftigkeit der Vereinigung innerhalb vierzehn Tagen geltend zu machen sind. S. 375.

Ich beantrage Zustimmung.

Vorsitzender: Ziff. VII ist angenommen.

Ziff. VIII.

Abg. **von Walter** (Referent): Nach Ziff. VIII soll folgender Artikel 21a eingestellt werden (Referent verliest). Gegen diese Vorschrift, die ich für meinen Theil für sehr zweckmäßig erachte, habe ich eine Erinnerung nicht und beantrage Zustimmung.

Abg. **Conrad** (Korreferent): Ich habe gleichfalls hier zuzustimmen.

In Abs. 1 fällt mir nur die Vorsilbe „ver“ in dem Worte „verbescheiden“ auf. Es ist das ein etwas kurialistisch-bureaukratischer Ausdruck. Das Wort „entscheiden“ dürfte auch genügen; es ist das auch der Sprachgebrauch des Gesetzes über den Verwaltungsgerichtshof. Dieses Wortungethüm findet man jetzt auch sonst seltener in Gesetzen.

Abs. 3 ist eine Analogie des Verfahrens bei der Zwangsenteignung.

Senatspräsident Dr. **von Jacubezky:** Ich bin mit der Aenderung einverstanden.

Vorsitzender: Also haben die letzten Worte im ersten Absatze zu lauten: „darüber zu entscheiden“.

Der Herr Referent ist damit einverstanden. Ziff. VIII ist angenommen.

Ziff. IX.

Abg. **von Walter** (Referent): Nach Ziff. IX soll ein Artikel 23a folgenden Inhalts eingestellt werden (Referent verliest). Wie aus den Motiven hervorgeht, dient diese Bestimmung zur Abschneidung von Weiterungen und Zweifeln darüber, ob und inwieweit der Ausschuß oder der Geometer zur Vertretung der Grundeigenthümer berechtigt ist. Die Lösung des Zweifels ist nothwendig, wenn nicht auch in dieser Beziehung Weiterungen entstehen sollen. Ich beantrage Zustimmung.

Abg. **Conrad** (Korreferent): Der Artikel 23a ist eigentlich eine authentische Interpretation, die im Sinne des Gesetzes liegt. Auch was die Stellung des Artikels betrifft, ist nichts dagegen einzuwenden. Er ist gewissermaßen eine Ergänzung des Artikel 25, aber um dem allgemeinen Gedanken Ausdruck zu geben, findet er hier besser seinen Platz, da Artikel 25 von den technischen Schritten, der Ausarbeitung des Projektes u. s. w. spricht. Ich bin damit einverstanden.

Vorsitzender: Ziff. IX ist angenommen.

Ziff. X.

Abg. **von Walter** (Referent): Nach Ziff. X wird Artikel 25 in mehrfacher Beziehung abgeändert. Zunächst soll der Abs. 1 eine neue Fassung erhalten. Der Absatz lautete bisher (Referent verliest). Künftighin soll dieser Absatz lauten (Referent verliest). Abänderungen werden gegen die frühere Fassung dadurch getroffen, daß erstens nur die verschiedene Belastung der Grundstücke nach Artikel 10 Abs. 1 der neuen Fassung berücksichtigt wird, daß zweitens

S. 375 die Aufnahme der nach Artikel 8 Abs. 2 auf die Ersatzgrundstücke übergehenden Belastungen weggelassen wird, daß drittens die Einvernahme der widerspruchsfähigen drittberechtigten Personen wegfallen soll, weil hiefür in Artikel 26 Vorsorge getroffen wird. Ich habe für meinen Theil gegen diese Aenderungen eine Erinnerung nicht zu machen.

Weiter soll Abs. 4 einen Zusatz erhalten. Der Absatz lautete bisher (Referent verliest). Der Zusatz, der hier gemacht werden soll, ist folgender (Referent verliest). Ich halte auch diese Aenderung für vollständig entsprechend und angemessen, durch welche eine Bestimmung darüber getroffen wird, daß die vierzehntägige Frist mit dem Eröffnungstermine beginnt, auch wenn der Betheiligte trotz ordnungsmäßiger Ladung im Termine nicht erschienen ist.

Endlich soll noch Abs. 5 im Eingang eine andere Fassung erhalten. Abs. 5 lautete (Referent verliest). Künftig soll der Abs. 5 im Eingange lauten: „Nach Beschluß der Flurbereinigungs-Kommission kann die Anerkennung ....“ Diese abgeänderte Fassung ist namentlich deßhalb nothwendig, weil die Bestimmungen auch auf Unternehmungen von geringerem Umfange ausgedehnt werden sollen und es deßhalb in das Ermessen der Flurbereinigungskommission gelegt sein muß, zu bestimmen, ob eine Sonderung stattzufinden hat oder nicht.

Ich beantrage hienach Zustimmung zur ganzen Ziff. X.

Abg. **Conrad** (Korreferent): In Abs. 1 sind die Worte „Vertheilung der Hypothekschulden“ weggefallen. Es hat das nur eine Bedeutung für Artikel 10 Abs. 1. Ferner ist weggefallen „die Herbeiführung der Einvernahme der widerspruchsfähigen drittberechtigten Personen, Miteigenthümer und Streitberechtigten“. Dafür ist jetzt im Anfang des Artikel 26 Sorge getragen. Dort gehört es auch besser hin wegen des Zusammenhangs. Ich finde die Bestimmung für durchaus berechtigt, ebenso den Abs. 2, der ganz neu ist. Bei Abs. 3 hat der Herr Referent schon ausgesprochen, daß hier abzuwägen ist, ob ein Unternehmen von größerem Umfange vorliegt oder nicht. Das ist unter Umständen mißlich. Darum ist nach der neuen Fassung dieß in das Ermessen der Flurbereinigungskommission gestellt. Ich habe nichts zu erinnern.

Vorsitzender: Ziff. X ist angenommen.

Ziff. XI.

Abg. **von Walter** (Referent): Nach Ziff. XI sollen als Artikel 25a folgende Vorschriften eingestellt werden (Referent verliest). Diese Bestimmungen sind neu und auch von einschneidender Bedeutung. Nach den bisherigen Bestimmungen konnte eine Einweisung der Grundeigenthümer in die neu ihnen
S. 376. durch die Vereinigung zufallenden Grund‖stücke erst nach definitiver Feststellung erfolgen. Das hat in der Praxis zu großen wirthschaftlichen Nachtheilen geführt und zwar deßhalb, weil durch die verzögerte Einweisung die Bestellung der Grundstücke häufig unmöglich geworden oder weil die Grundstücke in nachtheiliger Weise ausgenützt worden sind. Diesem Nachtheile soll nun dadurch begegnet werden, daß schon nach Absteckung der neuen Flureintheilung durch die Flurbereinigungskommission beschlossen werden kann, die betheiligten Grundeigenthümer in die neu ihnen zufallenden Grundstücke vorläufig einzuweisen. Das ist deßhalb von großer Bedeutung, weil die Flureintheilung ja wieder geändert werden kann und weil dadurch auch Nachtheile für diejenigen entstehen, welche mit dieser Einweisung nicht zufrieden sind. Allein ich glaube gleichwohl, daß gegen die Bestimmung ein Bedenken nicht bestehen kann. Es sind alle Kautelen getroffen, welche nothwendig sind, um zu verhüten, daß

nicht ohne wichtige Gründe die vorläufige Einweisung erfolgen kann. Es ist nothwendig, daß die Flurbereinigungskommission selber den Beschluß faßt und daß dieselbe alle Verhältnisse genau würdigt, und es ist weiter erforderlich, daß wenigstens drei Viertheile der sämmtlichen betheiligten Grundeigenthümer den Antrag stellen müssen, und endlich wird eine solche Beschädigung der widersprechenden Grundeigenthümer dadurch ausgeschlossen, daß denselben, wenn wirklich hinterher eine Aenderung eintritt, Entschädigung gewährt werden muß. Diese Entschädigung soll auf Kosten des Unternehmens geleistet werden, und das ist auch nur gerecht und billig, weil, wenn das Unternehmen den Schadensersatz zu leisten hat, auch die drei Viertheile der Grundbesitzer sich besinnen werden, eine vorläufige Einweisung zu beantragen. Ich glaube deßhalb, daß in dem neuen Artikel 25a in der That eine wesentliche Verbesserung des bisherigen Gesetzes gelegen ist und empfehle die Annahme desselben. S. 376.

Abg. **Conrad** (Korreferent): Mit Recht hat der Herr Referent hervorgehoben, daß der neue Artikel 25a eine wichtige und wesentliche Neuerung enthält. Die Motive bieten uns die Gründe, warum man zu diesem Vorschlage gekommen ist. Uebrigens sind hier einige Gesetzgebungen bereits vorausgegangen. Es ist richtig, der Fall könnte vorkommen, daß hier wieder eine Umkehr stattfinden, daß man das Verfahren einstellen muß, daß nämlich unangenehme Verhandlungen wegen Entschädigung der Grundbesitzer und verschiedene andere Ausgleichungen stattfinden müssen oder überhaupt das Unternehmen gar nicht zu Stande kommt. Aber die Vortheile sind doch in die Augen springend. Auch glaube ich, die Flurbereinigungskommission wird genau erwägen, ob und wann sie eine vorläufige Besitzeinweisung genehmigen soll. Die Möglichkeit von Schäden und Störungen dürfte daher nicht so groß sein, daß man allgemein vor der provisorischen Besitzeinweisung zurückschrecken sollte.

Es wird also von drei Viertheilen der betheiligten Grundbesitzer gesprochen. Fragen könnte man hier, inwieweit die Kopfzahl in Betracht gezogen ist. Die Motive verweisen auf Artikel 5. Dort ist auf Artikel 3 verwiesen. Es kommt also die Komputation in Frage, die auch bei anderen Beschlüssen zu Grunde gelegt ist. Ich bin mit dem Regierungsvorschlage einverstanden.

Vorsitzender: Ziff. XI ist angenommen.

Ziff. XII.

Abg. **von Walter** (Referent): Nach Ziff. XII soll Artikel 25 folgende neue Fassung erhalten (Referent verliest). Die wesentlichste Aenderung, welche uns der Artikel vorschlägt, besteht darin, daß eine öffentliche Ladung der in Abs. 1 aufgeführten Berechtigten erfolgen soll, während dieselben bisher vom Amtsgerichte vorzuladen und speziell einzuvernehmen waren. In den Motiven ist ausgeführt, daß diese persönliche Einvernahme der Berechtigten bisher zu erheblichen Weiterungen und Verzögerungen des Verfahrens geführt hat und daß dieselbe auch in der Regel ganz zwecklos ist, indem nach den bisherigen Erfahrungen nur in sehr wenig Fällen wirklich ein Widerspruch erhoben und in gar keinem Falle der einmal erhobene Widerspruch aufrecht erhalten worden ist. Mit Rücksicht auf diese Erfahrungen, glaube ich, können wir um so mehr den Schritt wagen, eine öffentliche Ladung an die Stelle des bisherigen Verfahrens treten zu lassen, als wir auch in anderen Gesetzen in ähnlicher Weise verfahren haben. Es wird damit den Rechten der Berechtigten kaum ein Schaden erwachsen und es wird dadurch das Verfahren ganz wesentlich abge-

S. 376. kürzt und verbilligt werden. Deßhalb, glaube ich, können wir diesen neuen Ladungsmodus nicht beanstanden. Im Uebrigen schließt sich die neue Fassung des Artikels nur an das Liegenschaftsrecht an, und was insbesondere die zu bewerkstelligende Ladung betrifft, so schließt sich der neue Artikel 26 ganz an an die Ladung, wie wir sie in Artikel 37 Ziff. V Nr. 4 bezüglich des Gesetzes über die Landeskulturrentenanstalt bereits festgestellt haben. Ich beantrage Zustimmung zu Ziff. XII.

Abg. **Conrad** (Korreferent): Der Herr Referent hat das Nähere bereits erörtert. Ich schließe mich seinen Ausführungen vollständig an. Die Neuerung scheint durchaus zweckmäßig. Der k. Staatsregierung steht eine zehnjährige Erfahrung zur Seite und die spricht durchaus zu Gunsten des neuen Vorschlags. Ich bin auch mit der Bestimmung in Abs. 2 ganz einverstanden, daß das Amtsgericht anordnen kann, daß die Veröffentlichung noch in einem anderen Blatte erfolgen soll. Es ist das ein weiterer Schutz für die Betheiligten und ist, wie ich glaube, überhaupt deren Interesse vollständig gewahrt.

Vorsitzender: Ziff. XII ist angenommen.

Ziff. XIII.

Abg. **von Walter** (Referent): Nach Ziff. XIII soll Artikel 27 eine neue Fassung erhalten. Artikel 27 lautete bisher (Referent verliest). Dieser Artikel 27 ist bereits in allen Bestimmungen in die neue Fassung des Artikel 26 aufgenommen und fällt daher weg. Dagegen ist im Artikel 26 eine Bestimmung, welche der Abs. 4 enthält, in der neuen Fassung nicht berücksichtigt. Diese Bestimmung lautet (Referent verliest). Diese bisher nicht berücksichtigte Bestimmung soll nun als Artikel 27 in folgender Fassung eingestellt werden (Referent verliest). Hiegegen ist eine Erinnerung nicht zu erheben; ich beantrage Zustimmung.

Vorsitzender: Ziff. XIII ist angenommen.

Ziff. XIV.

Abg. **von Walter** (Referent): Nach Ziff. XIV soll im Artikel 28 Abs. 1 Satz 1 eine Einschaltung erfolgen. Dieser Abs. 1 lautete bisher (Referent verliest). Hier sollen nach den Worten „die Werthsermittlung" eingeschaltet werden die Worte: „und auf die Höhe der nach Art. 25a zu leistenden Entschädigung". Ich glaube, daß diese Einschaltung zutreffend und nothwendig ist, und beantrage Zustimmung.

S. 377. **Vorsitzender:** Ziff. XIV ist angenommen.

Ziff. XV.

Abg. **von Walter** (Referent): Nach Ziff. XV soll Artikel 43 Abs. 2 geändert werden. Artikel 34 handelt vom Endentscheid der Flurbereinigungskommission. In Abs. 2 ist bisher bestimmt (Referent verliest). In diesem Abs. 2 sollen nun die Worte: „dann die Hypothekverhältnisse, Geldentschädigungen und Geldleistungen" ersetzt werden durch die Worte: „die Ordnung der sich aus den Vorschriften der Art. 10, 12 ergebenden Belastungsverhältnisse, die Angabe der Geldentschädigungen und Geldleistungen". Diese Aenderung ist nur eine Folge der neuen Fassung des Artikel 25 Abs. 1 Satz 2 und nicht zu beanstanden. Ich beantrage Zustimmung.

Vorsitzender: Ziff. XV ist angenommen.

Ziff. XVI. S. 377.

Abg. **von Walter** (Referent): Nach Ziff. XVI soll der Artikel 36 einen neuen Abs. 4 erhalten. Der Artikel 36 handelt von dem nach eingetretener Rechtskraft des Beschlusses der Flurbereinigungskommission weiter stattfindenden Verfahren. In Abs. 3 ist bestimmt, daß der Eigenthumsübergang an dem von der Flurbereinigungskommission in der Vollziehbarkeitserklärung zu bezeichnenden Tage stattzufinden hat. Es soll nun folgender Absatz angefügt werden (verliest). Das ganze Verfahren schließt sich an das Zwangsenteignungsverfahren an und es ist deßhalb auch am Platze, daß die definitive Besitzeinweisung erst zu erfolgen hat, wenn die Entschädigungen geleistet und die Empfangsberechtigten befriedigt sind. Ich beantrage Zustimmung.

Vorsitzender: Ziff. XVI ist angenommen.

Ziff. XVII.

Abg. **von Walter** (Referent): Nach Ziff. XVII soll Artikel 37 eine andere Fassung erhalten. Artikel 37 lautete bisher (verliest). Die neue Fassung soll lauten (verliest). Durch diese neue Bestimmung wird einmal im Anschluß an § 72 des Grundsteuergesetzes in der neuen Fassung dem Grundbuchamte die Möglichkeit zur Vornahme der nöthigen Berichtigungen geboten. Weiter ist im Anschluß an das Liegenschaftsrecht die Bestimmung getroffen, daß die Eintragungen zu vollziehen sind, auch wenn die Urkunden der betheiligten Gläubiger und Berechtigten nicht vorliegen, daß aber das Grundbuchamt die Vorlage der Urkunden anzuordnen hat, damit die nöthigen Berichtigungen an denselben vollzogen werden. Die Verständigung der Hypothekgläubiger vor Aenderungen des Gegenstandes fällt weg, weil schon der § 55 der Grundbuchordnung in dieser Beziehung die nöthige Vorsorge trifft. Endlich tritt an Stelle der Benachrichtigung der Hypothekgläubiger von der festgestellten Geldentschädigung nach Artikel 13 in der Fassung der Ziff. III des Artikel 38 die Mittheilung an das für das Vertheilungsverfahren zuständige Gericht, weil dieß ohnehin den betheiligten Gläubigern und Berechtigten davon Nachricht zu geben hat. Ich beantrage Zustimmung.

Abg. **Conrad** (Korreferent): Ich habe mich den Darlegungen des Herrn Referenten nur anzuschließen. Das Ersuchen, von dem in Abs. 1 gesprochen wird, kann natürlich erst gestellt werden, wenn die Geldbeträge bezahlt und die Berechtigten befriedigt sind. Dann erst erfolgt der Eigenthumsübergang. Es ist nichts zu erinnern.

Vorsitzender: Ziff. XVII ist angenommen.

Ziff. XVIII.

Abg. **von Walter** (Referent): Nach Ziff. XVIII sollen im Artikel 39 Abs. 1 die Worte „Operatsauszügen und Hypothekenbriefen" ersetzt werden durch die Worte „Operatsauszügen, Hypotheken-, Grundschuld- und Rentenschuldbriefen". Dagegen ist nichts zu erinnern. Ich beantrage Zustimmung.

Vorsitzender: Ziff. XVIII ist angenommen.

Ziff. XIX.

Abg. **von Walter** (Referent): Nach Ziff. XIX soll im Artikel 42 nach dem Worte „Aussteckungspfähle" das Wort „Sicherungssteine" eingeschaltet werden. Dagegen ist nichts zu erinnern. In den Motiven ist ausgeführt,

S. 377. daß häufig schon gleich im Anfang zur Festsetzung der Grenze Steine gesetzt werden und daß diese denselben strafgesetzlichen Schutz genießen müssen, wie die Aussteckungspfähle. Ich beantrage Zustimmung.

Senatspräsident Dr. **von Jacubezky:** Ich bitte, die Fassung der Ziff. XIX dahin zu ändern: XIX. Im Artikel 42 werden nach dem Worte „Aussteckungspfähle" eingeschaltet die Worte „oder Sicherungssteine".

Vorsitzender: Es wird also das Wort „oder" vor „Sicherungssteine" eingeschaltet und so Ziff. XIX angenommen.

Ziff. XX.

Abg. **von Walter** (Referent): Nach Ziff. XX sollen die Artikel 44 bis 50 aufgehoben werden. Der Artikel 50 fällt deßwegen weg, weil sein Inhalt im neuen Artikel 9a aufgenommen ist. Die Artikel 44 bis 49 treffen besondere Vorschriften für die Pfalz, welche jetzt überflüssig werden, weil das Bürgerl. Gesetzbuch Rechtseinheit herbeiführt. Ich beantrage Zustimmung.

Abg. **Conrad** (Korreferent): Es wird nicht nöthig sein, hier des Näheren auf die Dinge zurückzugreifen. Es ist allgemein anerkannt, daß das pfälzische Hypothekenrecht in der Entwicklung zurückgeblieben ist. Mit Rücksicht darauf waren die Bestimmungen der Artikel 44 bis 50 geboten. Sie sind jetzt entbehrlich geworden.

Vorsitzender: Ziff. XX ist angenommen.
Wir kommen nun zum Schlußabsatz.

Abg. **von Walter** (Referent): Der Schlußabsatz lautet (verliest). Gegen diese Uebergangsvorschriften ist nach meinem Dafürhalten keine Erinnerung zu erheben. Sie sind in den Motiven ausreichend begründet. Wir haben dieselben auch bei früheren Gesetzen in der gleichen Weise getroffen. Ich beantrage Zustimmung.

S. 378. **Vorsitzender:** Damit ist der Schlußabsatz und der ganze Artikel 38 angenommen.
Wir können übergehen zu **Artikel 39.**

Abg. **von Walter** (Referent): Artikel 39 befaßt sich mit dem Gesetze vom 5. Mai 1890, die Vereinigung der Brandversicherungsanstalt der Pfalz mit jener in den Landestheilen rechts des Rheins, sowie die Abänderung einiger Bestimmungen des Brandversicherungsgesetzes vom 3. April 1875 und des Polizeistrafgesetzbuches vom 26. Dezember 1871 betreffend, und schlägt vor, daß Artikel 4 dieses Gesetzes aufgehoben wird. Artikel 4 lautet (verliest). Die Aufhebung dieses Artikels ist durch die Beseitigung der Verschiedenheit des bürgerlichen Rechts in den Landestheilen diesseits und jenseits des Rheins veranlaßt und habe ich dagegen keine Erinnerung.

Vorsitzender: Artikel 39 ist angenommen.

Artikel 40.

Abg. **von Walter** (Referent): Nach Artikel 40 soll in dem Gesetze vom 2. Februar 1898, die Fortsetzung der Grundentlastung betreffend, der Artikel 22 Abs. 1 Satz 2 aufgehoben werden. Artikel 22 lautet (verliest). Die Aufhebung des zweiten Satzes steht mit den Bestimmungen des Bürgerl.

Gesetzbuchs im § 1119 Abs. 1 im Zusammenhang und ist nicht zu beanstanden. Ich beantrage Zustimmung. S. 378.

Vorsitzender: Artikel 40 ist angenommen.

Artikel 41.

Abg. **von Walter** (Referent): Artikel 41 lautet (verliest). Der Artikel ist veranlaßt durch das neue Liegenschaftsrecht. Ich beantrage Zustimmung.

Vorsitzender: Artikel 41 ist angenommen.

Artikel 42.

Abg. **von Walter** (Referent): Im Artikel 42 werden im Ganzen 35 Gesetze zur Aufhebung vorgeschlagen. Ich glaube, es ist nicht nothwendig, daß ich alle diese Gesetze verlese. Sie haben den Wortlaut des Artikel 42 ohnehin vor sich. Ich bemerke nur, daß in der That alle diese Gesetze nach dem Bürgerl. Gesetzbuch in Wegfall zu kommen haben, theilweise sogar schon aufgehoben sind und daß es auch einer Untersuchung darüber nicht bedarf, ob die Aufhebung jetzt schon besteht oder erst durch den Artikel ausgesprochen werden soll. Im Uebrigen verweise ich bezüglich der Vorbehalte und Bemerkungen zu den einzelnen Gesetzen auf die Motive und beantrage Zustimmung zum Artikel 42.

Vorsitzender: Artikel 42 ist angenommen.
Wir kommen zu **Artikel 43.**

Abg. **von Walter** (Referent): Nach Artikel 43 hat dieses Gesetz gleichzeitig mit dem Bürgerlichen Gesetzbuch in Kraft zu treten. Dagegen ist nichts zu erinnern.

Ich habe hier noch auf Artikel 11 zurückzugreifen. Dort wurde beschlossen, dem Artikel 43 einen Abs. 2 anzufügen, welcher lautet:

> „In der Pfalz können die vor der Verkündigung dieses Gesetzes geschlossenen Jagdpachtverträge von jedem Theile unter Einhaltung einer dreimonatigen Kündigungsfrist für den 1. Februar 1900 gekündigt werden."

Vorsitzender: Artikel 43 ist nach dem Vorschlage des Herrn Referenten angenommen.

Artikel 44.

Abg. **von Walter** (Referent): Artikel 44 lautet (Referent verliest). Der hier erwähnte Artikel 189 des Einführungsgesetzes zum Bürgerl. Gesetzbuche bestimmt (Referent verliest). Ich beantrage Zustimmung zu Artikel 44.

Vorsitzender: Artikel 44 ist angenommen.

Artikel 45.

Abg. **von Walter** (Referent) (verliest Artikel 45): Gegen diese Bestimmung ist nichts einzuwenden. Das Bedürfniß, die in dem Artikel aufgeführten Gesetze neu zu paragraphiren, glaube ich, wird als ein dringendes allseitig anerkannt werden müssen. Was das Gesetz vom 23. Februar 1879 zur Ausführung der Reichs-Civilprozeßordnung und Konkursordnung betrifft, so ist deßhalb nur der erste Abschnitt aufgenommen, weil die folgenden Abschnitte nur Uebergangsbestimmungen enthalten, die der Aufnahme in das neu zu paragraphirende Gesetz nicht bedürfen, da sie nur eine alsbaldige Aenderung desselben wieder

S. 378. nothwendig machen würden. Ich kann hiegegen nichts erinnern und beantrage Zustimmung zu Artikel 45.

Abg. **Conrad** (Korreferent): Ich hätte zunächst gegen den Artikel, wie er vorliegt, eine Erinnerung nicht zu machen; aber ich möchte doch auf einen Punkt zurückkommen. Die Herren werden sich erinnern, daß ich jüngst in Anregung brachte, ob nicht weitere Gesetze — ich nannte damals das Zwangsenteignungsgesetz — unter diejenigen aufgenommen werden, bezüglich deren eine neue Paragraphirung erfolgen soll. Heute bin ich veranlaßt, die Herren mit gegentheiligen Erwägungen zu befassen, und zwar entsprechend einer Seitens einer großen Verlagsbuchhandlung mir gewordenen Anregung. In buchhändlerischen Kreisen regen sich Bedenken gegentheiliger Art. Es wird hervorgehoben, daß, wenn bei all' diesen Gesetzen eine neue Paragraphirung erfolgt, die Benützung der bisherigen Bücher erschwert sei, daß namentlich auch die großen Sammelwerke von Entscheidungen z. B. des Verwaltungsgerichtshofs und anderer Obergerichte, denen natürlich die Gesetze der bisherigen Paragraphirung zu Grunde lagen, nicht mehr so leicht zu benützen seien, weil alle Citate unrichtig sind. Daß natürlich einzelne Verlagsbuchhandlungen vielleicht mehr oder weniger große Vorräthe von jetzigen Ausgaben auf Lager haben und insofern Verluste erleiden, mag ja wohl sein. So sind gerade in den letzten Jahren mehrere wichtigere Kommentare in neuen Ausgaben erschienen. Trotzdem glaube ich für meine Person, so weit nicht gehen zu dürfen. Es liegen mir zunächst die verschiedenen Reichsgesetze vor, wo eben-
S. 379. falls derartige Neu- ‖ Textirungen und Paragraphirungen veranlaßt wurden. Bei verschiedenen neuen Gesetzen, die ich hier gerade zur Hand habe, ist der jetzt geltenden Paragraphenfolge die frühere in Klammern beigesetzt, wodurch ohne zu große Mühe das Aufsuchen der früheren Artikel bezw. Paragraphen ermöglicht wird. Zur größeren Erleichterung ist ja auch nicht ausgeschlossen, daß der neuen Ausgabe etwa eine Zusammenstellung und Vergleichung der Paragraphenfolge beigefügt ist, so daß sich der Leser unschwer orientiren wird. Es werden wohl auch die Verlagsbuchhandlungen noch sonstige Mittel haben, um ihre bisherigen Werke noch weiter brauchbar zu machen, etwa indem sie kleine Wegweiser zur Hand geben und Blätter einlegen, auf welchen die nöthigen Orientirungsmittel angegeben sind.

Ich glaubte, den Herren die im Buchhandel bestehenden Wünsche nicht vorenthalten zu dürfen, wenn ich mich auch nicht in der Lage befinde, dieselben hier zu vertreten.

Abg. **Wagner:** Ich möchte mich im gleichen Sinne wie der Herr Korreferent äußern. Es ist sogar in der „Allgemeinen Zeitung" Nummer 343 ein dießbezüglicher Artikel erschienen. (Redner verliest denselben.) Ich bin mit den Ausführungen in diesem Artikel nicht ganz einverstanden. Ich stehe auf dem Standpunkt des Herrn Korreferenten. Es wird in diesem Artikel auch auf die Reichsgesetzgebung und das Verhalten der einschlägigen Faktoren im Reiche hingewiesen. Allein gerade bei der Reichsgesetzgebung hat man die Civilprozeßordnung und andere Gesetze vollständig umnumerirt, und es konnte das nach meiner Ansicht nicht anders gemacht werden. Dem Bedürfniß der Verlagsbuchhandlungen wird ausreichend gedient, wenn neben den neuen Ziffern auch die alten Ziffern mitgetheilt werden. Das wird vollständig ausreichen.

Ich würde bitten, daß von Seite der k. Staatsregierung zugesagt wird, daß bei der Publikation der Texte neben den neuen Nummern auch die alten angeführt werden. Meines Wissens ist das schon bei dem Gebührengesetze geschehen.

Im Uebrigen möchte ich noch um den Aufschluß bitten, ob das Expropriationsgesetz nicht einbezogen werden könnte. Nach meiner Meinung wäre es sehr wünschenswerth, wenn eine vollständige Zusammenstellung dieses Gesetzes erfolgen würde, nachdem dasselbe ohnehin in zwei Theile auseinandergerissen ist. S. 379.

Abg. **Lerno:** Ich wollte auch die gleiche Anregung machen bezüglich der Gemeindeordnung. Dieselbe ist seit nunmehr neunundzwanzigjährigem Bestande so vielfach abgeändert worden, daß es geradezu ein Bedürfniß ist, eine vollständig neue Textirung und neue Paragraphirung vorzunehmen in der Weise, wie der Herr Kollege Wagner vorher angeregt hat, daß die alten Nummern in Paranthese beigefügt werden.

Der k. Staatsminister der Justiz Dr. Freiherr **von Leonrod:** Ich kann im Namen der Regierung diesem Wunsche und dem der übrigen Herren Erfüllung zusichern. Es wird dafür gesorgt werden, daß bei der Neutextirung der Gesetze die Nummern der bisherigen Artikel den neuen beigefügt werden. Dieses Verfahren ist übrigens schon bei der Neutextirung des Gebührengesetzes und des Forstgesetzes in den Bekanntmachungen vom 6. Juli 1892 und vom 4. Juli 1896 beobachtet worden.

Bezüglich der Neutextirung derjenigen Gesetze, von welchen zuletzt die Rede war, insbesondere der Gemeindeordnungen, bin ich nicht in der Lage, sofort eine Antwort zu geben. Vielleicht ist der anwesende Herr Kommissär des k. Staatsministeriums des Innern in der Lage, hierüber Aufschluß zu geben.

Oberregierungsrath **Krazeisen:** Im Augenblick bin ich nicht ermächtigt, darüber eine Erklärung abzugeben; das bedarf doch reichlicher Erwägung, und ich glaube, daß, nachdem eine Kirchengemeindeordnung in Aussicht steht, doch vielleicht dieser Zeitpunkt abgewartet werden muß. Ich bin nicht orientirt, bis wann der Entwurf fertig gestellt sein wird, aber daß eine solche Kirchengemeindeordnung in Aussicht genommen ist, ist allgemein bekannt; durch eine solche werden aber einige Bestimmmungen der politischen Gemeindeordnung, wenn ich mich so ausdrücken darf, geändert werden. Es ist das nur meine persönliche Ansicht, die ich ausspreche; ich würde es aber bezüglich der Gemeindeordnung nicht für räthlich halten, jetzt schon eine neue Textirung zu veranlassen.

Bezüglich des Zwangsenteignungsgesetzes kann ich eine Aeußerung heute nicht abgeben.

Senatspräsident Dr. **von Jacubezky:** Ich möchte bezüglich des Zwangsenteignungsgesetzes auf das verweisen, was ich neulich bemerkt habe. Soll der Text des Zwangsenteignungsgesetzes neu bekannt gemacht werden, so muß noch eine Reihe von Aenderungen vorgenommen werden. Insbesondere sind die in dem Ausführungsgesetze zur Civilprozeßordnung enthaltenen Vorschriften, durch welche das Gesetz vom 17. November 1837 geändert worden ist, nicht so gefaßt, daß sie in dieses einfach eingefügt werden können. Ich habe aber auch darauf aufmerksam gemacht, daß das Zwangsenteignungsgesetz den heutigen Verhältnissen nicht mehr vollständig Genüge leistet und voraussichtlich nicht mehr sehr lange in seiner jetzigen Gestalt fortbestehen wird. Bei dieser Sachlage dürfte es sich empfehlen, von der Herstellung eines berichtigten Textes und der amtlichen Bekanntmachung desselben abzusehen.

Abg. **Wagner:** Ich finde die letzte Erklärung des Herrn Senatspräsidenten sehr zutreffend; sie war mir im Moment nicht mehr in Erinnerung. Der Grund ist ausreichend, um von meinem Wunsche abzustehen.

Vorsitzender: Artikel 45 ist angenommen.

S. 379. **Wir können gleich übergehen zu den Ergänzungen der k. Staatsregierung in Beilage D.**

Abg. **von Walter** (Referent): In der Beilage D werden Aenderungen zu Artikeln einiger Gesetze vorgeschlagen, die wir bereits geändert haben.

Vor Allem soll nach Ziff. 1 der **Artikel 24** eine Aenderung erfahren. Der Artikel 24 enthält die Aenderungen, die an dem Berggesetze vom 20. März 1869 vorgenommen worden sind. Wir haben in der Ziff. II des Artikel 24 bereits eine Aenderung getroffen, indem wir einen Artikel 36a eingeschaltet haben. Der Artikel 36a lautete bisher (Referent verliest). Es ist nun vorgeschlagen, den Artikel 36a Abs. 2 in folgender Weise zu fassen (Referent verliest). Die neuvorgeschlagene Aenderung hat nur den Zweck, ein gleichheitliches Verfahren für alle Aenderungen herbeizuführen, die sich am Bergwerkseigenthum ergeben. Bisher sind, wie in den Motiven ausgeführt ist, die bezüglichen Fälle verschieden behandelt worden. Ich finde es ganz am Platze, daß ein einheit-
S. 380. liches Verfahren herbei ‖ geführt wird, und beantrage zunächst Zustimmung zu der in lit. a vorgeschlagenen Aenderung des Artikel 36a Abs. 2.

In lit. b wird vorgeschlagen, daß in der Ziff. VII der Artikel 62a Abs. 2 zu lauten habe (Referent verliest). Im Artikel 62a Abs. 2 waren bisher die Bestimmungen enthalten, welche jetzt in Artikel 36a aufgenommeu werden sollen, soweit Hypothekschulden u. s. w. in Frage kommen, und nachdem nun diese Bestimmungen schon in Artikel 36a aufgenommen sind, genügt im Artikel 62a eine Verweisung auf Artikel 36a Abs. 2 Satz 2, 3.

Ebenso soll in der Ziff. XVII der Artikel 162 Abs. 3 lauten: „Die Vorschriften des Artikel 36a Abs. 2 finden entsprechende Anwendung." Bisher war der Artikel 62a allegirt.

Die drei Aenderungen hängen zusammen. Ich habe keinen Grund zur Beanstandung und beantrage Zustimmung.

Vorsitzender: Ich bitte, fortzufahren.

Abg. **von Walter** (Referent): Nach Ziff. 2 soll in den **Artikel 25** folgende Vorschrift unter Ziff. VI eingestellt werden:

„VI. Der Artikel 156 Abs. 6 wird aufgehoben."

Der Artikel 25 enthält die Aenderungen, welche an der Gemeindeordnung für die Landestheile rechts des Rheins getroffen worden sind. Der Artikel 156 Abs. 6 der Gemeindeordnung, welcher jetzt aufgehoben werden soll, enthält Bestimmungen darüber, welche Maßregeln der Bürgermeister zur Sicherung seines Nachlasses vorzunehmen hat. Es wird nun eine bezügliche Bestimmung in der Beilage D unter I Ziff. 6 getroffen. Hienach soll als Artikel 94a unter der Ueberschrift „Mitwirkung der Gemeindebehörden bei der Sicherung eines Nachlasses" folgende Vorschrift eingestellt werden (Referent verliest). Nach meinem Dafürhalten wird in diesem Artikel 94a des Ausführungsgesetzes nichts Anderes bestimmt, als was bisher der Artikel 156 der Gemeindeordnung bestimmte. Es wird auch der Platz für diese Bestimmung mehr im Ausführungsgesetz als in der Gemeindeordnung zu suchen sein, und deßhalb beantrage ich Zustimmung zur Aufhebung des Artikel 156 Abs. 6, jedoch unter dem Vorbehalte, daß der Herr Referent über das Ausführungsgesetz die Annahme des Artikel 94a des Ausführungsgesetzes beantragt.

Vorsitzender: Die Bestimmung wird wohl so aufzufassen sein, daß der Bürgermeister dafür zu sorgen hat.

Abg. **von Walter** (Referent): Nach Ziff. 3 soll im **Artikel 33** Ziff. IX eine Aenderung getroffen werden. Der Artikel 33 enthält die Aenderungen, welche zum Gesetze vom 23. Februar 1879 zur Ausführung der Reichs-Civilprozeßordnung und Konkursordnung getroffen worden sind. Die Ziff. IX insbesondere handelt von den Aenderungen, welche im Artikel 53 dieses Gesetzes vorgenommen wurden. Der Artikel 53 enthält nach dem bereits gefaßten Beschlusse folgende Bestimmung (Referent verliest). Zu dieser Bestimmung sollen nun folgende Absätze 2 und 3 hinzugefügt werden (Referent verliest). Ich halte diesen Zusatz für entsprechend. Es könnte zwar fraglich sein, ob er unbedingt nothwendig sei, allein bei den theilweise abweichenden Bestimmungen des Gesetzes über die Zwangsversteigerung und Zwangsverwaltung ist es jedenfalls gut, wenn etwaige Zweifel, inwieweit dieses Gesetz entsprechend oder sinngemäß auf das Zwangsenteignungsverfahren anzuwenden ist, abgeschnitten werden. Im Uebrigen verweise ich lediglich auf die Motive zu diesem Vorschlag und beantrage Zustimmung. S. 380.

Vorsitzender: Damit sind wir auch mit den Ergänzungen in Beilage D fertig, da Ziff. 4 schon früher erledigt wurde.

Abg. **von Walter** (Referent): Ich möchte nur noch eine Anregung im Nachgange zu Ziff. 3 geben. Wir haben auch im Gesetze das Unschädlichkeitszeugniß auf das Gesetz über die Zwangsvollstreckung verwiesen und wird wohl auch beim Vertheilungsverfahren, das bezüglich der hinterlegten Summe dort zu gelten hat, die sinngemäße Anwendung in ganz gleicher Weise stattzufinden haben, wie es jetzt bei Artikel 53 des Gesetzes zur Ausführung der Reichs-Civilprozeßordnung und Konkursordnung geschehen ist.

Senatspräsident Dr. **von Jacubezky:** Ich halte die Bemerkung des Herrn Referenten für zutreffend.

Vorsitzender: Nun darf ich die Herren Referenten fragen, ob dieselben bezüglich der Ergänzungen der k. Staatsregierung, die sich auf das Ausführungsgesetz beziehen, einverstanden sind, wenn wir dieselben auf die zweite Lesung verschieben. Die beiden Herren Referenten Wagner und Lerno sind einverstanden, daß wir diese Ergänzungen mit der zweiten Lesung verbinden. Wir sind nun mit dem Gesetzentwurfe Beilage B auch zu Ende gekommen. Es obliegt mir noch, eine geschäftliche Mittheilung zu machen. Die Anträge der Redaktionskommission zu dem Gesetzentwurfe Beilage A werden heute Abend vertheilt werden. Wir müssen daher jedenfalls den Herren morgen Vormittag Zeit lassen, die Sache näher sich anzusehen. Nachmittag haben die Herren Reichsräthe Ausschußsitzung. Es wird uns also nichts Anderes übrig bleiben, als die nächste Sitzung am Samstag abzuhalten. Da können wir als Tagesordnung bestimmen: die zweite Lesung des Gesetzentwurfes Beilage A in Verbindung mit den Anträgen der Redaktionskommission und den Ergänzungen der k. Staatsregierung in Beilage D, und da möchte ich die verehrten Herren Kollegen dringend bitten, wenn sie am Samstag Anträge zu stellen wünschen, dieselben schriftlich zu stellen und sie längstens bis morgen Mittag einzureichen, damit sie dann durch den Druck vervielfältigt werden können. Die Herren erklären sich damit einverstanden. Würden wir am Samstag nicht zu Ende kommen, so wäre die nächste Sitzung am Montag, eventuell am Dienstag, wozu es hoffentlich nicht kommen wird. Dann sind wir in der Lage, aufhören zu müssen. Ich wüßte nicht, was ich Ihnen vorschlagen sollte; denn wir haben erstens die Protokolle für den Gesetzentwurf Beilage B noch nicht, die werden während der Weihnachtsferien vertheilt werden, und ebenso sollen während der Weihnachtsferien die Protokolle des Ausschusses der Reichsrathskammer vertheilt werden, und da Sie vorher beschlossen haben, daß wir nach den Ferien uns mit dem Gesetzentwurfe Beilage C beschäftigen, so würde ich Ihnen vorschlagen, diesen auf die Tagesordnung für den 9. Januar 1899 Nachmittags zu setzen. Wir können einmal eine Ausnahme machen, damit die Herren den Vormittag zur Reise benützen können.

Abg. **von Walter** (Referent): Ich möchte dringend wünschen, daß, nachdem jetzt der Gesetzentwurf Beilage B erledigt ist, unter allen Umständen noch vor Beginn der Weihnachtsferien die Beschlüsse redaktionell festgestellt werden. Ich bitte daher, zunächst die Redaktionskommission zu ernennen. S. 381.

S. 381. **Vorsitzender:** Die Redaktionskommission für den Gesetzentwurf Beilage B dürfte analog jener für Beilage A zusammenzusetzen sein, nämlich aus dem Herrn Senatspräsidenten, Herrn Referenten von Walter, Herrn Korreferenten Conrad und einem der Herren Schriftführer.

Senatspräsident Dr. **von Jacubezky:** Es wäre wünschenswerth, daß wir die Protokolle zu Handen hätten.

Abg. **von Walter** (Referent): Es wäre gewiß wünschenswerth, wenn die Protokolle schon gedruckt der Redaktionskommission vorliegen könnten; allein für absolut nothwendig erachte ich das nicht. Ich habe mir die getroffenen Aenderungen alle vorgemerkt, und soweit etwa neue redaktionelle Aenderungen vorgenommen werden, sind diese von den Protokollen vollständig unabhängig.

Vorsitzender: Wenn der Herr Senatspräsident damit einverstanden ist, bitte ich den Herrn Referenten, die Sitzung der Redaktionskommission nach seinem Ermessen festzusetzen. Die nächste Sitzung findet also Samstag den 17. Dezember Vormittags 9½ Uhr statt mit der Tagesordnung: Zweite Lesung des Gesetzentwurfes Beilage A in Verbindung mit den Anträgen der Redaktionskommission und den Ergänzungen der k. Staatsregierung in Beilage D. Die Herren Ausschußmitglieder, welche noch Anträge hiezu stellen wollen, werden die Güte haben, bis morgen Mittag diese Anträge schriftlich einzureichen. Die Sitzung ist geschlossen.

(Schluß der Sitzung um 11 Uhr 50 Minuten.)

von Stobäus,
Vorsitzender.

Dr. Casselmann,
Schriftführer.

5.

S. 156.

Antrag der k. Staatsregierung.

(Beilage D zu den Verhandl. des Justizgesetzgebungsausschusses d. K. d. Abg. 1898, Bd. XX, Abth. I, S. 156/157.)

II. Zu dem Entwurf eines Gesetzes, die durch die Einführung des Bürgerlichen Gesetzbuchs veranlaßten Aenderungen der seit 1818 erlassenen Gesetze betreffend.

1. Der Artikel 24 soll dahin geändert werden:

a) In der Ziff. II soll der Artikel 36a Abs. 2 lauten:

In den Fällen des Art. 35 Abs. 2 hat die Bergbehörde das Grundbuchamt um die erforderlichen Eintragungen zu ersuchen. Soweit Hypotheken, Grundschulden oder Rentenschulden von der Aenderung oder Aufhebung der Verleihung betroffen werden, finden auf die Eintragung die Vorschriften der §§ 42 bis 44 der Grundbuchordnung keine Anwendung. Das Grundbuchamt hat den Besitzer des Hypotheken-, Grundschuld- oder Rentenschuldbriefs zur Vorlegung anzuhalten, um nach den Vorschriften des § 62 Abs. 1, des § 69 und des § 70 Abs. 1 der Grundbuchordnung zu verfahren.

b) In der Ziff. VII soll der Artikel 62a Abs. 2 lauten:

Soweit Hypotheken, Grundschulden oder Rentenschulden von der Rechtsänderung betroffen werden, finden die Vorschriften des Art. 36a Abs. 2 Satz 2, 3 entsprechende Anwendung.

c) In der Ziff. XVII soll der Artikel 162 Abs. 3 lauten:

Die Vorschriften des Artikel 36a Abs. 2 finden entsprechende Anwendung.

S. 157. 2. In den Artikel 25 soll folgende Vorschrift unter Ziff. VI eingestellt werden:

VI. Der Artikel 156 Abs. 6 wird aufgehoben. S. 157.

3. Im Artikel 33 Ziff. IX soll der Artikel 53 durch folgende Abs. 2, 3 ergänzt werden:

Das Gericht hat bei der Eröffnung des Verfahrens von Amtswegen das Grundbuchamt um die im § 19 Abs. 2 des Gesetzes über die Zwangsversteigerung und die Zwangsverwaltung bezeichneten Mittheilungen zu ersuchen.

Als Betheiligte im Sinne des § 9 Nr. 1 des Gesetzes über die Zwangsversteigerung und die Zwangsverwaltung gelten diejenigen, für welche zur Zeit der Ertheilung der beglaubigten Abschrift des Grundbuchblatts ein Recht im Grundbuch eingetragen oder durch Eintragung gesichert ist; die in Folge der Zwangsabtretung erfolgten Rechtsänderungen bleiben außer Betracht. Als Beschlagnahme im Sinne des § 13 des angeführten Gesetzes ist die Zwangsabtretung, im Falle der Einweisung des Abtretungsberechtigten in den Besitz die Einweisung anzusehen.

4. Im Artikel 34 soll die Ziff. XIX lauten:

XIX. Im Artikel 69 erhält

1. die Ziff. 6 folgende Fassung:

6. dem Generalstaatsanwalte hinsichtlich der Staatsanwaltschaft bei dem Obersten Landesgerichte, dem Oberstaatsanwalt und dem Ersten Staatsanwalt hinsichtlich der Staatsanwaltschaften ihres Bezirkes.

2. Zwischen Abs. 1 und Abs. 2 wird folgender neue Absatz eingefügt:

Der Präsident des Oberlandesgerichts und des Landgerichts kann sich mit Genehmigung des Staatsministeriums der Justiz bei der Erledigung einzelner Aufsichtsgeschäfte, die sich auf ein untergebenes Gericht beziehen, durch einen richterlichen Beamten des Gerichts, dessen Vorstand er ist, vertreten lassen.

3. Der Abs. 2 erhält folgenden Zusatz:

Wird der Präsident nach Abs. 2 durch einen richterlichen Beamten vertreten, der nicht Mitglied des Präsidiums ist, so nimmt dieser an der Beschlußfassung des Präsidiums mit berathender Stimme theil.

Begründung zu den Aenderungen und Ergänzungen S. 161.

des Entwurfes eines Gesetzes, die durch die Einführung des Bürgerlichen Gesetzbuchs veranlaßten Aenderungen der seit 1818 erlassenen Gesetze betreffend.

(Beilage D zu den Verhandl. d. Justizgesetzgebungsausschusses d. K. d. Abg. 1898, Abth. I S. 161.)

Zu Artikel 24.

Im Artikel 24 Ziff. II, VII, XVII des Entwurfes eines Gesetzes, die Aenderungen der seit 1818 erlassenen Gesetze betreffend, ist die Aenderung oder Aufhebung einer Verleihung des Bergwerkseigenthums nach Artikel 35 Abs. 2 des Berggesetzes (Art. 36 a Abs. 2) in Ansehung der Eintragung in das Grundbuch anders behandelt als die Vereinigung mehrerer Bergwerke, die Feldestheilung

S. 161. oder der Austausch von Feldestheilen (Art. 62 a) und die Aufhebung des Bergwerkseigenthums durch Entziehung oder Verzicht (Art. 162 Abs. 3). In dem ersten Falle soll das Grundbuchamt die Eintragung ebenso wie bei der Verleihung des Bergwerkseigenthums (Art. 36 a Abs. 1) auf Grund einer Mittheilung der Bergbehörde von Amtswegen vornehmen, in den beiden anderen Fällen soll sie auf Ersuchen der Bergbehörde erfolgen. Soweit Hypotheken, Grundschulden oder Rentenschulden von der Rechtsänderung betroffen werden, ist für die beiden letzteren Fälle die Anwendung der §§ 42 bis 44 der Grundbuchordnung ausgeschlossen, das Grundbuchamt soll jedoch den Besitzer des Hypotheken-, Grundschuld- oder Rentenschuldbriefs zu der Vorlegung anhalten, um den Brief zu berichtigen oder, im Falle der Löschung des Rechtes, unbrauchbar zu machen. Der erste Fall steht dem dritten so nahe, daß es sich empfiehlt, die drei Fälle gleich zu behandeln.

Hieraus ergeben sich die zu Artikel 36 a Abs. 2, Artikel 62 a Abs. 2 und Artikel 162 Abs. 3 des Berggesetzes vorgeschlagenen Aenderungen.

Zu Artikel 25.

Nach Artikel 156 Abs. 6 der Gemeindeordnung für die Landestheile rechts des Rheins bemißt sich die Verpflichtung der Gemeindebehörden zur Vorsorge gegen Entwendung des Nachlasses bis zur gerichtlichen Siegelung nach den jeweils bestehenden gesetzlichen oder verordnungsmäßigen Bestimmungen. Diese Vorschrift wird durch die als Artikel 94 a in den Entwurf eines Ausführungsgesetzes zum Bürgerlichen Gesetzbuch einzustellende Vorschrift (Nr. I, 6 des Antrags) ersetzt. Sie ist deshalb im Artikel 25 des Entwurfes eines Gesetzes, die Aenderungen der seit 1818 erlassenen Gesetze betreffend, für aufgehoben zu erklären.

Zu Artikel 33.

Zur Durchführung des nach Artikel 53 des Gesetzes zur Ausführung der Civilprozeßordnung und Konkursordnung stattfindenden Vertheilungsverfahrens bedarf das Gericht einer beglaubigten Abschrift des Grundbuchblatts sowie der übrigen Mittheilungen, die das Grundbuchamt im Falle der Zwangsversteigerung nach der Eintragung des Versteigerungsvermerkes dem Vollstreckungsgerichte zu machen hat (§ 19 Abs. 2 des ZVG.). Da das Verfahren, wenn die Vertheilung von einem der Betheiligten beantragt wird, von Amtswegen durchzuführen ist, so muß sich das Gericht die beglaubigte Abschrift und die übrigen Mittheilungen durch Ersuchen des Grundbuchamts beschaffen.

Die Vorschriften des § 9 Nr. 1 und des § 13 des Gesetzes über die Zwangsversteigerung und die Zwangsverwaltung bedürfen insoweit einer Ergänzung, als sie die Zeit der Eintragung des Vollstreckungsvermerkes (§ 9 Nr. 1) oder der Beschlagnahme (§ 13) für maßgebend erklären. Als aus dem Grundbuch ersichtliche Betheiligte (§ 9 Nr. 1) müssen diejenigen gelten, für welche eine Eintragung zu der Zeit besteht, zu welcher dem Gerichte die beglaubigte Abschrift des Grundbuchblatts ertheilt wird. Dabei bleiben die Rechtsänderungen, insbesondere Löschungen, die in Folge der Zwangsabtretung eingetragen worden sind, selbstverständlich außer Betracht. Für den Anfang der aus der Entschädigungssumme zu berichtigenden laufenden Beträge wiederkehrender Leistungen (§ 13) tritt an die Stelle der Beschlagnahme des Grundstücks die Zwangsabtretung, im Falle der Einweisung in den Besitz nach Artikel 51 die Einweisung, weil von da an das Grundstück dem Eigenthümer entzogen ist und die Erträgnisse nicht mehr zur Entrichtung der wiederkehrenden Leistungen verwendet werden können.

Zu Artikel 34. S. 161.

Die neue Fassung der Ziff. XIX unterscheidet sich von der bisherigen dadurch, daß in den Artikel 69 des Ausführungsgesetzes zum Gerichtsverfassungsgesetz ein neuer Abs. 2 eingestellt und dem bisherigen Abs. 2 ein Satz beigefügt werden soll.

Die Aufgabe der Präsidenten der Oberlandesgerichte und der Landgerichte im Aufsichtswesen wird mit der Einführung des Bürgerlichen Gesetzbuchs, insbesondere wenn, wie in dem Entwurf eines Notariatsgesetzes vorgeschlagen werden wird, ihnen auch die Aufsicht über das Notariat übertragen wird, einen bedeutenden Zuwachs erhalten. Es empfiehlt sich deshalb, den Präsidenten die Möglichkeit zu gewähren, einzelne Aufsichtsgeschäfte, z. B. die Beaufsichtigung der Grundbuchanlegung oder einer Hypothekenbereinigung bei einem Amtsgerichte, die Visitation eines Amtsgerichts, einem Richter ihres Gerichts zur selbständigen Wahrnehmung zu übertragen. Die Uebertragung soll auf solche Aufsichtsgeschäfte beschränkt sein, die sich auf ein untergebenes Gericht beziehen, und nur mit Genehmigung des Staatsministeriums der Justiz stattfinden dürfen.

Selbstverständlich gilt die Vorschrift des Artikel 69 Abs. 2, künftig Abs. 3, nach welcher der Präsident bei allen auf untergebene Gerichte bezüglichen Aufsichtssachen den Beschluß des Präsidiums zu erwirken hat, auch für den Fall, daß sich der Präsident bei der Vornahme eines solchen Aufsichtsgeschäfts hat vertreten lassen. Bei der Beschlußfassung des Präsidiums muß der Vertreter des Präsidenten auch dann theilnehmen, wenn er nicht Mitglied des Präsidiums ist; in diesem Falle kommt ihm aber nur berathende Stimme zu.

6.

Protokoll S. 427.

über die Sitzung der Redaktionskommission des besonderen (XVIII.) Ausschusses der Kammer der Abgeordneten zur Berathung der durch die Einführung des Bürgerlichen Gesetzbuchs veranlaßten Gesetzentwürfe.

(Beilagenband XX, Abth. II, z. d. Verhandl. d. K. d. Abg. 1898 Seite 427, 428.)

München, den 20. Dezember 1898, Nachmittags 4½ Uhr.

Gegenwärtig:

Der Vertreter der k. Staatsregierung: Senatspräsident am obersten Landesgerichte Dr. Ritter von Jacubezky;

die Ausschußmitglieder: von Walter, Referent, Conrad, Korreferent, Michel, Stellvertreter des Schriftführers.

Tagesordnung:

Feststellung der Beschlüsse erster Lesung zum Entwurf eines Gesetzes, die durch die Einführung des Bürgerlichen Gesetzbuchs veranlaßten Aenderungen der seit 1818 erlassenen Gesetze betreffend (Beilage B), **und zu den Ergänzungen der k. Staatsregierung Ziff. II** (Beilage D).

Es wurden folgende Beschlüsse gefaßt:

Artikel 1 (Beilage B) soll lauten:

Die Verfassungsurkunde vom 26. Mai 1818 wird dahin geändert:

I. **Titel V § 4 Abs. 2 Nr. 4 und § 5 werden aufgehoben.**

S. 427. II. In der VII. Beilage erhält

1. der § 14 Abs. 3 folgende Fassung:

Die Anfechtung der Entscheidungen richtet sich nach den für die Beschwerde in Angelegenheiten der freiwilligen Gerichtsbarkeit geltenden Vorschriften.

2. Der § 28 Satz 2 und der § 109 werden aufgehoben.

III. Die VIII. Beilage wird aufgehoben.

Abs. 2 (neu):

In der Pfalz können Familienfideikommisse auch in Zukunft nicht errichtet werden:

In **Artikel 10** soll Ziff. V lauten (Beilage B):

V. Als Artikel 8a wird folgende Vorschrift aufgenommen:

Der Beschädigte hat den Anspruch auf Ersatz des Wildschadens bei Verlust des Anspruchs binnen **sechs** Tagen, nachdem er von der Beschädigung Kenntniß erlangt hat, bei der Ortspolizeibehörde anzumelden, in deren Bezirke der Schaden entstanden ist. Zur Wahrung der Frist genügt die Absendung der Anmeldung.

Artikel 11 ist gestrichen (vergl. Artikel 43a).

In **Artikel 21** Ziff. II soll es heißen (Beilage B):

Im Artikel 4 erhält

1. der Abs. **2** folgende Fassung (statt Abs. 1).

Im gleichen Artikel Ziff. III soll es heißen:

Im Artikel 6 in der Fassung des Gesetzes vom 17. Juni 1896 wird

1. dem Abs. 3 folgender Satz beigefügt:

Die **Vorschriften** des **Art. 1 Abs. 3** und des Art. 4 Abs. **2 Satz 2** finden Anwendung (statt Art. 4 Abs. 1).

Als Ziff. VIIa wird neu eingeschaltet:

VIIa. Im Artikel 24 Ziff. 2 werden die Worte: „angewiesene Heimat" ersetzt durch die Worte: „vorläufige Heimat".

Zu Ziff. XXI wird als neuer Abs. 2 eingestellt:

Die vor dem Inkrafttreten des Bürgerlichen Gesetzbuchs vereinkindschafteten Kinder stehen in Ansehung der Heimat den ehelichen Kindern gleich.

Nach Beilage D soll der **Artikel 24** der Beilage B dahin geändert werden:

a) In der Ziff. II soll der Artikel 36a Abs. 2 lauten: (unverändert nach Beilage D.)

b) In der Ziff. VII soll der Artikel 62a Abs. 2 lauten: (unverändert nach Beilage D.)

c) In der Ziff. XVII soll der Artikel 162a Abs. 3 lauten: (unverändert nach Beilage D).

In **Artikel 25** (Beilage B) ist **Ziff. V gestrichen.**

Nach Beilage D soll in den Artikel 25 folgende Vorschrift unter Ziff. VI eingestellt werden:

VI. Der Artikel 156 Abs. 6 wird aufgehoben.

In **Artikel 27** (Beilage B) wird als Ziff. Va neu eingeschaltet:

Va. Im Artikel 20 Abs. 1 in der Fassung des § 41 des Landtagsabschieds vom 15. April 1875 wird das Wort „Reichswährung" gestrichen.

Die Ziff. VI erhält folgende Fassung: S. 427.

VI. Im Artikel 23 Abs. 3 erhalten die Ziff. 1, **3** folgende Fassung:

1. Personen, die entmündigt oder nach § 1906 des Bürgerlichen Gesetzbuchs unter vorläufige Vormundschaft gestellt sind;

3. Personen, über deren Vermögen der Konkurs eröffnet ist.

In **Artikel 31** (Beilage B) Ziff. X soll es heißen: S. 428.

X. Der Artikel 75 erhält folgende Fassung:

Werden Brandversicherungsbeiträge von einem Stellvertreter (Art. 70, 73, 74) vorgeschossen, so geht der Anspruch **der Anstalt** auf diesen über.

In **Artikel 33** (Beilage B) soll Ziff. III lauten:

III. Im Artikel 20 **Abs. 1** werden ꝛc. ꝛc.

Nach Beilage D soll im Artikel 33 Ziff. IX der Artikel 53 durch folgende Abs. 2, 3 ergänzt werden:

Abs. 2 unverändert.

Abs. 3 unverändert.

In Ziff. XII soll es heißen (Beilage B):

XII. Als Artikel 68a wird unter der Ueberschrift:

„Zwangsvollstreckung bei Fideikommissen, Lehen und landwirthschaftlichen Erbgütern gegen den Nachfolger“ folgende Vorschrift eingestellt:

In Ziff. XIV (Beilage B) soll es heißen:

Der Artikel 88 wird unter der Ueberschrift: **„Feststellung des Datums einer Privaturkunde“** als Artikel 70a eingestellt.

Ziff. XV soll lauten (Beilage B):

XV. Die Artikel 12 bis 19, 23 bis 33, 56 bis 67, 71 bis 77, **79 bis 87, 89** bis 121, 123 bis 126, 135, 140 bis 168, 171 bis 174, 176 bis 219, 222 bis 224 werden aufgehoben.

(Sonst unverändert.)

In **Artikel 34** (Beilage B) soll in der letzten Zeile des Abs. 2 der Ziff. XI das Wort: „unterzeichnet“ ersetzt werden durch das Wort: **„unterschrieben“.**

Nach Beilage D soll im Artikel 34 die Ziff. XIX lauten:

XIX. Im Artikel 69 erhält

1. Unverändert.
2. Unverändert.
3. Der bisherige Abs. 2 erhält folgenden Zusatz:

(Dann unverändert.)

Ziff. XXI (Beilage B) soll lauten:

Der Artikel 76 erhält folgende Fassung:

Für die in Angelegenheiten ꝛc. ꝛc. bis getroffen.

Die Staatsregierung ꝛc. ꝛc. bis erlassen.

Bei den amtsgerichtlichen ꝛc. ꝛc. bis nicht statt.

Die Zwischensätze:

1. **an die Stelle der Abs. 1, 2 folgende Vorschriften:**
2. **Der Abs. 3 erhält folgende Fassung:**
3. **An die Stelle des Abs. 4 tritt folgende Vorschrift: werden gestrichen.**

S. 428. In **Artikel 36** soll Ziff. VII lauten (Beilage B):

VII. Der Artikel 26 erhält folgende Fassung:

Testamentsvollstrecker, gesetzliche Vertreter und Bevollmächtigte der Erbinteressenten, Nachlaßpfleger sowie die Verwalter von Familienstiftungen haften persönlich für die Steuer, wenn sie vor deren Entrichtung oder Sicherstellung die Erbschaft, einzelne Erbtheile, Vermächtnisse, Schenkungen auf den Todesfall, **Pflichttheile** oder Bezüge aus Familienstiftungen ausantworten.

Ziff. XIV soll lauten:

XIV. Der Artikel 25 Abs. 3 Satz 2 und der Artikel 46 **Abs. 1 bis 3** werden aufgehoben.

(Sonst unverändert.)

In **Artikel 38** Ziff. VI (Beilage B) soll die Nr. 2 lauten:

2. daß diejenigen betheiligten Grundeigenthümer, welche weder in Person erscheinen, noch durch einen Bevollmächtigten vertreten sind, **unbeschadet der nach Ziff. 1 zu erhebenden Einwendungen,** als der Inangriffnahme der Flurbereinigung zustimmend erachtet werden und auch aller Einwendungen gegen die sonstigen Beschlüsse der Tagsfahrt verlustig gehen.

Ziff. VIII soll lauten:

VIII. Als Artikel 21a wird folgende Vorschrift eingestellt:

Werden in der Tagsfahrt nach Art. 21 oder während der im Art. 20 Abs. 1 Ziff. 1 festgesetzten Frist von den Betheiligten Einwendungen bezüglich der Voraussetzungen der Flurbereinigung erhoben, so hat die Flurbereinigungs-Kommission zunächst **darüber zu entscheiden.**

Abs. 2 und Abs. 3 unverändert.

Ziff. XIX soll lauten:

XIX. Im Artikel 42 werden nach dem Worte „Aussteckungspfähle" eingeschaltet die Worte **„oder Sicherungssteine"**.

Nach **Artikel 43** (Beilage B) wird eingeschaltet:

Artikel 43a (früher Artikel 11).

In der Pfalz können die vor der Verkündung dieses Gesetzes geschlossenen Jagdpachtverträge von jedem Theile unter Einhaltung einer dreimonatigen Kündigungsfrist für den 1. Februar 1900 gekündigt werden.

von Walter,
Vorsitzender.

Michel,
Schriftführer.

7.

25. S. 429.

Protokoll

über die Sitzung des besonderen (XVIII.) Ausschusses der Kammer der Abgeordneten zur Berathung der durch die Einführung des Bürgerlichen Gesetzbuchs veranlaßten Gesetzentwürfe.

(Beilagenband XX, Abth. II, z. d. Verhandl. d. K. d. Abg. 1899 Seite 429 bis 438.)

München, den 9. Januar 1899, Nachmittags 4 Uhr.

Gegenwärtig:

Die Vertreter der k. Staatsregierung: der k. Staatsminister der Justiz Dr. Freiherr von Leonrod, Excellenz, der k. Senatspräsident am obersten Landesgerichte Dr. Ritter von Jacubezky, der k. Ministerialrath im Staatsministerium der Finanzen, Kronanwalt Ritter von Schubart, der k. Ministerialrath im Staatsministerium der Justiz Thelemann, der k. Oberregierungsrath im Staatsministerium des Innern Krazeisen; ferner die Ausschußmitglieder: von Stobäus, Vorsitzender, Wagner, Stellvertreter des Vorsitzenden, Dr. Casselmann, Schriftführer, Michel, Stellvertreter des Schriftführers, Conrad, Fuchs, Joseph Geiger, Joseph Huber, Landmann, Lerno, Seeberger, von Walter (Lutz, Dr. Ratzinger und Segitz entschuldigt).

Tagesordnung:

Entwurf eines Gesetzes, die durch die Einführung des Bürgerlichen Gesetzbuchs veranlaßten Aenderungen der seit 1818 erlassenen Gesetze betreffend.

Artikel 1 mit 45

(in Verbindung mit den Ergänzungen der k. Staatsregierung — Beilage D Ziff. II —).

Zweite Lesung.

Der Vorsitzende **von Stobäus** eröffnet um 4 Uhr 10 Minuten die Sitzung und heißt die Mitglieder des Ausschusses im neuen Jahre willkommen.

Es wird dann in die zweite Berathung des Gesetzentwurfes, die durch die Einführung des Bürgerlichen Gesetzbuchs veranlaßten Aenderungen der seit 1818 erlassenen Gesetze betreffend, eingetreten.

Abg. **von Walter** (Referent): Ich glaube, wir können von einer Generaldiskussion Umgang nehmen. Ich habe lediglich zu den einleitenden Worten eine Bemerkung zu machen. Wir haben heute eine sehr leichte Aufgabe. Die Redaktionskommission hat die Beschlüsse erster Lesung in die uns vorliegende Form gebracht und ich habe mich überzeugt, daß alle Beschlüsse, die in erster Lesung von uns gefaßt worden sind, auch wirklich in der Redaktionskommission Berücksichtigung gefunden haben.

Vorsitzender: Ueberschrift und Einleitungsworte werden wir am Schlusse vornehmen.

Abg. **von Walter** (Referent): Ich habe zu **Artikel 1 bis 3** nichts zu erinnern und empfehle die Beschlüsse erster Lesung auch in der zweiten Lesung zur Annahme.

Vorsitzender: Artikel 1 bis 3 sind angenommen.

Zu **Artikel 4** ist einschlägig der Antrag des Herrn Abg. Michel, der gedruckt vertheilt worden ist.

Der k. Staatsminister der Justiz Dr. Freiherr **von Leonrod:** Ich erlaube mir, zu Artikel 4 einen Abänderungsantrag der k. Staatsregierung zu übergeben.

S. 429. **Vorsitzender:** Der Artikel 4 soll nach dem Antrage der k. Staatsregierung lauten:

Das Forststrafgesetz für die Pfalz vom 28. Dezember 1831 in der Fassung der Bekanntmachung vom 2. Oktober 1879 und des Gesetzes vom 17. Juni 1896 wird dahin geändert:

I. Im Artikel 8 wird der Satz 2 durch folgenden Abs. 2 ersetzt:

Diese Verfügung ist im Betreff der Strafe jedoch auf Personen einer und derselben Familie (Art. 13 Abs. 1 Ziff. 1 bis 5) nicht anwendbar, welche gemeinschaftlich einen Forstfrevel nach Art. 19, 22 oder 23 begehen; diese werden solidarisch in die Strafe verurtheilt. In dem Urtheil oder den Strafbefehlen ist auszusprechen, gegen welchen oder welche Frevler die Umwandlung der Geldstrafe in Haftstrafe einzutreten hat, wenn erstere nicht beigetrieben werden kann. Geschieht die Umwandlung gleichzeitig gegen mehrere dieser Frevler, so darf dennoch die von den Einzelnen zu erstehende Haft zusammengerechnet die nach Art. 5 der Geldstrafe entsprechende Dauer nicht überschreiten.

Die Ziff. I des Entwurfes wird Ziff. I a.

Abg. **Michel:** Ich habe die Anträge, wie sie gedruckt vorliegen, nur für den Fall gestellt, daß von Seite der k. Staatsregierung kein Antrag kommt. Nachdem aber meiner Anregung, die ich in der ersten Lesung gegeben habe, durch den soeben von der k. Staatsregierung übergebenen Antrag entsprochen worden ist, ziehe ich meine Anträge hiemit förmlich zurück und zwar nicht nur zu Artikel 4, sondern auch zu Artikel 13.

Abg. **von Walter** (Referent): Ich habe gegen den Modifikationsantrag der k. Staatsregierung ebenfalls kein Bedenken. Die Sache ist in der ersten Lesung ausführlich besprochen worden und man hat es dort für gut befunden, die Redaktion für die zweite Lesung zu verschieben. Nachdem also der Herr Abg. Michel sich mit dem Antrage der k. Staatsregierung einverstanden erklärt hat, habe ich um so weniger Anlaß, mich hierüber auszusprechen, als es sich um Verhältnisse der Pfalz handelt, die zu übersehen der Herr Kollege Michel am besten in der Lage ist.

Senatspräsident Dr. **von Jacubezky:** Der Vorschlag der k. Staatsregierung will lediglich der Anregung des Herrn Abg. Michel entsprechen, welche dahin ging, es solle die Verschiedenheit, die zwischen Artikel 8 des pfälzischen Forststrafgesetzes und Artikel 56 des rechtsrheinischen Forstgesetzes besteht, dadurch beseitigt werden, daß dasjenige, was in den Landestheilen rechts des Rheins gilt, als das mildere Recht auf die Pfalz erstreckt wird. Die
S. 430 Fassung des Satz 2 des Ar||tikel 8, nach dem Vorschlage Satz 1 des neuen Abs. 2, ist lediglich darin geändert, daß die Verweisung auf den Artikel 13 Abs. 1 Ziff. 1 bis 5 des Forststrafgesetzes (Art. 4 Ziff. I des Entwurfes) eingeschoben ist. Die Vorschrift spricht von Personen, die derselben Familie angehören. Der Ausdruck „derselben Familie angehören" ist aber in dem rechtsrheinischen Forstgesetz dahin erläutert, daß als derselben Familie angehörend anzusehen sind die Personen, die im Artikel 69 Ziff. 1 bis 5 genannt sind. Dem Artikel 69 Ziff. 1 bis 5 entspricht und zwar wortgetreu der Artikel 13 Ziff. 1 bis 5 in der neuen Fassung, die in dem Entwurfe vorgeschlagen und von dem Ausschusse genehmigt ist. Durch die Aufnahme der Verweisung soll klargestellt werden, daß die milderen Bestimmungen, die für die Familienangehörigen gegeben werden, in der Pfalz in Zukunft in demselben weiteren

Sinne zu verstehen sind, wie in den Landestheilen rechts des Rheins. Die S. 430.
Sätze 2, 3 des neuen Abs. 2 entsprechen dem Artikel 56 Abs. 3 Satz 3 und 4 des rechtsrheinischen Forstgesetzes. Außerdem ist, weil der Artikel 8 Satz 2 schon in dem Gesetze vom 17. Juni 1896 geändert worden ist, im Eingange des Artikel 4 neben der Bekanntmachung vom 2. Oktober 1879 auch das Gesetz vom 17. Juni 1896 genannt, das der Entwurf nicht zu nennen brauchte, weil er eine von diesem Gesetze berührte Vorschrift nicht ändern wollte.

Vorsitzender: Der Antrag „Michel" ist zurückgezogen, was ich hiemit konstatire.

Der Herr Referent ist mit dem von der k. Staatsregierung eingebrachten Modifikationsvorschlage einverstanden; der Herr Korreferent ebenfalls. Wenn von Seite der übrigen Herren keine Erinnerung dagegen besteht, so nehme ich an, daß der Ausschuß mit dem Modifikationsantrage der k. Staatsregierung einverstanden ist.

Wir gehen über zu Artikel 5.

Abg. **von Walter** (Referent): Ich beantrage, die **Artikel 5 bis 20** nach den Beschlüssen der ersten Lesung anzunehmen.

Vorsitzender: Ich erkläre die Artikel 5 bis 20 hier angenommen, nachdem kein Widerspruch besteht.

Artikel 21.

Abg. **von Walter** (Referent): Im Artikel 21, der Aenderungen zum Gesetze über Heimat, Verehelichung und Aufenthalt vorschlägt, hat der Herr Korreferent zu Ziff. XI, angeregt. daß die Ziff. 3 des Artikel 36 in der Fassung der Königlichen Deklaration vom 21. April 1884 eine Redaktion enthält, die kaum als richtig angesehen werden kann; es ist dieß auch von Seite der k. Staatsregierung anerkannt worden; nur hat der Herr Vertreter des k. Staatsministeriums des Innern gemeint, daß man die Entstehungsgeschichte etwas nachsehen müsse, um nicht leichthin eine Aenderung zu treffen, die vielleicht doch nicht gerechtfertigt wäre.

Die Ziff. 3 des Gesetzes vom Jahre 1884 lautet (verliest). Der Herr Korreferent hat beanstandet, daß, wenn innerhalb der drei Jahre eine dreimalige Bestrafung wegen Landstreicherei 2c. stattgefunden hat, dann ohnehin nicht drei Jahre seit der letzten Bestrafung verflossen sein können, und er hat gemeint, daß der auf diese dreimalige Verurtheilung bezügliche Satz an den Schluß zu stellen ist.

Nun habe ich aus den Ausschußverhandlungen zum Antrage „Keßler" im Jahre 1884 mich überzeugt, daß die Sache in der That nur in einer mangelhaften Redaktion ihren Grund hat. Es ist damals von dem Herrn Abg. Keßler der Antrag gestellt worden, daß ein Einspruch stattfinden soll:

1) wenn eines der Eheverlobten wegen eines Verbrechens oder Vergehens verurtheilt worden ist und sich weder über die Verbüßung, noch den Nachlaß der Strafe auszuweisen vermag,

2) wenn und solange eines derselben wegen eines Verbrechens oder Vergehens sich in Untersuchung befindet,

3) wenn und insolange einem derselben die bürgerlichen Ehrenrechte aberkannt sind,

4) wenn eines derselben wegen Bettels oder Landstreicherei wiederholt bestraft wurde und seit Abbüßung oder Nachlaß der letzten Strafe noch nicht drei Jahre verflossen sind.

S. 430. Dieser Antrag hat später durch Herrn Abg. von Fischer eine Aenderung erhalten und sollte nach diesem Abänderungsantrag in Ziff. 1 und 2 bestimmt werden:

1) wenn und solange der Mann oder die Braut sich wegen Verbrechens oder Vergehens in Untersuchung befindet,

2) wenn der Mann oder die Braut zu einer Zuchthausstrafe oder wegen Zuwiderhandlung gegen die Sittlichkeit oder wegen Diebstahls, Unterschlagung, Betrugs, Hehlerei, Fälschung, Arbeitsscheue, Landstreicherei, Bettels oder Gaukelei verurtheilt worden ist und seit Abbüßung oder Nachlaß der Strafe drei Jahre noch nicht abgelaufen sind.

Hier findet sich also der Satz, daß drei Jahre verflossen sein müssen, aber nur seit einer einmaligen Aburtheilung.

Nun hat dieser Antrag von Seite des Herrn Staatsministers des Innern eine Beanstandung gefunden. Der Herr Minister hat nämlich geglaubt, daß auf die Voraussetzung einer wiederholten Bestrafung im Falle der Landstreicherei und Arbeitsscheue nicht verzichtet werden könne, und war überhaupt der Meinung, daß es am besten wäre, wenn man die Bestimmung über die Zulässigkeit der Verweisung an die Landespolizeibehörde aus dem Reichsstrafgesetzbuch herübernehmen würde. Dieser Anregung hat sich Herr Abg. von Fischer zwar nicht anbequemt, aber im Verlaufe der Berathungen wurde beschlossen, daß ein Einspruch aus einer Verurtheilung wegen Landstreicherei rc. rc. nur geltend gemacht werden könne, wenn eine solche in den letzten drei Jahren dreimal erfolgt sei.

Eine Bedeutung hat also die Sache gar nicht; der Artikel hat bisher in der Praxis zu Schwierigkeiten nicht geführt, man kann ihn also stehen lassen oder eine Aenderung, wie der Herr Korreferent beantragt hat, vornehmen.

Abg. **Conrad** (Korreferent): Ich bin dem Herrn Referenten dankbar, daß er sich der Aufgabe unterzogen hat, über die Entstehungsgeschichte dieses Artikels nähere Aufklärung zu geben. Das enthebt mich dieser Arbeit; ich glaube aber, die Herren werden überzeugt sein, daß hier in der That eine Aenderung wie ich sie anzuregen mir erlaubt habe, gutzuheißen ist, da sonst eine widersinnige Bestimmung vorläge. Ich möchte nur, um nicht weitläufig zu werden, auf eine kleine Richtigstellung mich beschränken. Als ich damals in der Eile den Antrag niederschrieb, blieb nämlich eine kleine Undeutlichkeit stehen. Der Antrag, wie er auch im Protokoll erscheint, sagt: „wenn der Mann oder die Braut zu einer Zuchthausstrafe . . . . zu einer Freiheitsstrafe von wenigstens vier Wochen verurtheilt worden ist und seit Abbüßung oder Nachlaß der Strafe drei Jahre noch nicht verflossen oder wenn rc." Es soll hier heißen: „. . . . verflossen **sind** oder wenn . . . . verurtheilt worden ist". Das wäre die grammatikalisch vollständig richtige Fassung.

Im Uebrigen möchte ich meinen Antrag zur Genehmigung empfohlen haben.

Oberregierungsrath **Krazeisen:** Die Entstehungsgeschichte des Artikel 36 Ziff. 3 ergibt Folgendes:

S. 431. In der ursprünglichen Fassung nach dem Antrage des Ausschußreferenten der Kammer der Abgeordneten waren die Worte: „zu einer Freiheitsstrafe von wenigstens vier Wochen oder innerhalb der unmittelbar vorhergehenden drei Jahre mindestens drei Mal wegen" noch nicht enthalten.

Im Laufe der Verhandlungen des VII. Ausschusses der Kammer der Abgeordneten wurden zunächst behufs Vermeidung übergroßer Härten zwischen den Worten „Gaukelei“ und „Arbeitsscheue“ die Worte „oder innerhalb der unmittelbar vorhergehenden drei Jahre wiederholt wegen“ eingeschaltet. S. 431.

In dieser Fassung fand Artikel 36 Ziff. 3 im Plenum der Kammer der Abgeordneten unveränderte Annahme.

In der Kammer der Reichsräthe wurden der fraglichen Einschaltung im Anschlusse an das Wort „Gaukelei“ noch die Worte „zu einer Freiheitsstrafe von wenigstens vier Wochen“ vorangestellt und wurde das Wort „wiederholt“ durch die Worte „mindestens drei Mal“ ersetzt.

Dieser Fassung wurde auch Seitens der Kammer der Abgeordneten zugestimmt und durch die Königliche Deklaration vom 21. April 1884 die Allerhöchste Sanktion ertheilt.

Es ist richtig, daß die eingeschalteten Worte „innerhalb der unmittelbar vorhergehenden drei Jahre 2c. verurtheilt“ mit den Schlußworten „und seit Abbüßung oder Nachlaß der Strafe drei Jahre noch nicht verflossen sind“ rechnerisch nicht vollständig übereinstimmen. Denn wenn z. B. die erste der drei Strafen — und nur diese allein kann hier in Betracht kommen — am ersten Tage der letzten drei Jahre verbüßt ist, so kann die Verurtheilung nicht in, sondern nur vor den Zeitraum der unmittelbar vorhergehenden drei Jahre fallen.

Gegen die vom Herrn Abg. Conrad beantragte Aenderung der Fassung des Artikel 36 Ziff. 3 besteht von Seite der k. Staatsregierung keine Erinnerung, da hiedurch die gesetzgeberische Absicht dieser Bestimmung einen rechnerisch unanfechtbaren Ausdruck erhält. Dem Antrage des Herrn Abg. Conrad dürfte dadurch Rechnung zu tragen sein, daß dem Artikel 21 Ziff. XI Nr. 1 etwa der Wortlaut gegeben würde:

Artikel 36 Abs. 1 Ziff. 3 in der Fassung der Königlichen Deklaration vom 21. April 1884 erhält folgende Fassung: — Es käme sodann der Wortlaut des Antrags des Herrn Abg. Conrad, jedoch unter Einschaltung des Wortes „Raubes“ vor dem Worte „Diebstahls“, was jetzt schon beschlossen und im Regierungsantrage enthalten ist. Wenn man diese Nr. 1 so faßt, dann müßten Nr. 2 und 3 allerdings eine kleine redaktionelle Aenderuug erfahren, weil der allgemeine Eingangssatz zu Ziff. XI, nämlich: „Im Artikel 36 werden ersetzt“ auf die Nr. 1 nicht mehr paßt. Dieß könnte etwa in folgender Weise geschehen, daß Nr. 2 gefaßt würde: „Im Artikel 36 Abs. 1 Ziff. 7 werden die Worte 2c. ersetzt durch die Worte 2c.“, ebenso die Nr. 3: „Im Artikel 36 Abs. 3 werden die Worte 2c. ersetzt durch die Worte 2c.“.

Damit wäre Alles in Ordnung, doch dürfte das der Redaktionskommission zu überlassen sein.

Abg. **von Walter** (Referent): Ich habe dagegen nichts zu erinnern, daß diese Aenderung getroffen wird.

Vorsitzender: Die Redaktionskommission wird also das Nähere in Erwägung ziehen. Im Uebrigen konstatire ich, daß der Antrag des Herrn Abg. Conrad angenommen ist.

Ich rufe die **Artikel 22 bis 26** auf und erkläre dieselben auch in der zweiten Lesung für angenommen, nachdem kein Widerspruch erfolgt.

Artikel 27.

Senatspräsident Dr. **von Jacubezky:** Ich habe zum Artikel 27 zu bemerken, daß sich bei Ziff. III 2 eine Klarstellung empfehlen dürfte. Es ist nämlich in dieser Vorschrift gesagt, daß der Ersatzanspruch, den die Armenpflege

S. 431. nach Artikel 7 des Armenpflegegesetzes in der Fassung des Gesetzes vom 3. Februar 1888 gegen den Nachlaß einer von ihr unterstützten Person hat, beim Zusammentreffen mit dem Ersatzanspruch einer öffentlichen Wohlthätigkeitsanstalt nach dem Artikel 92 (jetzt 90a) des Entwurfes eines Ausführungsgesetzes zum Bürgerl. Gesetzbuche (Beilage A) nicht zum Nachtheil dieses Anspruchs geltend gemacht werden kann. Wenn also der Nachlaß nicht zureicht, um sowohl den Ersatzanspruch der öffentlichen Wohlthätigkeitsanstalt als auch den Ersatzanspruch der Armenpflege zu decken, so muß die Armenpflege zurückstehen; das entspricht dem geltenden Rechte, nach welchem das Erbrecht der Wohlthätigkeitsanstalt den Ersatzanspruch der Armenpflege ausschließt. Im Artikel 92 Abs. 2 ist aber bestimmt, daß der Ersatzanspruch der öffentlichen Wohlthätigkeitsanstalt zum Nachtheile der Nachlaßgläubiger nicht geltend gemacht werden kann, wobei jedoch die Pflichttheilsrechte, Vermächtnisse und Auflagen nicht in Betracht kommen. Der Sinn ist der, daß der Ersatz nur aus dem reinen Nachlaßvermögen soll verlangt werden können, nicht den Gläubigern des Verstorbenen, sondern den Erben soll die Ersatzleistung zur Last fallen. Es ist wohl selbstverständlich, daß der Ersatzanspruch der Armenpflege, der dem Ersatzanspruche der Wohlthätigkeitsanstalt nachsteht, nicht den Vorrang haben kann vor den Nachlaßverbindlichkeiten, denen auch der Ersatzanspruch der Wohlthätigkeitsanstalt nachsteht. Die Ersatzleistung an die Armenpflege soll ebensowenig wie die an die Wohlthätigkeitsanstalt auf Kosten der Nachlaßgläubiger erfolgen. Um aber gegenüber der ausdrücklichen Vorschrift in dem Artikel 92 Abs. 2 jeden Zweifel auszuschließen, wird vorgeschlagen, die Nr. 2 des Artikel 27 Ziff. III so zu fassen:

2. Als Abs. 2 werden folgende Vorschriften beigefügt:

„Der Ersatzanspruch kann nicht zum Nachtheile der Nachlaßgläubiger geltend gemacht werden; Verbindlichkeiten aus Pflichttheilsrechten, Vermächtnissen und Auflagen bleiben außer Betracht. Trifft er mit dem Ersatzanspruch einer öffentlichen Wohlthätigkeitsanstalt zusammen, von der der Verstorbene innerhalb der letzten zehn Jahre vor dem Tode unterstützt oder unentgeltlich verpflegt worden ist, so kann er auch nicht zum Nachtheile dieses Anspruchs geltend gemacht werden."

Der Satz 2 stimmt wörtlich mit dem Entwurf überein, nur daß das Wort „auch" eingefügt ist.

Abg. **von Walter** (Referent): Ich habe gegen diesen Vorschlag keine Erinnerung. Ich habe die Sache von Anfang an so aufgefaßt; aber nachdem die k. Staatsregierung es selbst für angezeigt erachtet, hier eine Verdeutlichung eintreten zu lassen, so habe ich nichts dagegen.

Abg. **Conrad** (Korreferent): Die Ausführungen des Herrn Senatspräsidenten sind überzeugend. Es würden, wenn die vorgeschlagenen Normen unterblieben, Widersinn und unlösbare Zustände in den rechtlichen Beziehungen der einzelnen Ersatzverbindlichkeiten entstehen. Ich kann daher nur zustimmen.

Vorsitzender: Ich darf wohl die Zustimmung des Ausschusses zum Vorschlage der k. Staatsregierung annehmen.

Ich rufe auf die **Artikel 28 bis 31** und erkläre dieselben für angenommen, wenn kein Widerspruch erfolgt.

Artikel 32.

Senatspräsident Dr. **von Jacubezky**: In den Sitzungen des Ausschusses vom 22. November und vom 19. Dezember 1898 ist davon gesprochen

worden, daß mit Rücksicht auf den Beschluß, der zum Artikel 53 der Beilage A S. 431.
gefaßt worden || ist, wegen der Haftung des Staates und der Kommunal- S. 432.
verbände für den Schaden, den ein Beamter in Ausübung der ihm anver- trauten öffentlichen Gewalt einem Dritten zugefügt hat, eine Ergänzung des Artikel 7 Abs. 2 des Gesetzes vom 8. August 1878, betreffend die Errichtung eines Verwaltungsgerichtshofes und das Verfahren in Verwaltungsrechtssachen, erforderlich sein wird. Die dort bestimmte Vorentscheidung soll unter den- selben Voraussetzungen, unter denen sie dem Beamten gegenüber nach den im Artikel 7 Abs. 2 in Bezug genommenen Bestimmungen nothwendig ist, für die Klage gegen den Staat oder den Kommunalverband erforderlich sein. Es ist damals von Seite der Vertreter der k. Staatsregierung erklärt worden, daß dieser Gedanke als berechtigt anerkannt werde. Demgemäß wird nunmehr ein Zusatz zu diesem Artikel 7 Abs. 2 vorgeschlagen, der lauten soll:

„Soll wegen des Schadens, den ein Beamter in Ausübung der ihm anvertrauten öffentlichen Gewalt einem Dritten zugefügt hat, ein Ersatzanspruch gegen den Staat, eine Gemeinde oder einen anderen Kommunalverband erhoben werden, so ist die Vorentscheidung in gleicher Weise erforderlich wie für die Geltendmachung des Anspruchs gegen den Beamten."

Dieser Zusatz ist nach der Ansicht der k. Staatsregierung nicht nur für den Fall erforderlich, daß es bei dem Beschlusse des Ausschusses verbleibt, der die vom Entwurfe vorgeschlagene subsidiäre Haftung durch ein gewöhnliches Gesammtschuldverhältniß ersetzt hat, sondern auch für den Fall, daß die sub- sidiäre Haftung, an der die k. Staatsregierung noch festhält, endgiltig ange- nommen werden sollte, weil nach dem Artikel 53 Abs. 1 der Beilage A in gewissen Fällen, nämlich in den Fällen, in denen einem Bürgen die Einrede der Vorausklage nicht zusteht, der Staat bezw. der Kommunalverband als gewöhnlicher Gesammtschuldner haften sollte. Durch den Vorschlag und die Annahme dieses Zusatzes wird deßhalb, wie ich hiemit feststellen möchte, der Entscheidung der Frage, ob es bei der subsidiären Haftung nach dem Regierungs- vorschlage verbleiben soll oder nicht, in keiner Weise vorgegriffen. Wenn der Artikel 7 Abs. 2 diesen Zusatz erhält, so muß auch der Eingang des Artikel 32 des Entwurfes geändert werden, er wird lauten müssen:

Das Gesetz vom 8. August 1878, betreffend die Errichtung eines Ver- waltungsgerichtshofes und das Verfahren in Verwaltungsrechtssachen, wird dahin geändert:

I. Der Artikel 7 Abs. 2 erhält folgenden Zusatz.

Dann folgt der eben verlesene Zusatz.

II. In den Artikel 10 wird folgende Vorschrift als Ziff. 3a eingestellt.
Dann folgt die Ziff. 3a wie im Entwurfe.

Abg. **von Walter** (Referent): Ich glaube nicht, daß damit der Frage der primären oder subsidiären Haftpflicht des Staates in irgend einer Weise präjudizirt ist. Ich würde deßhalb die Zustimmung zu dem Vorschlage der k. Staatsregierung beantragen.

Abg. **Conrad** (Korreferent): Ich bin gleichfalls mit dem Vorschlage der k. Staatsregierung einverstanden.

Vorsitzender: Es ist dieß auch die Anschauung des Ausschusses; der Regierungsantrag ist angenommen.

Wir gehen über zu **Artikel 33.**

S. 432. Senatspräsident Dr. **von Jacubezky**: In der Ziff. II des Artikel 33 ist ein Versehen unterlaufen. Es ist nämlich in der Ziff. II nur der Abs. 1 des Artikel 10 des Ausführungsgesetzes zur Reichs-Civilprozeßordnung und Konkursordnung geändert; es hätte aber auch Abs. 3 Satz 1 einer redaktionellen Aenderung unterzogen werden sollen. In der bisherigen Fassung des Abs. 1, der im Entwurfe geändert ist, sind nämlich die Gesetze vom 12. März 1850, die Verpflichtung zum Ersatze des bei Aufläufen diesseits des Rheins verursachten Schadens betreffend, vom 10. Vendémiaire IV über die innere Polizei der Gemeinden und vom 4. Mai 1851 über das Einschreiten der bewaffneten Macht zur Erhaltung der gesetzlichen Ordnung angeführt. Diese Verweisungen sind in der neuen Fassung weggelassen. Das Gesetz vom 10. Vendémiaire IV wird durch den Artikel 1 der Beilage A aufgehoben. Im Abs. 3 Satz 1 ist aber gesagt: Hinsichtlich des Vollzugs der gegen die Beklagten ergehenden Urtheile verbleibt es bei den Bestimmungen der im Abs. 1 genannten Gesetze. Da die Gesetze in der neuen Fassung des Abs. 1 nicht mehr genannt sind, ist es nothwendig, sie in dem Abs. 3 zu nennen. Deßwegen wird vorgeschlagen, dem Artikel 33 Ziff. II folgende Fassung zu geben:

II. Im Artikel 10 erhält

1. Der Abs. 1 folgende Fassung:

Die Ansprüche u. s. w. wie im Entwurfe;

2. der Abs. 3 Satz 1 folgende Fassung:

Hinsichtlich des Vollzugs der gegen die Beklagten ergehenden Urtheile verbleibt es bei den Bestimmungen der Gesetze vom 12. März 1850 und vom 4. März 1851.

Abg. **von Walter** (Referent): Ich habe gegen diesen Antrag nichts zu erinnern.

Abg. **Conrad** (Korreferent): Ich habe ebenfalls nichts zu erinnern und beantrage Zustimmung.

Vorsitzender: Ich konstatire die Zustimmung des Ausschusses zum Vorschlage der k. Staatsregierung.

Wir gehen über zu **Artikel 34.**

Abg. **Conrad** (Korreferent): Was ich hier zu sagen hätte, betrifft allerdings streng genommen keine Aenderung der Gesetzesvorlage, aber es gibt mir doch Anlaß zu einer Bitte, die ich hier an die k. Staatsregierung resp. an das k. Staatsministerium des Innern stellen möchte, und zwar zu Ziff. XIV des Artikel 34. Dort finden die Herren die gesetzliche Anordnung, daß beim obersten Landesgericht in Zukunft ein Generalstaatsanwalt zu bestellen sei, daß also der Oberstaatsanwalt des obersten Landesgerichts in einen Generalstaatsanwalt umgewandelt wird. Nun meinte ich, der Gleichstellung unserer beiden höchsten Gerichtshöfe für das Civil- bezw. Verwaltungsrechtsverfahren und ihrer bisherigen Oberstaatsanwälte würde es auch entsprechen, wenn die k. Staatsregierung Anlaß nähme, den Oberstaatsanwalt am Verwaltungsgerichtshof ebenfalls zum Generalstaatsanwalt zu erheben. Es könnte dieß, glaube ich, im Verordnungswege geschehen. Ich möchte nur dieser Bitte Ausdruck gegeben haben, obwohl die Sache eigentlich nicht hieher gehört.

Abg. **von Walter** (Referent): Die Frage, die der Herr Korreferent angeregt hat, ist erstens eine Organisationsfrage, über welche die Krone zu entscheiden hat, und zweitens eine Finanzfrage, über die der Finanzausschuß und dann das Plenum zu befinden hat. Ich meine daher, wir sollen uns heute mit dieser Frage nicht weiter beschäftigen. Diese Frage kann ja seinerzeit im Finanzausschuß angeregt werden entweder aus der Mitte des Ausschusses oder Seitens des k. Staatsministeriums des Innern. S. 432.

Abg. **Wagner**: Wenn ich mich recht entsinne, so ist im Gehaltsregulativ für den Oberstaatsanwalt am Verwaltungsgerichtshof der Bezug ausgeworfen, wie er einem Generalstaats‖anwalt gebührt. Ich erinnere mich aus der Zeit S. 433. der Berathung des Gehaltsregulativs, daß damals ausdrücklich unter Bezugnahme auf die Verhältnisse, die damals in persönlicher Beziehung obwalteten, der Gehalt eines Generalstaatsanwaltes am obersten Landesgerichte auch für den Verwaltungsgerichtshof genehmigt wurde. Ich weiß das deßwegen ganz bestimmt, weil später einmal verlangt wurde, daß man für den funktionirenden Oberstaatsanwalt am obersten Landesgerichte die Bezüge des Generalstaatsanwaltes genehmige; diese wurden aber damals im Finanzausschuß nicht genehmigt, obwohl fast kein Unterschied gewesen wäre zwischen dem Funktionsbezug des Oberstaatsanwaltes und des Generalstaatsanwaltes. Es ist ganz zutreffend, was der Herr Referent ausführte, daß diese Sache hier nicht wohl entschieden werden kann, sondern daß man sie dem Finanzausschuß überlassen müßte, sofern etwa ein Antrag auf Erhöhung der Position zu stellen wäre gegenüber der dermalen wirklich bestehenden. Ich bin nicht unterrichtet, ob der dermalige Inhaber der Stelle den Bezug des Generalstaatsanwaltes hat oder nicht.

Abg. **Conrad** (Korreferent): Bei meiner Anregung bin ich davon ausgegangen, daß die Titel bei den beiden höchsten Gerichten gleichmäßig zu gestalten seien, ganz abgesehen von den Gehaltsbezügen, von denen ich glaube, daß sie gleich sind. Ich glaube auch, daß das sogar im Verordnungswege geschehen kann. Uebrigens habe ich selbst zugegeben, daß hier der Platz nicht ist, wo diese Frage entschieden werden kann.

Vorsitzender: Der Herr Korreferent verfolgt seine Anregung nicht weiter; Artikel 34 ist auch in der zweiten Lesung angenommen.

Wir gehen über zu **Artikel 35.** Derselbe ist auch in der zweiten Lesung angenommen, wenn kein Widerspruch erfolgt.

Artikel 36.

Senatspräsident Dr. **von Jacubezky**: Im Artikel 36 Ziff. VII ist schon in der ersten Lesung ein Zusatz gemacht worden, indem die vergessene Erwähnung der Pflichttheile eingefügt worden ist. Dieser Zusatz ist aber nicht erschöpfend. Es sind nämlich in der Ziff. I Nr. 1 des Artikel 36 neben den Pflichttheilen auch die Auflagen genannt und deßwegen müssen auch hier in der Ziff. VII die Auflagen erwähnt werden. Es muß deßhalb beantragt werden, der Fassung, wie sie in dem Protokolle der Redaktionskommission enthalten ist, am Schlusse noch folgende Worte beizufügen:

„oder steuerpflichtige Auflagen erfüllen“,

so daß der Artikel 36 Ziff. VII lautet:

VII. Der Artikel 26 erhält folgende Fassung:

Testamentsvollstrecker, gesetzliche Vertreter und Bevollmächtigte der Erbinteressenten, Nachlaßpfleger sowie die Verwalter von Familienstiftungen haften persönlich für die Steuer, wenn sie vor deren Entrichtung oder Sicherstellung die Erbschaft, einzelne Erbtheile, Vermächtnisse, Schenkungen auf den Todesfall, Pflichttheile oder Bezüge aus Familienstiftungen ausantworten oder steuerpflichtige Auflagen erfüllen.

S. 433. Das Wort „ausantworten“ läßt sich auf die Auflagen nicht anwenden.

Abg. **von Walter** (Referent): Ich habe gegen diesen Antrag nichts zu erinnern.

Abg. **Conrad** (Korreferent): Ich habe ebenfalls nichts gegen diesen Vorschlag der k. Staatsregierung zu erinnern.

Vorsitzender: Ich konstatire, daß der Ausschuß mit dem Vorschlage der k. Staatsregierung einverstanden ist.

Ich rufe auf die **Artikel 37 bis 45.**

Der Herr Referent verzichtet auf das Wort; der Herr Korreferent hat ebenfalls keine Bemerkung zu machen; die Artikel sind angenommen.

Wir kommen jetzt zu der Ueberschrift und den Einleitungsworten des Gesetzentwurfes.

Abg. **von Walter** (Referent): Bei näherer Prüfung bin ich zu der Meinung gekommen, daß die Artikel, welche als Verfassungsbestimmungen anzusehen sind, in den Einleitungsworten nicht vollständig aufgezählt sind.

Vor Allem ist das Gesetz vom 4. Juni 1848 über die Aufhebung der standes- und gutsherrlichen Gerichtsbarkeit, dann die Aufhebung, Fixirung und Ablösung von Grundlasten in seinem vollen Inhalt als Verfassungsgesetz erklärt. Wir haben zu diesem Gesetze zwei Aenderungen getroffen und ich glaube deßhalb, daß auch der Artikel 7 unter den gesetzlichen Bestimmungen aufgeführt werden soll, welche nur unter den strengeren Vorschriften des Tit. X § 7 der Verfassungsurkunde zu Stande kommen können. Ich gebe allerdings zu, daß sowohl daß Gesetz vom 28. April 1872 als auch das Gesetz vom 2. Februar 1898 über die Grundentlastung bezw. die Fortsetzung der Grundentlastung nicht unter den strengeren Anforderungen des Tit. X § 7 der Verfassungsurkunde vereinbart worden sind, obwohl nach meinem Dafürhalten auch diese Gesetze als Verfassungsgesetze hätten betrachtet werden sollen. Von diesen beiden Gesetzen ist deßhalb, nachdem die Sache einmal so liegt, auch abzusehen und will ich einen Streit darüber nicht aufrühren, ob und in welcher Ausdehnung diese Gesetze als Verfassungsgesetze zu betrachten seien. Aber das Gesetz vom 4. Juni 1848 ist in seinem vollen Inhalte in seinen Einleitungsworten als Verfassungsgesetz erklärt und kann also nur nach den strengeren Formen des Tit. X § 7 der Verfassungsurkunde abgeändert werden.

Das Berggesetz vom 20. März 1869 erklärt in seinem Eingang als Verfassungsbestimmungen die Artikel 1, 124 bis 147, 150 und 240 Abs. 1. Wir haben in Ziff. XII den Artikel 129a eingeschaltet und in Ziff. XIII und XIV die Artikel 134 und 135 abgeändert. Nachdem diese Bestimmungen ausdrücklich als Verfassungsgesetz erklärt sind, werden sie wohl auch hier als solche zu behandeln sein.

In der Gemeindeordnung für die Landestheile diesseits des Rheins vom 29. April 1869 werden als Verfassungsbestimmungen erklärt der Artikel 14 und der Artikel 67. Der Artikel 67 ist von uns einer sehr einschneidenden Abänderung unterworfen worden und gehört deßhalb auch zu den in der Einleitung aufzuführenden Artikeln. Das Gleiche gilt für die Gemeindeordnung in der Pfalz vom 29. April 1869. Dieses Gesetz erklärt die Artikel 12 und 51 als Verfassungsbestimmungen. Der Artikel 51 ist in unserem Entwurfe abgeändert worden und wird deßhalb ebenfalls in den Einleitungsworten aufzuführen sein.

Endlich ist auch der Artikel 10 des Gesetzes vom 8. August 1878, betreffend die Errichtung eines Verwaltungsgerichtshofes und das Verfahren in Verwaltungsrechtssachen, als Verfassungsbestimmung erklärt worden und seine Abänderung dürfte gleichfalls in den Einleitungsworten hervorzuheben sein.

Ich stelle vorläufig keinen Antrag, glaube aber, daß diese Anregungen Berücksichtigung finden sollen.

Senatspräsident Dr. **von Jacubezky**: Bei der Aufstellung des Entwurfes ist die Frage, die von dem Herrn Referenten angeregt wurde, nicht übersehen worden. Man hat aber nicht geglaubt, die vom Herrn Referenten bezeichneten Artikel im Eingange neben denjenigen nennen zu sollen, welche || unter Beobachtung der in Tit. X § 7 der Verfassungs- S. 434
urkunde vorgeschriebenen Formen beschlossen werden sollen. Die bayerischen Gesetze unterscheiden bezüglich derjenigen Gesetze, die eine Aenderung der Verfassungsurkunde enthalten, zwischen einer einfachen Aenderung, die lediglich etwas aus der Verfassung herausnimmt und dadurch Raum für ein einfaches Gesetz schafft, und einer Aenderung, die in der Weise erfolgt, daß an die Stelle der bisherigen Verfassungsnorm eine neue Verfassungsnorm gesetzt wird, Wo das Letztere geschehen soll, wird es am Schlusse des Gesetzes ausdrücklich gesagt; soll nur

eine einfache Aenderung in dem ersteren Sinne erfolgen, so beschränkt sich das Gesetz auf die in der Einleitung enthaltene Feststellung der Beobachtung der in Tit. X § 7 der Verfassungsurkunde bestimmten Formen. S. 434.

Ich erlaube mir als Beispiel eines von den Gesetzen anzuführen, die im Entwurfe selbst erwähnt sind, das Gesetz vom 17. November 1837 über die Zwangsenteignung. Dieses Gesetz sagt im Artikel XXII:

> Gegenwärtiges Gesetz, welches als ein Grundgesetz des Reiches betrachtet werden und eben dieselbe Wirkung haben soll, als wären die Bestimmungen desselben in der Verfassungsurkunde enthalten, tritt u. s. w. in Wirksamkeit.

Dieses Gesetz ist ein Verfassungsgesetz.

Der Herr Referent hat zunächst auf das Gesetz vom 4. Juni 1848 hingewiesen und gesagt, dieses Gesetz sei seinem vollen Inhalte nach zu einem Verfassungsgesetze erklärt. Das ist aber unrichtig, das Gegentheil ergibt sich aus dem Gesetze selbst. Das ganze Gesetz ist unter Beobachtung der in Tit. X § 7 der Verfassungsurkunde vorgeschriebenen Formen beschlossen, aber im Artikel 41 ist keineswegs gesagt, daß das ganze Gesetz als ein Verfassungsgesetz gelten soll, sondern da heißt es: „Vorstehendes Gesetz ist in allen den Theilen, wo es Bestimmungen der Verfassungsurkunde abändert, ganz so zu betrachten, als ob es der Verfassungsurkunde selbst einverleibt wäre." Also nur in diesen Theilen ist es Verfassungsgesetz, in den übrigen dagegen, in welchen es Vorschriften trifft, die keine Aenderung der Verfassungsurkunde enthalten, ist es ein einfaches Gesetz und von dieser Auffassung sind auch die beiden Novellen, die der Herr Referent angeführt hat, das Gesetz vom 28. April 1872 und das Gesetz vom 2. Februar 1898, ausgegangen. Von derselben Auffassung geht auch der Entwurf aus. Ich glaube nicht, daß wir sagen dürfen, man habe sich im Jahre 1872 und im vorigen Jahre geirrt; man hat vielmehr das Richtige getroffen. Ebenso liegt die Sache auch bei den anderen Gesetzen, die der Herr Referent angeführt hat, beim Berggesetz und den beiden Gemeindeordnungen, auch bei dem Gesetze über den Verwaltungsgerichtshof, dessen Artikel 7 gleichfalls unter den Formen des Tit. X § 7 der Verfassungsurkunde erlassen worden ist. Die so erlassenen Artikel dieser Gesetze sind aber keineswegs für Verfassungsgesetze erklärt worden. Sie mußten in den Formen einer Aenderung der Verfassungsurkunde erlassen werden, weil, um die damals bestehende verfassungsrechtliche Norm zu beseitigen, allerdings ein Verfassungsgesetz nothwendig war; aber man hat es nicht für nothwendig erachtet, die neue Norm, die materiell den Ersatz für die aufgehobene Verfassungsnorm bilden sollte, ihrerseits wieder unter die Verfassungsgesetze aufzunehmen. Diese Normen bilden vielmehr lediglich Bestandtheile dieser neuen Gesetze und diese neuen Gesetze sind einfache Gesetze.

Ich glaube also, daß der Vorschlag der k. Staatsregierung innerlich berechtigt ist, daß er der bisherigen Uebung entspricht und daß das, was der Herr Referent angeregt hat, zu einer Verwirrung führen würde, weil bisher diejenigen Gesetze, welche bei Gelegenheit einer Aenderung der Verfassungsurkunde als materieller, aber nicht als formeller Ersatz beschlossen worden sind, nicht als Verfassungsgesetze angesehen, sondern als einfache Gesetze behandelt wurden.

Abg. **von Walter:** (Referent): Mir ist der Unterschied nicht entgangen, mir ist insbesondere nicht entgangen, daß im Artikel 53 des Gesetzes über den Verwaltungsgerichtshof ausdrücklich die Bestimmung getroffen ist, daß lediglich die Vorschriften des Artikel 2 Abs. 1 desselben unter den Formen des Tit. X § 7 der Verfassungsurkunde aufgehoben oder abgeändert werden können. Allein unter den Bestimmungen, um welche es sich heute handelt, befinden sich solche, die wohl nur als Verfassungsgesetze betrachtet werden können. Ich erinnere z. B. an Artikel 67 der rechtsrheinischen und Artikel 51 der pfälzischen Gemeindeordnung. Die Verfügung über das Stiftungsvermögen ist denn doch eine Bestimmung, die nach meinem Dafürhalten nur als Verfassungsgesetz getroffen und behandelt werden kann, und in gleicher Weise sind auch die Bestimmungen des Berggesetzes wohl in dem Sinne aufzufassen; denn hier handelt es sich doch um Expropriationsakte. Die Praxis, auf die sich der Herr Senatspräsident berufen hat, ist leider keine gleichmäßige, und wenn jetzt die Verfassungsgesetze neu zusammengestellt werden sollen, so werden sich ungeheure Schwierigkeiten darüber ergeben, was ein Verfassungsgesetz ist, und um die Sache nicht noch weiter in's Unklare kommen zu lassen, glaube ich, wird es gut sein, daß so tief einschneidende Bestimmungen, die bisher schon nur unter dem Schutze des Tit. X § 7 der Verfassungsurkunde zu Stande gekommen sind, auch für die Folge an dieselben Beschränkungen geknüpft werden sollen. Ich würde also doch glauben, daß in Bezug auf Artikel 24, 25, 26 und 32 die strengeren Formen einzuhalten sind.

Senatspräsident Dr. **von Jacubezky:** Ich kann dem Herrn Referenten darin nicht beistimmen, daß eine Vorschrift deßwegen, weil sie für mehr oder weniger tief einschneidend zu erachten ist, die Eigenschaft einer Aenderung der Verfassungsurkunde hat. Das Wort „Verfassungsrecht" bezeichnet zweierlei: erstens das materielle Verfassungsrecht, den Inbegriff

S. 434. derjenigen Normen, welche auf die Staatsverfassung Bezug haben, zweitens einen formellen Begriff, diejenigen gesetzlichen Vorschriften, welche in der Verfassungsurkunde selbst stehen oder durch besondere Bestimmung die Eigenschaft von Grundgesetzen des Königreichs oder von Bestandtheilen der Verfassungsurkunde erlangt haben. Das formelle Verfassungsrecht enthält manche Vorschriften von geringer Bedeutung, denn in der Verfassungsurkunde selbst finden sich neben den wichtigsten Rechtssätzen, welche die Grundlagen des ganzen öffentlichen Rechtes bilden, Vorschriften, die vielleicht auch im Wege einer Verordnung hätten erlassen werden können, sogar Bestimmungen über Titulaturen und über das Kanzleizeremoniell. Die Vorschriften des formellen Verfassungsrechtes haben also nicht alle eine tief einschneidende Bedeutung. Andererseits sind auch nicht alle tief einschneidenden Vorschriften des öffentlichen Rechtes in die Verfassungsurkunde aufgenommen. Es ist eine Frage der Zweckmäßigkeit, eine Frage, die mitunter einer zufälligen Entscheidung unterlegen ist, ob der eine oder andere Rechtssatz zu einer Verfassungsnorm gemacht werden soll oder nicht.

Was nun die einzelnen Artikel anlangt, von welchen der Herr Referent gesprochen hat, so kommt zunächst in Betracht der Artikel 24, nämlich das Berggesetz. Beim Berggesetz geht derr Herr Referent davon aus, daß alle Vorschriften, die sich auf die Zwangsenteignung beziehen, wegen dieses Inhalts Verfassungsgesetze seien. Das ist aber nicht richtig, diese Annahme kann nicht auf Tit. IV § 8 Abs. 4 der Verfassungsurkunde gestützt werden. Dort ist eine Verordnung vom 14. August 1815 für maßgebend erklärt und diese Verordnung ist durch das Gesetz vom 17. November 1837 aufgehoben worden. Das letztere Gesetz ist für ein Verfassungsgesetz erklärt. Das Gesetz ist wiederholt in der Weise geändert worden, daß
S. 435. die Aenderungen nicht mehr als Verfassungsgesetze bezeichnet wurden. Ich || erinnere z. B. an die Vorschriften, die in den Artikeln 45 bis 55 des Ausführungsgesetzes zur Civilprozeßordnung und Konkursordnung enthalten sind. Sie sind nicht in das Gesetz von 1837 aufgenommen, sondern als Normen des Ausführungsgesetzes erlassen. Dabei sind allerdings die Formen des Tit. X § 7 der Verfassungsurkunde beobachtet wordeu, aber die neuen Vorschriften wurden ihrerseits nicht für Verfassungsgesetze erklärt und deßhalb können sie so wie alle einfachen Gesetze abgeändert werden. Der Herr Referent selbst hat auch den Artikel 33 Ziff. IV bis X nicht citirt, er erachtet selbst diese Vorschriften des Ausführungsgesetzes, an denen der Entwurf einige kleine Aenderungen vornimmt, nicht für solche, die nur nach Tit. X § 7 der Verfassungsurkunde geändert werden können. Ebenso verhält es sich aber mit den das Enteignungsrecht betreffenden Vorschriften des Berggesetzes.

Was dann die Artikel 25 und 26 betrifft, das sind die Vorschriften der Gemeindeordnungen über die Stiftungen, so ist es richtig, daß die Verfassungsurkunde gewisse Vorschriften über die öffentlichen Stiftungen enthält; soweit es sich aber um Stiftungen handelt, welche unter der Verwaltung der Gemeindebehörden stehen, sind diese Vorschriften abgeändert durch die Gemeindeordnungen. Die Abänderung ist erfolgt im Wege eines Verfassungsgesetzes, aber die neuen Normen sind nicht für Verfassungsgesetze erklärt, sondern sie sind Bestandtheile der Gemeindeordnungen und haben keine weitere Bedeutung als die Vorschriften der Gemeindeordnungen überhaupt. — Dann ist Artikel 32 erwähnt worden, der sich auf das Gesetz über den Verwaltungsgerichtshof bezieht. Da kommen die beiden Aenderungen in Betracht, die des Artikel 7 und die des Artikel 10. Bezüglich des Artikel 7 hat der Herr Referent selbst schon angeführt, daß das Gesetz vom 8. August 1878 im Artikel 53 eine Vorschrift, die des Artikel 2 Abs. 1, ausdrücklich für ein Verfassungsgesetz erklärt, woraus sich die nothwendige Schlußfolgerung ergibt, daß die anderen diese Eigenschaft nicht haben. Wenn wir also dem Artikel 7 einen Zusatz geben, der selbst die Verfassungsurkunde in ihrem jetzigen Bestande unberührt läßt, so ändern wir keineswegs eine verfassungsrechtliche Vorschrift, sondern wir ändern nur den Artikel 7, der kein Verfassungsgesetz ist. Auch der Zusatz zum Artikel 10 enthält keine Aenderung eines Verfassungsgesetzes. Die Verfassungsurkunde wird durch ihn nicht berührt. Die Frage, welche Behörde bei Streitigkeiten über die Umgestaltung des Zweckes einer Stiftung zuständig sein soll, ist in der Verfassungsurkunde überhaupt nicht beantwortet, das ist anderen Normen überlassen. Wir ändern nur diese außerhalb der Verfassungsurkunde liegenden Normen, indem wir ein Verwaltungsstreitverfahren zulassen.

Der Herr Referent hat, wie ich glaube, noch weitere Artikel angeführt, ich konnte mir aber die Ziffern nicht notiren und bitte ihn deßhalb, sie wiederholt zu nennen.

Abg. **von Walter** (Referent): Ich habe angeregt, daß auch Artikel 24 Ziff. XII, XIII und XIV, Artikel 25 Ziff. IV, Artikel 26 Ziff. IV und Artikel 32 aufgenommen werden sollen.

Ich bemerke noch, daß allerdings die tief einschneidende Bedeutung eines Gesetzes nicht allein für seine Eigenschaft als Verfassungsnorm entscheidend ist. Aber namentlich bei den beiden Gemeindeordnungen handelt es sich doch um Bestimmungen, durch welche die Verfassung abgeändert wird, indem durch ein verwaltungsrechtliches Verfahren die Stiftungen ihrem bisherigen Zwecke entzogen und anderen allerdings verwandten Zwecken zugewendet werden sollen. Das ist nach meinem Dafürhalten eine Aenderung der Verfassung. Daß der expropriative Charakter eines Gesetzes nicht durchweg entscheidet, das gebe ich auch zu, und zwar deßhalb, weil auch im Flurbereinigungsgesetz und im Gesetz über die Zusammenlegung von Grundstücken darauf keine Rücksicht genommen wurde und diese Gesetze nicht als Verfassungsgesetze erklärt wurden. Aber in Bezug auf das Berggesetz haben wir eben die Bestimmung, daß die betreffenden Rechtssätze nur unter der Voraussetzung des Tit. X § 7 der Verfassungsurkunde aufgenommen worden sind. Die Praxis ist keine gleichheitliche. Wenn die Sache durchwegs so behandelt worden wäre, wie der Herr Senatspräsident auseinandergesetzt hat, dann wäre meine Anregung von keiner Bedeutung. Aber es ist nicht so. Es hat in der Beziehung in der Kammer wiederholt Streitigkeiten gegeben, solange ich derselben angehöre, und man hat wiederholt es für nothwendig gefunden, solche Bestimmungen dadurch, daß sie unter den erschwerenden Formen des Tit. X § 7 der Verfassungsurkunde vereinbart wurden, als Verfassungsbestimmungen zu betrachten. S. 435.

Ich würde daher Werth darauf legen, wenn die Einleitungsworte ergänzt würden. Schaden kann es sicher nicht; eine Verwirrung wird daraus auch nicht entstehen, wohl aber wird der nöthige Schutz für alle diese Bestimmungen, die wir zu Stande gebracht haben, geboten sein und es wird für die Folge doch klar sein, was wir mit diesen Bestimmungen beabsichtigt haben. Ich würde bitten, daß mein Antrag doch in Erwägung gezogen wird und daß die betreffenden Artikel in die Einleitungsworte aufgenommen werden.

Senatspräsident Dr. **von Jacubezky**: Ich habe nicht wissen können, daß diese Frage zur Erörterung kommen werde, und war deßwegen nicht in der Lage, etwa eine Zusammenstellung der in Betracht kommenden Gesetze anfertigen zu lassen. Aber aus dem, was wir heute ohne besondere Vorbereitung beigebracht haben, ersehen Sie, daß die Sache anders gehandhabt worden ist, als der Herr Referent meint. Wir haben das Gesetz vom 17. November 1837, das ausdrücklich erklärt, daß das ganze Gesetz als Verfassungsgesetz gelten soll, wir haben das Gesetz vom 4. Juni 1848, welches am Schluß sagt, daß ein Stück als Verfassungsgesetz gelten soll, wir haben das Gesetz vom 8. August 1878, welches ausdrücklich erklärt, daß ein Artikel Verfassungsgesetz sein soll, also offenbar die anderen nicht. Wir haben dann die Aenderungen, die an dem Ablösungsgesetze vom 4. Juni 1848 durch die Gesetze von 1872 und 1898 vorgenommen worden sind, von denen der Herr Referent selbst angeführt hat, daß sie nicht als Verfassungsgesetze erlassen sind, und die Aenderungen des Gesetzes von 1837, also eines Verfassungsgesetzes, im Ausführungsgesetze zur Civilprozeßordnung und Konkursordnung, die der Entwurf wieder ändert und bezüglich deren der Herr Referent kein Bedenken hat, daß sie ohne Beobachtung der Formen des Tit. X § 7 der Verfassungsurkunde geändert werden können. Dieser Sachlage gegenüber können wir nicht wohl annehmen, daß es der herrschenden Uebung enspreche, daß jedes Gesetz, das eine Verfassungsänderung bewirkt hat, in allen Vorschriften, die unter den Formen des Tit. X § 7 der Verfassungsurkunde beschlossen worden sind, nur unter Beobachtung dieser Formen geändert werden könne, im Gegentheil, wir haben die gegentheilige Uebung vor uns. Für die Rechtsanwendung ist es, soviel ich weiß, ziemlich unbestritten, daß ein Gesetz nicht deßwegen nichtig ist, weil die Feststellung der Beobachtung der in Tit. X § 7 der Verfassungsurkunde vorgeschriebenen Formen fehlt. Das Gesetz gilt gleichwohl, die Feststellung ist nur zur formellen Richtigkeit, nicht zur Giltigkeit des Gesetzes erforderlich.

Wenn nun aber ein so wichtiges Gesetz wie das erst im vorigen Jahre erlassene Gesetz über die Fortsetzung der Grundentlastung nicht in den Formen des Tit. X § 7 der Verfassungsurkunde erlassen worden ist — und da müssen doch die Regierung und die beiden Kammern des Landtages einig gewesen sein, daß das nicht erforderlich sei —, so meine ich, rufen || wir eher Verwirrung hervor, wenn wir jetzt von dem entgegengesetzten Grundsatz ausgehen. Wir würden damit für alle die Fälle, von welchen ich eben gesprochen habe, das damalige Verfahren für ein irriges erklären. S. 436.

Der Herr Referent hat noch einige andere Gesetze angeführt, insbesondere das Flurbereinigungsgesetz. Aber bei diesen ist die Sachlage keine andere als bei den vorhin besprochenen Gesetzen. Die Beispiele, die uns jetzt zu Gebote stehen, sprechen alle gegen die Anregung des Herrn Referenten und dieser hat es unterlassen, auch nur einen Fall anzuführen, in welchem diejenige Praxis wirklich gehandhabt worden ist, die er für die herrschende und die richtige hält. Ich meine, es wäre die Aufgabe des Herrn Referenten gewesen, gegenüber den Beispielen, die für meine Auffassung sprechen, mindestens ein oder zwei Beispiele des Gegentheils anzuführen. Solange das nicht geschieht, dürfte seiner Anregung eine Folge nicht zu geben sein.

Abg. **Wagner**: Ich hatte seiner Zeit, als wir den ersten Entwurf behandelten, auch einige Zweifel, ob nicht einzelne Bestimmungen als Verfassuugsbestimmungen zu erachten

S. 436. wären. Ich bin aber schließlich dahin gekommen, daß ich einen Antrag in dem Sinne, wie ihn jetzt der Herr Referent für den zweiten Entwurf eingebracht hat, nicht stellte, und die Erwägungen, welche mich dazu führten, stimmen im Wesentlichen mit dem überein, was der Herr Senatspräsident ausgeführt hat. Ich bin auch der Meinung, daß es im Allgemeinen darauf ankommt, was der Gesetzgeber will. Wir sind ja in der Lage, etwas als Verfassungsgesetz zu erklären, was sich vielleicht nicht einmal vollständig dazu eignet; wenn der Gesetzgeber das will, so kann er es; aber wir sind in den Fällen, um welche es sich hier handelt, durch nichts genöthigt, das zu thun. Denn die Kammer hat — und das ist auch vom Herrn Senatspräsidenten dargelegt worden — gerade das Expropriationsgesetz, welches hier das allerbeste Beispiel gibt, ohne die Form eines Verfassungsgesetzes abgeändert. Ein weiteres Beispiel ist das Ausführungsgesetz zur Reichs-Civilprozeßordnung und Konkursordnung. Dort wurde auch das Berggesetz abgeändert, ohne daß man es für erforderlich erachtete, die strenge Form eines Verfassungsgesetzes anzuwenden. Die Bestimmungen der Gemeindeordnungen, auf welche der Herr Referent hinweist, möchten im ersten Moment allerdings so erscheinen, daß man daran denken könnte, sie seien so wichtig, daß man sie als Verfassungsgesetz behandelt. Allein im Großen und Ganzen ist, wenn ich mich recht entsinne, schon aus den Motiven zu entnehmen, daß an eine Abänderung der Verfassungsbestimmungen absolut nicht gedacht werde, sondern es sind hier nur Bestimmungen in Vorschlag gebracht, welche zu gelten haben, wenn die Erfüllung des Stiftungszweckes unmöglich geworden ist. Daß aber etwas für den Fall gesagt werden muß, daß die Stiftung nicht mehr fortfunktioniren kann, weil ihr Zweck nicht mehr erfüllt werden kann oder weil sie das Gemeinwohl gefährdet, und daß irgend eine Bestimmung darüber getroffen werden muß, was solchenfalls mit dem Vermögen anzufangen ist, das ist selbstverständlich. Es handelt sich also eigentlich mehr um eine Vollzugsbestimmung, und nachdem ausdrücklich in den Motiven hervorgehoben wird, daß irgend eine Aenderung an Tit. IV § 10 der Verfassungsurkunde nicht getroffen werden will, so bin ich der Meinung, daß auch die Artikel 25 und 26 nicht in den Eingangsworten aufzuführen sind. Jedenfalls aber könnten meiner Meinung nach keine anderen Artikel als diese für die Aufnahme in die Einleitungsworte in Frage kommen.

Ich möchte deßhalb glauben, daß es nicht nothwendig ist, der Anregung des Herrn Referenten nachzukommen.

Abg. **Conrad** (Korreferent): Ich habe den Ausführungen des Herrn Vorredners irgend etwas Bemerkenswerthes nicht mehr hinzuzufügen. Es war mir anfänglich die Ansicht des Herrn Referenten plausibel erschienen. Es liegt ja nahe, zunächst anzunehmen, daß ein Gesetz, das an die Stelle einer Bestimmung der Verfassungsurkunde getreten ist, ebenfalls nach den Normen des Tit. X § 7 der Verfassungsurkunde zu behandeln wäre. Der Herr Senatspräsident hat aber ausgeführt, daß dieses neue Recht doch nicht neues Verfassungsrecht sei, sondern daß es sich nur um einfaches Gesetzrecht handle, wie auch das Ausführungsgesetz zur Civilprozeßordnung und Konkursordnung als einfaches Gesetz abgeändert werden kann. Ich glaube auch, daß eine Verwirrung herbeigeführt würde, wenn in jedem Falle, wo es gilt, die Normen eines einfachen Gesetzes abzuändern, untersucht werden müßte, ob das Gesetz nicht Rechtssätze enthält, die einmal Bestandtheil der Verfassungsurkunde gewesen und in ihrem weiteren Schicksale in einem einfachen Gesetze aufgenommen worden sind. Was uns jetzt in der Struktur eines einfachen Gesetzes vorliegt, sollte unbedingt auch als einfaches Gesetz abgeändert werden können.

Abg. **von Walter** (Referent): Ich kann nur konstatiren, daß man, solange ich der Kammer angehöre, der Meinung war, daß alle jene gesetzlichen Bestimmungen, welche unter den Formen des Tit. X § 7 der Verfassungsurkunde votirt sind, nicht nur zum Ersatz von Verfassungsbestimmungen dienen, sondern daß sie auch selbst als Verfassungsbestimmungen angesehen werden sollen. Ein Fall, daß die Kammer selbst absichtlich und bewußt davon abgewichen ist, ist mir allerdings nicht bekannt; aber ich kann mich nur auf die Praxis berufen, die in der Beziehung bisher mir wahrnehmbar geworden ist.

Wenn dann gesagt wird, daß die Bestimmungen, welche zu Artikel 67 der rechtsrheinischen und Artikel 51 der pfälzischen Gemeindeordnung getroffen werden sollen, blos Vollzugsbestimmungen sind, so geht man mit der Definition des Begriffes „Vollzugsbestimmungen" doch schon sehr weit. Wenn ein Vermögen, das zu einem bestimmten Zweck gestiftet ist, einem anderen Zweck zugewendet werden soll, so ist das kein Vollzug, sondern das ist nach meinem Dafürhalten eine ganz selbständige Bestimmung, die an die Stelle einer bisher bestandenen Bestimmung tritt; und insbesondere in Bezug auf die Stiftungen ist nach meinem Dafürhalten die Verfassungsurkunde bedeutend in Mitleidenschaft gezogen. Die Verfassungsurkunde enthält Bestimmungen, was mit dem Stiftungsvermögen geschehen soll, und insoweit wir in diese Bestimmungen eingreifen, nehmen wir eine Aenderung der Verfassungsurkunde selbst vor.

Der Herr Senatspräsident hat gesagt, daß ich wenigstens einen Fall hätte anführen sollen, in welchem die Kammer meiner Anschauung war. Ja, ich habe in der That hierüber einzelne Verhandlungen nachgelesen, allein nur flüchtig, weil ich geglaubt habe, daß der Antrag an und für sich keinen Schwierigkeiten begegnen werde. Ich habe dieß vorausgesetzt, weil nach meinem Dafürhalten es doch sicherer ist, im Zweifel eine Verfassungsbestimmung zu statuiren, als ein einfaches Gesetz an die Stelle einer Verfassungsbestimmung zu setzen. S. 436.

Was insbesondere den Umstand betrifft, daß Artikel 53 ausdrücklich den Artikel 2 Abs. 1 als ein Grundgesetz des Staates erklärt hat, so hat das auch seine Geschichte. Es haben sich nämlich Schwierigkeiten darüber ergeben, ob die Mitglieder des Verwaltungsgerichtshofes gleich den übrigen Richtern behandelt werden sollen oder nicht, und weil damals das k. Staatsministerium des Innern nicht darauf eingehen wollte, diese Gleichstellung zu gewähren, hat man diese Gleichstellung im Artikel 2 ausgesprochen und in Artikel 53 den Artikel 2 Abs. 1 ausdrücklich als Verfassungsbestimmung erklärt. Das ist mir aus der Geschichte des Verwaltungsgerichtshofes noch recht wohl erinnerlich. Aber damit kann man nach meinem Dafürhalten nicht sagen, daß die übrigen Bestimmungen, die unter dem ‖ Schutze des Tit. X § 7 der Verfassungsurkunde erlassen worden sind, deßwegen den Charakter nicht haben sollen. In dieser Beziehung hat man eben zu einer Bindung besondere Veranlassung gehabt. S. 437.

Uebrigens bin ich in der Lage, noch mitzutheilen, daß die Praxis der k. Staatsregierung und der Kammer in dieser Beziehung weder konsequent noch ohne Widerspruch gewesen ist. Ich habe um das Material fortgeschickt, es ist aber noch nicht an mich gekommen. Vielleicht bin ich noch in der Lage, Ihnen den Nachweis zu liefern.

Vorsitzender: Glauben der Herr Referent nicht, daß es sich bei den Verwaltungsgerichtshofsräthen damals darum gehandelt hat, daß dieselben nicht zum Geschworenendienste sollten einberufen werden können? Da sie nicht mit der streitigen Gerichtsbarkeit beschäftigt sind, wäre das außerdem möglich gewesen.

Abg. **von Walter** (Referent): Nein. Artikel 2 Abs. 1 bestimmt:

„Die Mitglieder des Verwaltungsgerichtshofes genießen die den Richtern zustehenden Rechte und haben gleichen Rang und Gehalt mit den Mitgliedern des obersten Landesgerichts."

Das wurde als eine Aenderung oder Erweiterung der IX. Verfassungsbeilage ausgelegt, und um die Rechte der Mitglieder des Verwaltungsgerichtshofes zu sichern, wurde der Artikel 2 Abs. 1 aufgenommen und zugleich in Artikel 53 ausgesprochen, daß diese Bestimmung als Grundgesetz des Staates zu betrachten ist.

Der k. Staatsminister der Justiz: Wenn in einem Gesetz ausdrücklich gesagt ist, daß ein einzelner Artikel nur unter den für Veränderung der Verfassung vorgeschriebenen Formen aufgehoben oder geändert werden kann, so meine ich, daß von den anderen das Gegentheil anzunehmen ist. Ich darf Ihnen wohl vorlesen, was der Kommentar von Kahr zu dem Gesetz über den Verwaltungsgerichtshof bei dem Artikel 53 bemerkt:

„Artikel 53 hat den Zweck, die Bestimmung des Artikel 2 Abs. 1 unter den besonderen Schutz des Tit. X § 7 der Verfassungsurkunde zu stellen. Derselbe ist dadurch, daß schon Artikel 2 Abs. 1 unter Beobachtung der in Tit. X § 7 der Verfassungsurkunde vorgeschriebenen Formen vereinbart wurde, nicht überflüssig geworden. Es hängt dieß zusammen mit der bekannten Kontroverse über die Frage, welche Gesetze und gesetzlichen Bestimmungen außer der Verfassungsurkunde und ihren Beilagen als Bestandtheile der Verfassung anzusehen sind. Während die Einen behaupten, daß jede gesetzliche Bestimmung, welche unter den Formen des Tit X § 7 der Verfassungsurkunde erlassen wurde, dadurch von selbst Bestandtheil der Verfassung sei und nur unter den eben erwähnten Formen abgeändert oder aufgehoben werden könne, sind Andere der Ansicht, daß, um die bezeichnete Wirkung hervorzurufen, in der Regel eine ausdrückliche Willensbestimmung des Gesetzgebers, welche in der sogenannten Schlußklausel Ausdruck zu finden pflegt, nothwendig sei. Die letzterwähnte Anschauung hat jedenfalls die neuere Gesetzgebungspraxis für sich und findet im Artikel 53 eine neue Bestätigung."

Abg. **von Walter** (Referent): Ich bin damit noch nicht bekehrt. Die Anschauung des Herrn von Kahr ist eben eine Anschauung, der sowohl in der Theorie als auch in der Praxis der Kammer schon zu wiederholten Malen entgegengetreten wurde. Ich kann allerdings im Augenblick den Beweis nicht liefern, ich habe das Material noch nicht bekommen, um den Beweis antreten zu können; aber wenn heute meiner Anregung nicht stattgegeben wird, werde ich mir auf Grund des Materials, das mir zur Verfügung steht, erlauben, im Plenum eine Abänderung zu beantragen.

S. 437. **Vorsitzender:** Stellt der Herr Referent einen bestimmten Antrag?

Abg. **von Walter** (Referent): Ich stelle den Antrag, die Einleitungsworte so zu fassen:

„**Entwurf eines Gesetzes,**

die durch die Einführung des Bürgerlichen Gesetzbuchs veranlaßten Aenderungen der seit 1818 erlassenen Gesetze betreffend.

Im Namen Seiner Majestät des Königs.

Seine Königliche Hoheit Prinz Luitpold, des Königreichs Bayern Verweser, haben nach Vernehmung des Staatsraths mit Beirath und Zustimmung der Kammer der Reichsräthe und der Kammer der Abgeordneten und in Ansehung der Artikel 1, 5, 6, 7, Artikel 24 Ziff. XII, XIII, XIV, Artikel 25 Ziff. IV, Artikel 26 Ziff. IV, Artikel 32, Artikel 38 Ziff. V und der Artikel 40 und 41 unter Beobachtung u. s. w."

Senatspräsident Dr. **von Jacubezky:** Ich möchte glauben, daß es richtiger sein würde, diese Anregung dem Plenum vorzubehalten. Wir sind heute in einer eigenthümlichen Lage. Der Herr Referent selbst hat, wie er sagt, das Material nicht zur Hand; wir haben das Material, das wir brauchen, wenigstens theilweise vor uns und das vorliegende Material spricht gegen die Anregung Man sollte aber an die Entscheidung der Frage nicht herangehen, ohne die Ausführungen von Seydel nachgelesen zu haben, bei dem man auch eine Zusammenstellung der Praxis finden wird. Unsere Erörterungen würden vielleicht, wenn wir das Buch zur Hand gehabt hätten, viel einfacher verlaufen sein. Es wird jedenfalls zweckmäßiger sein, die Sache zu vertagen, als jetzt einen Beschluß zu fassen, von dem sich später herausstellt, daß er nicht aufrecht erhalten werden kann.

Abg. **Conrad** (Korreferent): Ich habe im Momente weiter nichts zu bemerken. Ich war ja anfänglich für die Anregung des Herrn Referenten eingenommen, aber die Ausführungen des Herrn Senatspräsidenten haben mich doch eines Andern belehrt. Vollständig überschaue ich zur Zeit die Frage in der That nicht. Ich wäre auch jetzt noch geneigt, was speziell den Schutz der Stiftungsvermögen betrifft, hier die Norm des Tit. X § 7 der Verfassungsurkunde anzuwenden; aber ich habe auch wieder Bedenken, weil dadurch das Prinzip, wie es Seitens der k. Staatsregierung als bestehend hingestellt wurde, durchbrochen würde.

Vorsitzender: Der Antrag des Herrn Referenten, den derselbe verlesen hat, liegt jetzt auch schriftlich vor.

Derselbe wird bei der Abstimmung abgelehnt.

Bei der namentlichen Abstimmung über den ganzen Gesetzentwurf wird derselbe einstimmig angenommen.

S. 438. Referent über den Gesetzentwurf Beilage B im Plenum wird jedenfalls der Herr Abg. von Walter sein.

Die Herren sind damit einverstanden.

Ich bemerke, daß auch noch ein Zusammentritt der Redaktionskommission nothwendig sein wird, vielleicht übermorgen Nachmittags 4½ Uhr.

Die nächste Sitzung findet morgen, Dienstag, den 10. Januar Vormittags 9½ Uhr statt zur Berathung des Ausführungsgesetzes zur Grundbuchordnung. Referent: Herr Abg. Michel; Korreferent: Herr Abg. Fuchs.

(Schluß der Sitzung um 5 Uhr 50 Minuten.)

von Stobäus,
Vorsitzender.

Michel,
Schriftführer.

Protokoll

S. 471.

über die Sitzung der Redaktionskommission des besonderen (XVIII.) Ausschusses der Kammer der Abgeordneten zur Berathung der durch die Einführung des Bürgerlichen Gesetzbuchs veranlaßten Gesetzentwürfe.

(Beilagenband XX, Abth. II, z. d. Verhandl. d. K. d. Abg. 1899, Seite 471, 472.)

München, den 11. Januar 1899, Nachmittags 4½ Uhr.

Gegenwärtig:

Der Vertreter der k. Staatsregierung: Senatspräsident am obersten Landesgerichte Dr. Ritter von Jacubezky;

die Ausschußmitglieder: von Walter, Referent, Conrad, Korreferent, Michel, Schriftführer.

Tagesordnung:

Feststellung der Beschlüsse zweiter Lesung zum Entwurf eines Gesetzes, die durch die Einführung des Bürgerlichen Gesetzbuchs veranlaßten Aenderungen der seit 1818 erlassenen Gesetze betreffend (Beilage B), **und zu den Ergänzungen der k. Staatsregierung** (Beilage D Ziff. II).

Es wurden folgende Beschlüsse gefaßt:

Artikel 4 soll lauten:

Das Forststrafgesetz für die Pfalz vom 28. Dezember 1831 in der Fassung der Bekanntmachung vom 2. Oktober 1879 und des Gesetzes vom 17. Juni 1896 wird dahin geändert:

I. Im Artikel 8 wird der Satz 2 durch folgenden Abs. 2 ersetzt:

Diese Verfügung ist im Betreff der Strafe jedoch auf Personen einer und derselben Familie (Art. 13 Abs. 1 Ziff. 1 bis 5) nicht anwendbar, welche gemeinschaftlich einen Forstfrevel nach Art. 19, 22, 23 oder nach Art. 26 Abs. 4, 5 begehen; diese werden solidarisch in die Strafe verurtheilt. In dem Urtheil oder den Strafbefehlen ist auszusprechen, gegen welchen oder welche Frevler die Umwandlung der Geldstrafe in Haftstrafe einzutreten hat, wenn erstere nicht beigetrieben werden kann. Geschieht die Umwandlung gleichzeitig gegen mehrere dieser Frevler, so darf dennoch die von den Einzelnen zu erstehende Haft zusammengerechnet die nach Art. 5 der Geldstrafe entsprechende Dauer nicht überschreiten.

Die Ziff. I des Entwurfes wird Ziff. Ia.

Artikel 21 Ziff. XI soll lauten:

XI. Im Artikel 36 erhalten

1. im Abs. 1 in der Fassung der Königlichen Deklaration vom 21. April 1884 die Ziff. 3, 7 folgende Fassung:

3) wenn der Mann oder die Braut zu einer Zuchthausstrafe oder wegen Verbrechens oder Vergehens gegen die Sittlichkeit oder wegen Raubes, Diebstahls, Unterschlagung, Betrugs, Hehlerei, Fälschung, Gaukelei zu einer Freiheitsstrafe von wenigstens vier Wochen verurtheilt worden ist und seit Abbüßung oder Nachlaß der Strafe drei Jahre noch nicht verflossen sind, sowie wenn der Mann oder die Braut innerhalb der unmittelbar vorhergehenden drei Jahre mindestens dreimal wegen Arbeitsscheue, Landstreicherei oder Bettels verurtheilt worden ist;

S. 471. 7) wenn und solange der Mann unter Vormundschaft steht oder das Entmündigungsverfahren gegen ihn eingeleitet oder über sein Vermögen das Konkursverfahren eröffnet ist.

2. Im Abs. 3 werden die Worte: „eine angewiesene Heimat" durch die Worte: „eine vorläufige Heimat" und die Worte: „die angewiesene Heimatgemeinde" durch die Worte: „die vorläufige Heimatgemeinde" ersetzt.

Im **Artikel 27** hat die Ziff. III 2 zu lauten:

2. Als Abs. 2 werden folgende Vorschriften beigefügt:

Der Ersatzanspruch kann nicht zum Nachtheile der Nachlaßgläubiger geltend gemacht werden; Verbindlichkeiten aus Pflichttheilsrechten, Vermächtnissen und Auflagen bleiben außer Betracht. Trifft er mit dem Ersatzanspruch einer öffentlichen Wohlthätigkeitsanstalt zusammen, von der der Verstorbene innerhalb der letzten zehn Jahre vor dem Tode unterstützt oder unentgeltlich verpflegt worden ist, so kann er auch nicht zum Nachtheile dieses Anspruchs geltend gemacht werden.

Artikel 32 soll lauten:

Das Gesetz vom 8. August 1878, betreffend die Errichtung eines Verwaltungsgerichtshofes und das Verfahren in Verwaltungsrechtssachen, wird dahin geändert:

I. Der Artikel 7 Abs. 2 erhält folgenden Zusatz:

Soll wegen des Schadens, den ein Beamter in Ausübung der ihm anvertrauten öffentlichen Gewalt einem Dritten zugefügt hat, ein Ersatzanspruch gegen den Staat, eine Gemeinde oder einen anderen Kommunalverband erhoben werden, so ist die Vorentscheidung in gleicher Weise erforderlich wie für die Geltendmachung des Anspruchs gegen den Beamten.

II. In den Artikel 10 wird folgende Vorschrift als Ziff. 3a eingestellt:

3a) Umwandlung u. s. w. wie im Entwurfe.

S. 472. **Artikel 33** Ziff. II. soll lauten:

II. Im Artikel 10 erhält

1. der Abs. 1 folgende Fassung:

Die Ansprüche u. s. w. wie im Entwurfe;

2. der Abs. 3 Satz 1 folgende Fassung:

Hinsichtlich des Vollzugs der gegen die Beklagten ergehenden Urtheile verbleibt es bei den Bestimmungen der Gesetze vom 12. März 1850 und vom 4. Mai 1851.

Artikel 36 Ziff. VII soll lauten:

VII. Der Artikel 26 erhält folgende Fassung:

Testamentsvollstrecker . . . .

ausantworten oder steuerpflichtige Auflagen erfüllen.

von Walter,
Vorsitzender.

Michel,
Schriftführer.

28.

S. 475.

Protokoll

über die Sitzung des besonderen (XVIII.) Ausschusses der Kammer der Abgeordneten zur Berathung der durch die Einführung des Bürgerlichen Gesetzbuchs veranlaßten Gesetzentwürfe.

(Beilage XX, Abth. II, z. d. Verhandl. d. K. d. Abg. 1899 Seite 475, 476.)

München, den 13. Januar 1899, Vormittags $9^1/_2$ Uhr.

Gegenwärtig:

Die Vertreter der k. Staatsregierung: der k. Staatsminister der Justiz Dr. Freiherr von Leonrod, Excellenz, der k. Senatspräsident am obersten Landesgerichte Dr. Ritter von Jacubezky;

ferner die Ausschußmitglieder: von Stobäus, Vorsitzender, Wagner, Stellvertreter des Vorsitzenden, Dr. Casselmann, Schriftführer, Michel, Stellvertreter des Schriftführers, Conrad, Fuchs, Joseph Geiger, Joseph Huber, Landmann, Lerno, Seeberger, von Walter, (Lutz, Dr. Ratzinger und Segitz entschuldigt).

Tagesordnung:

Nachträgliche Berathung über Artikel 4 des Entwurfes eines Gesetzes, die durch die Einführung des Bürgerlichen Gesetzbuchs veranlaßten Aenderungen der seit 1818 erlassenen Gesetze betreffend.

Artikel 1 mit 55.

Zweite Lesung.

Der Vorsitzende **von Stobäus** eröffnet um 9 Uhr 30 Minuten die Sitzung und gibt das Wort zunächst dem Herrn Abg. von Walter als Referenten über den Gesetzentwurf Beilage B.

Abg. **von Walter** (Referent): Es liegt uns die Feststellung der Beschlüsse zweiter Lesung zu dem Gesetzentwurfe Beilage B vor, welche die Redaktionskommission bethätigt hat. Ich muß aber darauf aufmerksam machen, daß die Redaktionskommission sich in **Artikel 4** nicht blos auf die Wiedergabe des Beschlusses beschränkt hat, der im Ausschusse selbst gefaßt worden ist, sondern daß auch eine materielle Abänderung insoferne von ihr vorgenommen worden ist, als auch von ihr Artikel 26 Abs. 4 und 5 des Forststrafgesetzes für die Pfalz hereingezogen worden sind. Der Artikel 26 handelt von den Forstfreveln, die durch Hüten im Walde oder in verhängten Orten begangen werden, und es ist klar, daß für diejenigen Personen, welche wegen eines derartigen Forstfrevels gesammtverbindlich verurtheilt worden sind, die gleichen Bestimmungen zu gelten haben, wie für sonstige Forstfrevler. Deßhalb hat die Redaktionskommission keinen Anstand genommen, den Artikel 4 in dem Sinne zu ergänzen, und empfehle ich Ihnen nachträglich die Zustimmung zu dem Antrage, auch Artikel 26 Abs. 4 und 5 in den Artikel 4 aufzunehmen.

Herr Kollege Michel hat aber noch weitere Beanstandungen und meint, daß die Sache, so wie sie jetzt von der Redaktionskommission festgesetzt ist, nicht vollständig zutrifft. Er wird daher einen weiteren Antrag unterbreiten.

Abg. **Michel:** Was zuletzt der Herr Referent bemerkt hat, verhält sich in Richtigkeit. Wir haben in der Redaktionskommission als Zusatz zu Artikel 4 beschlossen, es seien in den Artikel 8 des pfälzischen Forststrafgesetzes noch die Bestimmungen des Artikel 26 Abs. 4 und 5 hereinzubeziehen; dieß deckt nicht ganz die Fälle des Artikel 26. Artikel 8 trifft nur die Frevel, welche von Familienangehörigen gemeinsam verübt werden. Der Artikel 26 geht weiter

S. 475. und bezieht sich auf die Fälle, in welchen mehrere Frevler, gleichviel ob sie einer Familie angehören oder sonstige Personen sind, den Frevel begehen. Es erscheint daher nothwendig, daß zu diesem Artikel ein Zusatz gemacht wird, dahin lautend, daß Artikel 26 Abs. 4 folgenden Zusatz erhält, den ich als Antrag einbringe:

„Hiebei finden die Bestimmungen des Art. 8 Abs. 2 Satz 2 und 3 gleichmäßige Anwendung."

Zum Abs. 5 ist eine weitere Bestimmung um deswillen nicht nothwendig, weil dieser Abs. 5 ohnehin Bezug nimmt auf Abs. 4. Ich bitte zunächst die k. Staatsregierung um eine Aeußerung, wie sie sich zu diesem Antrage stellt.

Senatspräsident Dr. **von Jacubezky**: Ich erachte den Antrag für richtig. Der Zusatz, der in der Redaktionskommission zum Artikel 8 gemacht wurde, würde in der That die mildere Bestimmung, welche wir aus dem rechtsrheinischen Forstgesetz in das pfälzische Forstgesetz übernehmen wollen, nicht im vollen Umfange decken, weil der Artikel 8 voraussetzt, daß die mehreren Frevler ein und derselben Familie im Sinne des Artikel 13 Abs. 1 Ziff. 1 bis 5 angehören, während die beim Artikel 26 in Betracht kommende Vorschrift des Artikel 88 des rechtsrheinischen Forstgesetzes diese Beschränkung nicht enthält. Ich möchte aber noch darauf aufmerksam machen, daß, was ja wohl im Sinne des Antragstellers liegt, jedenfalls in der neuen Fassung des Artikel 8 in Artikel 4 Ziff. I des Entwurfes (Beilage B) der von der Redaktionskommission gemachte Zusatz gestrichen werden muß, so daß die Verweisung nach dem neulich gefaßten Beschlusse lautet:

„einen Forstfrevel nach Art. 19, 22 oder 23 begehen".

Abg. **von Walter** (Referent): Ich habe gegen die Aenderung meinerseits nichts zu erinnern. Die Absicht ging dahin, eine vollständige Rechtsgleichheit zwischen dem rechtsrheinischen Bayern und der Pfalz herbeizuführen, und nachdem dieß Ziel auf dem vorgeschlagenen Wege erreicht werden kann, so beantrage ich Zustimmung zu diesem Abänderungsantrage des Herrn Kollegen Michel mit der Beschränkung, wie sie Seitens des Herrn Ministerialkommissärs soeben gemacht wurde.

Abg. **Conrad** (Korreferent): Ich habe eine weitere Bemerkung nicht zu machen und beantrage ebenfalls Zustimmung.

Vorsitzender: Der Antrag des Herrn Kollegen Michel lautet:

Im Artikel 4 sei folgende Ziff. IIa einzuschalten:

Im Artikel 26 erhält der Abs. 4 folgenden Zusatz:

„Hiebei finden die Bestimmungen des Art. 8 Abs. 2 Satz 2 und 3 gleichmäßige Anwendung."

S. 476. In Ziff. I des Artikel 4 müßten nach dem Antrage des Herrn Senatspräsidenten die Worte: „oder nach Art. 26 Abs. 4, 5" gestrichen werden und die Verweisung müßte dort lauten: „nach Art. 19, 22 oder 23".

Wenn keine nochmalige namentliche Abstimmung verlangt wird, so nehme ich an, daß der Ausschuß damit einstimmig einverstanden ist.

Abg. **von Walter** (Referent): Es wird natürlich zur vollständigen Ordnung der Sache noch einmal ein kurzes Protokoll aufgenommen und zu den Beschlüssen der Redaktionskommission ein Nachtrag gefertigt werden müssen, der ebenfalls durch Druck vervielfältigt wird.*)

S. 479. **von Stobäus**,
Vorsitzender.

Dr. Casselmann,
Schriftführer.

---

*) Nun folgen Erörterungen darüber, wann der Landtag einberufen werden soll.

Protokoll

S. 481.

über die Sitzung der Redaktionskommission des besonderen (XVIII.) Ausschusses der Kammer der Abgeordneten zur Berathung der durch die Einführung des Bürgerlichen Gesetzbuchs veranlaßten Gesetzentwürfe.

(Beilage XX, Abth. II, z. d. Verhandl. d. K. d. Abg. 1899 Seite 481.)

München, den 13. Januar 1899, Vormittags 10¼ Uhr.

Gegenwärtig:

Der Vertreter der k. Staatsregierung: Senatspräsident am obersten Landesgerichte Dr. Ritter von Jacubezky;
die Ausschußmitglieder: von Walter, Referent, Conrad, Korreferent, Michel, Schriftführer.

Tagesordnung:

Feststellung der Beschlüsse zweiter Lesung zum Entwurf eines Gesetzes, die durch die Einführung des Bürgerlichen Gesetzbuchs veranlaßten Aenderungen der seit 1818 erlassenen Gesetze betreffend (Beilage B), **und zu den Ergänzungen der k. Staatsregierung** (Beilage D Ziff. II).

Es wurden nachträglich folgende Beschlüsse gefaßt:

Artikel 4 soll lauten:

Das Forststrafgesetz für die Pfalz vom 28. Dezember 1831 in der Fassung der Bekanntmachung vom 2. Oktober 1879 und des Gesetzes vom 17. Juni 1896 wird dahin geändert:

I. Im Artikel 8 wird der Satz 2 durch folgenden Abs. 2 ersetzt:

Diese Verfügung ist im Betreff der Strafe jedoch auf Personen einer und derselben Familie (Art. 13 Abs. 1 Ziff. 1 bis 5) nicht anwendbar, welche gemeinschaftlich einen Forstfrevel nach Art. 19, 22 oder 23 begehen; diese werden solidarisch in die Strafe verurtheilt. In dem Urtheil oder den Strafbefehlen ist auszusprechen, gegen welchen oder welche Frevler die Umwandlung der Geldstrafe in Haftstrafe einzutreten hat, wenn erstere nicht beigetrieben werden kann. Geschieht die Umwandlung gleichzeitig gegen mehrere dieser Frevler, so darf dennoch die von den Einzelnen zu erstehende Haft zusammengerechnet die nach Art. 5 der Geldstrafe entsprechende Dauer nicht überschreiten.

Ziff. Ia wie Ziff. I des Entwurfes.

Ziff. II unverändert.

Ziff. IIa. Im Artikel 26 erhält der Abs. 4 folgenden Zusatz:

Hiebei finden die Bestimmungen des Art. 8 Abs. 2 Satz 2 und 3 gleichmäßige Anwendung.

Ziff. III bis VI unverändert.

von Walter,
Vorsitzender.

Miche
Schriftführer.

Zusammenstellung

des

Entwurfes eines Gesetzes, die durch die Einführung des Bürgerlichen Gesetzbuchs veranlaßten Aenderungen der seit 1818 erlassenen Gesetze betreffend — Beilagen B und D —, mit den von dem besonderen (XVIII.) Ausschusse der Kammer der Abgeordneten zur Berathung der durch die Einführung des Bürgerlichen Gesetzbuchs veranlaßten Gesetzentwürfe hierüber gefaßten Beschlüssen.

(Beilage G zu den Verhandl. d. Justizgesetzgebungsausschusses der K. d. Abg. 1899 Beilagenband XX Abth. I Seite 195 bis 241.)

Regierungsvorlage. | **Beschlüsse des Ausschusses.*)**

S. 195.

Entwurf eines Gesetzes,

die durch die Einführung des Bürgerlichen Gesetzbuchs veranlaßten Aenderungen der seit 1818 erlassenen Gesetze betreffend.

Im Namen Seiner Majestät des Königs.

Seine Königliche Hoheit Prinz Luitpold, des Königreichs Bayern Verweser, haben nach Vernehmung des Staatsraths mit Beirath und Zustimmung der Kammer der Reichsräthe und der Kammer der Abgeordneten und in Ansehung der Artikel 1, 5, 6, des Artikel 38 Ziff. V und des Artikel 41 unter Beobachtung der in Tit. X § 7 der Verfassungsurkunde vorgeschriebenen Formen beschlossen und verordnen, was folgt:

Artikel 1.

Die Verfassungsurkunde vom 26. Mai 1818 wird dahin geändert:

I. **Titel V § 4 Abs. 2 Nr. 4 und § 5 werden aufgehoben.**

S. 196. II. In der VII. Beilage erhält

1. der § 14 Abs. 3 folgende Fassung:

Die Anfechtung der Entscheidungen richtet sich nach den für die Beschwerde in Angelegenheiten der freiwilligen Gerichtsbarkeit geltenden Vorschriften.

2. Der § 28 Satz 2 und der § 109 werden aufgehoben.

III. Die VIII. Beilage wird aufgehoben.

In der Pfalz können Familienfideikommisse auch in Zukunft nicht errichtet werden.

Artikel 2.

Das Gesetz vom 15. August 1828, die allgemeine Grundsteuer betreffend, in der Fassung der Bekanntmachung vom 10. Juni 1881 wird dahin geändert:

I. Als § 71a werden folgende Vorschriften eingestellt:

Die Umschreibung eines Grundstücks auf einen neuen Besitzer setzt den Nachweis voraus, daß der neue Besitzer Eigenthümer des Grundstücks ist.

Die Umschreibung auf den neuen Besitzer erfolgt, wenn zu dem Erwerbe des Eigenthums die Eintragung in das Grundbuch erforderlich ist, auf Grund der Eintragung im Grundbuche. In den übrigen Fällen muß das Eigenthum des neuen Besitzers in der für die Eintragung in das Grundbuch vorgeschriebenen Weise nachgewiesen werden.

---

*) Der amtliche Text ist halbseitig, durch einen vertikalen Strich | getheilt, gedruckt. Links befinden sich die Regierungsvorlage, rechts die Ausschußbeschlüsse mit dem Vermerk „Unverändert" oder dem abgeänderten Texte unter Hervorhebung der Abänderungen rechts und links mit fetter Schrift. Der Raumersparniß und Uebersichtlichkeit halber ist hier ein anderes Verfahren eingeschlagen. Die gewöhnliche deutsche und die lateinische Schrift sind der Text der Regierungsvorlage, die gewöhnliche und die fette deutsche Schrift der Text der Ausschußbeschlüsse. Die fetten Ueberschriften sind, sofern nicht lateinischer Druck gegenübersteht, zugleich die Ueberschriften der Regierungsvorlage.

Regierungsvorlage. | **Beschlüsse des Ausschusses.** S. 196.

Zur Eintragung einer Aenderung in dem Bestand eines Grundstücks, abgesehen von der Vereinigung ganzer Grundstücke, insbesondere zur Eintragung einer Theilung, ist die Vorlage eines von der Messungsbehörde angefertigten Planes, in welchem die Aenderung ersichtlich gemacht ist, und eines Auszugs des Messungsverzeichnisses erforderlich.

II. Der § 72 erhält folgende Fassung:

Jede Aenderung, durch die nach § 71 eine Umschreibung veranlaßt wird, ist bei der Umschreibbehörde anzumelden.

Die Anmeldepflicht obliegt bei Aenderungen, zu denen die Eintragung in das Grundbuch erforderlich ist, den Grundbuchämtern, bei anderen Aenderungen den Behörden oder Notaren, von welchen eine die Aenderung betreffende Urkunde aufgenommen oder eine die Aenderung betreffende Entscheidung erlassen wird, im Falle einer neuen Messung der Messungsbehörde, in den übrigen Fällen den Parteien.

Die Art der Anmeldung wird durch Ministerialvorschrift bestimmt.

III. Der § 73 Abs. 1 erhält folgende Fassung:

Unterlassen die Parteien die ihnen nach § 72 Abs. 2 obliegende Anmeldung, so hat die Umschreibbehörde sie unter Festsetzung einer Frist von mindestens zwei Wochen und Androhung der im § 74 bestimmten Ordnungsstrafe zu der Anmeldung aufzufordern.

IV. Der § 81 erhält folgenden Abs. 3: S. 197.

Ueberläßt der Eigenthümer das Grundstück einem Anderen ohne Uebertragung des Eigenthums zum Eigenbesitze, so bleibt er neben dem Besitzer für die Grundsteuer haftbar.

V. Der § 116 Abs. 2, 3 wird aufgehoben.

Artikel 3.

In dem Gesetze vom 15. August 1828, die allgemeine Haussteuer betreffend, in der Fassung der Bekanntmachung vom 10. Juni 1881 wird der § 37 Abs. 2, 3 aufgehoben.

Artikel 4.

Das Forststrafgesetz für die Pfalz vom 28. Dezember 1831 in der Fassung der Bekanntmachung vom 2. Oktober 1879 **und des Gesetzes vom 17. Juni 1896** wird dahin geändert:

I. Im Artikel 8 wird der Satz 2 durch folgenden Abs. 2 ersetzt:

Diese Verfügung ist im Betreff der Strafe jedoch auf Personen einer und derselben Familie (Art. 13 Abs. 1 Ziff. 1 bis 5) nicht anwendbar, welche gemeinschaftlich einen Forstfrevel nach Art. 19, 22 oder 23 begehen; diese werden solidarisch in die Strafe verurtheilt. In dem Urtheil oder den Strafbefehlen ist auszusprechen, gegen welchen oder welche Frevler die Umwandlung der Geldstrafe in Haftstrafe einzutreten hat, wenn erstere nicht beigetrieben werden kann. Geschieht die Umwandlung gleichzeitig gegen mehrere dieser Frevler, so darf dennoch die von den Einzelnen zu erstehende Haft zusammengerechnet die nach Art. 5 der Geldstrafe entsprechende Dauer nicht überschreiten.

Ia. Der Artikel 13 Abs. 1 erhält folgende Fassung:

Als civilverantwortlich sind außer dem Forstfrevler vorzuladen und als haftbar für Geldstrafe, Werth- und Schadenersatz, dann für die Kosten — vorbehaltlich des Rückgriffs, wo ein solcher statt hat, — mitzuverurtheilen:

1) die Ehemänner wegen der Frevel ihrer bei ihnen wohnenden Ehefrauen;
2) die Väter und nach ihrem Tode die Mütter wegen der Frevel ihrer bei ihnen wohnenden und noch unverheiratheten Kinder (leibliche Kinder, Stief-, Adoptiv- und Pflegekinder);
3) die Vormünder und Pfleger sowie überhaupt diejenigen, welchen Minderjährige in Pflege gegeben sind, wegen der Frevel der bei ihnen wohnenden Pflegebefohlenen;
4) die Dienstherrschaften wegen der Frevel ihrer bei ihnen wohnenden Dienstboten;
5) die Lehrmeister und Gewerbsleute wegen der Frevel ihrer Zöglinge, Gesellen und Gehilfen, solange diese Personen unter ihrer Aufsicht stehen;

S. 198. **Regierungsvorlage.** | **Beschlüsse des Ausschusses.**

6) die Geschäftsgeber wegen der Frevel ihrer Arbeiter und Geschäftsträger, wenn der Frevel in oder bei der Ausführung der aufgetragenen oder anvertrauten Verrichtungen geschah.

II. Im Artikel 16 wird

1. der Eingang des Abs. 1 dahin geändert:

Die öffentliche Klage wegen Forstfrevels verjährt:

2. der Abs. 3 aufgehoben.

IIa. Im Artikel 26 erhält der Abs. 4 folgenden Zusatz:

Hiebei finden die Bestimmungen des Art. 8 Abs. 2 Satz 2 und 3 gleichmäßige Anwendung.

III. Der Artikel 66 erhält folgende Fassung:

Die Vorladung des Angeklagten sowie der civilverantwortlichen Person muß enthalten:

1) Namen, Stand, Wohn- oder Aufenthaltsort des Vorzuladenden;
2) eine kurze Bezeichnung der Forstrügesache;
3) die beantragte Strafe und Entschädigung;
4) Tag und Stunde der Verhandlung;
5) den Hinweis darauf, daß gegen den Angeklagten und gegen die civilverantwortliche Person auch dann, wenn weder sie noch Bevollmächtigte erscheinen, zur Hauptverhandlung geschritten würde.

IV. Der Artikel 67 enthält folgende Fassung:

Die Zustellung der Vorladung hat wenigstens drei Tage vor der Sitzung zu geschehen.

In Fällen, in denen Gefahr auf Verzug ist, kann der Richter die Abkürzung der im Abs. 1 bestimmten Frist verfügen; von der Verfügung ist in der Vorladung Mittheilung zu machen.

V. Der Artikel 91 erhält folgende Abs. 2, 3:

Für die durch den Gerichtsdiener erfolgenden Zustellungen in dem Verfahren vor den Amtsgerichten kann das Staatsministerium der Justiz anordnen, daß das Schriftstück offen übergeben wird, und eine abgekürzte Beurkundung in tabellarischer Form vorschreiben.

Das offen zu übergebende Schriftstück wird mit der Geschäftsnummer bezeichnet, unter der es in dem zur Beurkundung der Zustellung bestimmten Verzeichniß eingetragen ist. Der Tag der Zustellung ist auf dem Schriftstücke zu vermerken.

VI. Der Artikel 68 wird aufgehoben.

Artikel 5.

Das Gesetz vom 17. November 1837, die Zwangsabtretung von Grund-Eigenthum für öffentliche Zwecke betreffend, wird dahin geändert:

I. Im Artikel XV werden

1. im Satz 2 die Worte: „durch Anschlagung an dem Gerichtssitze und in sämmtlichen betheiligten Gemeinden" ersetzt durch die Worte:

„durch Veröffentlichung in dem ihr zu amtlichen Kundmachungen dienenden
S. 199. Blatte || und durch Anheftung in den betheiligten Gemeinden",

2. in der Ziff. 2 des Satz 3 die Worte: „für die Angerufenen" ersetzt durch die Worte:

„für die Abtretungspflichtigen",

3. als Ziff. 3 folgende Vorschrift beigefügt:

3) für die übrigen Betheiligten, in der Voraussetzung des Erschienenseins der Anrufenden, Ausschließung mit den etwaigen Einwendungen gegen die angesprochene Abtretung.

4. folgende Vorschriften als Abs. 2, 3 eingestellt:

Die schriftliche Mittheilung an die Betheiligten und die Antragsteller oder deren Vertreter ist durch die Gemeindebehörde oder durch die Post gegen Nachweis zuzustellen. Die Zustellung unterbleibt, wenn der Wohnort der zu ladenden Person nicht bekannt ist. Die Rechtswirksamkeit der Ladung ist von der Zustellung der schriftlichen Mittheilung nur insoweit abhängig, als es sich um den Eintritt der im Artikel XII bestimmten Beschränkung des Eigenthümers in der thatsächlichen Verfügung handelt.

Regierungsvorlage.	Beschlüsse des Ausschusses.

S. 199.

Die im Artikel XI bezeichneten Betheiligten, die nicht im Grundbuch eingetragen sind, werden nur berücksichtigt, wenn sie Erben eines eingetragenen Berechtigten sind oder wenn ihre Rechte angemeldet und auf Verlangen der Distriktspolizeibehörde glaubhaft gemacht sind.

II. Der Eingang des Artikel XVI hat zu lauten:

Die Distriktspolizeibehörde hat, sobald die Ladung erfolgt ist, bezüglich der in Anspruch genommenen Gegenstände . . . .

III. Der Artikel XXII Ziff. 1 bis 4 wird aufgehoben.

Artikel 6.

Der Artikel 5 Abs. 2 Ziff. 1 des Gesetzes vom 4. Juni 1848, die Wahl der Landtags-Abgeordneten betreffend, in der Fassung der Bekanntmachung vom 22. März 1881 erhält folgende Fassung:

1) Personen, welche entmündigt oder nach § 1906 des Bürgerlichen Gesetzbuchs unter vorläufige Vormundschaft gestellt sind.

Artikel 7.

Das Gesetz vom 4. Juni 1848 über die Aufhebung der standes- und gutsherrlichen Gerichtsbarkeit, dann die Aufhebung, Fixirung und Ablösung von Grundlasten wird dahin geändert:

I. Der Artikel 29 Abs. 2 Satz 1 erhält folgende Fassung:

Solche Bodenzinskapitalien haben denselben Rang wie die Grundrenten, an deren Stelle sie treten.

II. Der Artikel 30 Abs. 2 Satz 1 erhält folgende Fassung:

Solche Annuitäten haben den Rang der Gefälle, an deren Stelle sie getreten sind.

Artikel 8.

S. 200.

Die noch geltenden Vorschriften des Gesetzes vom 12. März 1850, die Verpflichtung zum Ersatze des bei Aufläufen diesseits des Rheins verursachten Schadens betreffend, werden auf die Pfalz erstreckt.

Die Schließung einer gütlichen Uebereinkunft mit dem Beschädigten nach Artikel 4 Abs. 1 und die Vertheilung der Umlage auf die Pflichtigen nach Artikel 10 Abs. 1 des Gesetzes vom 12. März 1850 erfolgt in der Pfalz durch den Gemeinderath.

Artikel 9.

Das Gesetz vom 30. März 1850, die Ausübung der Jagd betreffend, wird dahin geändert:

I. Als Artikel I a werden folgende Vorschriften eingestellt:

Dem Jagdrecht unterliegen die wilden Säugethiere und Vögel, deren Fleisch, Pelzwerk oder Gefieder verwerthet zu werden pflegt oder die als Raubthiere diesem Wilde nachstellen. Die Thiergattungen, welche zu dem jagdbaren Wilde gehören, können durch Königliche Verordnung bestimmt werden.

Das ausschließliche Recht des Jagdberechtigten erstreckt sich auf die verendeten Thiere sowie auf die Eier des Federwildes.

II. Im Artikel 18 erhält die Ziff. 4 folgende Fassung:

1) den wegen Geisteskrankheit oder Geistesschwäche Entmündigten und den notorisch Geisteskranken.

III. Im Artikel 19 erhält die Ziff. 1 folgende Fassung:

1) den Minderjährigen, den wegen Verschwendung oder wegen Trunksucht Entmündigten und den nach § 1906 des Bürgerlichen Gesetzbuchs unter vorläufige Vormundschaft gestellten Personen.

Die in der Ziff. I enthaltenen Vorschriften gelten auch für die Pfalz.

Artikel 10.

Das Gesetz vom 15. Juni 1850, den Ersatz des Wildschadens betreffend, wird dahin geändert:

I. Der Artikel 1 erhält folgende Fassung:

Die Vorschriften des Bürgerlichen Gesetzbuchs über die Verpflichtung zum Ersatze des Wildschadens werden durch die folgenden Bestimmungen ergänzt.

S. 200.

Regierungsvorlage.	**Beschlüsse des Ausschusses.**

II. Der Artikel 2 erhält folgende Fassung:

Die Ersatzpflicht erstreckt sich auf den Schaden, welcher durch jagdbare Säugethiere anderer als der im Bürgerlichen Gesetzbuche bezeichneten Gattungen angerichtet wird.

III. Der Artikel 3 Abs. 1, 2 erhält folgende Fassung:

Ist das Jagdrecht auf den zu einem Jagdbezirke vereinigten Grundstücken nach den gesetzlichen Vorschriften über die Ausübung der Jagd von der Gemeinde ver-
S. 201. pachtet oder wird es von ‖ der Gemeinde in Selbstverwaltung ausgeübt, so haftet dem Beschädigten an Stelle der Grundeigenthümer die Gemeinde.

Sind mehrere Gemeindebezirke zu einem Jagdbezirke vereinigt, so haften die Gemeinden als Gesammtschuldner.

IV. Der Artikel 5 erhält folgende Fassung:

Der vom Wilde in Baumschulen, in Obstgärten oder an einzeln stehenden jungen Bäumen verursachte Schaden wird nicht vergütet, wenn die Herstellung von Schutzvorrichtungen unterblieben ist, die unter gewöhnlichen Umständen zur Abwendung des Schadens ausreichen.

V. Als Artikel 8a wird folgende Vorschrift aufgenommen:

Der Beschädigte hat den Anspruch auf Ersatz des Wildschadens bei Verlust des Anspruchs binnen drei / **sechs** Tagen, nachdem er von der Beschädigung Kenntniß erlangt hat, bei der Ortspolizeibehörde anzumelden, in deren Bezirke der Schaden entstanden ist. Zur Wahrung der Frist genügt die Absendung der Anmeldung.

VI. Die Artikel 4, 6 werden aufgehoben.

Die Artikel 1, 2, 5, 7 bis 8a des Gesetzes vom 15. Juni 1850 werden auf die Pfalz erstreckt.

Regierungsvorlage	Beschlüsse des Ausschusses
Artikel 11. In der Pfalz können die bestehenden Jagdpachtverträge von jedem Theile unter Einhaltung einer dreimonatigen Kündigungsfrist für den 31. Dezember 1899 gekündigt werden.	**Artikel 11.** **Gestrichen (vergl. Art. 43a).**

Artikel 12.

Im Artikel 14 des Gesetzes vom 4. Mai 1851, das Einschreiten der bewaffneten Macht zur Erhaltung der gesetzlichen Ordnung betreffend, werden die Worte: „in dem Pfalzkreise die Bestimmungen des einschlägigen Gesetzes vom 10. Vend. IV" gestrichen.

Artikel 13.

Das Forstgesetz vom 28. März 1852 in der Fassung der Bekanntmachung vom 4. Juli 1896 wird dahin geändert:

I. Der Artikel 154 erhält folgende Fassung:

Die Vorladung des Angeklagten sowie der civilverantwortlichen Person muß enthalten:

1. Namen, Stand, Wohn- oder Aufenthaltsort des Vorzuladenden;
2. eine kurze Bezeichnung der Forstrügesache;
3. die beantragte Strafe und Entschädigung:
4. Tag und Stunde der Verhandlung;
5. den Hinweis darauf, daß gegen den Angeklagten und gegen die civilverantwortliche Person auch dann, wenn weder sie noch Bevollmächtigte erscheinen, zur Hauptverhandlung geschritten würde.

II. Der Artikel 155 erhält folgende Fassung:

Die Zustellung der Vorladung hat wenigstens drei Tage vor der Sitzung zu geschehen.

S. 202. In Fällen, in denen Gefahr auf Verzug ist, kann der Richter die Abkürzung der im Abs. 1 bestimmten Frist verfügen; von der Verfügung ist in der Vorladung Mittheilung zu machen.

III. Der Artikel 188 erhält folgende Abs. 2, 3:

Für die durch den Gerichtsdiener erfolgenden Zustellungen in dem Verfahren vor den Amtsgerichten kann das Staatsministerium der Justiz anordnen, daß das

Regierungsvorlage.	Beschlüsse des Ausschusses.	S. 202.

Schriftstück offen übergeben wird, und eine abgekürzte Beurkundung in tabellarischer Form vorschreiben.

Das offen zu übergebende Schriftstück wird mit der Geschäftsnummer bezeichnet, unter der es in dem zur Beurkundung der Zustellung bestimmten Verzeichniß eingetragen ist. Der Tag der Zustellung ist auf dem Schriftstücke zu vermerken.

IV. Der Artikel 156 wird aufgehoben.

Artikel 14.

Das Gesetz vom 28. Mai 1852 über die Benützung des Wassers wird dahin geändert:

I. Der Artikel 21 erhält folgende Fassung:

Für Beschädigungen, die nicht eine nothwendige Folge der Benützung des Leinpfads sind, sondern durch Mißbrauch oder Nachlässigkeit der bei der Schiff- oder Floßfahrt beschäftigten Personen verursacht werden, sind die Urheber und ihre Dienstherrn nach den bestehenden Vorschriften verantwortlich.

II. Der Artikel 37 erhält folgende Fassung:

Durch Begründung einer Dienstbarkeit können von den Bestimmungen der Artikel 34 und 35 abweichende Verhältnisse festgesetzt werden.

III. Im Artikel 39 Abs. 1 werden die Worte: „als Zubehör der Grundstücke" ersetzt durch die Worte:

„als zu den Grundstücken gehörig".

IV. Der Artikel 47 Abs. 1 erhält folgende Fassung;

Wo nicht durch Lokalverordnungen, Herkommen oder besondere Rechtsverhältnisse etwas Anderes festgesetzt ist, liegt jedem Ufereigenthümer die Pflicht ob, sein Ufer von allen Hindernissen des Wasserablaufs frei zu erhalten.

V. Der Eingang des Artikel 54 hat zu lauten:

Sofern nicht Lokalverordnungen, Herkommen oder besondere Rechtsverhältnisse eine Ausnahme begründen, ...

VI. Der Eingang des Artikel 59 Abs. 1 hat zu lauten:

Die durch Lokalverordnungen, Herkommen oder besondere Rechtsverhältnisse festgesetzte Vertheilung des Wassers . . . .

VII. Im Artikel 60 Abs. 1 und im Artikel 68 Abs. 1 werden die Worte: „Herkommen, besondere Rechtstitel oder Verjährung" ersetzt durch die Worte:

„Herkommen oder besondere Rechtsverhältnisse".

VIII. Der Artikel 103 wird aufgehoben.

Artikel 15. S. 203.

In dem Gesetze vom 28. Mai 1852 über die Bewässerungs- und Entwässerungs-Unternehmungen zum Zwecke der Boden-Cultur erhält der Artikel 14 folgende Fassung:

Die Beitragsverbindlichkeit zu den Unterhaltungskosten ist öffentliche Last der betheiligten Grundstücke und erlischt nur mit dem vorschriftsmäßigen Ausscheiden des Grundstücks oder mit der Auflösung der Genossenschaft.

Artikel 16.

Der Artikel 29 des Gesetzes vom 28. Mai 1852 über den Uferschutz und den Schutz gegen Ueberschwemmungen wird aufgehoben.

Artikel 17.

Das Gesetz vom 28. Mai 1852 über die Ausübung und Ablösung des Weiderechtes auf fremdem Grund und Boden wird dahin geändert:

I. Im Artikel 17 werden die Worte: „mit den in § 12 Ziffer 3 und 4 des Hypothekengesetzes und § 12 Ziffer 7 der Prioritätsordnung vom 1. Juni 1822 festgesetzten Vorzügen" ersetzt durch die Worte:

„mit dem Range des Weiderechts".

II. Im Artikel 18 werden die Worte: „welches gleichfalls die im Artikel 17 erwähnten Vorrechte des Hypothekengesetzes und der Prioritätsordnung genießt" ersetzt durch die Worte:

„welches gleichfalls den im Artikel 17 bestimmten Rang hat".

III. Im Artikel 42 werden die Worte: „mit den im Artikel 17 bestimmten Vorrechten" ersetzt durch die Worte:

„mit dem im Artikel 17 bestimmten Range".

S. 203. **Regierungsvorlage.** | **Beschlüsse des Ausschusses.**

Artikel 18.

Der Artikel 8 Abs. 2 und der Artikel 9 Abs. 3 des Gesetzes vom 28. Mai 1852, die Sicherung, Fixirung und Ablösung der auf dem Zehentrechte lastenden kirchlichen Baupflicht betreffend, werden aufgehoben.

Artikel 19.

Das Gesetz vom 22. Februar 1855, die landwirthschaftlichen Erbgüter betreffend, wird dahin geändert:

I. Der Schluß des Artikel 4 Abs. 2 erhält folgende Fassung:

. . . . daß ihre Forderungen dergestalt, wie sie angezeigt sind, und für Forderungen, für die eine dingliche Haftung nicht besteht, Sicherungshypotheken auf das Erbgut eingetragen werden sollen.

II. Im Artikel 6 erhält

1. der Abs. 4 Satz 3 folgende Fassung:

Zur Gültigkeit solcher Rechtsgeschäfte ist die Bestätigung des zuständigen Gerichts (Art. 3) erforderlich.

S. 204. 2. An die Stelle der Abs. 6, 7 treten folgende Vorschriften:

Zu einer Belastung des Erbguts, zu der der Eigenthümer nach den Vorschriften dieses Gesetzes verpflichtet ist, ist die Zustimmung des Anerben nicht erforderlich.

Wegen anderer als derjenigen Verbindlichkeiten, die auf dem Erbgute haften oder den Eigenthümer nach den Vorschriften dieses Gesetzes treffen, findet die Zwangsvollstreckung in das Erbgut nur mittelst Zwangsverwaltung statt.

III. Im Artikel 8 werden die Worte: „vorbehaltlich der Bestimmungen des Hypothekengesetzes §§ 24—26" ersetzt durch die Worte:

„vorbehaltlich der Vorschriften zu Gunsten derjenigen, welche Rechte von einem Nichtberechtigten herleiten,".

IV. Der Artikel 10 Abs. 5 erhält folgende Fassung:

Zur Gutsübergabe unter Lebenden ist die Bestätigung durch das nach Art. 3 zuständige Gericht erforderlich.

V. Im Artikel 27 erhält

1. der Eingang folgende Fassung:

Die Bestellung einer Sicherungshypothek an dem Erbgute können verlangen:

2. Die Ziff. 3 wird durch folgenden Abs. 2 ersetzt:

Die Personen, welche nach den Art. 20, 24 Alimente anzusprechen haben, können, falls ihnen ein zu dem Erbgute gehörendes Gebäude oder ein Theil eines solchen Gebäudes als Wohnung zum ausschließlichen Gebrauche zu gewähren ist, die Bestellung eines Wohnungsrechts, falls ihnen ein Theil des Erbguts zu sonstiger Benützung zu gewähren ist, die Bestellung einer entsprechenden persönlichen Dienstbarkeit und, soweit andere wiederkehrende Leistungen zu entrichten sind, die Bestellung einer entsprechenden Reallast an dem Erbgute verlangen.

VI. Die Artikel 2, 30, 33 werden aufgehoben.

Artikel 20.

Das Gesetz vom 23. Februar 1868, die Ablösbarkeit der auf Grund und Boden haftenden oder mit einer Gewerbsrealität verbundenen Ehehafts-Verhältnisse betreffend, wird dahin geändert:

I. Im Artikel 11 Abs. 1 Satz 1 werden die Worte: „mit fünf vom Hundert" ersetzt durch die Worte:

„mit vier vom Hundert".

II. Der Artikel 12 Abs. 1 erhält folgende Fassung:

Für die Ablösungssumme haftet das Grundstück in gleicher Weise wie für ein Bodenzinskapital; die Ablösungssumme hat den Rang der Reichnisse, an deren Stelle sie tritt. Für die im Falle des Verzugs zu entrichtenden Zinsen gelten die Vorschriften über die aus einer Reallast zu entrichtenden wiederkehrenden Leistungen.

Regierungsvorlage.	Beschlüsse des Ausschusses.

S. 205.

III. An die Stelle der Artikel 13, 14 tritt folgende Vorschrift:

Ist die Ehehaftsgerechtigkeit mit Rechten Dritter belastet, so ist die Beiziehung und die Zustimmung der Berechtigten zu der Ablösung nicht erforderlich.

An dem Anspruch auf die Ablösungssumme haben die Dritten, soweit ihre Rechte beeinträchtigt werden, dieselben Rechte, die ihnen im Falle des Erlöschens ihrer Rechte durch Zwangsversteigerung an dem Erlöse zustehen. Die Vorschriften des § 1128 des Bürgerlichen Gesetzbuchs finden entsprechende Anwendung; die im § 1128 vorgeschriebene Benachrichtigung der Berechtigten erfolgt nach dem Vollzuge der im Artikel 2 vorgeschriebenen Protokollirung oder nach dem Abschlusse der in Gemäßheit der Artikel 3 bis 8 gepflogenen Ablösungsverhandlungen durch die Distriktsverwaltungsbehörde.

Erhebt ein Berechtigter innerhalb der im § 1128 bestimmten Frist Widerspruch gegen die Zahlung der Ablösungssumme an den Bezugsberechtigten, so kann dieser und jeder der Berechtigten die Eröffnung eines Vertheilungsverfahrens nach den für die Vertheilung des Erlöses im Falle der Zwangsversteigerung geltenden Vorschriften beantragen. Die Zahlung hat in diesem Falle an das für das Vertheilungsverfahren zuständige Gericht zu erfolgen.

Artikel 21.

Das Gesetz vom 16. April 1868 über Heimat, Verehelichung und Aufenthalt wird dahin geändert:

I. Der Artikel 1 Abs. 3 erhält folgende Fassung:

Den ehelichen Kindern werden die Kinder gleichgeachtet, welche nach dem bürgerlichen Rechte die rechtliche Stellung von ehelichen Kindern haben.

II. Im Artikel 4 erhält

1. der Abs. $\frac{I}{2}$ folgende Fassung:

Einer geschiedenen Frau bleibt die Heimat, welche der Mann zur Zeit der Scheidung hatte. Die Aufhebung der ehelichen Gemeinschaft nach § 1575 des Bürgerlichen Gesetzbuchs wird der Scheidung gleichgeachtet.

2. der Abs. 3 folgende Fassung:

Ist die Ehe nichtig, so behält die Frau die Heimat, die der Mann zur Zeit der Nichtigkeitserklärung oder der Auflösung der Ehe hat, wenn ihr die Nichtigkeit der Ehe bei der Eheschließung nicht bekannt war; die Vorschriften des § 1345 Abs. 2 und des § 1704 des Bürgerlichen Gesetzbuchs finden entsprechende Anwendung.

III. Im Artikel 6 in der Fassung des Gesetzes vom 17. Juni 1896 wird

1. dem Abs. 3 folgender Satz beigefügt:

Die Vorschriften des Art. 1 Abs. 3 und des Art. 4 Abs. $\frac{I}{2}$ Satz 2 finden Anwendung.

2. Die Abs. 5, 6 erhalten folgende Fassung: S. 206.

Als selbständig sind nicht zu erachten:

1) entmündigte Personen;

2) Dienstboten und Gewerbsgehilfen, die in die häusliche Gemeinschaft des Dienstherrn aufgenommen sind, sowie Kinder, die dem elterlichen Hausstand angehören und von dem Familienhaupt unterhalten werden.

Steuern der Ehefrau, sofern nicht die eheliche Gemeinschaft nach § 1575 des Bürgerlichen Gesetzbuchs aufgehoben ist, und der minderjährigen im elterlichen Unterhalte stehenden Kinder sind dem Familienhaupte zuzurechnen.

IV. Der Artikel 12 erhält folgende Fassung:

Für Verhandlungen über den Vollzug der Art. 6 bis 7a wird eine andere als die Gebühr, welche für die Urkunde über die Verleihung des Heimatrechts zu entrichten ist, nicht erhoben.

V. Im Artikel 13 Abs. 3, 5 treten an die Stelle der Worte: „die aus dieser Ehe hervorgegangenen Kinder" die Worte:

„die Kinder dieser Ehe sowie die durch die Ehe legitimirten Kinder".

S. 206.

Regierungsvorlage.	**Beschlüsse des Ausschusses.**

VI. Der Artikel 17 Abs. 1 erhält folgende Fassung:

Der auf Grund der Art. 15, 16 einem Manne angewiesenen vorläufigen Heimat folgt auch seine Ehefrau, es sei denn, daß die eheliche Gemeinschaft nach § 1575 des Bürgerlichen Gesetzbuchs aufgehoben ist.

VII. Im Artikel 18 Abs. 2 werden die Worte: „der angewiesenen Heimatgemeinde" ersetzt durch die Worte:

„der vorläufigen Heimatgemeinde".

VIIa. Im Artikel 24 Ziff. 2 werden die Worte: „angewiesene Heimat" ersetzt durch die Worte: „vorläufige Heimat".

VIII. Im Artikel 25 werden die Worte: „vorbehaltlich dessen, was das Gesetz über den obersten Verwaltungsgerichtshof bestimmen wird" ersetzt durch die Worte:

„unbeschadet dessen, was das Gesetz vom 8. August 1878, betreffend die Errichtung eines Verwaltungsgerichtshofes und das Verfahren in Verwaltungsrechtssachen, bestimmt".

IX. Im Artikel 31 werden die Worte: „und nach dem örtlichen Herkommen" gestrichen.

X. Im Artikel 33 in der Fassung des Gesetzes vom 17. März 1892 erhält

1. der Abs. 1 folgende Fassung:

Ein in den Landestheilen rechts des Rheins heimatberechtigter Mann darf eine Ehe erst eingehen, wenn durch ein von der zuständigen Behörde ausgestelltes Zeugniß festgestellt ist, daß der Eheschließung das im Art. 36 bestimmte Einspruchsrecht nicht entgegensteht.

S. 207. 2. Im Abs. 2 werden ersetzt im Satz 1 die Worte: „die aus der Ehe entsprossenen oder durch dieselbe legitimirten Kinder" durch die Worte:

„die Kinder dieser Ehe sowie die durch die Ehe legitimirten Kinder"

und im Satz 3 die Worte: „mit ihren aus dieser Ehe entsprossenen oder durch dieselbe legitimirten Kindern" durch die Worte:

„mit den Kindern dieser Ehe sowie den durch die Ehe legitimirten Kindern".

3. Als Abs. 5 wird folgende Vorschrift beigefügt:

Das Zeugniß verliert seine Kraft, wenn die Ehe nicht binnen sechs Monaten nach der Ausstellung des Zeugnisses geschlossen wird.

Regierungsvorlage	Beschlüsse des Ausschusses
XI. Im Artikel 36 werden ersetzt 1. im Abs. 1 Ziff. 3 in der Fassung der Königlichen Deklaration vom 21. April 1884 die Worte: »wegen Diebstahl« durch die Worte: »wegen Raubes, Diebstahls«,	XI. Im Artikel 36 **erhalten** 1. im Abs. 1 in der Fassung der Königlichen Deklaration vom 21. April 1884 **die Ziff. 3, 7 folgende Fassung:** **3) wenn der Mann oder die Braut zu einer Zuchthausstrafe oder wegen Verbrechens oder Vergehens gegen die Sittlichkeit oder wegen Raubes, Diebstahls, Unterschlagung, Betrugs, Hehlerei, Fälschung, Gaukelei zu einer Freiheitsstrafe von wenigstens vier Wochen verurtheilt worden ist und seit Abbüßung oder Nachlaß der Strafe drei Jahre noch nicht verflossen sind, sowie wenn der Mann oder die Braut innerhalb der unmittelbar vorhergehenden drei Jahre mindestens dreimal wegen Arbeitsscheue, Landstreicherei oder Bettels verurtheilt worden ist;**
2. im Abs. 1 Ziff. 7 in der Fassung der Königlichen Deklaration vom 21. April 1884 die Worte »gegen ihn Antrag auf Entmündigung gestellt« durch die Worte: »das Entmündigungsverfahren gegen ihn eingeleitet,«	**7) wenn und solange der Mann unter Vormundschaft steht oder das Entmündigungsverfahren gegen ihn eingeleitet oder über sein Vermögen das Konkursverfahren eröffnet ist.**

Regierungsvorlage.	Beschlüsse des Ausschusses.	S. 207.

3. Im Abs. 3 **werden ersetzt** die Worte: „eine angewiesene Heimat" durch die Worte: „eine vorläufige Heimat"
und die Worte: „die angewiesene Heimatgemeinde" durch die Worte: „die vorläufige Heimatgemeinde".

XII. Im Artikel 37 Abs. 3 werden die Worte: „eine angewiesene Heimat" ersetzt durch die Worte:
„eine vorläufige Heimat".

XIII. Im Artikel 40 werden
1. im Abs. 1 die Worte: „vorbehaltlich dessen, was in dem Gesetze über den obersten Verwaltungsgerichtshof bestimmt werden wird" ersetzt durch die Worte:
„unbeschadet dessen, was das Gesetz vom 8. August 1878, betreffend die Errichtung eines Verwaltungsgerichtshofes und das Verfahren in Verwaltungsrechtssachen, bestimmt".
2. Der Abs. 2 Ziff. 3 wird aufgehoben.

XIV. Im Artikel 41 in der Fassung des Gesetzes vom 23. Februar 1872 werden ersetzt S. 208.
1. im Abs. 1 die Worte: „bis zu fünfzig Thalern" durch die Worte:
„bis zu einhundertfünfzig Mark",
2. im Abs. 3 die Worte: „wieder aufgelöst worden ist" durch die Worte:
„für nichtig erklärt oder aufgelöst worden ist".

XV. Im Artikel 43 Abs. 1 in der Fassung des Gesetzes vom 23. Februar 1872 treten an die Stelle der Worte: „nach Maßgabe des Artikels 45 Ziff. 5, 6 und 9" die Worte:
„nach Maßgabe des Artikel 45 Ziff. 5, 6".

XVI. Im Artikel 44 treten
1. im Abs. 2 an die Stelle der Worte: „bis zu 10 fl." die Worte:
„bis zu achtzehn Mark".
2. Im Abs. 2 wird das Wort: „taxfreie" ersetzt durch das Wort:
„gebührenfreie".

XVII. Im Artikel 45 in der Fassung des Gesetzes vom 23. Februar 1872 werden ersetzt
1. in der Ziff. 5 die Worte: „wegen Diebstahls" durch die Worte:
„wegen Raubes, Diebstahls",
2. in der Ziff. 6 die Worte: „nach Artikel 149 Abs. I des Polizeistrafgesetzbuches" durch die Worte:
„nach § 148 Abs. 1 Nr. 5 oder 7 oder § 149 Abs. 1 Nr. 1, 3 oder 5 der Gewerberbeordnung"
und die Worte: „oder Artikel 10 des Gesetzes, den Vollzug der Einführung des Strafgesetzbuches für das Deutsche Reich in Bayern betreffend," durch die Worte:
„oder § 153 der Gewerbeordnung".

XVIII. Im Artikel 51 ist statt „Art. 50 Abs. III" zu setzen:
„Art. 50 Abs. 1".

XIX. Im Artikel 52 werden ersetzt
1. im Abs. 1 die Worte: „vorbehaltlich dessen, was das Gesetz über die Errichtung eines obersten Verwaltungsgerichtshofes bestimmen wird" durch die Worte:
„unbeschadet dessen, was das Gesetz vom 8. August 1878, betreffend die Errichtung eines Verwaltungsgerichtshofes und das Verfahren in Verwaltungsrechtssachen, bestimmt",
2. im Abs. 5 die Worte: „von der Tax- und Stempelpflicht befreit" durch das Wort:
„gebührenfrei".

XX. Die noch bestehenden Ueberschriften vor einzelnen Artikeln werden gestrichen.

XXI. Die Artikel 20, 26, 32, 34, 35, 38 werden aufgehoben.

Die vor dem Inkrafttreten des Bürgerlichen Gesetzbuchs vereinkindschafteten Kinder stehen in Ansehung der Heimat den ehelichen Kindern gleich.

Artikel 22. S. 209.

Das Gesetz vom 16. Mai 1868 über den Malzaufschlag in der Fassung der Bekanntmachung vom 10. Dezember 1889 wird dahin geändert:

I. Der Artikel 52 Abs. 3 erhält folgende Fassung:
Ist eine solche Mühle im Besitz einer politischen Gemeinde, so haftet die Gemeindekasse; ist sie im Besitz einer Genossenschaft, so haften die Genossenschaft und

S. 209. **Regierungsvorlage.** | **Beschlüsse des Ausschusses.**

die Genossen für Strafe und Kosten nach den für Genossenschaftsverbindlichkeiten geltenden Vorschriften; in beiden Fällen bleibt der Rückgriff gegen denjenigen, welcher die Uebertretung veranlaßt hat, vorbehalten.

II. Der Artikel 60 Abs. 2 Satz 2 und der Artikel 61 Abs. 2 Satz 2 werden aufgehoben.

Artikel 23.

Das Gesetz vom 16. Mai 1868, die Vermarkung der Grundstücke betreffend, wird dahin geändert:

I. Der Eingang des Artikel 2 Abs. 1 hat zu lauten:

Zur Abmarkung zwischen Nachbargrundstücken kann von jedem betheiligten Grundeigenthümer . . .

II. Der Artikel 5 erhält folgende Fassung:

Verständigen sich die betheiligten Grundeigenthümer, die bestehende Grenzlinie mittelst Austausches von Grund und Boden zu verändern, oder nehmen die Feldgeschworenen wahr, daß eine Verrückung der bisherigen Grenze beabsichtigt wird, so darf die Vermarkung erst erfolgen, wenn die Aenderungen im Bestande der Grundstücke und in den Eigenthumsverhältnissen in das Grundbuch eingetragen sind.

III. Der Eingang des Artikel 7 hat zu lauten:

Streitigkeiten über den Anspruch auf Errichtung oder Wiederherstellung fester Grenzzeichen und über die Art der Vermarkung, insbesondere . . . .

IV. Im Artikel 8 werden die Worte: „unter Darlegung des Bedürfnisses" ersetzt durch die Worte:

„unter Darlegung der Beschaffenheit der Grenze".

V. Die Artikel 1, 3, 4 werden aufgehoben.

Artikel 24.

Das Berggesetz vom 20. März 1869 wird dahin geändert:

I. Der Artikel 6 erhält folgenden Abs. 3.

Auf die jährlich zu leistende Entschädigung finden die Vorschriften des Art. 129a, auf den Ersatz des Minderwerths finden die Vorschriften des Art. 134 entsprechende Anwendung.

II. Als Artikel 36a werden folgende Vorschriften eingestellt:

Die Bergbehörde hat dem Grundbuchamt eine beglaubigte Abschrift der Ver-
S. 210. leihungsurkunde und || eine beglaubigte Zeichnung des Planes (Art. 33) zur Eintragung des verliehenen Bergwerkseigenthums in das Grundbuch mitzutheilen.

In den Fällen des Artikel 35 Abs. 2 hat die Bergbehörde das Grundbuchamt um die erforderlichen Eintragungen zu ersuchen. Soweit Hypotheken, Grundschulden oder Rentenschulden von der Aenderung oder Aufhebung der Verleihung betroffen werden, finden auf die Eintragung die Vorschriften der §§ 42 bis 44 der Grundbuchordnung keine Anwendung. Das Grundbuchamt hat den Besitzer des Hypotheken-, Grundschuld- oder Rentenschuldbriefs zur Vorlegung anzuhalten, um nach den Vorschriften des § 62 Abs. 1, des § 69 und des § 70 Abs. 1 der Grundbuchordnung zu verfahren.

(Abs. 2 aus Beilage D.)

III. Der Artikel 40 erhält folgende Fassung:

Auf das Bergwerkseigenthum finden die sich auf Grundstücke beziehenden Vorschriften entsprechende Anwendung.

IV. Der Artikel 41 erhält folgende Fassung:

Für den Erwerb eines bestehenden Bergwerkseigenthums gelten dieselben Vorschriften wie für den Erwerb des Eigenthums an einem Grundstücke.

Auf die Ansprüche aus dem Bergwerkseigenthume finden die für die Ansprüche aus dem Eigenthume geltenden Vorschriften entsprechende Anwendung.

V. Der Artikel 50 erhält folgenden Abs. 2:

Auf die Entschädigungsforderung finden die Vorschriften des Artikel 134 Abs. 1 entsprechende Anwendung.

VI. Der Artikel 55 erhält folgenden Zusatz:

Die Vereinbarung muß öffentlich beurkundet oder öffentlich beglaubigt sein.

Regierungsvorlage.	Beschlüsse des Ausschusses.	S. 210.

VII. Als Artikel 62a wird folgende Vorschrift eingestellt:

Ist die Bestätigung der Vereinigung mehrerer Bergwerke, der Theilung des Feldes eines Bergwerkes in selbständige Felder oder des Austausches von Feldestheilen erfolgt, so hat die Bergbehörde das Grundbuchamt unter Mittheilung einer beglaubigten Abschrift der Bestätigungsurkunde und beglaubigter Planzeichnungen um die Eintragungen zu ersuchen, welche durch die eingetretenen Rechtsänderungen veranlaßt werden.

Soweit Hypotheken, Grundschulden oder Rentenschulden von der Rechtsänderung betroffen werden, finden die Vorschriften des Art. 36a Abs. 2 Satz 2, 3 entsprechende Anwendung.

(Abs. 2 aus Beilage D.)

VIII. An die Stelle des Artikel 93 Abs. 5 treten folgende Vorschriften:

Ein abhanden gekommener oder vernichteter Kuxschein kann, wenn nicht das Gegentheil bestimmt ist, im Wege des Aufgebotsverfahrens für kraftlos erklärt werden.

Die Vorschriften der §§ 798, 800 des Bürgerlichen Gesetzbuchs finden auf Kuxscheine entsprechende Anwendung. S. 211.

IX. Der Artikel 101 Abs. 3 hat zu lauten:

Gewerken, die nicht im Deutschen Reiche wohnen, haben zur Empfangnahme der Einladungen einen im Deutschen Reiche wohnenden Bevollmächtigten zu bestellen.

X. An die Stelle des Artikel 112 Satz 2, 3 tritt folgende Vorschrift:

Bestellt die Gewerkschaft einen Grubenvorstand, so kann die Zustellung an jedes Mitglied des Grubenvorstandes erfolgen.

XI. Im Artikel 117 wird das Wort: „Vollmachtsvertrag" ersetzt durch das Wort: „Auftrag".

XII. Als Artikel 129a wird folgende Vorschrift eingestellt:

Die im Art. 126 und im Art. 129 Abs. 1 bezeichneten Entschädigungsforderungen haften, wenn das benützte Grundstück oder das Grundstück, dessen jeweiligem Eigenthümer die Dienstbarkeit an dem benützten Grundstücke zusteht, mit Reallasten, Hypotheken, Grundschulden oder Rentenschulden belastet ist, für diese Rechte. Die Vorschriften des § 1123 Abs. 2 Satz 1 und der §§ 1124, 1125 des Bürgerlichen Gesetzbuchs finden mit der Maßgabe entsprechende Anwendung, daß Verfügungen über die Entschädigungsforderungen den Berechtigten gegenüber unwirksam sind, soweit die Fälligkeit erst später als drei Monate nach der Beschlagnahme eintritt.

XIII. Der Artikel 134 erhält folgende Fassung:

Die von dem Grundeigenthümer nach der Vorschrift des Art. 127 Abs. 1 erworbenen Ansprüche auf Ersatz des Minderwerths haften, wenn das beschädigte Grundstück oder das Grundstück, dessen jeweiligem Eigenthümer die Dienstbarkeit an dem beschädigten Grundstücke zusteht, mit Reallasten, Hypotheken, Grundschulden oder Rentenschulden belastet ist, für diese Rechte nach Maßgabe der Vorschriften des § 1127 Abs. 2 und des § 1128 des Bürgerlichen Gesetzbuchs. Erhebt ein Berechtigter innerhalb der im § 1128 bestimmten Frist Widerspruch gegen die Zahlung der Entschädigung an den Eigenthümer, so kann der Eigenthümer und jeder Berechtigte die Eröffnung eines Vertheilungsverfahrens nach den für die Vertheilung des Erlöses im Falle der Zwangsversteigerung geltenden Vorschriften beantragen. Die Zahlung hat in diesem Falle an das für das Vertheilungsverfahren zuständige Gericht zu erfolgen.

Das Recht, die im Art. 127 Abs. 2 bezeichnete Sicherheitsleistung zu verlangen, steht auch den im Abs. 1 bezeichneten Berechtigten zu. Macht einer der Berechtigten von dieser Befugniß Gebrauch, so ist die Sicherheit in der Weise zu leisten, daß sie auch dem Berechtigten haftet.

XIV. Im Artikel 135 wird der Satz 2 durch folgenden Abs. 2 ersetzt: S. 212.

Auf die in den Fällen des Art. 127 Abs. 3, des Art. 128, des Art. 129 Abs. 2 und des Art. 132 zu leistenden Entschädigungen finden, wenn das betroffene Grundstück oder das Grundstück, dessen jeweiligem Eigenthümer das betroffene Recht zusteht, mit Hypotheken, Grundschulden oder Rentenschulden oder mit anderen Rechten belastet ist, für welche eine besondere Entschädigung nicht gewährt wird,

S. 212. **Regierungsvorlage.** | **Beschlüsse des Ausschusses.**

die für die Entschädigung im Falle der Zwangsenteignung geltenden Vorschriften Anwendung.

XV. Der Artikel 151 erhält folgenden Abs. 2:

Auf die Entschädigungsforderung finden im Falle der Beschädigung eines Grundstücks die Vorschriften des Art. 134 Abs. 1 entsprechende Anwendung; im Falle der Beschädigung von Zubehörstücken haftet die Entschädigungsforderung den im Art. 134 Abs. 1 bezeichneten Berechtigten nach Maßgabe der Vorschriften des § 1123 Abs. 2 Satz 1, des § 1124 Abs. 1, 3 und des § 1127 Abs. 2 des Bürgerlichen Gesetzbuchs.

XVI. Der Artikel 154 erhält folgende Fassung:

Ansprüche auf Ersatz eines durch den Bergbau verursachten Schadens (Art. 151, 152), welche sich nicht auf Vertrag gründen, verjähren nach den für Ersatzansprüche aus unerlaubten Handlungen geltenden Vorschriften.

XVII. Der Artikel 162 erhält folgenden Abs. 3:

Die Vorschriften des Art. 36 a Abs. 2 finden entsprechende Anwendung.

(Aus Beilage D.)

XVIII. Der Eingang des Artikel 227 erhält folgende Fassung:

Die Art. 85 bis 88, 91, 93, 95, 96, 98 und 99 finden . . . . .

XIX. Der Artikel 228 Abs. 2 erhält folgende Fassung:

Die Kuxe behalten die Eigenschaft von Rechten, die den Grundstücken gleichstehen. Die Vorschrift des Art. 41 Abs. 1 findet entsprechende Anwendung.

XX. Im Artikel 229 Satz 2 werden die Worte: „Veräußerung von Kuxen und" gestrichen.

XXI. Der Artikel 232 erhält folgende Fassung:

In den Fällen der Art. 119, 121 müssen die Erklärungen des Gewerken und der Gläubiger öffentlich beurkundet oder öffentlich beglaubigt sein.

In dem Falle der Art. 119, 120 erfolgt der Verkauf des Antheils im Wege der Zwangsversteigerung unbeweglicher Sachen.

Ein unverkäuflicher Antheil wird in den Fällen der Art. 120, 121 der Gewerkschaft im Grundbuche zugeschrieben.

XXII. Der Artikel 48 Abs. 3, der Artikel 94 Abs. 2 und der Artikel 115 Abs. 2 werden aufgehoben.

S. 213. Artikel 25.

Das Gesetz vom 29. April 1869, die Gemeindeordnung für die Landestheile diesseits des Rheins betreffend, wird dahin geändert:

I. Im Artikel 11 erhalten die Abs. 2, 3 folgende Fassung:

Als selbständig sind nicht zu erachten:

1) Personen, welche entmündigt sind;
2) Dienstboten und Gewerbsgehilfen, die in die häusliche Gemeinschaft des Dienstherrn aufgenommen sind, sowie Kinder, die dem elterlichen Hausstand angehören und von dem Familienhaupt unterhalten werden.

Steuern der Ehefrau, sofern nicht die eheliche Gemeinschaft nach § 1575 des Bürgerlichen Gesetzbuchs aufgehoben ist, und der minderjährigen im elterlichen Unterhalt stehenden Kinder sind dem Familienhaupt zuzurechnen.

II. Der Artikel 13 Abs. 2 lit. f erhält folgende Fassung:

f) wenn das Entmündigungsverfahren gegen ihn eingeleitet ist;

III. Im Artikel 15 Abs. 5 werden die Worte: „minderjährige und andere unselbständige Personen" und im Artikel 47 Abs. 4 Satz 3*) werden die Worte: „minderjährige und unter Kuratel stehende Personen" ersetzt durch die Worte:

„Minderjährige und Personen, die entmündigt oder nach § 1906 des Bürgerlichen Gesetzbuchs unter vorläufige Vormundschaft gestellt sind".

IV. Der Artikel 67 erhält folgende Fassung:

Ist die Erfüllung des Stiftungszwecks unmöglich geworden oder gefährdet sie das Gemeinwohl, so finden auch bei Stiftungen des öffentlichen Rechtes die Vorschriften des § 87 des Bürgerlichen Gesetzbuchs Anwendung.

*) In Folge eines Druckfehlers steht in der Regierungsvorlage „Satz 2".

Regierungsvorlage.	Beschlüsse des Ausschusses.	S. 213.

Zu der zu treffenden Verfügung ist in Gemeinden mit städtischer Verfassung die Zustimmung der Gemeindebevollmächtigten, in den übrigen Gemeinden die Zustimmung der Gemeinde= beziehungsweise Ortsversammlung erforderlich. Der Beschluß bedarf der Genehmigung der vorgesetzten Verwaltungsbehörde.

V. Der Artikel 112 Abs. 1 Ziff. 12 erhält folgende Fassung:

12) bei Abschliessung von Vergleichen, wenn dadurch eine Aenderung an der Substanz des Gemeinde- oder Stiftungsvermögens herbeigeführt wird.

VI. Der Artikel 156 Abs. 6 wird aufgehoben.

(Aus Beilage D.)

Artikel 26.

Das Gesetz vom 29. April 1869, die Gemeindeordnung für die Pfalz betreffend, wird dahin geändert:

I. Im Artikel 10 erhalten die Abs. 2, 3 folgende Fassung: S. 214.

Als selbständig sind nicht zu erachten:

1) Personen, welche entmündigt sind;

2) Dienstboten und Gewerbsgehilfen, die in die häusliche Gemeinschaft des Dienstherrn aufgenommen sind, sowie Kinder, die dem elterlichen Hausstand angehören und von dem Familienhaupt unterhalten werden.

Steuern der Ehefrau, sofern nicht die eheliche Gemeinschaft nach § 1575 des Bürgerlichen Gesetzbuchs aufgehoben ist, und der minderjährigen im elterlichen Unterhalte stehenden Kinder sind dem Familienhaupte zuzurechnen.

II. Der Artikel 11 Abs. 2 lit. f erhält folgende Fassung:

f) wenn das Entmündigungsverfahren gegen ihn eingeleitet ist;

III. Im Artikel 37 Abs. 3 Satz 3*) werden die Worte: „minderjährige und unter Kuratel stehende Personen" ersetzt durch die Worte:

„Minderjährige und Personen, die entmündigt oder nach § 1906 des Bürgerlichen Gesetzbuchs unter vorläufige Vormundschaft gestellt sind".

IV. Der Artikel 51 erhält folgende Fassung:

Ist die Erfüllung des Stiftungszwecks unmöglich geworden oder gefährdet sie das Gemeinwohl, so finden auch bei Stiftungen des öffentlichen Rechtes die Vorschriften des § 87 des Bürgerlichen Gesetzbuchs Anwendung.

Zu der zu treffenden Verfügung bedarf der Gemeinderath der Genehmigung der vorgesetzten Verwaltungsbehörde.

Artikel 27.

Das Gesetz vom 29. April 1869, die öffentliche Armen- und Krankenpflege betreffend, wird dahin geändert:

I. Der Artikel 5 Abs. 2 erhält folgende Fassung:

Desgleichen haben diejenigen, welche einem Hilfsbedürftigen gegenüber nach den Vorschriften des Bürgerlichen Gesetzbuchs unterhaltspflichtig waren, Ersatz der in Folge der Nichterfüllung ihrer Verpflichtung für dessen Unterhalt gemachten Aufwendungen zu leisten.

II. Der Artikel 5a Abs. 1 in der Fassung des Gesetzes vom 3. Februar 1888 hat zu lauten:

Auf Antrag der Armenpflege können der Ehegatte und der frühere Ehegatte, die Eltern und Großeltern, die Kinder und Enkel eines Hilfsbedürftigen durch Beschluß der Distriktsverwaltungsbehörde angehalten werden, dem Hilfsbedürftigen nach Maßgabe ihrer gesetzlichen Unterhaltspflicht die erforderliche Unterstützung zu gewähren und Ersatz der in Folge der Nicht || erfüllung ihrer Verpflichtung S. 215. für den Unterhalt gemachten Aufwendungen zu leisten. Das Gleiche gilt in Ansehung eines unehelichen Kindes von dem Vater, sofern er seine Vaterschaft nach § 1718 des Bürgerlichen Gesetzbuchs anerkannt hat oder seine Unterhaltspflicht in einem vollstreckbaren Titel festgestellt ist.

*) In Folge eines Druckfehlers steht in der Regierungsvorlage „Satz 2".

S. 215. **Regierungsvorlage.** | **Beschlüsse des Ausschusses.**

III. Im Artikel 7 in der Fassung des Gesetzes vom 3. Februar 1888 werden

1. die Worte: „wenn nicht arme Notherben vorhanden sind oder der Unterstützte von einer Wohlthätigkeitsanstalt beerbt wird“ ersetzt durch die Worte: „wenn nicht arme Pflichttheilsberechtigte vorhanden sind“.

Regierungsvorlage:

2. Als Satz 2 wird folgende Vorschrift beigefügt:

Trifft ihr Anspruch mit dem Ersatzanspruch einer öffentlichen Wohlthätigkeitsanstalt zusammen, von der der Verstorbene innerhalb der letzten zehn Jahre vor dem Tode unterstützt oder unentgeltlich verpflegt worden ist, so kann er nicht zum Nachtheile dieses Anspruchs geltend gemacht werden.

Beschlüsse des Ausschusses:

2. Als **Abs. 2 werden folgende Vorschriften beigefügt:**

Der Ersatzanspruch kann nicht zum Nachtheile der Nachlaßgläubiger geltend gemacht werden; Verbindlichkeiten aus Pflichttheilsrechten, Vermächtnissen und Auflagen bleiben außer Betracht. Trifft er mit dem Ersatzanspruch einer öffentlichen Wohlthätigkeitsanstalt zusammen, von der der Verstorbene innerhalb der letzten zehn Jahre vor dem Tode unterstützt oder unentgeltlich verpflegt worden ist, so kann er **auch** nicht zum Nachtheile dieses Anspruchs geltend gemacht werden.

IV. Im Artikel 8 werden

1. im Abs. 1 die Worte: „tax- und stempelfrei zu behandeln“ ersetzt durch das Wort: „gebührenfrei“.
2. Der Abs. 2 erhält folgende Fassung:

In bürgerlichen Rechtsstreitigkeiten steht den Armenpflegen in dem Verfahren vor den bayerischen Gerichten Gebührenfreiheit zu.

V. Im Artikel 11 Abs. 1 werden hinter den Worten: „im Dienste oder in einer ständigen Arbeit stehen“ die Worte eingeschaltet:

„und nicht kraft Gesetzes oder statutarischer Bestimmung der Krankenversicherungspflicht unterliegen“.

Va. Im Artikel 20 Abs. 1 in der Fassung des § 41 des Landtagsabschieds vom 15. April 1875 wird das Wort „Reichswährung“ gestrichen.

Regierungsvorlage:

VI. Der Artikel 23 Abs. 3 Ziff. 1 erhält folgende Fassung:

1) Personen, die entmündigt oder nach § 1906 des Bürgerlichen Gesetzbuchs unter vorläufige Vormundschaft gestellt sind;

Beschlüsse des Ausschusses:

VI. **Im** Artikel 23 Abs. 3 **erhalten die Ziff. 1, 3** folgende Fassung:

1) Personen, die entmündigt oder nach § 1906 des Bürgerlichen Gesetzbuchs unter vorläufige Vormundschaft gestellt sind;

3) Personen, über deren Vermögen der Konkurs eröffnet ist.

VII. Der Artikel 36 Abs. 4 erhält folgende Fassung:

Der Armenpflegschaftsrath ist berechtigt, die Entmündigung wegen Verschwendung oder wegen Trunksucht zu beantragen, wenn Grund zu der Besorgniß besteht, daß der zu Entmündigende der Armenkasse zur Last fallen werde.

S. 216. VIII. Im Artikel 43 Abs. 1 werden die Worte: „vorbehaltlich dessen, was das Gesetz über den obersten Verwaltungsgerichtshof bestimmen wird“ ersetzt durch die Worte:

„unbeschadet dessen, was das Gesetz vom 8. August 1878, betreffend die Errichtung eines Verwaltungsgerichtshofes und das Verfahren in Verwaltungssachen, bestimmt“.

IX. Im Eingange des Artikel 44 tritt an die Stelle des Wortes: „Arrest“ das Wort: „Haft“.

Artikel 28.

Das Gesetz vom 29. April 1869, die privatrechtliche Stellung der Erwerbs- und Wirthschaftsgesellschaften betreffend, wird für die noch bestehenden registrirten Gesellschaften dahin geändert:

I. An die Stelle des Artikel 38 Abs. 3 tritt folgende Vorschrift:

In jedem Falle kann die Gesellschaft einen Gesellschafter aus den im Gesellschaftsvertrage festgesetzten Gründen sowie wegen Verlustes der bürgerlichen Ehrenrechte ausschließen.

Regierungsvorlage. | **Beschlüsse des Ausschusses.** S. 216.

II. An die Stelle des Artikel 74 Abs. 1 tritt folgende Vorschrift:

Das Register für die registrirten Gesellschaften wird von den Gerichten geführt, denen die Führung des Handelsregisters obliegt.

III. Der Artikel 43 Abs. 2 wird aufgehoben.

Artikel 29.

Das Polizeistrafgesetzbuch vom 26. Dezember 1871 wird dahin geändert:

I. Der Artikel 81 Abs. 2 erhält folgenden Zusatz:

Die Ermächtigung ist, wenn es sich um eine Maßregel handelt, zu der eine Anordnung des Vormundschaftsgerichts erforderlich ist, von der Erlassung dieser Anordnung abhängig zu machen.

II. Im Artikel 122 Abs. 2 wird statt „113“ gesetzt „113 Ziff. 2, 3“.

Artikel 30.

In dem Gesetze vom 28. April 1872, die Grundentlastung betreffend, erhält der Satz 2 des Artikel 17 Abs. 1 folgende Fassung:

Sie haben den gleichen Rang wie die Grundabgabe und die belasteten Grundstücke haften für sie in gleicher Weise wie für diese.

Artikel 31.

Das Gesetz vom 3. April 1875, die Brandversicherungsanstalt für Gebäude in den Landestheilen rechts des Rheins betreffend, wird dahin geändert:

I. Der Artikel 3 Abs. 1 erhält folgende Fassung:

Ausnahmsweise müssen der Anstalt einverleibt werden:
1) die sämmtlichen Gebäude des Staates;
2) die Gebäude der Gemeinden, der Kirchen, der Schul- und sonstigen Stiftungen; S. 217.
3) die Gebäude der Pfarreien, Benefizien, ständigen Curatien, Pfarrvikariate und Expposituren.

II. Im Artikel 8 wird die Verweisung „(Art. 3 Ziff. 5)“ gestrichen.

III. In den Artikel 10 wird zwischen Abs. 1 und Abs. 2 folgender neue Absatz eingefügt:

Die Versicherung kann auch von dem Nießbraucher zu Gunsten des Eigenthümers und für ein Gebäude, das im Eigenthume Mehrerer steht, von einem der Miteigenthümer zu Gunsten der sämmtlichen Eigenthümer genommen werden.

IV. Der Artikel 14 erhält folgende Fassung:

Bei den im Art. 3 Abs. 1 bezeichneten Gebäuden richtet sich der Mindestbetrag der Versicherung nach den jeweiligen besonderen Ministerialvorschriften, er darf jedoch nicht auf weniger als den halben Werth der verbrennbaren Theile bestimmt werden.

V. Der Artikel 15 Abs. 3 erhält folgende Fassung:

Die Minderung tritt mit dem nächstfolgenden Jahre in Wirksamkeit. Ist das Grundstück mit Hypotheken, Grundschulden oder Rentenschulden belastet, so ist der Nachweis erforderlich, daß die Gläubiger ihre Zustimmung in rechtsverbindlicher Weise erklärt haben.

VI. Der Artikel 39 Abs. 3 erhält folgende Fassung:

Die Bewilligung zum Wiederaufbau des abgebrannten Gebäudes auf einem Grundstücke mit anderer Plannummer sowie die Bewilligung zu einer anderen Verwendung der Entschädigungsgelder setzt, wenn das Grundstück mit Reallasten, Hypotheken, Grundschulden, Rentenschulden oder mit einem Nießbrauche belastet ist, den Nachweis voraus, daß die Berechtigten ihre Zustimmung in rechtsverbindlicher Weise erklärt haben. Der Nachweis ist zu den Akten zu bringen. Bei Reallasten, Hypotheken, Grundschulden und Rentenschulden genügt der Nachweis, daß die Berechtigten innerhalb der im § 1128 Abs. 1 des Bürgerlichen Gesetzbuchs bestimmten Frist einen Widerspruch nicht erhoben haben; die Anzeige von dem Eintritte des Schadens kann durch die nach Abs. 2 zuständige Behörde erfolgen. Der Nachweis ist nicht erforderlich, wenn das zuständige Gericht festgestellt hat, daß die Bewilligung für die Berechtigten unschädlich ist.

VII. Der Artikel 43 Satz 1, 2 erhält folgende Fassung:

Der Anspruch auf Entschädigungsgelder kann, soweit diese zu einem bestimmten Zwecke, insbesondere nach Art. 38, 39 zum Wiederaufbau des Gebäudes, zu ver-

S. 217. **Regierungsvorlage.** | **Beschlüsse des Ausschusses.**

wenden sind, vorbehaltlich der Bestimmung des Art. 41 Abs. 2, nicht abgetreten werden. Der Anspruch auf die zum Wiederaufbau zu verwendenden Entschädigungsgelder kann jedoch mit der Baustelle unter der Bedingung des Wiederaufbaus veräußert werden.

S. 218. VIII. Der Artikel 46 erhält folgende Fassung:

Ist das beschädigte Gebäude eines der vorsätzlichen oder fahrlässigen Brandstiftung beschuldigten Versicherten mit Hypotheken, Grundschulden, Rentenschulden oder mit einem Nießbrauche belastet oder ist von den Miteigenthümern des Gebäudes einer beschuldigt, so wird zwar zum Besten der Berechtigten oder der anderen Miteigenthümer die Entschädigungssumme gegen dereinstigen Ersatz aus dem Vermögen des Schuldigen von der Anstalt vorgeschossen, jedoch zu keinem anderen Zwecke als zu dem der Wiederherstellung der beschädigten Gegenstände.

Die Versicherungskammer ist berechtigt, für die festgesetzte Entschädigungssumme eine Sicherungshypothek an den Grundstücken des Beschuldigten eintragen zu lassen.

Die Eintragung der Hypothek an mehreren Grundstücken des Beschuldigten darf nur soweit verlangt werden, daß der Werth der Grundstücke das Doppelte des zu sichernden Betrags erreicht; der Werth wird unter Abzug der Belastungen berechnet, welche der Hypothek im Range vorgehen.

IX. Der Artikel 71 erhält folgende Fassung:

Steht das versicherte Gebäude im Miteigenthume Mehrerer, so haften die Miteigenthümer, welche die Versicherung genommen haben, für die Beiträge als Gesammtschuldner.

Das Grundstück haftet im Ganzen, auch wenn nur einer der Miteigenthümer die Versicherung genommen hat. Das Gleiche gilt, wenn der Nießbraucher die Versicherung zu Gunsten des Eigenthümers genommen hat.

X. Der Artikel 75 erhält folgende Fassung:

Werden Brandversicherungsbeiträge von einem Stellvertreter (Art. 70, 73, 74) vorgeschossen, so geht der Anspruch **der Anstalt** auf diesen über.

XI. Im Artikel 77 Abs. 1 werden die Worte: „insbesondere auch die Einwilligung der sämmtlichen Hypothekgläubiger oder amtliche Bescheinigung der Hypothekfreiheit" gestrichen.

XII. Der Artikel 9 Abs. 2, der Artikel 32 Abs. 4 Satz 2, der Artikel 47 Abs. 2, der Artikel 72, der Artikel 78 Abs. 1 Ziff. 3 und der Artikel 88 Satz 2 werden aufgehoben.

Die Aufhebung des Artikel 3 Abs. 1 Ziff. 6 und des Artikel 32 Abs. 4 Satz 2 sowie die Aenderungen der Artikel 10, 15, 71 treten schon vor der Zeit, zu welcher das Grundbuch als angelegt anzusehen ist, in Kraft.

Artikel 32.

In den Artikel 10 des Gesetzes / **Das Gesetz** vom 8. August 1878, betreffend die Errichtung eines Verwaltungsgerichtshofes und das Verfahren in Verwaltungsrechtssachen, wird folgende / **dahin** Vorschrift als Ziff. 3a eingestellt: / **geändert:**

I. Der Artikel 7 Abs. 2 erhält folgenden Zusatz:

S. 219. **Soll wegen des Schadens, den ein Beamter in Ausübung der ihm anvertrauten öffentlichen || Gewalt einem Dritten zugefügt hat, ein Ersatzanspruch gegen den Staat, eine Gemeinde oder einen anderen Kommunalverband erhoben werden, so ist die Vorentscheidung in gleicher Weise erforderlich wie für die Geltendmachung des Anspruchs gegen den Beamten.**

II. In den Artikel 10 wird folgende Vorschrift als Ziff. 3a eingestellt:

3a) Umwandlung des Zweckes oder Aufhebung einer Stiftung nach den Vorschriften des § 87 des Bürgerlichen Gesetzbuchs, wenn von dem Vorstande der Stiftung oder von einem zum Genuß oder zum Mitgenusse der Stiftung Berechtigten bestritten wird, daß die Erfüllung des Stiftungszwecks unmöglich geworden sei oder das Gemeinwohl gefährde.

Regierungsvorlage.	Beschlüsse des Ausschusses.

S. 219.

Artikel 33.

Das Gesetz vom 23. Februar 1879 zur Ausführung der Reichs-Civilprozeßordnung und Konkursordnung wird dahin geändert:

I. Als Artikel 9a wird folgende Vorschrift eingestellt:

Ueber das Vermögen einer der im Art. 9 Abs. 2 bezeichneten juristischen Personen des öffentlichen Rechtes findet ein Konkurs nicht statt.

Regierungsvorlage	Beschlüsse des Ausschusses
II. Der Artikel 10 Abs. 1 erhält folgende Fassung:	**II. Im Artikel 10 erhält 1. der Abs. 1 folgende Fassung:**

Die Ansprüche aus der Haftung des Staates oder der Gemeinden für den bei Zusammenrottungen verursachten Schaden sowie die Ansprüche des Fiskus gegen die betheiligten Gemeinden auf Ersatz der Kosten, die aus dem Einschreiten der bewaffneten Macht zur Erhaltung der inneren Sicherheit oder der gesetzlichen Ordnung entstehen, erlöschen mit dem Ablauf eines Jahres, wenn nicht vorher die Klage erhoben wird. Die einjährige Frist beginnt für die Ansprüche der ersteren Art mit der Beschädigung, für die Ansprüche der letzteren Art mit dem Zeitpunkt, in welchem die Verwendung der bewaffneten Macht ihr Ende erreicht.

2. der Abs. 3 Satz 1 folgende Fassung:

Hinsichtlich des Vollzugs der gegen die Beklagten ergehenden Urtheile verbleibt es bei den Bestimmungen der Gesetze vom 12. März 1850 und vom 4. Mai 1851.

III. Im Artikel 20 **Abs. 1** werden die Worte: „in den nicht zur ordentlichen streitigen Gerichtsbarkeit gehörenden Sachen" ersetzt durch die Worte:

„in den Angelegenheiten, für welche die Landesgesetze maßgebend sind".

IV. Die Ueberschrift vor dem Artikel 45 hat zu lauten:

„Zwangsenteignung."

V. Im Artikel 46 Abs. 1 werden

1. im Satz 1 die Worte: „und unter den Betheiligten nur noch die Frage über die Art oder den Betrag der zu leistenden Entschädigung streitig" gestrichen.
2. An die Stelle des Satz 2 treten folgende Vorschriften: S. 220.

Der Antrag hat die genaue Bezeichnung des abzutretenden Grundstücks sowie die Angabe des Abtretungspflichtigen und der sonstigen Betheiligten zu enthalten. Der Antrag soll soweit thunlich für die in demselben Verwaltungsbezirke belegenen Grundstücke gleichzeitig gestellt werden.

VI. In den Artikel 47 Abs. 2 wird zwischen Satz 1 und Satz 2 folgende Vorschrift eingestellt:

Auf die Ladung finden die Vorschriften des Art. XV Abs. 1 Satz 2, Abs. 2 des Gesetzes vom 17. November 1837 entsprechende Anwendung; schriftliche Mittheilung erfolgt nur an den Abtretungsberechtigten, die Abtretungspflichtigen und die sonstigen Betheiligten, die sich zur Theilnahme an dem Schätzungsverfahren bei der Distriktsverwaltungsbehörde gemeldet haben.

VII. Der Abs. 2 des Artikel 50 erhält folgende Fassung:

Für die Klage ist das Gericht ausschließlich zuständig, in dessen Bezirke das abzutretende Grundstück liegt.

VIII. Der Artikel 51 Satz 2 erhält folgende Fassung:

Ist der Abtretungsberechtigte der Staat, so kann an Stelle der Einweisung in den Besitz die sofortige Zwangsabtretung erwirkt werden; zu einer Sicherheitsleistung ist der Staat nicht verpflichtet.

IX. Der Artikel 53 erhält folgende Fassung:

An der Entschädigungssumme stehen den Betheiligten, deren Rechte nach Art. XI des Gesetzes vom 17. November 1837 auf die Entschädigungssumme übergegangen sind, dieselben Rechte zu, die sie im Falle des Erlöschens ihrer Rechte durch Zwangsversteigerung an dem Erlöse haben würden. Der bisherige Eigenthümer und jeder Berechtigte kann die Eröffnung eines Vertheilungsverfahrens nach den für die Vertheilung des Erlöses im Falle der Zwangsversteigerung geltenden Vorschriften beantragen.

Das Gericht hat bei der Eröffnung des Verfahrens von Amtswegen das Grundbuchamt um die im § 19 Abs. 2 des Gesetzes über die Zwangsversteigerung und die Zwangsverwaltung bezeichneten Mittheilungen zu ersuchen.

S. 220. **Regierungsvorlage.** | **Beschlüsse des Ausschusses.**

Als Betheiligte im Sinne des § 9 Nr. 1 des Gesetzes über die Zwangsversteigerung und die Zwangsverwaltung gelten diejenigen, für welche zur Zeit der Ertheilung der beglaubigten Abschrift des Grundbuchblatts ein Recht im Grundbuch eingetragen oder durch Eintragung gesichert ist; die in Folge der Zwangsabtretung erfolgten Rechtsänderungen bleiben außer Betracht. Als Beschlagnahme im Sinne des § 13 des angeführten Gesetzes ist die Zwangsabtretung, im Falle der Einweisung des Abtretungsberechtigten in den Besitz die Einweisung anzusehen.

(Abs. 2, 3 aus Beilage D.)

S. 221. X. Der Artikel 55 erhält folgenden Zusatz:

Vor dieser kann auch die Auflassung erklärt werden.

XI. Als Artikel 55a wird unter der Ueberschrift: „Ablösung" folgende Vorschrift eingestellt:

Bei der Ablösung eines Rechtes, das dem jeweiligen Eigenthümer eines Grundstücks zusteht, finden, wenn das Grundstück des Berechtigten mit Rechten Dritter belastet ist, auf die Ablösungssumme, soweit nicht besondere Vorschriften bestehen, die im Falle der Zwangsenteignung für die Entschädigung geltenden Vorschriften entsprechende Anwendung.

XII. Als Artikel 68a wird **unter der Ueberschrift: „Zwangsvollstreckung bei Fideikommissen, Lehen und landwirthschaftlichen Erbgütern gegen den Nachfolger"** folgende Vorschrift eingestellt:

Bei Familienfideikommissen, Lehen mit Einschluß der allodifizirten Lehen, Stammgütern und landwirthschaftlichen Erbgütern finden auf die Zwangsvollstreckung gegen den Rechtsnachfolger des Schuldners den für die Zwangsvollstreckung gegen den Erben des Schuldners geltenden Vorschriften entsprechende Anwendung.

XIII. An die Stelle des Artikel 69 treten unter der Ueberschrift: „Aufgebotsverfahren" folgende Vorschriften:

Artikel 69.

Für das Aufgebotsverfahren zum Zwecke der Kraftloserklärung ist bei Schuldverschreibungen des bayerischen Staates das Amtsgericht, bei welchem die Staatsschuldentilgungsanstalt ihren allgemeinen Gerichtsstand hat, bei Schuldverschreibungen, die von einer dem bayerischen Staate angehörenden Körperschaft, Stiftung oder Anstalt des öffentlichen Rechtes ausgestellt sind, das Amtsgericht, bei welchem die Körperschaft, Stiftung oder Anstalt ihren allgemeinen Gerichtsstand hat, ausschließlich zuständig.

Artikel 69a.

Für das Aufgebotsverfahren zum Zwecke der Kraftloserklärung einer Urkunde der im § 808 des Bürgerlichen Gesetzbuchs bezeichneten Art, für welche Zins- oder Rentenscheine nicht ausgegeben sind, sowie eines Hypotheken, Grundschuld- oder Rentenschuldbriefs gelten die nachfolgenden besonderen Bestimmungen.

Die öffentliche Bekanntmachung des Aufgebots und der Zahlungssperre erfolgt durch Anheftung an die Gerichtstafel und durch zweimalige Einrückung in das für die Bekanntmachungen des Gerichts bestimmte Blatt. Das Gericht kann anordnen, daß die Bekanntmachung noch in anderen Blättern erfolgen soll. Die Aufgebotsfrist muß mindestens drei Monate betragen. Sie beginnt mit der
S. 222. ersten Einrückung ‖ in das für die Bekanntmachungen des Gerichts bestimmte Blatt.

Die im § 1017 Abs. 2, 3 und im § 1022 Abs. 1 der Civilprozeßordnung vorgeschriebenen Bekanntmachungen erfolgen in dem für die Bekanntmachungen des Gerichts bestimmten Blatte.

Auf Versicherungspolizen sowie auf Grundschuld- und Rentenschuldbriefe, die auf den Inhaber ausgestellt sind, finden auf diese Vorschriften keine Anwendung.

Artikel 69b.

Die öffentliche Bekanntmachung der in den §§ 977, 982, 988, 1002 der Civilprozeßordnung bezeichneten Aufgebote erfolgt durch Anheftung an die Gerichtstafel und einmalige Einrückung in das für die Bekanntmachungen des Gerichts bestimmte Blatt. Die Aufgebotsfrist beginnt mit der Einrückung in dieses Blatt.

Wird die öffentliche Bekanntmachung des wesentlichen Inhalts des Ausschlußurtheils angeordnet, so erfolgt sie durch das im Abs. 1 bezeichnete Blatt.

Regierungsvorlage. | **Beschlüsse des Ausschusses.** S. 222.

XIV. Der Artikel 88 wird **unter der Ueberschrift: „Feststellung des Datums einer Privaturkunde“** als Artikel 70a eingestellt.

XV. Die Artikel 12 bis 19, 23 bis 33, 56 bis 67, 71 bis 77, 79 bis 87, 89 bis 121, 123 bis 126, 135, 140 bis 168, 171 bis 174, 176 bis 219, 222 bis 224 werden aufgehoben.

Die Vorschriften der Artikel 25 bis 33, 125, 171 bleiben jedoch in Kraft, bis das Grundbuch als angelegt anzusehen ist. Für das im § 82 des Hypothekengesetzes bestimmte Aufgebot verbleibt es in Ansehung des Verfahrens bei den bisherigen Vorschriften mit der Maßgabe, daß die Vorschriften des Artikel 69b entsprechende Anwendung finden und die Aufgebotsfrist mindestens sechs Wochen betragen muß. Bei einer vertragsmäßigen Versteigerung von Grundstücken nach Artikel 202 bleiben für das Verfahren die Vorschriften des Artikel 202 Abs. 1, 4 bis 7 maßgebend.

Die Artikel 127 bis 134, 136 bleiben in Ansehung der Hypotheken in Kraft, welche zu der Zeit bestehen, zu der das Grundbuch als angelegt anzusehen ist.

Der Artikel 169 bleibt für Rechtsverhältnisse, die sich nach den bisherigen Vorschriften bestimmen, in Kraft, sofern der Wohnsitz vor dem Inkrafttreten des Bürgerlichen Gesetzbuchs erwählt worden ist.

Die Artikel 220, 221 bleiben für die nach den bisherigen Vorschriften errichteten Urkunden der in ihnen bezeichneten Art in Kraft.

Die noch geltenden Vorschriften der preußischen Allgemeinen Gerichtsordnung und der pfälzischen Civilprozeßordnung werden aufgehoben. Die Vorschrift des § 128 Theil I Titel 10 der preußischen Allgemeinen Gerichtsordnung bleibt jedoch für die vor dem 1. Januar 1876 erfolgten Eintragungen in die Kirchenbücher in Kraft.

Soweit nach dem Inkrafttreten des Bürgerlichen Gesetzbuchs das in Theil I Titel 51 §§ 100 bis 109 der preußischen Allgemeinen Gerichtsordnung bestimmte Aufgebot stattfindet, verbleibt es in Ansehung des Verfahrens bei den bisherigen Vorschriften. Das Gleiche gilt für das Hypothekenreinigungsverfahren nach pfälzischem Rechte. S. 223.

Artikel 34.

Das Ausführungsgesetz vom 23. Februar 1879 zum Reichs-Gerichtsverfassungsgesetze wird dahin geändert:

I. Der Artikel 15 erhält folgende Fassung:

Die Amtsgerichte sind, soweit nicht andere Bestimmungen getroffen sind, für die Angelegenheiten zuständig, welche zur Zuständigkeit der Stadt- und Landgerichte gehört haben.

Die Amtsgerichte sind zuständig für die Beurkundung und Vereinbarungen zwischen dem Vater eines unehelichen Kindes und diesem über den Unterhalt für die Zukunft oder über eine an Stelle des Unterhalts zu gewährende Abfindung. Die Amtsgerichte sind nicht zuständig für die Beurkundungen, die nach den Vorschriften der Reichsgesetze durch ein Gericht oder einen Notar zu bewirken sind, sowie für die öffentliche Beglaubigung einer Unterschrift oder eines Handzeichens.

Die Amtsgerichte sind als Nachlaßgerichte nicht zuständig zur Aufnahme des Inventars.

II. Als Artikel 15a wird folgende Vorschrift eingestellt:

Die Amtsgerichte können für bestimmte Arten von Gutachten, soweit nicht besondere Vorschriften maßgebend sind, Sachverständige öffentlich bestellen und im Allgemeinen beeidigen.

III. Dem Artikel 17 Abs. 2 wird folgende Vorschrift beigefügt:

Ist die Dienstaufsicht zwischen mehreren Amtsrichtern getheilt, so bestimmt das Staatsministerium der Justiz denjenigen, welchem die Vertheilung der Geschäfte zusteht.

IV. Der Artikel 21 erhält folgende Fassung:

Die im Artikel 20 Abs. 1 angeordnete Stellvertretung erstreckt sich nicht auf den Fall rechtlicher Verhinderung des Gerichts.

V. Der Artikel 22 erhält folgende Fassung:

Die Ausfertigungen in den nicht zur ordentlichen streitigen Gerichtsbarkeit gehörenden Angelegenheiten werden, soweit nicht besondere Vorschriften bestehen, von dem Amtsrichter unterschrieben.

S. 223.

Regierungsvorlage.	**Beschlüsse des Ausschusses.**

VI. Der Artikel 29 erhält folgende Fassung:

Die in dem gegenwärtigen Gesetze den Landgerichten zugewiesenen, nicht zur ordentlichen streitigen Gerichtsbarkeit gehörenden Angelegenheiten werden von den Civilkammern erledigt.

S. 224. VII. Im Artikel 30 erhält:

1. der Abs. 1 folgende Fassung:

Die Vorschriften der §§ 61 bis 68, 77 des Reichs-Gerichtsverfassungsgesetzes gelten auch für die zur Zuständigkeit der Landgerichte gehörenden Angelegenheiten, für welche die Vorschriften der Landesgesetze maßgebend sind.

2. Im Abs. 3 werden die Worte: „in den Fällen des § 100 des Reichs-Gerichtsverfassungsgesetzes der Vorsitzende der Kammer für Handelssachen" gestrichen.

3. Der Abs. 4 erhält folgende Fassung:

Ausfertigungen in den Angelegenheiten der freiwilligen Gerichtsbarkeit werden von dem Gerichtsschreiber unterschrieben.

VIII. Im Artikel 36 Ziff. 2 werden die Worte: „nach den Vorschriften des gegenwärtigen Gesetzes" ersetzt durch die Worte:

„nach Art. 28".

IX. Im Artikel 37 werden die Worte: „mit Ausnahme der Behandlung der im Art. 41 bezeichneten Strafsachen" gestrichen.

X. Der Artikel 38 erhält folgende Fassung:

Die Vorschriften der §§ 121, 124 des Reichs-Gerichtsverfassungsgesetzes gelten auch für die zur Zuständigkeit der Oberlandesgerichte gehörenden Angelegenheiten, für welche die Vorschriften der Landesgesetze maßgebend sind.

Auf die Vertretung des Präsidenten finden die Vorschriften des Art. 32 entsprechende Anwendung.

XI. Der Artikel 39 erhält folgende Fassung:

Die Vorschriften des Art. 30 Abs. 3, 5 finden bei den Oberlandesgerichten entsprechende Anwendung.

Ausfertigungen in Angelegenheiten der freiwilligen Gerichtsbarkeit, für die das Oberlandesgericht als oberes Gericht zuständig ist, werden von dem Gerichtsschreiber unterzeichnet.

unterschrieben.

XII. An die Stelle des Artikel 42 Abs. 3 treten folgende Vorschriften:

Dem Obersten Landesgerichte wird ferner die Verhandlung und Entscheidung der zur Zuständigkeit der Oberlandesgerichte gehörenden Revisionen und Beschwerden in Strafsachen sowie, unbeschadet der Zuständigkeit des Reichsgerichts, die Entscheidung über das Rechtsmittel der weiteren Beschwerde in Grundbuchsachen und anderen Angelegenheiten der freiwilligen Gerichtsbarkeit zugewiesen.

Das Oberste Landesgericht ist, soweit nicht andere Bestimmungen getroffen sind, für die Angelegenheiten zuständig, welche zur Zuständigkeit des Obersten Gerichtshofs gehört haben.

S. 225. XIII. Der Artikel 48 erhält folgende Fassung:

Die Civilsenate des Obersten Landesgerichts entscheiden in den Angelegenheiten, für welche die Vorschriften der Landesgesetze maßgebend sind, in der Besetzung von sieben Mitgliedern mit Einschluß des Vorsitzenden, über das Rechtsmittel der weiteren Beschwerde gegen Entscheidungen der Landgerichte als Beschwerdegerichte und über die Bestimmung des zuständigen Gerichts jedoch in der Besetzung von fünf Mitgliedern mit Einschluß des Vorsitzenden.

XIV. Der Artikel 51 Abs. 1 erhält folgende Fassung:

Bei dem Obersten Landesgerichte wird ein Generalstaatsanwalt, bei jedem Oberlandesgerichte wird ein Oberstaatsanwalt, bei jedem Landgerichte wird ein Erster Staatsanwalt aufgestellt.

XV. Der Artikel 52 Abs. 1 erhält folgende Fassung:

Der Generalstaatsanwalt, die Oberstaatsanwälte und die Staatsanwälte werden vom König ernannt.

XVI. Der Artikel 63 erhält folgende Fassung:

Die Gerichtsschreiber bei den Amtsgerichten sind zuständig, Siegelungen und Entsiegelungen sowie die Verrichtungen einer Urkundsperson gemäß § 123 der

Regierungsvorlage.	Beschlüsse des Ausschusses.

S. 225.

Konkursordnung vorzunehmen und Vermögensverzeichnisse aufzunehmen, die nach gesetzlicher Vorschrift dem Vormundschaftsgericht einzureichen sind. Sie sollen sich diesen Geschäften nur auf Anordnung des Richters unterziehen.

Den Gerichtsschreibern bei den Amtsgerichten kann von dem Nachlaßgerichte die Aufnahme des Inventars übertragen werden.

Die Aufnahme eines Vermögensverzeichnisses nach Abs. 1 oder eines Inventars nach Abs. 2 soll nur angeordnet werden, wenn anzunehmen ist, daß der Werth des Vermögens oder des Nachlasses ohne Abzug der Schulden den Betrag von zweitausend Mark nicht oder nicht erheblich übersteigt.

XVII. Im Artikel 64 werden die Worte: „verpflichteten Schreiber" ersetzt durch das Wort: „Gerichtsschreibereibediensteten".

XVIII. Im Artikel 65 werden die Worte: „sowie des Zustellungswesens in Sachen der nichtstreitigen Rechtspflege" gestrichen.

XIX. Im Artikel 69 erhält

1. die Ziff. 6 folgende Fassung:

6) dem Generalstaatsanwalte hinsichtlich der Staatsanwaltschaft bei dem Obersten Landesgerichte, dem Oberstaatsanwalt und dem Ersten Staatsanwalt hinsichtlich der Staatsanwaltschaften ihres Bezirkes.

2. Zwischen Abs. 1 und Abs. 2 wird folgender neue Absatz eingefügt: S. 226.

Der Präsident des Oberlandesgerichts und des Landgerichts kann sich mit Genehmigung des Staatsministeriums der Justiz bei der Erledigung einzelner Aufsichtsgeschäfte, die sich auf ein untergebenes Gericht beziehen, durch einen richterlichen Beamten des Gerichts, dessen Vorstand er ist, vertreten lassen.

3. Der **bisherige** Abs. 2 erhält folgenden Zusatz:

Wird der Präsident nach Abs. 2 durch einen richterlichen Beamten vertreten, der nicht Mitglied des Präsidiums ist, so nimmt dieser an der Beschlußfassung des Präsidiums mit berathender Stimme theil.

(Aus Beilage D.)

XX. Der dreizehnte Titel erhält die Ueberschrift:

„Hinterlegungswesen".

Regierungsvorlage	Beschlüsse des Ausschusses
XXI. Im Artikel 76 treten 1. an die Stelle der Abs. 1, 2 folgende Vorschriften:	**XXI. Der Artikel 76 erhält folgende Fassung:**

Für die in Angelegenheiten des bürgerlichen Rechtes oder nach den Vorschriften über das gerichtliche Verfahren erfolgenden Hinterlegungen werden bei den Amtsgerichten Hinterlegungsstellen errichtet. Für mehrere Amtsgerichtsbezirke kann eine Hinterlegungsstelle errichtet werden.

Die näheren Bestimmungen über die Hinterlegung werden durch Königliche Verordnung getroffen.

2. Der Abs. 3 erhält folgende Fassung:

Die Staatsregierung kann die Besorgung des Hinterlegungswesens der Königlichen Bank übertragen und die hiefür erforderlichen reglementären Vorschriften erlassen.

3. An die Stelle des Abs. 4 tritt folgende Vorschrift:

Bei den amtsgerichtlichen Hinterlegungsstellen findet die Anlegung von Mündelgeld nach § 1808 des Bürgerlichen Gesetzbuchs nicht statt.

XXII. Der Artikel 77 Abs. 1 erhält folgende Fassung:

Die Gerichte haben sich in den Angelegenheiten, für welche die Vorschriften der Landesgesetze maßgebend sind, Rechtshülfe zu leisten.

XXIII. Im Artikel 78 Abs. 1 und im Artikel 79 werden die Worte: „in den nicht zur ordentlichen streitigen Gerichtsbarkeit gehörenden Angelegenheiten" ersetzt durch die Worte:

„in den Angelegenheiten, für welche die Vorschriften der Landesgesetze maßgebend sind".

XXIV. Der Artikel 28 Abs. 2, 3 und die Artikel 41, 46, 47 werden aufgehoben.

S. 227. **Regierungsvorlage.** | **Beschlüsse des Ausschusses.**

Artikel 35.

Das Gesetz vom 18. August 1879 zur Ausführung der Reichs-Strafprozeßordnung wird dahin geändert:

I. Im Artikel 107 werden die Worte: „Notare oder" gestrichen.

II. Die Artikel 14, 30, 31, 117 bis 121 werden aufgehoben.

Artikel 36.

Das Gesetz vom 18. August 1879 über die Erbschaftssteuer wird dahin geändert:

I. Im Artikel 1 Abs. 1 erhält

1. die lit. a folgende Fassung:

a) von Erbschaften, Vermächtnissen und Schenkungen auf den Todesfall, von Auflagen auf Zuwendungen dieser Art, die dem Empfänger der Leistung einen Vermögensvortheil zu verschaffen bezwecken, sowie von Pflichttheilsansprüchen;

2. die lit. b fällt weg.

II. Im Artikel 4 erhält

1. die Ziff. 1 folgende Fassung:

1) Als Verwandtschaft gilt auch die durch Annahme an Kindesstatt begründete Verwandtschaft sowie das Verhältniß zwischen einem unehelichen Kinde und dessen Abkömmlingen einerseits und dem Vater und dessen Verwandten andererseits, sofern die Vaterschaft erweislich anerkannt ist.

2. die Ziff. 2 folgenden Zusatz:

Die Aufhebung der ehelichen Gemeinschaft nach § 1575 des Bürgerlichen Gesetzbuchs steht der Scheidung gleich.

III. An die Stelle der Artikel 7, 8 treten folgende Vorschriften:

Artikel 7.

Auf Grundstücke und denselben gleichstehende Rechte, welche sich außerhalb Bayerns befinden, erstreckt sich die Steuerpflicht nicht.

Innerhalb Bayerns befindliche Grundstücke und denselben gleichstehende Rechte unterliegen der Erbschaftssteuer ohne Unterschied, ob der Erblasser Bayer oder Nichtbayer war und ob er seinen Wohnsitz in Bayern hatte oder nicht.

Artikel 8.

Anderes als das im Art. 7 bezeichnete Vermögen unterliegt der Erbschaftssteuer, wenn der Erblasser zur Zeit seines Todes, im Falle der Todeserklärung bei dem Beginne der Verschollenheit, seinen Wohnsitz in Bayern hatte.

Soweit hienach außerhalb Bayerns befindliches Vermögen der Besteuerung unterliegt, wird auf die Erbschaftssteuer die in dem Staate, in welchem sich das
S. 228. Vermögen befindet, von diesem || Vermögen zu entrichtende Erbschaftsabgabe angerechnet.

Hatte der Erblasser zur Zeit seines Todes, im Falle der Todeserklärung bei dem Beginne der Verschollenheit, keinen Wohnsitz, so unterliegt das bewegliche Vermögen der Erbschaftssteuer, soweit es zur Zeit des Todes des Erblassers, im Falle der Todeserklärung zur Zeit der Erlassung des die Todeserklärung aussprechenden Urtheils, sich in Bayern befindet.

Artikel 8a.

Für den Fall, daß der Erblasser seinen Wohnsitz in einem Staate gehabt hat, in dem die Erbschaftssteuer nach anderen als den im Art. 8 bestimmten Grundsätzen erhoben wird, oder Angehöriger eines solchen Staates gewesen ist, kann das Staatsministerium der Finanzen zum Zwecke der Ausgleichung und thunlichster Vermeidung einer Doppelbesteuerung anordnen, daß das bewegliche Vermögen

1) ohne Rücksicht auf den Wohnsitz des Erblassers der Erbschaftssteuer unterliegt, wenn der Erblasser bayerischer Staatsangehöriger gewesen ist;

2) ohne Rücksicht auf den Wohnsitz und die Staatsangehörigkeit des Erblassers der Erbschaftssteuer unterliegt, wenn das Vermögen sich in Bayern befindet.

IV. Im Artikel 11 werden die Worte: „oder die Einweisung in den Besitz des Vermögens eines Anwesenden (Art. 1 b)" gestrichen.

Regierungsvorlage.	Beschlüsse des Ausschusses.

S. 228.

V. Der Artikel 22 erhält folgende Fassung:

Bei einer Nacherbfolge oder einem Nachvermächtnisse wird der Vorerbe oder der erste Vermächtnißnehmer als Nießbraucher und der Nacherbe oder der Nachvermächtnißnehmer als Erwerber der Substanz des an ihn herauszugebenden Vermögens behandelt.

Ist jedoch die Einsetzung des Nacherben oder das Nachvermächtniß auf dasjenige beschränkt, was bei dem Eintritte des Falles der Nacherbfolge oder des Nachvermächtnisses übrig sein wird, so haben sowohl der Vorerbe oder der erste Vermächtnißnehmer von dem vollen Betrage des ihm angefallenen als der Nacherbe oder der Nachvermächtnißnehmer von dem vollen Betrage des an ihn heraus gegebenen Vermögens nach ihrem Verhältnisse zum Erblasser die Erbschaftssteuer zu entrichten. Die von dem Vorerben oder dem Vorvermächtnißnehmer entrichtete Steuer wird für den Betrag, für welchen der Nacherbe oder der Nachvermächtnißnehmer steuerpflichtig ist, insoweit zurückvergütet, als sie den Betrag übersteigt, den der Vorerbe oder der Vorvermächtnißnehmer als Nießbraucher schulden würde.

VI. Im Artikel 23 erhält der Satz 1 folgende Fassung:

Haben Ehegatten gemeinschaftlich Verwandte des einen oder beider Ehegatten als Erben ein || gesetzt oder mit anderen Zuwendungen von Todeswegen bedacht, S. 229.
so wird angenommen, daß der Anfall von dem dem Bedachten am nächsten verwandten Ehegatten herrühre, soweit dessen Nachlaß reicht, sofern sich nicht aus den Umständen ergibt, daß die Zuwendung von dem anderen Ehegatten ausgegangen ist.

VII. Der Artikel 26 erhält folgende Fassung:

Testamentsvollstrecker, gesetzliche Vertreter und Bevollmächtigte der Erbinteressen. Nachlaßpfleger sowie die Verwalter von Familienstiftungen haften persönlich für die Steuer, wenn sie vor deren Entrichtung oder Sicherstellung die Erbschaft, einzelne Erbtheile, Vermächtnisse, Schenkungen auf den Todesfall, **Pflichttheile** oder Bezüge aus Familienstiftungen ausantworten **oder steuerpflichtige Auflagen erfüllen.**

VIII. Im Artikel 28 Abs. 2 werden die Worte „oder auf Einweisung in den Besitz des Vermögens eines Abwesenden" gestrichen.

IX. Im Artikel 30 werden ersetzt im Satz 1 die Worte: „letztwilliger Verfügungen" durch die Worte:

„einer Verfügung von Todeswegen"

und im Satz 2 die Worte: „letztwillige Verfügungen" durch die Worte:

„die Verfügungen von Todeswegen".

X. Im Artikel 31 Abs. 1 wird statt „notarielles Inventar" gesetzt „vorschriftsmäßig errichtetes Inventar".

XI. Der Artikel 34 erhält folgende Fassung:

Für Personen, die unter elterlicher Gewalt, unter Vormundschaft oder unter Pflegschaft stehen, sowie für juristische Personen sind die in den Art. 29, 31 bis 33 aufgestellten Verpflichtungen von den gesetzlichen Vertretern zu erfüllen.

XII. Im Artikel 35 Abs. 1 wird das Wort „notariellen" gestrichen.

XIII. Als Artikel 44a wird der Abs. 4 des Artikel 46 eingestellt.

XIV. Der Artikel 25 Abs. 3 Satz 2 und der Artikel 46 **Abs. 1 bis 3** werden aufgehoben.

Soweit für einen nach dem Inkrafttreten des Bürgerlichen Gesetzbuchs eintretenden Anfall die Vorschriften des bisherigen bürgerlichen Rechtes maßgebend bleiben, gilt das Gleiche von den bisherigen Vorschriften des Gesetzes über die Erbschaftssteuer; die Vorschriften der Artikel 7 bis 8a der neuen Fassung gelten jedoch auch für solche Anfälle.

Artikel 37.

Das Gesetz vom 21. April 1884, die Landeskultur-Rentenanstalt betreffend, wird dahin abgeändert:

I. Im Artikel 7 erhält der Satz 2 folgende Fassung:

Grundbesitz, welcher schon mit Hypotheken, Grundschulden oder Rentenschulden belastet ist, kann überdies nur dann als Sicherheit ange || nommen werden, wenn S. 230.
die Gläubiger der für das Darlehen und die Kulturrente zu bestellenden Hypothek im Range ausweichen.

S. 230. **Regierungsvorlage.** | **Beschlüsse des Ausschusses.**

II. Der Artikel 8 erhält folgende Fassung:

Die Sicherheit kann auch in der Weise geleistet werden, daß land- und forstwirthschaftlich benützbarer Grundbesitz mit der Kulturrente als ablösbarer Reallast belastet wird. Die Ablösungssumme muß innerhalb der ersten Werthshälfte zu stehen kommen. Ist der Grundbesitz schon mit Hypotheken, Grundschulden oder Rentenschulden belastet, so muß der Reallast der Vorrang eingeräumt werden.

Die Ablösung der Reallast kann binnen sechs Monaten von der Kommission gefordert werden

1) in den Fällen des Artikel 5 Abs. II Ziff. 1 und 2,
2) wenn der Erwerber des belasteten Grundbesitzes die persönliche Haftung für rückständige Renten nicht übernimmt,
3) wenn ohne Einwilligung der Anstaltsverwaltung und ohne gerichtliche Feststellung der Unschädlichkeit von dem belasteten Grundbesitz ein Grundstück oder eine Theilfläche oder ein Realrecht abgetrennt worden ist.

III. Der Artikel 9 Abs. 2 Ziff. 3 erhält folgende Fassung:

3) Die ermittelten Theilrenten sind öffentliche Lasten der Grundstücke, auf die sie nach Ziff. 2 vertheilt worden sind.

IV. Der Artikel 10, Abs. 2 Satz 3 erhält folgende Fassung:

Das Gesuch hat die Erklärung zu enthalten, ob die Sicherheit nach Artikel 7 oder nach Artikel 8 bestellt werden soll.

V. Im Artikel 12 werden

1. die Eingangsworte durch folgende Vorschriften ersetzt:

Soll als Sicherheit für das Darlehen und die Kulturrente eine Hypothek oder Reallast an dem Grundstücke bestellt werden, zu dessen Verbesserung das Darlehen gewährt wird, so findet auf Antrag des Gesuchstellers eine gerichtliche Aufforderung der Hypotheken-, Grundschuld- und Rentenschuldgläubiger zur Erklärung darüber statt, ob sie dem Vorrange der zu bestellenden Hypothek oder Reallast widersprechen. Ist das Recht eines der Gläubiger mit dem Rechte eines Dritten belastet, so ist die gerichtliche Aufforderung auch an den Dritten zu richten.

Für die gerichtliche Aufforderung gelten die nachfolgenden Bestimmungen:

2. Die Ziff. 2 erhält folgende Fassung:

Nach Zusicherung des Darlehens läßt die Kommission ihren Bescheid und das
S. 231. Darlehensgesuch mit den Beilagen durch die || Distriktsverwaltungsbehörde dem Amtsgerichte, bei welchem das Grundbuch für das Grundstück geführt wird, mittheilen und das Amtsgericht um Erlassung der Aufforderung an die Hypotheken-, Grundschuld- und Rentenschuldgläubiger und, sofern ein Recht, das zurücktreten soll, mit dem Rechte eines Dritten belastet ist, an den Dritten ersuchen.

3. Die Ziff. 3 lit. b, c, d erhält folgende Fassung:

b) die Bezeichnung der Hypotheken, Grundschulden und Rentenschulden, welche der als Sicherheit für das Darlehen und die Kulturrente zu bestellenden Hypothek oder Reallast im Range ausweichen sollen;
c) die Mittheilung, daß die Beschreibung des Unternehmens mit den Plänen und Kostenvoranschlägen und der Bescheid der Kommission auf der Gerichtsschreiberei eingesehen werden können;
d) die Eröffnung, daß die Zustimmung des Hypotheken-, Grundschuld- oder Rentenschuldgläubigers und, sofern dessen Recht mit dem Rechte eines Dritten belastet ist, auch die Zustimmung des Dritten zu der Rangausweichung angenommen werde, wenn nicht innerhalb eines Monats bei dem Amtsgerichte schriftlich oder zum Protokolle des Gerichtsschreibers Widerspruch erhoben wird.

4. An die Stelle der Ziff. 3 Abs. 2 Satz 2 treten folgende Vorschriften:

Die öffentliche Zustellung erfolgt durch Anheftung an die Gerichtstafel und einmalige Einrückung in das für die Bekanntmachungen des Amtsgerichts bestimmte Blatt. Das Amtsgericht kann anordnen, daß die Veröffentlichung noch in einem anderen Blatte erfolgen soll. Die Erklärungsfrist beginnt mit dem Ablaufe von zwei Wochen seit der Einrückung, im Falle mehrfacher Einrückung seit der letzten Einrückung.

5. Die Ziff. 3 erhält folgenden Abs. 3:

Berechtigte, die nicht im Grundbuch eingetragen sind, werden nur berücksichtigt, wenn sie Erben eines eingetragenen Berechtigten sind oder wenn ihre Rechte angemeldet und auf Verlangen des Amtsgerichts glaubhaft gemacht sind.

Regierungsvorlage. | **Beschlüsse des Ausschusses.** S. 231.

6. Die Ziff. 4 erhält folgende Fassung:
Soweit innerhalb der Frist Widerspruch nicht erhoben ist, hat das Amtsgericht auszusprechen, daß die Rangausweichung als von den aufgeforderten Berechtigten bewilligt zu erachten ist. Die Berechtigten sind in dem Beschlusse zu bezeichnen.
7. Als Ziff. 6 wird folgende Vorschrift hinzugefügt:
In dem Falle der Ziff. 4 finden auf die Eintragung des Vorranges der als Sicherheit || für das Darlehen und die Kulturrente bestellten Hypothek oder Real- S. 232.
last, soweit durch die Eintragung eine Hypothek, Grundschuld oder Rentenschuld betroffen wird, die Vorschriften der §§ 42 bis 44 der Grundbuchordnung keine Anwendung. Das Grundbuchamt hat den Besitzer des Hypotheken-, Grundschuld- oder Rentenschuldbriefs zur Vorlegung anzuhalten, um nach den Vorschriften des § 62 Abs. 1 der Grundbuchordnung zu verfahren.

VI. Im Artikel 13 Abs. 4 werden
1. die Worte: „und unterliegt nur der in dieses Grundstück stattfindenden Zwangsvollstreckung" gestrichen,
2. folgende Vorschrift beigefügt:
Ist das Grundstück zum Zwecke der Zwangsvollstreckung in Beschlag genommen, so ist die Anstalt zu der Auszahlung nicht verpflichtet.

VII. Der Artikel 18 erhält folgende Fassung:
Die Bewilligung zur Löschung der für die Landeskultur-Rentenanstalt eingetragenen Hypothek oder Reallast oder zur Umschreibung der Hypothek wird von der Anstaltsverwaltung durch schriftliche Erklärung ertheilt.
Hat die Hypothek den Vorrang von den zur Zeit der Eintragung bestehenden Hypotheken, Grundschulden und Rentenschulden nach Artikel 12 Ziff. 4 erlangt, so kann diesen Rechten gegenüber der Vorrang, soweit sich die Hypothek mit dem Eigenthum an dem belasteten Grundstück in einer Person vereinigt, nicht geltend gemacht werden.

VIII. An die Stelle des Artikel 23 Abs. 1 Satz 2 treten folgende Vorschriften:
Für Schuldbekenntnisse und Bestellungen von Hypotheken und Reallasten, für Rangänderungen zu Gunsten der zu bestellenden Hypotheken oder Reallasten, mit Einschluß der Berichtigung der Hypotheken-, Grundschuld- und Rentenschuldbriefe, sowie für Eintragung und Löschung der Hypotheken und Reallasten und für die Umschreibung der Hypotheken auf den Eigenthümer des belasteten Grundstücks werden Gebühren zur Staatskasse nicht erhoben. Das Gleiche gilt für Erklärungen, welche die Aufhebung einer Hypothek, Grundschuld oder Rentenschuld zu Gunsten der zu bestellenden Hypothek oder Reallast betreffen.

IX. Der Artikel 22 wird aufgehoben.

Bis zu der Zeit, zu welcher das Grundbuch als angelegt anzusehen ist, bleibt die Geltung des Artikel 12 des Gesetzes vom 21. April 1884 auf die Landestheile rechts des Rheins beschränkt. Für die im Artikel 12 bestimmte gerichtliche Aufforderung tritt an die Stelle des Amtsgerichts, bei welchem das Grundstück für das Grundbuch geführt wird, das Amtsgericht, bei welchem das Hypothekenbuch für || das Grundstück geführt wird; soweit es S. 233.
nach Artikel 12 Ziff. 3 Abs. 3 auf Eintragungen im Grundbuch ankommt, treten an deren Stelle die entsprechenden Eintragungen im Hypothekenbuche. Die Vorschrift des Artikel 18 Abs. 2 findet auf das nach § 84 des Hypothekengesetzes dem Schuldner zustehende Recht entsprechende Anwendung.

Artikel 38.

Das Gesetz vom 29. Mai 1886, die Flurbereinigung betreffend, wird dahin geändert:

I. Als Artikel 9a wird folgende Vorschrift eingestellt:
Zu den im Flurbereinigungsverfahren abzugebenden Erklärungen bedarf der Vater oder die Mutter als Inhaber der elterlichen Gewalt sowie ein Vormund oder Pfleger nicht der Genehmigung des Vormundschaftsgerichts oder des Familienraths, ein Nachlaßpfleger nicht der Genehmigung des Nachlaßgerichts, der gesetzliche Vertreter einer Körperschaft, Stiftung oder Anstalt des öffentlichen Rechtes oder einer unter der Verwaltung einer öffentlichen Behörde stehenden Stiftung nicht der Genehmigung der vorgesetzten Behörde.

II. Der Artikel 10 Abs. 1 erhält folgende Fassung:
Sind die in die Unternehmung einbezogenen Grundstücke desselben Eigenthümers verschieden belastet, so sind die an ihre Stelle tretenden Grundstücke in

S. 233.

Regierungsvorlage.	Beschlüsse des Ausschusses.

Ermangelung einer anderweitigen Uebereinkunft, soweit es zur Wahrung der auf sie übergehenden Rechte erforderlich ist, nach den verschiedenen Belastungen auszuscheiden und im Steuerkatasterplane mit besonderen Nummern zu bezeichnen. Verfügungsbeschränkungen stehen den Belastungen gleich.

III. Der Artikel 13 erhält folgende Fassung:

Wird bei einer Flurbereinigung zum Zwecke der Ausgleichung eine Geldentschädigung nach Art. 6 Abs. 5 geleistet, so ist sie zunächst zur Ablösung der Grundlasten zu verwenden, soweit diese wegen des Minderwerths der eingetauschten Grundstücke nicht auf diese übertragbar sind; auf den Rest finden, wenn die ausgetauschten Grundstücke mit Rechten Dritter belastet sind, die für die Haftung des Entschädigungsanspruchs und das Vertheilungsverfahren im Falle der Zwangsenteignung geltenden Vorschriften Anwendung.

Eine nach Art. 6 Abs. 6 zu leistende Geldentschädigung haftet für Reallasten, Hypotheken, Grundschulden und Rentenschulden, mit denen die ausgetauschten Grundstücke belastet sind, nach Maßgabe der Vorschriften des § 1123 Abs. 2 Satz 1 und des § 1124 Abs. 1, 3 des Bürgerlichen Gesetzbuchs.

IV. Der Artikel 16 Abs. 1 erhält folgende Fassung:

Die nach den Art. 20, 25, 32 ergehenden Ladungen und Mittheilungen sind,
S. 234. wenn Per || sonen betheiligt sind, die unter Vormundschaft stehen oder für die die Bestellung eines Pflegers oder eines Beistandes angeordnet ist, auch an das Vormundschaftsgericht, falls eine Nachlaßpflegschaft angeordnet ist, auch an das Nachlaßgericht, für Stiftungen auch an die Aufsichtsbehörde zu richten.

V. Der Artikel 18 Abs. 4 erhält folgenden Zusatz:

Bei Familienfideikommissen kann die Flurbereinigungs-Kommission auch in solchen Fällen das im Art. 9 bezeichnete Zeugniß ertheilen.

VI. Der Artikel 20 Abs. 1 erhält folgende Fassung:

Ist eine Unternehmung als zur weiteren Instruirung geeignet erklärt, so sind die nach Maßgabe des hiebei festgesetzten Umfanges der Unternehmung betheiligten Grundeigenthümer beziehungsweise deren gesetzliche Vertreter durch die Distriktsverwaltungsbehörde zu einer Tagsfahrt mit der Eröffnung zu laden, daß

1) Einwendungen bezüglich der Voraussetzungen der Flurbereinigung (Art. 1 bis 5) bei Vermeidung des Ausschusses entweder in der Tagsfahrt oder binnen vierzehn Tagen nach derselben bei der Distriktsverwaltungsbehörde vorgebracht werden müssen,

2) daß diejenigen betheiligten Grundeigenthümer, welche weder in Person erscheinen noch durch einen Bevollmächtigten vertreten sind, **unbeschadet der nach Ziff. 1 zu erhebenden Einwendungen,** als der Inangriffnahme der Flurbereinigung zustimmend erachtet werden und auch aller Einwendungen gegen die sonstigen Beschlüsse der Tagsfahrt verlustig gehen,

3) daß zur Stellvertretung eine von der Gemeindebehörde des Wohnorts beglaubigte Vollmacht genügt.

VII. Im Artikel 21 erhält

1. der Eingang folgende Fassung:

Bei der von der Distriktsverwaltungsbehörde abzuhaltenden Tagsfahrt ist zunächst die beabsichtigte Unternehmung unter Bekanntgabe des ungefähren Betrags der voraussichtlich erwachsenden Kosten darzulegen sowie auf den im Art. 20 Abs. 1 Ziff. 1 erwähnten Rechtsnachtheil hinzuweisen und sodann Beschluß zu fassen.

2. Der Abs. 5 wird aufgehoben.

VIII. Als Artikel 21a wird folgende Vorschrift eingestellt:

Werden in der Tagsfahrt nach Art. 21 oder während der im Art. 20 Abs. 1
S. 235. Ziff. 1 festgesetzten Frist von den Betheiligten Einwendungen || bezüglich der Voraussetzungen der Flurbereinigung erhoben, so hat die Flurbereinigungs-Kommission zunächst ~~dieselben zu verbescheiden.~~ **darüber zu entscheiden.**

Der Bescheid ist den betheiligten Grundeigenthümern in Ausfertigung zuzustellen.

Gegen den Bescheid ist die Beschwerde an den Verwaltungsgerichtshof zulässig. Die Vorschriften des Artikel 35 Abs. 3 finden Anwendung.

Regierungsvorlage. | Beschlüsse des Ausschusses. S. 235.

IX. Als Artikel 23a wird folgende Vorschrift eingestellt:

Der Ausschuß oder der beauftragte Geometer hat als Geschäftsführer des Unternehmens die auf dieses bezüglichen gemeinschaftlichen Angelegenheiten der betheiligten Grundeigenthümer gerichtlich und außergerichtlich wahrzunehmen.

X. Im Artikel 25 erhält

1. der Abs. 1 folgende Fassung:

Dem Ausschusse beziehungsweise dem beauftragten Geometer kommt der Betrieb aller auf die Ausarbeitung des Projekts bezüglichen Angelegenheiten zu. Hierunter fällt insbesondere die Herstellung des Uebersichtsplans, aus welchem das neu anzulegende Wegenetz und die weiter nöthigen gemeinsamen Anlagen ersichtlich sind, die Aufstellung des Forderungsregisters, die Entgegennahme von Erinnerungen der drittberechtigten Personen, die Vornahme der Werthsermittlungen, der Betrieb der Vermessungen, die Entwerfung des Vertheilungsplans mit Anfertigung der Vorschläge über die Vertheilung der Grundsteuern und Grundlasten sowie der verschiedenen Belastungen im Falle des Art. 10 Abs. 1 und die Ausscheidung der Kosten.

2. der Abs. 4 folgenden Zusatz:

Die vierzehntägige Frist beginnt mit dem Eröffnungstermine, wenn der Betheiligte ungeachtet ordnungsmäßiger Ladung in dem Termine nicht erschienen ist. Die Ladung erfolgt nach Art. 20 Abs. 3 und, wenn der Wohnort des Betheiligten nicht bekannt ist, nach Art. 20 Abs. 2, 4.

3. der Eingang des Abs. 5 folgende Fassung:

Nach Beschluß der Flurbereinigungs-Kommission kann die Anerkennung ..

XI. Als Artikel 25a werden folgende Vorschriften eingestellt:

Nach der Absteckung der neuen Flureintheilung kann die Flurbereinigungs-Kommission die betheiligten Grundeigenthümer auf Antrag von mindestens drei Viertheilen derselben vorläufig in den Besitz der Neuzutheilungen durch den Flurbereinigungs-Ausschuß beziehungsweise den beauftragten Geometer setzen, wenn aus einem längeren Aufschube der Ueberweisung den An||tragstellern ein erheb- S. 236. licher Nachtheil erwachsen würde.

Soweit die Flureintheilung bei der endgiltigen Feststellung geändert wird, ist den widersprechenden Betheiligten der Schaden zu ersetzen, den sie dadurch erlitten haben, daß die Ueberweisung vor der endgiltigen Feststellung der Flureintheilung erfolgt ist. Der Schadensersatz gehört zu den Kosten des Unternehmens.

XII. Der Artikel 26 erhält folgende Fassung:

Die Hypotheken-, Grundschuld- und Rentenschuldgläubiger sowie die sonstigen nach Art. 8 Abs. 2 widerspruchsfähigen Personen sind auf Antrag des Ausschusses oder des beauftragten Geometers durch das Amtsgericht, bei welchem das Grundbuch für die auszutauschenden Grundstücke geführt wird, öffentlich aufzufordern, ihre Erinnerungen gegen die sich aus der bevorstehenden Flurbereinigung ergebenden Aenderungen des Gegenstandes ihrer Rechte innerhalb einer Frist von einem Monat entweder bei dem Flurbereinigungs-Ausschusse beziehungsweise dem beauftragten Geometer oder schriftlich oder zum Protokolle des Gerichtsschreibers bei dem Amtsgerichte geltend zu machen. Die Aufforderung hat die Mittheilung zu enthalten, daß der genaue Ausweis des gegenwärtig den Gegenstand ihrer Rechte bildenden und des bei Durchführung der Unternehmung an dessen Stelle tretenden Grundbesitzes, der Schätzung beider und der etwaigen Geldentschädigungen auf der Gerichtsschreiberei eingesehen werden kann. In der Aufforderung ist darauf hinzuweisen, daß ein Widerspruchsrecht nur insoweit besteht, als der Grundbesitz, auf welchen die Rechte übergehen sollen, nicht mindestens den gleichen Werth hat wie der gegenwärtig den Gegenstand der Rechte bildende Grundbesitz. Als Rechtsnachtheil ist anzudrohen, daß das Widerspruchsrecht verloren geht, wenn es nicht vor dem Ablaufe der Frist geltend gemacht wird.

Die Aufforderung geschieht durch Anheftung an die Gerichtstafel und durch einmalige Einrückung in das für die Bekanntmachungen des Amtsgerichts bestimmte Blatt. Das Amtsgericht kann anordnen, daß die Veröffentlichung noch in einem anderen Blatte erfolgen soll. Die Erinnerungsfrist beginnt mit dem Ablaufe von zwei Wochen seit der Einrückung, im Falle der Einrückung in ein zweites Blatt seit der letzten Einrückung.

S. 236.

Regierungsvorlage.	**Beschlüsse des Ausschusses.**

Der im Abs. 1 erwähnte Ausweis ist von dem Flurbereinigungs-Ausschusse beziehungsweise von dem beauftragten Geometer zu liefern.

XIII. Der Artikel 27 erhält folgende Fassung:

Nach dem Ablaufe der im Art. 26 bestimmten Frist hat das Amtsgericht das
S. 237. Ergebniß der Aufforderung dem Flurbereinigungs-Ausschusse || beziehungsweise dem beauftragten Geometer mitzutheilen.

XIV. Im Artikel 28 Abs. 1 Satz 1 werden nach den Worten: „die Werthsermittlung" eingeschaltet die Worte:

„und auf die Höhe der nach Art. 25a zu leistenden Entschädigung".

XV. Im Artikel 34 Abs. 2 werden die Worte: „dann die Hypothekverhältnisse, Geldentschädigungen und Geldleistungen" ersetzt durch die Worte:

„die Ordnung der sich aus den Vorschriften der Art. 10, 12 ergebenden Belastungsverhältnisse, die Angabe der Geldentschädigungen und Geldleistungen".

XVI. In den Artikel 36 wird als Abs. 4 folgende Vorschrift aufgenommen:

Sind Geldentschädigungen festgesetzt, so erfolgt für den Grundbesitz, dessen Zuweisung mit den Entschädigungen zusammenhängt, die Ertheilung der vollziehbaren Auszüge und die Bezeichnung des Tages des Eigenthumsüberganges erst, wenn die von den Betheiligten zu leistenden Geldbeträge eingezahlt oder die Empfangsberechtigten befriedigt sind.

XVII. Der Artikel 37 erhält folgende Fassung:

Die Flurbereinigungs-Kommission hat das Grundbuchamt unter Mittheilung des Operats oder eines beglaubigten Auszugs aus diesem um die erforderlichen Eintragungen in das Grundbuch zu ersuchen. In dem Ersuchen ist der Tag des Eigenthumsüberganges anzugeben. Bei Eintragungen, von denen Hypotheken, Grundschulden oder Rentenschulden betroffen werden, finden die Vorschriften der §§ 42 bis 44 der Grundbuchordnung keine Anwendung. Das Grundbuchamt hat den Besitzer des Hypotheken-, Grundschuld- oder Rentenschuldbriefs zur Vorlegung anzuhalten, um nach den Vorschriften des § 62 Abs. 1 und des § 70 Abs. 1 der Grundbuchordnung zu verfahren.

Von den nach Art. 6 Abs. 5 festgesetzten Geldentschädigungen hat die Flurbereinigungs-Kommission dem Amtsgerichte, welches für das im Art. 13 bezeichnete Vertheilungsverfahren zuständig ist, Mittheilung zu machen.

XVIII. Im Artikel 39 Abs. 1 werden die Worte: „Operatsauszügen und Hypothekenbriefen" ersetzt durch die Worte:

„Operatsauszügen, Hypotheken-, Grundschuld- und Rentenschuldbriefen".

XIX. Im Artikel 43 wird / **werden** nach dem Worte „Aussteckungspfähle" eingeschaltet das Wort: / **die Worte:**

„**oder** Sicherungssteine".

XX. Die Artikel 44 bis 50 werden aufgehoben.

Bis zu der Zeit, zu welcher das Grundbuch als angelegt anzusehen ist, tritt für die im Artikel 26 des Gesetzes vom 29. Mai 1886 bestimmte gerichtliche Aufforderung an
S. 238. die Stelle des Amtsgerichts, bei welchem das Grundbuch für die auszutauschenden Grundstücke geführt wird, in den Landestheilen rechts des Rheins das Amtsgericht, bei welchem das Hypothekenbuch für die Grundstücke geführt wird, in der Pfalz das Amtsgericht, in dessen Bezirke die Grundstücke belegen sind. Die Vorschriften des Artikel 37 Abs. 1 Satz 1 finden in den Landestheilen rechts des Rheins auf die Eintragungen in das Hypothekenbuch entsprechende Anwendung. In der Pfalz bleiben bis dahin an Stelle des Artikel 10 Abs. 1, 2 der Artikel 46 und an Stelle des Artikel 37 Abs. 1 der Artikel 49 in Geltung.

Artikel 39.

Der Artikel 4 des Gesetzes vom 5. Mai 1890, die Vereinigung der Brandversicherungsanstalt der Pfalz mit jener in den Landestheilen rechts des Rheins sowie die Abänderung einiger Bestimmungen des Brandversicherungsgesetzes vom 3. April 1875 und des Polizeistrafgesetzbuches vom 26. Dezember 1871 betreffend, wird aufgehoben.

Artikel 40.

In dem Gesetze vom 2. Februar 1898, die Fortsetzung der Grundentlastung betreffend, wird der Artikel 22 Abs. 1 Satz 2 aufgehoben.

Regierungsvorlage.	Beschlüsse des Ausschusses.

S. 238.

Artikel 41.

Was in den in Kraft bleibenden landesgesetzlichen Vorschriften von dem Hypothekenbuch und dem Hypothekenamte bestimmt ist, findet auf das Grundbuch und das Grundbuchamt entsprechende Anwendung.

Die Vorschriften über Hypotheken finden entsprechende Anwendung auf Grundschulden und Rentenschulden.

Artikel 42.

Aufgehoben sind:

1. das Hypothekengesetz vom 1. Juni 1822;
2. das Gesetz vom 1. Juni 1822, die Einführung des Hypothekengesetzes und der Prioritätsordnung betreffend;
3. das Gesetz vom 11. September 1825, die Förmlichkeiten bei Anlegung und Abnahme der gerichtlichen Siegel, dann bei denjenigen Vermögensabtheilungen und Veräußerungen, welche unter Mitwirkung des Richteramts geschehen müssen, betreffend;
4. das Gesetz vom 11. September 1825, die Aufhebungen einiger Bestimmungen des Reglements für den Geschäftsgang der Justizämter im Fürstenthume Leiningen vom 31. August 1805 betreffend;
5. der § 30 Abs. 6 und die §§ 31 bis 34 des Finanzgesetzes vom 28. Dezember 1831;
6. das Gesetz vom 28. Dezember 1831, die Privatvereine zur Versicherung der Feldfrüchte gegen Wetter- und insbesondere Hagelschäden betreffend;
7. das Gesetz vom 28. Dezember 1831, einige civilrechtliche Gegenstände auf den Fall des Eindringens der asiatischen Cholera in Bayern betreffend; S. 239.
8. die Ziff. 73 lit. a der Nummer III des Landtagsabschieds vom 29. Dezember 1831;
9. das Gesetz vom 23. Mai 1846, die Regulirung des Biersatzes und die Verhältnisse der Bräuer zu den Wirthen und dem Publikum betreffend;
10. das Gesetz vom 29. Juni 1851, die kaufmännischen Anweisungen betreffend;
11. Das Gesetz vom 29. Juni 1851, die bürgerlichen Rechte der israelitischen Glaubensgenossen betreffend;
12. das Gesetz vom 22. Februar 1855, die Statutar- und Gewohnheitsrechte der K. Haupt- und Residenzstadt München betreffend;
13. das Gesetz vom 22. Februar 1855, die Aufhebung der lex Anastasiana und anderer bezüglich der Abtretung von Rechten vorgeschriebenen Beschränkungen betreffend;
14. das Gesetz vom 26. März 1859, die Verjährungsfristen betreffend;
15. das Gesetz vom 26. März 1859, die Gewährleistung bei Viehveräußerungen betreffend;
16. das Gesetz vom 29. September 1861, die Verjährung der Forderungen aus Staatsschuldurkunden der Staatsschulden-Tilgungsanstalt betreffend;
17. der § 26 Ziff. 2 und der § 28 Ziff. 2 Abs. 2 des III. Abschnitts des Landtagsabschieds vom 10. November 1861;
18. das Gesetz vom 10. November 1861, die Einführung des allgemeinen deutschen Handelsgesetzbuchs betreffend;
19. das Gesetz vom 5. Dezember 1867, die Abänderung der gesetzlichen Bestimmungen über die Zinsen betreffend;
20. das Gesetz vom 2. Mai 1868 über die Schließung und Trennung der Ehen der keiner anerkannten Religionsgesellschaft angehörenden Personen;
21. das Gesetz vom 16. Mai 1868, Abänderung einiger Bestimmungen des in der Pfalz geltenden Civilgesetzbuchs über Privilegien und Hypotheken betreffend;
22. der § 60 des Landtagsabschieds vom 29. April 1869;
23. das Gesetz vom 29. April 1869, die privatrechtliche Stellung von Vereinen betreffend;
24. das Gesetz vom 14. Januar 1871, die Intercessionen betreffend;
25. der § 21 des Landtagsabschieds vom 18. Februar 1871;
26. das Gesetz vom 29. Dezember 1873, die Todeserklärung der in Folge des Krieges von 1870/71 vermißten Personen betreffend;
27. das Gesetz vom 27. Juli 1874, die Todeserklärung der in Folge des Krieges von 1866 vermißten Personen betreffend; S. 240.
28. das Gesetz vom 28. Februar 1880, die Abänderung des Art. 9 des pfälzischen Notariatsgesetzes vom 25. ventôse XI betreffend;
29. das Gesetz vom 20. März 1882, die Vollstreckungsbefehle in der Pfalz betreffend;
30. das Gesetz vom 29. Mai 1886, die Abänderung einiger Bestimmungen des Hypothekengesetzes betreffend;

S. 240. **Regierungsvorlage.** | **Beschlüsse des Ausschusses.**

31. das Gesetz vom 18. Dezember 1887, die der Pfändung nicht unterworfenen Sachen und Forderungen betreffend;
32. das Gesetz vom 26. April 1888, die Abänderung von Bestimmungen des in der Pfalz geltenden Hypotheken- und Vormundschaftsrechts betreffend;
33. das Gesetz vom 5. Mai 1890, die Form einiger Rechtsgeschäfte betreffend;
34. das Gesetz vom 18. März 1896, die Abänderung des Art. 19 des Notariatsgesetzes vom 10. November 1861 betreffend;
35. das Gesetz vom 18. März 1896, einige Bestimmungen über die Inhaberpapiere betreffend.

Artikel 43.

Dieses Gesetz tritt gleichzeitig mit dem Bürgerlichen Gesetzbuch in Kraft.

Artikel 43a.*)

In der Pfalz können die vor der Verkündung dieses Gesetzes geschlossenen Jagdpachtverträge von jedem Theile unter Einhaltung einer dreimonatigen Kündigungsfrist für den 1. Februar 1900 gekündigt werden.

Artikel 44.

Die in diesem Gesetz abgeänderten oder für aufgehoben erklärten Vorschriften des Liegenschaftsrechts bleiben insoweit in Kraft, als ihre Geltung im Artikel 189 des Einführungsgesetzes zum Bürgerlichen Gesetzbuche vorbehalten ist.

Artikel 45.

Die Staatsregierung wird ermächtigt, die Texte:

1. des Gesetzes über Heimat, Verehelichung und Aufenthalt vom 16. April 1868,
2. des Gesetzes, die öffentliche Armen- und Kranken-Pflege betreffend, vom 29. April 1869,
3. des ersten Abschnitts des Gesetzes zur Ausführung der Reichs-Civilprozeßordnung und Konkursordnung vom 23. Februar 1879,
4. des Gesetzes über die Erbschaftssteuer vom 18. August 1879,
5. des Gesetzes, die Flurbereinigung betreffend, vom 29. Mai 1886,

S. 241. wie sie sich aus den Aenderungen ergeben, welche in
diesem Gesetze,
dem Gesetze vom 26. Dezember 1871 (G.-Bl. S. 81),
dem Gesetze vom 23. Februar 1872 (G.-Bl. S. 214),
dem Landtagsabschiede vom 15. April 1875 (G.- u. V.-Bl. S. 345),
dem Gesetze vom 28. Februar 1884 (G.- u. V.-Bl. S. 75),
dem Gesetze vom 21. April 1884 (G.- u. V.-Bl. S. 213),
dem Gesetze vom 3. Februar 1888 (G.- u. V.-Bl. S. 81),
dem Gesetze vom 17. März 1892 (G.- u. V.-Bl. S. 51),
dem Gesetze vom 26. Mai 1892 (G.- u. V.-Bl. S. 144),
dem Gesetze vom 17. Juni 1896 (G.- u. V.-Bl. S. 297)

vorgesehen sind, unter fortlaufender Nummernfolge der Artikel und bei den in einzelnen Artikeln enthaltenen Aufzählungen unter fortlaufender Reihenfolge der Ziffern oder Buchstaben sowie unter Berichtigung der Verweisungen, durch das Gesetz- und Verordnungs-Blatt bekannt zu machen.

Bei der Bekanntmachung des ersten Abschnitts des Gesetzes vom 23. Februar 1879 bleiben die Ueberschrift sowie die Vorschriften, die nur noch als Uebergangsbestimmungen gelten, weg.

Gegeben . . . . . .

München, den 13. Januar 1899.

---

*) Der Artikel 43a entspricht dem Artikel 11 der Regierungsvorlage.

8.

Verhandlungen des Justizgesetzgebungsausschusses der Kammer der Reichsräthe.*)

Anträge und Bemerkungen des Reichsrathes Dr. Ritter von Schmitt

zu dem

Entwurf eines Gesetzes, die durch die Einführung des Bürgerlichen Gesetzbuchs veranlaßten Aenderungen der seit 1818 erlassenen Gesetze betreffend.

(Verhandl. d. Justizgesetzgebungsausschusses d. K. d. Reichsräthe 1899.)

Artikel 1.

Zu Absatz 1 Ziffer III.

Die meisten Bestimmungen des Edikts über die Siegelmäßigkeit sind bereits aufgehoben, theils durch ausdrückliche Vorschriften, theils virtuell durch neuere Normen. Als zur Zeit noch geltend können nur in Betracht kommen die zivilrechtlichen Bestimmungen, wie solche in den §§ 10 (?) und 12 des Edikts enthalten sind, also hauptsächlich die über den Nutzgenuß der Siegelmäßigen am Kindervermögen über die Dauer der elterlichen Gewalt hinaus.

Bayr. L.R. Thl. 1 Kap. 1 § 5 Nr. 3; Entsch. d. O.G.H. vom 9. Januar 1877, Bd. VI Nr. 214 S. 538.

Ich stelle daher die richtigere Fassung anheim:

„Die seither noch geltenden, das bürgerliche Recht betreffenden Bestimmungen der VIII. Beilage werden aufgehoben."

Artikel 2.

Antrag:

Zu Ziffer I Absatz 3 am Ende.

Statt „des Messungsverzeichnisses" zu setzen „aus dem Messungsverzeichnisse".

Zu Ziffer III Absatz 1.

a. Statt „zwei Wochen" zu setzen „sechs Wochen";
b. Statt „Ordnungsstrafe" zu setzen „Ordnungsstrafen";
c. Statt „zu der Anmeldung aufzufordern" die alternative Fassung des Gesetzes wieder herzustellen.

Innerhalb einer zweiwöchigen Frist wird es den Betheiligten nicht immer möglich sein, das Fehlende (z. B. Errichtung einer Urkunde) zu beschaffen. Die Einführung des Bürgerlichen Gesetzbuchs bedingt eine solche Aenderung nicht.

Der Zwang zur Nachholung des Erforderlichen soll thatsächlich fortbestehen — in Folge der Aufforderung unter Strafandrohung, die nach der Bezugnahme auf § 74 wiederholt werden kann, bis der Anmeldepflicht genügt ist. Ist aber Fortsetzung des Zwangsverfahrens durch Verhängung von Ordnungsstrafen statthaft, so ist es auch billig, den Nachweis unverschuldeter

---

*) In der Sitzung des Justizgesetzgebungsausschusses der Kammer der Reichsräthe vom 15. Nov. 1898 (vgl. I. Prot. der Verhandl. dieses 1898 Seite 1, 2) wurde zum Referenten Reichsrath Ritter von Küffner, zum Referenten für die auf das Pfälzische Recht sich beziehenden Bestimmungen Reichsrath Heffert bestellt.

Unmöglichkeit der Beibringung der zur Anmeldung der Rechtsänderung erforderlichen Notariatsurkunden und sonstigen Behelfe innerhalb vorgesetzter Frist zuzulassen und dadurch den Strafausspruch hintanzuhalten. Daher alternative Fassung der Androhung gemäß Absatz 1 am Ende.

In § 74 sind verschiedene Strafen angedroht; also wird die Mehrzahl zu setzen sein.

Artikel 5.*)

Zu Ziffer I Nr. 4 Absatz 1 Satz 3.

Ich gebe anheim, nach dem Worte „Ladung" einzufügen:

„an andere Personen als die Antragsteller und die Eigenthümer „der abzutretenden Liegenschaften."

Die Bestimmung, daß die Rechtswirksamkeit der Ladung von der Zustellung der schriftlichen Wirkung nur insoweit abhängig sein soll, als es sich

---

*) Eine durchgreifende Revision des Gesetzes vom 17. November 1837 scheint nicht in Aussicht genommen zu sein; sie wäre jedoch dringend veranlaßt, da nicht nur bereits wesentliche Aenderungen in Betreff des Entschädigungsverfahrens oder Ergänzungen geschaffen sind (Art. 18 des Gesetzes vom 15. Juni 1898, das Unschädlichkeitszeugniß betreffend), sondern auch noch nach andrer Richtung hin Lücken auszufüllen sind, wie denn auch die Enteignungsgesetze anderer Staaten aus neuerer Zeit datiren (Preußen 1874, Oesterreich 1878 u. A.). Ergänzungen sind insbesondere veranlaßt in Betreff der Angriffsbefugnisse des Antragstellers behufs Begründung seines Antrags (s. Bl. f. R. A. Bd. 63 (1898) S. 217 ff.) dann bezüglich des sogenannten Ausdehnungsrechtes des Enteigneten, insbesondere Entschädigung im Falle nachträglich sich ergebender Schädigung, Rückforderungs- und Vorkaufsrecht des Enteigneten u. s. w.

Bei Gelegenheit der Besprechung des Zwangsabtretungsgesetzes soll auch noch auf eine Lücke in unserer Gesetzgebung hingewiesen werden, die sich nach Einführung des Bürgerlichen Gesetzbuchs im ganzen Königreich fühlbar machen kann, während sie bisher wenigstens im Geltungsgebiete des Allgemeinen Preußischen Landrechts durch die Rechtsprechung ausgefüllt werden konnte Das Gesetz vom 17. November 1837 statuirt eine Entschädigungspflicht nur für die Fälle, daß Grundeigenthum abgetreten oder mit einer Dienstbarkeit beschwert werden muß zum Zwecke öffentlicher Unternehmungen oder des öffentlichen Nothstandes. (Art. I lit. A und B.)

An einer allgemeinen landesgesetzlichen Bestimmung des Inhalts, daß ein Recht auf Entschädigung auch dann bestehe, wenn — ohne Verlangen einer Abtretung — fremde Sachen oder Rechte zum Zwecke der Wahrnehmung eines öffentlichen Interesses, im Interesse des Gemeinwohls beschädigt werden, fehlt es zur Zeit.

Artikel 109 des Einführungsgesetzes zum Bürgerlichen Gesetzbuch läßt aber auch die landesgesetzlichen Vorschriften unberührt und die Artikel 3 und 218 desselben Gesetzes lassen neue Vorschriften zu, soweit es sich auch nur um die im öffentlichen Interesse erfolgende Beschädigung, schädigende Benutzung oder Einschränkung fremder Sachen oder Rechte handelt (siehe auch den Wortlaut des Artikels 18 des Gesetzes vom 15. Juni 1898, das Unschädlichkeitszeugniß betreffend).

Die Vorschrift der Verfassungsurkunde Tit. IV § 8 gewährt offenbar keinen genügenden Anhaltspunkt, da nach konstanter Auslegung der Behörden und Gerichte Eingriffe Dritter, insbesondere der staatlichen Polizeigewalt zulässig sind, eine Entschädigungspflicht in solchen Fällen aber nur auf eine positive Gesetzesvorschrift soll gegründet werden können.

Von den in den einzelnen Landestheilen geltenden seitherigen Civilgesetzen spricht nur das Allgemeine Preußische Landrecht, Einleitung § 75, den allgemeinen Grundsatz aus, daß der Staat zum Ersatze des Schadens demjenigen gegenüber verpflichtet sei, der seine Rechte dem Wohle des gemeinen Wesens aufzuopfern genöthigt werde, und die Rechtsprechung hat diesen Grundsatz analog in jenen Fällen angewendet, in denen das Recht des Einzelnen zwar nicht dem Interesse der Gesammtheit (des Staates) wohl aber einem größeren oder kleineren Ganzen weichen muß; in diesem Falle soll eben dasjenige Ganze haften, dem der Vortheil erwächst, in dessen Interesse der Eingriff in die Privatrechtssphäre bethätigt wird (weiterer oder engerer Verband: Kreis, Distrikt, Gemeinde u. s. w.) (Siehe die Entscheidungen bei Rehbein und Reincke, Allgemeines Preußisches Landrecht, Anmerkung 50 zu § 75 cit.).

Bisher ist nur für einzelne Fälle der im Interesse des Gemeinwohls erfolgenden Beschädigung fremder Sachen (und zwar auch in diesen meistens nur für Beschädigung durch Zerstörung, Vernichtung beweglicher Sachen) reichs- oder landesgesetzlich eine Entschädigungsum den Eintritt der in Artikel XII vorgeschriebenen Beschränkung des Eigenthums in der thatsächlichen Verfügung handelt, ist nicht frei von Bedenken.

Zwar, insoweit nur die „sonstigen Betheiligten", d. h. nicht die Antragsteller und die Eigenthümer der abzutretenden Liegenschaften in Frage stehen (Hypothekgläubiger und andere Realberechtigte), kann man ohne Weiteres zustimmen; denn die Drittberechtigten haben an diesem ersten Stadium des Enteignungsverfahrens regelmäßig kein unmittelbares oder dringendes Interesse, weshalb sie dann erfahrungsmäßig an solchen sich gar nicht betheiligen.

Anders bei den Hauptbetheiligten. Ohne förmlichen Nachweis erfolgter Zustellung der gesetzlich vorgeschriebenen Mittheilung ist die Kenntnis derselben von der anberaumten Tagfahrt nicht verbürgt. Ist der für den Fall Nichterscheinens angedrohte Rechtsnachtheil schon für die Antragsteller wichtig

---

pflicht anerkannt (z. B. Reichsgesetz vom 3. Juli 1883, betreffend die Abwehr und Unterdrückung der Reblauskrankheit, § 3 Ziff. 2, § 10 mit Ausführungsgesetz vom 27. Januar 1884 Art. 1, Reichsgesetz, betreffend die Rinderpest, vom 7. April 1869 bezw. 2. November 1871 § 3, § 4 Z. 5, Reichsgesetz vom 23. Juni 1880, die Abwehr und Unterdrückung von Viehseuchen betreffend, §§ 24, 57 mit Ausführungs-Gesetz vom 21. März 1881, Landesgesetz vom 26. Mai 1892, die Entschädigung für Viehverluste in Folge von Milzbrand betreffend, Artikel 1).

Meistens wird es sich bei der im öffentlichen Interesse erfolgenden Beschädigung fremder Sachen und Rechte um Fälle des sogenannten öffentlichen Nothstandes handeln — Brand-, Hochwasser- und ähnliche Gefährdungen von großer Ausdehnung; es kann sich der Fall ereignen, daß zur Abwendung drohenden größeren Schadens ganze Häuserreihen eingerissen oder beschädigt, die Pflanzung einzelner angrenzender Waldparzellen niedergehauen, Grund und Boden abgegraben, Durchstiche gemacht, Dämme aufgeworfen werden müssen u. s. w.; um einen Aufstand niederzuwerfen (vgl. das bezügl. Gesetz vom 12. März 1850) kann die öffentliche Gewalt genöthigt sein, dritten Schaden zuzufügen.

Das Brandversicherungsgesetz vom 3. April 1875, Art. 34, beschränkt die Entschädigungspflicht der Anstalt (ganz sachgemäß) auf die bei Gelegenheit der Löschung eines Brandes beschädigten versicherten Gebäude; das Forstgesetz enthält keine hier einschlägigen Bestimmungen über Waldbrände; das Gesetz vom 28. Mai 1852, den Uferschutz und den Schutz gegen Ueberschwemmungen betreffend, (Art. 17—19) gewährt gleichfalls keine Handhabe zur Begründung einer Entschädigungspflicht.

Nur das Gesetz vom 28. Mai 1852, die Benutzung des Wassers betreffend, erkennt in einigen Fällen die Pflicht zur Schadloshaltung beschädigender Eingriffe in Wasserbenützungsrechte an (Art. 5 Abs. 2, Art. 36).

Die Bestimmung des § 228 des Bürgerlichen Gesetzbuchs ist weder an sich geeignet, noch überhaupt dazu bestimmt, für die Fälle erwähnter Art als Norm zu dienen; von Anwendung des § 823 könnte ohnehin keine Rede sein.

Es dürfte demnach hinreichender Anlaß gegeben sein, in das Ausführungsgesetz eine dem § 75 der Einleitung zum Allgemeinen Preußischen Landrecht nachgebildete und seiner Auslegung entsprechende Bestimmung aufzunehmen, dahingehend, daß der Staat oder der sonstige politische Verband (Kreis, Distrikt, politische oder Ortsgemeinde) verpflichtet sei, den Schaden zu ersetzen, der durch die im öffentlichen Interesse erfolgende Beschädigung oder Beschränkung fremder Sachen oder Rechte entsteht — vorbehaltlich der bestehenden besonderen gesetzlichen Bestimmungen. Im Falle der Beschädigung in öffentlichem Nothstande würde der Rückgriff gegen denjenigen, der die Gefahr verschuldet hat, selbstverständlich vorzubehalten sein (s. auch § 228 des B. G. B.).

Unterläßt man, den Grundsatz der Entschädigungspflicht, wie er in den oben angeführten Spezialgesetzen, weiter auch in dem Reichsgesetze vom 13. Februar 1875 über die Naturalleistungen für die bewaffnete Macht im Frieden, § 14 (Redaktion 1898 R. G. B. S. 367) zur Anerkennung gelangte, durch eine Bestimmung erwähnten Inhalts zu verallgemeinern, dann werden auch in Zukunft solche, die Entschädigung versagende richterliche Entscheidungen möglich sein, wie sie — im schroffsten Widerspruche mit dem Rechtsbewußtsein oder doch Rechtsgefühle des Volkes — im Geltungsgebiete des gemeinen Rechtes ergangen sind (s. z. B. Seufferts Archiv Bd. 37 Nr. 224).

Nach Recht und Billigkeit kann Niemand verpflichtet sein, sein Recht, sein Eigenthum im Interesse des Gemeinwohls unentgeltlich aufzuopfern, seine Sachen ohne Anspruch auf Vergütung zerstören oder beschädigen zu lassen (s. auch Züricher Bürgerliches Gesetzbuch [1888] §§ 420, 422).

genug (Verbindlichkeit zur Tragung der Kosten des vereitelten Termins und Schadloshaltung der erschienenen Gegenbetheiligten), so ist dieser Nachtheil für die nicht erscheinenden Eigenthümer der als Abtretungsobjekte bezeichneten Liegenschaften im Hinblick auf die eventuell eintretende Fiktion der Einwilligung (Art. XV Ziff. 2 a. E.) geradezu von einschneidender Wirkung.

Der in der Begründung (S. 7) enthaltene Hinweis auf die Analogie des Flurbereinigungsgesetzes dürfte eine überzeugende Rechtfertigung des Vorschlages kaum darbieten. Das Flurbereinigungsgesetz, nur ein sogenanntes Kulturgesetz, darf sich wohl auch mit weniger strengen Formalitäten begnügen, als das in das Privateigenthum sicher von allen Normen am intensivsten eingreifende Zwangsabtretungsgesetz — ganz abgesehen davon, daß es sich bei der Flurbereinigung regelmäßig nur um Austausch von Grundbesitz (Gesetz vom 29. Mai 1886 Art. 6 Abs. 1, 2, 5), bei der Zwangsabtretung nach dem Gesetze vom 17. November 1837 aber um Aufgabe von Grundeigenthum lediglich gegen Entschädigung in Geld handelt.

Sollte die Zustellung im Einzelfalle wirklich nicht ausführbar sein, so wird dies wohl fast ausnahmslos Folge der Unbekanntheit des Aufenthalts des Antragstellers, bezw. Abtretungspflichtigen sein; für diesen Fall aber hat ja die Mittheilung ohnehin zu unterbleiben.

Artikel 9.

Zu Ziffer I.

(Artikel 1a Absatz 2 des Gesetzes vom 30. März 1850, die Ausübung der Jagd betreffend.)

Nach Inhalt und Absicht des Gesetzes soll die Kgl. Verordnung den Gegenstand, die Gesammtheit der jagdbaren Tiere, endgiltig und ausschließlich bestimmen.

Da aber die Möglichkeit nicht ausgeschlossen ist, daß in der Verordnung eine Thiergattung — sei es mit Absicht oder aus bloßem Versehen — unerwähnt bleibt, welche dem in Satz 1 vom Gesetze aufgestellten Begriffe „wilde Säugethiere und Vögel, deren Fleisch, Pelzwerk oder Gefieder verwerthet zu werden pflegt oder die als Raubthiere diesem Wilde nachstellen,“ entsprechend erscheint, und vom Richter unter den allgemeinen gesetzlichen Begriff subsumirt werden kann, so dürfte zur Abschneidung von Zweifeln über die richterliche Auslegungsbefugnis, wenn nicht eine deutlichere Fassung des Textes, doch eine ausdrücklichere Konstatirung bei der Gesetzesberathung veranlaßt sein, schon mit Rücksicht darauf, daß die Ansichten über die Jagdbarkeit nicht selten auch auf örtlichem Herkommen beruhen, das im Zweifelsfall auch künftig einwirken könnte.

Artikel 10.

Zu Ziffer V.

(Artikel 8a des Gesetzes vom 15. Juni 1850, den Ersatz des Wildschadens betreffend.)

Antrag: es sei ein Zusatz dahin beizufügen,

„die Klage auf Ersatz des Wildschadens kann nicht mehr erhoben werden, wenn seit der Beschädigung ein Zeitraum von . . . (etwa drei Monaten) verflossen ist.“

Es entsteht die Frage, ob nicht ein weiterer Zusatz des Inhalts veranlaßt sei, daß der Ersatzanspruch überhaupt ausgeschlossen sein soll, wenn von dem nachgewiesenen Zeitpunkte der Beschädigung an ein bestimmter Zeitraum verflossen ist, weil die Frist der vorgeschriebenen Anmeldung erst von der Kenntniserlangung an läuft, der Thatbestand — der Beweis des Schadens und seiner Veranlassung — aber gerade bei dem Wildschaden möglichst schnell — und zwar im Interesse beider Theile — erhoben werden muß. Da der Entwurf nur eine Anmeldepflicht, aber keine sofortige Augensscheinseinnahme und vorläufige Schadenserhebung vorschreibt, auch keine Vorsorge getroffen ist, daß der Jagdpächter von der Schadensanmeldung alsbald Nachricht erlangt, sein Interesse, insbesondere sein Recht der Gegenbeweisführung durch Verdunkelung des Thatbestandes beeinträchtigt werden kann, so würde es angezeigt sein, zu bestimmen, daß die Klage auf Ersatz nicht mehr erhoben werden könne, wenn seit der Beschädigung ein Zeitraum von mindestens 3 Monaten (?) verflossen ist. — Die Verjährungsfrist des § 852 des Bürgerlichen Gesetzbuchs ist offenbar nicht geeignet, die Setzung eines terminus ad quem für Geltendmachung des Anspruchs ohne Rücksicht auf Kenntniserlangung nothwendig. Nimmt man freilich an, daß der Vorbehalt landesgesetzlicher Vorschriften in Artikel 70 des Einführungsgesetzes nur auf die „Geltendmachung“ des Ersatzanspruchs bei einer nichtrichterlichen Behörde sich bezieht, dann wäre allerdings kein Raum für eine Bestimmung erwähnten Inhalts. Es bliebe dann dem Jagdberechtigten, wenn er sich nicht 30 Jahre lang von der Klage des Beschädigten bedroht sehen will, nichts anderes übrig, als, nachdem die Anmeldung erfolgt ist und er von dieser Kenntnis erhalten hat, seinerseits mit negativer Feststellungsklage vorzugehen — ein recht mißliches Auskunftsmittel.

Artikel 23.

Zu Ziffer III.

Die formelle Berechtigung der Landesgesetzgebung, Streitigkeiten über Ansprüche, die auf das bürgerliche Recht sich gründen, anderen Behörden als den ordentlichen Gerichten zu überweisen, kann im Hinblicke auf das Gerichtsverfassungsgesetz Artikel 13, und speziell bezüglich der hier in Frage kommenden Rechtssachen im Hinblicke auf § 919 des Bürgerlichen Gesetzbuchs einem gegründeten Bedenken wohl nicht begegnen. — Gleichwohl ist es statthaft, auf die Verschiedenheit des Rechtszustandes zur Zeit der Emanation des Vermarkungsgesetzes und des künftigen Rechtszustandes hinzuweisen. Das Gesetz vom 16. März 1868 war in erster Linie kein Civil-, sondern ein sogenanntes Kulturgesetz; wenn auch nicht verkannt werden soll, daß es in das provinzielle bürgerliche Recht (s. z. B. Allgem. Preuß. L. R. Thl. I Tit. 17, § 383 ff.; code civil art. 646) theils ergänzend, theils modifizirend eingegriffen hat, — letzteres insofern, als ein wirkliches Bedürfnis der Abmarkung ausdrückliche Voraussetzung begründeten Begehrens einer solchen sein soll (Art. 2).

Zur Begutachtung und Beantwortung der streitigen Bedürfnisfrage konnten sehr wohl die Verwaltungsbehörden als zuständig erklärt werden, da Rücksichten des landwirthschaftlichen Betriebes u. s. w. auf das Waltenlassen behördlichen Ermessens maßgebenden Einfluß haben können. Anders in Zukunft, da die Erörterung der Bedürfnisfrage fortfällt, ein unbedingter civilrechtlicher Anspruch auf Abmarkung durch Errichtung fester Grenzzeichen besteht.

Eine gewisse Anomalie ist es immerhin, wenn ein im Bürgerlichen Gesetzbuche normirter Anspruch, im Falle die schuldige Leistung verweigert wird nicht von dem Civilgerichte, sondern von einer Verwaltungsbehörde soll festgesetzt werden können.

Man könnte vielleicht einwenden, die Zweckmäßigkeit spreche dafür, dem Verfahren über die streitige Abmarkungspflicht das Verfahren über die Art der Abmarkung unmittelbar anzuschließen und daß dies letztere Verfahren zweifellos zur Zuständigkeit der Verwaltungsbehörden gehöre.

Jedenfalls dürfte die eintretende Aenderung der rechtlichen Bestimmungen über die Vermarkungspflicht genügenden Anlaß bieten, die Frage der Kompetenzausscheidung — die Frage, ob bei grundloser Weigerung des Grenznachbars, zu der beanspruchten Grenzbezeichnung mitzuwirken, der Rechtsweg ausgeschlossen, eine Klage aus § 919 des Bürgerlichen Gesetzbuchs bei dem zuständigen Gerichte nicht statthaft sein solle — bei der von der Begründung (S. 29 Z. 4) in Aussicht gestellten Revision des Vermarkungsgesetzes in eingehende Erwägung zu ziehen.

Wollte man den Gedanken hier schon beachten, so hätte der Eingang des Artikel 7 so zu lauten:

„Streitigkeiten über die Nothwendigkeit und die Art der Abmarkung, über die Gültigkeit einer solchen und über die Erhaltung von Grenzzeichen entscheidet auf Anrufen die Verwaltungsbehörde."

Artikel 25.

Zu Ziffer V.

(Artikel 112 Absatz 1 Ziffer 12 der diesrheinischen Gemeindeordnung).

Ich beantrage die Wiederherstellung des Regierungsentwurfs in folgender Fassung:

„12) bei Abschließung von Vergleichen oder Verzicht auf den Streitgegenstand oder Anerkennung des von dem Gegner geltend gemachten Anspruchs, wenn dadurch u. s. w."

Die Bemerkungen der Staatsregierung für den Abstrich der Worte „oder bei Erklärung des Streitabstandes" waren zutreffend. Die gestrichenen Worte standen im Einklang mit der bayerischen Prozeßordnung vom selben Tage, Artikel 90, 92 Ziffer 1, 4; die Reichszivilprozeßordnung hat aber an Stelle des „gänzlichen Streitabstandes" gesetzt „die Zurücknahme der Klage" (§ 271 n. F.). Zur Zurücknahme der Klage ist der Bevollmächtigte auch ohne und gegen den Willen der Gemeinde kraft Gesetzes befugt (§§ 81, 83 ibidem).

Dagegen möchte allerdings der einfache Abstrich der fraglichen Worte nicht genügen. Virtuell haben sie wohl auch in der bayerischen Prozeßordnung den Zweck verfolgt, der mit dem obigen Vorschlage bezielt wird.

Artikel 32.

Zu Ziffer I.

(Artikel 7 Absatz 2 des Gesetzes, betreffend die Errichtung eines Verwaltungsgerichtshofes ꝛc.)

Die vollständige Erledigung der Sache kann sich in mehreren Prozessen abwickeln. Nicht nur kann der Beschädigte zwischen seinen Schuldnern beliebig wechseln, seine Wahl ist nicht definitiv, sie befreit den anderen Schuldner nicht; bis zur endgiltigen Tilgung der vollen Schuld bleiben beide Schuldner verhaftet, § 421 Absatz 2 des Bürgerlichen Gesetzbuchs. Es wird auch, wenn der Staat ꝛc. zuerst in Anspruch genommen ist, der Regreßprozeß zwischen dem Staate und dem Beamten nachfolgen, § 426 a. a. O. Unter solchen Umständen könnte die Frage aufgeworfen werden, ob nicht in jedem dieser Prozesse die Vorentscheidung wieder zu ergehen hätte.

Dies wäre von offenbarem Ueberfluß und bedenklich deshalb, weil die verschiedenen Vorentscheidungen differiren könnten. Vgl. § 425 Absatz 2 i. f. des Bürgerlichen Gesetzbuchs.

Ich stelle daher zu Artikel 7 Absatz 2 den folgenden Zusatz zur Erwägung:

„Die einmal ergangene Vorentscheidung ist maßgebend in dem Rechtsverhältnisse zwischen dem Beschädigten und dem Beamten oder dem Staat, der Gemeinde oder dem sonstigen Communalverband, sowie in dem Rechtsverhältnisse zwischen den Letztbezeichneten und dem Beamten."

Artikel 33.

Der Entwurf in der Fassung des Abgeordnetenausschusses hebt von den Bestimmungen des Ausführungsgesetzes zur Civilprozeß- und Konkurs-Ordnung die Artikel 12—19; 23—33 (Art. 34—44 waren schon durch das Reichsanfechtungsgesetz v. 21. Juli 1879 in Wegfall gebracht); 56—67; 71—77; 79—87; 89—121; 123—126; 135; 140—168; 171—174 (175 war schon durch Art. 41 des Bayrischen Gesetzes vom 26. April 1868, betr. die Abänderung der Bestimmungen des in der Pfalz geltenden Hypotheken- und Vormundschaftsrechts, aufgehoben); 176—219, 222—224 auf, vorbehaltlich einiger der aufgehobenen Artikel als Uebergangsbestimmungen.

Der Entwurf in der Fassung des Abgeordnetenhauses hält aufrecht die übrigen Bestimmungen dieses Ausführungsgesetzes,

theils unverändert: Artikel 1—9; 11; 21; 22; 48; 49; 52; 54; 70; 78; 122;

theils unter Modifikationen: Artikel 9a; 10; 20; 45 (Ueberschrift); 46; 47; 50; 51; 53; 55; 55a; 68a; 69, 69a, 69b; 88 (Versetzung als Art. 70a); die wenig zahlreichen Abänderungen, welche der Abgeordnetenausschuß vorgenommen hat, sind meist formeller Natur.

Gegen den Entwurf in der Fassung des Abgeordnetenausschusses möchten einige, nur formale Erinnerungen bestehen:

Zu Artikel 3 des Ausführungsgesetzes zur Civilprozeßordnung.

In diesem Artikel sind statt des Citates „Artikel 394 und 397" (alte Fassung) zu setzen „Artikel 429 und 432" (neue Fassung der Civilprozeßordnung).

Zu Artikel 11 ibidem.

Im vierten Absatze dieses Artikels wird statt des Wortes „unterzeichnende" zu setzen sein „unterschreibende".

Vergl. Beschluß des Abgeordnetenausschusses zu Artikel 34 Entw. Ziff. XI.

Zu Ziffer V, 1.
(Artikel 46 ibidem.)

Da das Wort „streitig" in Artikel XIX des Expropriationsgesetzes vom 17. November 1837 offenbar nur die Bedeutung hat, daß eine Einigung über die Entschädigung nicht erzielt worden ist — erscheint die vorgeschlagene Aenderung kaum erforderlich.

Zu Ziffer VI.
(Artikel 47 Absatz 2 ibidem.)

Da Artikel XV des Expropriationsgesetzes vom 17. November 1837 einen zweiten Absatz gar nicht hat, erscheinen die Worte

„finden die Vorschriften des Artikel XV Absatz 1 S. 2, Absatz 2 des Gesetzes vom 17. November 1837 entsprechende Anwendung"

wenigstens ungenau; es wird nach „1837" hinzuzufügen sein

„in der Fassung des gegenwärtigen Gesetzes"

(d. i. Artikel 5 Ziffer I des gegenwärtigen Gesetzes).

Zu Ziffer XI.
(Artikel 55a ibidem)

fragt sich, ob Artikel 55a in seiner allgemeinen Fassung auf alle in den Motiven bezeichneten Gesetze angewendet werden kann? Vgl. Artikel 20 Ziff. III des Entwurfes. Es dürfte mindestens zu betonen sein, daß der Ausschuß die Bemerkung der Motive ausdrücklich gebilligt hat.

Anlangend die Ueberschrift, so möchte dieselbe dahin zu vervollständigen sein:

„Rechtsverhältniß bei Ablösung von Rechten Dritter an Grundstücken".

Zu Ziffer XII.
(Artikel 68a ibidem.)

a. Den Anforderungen der Systematik würde es wohl mehr entsprechen, den an sich gerechtfertigten Artikel da einzustellen, wo von der Zwangsvollstreckung gegen andere besondere Kategorien von Rechtssubjekten die Rede ist, aber nicht hier, wo ihn Niemand sucht; er findet eine passendere Stelle als Artikel 9b.

b. Die Ueberschrift dürfte zu lauten haben:

„Zwangsvollstreckung bei Rechtsnachfolge in Familienfideikommisse, Lehen, Stammgüter und landwirthschaftliche Erbgüter".

Ziffer XIIIa.

Es wäre eine solche Ziffer dahin beizufügen:

„Die Ueberschrift vor Artikel 70 wird gestrichen".

Sie ist ersetzt durch die Ueberschrift „Aufgebotsverfahren" bei Ziffer XIII.

Zu Ziffer XV Absatz 3

wird es am Schluß statt „zu der das Grundbuch . ." heißen müssen „zu welcher das Grundbuch . ."

Artikel 34.

Der Artikel 34 in der Fassung des Abgeordnetenausschusses hebt von den Bestimmungen des Ausführungsgesetzes zum Gerichtsverfassungsgesetze die Artikel 28, Absatz 2, 3; 41; 46 und 47 auf; dagegen hält er aufrecht die übrigen Artikel dieses Ausführungsgesetzes,

theilweise unverändert (Artikel 23; 27; 28, Absatz 1; 31—35; 40; 43; 44; 45; 49; 50; 53—62; 66—68; 80—83);

theilweise verändert (Artikel 15; 15a; 17: 21; 22; 29; 30; 36; 37; 38; 39; 42; 48; 51; 52; 63; 64; 65; 69; Ueberschrift des Titels 13; 76; 78; 79.

Die wenigen Aenderungen (zu Artikel 39, 69, 76 des Ausführungsgesetzes, welche der Abgeordnetenausschuß beschlossen hat, sind formaler Natur.

Zu Ziffer I
(Artikel 15, Absatz 1, 2, 3 des Ausführungsgesetzes zum Gerichtsverfassungsgesetze).

Ich beantrage, den Absatz 1 dahin zu fassen:

„In der freiwilligen Gerichtsbarkeit sind die Amtsgerichte, außer in den ihnen durch Reichsgesetze zugewiesenen Angelegenheiten, zuständig für alle übrigen Angelegenheiten, welche nicht durch besondere landesgesetzliche Vorschriften anderen Behörden oder Beamten übertragen sind"

und als besonderen Artikel 15 einzustellen, während die folgenden Absätze ebenfalls einen eigenen Artikel (15a) zu bilden hätten.

Ich stelle zur Erwägung, ob nicht in Absatz 2:

a) dem ersten Satze ein weiterer Satz dahin beizufügen sei:
„Die Zuständigkeit des Amtsgerichts als Vormundschaftsgericht erstreckt sich auch auf den Vertrag zwischen dem Erzeuger des unehelichen Kindes und der Mutter über deren Ansprüche aus dem außerehelichen Beischlaf, wenn dieser Vertrag zugleich mit dem zuerst bezeichneten Vertrage abgeschlossen wird. In beiden Fällen kann das Amtsgericht die Unterwerfung des Schuldners unter die sofortige Zwangsvollstreckung beurkunden;"

b) im Eingang des ersten Satzes vor „zuständig" einzufügen sei „neben den Notaren";

c) am Schlusse des zweiten Absatzes der weitere Satz beizufügen sei:
„Zur Bewirkung einer öffentlichen Beurkundung sind die Amtsgerichte überhaupt nur in den Fällen zuständig, in welchen sie hierzu durch besondere Vorschriften berufen sind."

Gründe.
Absatz 1.

Es handelt sich in diesem Artikel darum, die Zuständigkeit, d. i. den Wirkungskreis der Amtsgerichte in Angelegenheiten der freiwilligen Gerichtsbarkeit für die Landestheile diesseits und jenseits des Rheins landesgesetzlich, d. h. insoweit zu bestimmen, als hiefür die Reichsgesetze noch Raum lassen. Hierzu gibt der Absatz 1 des Entwurfes die Regel.

Gegen diese Vorschrift ist zunächst einzuwenden, daß sie ganz allgemein von Angelegenheiten, nicht aber von jenen der freiwilligen Gerichtsbarkeit spricht, wie es zutreffend der Artikel 15 des Ausführungsgesetzes thut; dies muß gesagt werden.

Im großen Ganzen wird die Zuständigkeit der Amtsgerichte auf dem Gebiet der freiwilligen Gerichtsbarkeit durch das bezügliche Reichsgesetz und das Bürgerliche Gesetzbuch bestimmt. Daß aber und wieweit von einer landesgesetzlichen Regel noch die Rede sein kann, sollte wenigstens angedeutet werden (obigen Vorschlag voce „außer den ihnen durch Reichsgesetz zugewiesenen Angelegenheiten"), denn es handelt sich zunächst um Ausscheidung zwischen Reichs- und Landesrecht. Die Fixirung der amtsgerichtlichen Zuständigkeit erfordert aber eine zweite Ausscheidung, welche auf dem landesgesetzlichen Gebiete selbst liegt; es sind die Zuständigkeiten, welche anderen Behörden z. B. den Oberlandesgerichten oder Beamten z. B. Notaren, Gerichtsschreibern, Standesbeamten übertragen sind; auch dies sollte besonderen Ausdruck finden. Die Worte des Entwurfs „soweit nicht andere Bestimmungen getroffen sind“ sollen all' das ausdrücken; sie sind nicht unrichtig, aber zu abstrakt, um dann ohne eine Reihe von Schlußfolgerungen verständlich zu werden.

Daß endlich Absatz 1 des Entwurfes für das ganze Königreich normirt, ergibt sich daraus, daß er eine Vorschrift des Ausführungsgesetzes von 1879 ersetzt, welches für alle Landestheile gilt, sowie daraus, daß keinerlei örtliche Unterscheidung gemacht ist. Wird nun nach obigem Vorschlag die künftige Zuständigkeit der Amtsgerichte durch die Regel ausgedrückt:

> „daß sie Alles umfaßt, was den Amtsgerichten nicht schon durch die Reichsgesetze zugewiesen und nicht hinwieder durch landesgesetzliche Uebertragung an andere Behörden oder Beamte entzogen ist,“ —

so möchte der Hinweis auf die längst außer Kurs gesetzten Stadt- und Landgerichte entbehrlich sein. Ein solcher Hinweis konnte einmal erfolgen (Ausführungs-Gesetz von 1879); ein zweites Mal paßt er umso weniger, als die damit in Bezug genommenen Bestimmungen (Verordnung für die Pfalz vom 17. Mai 1854; Gerichtsverfassungsgesetz vom 10. November 1861) an sich aufgehoben sind und nichts weniger als gesetzgeberische Muster waren.

Absatz 2, Satz 1.

Die Zuständigkeit der Amtsgerichte in Fällen von Alimentationsverträgen fraglicher Art soll, wie in den Fällen der §§ 1718, 1720 Absatz 2 des Bürgerlichen Gesetzbuchs nur eine mit der Zuständigkeit der Notare konkurrirende sein. Der Deutlichkeit wegen möchte dies auszudrücken sein, umsomehr, als die Bemerkung der Motive des Entwurfs, wonach die Amtsgerichte in den allegierten Fällen des Bürgerlichen Gesetzbuchs ohnehin zuständig seien, nicht ganz vollständig sein dürfte; nach § 167 Absatz 2 des Gesetzes über die Angelegenheiten der freiwilligen Gerichtsbarkeit sind die Amtsgerichte neben den Notaren zuständig.

Der die Deflorationsverträge 2c. betreffende Zusatz meines Vorschlags soll das Zerreißen zusammengehöriger Geschäfte vermeiden; sonst werden die Betheiligten vom Pontius zum Pilatus geschickt.

Die Hinzufügung der Vollstreckungsklausel möchte gerade in den hier fraglichen Fällen zweckmäßig sein.

Absatz 2, Satz 2.

Zum ersten Theil des Satzes möchte zu konstatiren sein, daß unter den Beurkundungen, welche nach den Vorschriften der Reichsgesetze durch ein Gericht oder einen Notar zu bewirken sind, diejenigen Geschäfte mitverstanden werden, welche vor Gericht oder Notar vorzunehmen sind.

Am Schlusse des zweiten Theils des Satzes dürfte der Deutlichkeit wegen der Satz beizufügen sein, daß die Amtsgerichte zur Bewirkung der öffentlichen Beurkundung überhaupt nur in den Fällen zuständig sind, in denen sie hierzu durch besondere Vorschriften berufen werden.

Absatz 2 und 3.

Dieselben enthalten Modifikationen des in Absatz 1 ausgesprochenen Prinzipes. Das Ganze würde leichter verstanden, wenn nach dem Vorschlag zwei Artikel, 15 und 15a eingestellt würden. Der jetzige Artikel 15a würde dann Artikel 15b.

Zu Ziffer VIII
(Artikel 42 des Ausführungsgesetzes).

Aus der Aufrechterhaltung der Ziffer 1 des Artikel 36 ergibt sich, daß die Zuständigkeit der Oberlandesgerichte sowohl für Real= und gemischte Klagen gegen ein Mitglied des Königlichen Hauses (vergl. die Bestimmungen der Verfassungsurkunde Titel II § 8 und des Kgl. Familienstatuts vom 5. August 1891 — Regierungs= und Intelligenz=Blatt von 1821 — Titel X § 1), als auch für Familienfideikommißsachen (Beil. VII der Verfassungsurkunde) fortdauert.

Zu Ziffer XII
(Artikel 42 des Ausführungsgesetzes).

a. Nach dem neuen Absatz 4 dieses Artikels bleibt das Oberste Landesgericht namentlich zuständig zur Entscheidung über die Kompetenzkonflikte zwischen Gerichten und Verwaltungsbehörden, ferner in Disziplinarsachen, weiter als Staatsgerichtshof auf Grund des Minister-Verantwortlichkeitsgesetzes vom 4. Juni 1848 in Verbindung mit dem Gesetz vom 30. März 1850, den Staatsgerichtshof betreffend, endlich als Berufungsgericht und zugleich letzte Instanz in Real= und gemischten Klagen gegen Mitglieder des Königlichen Hauses sowie in Familienfideikommißsachen.

Da Artikel 81 des Ausführungsgesetzes zum Gerichtsverfassungsgesetz nicht aufgehoben wird, bleibt auch Artikel 76 Absatz 2 des Bayerischen Gerichtsverfassungsgesetzes vom 10. November 1861 in Kraft (Standesherrliche Vormundschafts= und Verlassenschafts=Sachen).

b. Als das Gesetz des Norddeutschen Bundes, betreffend die Errichtung eines obersten Gerichtshofes für Handelssachen, in Bayern vom 1. Juli 1874 abwärts eingeführt wurde, sind Vorbehalte für die Zuständigkeit des Bayerischen Obersten Gerichtshofes in Ansehung von Klagen und Widerklagen gegen die Kgl. Zivilliste in den dem Bundesoberhandelsgerichte zugewiesenen Sachen nicht gemacht worden.

Als mit Einführung des Reichsgerichtsverfassungsgesetzes und der Civilprozeß= und Konkursordnung vom 1. Oktober 1879 abwärts das Reichsgericht geschaffen, doch ein Oberstes Bayerisches Landesgericht beibehalten war, trat abermals eine Theilung der Zuständigkeiten zwischen beiden ein. Doch wurde in Ansehung der hiernach dem Reichsgericht zugewiesenen Sachen ein Vorbehalt für die Landesgesetzgebung in Ansehung der vorerwähnten Sachen der Kgl. Zivilliste 2c. in § 5 des Einführungsgesetzes zum Gerichtsverfassungsgesetze in § 5 des Einführungsgesetzes zur Civilprozeßordnung, in § 7 des Einführungsgesetzes zur Konkursordnung aufgenommen. Von diesen Vorbehalten hat aber Bayern damals in Ansehung der Kgl. Civilliste keinen Gebrauch gemacht.

Die beiden Vorgänge (1874, 1879, erklären sich wohl daraus, daß die bis zur Einführung des Bürgerlichen Gesetzbuchs bestehende Zuständigkeit des Reichsgerichts im Wesentlichen zusammenfällt mit den Zuständigkeiten des vormaligen Bundesoberhandelsgerichts und daß kein erhebliches Interesse für eine Sonderstellung der Bayerischen Civilliste nach dieser Richtung anzunehmen war. Das ändert sich aber mit der Einführung des Bürgerlichen Gesetzbuchs bezw. von dem Zeitpunkte abwärts, zu welchem die prozessuale Austragung älterer Sachen in Fortfall kommt. Würde auch jetzt, wie es im vorliegenden Entwurfe geschieht, kein Gebrauch von den erwähnten Vorbehalten in Ansehung der Kgl. Civilliste gemacht, so gehören alle Prozesse, in welchen wider dieselbe als Beklagte oder Widerbeklagte ein Anspruch auf Grund des Bürgerlichen Gesetzbuchs vor dem Landgerichte geltend gemacht ist, in letzter Instanz an das Reichsgericht, und nicht an das Bayerische Oberste Landesgericht.

Die Frage, ob es hierbei verbleiben soll, ist doch wohl der Erwägung werth, obschon die Motive des gegenwärtigen Entwurfs hierüber schweigen.

Zunächst besteht kein begründeter Zweifel, daß auch unter der Herrschaft des Bürgerlichen Gesetzbuchs die Zuständigkeit des Bayerischen Obersten Landesgerichts auf die vorbezeichneten Revisions- und Beschwerdesachen landesgesetzlich erweitert werden kann.

Die Zulässigkeit des Rechtsweges für vermögensrechtliche Ansprüche Dritter (anderer Personen, als Mitgliedern der Kgl. Familie) an den Landesherrn darf zwar nicht von dessen Einwilligung abhängig gemacht werden (§ 5 Satz 2 Einführungsgesetzes zur Civilprozeßordnung), d. h. der Landesherr unterliegt der Gerichtsbarkeit, nicht nur für seine Civilliste (Bayrisches Ausführungsgesetz zur Civilprozeßordnung ꝛc. Artikel 1), sondern auch für sein Schatullgut. Aber durch Haus- oder Landesgesetz kann bei der Frage, welches Gericht zuständig sein soll, sowohl für die erste, wie für alle weiteren Instanzen (§ 135 Reichsgerichtsverfassungsgesetz) abweichend von der Regel bestimmt werden (§ 5, Satz 1 Einführungsgesetz zur Civilprozeßordnung). Wenn Artikel 6 des Einführungsgesetzes zum Bürgerlichen Gesetzbuch Revisionen und Beschwerden in bürgerlichen Rechtsstreitigkeiten über Klagen und Widerklagen auf Grund des Bürgerlichen Gesetzbuchs dem Reichsgerichte zuweist, so ist hiermit die spezielle Vorschrift des § 5 Satz 1 des Einführungsgesetzes zur Civilprozeßordnung nicht geändert. Der allgemeine Artikel 6 enthält, wie zahlreiche andere in Spezialgesetzen getroffenen Bestimmungen über die Zuständigkeit des Reichsgerichts, eine Ergänzung des Gerichtsverfassungsgesetzes bezw. des § 8 des Einführungsgesetzes zu letzterem. Bei richtiger Systematik gehörte der Inhalt des mehrberegten Artikel 6 in das Reichsgesetz vom 17. Mai 1898, betr. Aenderungen des Gerichtsverfassungsgesetzes bezw. des Einführungsgesetzes zu diesem. Darum ist es für die hier behandelte Frage ohne Einfluß, wenn Artikel 57 des Einführungsgesetzes zum Bürgerlichen Gesetzbuch diese Frage unberührt läßt.

Die Frage endlich, wie sich gegenüber der vorstehend dargestellten Lage die Bayerische Landesgesetzgebung verhalten soll, wird dahin zu präzisiren sein, nicht ob Gründe bestehen, von dem bezüglichen Vorbehalt Gebrauch zu machen, sondern, welche Gründe für den Verzicht auf seine Benützung gegeben sind. Denn schon die Existenz des Vorbehalts erkennt, von politischen Erwägungen abgesehen, an, daß eine Nothwendigkeit nicht besteht, auch nach dieser Richtung volle Einheit herzustellen. Die Motive des gegenwärtigen, wie des Entwurfs, betr. die Ausführung des Bürgerlichen Gesetzbuchs stellen sich durchweg auf den Standpunkt, daß Gründe für den Verzicht auf die Benützung eines Vorbehalts gegeben sein müssen.

Solche Gründe fehlen im vorliegenden Falle überhaupt. Zahlreiche und schwer wiegende Gründe liegen nach der anderen Seite.

Als Artikel 15 Absatz 2 der Bayerischen Civilprozeßordnung vom 29. April 1869 die kgl. Civilliste der staatlichen Gerichtsbarkeit unterwarf und zwar auf Vorschlag der kgl. Staatsregierung, da dachte man an bayerische Gerichte; daß dieser Gedanke in den Jahren 1874 und 1879 nicht aufgegeben ist, wurde Eingangs erwähnt; daß man ihn jetzt noch weniger aufgeben kann, wird daraus folgen, daß nun nicht nur das Vermögen der kgl. Civilliste, sondern auch das königliche Schatullgut in § 5 S. 2 des Einführungsgesetzes zur Civilprozeßordnung begriffen ist.

Hält die bayerische Regierung trotz des minutiösen Wirkungskreises, welcher ihrem Obersten Landesgerichte in bürgerlichen Rechtsstreitigkeiten belassen ist, diesen Gerichtshof aufrecht, so müßte es wohl auffallen, wenn sie diesem das Reichsgericht in Prozessen des Landesherrn vorzieht, ohne dazu genöthigt zu sein.

Man hat anderweit von dem Grundsatze Gebrauch gemacht: wo die Krone kein Privilegium hat, muß auch jenes der Mitglieder des Kgl. Hauses fallen. Konsequent wäre nun, auch die Privilegien der letzteren da in Fortfall zu bringen, wo die Krone solcher entbehrt. Das hat gerade in Absatz 4 Artikel 42 Ziffer XII zu Artikel 34 gegenwärtigen Entwurfs unterlassen!

Allerdings das kann sich fragen, ob das künftige Oberste Landesgericht in seiner Beschränkung auf wenige Civilprozeßsachen noch die erforderliche praktische Befähigung auf diesem Gebiete behalten wird? Indessen der Einwand träfe auch für Real- und gemischte Sachen der Mitglieder des Kgl. Hauses, ja in prozessualer Beziehung für alle landesrechtlichen Materien zu. Er ist aber überhaupt unbegründet, da in Sachen der nichtstreitigen Rechtspflege das Oberste Landesgericht berufen sein wird, das gesammte bürgerliche Reichsrecht anzuwenden.

Wahr ist, daß der Zuwachs, welcher der Wirksamkeit des Obersten Landesgerichts durch die hier fraglichen Sachen geschaffen würde, nur in seltenen Fällen in die Erscheinung treten wird. Dies ist aber doch kein Grund, ein bayerisches Sonderrecht (weil nur Bayern einen Obersten Landesgerichtshof hält) unbenützt zu lassen.

Antrag, dem Artikel 42 folgenden Absatz beizufügen:

> „Auch ist in den Rechtsstreitigkeiten, in welchen durch „Klage oder Widerklage ein Anspruch gegen den Landes„herrn verfolgt wird, über die Revision und Beschwerde, „statt vom Reichsgericht, vom Obersten Landesgerichte zu „entscheiden."

Zu Ziffer XXI
(Artikel 76 des Ausführungsgesetzes).

Der Artikel 145 des Einführungsgesetzes zum Bürgerlichen Gesetzbuch behält dem Landesgesetz eine Reihe zivilrechtlicher Bestimmungen vor. Der Entwurf will die Ueberweisung auf den Verordnungsweg; es fragt sich, ob nicht nachträgliche Vorlage an den Landtag vorbehalten werden soll.

In Absatz 3 wären die Worte „reglementäre Vorschriften" wohl zu ersetzen durch die Worte „Ausführungsvorschriften".

Artikel 36.

Zu Ziffer I, Artikel 1, Absatz 1 lit. a.

Ob der Ausdruck „von Pflichttheilansprüchen" genügt, stelle ich zur Erwägung. Die Absicht des Gesetzes ist, erworbene Erbschaften rc. zu besteuern; der Pflichttheilsanspruch ist nach dem Bürgerlichen Gesetzbuch eine Forderung, ob man im Sinne des Steuergesetzes sagen kann, die Forderung sei erworben, ehevor sie geltend gemacht ist, erscheint fraglich.

Zu Ziffer VII.

Es möchte zu fassen sein:

„. . . die Erbschaft oder einzelne Erbschaftstheile ausantworten, Vermächtnisse, Schenkungen, auf den Todesfall, Pflichttheilsansprüche oder Bezüge . . . erfüllen."

Artikel 38.

Zu Ziffer IV voce:

„Die unter Vormundschaft stehen, oder für die die Bestellung":

Es dürfte statt der beiden unterstrichenen Worte jeweils zu setzen sein „welche".

Zu Ziffer VII.

Es dürfte das sprachlich unrichtige und überflüssige Wort „ungefähren" zu streichen sein. Arg. voce „voraussichtlich."

Artikel 42.

Auch hier werden Gesetze landesrechtlich für aufgehoben erklärt, welche theilweise oder selbst ganz schon durch die Reichsgesetze aufgehoben sind. Vergl. die bezügliche Bemerkung zu Artikel 1, Absatz 1 des Ausführungsgesetzes I. Es fragt sich, ob das nicht anzudeuten wäre, wie in dem Preußischen Ausführungsgesetz, Artikel 87, resp. 141, soweit sie nicht schon in Folge Reichsgesetz außer Kraft treten."

Da in Aussicht genommen ist, daß die beiden Ausführungsgesetze I und II in ein einziges vereinigt werden, ist für diesen Fall die Bemerkung veranlaßt, daß den Artikel 1 des Ausführungsgesetzes I hierher zu transferiren zweckmäßig wäre.

Artikel 45.

Es wäre wohl wünschenswerth, die Umnummerirung auf das Berggesetz und das Gesetz, betreffend die Landeskulturrentenanstalt zu erstrecken.

München, den 5. Februar 1899.

S. M.

Reichsrath **Dr. von Schmitt.**

X. Protokoll

des besonderen Ausschusses der Kammer der Reichsräthe zur Berathung der durch die Einführung des Bürgerlichen Gesetzbuchs veranlaßten Gesetzentwürfe

über den

Entwurf eines Gesetzes, die durch die Einführung des Bürgerlichen Gesetzbuchs veranlaßten Aenderungen der seit 1818 erlassenen Gesetze betreffend.

(Verhandl. d. Justizgesetzgebungsausschusses der K. der Reichsräthe 1899.)

— Artikel 1 mit 20. —

München, den 21. Februar 1899.

Gegenwärtig die Herren Reichsräthe: Graf Fugger von Glött, Ritter von Küffner, Referent, von Auer, Vorstand, Dr. Ritter von Bechmann, Sekretär, Dr. Ritter von Schmitt, Exzellenz, Hessert, Ritter von Maffei.

Von Seite des k. Staatsministeriums: Der k. Staatsminister der Justiz Dr. Freiherr von Leonrod. Der k. Senatspräsident Dr. Ritter von Jacubezky. Der k. Ministerialrath, Kronanwalt Ritter von Schubart. Der k. Ministerialrath Hörmann. Der k. Oberregierungsrath Schreiber. Der k. Oberregierungsrath Krazeisen.

Die Sitzung wird um 3½ Uhr durch den Herrn Vorsitzenden Reichsrath **von Auer** eröffnet.

Vorsitzender: Die Sitzung ist eröffnet.

Wir kommen heute zur Berathung des Gesetzentwurfs, die durch die Einführung des Bürgerlichen Gesetzbuchs veranlaßten Aenderungen der seit 1818 erlassenen Gesetze betreffend (Beilage B). Da das Gesetz aus mehreren Artikeln besteht, fragt es sich, ob eine Generaldiskussion zu eröffnen ist. Zur Einleitung derselben ertheile ich hiemit das Wort dem Herrn Referenten.

Reichsrath **von Küffner** als Referent: Im Justizausschuß der Kammer der Abgeordneten wurde für den vorliegenden Gesetzentwurf von einer Generaldiskussion Umgang genommen, und es kann dies auch hier füglich geschehen. Nur im allgemeinen sei bemerkt, daß die Einführung des Bürgerlichen Gesetzbuchs und seiner Nebengesetze, besonders in Bezug auf das Liegenschaftswesen, mannigfache Veränderungen und Ergänzungen des Landesrechts behufs einer Erzielung des Einklangs mit dem Reichsrechte nothwendig gemacht hat, wobei gleichzeitig einige andere mit jener Uebereinstimmung nicht zusammenhängenden Modifikationen des Landesrechts in Betracht gezogen wurden.

Diese Arbeit wurde von der k. Staatsregierung mit der größten Sorgsamkeit und Gründlichkeit zur Ausführung gebracht; die Thätigkeit der Landtagsausschüsse beruht daher auf einer sicheren und zuverlässigen Grundlage, soweit es sich um das jetzt Dargebotene handelt. Nachzuspüren aber, ob nicht diese oder auch einzelne andere Landesgesetze zu einem weiteren Eingriffe der bezeichneten Art Anlaß geben könnten, würde bei dem großen Umfange der unterliegenden Rechtsbeziehungen und dem unabsehbaren Aufwande an Zeit für die Faktoren des Landtags fast ein Ding der Unmöglichkeit gewesen sein.

Die Vorlage ist ein fest gefügter Bau, dabei naturgemäß von so nüchterner Gestaltung, daß selbst im Justizausschusse der Kammer der Abgeordneten nur wenige minder wesentliche Korrekturen daran vorgenommen werden konnten. Es bleibt deshalb mit Rücksicht auf letztere Verhandlungen und die ihnen zu Grunde liegenden, eingehendst gehaltenen Motive des Gesetzentwurfs für die diesseitige Prüfung nichts anderes übrig, als die jeweils angewendeten Gesichtspunkte meistens kurz zu wiederholen, was um so unbedenklicher in Vollzug gesetzt werden konnte, als grundsätzliche Abweichungen kaum in Aussicht stehen.

Vorsitzender: Ich frage die Hohen Herren, ob sie eine Generaldiskussion wünschen, und ob hiezu einer der Hohen Herren das Wort ergreifen will.

Reichsrath **Hessert:** Ich habe eine Bemerkung vorauszuschicken. Eine Reihe von Artikeln beschäftigt sich mit den Sondervorschriften für die Pfalz. Die meisten derselben waren veranlaßt durch die Verschiedenheit des Liegenschafts-, Vormundschafts- und Familienrechts. Nachdem diese Verschiedenheit wegfällt, müssen auch die Sondervorschriften wegfallen, und ich werde nur bei jenen Punkten etwas zu bemerken haben, wo dazu eine ganz besondere Veranlassung vorliegt. Im allgemeinen habe ich sie genau geprüft und verglichen und erhebe ich im allgemeinen eine Erinnerung nicht.

Vorsitzender: Wenn niemand von den Hohen Herren das Wort in der Generaldiskussion ergreift, so gehen wir zur Berathung der einzelnen Artikel über. Ich rufe zunächst

Artikel 1

auf und gebe das Wort dem Herrn Referenten.

Reichsrath **von Küffner** als Referent: Zu den Einzelheiten übergehend hat Artikel 1 einige geringfügige Aenderungen der Verfassungsurkunde vom 26. Mai 1818 zum Gegenstand, geringfügig darum, weil sie nach gegenwärtiger Sachlage sich von selbst verstehen; denn

a) die beantragte Fassung zur Beilage VII § 14 Absatz 3 entspricht der dermaligen Rechtslage;

b) die §§ 28 und 109 daselbst erstrecken sich auf die sogenannten fideikommissarischen Substitutionen, Nacherbrechte, welche nur privatrechtlicher Natur sind und dem in gedachter Beilage VII festgestellten öffentlichen Rechte nicht zugänglich erscheinen;

c) die VIII. Beilage betrifft das antiquierte Recht der Siegelmäßigkeit, mit welchem Titel V § 4 Absatz 2 Nr. 4 und § 5 der Verfassungsurkunde im engsten Zusammenhange stehen.

Gerade im Hinblick auf den letzterwähnten Umstand wurde durch den Ausschuß der Kammer der Abgeordneten unter Zustimmung des k. Staatsministeriums der Justiz auch die Aufhebung eben dieser Bestimmungen mitherein gezogen.

Ich kann nicht umhin, dabei einen Punkt zu berühren, welcher nicht jeglichen Interesses entbehren wird.

Nach Protokoll Nr. 16 über die Ausschußverhandlungen der Kammer der Abgeordneten vom 5. Dezember 1898 S. 255 wurde neben dem bayerischen Landrechte auch die Augsburger Protokollarordnung als ein Gesetz bezeichnet, wornach der siegelmäßige Vater die lebenslängliche Nutznießung des Muttergutes in Anspruch nehmen darf.

Dieser Hinweis stützt sich wahrscheinlich auf Roths bayerisches Civilrecht, wo es in II. Auflage Bd. I § 101 S. 604 heißt:

> Nach bayerischem Landrecht haben siegelmäßige Väter und nach dem Recht der Stadt Regensburg alle Väter den lebenslänglichen Genuß des Muttergutes. In Note 97 ist dann beigefügt:
> bayer. Landrecht Th. I cap. 5 § 5 Nr. 3.
> Der gleiche Grundsatz gilt nach der Fürstbischöfl.-Augsburger Protokollarordnung vom 29. Dezember 1775 **§ 16.**

In der I. Auflage war zitiert **§ 6.**

Die aus dem Magazin des bayer. Staats- und Privatrechts von Schelhaß Bd. I S. 129 ersichtliche Protokollarordnung, welche übrigens nur 8 Nummern oder Paragraphen enthält, erwähnt jedoch S. 130 nur die Siegelmäßigkeit überhaupt.

Ebenso gibt es in der Pflegeordnung der freien Stadt Augsburg vom Jahre 1779 eine mir in Abschrift vorliegende Bestimmung (§ XXXVI pag. 61), die auf alle (nicht blos die siegelmäßigen) Väter die Nutznießung vom Muttergute ihrer Kinder erstreckt.

Diese Erörterung ist nur insoferne von einem materiellen Belang, als es gilt, auf eine nur noch kurze Zeit eine allenfallsige unzutreffende Gesetzesanwendung ferne zu halten.

Eine weitläufige Besprechung hatte sich über die Frage des Ueberganges des Adels des Mannes auf die Frau und Kinder entsponnen; ich darf dieselbe, als hieher von keiner praktischen Bedeutung, wohl übergehen und mich dabei lediglich auf die Schlußworte Seiner Exzellenz des k. Staatsministers der Justiz beziehen: „Hienach kann ein begründeter Zweifel darüber nicht bestehen, daß die einschlägigen Vorschriften der V. Beilage der Verfassungsurkunde, insbesondere die §§ 1, 2 derselben durch das Bürgerliche Gesetzbuch nicht berührt worden sind.“

Ein den Anschluß der Begründung von Familienfideikommissen bezielender Antrag betrifft die Pfalz.

Ich stimme für den Artikel in der vom Abgeordnetenausschuß festgestellten Fassung.

Reichsrath Haffert: Der letzte Absatz des Artikel 1 ist, wie den Hohen Herren bekannt, im Laufe der Diskussion im Abgeordnetenausschuß hereingekommen. Man kann ja darüber streiten, wie es auch im andern Ausschusse geschah, ob es nöthig sei, eine förmliche Bestimmung in dieser Richtung zu treffen. Auf der andern Seite schadet sie aber nichts. Ich habe mich seinerzeit persönlich nicht aus praktischen Gründen, sondern theoretisch vergewissern wollen, auf welcher Bestimmung eigentlich die Unzulässigkeit der Errichtung von Familienfideikommissen in der Pfalz gegründet wird. Es ist mir jedoch nicht gelungen, den Schlüssel dazu zu finden. Die Verordnung vom 5. Oktober 1818, die sich mit der Frage beschäftigt, welche Theile der Verfassungsurkunde in der Pfalz nicht gelten, spricht von allen andern Adelsvorrechten ausdrücklich, merkwürdigerweise aber von Fideikommissen gar nicht, und erst den Forschungen von Seydel's ist es gelungen, Licht darüber zu verbreiten. Man hat sich damals aus bekannten Gründen nicht bestimmt ausdrücken wollen; man hat sich dabei beruhigt, daß zur Zeit die Errichtung von Familienfideikommissen in der Pfalz unthunlich sei, weil ein Verbot der Substitutionen besteht. Im code civil ist nämlich das Verbot statuiert, durch letztwillige Verfügungen oder durch Verfügung unter Lebenden Zuwendungen zu machen mit der Verpflichtung, das Zugewendete zu erhalten und einem Dritten zu übergeben. Das war aber nicht der einzige Grund; ein Grund war auch der, daß man mit anderen Grundsätzen des französischen Rechts in Widerspruch gerathen wäre. Ich erinnere an die Gleichheit der Erbtheile ꝛc., die sich auch auf Grundstücke erstreckt, und an die unbegrenzte Theilbarkeit der letzteren. Nun war man bisher allgemein und unbestritten der Meinung, daß die Errichtung von Familienfideikommissen in der Pfalz unzulässig sei. Um diese Zulässigkeit auch für die Zukunft auszuschließen, hat man zu dieser Bestimmung gegriffen, und ich trete derselben bei. Zur

Errichtung von Familienfideikommissen ist kein Bedürfnis in der Pfalz vorhanden, wir haben sozusagen gar keinen Adel in der Pfalz und wir haben auch objektiv die Voraussetzungen in Bezug auf Grundstücke nicht, die nöthig wären, um zur Anlegung von Familienfideikommissen zu führen. Auch darf ich hinzusetzen, daß die Bevölkerung nicht wünscht, daß dieses Institut eingeführt wird. Unter diesen Verhältnissen war es das Beste, diese Frage damit zu schließen, daß man die Errichtung von Familienfideikommissen auch in Zukunft für nicht zulässig erklärt hat.

Vorsitzender: Ich beklage diesen Zusatz, nämlich vom Standpunkte der Rechtseinheit aus. Warum soll die Pfalz wieder eine Sonderstellung einnehmen gegenüber dem diesseitigen Bayern? Mir scheinen die Gründe, die Herr Reichsrath Hessert angeführt hat, nicht ausreichend zu sein, die Familienfideikommisse für die Pfalz auszuschließen. Fürs erste hat er gesagt, wir haben in der Pfalz keinen Adel; das schließt aber nicht aus, daß Adel in die Pfalz kommt, der ein Bedürfniß nach Familienfideikommissen hat. Fürs zweite hat Herr Reichsrath Hessert gesagt, daß die Volksstimmung gegen die Fideikommisse sei. Ich glaube, die Volksstimmung kennt gar nicht das Wesen der Familienfideikommisse und stellt sich darunter ein feudales Institut vor, das zum Nachtheil der bürgerlichen Freiheit bestimmt sein kann. Bei uns im diesseitigen Bayern ist diese Einrichtung der Familienfideikommisse bisher als ein bewährtes Rechtsinstitut von verschiedenen Seiten betrachtet worden. Der Großgrundbesitz, der doch immer wünschenswerth ist, kann nur auf Grund von Fideikommissen bewahrt werden. Ich erinnere nur daran, daß die Erhaltung größerer Waldungen, die ja zur Erhaltung des Nationalreichthums, außerdem aber auch im Interesse des Klimas sehr wünschenswerth sind, nur für den Staat, Gemeinden, Stiftungen und Fideikommisse möglich ist; denn von einem Privaten kann man nicht verlangen, daß er den Wald so pflegt, daß erst die spätere Generation den wahren Genuß aus demselben ziehen wird. Hier im diesseitigen Bayern habe ich die entgegengesetzte Erfahrung gegenüber derjenigen des Herrn Reichsrathes Hessert hinsichtlich der Anschauung des Publikums über die Fideikommisse gemacht. Schon oft sind zu mir Leute aus dem bürgerlichen Stande gekommen, um mich darüber zu Rath zu ziehen, wie es möglich wäre, mit vieler Mühe, Fleiß und Sparsamkeit erworbenes Grundeigenthum in der Familie zu erhalten. Ich habe ihnen immer erklären müssen, daß dies nach der gegenwärtigen Gesetzgebung für die bürgerlichen Staatsangehörigen Bayerns leider eine Unmöglichkeit sei. Ich wäre für Ausdehnung der Fideikommisse auf Nichtadelige.

Ich finde auch einen gewissen Widerspruch darin, daß die öffentliche Meinung dafür ist, daß man durch Einführung des Höferechts den Grundbesitz unter den Bauern stabil macht, daß man aber andere Stände von den Wohlthaten, welche die Stabilität des Grundbesitzes mit sich bringt, auszuschließen bestrebt ist. Daher kann ich diese Bestimmung nicht begrüßen, wenn ich auch einsehe, daß mit einem entgegengesetzten Antrag nicht durchzukommen sein dürfte. Unwidersprochen wollte ich aber nicht lassen, daß eine Nothwendigkeit bestehe, für die Pfalz in Zukunft die Errichtung von Familienfideikommissen auszuschließen. Will man dort keine Fideikommisse, dann werden auch keine errichtet werden, aber die Freiheit, Fideikommisse zu errichten, sollte man auch für die Pfalz ebenso gewähren, wie für das diesseitige Bayern.

Reichsrath Dr. **von Bechmann:** Ich wollte nicht unterlassen, mich meinerseits den Ausführungen des verehrten Herrn Ausschußvorsitzenden vollständig anzuschließen. Ich bedauere diese Bestimmung auch in hohem Maße. Es macht keinen angenehmen Eindruck, daß gleich wieder in Artikel 1 eine Ausnahmebestimmung und ein Privilegium — denn so wird es doch aufgefaßt — für die Pfalz statuiert wird. Wenn man in der Pfalz für Fideikommisse kein Bedürfniß hat, so kann man die Errichtung derselben ja unterlassen; es kommt aber nicht bloß die Frage in Betracht, ob Pfälzer Fideikommisse errichten sollen. Es würden, wenn diese Bestimmung nicht bestünde, auch diesseitige Adelige in der Lage sein, pfälzische Grundstücke zu erwerben und ihren Fideikommissen zuzulegen, was jetzt ausgeschlossen ist. Einen irgendwie inneren Grund für dieses Privilegium kann ich nicht erblicken, unterlasse es aber, einen Antrag zu stellen, der aussichtslos sein würde, jedenfalls in der zweiten Kammer.

Reichsrath Heffert: Ich verkenne durchaus nicht die vortheilhaften Seiten dieses Instituts und ich bin auch kein prinzipieller Gegner desselben; aber ich bitte die Hohen Herren anzuerkennen, daß ich damit rechnen muß, daß, wenn ich auch nicht auf Grund eines Mandats der Bevölkerung das Wort führe, ich doch die Ansichten dieser Bevölkerung zum Ausdruck bringen muß. Die Bevölkerung der Pfalz — man mag ihr das zum Vorwurf machen oder nicht — liebt einmal diese Dinge nicht; auch unsere Nachbarn in Elsaß-Lothringen, in Frankreich, überhaupt auf dem linken Rheinufer kennen diese Einrichtung nicht. Nun mag dem sein, wie ihm wolle, wenn man 100 Jahre lang an das absolut gleiche Erbrecht aller Kinder, an die absolute Veräußerlichkeit und Theilbarkeit aller Grundstücke gewohnt ist, kann man sich nicht leicht in neues Recht finden. Wenn es sein müßte, so gebe ich allerdings zu, würde man es annehmen, so gut wie es im Jahre 1818 möglich gewesen wäre. Damals hätte man es eher machen können; jetzt nach 100 Jahren es einzuführen, dazu meine ich, besteht wirklich keine Veranlassung.

Was endlich die Vortheile für den Wald betrifft, so haben wir die schönsten Staatswaldungen; die Gemeindewaldungen stehen unter Aufsicht und Verwaltung des Staates, Privatwaldungen müssen abgeforstet und dürfen nicht devastiert werden, und wir können uns in dieser Beziehung wohl sehen lassen. Ich möchte daher meinen, daß keine Veranlassung besteht, in dieser Hinsicht eine Aenderung zu treffen. Daß in diesem Punkte Rechtsungleichheit geschaffen wird, gebe ich zu, solche besteht aber noch in vielen andern Partien des öffentlichen Rechts.

Reichsrath Dr. von Schmitt: Ich habe in meinen gedruckten Bemerkungen*) anheim gegeben, für Artikel 1 Ziffer III die Fassung zu wählen: „Die seither noch geltenden das bürgerliche Recht betreffenden Bestimmungen der VIII. Beilage werden aufgehoben." Der Artikel enthält überhaupt nur über die Anfechtung der Entscheidungen eine positive Vorschrift. Was über die Siegelmäßigkeit darin vorkommt, das ist entweder bereits aufgehoben, oder es wird durch die Bestimmungen des Bürgerlichen Gesetzbuchs aufgehoben. Das Bürgerliche Gesetzbuch ordnet ja die Wirkungen der väterlichen Gewalt selbständig und für sich und es ordnet diese Wirkungen in Ansehung des Nutzgenusses am Kindervermögen nicht so, wie das bayerische Landrecht und unter Bezugnahme darauf die Verfassungsurkunde für siegelmäßige Väter. Da das Edikt über die Siegelmäßigkeit insoweit noch gilt, kann es hier aufgehoben

*) Vergl. oben S. 421.

werden, nicht aber nochmal aufgehoben werden in Ansehung einer ganzen Reihe von anderen Bestimmungen, welche, soweit mir bekannt, samt und sonders bereits durch die Landesgesetzgebung beseitigt sind. Da hat es mir nun zutreffender erscheinen wollen, wenn nicht das VIII. Edikt im ganzen aufgehoben wird, sondern eben nur das, was noch besteht, und das, was uns hier berührt.

Ich bin mir bewußt, daß ich sachlich nicht im mindesten von dem Regierungsentwurf abweiche. Ich habe allerdings ein Gefühl dafür, daß es wünschenswerth wäre, die vielfach durchbrochene Verfassungsurkunde ins Reine zu bringen, sei es dadurch, daß man eine Revision vornimmt, sei es dadurch, daß man wenigstens eine Umnummerierung vornimmt; allein aus politischen und anderen Gründen wird das nicht gehen und jedenfalls ist das auch unsere Aufgabe nicht. So zweckmäßig nach verschiedenen Richtungen eine solche Reinstellung der Verfassungsurkunde wäre, so wäre damit nicht viel gethan, wenn die Reinstellung auf einzelne Theile oder einzelne Stücke der Verfassungsurkunde beschränkt wird. Deshalb habe ich geglaubt, es sei zutreffender, wenn man nur das aufhebt, was noch besteht, und aus diesem Gesichtspunkt habe ich die Aenderung der Fassung beantragt.

Die Bestimmungen in Artikel 1 Ziffer II Nr. 2, betreffend das Familienfideikommiß, werden durch das Bürgerliche Gesetzbuch beseitigt; was in dem § 28 des Familienfideikommißedikts steht, betrifft einen Fall der Konversion, also des § 140 des Bürgerlichen Gesetzbuchs. Und was in § 109 von Substitution gesagt wird, ist von dem Bürgerlichen Gesetzbuch in anderer Weise geregelt worden. Zur Zeit sind aber diese Bestimmungen noch geltendes Recht.

Der k. Ministerialkommissär, Senatspräsident Dr. **von Jacubezky:** Ich bitte, von der vorgeschlagenen Aenderung abzusehen. Es ist zwar richtig, daß die VIII. Verfassungsbeilage zum größten Theil seit geraumer Zeit gegenstandslos geworden ist; die Vorrechte der Siegelmäßigen sind auf dem Gebiete der freiwilligen Gerichtsbarkeit durch das Notariatsgesetz vom 10. November 1861 Artikel 150 Absatz 2, auf dem Gebiete der streitigen Gerichtsbarkeit durch das Einführungsgesetz zur bayerischen Prozeßordnung vom 29. April 1869 Artikel 3 Ziffer 16 beseitigt worden. Nunmehr fällt auch der letzte Rest des Inhalts der VIII. Beilage weg, sie tritt vollständig außer Kraft, und deshalb dürfte es sich empfehlen, sie schlechthin aufzuheben und nicht die Aufhebung auf gewisse Vorschriften zu beschränken. Wenn gesagt wird, daß die noch geltenden das bürgerliche Recht betreffenden Bestimmungen aufgehoben werden, so möchte man meinen, daß bisher außer solchen Bestimmungen, die das bürgerliche Recht betreffen, noch andere in Geltung geblieben seien, was nicht der Fall ist. Wollte man hier eine solche Einschränkung machen, so müßte an vielen anderen Stellen das Gleiche geschehen, z. B. auch in Ziffer I des Artikel 1; denn auch die hier angeführten Vorschriften des Titel V § 4 Absatz 2 Nr. 4 und § 5 der Verfassungsurkunde gelten nur noch theilweise. Von den Gesetzen, die in dem Artikel 42 für aufgehoben erklärt werden, haben auch sehr viele ihre Geltung schon theilweise verloren, ich erinnere nur an das im Artikel 42 Ziffer 1 angeführte Hypothekengesetz, von dessen Vorschriften seit dem Jahre 1848 eine große Anzahl durch verschiedene Gesetze aufgehoben worden ist.

Ich glaube, es ist anschaulicher, wenn die Gesetze, die ihre Geltung gänzlich verlieren, einfach für aufgehoben erklärt werden.

Reichsrath Dr. **von Schmitt:** Ich möchte hinzufügen, daß der Vorschlag mit dem zusammenhängt, was ich zu Artikel 1 des ersten Ausführungsgesetzes zur Erwägung gestellt habe, und was zur Folge hatte, daß im Protokoll eine Konstatierung erfolgte. Daran anknüpfend, möchte ich die weitere Bemerkung hinzufügen, die ausdrückliche Aufhebung hat hier eine mehr formale Bedeutung. Es wird vielleicht nützlich sein, das zu betonen.

Reichsrath von Küffner als Referent: Ich halte die Aenderung der Fassung nicht für angezeigt. Wenn früher, wie feststeht, Bestimmungen der VIII. Verfassungsbeilage aufgehoben worden sind, und jetzt noch einige aufgehoben werden, dann ist eben die ganze VIII. Verfassungsbeilage verschwunden; und erkennt man dieses an, so wird niemand in dieser VIII. Beilage noch etwas suchen wollen. Die jetzige Fassung ist die einfachere, die andere wäre die kompliziertere; es würde bei deren Annahme vielleicht mancher erst nachforschen, welche Bestimmungen eigentlich aufgehoben sind.

Vorsitzender: Ich fasse die Sache so auf, daß die VIII. Verfassungsbeilage aufgehoben wird in dem Zustande, in dem sie nun besteht. Die Aenderungen, die möglicher Weise eingetreten sind, heben ja die Beilage nicht auf, sondern ändern sie nur.

Es wird weiter das Wort nicht begehrt.

Der Artikel 1 gilt für angenommen.

Artikel 2.

Ziffer I.

Reichsrath von Küffner als Referent: Artikel 2 umfaßt verschiedene Aenderungen des Gesetzes vom 15. August 1828, die allgemeine Grundsteuer betreffend, in der Fassung der Bekanntmachung vom 10. Juni 1881.

Nach Ziffer I soll nach § 71 ein § 71a eingestellt werden, weil künftig, wie im Grundbuch, so auch im Kataster nicht der Besitzer, sondern der Eigenthümer eingetragen werden muß und dieses gesetzlich zum Ausdruck zu bringen ist.

Die Absätze 1 und 2 des neuen § 71a beziehen sich auf Aenderungen in der Person und in Absatz 2 hat der Zwischensatz „wenn zu dem Erwerbe des Eigenthums die Eintragung in das Grundbuch erforderlich ist" den auf Rechtsgeschäft beruhenden Erwerb und die Aneignungsfälle der §§ 927 Absatz 2 und 928 Absatz 2 des Bürgerlichen Gesetzbuchs im Auge; hier hat die Eintragung im Grundbuch vorauszugehen, und obliegt es dem Grundbuchamte, die Aenderung bei der Kataster-(Umschreib-)Behörde anzumelden.

Es gibt aber auch Fälle, in denen, sei es nach dem Bürgerlichen Gesetzbuch und anderen Reichsgesetzen oder nach Landesrecht, der Eigenthumserwerb sich ohne Eintragung in das Grundbuch vollzieht.

Ueber die im Satz 2 Absatz 2 bemerkten „übrigen Fälle" vermochte selbst der k. Regierungskommissär keinen erschöpfenden Aufschluß zu geben, doch kann nach dessen Erklärungen im Zusammenhalt mit den Motiven soviel als feststehend angenommen werden, daß darunter eben der Erwerb, der sich ohne Eintragung vollzieht, und die Festsetzung des Eigenthums eines anderen, wie des als Eigenthümer Eingetragenen, begriffen sind.

Diesfalls kämen nach dem Bürgerlichen Gesetzbuch in Betracht der Erwerb durch die Erben — einschließlich der Nacherben, welche mit dem Erbfall oder dem Eintritt des Falles der Nacherbfolge Eigenthümer der Nachlaßgrundstücke werden (§§ 1922, 1942, 2032 Absatz 1, 2139 des B. G. B.) ferner das Gemeinschaftlichwerden des Eigenthums der Ehegatten durch die Gütergemeinschaft (§§ 1438 und 1519 a. a. O.), weiter der Erwerb im Wege der Zwangsversteigerung gemäß §§ 89, 90 des Reichsgesetzes über die Zwangsversteigerung und Zwangsverwaltung vom 24. März 1897, wonach der Ersteher das Eigenthum an den versteigerten Grundstücken mit der Verkündung des Zuschlagsbeschlusses erwirbt.

Beispiele, in welchen Eigenthum ohne Eintragung in das Grundbuch nach Landesrecht übergeht, sind die Zwangsenteignung: hier geht das Eigenthum über, wenn die Abtretungspflicht, sowie die Entschädigung endgiltig festgestellt sind, und die Entschädigung gezahlt oder hinterlegt ist; ferner die Flurbereinigung: bei dieser bewirkt den Eigenthumsübergang die von der Flurbereinigungskommission in Betreff des Operats zu erlassende Vollziehbarkeitserklärung, in welcher der Tag des Eigenthumsüberganges zu bezeichnen ist.

Absatz 3 des § 71a betrifft Aenderungen in der Sache.

Es wird sich nicht verkennen lassen, daß die Ausdrucksweise in demselben durch Einschiebung der Worte „abgesehen von der Vereinigung ganzer Grundstücke" etwas schwerfällig sich darstellt.

Es ließe sich dieses leicht vermeiden, wenn jene Worte zur Bildung eines eigenen Schlußsatzes verwendet würden, z. B. derart:

„Die Vereinigung ganzer Grundstücke wird davon nicht betroffen."

Dieser Satz wurde auch in materieller Hinsicht beanstandet, aber von dem k. Regierungskommissär ohne weitere Anfechtung durch folgende Erklärung gerechtfertigt:

> „Die Vereinigung ganzer Grundstücke ist mit der Wirkung, daß die vereinigten Grundstücke, also das ganze neue Grundstück, nur *eine* Plannummer erhalten und auf der Karte als einheitliches Grundstück erscheinen, nach der Natur der Sache nur denkbar, *wenn die Grundstücke aneinanderstoßen*.
>
> Die ganze Aenderung besteht darin, daß die Grenzlinie verschwindet."

Nebenbei wird erwähnt, daß für den Eintrag in das *Grundbuch* eine Planvorlage nach § 96 der Grundbuchordnung gleichfalls erforderlich ist, abgesehen von dem Falle der Vereinigung ganzer Grundstücke, wo ein Bedürfniß dazu nicht besteht.

Vorsitzender: Ich eröffne die Diskussion über *Ziffer* I.

Von Seiner Exzellenz, dem Herrn Reichsrath Dr. Ritter von Schmitt, ist zu dem dritten Absatz dieser Ziffer beantragt, statt der Worte: „des Messungsverzeichnisses" zu setzen: „aus dem Messungsverzeichnisse".

Reichsrath Dr. **von Schmitt**: Mein schriftlicher Antrag zu Artikel 2 Ziffer I will eine kleine Fassungsänderung. Es fragt sich nur, was das richtigere Deutsch ist. Ich sage der Ausdruck: „Auszug aus dem Messungsverzeichnisse".

Der k. *Ministerialkommissär, Senatspräsident* Dr. **von Jacubezky**: Ich erachte den einen wie den anderen Ausdruck für richtig; möchte aber bemerken, daß die vom Entwurfe gewählte Fassung mit dem Genitiv sich an den Sprachgebrauch der Civilprozeßordnung anschließt, — ich verweise beispielsweise auf die §§ 204, 205, 317 — welche neuere Landesgesetze, z. B. die Subhastationsordnung, — ich verweise auf den Artikel 64 — gefolgt sind. Wenn die Hohen Herren aber vorziehen „aus dem Messungsverzeichniß" zu sagen, so habe ich nichts zu erinnern.

Dagegen glaube ich, daß die von dem Herrn Referenten angeregte Aenderung keine Verbesserung sein würde.

Vor allem wird es nicht angehen, dem Zusatze die Fassung zu geben: „Die Vereinigung ganzer Grundstücke wird davon nicht betroffen.“ Man müßte sagen: „Diese Vorschrift gilt jedoch nicht für die Vereinigung ganzer Grundstücke.“ Bei der großen Bedeutung, die gerade dieser Fall im Leben hat, ist es anschaulicher, wenn dieser Fall von vornherein ausgenommen wird.

Vorsitzender: Ziffer I ist angenommen, abgesehen von den beiden Beanstandungen, und es wird sich nun fragen, ob die Herren der Anregung des Herrn Referenten stattgeben wollen, statt der Worte in Absatz 3: „abgesehen von der Vereinigung ganzer Grundstücke“ am Schlusse der Ziffer die Worte zu setzen: „die Vereinigung ganzer Grundstücke wird davon nicht betroffen.“ Ich bitte die Herren, welche diesem Antrage zustimmen, die Hand emporzuheben. (Geschieht.) Der Antrag ist abgelehnt.

Wir kommen nun zur Anregung Seiner Exzellenz des Herrn Reichsrathes von Schmitt, die dahin geht, anstatt des Ausdruckes „des Messungsverzeichnisses“ zu setzen „aus dem Messungsverzeichnisse.“

Ich bitte diejenigen Herren, welche dem Antrage zustimmen, die Hand emporzuheben. (Geschieht.) Dieser Antrag ist angenommen.

Wir kommen nun zu

Ziffer II und III.

Reichsrath **von Küffner** als Referent: Die Ziffern II und III haben Formfragen zum Gegenstand, die auf Herstellung und Aufrechterhaltung des Einklanges zwischen Grundsteuerkataster und Grundbuch gerichtet und nicht zu bemängeln sind.

Vorsitzender: Die Ziffern II und III sind angenommen, vorbehaltlich der Anträge Seiner Exzellenz zu Ziffer III Absatz 1.

Reichsrath Dr. **von Schmitt**: Der Entwurf will die Frist von sechs Wochen auf zwei Wochen kürzen. Es ist ja ganz richtig, es sind die Fälle, in welchen hier ein Grundbesitzer zur Thätigkeit veranlaßt wird, nach Maßgabe der Bestimmungen des gegenwärtigen Entwurfs vermindert, aber aus der Welt sind sie nicht geschafft. Es gibt noch Erwerbungen durch Erbschaft, von gemeinschaftlichem Eigenthum durch Eheeingehung, den Erwerb buchfreier Grundstücke u. s. w. Sie wissen ja Alle, meine Hohen Herren, daß der Bauer sehr schwerfällig sich bewegt; auf den ersten Ruf ist er schwerhörig. Ich meine nun, wenn Sie einem solchen Mann eine Frist von 14 Tagen geben, und es ist gerade Erntezeit oder sonst eine sehr nothwendige Zeit, dann hat der Mann sonst schon den Kopf voll, und es ist gut, wenn man ihm eine längere Zeit läßt. Warum soll man die Bestimmungen in Ansehung der Zeit verschärfen? Ich weiß aus eigener Erfahrung, daß, wenn der Grundbesitzer angemeldet hat, er mitunter Jahre lang warten kann, bis der Anmeldung entsprechend der Kataster bereinigt und ergänzt wird.

Der Gegensatz ist also: Hier Wochen, dort Jahre. Eine Korrektur des bestehenden Gesetzes scheint mir umsoweniger erforderlich, als wir es eigentlich hier nicht mit einer Reform des Grundsteuerwesens zu thun haben. Ich glaube daher, man sollte die zwei Wochen wieder in sechs Wochen verwandeln und man sollte auch Entschuldigungen ausdrücklich als zulässig bezeichnen, also auffordern, es solle sich der Betreffende binnen 6 Wochen anmelden oder Hinderungsgründe vorbringen. Es sind ja auch Fälle möglich, wo es dem Manne nicht möglich erscheint, daß er während der sechs Wochen der Auflage nachkommt. (Wiederherstellung der alternativen Fassung des Gesetzes).

Sodann habe ich den Antrag gestellt, in Ziffer III Absatz 1 statt „Ordnungsstrafe" zu setzen „Ordnungsstrafen", weil die Zwangsstrafen sich wiederholen.

Reichsrath **von Küffner** als Referent: Was die erste Beanstandung betrifft, so hat man nicht ohne Absicht die sechs Wochen auf zwei Wochen herabgesetzt, und zwar deswegen, um die Landbewohner, die hier hauptsächlich in Frage stehen, nicht gar zu rücksichtsvoll zu behandeln.

Es ist ja gewiß, daß, wenn zehn oder zwölf Wochen festgesetzt werden, der Betheiligte sich auch erst in der letzten Zeit rührt, und danach wäre es gleichgiltig, welche Frist gewählt wird. Uebrigens scheint mir in der Bestimmung des Gesetzentwurfs der Nachdruck darauf zu liegen, daß eine Frist von mindestens zwei Wochen vorgesetzt werden muß; damit ist für die Behörde vorgeschrieben, daß sie unter diese Zeit nicht heruntergehen darf, aber daß sie über dieselbe hinausgeht, ist dadurch nicht ausgeschlossen. Wenn sohin ein Betheiligter geltend macht, er könne die Sache in 14 Tagen nicht in Vollzug setzen, er bitte noch um weitere kurze Frist, so wird das von Seite der Behörde auch bewilligt werden können, weil sie an die vierzehntägige Frist eben nicht gebunden ist.

Es dürfte daher, nachdem man mit Absicht die früheren sechs Wochen auf zwei Wochen beschränkt hat, um einen schnelleren Gang des Verfahrens herbeizuführen, das Gesetz in diesem Punkte nicht wohl zu ändern sein.

Was den Antrag betrifft, daß statt „Ordnungsstrafe" „Ordnungsstrafen" gesetzt werden solle, so ist zu bedenken, daß Artikel 74 nicht von mehreren Strafen, sondern nur von einer Strafe spricht, die allerdings gegen mehrere Betheiligte verhängt und gegebenen Falls wiederholt werden kann. Deshalb möchte der Ausdruck „Ordnungsstrafe" wohl aufrecht zu erhalten sein.

Die alternative Fassung des § 73 Absatz 1 des Gesetzes vom 10. Juni 1881 wieder herzustellen, halte ich auch nicht für angezeigt; sie ist nicht ohne besonderen Zweck beseitigt worden. Das Verfahren soll so kurz und prägnant wie möglich sein. Hat man den Betheiligten aufgefordert, die ihm nach § 72 Absatz 2 obliegende Anmeldung zu bethätigen, so wird derselbe sich ohnehin schriftlich oder mündlich zu der Erklärung veranlaßt sehen, daß er die Anmeldung aus glaubhaft darzulegenden Gründen nicht habe vollziehen können. Wird ihm aber von vornherein der ihm früher gestattete Ausweg vorbehalten, so wird er solchen meistens auch gerne betreten und dadurch die Sache oft grundlos in die Länge ziehen.

Vorsitzender: Der Herr Regierungskommissär wird die Güte haben, das Wort zu ergreifen, und das wird jedenfalls dazu beitragen, die Sache klar zu machen.

Der k. Ministerialkommissär, Kronanwalt **von Schubart**: Ich kann den Anregungen Seiner Exzellenz nicht beipflichten und zwar aus folgenden Gründen. § 73 Absatz 1 des Grundsteuergesetzes in der bisherigen Fassung verfolgt einen doppelten Zweck.

Es soll erstlich in den Fällen, in denen der Partei gemäß § 72 die Anmeldepflicht obliegt, die Partei aber dieser Anmeldepflicht nicht nachkommt, die Anmeldung erzwungen werden können. Es sollen ferner in den Fällen, in welchen Grundstücke in den Eigenbesitz eines andern überlassen worden sind, ohne daß eine Eigenthumsübertragung vorausgegangen ist, die Parteien dazu angehalten werden können, daß sie nachträglich die rechtliche Basis für diese Besitzänderung schaffen, in der Regel die Errichtung einer notariellen Urkunde über das Rechtsgeschäft, welches den Grund für die Besitzänderung abgegeben hat, veranlassen und somit die Besitzänderung zu einer solchen gestalten, daß eine Umschreibung im Kataster möglich ist. Zur Fassung dieser Vorschriften hat der nicht selten vorkommende Fall Anlaß gegeben, daß die Abtretung von Grundstücken oder Grundstückstheilen zur Ersparung der mit der Errichtung notarieller Urkunden oder mit dem Abschluß eines gerichtlichen Vergleichs, verknüpften Kosten und Auslagen lediglich auf Grund außergerichtlichen Vergleiches, unverbriefter Kauf- oder Tauschabschlüsse erfolgt. Mit Rücksicht auf diesen doppelten Zweck des bisherigen § 73 mußte in demselben neben der Aufforderung zur Anmeldung auch die Bestimmung vorgesehen werden, daß die Parteien die nöthigen Nachweise über die erfolgte Eigenthumsübertragung beizubringen hätten. Nun hat man aber mit dieser Vorschrift des § 73, wenigstens insoweit dieselbe über die Erzwingung der Anmeldung hinausging, sehr schlechte Erfahrungen gemacht; es hat eine Reihe von Unannehmlichkeiten für die Betheiligten und für die Behörden gegeben, und es ist doch faktisch in der Regel nichts erreicht worden. Die k. Staatsregierung hat sich infolgedessen, dem Beispiele anderer deutschen Bundesstaaten folgend, die den Zwang schon länger aufgehoben haben, entschlossen, diesen Zwang auf Nachholung des Eigenthumsübertragungsgeschäftes fallen zu lassen. Daß dies geschehen kann, ohne die Aufgabe, welche das Grundsteuerkataster für die Zwecke des Grundbuchs zu erfüllen hat, zu alterieren und ebenso, ohne die Zwecke der Steuererhebung zu gefährden, ist in den Motiven des näheren dargelegt. Ich glaube daher, mich auf dieselben beziehen zu dürfen. § 73 in der Fassung der Regierungsvorlage beschränkt sich lediglich auf die Vorschrift, daß, wenn die Partei, welcher die Anmeldepflicht gemäß § 72 Absatz 2 obliegt, dieser Anmeldepflicht nicht genügt, die Anmeldung von ihr erzwungen werden kann. Es fallen also unter die Vorschrift nur mehr solche Besitzänderungen, welche sich auf einen bereits vorausgegangenen Eigenthumsübergang stützen oder solche Besitzänderungen, bei denen ein Eigenthumsübergang überhaupt nicht in Frage kommen kann, wie z. B. bei Aenderungen in der Eigenschaft des katastrierten Besitzes. Zufolge der Fassung, welche § 72 in der Regierungsvorlage erhalten hat, und inhaltlich deren künftighin die Anmeldepflicht bei Aenderungen, zu denen eine Eintragung im Grundbuche erforderlich ist, den Grundbuchämtern, und in all den Fällen, in denen eine Neumessung vorzunehmen ist, den Messungsbehörden obliegt, ist die Anmeldepflicht der Partei und damit die Anwendbarkeit des § 73 eine sehr beschränkte geworden. Es kommen hauptsächlich nur mehr Fälle in Betracht, in denen sich die Besitzänderung auf Grund der Erbfolge ergibt oder Besitzänderungen, welche eine Aenderung der Eigenschaft des katastrierten Grundbesitzes zum Gegenstande haben, z. B. wenn ein Sumpf in ein Kulturland umgewandelt worden ist. Für die Errichtung von Notariatsurkunden, von welchen Seine Exzellenz in den Bemerkungen spricht, ist in all diesen Fällen kein Raum; jedenfalls genügt für die Zwecke der Steuererhebung die Vorschrift des § 73 in der vorgeschlagenen Fassung vollständig.

Reichsrath Dr. **von Schmitt:** Es fragt sich, ob die Frist nicht zu kurz ist.

Der k. Ministerialkommissär, Kronanwalt **von Schubart:** Da es sich lediglich mehr um die Anmeldung handelt, reicht doch wahrlich eine Frist von 2 Wochen aus. Das war früher etwas anderes, wo die Leute die Nachweise über die Eigenthumsübertragung beizubringen hatten. Ich glaube, wenn wir 6 oder 8 Wochen sagen würden, so würde damit auch nicht erreicht, daß unfehlbar der Aufforderung in jedem Falle gleich am Anfange Folge geleistet würde. Uebrigens heißt es ja auch, daß die Frist mindestens zwei Wochen betragen muß.

In Bezug auf die Anregung, anstatt „Ordnungsstrafe" zu setzen „Ordnungsstrafen", hat der Herr Referent bereits ausgeführt, daß „Ordnungsstrafe" richtiger sein dürfte, als „Ordnungsstrafen". Die Aufforderung zur Anmeldung in § 73 kann doch nur mit einer Ordnungsstrafe verbunden sein. Daß sie wiederholt werden kann, und zwar unter Androhung einer weiteren Ordnungsstrafe, ist erst in § 74 bestimmt. Jedenfalls kann eine jede Aufforderung zur Anmeldung immer nur unter Androhung einer Ordnungsstrafe erfolgen. Ich möchte daher gebeten haben, daß der Hohe Ausschuß den Anträgen Seiner Exzellenz nicht beistimmen, sondern es bei der Fassung der Regierungsvorlage belassen wolle.

Vorsitzender: Nach meinen Erfahrungen hat § 73 die Fälle im Auge gehabt, in welchen thatsächliche Besitzveränderung eingetreten ist, ohne daß insbesondere eine notarielle Verlautbarung stattgefunden hat. Da kamen die Rentämter, die durch die Vermessung und andere Umstände von diesen thatsächlich eingetretenen Besitzveränderungen Kenntnis bekommen hatten und haben den Grundbesitzern die rechtliche Ordnung dieser Besitzänderung aufgetragen. Solche rechtliche Ordnung ist allerdings viel schwieriger als die jetzt nothwendige Anmeldung, und deshalb waren früher 6 Wochen dringend geboten. Sie sind meistentheils nicht ausreichend gewesen, und ich selbst habe die Erfahrung machen müssen, daß man um Verlängerung dieser 6 Wochen mehrmals einkommen mußte, weil eben die Besitzveränderung notariell nicht verlautbart werden konnte. Ich bin daher auch der Ansicht, daß, da § 73 in seiner früheren Bedeutung wesentlich eingeschränkt wurde, die Frist von zwei Wochen hinreicht.

Reichsrath Dr. **von Schmitt:** Ich kann meine Anregung wohl beruhen lassen.

Vorsitzender: Damit ist auch Ziffer II und III unverändert angenommen.

Ziffer IV.

Reichsrath **von Küffner** als Referent: Auch die sachlichen Bestimmungen in Ziffer IV dürfen der Billigung gewiß sein.

Vorsitzender: Besteht gegen Ziffer IV eine Erinnerung? Es ist dies nicht der Fall.

Dann erkläre ich Ziffer IV für angenommen.

Ziffer V.

Reichsrath **von Küffner** als Referent: Die in Ziffer V angeordnete Aufhebung ist geschehen, weil der bezügliche § 116 Absatz 2 und 3 nunmehr durch die Artikel 112 und 113 des Ausführungsgesetzes zum Bürgerlichen Gesetzbuch ersetzt ist.

Vorsitzender: Da kein Widerspruch erhoben wird, erkläre ich Ziffer V und damit Artikel 2 im ganzen für erledigt.

Artikel 3.

Reichsrath **von Küffner** als Referent: Artikel 3 beruht auf der nämlichen Grundlage wie Artikel 2 Ziffer V, daher beantrage ich Annahme.

Vorsitzender: Eine Erinnerung besteht nicht, Artikel 3 ist angenommen. Wir gehen über zu

Artikel 4.

Reichsrath **von Küffner** als Referent: Artikel 4 ressortiert zum Referat für die Pfalz.

Reichsrath **Hessert:** Das Forststrafgesetz für die Pfalz soll gesondert fortbestehen; man könnte ja ein einheitliches Forststrafgesetz für das ganze Königreich schaffen, wenn man die 4. und 5. Abtheilung des diesseitigen Forststrafgesetzes mit dem pfälzischen Forststrafgesetz in ein Gesetz vereinigen würde. Doch besteht keine Veranlassung dazu, dies aus lediglich formalem Grund zu thun, da doch das materielle Forstrecht verschieden bleibt, und die ersten drei Abtheilungen des Forstgesetzes vom Jahre 1852 fortbestehen bleiben müßten. Es wird also auf eine einheitliche Regelung dieser Materie zu verzichten sein.

Was den Artikel 4 betrifft, so ist als neue Ziffer I ein Zusatz hinzugekommen, der den Fall im Auge hat, daß mehrere Personen einer und derselben Familie zu einer Geldstrafe verurtheilt worden sind, und diese Geldstrafe später in eine Haftstrafe umgewandelt wurde. Es haben sich dabei Mißstände ergeben, und man hat nun dazu gegriffen, die diesseitigen Bestimmungen auch auf die Pfalz auszudehnen. Das mildere diesseitige Recht kommt in diesen Fällen zur Anwendung.

Eine Erinnerung hiegegen besteht nicht.

Vorsitzender: Besteht sonst von Seiten der Hohen Herren eine Erinnerung? Es gilt die Ziffer I in der Fassung des Abgeordnetenausschusses für angenommen.

Ziffer Ia.

Reichsrath **Hessert:** Durch die Einschiebung der neuen Ziffer I verändert sich die Reihenfolge der Ziffern der Regierungsvorlage. Die ursprüngliche Ziffer I nun Ziffer Ia, bringt Artikel 13 Absatz 1 des Forststrafgesetzes für die Pfalz in Einklang mit Artikel 69 Absatz 1 des Forstgesetzes vom $\frac{\text{28. März 1852}}{\text{4. Juli 1896}}$ mit Ausnahme einer einzigen Verschiedenheit in der Fassung der Ziffer 3 und unter Weglassung der Ziffer 7. Das in dem alten Artikel 13 gebrauchte Wort „Uebertretung" wird durch das Wort „Frevel" ersetzt. Den Begriff hiefür gibt Artikel 1 des Forststrafgesetzes für die Pfalz.

In Artikel 13 kommt der Ausdruck „civilverantwortlich" vor. Dieser Ausdruck ist auch noch weiter in vielen folgenden Artikeln gebraucht; er ist ursprünglich aus dem rheinischen Recht in das pfälzische Forststrafgesetz übergegangen. Er bedeutet die Haftung für die Handlungen eines Dritten, was man nach dem bürgerlichen Gesetzbuch verantwortlich nennt.

Es liegt aber kein Anlaß vor, hier Aenderungen eintreten zu lassen.

Vorsitzender: Danach kann ich annehmen, daß Ziffer Ia angenommen ist.

Ziffer II.

Reichsrath **Hessert:** Die Ziffer beruht auf einem besonderen Grundsatze des Pfälzer Rechtes; hienach ist ein aus einer strafbaren Handlung erwachsener Civilanspruch nicht mehr zulässig, wenn die öffentliche Klage verjährt ist. Dieser Grundsatz gilt für das Gebiet des ganzen Strafrechts, also auch für das des Forststrafrechts, und wurde auch in den Artikel 31 des Ausführungsgesetzes zur Strafprozeßordnung aufgenommen. Diese Bestimmung wird durch die Vorschriften des Bürgerlichen Gesetzbuchs über unerlaubte Handlungen aufgehoben, nach denen die aus solchen hervorgehenden Civilansprüche in drei Jahren verjähren (§ 852 B. G. B.).

Diese Vorschriften gelten nunmehr auch für Civilansprüche wegen Forstfrevel, weshalb die Civilklage aus Artikel 16 ausscheiden muß.

Vorsitzender: Es gilt auch Ziffer II als angenommen.

Ziffer IIa.

Reichsrath **Hessert:** Ziffer IIa bezieht sich auf eine Aenderung des Artikel 26, gegen die eine Erinnerung nicht besteht.

Vorsitzender: Die Ziffer gilt als angenommen.

Ziffer III—VI.

Reichsrath **Hessert:** Die Ziffern III—VI darf ich wohl zusammennehmen. Sie ändern die Artikel 66—68 und 91 des Forststrafgesetzes in dem Verfahren vor den Amtsgerichten. Die Zustellungen sollen vereinfacht werden; sie sollen durch die Gerichtsschreiber und Gerichtsdiener erfolgen in thunlichst einfacher Form. Die hiezu erforderlichen Vorschriften erläßt das Staatsministerium der Justiz. Dadurch werden die in Wirksamkeit stehenden Forstgerichtsboten entbehrlich und können ganz wegfallen. Demgemäß wird, worauf ich jetzt hinweisen will, in Artikel 35 des Entwurfs noch die Aufhebung des Artikels 68 Absatz 2 des Ausführungsgesetzes zur Strafprozeßordnung, wodurch das bisherige Institut der besonderen Forstgerichtsboten erhalten war, zu beantragen sein. Da jetzt alle Zustellungen außerordentlich vereinfacht sind, so braucht man solche Diener nicht mehr; es geschieht die Zustellung durch die Gerichtsschreiber. Ich wollte das jetzt schon andeuten, doch werde ich darauf später noch zurückkommen. Gegen diese Ziffern habe ich keine Erinnerung.

Vorsitzender: Ziffer III—VI sind angenommen.

Reichsrath Dr. **von Bechmann:** Ich möchte mir erlauben, mit wenigen Worten noch auf die Ziffer I zurückzukommen, die vom Ausschuß der Kammer der Abgeordneten angenommen worden ist. Ich glaube doch, daß dieser Artikel einer kleinen Aenderung in der Redaktion bedarf. Zunächst heißt es „im Betreff der Strafe"; man sagt doch nicht „im Betreff" sondern „in Betreff"; „im Betreff" würde etwas ganz anderes heißen. Dann steht das Wort „jedoch" an einer sehr wunderlichen Stelle, wie wenn man einen Hexameter oder Pentameter hätte konstruieren wollen. Ich schlage den Wortlaut vor: „Diese Verfügung ist jedoch in Betreff der Strafe u. s. w." Ferner möchte ich bitten, daß das zweimal wiederkehrende Wort „Frevler" wegfällt, und ein anderes an seine Stelle tritt, es lautet doch gar so schrecklich. Ich würde sagen „Verurtheilte". Dann sagt man auch nicht „mehrerer dieser Frevler", sondern einfach „mehrere Frevler". Ebenso wird das Wort „dennoch" wegfallen müssen; das ist ganz überflüssig.

Der k. Ministerialkommissär, Senatspräsident Dr. **von Jacubezky**: Diese Vorschriften sind allerdings nicht schön gefaßt, das ist auch uns nicht entgangen, allein man wollte Uebereinstimmung mit den entsprechenden Vorschriften des rechtsrheinischen Rechts herbeiführen und mußte sich deshalb an die Fassung des Forstgesetzes vom 28. März 1852 anschließen, die nach unseren heutigen Anschauungen manches zu wünschen übrig läßt. In dem Ausschusse der Kammer der Abgeordneten sind Erinnerungen gegen die Fassung des Artikel 13 (Ziff. Ia) erhoben worden, man hat sie aber fallen lassen, weil die neue Fassung den Artikel 13 mit dem entsprechenden Artikel 69 des rechtsrheinischen Gesetzes in Einklang bringen soll. Bei der Einfügung einzelner Sätze in ein bestehendes Gesetz muß man auch auf dessen Sprachgebrauch Rücksicht nehmen; denn die neuen Sätze sollen ja Bestandtheile des Gesetzes werden. Es ist deshalb nicht thunlich, hier von Verurtheilten zu sprechen, während das Gesetz sonst überall den Ausdruck „Frevler" gebraucht, der auch in dem rechtsrheinischen Forstgesetze festgehalten ist.

Ich möchte die Hohen Herren bitten, hier von redaktionellen Verbesserungen abzusehen.

Reichsrath Dr. **von Bechmann**: Ich stelle keinen Antrag.

Reichsrath **Hessert**: Ich wollte ergänzend bemerken, daß das kein besonderer Artikel für sich ist, sondern er schließt sich dem Absatz 1 an. Was den Ausdruck „Frevler" betrifft, so wird die Person, die mit dem Forststrafgesetz in Konflikt kommt, immer Frevler genannt, mag sie beanzeigt, angeschuldigt oder verurtheilt sein; ich glaube dies kommt daher, weil früher das Verfahren gegen Forstfrevler ein außerordentlich strenges war. Man hat jetzt auch in der Behandlung dieser Leute eine Abschwächung eintreten lassen, weil sie ja oft nur aus Noth solche Handlungen begehen, der Ausdruck geht durch das ganze Forstgesetz hindurch.

Dazu noch eine Bemerkung: die Regierung der Pfalz hat bisher bei Novellen stets eine neue Textierung erscheinen lassen, das war für die Praxis sehr bequem. Seit 1879 ist die Textierung bereits zweimal abgeändert worden, und nun kommt eine dritte Aenderung; das ist für die Praxis gefährlich, denn wenn nicht genau nachgetragen wird, dann ist es leicht möglich, daß man sich irrt und in Fehler geräth. Es wäre also wünschenswerth, wenn eine neue Textierung des Gesetzes in der Pfalz angeordnet werden wollte.

Hiemit war die weitere zweckmäßige Annehmlichkeit verbunden, daß diese Textausgabe mit Blättern durchschossen war, auf welchen zu den betreffenden Artikeln die ergangenen obergerichtlichen Entscheidungen prinzipieller Natur gedruckt waren.

Vorsitzender: Ich kann wohl annehmen, daß der Anregung des Herrn Reichsraths von Bechmann, die Redaktion der Ziffer 1 betreffend, stattgegeben werden will. Es hat demnach der erste Satz zu lauten: „Diese Verfügung ist jedoch in Betreff der Strafe u. s. w."

Mit dieser Aenderung erkläre ich die Ziffer I des Artikel 4 und den ganzen Artikel 4 als vom Hohen Ausschuß genehmigt.

Artikel 5.

Reichsrath **von Küffner** als Referent: Artikel 5 handelt vom Gesetz vom 17. November 1837, die Zwangsabtretung von Grund-Eigenthum für öffentliche Zwecke betreffend, und bezieht sich in Ziffer I Nr. 1—4 auf Formvorschriften.

Ein Bedenken zu Nr. 1 hinsichtlich der Worte „in dem ihr — der Distriktspolizeibehörde — zu amtlichen Kundmachungen dienenden Blatte" berührt die Pfalz.

Zu Nr. 2 findet die Aenderung der Worte „für die Angerufenen" durch diejenigen „für die Abtretungspflichtigen" darin ihre Erklärung, daß unter Angerufenen auch andere Betheiligte, insbesondere Hypothekgläubiger, begriffen wären und sohin die Beschränkung nur auf Abtretungspflichtige klar zum Ausdruck gebracht werden sollte. Die Vorschriften unter Nr. 3 und 4 bedürfen keiner Erläuterung.

Reichsrath **Hessert**: Die Aenderung in Nr. 2 findet darin ihre Erklärung, daß unter den Angerufenen auch andere Betheiligte insbesondere Hypothekgläubiger begriffen sein können. Die Vorschriften unter Nr. 3 und 4 haben meinerseits kein Bedenken hervorgerufen, und ich würde daher die Ziffer I zur Annahme empfehlen.

Reichsrath Dr. **von Schmitt**: Zu Artikel 5 Ziffer I Nr. 4 Absatz 1 resp. 2 habe ich den Antrag gestellt, nach dem Worte „Ladung" einzufügen „an andere Personen als die Antragsteller und die Eigenthümer der abzutretenden Liegenschaften". Das ist allerdings eine sachliche Aenderung; es handelt sich um das Verfahren in Expropriationssachen und zwar um die erste Verhandlung bezw. um die Publikation der anberaumten Verhandlung oder um die spezielle Ladung der Betheiligten dazu.

Außer der Publikation des Termins durch Anschlag an die Gemeindetafel und durch Einrückung in einem Blatte soll jeder einzeln Betheiligte noch speziell schriftlich geladen werden. Aber wenn der betreffende Vorgeladene am Termine nicht erschienen ist, so ist zur Verwirklichung der Ungehorsamsfolge in der Regel nicht erforderlich, daß bei dieser Ladung alle Förmlichkeiten eingehalten worden sind; der Ausgebliebene kann ungeachtet dessen zur Kostentragung verurtheilt werden, ja es kann sein wiederholtes Wegbleiben als Verzicht angesehen oder er mit seinen Einwendungen ausgeschlossen werden. Dagegen habe ich, soweit es sich um Nebenbetheiligte handelt, nichts zu erinnern. Soweit es sich aber um den Antragsteller, oder um diejenigen, die abtreten sollen, handelt, scheint es mir doch wünschenswerth, daß die Ladung ordnungsmäßig erfolgt. Denn an einem solchen Geschäft sind oft sehr viele Personen betheiligt, es werden deshalb auch die Kosten nicht gering sein. Aber hievon abgesehen, scheint es mir doch zu weit zu gehen, wenn zur Verwirklichung von Präjudizien in der Sache selbst gar nicht erfordert wird, daß die zwar vorgeschriebene spezielle Ladung auch ordnungsgemäß erfolgt sei.

Aus diesem Grunde glaube ich, den Antrag stellen zu sollen, daß mit der Ladung genau verfahren werden solle, wenigstens in Bezug auf den Antragsteller und auf diejenigen, welche abtreten sollen.

Der k. Ministerialkommissär, Senatspräsident Dr. **von Jacubezky**: Der Entwurf hat sich wie in der Begründung dargelegt und auch von dem Herrn Antragsteller in seinen schriftlichen Bemerkungen angeführt ist, an die entsprechenden Vorschriften des Flurbereinigungsgesetzes angeschlossen.

Was zunächst den Antragsteller anlangt, so wird man nicht annehmen können, daß diejenigen, welche z. B. eine Eisenbahn bauen wollen — es wird dies der häufigste und wichtigste Fall sein — von dem Termine keine Kenntniß erlangen, wenn ihnen die Ladung nicht ordnungsmäßig zugekommen ist. Die Ladung wird öffentlich bekannt gemacht und kommt deshalb jedenfalls zur Kenntniß des Antragstellers, auch wenn die schriftliche Mittheilung nicht rechtzeitig erfolgt. Daß ein Antragsteller ausbleibt, wenn er das Unternehmen ausführen will, ist nicht zu befürchten. Andererseits würde es meines Erachtens nicht billig sein, wenn deshalb, weil dem Antragsteller die Ladung nicht in der richtigen Form zugekommen ist, die anderen Betheiligten, die im Termin erschienen sind, die für ihr Erscheinen aufgewandten Kosten selbst zu tragen hätten. Es ist richtiger, von dem Antragsteller, der die Veranlassung dazu gegeben hat, daß alle Betheiligten geladen werden mußten, zu verlangen, daß er im Termin zur Stelle ist, und zu diesem Behufe auch von der amtlichen Kundmachung Kenntniß nimmt.

Bezüglich der Abtretungspflichtigen ist der Herr Antragsteller der Meinung, daß diesen ein so wichtiger Rechtsnachtheil angedroht sei, daß man bei ihnen eine schriftliche Ladung verlangen müsse. In seinen schriftlichen Bemerkungen ist beigefügt, daß der Fall der Zwangsenteignung wesentlich anderer Art sei, als der der Flurbereinigung, bei welcher es sich regelmäßig nur um einen Austausch von Grundstücken handle. Ich meine aber, daß die Aehnlichkeit mit der Flurbereinigung in die Augen springt. In beiden Fällen handelt es sich darum, daß jemand seinen Grundbesitz gegen Entschädigung aufgeben soll; bei der Zwangsenteignung wird die Entschädigung in Geld gewährt, bei der Flurbereinigung besteht sie in der Hauptsache in anderen Grundstücken. Die Frage, wie groß die Geldentschädigung in dem einen Falle ist und welche Grundstücke in dem anderen Falle als Entschädigung gewährt werden, bleibt für die im ersten Termine nicht Erschienenen offen, der für den Fall wiederholten Ausbleibens anzudrohende Rechtsnachtheil betrifft nur die Abtretungspflicht, nicht die Höhe der Entschädigung. Der Fall, daß Einwendungen gegen die Abtretungspflicht bei der Zwangsenteignung erhoben werden, dürfte viel seltener sein, als der Fall der Erhebung von Einwendungen gegen ein Flurbereinigungsunternehmen. Die Eröffnung des Enteignungsverfahrens wird nach Artikel XIV des Gesetzes vom 17. November 1837 nur angeordnet werden, wenn für das Unternehmen die Zwangsenteignung statthaft ist und der Plan des Unternehmens, z. B. eines Eisenbahnbaues, wird so ausgearbeitet sein, daß ein Betheiligter, der eine Aenderung des Planes, z. B. die Verlegung der Eisenbahnlinie, zu dem Zwecke verlangt, damit sein Grundstück nicht in den Bereich des Unternehmens fällt, wenig Aussicht auf Erfolg haben wird. In der Mehrzahl der Fälle wird deßhalb die Abtretungspflicht nicht bestritten werden. Nach neueren Enteignungsgesetzen findet zunächst nur die öffentliche Bekanntmachung statt, daß der Plan zur Einsicht offen liegt und Einwendungen gegen den Plan innerhalb der gesetzlich bestimmten Frist erhoben werden können. Ein Termin zur Verhandlung über die Abtretungspflicht wird nur abgehalten, wenn Einwendungen erhoben werden, zu dem Termin werden nur die bei den Einwendungen Betheiligten geladen. Auf der anderen Seite ist es eine beträchtliche Erschwerung des Verfahrens, wenn der Termin verlegt werden muß, sobald es an dem Nachweis der ordnungsgemäßen Ladung eines nicht erschienenen Abtretungspflichtigen fehlt, und in den seltensten Fällen besteht ein wirklicher Grund dafür. Denn, daß der Betheiligte von dem Termine nichts erfahren haben sollte, ist kaum glaublich, es sei denn, daß er unter Umständen abwesend ist, unter denen er auch von einer Ersatzzustellung keine Kenntniß erlangen wird. Außer diesem Falle wird es ihm nicht verborgen bleiben, daß das Unternehmen im Gemeindebezirk ausgeführt wird und daß auch sein Grundstück dazu verwendet werden soll, selbst wenn ihm die Ladung nicht zukommt.

Ich glaube, daß wir uns ohne Bedenken an die Vorschriften anschließen können, die im Flurbereinigungsgesetze getroffen sind, daß es neben der Bekanntmachung der Ladung durch das zu den amtlichen Kundmachungen der Behörde dienende Blatt auch für den Antragsteller und die Abtretungspflichtigen genügt, die schriftliche Mittheilung durch eine Ordnungsvorschrift anzuordnen, die auch der Herr Antragsteller bei den übrigen Betheiligten für ausreichend erachtet.

Reichsrath Dr. **von Schmitt:** Gewiß könnte man das, man könnte ja die Sache noch einfacher machen. Man könnte sich einfach mit einer öffentlichen Ladung in der Zeitung begnügen; dann muß der Betreffende das Grundstück abgeben, wenn er zum zweiten Male ausgeblieben ist und möglicherweise nichts von der ganzen Sache weiß. In den kleinsten Sachen, wo es sich um ein Minimum von Kosten handelt, verlangt man im gerichtlichen Verfahren als erstes die richtige Ladung, warum will man in einem so wichtigen Falle von der Ladung, die einmal vom Gesetze vorgeschrieben ist, nicht verlangen, daß sie gemacht sei! Dafür sehe ich keinen Grund ein und ich glaube, man kann verlangen, daß die Ladung geschieht und daß sie auch in ordentlicher Weise geschieht. Es handelt sich schon bezüglich der Kosten um keine Kleinigkeit, gewöhnlich um eine Mehrzahl von Betheiligten; alle diese Betheiligten müssen entschädigt werden wegen des vereitelten Termines. Es handelt sich aber nicht nur darum, sondern im Wiederholungsfalle verliert der Ausgebliebene auch sein Recht selbst. Nun sagt man, es habe sich dies Verfahren als sehr praktisch erwiesen bei der Flurbereinigung. Ja beim Flurbereinigungsverfahren ist das etwas ganz anderes; denn da weiß die ganze Gemeinde davon; hier aber ist es gar nicht nothwendig, daß eine größere Anzahl von Gemeindemitgliedern bei der Sache betheiligt ist. Man schlägt den Termin an der Ortstafel an: ja die Hohen Herren wissen, wie die Anschläge beschaffen sind; wie oft sind da drei oder vier Anschläge aufeinander befestigt und es weiß keiner, was darin steht.

Ich meine also, wenn man so schwere Präjudizien aufstellt, dann sollte man wenigstens eine ordnungsgemäße Ladung verlangen können. Denn wofür ordnet man die Ladung überhaupt an, wenn es auf dieselbe nicht ankommen soll.

Bei dem Flurbereinigungsverfahren ist ferner zu beachten, daß es sich um den Austausch von Grundeigenthum gegen Grundeigenthum handelt, hier aber handelt es sich darum, daß man Geld für das Grundstück nehmen muß. Bei dem Flurbereinigungsverfahren werden alle Verhältnisse der Betheiligten berücksichtigt, hier ist das Verhältnis im großen und ganzen ein anderes.

Auf der anderen Seite sollte ich glauben, daß es wirklich nicht allzuschwer sei, dafür zu sorgen, daß der Antragsteller auf der einen Seite (das wird meist nur eine Person sein) und auf der andern Seite diejenigen, welche abtreten sollen (das kann ja eine Mehrzahl sein), ordnungsgemäß zu laden sind. Ist es nicht Sache des Amtes, bevor der Termin herankam, die Sachen einzusehen und die Ladungen besonders zu prüfen? Da wird sich gleich herausstellen, ob die Ladungen richtig erfolgt sind, und wenn die Ladung eben nicht ordnungsgemäß erfolgt ist, dann verlegt man den Termin und läßt neue Publikation und Ladung ergehen. Anderseits aber glaube ich, daß es eine starke Zumuthung ist, zu sagen: ja der hat ein Recht auf spezielle Ladung, aber ob die spezielle Ladung in Ordnung ist oder nicht, darauf kommt nichts an.

Bei meinem Vorschlag werden große Unzukömmlichkeiten und Verschleppungen gerade deshalb weniger eintreten, weil die Aufmerksamkeit der Behörden geschärft wird, wenn sie weiß, daß die Ladung in Ordnung sein muß. Weiß die Behörde aber, daß nichts darauf ankommt, dann ist die Gefahr vorhanden, daß man die Sache zu leicht nimmt. Ich meine doch, man sollte, wenn man einmal die spezielle Ladung vorschreibt, wenigstens für die Hauptbetheiligten darauf sehen, daß sie ordnungsgemäß erfolgt.

Der k. Ministerialkommissär, Senatspräsident Dr. **von Jacubezky:** Der Herr Antragsteller nimmt selbst an, wir könnten, wie es neuere Gesetze thun, uns mit der öffentlichen Bekanntmachung begnügen. Der Entwurf geht aber weiter, er schreibt vor, daß auch eine schriftliche Mittheilung erfolgt. Darin, daß der Entwurf diese weitergehende Berücksichtigung der Betheiligten für geboten erachtet, liegt aber keine Nöthigung, der schriftlichen Mittheilung die Bedeutung beizulegen, daß die Ladung als nicht erfolgt gilt, wenn die schriftliche Mittheilung nicht ordnungsgemäß bewirkt ist.

Man muß sich die Frage vorlegen, ob ein Bedürfniß dafür besteht, die Durchführung des Verfahrens durch eine solche Vorschrift zu erschweren. Der Herr Antragsteller hält die schriftliche Mittheilung deswegen für wesentlich, weil das Unternehmen, für welches die Enteignung stattfinden soll, nicht wie ein Flurbereinigungsunternehmen in der Gemeinde, in deren Bezirk es ausgeführt werden soll, allgemein bekannt sein werde. Aber die im Artikel I des Gesetzes vom 17. November 1837 aufgezählten Unternehmungen können nicht geheim bleiben. Es handelt sich um:

1. Erbauung von Festungen oder sonstigen Vorkehrungen zu Landesdefensions- und Fortifikationszwecken, insbesondere auch Militäretablissements;
2. Erbauung oder Erweiterung von Kirchen, öffentlichen Schulhäusern, Spitälern, Kranken- und Irrenhäusern;
3. Herstellung neuer oder Erweiterung schon bestehender Gottesäcker;
4. Regelung des Laufes und Schiffbarmachung von Strömen und Flüssen;
5. Anlegung neuer und Erweiterung, Abkürzung und Ebenung schon bestehender Staats- und Bezirksstraßen;
6. Herstellung öffentlicher Wasserleitungen;
7. Austrocknung schädlicher Sümpfe in der Nähe von Ortschaften;
8. Beschützung einer Gegend vor Ueberschwemmungen;
9. Erbauung von öffentlichen Kanälen, Schleußen und Brücken;
10. Erbauung öffentlicher Häfen oder Vergrößerung schon vorhandener;
11. Einrichtung von Eisenbahnen zur Beförderung des inneren oder äußeren Handels und Verkehrs;
12. Aufstellung von Telegraphen zum Dienste des Staates;
13. Vorkehrung zu wesentlich nothwendigen sanitäts- oder sicherheitspolizeilichen Zwecken, insbesondere
14. Schirmung der Kunstschätze und wissenschaftlichen Sammlungen des Staates vor Feuers- oder anderer Gefahr.

Das sind Unternehmungen, die nicht vorbereitet werden können, ohne daß die Einwohner der Gemeinde, in welcher die Unternehmung ausgeführt werden soll, davon Kenntniß erlangen, das Unternehmen wird unter ihnen schon lang besprochen, bevor es zu der Eröffnung des Enteignungsverfahrens kommt. Ein sachliches Bedürfniß, der schriftlichen Mittheilung diese weitgehende Bedeutung beizulegen, dürfte daher nicht bestehen.

Reichsrath Dr. **von Schmitt:** Wenn ich gesagt habe, man hätte die Sache noch einfacher machen können, so habe ich nicht sagen wollen, daß das geschehen soll. Man kann ja alles außerordentlich leicht und einfach machen, ob gut, ist die Frage. Ich muß sagen, wenn man auf der einen Seite eine spezielle Ladung vorschreibt, muß man noch einen Schritt weiter gehen und sagen: Du hast das Recht darauf, es kann Dir nichts passieren, wenn Du nicht ordnungsgemäß geladen bist. Warum soll es denn so schwer sein, die Richtigkeit der Ladung zu konstatieren vor dem Termine; es ist das einfach Sache des Amtes, das dafür zu sorgen hat, und es werden dann Unannehmlichkeiten kaum vorkommen. Ich glaube, es wäre nur konsequent, daß, wenn man anerkennt, daß geladen werden muß, man auch zugibt, daß die Ladung in Ordnung sein muß.

Vorsitzender: Ich bin hier auch der Anschauung Seiner Exzellenz. Ich gehe von der Ansicht aus, daß es Fälle geben kann, in denen nicht eine so große Anzahl von Betheiligten geladen werden muß, daß diejenigen, die ein Interesse an der Sache haben, schon durch Ausdehnung des ganzen Unternehmens auf den Termin aufmerksam werden.

Es sind mir zwei Fälle aus der Praxis bekannt, wo eine solche Konkurrenz von Interessenten nicht bestand. Der eine Fall war der, daß behufs der Anlage eines Schulgartens ein benachbartes Objekt von der betreffenden Gemeinde expropriiert werden mußte, damals war der Staatsrath die letzte Instanz. Der Antrag wurde abgewiesen, weil nur für ein Schulgebäude und nicht für einen Schulgarten expropriiert werden könne. In einem solchen Falle, in dem die Gemeinde die antragstellende und informierende Behörde war, ist der Nachweis der richtigen Ladung von höchster Wichtigkeit.

Der zweite Fall betraf die Herstellung einer Wasserleitung, welche durch den Garten eines Gutsbesitzers hätte geführt werden sollen. Es kam nur eine einzige Person in Frage. Auch in diesem Falle sind die Gründe, die der Herr Senatspräsident als ausschlaggebend bezeichnet hat, daß nämlich so viele Leute an der Ladung betheiligt sind, daß der Termin absolut nicht verborgen bleiben könne, nicht ausschlaggebend. Ich glaube, daß in diesem Falle wenigstens derjenige, welchem die Abtretungspflicht überbürdet werden soll, rechtmäßig geladen und die Ladung im Termine nachgewiesen werden sollte. Ich neige mich also, wenigstens, soweit der Eigenthümer des abzutretenden Grundstückes in Frage kommt, zu der Anschauung Seiner Exzellenz.

Die Frage scheint nun genügend erörtert. Gegen den Artikel besteht keine Erinnerung vorbehaltlich der Abstimmung über den Antrag Seiner Exzellenz. Ich bitte diejenigen Hohen Herren, welche für die Anregung sind, die Hand empor zu heben. (Geschieht.)

Die Anregung ist angenommen.

Ziffer II.

Reichsrath **von Küffner** als Referent: Zu Ziffer II ist lediglich zu betonen, daß der Nachweis des Vollzugs der Ladung an das Grundbuchamt nicht erforderlich ist.

Daran mag sich der Hinweis reihen, daß in Artikel 41 dieses Entwurfes allgemein bestimmt ist, daß neben den Hypotheken die Grund- und Renten-Schulden zu berücksichtigen und die dem Hypothekenamt obgelegenen Verrichtungen von dem Grundbuchamt zu versehen sind.

Vorsitzender: Ziffer II ist angenommen.

Ziffer III.

Reichsrath **von Küffner** als Referent: Ziffer III berührt die Pfalz. Ich beantrage Annahme.

Reichsrath **Hessert:** Ich habe keine Erinnerung dagegen.

Vorsitzender: Ich weiß nicht, ob Seine Exzellenz noch einmal zurückkommen will auf seine allgemeinen Bemerkungen zu Artikel 5 in seinen gedruckten Anträgen ꝛc. zu dem vorliegenden Gesetzentwurf.

Reichsrath Dr. **von Schmitt:** Schon bei anderer Gelegenheit (Unschädlichkeitsgesetz) habe ich auf die allgemeine Reformbedürftigkeit des Expropriationsrechtes hingewiesen. Es ist auch eine solche Reform für später in Aussicht genommen. Für diesen Fall wollte ich hier schon auf einige Lücken im geltenden Rechte aufmerksam machen, namentlich auf Fälle, in welchen Entschädigung angezeigt erscheint. Ich habe diese Wünsche, um eine längere Diskussion zu ersparen, in einer Anmerkung zu meinen gedruckten Bemerkuugen niedergelegt.

Vorsitzender: Ziffer III ist angenommen und damit Artikel 5 erledigt.

Artikel 6.

Reichsrath **von Küffner** als Referent: Artikel 6 sieht eine Aenderung des Artikel 5 Absatz 2 Ziffer 1 des Gesetzes vom 4. Juni 1848, die Wahl der Landtags-Abgeordneten betreffend, vor und gibt in der beantragten Aenderung, die gegenüber dem bisherigen Ausdrucke „welche unter Kuratel stehen", auch sonst oft wiederkehrt, zu einer Erinnerung keinen Anlaß.
Begutachtet zur Annahme.

Vorsitzender: Artikel 6 ist angenommen.

Artikel 7.

Reichsrath **von Küffner** als Referent: Artikel 7, betreffend das Gesetz vom 4. Juni 1848 über die Aufhebung der standes- und gutsherrlichen Gerichtsbarkeit, dann die Aufhebung, Fixirung und Ablösung von Grundlasten beschränkt sich auf zwei Ziffern, die im Einklang miteinander stehen und an sich wohl klar sind. Eine Differenz über das Rangverhältniß löste sich mit den vorläufigen Feststellungen,

1) daß diejenigen Bodenzinskapitalien, welche den Eintrag in das Hypothekenbuch nicht bedurft haben, im Zweifel immer den Hypotheken vorgehen, und

2) daß dieses auch bei den anderen Bodenzinskapitalien der Fall ist, soweit nicht ein anderer Rang durch schon bestehende Einträge im Hypothekenbuche erworben wurde.

Vorsitzender: Eine Erinnerung besteht nicht. Artikel 7 ist angenommen.

Artikel 8.

Reichsrath **von Küffner** als Referent: Die Bestimmungen des Artikel 8 beziehen sich auf die Pfalz.

Reichsrath **Hessert:** Artikel 8 betrifft den Schadensersatz bei Aufläufen. Durch diese Bestimmung wird gleiches Recht für alle Landestheile geschaffen, nur muß eine Ausnahme eintreten wegen der Verschiedenheit der diesseitigen und jenseitigen Gemeindeverfassung, die in Absatz 2 vorgesehen ist. Abgesehen hievon treten materielle Aenderungen nicht ein. Ich beantrage Zustimmung.

Vorsitzender: Eine Erinnerung wird nicht erhoben. Artikel 8 ist angenommen.

Artikel 9.

Reichsrath **von Küffner** als Referent: Artikel 9 enthält Aenderungen des Gesetzes vom 30. März 1850, die Ausübung der Jagd betreffend. Unter

Ziffer I

wurde in der Absicht, für den Gegenstand des Jagdrechts Rechtseinheit zu schaffen, ein Artikel 1a eingestellt.

Dazu wurden viele Erläuterungen, Aufklärungsversuche und Erweiterungswünsche zur Sprache gebracht, welche sämmtlich zu keinem greifbaren Ergebniß führten, hauptsächlich deshalb, weil in Absatz 1 Satz 2 vorgesehen ist, daß die Thiergattungen, welche zu dem jagdbaren Wilde gehören, durch Königliche Verordnung bestimmt werden können.

Reichsrath Dr. **von Schmitt:** Meine Ausführungen werden sehr kurz sein. Dem, was ich habe drucken lassen, habe ich kaum etwas beizufügen. Den Artikel will ich nicht ändern, und was die Königliche Verordnung betrifft, so wünsche ich nur, daß diese Verordnung so dehnbar ausfällt, daß für die Auslegung noch Raum bleibt, damit, wenn etwas übersehen wurde, man im Wege der Auslegung helfen kann. Die Gegenden sind ja verschieden und die Anschauungen über jagdbares Wild in der und jener Gegend nicht dieselben, darauf wollte ich aufmerksam machen. Das war alles.

Der k. Ministerialkommissär, Senatspräsident Dr. **von Jacubezky:** Ich möchte darauf aufmerksam machen, daß derartige Vorschriften in anderen Ländern schon bestehen. Baden hat z. B. eine solche Verordnung.

Reichsrath Dr. **von Schmitt:** Ich habe nichts gegen die Verordnung, nur soll sie so ausfallen, daß man sie auch noch auslegen kann.

Der k. Ministerialkommissär, Senatspräsident Dr. **von Jacubezky:** Wenn die Verordnung ihren Zweck erfüllen soll, so muß sie die jagdbaren Thiere einzeln aufführen. Es ist nicht zu befürchten, daß eine Thiergattung aus Versehen übergangen wird, die Verordnung wird nicht ohne Anhörung Sachverständiger erlassen werden. Der Zweck der Verordnung ist der, nicht bloß für das Gebiet des Privatrechts, sondern auch für das Gebiet des Strafrechts, insbesondere für die Abgrenzung des Jagdvergehens, zu bestimmen, welche Thiere jagdbar sind, was bekanntlich jetzt für manche Thierarten nicht außer Zweifel steht. Die in der Verordnung nicht genannten Thiergattungen werden dem Jagdrechte nicht unterliegen, für eine Ergänzung des in der Verordnung aufgestellten Verzeichnisses durch die Rechtsprechung ist kein Raum vorhanden.

Reichsrath **von Küffner** als Referent: Zu Absatz 2 der Ziffer I ist beachtenswerth, daß nach Motiven auch der Jagdberechtigte die Eier nicht ohne weiteres ausnehmen darf, sondern daß er hiezu besonderer Bewilligung bedarf.

Unter

Ziffer II

ist eine mit dem Inhalte des Bürgerlichen Gesetzbuchs übereinstimmende Fassung des Artikels 18 in Vorschlag gebracht, gegen die nichts zu erinnern ist.

Ziffer III

beruht auf einer ähnlichen Voraussetzung, und da nach Artikel 19 Ziffer I des Gesetzes vom 30. März 1850 den dort aufgezählten Personen die Jagdkarte nur verweigert werden kann, so ist sie auch den Minderjährigen nicht unbedingt vorzuenthalten, sondern es hängt deren Ausantwortung an sie von der Würdigung aller Verhältnisse durch die Distriktspolizeibehörde ab.

Absatz 2 bezieht sich auf die Pfalz.

Herr Reichsrath Hessert: Der nach Absatz 1 Ziffer I in das Gesetz vom 30. März 1850 neu einzustellende Artikel 1a soll auf die Pfalz ausgedehnt werden, um einheitliches Recht für den Begriff der jagdbaren Thiergattungen zu erzielen. Dagegen besteht keine Erinnerung. Wenn etwa noch eine Lücke bei Aufzählung der jagdbaren Thiere bleiben sollte, so sind wir nicht übler daran als bisher auch. Man mußte diese Lücke auch seither durch Auslegung ausfüllen. Hauptauslegungsquelle war zuerst die Uebung und dann die Forst- und Jagdliteratur. Die angesehenen Schriftsteller in diesem Fache waren maßgebend.

Hier ist wohl auch die Vorstellung des Jagdschutzvereins der Pfalz, die den Hohen Herrn mitgetheilt worden ist, zur Besprechung zu bringen. Der Abgeordnetenausschuß, der diese Denkschrift auch erhalten hat, hat sie nicht als Petition behandelt, sondern nur bei der Diskussion in Betracht gezogen. Ich glaube, dasselbe Verfahren einhalten zu dürfen.

Eine allgemeine Bemerkung will ich vorausschicken. Weitere Bestimmungen des diesseitigen Jagdrechtes in die Pfalz herüberzunehmen, dafür besteht kein Anlaß. Wir haben Verschiedenheiten, über die wir nicht hinauskommen. Auch sind weitere Aenderungen der pfälzischen Jagdverordnung nicht angezeigt. Ihre Bestimmungen über das materielle Jagdrecht werden noch fortbestehen müssen, da zur Zeit keine Aussicht besteht, zu einem Jagdgesetz für das ganze Königreich zu gelangen. Eine Zusammenstellung von dem, was von der Jagdverordnung noch übrig bleibt, wäre sehr erwünscht, da dieselbe im Laufe der Zeit vielfach abgeändert wurde und nun abermals ein neuer Zusatz hinzukommt. Auch könnten bei diesem Anlaß noch viele andere Wünsche erfüllt werden. Immerhin sind die Schwierigkeiten nicht zu unterschätzen. Zur Zeit besteht kein zwingender Grund, die Aufgabe der gesetzgebenden Faktoren noch weiter zu belasten als nothwendig ist, deshalb kann auch der Wunsch des Jagdschutzvereins auf Einheitlichkeit der jagdgesetzlichen Bestimmungen zur Zeit Berücksichtigung nicht finden.

Der Jagdschutzverein hat dann noch weiter eine Reihe von Wünschen ausgesprochen, die ich zusammenfassen kann. Sie sind theilweise berücksichtigt in der Besprechung des Abgeordnetenausschusses und haben keine große

Bedeutung, theilweise sind sie in Widerspruch mit der Zivilprozeßordnung und wir sind nicht befugt, prozessuale Aenderungen zu treffen. Das würde unzulässig sein.

Ferner wünscht die Denkschrift, daß eine Streitfrage ausgetragen wird zwischen dem Verwaltungsgerichtshofe und den Gerichten über die Natur des pfälzischen Jagdrechts. Die pfälzische Jagd-Verordnung von 1815 hat Gesetzeskraft. Sie hat uns schon viel Sorge gemacht und ist auch in vielfachen Sonderbestimmungen abgeändert worden. Sie enthält materielle, strafrechtliche, zivilrechtliche, prozessuale und polizeiliche Bestimmungen, sie enthält öffentliches Recht u. s. w. Sie hatte vornehmlich den Zweck, die bis dahin vollständig ruinierte Jagd aufzurichten. Die Jagd war ruiniert durch den Grundsatz des Jahres 1789, daß jeder auf eigenem Grund und Boden das Jagdrecht habe. Dieses Recht wurde nun 25 Jahre wacker ausgeübt, so daß zuletzt kein Wild mehr vorhanden war. Nun kam die Jagdverordnung, die mit drakonischer Strenge Bestimmungen traf, und sie hat es dahin gebracht, daß die Jagd jetzt in sehr gutem Stande ist.

Die Jagd überhaupt hat eine große wirthschaftliche Bedeutung in der Pfalz, nicht bloß, weil sie Wild auf den Tisch liefert, sondern auch für die Gemeinden und Grundeigenthümer sehr erhebliche Einnahmen bringt. Die Jagdpachtschillinge sind in der letzten Zeit sehr gestiegen. Der Jagdschutzverein bemißt die Summe der Pachtschillinge auf 600,000—700,000 M. jährlich, und ich glaube nicht, daß diese Schätzung zu hoch ist.

Was nun die Streitfrage betrifft, so ist der Verwaltungsgerichtshof der Meinung, daß bei der Feldjagd das Verpachtungsrecht der Gemeinde ein vom Eigenthum losgelöstes selbständiges Recht der Gemeinde ist, mit anderen Worten, die Gemeinde hätte hiernach ein Jagdrecht auf fremdem Grund und Boden. Ich möchte aber bezweifeln, ob das die richtige Auslegung ist. Die Gerichte haben sie auch verworfen und nicht bloß die pfälzischen Gerichte, sondern auch der hessische Kassationshof in Darmstadt und das Reichsgericht in einem Urtheile vom 26. April 1898, Puchelt, Bd. 29, S. 522. Die Gerichte sagen, die Gemeinde hat kein losgelöstes, selbständiges Recht, sondern sie übt das Recht aus kraft Mandates. Die Entscheidung des Verwaltungsgerichtshofs ist den Mitgliedern des Jagdschutzvereins nicht angenehm. Aber diese Streitfrage im Wege des Gesetzes zu entscheiden, dafür besteht kein Grund. Ich hoffe, daß in Folge der Entscheidung des Reichsgerichts dieser Streitfrage noch näher getreten wird, und ich halte es für möglich, daß der Verwaltungsgerichtshof vielleicht von seiner Anschauung zurücktritt. Für uns hat die Sache weiter keinen Zweck. Ich erwähne sie nur, weil der Jagdschutzverein eine authentische Interpretation wünscht.

Er will weiter materiell eine Aenderung in Bezug auf die Großgrundbesitzer. Wer 40 ha Feld besitzt, der hat das Mitjagdrecht. Dieses Recht mißfällt nun den Jagdpächtern sehr; deshalb wünschen sie eine Hinaufsetzung des Mindestmaßes des Flächenbesitzes. Auch von einer Aenderung dieser Bestimmung kann keine Rede sein. Das ist materielles Recht, das wir den Leuten nicht nehmen können. Ich will weiter nicht alle Punkte anführen, es genügt, was ich bisher ausgeführt habe.

Ich komme nun zu einem anderen Punkte, auf den ich durch die Motive gewiesen wurde. In diesen ist auf Seite 11 angeführt, daß die Jagdfolge in der Pfalz verboten sei. Es ist im Abgeordnetenausschusse von der Regierung schon erklärt worden, daß das auf Irrthum beruhe. Die Ausübung der Jagdfolge war bisher in der Pfalz bestritten. Im Geltungsbereiche des code civil wurde die Okkupation als vollendet betrachtet, wenn der Verfolger des Wildes dasselbe dadurch in seine Gewalt brachte, daß er es so verletzte, daß es ihm nicht mehr entrinnen konnte. Im diesseitigen Bayern ist die Jagdfolge durch Artikel 10 des Gesetzes vom 25. Juli 1850 aufgehoben und bleibt demnach aufgehoben, obwohl dieses Gesetz selbst wieder aufgehoben ist. Was ist nun Rechtens in der Pfalz? Hier ist statt des code civil das Bürgerliche Gesetzbuch von dessen Inkrafttreten an maßgebend. Wer eine herrenlose bewegliche Sache in seinen Eigenbesitz nimmt, erwirbt das Eigenthum nach § 958 Absatz 1, außer wenn die Aneignung gesetzlich verboten ist oder wenn durch die Besitzergreifung das Aneignungsrecht eines Anderen verletzt wird (§ 958 Absatz 2). Deshalb erwirbt der Wilddieb jetzt nicht mehr das Eigenthum, weil die Aneignung gesetzlich verboten ist, ebensowenig derjenige, der die Jagdfolge ausübt, weil durch die Besitzergreifung das Recht des Jagdberechtigten verletzt ist. Um dies klar zu stellen und der Landesgesetzgebung zu entziehen, wurde beim Vorbehalt für die Jagd im Artikel 69 des Einführungsgesetzes die Vorschrift des § 958 Absatz 2 ausdrücklich ausgenommen und hierdurch gemeines Recht geschaffen. Hieraus geht hervor, daß die Jagdfolge reichsgesetzlich in der Pfalz ausgeschlossen ist. Es bedarf also einer Bestimmung nicht. Das wäre, was ich hiezu zu bemerken habe. Ich empfehle die Annahme des Absatzes 2.

Vorsitzender: Wenn keine Erinnerung besteht, gilt der gesammte Artikel 9 für angenommen.

Artikel 10, Absatz 1.

Reichsrath **von Küffner** als Referent: Artikel 10 enthält die Abänderungen des Gesetzes vom 15. Juni 1850, den Ersatz des Wildschadens betreffend.

Ziffer I

bildet nur eine den bisherigen Artikel 1 ersetzende Einleitungsbestimmung, gegen deren Nothwendigkeit und Gestaltung keine Erinnerung erhoben werden kann.

Ziffer II.

Nach Artikel 71 Ziffer 1 des Einführungsgesetzes zum Bürgerlichen Gesetzbuch bleiben die landesgesetzlichen Bestimmungen unberührt, nach welchen die Verpflichtung zum Ersatze des Wildschadens auch dann eintritt, wenn der Schaden durch jagdbare Thiere anderer als der in § 835 des Bürgerlichen Gesetzbuchs bezeichneten Gattungen angerichtet wird. Von dieser Erlaubniß macht Ziffer II Gebrauch, und werden dadurch hauptsächlich Hasen und Kaninchen in Mitleidenschaft gezogen.

Ziffer III,

welche sich bloß auf das rechtsrheinische Bayern erstreckt, schließt bloß eine redaktionelle, nicht zu beanstandende Aenderung in sich.

Ziffer IV

richtet sich auf Beseitigung des bisherigen ersten Satzes des Artikel 5 und bezweckt hauptsächlich eine Aenderung der Beweispflicht, indem sie dem Beschädigten abgenommen und auf den Jagdberechtigten übertragen werden soll.

Dabei ist die Ausdehnung der aufgezählten Objekte etwa auf Weinberge, Gemüsegärten im freien Felde und auf die Herstellung von Schutzvorrichtungen auch gegen die Abwehr außerordentlicher Beschädigungsumstände mit Recht zurückgewiesen worden.

Ziffer V.

Aus den Worten „bei Verlust des Anspruchs" geht streng logisch hervor, daß der — natürlich vorher entstandene — Anspruch verloren geht, wenn er nicht rechtzeitig angemeldet ist. Der Ersatzpflichtige, d. i. der Jagdberechtigte, hat also die den Verlust des Anspruchs begründende Thatsache zu beweisen.

Die Frist zur Anmeldung wurde gegenüber dem Gesetzentwurf mit Zustimmung des k. Regierungskommissärs auf sechs Tage erhöht, was nicht zu beanstanden ist.

Vorsitzender: Zu Ziffer V ist einschlägig der Antrag Seiner Exzellenz des Herrn Reichsrathes Dr. Ritter von Schmitt. Dieser lautet, es sei ein Zusatz dahin beizufügen,

> „die Klage auf Ersatz des Wildschadens kann nicht mehr erhoben werden, wenn seit der Beschädigung ein Zeitraum von ..... (etwa drei Monaten) verflossen ist."

Reichsrath Dr. **von Schmitt:** Ich wünsche für die Wildschadensersatzklage eine Präklusivfrist und zwar von entsprechend kurzer Dauer. Ob es gerade drei Monate sein sollen, lasse ich dahingestellt. Die Bestimmung ist sehr gut, daß der Beschädigte von der Zeit ab, da er Kenntniß von dem Schaden erlangt hat, denselben kürzlichst anzumelden hat. Was aber weiter geschehen soll, ob der Jagdpächter, der schadensersatzpflichtig ist, Nachricht zu bekommen hat, Augenscheinseinnahme stattzufinden hat, davon ist nichts gesagt. Das ist den Betheiligten überlassen. Leicht möglich ist, daß der Beschädigte seine Anmeldung macht und dann die Sache einschläft. So ist kein Ende abzusehen. Wir kommen an die gewöhnlichen Regeln von der Verjährung, die 30jährige Verjährungsfrist, eine kürzere ist mir nicht bekannt. (Zwischenruf des k. Ministerialkommissärs: Drei Jahre!) Wo steht das? (Zwischenruf des Reichsrathes Hessert: § 852.) Ob das auch für Thiere des Waldes gilt? (Zwischenruf des Reichsrathes Dr. von Bechmann: Das gilt für alle Delikte.) Das ist mir entgangen. Ich für meinen Theil halte es dessen ungeachtet für angebracht, daß man eine viel kürzere Frist setzt. Drei Jahre sind auch zu lang. Damit, daß der Schaden angemeldet ist, ist nichts geschehen. Wenn die Sache liegen bleibt, und nach drei Jahren soll ich als Jagdpächter haftbar sein, woher soll ich dann meine Gegenbeweismittel nehmen? Es ist nicht einmal nothwendig, daß ich Kenntniß von der Anmeldung erlangt habe. Unter diesen Umständen wird es gut sein, wenn man eine Präklusivfrist für die Klage setzt.

Der k. Ministerialkommissär, Senatspräsident Dr. **von Jacubezky:** Das Gesetz vom 15. Juni 1850, das demnächst ein halbes Jahrhundert bestehen wird, kennt keine Ausschlußfrist. Der Entwurf hat aber im Artikel 8a eine Ausschlußfrist aufgestellt, die auch nach der von dem Ausschusse der Kammer der Abgeordneten beschlossenen Erweiterung eine kurze Frist geblieben ist. Ich erachte es für nicht thunlich, eine zweite Ausschlußfrist einzuführen. Der Vorschlag würde in der Kammer der Abgeordneten auf Widerspruch stoßen. Es besteht aber auch kein Bedürfniß für die zweite Frist.

Wenn das Gesetz verlangt, daß der Beschädigte seinen Anspruch bei der Ortspolizeibehörde anmeldet, so setzt es voraus, daß der Ortspolizeibehörde die Amtspflicht obliegt, dem Ersatzpflichtigen von der Anmeldung sofort Kenntniß zu geben. Wird eine ausdrückliche Bestimmung hierüber vermißt, so unterliegt es keinem Bedenken, dem Artikel 8a den Satz beizufügen: „Die Ortspolizeibehörde soll die Anmeldung sofort dem Ersatzpflichtigen mittheilen."

Hat der Ersatzpflichtige ein Interesse daran, für den Beweis der Art und der Größe des Schadens zu sorgen, so setzt ihn die Mittheilung der Ortspolizeibehörde in den Stand, dies alsbald zu thun. Er kann die Sicherung des Beweises nach § 485 (bisher 447) der Zivilprozeßordnung beantragen oder sachverständige Leute veranlassen, den Schaden zu besichtigen, damit sie, wenn es zum Streite kommt, Zeugniß geben können. Die Frist für die Erhebung der Klage müßte so geräumig sein, daß sie gegen eine Verdunkelung des Thatbestandes nicht schützen könnte. Nach 3 oder 6 Monaten läßt sich nicht mehr feststellen, daß der Schaden wirklich durch jagdbares Wild angerichtet ist. Die Vorschrift müßte auch anders gestaltet werden, der von dem Herrn Antragsteller vorgeschlagene Satz würde nicht ausreichen. Es müßte der Fall ausgeschieden werden, daß der Schaden schon durch Vereinbarung festgestellt ist und daß es sich nur um die Beitreibung der festgesetzten Entschädigung handelt. Ferner müßte man im Anschlusse an die entsprechenden Vorschriften des Bürgerlichen Gesetzbuchs auf die Ausschlußfrist einige von den für die Verjährung geltenden Vorschriften, nämlich die §§ 203, 206, 207, für anwendbar erklären. Diese Vorschriften berücksichtigen Umstände, welche die sofortige Erhebung einer Klage unmöglich machen. Sie sind bei allen Ausschlußfristen des Bürgerlichen Gesetzbuchs, zu deren Wahrung die Erhebung einer Klage erforderlich ist, für anwendbar erklärt und die hiefür maßgebenden Gründe treffen auch hier zu. Ich glaube aber, man sollte sich aus Zweckmäßigkeitsgründen damit begnügen, daß der Entwurf gegenüber dem geltenden Rechte eine wesentliche Verbesserung bringt und der § 852 des Bürgerlichen Gesetzbuchs eine kurze Verjährungsfrist bestimmt, auf eine zweite Ausschlußfrist aber verzichten. Soviel mir bekannt, haben auch die neueren deutschen Wildschadengesetze nur eine solche Frist.

Reichsrath Dr. **von Schmitt:** Ich erkenne die Bedenken der k. Staatsregierung an; vielleicht, daß später ein weitergehender Schutz erreichbar sein wird, für jetzt bin ich zufrieden, wenn der Zusatz gemacht wird, die Ortspolizeibehörde soll von der Anmeldung der Schadensersatzpflichtigen sofort in Kenntniß setzen.

Vorsitzender: Damit sind die Ziffern I mit V, die letztere mit dem von der k. Staatsregierung vorgeschlagenen Zusatze angenommen.

Ziffer VI.

Reichsrath **von Küffner** als Referent: Ziffer VI ist Ausfluß des § 835 des Bürgerlichen Gesetzbuchs, der einerseits keine Rücksicht darauf nimmt, ob der Schaden durch übermäßiges Hegen verursacht ist und andererseits auch Ersatz für einen durch Fasanen angerichteten Schaden zuläßt. Ich beantrage Annahme.

Vorsitzender: Ziffer VI ist angenommen.

Artikel 10 Absatz 2.

Reichsrath **Heffert:** Hier werden einige Bestimmungen des Gesetzes vom 15. Juni 1850 auf die Pfalz erstreckt. Es sind das alle Bestimmungen dieses Gesetzes, welche zur Zeit diesseits des Rheins gelten mit Ausnahme des Artikels 3 dieses Gesetzes. Diesen Artikel in die Pfalz überzuleiten besteht kein Anlaß oder wie die Motive richtig sagen, kein Raum. Denn der Artikel 3 befaßt sich damit, daß der Wildschadenersatz zu leisten ist von der Gemeinde. Das ist nicht nöthig in der Pfalz zu bestimmen, weil wir dort schon durch das Reichsgesetz in dieser Beziehung genügend gedeckt sind. Nimmt man nämlich an, die Ansicht des Verwaltungsgerichtshofes, die ich vorhin erwähnt habe, sei die richtige, nämlich, daß die Ausübung der Jagd durch die Gemeinde ein selbständiges Recht der Gemeinde ist, dann haben wir den Fall des § 835 Absatz 1 des Bürgerlichen Gesetzbuchs. Nimmt man aber das an, was die Gerichte annehmen, so ist der Fall § 835 Absatz 2 des Bürgerlichen Gesetzbuchs gegeben. In beiden Fällen aber ist die Gemeinde ersatzpflichtig für den Wildschaden und wir brauchen den Artikel 3 nicht. Wir hatten auch bisher in der Pfalz keine Bestimmungen über den Wildschaden und es existierten keine besonderen Klagen. Auch in Frankreich gab es eine besondere Bestimmung nicht. Dafür gelten die allgemeinen Grundsätze über die Beschädigungen des Eigenthums und der Jagdberechtigte haftet nur für die Ueberhege. Die Fälle solcher Art sind aber außerordentlich selten und wenn sie vorkommen, dann waren die Forderungen so exorbitante und unbegründete, daß sie geradezu lächerlich waren. Wie gesagt, wir hatten keine Wildschadenbestimmungen und es ist zu begrüßen, daß in dieser Richtung gleiches Recht geschaffen wird, wenn auch Artikel 3 nicht auf die Pfalz ausgedehnt wird, da die Pflicht zum Ersatze des Wildschadens die Gemeinde trifft nach Artikel 835 des Bürgerlichen Gesetzbuchs.

Gegen die fragliche Ausdehnung der Artikel auf die Pfalz habe ich keine Erinnerung zu erheben.

Reichsrath Graf **Fugger von Glött**: Ich hätte gewünscht, daß die Haftung für die Fasanen und Hasen wegfallen würde, will aber keinen Antrag stellen, um so mehr als er wohl keine Aussicht auf Annahme hätte.

Vorsitzender: Ich konstatiere, daß Artikel 10 mit dem beschlossenen Zusatze zu Ziffer V in der Fassung des Abgeordnetenausschusses angenommen ist.

Artikel 11.

Reichsrath **von Küffner** als Referent: Artikel 11 beeinflußt das pfälzische Recht, wurde aber gestrichen und als Artikel 43a eingesetzt.

Reichsrath **Hessert**: Ich beantrage, Artikel 43a zu streichen.

Die Kündigung jedem Theile ausnahmslos zu gestatten, ist nicht gerechtfertigt. Sie soll gegeben werden, weil der Wildschadenersatz neu hinzukommt und daher die Verhältnisse ändert. Denn nach pfälzischem Jagdrechte haftet der Pächter nur für Ueberhege (§ 6 lit. f der Jagdverordnung), die Gemeinde aber gar nicht, wogegen der weitere Wildschaden vom Grundeigenthümer getragen wird. Nach neuem Rechte hat nun der Verpächter den Wildschaden zu tragen, nicht aber der Pächter, sofern überhaupt Ersatz verlangt werden kann. Daher ist das Kündigungsrecht nicht begründet:

1. bei der Waldjagd überhaupt, da dort Eigenthümer und Inhaber des Jagdrechts dieselbe Person ist, so daß überhaupt kein Raum ist für Wildschadensersatz.

   Einen besonderen Fall enthält § 3 der Jagdverordnung. Eine an die Waldjagd angrenzende Privatwaldparzelle wird gesetzlich mit der Waldjagd vereinigt und erhält deren Eigenthümer seinen verhältnißmäßigen Antheil am Ertrag. Hier ist dem Eigenthümer der Parzelle auch die Ausübung des Jagdrechts durch das Gesetz entzogen und er hätte sonach zufolge Artikel 835 Absatz 2 des Bürgerlichen Gesetzbuchs Anspruch auf Ersatz des Wildschadens. Da er aber seinen Antheil am Ertrag schon bezieht, kann er vom Waldeigenthümer nur jenen Wildschadensersatz verlangen, der den Antheil am Ertrag übersteigt. Da dieser Fall der angrenzenden Parzelle nur selten vorkommt, spielt er überhaupt keine Rolle bei der vorliegenden Frage;

2. bei allen Jagdpachtverträgen, bei denen Pächter oder Verpächter den Ersatz des Wildschadens ausdrücklich übernommen haben. Solche Verträge bleiben in voller Kraft und werden demgemäß vollzogen. Jeder Pächter haftet ohnehin schon für Ueberhege (§ 6 lit. f der Jagdverordnung) und zwar vertragsmäßig, da diese Auflage in jedem Vertrage steht. Sind aber besondere Bestimmungen über Wildschaden im Vertrage getroffen und hat Pächter oder Verpächter solchen übernommen, so bleibt es dabei. Diese Uebernahme kann schon jetzt erfolgen im Umfange des neuen Rechts. Dann ist die Frage erledigt. Sie kann aber auch in anderer Form geschehen, z. B. durch die Verpflichtung des Pächters, eine bestimmte Summe zur Ausführung von Schutzvorrichtungen zu zahlen. Dann wird ja der meiste Schaden verhütet;

3. bei allen Pächtern, da ihnen der Wildschaden durch das Gesetz nicht auferlegt wird und durch die Verpächter nicht auferlegt werden kann, so lange der Pacht besteht.

Es bleiben daher als befugt zur Kündigung nur die Gemeinden als Verpächter der Feldjagd, die mit dem Ersatze gesetzlich belastet werden und nicht abgewälzt haben. Einzelne dieser Gemeinden verpachten schon jetzt in wohlbegründeter Einsicht ihre Jagden, indem sie den Wildschaden ausdrücklich selbst übernehmen. Thun sie das nicht, sondern überwälzen sie den Wildschaden durch Vertrag auf den Pächter, so wird dieser eben einen um den Betrag des voraussichtlichen Wildschadens geringeren Pachtschilling bieten. Da man die Wirkungen in der Pfalz nicht kennt, werden die Pächter vorerst ohnehin sehr zurückhaltend sein. Die Gemeinden haben daher für den Ersatz des Wildschadens, zu dem sie verpflichtet werden, jetzt schon ihren Gegenwerth in dem höheren Pachtschilling. Sie sind also gedeckt und brauchen kein Kündigungsrecht. Wollte man es ihnen geben, so müßte man es auch jenen Pächtern geben, die Komplexe zusammen gepachtet haben. Diese kann man aber nicht ausscheiden. Es allen Pächtern zu geben, widerspricht aber dem Interesse der Gemeinden, denen auf diesem Wege Jagden, die zu theuer oder ausgeschossen sind, zurückfallen würden.

Die Jagdpachterlöse sind für die Gemeinden von großer Bedeutung, da es sich im ganzen um eine hohe Summe handelt. Es werden etwa 600 Pachtverträge hiebei in Frage kommen. Wenn die in Betracht kommenden Verhältnisse für und wider selbst gleich wären, so müßte man doch für die Erhaltung so vieler Verträge sich aussprechen. Dazu kommt, daß der Wildschadensersatz am besten zwischen Gemeinde und Beschädigten, nicht zwischen diesem und dem Pächter geregelt wird. Da nun aber weitaus mehr dafür spricht, daß die Gemeinden, wie sie es jetzt schon aus Einsicht freiwillig thun, den Wildschaden übernehmen und behalten, so wird man das Kündigungsrecht überhaupt niemanden geben, sondern die Pachtverträge ruhig ablaufen lassen.

Der k. Ministerialkommissär, Senatspräsident Dr. **von Jacubezky:** Wenn man in der Pfalz auf das Kündigungsrecht lieber ganz verzichten will, so haben wir keinen Grund, auf der Beibehaltung dieser Vorschrift zu bestehen. Ich habe gehört, daß auch die pfälzischen Mitglieder des Ausschusses der Kammer der Abgeordneten wünschen, daß auf den Artikel 43a verzichtet wird. Unter diesen Umständen ist die k. Staatsregierung mit der Streichung einverstanden.

Vorsitzender: Sind die Herren damit einverstanden, daß Artikel 11 oder der jetzige Artikel 43a nach dem Beschlusse des Abgeordnetenausschusses gestrichen wird? Es ist dies der Fall.

Artikel 12.

Reichsrath **von Küffner** als Referent: Artikel 12 ist gleichfalls für die Pfalz bestimmt.

Reichsrath **Hessert:** Ohne Erinnerung.

Vorsitzender: Der Artikel 12 ist angenommen.

Artikel 13.

Reichsrath **von Küffner** als Referent: Artikel 13 betrifft das Forstgesetz vom 28. März 1852 in der Fassung der Bekanntmachung vom 4. Juli 1896.

Die Ziffer I—IV bezielen Aenderungen, welche bereits zu Artikel 4 Ziffer III—VI für die Pfalz die Billigung des Hohen Ausschusses erhalten haben. Deren Annahme auch für das rechtsrheinische Bayern erscheint zweckmäßig.

Vorsitzender: Artikel 13 ist angenommen.

Artikel 14.

Reichsrath **von Küffner** als Referent: Artikel 14 betrifft das Gesetz vom 28. Mai 1852 über die Benützung des Wassers.

Derselbe rief in dem Justizgesetzgebungsausschuß der Kammer der Abgeordneten zunächst eine Auseinandersetzung darüber hervor, ob das Herkommen als Rechtsquelle aufzuheben sei, wofür sich nur der Referent aussprach.

Es besteht keine Veranlassung, diesen Punkt hier weiter zu verfolgen, weil er keinen integrierenden Bestandtheil des gegenwärtigen Gesetzentwurfs bildet.

Gegen die Ziffer I mit VIII habe ich keine Erinnerung.

Reichsrath **Hessert:** In Ziffer VIII wird Artikel 103 aufgehoben. Dort war die Bestimmung getroffen, daß in Wassersachen das Herkommen als Rechtsquelle nicht zu gelten habe.

Nach den bisherigen Vorschriften war das Herkommen in der Pfalz überhaupt keine Rechtsquelle. Es wird dadurch etwas Neues für die Pfalz bestimmt, daß es eine neue Rechtsquelle bekommt.

Ich habe keine Erinnerung dagegen.

Vorsitzender: Damit ist der ganze Artikel 14 angenommen.

Artikel 15.

Reichsrath **von Küffner** als Referent: Artikel 15 betrifft das Gesetz vom 28. Mai 1852 über die Bewässerungs- und Entwässerungsunternehmungen zum Zwecke der Bodenkultur.

Derselbe ändert das Wort „Reallast", welches für eine privatrechtliche Leistung gebraucht wird, in den für die hier in Frage stehende Beitragspflicht geeigneten Ausdruck „öffentliche Last" (vergl. Art. 110 A. G. z. B. B. G.).
Ich beantrage Annahme.

Vorsitzender: Artikel 15 ist angenommen.

Artikel 16.

Reichsrath **von Küffner** als Referent: Artikel 16, betreffend den Artikel 29 des Gesetzes vom 28. Mai 1852 über den Uferschutz und den Schutz gegen Ueberschwemmungen, ist bei dem Gleichlaute der aufzuhebenden Artikel nur eine Konsequenz des zu Artikel 14 Ziffer VIII gefaßten Beschlusses. Ich beantrage Annahme.

Artikel 17.

Reichsrath **von Küffner** als Referent: Artikel 17 betrifft das Gesetz vom 28. Mai 1852 über die Ausübung und Ablösung des Weiderechtes auf fremdem Grund und Boden.
Da die in Ziffer I benannten Gesetze ihre Wirksamkeit verloren haben bezw. verlieren, ist sowohl hier als bei den Ziffern II und III eine andere Fassung erforderlich, die mit der zu Artikel 7 dieses Entwurfs berathenen übereinstimmt.
Ich beantrage Annahme.

Vorsitzender: Artikel 17 ist angenommen.

Artikel 18.

Reichsrath **von Küffner** als Referent: Artikel 18 hebt die Artikel 8 Absatz 2 und Artikel 9 Absatz 3 des Gesetzes vom 28. Mai 1852, die Sicherung, Fixierung und Ablösung der auf dem Zehentrechte lastenden kirchlichen Baupflicht betreffend, auf.
Aus dem zu Artikel 17 angeführten Grunde können auch hier die vorerwähnten Gesetzesartikel nicht mehr aufrecht erhalten werden.
Das Rangverhältniß sowohl der radizierten Baupflicht als des Baukanons richtet sich nach deren obligatorischem Eintrag in das Hypothekenbuch. Nach Anlage des Grundbuchs sind § 879 des Bürgerlichen Gesetzbuchs und Artikel 184 des Einführungsgesetzes dazu maßgebend.
Ich beantrage Annahme.

Vorsitzender: Artikel 18 ist angenomen.

Artikel 19.

Reichsrath **von Küffner** als Referent: Artisel 19 enthält Aenderungen des Gesetzes vom 22. Februar 1855, die landwirthschaflichen Erbgüter betreffend. Gegen die Ziffern I mit IV habe ich keine Erinnerung.

Vorsitzender: Artikel 19 ist angenommen.

Artikel 20.

Reichsrath **von Küffner** als Referent: Artikel 20 enthält Aenderungen des Gesetzes vom 23. Februar 1868, die Ablösbarkeit der auf Grund

und Boden haftenden oder mit einer Gewerbsrealität verbundenen Ehehaftsverhältnisse betreffend.

Dessen Ziffern I bis III bedürfen keiner näheren Erläuterung, begegneten auch in dem Justizausschuß der Kammer der Abgeordneten keinem Bedenken und beruhen mit auf der Beachtung der Artikel 52 und 53 des Einführungsgesetzes zum Bürgerlichen Gesetzbuch und der §§ 994 und 995, 1107 und 1108 dieses letzteren selbst.

Vorsitzender: Artikel 20 ist angenommen. Wir wollen nunmehr schließen. Die nächste Sitzung beraume ich an auf morgen, Mittwoch, den 22. Februar 1899, nachmittags 3½ Uhr.

Schluß der Sitzung um 6½ Uhr.

XI. Protokoll

des besonderen Ausschusses der Kammer der Reichsräthe zur Berathung der durch die Einführung des Bürgerlichen Gesetzbuchs veranlaßten Gesetzentwürfe

über den

Entwurf eines Gesetzes, die durch die Einführung des Bürgerlichen Gesetzbuchs veranlaßten Aenderungen der seit 1818 erlassenen Gesetze betreffend.

(Verhandl. d. Justizgesetzgebungsausschusses der K. der Reichsräthe 1899.)

— Artikel 21 mit 34 Ziffer I. —

München, den 22. Februar 1899.

Gegenwärtig die Herren Reichsräthe: Graf Fugger von Glött, Ritter von Küffner, von Auer, Vorstand, Dr. Ritter von Bechmann, Sekretär, Dr. Ritter von Schmitt, Exzellenz, Hessert. Ritter von Maffei.

Von Seite des k. Staatsministeriums: Der k. Staatsminister der Justiz Dr. Freiherr von Leonrod. Der k. Senatspräsident Dr. Ritter von Jacubezky. Der k. Ministerialrath, Kronanwalt Ritter von Schubart. Der k. Ministerialrath Hörmann. Der k. Oberregierungsrath Krazeisen. Der k. Regierungsrath Brettreich.

Die Sitzung wird um 3 Uhr 30 Minuten durch den Vorsitzenden, Herrn Reichsrath **von Auer**, eröffnet.

Vorsitzender: Wir sind stehen geblieben bei

Artikel 21.

Diesen stelle ich zur Diskussion und gebe das Wort dem Herrn Referenten zu

Ziffer I—XII.

Reichsrath **von Küffner** als Referent: Artikel 21 betrifft das Gesetz vom 16. April 1868 über Heimath, Verehelichung und Aufenthalt.

Ziffer I.

Für die Gleichstellung mit ehelichen Kindern kommen in Betracht bedingungsweise die Kinder aus nichtigen Ehen, vollauf die durch nachfolgende Ehelichung oder Ehelichkeitserklärung legitimierten Kinder und die angenommenen Kinder.

Bezüglich der vereinkindschafteten Kinder ist bei Ziffer XXI Absatz 2 Vorsorge getroffen.

Ziffer II.

In Nr. 1 handelt es sich um die durch Verheirathung erworbene Heimath der Ehefrau und die hier berührte Aufhebung der ehelichen Gemeinschaft (vergl. auch Ziff. VI) hat in vermögensrechtlicher Beziehung dieselben Wirkungen wie die Scheidung.

Zu Nr. 2 sind die Bemerkungen angezeigt, daß von dem vorigen Grundsatze nach § 1345 Absatz 2 des Bürgerlichen Gesetzbuchs, mit welchem hinsichtlich der Kinder § 1699 Absatz 2 im Zusammenhange steht, eine Ehe überhaupt nicht als bestehend angesehen werden kann, wenn die Nichtigkeit auf einem Formmangel beruht, und die Ehe nicht in das Heirathsregister eingetragen worden ist, andererseits nach § 1704 des Bürgerlichen Gesetzbuchs (vergl. hiezu § 1346) in dem Falle, daß eine Ehe wegen Drohung anfechtbar und angefochten ist, der anfechtungsberechtigte Ehegatte einem solchen gleichsteht, dem die Nichtigkeit der Ehe bei der Eheschließung unbekannt war.

Zu beachten ist auch, daß es keine Nichtigkeitserklärung mehr gibt, wenn die Ehe bereits aufgelöst ist; in diesem Falle wird die Frau bezüglich der Heimath wie eine geschiedene Frau behandelt, wobei die Zeit der Auflösung der Ehe maßgibt.

Ziffer III

enthält nothwendige Ergänzungen, die keiner Erläuterung bedürfen und nur bezüglich der Nr. 1 den Hinweis nahelegen, daß sie die mit der rechtlichen Stellung als eheliche Kinder ausgestatteten Kinder, sowie die Lage der Frau nach Aufhebung der ehelichen Gemeinschaft betreffen.

Ziffer IV

setzt den Ausdruck „Gebühr" fest, der nun stets wiederkehrt, wie selbst in diesem Artikel bei Ziffer XVI Nr. 2 und Ziffer XIX Nr. 2.

Die Anregung des Abgeordneten Segitz auf Abänderung des Heimathgesetzes fand keinen Anklang.

Ziffer V.

Die jetzige Fassung richtet sich einerseits gegen Verwirrungen über die Annahme der Ehelichkeit von Kindern, andererseits gegen den Ausschluß der gemäß § 1719 des Bürgerlichen Gesetzbuchs durch die Ehe legitimierten Kinder.

Ziffer VI

steht zum Theil mit obiger Ziffer II im Zusammenhang und bietet keinen Anhaltspunkt zu einer Erinnerung.

Ziffer VII.

Die immer gebrauchte Aenderung des Wortes „angewiesen" in „vorläufig" darf gebilligt werden und damit die gleichen Zweck verfolgende Einschaltung einer Ziffer VIIa zu Artikel 24 Ziffer 2 des Gesetzes vom 16. April 1868.

Ziffer VIII

erscheint selbstverständlich.

Ziffer IX

ruft keine Bedenken hervor. In den Motiven wurde erwähnt, daß das örtliche Herkommen in der Pfalz schon bisher gegenstandslos war.

Ziffer X

rief zunächst eine Auseinandersetzung hervor, ob in einzelnen Bestimmungen nicht ein Verstoß gegen das bayerische Reservatrecht gelegen sei, und dieses wurde schließlich mit Recht verneint.

Bei den Unterabtheilungen zu obiger Ziffer ist für Nr. 1 nur der Hinweis erforderlich, daß der Mangel des Zeugnisses lediglich ein aufschiebendes Hinderniß begründet und eine ohne ein solches Zeugniß abgeschlossene Ehe seit November 1892 giltig ist, daß ferner für aktive Militärpersonen vorherige militärdienstliche Bewilligung erheischt wird, für nicht im Militärdienst stehende Militärangehörige aber der Nachweis über ihre jeweiligen militärischen Verhältnisse.

Die Nr. 2 ist der nunmehrigen Fassung in obiger Ziffer V angepaßt, und Nr. 3 entspringt der Abwehr allenfallsiger Nachtheile für die Gemeinde bei zeitlich unbeschränkter Wirksamkeit des Zeugnisses.

Ziffer XI

erhielt bei zweiter Lesung eine radikale Aenderung.

Es besteht dagegen keine Erinnerung.

Die bisherige Nr. 3 wird Nr. 2 und reproduziert nur bereits Abgemachtes. Dies gilt auch von Ziffer XII.

Vorsitzender: Ziffer I mit XII sind angenommen.

Ziffer XIII.

Reichsrath **von Küffner** als Referent: Auch Ziffer XIII Nr. 1 ist nur eine Konsequenz bereits bestehender Bestimmungen.

Nach Nr. 2 dieser Ziffer soll Artikel 40 Absatz 2 und 3, dahin gehend,

> daß zu den beschwerdeberechtigten Personen diejenigen Personen gehören, deren auf Grund des Artikel 35 erhobener Einspruch keine Berücksichtigung fand,

aufgehoben werden, weil Artikel 35 in der folgenden Ziffer XI selbst der Aufhebung unterstellt wird.

Vorsitzender: Ich habe ein Bedenken gegen diese Bestimmung. Das Beschwerderecht nach Artikel 40 steht zunächst den Betheiligten nach Artikel 35 und 36 des Heimathgesetzes zu. Artikel 35 betrifft die Einsprüche civilrechtlicher Natur, die gegen die Schließung der Ehe erhoben werden können. Die Beschwerde, die auf Grund dieses Artikels erhoben werden konnte, ging an die Kreisregierung. Sie entfällt aber, da nach Artikel 21 Ziffer X und XXI solche Einsprüche überhaupt nicht mehr erhoben werden können. Es bleibt demnach noch der Artikel 36, welcher von den Einsprüchen handelt, die auf Grund öffentlichen Rechts von den Gemeinden gegen die Ausstellung eines Verehelichungszeugnisses erhoben werden können. Die Beschwerden aus diesen gehen, wie bisher, unmittelbar an den Verwaltungsgerichtshof. Ich meine, daß es deshalb nicht nothwendig wäre, die Fassung des Artikel 40 Absatz 1 beizubehalten, sondern daß man einfach erklären könnte: gegen den Beschluß der Distriktsverwaltungsbehörde können die Betheiligten ꝛc. . . . Beschwerde an den Verwaltungsgerichtshof ergreifen.

Der k. Ministerialkommissär, Senatspräsident Dr. **von Jacubezky:** Von dem zweiten Absatze des Artikel 40 bleibt doch auch die Ziffer 1 in Geltung, die bestimmt:

Als Betheiligte sind zu erachten:

1. derjenige, dem die Ausstellung des Zeugnisses verweigert wird,

2. die gesetzlichen Vertreter der Gemeinden oder der Fiskus, wenn ein auf Grund des Artikel 36 von ihnen erhobener Einspruch zurückgewiesen wurde.

Es kann nicht im Sinne des Herrn Vorsitzenden liegen, dem zurückgewiesenen Antragsteller das Beschwerderecht zu entziehen:

Vorsitzender: Das gebe ich zu; aber einen anderen Fall als den der Beschwerde an den Verwaltungsgerichtshof kann ich mir nicht denken.

Der k. Ministerialkommissär, Oberregierungsrath **Krazeisen:** Ich darf mir vielleicht erlauben, eine Anmerkung aus dem Riedel-Proebst'schen Kommentar zu diesem Artikel zu verlesen:

> 2. Unter den Beschlüssen der Distriktsverwaltungsbehörden sind die in Anwendung der Artikel 34, 35, 36, 37, 38 und 39 gefaßten Beschlüsse verstanden. Nur ein Theil dieser Beschlüsse behandelt Verwaltungsrechtssachen im Sinne des Gesetzes über die Errichtung eines Verwaltungsgerichtshofes 2c. vom 8. August 1878; Artikel 8 Ziffer 5 des letzteren führt nämlich lediglich auf: „Verweigerung des nach Artikel 33 und 38 des Gesetzes über Heimath, Verehelichung und Aufenthalt vom 16. April 1868 auszustellenden Verehelichungszeugnisses oder Ertheilung desselben gegen einen auf Grund des Artikel 36 erhobenen Einspruch."
>
> In solchen Verwaltungsrechtssachen richtet sich bei der den Betheiligten zustehenden Beschwerdeführung der Instanzenzug, die Nothfrist von 14 Tagen, die Bestimmung der Behörde, bei welcher die Beschwerde, sowie der Form und des Inhaltes, in welcher und mit welchem sie anzubringen ist, nach dem Gesetze vom 8. August 1878 (vergl. die Noten 4—6 zu Art. 25); die Berufung gegen Beschlüsse der Distriktsverwaltungsbehörden geht hier unmittelbar an den Verwaltungsgerichtshof (Art 9 Abs. 1 des Verwaltungsgerichtshofgesetzes).
>
> Insoweit nicht Beschlüsse in Verwaltungsrechtssachen im Sinne des Gesetzes vom 8. August 1878 in Rede stehen, ist Absatz 1 des Artikel 40 des Heimathgesetzes maßgebend geblieben. Vergl. auch Entsch. des V. G. H. Bd. IV S. 133.

Es sind immerhin Fälle denkbar, in welchen es sich nicht um die Ziffer 5 des Artikel 8 des Verwaltungsgerichtshofgesetzes, sondern um andere Angelegenheiten handelt, und dürfte es unbedenklich sein, diesen Artikel so stehen zu lassen, wie er in den Entwurf aufgenommen ist.

Vorsitzender: Nach Artikel 40 Absatz 1 im Wortlaut gehen die Beschwerden gegen die Beschlüsse der Distriktsverwaltungsbehörden der Regel nach an die Kreisregierung und nur die Beschwerden auf Grund des Artikel 36 sind unmittelbar an den Verwaltungsgerichtshof zu richten. Nach Aufhebung des Artikel 35 weiß ich nun keinen Fall mehr, in dem die Beschwerden an die Kreisregierung zu richten wäre und käme deshalb allein der Verwaltungsgerichtshof noch als Beschwerdeinstanz in Frage.

Der k. Ministerialkommissär, Oberregierungsrath **Krazeisen:** Mir ist auch auch augenblicklich ein Fall nicht gegenwärtig und konstruierbar; aber immerhin glaube ich, daß die Fassung, wie sie vorgeschlagen ist, auf alle Fälle unschädlich ist, und wenn man, ohne gründlich zu untersuchen, ob nicht doch ein Fall übrig geblieben ist, dieselbe beseitigt, dann riskiert man, daß eine

Bestimmung nicht mehr existiert bezüglich des Instanzenzugs in Sachen, die nicht Verwaltungsrechtssachen sind.

Vorsitzender: Mein Bedenken ist eben, daß eine Instanz reserviert wird, die meiner Ansicht nach nicht mehr besteht.

Sind die Hohen Herren mit der Zurückstellung der Ziffer XIII einverstanden? Es ist das der Fall.

Wir gehen über zu

Ziffer XIV—XXI.

Reichsrath **von Küffner** als Referent:

Ziffer XIV

ist in ihrer jetzigen Wortfassung bedenkenfrei.

Ziffer XV

will die Ziffer 9 des Artikel 45 beseitigt wissen, weil es sich nicht um gerichtliche Strafen, sondern nur um Disziplinarstrafen (gegen Studierende oder gleiche Kategorien, auch Lehrlinge) handelt und unter den Strafen des § 3 des Freizügigkeitsgesetzes bloß die ersteren begriffen sind.

Die Aufnahme der Ziffer 9 des Artikel 45 in den Artikel 43 Absatz 1 wurde von dem k. Regierungskommissär, Oberregierungsrath Krazeisen, als auf einem Irrthum beruhend erklärt und somit dessen Anwendung für die Ausweisung von Deutschen aus einer bayerischen Gemeinde für unzulässig befunden.

Die

Ziffern XVI bis XXI

sind theils an sich, theils durch schon vorliegende Beschlüsse gerechtfertigt.

Die Schlußbestimmung in

Absatz 2:

„Die vor dem Inkrafttreten des Bürgerlichen Gesetzbuchs vereinkindschafteten Kinder stehen in Ansehung der Heimath ehelichen Kindern gleich“

wurde schon bei Ziffer I angeregt und dementsprechend hier eingesetzt.

Ich beantrage Annahme der Ziffern XIII mit XXI sowie des Absatzes 2 und damit des ganzen Artikel 21.

Vorsitzender: Damit sind sämmtliche Ziffern des Artikel 21 Absatz 1 mit Ausnahme der zurückgestellten Ziffer XIII erledigt, sowie Absatz 2 und somit der Artikel 21 selbst mit vorerwähnter Ausnahme unverändert angenommen.

Artikel 22.

Reichsrath **von Küffner** als Referent: Artikel 22 betrifft das Gesetz vom 16. Mai 1868 über den Malzaufschlag in der Fassung der Bekanntmachung vom 10. Dezember 1889.

Ziffer I

verdankt ihre Entstehung hauptsächlich der Hereinziehung von Genossenschaften und erwähnt dabei auch die rechtliche Grundlage ihrer Haftbarkeit, während die bisherige Fassung sich bloß auf die Genossen bezog.

Ziffer II.

Die Aufhebung der betreffenden Gesetzesartikel beruht darauf, daß die Entlassung des Pächters oder Geschäftsführers wegen rückfälliger Verfehlungen gegen das Malzaufschlagsgesetz zwar auf öffentlichem Rechte fußt, aber die Wirkung dieser Entlassung auch das privatrechtliche Verhältniß zwischen den gedachten Personen und den Geschäftsherrn berührt, dessen Würdigung künftighin dem § 325 des Bürgerlichen Gesetzbuchs anheimfällt, welcher übrigens mit den jetzt aufzuhebenden Gesetzesartikeln von gleichen Grundgedanken ausgeht.

Ohne Erinnerung.

Vorsitzender: Artikel 22 ist angenommen.

Der k. Ministerialkommissär, Oberregierungsrath **Krazeisen:** Ich möchte um das Wort bitten, um auf Artikel 21 Ziffer XIII zurückzugreifen.

Ich habe jetzt schon einen Fall gefunden, in dem noch die Beschwerde an die Kreisregierung geht. Nämlich in Artikel 39 des Heimathgesetzes, der auch durch den Artikel 40 in Bezug genommen wird, heißt es im zweiten Absatze, daß einem Ausländer, wenn er gewisse Bedingungen erfüllt hat, die Distriktsverwaltungsbehörde ein Zeugniß auszustellen hat; wird ein solches Zeugniß von der Distriktsverwaltungsbehörde verweigert, so geht die Beschwerde an die Kreisregierung, weil dem Ausländer ein verwaltungsrechtlich verfolgbarer Anspruch auf Grund des Gesetzes vom 8. August 1878 nicht zusteht. Dieser Artikel 39 Absatz 2 ist im Verwaltungsgerichts-Gesetz nicht aufgeführt. Es bleibt bei der Bestimmung des Artikel 40 Absatz 1, wonach hier die Beschwerde an die Kreisregierung geht.

Ich glaube, es dürfte vielleicht keine Zurückstellung zur zweiten Lesung erforderlich sein.

Vorsitzender: Den Fall habe ich auch im Auge gehabt; der ist aber ein äußerst selten vorkommender. (Herr Oberregierungsrath Krazeisen: Er ist immerhin im Gesetze vorgesehen.) Die Hauptsache ist jetzt die Berufung und Beschwerde an den Verwaltungsgerichtshof. Das Andere ist Nebensache. Es nimmt sich diese Formulierung außerordentlich unschön aus, wenn man als Regel die Ausnahme hinstellt, daß die Beschwerde zur Kreisregierung geht und als Ausnahme die Regel, daß die Beschwerde an den Verwaltungsgerichtshof zu richten ist.

Der k. Ministerialkommissär, Senatspräsident Dr. **von Jacubezky:** Es dürfte sich vielleicht empfehlen, den in Aussicht genommenen Redaktionsausschuß damit zu betrauen, unter Zuziehung eines Vertreters des Staatsministeriums des Innern eine andere Fassung des Artikel 40 Absatz 1 in Erwägung ziehen. Es ist in der That, wenn das Gesetz neu bekannt gemacht wird, mißlich, daß das, was für die Hauptfälle gilt, nur nebenher erwähnt und als die Regel das hingestellt wird, was sich nur auf einen selten vorkommenden Fall bezieht. Es würde zweckmäßiger sein, zunächst von der die Regel bildenden Zuständigkeit des Verwaltungsgerichtshofs zu sprechen und dem beizufügen: „In den Fällen des Artikel 39 Absatz 2 entscheidet die Kreisregierung, Kammer des Innern, nach kollegialer Berathung in zweiter und letzter Instanz."

Vorsitzender: Sind die Hohen Herren damit einverstanden? Es erfolgt kein Widerspruch, es bleibt somit bei der Zurückstellung der Ziffer XIII des Artikel 21 bis zur zweiten Lesung. Wir kommen zur Berathung des

Artikel 23.

Reichsrath **von Küffner** als Referent: Artikel 23 enthält Aenderungen des Gesetzes vom 16. Mai 1868, die Vermarkung der Grundstücke betreffend.

Das dermalige Vermarkungsgesetz hat im Justizgesetzgebungsausschuß der Kammer der Abgeordneten zu vielfachen Klagen Anlaß gegeben, und es wurde auch von Seite des k. Regierungsvertreters erklärt, daß die Vorarbeiten für Erlaß eines neuen solchen Gesetzes bereits eingeleitet seien.

Hieher ist im allgemeinen hervorzuheben, daß die Landesgesetzgebung künftig nicht mehr die Voraussetzung, sondern nur die Art der Abmarkung und das Verfahren bestimmen darf, wie aus § 919 Absatz 2 des Bürgerlichen Gesetzbuchs zu ersehen ist.

Ziffer I

enthält nun die besondere Vorschrift, daß die Abmarkung zwischen Nachbargrundstücken nicht mehr von dem Vorhandensein eines Bedürfnisses, sondern von dem Antrage des Nachbarn abhängig gemacht werden soll. Vorausgesetzt wird dabei, daß die Grenzen unbestritten sind.

Ziffer II

verdankt seine Entstehung den Bestimmungen der §§ 873, 925 und 980 des Bürgerlichen Gesetzbuchs und des neuen § 71a des Grundsteuergesetzes. Dieselbe wird auch für die bei vorstehender Ziffer I zuletzt erwähnte Voraussetzung einflußreich sich erweisen.

Ziffer III.

Artikel 7 des Gesetzes handelt von der Zuständigkeit und dem Verfahren bei Grenzstreitigkeiten und soll dessen Eingang eine angemessene Aenderung erfahren.

Reichsrath Dr. **von Schmitt**: In meinen gedruckten Bemerkungen habe ich die Frage der Kompetenzausscheidung zwischen Gericht und Verwaltung zur Erwägung gestellt. Der Anspruch auf Mitwirkung des Eigenthümers des Nachbargrundstückes zur Errichtung fester Grenzzeichen kann verwaltungs-öffentlichrechtlich konstruiert werden (Gesichtspunkt der öffentlichen Ordnung) und so ist es im Vermarkungsgesetze geschehen. Er kann auch civilrechtlich konstruiert werden als obligatorischer Anspruch auf dinglicher Grundlage. Im Artikel 23 ist nun das bisherige Recht festgehalten. Darnach ist der Anspruch nach wie vor ein verwaltungsrechtlicher. Das Bürgerliche Gesetzbuch hat aber einen privatrechtlichen Anspruch konstruiert in § 919. Da ein neues Vermarkungsgesetz ohnehin kommen soll, so wird man wohl in diesem neuen Gesetze an den § 919 des Bürgerlichen Gesetzbuchs anknüpfen. Die Frage wäre nur, ob diese Aenderung nicht gleich jetzt geschehen könnte. Ich habe darauf hin zwar keinen Antrag, sondern den Gedanken nur zur Erwägung gestellt, jedenfalls aber zur Berücksichtigung, wenn das neue Vermarkungsgesetz entworfen wird.

Der k. Ministerialkommissär, Senatspräsident Dr. **von Jacubezky**: Ich glaube, daß es den Vorzug verdient, das neue Vermarkungsgesetz abzuwarten, das sich schon in Vorbereitung befindet. Eine Aenderung der bestehenden Zuständigkeitsvorschriften, zu denen auch der Artikel 8 Ziffer 16 des Gesetzes vom 8. August 1878 über den Verwaltungsgerichtshof sc. gehört, ist durch den § 919 des Bürgerlichen Gesetzbuchs nicht geboten. Der § 919 gibt einen privatrechtlichen Anspruch; die privatrechtliche Eigenschaft eines Anspruchs schließt aber nach § 13 des Gerichtsverfassungsgesetzes nicht aus, daß der Streit über den Anspruch für eine Verwaltungssache oder eine Verwaltungsrechtssache erklärt wird. Der Anspruch, der nach Artikel 1 des Gesetzes vom 16. Mai 1868 dem Eigenthümer eines Grundstücks gegenüber dem Eigenthümer eines Nachbargrundstücks zusteht, ist seinem Inhalte nach von dem Anspruche des § 919 kaum verschieden und dürfte gleichfalls als ein privatrechtlicher Anspruch anzusehen sein. Die vorgeschlagene Fassung würde auf keinen Fall für den § 919 passen. Sie scheint eine Vermarkungspflicht des öffentlichen Rechts vorauszusetzen, die auf Errichtung der zur Sicherstellung der Grenzen der Grundstücke nothwendigen Grenzzeichen gerichtet ist. Bei einer solchen Pflicht können Streitigkeiten über die Nothwendigkeit der Abmarkung vorkommen; bei dem Anspruche des § 919 kann die Frage der Nothwendigkeit der Abmarkung nur insoferne aufgeworfen werden, als die Mitwirkung zur Errichtung überflüssiger Grenzzeichen nicht verlangt werden kann. Sie läßt sich aber eben deswegen nicht aus dem Streite über den Anspruch auf Mitwirkung zur Abmarkung ausscheiden; man muß entweder die ganze Sache den Gerichten zuweisen, oder es für den ganzen Streit bei der Zuständigkeit der Verwaltungsbehörden belassen. Das letztere dürfte den Vorzug verdienen.

Reichsrath Dr. **von Schmitt:** Ich habe den Artikel in meinen gedruckten Bemerkungen formuliert so, wie er jetzt in dem Vermarkungsgesetz lauten müßte, wenn man meiner Anregung sofort entsprechen wollte. Dabei ist vorausgesetzt, daß dann der privatrechtliche Anspruch auf Mitwirkung zur Setzung fester Grenzzeichen sich nach dem Bürgerlichen Gesetzbuch richtet. Wenn hier von Streitigkeiten über die „Nothwendigkeit" die Rede ist, so ist selbstverständlich die objektive Nothwendigkeit gemeint, nicht die subjektive Verpflichtung. Uebrigens einen Antrag habe ich nicht gestellt, ich wollte die Sache nur erwähnen. Wir haben jetzt einen verwaltungsrechtlichen Anspruch auf Mitwirkung des Nachbars; das Bürgerliche Gesetzbuch hat einen civilrechtlichen und überläßt nur die Art und Weise der Ausführung der Verwaltung.

Vorsitzender: Ein Antrag auf Aenderung der Ziffer III ist nicht gestellt. Ziffer I bis III sind angenommen.

Ziffer IV.

Reichsrath **von Küffner** als Referent: Ziffer IV, welche mit Ziffer I in Wechselbeziehung steht, wird der Annahme empfohlen.

Ziffer V

beabsichtigt die Aufhebung von Artikeln, welche durch den in letzter Zeit zur weiteren Kenntniß gelangten § 919 des Bürgerlichen Gesetzbuchs ersetzt sind.

Ich beantrage die Annahme der Ziffern IV und V und damit des ganzen Artikel 23.

Vorsitzender: Es besteht keine Erinnerung, damit ist Artikel 23 erledigt. Wir gehen über zu

Artikel 24.

Reichsrath **von Küffner** als Referent: Artikel 24 betrifft das Berggesetz vom 20. März 1869.

Hienach sollen in Zukunft auch Entschädigungen, welche der Grundeigenthümer für Benützung seines Grundstücks zum Bergbau oder zur Schürfung 2c. erhält, mögen sie auf Vertrag beruhen oder bloß als Ausfluß einer Beschädigung sich darstellen, wie Mieth- und Pachtzinse zu betrachten sein und unter gleichen Voraussetzungen wie diese von den Gläubigern beschlagnahmt werden können.

Darin ist der Hauptgrundsatz des Artikel 24 gelegen, und da er von sämtlichen Mitgliedern des Justizausschusses der Kammer der Abgeordneten gebilligt wurde, sonst aber nur Abänderungen in Frage stehen, welche das Berggesetz mit dem Bürgerlichen Gesetzbuch und einigen anderen neuen Reichsgesetzen in Uebereinstimmung bringen sollen und in dem gedachten Ausschusse gleichfalls nicht angefochten worden wären, wurde dort dem Vorschlage, den Artikel 24 en bloc anzunehmen, mit stillschweigender Einwilligung der k. Staatsregierung Folge gegeben, vorbehaltlich der Prüfung von drei Nachtragsvorlagen hiezu.

Der erste Nachtrag bezog sich darauf, daß in dem zu Ziffer II neu eingestellten Artikel 36a der Absatz 2 eine andere Fassung erhalten sollte, um ein gleichheitliches Verfahren für alle am Bergwerkseigenthum sich ergebenden Aenderungen herbeizuführen, was zweckmäßig und annehmbar erschien.

Der zweite Nachtrag bezielte, daß in Ziffer VII der Absatz 2 des Artikel 62a gleichfalls anders zu fassen sei, weil die bisherigen Bestimmungen schon in Artikel 36a aufgenommen sind.

Gemäß dem dritten Nachtrage soll aus dem nämlichen Gesichtspunkte in Ziffer XVII an Stelle von Artikel 62a Artikel 36a Absatz 2 treten.

Da hiegegen irgend eine Einwendung nicht erhoben werden kann, wird der ganze Artikel 24 der Annahme empfohlen.

Vorsitzender: Es besteht keine Erinnerung.

Artikel 24 ist angenommen.

Artikel 25.

Ziffer I bis IV.

Reichsrath **von Küffner** als Referent: Artikel 25 ändert theilweise das Gesetz vom 29. April 1869, die Gemeindeordnung für die Landestheile diesseits des Rheins betreffend.

Ziffer I

steht im Einklang mit den §§ 617 und 1617 des Bürgerlichen Gesetzbuchs und mit dem zu Artikel 21 Ziffer III Nr. 2 des dermaligen Gesetzes gefaßten Beschlusse.

Die stattgehabte Anregung über Beseitigung der Bürgeraufnahmegebühren wird als nicht hierher gehörig besonderer Besprechung entzogen sein.

Ziffer II und III

wiederholen die schon öfter vorgenommene Herstellung der Ausdrucksweise des Bürgerlichen Gesetzbuchs.

Der k. Ministerialkommissär, Senatspräsident Dr. **von Jacubezky:** Zur Ziffer III möchte ich darauf aufmerksam machen, daß in der Zusammenstellung ein Druckfehler der Regierungsvorlage berichtigt worden ist. Es hieß in der Regierungsvorlage „und im Artikel 47 Absatz 4 Satz 2", es handelt sich aber um den Satz 3, der jetzt in der Zusammenstellung angeführt ist.

Reichsrath **von Küffner** als Referent:

Ziffer IV

erheischt lediglich den Hinweis auf die in den Motiven niedergelegte Bemerkung, daß an den einschlägigen Verfassungsbestimmungen dadurch nichts geändert werde, sondern daß dieselben sowohl bei Aenderung der Zweckbestimmung als auch bei Aufhebung der Stiftung unberührt bleiben; es ist weder dagegen noch in einer sonstigen Richtung etwas zu erinnern.

Vorsitzender: In dieser Ziffer ist die Sprache von Stiftungen des öffentlichen Rechts. Was eine Stiftung des öffentlichen Rechts ist, das ist von den Gerichten zu verschiedenen Zeiten verschieden entschieden worden, und zur Zeit weiß noch niemand mit apodiktischer Gewißheit, worin der Begriff einer öffentlichen Stiftung bestehe. Man geht, wie ich aus den verschiedenen Entscheidungen entnommen habe, von der Anschauung aus, daß eine öffentliche Stiftung eine jede sei, welche Bezug auf Unterricht, Wohlthätigkeit und Kultuszwecke hat. Infolgedessen fallen auch jene Stiftungen, welche z. B. für Studenten ein und derselben Familie ausgesetzt werden, darunter, obwohl eine öffentliche Angelegenheit darin nicht zu erblicken ist, sondern die Stiftung nur zum Wohle der Familie gereichen soll. Ich möchte nun fragen, ob es nicht möglich gewesen wäre, auch den Begriff der öffentlichen Stiftung einmal gesetzlich zu fixieren, um derartigen Schwankungen in der Rechtsprechung in Bezug auf diese Begriffe ein Ende zu setzen.

Der k. Ministerialkommissär, Ministerialrath **Hörmann:** Die Frage ist sehr schwer zu beantworten. Wie der Herr Vorsitzende schon hervorgehoben hat, fehlte es bisher an irgend einer gesetzlichen oder rechtlichen Unterlage, um darüber sich klar zu werden, was eigentlich unter einer öffentlichen Stifung und was unter einer rein bürgerlichen Stiftung zu verstehen sei. Bisher wurde so ziemlich jede Stiftung mit irgend welchem öffentlichen Interesse als eine öffentliche betrachtet und es ist nicht leicht, die Fälle nach der jetzigen Auffassung festzustellen, in denen eine rein bürgerliche Stiftung als vorhanden zu betrachten wäre. Es sind zwar schon vereinzelte Beispiele vorgekommen, in denen man davon ausgegangen ist, es liege eine rein bürgerliche oder Privatstiftung vor. Ob es möglich ist, in dieser Beziehung eine gesetzliche Regelung zu gewinnen, das ist im Momente schwer zu übersehen und würde jedenfalls einer eingehenden Erwägung bedürfen, bei der verschiedene Ministerien betheiligt sind. Von meinem Standpunkt aus ist es schwer, irgendwie eine bestimmte Antwort zu geben. Es ist ganz besonders auch das Ministerium des Innern für Kirchen- und Schulangelegenheiten betheiligt, und das Justizministerium ist in der Frage auch mit berührt. Es müßte jedenfalls die Frage zwischen den betheiligten Ministerien in Betracht gezogen werden, und würde dabei zu erwägen sein, ob und in welcher Weise vielleicht eine Grenze zwischen den beiden erwähnten Stiftungscharakteren gezogen werden könnte.

Vorsitzender: Wenn die Frage noch nicht untersucht worden ist, so gebe ich allerdings zu, daß es im gegenwärtigen Stadium wohl kaum möglich ist, diese Frage zur Entscheidung zu bringen. Ich hätte aber geglaubt, daß wir diese wichtige Frage jetzt gerade bei Einführung des Bürgerlichen Gesetzbuchs, das ja in dieser Beziehung auch in Rücksicht auf die öffentlichen Stiftungen sehr einschneidende Bestimmungen enthält, nicht hätten umgehen sollen. Vielleicht wird ein andermal sich Gelegenheit finden, diese Frage zu entscheiden.

Ich konstatiere die Annahme der Ziffern I bis IV.

Ziffer V.

Reichsrath **von Küffner** als Referent: Ziffer V wurde gestrichen, weil ebenso auch beim Streitabstande, das ist bei der Erklärung, einen Streit unter Bezahlung der Kosten nicht fortsetzen zu wollen, eine Aenderung an der Substanz des Gemeinde- oder Stiftungsvermögens herbeigeführt werden kann.

Auch für diesen Fall soll daher wie früher die Zustimmung der Gemeindebevollmächtigten erforderlich sein, so daß die jetzt versuchte Einschränkung als unzuläßig sich erweise.

Da diese Anschauung nicht jedes Haltes entbehrt und der Regierungsvertreter in Anerkennung der geltend gemachten „schweren" Bedenken auf die

— übrigens unerhebliche — Aenderung verzichtet hat, kann der diesseitige Beitritt zur Streichung wohl befürwortet werden.

Vorsitzender: Hiezu liegt ein Abänderungsantrag von Seite Seiner Exzellenz des Herrn Reichsrathes von Schmitt vor.

Reichsrath Dr. **von Schmitt:** Der Artikel 112 Ziff. 12 der diesseitigen Gemeindeordnung enthält Fälle, in welchen der Magistrat die Zustimmung der Gemeindebevollmächtigten zu erholen hat, wenn er einen Vergleich abschließen oder den Abstand vom Streit erklären will. Diese Bestimmung war unzweifelhaft wohl in die Gemeindeordnung aufgenommen worden mit Rücksicht auf und in Uebereinstimmung mit einer Vorschrift der bayerischen Civilprozeßordnung vom Jahre 1869 Artikel 90, 92 Ziffer 1, 4. Nun kennt aber die deutsche Civilprozeßordnung (und diese gilt in dieser Beziehung auch vom 1. Januar 1900 ab) einen sogenannten Abstand vom Prozeß nicht, sie spricht von der Klagezurücknahme. Klagezurücknahme ist etwas rein Prozessualisches, berührt aber die Sache selbst nicht. Aus diesen Gründen hat die k. Staatsregierung beantragt, daß die Worte „Abstand vom Streite" bei der Revision der Gemeindeordnung weggelassen werden sollen. Allein der Ausschuß der Kammer der Abgeordneten ist darauf nicht eingegangen, sondern hat an dem alten Wortlaut festgehalten. Nun glaube ich, war das nicht gut gethan; es stimmt Prozeßordnung und Gemeindeordnung nicht mit einander überein. Ich habe mich daher gefragt, was hat eigentlich der Abgeordnetenausschuß gewollt? Der Ausschuß hat das festhalten wollen, was im wesentlichen in den Worten „gänzlicher Abstand vom Streite" enthalten ist. Das ist Verzicht auf das verfolgte Recht, die Anerkennung des vom Gegner verfolgten Anspruchs. Das sind allerdings nach der deutschen Civilprozeßordnung keine Prozeßhandlungen in dem Sinne, in welchem die Bevollmächtigten zu allen Prozeßhandlungen durch die Prozeßvollmacht befugt werden. Ich habe es daher, um eine solche Uebereinstimmung wieder herbeizuführen, für entsprechend erachtet, wenn nur die zwei Fälle der deutschen Civilprozeßordnung, Verzicht auf den Streitgegenstand und Anerkennung des gegnerischen Anspruchs, in die Ziffer 12 eingesetzt werden. Damit wird erreicht, was anscheinend der Abgeordnetenausschuß festhalten wollte.

Der k. Ministerialkommissär, Senatspräsident Dr. **von Jacubezky:** **Die k. Staatsregierung würde die Streichung der Ziffer V der vorgeschlagenen Aenderung vorziehen. Wenn die bisherige Fassung stehen bleibt, bleibt sie selbstverständlich nur soweit in Geltung, als sie jetzt in Geltung ist. Der Artikel 112 Absatz 1 Ziffer 12 der Gemeindeordnung ist aber schon seit dem 1. Oktober 1879 durch die Civilprozeßordnung geändert, die Vorschrift gilt nur noch insoweit, als sie mit dem § 54 der Civilprozeßordnung vereinbar ist; ob wir dies für erwünscht oder für unerwünscht halten, ist gleichgiltig. Die beantragte Aenderung hat aber das Bedenken gegen sich, daß die Landesgesetzgebung zu einer Streitfrage des Civilprozeßrechtes Stellung nehmen würde. Der Herr Antragsteller vertritt die Ansicht, der er in seinem Antrag Ausdruck gegeben hat; ich habe eine andere Ansicht. Ich glaube, daß der Verzicht auf den Streitgegenstand und die Anerkennung des vom Gegner geltend gemachten Anspruchs, sofern sie im Prozesse erfolgen, Prozeßhandlungen im Sinne des § 54 der Civilprozeßordnung sind. Wir können aber diese Frage nicht entscheiden, sie kann nur durch die Rechtsprechung gelöst werden. Die Landesgesetzgebung sollte es vermeiden, zu einer solchen Frage des Reichsrechts Stellung zu nehmen, wenn kein Bedürfniß dafür besteht. Der Vorschlag der**

k. Staatsregierung bezweckte keineswegs die Entscheidung der reichsrechtlichen Streitfrage, sondern wollte eine außerhalb des Bereichs der Streitfrage liegende Vorschrift geben, mit der er im wesentlichen zu dem zurückkehrt, was im Entwurfe der Gemeindeordnung gestanden hatte. Der Streitabstand war in dem Entwurfe der Gemeindeordnung nicht erwähnt, er ist erst von dem Ausschusse der Kammer der Abgeordneten hineingesetzt worden. Das war von vornherein ein Mißgriff, weil nicht einzusehen ist, warum der Magistrat nach der Erhebung der Klage nicht mehr befugt sein soll, auf einen Anspruch zu verzichten oder einen gegnerischen Anspruch anzuerkennen, wenn er dazu vor der Erhebung der Klage der Zustimmung der Gemeindebevollmächtigten nicht bedurfte. Vor der Erhebung der Klage bedarf der Magistrat der Zustimmung der Gemeindebevollmächtigten nicht zu allen Verfügungen, durch welche eine Aenderung an der Substanz des Gemeinde- oder Stiftungsvermögens herbeigeführt wird, vielmehr verlangt die Ziffer 7 des Artikel 112 Absatz 1 die Zustimmung der Gemeindebevollmächtigten nur

> „bei freiwilliger Veräußerung oder Verpfändung unbeweglicher Gemeinde- und Stiftungsgüter oder nutzbarer Rechte, sowie bei Veränderungen in deren Substanz oder bei Belastung derselben mit ständigen Ausgaben oder sonstigen bleibenden Lasten.“

Bei Verfügungen über bewegliches Vermögen besteht kein Grund, nach der Erhebung der Klage die Zustimmung der Gemeindebevollmächtigten zu verlangen. Das Bürgerliche Gesetzbuch geht bei seinen Vorschriften über das Erforderniß der Genehmigung des Vormundschaftsgerichts von derselben Auffassung aus. Der Vormund bedarf der Genehmigung des Vormundschaftsgerichts zur Verfügung über ein Grundstück oder über ein Recht an einem Grundstück und zu einem Vergleich, für seine Befugniß zum Verzicht auf einen Anspruch des Mündels und zur Anerkennung eines gegen den Mündel gerichteten Anspruchs ist es aber ohne Belang, ob die Klage schon erhoben ist. Auch beim Vergleich kommt es nicht auf die Erhebung der Klage an, beim Vergleich ist die Genehmigung nach § 1822 Nr. 12 erforderlich, auch wenn die Klage noch nicht erhoben ist. Ebenso verlangt die Gemeindeordnung bei dem Vergleich die Zustimmung der Gemeindebevollmächtigten nicht nur nach, sondern auch schon vor der Erhebung der Klage. Da es aber nicht gelungen ist, den Ausschuß der Kammer der Abgeordneten für die Regierungsvorlage zu gewinnen, so dürfte nichts anderes übrig bleiben, als es bei der Streichung der Ziffer V bewenden zu lassen.

Zu der Fassung des Antrags erlaube ich mir zu bemerken, daß sie nicht genügend erkennbar macht, daß die Zustimmung der Gemeindebevollmächtigten bei dem Vergleich auch dann nothwendig ist, wenn die Klage noch nicht erhoben ist, bei dem Verzicht und der Anerkennung aber erst nach Erhebung der Klage. Man könnte im Anschluß an den § 81 der Civilprozeßordnung sagen: „oder bei Beseitigung des Rechtsstreits durch Verzichtleistung auf den Streitgegenstand oder Anerkennung des von dem Gegner geltend gemachten Anspruchs.“ Aber die Fassung der Civilprozeßordnung ist selbst nicht einwandfrei; denn durch Verzicht oder Anerkennung wird der Rechtsstreit nicht beseitigt, vielmehr kann auf Grund des Verzichts die Abweisung des Klägers, auf Grund der Anerkennung die Verurtheilung des Beklagten beantragt werden (§§ 306, 307). Der Verzicht und die Anerkennung sind das naturgemäße Ergebniß der mündlichen Verhandlung, wenn sich bei dieser herausgestellt hat, daß der geltend gemachte Anspruch unhaltbar oder der Anspruch des Gegners unbestreitbar ist, und bilden, wenn sie bei der mündlichen Verhandlung erklärt werden, die Grundlage des Urtheils. Sie sind deshalb Prozeßhandlungen, während der Vergleich, der weder das naturgemäße Ergebniß der mündlichen Verhandlung ist, noch die Grundlage eines Urtheils bildet, sondern den Rechtsstreit durch Schaffung eines neuen Rechtsverhältnisses beseitigt, nicht eine Prozeßhandlung, sondern ein Rechtsgeschäft des bürgerlichen Rechts ist. Ist diese Ansicht richtig, so steht der vorliegende Antrag mit dem § 54 der Zivilprozeßordnung im Widerspruch, und gelten die Worte „oder bei Erklärung des Streitabstands" schon jetzt nicht mehr. Da die Einführung des Bürgerlichen Gesetzbuchs eine Aenderung des bisherigen Rechtszustandes nicht mit sich bringt, so mag von einer Aenderung des Artikel 112 Abs. 1 Ziffer 12 abgesehen und die Entscheidung der Frage, wieweit diese Vorschrift noch gilt, wie bisher der Rechtsprechung überlassen bleiben.

Reichsrath Dr. **von Schmitt:** Die Regierung ist doch bei ihrem Vorschlage davon ausgegangen, daß die fraglichen Worte „Abstand vom Streit" gestrichen werden müssen, da sie unrichtig sind, und sie hat den Abstrich beantragt. Dieser ist aber nicht erfolgt. Folgt daraus vielleicht, daß die Sache nun erledigt sei? Hat die Regierung Recht gehabt, dann müssen wir wenigstens zu der Fassung zurückkehren, die die Regierung beantragt hat, wenn wir auch darauf verzichten, daß man den von mir beantragten Zusatz macht zum Ersatz dessen, was allenfalls mit den gestrichenen Worten beabsichtigt war. Aber daß man die Sache einfach so hängen läßt, wie sie liegt, mit der Ueberzeugung: richtig ist die Fassung nicht, das halte ich nicht für angezeigt. Deshalb meine ich, wenn auch der Beisatz nicht beliebt wird, bleibt immerhin der Antrag auf Herstellung der Regierungsfassung übrig.

Der k. Ministerialkommissär, Senatspräsident Dr. **von Jacubezky:** Es ist für die k. Staatsregierung schwer, sich gegen den Antrag auf Wiederherstellung ihrer Vorlage auszusprechen, die sie noch jetzt für richtig hält. Es fragt sich aber, ob, wenn die Hohen Herren einen solchen Beschluß fassen, die Kammer der Abgeordneten zustimmen wird. Einen großen Schaden wird es nicht bringen, wenn auf die Ziffer V verzichtet wird, da die Aenderung schon kraft Reichsgesetzes eingetreten ist, weil das, was nach der Regierungsvorlage beseitigt werden sollte, schon jetzt nicht mehr gilt. Die k. Staatsregierung wollte die Gelegenheit benützen, um den Text der Gemeindeordnung richtig zu stellen; da man aber darin eine Aenderung des geltenden Rechts zu finden glaubte und die vermeintliche Neuerung als für die Gemeinden gefährlich bekämpfte, so mag auf die Richtigstellung, die mit dem Bürgerlichen Gesetzbuch nichts zu thun hat, verzichtet werden.

Reichsrath Dr. **von Schmitt:** In dem Beisatze, den ich gemacht habe, ist es doch unverkennbar, daß es sich um den laufenden Prozeß handelt. Wenn von einem Streitgegenstande die Rede ist, ist nicht ein Gegenstand gemeint, über den außergerichtlich Streit herrscht, und wenn man von dem Abstande von einem geltend gemachten Anspruche spricht, so ist darunter ein prozessual geltend gemachter Anspruch zu verstehen. Ich kann nicht anerkennen, daß meine Worte nicht zu erkennen gäben, daß es sich um einen im Prozesse verfolgten Anspruch handelt. Ich glaube, daß wenn wir so fassen würden, wie ich vorgeschlagen habe, damit die Bedenken des Ausschusses der Kammer der Abgeordneten wegfielen, und wir dann statt einer unrichtigen oder wenigstens schwer verständlichen Bestimmung eine verständlichere hätten, und auch das, was von dem Abgeordnetenausschuß gewollt war, würde erreicht werden. Stellen Sie wenigstens die Fassung der Regierungsvorlage wieder her. Wir können ja den Versuch machen, ob nicht der Abgeordnetenausschuß, nachdem die Sache bei uns diskutiert worden ist, darauf eingeht.

Vorsitzender: Wir schreiten zur Abstimmung.

Zunächst kommt der weitergehende Antrag Seiner Exzellenz des Herrn Reichsraths Dr. von Schmitt zur Abstimmung. Ich bitte die Hohen Herren, welche dafür sind, die Hand empor zu heben. (Geschieht.)

Der Antrag ist abgelehnt.

Dann kommt der Antrag, die Fassung der Regierung wieder herzustellen. Ich bitte die Herren, welche dafür sind, die Hand empor zu heben. (Geschieht.)

Der Antrag ist ebenfalls abgelehnt.

Daraus ergibt sich die Annahme des Antrags auf Streichung der Ziffer V von selbst.

Ziffer VI.

Reichsrath **von Küffner** als Referent: Ziffer VI, bei zweiter Lesung neu eingestellt, beseitigt den bisher der Gemeindeordnung angehörigen Artikel 156 Abs. 6, der bestimmte, welche Maßregeln der Bürgermeister zur Sicherung eines Nachlasses vorzunehmen hat. An seine Stelle ist nun Artikel 94a des Ausführungsgesetzes zum Bürgerlichen Gesetzbuch getreten, der dasselbe besagt, was obiger Artikel aussprach.

Vorsitzender: Damit ist Ziffer VI und sonach der ganze Artikel 25 angenommen.

Artikel 26.

Reichsrath **von Küffner** als Referent: Artikel 26 enthält Abänderungen des Gesetzes vom 29. April 1869, die Gemeindeordnung für die Pfalz betreffend.

Reichsrath **Heffert:** Der Artikel 26 wurde vom Abgeordnetenausschuß unverändert angenommen. Die beantragten Aenderungen decken sich mit jenen Aenderungen, welche in dem vorangegangenen Artikel für die Landestheile diesseits des Rheins vorgeschlagen sind. Ich habe keine Erinnerung.

Der k. Ministerialkommissär, Senatspräsident Dr. **von Jacubezky:** Zu der Ziffer III des Artikel 26 möchte ich bemerken, daß sich in der Regierungsvorlage ein Druckfehler findet; es heißt dort „Satz 2" und soll heißen „Satz 3". Der Fehler ist in der Zusammenstellung berichtigt.

Vorsitzender: Artikel 26 ist angenommen.

Artikel 27.

Reichsrath **von Küffner** als Referent: Artikel 27 betrifft das Gesetz vom 29. April 1869 über die öffentliche Armen- und Krankenpflege.

Ziffer I

bringt Uebereinstimmung mit Artikel 103 des Einführungsgesetzes zum Bürgerlichen Gesetzbuch herbei und ist die Fassung dadurch veranlaßt, daß nach dem Bürgerlichen Gesetzbuch bei dem Eintritt einer Unterhaltspflicht aus strafbarer Haftung nur noch von einer Ersatzpflicht die Rede ist.

Ziffer II

enthält eine Ausdehnung der Haftungspflicht auf den früheren Ehegatten, unter welchem der geschiedene Ehegatte (auch Ehefrau) zu verstehen ist, wenn er für den schuldigen Theil erklärt wurde.

Ziffer III

entspricht in Nr. 1 der Sprachweise des Bürgerlichen Gesetzbuchs, das nur mehr einen Pflichttheilsanspruch kennt, aber kein Notherbrecht.

Die Nr. 2 steht in Verbindung mit Artikel 92 des Ausführungsgesetzes zum Bürgerlichen Gesetzbuch und ist darnach umsoweniger zu beanstanden, als sie sich auch mit dem bisherigen Rechte in vollem Einklange befindet.

Zur größeren Verdeutlichung des Beabsichtigten wurde in zweiter Lesung in Nr. 2 ein erster Satz eingeschaltet, während der zweite in seiner bisherigen Fassung bestehen blieb.

Ziffer IV

bietet in Nr. 1 nur eine Wiederholung; die Nr. 2 enthält ein beengtes Vorzugsrecht, neben welchem aber die Zulassung einer Armenpflege zum Armenrechte durch das Gericht nach Maßgabe der Civilprozeßordnung mit den daran geknüpften Wirkungen immer noch Platz greifen kann.

Ziffer V.

Die Einschaltung beruht auf den Artikeln 1 und 2 des Gesetzes vom 26. Mai 1892, die Ausführung des Krankenversicherungsgesetzes betreffend, und ist gerechtfertigt, weil bei dem Vorhandensein einer derartigen Versicherung die Armenpflege erst subsidiär in Anspruch genommen werden kann.

Ziffer Va

ist nach den derzeit obwaltenden Verhältnissen selbstverständlich.

Ziffer VI

schließt sich wieder an die in der bezüglichen Richtung schon oft beachtete Sprachweise an und nach einem Modifikationsantrage der k. Regierung soll auch Ziffer 3 des Artikel 23 Absatz 3 die Fassung erhalten:

„Personen, über deren Vermögen der Konkurs eröffnet ist.“

Ziffer VII

erstrebt eine Erweiterung durch Beifügung des Wortes „Trunksucht“, was ganz angemessen erscheint.

Nebstdem wurde auf Anfrage von dem k. Regierungsvertreter erläutert, daß nach der Tendenz des Armengesetzes unter dem Familienhaupte immer auch die Familienglieder mit inbegriffen werden. Wenn also die Besorgniß, der Armenkasse zur Last zu fallen, gegenüber einem Mitgliede der Familie vorhanden ist, dessen alimentationspflichtiges Haupt Verschwender oder trunksüchtig ist, so ist es ebenso, wie wenn diese Besorgniß gegenüber seiner eigenen Person begründet wäre.

Ziffer VIII

kehrt inhaltlich einfach wieder.

Ziffer IX.

Reichs-Strafgesetzbuch und Polizei-Strafgesetzbuch kennen bloß Haft statt Arrest, wonach jene Strafart auch hierher Anwendung finden soll.

Ich beantrage Annahme des ganzen Artikels.

Vorsitzender: Artikel 27 ist mit seinen sämmtlichen Ziffern angenommen.

Artikel 28.

Reichsrath **von Küffner** als Referent: Artikel 28 sieht Aenderungen des Gesetzes vom 29. April 1869, die privatrechtliche Stellung der Erwerbs- und Wirthschaftsgenossenschaften betreffend, vor.

Ziffer I

setzt für die „noch bestehenden registrierten Gesellschaften" an Stelle des bisherigen Artikel 79 des Ausführungsgesetzes zur Civilprozeßordnung eine Veränderung fest, die schon in einigen Reichsgesetzen (E. G. z. Handelsgesetzbuch und zu dem Gesetze über die Angelegenheiten der freiwilligen Gerichtsbarkeit) und insbesondere in dem Genossenschaftsgesetze selbst berücksichtiget ist.

Ziffer II.

Darnach obliegt die Führung der Handelsregister nun regelmäßig den Amtsgerichten (§ 125 des Reichsgesetzes vom 17. Mai 1898 über die Angelegenheiten der freiwilligen Gerichtsbarkeit).

Ziffer III

stützt sich darauf, daß eine ähnliche Bestimmung in anderen Gesetzen ausgeschlossen oder doch nicht aufgenommen ist, daß nämlich Liquidatoren der Gesellschaft Immobilien nur im Versteigerungswege veräußern durften. Eine Verweisung auf Artikel 66 Absatz 2 des Handelsgesetzbuches über Ordnungsstrafen ist schon durch Verweisung auf § 133 bis 139 des vorberührten Reichsgesetzes vom 17. Mai 1898 ersetzt.

Ich beantrage Annahme des Artikels.

Vorsitzender: Artikel 28 ist angenommen.

Artikel 29.

Reichsrath **von Küffner** als Referent: Artikel 29 betrifft das Polizei-Strafgesetzbuch vom 26. Dezember 1871.

Ziffer I

wahrt gegenüber einer Anordnung, die auf Kosten des Pflichtigen geschehen soll, die Befugniß des Vormundschaftsgerichtes.

Ziffer II.

Artikel 113 Ziffer 1 ist hier ausgeschieden; er betrifft den Fall, daß bei Uebertretungen der Kinder und Dienstboten die Haftung der Eltern und Dienstherren dann entfällt, wenn die Uebertretungen nur in der unbefugten Benützung von auf dem Felde zurückgelassenen fremden Ackergeräthen bestehen.

Für die Ziffern 2 und 3 steht aber nach Artikel 107 des Einführungsgesetzes zum Bürgerlichen Gesetzbuch eine begründete Einschränkung in Frage.

Von dem Abgeordneten Segitz wurde der Antrag gestellt, auch die Artikel 106, 107, 108 und 155, eventuell mindestens den letzten, aufzuheben.

Dieser Antrag wurde einer ausgedehnten Besprechung unterzogen, jedoch von keiner Seite unterstützt und schließlich von dem Antragsteller zurückgezogen.

Es wird hiernach die Zustimmung zu Artikel 29 empfohlen.

Vorsitzender: Damit ist Artikel 29 angenommen.

Artikel 30.

Reichsrath **von Küffner** als Referent: Artikel 30, betreffend das Gesetz vom 28. April 1872 über die Grundentlastung, stimmt mit den Beschlüssen zu Artikel 7 Ziffer I und II, Artikel 17 Ziffer I—III, Artikel 20 Ziffer II bezüglich der Bodenzinse überein (vergl. Art. 114 Abs. 2 des E.G. z. B.G.B.) Ich beantrage Zustimmung.

Vorsitzender: Artikel 30 ist angenommen.

Artikel 31.

Reichsrath **von Küffner** als Referent: Artikel 31 sieht Aenderungen des Gesetzes vom 3. April 1875, die Brandversicherungsanstalt für Gebäude in den Landestheilen rechts des Rheins betreffend, vor.

Ziffer I.

Die vorgeschlagene Fassung erregt kein Bedenken; darnach treten die Ziffern 2, 5, 6 außer Wirksamkeit und Ziffer 7 ist bereits durch § 4 des Einführungsgesetzes zur Konkursordnung beseitigt, weil hier die Versicherungspflicht in ähnlicher Weise, wie bisher, eintritt.

Ziffer II

ist eine Konsequenz aus Ziffer I.

Ziffer III

ist nach der ihr zu Grunde liegenden Voraussetzung als gerechtfertigt anzuerkennen.

Einer Exkursion über Erhebung von Versicherungsbeiträgen je nach dem Eintritt in die Anstalt kann hieher keine Bedeutung zugesprochen werden.

Ziffer IV

ist Folge der jetzigen Bestimmung bei Ziffer I.

Ziffer V

ebenso, da in Ziffer I Artikel 3 Nr. 5—7 beseitigt worden sind.

Ziffer VI

enthält eine neue Fassung des Artikel 39 Absatz 3, welcher sich auf die Bewilligung zum Wiederaufbau eines abgebrannten Gebäudes mitbezieht. Sie ist veranlaßt durch die Ausdehnung auf die Grund- und Rentenschulden ꝛc. ꝛc. und steht im Einklang mit Artikel 17 des Gesetzes vom 15. Juni 1898 über das Unschädlichkeitszeugniß.

Ziffer VII

erfordert nur den Hinweis, daß aus der festgesetzten Unübertragbarkeit der Forderung sich zugleich die Unzulässigkeit einer Verpfändung ergibt.

Ziffer VIII

greift auf bisher schon festgestellte Grundsätze zurück, wobei hinsichtlich des im Absatz 1 erwähnten Nießbrauchs auf Ziffer III oben und zu Absatz 3 rücksichtlich des Umfanges der Sicherheit für die in Absatz 2 eingeführte Sicherungshypothek auf die hiemit in Uebereinstimmung befindlichen Vorschriften in Artikel 8 Absatz 2, 80 Absatz 3, 111 Absatz 1 und 114 Absatz 2 des Ausführungsgesetzes zum Bürgerlichen Gesetzbuch verwiesen wird.

Ziffer IX

ist lediglich Ausfluß der Bestimmung in Artikel 110 des Ausführungsgesetzes zum Bürgerlichen Gesetzbuch.

Ziffer X

ist an sich erinnerungslos; die nunmehrige Einschaltung der Worte: „der Anstalt“ nach „Anspruch“ ist wohl als überflüssig zu erachten, doch kann sie als unschädlich bestehen bleiben.

Ziffer XI

beruht auf dem Beschluß der Ziffer V.

Ziffer XII

behandelt die Aufhebung verschiedener bisheriger Bestimmungen.

Die Aufhebung des Artikel 9 Absatz 2, worin bestimmt ist, daß die Aufnahme verweigert werden kann für die Gebäude derjenigen, welche wegen vorsätzlicher oder wiederholt wegen fahrlässiger Brandstiftung bestraft worden sind, erregte einige Befremdung. Auf die Eröffnungen des Vorstandes der Brandversicherungskammer, daß die Wiederaufnahme nach den gemachten Erfahrungen keineswegs so gefährlich sei, als es scheine, und überdies zur Sicherung des Realkredits diene, wie denn auch seit dem Bestehen der Brandversicherungsanstalt von den Bestimmungen des Artikel 9 Absatz 2 kein Gebrauch gemacht worden sei, sind die Bedenken gegen diesen Vorschlag gewichen. Der Beitritt zum Regierungsantritte wird befürwortet.

Der Aufhebung soll auch unterliegen Artikel 32 Absatz 4 Satz 2, wonach bei Abminderung der Brandversicherungssumme auch dem Hypothekenamte zur Benachrichtigung der Hypothekgläubiger Mittheilung zu machen ist.

Die mannigfachen Anfechtungen dagegen legten oder minderten sich auf die Erklärung der Regierungsvertreter hin, daß das Staatsministerium des Innern vollkommen bereit sei, eine Instruktion an die Versicherungskammer zu erlassen, sobald von zuständiger Seite das Bedürfniß anerkannt ist,

> daß Offizialwerthsminderungen den Hypothekgläubigern amtlich mitgetheilt werden.

Darnach blieb es bei Aufhebung des obigen Artikels, und es möchte die Beistimmung dazu auch hierorts auszusprechen sein.

Die Artikel 47 Absatz 2 und 88 Satz 2 sind bereits durch § 14 des Einführungsgesetzes zur Civilprozeßordnung und § 4 des Einführungsgesetzes zur Konkursordnung gedeckt.

Durch die letzterwähnte Bestimmung ist auch Artikel 72 beseitigt, und Artikel 78 Absatz 1 Ziffer 3 muß fallen, weil durch Abstrich des Eingangs berührten Artikel 9 Absatz 2 das Ablehnungsrecht der Brandversicherungsanstalt überhaupt erloschen ist.

Indem ich neben der Annahme der Ziffer XII und sonach des ganzen Absatzes 1 auch diejenige des Absatzes 2 begutachte, würde der ganze Artikel 31 der Annahme empfohlen sein.

Vorsitzender: Die sämmtlichen Ziffern des Artikel 31 in Absatz 1 sowie Absatz 2 sind damit angenommen. Wir gehen über zu

Artikel 32.

Reichsrath **von Küffner** als Referent: Artikel 32 betrifft das Gesetz vom 8. August 1878 über die Errichtung eines Verwaltungsgerichtshofes und das Verfahren in Verwaltungsrechtssachen. Dasselbe erfuhr die Aenderungen, daß unter

Ziffer I

Artikel 7 Absatz 2 einen Zusatz erhielt.

Mit diesem soll die dort bestimmte Vorentscheidung gegen den Beamten gleichmäßig für die Klage gegen den Staat oder einen Kommunalverband in Anwendung kommen, ohne daß dadurch der Frage der primären oder subsidiären Haftpflicht des Staates irgendwie vorgegriffen wird, wie allseits konstatiert worden ist.

Reichsrath Dr. **von Schmitt:** Mein Antrag zu Artikel 32 bezieht sich auf Artikel 53 des ersten Ausführungsgesetzes, den wir noch nicht erledigt haben; wir müssen also das, was sich hier auf den erwähnten Artikel 53 bezieht, einstweilen zurückstellen. Der Antrag, den ich gestellt habe, war unter der Voraussetzung gestellt, daß mein Antrag zu Artikel 53 Annahme findet.

Vorsitzender: Sind die Hohen Herren einverstanden, den Beschluß über Artikel 32 Ziffer I zu verschieben bis nach der endgiltigen Beschlußfassung zu Artikel 53 des Gesetzentwurfs A?

Die Hohen Herren sind einverstanden. Dann gehen wir über zu

Ziffer II.

Reichsrath **von Küffner** als Referent: In Ziffer II erfuhr der Artikel 10 die Einstellung einer Ziffer 3a. Die beiden daraus ersichtlichen Voraussetzungen sind mit der Entziehung der Rechtsfähigkeit eines Vereins (§ 43 B.G.B.) nahe verwandt, und demgemäß ist auch § 44 daselbst einschlägig; sie finden ferner auf die örtlichen Stiftungen des öffentlichen Rechts Anwendung — siehe oben Artikel 25 Ziffer III und Artikel 26 Ziffer IV. Für Beurtheilung und Entscheidung solcher Fälle greift das verwaltungsrechtliche Verfahren und damit die Zuständigkeit des Verwaltungsgerichtshofes Platz.

Vorsitzender: Artikel 32 ist erledigt, wenn keine Erinnerung erfolgt. Wir kommen nun zu

Artikel 33

Absatz 1

Ziffer I.

Reichsrath **von Küffner** als Referent: Artikel 33 betrifft das Gesetz vom 23. Februar 1879 zur Ausführung der Reichs-Civilprozeßordnung und Konkursordnung.

Ziffer I erklärt sich aus dem Umstande, daß bei Geldschulden nur die den Aufsichtsbehörden auf Grund des öffentlichen Rechtes zustehenden Zwangsmittel eingreifen. Nichts zu erinnern.

Reichsrath Dr. **von Schmitt:** Ich habe bei Artikel 33 eine Anzahl von kleinen Aenderungen zur Erwägung gestellt.

In Artikel 3 des Ausführungsgesetzes zur Civilprozeßordnung ist noch das Citat aus der alten Fassung „§ 394 und 397“ stehen geblieben, während die Paragraphen der Civilprozeßordnung jetzt in der neuen Fassung citiert werden müssen, also „§ 429 und 432“.

Reichsrath **von Küffner** als Referent: Zu Artikel 3 des Ausführungsgesetzes sind in dem vorliegenden Gesetzentwurfe B keine Aenderungen vorgeschlagen. Die Vorschläge beziehen sich vielmehr auf Artikel 9a, der neu eingestellt werden soll.

Der k. Ministerialkommissär, Senatspräsident Dr. **von Jacubezky:** Die von Herrn Reichsrath von Schmitt angeregte Aenderung des Artikel 3 würde als Ziffer I einzusetzen sein, die Ziffer I des Entwurfs würde Ziffer Ia werden.

Wenn es sich lediglich um die Berichtigung der im Artikel 3 enthaltenen Verweisung, um die Ersetzung der bisherigen Ziffern der angeführten Paragraphen der Civilprozeßordnung durch die Ziffern der neuen Fassung handelt, so bedarf es einer besonderen Vorschrift nicht, weil der Artikel 45 die Staatsregierung ermächtigt, in der neuen Bekanntmachung des Gesetzes die Verweisungen zu berichtigen. Es ist indessen zweifelhaft, ob man sich mit der Verweisung auf die neue Fassung der Civilprozeßordnung begnügen soll, weil die maßgebenden Vorschriften jetzt im Bürgerlichen Gesetzbuche stehen und die neue Fassung der Civilprozeßordnung (§ 422) lediglich auf die Vorschriften des bürgerlichen Rechts verweist. Es wird deshalb vielleicht zweckmäßig sein, den Vorbehalt, den der Artikel 3 für die Vorschriften der Civilprozeßordnung macht, auf die §§ 810, 811 des Bürgerlichen Gesetzbuchs zu beziehen. Zu diesem Behufe würde etwa folgende Ziffer I einzuschalten sein:

I. Im Artikel 3 werden die Worte: „unbeschadet der Vorschriften in den §§ 394 und 397 der Civilprozeßordnung" ersetzt durch die Worte: „unbeschadet der Vorschriften der §§ 810, 811 des Bürgerlichen Gesetzbuchs."

Reichsrath **von Schmitt:** Das ist dasselbe. Die Frage möchte ich mir erlauben, haben wir nicht an anderen Stellen, wo wir zitiert haben, gleich die neue Fassung gesetzt?

Der k. Ministerialkommissär, Senatspräsident Dr. **von Jacubezky:** Wenn in dem Entwurf eines Ausführungsgesetzes oder in diesem Entwurf auf Vorschriften der Civilprozeßordnung Bezug genommen wird, so sind selbstverständlich die neuen Ziffern der Paragraphen angeführt, aber es ist nicht für nothwendig erachtet worden, bloß zu dem Zwecke Aenderungen der bestehenden Gesetze in den Entwurf aufzunehmen, um an die Stelle der bisherigen Ziffern der in Bezug genommenen Paragraphen oder Artikel die neuen Ziffern zu setzen; um dies entbehrlich zu machen, ist im Artikel 45 nach dem Vorbilde des § 2 des Reichsgesetzes vom 17. Mai 1898, betreffend die Ermächtigung des Reichskanzlers zur Bekanntmachung der Texte verschiedener Reichsgesetze, vorgeschlagen, die k. Staatsregierung zu ermächtigen, in den neu bekannt zu machenden Gesetzestexten die Verweisungen richtig zu stellen.

Reichsrath **von Schmitt:** Wenn wir aber ein Zitat aus dem Bürgerlichen Gesetzbuch setzen, müssen wir das hineinschreiben; soweit geht die Umnummerierungsbefugniß nicht.

Der k. Ministerialkommissär, Senatspräsident Dr. **von Jacubezky:** Ich erachte es für bedenklich, die Ermächtigung des Artikel 45 soweit auszudehnen. Ich habe mir deshalb die Aufnahme einer neuen Ziffer I vorzuschlagen erlaubt, deren Inhalt ich schon vorhin mitgetheilt habe, und übergebe nunmehr den Antrag dem Herrn Vorsitzenden.

Vorsitzender: Der Antrag lautet:

Als neue Ziffer I sei einzusetzen:

I. In Artikel 3 werden die Worte: „unbeschadet der Vorschriften in den §§ 394 und 397 der Civilprozeßordnung" ersetzt durch die Worte: „unbeschadet der Vorschriften der §§ 810, 811 des Bürgerlichen Gesetzbuchs".

Die bisherige Ziffer I wird Ziffer Ia.

Reichsrath **von Küffner** als Referent: Wenn diese Fassung beliebt wird, so ist dagegen nichts zu erinnern.

Vorsitzender: Es wird kein Widerspruch erhoben. Hienach wird in Artikel 33 die vom Herrn Ministerialkommissär beantragte neue Ziffer I eingesetzt.

Auch gegen die bisherige Ziffer I und nunmehrige Ziffer Ia besteht keine Erinnerung. Wir gehen über zu

Ziffer II.

Reichsrath **von Küffner** als Referent: Ziffer II hat mit Rücksicht darauf, daß das Gesetz auf die Pfalz ausgedehnt wurde und das dortige Gesetz vom 10. Vendémiaire IV wegfiel, eine veränderte Redaktion erhalten, und diese wurde auf Grund eines unterlaufenen Versehens in Allegierung der bezüglichen Gesetze durch Einstellung einer Nr. 1 und 2 ergänzt.

Reichsrath **Hessert:** Ohne Erinnerung.

Reichsrath Dr. **von Schmitt:** In Artikel 11 des Ausführungsgesetzes, der allerdings im Gesetzentwurfe nicht amendiert ist, wird das Wort „unterzeichnenden" gebraucht, während anderen Ortes das Wort „unterzeichnende" in „unterschreibende" verwandelt ist. Muß man das nicht gleich machen?

Der k. Ministerialkommissär, Senatspräsident Dr. **von Jacubezky:** Die vorgeschlagene Aenderung des Artikel 11 scheint mir entbehrlich zu sein. Die Sachlage ist bei dem Artikel 39 Absatz 2 des Ausführungsgesetzes zum Gerichtsverfassungsgesetze (Artikel 34 Ziffer XI des Entwurfes), in dem der Ausschuß der Kammer der Abgeordneten die gleiche Aenderung vorgenommen hat, eine andere; der Artikel 39 Absatz 2 ist eine neue Vorschrift, seine Fassung mußte deshalb allerdings mit dem Sprachgebrauche der Civilprozeßordnung und des Gesetzes über die Angelegenheiten der freiwilligen Gerichtsbarkeit in Einklang gebracht werden. Aber es würde zu weit gehen, die in Geltung bleibenden Vorschriften der bestehenden Gesetze bloß zu dem Zwecke zu ändern, um ihre Fassung mit dem Sprachgebrauch der Reichsgesetze in Uebereinstimmung zu bringen. Der Entwurf hat auf solche Aenderungen verzichtet und ich möchte bitten, den Artikel 11 unverändert zu belassen.

Reichsrath Dr. **von Schmitt:** Ich habe kein großes Interesse daran. Ich habe geglaubt, weil die Bestimmungen dieses Gesetzes einmal revidiert werden, ginge es in Einem, wenn die Differenz des Ausdruckes vermieden würde.

Vorsitzender: Nachdem Seine Excellenz keinen großen Werth auf seine Anregung legt in der Richtung, daß ein Beschluß hervorgerufen werden soll, erkläre ich Ziffer II für angenommen und wir gehen über zu

Ziffer III und IV.

Reichsrath **von Küffner** als Referent:

Ziffer III.

Artikel 20 erstreckt sich auf Zustellungen an Militärpersonen, und es ist nunmehr für jeden Fall zu prüfen, ob sie in Angelegenheiten verfügt sind, für welche die Landesgesetze maßgebend sind.

Ein ähnlicher Ausdruck findet sich im folgenden Artikel 34 Ziffer VII, X, XIII, XXII und XXIII (vergleiche auch Artikel 115 des Ausführungsgesetzes zum BGB.)

Ziffer IV.

Die allgemeine Ueberschrift rechtfertigt sich dadurch, daß in den betreffenden Artikeln 45—55 (hier Ziffer IV bis X) nicht blos Vorschriften über das Verfahren, sondern auch materiell rechtliche Bestimmungen niedergelegt sind.

Vorsitzender: Eine Erinnerung erfolgt nicht, wir gehen über zu

Ziffer V.

Reichsrath **von Küffner** als Referent: Ziffer V beseitigt unnöthige Beschränkungen.

Vorsitzender: Hiezu ist ein Antrag Seiner Exzellenz einschlägig.

Reichsrath Dr. **von Schmitt:** Der Artikel 46 Absatz 1 lautet: Wird die Abtretung des angesprochenen Grundeigenthums nicht verweigert, oder ist über die Verpflichtung zur Abtretung von der zuständigen Administrativ-Justizstelle ein rechtskräftiges Erkenntniß erlassen — nun wird fortgefahren — „und unter den Betheiligten nur noch die Frage über den Betrag oder die Art der zu leistenden Entschädigung streitig, so hat u. s. w." Diese Worte sind gestrichen. Ich glaube nun, daß man sie zwar streichen kann, aber nicht streichen muß; denn sie bedeuten nichts weiter, als daß eine Einigung über den Betrag rc. rc. der Entschädigung noch ausständig ist.

Der k. Ministerialkommissär, Senatspräsident Dr. **von Jacubezky:** Die Worte sind gestrichen worden, weil sie ungenau sind. Denn man kann das, worüber die Betheiligten sich noch nicht geeinigt haben, nicht ohne weiteres als streitig bezeichnen; ein Streit liegt ja nicht vor, wenn die Betheiligten sich noch nicht gegen einander ausgesprochen haben, wenn der Abtretungspflichtige in den zur Verhandlung über die Abtretungspflicht bestimmten Terminen nicht erschienen und deshalb mit seinem Widerspruche gegen die Abtretung ausgeschlossen ist. Die Aenderung würde nicht vorgeschlagen worden sein, wenn in dem Artikel 46 Absatz 1 nicht noch eine andere Aenderung (Ziffer V, 2) vorzunehmen wäre. Da dies aber der Fall ist, so dürfte kein Grund bestehen, die von dem Ausschusse der Kammer der Abgeordneten gebilligte Berichtigung der Fassung abzulehnen.

Reichsrath Dr. **von Schmitt:** Man kann so fein unterscheiden, indes diese Bestimmung ist bisher gewiß ganz verständlich gewesen. Ob ich sage, die Parteien sind uneinig, oder die Sache ist noch streitig, ist gleich.

Vorsitzender: Es müßte eigentlich heißen: „unter den Betheiligten nur noch Frage über die Art oder den Betrag der zu leistenden Entschädigung schwebend ist." Für eine Aenderung besteht aber kein Bedürfniß. Wir gehen über zu

Ziffer VI.

Reichsrath **von Küffner** als Referent: Ziffer VI ist mit Einstellung einer neuen Vorschrift zwischen Satz 1 und 2 des Artikel 47 Absatz 2 im ersten Theile auf Vervollständigung des Gesetzes, im zweiten Theile auf Uebereinstimmung mit den zum Zwangsenteignungsgesetze gefaßten Beschlüssen gerichtet.

Reichsrath Dr. **von Schmitt:** Da ist citiert ein Absatz 2 des Art. XV des Zwangsenteignungsgesetzes. Da dieser Artikel einen Absatz 2 gar nicht hat, wird nach „1837" hinzuzufügen sein „in der Fassung des gegenwärtigen Gesetzes".

Der k. Ministerialkommissär, Senatspräsident Dr. **von Jacubezky:** Ich bitte von dieser Einschaltung abzusehen. Es geht nicht an, zu sagen „in der Fassung des gegenwärtigen Gesetzes", weil die Vorschrift, mit der wir es zu thun haben, ein Bestandtheil des Ausführungsgesetzes zur Civilprozeßordnung und Konkursordnung ist, dieses Gesetz aber die Aenderung des Artikel XV des Gesetzes vom 17. November 1837 nicht enthält. Der Zusatz müßte also lauten: „in der Fassung des Gesetzes vom . . . ., die durch die Einführung des Bürgerlichen Gesetzbuchs veranlaßten Aenderungen der seit 1818 erlassenen Gesetze betreffend." Dieser schleppende Zusatz ist aber meines Erachtens überflüssig; denn durch den Entwurf erhält der Artikel XV des Gesetzes vom 17. November 1837 einen zweiten Absatz, von der Zeit an, zu welcher der Entwurf Gesetzeskraft erlangt, kann man unbedenklich auf den zweiten Absatz des Artikel XV Bezug nehmen.

Der gestern von dem Hohen Ausschusse zu dem Artikel XV gefaßte Beschluß muß auch hier berücksichtigt werden. Der gestern auf die Nebenbetheiligten eingeschränkte Satz, daß die Wirksamkeit der Ladung nicht von der Zustellung der schriftlichen Mittheilung abhängt, wird hier keine Anwendung finden können. Nach dem gestrigen Beschlusse soll er nicht gelten für den Antragsteller und für die Abtretungspflichtigen. Er paßt aber hier auch nicht mehr für die übrigen Betheiligten, insbesondere die Hypothekgläubiger, weil diese in dem Schätzungsverfahren nur beigezogen werden, wenn sie sich zu diesem Zwecke bei der Behörde gemeldet haben, und derjenige, welcher sich wegen seines besonderen Interesses an der Feststellung der Entschädigung zur Theilnahme an dem Verfahren gemeldet hat, den Hauptbetheiligten, dem Antragsteller und den Abtretungspflichtigen wird gleich gestellt werden müssen. Die Verweisung auf den Absatz 2 des Artikel XV wird deshalb auf die Sätze 1, 2 des Absatz 2 zu beschränken sein. Eine Aenderung der Fassung wird jedoch nicht erforderlich sein, wenn im Artikel XV der Satz 3 des Absatz 2, der nach dem gestrigen Beschlusse nur für die Nebenbetheiligten gelten soll, mit dem Absatz 3, der lediglich von diesen Nebenbetheiligten spricht, verbunden wird. Das ist indessen eine Fassungsfrage. In sachlicher Beziehung möchte ich die Hohen Herren um Aeußerung darüber bitten, ob Sie mit mir einverstanden sind, daß für die Nebenbetheiligten, die sich besonders gemeldet haben, damit sie beigezogen werden, die schriftliche Mittheilung der Ladung dieselbe Bedeutung haben soll, wie für die Hauptbetheiligten.

Reichsrath Dr. **von Schmitt:** Was das erste betrifft, so glaube ich, wird man, wenn die Auseinandersetzungen des Herrn Ministerialkommissärs im Protokoll ihren Ausdruck finden, verstehen, was mit dem Zitat gemeint ist. Was das letztere anlangt, habe ich nichts dagegen.

Vorsitzender: Haben die Hohen Herren gegen die Ausführung des Herrn Ministerialkommissärs etwas zu erinnern? Wenn nicht, dann kann man zu Protokoll konstatieren, daß sich der Hohe Ausschuß mit diesen Ausführungen einverstanden erklärt. Ziffer VI ist angenommen.

Wir kommen zu

Ziffer VII mit X.

Reichsrath **von Küffner** als Referent:

Ziffer VII

ist Ausfluß des oft erwähnten Grundsatzes, daß es künftig Grundstücke, die zu einem anderen Grundstücke im Pertinenzverhältnisse stehen, nicht mehr gibt.

Ziffer VIII

gewährt ein in der Staatsorganisation begründetes Vorzugsrecht.

Ziffer IX

befindet sich in Uebereinstimmung mit den schon zu Artikel 11 des Gesetzes vom 15. Juni 1898 über das Unschädlichkeitszeugniß verwertheten Grundsätzen.

Sie erhielt zuerst nur einen Absatz, wurde aber durch nachträgliche Regierungsvorlage um 2 weitere Absätze vermehrt, gegen deren Zweckmäßigkeit nichts einzuwenden ist.

Ziffer X

läßt die bisher schon bestandene Einrichtung des Wegfalls notarieller Beurkundung auch für die Auflassungs-Erklärungen zu, welche vor den Verwaltungsbehörden nach Einigung der Betheiligten über die Abtretung erfolgen. Die Angemessenheit dieser Vorschrift ist wohl klar.

Ziffer XI

soll Ersatz für den wegfallenden § 38 Absatz 3 des Hypothekengesetzes bieten und ist mit den im Gesetze vom 15. Juni 1898 über das Unschädlichkeitszeugniß getroffenen einschlägigen Bestimmungen im Einklang.

Der auch vorkommende Zwischensatz „soweit nicht besondere Vorschriften bestehen“ wurde auf Anfrage von dem k. Regierungsvertreter dahin aufgeklärt, daß seines Wissens nur die Vorschriften der Artikel 13 und 14 des Gesetzes über die Ablösung der Ehehaften darunter begriffen werden könnten.

Reichsrath Dr. **von Schmitt:** Ich habe da weiter nichts vorgeschlagen, als daß die Ueberschrift „Ablösung“ vervollständigt werde in „Rechtsverhältniß bei Ablösung von Rechten Dritter an Grundstücken“. Ich halte das aber nicht für sehr erheblich.

Reichsrath **von Küffner** als Referent: Ich bin dagegen. Es kommt hier zuerst der allgemeine Ausdruck, dann in dem Eingang der betreffenden Artikel das, was sie sagen sollen, zum Vorschein. Es ist dies bei Ziffer XII gerade so.

Der k. Ministerialkommissär, Senatspräsident Dr. **von Jacubezky:** Die unmittelbar vorangehende Ueberschrift lautet: „Zwangsenteignung“, es wird sich deshalb empfehlen, auch hier eine möglichst einfache Ueberschrift zu wählen. Die vorgeschlagene Ueberschrift sagt aber auch nicht mehr als die einfache des Entwurfes. Die Worte „Rechtsverhältniß bei“ sind überflüssig; Gegenstand der Ablösung sind nur Rechte an Grundstücken und diese Rechte als Rechte „Dritter“ zu bezeichnen, ist nicht richtig, der Berechtigte ist der Eigenthümer eines anderen Grundstücks, als „Dritter“ kommt derjenige in Betracht, zu dessen Gunsten das Grundstück des Berechtigten belastet ist. Daß der Artikel 55a voraussetzt, daß das der Ablösung unterliegende Recht dem jeweiligen Eigenthümer eines anderen Grundstücks zusteht und daß dieses Recht mit dem Rechte eines Dritten belastet ist, kommt auch in der vorgeschlagenen Ueberschrift nicht zum Ausdrucke.

Reichsrath Dr. **von Schmitt:** Sachlich wird allerdings nichts gewonnen; die Ausdrucksweise ist nur deutlicher. Ich habe auch noch gefragt, ob der Artikel auf alle in den Motiven bezeichneten Gesetze angewendet werden kann.

Der k. Ministerialkommissär, Senatspräsident Dr. **von Jacubezky:** Nach dem Entwurfe soll die Vorschrift des Artikel 55a allgemein gelten, „soweit nicht besondere Vorschriften bestehen“. Der Vorbehalt wahrt die Sondervorschrift des Artikel 20 Ziffer III des Entwurfes (Artikel 13, 14 des Gesetzes über die Ablösung der Ehehaften) und alle sonstigen Vorschriften, die hier in Betracht kommen können. Ob wirklich noch andere Sondervorschriften bestehen, kann dahingestellt bleiben.

Reichsrath Dr. **von Schmitt:** Ich bin damit einverstanden, daß wir die Motive billigen.

Vorsitzender: Ich konstatiere, daß vom Hohen Ausschuß unter Billigung der Motive Ziffer XI angenommen ist.

Ziffer XII.

Reichsrath **von Küffner** als Referent: Ziffer XII stützt sich auf den Vorbehalt des Artikel 15 Ziffer 4 des Einführungsgesetzes zur Civilprozeßordnung im Zusammenhalte mit § 53 des Fideikommißedikts.

Hiezu wurde später durch die Redaktionskommission eine neue Ueberschrift aufgenommen.

Reichsrath Dr. **von Schmitt:** Ich habe in der Ueberschrift vermißt das Wort „Familien“ vor „Fideikommisse“, denn Familienfideikommisse und Fideikommisse sind zweierlei. Ein Mißverständnis kann es allerdings nicht geben, weil später von Familienfideikommissen die Rede ist.

Mein Hauptwunsch trifft die Stellung des Artikels, ich glaube, da von Zwangsvollstreckung die Rede ist, wird der Artikel systematisch an eine andere Stelle gebracht werden müssen, etwa zu Artikel 9.

Der k. Ministerialkommissär, Senatspräsident Dr. **von Jacubezky:** Was die Ueberschrift anlangt, so erlaube ich mir darauf aufmerksam zu machen, daß die vor dem Artikel 70 desselben Gesetzes stehende Ueberschrift das Wort „Fideikommisse“ statt „Familienfideikommisse“ enthält. Der Herr Reichsrath schlägt allerdings die Streichung dieser Ueberschrift vor. Wenn sie beschlossen wird, so besteht keine Erinnerung dagegen, hier das Wort „Familienfideikommisse“ zu wählen; sollte dagegen die Ueberschrift vor dem Artikel 70 stehen bleiben, so bitte ich, auch hier das Wort „Fideikommisse“ stehen zu lassen, weil es nicht wohl angeht, in den Ueberschriften desselben Gesetzes mit dem Ausdrucke zu wechseln.

Der Entwurf hat die Vorschrift nicht an den Artikel 9a angereiht, weil die Artikel 1—10 des Ausführungsgesetzes zur Civilprozeßordnung Vorschriften des öffentlichen Rechtes enthalten, die nicht auseinandergerissen werden sollten. Die Einstellung als Artikel 68a ist mit Rücksicht darauf vorgeschlagen worden, weil die Artikel 69, 69a, 69b von dem Aufgebotsverfahren handeln und das Aufgebot in der Civilprozeßordnung den Gegenstand des IX. Buches bildet, und die Vorschriften über die Zwangsvollstreckung im VIII. Buche der Civilprozeßordnung stehen. Für ein Ausführungsgesetz zur Civilprozeßordnung dürfte es nicht ein Verstoß gegen die Systematik sein, wenn die zu Buch VIII gehörigen Vorschriften unmittelbar vor den zu Buch IX gehörigen Vorschriften eingestellt werden. Jedenfalls aber möchte ich bitten, die Vorschriften des Artikel 1 bis 10 in ihrem bisherigen Zusammenhang zu belassen.

Reichsrath Dr. **von Schmitt:** Mein Vorschlag war gegründet auf einen sachlichen Unterschied. Der Herr Senatspräsident nimmt die Reihenfolge der Civilprozeßordnung. Man kann das eine oder andere thun. Mir hat es richtiger geschienen, das Gewicht auf die Sache zu legen, ich bestehe aber nicht weiter auf meinem Antrag.

Vorsitzender: Ziffer XII ist angenommen.

Ziffer XIII.

Hiezu ist einschlägig ein Antrag Seiner Exzellenz.

Reichsrath **von Küffner** als Referent: Ziffer XIII bezweckt außer der unbedenklichen Zuständigkeitsfestsetzung in Artikel 69 mit den folgenden Artikeln 69a und 69b möglichste Einschränkung öffentlicher Bekanntmachungen, die jedoch in Rücksicht auf die Beschaffenheit der in § 808 des Bürgerlichen Gesetzbuchs angeführten Urkunden nicht übermäßig bethätigt werden darf.

Geboten ist daher nur zweimalige Einrückung in das bezügliche Amtsblatt, und wenn in Absatz 4 des Artikel 69a beigefügt ist, daß auf die dort verzeichneten Papiere die vorhergehenden Bestimmungen keine Anwendung finden, so liegt der Grund darin, daß für sie die einschlägigen Bestimmungen der Civilprozeßordnung maßgebend sind.

Die Minderung auf einmalige Einrückung in Artikel 69b ist dadurch gerechtfertigt, daß bei den diesfallsigen Aufgeboten zur Ausschließung gewisser Rechte schon die Voraussetzungen, von denen die Erlassung des Aufgebotes abhängig ist, einige Gewähr dafür bieten, daß die auszuschließenden Rechte nicht mehr bestehen. Ich beantrage Annahme der Ziffer.

Reichsrath Dr. **von Schmitt:** Nun folgt die Ueberschrift, von der vorhin schon die Rede war.

Der k. Ministerialkommissär, Senatspräsident Dr. **von Jacubezky:** Es ist nicht unzweifelhaft, ob die besondere Ueberschrift vor dem Artikel 70 gestrichen werden soll. Man könnte dagegen einwenden, es empfehle sich nicht, unter der Ueberschrift „Aufgebotsverfahren“ Vorschriften zu geben, welche die Anwendung der Vorschriften über das Aufgebotsverfahren ausschließen, wenn auch eine Vorschrift des Inhalts, daß das Aufgebotsverfahren in gewissen Fällen keine Anwendung findet, immerhin in einem gewissen Zusammenhange mit den Vorschriften über das Aufgebotsverfahren steht. Da der Artikel 70 eine besondere Ueberschrift hat, die ihn den das Aufgebotsverfahren der Civilprozeßordnung betreffenden Artikeln 69 bis 69b gegenüber stellt, so scheint mir eine Aenderung nicht erforderlich zu sein.

Reichsrath Dr. **von Schmitt:** Sachlich hat das keine Bedeutung; ich bestehe also nicht weiter darauf.

Vorsitzender: Ziffer XIII ist angenommen.

Ziffer XIV.

Reichsrath **von Küffner** als Referent: Artikel 88, welcher an seiner jetzigen Stellung vereinsamt ist, wurde nunmehr nach Artikel 70, der auf die öffentlichen Vorladungen bei Fideikommissen und landwirthschaftlichen Erbgütern Bezug hat, als Artikel 70a eingestellt und zwar unter der Ueberschrift „Feststellung des Datums einer Privaturkunde“.

Eben deshalb mußte er auch in folgender Ziffer XV Absatz 1 außer Beachtung bleiben. Ich beantrage Annahme.

Vorsitzender: Ziffer XIV ist angenommen.

Ziffer XV.

Reichsrath **von Küffner** als Referent: Ziffer XV führt in Absatz 1 eine Reihe von Bestimmungen an, die sich zur Aufhebung eignen, in Absatz 2 diejenigen, welche noch aufrecht erhalten werden, bis das Grundbuch angelegt und damit das Hypothekenbuch beseitigt ist. Ich beantrage Annahme der Ziffer XV.

Vorsitzender: Ziffer XV ist angenommen.

Absatz 2—6.

Reichsrath **von Küffner** als Referent: Die in Absatz 2 verzeichneten Artikel bleiben in Kraft bezüglich der Hypotheken, welche zur Zeit bestehen.

Absatz 3 erstreckt sich auf Zustellungen am erwählten Wohnsitz, und kann nach Einführung des Bürgerlichen Gesetzbuchs nur insofern noch Bedeutung beanspruchen, als schon vorher bezügliche Rechtsverhältnisse sich gebildet haben.

Absatz 4 enthält nothwendige Uebergangsbestimmungen.

Absatz 5 bezweckt die wohl selbstverständliche Aufhebung der noch geltenden Vorschriften der preußischen Allgemeinen Gerichtsordnung mit Ausnahme der Bestimmung in Theil I Titel 10 § 128, welche für die vor dem 1. Januar 1876 erfolgten Eintragungen in die Kirchenbücher noch in Kraft bleibt.

Der Aufhebung unterliegt auch die pfälzische Civilprozeßordnung.

Absatz 6 enthält gleichfalls einige Vorbehalte zu Gunsten der bei Absatz 5 gedachten zwei Gesetzbücher, worüber auch der Herr Referent für das pfälzische Recht seine Aeußerung abgeben wird.

Ich beantrage Annahme der Absätze 2—6 und damit des ganzen Artikel 33.

Reichsrath Dr. **von Schmitt:** In Rückerinnerung an ein früheres Gesetz neuerer Zeit habe ich zu Absatz 3 beantragt, statt: „zu der das Grundbuch" zu setzen: „zu welcher das Grundbuch".

Der k. Ministerialkommissär, Senatspräsident Dr. **von Jacubezky:** Das Wort „welcher" ist hier deswegen nicht gewählt worden, weil der unmittelbar vorhergehende Relativsatz mit dem Worte „welche" beginnt.

Reichsrath **Hessert:** Es handelt sich in Absatz 5 um die pfälzische Civilprozeßordnung. Die hier angeführten Artikel, die bisher neben dem code civil aufrecht erhalten worden waren, sind nun gegenstandslos, weil in dieser Materie gleiches Recht besteht.

Ich habe geglaubt, daß ich auch zu Ziffer XIV das Wort erhalten würde wegen Artikel 88, welcher die Feststellung des Datums einer Privaturkunde betrifft. Die Sache ist ganz in Ordnung, aber für die Praxis ist dieselbe nicht leicht gemacht. Die Feststellung des Datums spielte im französischen Rechte eine große Rolle, früher hatte man die Registrierung und später mußte man Ersatz dafür bekommen. Der Artikel 88 wurde nun für das diesseitige Bayern geschaffen und als später das Gebührengesetz kam, hat man den Artikel 278 Absatz 2 hereinsetzen müssen, der bestimmt, daß Artikel 88 des Ausführungsgesetzes zur Civilprozeßordnung auf die Pfalz ausgedehnt werde. So bekamen wir auf Umwegen dieselbe Institution. Nun wird der Artikel wieder versetzt und bekommt die Nummer 70a.

Was die übrigen Stellen betrifft, in welchen das französische Recht erwähnt wird, so haben sich die Motive darüber verbreitet und besteht meinerseits dagegen keine Erinnerung. Es wird nicht in der Absicht des Ausschusses liegen, daß ich Artikel für Artikel der Besprechung unterziehe.

Der Artikel 278 des Gebührengesetzes wird wohl in Wegfall kommen.

Der k. Ministerialkommissär, Senatspräsident Dr. **von Jacubezky:** Die Anregung wird bei der Revision des Gebührengesetzes berücksichtigt werden.

Vorsitzender: Die Absätze 2—6 und damit Artikel 33 sind angenommen.

Artikel 34.

Reichsrath **von Küffner** als Referent: Artikel 34 betrifft das Ausführungsgesetz vom 23. Februar 1879 zum Reichs-Gerichtsverfassungsgesetze.

Derselbe wurde zuerst benützt für die Besprechung einer Petition der älteren Gerichtsvollziehergehilfen. Das Ergebniß war, daß die Petition als nicht hieher gehörig dem Finanzausschusse zur Erledigung überwiesen wurde.

Inzwischen ist auch eine Petition des Vereins der Gerichtsvollzieher im Oberlandesgerichtsbezirk Zweibrücken Namens seiner ordentlichen Mitglieder „zu der in Aussicht stehenden Umwandlung" des Gerichtsvollzieherinstituts in Vorlage gekommen, um welche sich allenfalls anzunehmen der Herr Vertreter für das pfälzische Recht berufen sein wird.

Vorsitzender: Wir können nun übergehen zu

Ziffer I.

Reichsrath **von Küffner** als Referent: Von Artikel 34 selbst, der verschiedene Bestimmungen des vorerwähnten Gesetzes vom 23. Februar 1879 aufhebt, die übrigen theils unverändert, theils verändert beibehält, ist

Ziffer I im Absatz 1 auf eine allgemeine Fassung des Gesetzes und auf Herstellung der Rechtseinheit zwischen dem diesseitigen Bayern und der Pfalz gerichtet, was nur vollste Anerkennung verdient.

Absatz 2 hat eine grundlegende Bedeutung für das Schicksal des Notariatsinstituts.

Es kamen darüber drei Meinungen zum Vorschein:

a) Beseitigung des Notariats überhaupt,
b) Modifizierung desselben insoweit, als es ausgeschlossen sein soll für die Beurkundung von Rechtsgeschäften, zu deren Abschluß der Vormund oder der Inhaber der elterlichen Gewalt die Genehmigung des Vormundschaftsgerichts bedarf,
c) Forterhaltung derselben in einem lebensfähigen Zustande und damit zunächst Billigung der dermaligen Regierungsvorlage, sowie Ausnutzung aller Vorbehalte, welche für die Landesgesetzgebung zu Gunsten der Notare gemacht worden sind.

Ich selbst war viele Jahre mit der Aufsicht über die Geschäftsführung von Notaren betraut und habe daraus keine Anhaltspunkte gewonnen, welche im allgemeinen eine nachtheilige Beurtheilung des Notariatsinstitutes zugelassen hätten.

Ich bin daher für die Erhaltung desselben im möglichsten Umfange gestimmt und vertraue, daß es auch in Zukunft in reger Pflichterfüllung treu ausharren werde.

Was die Verminderung der Notariatsgeschäfte in der zu b angeführten Richtung betrifft, so hat sich schon Seine Exzellenz der Herr Staatsminister der Justiz gegen deren sachliche Nothwendigkeit — denn nur auf diese käme es behufs der Berücksichtigung an — in erschöpfender Weise ausgesprochen.

Wird Absatz 2 belassen, so bedürfen immer noch einzelne Punkte der Erläuterung.

Die im ersten Satze verfügte Zuständigkeit der Amtsgerichte beseitigt eine langjährige Differenz zwischen den Amtsgerichten und den Aufsichtsstellen; jedoch ist auch die künftige Zuständigkeit keine ausschließliche, sondern daneben die notarielle Beurkundung vom Belieben der Partei abhängig, und für die Aufnahme der Vaterschaftsanerkennung gibt ohnehin § 167 des Reichsgesetzes vom 17. Mai 1898 über die Angelegenheiten der freiwilligen Gerichtsbarkeit Maß.

Bedenken erregte der Schlußsatz des Absatz 2, daß nämlich für die öffentliche Beglaubigung einer Unterschrift oder eines Handzeichens die Amtsgerichte nicht zuständig sind.

Dieses bezieht sich auf die Fälle, daß eine Erklärung in einem öffentlich beglaubigten Schriftstücke bei Gericht einzureichen ist. Zur Beglaubigung der Unterschriften für solche Schriftstücke sind die Amtsgerichte im allgemeinen schon jetzt nicht zuständig, sondern es sind dazu berufen ein Gericht oder ein Notar oder eine andere zuständige Behörde. Die letzte kann unter gewissen Voraussetzungen auch die Gemeindebehörde sein.

Solches wurde von dem k. Regierungskommissär eingehend dargelegt und beruhigte auch die Gegner, welche den Gemeindebehörden gern eine allgemeine Befugniß zur gedachten Beglaubigung überwiesen hätten.

Absatz 3 fand keine besondere Anfechtung, da einstweilen durch das bayerische Gesetz vom 18. März 1896, die Abänderung des Artikel 19 des Notariatsgesetzes vom 10. November 1861 betreffend, für die sogenannten kleinen Leute gesorgt und diese Maßnahme durch die folgende Ziffer XVI des dermalen der Berathung unterstellten Artikel 15 aufrecht erhalten wurde.

Schließlich wurde noch des Theilungsverfahrens in der Pfalz Erwähnung gethan. Ich beantrage Annahme der Ziffer I.

Vorsitzender: Ich schlage vor, den ersten Absatz der Ziffer I in der Berathung auszusetzen, weil hiezu ein Abänderungsvorschlag Seiner Exzellenz des Herrn Reichsrathes Dr. von Schmitt vorliegt, zu dessen Begründung ich Seiner Exzellenz das Wort ertheile.

Reichsrath Dr. **von Schmitt**: Der Artikel 15 des Ausführungsgesetzes lautet in seinem Absatz 1:

„Die Amtsgerichte sind zuständig für alle nicht zur ordentlichen streitigen Gerichtsbarkeit gehörenden Angelegenheiten, welche bisher zur Zuständigkeit der Stadt- und Landgerichte gehört haben u. s. w."

Nun umfaßt ja die Bestimmung sehr viel, aber man muß ihren Inhalt erst durch weitläufige Untersuchungen feststellen. Ein klares Bild gibt der Absatz 1 des Artikel 15 nicht. Nun ist es allerdings schwer, die Zuständigkeit der Amtsgerichte im einzelnen in eine allgemeine Regel zu fassen. In der Hauptsache handelt der ganze Artikel 15 des Ausführungsgesetzes zum Gerichtsverfassungsgesetz von der freiwilligen Gerichtsbarkeit, und deshalb habe ich geglaubt, daß man das ausdrücklich sagen muß. In meinem Vorschlag ist von der freiwilligen Gerichtsbarkeit die Rede, im Regierungsentwurf nicht. Das ist das erste, was ich beanstanden zu sollen geglaubt habe.

Zweitens handelt es sich darum, nicht die Zuständigkeit der Amtsgerichte in der freiwilligen Gerichtsbarkeit im allgemeinen durch eine Regel zu bestimmen, sondern die auf Landesgesetz beruhende Zuständigkeit der Amtsgerichte zu bestimmen. Die Zuständigkeit der Amtsgerichte in der nichtstreitigen Rechtspflege ist dem größeren Umfang nach durch Reichsgesetz bestimmt. Um das hervortreten zu lassen, habe ich geglaubt, sei es der Deutlichkeit wegen doch wohl wünschenswerth, daß man ausdrücklich davon spricht, daß hier von der landesgesetzlichen Zuständigkeit die Rede sei, und ich habe das auch negativ auszudrücken gesucht, indem ich gesagt habe: „außer in den ihnen durch Reichsgesetze zugewiesenen Angelegenheiten".

Was nun die durch Landesgesetz zugewiesenen Angelegenheiten betrifft, so drückt der Entwurf das durch eine Verweisung auf die Zuständigkeit der Stadt- und Landgerichte aus. Wenn man aber den Artikel liest, der von der Zuständigkeit der Stadt- und Landgerichte handelt, so muß man sagen, es steht eigentlich nichts darin; bezüglich der Pfalz gar nichts und auch für diesseits des Rheines enthält, was dort steht, kein Muster von Fassung. Deshalb habe ich die durch Landesgesetz bestimmte Zuständigkeit der Amtsgerichte in der nichtstreitigen Rechtspflege dahin gefaßt:

„In der freiwilligen Gerichtsbarkeit sind die Amtsgerichte, außer in den ihnen durch Reichsgesetze zugewiesenen Angelegenheiten, zuständig für alle übrigen Angelegenheiten, welche nicht durch besondere landesgesetzliche Vorschriften anderen Behörden oder Beamten übertragen sind.“

Ich habe also eine allgemeine Regel aufgestellt, nämlich: In der nichtstreitigen Rechtspflege sind die Amtsgerichte für die Regel zuständig. Dann kommen zwei Ausnahmen dahin: insoweit nicht anderen Behörden oder anderen Beamten eine dergl. Zuständigkeit übertragen ist. Sachlich unterscheide ich mich von der Regierungsfassung nicht, wobei ich freilich davon ausgehe, daß die Weglassung der Worte „in der nichtstreitigen Rechtspflege“ blos ein Lapsus ist. Die Regierung scheint anderer Ansicht zu sein, ich bin begierig, ihre Ausführungen zu hören.

Das ist, was ich zunächst zur Rechtfertigung meiner anderen Fassung des ersten Absatzes des Artikel 15 vorzubringen habe. Im übrigen berufe ich mich auf meine gedruckten Ausführungen.

Reichsrath **von Küffner** als Referent: Mir scheint, daß der Herr Vorredner übersieht, wie diese Bestimmung im engen Zusammenhange steht mit dem Ausführungsgesetz vom 23. Februar 1879. Hier waren bei dem Titel „Gerichtsbarkeit“ in Artikel 7 die verschiedenen Gerichte aufgezählt, welche damals bestanden, und dann folgte die Aufzählung der an ihre Stelle getretenen und jetzt noch bestehenden neuen Gerichte. Hiedurch ist ein organischer Zusammenhang herbeigeführt, der sich ohne zwingende Nothwendigkeit in einem einzelnen Punkte nicht wohl beseitigen läßt. Mit den Artikel 15, 26, 36 und 42 ist die Zuständigkeit der mehreren Gerichte unter einander geregelt, wie es die systematische Entwicklung erforderte. Diese Entwicklung bleibt aufrecht erhalten, wenn jetzt nach dem Vorschlage der k. Staatsregierung an Stelle der Stadt- und Landgerichte die Amtsgerichte treten sollen, da hiemit nichts anderes als eine Namensänderung erzielt werden will. Es ist auch aus dem gegnerischen Antrage nicht zu entnehmen, daß in jenem Vorschlage eine Mangelhaftigkeit der Feststellung der Geschäftsthätigkeit der Amtsgerichte gelegen sei.

Ich würde daher dem Hohen Ausschusse empfehlen, es bei der Fassung der k. Staatsregierung zu belassen, umsomehr, als sie die kürzere ist und schon deshalb im Zweifel den Vorzug verdient.

Der k. Ministerialkommissär, Senatspräsident Dr. **von Jacubezky:** Der Herr Antragsteller hat gemeint, es beruhe wohl auf einem Versehen, daß der Absatz 1 des Artikel 15 von Angelegenheiten im allgemeinen, nicht von Angelegenheiten der freiwilligen Gerichtsbarkeit spreche. Ich erlaube mir dagegen zu bemerken, daß bei der Ausarbeitung des Entwurfs so grobe Versehen nicht vorgekommen sind. Die Worte, die der Herr Antragsteller vermißt, sind absichtlich nicht aufgenommen worden; sie stehen auch nicht in dem jetzigen Absatz 1 des Artikel 15. Dort stehen andere Worte, die der Herr Antragsteller nicht ganz richtig aufgefaßt zu haben scheint. Dort heißt es nämlich nicht, „für Angelegenheiten der freiwilligen Gerichtsbarkeit“, sondern „für alle nicht zur ordentlichen streitigen Gerichtsbarkeit gehörenden Angelegenheiten“. Der Ausdruck „nicht zur ordentlichen streitigen Gerichtsbarkeit gehörende Angelegenheiten“ ist an diesen und an anderen Stellen des Ausführungsgesetzes zum Gerichtsverfassungsgesetz deshalb gewählt, weil für diejenigen Angelegenheiten, die zur ordentlichen streitigen Gerichtsbarkeit gehören, die Reichsgesetze, das Reichsgerichtsverfassungsgesetz und die Reichsprozeßordnungen für Civil- und Strafsachen, maßgebend sind. Nicht zur ordentlichen streitigen Gerichtsbarkeit gehören diejenigen Angelegenheiten der streitigen Gerichtsbarkeit, welche besonderen Gerichten zugewiesen sind. Wir haben streitige Sachen dieser Art sowohl auf dem Gebiete des Civilprozesses als auf dem des Strafprozesses in den Rheinschiffahrtssachen. Nicht zur ordentlichen streitigen Gerichtsbarkeit gehören ferner die Angelegenheiten einer anderen als der streitigen Gerichtsbarkeit (§ 4 des E.G. zum G.V.G.), die Angelegenheiten der freiwilligen Gerichtsbarkeit, und die Angelegenheiten, die überhaupt nicht Angelegenheiten der Gerichtsbarkeit sind, die Geschäfte der Justizverwaltung. Ein Geschäft der Justizverwaltung wird z. B. im Artikel 15a behandelt. Die öffentliche Bestellung und allgemeine Beeidigung von Sachverständigen für bestimmte Arten von Gutachten ist weder eine Angelegenheit der streitigen noch eine Angelegenheit der freiwilligen Gerichtsbarkeit, sie ist überhaupt keine Angelegenheit der Gerichtsbarkeit, sondern ein Geschäft der Justizverwaltung, die dafür sorgt, daß für bestimmte Arten von Gutachten öffentlich bestellte Sachverständige vorhanden sind. Die Worte „nicht zur ordentlichen streitigen Gerichtsbarkeit gehörenden" konnten nicht stehen bleiben, weil durch das Gesetz über die Angelegenheiten der freiwilligen Gerichtsbarkeit auch die Zuständigkeit für den größten Theil der Angelegenheiten der freiwilligen Gerichtsbarkeit reichsgesetzlich geordnet worden ist. Es blieb also nichts anderes übrig, als allgemein von den Angelegenheiten zu sprechen, für welche nicht — sei es in Reichsgesetzen, sei es in Landesgesetzen — besondere Bestimmungen getroffen sind.

Ich kann dem Herrn Antragsteller zugeben, daß es auf den ersten Blick auffallend erscheint, wenn jetzt noch auf die Zuständigkeit der vormaligen Stadt- und Landgerichte verwiesen wird. Das ist aber meines Erachtens nicht zu vermeiden, wenn nicht der ganze Aufbau des Ausführungsgesetzes zum Gerichtsverfassungsgesetz zerstört werden soll. Ich muß dasjenige, was der Herr Referent darüber bemerkt hat, näher ausführen. Im Artikel 7 des Ausführungsgesetzes sind zunächst die Gerichte, welche bis zur Einführung des Reichsgerichtsverfassungsgesetzes bestanden, für aufgehoben erklärt: Der damalige oberste Gerichtshof, die Appellationsgerichte und Handelsappellationsgerichte, die Bezirksgerichte und Handelsgerichte, die Stadtgerichte, die Landgerichte und die Stadt- und Landgerichte. Im Artikel 8 wird dann gesagt: „Die Gerichtsbarkeit der in Artikel 7 Ziffer 1—4 bezeichneten Gerichte in den nicht zur ordentlichen streitigen Gerichtsbarkeit gehörenden Angelegenheiten geht in dem Umfange, in welchem sie in den einzelnen Landestheilen bisher bestand, nach den näheren Bestimmungen des gegenwärtigen Gesetzes auf die nach Maßgabe des Reichsgerichtsverfassungsgesetzes und des Einführungsgesetzes zu demselben zu bildenden Landesgerichte über." Der Artikel 8 setzt also voraus, daß für jede von den einzelnen Arten der aufgehobenen Gerichte das den Ersatz bildende Gericht bestimmt wird, und das geschieht in den folgenden Artikeln:

1. für die Stadt- und Landgerichte im Artikel 15 Absatz 1; an deren Stelle treten die Amtsgerichte;
2. für die Bezirksgerichte im Artikel 28 Absatz 1; dort heißt es ebenfalls: „Soweit nicht andere Bestimmungen getroffen sind, gehören zur Zuständigkeit der Landgerichte alle Angelegenheiten, für welche bisher die Bezirksgerichte in erster Instanz zuständig waren";
3. für die bisherigen Appellationsgerichte im Artikel 36 Ziffer 1: „zur

Zuständigkeit der Oberlandesgerichte gehören alle Angelegenheiten, für welche bisher die Appellationsgerichte als erste Instanz zuständig waren";

4. für den Obersten Gerichtshof im Artikel 42 Absatz 3 (Ziff. XII des Entwurfes), nach welchem das oberste Landesgericht zuständig ist für diejenigen Angelegenheiten, welche zur Zuständigkeit des Obersten Gerichtshofs gehört haben.

Aus diesem Zusammenhang ergibt sich, daß wir, wenn wir nicht eine Anzahl von Aenderungen vornehmen wollen, die eigentlich entbehrlich sind, hier die Verweisung auf die Zuständigkeit der vormaligen Stadt- und Landgerichte stehen lassen müssen. Die beantragte Fassung bietet übrigens nicht viel mehr, denn auch sie muß sich mit Verweisungen behelfen. Daß die Amtsgerichte die im allgemeinen für die Angelegenheiten der freiwilligen Gerichtsbarkeit zuständigen Gerichte sind, ist so allgemein bekannt, daß es hier nicht besonders gesagt zu werden braucht. Die Regel hat aber deßwegen sehr geringe Bedeutung, weil die zur Zuständigkeit der Amtsgerichte gehörenden Angelegenheiten der freiwilligen Gerichtsbarkeit, für welche die Amtsgerichte nicht durch besondere Bestimmungen für zuständig erklärt sind, nur sehr wenige sind. Von den in der Begründung zum Artikel 115 der Beilage A angeführten Angelegenheiten der freiwilligen Gerichtsbarkeit kommen nur die auf landwirthschaftliche Erbgüter bezüglichen Angelegenheiten, die Feststellung des Bestehens von Realgewerbeberechtigungen und die Rechtshilfeangelegenheiten, die sich auf ausländische Rechtssachen beziehen, in Betracht. Daß diejenigen Angelegenheiten nicht zur Zuständigkeit der Amtsgerichte gehören, für welche andere Behörden oder Beamte ausschließlich zuständig sind, ist selbstverständlich; welches aber diese Angelegenheiten sind, will auch der Herr Antragsteller hier nicht sagen. Aus diesen Gründen glaube ich, die Beibehaltung der Fassung des Entwurfs empfehlen zu dürfen.

Reichsrath Dr. **von Schmitt:** Der Artikel 15 des Ausführungsgesetzes zum Gerichtsverfassungsgesetz sagt: Die Amtsgerichte sind zuständig für alle nicht zur ordentlichen streitigen Gerichtsbarkeit gehörenden Angelegenheiten. Was sind denn nun die nicht zur streitigen Gerichtsbarkeit gehörenden Angelegenheiten? Das sind die zur nichtstreitigen Gerichtsbarkeit gehörenden Angelegenheiten. Früher haben wir diesen Ausdruck gebraucht; das Reichsgesetz — ob mit Glück oder nicht — hat das „nichtstreitig" in „freiwillig" verwandelt. Ich lasse das auf seinen Werth oder Nichtwerth beruhen, für mich wäre „nichtstreitig" richtiger. Wenn man nun das Wort „nichtstreitig" in eine positive Fassung übersetzen muß, so wird man zu „freiwillige Gerichtsbarkeit kommen. Darüber aber kann gar kein Mensch im Zweifel sein, daß den Schwerpunkt des ganzen Artikels die freiwillige Gerichtsbarkeit bildet. Allerdings kommt neben der freiwilligen als eine Art der außerordentlichen Gerichtsbarkeit auch noch die Rheinschifffahrtsgerichtsbarkeit vor nnd dann kommt noch die Justizverwaltung in Frage. Das sind die beiden Dinge, die neben der nichtstreitigen oder freiwilligen Gerichtsbarkeit im Artikel 15 berührt werden; diese letzteren sind aber so nebensächlich und so bedeutungslos gegenüber dem eigentlichen Wirkungskreis der Amtsgerichte, der nichtstreitigen Rechtspflege, daß man sie sehr wohl hier missen und besonders erwähnen könnte, etwa dahin: den Amtsgerichten verbleiben, wie bisher die Angelegenheiten der Justizverwaltung und es verbleibt ihnen die Rheinschifffahrtsgerichtsbarkeit erster Instanz. Das sind Nebendinge, die mit der Hauptsache sehr wenig zu thun haben; damit verbunden im selben Satz, stören und verwirren sie nur.

Bezüglich der Verweisung auf die Stadt- und Landgerichte hat der Herr Regierungskommissär nicht leugnen können, daß sie etwas antiquarisch ist. Die Stadt- und Landgerichte sind schon ziemlich lang tot und die Hälfte aller Justizbeamten hat sie als Beamte wenigstens nicht gesehen. Man hätte sehr wohl diese Verweisung vermeiden können und man hätte nichts dabei verloren, weil nicht gesagt ist, was die Stadt- und Landgerichte zu thun gehabt haben, insbesondere nicht in Beziehung auf die Pfalz. Man hat die Sache freilich erleichtert, indem man die Zuständigkeit der Amtsgerichte in der nichtstreitigen Rechtspflege durch eine Verweisung bezeichnet hat. Der Herr Regierungskommissär hat uns nun selbst vorgelesen, wie in jenem Ausführungsgesetze, auf das der Entwurf verweist, selbst wieder zurückverwiesen wird auf ältere Gesetze, und wenn man diese liest, so wird wieder zurückverwiesen; das ist eben der Fall des Forterbens gleich einer ewigen Krankheit, das heißt nicht praktisch verfahren; wir machen ein Gesetz für die Zukunft und so schwer ist es nicht, die künftige Zuständigkeit der Amtsgerichte in der nichtstreitigen Rechtspflege direkt zu bezeichnen. Freilich bin auch ich nicht in der Lage, in einem Artikel, der nur eine Regel aufstellen soll, alle einzelnen Fälle aufzuzählen. Aber indem ich sage, ich stelle als Regel auf, daß die Sachen der nichtstreitigen Rechtspflege in erster Instanz zu den Amtsgerichten gehören, habe ich mehr gethan, als wenn gesagt wird, so weit nicht andere Bestimmungen getroffen sind, und ich habe das Allegat der Stadt- und Landgerichte vermieden. Die Landgerichte der Pfalz haben eine ganz andere Zuständigkeit gehabt als unsere diesrheinischen Landgerichte und die Landgerichte der Pfalz haben seiner Zeit nur den Namen geändert, da dort und damals nicht zugleich organisiert worden ist.

Ich überlasse es den Hohen Herren und Ihrer Empfindung, ob die Regel, die ich aufstelle, eine verständlichere ist oder ob die Fassung vorzuziehen ist, welche die k. Staatsregierung gewählt hat. Ich habe die Empfindung gehabt, daß diese Fassung nicht klar genug ist und ich habe verschiedene Versuche gemacht, das zu ändern; ich glaube, daß mein Versuch sich immer noch neben dem Versuch der k. Staatsregierung hören lassen darf.

Der k. Ministerialkommissär, Senatspräsident Dr. **von Jacubezky:** Wenn wir ein neues Gesetz machten, das die Zuständigkeit der Amtsgerichte regelt, so würde die Staatsregierung nicht den Vorschlag machen, der im Entwurfe gemacht ist. Aber wir machen kein neues Gesetz, sondern wir ändern einige Artikel eines Gesetzes, welches im großen und ganzen bestehen bleiben soll. Wenn wir das thun, so müssen wir auf den Zusammenhang, auf den Aufbau des Gesetzes Rücksicht nehmen, in welches wir unsere neuen Vorschriften einfügen wollen. Ich glaube vorhin dargelegt zu haben, daß der Aufbau des Ausführungsgesetzes zum Gerichtsverfassungsgesetz es unthunlich macht, von der Verweisung auf die Zuständigkeit der vormaligen Stadt- und Landgerichte abzusehen. Muß aber die Verweisung beibehalten werden, so ist meines Erachtens kein Anlaß gegeben, etwas zu ändern, denn sachlich ist dasjenige, was der Entwurf enthält, dasselbe, was der Herr Antragsteller will, der Entwurf ist nur genauer gefaßt, er ist erschöpfender als der Antrag. Man müßte dem Antrag noch Zusätze geben, durch die die Fassung nicht eben gewinnen würde. Es besteht aber kein Bedürfniß, eine solche lehrhafte Zusammenfassung zu geben. Die Vorschriften, welche für die einzelnen Arten von Angelegenheiten der freiwilligen Gerichtsbarkeit maßgebend sind, enthalten fast für jede dieser Arten die Beantwortung der Frage, welche Gerichte zuständig sind, und es ist, von wenigen Ausnahmen abgesehen, die Zuständigkeit der Amtsgerichte bestimmt. Wir brauchen aber hier nicht das zu wiederholen, was in anderen Gesetzen bestimmt ist. Es ist nicht Aufgabe des Ausführungsgesetzes zum Gerichtsverfassungsgesetz, eine Belehrung über den Inhalt anderer Gesetze zu geben. Solche Belehrungen mag man den Kommentaren und sonstigen Darstellungen überlassen. Die Regel, daß die Amtsgerichte die für Angelegenheiten der freiwilligen Gerichtsbarkeit zuständigen Gerichte sind, ist so allgemein bekannt, daß es einer besonderen Belehrung nicht bedarf. Das wissen auch diejenigen, welche niemals in ihrem Leben das Ausführungsgesetz zum Reichsgerichtsverfassungsgesetz, sei es in der älteren bisherigen, sei es in der neuen Fassung zu Gesicht bekommen.

Reichsrath Dr. **von Schmitt**: Auch die neue Aeußerung des Herrn Regierungskommissärs kommt wieder auf den Punkt: wir könnten nicht anders verfahren als verfahren ist, weil wir einmal das System angenommen haben, welches die Regierung gewählt hat. Von diesem System habe ich im allgemeinen noch nicht gesprochen; gefallen hat mir dasselbe nicht. In diesem Ausführungsgesetz II wird eine Menge von bayerischen Gesetzen im einzelnen vorgeführt. Betrachtet man sich diese Gesetze näher, so sind es Gesetze ganz verschiedenen Inhalts, ganz verschiedenen Zwecks, justizielle Gesetze, Verwaltungsgesetze, Kulturgesetze, Brandversicherungsgesetze, kurz und gut alle möglichen und unmöglichen Gesetze. Zugegeben, daß von diesen Gesetzen die Mehrzahl so behandelt zu werden ganz geeignet war, wie sie behandelt worden sind, aber für alle gilt dies nicht, namentlich nicht für die Justizgesetze, Artikel 33 und 34 des Entwurfs.

So behandelt zu werden, waren geeignet alle nicht justiziellen Gesetze; denn diese enthalten nur nebenher justizielle Bestimmungen. Etwas ganz anderes ist es mit den Justizgesetzen, insbesondere den zwei Ausführungsgesetzen zum Reichsgerichtsverfassungsgesetz und zur Reichs-Zivilprozeßordnung und Konkursordnung. Das Ergebniß bei diesen Gesetzen ist, daß an dem Ausführungsgesetz zur Zivilprozeß- und Konkursordnung Zweidrittel gestrichen, das Andere meist ammendiert und das Wenigste unverändert gelassen ist. Das ist keine Gesetzgebung für die Praxis. Ich hatte mir das System ganz anders gedacht, so, wie es die übrigen Bundesstaaten, soweit deren Entwürfe bekannt sind, auch aufgestellt haben, nämlich Ausführungsgesetze zum Privatrecht, zur freiwilligen Gerichtsbarkeit, für die streitige Judikatur u. s. w.; so in Württemberg, so in Preußen, und ich glaube, wenn man es auch bei uns so gemacht hätte, würden die Ausführungsgesetze viel klarer sein. Ich habe keineswegs beabsichtigt, der Regierung Schwierigkeiten zu machen, nachdem einmal ein anderes System gewählt ist, an dem man nicht mehr rütteln kann, weil die Zeit dazu nicht hinreicht; ich wollte aber wenigstens versuchen, einzelne Artikel klarer zu stellen, vorab bezüglich der Zuständigkeit der Amtsgerichte in der nichtstreitigen Rechtspflege.

Mein Vorschlag umfaßt die gesammte Zuständigkeit der Amtsgerichte in der freiwilligen Rechtspflege; einen Theil erhalten sie durch die Reichsgesetze, den anderen durch die Landesgesetze zugewiesen. Landesgesetzlich ist die Zuständigkeit der Amtsgerichte Regel; die Ausnahmen von der Regel bezeichne ich weder durch Verweisung auf die Stadt- und Landgerichte noch durch Verweisung auf andere Gesetze schlechthin, sondern auf diejenigen Gesetze, welche anderen Behörden oder Gerichten, oder Beamten, Notaren, Gerichtschreibern, Standesbeamten und dergleichen Zuständigkeiten übertragen. Das wird der Zustand der Zukunft sein, der entscheidet, nicht der Zustand bei den Stadt- und Landgerichten der Vergangenheit. Glaubt man, daß, nachdem einmal ein anderes System gewählt ist, dem Regierungsvorschlag auf Schritt und Tritt zu folgen sei, dann muß ich mich fügen.

Die Regierungsfassung nöthigt zu einer Reihe von Schlußfolgerungen, von denen noch die wenigst schwierige ist aus dem Satz „soweit das Gesetz nichts Anderes bestimmt;" ich sage aber, was das Gesetz Anderes bestimmt, welchem anderen Behörden noch Zuständigkeiten übertragen sind; ich stelle konkrete und positive Bestimmungen auf und glaube damit der Praxis viel verständlicher zu sein, als mit der Verweisung auf längst vergangene Zeiten. Praktische handhabliche Bestimmungen sind wenige, die zum Verständniß viele Konklusionen erheischen. Freilich bedaure auch ich, daß ich in dem Artikel, wo von der Zuständigkeit der Amtsgerichte die Rede ist, nicht anfangen kann: sie sind zuständig 1., 2., 3. u. s. w.

Unter solchen Umständen muß ich die Hohen Herren wählen lassen, ob sie meinen Vorschlag oder den Vorschlag der Regierung annehmen wollen. Sachlich verfolgen wir denselben Zweck. Der Herr Regierungskommissär hat selbst zugegeben, daß er, abgesehen von der Rheinschifffahrt und der Justizverwaltung, meinem Vorschlag keinen Vorwurf machen kann. Mein Vorschlag faßt Alles, nur faßt er es deutlicher.

Der k. Staatsminister der Justiz Dr. Freiherr **von Leonrod:** Herr Reichsrath Dr. von Schmitt hat getadelt, daß die Staatsregierung nicht ein besonderes Gesetz zur Ausführung des Gesetzes über die Angelegenheiten der freiwilligen Gerichtsbarkeit vorgelegt und die Ausführungsgesetze zur Civilprozeßordnung und zum Gerichtsverfassungsgesetze nicht durch neue Gesetzentwürfe ersetzt hat. Seine Exzellenz hat auf das Beispiel anderer Staaten, insbesondere Preußens, verwiesen.

Ich glaube nicht, daß der gegen die von uns befolgte Methode erhobene Vorwurf begründet ist.

Mir ist ein Bundesstaat, der seine Ausführungsgesetze zur Civilprozeßordnung und zum Gerichtsverfassungsgesetze durch neue Gesetze ersetzt, nicht bekannt. Insbesondere hat Preußen für seine Ausführungsgesetze denselben Weg eingeschlagen, wie wir. In dem von Seiner Exzellenz angeführten Entwurf eines preußischen Gesetzes über die freiwillige Gerichtsbarkeit enthält der Artikel 128 in elf Nummern Abänderungen des Ausführungsgesetzes zum Gerichtsverfassungsgesetz und der Artikel 1 des Entwurfes eines Ausführungsgesetzes zum Reichsgesetze, betreffend Aenderungen der Civilprozeßordnung, ändert das Ausführungsgesetz zur Civilprozeßordnung in ähnlicher Weise ab, wie unser Artikel 33 das bayerische Ausführungsgesetz. Uebrigens wird, was eine Neubearbeitung des Ausführungsgesetzes zur Civilprozeßordnung erreicht hätte, durch die im Entwurfe B Artikel 45 vorgesehene Ermächtigung zur Bekanntmachung des neuen Textes dieses Ausführungsgesetzes erreicht. Daß die nur für die Uebergangszeit noch in Betracht kommenden Vorschriften bei der Bekanntmachung des neuen Textes wegbleiben, dient gewiß zur Förderung der Uebersichtlichkeit. Ein besonderes Ausführungsgesetz zum Gesetz über die Angelegenheiten der freiwilligen Gerichtsbarkeit ist deshalb nicht ausgearbeitet worden, weil die erforderlichen Bestimmungen — abgesehen von den das Notariat betreffenden, die dem neuen Notariatsgesetze vorbehalten sind, — nicht so zahlreich sind, daß es nicht thunlich gewesen wäre, sie in den übrigen Entwürfen unterzubringen. Die Hohen Herren sehen übrigens aus dem Beispiele Preußens, daß die Ausarbeitung eines Ausführungsgesetzes zu dem Gesetz über die Angelegenheiten der freiwilligen Gerichtsbarkeit uns nicht genöthigt hätte, auch ein neues Ausführungsgesetz zum Gerichtsverfassungsgesetze zu entwerfen.

Vorsitzender: Ich möchte anführen, daß für mich die Frage, ob man die Ausführungsgesetze hätte anders behandeln sollen, als es jetzt geschehen ist, nicht mehr diskutierbar ist schon aus dem Grunde, weil man das System nicht mehr umwerfen kann. Infolgedessen muß ich mich auf den Standpunkt stellen, der von der Regierung eingeschlagen worden ist, daß man die bestehenden Gesetze, soweit es nöthig und möglich ist, dem Bürgerlichen Gesetzbuche adäquiert. Die Bestimmung des Artikel 15 ist seit dem Jahre 1879 in Bayern in Uebung und hat bisher zu einer wesentlichen Beanstandung niemals Anlaß gegeben. Ich habe nie gehört, daß über den Inhalt und die Anwendung dieses Artikels Zweifel rege geworden sind. Wir müssen deshalb, nachdem wir das System vor uns haben, uns in die Lage stellen, wie sie im Jahre 1879 bestanden hat, mit den Modifikationen, wie sie das Bürgerliche Gesetzbuch erforderlich macht. Und da komme ich zu der Anschauung, daß der Artikel 15 durch die Modifikation der Regierungsvorlage nicht wesentlich verändert worden ist. Es ist nur eine einzige Aenderung wesentlich, nämlich, daß es anstatt „für alle nicht zur ordentlichen streitigen Gerichtsbarkeit gehörenden Angelegenheiten" heißt „soweit nicht andere Bestimmungen getroffen sind." Es ist infolgedessen die Aenderung auf ein Minimum reduziert, soweit sie eben nothwendig war, um diesen Artikel dem Bürgerlichen Gesetzbuch zu adäquieren. Wenn es nothwendig wäre, die Fassung des Artikel 15 in dieser Weise zu ändern, wie es Seine Exzellenz vorschlägt, dann wären die Wünsche schon vor Erlassung des Bürgerlichen Gesetzbuchs hervorgetreten und man hätte mit dieser Bestimmung schon bisher nicht zurecht kommen können. Das Bürgerliche Gesetzbuch hat in dieser Richtung auf die Anwendbarkeit des Artikel 15 keinen Einfluß geübt. Man könnte ja möglicherweise diesen Artikel vollständig stehen lassen, ohne daß besondere Schwierigkeiten daraus entstünden. Diese Gründe veranlassen mich, für den Artikel 15 nach dem Regierungsentwurf zu stimmen.

Ich bitte die Hohen Herren, welche dem Antrag Seiner Exzellenz die Zustimmung geben wollen, die Hand empor zu heben. (Geschieht.) Der Antrag ist abgelehnt.

Ich darf nunmehr annehmen, daß der Regierungsentwurf den Beifall des Ausschusses gefunden hat. Wir kommen zu

Absatz 2 der Ziffer I.

Reichsrath Dr. **von Schmitt:** Ich glaube, wir müssen bei Absatz 2 Satz für Satz in's Auge fassen, sonst kann die Diskussion nicht geordnet gepflogen werden. Was den ersten Satz anlangt, so habe ich bemerkt, daß hier die Amtsgerichte neben den Notaren zuständig sein sollen. Gegen diese Bestimmung wird keinerlei Bemerkung zu erheben sein.

Der k. Ministerialkommissär, Senatspräsident Dr. **von Jacubezky:** Gegen die von dem Herrn Reichsrath beantragte Beifügung der Worte: „neben den Notaren" hat die k. Staatsregierung nichts zu erinnern.

Vorsitzender: Der Antrag Seiner Exzellenz ist angenommen.

Reichsrath Dr. **von Schmitt:** Was dann die Deflorationsklage betrifft, so wissen ja die Herren, wie die Sache praktisch gemacht wird. Der Amtsrichter lädt den Vormund, den muthmaßlichen Kindsvater und die Kindsmutter vor, dann wird über die Sache verhandelt und daß bei dieser Gelegenheit auch der Entschädigungsanspruch der Geschwächten in Frage kommt und erledigt wird, das liegt in der Natur der Sache. Das ist nicht Vormundschaftssache. Aber die Sachen hängen doch praktisch so eng zusammen, daß man die Leute nicht von einer Behörde zur andern schicken soll, hier kann alles mit einem Male aufgenommen werden. Deshalb habe ich den Antrag gestellt, die Deflorationsklage mit hereinzunehmen.

Der k. Ministerialkommissär, Senatspräsident Dr. **von Jacubezky:** Die k. Staatsregierung ist mit der vorgeschlagenen Erweiterung der Zuständigkeit der Amtsgerichte einverstanden, bittet aber eine andere Fassung zu wählen. Es ist nicht richtig, hier von der Zuständigkeit der Amtsgerichte als Vormundschaftsgerichte zu sprechen; in seiner Eigenschaft als Vormundschaftsgericht ist das Amtsgericht für diese Beurkundung nicht zuständig. Der Entwurf beschränkt die Zuständigkeit für die Beurkundung der im Satz 1 bezeichneten Vereinbarungen nicht auf das für die Vormundschaft über das uneheliche Kind zuständige Amtsgericht, weil auch ein im Wege der Rechtshilfe angegangenes Gericht diese Beurkundung muß vornehmen können. Er erklärt jedes Amtsgericht für zuständig und beugt damit Streitigkeiten über die Zuständigkeit vor. Der Deflorationsanspruch wird in Zukunft nicht häufig vorkommen, weil das Bürgerliche Gesetzbuch ihn nur unter besonderen Umständen (§ 847 Absatz 2, § 1300) gewährt. Die Fassung würde etwa zu lauten haben:

> Die Amtsgerichte sind neben den Notaren zuständig für die Beurkundung von Vereinbarungen zwischen dem Vater eines unehelichen Kindes und diesem über den Unterhalt für die Zukunft oder über eine an Stelle des Unterhalts zu gewährende Abfindung sowie für die Beurkundung einer Vereinbarung zwischen dem Vater des unehelichen Kindes und der Mutter über die der Mutter aus der Beiwohnung und der Entbindung entstandenen Ansprüche, sofern diese Vereinbarung mit der Vereinbarung über den Unterhalt des Kindes in derselben Urkunde verbunden wird.

Der Herr Antragsteller hat die Aufnahme des Zusatzes angeregt: „In beiden Fällen kann das Amtsgericht die Unterwerfung des Schuldners unter die sofortige Zwangsvollstreckung beurkunden." Das ist aber selbstverständlich. Wenn ein Gericht oder ein Notar zuständig ist, einen Vertrag zu beurkunden, so ist das Gericht oder der Notar für die Beurkundung des ganzen Inhalts des Vertrages zuständig; zu dem möglichen Inhalt eines Vertrages, in dem die Zahlung einer bestimmten Geldsumme versprochen wird, gehört aber nach § 794 Nr. 5 der Civilprozeßordnung die Unterwerfung des Schuldners unter die sofortige Zwangsvollstreckung. Um die Amtsgerichte auf die Unterwerfung unter die sofortige Zwangsvollstreckung aufmerksam zu machen, genügt schon die Bemerkung in der Begründung des Entwurfs, nach welcher die Zuständigkeit für die Beurkundung dieser Vereinbarungen gerade zu dem Zwecke den Amtsgerichten übertragen werden soll, um ihnen die Aufnahme von Urkunden zu ermöglichen, in denen sich die Väter der unehelichen Kinder der sofortigen Zwangsvollstreckung unterwerfen.

Reichsrath Dr. **von Schmitt**: Ich habe dagegen nichts zu erinnern. Ich habe nur, weil es sich um gerichtliche Urkunden handelt, es für vorsichtiger gehalten, daß das beigefügt werde; allein ich bin auch zufrieden, wenn im Protokoll das als Meinung des Ausschusses besonders betont wird.

Vorsitzender: Ich konstatiere, daß der Ausschuß den Ausführungen des Herrn Regierungskommissärs beitritt.

Damit sind die von Herrn Reichsrath Dr. von Schmitt zu Ziffer I Absatz 2 sub lit. a und b gestellten Anträge durch den Beitritt der k. Staatsregierung erledigt. Wir kommen zu den von Herrn Reichsrath Dr. von Schmitt zu Ziffer I Absatz 2, 3 sub lit. c gestellten Anträgen.

Reichsrath Dr. **von Schmitt:** Ich glaube, die Anträge könnte man zusammennehmen. Was die Vorschrift über die Unzuständigkeit der Amtsgerichte in Ansehung solcher Beurkundungen, die nach Vorschrift des Reichsgesetzes durch ein Gericht oder einen Notar nothwendig zu bewirken sind, betrifft, so habe ich dagegen ja an sich gar nichts zu erinnern, im Gegentheil, diese Bestimmung ist sehr nothwendig. Wir müssen eine solche Regel aufstellen, damit das Notariat leben kann; nur möchte ich bitten, zu Protokoll zu bemerken, daß unter den Fällen von Beurkundungen, die reichsgesetzlich durch ein Gericht oder einen Notar zu bewirken sind, implicite auch verstanden werden alle diejenigen Fälle, in welchen der Vertrag oder das Rechtsgeschäft vor dem Gericht oder vor dem Notar stattzufinden hat. Es findet da natürlich auch eine Beurkundung statt, nur ist das Vertragsgeschäft dadurch besonders geartet, daß unitas actus dazu vorgeschrieben ist, sonst könnte der eine Theil bei dem einen Notar seine Erklärung abgeben und der andere Theil bei einem anderen Notar. Das ist bei gewissen Geschäften nicht gestattet; die Leute müssen gleichzeitig vor der Amtsperson anwesend sein und Zug um Zug das Geschäft abschließen. Diese Fälle sollen hier mitgetroffen werden; ob das so deutlich aus der Bestimmung hervorgeht, weiß ich nicht. Jedenfalls bitte ich darum, im Protokoll das zu konstatieren; es wird ja auch die Meinung der k. Staatsregierung sein.

Der k. Ministerialkommissär, Senatspräsident Dr. **von Jacubezky:** Es handelt sich hauptsächlich um Eheverträge und Erbverträge (§§ 1434, 2276 des B.G.B.) und um die Auflassung, die nach § 925 des Bürgerlichen Gesetzbuchs vor dem Grundbuchamt erklärt werden muß, für die aber nach Artikel 143 Absatz 1 des Einführungsgesetzes die Landesgesetzgebung bestimmen kann, daß sie auch vor einem Notar erklärt werden kann, was für Bayern im Artikel 73 des Ausführungsgesetzes A geschieht. Die Frage des Herrn Reichsraths betrifft die Auslegung der reichsgesetzlichen Vorschriften, die nicht Sache der Landesgesetzgebung ist. Für die Erbverträge ist die Frage dadurch, daß im § 2276 Absatz 1 der § 2240 für anwendbar erklärt wird, ausdrücklich bejaht. In den übrigen Fällen wird als selbstverständlich angesehen, daß die Urkundsperson über die vor ihr abgegebenen Erklärungen eine Urkunde aufzunehmen hat. Dies ist auch die Ansicht von Planck, Kommentar I S. 178, 179. Die Mitwirkung bei den Rechtsgeschäften, die „eine" Erklärung „vor" Gericht oder Notar erfordern, gehört aber nach unseren Vorschriften zur Zuständigkeit der Notare. Die Frage des Herrn Reichsraths würde deshalb systematisch richtiger bei dem neuen Notariatsgesetze zu stellen sein.

Reichsrath Dr. **von Schmitt:** Ich wünsche aber hier die Konstatierung, weil da zuerst von der Sache die Rede ist.

Vorsitzender: Es wäre sonach zu konstatieren, daß der Ausschuß darüber einig ist, daß in den Fällen, in welchen beide Parteien vor dem Notar erscheinen und eine Erklärung abzugeben haben, der Notar eine Urkunde aufzunehmen hat, daß aber dieser Gegenstand eigentlich in das Notariatsgesetz gehört und vorbehalten bleibt, bei der Berathung dieses Gesetzes auf die Frage zurückzukommen.

Reichsrath Dr. **von Schmitt:** Nun kommt die öffentliche Beglaubigung von Unterschriften und Handzeichen; ich denke mir die Sache so: Unterschrift oder Handzeichen wird vollkommen gelegentlich einer Beurkundung, die das

Gericht selbst vornimmt, gelegentlich einer Beurkundung, die der Notar vornimmt. In solchen Fällen — sie können auch vorkommen bei anderen Behörden — bildet die Beglaubigung der Unterschrift, des Handzeichens einen integrierenden Bestandtheil des ganzen Geschäftes und der Funktion der Behörde, die das Geschäft vornimmt. Diese ist zur Beglaubigung des Handzeichens in diesen Fällen kompetent und allein kompetent; das versteht sich nach der Natur der Dinge von selbst. In unserem Falle handelt es sich aber um die Beglaubigung von Unterschriften und Handzeichen auf Urkunden, die gar nicht von einer öffentlichen Behörde aufgenommen sind. Die Parteien haben die Urkunden außergerichtlich gemacht, sie haben ihre Unterschriften oder Handzeichen beigesetzt, sie kommen nun und bitten, lediglich ihre Unterschrift oder ihr Handzeichen zu beglaubigen. Das sind ausschließlich Notariatssachen und das ist nach meiner Auffassung der Sinn dieser Bestimmung. Wenn das der Sinn ist, habe ich gegen die Bestimmung nichts einzuwenden, und wenn gesagt ist, zur Bewirkung einer öffentlichen Beurkundung sind die Amtsgerichte überhaupt nur in den Fällen zuständig, in welchen sie hiezu durch besondere Vorschriften berufen sind, so wird der Satz richtig sein. Die Frage ist nur, ob man ihn aussprechen soll.

Der k. Ministerialkommissär, Senatspräsident Dr. **von Jacubezky:** Ich glaube, daß es den Vorzug verdient, auf den Zusatz zu verzichten. Die Fassung ist doch wohl eine zu allgemeine. Es kommen auch die Protokolle in Betracht, die über gerichtliche Verhandlungen aufgenommen werden; die für die Aufnahme solcher Protokolle geltenden allgemeinen Vorschriften kann man nicht wohl als besondere Vorschriften bezeichnen, durch welche die Amtsgerichte zu einer öffentlichen Beurkundung berufen sind. Aber auch von diesem Bedenken abgesehen, ist der Zusatz jedenfalls entbehrlich. Er sagt nicht mehr, als daß die Amtsgerichte nur für diejenigen Geschäfte zuständig sind, zu welchen sie vom Gesetze berufen sind. Das ist aber selbstverständlich, solche Sätze pflegt man in die Gesetze nicht aufzunehmen. Der Entwurf müßte sagen, daß die Amtsgerichte für gewisse Beurkundungen nicht zuständig sind, weil sie, wenn die Landesgesetzgebung ihre Zuständigkeit nicht ausschließt, für diese Geschäfte Kraft reichsgesetzlicher Vorschrift zuständig sind. Beurkundungen, für welche die Amtsgerichte nirgends für zuständig erklärt sind, gehören von vorneherein nicht zum Wirkungskreise dieser Gerichte, es kann sich also nicht darum handeln, sie durch eine besondere Vorschrift von diesem Wirkungskreis auszuschließen, sondern es könnte nur eine Belehrung darüber in Frage kommen, daß sie den Amtsgerichten nicht zugewiesen sind. Ueberdies ist im Artikel 81 des Ausführungsgesetzes zum Gerichtsverfassungsgesetze der Artikel 67 des Gerichtsverfassungsgesetzes vom 10. November 1861 aufrecht erhalten, der die näheren Bestimmungen über den Wirkungskreis der Notare, zu dem diese Beurkundungen gehören, dem Notariatsgesetze vorbehält. Das neue Notariatsgesetz wird aber eine Vorschrift enthalten, nach welcher die Notare wie bisher auch fernerhin für diese Beurkundungen zuständig sein werden.

Reichsrath Dr. **von Schmitt:** Gerade in der Richtung auf die Abgrenzung des Notariats von den Geschäften der Gerichte ist dieser Antrag gestellt. Wenn nun im Notariatsgesetz nach dieser Richtung, wie ich wohl auch annehmen kann, bestimmte Vorschriften enthalten sein werden, so brauchen wir hier diese Abwehr nicht; und zur Abwehr sollte mein Satz dienen. Nun ist es sehr schwer, in einem Gesetz eine solche Abwehr zum vorhinein aufzustellen, ehe man weiß, wie das andere Gesetz lautet, auf das die Abwehr sich mit bezieht. Ich bestehe auf der Aufnahme dieser Sache an diesem Orte nicht.

Vorsitzender: Damit kann ich die Ziffer I des Artikel 34 für erledigt erklären.

. . . . . . Ich schließe die Sitzung.

Schluß der Sitzung um 7 Uhr 15 Minuten.

XII. Protokoll

des besonderen Ausschusses der Kammer der Reichsräthe zur Berathung der durch die Einführung des Bürgerlichen Gesetzbuchs veranlaßten Gesetzentwürfe

über den

Entwurf eines Gesetzes, die durch die Einführung des Bürgerlichen Gesetzbuchs veranlaßten Aenderungen der seit 1818 erlassenen Gesetze betreffend.

— Artikel 34 Ziffer II mit 45. —

München, den 23. Februar 1899.

Gegenwärtig die Herren Reichsräthe: Graf Fugger von Glött, Ritter von Küffner, Referent, von Auer, Vorstand, Dr. Ritter von Bechmann, Sekretär, Dr. Ritter von Schmitt, Exzellenz, Hessert, Ritter von Maffei.

Von Seite des k. Staatsministeriums: Der k. Staatsminister der Justiz Dr. Freiherr von Leonrod, Der k. Senatspräsident Dr. Ritter von Jacubezky, Der k. Ministerialrath, Kronanwalt Ritter von Schubart, Der k. Regierungsrath Brettreich.

Die Sitzung wird um 1/24 Uhr durch den Vorsitzenden **von Auer** eröffnet.

Vorsitzender: Die Sitzung ist eröffnet.

Wir sind gesten bis Artikel 34 gekommen und haben die Ziffer I dieses Artikels erledigt. Wir gehen über zu

— Ziffer II. —

Reichsrath **von Küffner** als Referent: Ziffer II ist unverfänglich und läßt nach seiner allgemeinen Fassung gleichartige Bestellung von Sachverständigen auch für streitige Rechtsangelegenheiten zu. Der Grundsatz selbst hat schon in Artikel 78 Absatz 1 Satz 2 des Ausführungsgesetzes zum Bürgerlichen Gesetzbuch Anwendung gefunden.

Vorsitzender: Es besteht keine Erinnerung gegen Ziffer II.

— Ziffer III bis VII. —

Reichsrath **von Küffner** als Referent:

Ziffer III und IV

enthalten bloß organisatorische Bestimmungen über die Geschäftseinrichtung. Nichts zu erinnern.

Ziffer V

hat Bezug auf den Amtsrichter, welcher die betreffende Angelegenheit behandelt (früher als der verantwortliche Amtsrichter bezeichnet), und beabsichtigt, wenn nicht Rechtseinheit, so doch gleiches äußeres Verfahren zwischen der Pfalz und dem rechtsrheinischen Bayern.

Ziffer VI

hängt mit der unter Ziffer XXIV verfügten Aufhebung des Artikel 28 Absatz 2 und 3 zusammen, welche deshalb eintreten mußte, weil für die dortigen Angelegenheiten nach dem Gerichtsverfassungsgesetz jetzt nicht mehr die Landgerichte, sondern die Amtsgerichte zuständig sind.

Daraus folgt mit Nothwendigkeit die nun vorgeschlagene Aenderung der Fassung des Artikel 29.

Ziffer VII.

In Nr. 1 sind dadurch, daß die Grundbuchordnung und das Reichsgesetz über die Angelegenheiten der freiwilligen Gerichtsbarkeit hier einschlagen, die bezeichneten Paragraphen auf das Geltungsgebiet der landesrechtlichen Gesetzesanwendung beschränkt.

Die Fassung der Nr. 1 möchte entsprechender sein, wenn zur Vermeidung der Wiederholung der Präposition „für" statt „für welche" „bezüglich welcher" eingesetzt würde.

Die Nr. 2 und 3 geben zu keiner Erinnerung Anlaß.

Vorsitzender: Will jemand von den Hohen Herren sich dieser Anregung des Herrn Referenten zu Ziffer VII anschließen? Es ist nicht der Fall. Ziffer III bis VII sind angenommen.

— Ziffer VIII. —

Reichsrath **von Küffner** als Referent: Ziffer VIII ist gerechtfertigt durch die neue Fassung des Artikel 28, welcher die Zuständigkeit regelt.

Reichsrath **von Schmitt:** Ich möchte nur konstatieren, daß die besondere Zuständigkeit der Oberlandesgerichte sowohl für Real- als auch gemischte Klagen gegen ein Mitglied des Königlichen Hauses aufrecht erhalten bleibt.

Der k. Ministerialkommissär, Senatspräsident Dr. **von Jacubezky:** Das ist ganz richtig.

Vorsitzender: Ziffer VIII ist angenommen.

— Ziffer IX bis XI. —

Reichsrath **von Küffner** als Referent:

Ziffer IX

beruht auf dem künftigen Uebergange dieser Strafsachen an das oberste Landesgericht und ist nicht zu beanstanden.

Ziffer X

gleicht in Absatz 1 nach Inhalt und Form der Ziffer VII Nr. 1, weshalb in letzterer Beziehung das dort Gesagte hieher wiederholt wird.

Absatz 2 darf erinnerungslos bleiben.

Ziffer XI.

Absatz 1 läßt lediglich die Auslassung des bisherigen Absatz 4 zu Artikel 30 entnehmen, weil dieser nun aufgehoben und der neue Absatz 4 hieher nicht zutreffend ist.

Absatz 2 stimmt überein mit dem Vorschlage zu Ziffer VII Absatz 3. Es ist hier auch die Pfalz berührt.

Reichsrath **Hessert:** Ich habe keine Erinnerung.

Vorsitzender: Ziffer IX bis XI angenommen.

— Ziffer XII. —

Reichsrath **von Küffner** als Referent: Ziffer XII kennzeichnet in Absatz 1 die künftige Stellung des Obersten Landesgerichts nach den jetzigen Gerichtsorganisationsverhältnissen.

Diese ist übrigens schon durch Artikel 115 des Entwurfs eines Ausführungsgesetzes zum Bürgerlichen Gesetzbuch in Bezug auf die Angelegenheiten der freiwilligen Gerichtsbarkeit (§ 199 Absatz 2 des Gesetzes darüber) erkennbar geworden.

Absatz 2 wiederholt lediglich eine bisherige Bestimmung.

Der k. Staatsminister der Justiz Dr. Freiherr **von Leonrod:** Nach dem geltenden Rechte ist für vermögensrechtliche Ansprüche gegen den König der Rechtsweg zulässig. Die Klage ist nicht gegen die Allerhöchste Person des Königs zu richten, sondern gegen die „k. Civilliste". Unter der k. Civilliste ist das Privatvermögen des Königs zu verstehen, welches von den zuständigen Hofämtern vertreten wird. Die Civilliste des Königs ist im bayerischen Prozeßrechte dem Fiskus gleichgestellt worden. Sie hatte den befreiten Gerichtsstand des Fiskus vor den Appellationsgerichten und verlor dieses Vorrecht mit dem Fiskus durch das Gerichtsverfassungsgesetz vom 10. November 1861. Im Artikel 15 Absatz 2 der Prozeßordnung vom 29. April 1869 wurde bestimmt, daß die Civilliste ihren allgemeinen Gerichtsstand vor den Gerichten der Hauptstadt hat, und diese Bestimmung ist in den Artikel 1 des Ausführungsgesetzes zur Civilprozeßordnung übergegangen, dessen Geltung durch die Einführung des Bürgerlichen Gesetzbuchs nicht berührt wird. Für die Civilliste sind die allgemeinen Vorschriften über Gerichtsverfassung und gerichtliches Verfahren maßgebend wie für den Fiskus; von der im § 5 des Einführungsgesetzes zum Gerichtsverfassungsgesetz und im § 5 des Einführungsgesetzes zur Civilprozeßordnung der Landesgesetzgebung vorbehaltenen Befugniß „für den Landesherrn" abweichende Bestimmungen zu treffen, ist für die Civilliste, die im Prozesse wie der Fiskus durch Beamte vertreten wird, kein Gebrauch gemacht worden. Die Zuständigkeit für Revisionen und Beschwerden in bürgerlichen Rechtsstreitigkeiten, in denen die Civilliste Beklagte ist, vertheilt sich zwischen dem Reichsgericht und dem Obersten Landesgericht nach den allgemeinen Vorschriften. Das Reichsgericht ist daher nach dem geltenden Rechte in letzter Instanz der Civilliste gegenüber in demselben Umfange zuständig, wie gegenüber dem bayerischen Fiskus und jedem anderen Beklagten. Dieser Rechtszustand bringt es mit sich, daß der Artikel 6 des Einführungsgesetzes zum Bürgerlichen Gesetzbuch, der die Revisionen und Beschwerden in denjenigen Rechtsstreitigkeiten, in denen ein Anspruch auf Grund des Bürgerlichen Gesetzbuchs geltend gemacht wird, dem Reichsgerichte zuweist, für die Civilliste ebenso wie für den bayerischen Fiskus Geltung erlangen wird. Dagegen verbleibt es für die auf die Vermögensverhältnisse des Allerhöchsten Herrscherhauses bezüglichen Angelegenheiten, wie Hausfamilienfideikommisse, Secundogenitur und Aehnliches, bei der bisherigen Zuständigkeit des Obersten Landesgerichts.

In den Rechtsstreitigkeiten gegen Mitglieder des Königlichen Hauses, die nach Titel X § 1 des Königlichen Familienstatuts vom 5. August 1819 in erster Instanz vor die Oberlandesgerichte gehören, entscheidet das Oberste Landesgericht als Berufungsgericht in letzter Instanz.

Bei der Ausarbeitung der Entwürfe für die Ausführungsgesetze zum Bürgerlichen Gesetzbuch ist davon ausgegangen worden, daß an den landesgesetzlichen Vorschriften über die Stellung der k. Civilliste in bürgerlichen Rechtsstreitigkeiten nichts geändert werden solle. Diese Stellungnahme der k. Staatsregierung hat auf einen an die Krone erstatteten besonderen Bericht die ausdrückliche Allerhöchste Genehmigung Seiner Königlichen Hoheit des Prinz-Regenten gefunden. Die sich aus Artikel 6 des Einführungsgesetzes zum Bürgerlichen Gesetzbuche ergebende Verschiebung der Grenze zwischen den Zuständigkeiten des Reichsgerichts und des Obersten Landgerichts ist für die Civilliste thatsächlich ohne Bedeutung, weil es bisher niemals vorgekommen ist, daß das Oberste Landesgericht, das vormalige Oberappellationsgericht oder der vormalige Oberste Gerichtshof über einen Rechtsstreit gegen die Civilliste zu entscheiden hatte und voraussichtlich das Reichsgericht ebensowenig in die Lage kommen wird, in einer solchen Angelegenheit eine Entscheidung zu treffen. Die Schaffung eines Sonderrechtes für die k. Civilliste würde eine Abweichung von dem geltenden Landesrechte, wie ich es soeben dargelegt habe, bedeuten. Die k. Staatsregierung vermag, nachdem mit Zustimmung Bayerns in das Einführungsgesetz zum Bürgerlichen Gesetzbuche der Artikel 6 aufgenommen worden ist, der für das einheitliche bürgerliche Recht auch einheitliche Rechtsprechung in oberster Instanz schaffen will, nicht zu befürworten, daß von dem zu einem anderen Zwecke gegebenen Vorbehalte des § 5 des Einführungsgesetzes zum Gerichtsverfassungsgesetze zu dem Zwecke Gebrauch gemacht wird, um für dessen Bereich die einheitliche Rechtsprechung auszuschließen. Dieselben Gründe, wegen deren bei der Einführung der Reichsjustizgesetze vom Jahre 1877 unterlassen worden ist, die Revisionen und Beschwerden in Angelegenheiten der k. Civilliste dem Reichsgerichte zu entziehen, sprechen auch dagegen, dies jetzt zu thun. In weiten Kreisen, insbesondere außerhalb Bayerns würde man der Ausschließung der Zuständigkeit des Reichsgerichtes einen Ausdruck des Mißtrauens gegen das Reichsgericht erblicken und es würde dadurch zu Erörterungen Anlaß gegeben werden, die besser zu vermeiden sein dürften.

Auch die Könige von Preußen, von Sachsen und von Württemberg nehmen ebenso wie ihre Unterthanen vor dem Reichsgericht in letzter Instanz Recht. Auch diese Staaten wären, obwohl sie ein Oberstes Landesgericht nicht haben, in der Lage, die Zuständigkeit des Reichsgerichtes für solche Angelegenheiten auszuschließen.

Reichsrath Dr. **von Schmitt**: Ich habe einen bezüglichen Antrag gestellt und es ist nun von Seite der k. Staatsregierung sich gegen diesen Antrag erklärt worden. Ich würde den Antrag, wenn ich zuerst zum Worte gekommen wäre, mündlich nicht weiter begründet, sondern einfach auf meine gedruckten, ausführlich dargelegten Gründe, welche den Antrag voll rechtfertigen, verwiesen haben. Der Grund, warum ich mich zu diesem Antrag veranlaßt sah, liegt in der nicht unbedeutenden Aenderung, welche mit der Einführung des Bürgerlichen Gesetzbuchs gerade in den Zuständigkeitsverhältnissen der beiden Obersten Gerichtshöfe, des Reichsgerichts und des Obersten bayerischen Landesgerichts, eintritt. Bisher mochten die Gründe, die uns bestimmt haben, von dem bezüglichen Vorbehalt für das Landesrecht keinen Gebrauch zu machen, sehr wohl angehen; künftig ändert sich das. Bisher war das Reichsgericht, was bayerische Sachen anlangt, im wesentlichen auf die Zuständigkeit des vormaligen Bundesoberhandelsgerichts beschränkt; zum bayerischen Obersten Landesgericht ressortierten alle übrigen, das ist die große Mehrzahl der Sachen. Jetzt ist bis auf ein Minimum das Oberste Landesgericht als Revisionsgericht 2c. außer Kurs gesetzt. Das war der Hauptgrund, der mich zu meinem Antrag bestimmte. Uebrigens bin ich keineswegs gewillt, nachdem ich die Gründe für meinen Antrag dargelegt habe und die k. Staatsregierung ihre Stellung präzisiert hat, weiter über die Sache zu diskutieren.

Vorsitzender: Seine Exzellenz Herr Reichsrath Dr. Ritter von Schmitt werden auf die Diskussion Ihres Antrages dann wohl kein Gewicht legen.

Reichsrath Dr. **von Schmitt**: Wenn ich auch nicht weiter darüber diskutieren will, so beharre ich doch auf der Abstimmung. Mein Antrag steht.

Vorsitzender: Dieser Antrag lautet:
Es sei dem Artikel 42 folgender Absatz beizufügen:

„Auch ist in den Rechtsstreitigkeiten, in welchen durch Klage oder Widerklage ein Anspruch gegen den Landesherrn verfolgt wird, über die Revision und Beschwerde statt vom Reichsgerichte vom Obersten Landesgerichte zu entscheiden."

Da niemand sich hierüber äußern will, schreiten wir zur Abstimmung. Ich bitte die Hohen Herren, welche für diesen Antrag zu stimmen geneigt sind, die Hand zu erheben. (Geschieht.) Der Antrag ist abgelehnt.

Ziffer XII ist angenommen.

Wir gehen über zu den

— Ziffern XIII—XVII. —

Reichsrath **von Küffner** als Referent. Ziffer XIII—XVII bieten keinen Gruud zu näheren Aufschlüssen, sohin wird Annahme beantragt.

Vorsitzender: Ziffer XIII—XVII sind angenommen.

— Ziffer XVIII. —

Reichsrath **von Küffner** als Referent: Ziffer XVIII ist darin begründet, daß das Zustellungswesen auch in Sachen der nichtstreitigen Rechtspflege, für welche die Landesgesetze maßgebend sind, durch Reichsgesetz, das nach § 115 des Ausführungsgesetzes zum Bürgerlichen Gesetzbuch hieher wirksam sein soll, zur Genüge geregelt ist. Ich beantrage Annahme.

Vorsitzender: Ziffer XVIII ist angenommen.

Ziffer XIX—XXI.

Reichsrath **von Küffner** als Referent:

Ziffer XIX

hat eine weitere Fassung in drei Absätzen erhalten, während

Ziffer XX

nur in der Ueberschrift und

Ziffer XXI

sowohl im Eingang als durch Hinweglassung der arabischen Ziffern eine bloß redaktionelle Aenderung erfuhren, wobei sachlich die Pfalz gestreift wurde.

Reichsrath **Heffert:** Ich habe keine Erinnerung.

Reichsrath Dr. **von Schmitt**: Zu Ziffer XXI habe ich darauf aufmerksam gemacht, daß der Artikel 145 des Einführungsgesetzes zum Bürgerlichen Gesetzbuche dem Landesgesetz eine Reihe civilrechtlicher Bestimmungen vorbehält. Der Entwurf will die Ueberweisung auf den Verordnungsweg. Es ergibt sich die Frage, ob nicht die nachträgliche Vorlage an den Landtag vorbehalten werden soll. Ich für meinen Theil würde das nicht beantragen. Des weiteren wünsche ich das Fremdwort „reglementär" vermieden.

Der k. Ministerialkommissär, Senatspräsident Dr. **von Jacubezky:** Die Vorschrift, daß das Hinterlegungswesen durch königliche Verordnung geregelt werden soll, ist nicht neu, sondern besteht schon seit geraumer Zeit. Sie steht nicht nur im Ausführungsgesetze von 1879, sondern auch im Artikel 72 des Gerichtsverfassungsgesetzes vom 10. November 1861; vorher war das Hinterlegungswesen durch Verordnungen von 1832 und 1840 geregelt. Die Vorschriften über das Hinterlegungswesen haben nicht solche Bedeutung, daß es nothwendig wäre, sie durch den Landtag genehmigen zu lassen. Der Wunsch des Herrn Reichsraths von Schmitt, daß das Wort „Ausführungsvorschriften" an die Stelle der Worte: „reglementäre Vorschriften" gesetzt werden soll, wird von Seite der k. Staatsregierung nicht beanstandet.

Vorsitzender: Haben die Hohen Herren etwas zu erinnern, wenn statt der Worte „reglementäre Vorschriften" „Ausführungsvorschriften" gesetzt wird? Wenn nicht, so ist der Antrag zum Beschluß erhoben.

Ziffer XIX bis XXI, die letztere mit der eben beschlossenen Abänderung, sind angenommen.

Wir gehen über zu

— Ziffer XXII bis XXIV. —

Reichsrath **von Küffner** als Referent: Ziffer XXII—XXIV blieben und bleiben unbeanstandet.

Die Annahme sämmtlicher zuletzt erwähnten Vorschläge und damit des ganzen Artikel 34 wir befürwortet.

Der k. Ministerialkommissär, Senatspräsident Dr. **von Jacubezky:** Zu Ziffer XXIV möchte ich mir eine Bemerkung gestatten. Die Artikel 11—14, welche die Kompetenzkonflikte zwischen Civil- und Militärgerichten betreffen, sind in dem Entwurf unverändert belassen. Diese Vorschriften fallen mit dem Inkrafttreten der Militärstrafgerichtsordnung weg; die Militärstrafgerichtsordnung tritt nach dem § 1 des Einführungsgesetzes vom 1. Dezember 1898 an einem durch Kaiserliche Verordnung festzusetzenden Tage, spätestens am 1. Januar 1901 in Kraft. Die Artikel 11—14 werden also nach dem 1. Januar 1900 höchstens noch ein Jahr, vielleicht nur noch kürzere Zeit, in Geltung bleiben. Mit Rücksicht hierauf ist davon abgesehen worden, die in den Artikeln 11, 14 dem Präsidenten und den Räthen des Oberlandesgerichts in München zugewiesenen Obliegenheiten auf den Präsidenten und die Räthe des Obersten Landesgerichtes zu übertragen und an die Stelle des

Oberstaatsanwalts bei dem Oberlandesgericht in München den Generalstaatsanwalt zu setzen. Durchschnittlich kommen im Jahre nur 2—3 Fälle vor. Es ist daher kein Anlaß gegeben, für die kurze Uebergangszeit noch eine besondere Vorschrift zu treffen.

Vorsitzender: Es wird keine Erinnerung bestehen. Ich konstatiere die Annahme der Ziffern XXII bis XXIV und damit des ganzen Artikel 34.

Wir gehen über zu

Artikel 35.

Reichsrath **von Küffner** als Referent: Artikel 35, betreffend das Gesetz vom 18. August 1879 zur Ausführung der Reichs-Strafprozeßordnung, bezweckt in

Ziffer I

die Streichung der Worte „Notare oder" und in

Ziffer II

die Aufhebung der gleichfalls die Notare berührenden Artikel 117—121, weil ein neues Gesetz für das Notariat in Aussicht steht.

Die Aufhebung der Artikel 14, 30 und 31 ebendaselbst erfolgt deshalb, weil sie civilrechtliche Vorschriften enthalten, die durch das Bürgerliche Gesetzbuch beseitigt sind.

Vorsitzender: Artikel 35 ist angenommen.

Artikel 36.

Ziffer I

Reichsrath **von Küffner** als Referent: Artikel 36 betrifft das Gesetz über die Erbschaftssteuer vom 18. August 1879.

Die Aenderung zu Ziffer I Nr. 1 ist durch die erbrechtlichen Bestimmungen im Bürgerlichen Gesetzbuch hervorgerufen und enthält sachlich nichts neues.

Hinsichtlich der Pflichttheilsansprüche mag angedeutet werden, daß sie, wie anderweitig schon hervorgehoben wurde, nach § 2303 des Bürgerlichen Gesetzbuchs nur ein Forderungsrecht begründen und nebstdem hier bloß bezügliche Ansprüche der Eltern in Frage stehen.

Bei Nr. 2 ist der Wegfall von lit. b gerechtfertigt, weil rücksichtlich des Vermögens Abwesender die nöthigen Bestimmungen im Gesetze vorgesehen sind und eine Unterscheidung zwischen der Pfalz und dem rechtsrheinischen Bayern nicht mehr bestehen soll.

Reichsrath Dr. **von Schmitt**: Ich habe mich gefragt, wann ist die Steuer von einem Pflichttheilsanspruch angefallen. Der Pflichttheilsanspruch setzt nicht voraus, daß man irgend eine Annahmeerklärung abgibt. Wird dann, wenn ein Pflichttheilsberechtigter noch keine Erklärung abgegeben hat, die Steuer schon zu erlegen sein oder nicht? Ich glaube, es wird die Steuer bei ihm dann nicht erhoben werden können, wenn er erklärt, er verzichte auf seinen Pflichttheil.

Der k. Ministerialkommissär, Kronanwalt **von Schubart:** Der Ausdruck „Anfall" in dem Artikel 1 des Erbschaftssteuergesetzes ist nicht in dem juristisch-technischen Sinne des Wortes gebraucht. Es wird darunter nicht der Anfall einer Erbschaft oder eines Vermächtnisses, wie ihn schon bisher das preußische Landrecht, auch das gemeine Recht wenigstens für sui heredes, in bestimmten Fällen der code civil und nunmehr das Bürgerliche Gesetzbuch sofort mit dem Erbfalle eintreten läßt, gemeint. Unter dem Anfall wird lediglich das verstanden, was der Erbe, der Bedachte thatsächlich zufolge der Erbschaft oder eines Vermächtnisses erhält.

Es wird ebensowenig daran gedacht, den Pflichttheilsanspruch als solchen, solange er nicht geltend gemacht ist, zur Erbschaftssteuer heranzuziehen, wie eine Erbschaft, die zwar angefallen aber ausgeschlagen worden ist. Es geht das schon aus dem Artikel 5 des Erbschaftssteuergesetzes hervor, welcher lautet:

„Die Erbschaftssteuer ist von dem Betrage zu entrichten, um welchen derjenige, dem der Anfall zukommt, reicher wird."

Uebrigens bestände seitens der Regierung keine Erinnerung dagegen, wenn man vielleicht anstatt der Worte „von Pflichttheilsansprüchen" setzen wollte „aus Pflichttheilsrechten".

Der k. Ministerialkommissär, Senatspräsident Dr. **von Jacubezky:** Der Vorschlag bezweckt, einen bessern Zusammenhang mit dem Eingang herzustellen. Man kann nicht wohl von dem „Anfall von Pflichttheilsansprüchen" sprechen; es wird heißen müssen „Anfälle aus Pflichttheilsrechten". Das Gleiche gilt aber von den Auflagen; es wird nothwendig sein, auch bei den Auflagen zu sagen „aus Auflagen."

Vorsitzender: Ziffer I ist mit den von den Herrn Ministerialkommissären angeregten Aenderungen angenommen.

— Ziffer II. —

Reichsrath **von Küffner** als Referent: Ziffer II ist nicht zu beanstanden. Die Einkindschaftsverhältnisse, deren hier nicht mehr gedacht ist, werden künftig erbrechtlich nur dann anerkannt, wenn sie aus der Zeit vor dem Inkrafttreten des Bürgerlichen Gesetzbuchs herrühren.

Vorsitzender: Ziffer II ist angenommen.

— Ziffer III—VII. —

Reichsrath **von Küffner** als Referent:

Ziffer III

will nicht Aenderungen herbeiführen, die durch das Bürgerliche Gesetzbuch nothwendig geworden sind — siehe oben Ziffer I u. ff. —, sondern Aenderungen, die durch das Gesetz vom 18. August 1879 selbst sich aufdrängen. Die bisherigen Bestimmungen haben viele Unzukömmlichkeiten und Verwirrungen veranlaßt, und es sollen deshalb zur ferneren Vermeidung solcher möglichst einfache und feste Grundsätze an deren Stelle treten.

Dieses ist durch eine neue Fassung der Artikel 7 und 8 und Einschaltung eines Artikel 8a versucht und im Justizausschuß der Kammer der Abgeordneten auch als zutreffend gebilligt worden.

Beanstandungen dagegen sind nicht angezeigt.

Ziffer IV

stützt sich darauf, daß dem Bürgerlichen Gesetzbuch die Einweisung in den Besitz eines Abwesenden fremd ist.

Ziffer V

schließt redaktionelle Aenderungen in sich, welche Gleichheit mit dem Bürgerlichen Gesetzbuch erzielen sollen. Dieses kennt nämlich eine fideikommissarische

Substitution nicht, wohl aber Nacherbschaft und Nachvermächtniß. Letzterer Sprachgebrauch muß nun in dem vorwürfigen Gesetze Anwendung finden, und danach verschwindet auch die bisherige Besteuerungsart, die weder gleichmäßig noch gerecht gewesen ist.

Das künftige Vorgehen ist aus der vorgeschlagenen Fassung des Artikel 22 klar ersichtlich, hat auch keine Beanstandung erfahren und wird Ihrer Gutheißung empfohlen.

Ziffer VI

ist ohne Erinnerung.

Ziffer VII

bezielt die Streichung des dem Bürgerlichen Gesetzbuch unbekannten Wortes „Verlassenschaftskommissär" und ersetzt das Wort „Nachlaßverwalter" durch den der Sprachweise des Bürgerlichen Gesetzbuchs entsprechenden Ausdruck „Nachlaßpfleger".

In zweiter Lesung erhielt dieselbe am Schlusse den Zusatz „oder steuerpflichtige Auflagen erfüllen", weil erst dadurch die Fassung erschöpfend erschien.

Reichsrath Dr. **von Schmitt**: Ich habe hier beantragt zu sagen: „Die Erbschaft oder einzelne Erbschaftstheile ausantworten, Vermächtnisse, Schenkungen auf den Todesfall, Pflichttheilsansprüche oder Bezüge . . . erfüllen."

Ich meine, die Vermächtnisse, die Schenkungen auf Todesfall, die Pflichttheilsansprüche erfüllen ist richtiger. Eine Erbschaft dagegen kann nur ausgeantwortet werden.

Der k. Ministerialkommissär, Ministerialrath Kronanwalt **von Schubart:** Ich vermag in der von Seiner Exzellenz angeregten Aenderung keine Verbesserung der Fassung zu erblicken. Der Ausdruck „ausantworten" paßt sowohl für die Erbschaft und für die Erbschaftstheile, als auch für die Vermächtnisse und die Schenkungen auf den Todesfall, insoferne diese letzteren Bezeichnungen nicht nur die treffenden Verfügungen des Erblassers, sondern auch das decken, was die Bedachten zufolge jener Verfügungen thatsächlich erhalten. Als Pflichttheil aber ist anzusehen, was der Pflichttheilsberechtigte auf Grund des Pflichttheilsanspruchs empfängt. Zu sagen „es werden Bezüge erfüllt" würde wohl kaum angehen. Bezüge werden ausgefolgt, aber nicht erfüllt. Ich glaube, man sollte es bei der Fassung der Regierungsvorlage belassen.

Reichsrath Dr. **von Schmitt:** Bei einem obligatorischen Anspruch spricht man von Erfüllung, bei der Herausgabe einer Erbschaft kann man nur von Ausantwortung sprechen. Einen großen Werth lege ich nicht auf die Sache, nachdem die Regierung erklärt hat, daß sie überall das reale Ausfolgen meint.

Der k. Ministerialkommissär, Senatspräsident Dr. **von Jacubezky:** Ich möchte mir die Bemerkung gestatten, daß der Ausdruck „Erbschaftstheile" nicht mit dem Sprachgebrauch des Bürgerlichen Gesetzbuchs übereinstimmt.

Reichsrath Dr. **von Schmitt**: Ich verzichte auf meine Anregung, wenn hier gemeint ist „das Ausfolgen".

Vorsitzender: Nach der Ziffer VII soll auch der Bevollmächtigte verpflichtet sein, den Erbtheil nicht auszuantworten, bevor nicht die Erbschaftssteuer bezahlt ist. Es entspricht das der bisherigen Gesetzgebung. Allein ich war auch schon bisher der Anschauung, daß eine solche Verpflichtung des Bevollmächtigten nicht gerechtfertigt erscheint. Es erscheint auch nicht mit den

Bestimmungen des Bürgerlichen Gesetzbuchs vereinbarlich, eine solche Verpflichtung dem Bevollmächtigten aufzuerlegen. Sobald das Mandat des Bevollmächtigten gekündet ist, ist derselbe kraft Gesetzes verpflichtet, das, was er von dem Vollmachtgeber in Händen hat, herauszugeben. Er ist nicht mehr in der Lage über die Sache zu verfügen, er hört von dem Moment an, da ihm das Mandat gekündet wird, auf, Bevollmächtigter zu sein; es ist auch sonst nirgends davon die Rede, daß der Bevollmächtigte für die Verpflichtungen des Vollmachtgebers haftet. Es ist das eine Anomalie, für die ich einen positiven Grund nicht finde; diese Bestimmung ist aber auch nicht einmal nothwendig; denn die Finanzbehörde hat Gelegenheit genug die Gefälle des Staates zu sichern. Ich will mit meiner Anregung nicht die Ansprüche des Staates auf die Erbschaftssteuer irgendwie gefährden, sondern nur konstatieren, daß den Bevollmächtigten für die Erbschaftssteuer haftbar zu machen, keinerlei Veranlassung gegeben ist. Der Fiskus kann seine Rechte sicher stellen durch die Beschlagnahme; ich kenne eine Erbschaft, in welcher es sich um eine Erbschaftssteuer von 900000 M. handelte; der Staat beschlagnahmte das Doppelte und zwar in meinem vollen Einverständniß, weil ich keine Haftung zu übernehmen hatte. Aber der Fiskus ist nicht soweit gegangen, daß er den Bevollmächtigten in Anspruch genommen hat, vielleicht schon aus dem Grunde, weil er ihm nicht suffizient genug für diesen hohen Betrag erschien. Warum soll in diesem Fall diese außergewöhnliche Haftbarkeit des Bevollmächtigten für die Erbschaftssteuer statuiert werden? Ich weiß nicht, ob das mit dem Bürgerlichen Gesetzbuch übereinstimmt.

Der k. Ministerialkommissär, Senatspräsident Dr. **von Jacubezky:** Die Vereinbarlichkeit der für die Bevollmächtigten im Artikel 26 gegebenen Vorschrift mit dem Bürgerlichen Gesetzbuch dürfte keinem begründeten Zweifel unterliegen. Es handelt sich um eine Vorschrift des öffentlichen Rechtes, welche jede Gefährdung der Steuer ausschließen will und zu diesem Zwecke Jeden, der das Vermögen in die Hand bekommt, für die Entrichtung oder Sicherstellung der Steuer verantwortlich macht. Wenn der Bevollmächtigte kraft öffentlichen Rechtes für die Steuerschuld des Vertretenen persönlich haftet, so ergibt sich aus den Vorschriften des Bürgerlichen Gesetzbuchs über das Verhältniß zwischen dem Beauftragten und dem Auftraggeber, daß der Vertreter durch Entrichtung oder Sicherstellung der Steuer den Bevollmächtigten von der Haftung befreien oder diesem gestatten muß, daß er sich selbst von der Haftung frei macht, in dem er die Steuer aus dem in seinen Händen befindlichen Vermögen entrichtet oder sicherstellt. Wir haben es hier lediglich mit einer Vorschrift des öffentlichen Rechtes zu thun, die von dem Bürgerlichen Gesetzbuche nicht berührt wird.

Vorsitzender: Die Frage hat mir Bedenken erregt gerade bezüglich der Auflösung des Mandatsverhältnisses. Wenn das Mandatsverhältniß aufgelöst ist, dann ist der Beauftragte nach dem Bürgerlichen Gesetzbuch verpflichtet, das zurückzugeben, was er in Händen hat. Er kann aber diese Verpflichtung mit Rücksicht auf die Bestimmungen des Erbschaftssteuergesetzes nicht erfüllen. Das kann für den Erben aber höchst bedenklich werden. Es gibt Bevollmächtigte, von welchen man sich im Laufe der Zeit überzeugt, daß sie das in sie gesetzte Vertrauen nicht verdienen; man muß ihnen aber das, was sie bei Gelegenheit der Auseinandersetzung der Verlassenschaft in die Hand bekommen haben, auf die Gefahr hin überlassen, daß weder der Fiskus mit seiner Erbschaftssteuer werde befriedigt werden, noch daß der Erbe das, was er geerbt hat, erhält.

Es ist das doch eine Bestimmung, die mir im Interesse des Erben außerordentlich bedenklich erscheint.

Der k. Ministerialkommissär, Senatspräsident Dr. **von Jacubezky:** Daß die Zurückbehaltungspflicht des Bevollmächtigten für den Erben unter Umständen unangenehm sein kann, mag zugegeben werden; aber die privatrechtlichen Vorschriften des Bürgerlichen Gesetzbuchs stehen der steuergesetzlichen Bestimmung nicht entgegen. Das öffentliche Recht sagt, wenn jemand als Bevollmächtigter des Erben Vermögen, das der Erbschaftssteuer unterliegt, in die Hände bekommen hat, so ist er kraft öffentlichen Rechtes verpflichtet, dieses Vermögen solange festzuhalten, bis die Erbschaftssteuer entrichtet ist. Wenn der Erbe aus anderen Mitteln die Erbschaftssteuer bezahlt, so fällt dieses Hinderniß der Herausgabe weg, der Bevollmächtigte hat nunmehr die privatrechtliche Herausgabepflicht zu erfüllen. Der Erbe kann aber auch verlangen, daß der Bevollmächtigte aus den in seinen Händen befindlichen Mitteln die Erbschaftssteuer bezahlt und dadurch seine Zurückbehaltungspflicht zum Erlöschen bringt. Der Erbe kann, wenn er Grund hat, dem Bevollmächtigten zu mißtrauen, sich wohl auch dadurch helfen, daß er der Steuerbehörde für die Steuerschuld Sicherheit leistet. Wenn auch in einzelnen Fällen sich Schwierigkeiten für den Erben ergeben können, so läßt sich doch nicht sagen, daß das Bürgerliche Gesetzbuch die Beseitigung der Haftung des Bevollmächtigten für die Steuer mit sich bringt. Die Vorschriften des Bürgerlichen Gesetzbuchs über das Verhältniß zwischen dem Auftraggeber und dem Beauftragten sind im wesentlichen dieselben wie die des bisherigen Rechtes, der Artikel 26 des Erbschaftssteuergesetzes ist daher mit den neuen Vorschriften ebenso vereinbar wie mit den bisherigen.

Der k. Ministerialkommissär, Ministerialrath, Kronanwalt **von Schubart:** Ich kann mich diesen Ausführungen anschließen und bemerke, daß seinerzeit im Abgeordnetenausschusse konstatiert worden ist, die Haftung trete nur insoweit ein, als der Bevollmächtigte des Erben das Vermögen in Händen hat. Auf etwaige Steuernachforderungen findet die Bestimmung des Artikels keine Anwendung. Ich glaube, daß eine besondere Belastung darin nicht erblickt werden kann.

Vorsitzender: Aber eine Belastung des Erben ist doch gegeben, weil er eben das Vermögen in den Händen eines Bevollmächtigten belassen muß, zu dem er das Vertrauen verloren hat. Zudem ist ja genug Gelegenheit vorhanden, den Fiskus auf andere Weise sicher zu stellen. Ich stelle deswegen den formalen Antrag, die Worte „und Bevollmächtigte" zu streichen, und bitte, hierüber abzustimmen. (Geschieht.) Der Antrag ist abgelehnt.

Ziffer III bis VII, letztere in der Fassung des Abgeordnetenausschusses, sind angenommen.

— Ziffer VIII. —

Reichsrath **von Küffner** als Referent: Ziffer VIII dient zur Ausgleichung mit dem Verfahren zu Ziffer IV.

Ziffer IX.

Die Aenderungen wurden vorgeschlagen und angenommen, weil § 1937 des Bürgerlichen Gesetzbuchs nur eine einseitige Verfügung von Todeswegen kennt, unter Artikel 30 aber auch vertragsmäßige Verfügungen fallen.

Ziffer X.

ist darum erlassen, weil auch Gerichtsschreiber zur Vornahme von Inventuren befugt sein können.

Ziffer XI

enthält zuerst eine Gleichstellung zwischen Vormundschaft und Pflegschaft, sodann die Beseitigung des bisherigen Zusatzes bei den juristischen Personen „einschließlich der den letzteren gleich zu achtenden Vermögensmassen", weil diese, insbesondere eine ruhende Erbschaft, in dem Bürgerlichen Gesetzbuch nicht mehr als juristische Personen angesehen werden.

Ziffer XII

folgt aus der Bestimmung unter Ziffer X.

Ziffer XIII.

Von Artikel 46 ist Absatz 4 die einzige Bestimmung, welche als Artikel 44a bestehen bleiben soll.

Ziffer XIV

spricht die Aufhebung eben dieses Artikel 46 nebst dem Artikel 25 Absatz 3 Satz 2 aus.

Auch die Schlußbestimmung gibt zu keiner Erinnerung Anlaß.

Der Vorschlag, hier die eingekindschafteten Kinder besonders in Betracht zu ziehen, fand mit Rücksicht darauf, daß wiederholter Feststellung gemäß die bestehenden Einkindschaftsverhältnisse und deren erbrechtliche Wirkungen auch nach dem 1. Januar 1900 fortdauern, keine Berücksichtigung.

Ich beantrage Zustimmung zu Ziffer VIII bis XIV, dieser in der Fassung des Abgeordnetenausschusses.

Vorsitzender: Die Ziffer VIII mit XIV, diese in der Fassung des Abgeordnetenausschusses, sind angenommen und damit der ganze Artikel 36.

Artikel 37.

Absatz 1.

Reichsrath **von Küffner** als Referent: Artikel 37 betrifft das Gesetz vom 21. April 1884 über die Landeskultur-Rentenanstalt.

Ziffer I

bezweckt Ergänzungen und Veränderungen wegen des Zusammenhanges dieses Gesetzes mit dem Liegenschaftsrechte (Artikel 118 des E.G. z. B.G.B. und § 83 G.O.).

Ziffer II

hat zunächst die Ausdehnung des Gesetzes auf die Pfalz bei nunmehriger Gleichheit des Liegenschaftsrechtes im Auge und trifft sonst in Absatz 1 nur eine redaktionelle Aenderung.

Absatz 2 ist eine Folge der Bestimmungen in den §§ 1107 und 1108 des Bürgerlichen Gesetzbuchs, weil diese nicht, wie bisher, eine Haftung des Erwerbers als zulässig erscheinen lassen. Ausgleichungsbeziehungen hiefür sind aus den beigefügten Nummern 1—3 ersichtlich.

Reichsrath **Hessert:** Es ist das verursacht durch die Verschiedenheiten der Gesetzgebung, die beseitigt wurden.

Vorsitzender: Ziffer I und II sind angenommen.

— Ziffer III und IV. —

Reichsrath **von Küffner** als Referent:

Ziffer III

ist hervorgerufen durch die Aufhebung der bayerischen Subhastations-Ordnung und die künftige Anwendbarkeit der Vorschriften des Einführungs-Gesetzes über Zwangsversteigerung und Zwangsverwaltung.

Der Ersatz des Ausdruckes „öffentliche Abgaben" durch „öffentliche Lasten" war schon bei Artikel 15 Gegenstand der Beschlußfassung.

Ziffer IV.

Die Aenderung bezieht sich nur auf eine Gleichstellung der Landestheile rechts des Rheins mit der Pfalz, und wurden deshalb die Worte „in den Landestheilen rechts des Rheins" weggelassen.

Reichsrath **Hessert:** Ich habe nichts zu erinnern.

Vorsitzender: Ziffer III und IV sind angenommen.

— Ziffer V. —

Reichsrath **von Küffner** als Referent: Ziffer V hat in ihren Unterabtheilungen (Nr. 1—7) hauptsächlich die Berücksichtigung verschiedener landes- oder reichsgesetzlicher Bestimmungen zum Gegenstand, die, was die ersteren betrifft, schon zu einer vorgängigen Beurtheilung gelangt sind.

Zu Nr. 1 ist besonders anzuführen, daß sich das Gesetz auch auf die Pfalz erstrecken soll.

Reichsrath **Hessert:** Ich habe nichts zu erinnern.

Vorsitzender: Ziffer V ist angenommen.

— Ziffer VI—IX. —

Reichsrath **von Küffner** als Referent:

Ziffer VI.

Die in Nr. 1 beabsichtigte Streichung ist geboten durch das Gesetz über die Zwangsversteigerung und Zwangsverwaltung (§ 20 Abs. 2, § 21, § 146 Abs. 1, § 148 Abs. 1) und wird ersetzt durch die Bestimmung in Nr. 2, wonach der Anstalt nur die Befugniß gewährt werden soll, das Darlehen gegebenen Falls nicht auszuzahlen.

Ziffer VII

berücksichtigt in Absatz 1 bloß die Umschreibungen von Hypotheken, in Absatz 2 aber die sogenannten Eigenthümer-Hypotheken des Bürgerlichen Gesetzbuchs § 1177, gegenüber welchen das Interesse der Anstalt geschützt werden soll.

Ziffer VIII

ist ebenfalls eine Folge der neuen Gesetzgebung.

Ziffer IX.

Die Bestimmungen in Artikel 22 sind bereits durch Artikel 49 des Ausführungs-Gesetzes zum Bürgerlichen Gesetzbuch, welcher für die Landeskulturrentenscheine rc. anwendbar ist, entsprechend gedeckt.

Vorsitzender: Ziffer VI bis IX und damit der erste Absatz des Artikel 37 sind angenommen.

Absatz 2.

Reichsrath **von Küffner** als Referent: Absatz 2 enthält nur Uebergangsbestimmungen, welche durchweg als zutreffend erscheinen.

Vorsitzender: Absatz 2 ist angenommen und damit ist Artikel 37 erledigt.

Artikel 38.

— Ziffer I. —

Reichsrath **von Küffner** als Referent: Artikel 38 betrifft das Gesetz vom 29. Mai 1886 über die Flurbereinigung.

Ziffer I faßt die Artikel 21 Absatz 5 und Artikel 50 zur Feststellung der Vertretungsmacht zusammen. (Siehe nachfolgende Ziffer IV). Ohne Erinnerung.

Reichsrath **Hessert:** Die Pfalz ist bei diesem Artikel bei einer Reihe von Ziffern betheiligt. Diese decken sich alle mit der einen Bemerkung, daß eben die Bestimmungen für die Pfalz, wie sie früher bestanden haben, nun gegenstandslos geworden sind, weil ja die Verschiedenheit in der Gesetzgebung wegfällt.

Vorsitzender: Ziffer I ist angenommen.

— Ziffer II—IV. —

Reichsrath **von Küffner** als Referent:

Ziffer II.

Die neue Fassung entspricht dem Liegenschaftsrechte des Bürgerlichen Gesetzbuchs und ist daher nicht zu beanstanden. (Vergleiche nachfolgende Ziffer IV.)

Ziffer III.

Absatz 1 richtet sich gleichfalls nach dem Liegenschaftsrechte des Bürgerlichen Gesetzbuchs und Absatz 2 (neu) bezweckt, daß die Entschädigung durch die Gläubiger mit Beschlag belegt und so der Verfügung des Schuldners entzogen werden kann.

Ziffer IV

ist ebenso Ausfluß der Bestimmungen des Bürgerlichen Gesetzbuchs über Familien- und Erbrecht, eine sachliche Aenderung bietet sie nicht.

Die Bemühungen, daß bei Subhastationen zur Vermeidung von Vermögensnachtheilen für Mündel eine ähnliche Bekanntgabe an das Vormundschaftsgericht vollzogen werden solle, hatten keinen Erfolg, weil der Vormund hiebei der allein berufene Vertreter der Mündel ist und bleiben muß.

Vorsitzender: Hiezu hat Seine Exzellenz Herr Reichsrath von Schmitt einen Antrag gestellt.

Reichsrath Dr. **von Schmitt:** Es heißt hier, die nach den Artikeln 20, 25, 32 ergehenden Ladungen und Mittheilungen sind, wenn Personen betheiligt sind, die unter Vormundschaft stehen, oder für die u. s. w. angeordnet ist u. s. w. Ich gebe anheim, ob man nicht für „die“ unter Vormundschaft stehen, sagt: „welche“ u. s. w. und fernerhin, statt: „oder für die“ „oder für welche“ u. s. w.

Der k. Ministerialkommissär, Senatspräsident Dr. **von Jacubezky:** Es dürfte zweckmäßig sein, an der zweiten Stelle statt „für die" zu setzen „für welche". Das erstere „die" kann dagegen wohl stehen bleiben.

Vorsitzender: Sind die Hohen Herren damit einverstanden? Es ist dies der Fall.

Ziffer II mit IV sind angenommen, Ziffer IV mit der Abänderung, daß in der vierten Zeile hinter den Worten „oder für" das Wörtchen „die" durch „welche" ersetzt wird.

— Ziffer V. —

Reichsrath **von Küffner** als Referent: Ziffer V läßt die Ausstellung des in Artikel 9 des Flurbereinigungsgesetzes vom 29. Mai 1886 erwähnten Zeugnisses bei Familienfideikommissen auch dann zu, wenn die Flurbereinigung nicht von der für sie bestimmten Kommission, sondern nach freiem Uebereinkommen der Betheiligten durchgeführt worden ist.

Damit soll zugleich der Ausschluß einer Einvernahme der Fideikommißanwärter verbunden sein, wenn nicht in diesem Zwecke gerade die Grundlage für Beifügung des fraglichen Grundsatzes erblickt werden will.

Von diesem Standpunkte gehen sowohl die Motive (S. 128 Sp. 2 Ziff. 5) als die Beredungen im Justizgesetzgebungs-Ausschusse der Kammer der Abgeordneten (Prot. S. 372) aus, allein in der zweiten Richtung scheint die Sache nicht ganz bedenkenfrei zu sein.

Für die Zwangsarrondierung nach dem Gesetze vom 26. Mai 1886 schreibt Artikel 9 vor, daß das Fideikommißgericht die Genehmigung nicht verweigern darf, wenn das dort angeführte Zeugniß von der Flurbereinigungs-Kommission ausgestellt ist. „In diesem Falle, also wenn das Zeugniß ausgestellt wurde, ist die Vernehmung der Anwärter nicht erforderlich."

Bei den sogenannten Arrondierungstauschverträgen, sohin den Arrondierungen im Wege freiwilligen Uebereinkommens, wovon Artikel 18 Absatz 4 des Flurbereinigungsgesetzes spricht, fand bisher eine Ausstellung des vorgedachten Zeugnisses durch die Flurbereinigungskommission nicht statt. Solche Veräußerungen erforderten nach § 49 des Fideikommißediktes die Genehmigung des Fideikommißgerichts nach Vernehmung der Anwärter, nicht nach deren Einwilligung, welche bloß im Falle des § 66 a. a. O. Platz zu greifen hat.

Nun soll auch für Arrondierungstauschverträge bestimmt werden, daß die Flurbereinigungskommission das in Artikel 9 bezeichnete Zeugniß ausstellen kann. Der Zweck dieser in der Praxis bisher sehr vermißten Bestimmung ist der, durch das Zeugniß der Flurbereinigungskommission dem Fideikommißgerichte, das sonst auf die Erholung eines Gutachtens von Sachverständigen angewiesen wäre, entsprechende Anhaltspunkte für die Genehmigung der Veräußerung zu bieten.

Mit der Erklärung der Statthaftigkeit eines solchen Zeugnisses ist aber nicht auch, wie es in Artikel 9 für die Zwangsarrondierung geschehen ist, bestimmt, daß die Vernehmung der Anwärter nicht erforderlich sein solle. Dieses hätte durch Wiederholung der letzten Worte in Artikel 9 oder durch den Hinweis „Artikel 9 Satz 2 findet Anwendung" leicht festgesetzt werden können, allein nachdem es ausdrücklich nicht eingetreten ist, läßt sich immerhin noch annehmen, daß in der Aufnahme des mehrgedachten Zusatzes auch die Wirkung desselben durch Beseitigung einer Vernehmung der Anwärter mitbegriffen sei, und zwar umsomehr, als die Eingangs erwähnten Thatsachen eine dahin gerichtete Auffassung anderer maßgebenden Faktoren klar entnehmen lassen, und als für freiwillige Arrondierungsgeschäfte wohl eben das gelten dürfte, was beim Zwangsvorgehen erlaubt ist. Ich habe mich zu diesen Ausführungen genöthigt gesehen, weil ich die Genauigkeit und selbst Aengstlichkeit, wenigstens des Münchener Fideikommißgerichts, zur Genüge kennen gelernt habe und durch die beabsichtigte Konstatierung unter Beistimmung des Hohen Ausschusses einen sicheren Halt für die Rechtsanwendung zu erreichen hoffte, wenn ich auch einen Beisatz der vorgedachten Art lieber gesehen hätte.

Der k. Ministerialkommissär, Regierungsrath **Brettreich:** Der Zusatz zu Artikel 18 Absatz 4 ist dem Bedürfniß entwachsen, welches sich aus ziemlich zahlreich gestellten Anträgen bei der Flurbereinigungskommission von Fideikommißbesitzern auf Ausstellung von Zeugnissen zur Durchführung von Arrondierungstäuschen ergeben hat. Die Ertheilung eines solchen Zeugnisses ist zur Zeit eigentlich nur nach Durchführung eines förmlichen Flurbereinigungsverfahrens zulässig. Diesem soll für die Zukunft abgeholfen werden. Bei der Aufstellung des Gesetzentwurfs ist man von der Anschauung ausgegangen, daß, wenn ein Zeugniß der Flurbereinigungskommission für die Durchführung eines Arrondierungstausches vorliegt, dieser ohne weiteres zulässig und eine Einvernahme der Anwärter nicht mehr nöthig ist. Denn sonst würde damit der Zweck, solche Arrondierungstäusche zu erleichtern, nicht erreicht. Ich glaube, es könnte bei dem beantragten Zusatze zu Artikel 18 Absatz 4 verbleiben.

Reichsrath **von Küffner** als Referent: Das kann man machen, wie man will; man kann es, wie schon dargelegt, darin suchen und finden. Ob die Rechtsprechung sich damit in Einklang setzen wird, lasse ich dahingestellt. Ich wollte verhüten, daß in solchen Fällen das Gericht darauf besteht, vorerst die Anwärter zu hören. Das ist alsdann Gesetzesauslegung, und dagegen läßt sich nichts machen. Würde aber der befürwortete Satz eingefügt, so wäre man über alle Schwierigkeiten hinweg und dadurch zugleich belohnt.

Der k. Ministerialkommissär, Senatspräsident Dr. **von Jacubezky:** Vielleicht könnte man dem Zusatze folgende Fassung geben: „Bei Familienfideikommissen finden auch in solchen Fällen die Vorschriften des Artikel 9 Anwendung." Es soll ja nicht bloß der Satz, daß die Flurbereinigungskommission das Zeugniß über die günstigere Gestaltung der Bewirthschaftungsverhältnisse ertheilen kann, Anwendung finden, sondern, wenn das Zeugniß ausgestellt ist, auch der übrige Inhalt des Artikel 9. Durch die Verweisung auf den ganzen **Artikel 9** würde das Bedenken des Herrn Referenten gehoben werden.

Vorsitzender: Sind die Hohen Herren damit einverstanden? Es erhebt sich kein Widerspruch.

Ziffer V ist sohin in der von dem Herrn k. Ministerialkommissär vorgeschlagenen Fassung genehmigt.

— Ziffer VI. —

Reichsrath **von Küffner** als Referent: Ziffer VI Nr. 1 und 2 lassen insofern einen Gegensatz entnehmen, als dort noch innerhalb 14 Tagen nach der Tagsfahrt Einwendungen vorgebracht werden können, hier die betheiligten Grundeigenthümer als zustimmend erachtet werden, wenn sie nicht bei der Tagsfahrt selbst erscheinen und Einwendungen vorbringen.

Dieser Zwiespalt erklärt sich daraus, daß nach Nr. 1 die rechtlichen

Voraussetzungen in Betracht gezogen werden sollen und zur Vermeidung von Verzögerungen und Nachtheilen die Frist zur Vorbringung von Einwendungen auf weitere 14 Tage erstreckt werden will, nach Nr. 2 es sich aber nur darum fragt, ob ein Unternehmen überhaupt in Angriff genommen wird, mit anderen Worten: ob es thatsächlich durchführbar ist, nicht, wie dort, ob es rechtlich zulässig ist.

Der Unterschied wurde also aufgeklärt, aber behufs vermeintlicher Klarstellung desselben im Gesetze zu Nr. 2 nach den Worten „vertreten sind" der Zusatz beantragt und angenommen „unbeschadet der nach Ziffer 1 zu erhebenden Einwendungen."

Dieses würde sich nach der nunmehr dargelegten Bedeutung wohl von selbst verstanden haben, und noch mehr wird es der Fall sein, wenn man sich das Verhältniß der Tagsfahrten vergegenwärtigt.

Würde über die Voraussetzungen zu 1 und 2 an einer Tagsfahrt verhandelt, so beginnt die vierzehntägige Frist ohnehin von dieser an; würde hingegen für die Erledigung der zweiten Voraussetzung eine eigene Tagsfahrt, und zwar vierzehn Tage später als die erste, anberaumt, so bleibt für Geltendmachung der Einwendungen zu 1 überhaupt kein Zeitraum mehr übrig und nur ein verhältnißmäßiger dann, wenn ein zweiter Termin für Nr. 2 innerhalb der kritischen 14 Tage bestimmt würde. Entgegengesetzten Falls würde die Ausschlußfrist zu Nr. 1 beliebig verlängert werden können.

Zu dieser Annahme durfte ich um so eher gelangen, als der frühere Artikel 20 Absatz 1 nur einen Satz ohne präjudizielle Fristfestsetzung enthält, während der jetzige in eine Nr. 1 und 2 mit Präjudizialfassung zerlegt ist, was zu der von mir dargelegten Auffassung wohl Anlaß geben konnte. Ich ersuche deshalb über diesen Punkt um so mehr um Aufklärung, als dadurch der auch im Justizausschusse der Kammer der Abgeordneten eingehend besprochene Artikel 20 des Flurbereinigungsgesetzes erst in das rechte Licht gesetzt werden wird.

Der k. Ministerialkommissär, Regierungsrath **Brettreich:** In der Praxis wickelt sich die Sache ungefähr in folgender Weise ab: Wenn ein Unternehmen von der Flurbereinigungskommission als zur weiteren Instruierung geeignet erklärt ist, wird von der Distriktsverwaltungsbehörde die erste Tagsfahrt anberaumt und in dieser über die beiden Arten von Einwendungen verhandelt. Nach dem geltenden Gesetze kann ein bei einer Flurbereinigung Betheiligter auch dann noch, wenn das Unternehmen bereits durchgeführt war, die rechtlichen Voraussetzungen für die Flurbereinigung bestreiten, indem er z. B. behauptet, es liege gar keine Flurbereinigung vor oder sein Grundstück könne im Hinblick auf Artikel 4 des Gesetzes nicht herangezogen werden. Hiedurch ist die Gefahr gegeben, daß ein Unternehmen im letzten Stadium des Verfahrens noch zu Fall gebracht werden kann. Um das zu verhindern, sollen die Einwendungen bezüglich der Voraussetzungen der Flurbereinigung entweder in der ersten Tagsfahrt oder längstens innerhalb 14 Tagen nach derselben geltend gemacht werden. Wird dies unterlassen, so sind die Betheiligten in der bezeichneten Richtung gebunden. In den späteren Terminen können nur noch Einwendungen, die sich auf die faktische Ausführung des Flurbereinigungsunternehmens beziehen, geltend gemacht werden. Der Fall, daß statt der ersten Tagsfahrt nach Artikel 20 zwei Tagsfahrten stattfinden, kommt nicht vor.

Reichsrath **von Küffner** als Referent: Ich bin zufriedengestellt, nachdem ich bisher von der Ansicht ausgegangen bin, es handle sich um verschiedene Tagsfahrten.

Der k. Ministerialkommissär, Senatspräsident Dr. **von Jacubezky:** Ich möchte darauf aufmerksam machen, daß in den Ziffern 2 und 3 das im Eingang stehende Wort „daß" gestrichen werden muß, weil es schon vor der Ziffer 1 steht und sich dort auf alle drei Ziffern bezieht. Ich bitte, dieses Redaktionsversehen zu verbessern.

Vorsitzender: Dagegen wird keine Erinnerung bestehen.

Ziffer VI ist mit der von dem k. Ministerialkommissär angeregten redaktionellen Aenderung angenommen.

— Ziffer VII. —

Reichsrath **von Küffner** als Referent: Zu Ziffer VII habe ich keine Erinnerung.

Reichsrath Dr. **von Schmitt:** In dieser Ziffer habe ich das Wort „ungefähren" beanstandet. Es heißt hier: „Bei der von der Distriktsverwaltungsbehörde abzuhaltenden Tagsfahrt ist zunächst die beabsichtigte Unternehmung unter Bekanntgabe des „ungefähren" Betrags der voraussichtlich erwachsenden Kosten darzulegen u. s. w." Das Wort „ungefähren" ist in der adjektivischen Bedeutung weniger gebräuchlich. Ich glaube, man könnte das Adjektiv „ungefähren" entbehren, weil das darauffolgende „der voraussichtlich erwachsenden Kosten" dasselbe schon sagt.

Der k. Ministerialkommissär, Regierungsrath **Brettreich:** Das Wort „ungefähren" ist aus der bisherigen Fassung des Artikel 21 Absatz 1 herübergenommen worden. Ich gebe zu, daß es nicht nöthig ist. Ich bin einverstanden, wenn es gestrichen und gesagt wird: „unter Bekanntgabe des zu erwartenden Betrags der Kosten."

Der k. Ministerialkommissär, Senatspräsident Dr. **von Jacubezky:** Ich glaube, daß die vom Herrn Ministerialkommissär vorgeschlagene Fassung die richtige ist; denn, was sich zur Zeit nur nach der Erwartung bestimmen läßt, ist der Betrag der Kosten. Daß Kosten erwachsen werden, ist sicher. Wenn man statt „ungefähren Betrags" sagt „zu erwartenden Betrags", so kann man die Worte „voraussichtlich erwachsenden" streichen.

Vorsitzender: Welchen Antrag stellt die k. Staatsregierung?

Der k. Ministerialkommissär, Regierungsrath **Brettreich:** Es soll gesetzt werden: „unter Bekanntgabe des zu erwartenden Betrags der Kosten".

Vorsitzender: Sind die Hohen Herren damit einverstanden? Es erfolgt kein Widerspruch.

Die Ziffer VII ist mit der von dem k. Ministerialkommissär vorgeschlagenen Aenderung genehmigt.

— Ziffer VIII—XX. —

Reichsrath **von Küffner** als Referent:

Ziffer VIII

erhielt durch den Abgeordnetenausschuß nur eine geringfügige redaktionelle Aenderung am Schlusse des Absatz 1, indem die Worte „dieselben zu verbescheiden" durch diejenigen „darüber zu entscheiden" versetzt wurden.

Ziffer IX

regelt die Vertretungsbefugniß durch den Ausschuß oder den beauftragten Geometer und soll Zweifeln und Weiterungen darüber vorbeugen.

Ziffer X

befaßt sich mit mehrfachen Gesetzesänderungen und verdient davon lediglich Nr. 3 den Hinweis, daß die Anerkennung des Uebersichtsplanes 2c. 2c. auch bei kleineren Unternehmungen in gesondertem Verfahren bethätigt werden kann.

Ziffer XI

ordnet in Absatz 1 vorläufige Besitzeinweisung an, damit die auszutauschenden Grundstücke von den bisherigen Eigenthümern nicht allzu stark ausgenützt werden und der neue Erwerber die Möglichkeit zu rechtzeitiger Bewirthschaftung gewinne.

Absatz 2, mit dem Ziffer XIV im Zusammenhange steht, bezieht sich auf den Ersatz des Schadens, welcher durch vorläufige Besitzüberweisung und spätere Aufhebung derselben widersprechenden Betheiligten zugegangen ist.

Ziffer XII

verfügt zur Abschneidung von Weiterungen eine öffentliche Ladung anstatt der bisherigen Vorladung an das Amtsgericht und Vernehmung durch dasselbe.

Dabei ist jedoch in Absatz 2 vorbehalten, noch in einem anderen Blatte die Veröffentlichung zum Vollzug zu bringen.

Ziffer XIII

ist ein Rest von Artikel 27, dessen übrige Theile in Ziffer XII als Artikel 26 aufgenommen sind. Seine nunmehrige Berücksichtigung dürfte nicht zu beanstanden sein.

Ziffer XIV.

Die Werthsdifferenz ist wie bisher durch Baarzahlung auszugleichen. Auf diese werden die Rechte Drittberechtigter (z. B. Hypothekgläubiger) erstreckt.

Die Zahlung der Geldentschädigungen ist Voraussetzung der endgiltigen Besitzeinweisung. (Ziffer III, XII, XIV—XVII.)

Ziffer XV

ergibt sich aus der neuen Fassung des Artikel 25 Absatz 1 Satz 2 — oben Ziffer X.

Ziffer XVI.

Im Nachgange des Verfahrens bei der Zwangsversteigerung wohl selbstverständlich.

Ziffer XVII und XVIII

enthalten Vollzugsanordnungen, die unbeanstandet bleiben dürften.

Ziffer XIX.

Die Einschaltung der Worte „oder Sicherungssteine" nach „Aussteckungspfähle" muß als zweckmäßig angesehen werden.

Ziffer XX.

Artikel 50 ist in den nunmehrigen Artikel 9a aufgenommen, Artikel 44 bis 49 betreffen die Pfalz.

Reichsrath **Hessert:** Nichts zu erinnern.

Vorsitzender: Ziffer VIII bis XX sind angenommen. Wir kommen zu

Absatz 2.

Reichsrath **von Küffner** als Referent: Der Absatz 2 enthält Uebergangsvorschriften, die in den Motiven genügend begründet sind und theilweise die Pfalz berühren.

Vorsitzender: Der Absatz 2 ist angenommen.

Artikel 39

betrifft bloß die Pfalz.

Reichsrath **Hessert:** Der Artikel 4 des Gesetzes vom 5. Mai 1890, die Vereinigung der Brandversicherungsanstalt der Pfalz mit jener in den Landestheilen rechts des Rheins ꝛc. betreffend, enthält eine Sonderbestimmung für die Pfalz, die nöthig war infolge der Verschiedenheit des Hypotheken- und Vormundschaftsrechts, mit deren Wegfall diese Bestimmung aufgehoben wird. Daraus ergibt sich, daß das Gesetz von 1875 nunmehr im ganzen in der nunmehr revidierten Fassung auch in der Pfalz gilt, nur mit jenen Ausnahmen, wie sie in dem pfälzischen Gesetz von 1890, soweit dasselbe noch besteht, enthalten sind. Es ist also nicht vollständige Gleichheit entstanden, sondern nur annähernde; es besteht immerhin noch einige Verschiedenheit.

Vorsitzender: Der Artikel 39 ist angenommen.

Artikel 40.

Reichsrath **von Küffner** als Referent: Artikel 40 betrifft das Gesetz vom 2. Februar 1898 über die Fortsetzung der Grundentlastung.

Die Aufhebung der bezeichneten Gesetzesstelle ist daraus hervorgegangen, daß sie in Widerspruch steht mit § 1119 Absatz 1 des Bürgerlichen Gesetzbuchs, welcher eine Erhöhung des Zinsfußes bis zu 5% ohne Zustimmung der nachfolgenden Hypothekgläubiger gestattet.

Vorsitzender: Artikel 40 ist genehmigt.

Artikel 41.

Reichsrath **von Küffner** als Referent: Artikel 41 ergibt sich aus dem neuen Liegenschaftsrechte.

Vorsitzender: Dem Artikel 41 ist zugestimmt.

Artikel 42.

Reichsrath **von Küffner** als Referent: Nach Artikel 42 kommen die hier aufgezählten 35 Gesetze zufolge der Einführung des Bürgerlichen Gesetzbuchs in Wegfall.

Reichsrath Dr. **von Schmitt:** Die erste Bemerkung, die ich zu Artikel 42 in meinen gedruckten Anträgen gemacht habe, ist bereits gelegentlich des Artikel 1 zum Ausführungsgesetz A erledigt worden, und meine zweite Bemerkung daselbst bezieht sich auf die in Aussicht genommene Vereinigung sämtlicher Ausführungsgesetze zu einem Gesetz. Da kann man dann überlegen, ob der Artikel 1 des Ausführungsgesetzes A etwa ganz an den Schluß der sämtlichen Ausführungs- bzw. Aufhebungsbestimmungen gesetzt werden soll.

Der k. Ministerialkommissär, Senatspräsident Dr. **von Jacubezky:** Bezüglich des Artikel 1 der Beilage A wird zu erwägen sein, ob er nicht in geänderter Fassung an der bisherigen Stelle belassen werden soll. Sein eigentlicher Zweck ist nicht nur der, ältere Vorschriften aufzuheben, sondern zugleich der, eine Uebersicht der aus der Zeit vor der Verfassungsurkunde stammenden Vorschriften des bürgerlichen Rechts zu geben, welche noch in Geltung bleiben sollen. Wenn man ihm die Fassung gibt, daß nur diejenigen älteren Vorschriften des bürgerlichen Rechts in Geltung bleiben, welche in den angeführten Artikeln des Einführungsgesetzes vorbehalten sind, so wird derselbe Sinn ausgedrückt und der Zweck, eine Uebersicht über das geltende Recht zu geben, besser erreicht. In dieser Fassung müßte die Vorschrift an der Spitze des Ausführungsgesetzes stehen bleiben.

Die Frage kann bei der Redaktion der Beschlüsse des Hohen Ausschusses näher erwogen werden.

Reichsrath Dr. **von Schmitt:** Es wäre die Frage, ob man nicht den Artikel 1 des Ausführungsgesetzes A beschränkt auf die Aufrechterhaltung der dort ausdrücklich aufrecht erhaltenen Bestimmungen des Einführungsgesetzes zum Bürgerlichen Gesetzbuch, so daß es hieße: „Die älteren Bestimmungen, welche sich beziehen ꝛc. ꝛc. . . . . werden aufrecht erhalten“, und dann käme der Absatz 2. So könnte man es auch machen. Heute aber können wir hierüber noch nicht bestimmen, wir müssen erst warten, ob die Zusammenfassung aller Ausführungsgesetze in ein Gesetz zustande kommt, dann können wir darüber reden.

Der k. Ministerialkommissär, Senatspräsident Dr. **von Jacubezky:** Ueber diese Frage sind die Mitglieder des Ausschusses der Kammer der Abgeordneten getheilter Meinung. Einige von den Herren wünschen, der Entwurf B solle ein selbständiges Gesetz werden. Es wird aber doch ein Vorschlag für die Vereinigung der beiden Entwürfe zu einem Gesetze zu machen sein, und ich beabsichtige, dem Redaktionsausschuß einen solchen Vorschlag zu unterbreiten, über den dann der Hohe Ausschuß in der zweiten Lesung Beschluß zu fassen haben wird.

Vorsitzender: In dem Artikel 42 sind drei Gesetze unter Nr. 21, 28 und 32 aufgeführt, welche speziell die Pfalz betreffen.

Reichsrath **Hessert:** Ich habe hier keine Erinnerung, wohl aber bezüglich eines anderen Gesetzes, von dem schon die Rede gewesen ist. Das Namensgesetz vom 11. germinal XI würde sich ganz zur Aufhebung eignen und es wird wohl Sache der Redaktionskommission sein, dies hier einzufügen.

Der k. Ministerialkommissär, Senatspräsident Dr. **von Jacubezky:** Die Frage ist schon erörtert worden (Protokoll V Seite 12). Für nothwendig halte ich die ausdrückliche Aufhebung nicht, es kann nicht daran gedacht werden, alle älteren, aus der Zeit vor dem Jahre 1818 stammenden Gesetze, die ihre Geltung verlieren sollen, einzeln aufzuzählen; das ist unmöglich.

Reichsrath **Hessert:** Nachdem der erste Titel des Gesetzes vom 11. germinal XI aufgehoben wurde, war der Gedanke nahe gelegt, daß auch der zweite Titel aufgehoben werde. Ich habe aber schließlich auch nichts dagegen, wenn man von einer ausdrücklichen Aufhebung des fraglichen Gesetzes absieht.

Vorsitzender: Artikel 42 ist angenommen.

Artikel 43.

Reichsrath **von Küffner** als Referent: Artikel 43 hatte als Absatz 2 den bei Artikel 11 vorbehaltenen, für die Pfalz bestimmten Nachtrag aufgenommen.

Vorsitzender: Artikel 43 ist angenommen.

Artikel 44.

Reichsrath **von Küffner** als Referent: Artikel 44 entspricht dem Artikel 123 des Ausführungsgesetzes zum Bürgerlichen Gesetzbuch.

Vorsitzender: Artikel 44 ist angenommen.

Artikel 45.

Reichsrath **von Küffner** als Referent: Das nach Artikel 45 in Aussicht gestellte Vorgehen darf sich allgemeiner Anerkennung erfreuen.

Ergänzend muß hervorgehoben werden, daß

a) unter Nr. 3 nur der erste Abschnitt des Gesetzes vom 23. Februar 1879 zur Ausführung der Reichs-Civilprozeßordnung und Konkursordnung deshalb erwähnt ist, weil die folgenden Abschnitte bloß Uebergangsbestimmungen enthalten, die gleichfalls bald wieder verschwinden werden,

b) seitens der k. Staatsregierung zugesagt wurde, es sollen bei der Neutextierung der Gesetze die Nummern der bisherigen Artikel den neuen beigefügt werden,

c) eine baldige Revision des Zwangsenteignungsgesetzes und der Gemeindeordnung nicht zugesichert werden konnte.

Die in dem Justizausschusse der Kammer der Abgeordneten zuletzt noch hervorgetretene Anregung und förmliche Antragstellung, dem Gesetzeseingange eine Reihe weiterer Bestimmungen zur Wahrung des verfassungsmäßigen Schutzes einzuschalten, wurde abgelehnt und sodann das ganze Gesetz einstimmig angenommen.

Der Beitritt zur Annahme des Gesetzes in der Fassung des Justizausschusses der Kammer der Abgeordneten mit den hierorts beschlossenen Modifikationen wird auch meinerseits befürwortet unter dem Antrage auf gleiche Empfehlung an die Hohe Kammer selbst.

Vorsitzender: Der Artikel 45 behandelt die Textierung. Es ist ein großer Mißstand dieser Uebergangsgesetze, daß sie nöthigen, auf viele alte Gesetze zurückzukehren, und daß man sich zuerst bemühen muß, sich zu vergewissern, ob diese Gesetze noch bestehen oder nicht. In dieser Richtung hätte ich den Wunsch, daß, soviel als möglich, diese Gesetze neu textiert werden, so daß die Citate in Urtheilen und Beschlüssen nur das neutextierte Gesetz anzuführen hätten.

Dann hätte ich den weiteren Wunsch, daß das Datum von der Neutextierung genommen wird, daß man z. B. nicht sagt: das Gesetz über Heimath, Verehelichung rc. rc. vom 16. April 1868, sondern den Tag der Neutextierung gebraucht. Es ist das sonst außerordentlich schleppend und unangenehm, wenn man diese langen Allegationen hört.

Es besteht ja kein Hinderniß, daß man so vorgeht, es würde das zur Vereinfachung beitragen, und ich habe schon bei dem Eingang meines Vortrages über das Ausführungsgesetz zur Grundbuchordnung bemerkt, daß diese Allegationen der neuen Gesetze, die wir beschlossen haben, die Urtheile sehr schwer verständlich und schleppend erscheinen lassen. Alles, was dazu führen kann, diese Allegationen zu vereinfachen und zu verkürzen, würde ich mit Freuden begrüßen.

Der k. Ministerialkommissär, Senatspräsident Dr. **von Jacubezky:** Ich möchte zunächst bitten, von der Anregung, daß das ganze Ausführungsgesetz zur Civilprozeßordnung und Konkursordnung in neuer Fassung bekannt gemacht werden solle, abzusehen. Den Grund, der dagegen spricht, hat der

Herr Referent schon angeführt. Der Entwurf hat alle Vorschriften dieses Gesetzes, welche dauernde Geltung behalten, in dem ersten Abschnitte zusammengestellt; die Vorschriften, welche in den übrigen Abschnitten stehen, treten entweder sofort außer Kraft oder sie behalten nur noch die Bedeutung von Uebergangsvorschriften, insbesondere gelten die Vorschriften über das Liegenschaftsrecht in den einzelnen Bezirken nur noch so lange, als in diesen Bezirken das Grundbuch noch nicht angelegt ist. Ich glaube, daß der Zweck, den die Bekanntmachung des neuen Textes verfolgt, durch die Aufnahme aller Vorschriften, die demnächst, und in einzelnen Bezirken schon am 1. Januar 1900 außer Kraft treten, nicht gefördert, sondern beeinträchtigt werden würde. Daß man bei der Anwendung des alten Rechts den alten Text zur Hand nehmen muß, kann nicht als ein Nachtheil angesehen werden.

An die Stelle des Datums, unter welchem das Gesetz erlassen, von der Krone sanktioniert worden ist, das Datum der Ministerialbekanntmachung zu setzen, durch welche der neue Text veröffentlicht wird, dürfte unthunlich sein. Das Gesetz ist nicht an dem Tage, an welchem die Bekanntmachung des neuen Textes angeordnet wird, sondern an dem Tage „gegeben“, an dem es die Allerhöchste Sanktion erhalten hat. Auch die neuen Reichsgesetze, die in neuer Fassung durch den Reichskanzler bekannt gemacht werden, tragen nicht das Datum dieser Bekanntmachung.

Es ist nicht zu befürchten, daß in den Urtheilen die schleppenden Citate angewendet werden, die der Herr Vorsitzende verhüten will. Es ist ohnehin nicht üblich, die großen, täglich zur Anwendung kommenden Gesetze in den Erkenntnissen mit Angabe des Datums anzuführen. Man verweist nicht auf die Civilprozeßordnung „vom 30. Januar 1877“, sondern schlechthin auf „die Civilprozeßordnung“, meistens mit der Abkürzung „C. P. O.“

Ich bitte also, von der Anregung des Herrn Vorsitzenden abzusehen.

Vorsitzender: In der nächsten Zeit wird es nothwendig sein, das Gesetz in der alten und neuen Fassung anzuführen. Das Gesetz über den Uferschutz z. B. wird noch zwanzig bis dreißig Jahre einwirken, und wenn man es anwendet, wird man sich schlüssig machen müssen, ob man das alte oder das neue Gesetz anwende. Wenn der Herr Regierungsvertreter sagt, daß die Gerichte und Behörden nicht diese Uebung hätten, die Gesetze mit den Allegationen anzuführen, so habe ich die gegentheilige Erfahrung gemacht. Es sind ja gerade die endlosen Citate, die die Urtheile ungenießbar machen; man sollte hier Remedur schaffen.

Der k. Regierungsrath **Brettreich:** Ich glaube, daß es vollständig entspricht, wenn man bei der Citierung der Gesetze eine abgekürzte Fassung wählt, wie sie z. B. beim Forstgesetz üblich ist: „Forstgesetz in der Fassung vom Jahre 1896.“ Hiegegen wird es nicht angezeigt sein vorzuschreiben, daß man ein Gesetz unter dem Datum der Bekanntmachung der neuen Fassung citiert. Eine entsprechende Praxis wird sich von selbst bilden und zu angemessenen Citaten, z. B. Gesetz über Heimath u. s. w. vom Jahre 1899 u. dgl. führen.

Vorsitzender: Die Behauptung der rechtlichen Undurchführbarkeit meiner Anregung kann ich als gerechtfertigt nicht anerkennen; es handelt sich vielmehr nur darum, ob sie zweckmäßig ist oder nicht.

Reichsrath Dr. **von Schmitt:** Bezüglich des Berggesetzes und des Gesetzes, betreffend die Landeskultur-Rentenanstalt, habe ich den Wunsch, es möchten dieselben auch umnumeriert werden.

Der k. Ministerialkommissär, Senatspräsident Dr. **von Jacubezky**: Das Berggesetz kann deshalb jetzt nicht neu bekannt gemacht werden, weil der Titel VII, welcher von den Knappschaftsvereinen handelt, erst mit den Arbeiterversicherungsgesetzen in Uebereinstimmung gebracht werden muß. Außerdem kommt in Betracht, daß gerade jetzt eine Umgestaltung der Bergbehörden in Erwägung gezogen ist, die gleichfalls Aenderungen der Fassung des Berggesetzes mit sich bringen wird.

Der k. Ministerialkommissär, Regierungsrath **Brettreich**: Das Gesetz über die Landeskultur-Rentenanstalt soll in verschiedenen materiellen Bestimmungen noch geändert werden. Die betreffende Vorlage wird voraussichtlich dem nächsten Landtage zugehen. Bei dieser Gelegenheit ist eine neue Textierung des ganzen Gesetzes in Aussicht genommen.

Reichsrath **Hessert**: Wäre es nicht möglich, das Ausführungsgesetz zum Gerichtsverfassungsgesetz neu zu textieren?

Der k. Ministerialkommissär, Senatspräsident Dr. **von Jacubezky**: Das Ausführungsgesetz zum Gerichtsverfassungsgesetze gehört zu den Gesetzen, die für die Bevölkerung geringes Interesse haben und in der Rechtsprechung wenig zur Anwendung kommen; es wird deshalb ein Bedürfniß, auch dieses Gesetz neu bekannt zu machen, nicht anzunehmen sein. Der Entwurf hat sich bei den Gesetzen, welche nicht bekannt gemacht werden sollen, mit den erforderlichen Aenderungen des Inhalts der Vorschriften begnügt, dagegen von bloßen Fassungsänderungen abgesehen, die erforderlich sein würden, wenn man die Gesetze neu bekannt machen wollte. Wie viele Aenderungen unter Umständen zu diesem Zwecke nothwendig sind, das sehen die Hohen Herren an dem Artikel 21, der das Gesetz über Heimath, Verehelichung und Aufenthalt behandelt. Mehr als die Hälfte der Aenderungen ist durch die neue Bekanntmachung veranlaßt. Für die Gesetze, die nicht amtlich neu bekannt gemacht werden, werden Privatunternehmungen Ausgaben der nunmehrigen Fassung veranstalten, die dem Bedürfnisse Genüge leisten werden.

Reichsrath Dr. **von Schmitt**: Es fehlt ihnen leider nur die Authentizität, und von den alten Ausführungsgesetzen zum Gerichtsverfassungsgesetz u. s. w. ist kein Stein auf dem andern geblieben.

Der k. Ministerialkommissär, Senatspräsident Dr. **von Jacubezky**: Das Ausführungsgesetz zum Gerichtsverfassungsgesetz hat 82 Artikel, von denen 22 geändert, 3 ganz und 1 theilweise aufgehoben werden; es bleiben also mehr als zwei Drittel unverändert. Ich muß auch darauf aufmerksam machen, daß für eine neue Bekanntmachung vor dem Inkrafttreten der Militärstrafprozeßordnung auch die von mir vorher erwähnten Artikel 11 bis 14 Schwierigkeiten bereiten. Ich möchte also bitten, von dieser Anregung abzusehen.

Reichsrath **Hessert**: Wenn man nur eine Handausgabe hat, dann sind die Bedürfnisse schon gedeckt.

Vorsitzender: Artikel 45 ist angenommen. Ebenso wird der Antrag des Herrn Referenten als genehmigt zu betrachten sein, daß dem ganzen Gesetzentwurf nach den Beschlüssen der Kammer der Abgeordneten mit den vom Ausschuß der Kammer der Reichsräthe beschlossenen Modifikationen zuzustimmen sei; es fällt sonach die Ziffer 2 des gedruckten Antrages des Herrn Referenten weg.

Damit ist vorläufig der Gesetzentwurf B erledigt.

Schluß der Sitzung um 5 Uhr.

Protokoll

über die Sitzung der Redaktionskommission des besonderen Ausschusses der Kammer der Reichsräthe zur Berathung der durch die Einführung des Bürgerlichen Gesetzbuchs veranlaßten Gesetzentwürfe.

(Verhandl. d. Just.-Ges.-Ausschusses der K. d. Reichsräthe 1899.)

München, den 6. März 1899.

Gegenwärtig die Herren Reichsräthe: Ritter von Küffner, Vorsitzender, Dr. Ritter von Bechmann, Sekretär, Dr. Ritter von Schmitt, Exzellenz.

Von Seite des k. Staatsministeriums: Der k. Senatspräsident Dr. Ritter von Jacubezky. Der k. Oberregierungsrath Krazeisen.

Tagesordnung:

Feststellung der Beschlüsse erster Lesung

A. . . . . . .

B. Zum Entwurfe eines Gesetzes, die durch die Einführung des Bürgerlichen Gesetzbuchs veranlaßten Aenderungen der seit 1818 erlassenen Gesetze betreffend (Beilage B und G.).

B. Zum Gesetzentwurf, die Aenderung der seit 1818 erlassenen Gesetze betreffend (in der Fassung der Beilage G),

wurden folgende Beschlüsse gefaßt:

1. Im Artikel 2 soll die Ziff. I lauten:
   I. Als § 71a werden folgende Vorschriften eingestellt:
   Abs. 1, 2 unverändert.
   Zur Eintragung einer Aenderung in dem Bestand eines Grundstücks, abgesehen von der Vereinigung ganzer Grundstücke, insbesondere zur Eintragung einer Theilung, ist die Vorlage eines von der Messungsbehörde angefertigten Planes, in welchem die Aenderung ersichtlich gemacht ist, und eines Auszugs aus dem Messungsverzeichniß erforderlich.
2. Im Artikel 4 soll die Ziff. I lauten:
   I. Im Artikel 8 wird der Satz 2 durch folgenden Abs. 2 ersetzt:
   Diese Verfügung ist jedoch in Betreff der Strafe auf Personen einer und derselben Familie (Art. 13 Abs. 1 Ziff. 1 bis 5) nicht anwendbar, welche gemeinschaftlich einen Forstfrevel nach Art. 19, 22 oder 23 begehen; diese werden solidarisch in die Strafe verurtheilt. In dem Urtheil oder den Strafbefehlen ist auszusprechen, gegen welchen oder welche Frevler die Umwandlung der Geldstrafe in Haftstrafe einzutreten hat, wenn erstere nicht beigetrieben werden kann. Geschieht die Umwandlung gleichzeitig gegen mehrere dieser Frevler, so darf dennoch die von den Einzelnen zu erstehende Haft zusammengerechnet die nach Art. 5 der Geldstrafe entsprechende Dauer nicht überschreiten.
3. Im Artikel 5 soll die Ziffer I lauten:
   I. Im Artikel XV werden Ziff. 1 bis 3 unverändert;
   4. folgende Vorschriften als Abs. 2, 3 eingestellt:
   Die schriftliche Mittheilung an die Betheiligten und die Antragsteller oder deren Vertreter ist durch die Gemeindebehörde oder durch die Post gegen Nachweis zuzustellen. Die Zustellung unterbleibt, wenn der Wohnort der zu ladenden Person nicht bekannt ist.
   Soweit die im Artikel XI bezeichneten Betheiligten nicht im Grundbuch eingetragen sind, werden sie nur berücksichtigt,

wenn sie Erben eines eingetragenen Berechtigten sind oder wenn ihre Rechte angemeldet und auf Verlangen der Distriktspolizeibehörde glaubhaft gemacht sind. Die Rechtswirksamkeit der Ladung ist bei den im Artikel XI bezeichneten Betheiligten von der Zustellung der schriftlichen Mittheilung nur abhängig, wenn der Betheiligte sich zur Theilnahme an dem Verfahren gemeldet und erforderlichen Falles sein Recht glaubhaft gemacht hat.

4. Im Artikel 10 soll die Ziff. V lauten:

V. Als Artikel 8a wird folgende Vorschrift ausgenommen:

Der Beschädigte hat den Anspruch auf Ersatz des Wildschadens bei Verlust des Anspruchs binnen sechs Tagen, nachdem er von der Beschädigung Kenntniß erlangt hat, bei der Ortspolizeibehörde anzumelden, in deren Bezirke der Schaden entstanden ist. Zur Wahrung der Frist genügt die Absendung der Anmeldung. Die Ortspolizeibehörde soll die Anmeldung sofort dem Ersatzpflichtigen mittheilen.

5. In Artikel 21 soll die Ziff. XIII lauten:

XIII. Im Artikel 40 erhält:

1) der Abs. 1 folgende Fassung:

Hinsichtlich der Beschwerden gegen Beschlüsse der Distriktsverwaltungsbehörde, durch welche das nach Art. 33 auszustellende Verehelichungszeugniß verweigert oder gegen einen auf Grund des Art. 36 erhobenen Einspruch ertheilt wird, bestimmt sich die Zuständigkeit und das Verfahren nach dem Gesetze vom 8. August 1878, betreffend die Errichtung eines Verwaltungsgerichtshofes und das Verfahren in Verwaltungsrechtssachen. Im Uebrigen können die Betheiligten gegen die Beschlüsse der Distriktsverwaltungsbehörde innerhalb einer Nothfrist von 14 Tagen Beschwerde an die vorgesetzte Kreisregierung, Kammer des Innern, ergreifen, welche nach kollegialer Berathung in zweiter und letzter Instanz zu entscheiden hat.

2) Der Abs. 2 Ziff. 3 wird aufgehoben.

6. Im Artikel 33 soll

a. die Ziff. I lauten:

I. Im Artikel 3 werden die Worte: „unbeschadet der Vorschriften in den §§ 394 und 397 der Civilprozeßordnung" ersetzt durch die Worte:

„unbeschadet der Vorschriften der §§ 810, 811 des Bürgerlichen Gesetzbuchs",

b. Ziff. I des Entwurfes wird Ziff. **Ia**;

c. die Ziff. VI soll lauten:

VI. In den Artikel 47 Abs. 2 wird zwischen Satz 1 und Satz 2 folgende Vorschrift eingestellt:

Auf die Ladung finden die Vorschriften des Artikel XV Abs. 1 Satz 2, Abs. 2, 3 des Gesetzes vom 17. November 1837 entsprechende Anwendung; schriftliche Mittheilung erfolgt nur an den Abtretungsberechtigten, die Abtretungspflichtigen und die sonstigen Betheiligten, die sich zur Theilnahme an dem Schätzungsverfahren bei der Distriktsverwaltungsbehörde gemeldet haben.

7. Im Artikel 34 soll lauten:
a. der Abs. 2 Satz 1 des in der Ziff. I enthaltenen Artikel 15:
Die Amtsgerichte sind neben den Notaren zuständig für die Beurkundung von Vereinbarungen zwischen dem Vater eines unehelichen Kindes und diesem über den Unterhalt für die Zukunft oder über eine an Stelle des Unterhalts zu gewährende Abfindung sowie für die Beurkundung einer Vereinbarung zwischen dem Vater eines unehelichen Kindes und der Mutter über die der Mutter aus der Beiwohnung und der Entbindung entstandenen Ansprüche, sofern diese Vereinbarung mit der Vereinbarung über den Unterhalt des Kindes in derselben Urkunde verbunden wird.
b. der Abs. 3 des in der Ziff. XXI enthaltenen Artikel 76:
Die Staatsregierung kann die Besorgung des Hinterlegungswesens der Königlichen Bank übertragen und die hiefür erforderlichen Ausführungsvorschriften erlassen.

8. Die Ziff. I 1 des Artikel 36 soll lauten:
1. die lit. a folgende Fassung:
a) von Erbschaften, Vermächtnissen und Schenkungen auf den Todesfall, aus Auflagen auf Zuwendungen dieser Art, die dem Empfänger der Leistung einen Vermögensvortheil zu verschaffen bezwecken, sowie aus Pflichttheilsrechten;

9. Im Artikel 38 soll
a. der in der Ziff. IV enthaltene Artikel 16 Abs. 1 lauten:
Die nach den Art. 20, 25, 32 ergehenden Ladungen und Mittheilungen sind, wenn Personen betheiligt sind, die unter Vormundschaft stehen oder für welche die Bestellung eines Pflegers oder eines Beistandes angeordnet ist, auch an das Vormundschaftsgericht, falls eine Nachlaßpflegschaft angeordnet ist, auch an das Nachlaßgericht, für Stiftungen auch an die Aufsichtsbehörde zu richten.
b. der in der Ziff. V enthaltene Zusatz zu Artikel 18 Abs. 4 folgende Fassung erhalten:
Bei Familienfideikommissen finden auch in solchen Fällen die Vorschriften des Art. 9 Anwendung.
c. in der Ziff. VI das im Eingange der Nr. 2, 3 des Artikel 20 Abs. 1 stehende Wort „daß" gestrichen werden.
d. der in der Ziff. VII 1 enthaltene Eingang des Artikel 21 folgende Fassung erhalten:
Bei der von der Distriktsverwaltungsbehörde abzuhaltenden Tagsfahrt ist zunächst die beabsichtigte Unternehmung unter Bekanntgabe des zu erwartenden Betrags der Kosten darzulegen sowie auf den im Art. 20 Abs. 1 Ziff. 1 erwähnten Rechtsnachtheil hinzuweisen und sodann Beschluß zu fassen.

10. Der Artikel 43a wird gestrichen.

C. Vorschlag für die Vereinigung der beiden Entwürfe.

Entwurf eines Ausführungsgesetzes zum Bürgerlichen Gesetzbuch.

Im Namen Seiner Majestät des Königs.

Seine Königliche Hoheit Prinz Luitpold, des Königreichs Bayerns Verweser, haben nach Vernehmung des Staatsraths mit Beirath und Zustimmung der Kammer der Reichsräthe und der Kammer der Abgeordneten und in Ansehung der Artikel 122^1, 122^5, 122^6, des Artikel 122^{37} Ziff. V und des Artikel 122^{40} unter Beobachtung der in Tit. X § 7 der Verfassungsurkunde vorgeschriebenen Formen beschlossen und verordnen, was folgt:

Artikel 1 bis Artikel 122 des Entwurfs I.

Ueberschrift „Aenderungen der seit 1818 erlassenen Gesetze"

Artikel 122^1 bis Artikel 122^{40}

= Artikel 1 bis 10, 12 bis 41 des Entw. II.

Ueberschrift „Schlußbestimmungen"

Artikel 122^{41}

= Artikel 42 des Entw. II mit folgendem Abs. 2:

Die im § 7 Ziff. I lit. e der Verordnung vom 31. Juli 1817, die Organisation der Generaladministration der Posten betreffend, enthaltene Fristbestimmung für die Beschreitung des Rechtswegs fällt weg.

Artikel 122^{42}

= Artikel 125 des Entw. I.

Artikel 123 des Entw. I.

Artikel 125a des Entw. I.

Artikel 125b

= Artikel 45 des Entw. II.

Der Artikel 124 des Entw. I mit der zugehörigen Ueberschrift und die Artikel 43, 44 des Entw. II fallen weg.

XIV. Protokoll

des besonderen Ausschusses der Kammer der Reichsräthe zur Berathung der durch die Einführung des Bürgerlichen Gesetzbuchs veranlaßten Gesetzentwürfe

über . . . . . . und den

Entwurf eines Gesetzes, die durch die Einführung des Bürgerlichen Gesetzbuchs veranlaßten Aenderungen der seit 1818 erlassenen Gesetze betreffend.

(Verhandl. d. Justizgesetzgebungsausschusses der K. der Reichsräthe 1899.)

— 2. Lesung. —

München, den 11. März 1899.

Gegenwärtig die Herren Reichsräthe: Graf Fugger von Glött, Ritter von Küffner, Referent, von Auer, Vorstand, Dr. Ritter von Bechmann, Sekretär, Dr. Ritter von Schmitt, Exzellenz, Referent, Freiherr von Soden-Fraunhofen, Hessert. Der Herr I. Präsident Graf von Lerchenfeld-Köfering. Der Herr II. Präsident von Fries.

Von Seite des k. Staatsministeriums: Der k. Staatsminister der Justiz Dr. Freiherr von Leonrod, der k. Senatspräsident Dr. Ritter von Jacubezky, der k. Ministerialrath, Kronanwalt Ritter von Schubart, der k. Ministerialrath Hörmann, der k. Oberregierungsrath Krazeisen, der k. Regierungsrath Brettreich.

Die Sitzung wird um 9 Uhr durch den Vorsitzenden, Herrn Reichsrath von Auer eröffnet.

Vorsitzender: Wir treten in die zweite Lesung der Gesetzentwürfe, Beilage A und B, bezw. E und G, ein. Wir können auf zweierlei Wegen vorschreiten, einmal indem wir die für die Beschlußfassung zurückgestellten Artikel zuerst der Berathung unterstellen oder indem wir unsere Beschlüsse in erster Lesung, wie sie in dem Protokoll der Redaktionskommission vom 6. März niedergelegt sind, unserer Berathung zu Grunde legen, wodurch wir von selbst auf die zurückgestellten Artikel kommen werden. Ich erachte den letzteren Weg für den geeigneteren, weil dann die Berathung systematisch vor sich geht.

Wenn die Hohen Herren eine Erinnerung gegen meinen Vorschlag nicht haben, so ersuche ich, an der Hand des Redaktionsprotokolls in die Berathung einzutreten, und ich rufe dem entsprechend zuerst auf die Beschlüsse . . . . . .

Wir kommen nun zum

Entwurf eines Gesetzes, die durch die Einführung des Bürgerlichen Gesetzbuchs veranlaßten Aenderungen der seit 1818 erlassenen Gesetze betreffend. — Beilage G. —

Reichsrath **von Küffner** als Referent: Für diesen Gesetzentwurf verblieb es in der Redaktionskommission ohne irgend eine Beanstandung bei den zur ersten Lesung gefaßten Beschlüssen, und wird daher die Zustimmung dazu dem Hohen Ausschusse hier schon im allgemeinen empfohlen. Zu den Artikeln 1 bis 20 habe ich nichts zu bemerken.

Reichsrath Dr. **von Schmitt:** In Artikel 8 Absatz 2 ist mir im zweiten Satz etwas aufgefallen; es heißt hier in „dem" Urtheile oder „den" Strafbefehlen, soll hier im zweiten Falle nicht der Singular stehen?

Der k. Ministerialkommissär, Senatspräsident Dr. **von Jacubezky:** Der Plural ist richtig, weil das vorgeschriebene Formular es mit sich bringt, daß für jede Person ein besonderer Strafbefehl erlassen wird.

Reichsrath Freiherr **von Soden-Fraunhofen:** Ich hätte bezüglich des Artikel 8 noch eine Bemerkung zu machen. Seine Erlaucht Graf Fugger haben sich bereits in der ersten Lesung in dieser Frage ausgesprochen; ich möchte mir erlauben noch einmal darauf zurückzukommen. Bekanntlich ist der § 835 eine der wenigen Bestimmungen des Bürgerlichen Gesetzbuchs gewesen, welche im Reichstag zu einer längeren Diskussion Veranlassung gegeben hat; es ist schließlich ein Kompromiß abgeschlossen worden zwischen Jagdfreunden und Nichtjagdfreunden dahin gehend, daß der durch die Fasanen angerichtete Wildschaden zu ersetzen sei, nicht aber der durch Hasen entstandene. Nun scheint mir, daß, nachdem dieser Grundsatz ausgesprochen ist, von dem Vorbehalte des Artikel 71 des Einführungsgesetzes zum Bürgerlichen Gesetzbuch in Bayern kein Gebrauch gemacht werden sollte. Nachdem bei uns bekanntlich der durch Hasen angerichtete Schaden zu ersetzen war, nicht aber der durch Fasanen verursachte, treten nunmehr die Fasanen an die Stelle der Hasen und es würde so der bayerische Jagdpächter hinsichtlich der Wildschadens-Ersatzpflicht im wesentlichen gleich gestellt sein wie seither. Dem soll nun aber nicht so sein; die k. Staatsregierung sagt vielmehr in den Motiven: „Der durch Hasen verursachte Schaden mußte schon immer ersetzt werden, dabei soll es verbleiben, wiewohl nunmehr der durch Fasanen verursachte Schaden künftighin ersatzpflichtig wird. Das scheint mir nicht billig zu sein. Ich glaube vielmehr, man würde gut thun im Hinblick auf die großen Kämpfe im Reichstage über diese Frage, wenn man es dabei beließe, den Fasanen-Schaden für ersatzpflichtig zu erklären, die Hasen dafür aber hier nicht wieder aufzunehmen. Ich halte diesen Standpunkt für den richtigen und würde einen Antrag stellen, wenn Aussicht bestände, ihn zur Annahme zu bringen, was jedoch leider aussichtslos erscheint trotz der vorhandenen Sympathie, die, wie ich ausdrücklich hervorheben möchte, hiefür vorhanden ist.

Der k. Ministerialkommissär, Senatspräsident Dr. **von Jacubezky:** Das Bürgerliche Gesetzbuch hat nur das Mindestmaß des Wildschadenersatzes bestimmt und es der Landesgesetzgebung anheimgegeben, den Kreis der Thiergattungen, für welche die Ersatzpflicht bestehen soll, zu erweitern.

Für Bayern kann es nicht in Frage kommen, den Hasenschaden auszuschließen. Seit nahezu 50 Jahren gehört der durch Hasen angerichtete Schaden zu dem zu ersetzenden Wildschaden, das Volk weiß es nicht anders und würde nicht begreifen, warum es anders sein soll. Hätten wir den Versuch gemacht, den Hasenschaden auszuschließen, so würde der Vorschlag von dem Ausschusse der Kammer der Abgeordneten unzweifelhaft abgelehnt worden sein. Man kann nicht sagen, daß die Erstreckung der Ersatzpflicht auf den durch Fasanen angerichteten Schaden ein Aequivalent für die Ausschließung der Ersatzpflicht bei dem Hasenschaden sei, denn in sehr vielen Jagdbezirken in Bayern gibt es Hasen aber keine Fasanen. Diejenigen, deren Rüben und Gemüse von Hasen gefressen werden, können sich nicht damit trösten, daß in anderen Bezirken die Grundbesitzer entschädigt werden, wenn die Fasanen die gesäten Körner aus den Furchen picken. Wir müssen es bei unserem überkommenen Rechte belassen.

Reichsrath **von Küffner** als Referent: Zu Artikel 21 wurde in der Redaktionskommission des Hohen Ausschusses noch der Vorschlag eingebracht:

In Artikel 21 soll die Ziffer XIII lauten:

XIII. Im Artikel 40 erhält:

1) der Abs. 1 folgende Fassung:

Hinsichtlich der Beschwerden gegen Beschlüsse der Distriktsverwaltungsbehörde, durch welche das nach Artikel 33 auszustellende Verehelichungszeugniß verweigert oder gegen einen auf Grund des Artikel 36 erhobenen Einspruch ertheilt wird, bestimmt sich die Zuständigkeit und das Verfahren nach dem Gesetze vom 8. August 1878, betreffend die Errichtung eines Verwaltungsgerichtshofes und das Verfahren in Verwaltungsrechtssachen. Im Uebrigen können die Betheiligten gegen die Beschlüsse der Distriktsverwaltungsbehörde innerhalb einer Nothfrist von 14 Tagen Beschwerde an die vorgesetzte Kreisregierung, Kammer des Innern, ergreifen, welche nach kollegialer Berathung in zweiter und letzter Instanz zu entscheiden hat.

2) Der Abs. 2 Ziff. 3 wird aufgehoben.

Diese Fassung unterliegt bei ihrer Klarheit und Bestimmtheit insbesondere im Interesse der Betheiligten keiner Erinnerung.

Der k. Ministerialkommissär, Oberregierungsrath **Krazeisen:** Der Beschluß der Redaktionskommission zu Artikel 21 Ziffer XIII verdankt seine Entstehung der Anregung des Herrn Vorsitzenden des Ausschusses, welche mit Recht betonte, daß die Fälle, in welchen der Verwaltungsgerichtshof nicht zuständig ist, die verschwindende Minderzahl bilden und daß es deshalb logisch sei und zur Beseitigung eines Schönheitsfehlers, wie der Herr Vorsitzende sich ausdrückte, zweckmäßig sein dürfte, Artikel 40 Absatz 1 des Heimathgesetzes umzustellen. Die Redaktionskommission hat die Umstellung in der vorliegenden Form vorgenommen, und ich bin zur Erklärung ermächtigt, daß gegen diese Fassung eine Erinnerung seitens des k. Staatsministeriums des Innern nicht besteht.

Der k. Ministerialkommissär, Senatspräsident Dr. **von Jacubezky:** Die k. Staatsregierung erachtet es für wünschenswerth, in den Artikel 21 weitere Uebergangsvorschriften einzufügen. Am Schlusse des Artikel 21 ist schon eine Uebergangsvorschrift gegeben für die Heimath der vereinkindschafteten Kinder. Nun soll in einer weiteren Uebergangsvorschrift die Frage entschieden werden wie es sich verhält, wenn die Bekanntmachung einer beabsichtigten Eheschließung nach den bisherigen Vorschriften am 1. Januar 1900 schon angeheftet ist.

Die Aufgebotsfrist des bisherigen Rechtes beträgt zehn Tage; sie läuft also möglicher Weise erst mit dem 10. Januar ab. Für den Fall, daß die Frist am 1. Januar 1900 im Laufe ist, kann Zweifel darüber entstehen, ob die von der Gemeindeverwaltung erlassene Bekanntmachung, die die Aufforderung enthält, den Einspruch wegen eines civilrechtlichen Ehehindernisses binnen zehn Tagen bei der Gemeindeverwaltung oder bei der Distriktsverwaltungsbehörde anzumelden, in Wirksamkeit bleibt oder ob nach den neuen Vorschriften das Aufgebot von dem Standesbeamten zu erlassen ist, das während einer Frist von 14 Tagen angeheftet bleiben muß und bezweckt, daß die Ehehindernisse beim Standesbeamten angemeldet werden. Um den Zweifel abzuschneiden und Verzögerungen zu verhüten, wird vorgeschlagen, als Absatz 3 folgenden Satz aufzunehmen:

„Für das der Eheschließung vorangehende Aufgebot verbleibt es bei den bisherigen Vorschriften, wenn die Bekanntmachung vor dem Inkrafttreten des Bürgerlichen Gesetzbuchs angeheftet worden ist.“

Daran soll sich ferner folgender Absatz 4 anschließen:

„Ein auf Grund civilrechtlicher Bestimmungen nach den bisherigen Vorschriften bei der Gemeindeverwaltung oder der Distriktsverwaltungsbehörde erhobener Einspruch gegen die Eheschließung ist dem Standesbeamten mitzutheilen.“

Dieser weitere Zusatz hat seinen Grund darin, daß in Zukunft die Distriktsverwaltungsbehörde die civilrechtlichen Ehehindernisse nicht mehr in den Bereich ihrer Prüfung zu ziehen hat. Das distriktspolizeiliche Verehelichungszeugniß hat es lediglich mit dem Einspruch der Gemeinde nach Artikel 36 des Gesetzes vom 16. April 1868 zu thun; die Prüfung der Zulässigkeit der Eheschließung ist dem Standesbeamten übertragen. Ist ein Ehehinderniß vor dem 1. Januar 1900 bei der Gemeindebehörde oder der Distriktsverwaltungsbehörde angemeldet worden oder erfolgt die Anmeldung auf Grund einer vor dem 1. Januar 1899 erlassenen Bekanntmachung nach diesem Tage, so soll der Einspruch dem Standesbeamten mitgetheilt werden, damit dieser nach § 48 des Personenstandsgesetzes seine Entscheidung trifft.

Vorsitzender: Von besonders großer Tragweite erachte ich diese Bestimmung nicht; ich glaube aber auch, daß die Hohen Herren eine Erörterung dieser Frage, die nur vorübergehender Natur ist, es handelt sich bloß um zehn Tage, nicht für nothwendig halten und eine Erinnerung dagegen nicht erheben werden.

Die zu Artikel 21 beantragten Aenderungen und Ergänzungen sind angenommen.

Der k. Staatsminister der Justiz Dr. Freiherr **von Leonrod:** Als eine Konsequenz des Beschlusses über die Haftung des Staates für seine Beamten ist es nothwendig, im Artikel 32 dem Artikel 7 Absatz 2 des Gesetzes vom 8. August 1878 über den Verwaltungsgerichtshof eine andere Fassung zu geben. Ich erlaube mir, einen diesbezüglichen Antrag der k. Staatsregierung hiemit zu überreichen.

Vorsitzender: Der Antrag lautet:

Artikel 32 Ziffer I des Entwurfes eines Gesetzes, die Aenderungen der seit 1818 erlassenen Gesetze betreffend, soll lauten:

I. An die Stelle des Art. 7 Abs. 2 treten folgende Vorschriften:

Der Verwaltungsgerichtshof ist berufen, in den Fällen, in welchen der Staat, eine Gemeinde oder ein anderer Kommunalverband wegen des Schadens in Anspruch genommen werden soll, den ein Beamter in Ausübung der ihm anvertrauten öffentlichen Gewalt vorsätzlich oder fahrlässig einem Dritten zugefügt hat, die Vorentscheidung darüber zu treffen, ob der Beamte sich einer Ueberschreitung seiner Amtsbefugnisse oder der Unterlassung einer ihm obliegenden Amtshandlung schuldig gemacht hat. Das Gleiche gilt, wenn ein Beamter wegen des Schadens in Anspruch genommen werden soll, den er durch eine in Ausübung oder in Veranlassung der Ausübung der ihm anvertrauten öffentlichen Gewalt vorgenommene Handlung einem dritten zugefügt hat. Soweit der Staat oder der Verband, in dessen Dienste der Beamte steht, einen Schaden zu ersetzen hat, für den der Beamte selbst nicht verantwortlich ist, hat der Verwaltungsgerichtshof die Vorentscheidung darüber zu treffen, ob der Beamte seine Amtsbefugnisse überschritten oder eine ihm obliegende Amtshandlung unterlassen hat. Bei Handlungen eines Beamten der streitigen oder der freiwilligen Gerichtsbarkeit ist die Vorentscheidung nicht erforderlich.

Die Vorentscheidung ist für das Gericht bindend.

Soll der Anspruch gegen den Staat oder den Verband wegen schuldhafter Verletzung der Amtspflicht erhoben werden, so wirkt die Vorentscheidung auch für das Verhältniß zwischen dem Staate oder dem Verband und dem Beamten. Vor der Erlassung der Vorentscheidung ist der Beamte zu hören.

Der k. Ministerialkommissär, Senatspräsident Dr. **von Jacubezky:** Zur Erläuterung des Antrags der k. Staatsregierung erlaube ich mir zunächst darauf aufmerksam zu machen, daß aus dem Artikel 7 Absatz 2 die Verweisung auf die „bestehenden Gesetzesbestimmungen", die für die Landestheile rechts des Rheins nicht dieselben sind wie für die Pfalz, herausgenommen wird und daß damit der Absatz 2 des Antrags zusammenhängt, der bestimmt, daß die Vorentscheidung für das Gericht bindend ist. Durch den Antrag wird sowohl der Kreis der Beamten, bei welchen die Vorentscheidung erforderlich ist, als auch die rechtliche Bedeutung der Vorentscheidung für das ganze Königreich einheitlich bestimmt. In beiden Beziehungen bestand bisher Rechtsverschiedenheit zwischen den Landestheilen rechts des Rheins und der Pfalz. In den Landestheilen rechts des Rheins fehlt es an Gesetzesvorschriften; der bestehende Rechtszustand ist durch die Rechtsprechung, insbesondere die des vormaligen Kompetenzkonfliktssenates, ausgebildet worden, die von der Ansicht ausgegangen ist, daß die den Gegenstand der Vorentscheidung bildende Frage nach den für die Abgrenzung der Zuständigkeit zwischen den Gerichten und den Verwaltungsbehörden maßgebenden Grundsätzen zur Zuständigkeit der Verwaltungsbehörden gehöre, und daß deshalb über diese Frage nicht im Rechtsweg entschieden werden könne. Demgemäß ist in den Landestheilen rechts des Rheins auch die bejahende Vorentscheidung für das Gericht bindend, sie stellt das Verschulden des Beamten rechtskräftig fest. In der Pfalz hat dagegen nach der Verfassung der französischen Republik vom 22. frimaire VIII die Vorentscheidung nur die Bedeutung, daß die Verfolgung des Anspruchs im Rechtswege zulässig ist; über die Frage, ob ein Verschulden des Beamten vorliegt, entscheidet das Gericht selbständig, die bejahende Vorentscheidung ist für das Gericht nicht bindend.

Die k. Staatsregierung erachtet es, da der Artikel 7 Absatz 2 des Gesetzes vom 8. August 1878 ohnehin geändert werden muß, für wünschenswerth, die Rechtsverschiedenheit, für welche es an einem inneren Grunde fehlt, dadurch zu beseitigen, daß dasjenige, was für die Landestheile rechts des Rheins gilt, für das ganze Königreich bestimmt wird. Der Antrag gibt der dem Staate gegenüber ergehenden Vorentscheidung auch Wirkung für das Verhältniß zwischen dem Staate und dem Beamten, für den Ersatzanspruch des Staates gegen den Beamten, die Vorentscheidung, die in Zukunft, abgesehen von dem Ausnahmefalle, daß der Beschädigte ein Ausländer ist, dem gegenüber der Staat seine Haftung ablehnen kann, immer dem Staat gegenüber ergeht, soll auch für das Verhältniß zwischen dem Staate und dem Beamten maßgebend sein. Um das zu ermöglichen, ist die Vorschrift erforderlich, daß der Beamte vor der Erlassung der Vorentscheidung als Betheiligter gehört werden muß. Diese Vorschriften sind im Absatz 3 des Antrages getroffen. Im Uebrigen enthält der Antrag die Aenderungen, die sich aus den über die Haftung des Staates gefaßten Beschlüssen ergeben.

Reichsrath **Hessert**: Ich möchte nur kurz meine Zustimmung zu dieser materiellen Aenderung erklären. Die Bestimmung in der Pfalz beruht auf der Konstitution vom Jahre 1808 und hat eigentlich keine innere Berechtigung mehr; in der Pfalz war die Entscheidung nicht bindend, diesseits war sie bindend. Ein Grund, diese Verschiedenheit aufrecht zu erhalten, besteht nach keiner Seite hin.

Reichsrath Dr. **von Schmitt**: Ich hatte den letzten Punkt zum Gegenstand eines Antrages gemacht, und nachdem die k. Staatsregierung diese Bestimmung aufgenommen hat, ist mein Antrag dadurch gedeckt.

Vorsitzender: Ich konstatiere die Annahme der zu Artikel 32 Ziffer I von der k. Staatsregierung beantragten Aenderung.

Der k. Staatsminister der Justiz, Dr. Freiherr **von Leonrod**: Der Artikel 34 soll durch eine Ziffer XIX a ergänzt werden, die lautet:

„XIX a. Als Artikel 74 a wird folgende Vorschrift eingestellt:

Die Aufsicht über die Amtsführung der Standesbeamten in der Pfalz gehört zu den Gegenständen der Justizverwaltung. Die erforderlichen Ausführungsbestimmungen erläßt das Staatsministerium der Justiz."

Reichsrath **von Küffner** als Referent: Ich habe nichts zu erinnern.

Reichsrath **Hessert**: Auch meinerseits besteht keine Erinnerung.

Vorsitzender: Ich kann demnach konstatieren, daß der Antrag der k. Staatsregierung genehmigt ist.

Reichsrath **von Küffner** als Referent: Zu den folgenden Artikeln habe ich keine Bemerkung zu machen.

Vorsitzender: Auch seitens der Hohen Herren wird nichts mehr bemerkt.

Der Entwurf Beilage G erscheint somit erledigt.

Es ist noch über den Vorschlag der Redaktionskommission über die Vereinigung der beiden Entwürfe zu berathen. Dieser Vorschlag ist im gedruckten Protokoll enthalten. Ich glaube, daß die Hohen Herren gegen diesen Antrag, wie er im Protokoll vom 6. März näher formuliert ist, eine Erinnerung kaum erheben werden, da es sehr praktisch ist, diese beiden Gesetzentwürfe zu vereinigen, schon um deswillen, weil dann die Allegation dieses Gesetzes eine viel einfachere wird.

Der k. Ministerialkommissär, Senatspräsident Dr. **von Jacubezky**: Zu dem Antrag auf Vereinigung der beiden Entwürfe A und B erlaube ich mir noch zu bemerken, daß es zweckmäßig sein wird, die Uebergangsvorschriften nicht in das Ausführungsgesetz aufzunehmen, sondern zum Gegenstand eines besonderen Gesetzes zu machen. Es liegt dem Landtag jetzt ein Entwurf von Uebergangsvorschriften mit 72 Artikeln vor und der auf das eheliche Güterrecht bezügliche Theil der Uebergangsvorschriften wird ebenfalls etwa 70 Artikel enthalten, so daß die Uebergangsvorschriften einen Gesetzentwurf von 140 bis 150 Artikeln bilden werden. Mit einer so großen Menge von Uebergangsvorschriften sollte das Ausführungsgesetz, das nicht nur während der Uebergangszeit, sondern auf längere Zeit zu gelten bestimmt ist, nicht belastet werden. Es ist auch für die Ausgaben, die der Buchhandel veranstalten wird, ein nicht zu unterschätzender Vortheil, wenn das, was nach einigen Jahren gegenstandslos wird, nicht immer wieder abgedruckt werden muß.

Vorsitzender: Ich konstatiere, daß der Hohe Ausschuß mit diesem Vorschlage der Redaktionskommission, betreffend die Vereinigung der beiden Entwürfe, einverstanden ist. Wenn keine Erinnerung besteht, so werde ich die Beschlüsse, die wir jetzt zu den beiden Gesetzentwürfen A und B gefaßt haben, zusammenstellen lassen und sie dem Gesetzgebungsausschuß der Kammer der Abgeordneten mittheilen. Ich konstatiere das Einverständniß des Hohen Ausschusses.

Damit sind wir vorläufig zu Ende; wir haben auch kein weiteres Berathungsmaterial mehr.

Ich schließe die Sitzung.

(Schluß der Sitzung um 1 Uhr 25 Minuten.)

Abänderungsbeschlüsse

des Justiz-Gesetzgebungsausschusses der Kammer der Reichsräthe zu den Beschlüssen des Justiz-Gesetzgebungsausschusses der Kammer der Abgeordneten über

I. den Entwurf eines Ausführungsgesetzes zum Bürgerlichen Gesetzbuche (Beilage E)*) und

II. den Entwurf eines Gesetzes, die durch die Einführung des Bürgerlichen Gesetzbuchs veranlaßten Aenderungen des seit 1818 erlassenen Gesetze betreffend (Beilage G).

(Beilage L z. d. Verhandl. d. K. d. Abg. 1899.)

II.

Entwurf eines Gesetzes, die Aenderungen der seit 1818 erlassenen Gesetze betreffend (in der Fassung der Beilage G).

1. Im Artikel 2 soll die Ziff. I lauten:
I. Als § 71a werden folgende Vorschriften eingestellt:
Abs. 1, 2 unverändert.
Zur Eintragung einer Aenderung in dem Bestand eines Grundstücks, abgesehen von der Vereinigung ganzer Grundstücke, insbesondere zur Eintragung einer Theilung, ist die Vorlage eines von der Messungsbehörde angefertigten Planes, in welchem die Aenderung ersichtlich gemacht ist, und eines Auszugs aus dem Messungsverzeichniß erforderlich.

2. Im Artikel 4 soll die Ziff. I lauten:
I. Im Artikel 8 wird der Satz 2 durch folgenden Abs. 2 ersetzt:
Diese Verfügung ist jedoch in Betreff der Strafe auf Personen einer und derselben Familie (Art. 13 Abs. 1 Ziff. 1 bis 5) nicht anwend-

*) S. Abth. IV S. 925 ff.

bar, welche gemeinschaftlich einen Forstfrevel nach Art. 19, 22 oder 23 begehen; diese werden solidarisch in die Strafe verurtheilt. In dem Urtheil oder den Strafbefehlen ist auszusprechen, gegen welchen oder welche Frevler die Umwandlung der Geldstrafe in Haftstrafe einzutreten hat, wenn erstere nicht beigetrieben werden kann. Geschieht die Umwandlung gleichzeitig gegen mehrere dieser Frevler, so darf dennoch die von den Einzelnen zu erstehende Haft zusammengerechnet die nach Art. 5 der Geldstrafe entsprechende Dauer nicht überschreiten.

3. Im Artikel 5 soll die Ziff. I lauten:

I. Im Artikel XV werden Ziff. 1 bis 3 unverändert;

4. folgende Vorschriften als Abs. 2, 3 eingestellt:

Die schriftliche Mittheilung an die Betheiligten und die Antragsteller oder deren Vertreter ist durch die Gemeindebehörde oder durch die Post gegen Nachweis zuzustellen. Die Zustellung unterbleibt, wenn der Wohnort der zu ladenden Person nicht bekannt ist.

Soweit die im Artikel XI bezeichneten Betheiligten nicht im Grundbuch eingetragen sind, werden sie nur berücksichtigt, wenn sie Erben eines eingetragenen Berechtigten sind oder wenn ihre Rechte angemeldet und auf Verlangen der Distriktspolizeibehörde glaubhaft gemacht sind. Die Rechtswirksamkeit der Ladung ist bei den im Artikel XI bezeichneten Betheiligten von der Zustellung der schriftlichen Mittheilung nur abhängig, wenn der Betheiligte sich zur Theilnahme an dem Verfahren gemeldet und erforderlichen Falles sein Recht glaubhaft gemacht hat.

4. Im Artikel 10 soll die Ziff. V lauten:

V. Als Artikel 8a wird folgende Vorschrift eingestellt:

Der Beschädigte hat den Anspruch auf Ersatz des Wildschadens bei Verlust des Anspruchs binnen sechs Tagen, nachdem er von der Beschädigung Kenntniß erlangt hat, bei der Ortspolizeibehörde anzumelden, in deren Bezirke der Schaden entstanden ist. Zur Wahrung der Frist genügt die Absendung der Anmeldung. Die Ortspolizeibehörde soll die Anmeldung sofort dem Ersatzpflichtigen mittheilen.

5. In Artikel 21 soll

a. die Ziff. XIII lauten:

XIII. Im Artikel 40 erhält:

1. der Abs. 1 folgende Fassung:

Hinsichtlich der Beschwerden gegen Beschlüsse der Distriktsverwaltungsbehörde, durch welche das nach Art. 33 auszustellende Verehelichungszeugniß verweigert oder gegen einen auf Grund des Art. 36 erhobenen Einspruch ertheilt wird, bestimmt sich die Zuständigkeit und das Verfahren nach dem Gesetze vom 8. August 1878, betreffend die Errichtung eines Verwaltungsgerichtshofes und das Verfahren in Verwaltungsrechtssachen. Im Uebrigen können die Betheiligten gegen die Beschlüsse der Distriktsverwaltungsbehörde innerhalb einer Nothfrist von 14 Tagen Beschwerde an die vorgesetzte Kreisregierung, Kammer des Innern, ergreifen, welche nach kollegialer Berathung in zweiter und letzter Instanz zu entscheiden hat.

2. Der Abs. 2 Ziff. 3 wird aufgehoben.

b. Als Abs. 3, 4 werden folgende Vorschriften beigefügt:

Für das der Eheschließung vorangehende Aufgebot verbleibt es bei den bisherigen Vorschriften, wenn die Bekanntmachung vor dem Inkrafttreten des Bürgerlichen Gesetzbuchs angeheftet worden ist.

Ein auf Grund civilrechtlicher Bestimmungen nach den bisherigen Vorschriften bei der Gemeindeverwaltung oder der Distriktsverwaltungsbehörde erhobener Einspruch gegen die Eheschließung ist dem Standesbeamten mitzutheilen.

6. Der Artikel 32 Ziff. I soll lauten:

I. An die Stelle des Artikel 7 Abs. 2 treten folgende Vorschriften:

Der Vewaltungsgerichtshof ist berufen, in den Fällen, in welchen der Staat, eine Gemeinde oder ein anderer Kommunalverband wegen des Schadens in Anspruch genommen werden soll, den ein Beamter in Ausübung der ihm anvertrauten öffentlichen Gewalt vorsätzlich oder fahrlässig einem Dritten zugefügt hat, die Vorentscheidung darüber zu treffen, ob der Beamte sich einer Ueberschreitung seiner Amtsbefugnisse oder der Unterlassung einer ihm obliegenden Amtshandlung schuldig gemacht hat. Das Gleiche gilt, wenn ein Beamter wegen des Schadens in Anspruch genommen werden soll, den er durch eine in Ausübung oder in Veranlassung der Ausübung der ihm anvertrauten öffentlichen Gewalt vorgenommene Handlung einem Dritten zugefügt hat. Soweit der Staat oder der Verband, in dessen Dienste der Beamte steht, einen Schaden zu ersetzen hat, für den der Beamte selbst nicht verantwortlich ist, hat der Verwaltungsgerichtshof die Vorentscheidung darüber zu treffen, ob der Beamte seine Amtsbefugnisse überschritten oder eine ihm obliegende Amtshandlung unterlassen hat. Bei Handlungen eines Beamten der streitigen oder der freiwilligen Gerichtsbarbeit ist die Vorentscheidung nicht erforderlich.

Die Vorentscheidung ist für das Gericht bindend.

Soll der Anspruch gegen den Staat oder den Verband wegen schuldhafter Verletzung der Amtspflicht erhoben werden, so wirkt die Vorentscheidung auch für das Verhältniß zwischen dem Staate oder dem Verband und dem Beamten. Vor der Erlassung der Vorentscheidung ist der Beamte zu hören.

7. Im Artikel 33 soll

a. die Ziff. I lauten:

I. Im Artikel 3 werden die Worte: „unbeschadet der Vorschriften in den §§ 394 und 397 der Civilprozeßordnung" ersetzt durch die Worte:

„unbeschadet der Vorschriften der §§ 810, 811 des Bürgerlichen Gesetzbuchs".

b. Die Ziff. I des Entwurfes wird Ziff. **Ia**;

c. die Ziff. VI soll lauten:

VI. In den Artikel 47 Abs. 2 wird zwischen Satz 1 und Satz 2 folgende Vorschrift eingestellt:

Auf die Ladung finden die Vorschriften des Artikel XV Abs. 1 Satz 2, Abs. 2, 3 des Gesetzes vom 17. November 1837 entsprechende Anwendung; schriftliche Mittheilung erfolgt nur an den Abtretungsberechtigten, die Abtretungspflichtigen und die sonstigen Betheiligten, die sich zur Theilnahme an dem Schätzungsverfahren bei der Distriktsverwaltungsbehörde gemeldet haben.

8. Im Artikel 34 soll

a. der Abs. 2 Satz 1 des in der Ziff. I enthaltenen Artikel 15 lauten:

Die Amtsgerichte sind neben den Notaren zuständig für die Beurkundung von Vereinbarungen zwischen dem Vater eines unehelichen Kindes und diesem über den Unterhalt für die Zukunft oder über eine an Stelle des Unterhalts zu gewährende Abfindung sowie für die Beurkundung einer Vereinbarung zwischen dem Vater eines unehelichen Kindes und der Mutter über die der Mutter aus der Beiwohnung und der Entbindung entstandenen Ansprüche, sofern diese Vereinbarung mit der Vereinbarung über den Unterhalt des Kindes in derselben Urkunde verbunden wird.

b. Als Ziff. XIXa wird folgende Vorschrift eingestellt:

XIXa. Als Artikel 74a wird folgende Vorschrift eingestellt:

Die Aufsicht über die Amtsführung der Standesbeamten in der Pfalz gehört zu den Gegenständen der Justizverwaltung. Die erforderlichen Ausführungsbestimmungen erläßt das Staatsministerium der Justiz.

c. Der Abs. 3 des in der Ziff. XXI enthaltenen Artikel 76 soll lauten:

Die Staatsregierung kann die Besorgung des Hinterlegungswesens der Königlichen Bank übertragen und die hiefür erforderlichen Ausführungsvorschriften erlassen.

9. Die Ziff. I 1 des Artikel 36 soll lauten:

1. die lit. a folgende Fassung:

a) von Erbschaften, Vermächtnissen und Schenkungen auf den Todesfall, aus Auflagen auf Zuwendungen dieser Art, die dem Empfänger der Leistung einen Vermögensvortheil zu verschaffen bezwecken, sowie aus Pflichttheilsrechten.

10. Im Artikel 38 soll

a. der in der Ziff. IV enthaltene Artikel 16 Abs. 1 lauten:

Die nach den Art. 20, 25, 32 ergehenden Ladungen und Mittheilungen sind, wenn Personen betheiligt sind, die unter Vormundschaft stehen oder für welche die Bestellung eines Pflegers oder Beistandes angeordnet ist, auch an das Vormundschaftsgericht, falls eine Nachlaßpflegschaft angeordnet ist, auch an das Nachlaßgericht, für Stiftungen auch an die Aufsichtsbehörde zu richten.

b. der in der Ziff. V enthaltene Zusatz zu Artikel 18 Abs. 4 folgende Fassung erhalten:

Bei Familienfideikommissen finden auch in solchen Fällen die Vorschriften des Art. 9 Anwendung.

c. in der Ziff. VI das im Eingange der Nr. 2, 3 des Artikel 20 Abs. 1 stehende Wort „daß" gestrichen werden;

d. der in der Ziff. VII 1 enthaltene Eingang des Artikel 21 folgende Fassung erhalten:

Bei der von der Distriktsverwaltungsbehörde abzuhaltenden Tagsfahrt ist zunächst die beabsichtigte Unternehmung unter Bekanntgabe des zu erwartenden Betrags der Kosten darzulegen sowie auf den im Art. 20 Abs. 1 Ziff. 1 erwähnten Rechtsnachtheil hinzuweisen und sodann Beschluß zu fassen.

11. Der Artikel 43a wird gestrichen.

III.

Die beiden Entwürfe sollen in folgender Weise vereinigt werden:

Entwurf eines Ausführungsgesetzes zum Bürgerlichen Gesetzbuche.

Im Namen Seiner Majestät des Königs.

Seine Königliche Hoheit Prinz Luitpold, des Königreichs Bayern Verweser, haben nach Vernehmung des Staatsraths mit Beirath und Zustimmung der Kammer der Reichsräthe und der Kammer der Abgeordneten und in Ansehung der Artikel 122^{1}, 122^{5}, 122^{6}, des Artikel 122^{37} Ziff. V und des Artikel 122^{40} unter Beobachtung der in Tit. X § 7 der Verfassungsurkunde vorgeschriebenen Formen beschlossen und verordnen, was folgt:

Artikel 1 bis Artikel 122 des Entwurfes I.

Ueberschrift „Aenderungen der seit 1818 erlassenen Gesetze“

Artikel 122^{1} bis Artikel 122^{40}

= Artikel 1 bis 10, 12 bis 41 des Entwurfes II.

Ueberschrift „Schlußbestimmungen“

Artikel 122^{41}

= Artikel 42 des Entwurfes II mit folgendem Abs. 2:

Die im § 7 Ziff. I lit. e der Verordnung vom 31. Juli 1817, die Organisation der Generladministration der Posten betreffend, enthaltene Fristbestimmung für die Beschreitung des Rechtswegs fällt weg.

Artikel 122^{42}

= Artikel 125 des Entwurfes I.

Artikel 123 des Entwurfes I.

Artikel 125a des Entwurfes I.

Artikel 125b

= Artikel 45 des Entwurfes II.

Der Artikel 124 des Entwurfes I mit der zugehörigen Ueberschrift und die Artikel 43, 44 des Entwurfes II fallen weg.

München, den 19. März 1899.

9.

Bemerkungen

des Abgeordneten von Walter zu den Einleitungsworten des Entwurfes eines Gesetzes, die durch die Einführung des Bürgerlichen Gesetzbuchs veranlaßten Aenderungen der seit 1818 erlassenen Gesetze betreffend.

(Beilage M zu den Verhandl. d. K. d. Abg. 1899.)

Ich habe bei der zweiten Lesung des oben bezeichneten Gesetzentwurfes im besonderen XVIII. Ausschusse den Antrag gestellt, daß in den Einleitungsworten außer den hier bereits bezeichneten Artikeln auch noch der Artikel 7, der Artikel 24 Ziff. XII ,XIII, XIV, der Artikel 25 Ziff. IV, der Artikel 26 Ziff. IV, der Artikel 32 und der Artikel 40 eingestellt und als Normen bezeichnet werden, welche unter den Formen des Tit. X § 7 der Verfassungsurkunde zu Stande gekommen und deßhalb als Verfassungsgesetze zu betrachten sind.

Der Grund hiefür liegt darin, daß die gesetzlichen Bestimmungen, auf welche sich die einschlägigen Abänderungen des vorliegenden Entwurfes beziehen, seinerzeit unter den Formen des Tit. X § 7 zu Stande gekommen und deßhalb nach meiner Ueberzeugung Verfassungsgesetze sind, welche nur unter Beobachtung derselben Formen abgeändert werden können.

Mein Antrag wurde Seitens der k. Staatsregierung bekämpft und schließlich abgelehnt.

Ich verweise in dieser Beziehung auf das 25. Protokoll des Ausschusses S. 433 ff.

Nach meiner Ueberzeugung ist der Beschluß des Ausschusses nicht gerechtfertigt und bedenklich und deßhalb gestatte ich mir, zur Information des Hohen Hauses Folgendes auszuführen:

Es ist eine bestrittene Frage, was ein Verfassungsgesetz sei, ob jedes Gesetz, durch welches die Bestimmungen der Verfassungsurkunde abgeändert, ausgedehnt oder erläutert werden, schon dadurch zum Verfassungsgesetze wird, daß seine Annahme unter den feierlichen Formen des Tit. X § 7 der Verfassungsurkunde erfolgt, oder ob diese Eigenschaft im Gesetze selbst noch besonders ausgesprochen werden muß, indem demselben eine Bestimmung dahin eingefügt wird, daß es als Grundgesetz des Staates, als Bestandtheil der Verfassungsurkunde erklärt oder als ein Gesetz bezeichnet wird, das nur unter Einhaltung der Formen des Tit. X § 7 aufgehoben oder abgeändert werden könne.

Hierüber gehen nicht blos in der Theorie die Meinungen auseinander, sondern es ist auch die Auffassung der k. Staatsregierung und die Praxis des Landtags zu verschiedenen Zeiten eine verschiedene gewesen.

Was zunächst die Haltung der k. Staatsregierung und des Landtags anbelangt, so sind die Zeitperioden bis zu dem und nach dem Jahre 1848 zu unterscheiden.

In der ersteren Periode findet sich mit zwei Ausnahmen in allen Gesetzen, durch welche eine Abänderung, Erweiterung oder Erläuterung der Verfassung bethätigt wurde, nicht nur in den Einleitungsworten die Konstatirung, daß sie unter Beobachtung der Vorschrift des Tit. X § 7 angenommen worden, sondern auch eine Schlußbestimmung, daß sie als Bestandtheile des Verfassungsrechts zu betrachten seien. Nur in den beiden Gesetzen vom 4. Juni 1848 über die Ablösung des Lehenverbandes und die Aufhebung des Jagdrechtes auf fremdem Grund und Boden ist keine derartige Schlußbestimmung, sondern nur in den Einleitungsworten die Bestätigung enthalten, daß sie unter Beobachtung der in Tit. X § 7 vorgeschriebenen Formen angenommen worden seien. Gleichwohl unterliegt es keinem Zweifel, daß auch diese beiden Gesetze Verfassungsgesetze sind. Bezüglich des Gesetzes über die Ablösung des Lehenverbandes wurde diese Eigenschaft ausdrücklich von der Kammer der Abgeordneten sowohl, als von der k. Staatsregierung später anerkannt. Im Jahre 1850 legte nämlich die k. Staatsregierung einen Gesetzentwurf vor, welcher eine Abänderung des Art. 4 des fraglichen Gesetzes bezielte. Bei der Berathung dieses Entwurfes stellte der Abgeordnete Fürst Wallerstein den Antrag, über denselben in der Form des Tit. X § 7 abstimmen und in die Einleitungsworte die entsprechende Formel aufnehmen zu lassen, wobei er ausführte, daß konstitutionelle Bestimmungen nur in konstitutioneller Form abgeändert oder erläutert werden können. Staatsminister Dr. Ringelmann erklärte, daß er keineswegs das Gewicht der von dem Fürsten Wallerstein gezogenen Konsequenzen verkenne und deßhalb die k. Staatsregierung nichts einzuwenden habe, wenn die Kammer diese Garantie für nothwendig erachte. Die Kammer nahm den Antrag des Fürsten Wallerstein an und der Gesetzentwurf wurde, da sich für denselben eine Zweidrittel-Majorität nicht ergab, als abgelehnt erklärt.

In demselben Landtage wurde das Gesetz über den Geschäftsgang des Landtages vom 25. Juli 1850 berathen. Hiebei wurde (Stenogr. Ber. Bd. II S. 432) sowohl von dem k. Staatsminister Dr. Ringelmann, als auch von dem Präsidenten Grafen Hegnenberg und den Abgeordneten Dr. Morgenstern, Paur und Kirchgeßner anerkannt, daß dieses Gesetz in seinen Fundamentalbestimmungen und insbesondere bezüglich der Bestimmung, daß der Abgeordnete, der trotz wiederholter Ladung die Sitzungen versäume, als ausgetreten betrachtet werde, ein Grundgesetz des Staates sei. Dasselbe wurde angenommen und ist lediglich in den Einleitungsworten die Einhaltung der Form des Tit. X § 7 konstatirt.

Als zwei Jahre später der Entwurf des Gesetzes über die Ernennung des ersten Präsidenten der Kammer der Reichsräthe vom 28. Mai 1852 berathen wurde, ergab sich in der Abgeordnetenkammer dafür keine Zweidrittel-Majorität, woraus der Abgeordnete Fürst Wallerstein folgerte, daß dasselbe als abgelehnt anzusehen sei. Hiegegen sprach sich der Ministerpräsident Freiherr von der Pfordten aus; die Kammer trat seiner Anschauung bei und das mit einfacher Stimmenmehrheit beschlossene Gesetz wurde sanktionirt.

Als das Geschäftsganggesetz vom 25. Juli 1850 durch das Gesetz vom 19. Januar 1872 ersetzt wurde, bestritt Reichsrath Freiherr von Schrenk in der Kammer der Reichsräthe, daß das erstere Gesetz als Verfassungsgesetz zu betrachten sei, weil es nicht ausdrücklich zu einem Grundgesetze erklärt worden und weil die Aufnahme der bekannten Formel in die Einleitungsworte nur deßhalb erforderlich gewesen sei, weil durch seinen Art. 41 die §§ 6 und 15 Tit. VI, dann § 29 Tit. VII der Verfassungsurkunde, sowie die noch geltenden

Bestimmungen der X. Verfassungsbeilage aufgehoben wurden. Dieser Ansicht wurde beigepflichtet und deßhalb sind in dem Gesetze vom 19. Januar 1872 nur die Bestimmungen des II. Abschnittes als Verfassungsnormen erklärt und ist auch nur über sie die Abstimmung nach Tit. X § 7 vorgenommen worden.

Auch schon vorher trat in dem Landtage 1855/56 bei Berathung des Gerichtsverfassungsgesetzes vom 1. Juli 1856 der gleiche Widerspruch zu Tage. Durch dieses Gesetz wurde der Art. 22 des Grundlagengesetzes vom 4. Juni 1848, der die Inamovibilität der Richter feststellte, aufgehoben. Fürst Wallerstein trat auch in diesem Falle als Wächter der Verfassung ein und führte aus, daß die ganze Welt das Grundlagengesetz bei dessen Berathung als ein Grundgesetz angesehen und daß Niemand dem Hinwegbleiben der Schlußklausel die ihr später zugeschriebene Tragweite beigemessen habe. Staatsminister Dr. Ringelmann trat jedoch im Widerspruche mit seiner im Jahre 1850 kundgegebenen Auffassung der Anschauung des Fürsten Wallerstein entgegen und erklärte, nach der Ansicht der k. Staatsregierung könne nur dann von einem Verfassungsgesetze die Rede sein, wenn dieß in einem Schlußartikel ausdrücklich ausgesprochen sei.

Anders wurde die Frage von dem Landtage 1873/75 behandelt. Auf Antrag des Abgeordneten Grafen Rambaldi wurde von der k. Staatsregierung ein Gesetzentwurf vorgelegt, durch welchen Art. 89 des Wasserbenützungsgesetzes abgeändert werden sollte, bezüglich dessen nur in den Einleitungsworten die Beobachtung der Formen des Tit. X § 7 konstatirt ist. Der Referent der Kammer der Reichsräthe, Professor Dr. Pözl, wies bei der Berathung des Antrags „Rambaldi" darauf hin, daß Art. 89 zu jenen Bestimmungen gehöre, von welchen der Eingang der betreffenden Gesetze ausdrücklich erkläre, daß sie unter Beobachtung der in der Verfassungsurkunde vorgeschriebenen Formen zu Stande gekommen seien; er habe deßhalb die Eigenschaft eines Verfassungsgesetzes und könne nur in den Formen abgeändert werden, welche für das Zustandekommen eines Verfassungsgesetzes vorgeschrieben seien. Die Kammer der Reichsräthe schloß sich dieser Anschauung an, behandelte den Antrag als Initiativantrag nach den Vorschriften des Gesetzes vom 4. Juni 1848 und nahm ihn bei dreimaliger Abstimmung jedesmal mit einer Dreiviertels-Majorität an. Da dieß in der Kammer der Abgeordneten nicht geschehen war, legte die k. Staatsregierung zur Beseitigung dieses Mangels selbst einen Gesetzentwurf vor. In den Motiven wurde Folgendes ausgeführt: „Da Art. 89 des Wasserbenützungsgesetzes zweifellos eine Erweiterung des Gesetzes vom 17. November 1837, die Zwangsabtretung von Grundeigenthum für öffentliche Zwecke betr., bildet, dieses Gesetz aber nach Inhalt des Art. XXII desselben als ein Verfassungsgesetz erklärt ist und demzufolge auch die Zustimmung zu dem Art. 89 des Wasserbenützungsgesetzes im Landtage seinerzeit unter den in der Verfassungsurkunde Tit. X § 7 vorgeschriebenen Formen erfolgte, so sind die gleichen Formen auch bei der Beschlußfassung der Kammern über den gegenwärtigen, den Vollzug jenes Art. 89 betreffenden Gesetzentwurf zu beobachten." (Verhandl. d. K. d. Abg. Beil.-Bd. IV S. 252.) Das Gesetz wurde unter diesen Formen angenommen, enthält aber die Schlußklausel nicht, durch welche es als Verfassungsgesetz erklärt wäre.

Dieser schwankenden und sich widersprechenden Praxis der Gesetzgebungsfaktoren entsprechend wurden in der Zeitperiode nach dem Jahre 1848 außer dem Gesetze über den Geschäftsgang des Landtages vom 29. Juli 1850, dem Gesetze über die Ernennung des ersten Präsidenten der Kammer der Reichsräthe vom 28. Mai 1852 und dem Gesetze vom 15. April 1875, betreffend den Art. 89 des Wasserbenützungsgesetzes, eine Reihe von Gesetzen vom Landtage angenommen, welche Verfassungsänderungen enthalten und über welche auch in den Formen des Tit. X § 7 abgestimmt wurde, ohne daß ihnen die Schlußklausel beigefügt worden wäre. Unter diesen Gesetzen befindet sich auch das Finanzgesetz vom 29. Juli 1876, das in § 7 die Civilliste des Königs erhöhte und dessen konstitutioneller Charakter in dieser Beziehung gewiß von Niemandem bestritten werden kann. In einer Reihe von Finanzgesetzen der letzten 25 Jahre ist die Konstatirung enthalten, daß die den Richtern gewährten Gehaltszulagen nicht pragmatische Eigenschaft haben. Ueber diese gewiß eine Verfassungsnorm enthaltenden Bestimmungen wurde zwar immer nach Tit. X § 7 abgestimmt, die Beifügung einer Schlußklausel aber niemals für nöthig erachtet.

Das Gesetz über den Verwaltungsgerichtshof vom 8. August 1878 enthält in seinen Einleitungsworten die Konstatirung, daß bezüglich des Art. 2 Abs. 1, Art. 7 Abs. 2, Art. 8 Ziff. 10, Art. 10 Ziff. 11, Art. 45 Abs. 4, Art. 47 und Art. 53 die in Tit. X § 7 vorgeschriebenen Formen beobachtet seien. Der Art. 53 bestimmt, daß die Bestimmung des Art. 2 Abs. 1, demzufolge die Mitglieder des Verwaltungsgerichtshofes die den Richtern zustehenden Rechte genießen, nur unter den für Veränderungen der Verfassung vorgeschriebenen Formen aufgehoben oder abgeändert werden könne. Daraus folgert man, daß in diesem Gesetze nur der Art. 2 Abs. 1 eine Verfassungsnorm enthalte, während die übrigen in den Einleitungsworten allegirten Bestimmungen lediglich als einfache Gesetze anzusehen seien.

Aus den Kammerverhandlungen ergibt sich jedoch, daß Staatsregierung und Landtag die Sache anders aufgefaßt haben. Nach der Absicht der Staatsregierung sollte die Vorschrift des Art. 2 Abs. 1 keine Verfassungsbestimmung werden. Bei der Berathung des Gesetzes wurde aber im V. (besonderen) Ausschusse (Verhandl. d. K. d. Abg. 1877/78, Beil.-Bd. III S. 119) angeregt, daß diese Bestimmung unter den Schutz der Verfassung gestellt und deßhalb im Eingange als solche bezeichnet werden müsse, die unter den Formen des Tit. X § 7 angenommen worden sei. Der damalige Ministerialdirektor von Riedel (der jetzige Herr Finanzminister) erklärte jedoch, daß Art. 2 keine bestehende Bestimmung der Verfassung abändere und es deßhalb auch nicht nothwendig sei, bezüglich desselben die in Tit. X § 7 vorgeschriebenen Formen zu beobachten. Wollte man aber die Mitglieder des Verwaltungsgerichtshofes ausdrücklich unter den Schutz der Verfassung stellen, so müßte man am Schlusse des Gesetzes eine Verfassungsbestimmung dahin treffen, daß die Vorschriften des Art. 2 einen Bestandtheil der Verfassung bilden sollten. Eine ähnliche Erklärung gab auch (S. 160 l. c.) der k. Kultusminister ab. Der Ausschuß beschloß, den Art. 2 Abs. 1 in die Einleitungsworte als nach Tit. X § 7 zu behandeln aufzunehmen und zugleich am Schlusse eine den Anregungen der Staatsregierung entsprechende Bestimmung — den jetzigen Art. 53 — einzustellen. Beide Kammern folgten seinen Anträgen.

Hieraus ergibt sich, daß damals Staatsregierung und Landtag der Anschauung waren, daß, wenn ein bestehendes Verfassungsgesetz abgeändert werde, das an seine Stelle tretende neue Gesetz schon dadurch ein Bestandtheil der Verfassung werde, daß es unter den Formen des Tit. X § 7 votirt wird, daß aber ein völlig neues Gesetz nur durch die Schlußklausel zu einem Verfassungsgesetze werden könne.

Geht schon daraus hervor, daß auch die übrigen, lediglich nach Tit. X § 7 angenommenen Bestimmungen nach der Absicht der Staatsregierung und des Landtags Verfassungsnormen sein sollten, so kommt dazu noch, daß durch dieselben die Kompetenzen, die der Staatsrath als entscheidendes Organ hatte, dem Verwaltungsgerichtshofe übertragen und daß durch Art. 7 Abs. 2 (Vorgerichtstellung höherer Beamten wegen Dienst-Verbrechen oder Vergehen) § 16 der IX. Verfassungsbeilage, durch Art. 8 Ziff. 10 und Art. 47 (Zwangsabtretung) der Art. XVIII des Gesetzes vom 17. November 1837, durch Art. 10 Ziff. 11 und Art. 45 Abs. 4 (kirchliche Simultanverhältnisse) § 92 der II. Verfassungsbeilage abgeändert wurden, — gewiß lauter Aenderungen, denen ein konstitutioneller Charakter nicht abgesprochen werden kann.

Wie in der Praxis, so gehen auch in der Theorie die Meinungen auseinander.

In Pözl's Verfassungsrecht V. Aufl. S. 38 Note 6 wird die Anschauung vertreten, daß die Verfassungsurkunde selbst die Form für die Fortbildung der Verfassung in Tit. X § 7 vorgezeichnet hat und daß man die Aenderungen und Zusätze, welche sie unter Beobachtung dieser Form seit 1818 erhalten hat, füglich Verfassungsnovellen nennen kann. Es sei daher die Ansicht die richtigere, daß solche Gesetze, welche eine Abänderung von Verfassungsbestimmungen enthalten, welche also bestehende Normen durch neue ersetzen sollen, schon dann die Eigenschaft von Verfassungsgesetzen haben, wenn konstatirt ist, daß sie in den Formen des Tit. X § 7 zu Stande gekommen sind. Es entspreche dem Willen des Gesetzgebers, daß er das neue Gesetz, welches an die Stelle eines älteren Verfassungsgesetzes treten soll, in aller und jeder Beziehung an seine Stelle setzen, ihm also auch dieselbe Kraft wie dem älteren verleihen wolle. In der neueren Zeit sei es aber üblich geworden, ausdrücklich durch eine Schlußklausel zu erklären, daß ein Gesetz Verfassungsgesetz sein solle, so z. B. in den Gesetzen vom 19. Januar 1872 über den Geschäftsgang des Landtages und vom 24. März 1872 über die Ergänzung des Pferdebedarfes in der Armee.

Leider ist es in der Folge bei dieser Uebung nicht geblieben.

Pfeil weist in Brater's Verfassungsurkunde IV. Aufl. 1872 in ausführlicher und auf die speziellen Gesetze eingehender Weise S. 13 u. ff. nach, daß, wenn entweder eine Verfassungsbestimmung authentisch interpretirt oder eine Verfassungsbestimmung durch eine andere Formulirung oder durch anderweitige Normirung des bezüglichen Rechtsverhältnisses geändert werde, schon das Zustandekommen des Gesetzes nach den Formen des Tit. X § 7 sogar ohne ausdrückliche Konstatirung mit innerer Nothwendigkeit die Annahme bedinge, daß die neue Bestimmung mit ihrem von der bisherigen Verfassung abweichenden Inhalte derselben einverleibt sei, daß dagegen Zusätze, welche keine der bisherigen Verfassungsbestimmungen abändern oder aufheben, als Verfassungsgesetze nur dann gelten, wenn der Gesetzgeber eine positiv erkennbare bezügliche Bestimmung treffe.

Brater vertritt in den ersten drei Auflagen seiner Verfassungsurkunde die Anschauung, daß die Einhaltung der Formen des Tit. X § 7 für die Verfassungseigenschaft eines Gesetzes nicht entscheidend, sondern daß von einem Verfassungsgesetze nur dann die Rede sei, wenn der Wille des Gesetzgebers durch eine Schlußklausel ausgesprochen werde. Die gleiche Anschauung wird in den Blättern für administrative Praxis Bd. XVIII S. 257 ff. vertreten, jedoch wird am Schlusse zugegeben, daß von einer jeder Anfechtung entrückten Praxis nicht gesprochen werden könne.

Seydel vertritt in seinem bayerischen Staatsrecht I. Auflage Bd. III S. 575 die Anschauung, daß die Erwähnung in der Eingangsformel eines Gesetzes, es sei Tit. X § 7 der Verfassungsurkunde beobachtet worden, nicht immer genüge, um das Gesetz als Verfassungsgesetz zu kennzeichnen; dieß müsse allerdings angenommen werden, wenn das neue Gesetz keine Bestimmung der Verfassung ändere, aber es sei nicht der Fall, wenn es sich um ein Verfassungsänderungsgesetz handle. Denn eine Verfassungsbestimmung könne auch durch ein einfaches Gesetz ersetzt werden, und da keine Rechtsvermuthung bestehe, daß der Gesetzgeber die Absicht habe, das Abänderungsgesetz auch als Verfassungsgesetz zu erklären, so müsse diese Absicht ausdrücklich erklärt werden. Uebrigens ergebe sich die Verfassungseigenschaft mancher Gesetze schon von selbst aus ihrem Inhalte, so daß es einer Hervorhebung derselben gar nicht bedürfe. Dieß sei der Fall bei Gesetzen, durch welche eine Verfassungsbestimmung bindend erläutert oder in ihrem Wortlaut verändert werde.

Kahr, Kommentar zum Gesetze über den Verwaltungsgerichtshof S. 270, nimmt eine bestimmte Stellung in der Kontroverse nicht ein und meint nur, daß für die Ansicht, daß ein Verfassungsgesetz durch die Beobachtung der Formen des Tit. X § 7 nicht entstehe, die neuere Gesetzgebungspraxis spreche und daß sie bei der Berathung des Gesetzes über den Verwaltungsgerichtshof eine neue Bestätigung gefunden habe.

Diesen theoretischen Meinungen gegenüber möchte ich vor Allem bemerken, daß die Anschauung des Herrn von Kahr, als ob die Behandlung des Gesetzes über den Verwaltungsgerichtshof dafür zeuge, daß ein Verfassungsgesetz durch eine Schlußklausel als solches gekennzeichnet werden müsse, durch die Aeußerungen des Herrn Finanzministers und des damaligen Herrn Kultusministers widerlegt ist, wonach es nur für eine ganz neue Bestimmung der Schlußklausel bedürfe, um sie als Verfassungsnorm zu erklären. Die weitere Meinung des Herrn von Kahr, daß nach der neueren Gesetzgebungspraxis für alle Verfassungsgesetze die Schlußklausel aufgenommen werde, ist leider ebenso unrichtig wie die gleiche Anschauung des Herrn von Pözl, da auch diese neuere Gesetzgebungspraxis eine ebenso widersprechende und schwankende ist wie die frühere.

Was aber die in Seydel's Staatsrecht vertretene Auffassung betrifft, so ist vor Allem bedenklich, daß es nach derselben auch Verfassungsgesetze geben soll, deren konstitutioneller Charakter schon durch ihren Inhalt bestimmt werde und einer ausdrücklichen Hervorhebung gar nicht bedürfe. Hiedurch würde zweifellos die Ungewißheit darüber, was Verfassungsnorm ist, noch mehr gesteigert werden, als es bei der bisherigen Behandlung der Fall war. Die Unterscheidung zwischen neuen Verfassungsgesetzen, die schon durch die Beobachtung der Formen des Tit. X § 7 solche würden, und Verfassungsabänderungsgesetzen, die nur durch Anwendung der Schlußklausel Verfassungsgesetze werden könnten, scheint mir eine willkürliche und dürfte im Gegentheile der von der Staatsregierung ausgesprochenen Meinung der Vorzug gebühren, daß es für ganz neue Gesetze nothwendig sei, die Verfassungseigenschaft in der Schlußklausel festzustellen. Die Behauptung Seydel's, daß es keine Rechtsvermuthung dafür gebe, daß ein Verfassungsänderungsgesetz selbst wieder Verfassungsgesetz sein solle, dürfte kaum richtig sein. Nach meinem Dafürhalten spricht der alte Rechtssatz: „surrogatum capit naturam ejus rei, in cujus locum surrogatum est“ in der That die von Seydel vermißte Rechtsvermuthung aus. Dafür spricht übrigens auch der schwerwiegendste innere Grund. Denn wenn nur jene Verfassungsabänderungen Verfassungsgesetze wären, in welchen diese Eigenschaft in einer Schlußklausel erklärt wird, dann würde unsere Verfassungsurkunde ein trauriges Skelet bilden. Jedes Gebäude, in welchem herausgenommene Theile nicht wieder durch neue ersetzt werden, ist der Gefahr des Verfalles ausgesetzt und in einer Zeit, in welcher wir, wie in der Jetztzeit, so vielen äußeren und inneren Feinden unserer Verfassung gegenüberstehen, wäre es doppelt gefährlich, aus derselben immer eine Bestimmung nach der anderen herauszubröckeln und das, was wir an ihre Stelle setzen sollten, nur als einfache Gesetze anzusehen.

In der Praxis der Gesetzgebungsfaktoren sind verschiedene Abweichungen wohl nur durch Opportunitätsrücksichten zu erklären; solche sollten aber doch nicht zur Geltung kommen, wenn es sich um das Grundgesetz des Staates und um die Grundlagen unserer politischen Existenz handelt!

Dieser Gefahr muß damit begegnet werden, daß alle Gesetze, die in den Formen des Tit. X § 7 zu Stande gekommen sind und denen es durch die Eingangsformel gleichsam an die Stirne geschrieben ist, daß sie Verfassungsnormen enthalten, auch bei jeder Abänderung, die sie in der Folgezeit erfahren, als solche behandelt werden und daß gerade dann, wenn der Wille des Gesetzgebers darauf gerichtet ist, die abändernden Bestimmungen als einfache Gesetze nicht mehr unter den besonderen Schutz der Verfassung zu stellen, dieß ausdrücklich erklärt werden muß, und zwar um so mehr, als selbst Seydel der Ansicht ist, daß sich die Verfassungseigenschaft mancher Gesetze schon aus ihrem Inhalte ergebe und einer ausdrücklichen Bestimmung nicht bedürfe.

Schon aus diesem Gesichtspunkte allein war mein Antrag, den ich im Ausschusse auf Ergänzung der Einleitungsworte gestellt habe, vollkommen gerechtfertigt.

Dazu kommt aber auch noch eine weitere Erwägung. Verfassungsgesetze sind alle jene, durch welche Jemand gezwungen wird, sein Privateigenthum abzutreten. Dieß geht nicht nur aus Art. XXII des Zwangsenteignungsgesetzes vom 17. November 1837, wornach dieses als Grundgesetz des Reiches und als inhärirender Bestandtheil der Verfassung erklärt ist, sondern auch aus Tit. IV § 8 der Verfassungsurkunde selbst hervor. Deßhalb müssen doch wohl alle Gesetze, welche eine Ausdehnung der Zwangsenteignung bezwecken und die Modalitäten, unter denen sie statthaft ist, feststellen, nach Seydel's Anschauung und noch mehr nach den Motiven zu dem Gesetze vom 15. April 1875, die Bestimmungen des Art. 89 des Wasserbenützungsgesetzes betreffend, als Verfassungsgesetze betrachtet werden.

Solche Normen enthalten zweifellos jene Artikel des Gesetzentwurfes, deren Aufnahme in die Einleitungsworte ich im Ausschusse beantragt habe.

Die Berechtigung des Pflichtigen, für die Grundrenten nach Art. 29 des Gesetzes vom 4. Juni 1848 ein Bodenzinskapital zu bestellen oder dieselben nach Art. 30 durch Annuitätenzahlungen abzulösen, stellt sich als Zwangsenteignung dar, und die fraglichen Bestimmungen setzen in ihrem Abs. 2 die Sicherheit fest, welche der Berechtigte für das Bodenzinskapital oder die Annuitäten haben soll. Deßhalb ist es gewiß ein Uebersehen, daß das Grundentlastungsgesetz vom 28. April 1872 weder in den Einleitungsworten noch durch eine Schlußklausel als Verfassungsgesetz bezeichnet ist, während das Gesetz vom 2. Februar 1898 über die Fortsetzung der Grundentlastung in den Einleitungsworten die Art. 1 und 5 als Verfassungsnormen bezeichnet.

Von dem Berggesetze vom 20. März 1869 sind in der Eingangsformel die Art. 129 (Abtretung von Grundstücken), Art. 134 (Sicherstellung der Rechte der Realberechtigten und Uebertragung der Ansprüche des Grundeigenthums auf dieselben) und Art. 135 (Erlöschung der Hypotheken- und Verfügungsbeschränkungen) als Verfassungsnormen erklärt.

Das Gleiche ist der Fall bezüglich des Art. 67 der rechtsrheinischen Gemeindeordnung und des Art. 51 der pfälzischen Gemeindeordnung, welche beide von der Umwandlung der Stiftungen handeln, deren Zweck unausführbar geworden ist, und welche Tit. IV § 10 der Verfassungsurkunde ausdrücklich unter den Schutz der Verfassung stellt.

Aus gleichem Grunde ist auch der für das Gesetz über den Verwaltungsgerichtshof vom 8. August 1878 vorgeschlagene Art. 10 Ziff. 3a, der die letztinstanzielle Entscheidung über die Umwandlung oder Aufhebung einer Stiftung dem Verwaltungsgerichtshofe überträgt, als Verfassungsnorm anzusehen.

Aus allen diesen Gründen bin ich auch heute noch der Ueberzeugung, daß die Einleitungsworte des Gesetzentwurfes der von mir beantragten Ergänzung bedürfen. Ich halte jedoch, der erst in jüngster Zeit etwas in's Schwanken gerathenen Praxis der Abgeordnetenkammer folgend, dafür, daß der von dem Ausschusse bestellte Referent auf die Vertretung der Ausschußbeschlüsse beschränkt und demnach nicht berechtigt sei, im Plenum von denselben abweichende Abänderungsanträge zu stellen. Deßhalb muß ich mich damit begnügen, bei der hohen Wichtigkeit der Frage, um die es sich handelt, meine Ansicht zur Kenntniß der verehrlichen Mitglieder der hohen Kammer zu bringen und es ihnen zu überlassen, den geeigneten Ergänzungsantrag zu stellen.

Auch für den Fall, daß dieß wider Erwarten nicht geschieht, hoffe ich, daß meine vorliegenden Bemerkungen nicht ganz vergeblich sein, sondern wenigstens für die Folge bewirken werden, die Praxis des hohen Hauses so zu konsolidiren, daß die Frage, unter welchen Bedingungen eine Verfassungsnorm zu Stande komme, nicht mehr den jetzt bestehenden, nach meinem Dafürhalten verhängnißvollen Zweifeln unterliegen kann.

München, den 30. März 1899.

von Walter, Abgeordneter.

S. 566.

10.
Verhandlungen des Justiz-Gesetzgebungsausschusses der Kammer der Abgeordneten.

33.
Protokoll

über die Sitzung des besonderen (XVIII.) Ausschusses der Kammer der Abgeordneten zur Berathung der durch die Einführung des Bürgerlichen Gesetzbuchs veranlaßten Gesetzentwürfe.

(Verhandl. d. Justiz-Gesetzg.-Aussch. d. K. d. Abg. 1899. Beil.-Bd. XX, Abth. II, S. 566 bis 573.

München, den 11. April 1899, Vormittags 9½ Uhr.

Gegenwärtig:

Die Vertreter der k. Staatsregierung: der k. Staatsminister der Justiz Dr. Freiherr von Leonrod, Excellenz, der k. Senatspräsident am obersten Landesgerichte Dr. Ritter von Jacubezky, der k. Ministerialrath im Staatsministerium der Finanzen, Kronanwalt Ritter von Schubart, der k. Ministerialrath im Staatsministerium der Finanzen Ritter von Huber, der k. Oberregierungsrath im Staatsministerium des Innern Krazeisen;

ferner die Ausschußmitglieder: von Stobäus, Vorsitzender, Wagner, Stellvertreter des Vorsitzenden, Dr. Casselmann, Schriftführer, Michel, Stellvertreter des Schriftführers, Beckh, Conrad, Fuchs, Joseph Geiger, Landmann, Lerno, Seeberger, Segitz, von Walter (Joseph Huber und Dr. Ratzinger entschuldigt).

Tagesordnung:

1. **Abänderungsbeschlüsse des Justiz-Gesetzgebungsausschusses der Kammer der Reichsräthe**

   I. . . . . .

   II. zum Entwurf eines Gesetzes, die durch die Einführung des Bürgerlichen Gesetzbuchs veranlaßten Aenderungen der seit 1818 erlassenen Gesetze betreffend (Beilage L).

2. . . . . .

Vorsitzender **von Stobäus** eröffnet um 9 Uhr 35 Minuten die Sitzung.

Vorsitzender: . . . . . . Wir kommen nun zu den

Abänderungsbeschlüssen des Justiz-Gesetzgebungsausschusses der Kammer der Reichsräthe zum Entwurf eines Gesetzes, die Aenderungen der seit 1818 erlassenen Gesetze betreffend (Beilage G).

Abg. **von Walter** (Referent): Zu **Artikel** 2 Ziff. I wurde in Abs. 3 (Nr. 1) vom Ausschusse der Kammer der Reichsräthe eine Aenderung vorgenommen, die nur redak‖tionelle Bedeutung hat. Es ist nämlich in unserem Beschlusse gleichlautend mit der Regierungsvorlage gesagt worden, „eines Auszugs des Messungsverzeichnisses". Der Ausschuß der Kammer der Reichsräthe hat aber gesetzt: „eines Auszugs aus dem Messungsverzeichniß." Dagegen wird wohl nichts zu erinnern sein.

S. 567.

Abg. **Conrad** (Korreferent): Ich habe ebenfalls nichts dagegen zu erinnern.

Vorsitzender: Angenommen.

Abg. **von Walter** (Referent): In **Artikel** 4 Ziff. I (Nr. 2) ist eine Aenderung getroffen, die lediglich in einer Versetzung des Wortes „jedoch" besteht.

Es ist im Ausschusse der Kammer der Reichsräthe gesagt worden, daß es so aussehe, als ob man einen Hexameter oder Pentameter hätte machen wollen. Die Arbeit, mit der man sich beim Gesetzmachen befaßt, ist allerdings keine poetische, sondern eine sehr prosaische, und es ist deßhalb, glaube ich, ein Beweis eines gewissen Idealismus, wenn man da noch an Hexameter und Pentameter denken kann. Ich beantrage, der Aenderung zuzustimmen, und meine, wir dürfen uns freuen, daß damit anerkannt ist, daß wir uns unsere poetische Ader trotz des Ernstes der Arbeit bewahrt haben. (Heiterkeit.) S. 567.

Vorsitzender: Die Aenderung ist angenommen.

Abg. **von Walter** (Referent): Eine etwas bedeutende Aenderung ist im **Artikel 5** (Nr. 3) getroffen worden. Hier wurde in Ziff. I der Nummer 4 eine andere Fassung gegeben. Im Ausschusse der Kammer der Reichsräthe wurde beanstandet, daß im Allgemeinen die Rechtswirksamkeit der Ladung von der Zustellung der schriftlichen Mittheilung nur insoweit abhängig gemacht werden soll, als es sich um den Eintritt der im Artikel XII bestimmten Beschränkung des Eigenthümers in der thatsächlichen Verfügung handelt. Es wurde hervorgehoben, daß es sich schon für den Antragsteller um den Rechtsnachtheil der Verurtheilung in die Kosten des durch sein Ausbleiben vereitelten Termines, für den Abtretungspflichtigen aber nicht blos um diesen Rechtsnachtheil, sondern im Falle wiederholten Ausbleibens auch darum handelt, daß er mit seinen Einwendungen gegen die Zwangsabtretung ausgeschlossen wird. Die Verwirklichung dieser Rechtsnachtheile setze aber doch voraus, daß die Zustellung dieser Mittheilung ordnungsmäßig erfolgt sei. Es wurde der Antrag gestellt, in Abs. 2 Satz 2 nach dem Worte „Ladung" einzuschalten: „an andere Personen als die Antragsteller und die Eigenthümer der abzutretenden Liegenschaften". Dieser Antrag wurde auch angenommen und in Folge dieses Beschlusses wurde von der Redaktionskommission die jetzige Fassung der beiden Absätze festgesetzt. Der Unterschied besteht darin, daß die schriftliche Mittheilung der Ladung dem Antragsteller und dem Abtretungspflichtigen ordnungsgemäß zugestellt werden muß, daß aber bei den übrigen Betheiligten (Artikel XI) dieses Erforderniß wegfällt.

Sowohl die k. Staatsregierung in ihrer Vorlage als wir bei unserer Beschlußfassung haben uns auf die Analogie des Flurbereinigungsgesetzes gestützt und hat uns die ursprüngliche Fassung genügt. Ein Bedenken besteht aber meines Erachtens dagegen nicht, daß dem Antragsteller und dem Abtretungspflichtigen gegenüber die Zustellung der schriftlichen Mittheilung ordnungsmäßig bethätigt werden muß. Deßhalb beantrage ich Zustimmung zu der Abänderung im Artikel 5.

Abg. **Conrad** (Korreferent): Der Herr Referent hat schon die Gründe entwickelt, warum man im Reichsrathskammer-Ausschusse eine größere Sicherung der Betheiligten herbeiführen wollte. Es ist zwar die Analogie des Flurbereinigungsgesetzes bei den Verhandlungen etwas stark hervorgehoben bezw. bemängelt worden. Ich glaube übrigens, daß, sowie die Fassung jetzt vorliegt, sie als sachgemäß und wohlmotivirt gelten kann. Ich habe eine Erinnerung nicht zu machen.

Vorsitzender: Der Antrag des Herrn Referenten ist angenommen.

Abg. **von Walter** (Referent): Der **Artikel 10** behandelt das Gesetz vom 15. Juni 1850, den Ersatz des Wildschadens betreffend. Wir haben einen neuen Artikel 8a eingesetzt bezüglich der Geltendmachung des Anspruchs auf

S. 567. **Wildschadenersatz.** Der Ausschuß der Kammer der Reichsräthe (Nr. 4) hat zu dieser Bestimmung noch einen Zusatz gemacht, der dahin geht:

„Die Ortspolizeibehörde soll die Anmeldung sofort dem Ersatzpflichtigen mittheilen.“

Ich glaube, wir waren darüber einig, daß die Anmeldung bei der Ortspolizeibehörde zu dem Zweck geschehen muß, daß sie auch Mittheilung macht. Es schadet aber nichts, wenn man das ausdrücklich sagt, und deßhalb beantrage ich Zustimmung.

Abg. **Conrad** (Korreferent): Dieser Zusatz, der einer Anregung der k. Staatsregierung entspringt, entspricht ganz dem Grundgedanken, der schon bei unserer erstmaligen Berathung als stillschweigende Voraussetzung galt. Ich finde ihn begründet und bin damit einverstanden.

Vorsitzender: Der Antrag des Herrn Referenten ist angenommen.

Abg. **von Walter** (Referent): Der **Artikel 21** beschäftigt sich mit dem Gesetze vom 16. April 1868 über Heimat, Verehelichung und Aufenthalt. Hier wurde im Ausschusse der Kammer der Reichsräthe (Nr. 5) der Artikel 40 einer Umänderung unterzogen. Der Artikel 40 hat nach unserer Fassung einfach im Abs. 1 die Bestimmung enthalten: „unbeschadet dessen, was das Gesetz vom 8. August 1878, betreffend die Errichtung eines Verwaltungsgerichtshofes und das Verfahren in Verwaltungsrechtssachen bestimmt“. Es hat sich darum gehandelt, die Zuständigkeit des Verwaltungsgerichtshofes festzulegen und zugleich die ursprüngliche Bestimmung des Artikel 40 aufrecht zu erhalten, welche dahin geht, daß in den Fällen, in welchen nicht der Verwaltungsgerichtshof zuständig ist, die Kreisregierung in zweiter und letzter Instanz zu entscheiden hat.

Im Ausschusse der Kammer der Reichsräthe ist nun angeregt worden, ob überhaupt noch eine Beschwerde, welche an die Kreisregierung zu richten ist, gegeben sei, da Artikel 35 des Gesetzes aufgehoben werden solle und es deßhalb angezeigt wäre, den Artikel 40 Abs. 1 lediglich auf Feststellung der Kompetenz des Verwaltungsgerichtshofes zu beschränken. Seitens des Vertreters des k. Staatsministeriums des Innern wurde geltend gemacht, daß es noch Fälle einer Beschwerde geben könne, für welche, da eine Verwaltungsrechtssache nicht vorliege, nicht der Verwaltungsgerichtshof, sondern die Kreisregierung zuständig sei. Die Ziff. XIII wurde deßhalb zurückgestellt. Durch die Redaktionskommission wurde dem Artikel 40 die in dem bezüglichen Protokoll enthaltene Fassung gegeben, die sachlich keine Aenderung enthält und nur zum
S. 568. Ausdruck || bringt daß der Verwaltungsgerichtshof lediglich zuständig sei, wenn es sich um Verweigerung des Verehelichungszeugnisses oder um die Ertheilung desselben gegen einen nach Artikel 36 erhobenen Einspruch handelt, während die übrigen Beschwerdeu an die Kreisregierung zu richten seien.

Gegen die Fassung ist nach meinem Dafürhalten nichts zu erinnern und es fällt dadurch der Beschluß zu Ziff. XIII Nr. 1 weg.

In der zweiten Lesung hat der Ausschuß der Kammer der Reichsräthe dem Artikel 40 noch zwei neue Absätze 3 und 4 angefügt. Sie enthalten Uebergangsvorschriften für den Fall, wenn die Bekanntmachung des Verehelichungsgesuches noch vor dem Inkrafttreten des Bürgerl. Gesetzbuchs erfolgt. Für diesen Fall soll es bezüglich des Aufgebotes bei den bisherigen Bestimmungen bleiben, ein bei der Gemeindeverwaltung oder Distriktspolizeibehörde erhobener civilrechtlicher Einspruch aber dem Standesbeamten mitgetheilt werden.

Ich halte diese Ergänzung für zweckmäßig und habe nur die einzige Frage anzuregen, ob es nicht besser wäre, die beiden Absätze nicht hier, sondern erst als Uebergangsvorschriften bei der Ziff. XXI einzustellen. Wir haben das auch in anderen Fällen so gemacht. S. 568.

Senatspräsident Dr. **von Jacubezky:** So ist auch der Beschluß des hohen Ausschusses der Kammer der Reichsräthe aufzufassen. Die 21 Ziffern bilden den ersten Absatz; dann kommt als Abs. 2 die Vorschrift über die Heimat vereinkindschafteter Kinder und auf diesen sollen die neuen Absätze 3 und 4 folgen.

Abg. **von Walter** (Referent): Ich beantrage Zustimmung.

Abg. **Conrad** (Korreferent): Vielleicht wäre noch zu Artikel 11 unseres Gesetzentwurfes zu erwähnen, daß dieser nach dem Beschlusse des Ausschusses der Kammer der Reichsräthe die Streichung erfahren hat. Auf die Gründe will ich mich hier nicht mehr einlassen, sie sind vom Herrn Reichsrath von Hessert des Näheren angeführt worden. Da seinerzeit auf meinen Antrag die Fassung dieses Artikels erfolgt war, möchte ich hier nur einfach konstatiren, daß ich mit dieser Streichung selbst einverstanden bin. Sie ist im Benehmen mit uns erfolgt, wie auch seinerzeit im Reichsrathskammer-Ausschusse der Herr Ministerialkommissär hervorgehoben hat.

Was nun den Fall einer anderen Fassung des Artikel 40 betrifft, so hat der Herr Referent schon das Nähere ausgeführt. Es ist da von einem Schönheitsfehler gesprochen worden, daß die seltenen Fälle, welche zur Kreisregierung kompetirten, an erster Stelle erwähnt wurden, während die regelmäßigen Fälle, in denen der Verwaltungsgerichtshof zuständig ist, als Ausnahme behandelt wurden und im Hintergrund standen. Die jetzige Fassung ist daher der Sache entsprechender.

Nachdem es nun aufgeklärt ist, daß die Bestimmungen zu Ziff. XXI Abs. 3 und 4, die in der That als Uebergangsbestimmungen sich darstellen, auch als solche behandelt werden, habe ich eine weitere Bemerkung nicht zu machen.

Vorsitzender: Der Herr Referent hat die Zustimmung beantragt; ich darf wohl annehmen, daß der Antrag des Herrn Referenten zum Beschlusse erhoben ist.

Abg. **Lerno:** Ich möchte hier beim Heimatsgesetze, dessen Bestimmungen über die Legitimation außerehelich geborener Kinder wir theilweise anders textirt haben, mir erlauben, eine Anregung zu machen, die von großer Wichtigkeit ist, über eine Frage, welche bei hiesigen und auswärtigen Gerichten verschieden aufgefaßt wird und darum auch einen lebhaften Meinungsaustausch hervorgerufen hat und auch erst jüngst in einer Abhandlung in Nr. 7 der Blätter für Rechtsanwendung vom heurigen Jahre besprochen wurde.

Es wird nämlich bei einzelnen Amtsgerichten, wenn es sich um die Klage der Vormundschaft eines unehelichen Kindes gegen den Stuprator und im Falle seiner Vermögenslosigkeit gegen dessen Vater handelt, von der Anschauung ausgegangen, daß das Einführungsgesetz zum Bürgerlichen Gesetzbuch jetzt schon in Kraft getreten sei, daß demnach die Bestimmungen in Artikel 208 dieses Gesetzes von den Gerichten jetzt schon zu beachten sind. Es wird demnach in einzelnen solchen Fällen die Alimentenpflicht — zumal bei der bewiesenen exceptio plurium — nur noch bis 1. Januar 1900 ausgesprochen und insbesondere auch die subsidiäre Alimentenpflicht der väterlichen Ascendenten nur bis zu diesem Termin als zulässig erklärt. Diese Auffassung wird nicht

S. 568. nur von den Anwälten und Vertretern des beklagten Stuprators geltend gemacht, sondern ist auch in den Entscheidungen der Gerichte zum Ausdruck gekommen. Ich möchte auch weiter darauf hinweisen, daß in dem Kommentar von Fischer und Henle, der bei den Gerichten viel gebraucht wird, in Ziff. 1 der Anmerkungen zum Artikel 208 sich die Ausführung findet:

> Vom 1. Januar 1900 fällt die im bayerischen und preußischen Landrecht anerkannte subsidiäre Alimentationspflicht des väterlichen Großvaters weg; es kann also dermalen schon nicht mehr auf dieselbe über jenen Zeitpunkt hinaus anerkannt werden.

Ich möchte aber doch glauben, daß die Anschauung, das Einführungsgesetz sei bereits in Kraft getreten, bestritten werden kann trotz der Bestimmung in Artikel 2 der Reichsverfassung über die Verkündigung und das Inkrafttreten der Reichsgesetze. Ich war selbst Mitglied der Kommission zum Bürgerl. Gesetzbuch in Berlin und habe immer die Meinung vertreten, und viele meiner Herren Kollegen haben dasselbe gethan, daß das Einführungsgesetz auch erst mit dem Bürgerl. Gesetzbuch am 1. Januar 1900 in Kraft treten soll, und wenn man der gegentheiligen Anschauung Geltung hätte verschaffen wollen, so glaube ich, wäre es nothwendig gewesen, dieß ausdrücklich zu statuiren.

Ich möchte darauf hinweisen, daß, wenn die Anschauung für richtig anerkannt wird, daß dieses Gesetz jetzt schon gilt, man doch zu verschiedenen Anomalien kommen würde. Ich weise auf Artikel 6 des Einführungsgesetzes hin, dann namentlich auf Artikel 34 bis 51, worin es sich um Abänderungen verschiedener bestehender Gesetze, so beispielsweise des Strafgesetzbuchs und Personenstandgesetzes u. dgl. handelt. Ich glaube nicht, daß diese Abänderungen jetzt schon als in Kraft getreten erachtet werden können. Die Frage ist ebenso streitig als wichtig, und ich möchte darum die k. Staatsregierung bitten, sich, wenn möglich, darüber zu äußern.

Senatspräsident Dr. **von Jacubezky**: Eine Aeußerung der k. Staatsregierung kann ich nicht abgeben, denn über diese Frage sich schlüssig zu machen, hat die k. Staatsregierung keinen Anlaß gehabt. Ich kann also nur meine persönliche Anschauung mittheilen. Ich bin als Mitglied der zweiten Kommission bei der Abfassung des Gesetzes betheiligt gewesen und habe als Kommissär des Bundesraths auch an den Verhandlungen der Reichstagskommission theilgenommen; mit Rücksicht hierauf wünschen die Herren vielleicht, meine Ansicht zu hören.

Ich halte die Anschauung für richtig, daß das Einführungsgesetz schon in Kraft getreten ist. Das Gesetz bestimmt keinen Termin für sein Inkrafttreten, nach Artikel 2 der Reichsverfassung ist es also 14 Tage, nachdem das
S. 569. Reichs || gesetzblatt in Berlin ausgegeben worden ist, d. h. am 7. September 1896, in Kraft getreten. Seine Vorschriften haben allerdings nicht den Sinn, daß die Rechtsverhältnisse, für welche sie gegeben sind, sich jetzt schon nach ihnen bestimmen, sondern sie legen sich diese Wirksamkeit erst von dem Inkrafttreten des Bürgerl. Gesetzbuches an bei; aber das Gesetz sagt jetzt schon, was vom 1. Januar 1900 an gelten soll, es bestimmt jetzt schon, daß am 1. Januar 1900 die Reichsgesetze, welche in den Artikeln 33 bis 54 geändert werden, die neue Fassung erhalten, es bestimmt auch jetzt schon, daß der Unterhaltsanspruch der unehelichen Kinder gegenüber den väterlichen Großeltern für die Zeit nach dem 1. Januar 1900 nicht mehr besteht. Das ist also geltendes Recht.

Was den Artikel 6 anlangt, so kann seine Anwendung deßwegen noch nicht in Frage kommen, weil es vor dem Inkrafttreten des Bürgerl. Gesetzbuchs nicht möglich ist, daß ein Anspruch auf Grund des Bürgerl. Gesetzbuchs geltend gemacht wird. Wenn aber jetzt schon eine Rechtsnorm des Inhalts gilt, daß die Unterhaltspflicht der väterlichen Großeltern eines unehelichen Kindes sich über das Jahr 1899 nicht hinauserstreckt, so hat das Gericht diese Norm auch jetzt schon anzuwenden, und ich muß es deßhalb für richtig erachten, daß das hiesige Oberlandesgericht, wie mir bekannt geworden ist, in diesem Sinne erkannt hat. S. 569.

Abg. **Wagner:** Ich schließe mich den Ausführungen des Herrn Senatspräsidenten an. Man wird, nachdem im Einführungsgesetz ein Publikationstermin nicht enthalten ist, nach der Reichsverfassung annehmen müssen, daß der Termin, den der Herr Senatspräsident genannt hat, der richtige ist. Allerdings einige Schwierigkeiten werden wohl bestehen, so z. B., ob der Artikel 7 jetzt schon Geltung hat. Er betrifft eine Bestimmung des internationalen Privatrechts, aber ich glaube, es würde in diesem Falle vorauszusetzen sein, daß das Bürgerl. Gesetzbuch schon gilt, wenn der betreffende Artikel zur Anwendung kommen soll. Er spricht auch beispielsweise von der Geschäftsfähigkeit im Abs. 3, und diese Geschäftsfähigkeit ist ein Ausdruck des Bürgerl. Gesetzbuchs, nicht aber ein Rechtsinstitut des bisherigen Rechtes. Ich glaube deßhalb, daß man, wenn auch nicht auf den ersten Blick zu ersehen ist, daß solche Artikel erst mit dem Bürgerl. Gesetzbuch in Kraft treten, doch dieß annehmen muß, weil ihre ganze Tendenz die Geltung des Bürgerl. Gesetzbuchs voraussetzt.

Auch ich glaube, daß Artikel 208 des Einführungsgesetzes zum Bürgerl. Gesetzbuche schon jetzt Wirkungen äußert.

Vorsitzender: Wir können damit die Diskussion schließen.

Ich ersuche den Herrn Referenten, fortzufahren.

Abg. **von Walter** (Referent): **Artikel 32** (Nr. 6). Gegenüber dem von uns zu diesem Artikel gefaßten Beschlusse hat der Ausschuß der Kammer der Reichsräthe Ziff. I angenommen, wie folgt:

I. An die Stelle des Artikel 7 Abs. 2 treten folgende Vorschriften:

Der Verwaltungsgerichtshof ist berufen, in den Fällen, in welchen der Staat, eine Gemeinde oder ein anderer Kommunalverband wegen des Schadens in Anspruch genommen werden soll, den ein Beamter in Ausübung der ihm anvertrauten öffentlichen Gewalt vorsätzlich oder fahrlässig einem Dritten zugefügt hat, die Vorentscheidung darüber zu treffen, ob der Beamte sich einer Ueberschreitung seiner Amtsbefugnisse oder der Unterlassung einer ihm obliegenden Amtshandlung schuldig gemacht hat. Das Gleiche gilt, wenn ein Beamter wegen des Schadens in Anspruch genommen werden soll, den er durch eine in Ausübung oder in Veranlassung der Ausübung der ihm anvertrauten öffentlichen Gewalt vorgenommene Handlung einem Dritten zugefügt hat. Soweit der Staat oder der Verband, in dessen Dienste der Beamte steht, einen Schaden zu ersetzen hat, für den der Beamte selbst nicht verantwortlich ist, hat der Verwaltungsgerichtshof die Vorentscheidung darüber zu treffen, ob der Beamte seine Amtsbefugnisse überschritten oder eine ihm obliegende Amtshandlung unterlassen hat. Bei Handlungen eines Beamten der streitigen oder der freiwilligen Gerichtsbarkeit ist die Vorentscheidung nicht erforderlich.

Die Vorentscheidung ist für das Gericht bindend.

Soll der Anspruch gegen den Staat oder den Verband wegen schuldhafter Verletzung der Amtspflicht erhoben werden, so wirkt die

S. 569. Vorentscheidung auch für das Verhältniß zwischen dem Staate oder dem Verband und dem Beamten. Vor der Erlassung der Vorentscheidung ist der Beamte zu hören.

Die Vorschriften, wie wir sie beschlossen hatten, reichen nun nach der Ausdehnung, in der wir heute die Haftung des Staates für die Beamten festgestellt haben, nicht mehr aus und deßhalb wurde eine vollständige Umarbeitung des Artikel 7 Abs. 2 nothwendig.

Ich erkläre vor Allem, daß ich gegen den Abs. 3 nichts zu erinnern habe. Es ist ganz natürlich, daß nicht eine doppelte Entscheidung des Verwaltungsgerichtshofes nothwendig ist, einmal den Dritten gegenüber und dann den Beamten gegenüber. Hat der Verwaltungsgerichtshof festgestellt, daß ein Verschulden vorliegt, so muß sich der Beamte das gefallen lassen, und deßhalb ist mit Recht der Beamte vor der Erlassung der Vorentscheidung zu hören.

Was den Abs. 1 betrifft, so bezieht sich der erste Satz wohl auf Artikel 53, der zweite und dritte Satz dagegen auf Artikel 53a. Der letzte Satz, daß bei Handlungen eines Beamten der streitigen oder der freiwilligen Gerichtsbarkeit die Vorentscheidung nicht erforderlich ist, hat mich befremdet, weil ich den Unterschied nicht einsehe, der zwischen den Beamten der streitigen oder freiwilligen Gerichtsbarkeit und anderen Beamten besteht.

Die meisten Bedenken hat mir aber der zweite Absatz gemacht, daß die Vorentscheidung für das Gericht bindend ist. Die Vorentscheidung des Verwaltungsgerichtshofes soll blos die Zulässigkeit des Rechtsweges feststellen und es soll der Staat auf Schadensersatz nur in Anspruch genommen werden, wenn eine schuldhafte oder vorsätzliche Verletzung der Amtspflicht vorliegt. Dieß setzt voraus, daß der Verwaltungsgerichtshof sich von dem Vorhandensein eines Verschuldens überzeugt. Es ist aber gewiß außerordentlich bedenklich, wenn der Verwaltungsgerichtshof anticipando schon über den Klagegrund selbst entscheidet und die Entscheidung auch für das Gericht bindend sein soll. Wenn in anderen Fällen eine Schadensersatzklage gestellt wird, so geschieht es häufig, daß man die Verhandlung zunächst über den Klagegrund besonders pflegt, und wenn dann darüber entschieden ist, kommt erst die Schadensfeststellung; beide Verhandlungen gehören aber zur Zuständigkeit des Gerichts. Warum soll nun hier dem Gerichte die Entscheidung über den Klagegrund entzogen werden? Man hat sich dabei auf die bisherige Praxis bezogen. Aber es ist doch nicht allgemein so gewesen, es sind vielmehr Fälle vorgekommen, in denen die Entscheidung des Verwaltungsgerichtshofes einfach nicht als bindend anerkannt wurde. Herr Abg. Lerno ist vielleicht in der Lage, darüber Näheres mitzutheilen. Aber selbst wenn das bisher schon so gewesen wäre, so sage ich,
S. 570. es hat ein ausdrückliches Gesetz nicht bestanden, ‖ sondern es war das lediglich Sache der Gerichtspraxis, die sich auf Zweckmäßigkeitsgründe stützte. Nun stehen wir aber vor der Frage, ob wir die Gerichtspraxis in das Gesetz übernehmen oder die Sache anders und selbständig regeln und ob wir die Entscheidung über den Klagegrund wie in allen anderen Fällen ebenfalls den Gerichten zuweisen wollen. Ich nähme keinen Anstand, dann, wenn die Entscheidung über den Klagegrund den Gerichten abgenommen wird, auch die Feststellung des Schadensersatzanspruchs dem Verwaltungsgerichtshofe zu überlassen. Warum soll der Verwaltungsgerichtshof nicht ebensogut den Schaden feststellen als den Klagegrund? Diese letztere Thätigkeit ist doch wichtiger als die Schadensfeststellung.

Ich kann mich deßhalb mit dem Abs. 2 nicht befreunden und halte es für ganz in der Natur der Sache liegend, daß wir diesen Absatz streichen und

daß wir nur eine Entscheidung des Verwaltungsgerichtshofes darüber annehmen, S. 570.
daß der Prozeßweg zulässig sei. Ohne Kognition und ohne Eingehen auf die Frage, ob ein Verschulden des Beamten vorliegt, wird diese Entscheidung nicht getroffen werden können. Ich bin aber überzeugt, daß die Frage in dem Prozesse über den Schadensersatz viel besser und eingehender gewürdigt werden muß, als dieß für die Vorentscheidung nothwendig ist.

Vorbehaltlich weiterer Aufklärung beantrage ich die Streichung des Abs. 2.

Abg. **Conrad** (Korreferent): Ich kann die Bedenken des Herrn Referenten nicht theilen. Auch ich bin mit Abs. 3 vollständig einverstanden, damit eine Doppelentscheidung vermieden wird. Ich kann mich also auf den Inhalt des Abs. 1 und 2 beschränken. Nun meine ich aber gerade umgekehrt, daß eine höhere Garantie für den Staatsbeamten dadurch gegeben ist, wenn der höchste Gerichtshof die Vorentscheidung hat, ob ein Beamter sich eine Ueberschreitung seiner Amtsbefugnisse oder eine Unterlassung seiner Amtspflicht hat zu Schulden kommen lassen. Eine solche Entscheidung in die Hand des einfachen Gerichtes zu legen, scheint mir gefährlicher, als wenn man der Garantie, die der Verwaltungsgerichtshof bietet, sich bedient. Der letzte Satz des ersten Absatzes sagt ja, daß die Beamten der streitigen oder der freiwilligen Gerichtsbarkeit unter diese Bestimmung nicht fallen. Ich halte die jetzige Vorschrift für einen Fortschritt. Bisher hatten wir in der Pfalz die Bestimmung nach der Konstitution vom Jahre VIII, wonach ursprünglich der Staatsrath dahin zuständig war, darüber zu befinden, ob eine Ermächtigung zur Vorgerichtstellung des Beamten zu erfolgen habe oder nicht. Aber er hatte nicht eine materielle Würdigung der Sachlage vorzunehmen. Dieser Unterschied wird nun fallen. Ich finde es als sachgemäß und erinnerungslos, daß die bisherige Rechtsungleichheit zwischen der Pfalz und dem rechtsrheinischen Bayern hier in Wegfall kommt.

Senatspräsident Dr. **von Jacubezky**: Ich möchte zunächst die Bedeutung des Satzes 2 des Abs. 1 erklären, weil der Herr Referent diese Vorschrift nicht richtig aufgefaßt zu haben scheint. Die bisherige Fassung des Artikel 7 Abs. 2 spricht nicht blos von denjenigen Handlungen, die der Beamte in Ausübung der ihm anvertrauten öffentlichen Gewalt vornimmt, sondern auch von solchen Handlungen, die er in Veranlassung der Ausübuug der öffentlichen Gewalt vornimmt. Es sind neben den Amtshandlungen solche Handlungen gesetzt, zu denen die Ausübung des Amtes die Veranlassung gewesen ist. In manchen Fällen mag es zweifelhaft sein, ob eine Amtshandlung oder nur eine durch Amtshandlungen veranlaßte neben diesen herlaufende Handlung vorliegt. Der Entwurf konnte den Artikel 7 Abs. 2 nicht dahin ändern wollen, daß die Vorentscheidung bei den nur in Veranlassung der Ausübung der Amtsgewalt vorgenommenen Handlungen wegfällt. Für diese Handlungen, die nicht Amtshandlungen sind, haftet der Staat nicht, es kommt also nur die Verfolgung des Beamten in Frage. Außerdem haben wir, wie gestern erörtert worden ist, auch einen Fall, in dem der Beamte wegen einer Amtshandlung selbst in Anspruch genommen werden kann, das ist der Fall der Beschädigung eines Ausländers, wenn der ausländische Staat eine entsprechende Haftung Deutschen gegenüber nicht anerkennt. Da wir in diesem Falle auch unsere Haftung nicht anerkennen, so müssen wir es bei der Haftung des Beamten belassen. Diese Fälle bilden den Gegenstand des Satz 2. Sie setzen immer ein Verschulden voraus. Dieses Erforderniß ist als selbstverständlich nicht erwähnt; hier ist ja nicht zu bestimmen, unter welchen Voraussetzungen der Beamte haftet, sondern

S. 570. nur die Vorentscheidung für den Fall vorzuschreiben, daß die in anderen Gesetzen bestimmte Haftung des Beamten geltend gemacht wird.

Als vierten Satz enthält der Abs. 1 die Bestimmung:

„Bei Handlungen eines Beamten der streitigen oder der freiwilligen Gerichtsbarkeit ist die Vorentscheidung nicht erforderlich."

Diese Bestimmung entspricht dem geltenden Rechte, das bei diesen Beamten die Vorentscheidung nicht erfordert. Sie wird auch in anderen deutschen Staaten bei solchen Beamten nicht verlangt. Die Frage: Welches sind die Pflichten des Richters? ist stets als eine zur Zuständigkeit der Gerichte gehörende Frage angesehen worden. Es ist nicht die Aufgabe des Verwaltungsgerichtshofes, dem Gerichte zu sagen, was für den Richter Amtspflicht ist. Der zweite Absatz enthält gleichfalls keine Neuerung, er spricht nur dasjenige aus, was in den Landestheilen rechts des Rheins geltendes Recht ist. Wollte man ihn streichen, so würden Zweifel entstehen, ob es nicht bei der bisherigen Rechtsverschiedenheit zwischen den Landestheilen rechts des Rheins und der Pfalz verbleiben solle. Wie die Herren wissen, hat in der Pfalz die Vorentscheidung eine andere Bedeutung als bei uns, dort eröffnet sie nur die Zulässigkeit des Rechtswegs, bei uns ist sie eine endgiltige Entscheidung über das Verschulden. Der Entwurf will dasjenige, was in den Landestheilen rechts des Rheins gilt, auf das ganze Königreich erstrecken, nicht blos deßwegen, weil die Landestheile rechts des Rheins den bei weitem größeren Theil des Königreichs bilden, sondern auch aus dem Grunde, weil es der Stellung des Verwaltungsgerichtshofes als eines höchsten Gerichtshofes besser entspricht, endgiltig zu entscheiden, als eine Entscheidung zu gehen, die durch ein Gericht der unteren Instanz geändert werden kann. Die Frage des Verschuldens kann vom Verwaltungsgerichtshofe sehr wohl erledigt werden und es wird auch nur in seltenen Fällen vorkommen, daß das Gericht eine andere Entscheidung treffen würde. Ob diese besser sein würde, läßt sich nicht ohne Weiteres bestimmen. Ich glaube daher, daß es sich empfiehlt, der Entscheidung des Verwaltungsgerichtshofes die Bedeutung zu geben, welche die Regierungsvorlage ihr geben will. Die Behauptung, daß die Rechtsprechung in Bayern rechts des Rheins bisher getheilt gewesen sei, dürfte nicht richtig sein; jedenfalls sind oberstrichterliche Entscheidungen, welche der Vorentscheidung die bindende Wirkung absprechen, nicht vorhanden. Eine Gewähr dafür, daß nicht das eine oder andere Mal ein Untergericht eine andere Meinung geäußert haben sollte, kann ich freilich nicht übernehmen; das würde aber auch nicht maßgebend sein. Es ist auf einen bestimmten Fall aufmerksam gemacht worden, dessen Akten dem Ausschusse mitgetheilt worden sind. In diesem Falle hat sich das Oberlandesgericht auf den Standpunkt gestellt,
S. 571. den die Regierungsvorlage einnimmt, es hat ‖ ausdrücklich anerkannt, daß die Vorentscheidung für das Gericht bindend ist. Wenn es gleichwohl zur Abweisung des Schadensersatzanspruches gekommen ist, so hat das seinen Grund darin, daß der ursächliche Zusammenhang zwischen dem Verschulden und dem Schaden fehlte; das Gericht hat angenommen, daß der Schaden auch eingetreten sein würde, wenn der Beamte sich nicht der Unterlassung einer ihm obliegenden Amtshandlung schuldig gemacht hätte.

Abg. **Lerno:** Bezüglich des Abs. 2 stimme ich den Ausführungen des Herrn Abg. von Walter bei und theile seine Bedenken, wonach es sehr mißlich werden könnte, wenn man ausdrücklich zum Gesetz macht, daß die Vorentscheidung in diesem Fall für das Gericht bindend sein soll. Ich bin der Meinung, daß die Vorentscheidung des Verwaltungsgerichtshofes doch eigentlich nur den

Sinn haben kann und soll, daß sie den sonst vielleicht häufig vorkommenden chikanösen Klagen von Querulanten gegen Richter und sonstige Beamte vorbeugen soll. Es soll erst die Entscheidung über die Vorfrage erholt werden, ob in der That ein Verschulden des Beamten vorliegt, und erst dann, wenn diese Frage affirmativ entschieden ist, soll die Klage bei Gericht zugelassen werden. Die materielle Entscheidung der ganzen Sache, insbesondere die definitive Entscheidung über die Frage, ob und welches Verschulden des Beamten vorliegt, sollte aber den Gerichten vorbehalten bleiben, und es geht nach meinem Gefühl nicht an, diese außerordentlich wichtige Vorfrage den Gerichten ganz zu entziehen. Das geschieht aber durch diese neue Bestimmung und es hat das Gericht, wie Herr von Walter ganz richtig ausgeführt hat, eigentlich nur mehr mit der ziffermäßigen Liquidation des Schadens zu thun. Dann ist aber nicht abzusehen, warum man diese Liquidation nicht auch gleich dem Verwaltungsgerichtshofe überläßt. S. 571.

Ich habe schon betont, daß die Vorentscheidung durch den Verwaltungsgerichtshof nach meiner Auffassung einen Schutz der Beamten gegen muthwillige Prozesse bilden soll; wenn aber dessen Entscheidung für die Gerichte bindend sein soll, so würde im Falle einer affirmativen Entscheidung dieser Schutz schon um deswillen nicht vollständig genügend geboten sein, weil ja das Verfahren beim Verwaltungsgerichtshofe immerhin ein etwas summarischeres sein wird als bei den Gerichten. Der Verwaltungsgerichtshof kann ja Beweiserhebungen pflegen, aber er wird es doch nicht immer thun, während bei den Gerichten die Fälle eingehendst geprüft werden und oft erst nach mehrfach gepflogenen Beweiserhebungen zur Entscheidung kommen.

Der bisher geltende Text des Artikel 7 enthält diesen Satz nicht, warum sollen wir nun auf einmal unseren Gerichten in ihrer sonst ganz freien Feststellung und Beweiswürdigung eine solche Schranke ziehen?

Ich halte die Ausführungen des Herrn Abg. Conrad nicht für richtig, wenn er meint, es wäre besser, diese Entscheidungen in die Hand einer hohen Instanz zu legen als in die Hand eines einfachen Gerichts. Ich bin der Meinung, daß in der Hand des einfachen Gerichts die Sache doch vielleicht eingehender behandelt wird als bei dem mit Geschäften überlasteten Verwaltungsgerichtshof.

Wenn aber das Gericht seiner Aufgabe gerecht werden soll, so muß es ganz freie Hand haben, und ich sehe nicht ein, warum gerade in diesen doch sehr wichtigen Prozessen die Gerichte an die Vorentscheidung eines wenn auch noch so hohen Tribunals gebunden sein sollen, während die in allen anderen Sachen ganz frei erkennen. Wir haben in der bayerischen Prozeßordnung von 1869 die Bestimmung gehabt, daß die Feststellungen in einem Strafurtheile für die Gerichte bindend sein sollen; diese Beschränkung der Gerichte wurde aber durch die Reichscivilprozeßordnung wieder aufgehoben.

Ich habe mir nun durch Vermittelung des Justizministeriums die hier vorliegenden Civilakten des Landgerichts Würzburg erbeten, um über einen Fall, den wir im vorigen Jahre im Beschwerdeausschusse hatten, kurz hier zu berichten, nachdem derselbe zur vorliegenden Frage einschlägig ist.

Es hat sich um einen Schneider in Würzburg gehandelt, der seine Frau und Kinder in der Trunkenheit ständig mißhandelt hatte. In Folge dessen kam am 13. Februar 1892 die Frau zum Bezirksarzt in Würzburg — dem nachherigen Beklagten — und sagte, sie könne es mit ihrem Manne nicht mehr aushalten, sie bitte, ihn in das Irrenhaus zu verweisen, weil er zweifellos geistig gestört sei. Daraufhin hat der Bezirksarzt, ohne den Mann zu unter-

S. 571. suchen, ein Zeugniß ausgestellt, daß der Schneider an chronischem Alkoholismus leide und, weil er seine Familie bedrohe, polizeilich in eine Heilanstalt einzuschaffen sei. Auf Grund dieses Gutachtens wurde der Schneider am selben Abend noch in die psychiatrische Klinik in Würzburg gebracht. Der Bezirksarzt hatte auf Grund der Angabe der Ehefrau angenommen, es liege eine geistige Erkrankung vor, und hat ihn erst am nächsten Morgen, am 14. Februar 1892, untersucht. Doch bald stellte sich heraus, daß der Mann überhaupt nicht geisteskrank sei, und nach drei Tagen wurde er wieder aus der Anstalt entlassen. Der Schneider erhob nun gegen den Bezirksarzt Klage und zwar auf eine Entschädigungssumme von 3576 ℳ, die in der furchtbarsten Weise übertrieben war.

Der Verwaltungsgerichtshof hat mit Entscheidung vom 20. Juli 1894 ausgesprochen: „daß der k. Bezirksarzt sich bei Abgabe seines Gutachtens vom 13. Februar 1892 der Unterlassung einer ihm obliegenden Amtshandlung schuldig gemacht habe". Gleichwohl ist diese Klage in erster Instanz abgewiesen worden. Ich hatte damals im Beschwerdeausschusse die landgerichtlichen Prozeßakten nicht zur Hand, sondern lediglich einige Schriftstücke des Beschwerdeführers, die er an die Kammer eingesandt hatte. Aus dem Umstande, daß das Landgericht Würzburg die Klage abgewiesen hatte, mußte ich zu der Meinung kommen, daß dieses Gericht sich an den Ausspruch des Verwaltungsgerichtshofes nicht gebunden erachtet habe; denn nachdem der Verwaltungsgerichtshof erkannt hatte, es liege die Unterlassung einer obliegenden Amtsverpflichtung Seitens des Bezirksarztes vor, so hätte man glauben mögen, daß das Gericht auf einen Schadensersatz, wenn auch nicht in der eingeklagten Höhe, hätte erkennen müssen. Das Landgericht Würzburg hat nun aber in seinem die Klage abweisenden Urtheil vom 30. November 1895 anerkannt, daß der Ausspruch des Verwaltungsgerichtshofes bindend sei. Es heißt in den Motiven: „Das gesetzwidrige ungerechte Verhalten ist also hier an sich ausgeschlossen, dagegen fragt es sich, liegt schuldhaftes Verhalten vor und, nachdem dieses durch den Verwaltungsgerichtshof festgestellt ist, hat dasselbe einen solchen Grad erreicht, daß es eine civilrechtliche Haftung begründet?"

Die Abweisung der Klage ist also Seitens des Landgerichts damit motivirt worden, daß das vom Verwaltungsgerichtshof festgestellte Verschulden keine so hohe Schädigung war, um darauf eine civilrechtliche Haftung zu begründen. Ich bin weit entfernt, dieses Urtheil kritisiren zu wollen, aber man hat beim Lesen dieser Entscheidungsgründe doch das Gefühl, als ob hier in der That das erkennende Gericht unangenehm die Fesseln empfunden habe, welche ihm die Doktrin auferlegt, wonach der Beschluß des Verwaltungsgerichtshofes für dasselbe ein bindender war.

Nachdem der Schneider abgewiesen war, hat er Berufung zum Oberlandesgericht Bamberg ergriffen. Auch diese Berufung wurde abgewiesen und
S. 572. in den Entscheidungsgründen ‖ des Oberlandesgerichts heißt es gleichfalls: „Der Ausspruch des Verwaltungsgerichtshofes, daß dem Beklagten ein dienstliches Verschulden zur Last falle, ist für die Civilgerichte bindend." Das zweitinstanzielle Urtheil hat in den Motiven den Gründen der ersten Instanz beigepflichtet und dann noch als weiteren Grund der Abweisung der Klage angeführt, daß ein kausaler Zusammenhang zwischen dem eingetretenen Schaden und der Verfügung des Bezirksarztes nicht nachgewiesen werden könne, weil dieser zweifellos, auch wenn er den Schneider am 13. Februar Abends noch untersucht hätte, dessen Ueberführung in eine Heilanstalt wenigstens auf kurze Zeit angeordnet hätte.

Wenn es sich also jetzt darum handelt, ob wir diese Praxis von der bindenden Wirkung der Vorentscheidung des Verwaltungsgerichtshofes für die Gerichte, welche bisher im rechtsrheinischen Bayern gegolten haben mag, zum Gesetz erheben sollen, so kann ich mich absolut nicht dafür aussprechen, weil ich der Meinung bin, daß es einmal im Interesse der Beamten liegt, daß den Gerichten vollständig freie Hand gelassen wird, und weil es sodann auch für das Ansehen der Gerichte besser ist, wenn sie nicht durch eine derartige Vorentscheidung gebunden sind. S. 572.

Abg. **Wagner**: Die Frage hat ihre zwei Seiten. Nachdem aber feststeht, daß die Praxis diesseits sich dahin entschieden hat, daß der Artikel 7 des Gesetzes über den Verwaltungsgerichtshof dahin auszulegen ist, daß die Vorentscheidung für die Civilgerichte bindend ist, sind für mich die Hauptbedenken geschwunden, welche auch ich hinsichtlich des Abs. 2 hatte.

Der Herr Vorredner meinte, der Beamte müsse in diesen Fällen geschützt werden und er sei besser geschützt, wenn die Entscheidung auch über diesen Punkt den Gerichten überlassen wird. Darüber läßt sich streiten. Aber es ist der Standpunkt des Beamten nicht allein der entscheidende, sondern es muß auch auf den Rücksicht genommen werden, welcher die Entschädigungsklage erhebt. Ist die Vorentscheidung einmal dahin getroffen, daß der Beamte sich eine Ueberschreitung seiner Befugnisse hat zu Schulden kommen lassen, so ist derjenige, der den Entschädigungsanspruch erhebt, der Meinung, daß in dieser Richtung für seinen Anspruch eine rechtsbegründende Thatsache vorliegt, und wenn hinterdrein durch eine entgegengesetzte Entscheidung eine Abweisung erfolgt, so wird das Vertrauen in den Rechtszustand nicht wachsen. Wenn das eine oberste Gericht so entscheidet und das andere oberste Gericht so, wohin soll das führen? Wir haben das Interesse des Beamten durch Aufnahme der Artikel 53 und 53a schon gut gewahrt. Es muß aber auch das Interesse der Staatsbürger im Allgemeinen in erster Linie berücksichtigt werden. Es werden recht schwierige Zustände herauswachsen, wenn der eine Gerichtshof so und der andere Gerichtshof anders entscheidet. Darum werde ich für die Regierungsvorlage stimmen.

Abg. **Conrad** (Korreferent): Herr Abg. Lerno hat mit Recht als die ratio unserer Bestimmung bezeichnet, daß wir den Beamten vor leichtfertigen Querelen zu schützen hätten. Insofern stimme ich mit ihm überein, nicht aber darin, wie das am wirksamsten zu geschehen hat. Ich meine nach wie vor, daß ein Gericht nicht in der Lage ist, zu befinden, ob ein Beamter seine Amtsbefugnisse richtig bethätigt oder sie übertritt. Dazu gehört die Kenntniß aller der Rechte und Normen, die für den Geschäftskreis des betreffenden Beamten einschlägig sind. Ob aber ein Bezirksamtmann, ein Rentamtmann oder ein Zollbeamter u. dgl. richtig gehandelt hat im Kreise seiner Befugnisse und Obliegenheiten, das kann doch ein Amtsgericht nicht würdigen. Es ist ganz naturgemäß, wenn hier zu demjenigen obersten Gericht gegriffen wird, welchem alle diese Ressorts gewissermaßen unterstehen, und das ist der Verwaltungsgerichtshof. Man würde sich auch gegen einen Staatsgrundsatz verfehlen, wenn man die Würdigung der amtlichen Thätigkeit eines selbständigen staatlichen Organes in die Hände einer anderen gleichgestellten nicht übergeordneten Behörde, also hier eines Richters legt. Es kann in solchen Fragen doch nur eine vorgesetzte Stelle thätig werden. Abg. Lerno hat selbst mit seinem Beispiel bewiesen, daß der richterlichen Thätigkeit noch ein weiter Spielraum offensteht. Wenn die Vorfrage auch in affirmativem Sinne

S. 572 entschieden ist, so kann das Gericht doch aus anderen Gründen zu der Ueberzeugung kommen, daß trotzdem eine Freisprechung des Beamten veranlaßt sei.

Senatspräsident Dr. **von Jacubezky:** Der Herr Abg. Lerno hat gesagt, das Verfahren vor dem Verwaltungsgerichtshofe sei der Natur der Sache nach ein summarisches, der Verwaltungsgerichtshof könne zwar eine Beweiserhebung vornehmen, er werde es aber in der Regel nicht thun. Ich meine, der Herr Abg. Lerno könnte gerade aus den Akten, die vor ihm liegen, entnehmen, mit welcher Sorgfalt und Genauigkeit der Verwaltungsgerichtshof in solchen Fällen seines Amtes waltet. Es sind zweimal Erhebungen angeordnet worden, erst nach der Ergänzung der Verhandlungen durch ein Gutachten des k. Obermedizinalausschusses wurde die Entscheidung erlassen, die mit einer eingehenden, den Thatbestand klar feststellenden und rechtlich in erschöpfender Weise würdigenden Begründung versehen ist. Von einer oberflächlichen Entscheidung, die der Nachprüfung im gerichtlichen Verfahren bedürfe, kann keine Rede sein, die Entscheidung wird der Aufgabe einer endgiltigen Entscheidung in jeder Beziehung gerecht.

Abg. **Fuchs:** In dem vom Abg. Lerno vorgeführten Würzburger Fall hat der Verwaltungsgerichtshof ein Verschulden des Beamten anerkannt und das Civilgericht trotz dieser bindenden Vorentscheidung die Klage des Beschädigten auf Schadensersatz abgewiesen. Wenn also die Bestimmung, daß die Vorentscheidung des Verwaltungsgerichtshofes für das Gericht bindend sein soll, Gesetz wird, so können doch nach wie vor die Entscheidungen des Verwaltungsgerichtshofes und der Gerichte verschieden sein, und es ist die Befürchtung des Abg. Wagner, daß durch verschiedene Urtheile das Vertrauen in die Rechtspflege erschüttert werde, nicht unbegründet. Nach meinem Dafürhalten sind die gegen den Beschluß des Ausschusses der ersten Kammer vorgebrachten Bedenken sehr beachtenswerth und können nicht ohne Weiteres zurückgewiesen werden.

Abg. **Wagner:** Der Herr Vorredner hat meine Aeußerungen nicht richtig aufgefaßt. Es ist ganz richtig, wie auch der Herr Korreferent ausgeführt hat, daß für die Gerichte noch verschiedene andere Umstände zur Würdigung übrig bleiben. Der Verwaltungsgerichtshof hat lediglich die Frage zu beantworten, ob der Beamte sich einer Ueberschreitung seiner Befugnisse oder einer Unterlassung der ihm obliegenden Amtspflichten schuldig gemacht hat. Daneben aber laufen auch noch andere Fragen, so z. B., ob ein kausaler Zusammenhang zwischen dieser Ueberschreitung oder Unterlassung und dem eingetretenen Schaden gegeben ist. Ich habe nur gesagt, es wäre mißlich, wenn über ein und dieselbe Frage der Verwaltungsgerichtshof und das oberste Landesgericht in derselben Sache eine verschiedene Entscheidung treffen würden. Das ist aber dann nicht möglich, wenn wir diese Frage vom Verwaltungsgerichtshof endgiltig entscheiden lassen.

S. 573. Abg. **Lerno:** Ich möchte gegenüber den Ausführungen ‖ des Herrn Senatspräsidenten hinsichtlich des mehrerwähnten Beschlusses des Verwaltungsgerichtshofes nur konstatiren, daß der Verwaltungsgerichtshof lediglich die Erhebung eines Gutachtens des Obermedizinalausschusses, aber sonst keinerlei Beweiserhebungen angeordnet hat, während vorher, ehe die Akten an den Verwaltungsgerichtshof abgegeben wurden, auf Anordnung der unterfränkischen Regierung durch den Stadtmagistrat Würzburg einige Personen zeugschaftlich, jedoch unbeeidigt vernommen wurden. Gerichtliche Beweiserhebungen fanden nicht statt.

Abg. **von Walter** (Referent): Gegen meine Bedenken ist eine weitgehende Reihe von Erörterungen vorgebracht worden, ich glaube aber, nicht im Unrecht zu sein. Ich stelle mir die Entscheidung des Verwaltungsgerichtshofes so vor wie einen Beschluß des Strafrichters auf Eröffnung des Hauptverfahrens. Man hat die Entscheidung des Verwaltungsgerichtshofes bisher nur unter dem Namen der Vorentscheidung gekannt, und da ist der Inhalt der Entscheidung blos der, ob die Klage zulässig ist. Wenn man die Sache so auffaßt, kann von einer Diskreditirung des einen oder anderen Gerichtshofes keine Rede sein. Das Oberlandesgericht München hat auch schon viele derartige Beschlüsse auf Eröffnung des Hauptverfahrens erlassen und die Gerichte haben Freisprechungen eintreten lassen. Deßwegen ist aber das Oberlandesgericht nicht in Mißkredit gekommen. Was der Herr Abg. Lerno vorgebracht hat, daß in der Entscheidung des Verwaltungsgerichtshofes ausdrücklich konstatirt ist, daß die Zeugen unbeeidet vernommen wurden, erweckt schwere Bedenken dagegen, daß man dem Verwaltungsgerichtshofe eine die Gerichte bindende Entscheidung zuweisen soll, da nicht einmal die prozessualen Vorschriften über die Beeidigung der Zeugen beobachtet wurden. Was soll man von einer solchen Entscheidung sagen? Was würde einem Gerichte gesagt werden, daß ohne Zuziehung der Parteien und Anwälte Zeugen unbeeidigt vernimmt und auf ihre Aussagen sein Urtheil baut? Da würde sich die ganze Welt beschweren. Ich will aber deßhalb keinen Vorwurf gegen das Verfahren in Verwaltungsrechtssachen erheben, das einmal ein anderes ist als das im Civilprozesse zu beobachtende; aber ich kann nicht zugeben, daß der Verwaltungsgerichtshof mit der bindenden Entscheidung einer Frage beschäftigt wird, die nach meiner Ueberzeugung nur dem Gerichte zusteht. Man sagt, die Gerichte verstehen das nicht, ob ein Verschulden vorliegt oder nicht; ich meine aber, die Gerichte kommen sehr häufig in die Lage, wenn sie auch nicht in alle Verhältnisse des Verwaltungsdienstes eingeweiht sind, doch darüber zu befinden, ob ein Postbeamter oder ein Eisenbahnbeamter oder ein Forstbeamter eine schuldhafte Handlung verübt hat; das kann aber der Verwaltungsgerichtshof ebensowenig aus sich entscheiden. Er wird sich in dieser Beziehung ebenso an die Gutachten der vorgesetzten Stellen halten müssen wie die Gerichte. Ich gebe zu, in Fragen der inneren und Finanzverwaltung ist der Verwaltungsgerichtshof befähigter, aber die Mehrzahl der Fälle wird Verwaltungszweige betreffen, in die er auch keinen tieferen Einblick hat als die Gerichte. Gerade mit der Entscheidung des Klagegrunds sind die Gerichte in sehr ausreichender Weise beschäftigt. Es werden ja wohl beim Verwaltungsgerichtshof allerlei Streitigkeiten ausgetragen, aber selten hat er darüber zu entscheiden, ob ein schuldhaftes Verhalten der Betheiligten vorliegt, das kommt bei den Gerichten weit häufiger vor. S. 573.

Ich hielt es für nothwendig im Interesse nicht der Beamten allein, sondern auch der Rechtsuchenden, meinen Standpunkt klar zu legen und gegen den Abs. 2 zu stimmen. Im Uebrigen beantrage ich Zustimmung zu den andern Absätzen.

Abg. Joseph **Geiger**: Ich stehe auf dem Boden des Herrn Abg. von Walter und bedauere den Abs. 2, wie er hier vorliegt. Ich kenne auch so ziemlich die Praxis der Gerichte und weiß, wie schwer es die Gerichte empfinden, daß sie durch den Artikel 7 des Gesetzes über den Verwaltungsgerichtshof gebunden sind. Ueberschreitungen der Amtspflicht und Verletzungen derselben führen nicht selten auch zur strafrechtlichen Verfolgung und der Strafrichter ist hierin ganz frei; er muß insbesondere frei über die Frage entscheiden, ob der Angeklagte eine Amtspflicht verletzt hat und zwar aus Verschulden oder

S. 573. nicht, ob er verurtheilt oder freigesprochen werden müsse. Und wenn das Strafgericht in seiner Entscheidung zur Ansicht kommt und dieselbe in dem Urtheil ausspricht, daß eine Verletzung der Amtspflicht nicht vorliege, bei welcher der Angeklagte als Schuldiger zu betrachten wäre, nun, so wird die mittlerweile beim Civilrichter anhängig gemachte Entschädigungsklage sehr wohl im Widerspruche mit dem Strafurtheile zur Entscheidung gelangen können und müssen, sobald die erholte Vorentscheidung des Verwaltungsgerichtshofes in entgegengesetzter Weise über die Schuldfrage sich kund gegeben hätte. Es kommt also der Civilrichter, der über diesen Prozeß zu entscheiden hat, in die peinlichste Lage, die man sich denken kann. Er ist an die Vorentscheidung des Verwaltungsgerichtshofes gebunden, während für ihn das Urtheil des Strafrichters nur gewissermaßen eine historische Bedeutung besitzt. Wenn wir diese Sachlage und Rechtslage in's Auge fassen, so wird sie auch einen kleinen Beitrag gegen die Zulassung des zweiten Absatzes liefern.

Abg. **von Walter** (Referent): Ich bitte, über Abs. 2 getrennt abstimmen zu lassen.

Vorsitzender: Ich kann das Einverständniß der Herren mit Abs. 1 und 3 des Beschlusses des Ausschusses der hohen Kammer der Reichsräthe zu Artikel 32 konstatiren.

Ich bitte nun, über Abs. 2 abzustimmen. (Geschieht.) Auch Abs. 2 ist angenommen . . . . . .

(Schluß der Sitzung um 1 Uhr 30 Minuten.)

von Stobäus,
Vorsitzender.

Dr. Casselmann,
Schriftführer.

S. 575.

34.

Protokoll

über die Sitzung des besonderen (XVIII.) Ausschusses der Kammer der Abgeordneten zur Berathung der durch die Einführung des Bürgerlichen Gesetzbuchs veranlaßten Gesetzentwürfe.

(Verhandl. des Justiz-Gesetzg.-Aussch. d. K. d. Abg. 1899. Beil.-Bd. XX, Abth. II, S. 575 bis 577.)

München, den 12. April 1899, Vormittags 9½ Uhr.

Gegenwärtig:

Die Vertreter der k. Staatsregierung: der k. Staatsminister der Justiz Dr. Freiherr von Leonrod, Excellenz, der k. Senatspräsident am obersten Landesgerichte Dr. Ritter von Jacubezky, der k. Ministerialrath im Staatsministerium der Finanzen Ritter von Huber, der k. Oberregierungsrath im Staatsministerium des Innern Krazeisen;

ferner die Ausschußmitglieder: von Stobäus, Vorsitzender, Wagner, Stellvertreter des Vorsitzenden, Dr. Casselmann, Schriftführer, Michel, Stellvertreter des Schriftführers, Beckh, Conrad, Fuchs, Joseph Geiger, Landmann, Lerno, Seeberger, Segitz, von Walter (Joseph Huber und Dr. Ratzinger entschuldigt).

Tagesordnung:

1. **Abänderungsbeschlüsse des Justiz-Gesetzgebungsausschusses der Kammer der Reichsräthe zum Entwurf eines Gesetzes, die durch die Einführung des Bürgerlichen Gesetzbuchs veranlaßten Aenderungen der seit 1818 erlassenen Gesetze betreffend** (Beilage L).
2. . . . . . .

Der Vorsitzende **von Stobäus** eröffnet um 9 Uhr 35 Minuten die Sitzung und ertheilt das Wort dem Herrn Referenten zu S. 575.

Artikel 33.

Abg. **von Walter** (Referent): Das Ausführungsgesetz zur Reichs-Civilprozeßordnung und Konkursordnung hat eine Aenderung erfahren (Nr. 7).

Zunächst sollen im Artikel 3 die Worte: „unbeschadet der Vorschriften in den §§ 394 und 397 der Civilprozeßordnung“ ersetzt werden durch die Worte:

„unbeschadet der Vorschriften der §§ 810, 811 des Bürgerlichen Gesetzbuchs“.

Diese Aenderung ist als Ziff. I angesetzt. Sie hat lediglich die Bedeutung, daß die Citate richtig gestellt werden, und es ist dagegen nichts zu erinnern.

Wenn diese Aenderung angenommen wird, so ist die bisherige Ziff. I als Ziff. Ia zu bezeichnen.

Eine weitere Aenderung hat der Artikel 47 Abs. 2 des Gesetzes erfahren in Ziff. VI. Hier ist nämlich in der zwischen Satz 1 und Satz 2 von uns eingeschalteten Vorschrift:

„Auf die Ladung finden die Vorschriften des Artikel XV Abs. 1 Satz 2, Abs. 2 des Gesetzes vom 17. November 1837 entsprechende Anwendung; schriftliche Mittheilung erfolgt nur an den Abtretungsberechtigten, die Abtretungspflichtigen und die sonstigen Betheiligten, die sich zur Theilnahme an dem Schätzungsverfahren bei der Distriktsverwaltungsbehörde gemeldet haben.“

auch auf den Abs. 3 des Artikel XV verwiesen. Diese Einschaltung des Abs. 3 ist durch die Abänderung des Artikel XV veranlaßt, die im Ausschusse der Kammer der Reichsräthe beschlossen worden ist. Ich beantrage Zustimmung zu den Aenderungen, die der Ausschuß der Kammer der Reichsräthe vorgenommen hat.

Abg. **Conrad** (Korreferent): Ich kann mich gleichfalls zu den besprochenen Abänderungsanträgen nur zustimmend aussprechen.

Vorsitzender: Der Ausschuß ist mit dem Vorschlage des Herrn Referenten einverstanden, was ich hiemit konstatire. Ich bitte, fortzufahren.

Abg. **von Walter** (Referent): Der **Artikel 34,** der das Ausführungsgesetz zum Reichs-Gerichtsverfassungsgesetze betrifft, hat ebenfalls mehrfache Aenderungen erlitten (Nr. 8).

Zunächst soll der Abs. 2 Satz 1 des in der Ziff. I enthaltenen Artikel 15 lauten:

„Die Amtsgerichte sind neben den Notaren zuständig für die Beurkundung von Vereinbarungen zwischen dem Vater eines unehelichen Kindes und diesem über den Unterhalt für die Zukunft oder über eine an Stelle des Unterhalts zu gewährende Abfindung sowie für die Beurkundung einer Vereinbarung zwischen dem Vater eines unehelichen Kindes und der Mutter über die der Mutter aus der Beiwohnung und der Entbindung entstandenen Ansprüche, sofern diese Vereinbarung mit der Vereinbarung über den Unterhalt des Kindes in derselben Urkunde verbunden wird.“

Die erste Aenderung besteht darin, daß die Worte „neben den Notaren“ eingeschaltet sind. Diese Aenderung ist eigentlich selbstverständlich und es ist

S. 575. schon bei unseren Verhandlungen ausrücklich konstatirt worden, daß die Zuständigkeit der Amtsgerichte keine ausschließliche sein soll, sondern nur eine elektive. Es steht den Parteien frei, ob sie die Beurkundung der Alimentationsverträge vor dem Notar oder vor dem Amtsgerichte bewirken wollen. Nachdem die Absicht selbst dahin ging, die konkurrirende Kompetenz der Notare anzuerkennen, so glaube ich, daß gegen diese Einschaltung nichts zu erinnern sein wird.

Weiter ist eine Aenderung dahin getroffen, daß in derselben Urkunde auch die Ansprüche der Mutter aus dem außerehelichen Beischlafe von dem Amtsgerichte geregelt werden können. Hierin liegt zweifellos eine Verbesserung des Gesetzes, weil sonst ein und dasselbe Geschäft in zwei Theile zerlegt und von verschiedenen Behörden beurkundet werden müßte.

Ich glaube deßhalb, daß dieser Abänderung zuzustimmen ist.

S. 576. Ferner ist noch eine weitere Aenderung bewirkt dadurch, daß ein Artikel 74a eingeschaltet wird des Inhalts:

„Die Aufsicht über die Amtsführung der Standesbeamten in der Pfalz gehört zu den Gegenständen der Justizverwaltung. Die erforderlichen Ausführungsbestimmungen erläßt das Staatsministerium der Justiz."

Diese Einschaltung geschah auf Antrag der k. Staatsregierung. Motivirt wurde diese Bestimmung nicht. Wahrscheinlich ist dieselbe durch die pfälzischen Verhältnisse bedingt. Vorausgesetzt, daß die nöthige Aufklärung über die Gründe der Einschaltung gegeben wird, habe ich meinerseits nichts dagegen zu erinnern.

Endlich ist noch eine weitere Aenderung im Artikel 76 Abs. 3 enthalten. Hier wurde nach dem Entwurfe die Erlassung der reglementären Vorschriften für das Hinterlegungswesen bei der Königl. Bank der k. Staatsregierung überlassen. Die Kammer der Reichsräthe hat hier statt des Ausdruckes „reglementäre Vorschriften" das Wort „Ausführungsvorschriften" gesetzt. Dagegen ist nichts zu erinnern, weil diese Abänderung lediglich von redaktioneller Bedeutung ist. Ich beantrage deßhalb, daß die zu Artikel 34 vorgenommenen Aenderungen auch unsere Zustimmung erhalten.

Abg. **Conrad** (Korreferent): Wenn auch die Einfügung in Abs. 2 des Artikel 15 des Ausführungsgesetzes zum Reichs-Gerichtsverfassungsgesetze „neben den Notaren" keine neue selbständige Bestinmung enthält, sondern nur der Deutlichkeit halber erfolgt ist, so halte ich si doch nicht für überflüssig. Sie ist immerhin geeignet, Zweifel auszuschließen. Ich hätte also dagegen nichts zu erinnern.

Ebenso finde ich es für durchaus zweckmäßig, daß die Vereinbarungen zwischen dem Vater eines unehelichen Kindes und der Geschwächten selbst auch der Zuständigkeit des Amtsgerichts überwiesen sind, da es doch nicht glücklich wäre, derartige Verhandlungen auseinanderzureißen.

Die weitere Bestimmung am Schluß, als Artikel 74a anzuordnen, daß die Aufsicht über die Amtsführung der Standesbeamten in der Pfalz zu den Gegenständen der Justizverwaltung gehöre, betifft nicht eine materielle Aenderung; sie läßt nur den bisherigen Rechtszustand dortbestehen, nach welchem bekanntlich nicht, wie im rechtsrheinischen Bayern, die Administrativbehörden, sondern die Justizbehörden, zunächst die Amtsgerichte, di Aufsicht über die Thätigkeit der Standesbeamten zu bethätigen haben.

Mit der letzten Einschaltung „Ausführungsvorschriften" statt „reglementäre Vorschriften", womit sich die k. Staatsregierung bereits im Ausschusse der hohen Kammer der Reichsräthe einverstanden erklärt hat, bin ich gleichfalls einverstanden. S. 576.

Vorsitzender: Das Wort wird von keiner Seite begehrt; der Antrag des Referenten ist angenommen.

Herr Referent!

Abg. **von Walter** (Referent): Im **Artikel 36**, welcher das Gesetz vom 18. August 1879 über die Erbschaftssteuer betrifft, ist die Ziff. I 1 (Nr. 9) dahin abgeändert worden, daß in lit. a gesagt wurde:

> „a) von Erbschaften, Vermächtnissen und Schenkungen auf den Todesfall, aus Auflagen auf Zuwendungen dieser Art, die dem Empfänger der Leistung einen Vermögensvortheil zu verschaffen bezwecken, sowie aus Pflichttheilsrechten."

Die Aenderung besteht also darin, daß statt „von" Auflagen gesagt wird „aus" Auflagen, ferner statt „von Pflichttheilsansprüchen" gesetzt wird „aus Pflichttheilsrechten."

Diese Aenderungen sind nur von redaktioneller Bedeutung und beantrage ich Zustimmung.

Abg. **Conrad** (Korreferent): Diese Aenderungen sind nur sprachlicher Natur und habe ich ebenfalls nichts dagegen zu erinnern.

Vorsitzender: Ich darf wohl die Zustimmung des Ausschusses konstatiren.

Herr Referent!

Abg. **von Walter** (Referent): Wir kommen zu **Artikel 38** (Nr. 10).

Hier ist zunächst der in der Ziff. IV enthaltene Artikel 16 Abs. 1 geändert worden. Die Aenderung ist blos formeller Natur, indem statt der Worte: „für die" gesetzt ist: „für welche", so daß es heißt:

> „Die nach den Art. 20, 25, 32 ergehenden Ladungen und Mittheilungen sind, wenn Personen betheiligt sind, die unter Vormundschaft stehen, oder für welche die Bestellung eines Pflegers oder eines Beistandes angeordnet ist 2c."

Eine zweite Aenderung betrifft den in der Ziff. V enthaltenen Zusatz zu Artikel 18 Abs. 4. Dieser Zusatz soll folgende Fassung erhalten:

> „Bei Familienfideikommissen finden auch in solchen Fällen die Vorschriften des Art. 9 Anwendung."

Im Ausschusse der Kammer der Reichsräthe wurde bezweifelt, ob die Gerichte bei der bisherigen Fassung sich von der Nothwendigkeit der Einvernahme der Anwärter sich für entbunden erachten würden. Unser Ausschuß ist allerdings wie die k. Staatsregierung von der Ansicht ausgegangen, daß ein Zeugniß der Flurbereinigungskommission auch bei Arrondirungstäuschen die Vernehmung der Anwärter ausschließe, allein deutlicher ist jedenfalls diese neue Fassung; sachlich ist dadurch nichts geändert.

Weiter ist zu Ziff. VI bei Artikel 20 Abs. 1 noch eine Aenderung vorgenommen worden. Es soll nämlich in Nr. 2 und 3 das am Eingange stehende Wort „daß" gestrichen werden. Diese Aenderung ist redaktioneller Natur.

S. 576. Endlich sind in Ziff. VII Nr. 1 Eingangs des Artikel 21 statt der Worte: „unter Bekanntgabe des ungefähren Betrags der voraussichtlich erwachsenden Kosten" gesetzt worden die Worte: „unter Bekanntgabe des zu erwartenden Betrags der Kosten". Auch diese Aenderung ist redaktioneller Natur und habe ich dagegen keine Erinnerung. Ich beantrage Zustimmung.

Abg. **Conrad** (Korreferent): Ich habe gegen die sämmtlichen Aenderungen nichts einzuwenden.

Vorsitzender: Der Antrag des Herrn Referenten ist angenommen.

Herr Referent!

Abg. **von Walter** (Referent): Nun sind keine weiteren Aenderungen mehr
S. 577. vorhanden als die (Nr. 11), daß der || **Artikel 43a** wieder gestrichen wurde. Der Artikel 43a betrifft das Kündigungsrecht der Jagdpächter in der Pfalz, das ihnen eingeräumt wurde, weil wir angenommen haben, daß namentlich durch die Erstreckung des Gesetzes wegen des Ersatzes des Wildschadens auf die Pfalz Aenderungen in den Jagdverhältnissen veranlaßt sein könnten und daß diese dazu führen würden, daß das Kündigungsrecht, wie das bei uns seiner Zeit bei Einführung des Gesetzes geschehen ist, auch in der Pfalz den Jagdpächtern eingeräumt werden müsse. In dem Ausschusse der Kammer der Reichsräthe ist aber für die Pfalz ein derartiges Bedürfniß nicht anerkannt und angenommen worden, daß im Gegentheil durch die Einräumung des Kündigungrechtes sogar eine Gefahr für den Bestand der Jagdpachtverhältnisse herbeigeführt werden könnte, die durch nichts gerechtfertigt ist. Es ist auf Antrag des Herrn Reichsraths von Hessert der Abstrich erfolgt. Ich denke, daß auch unsere Herren Kollegen aus der Pfalz mit dieser Streichung einverstanden sind, und in dieser Voraussetzung beantrage ich Zustimmung zur Abstreichung des Artikel 43a.

Abg. **Conrad** (Korreferent): Ich habe mich schon gestern bei Artikel 11, wo die Streichung dieser Bestimmung einschlägig war, im Sinne der Ausführungen des Herrn Referenten ausgesprochen. Ich kann mich deßhalb darauf beschränken, meine Zustimmung zu erklären.

Abg. **Michel:** Ich bin ebenfalls mit der Streichung einverstanden.

Vorsitzender: Artikel 43a ist gestrichen.

Beide Entwürfe*) sollen in der Weise vereinigt werden, daß es heißt: „Entwurf eines Ausführungsgesetzes zum Bürgerlichen Gesetzbuche."

Abg. **von Walter** (Referent): Der Beschluß des Ausschusses der Kammer der Reichsräthe über die Zusammenlegung der beiden Gesetze schlägt auch in das Referat des Herrn Kollegen Wagner ein.

Wenn ich nun selbst meine Meinung darüber äußern soll, so muß ich gestehen, daß mir diese Zusammenlegung nicht sympathisch ist und zwar deßwegen nicht, weil durch diese Zusammenlegung es außerordentlich erschwert wird, in den Motiven und den Verhandlungen die nöthigen Auslegungsbehelfe zu finden. Es liegt übrigens eine Art fait accompli vor. Man hat bereits die Zusammenfassung der beiden Gesetzentwürfe in der Gegenüberstellung getroffen. Es hat das geschehen können und müssen, weil der Ausschuß der hohen Kammer der Reichsräthe mit dieser Zusammenschachtelung einverstanden war.

Nun will ich mich, wenn es der Wille des Ausschusses ist, diese Zusammenlegung seinerseits ebenfalls zu beschließen, im Interesse der Zeitersparung nicht weiter dagegen auflehnen; aber eine Bitte habe ich und die wäre, daß bei der Artikelreihe, wie sie sich aus der

*) Der Entwurf eines Ausführungsgesetzes zum B.G.B. (Abth. IV, V Bd. 1) und gegenwärtiger Entwurf.

Zusammenfassung jetzt ergibt, die ursprünglichen Artikel des Entwurfs beziehungsweise der früheren Beschlüsse in Klammern angeführt werden. Ich glaube, daß dadurch wenigstens einigermaßen der Mißstand, der sich aus der Zusammenlegung ergibt, ausgeglichen würde, und es werden alle diejenigen, welche das Gesetz anzuwenden haben, leichter in der Lage sein, sich um das Auslegungsmaterial umzusehen. Dieß ist mein Wunsch und unter dieser Voraussetzung will ich mich auf die Sache nicht weiter einlassen. S. 577.

Abg. **Wagner**: Es war ja von allem Anfang an beabsichtigt, nicht blos die beiden ersten Entwürfe, sondern auch die Uebergangsvorschriften in ein einziges Gesetz zu verschmelzen; so wenigstens habe ich die damalige Erklärung der k. Staatsregierung verstanden. Nun soll das dritte Gesetz ausgeschieden werden, und es sind dafür triftige Gründe im Ausschusse der Kammer der Reichsräthe angegeben worden, welche ich anerkenne. Ich bin also damit einverstanden, daß die Zusammenlegung der beiden ersten Gesetze stattfindet, und ich halte sogar es für nothwendig, weil wir sonst in Bezug auf das Citiren, z. B. in Urtheilen, eine ganz umständliche Ausdrucksweise erhalten würden, welche sehr schwerfällig wäre, so daß man ihr kaum entsprechen kann. Werden aber die beiden Gesetze vereinigt, so wird es genügen, in Kürze zu sagen: „Ausführungsgesetz zum Bürgerlichen Gesetzbuche."

Die Frage ist nur die, ob die k. Staatsregierung beabsichtigt, die Sache so zu publiziren, wie sie da in der vorläufigen Zusammenstellung erfolgt ist. Mir würde besser als die Art und Weise, welche bezüglich des zweiten Gesetzes eingehalten ist, die gefallen, daß man vielleicht sagt: „Theil I, Theil II" und bezüglich des zweiten Gesetzes die ursprüngliche Nummernfolge der Artikel beibehalten würde, oder wenn man das nicht will, so ist der Vorschlag, den Herr Kollege von Walter gemacht hat, auch zu acceptiren, daß man die Artikel vollständig neu durchnummerirt, wenn das ganze Gesetz fertig gestellt ist, und meinetwegen die Artikel des ursprünglichen Entwurfs beifügt. Es ist das allerdings etwas ganz Ungewöhnliches, aber es ist schließlich zu acceptiren. Ich würde also bitten, vor Allem mitzutheilen, welche Redaktion von Seite der k. Staatsregierung beabsichtigt ist.

Der k. Staatsminister der Justiz Dr. Freiherr **von Leonrod**: Die Fassung des Gesetzes würde die vorliegende sein. Was die Nummerirung der Artikel betrifft, so möchte ich dringend bitten, davon abzustehen, daß im Gesetze selbst die Ziffern der Entwürfe angeführt werden. Man würde nach einigen Jahren nicht mehr wissen, was diese Ziffern zu bedeuten haben. Es mag den Kommentaren überlassen werden, die Nummern der Artikel der Entwürfe in Klammern beizufügen; aber im Gesetzblatte ist dafür nicht der Ort.

Abg. **Lerno**: Auch ich würde es für wünschenswerth halten, daß wir nicht zwei Ausführungsgesetze bekommen, sondern nur eines. Es würde, wie schon der Herr Referent ausgeführt hat, in der Praxis dieser Umstand recht mißlich sein.

Was die Anregung des Herrn Referenten betrifft, das Ausführungsgesetz in zwei Theile zu zerlegen, so kann ich mich damit auch nicht einverstanden erklären. Die fortlaufende Reihenfolge der Ziffern gibt von selbst Aufschluß, um welches Gesetz es sich handelt, und in der Praxis wird man bald wissen, wo der ursprüngliche Entwurf der Beilage B beginnt, welcher die Abänderung der seit 1818 erlassenen Gesetze enthält.

Endlich stimme ich dem Herrn Minister darin bei, daß es sich nicht gut ausnehmen würde, wenn im Gesetzestexte neben der fortlaufenden Paragraphirung in Klammern noch andere Ziffern beigegeben würden. Ich würde deßhalb den Vermittlungsvorschlag machen, am Schlusse des Gesetzes eine Zusammenstellung zu machen, in welcher neben der zuletzt festgestellten Paragraphirung die ursprünglichen Ziffern der || Regierungsvorlage in Klammern beigesetzt werden. In der Weise ließe sich, glaube ich, die Sache am besten machen. S. 578.

Abg. **Wagner**: Was das Letzte betrifft, so bin ich doch der Meinung, daß das eigentlich mehr Aufgabe eines Kommentators als der gesetzgebenden Faktoren beziehungsweise des Thrones ist, welcher das Gesetz zu publiziren hat. Es könnte vielleicht in einer Ausführungsvorschrift Seitens des k. Staatsministeriums der Justiz zur Erleichterung geschehen. Das wäre am Ende denkbar; aber im Text selbst oder auch in einem Appendix zum Gesetze wird sich das wohl nicht gut machen lassen, was der Herr Referent wünscht. Wenn also mein Vorschlag: „Theil I, Theil II" zu sagen, keine sympathische Aufnahme findet, so wäre es nach meiner Meinung am besten, man würde das Gesetz vollständig neu durchnummeriren, denn es fallen auch verschiedene Artikel aus. Anderseits haben wir auch Artikel mit a, b, u. s. w. bezeichnet, welche nach meiner Meinung mit fortlaufenden Nummern versehen werden sollen. Meine Ansicht wäre also die, der k. Staatsregierung diese Dinge für die Publikation des Gesetzes zu überlassen.

Senatspräsident Dr. **von Jacubezky**: Nach der bestehenden Uebung wird erst im Gesammtbeschlusse der beiden Kammern die fortlaufende Nummernfolge der Artikel hergestellt. Bis dahin werden die neubeschlossenen Artikel mit Buchstaben bezeichnet. Demgemäß haben

S. 578. wir Artikel 2a, 4a, 14a, 53a, 77a, 80a, 94a, 96a u. s. w. Einige Artikel sind auch gestrichen worden, die Nummern, mit denen sie bezeichnet waren, sind ausgefallen. Die hinter dem Artikel 122 eingesetzten Artikel der Beilage B hätten eigentlich auch mit Buchstaben bezeichnet werden sollen; da sie aber so viele sind, daß man Doppelbuchstaben hätte nehmen müssen, so haben wir als Exponenten beigefügte Ziffern gewählt, an deren Stelle, wenn Gesammtbeschluß erzielt ist, selbstverständlich gleichfalls die fortlaufenden Nummern treten. Die Vergleichung mit den ursprünglichen Entwürfen bietet die Gegenüberstellung der vereinigten Entwürfe A und B und der Ausschußbeschlüsse, die eine Beilage der Landtagsverhandlungen bilden wird. Sie gibt auf der linken Seite bei jedem Artikel die Nummer, die er in der Regierungsvorlage hat, und in Klammern auch die Litera der Vorlage, aus welcher er herstammt. Die Benutzung der Materialien wird dadurch sehr erleichtert, daß die aus der Beilage B stammenden Vorschriften, abgesehen von den wenigen Schluß- und Uebergangsbestimmungen, die nicht zu eingehenderen Erörterungen Anlaß gegeben haben, in ununterbrochener Reihenfolge unter der Ueberschrift „Aenderungen der seit 1818 erlassenen Gesetze" eingestellt sind.

Abg. **Conrad** (Korreferent): Ich glaube gleichfalls, daß das neue Gesetz, um das es sich hier handelt und welches die Beilagen A und B umfaßt, was Uebersichtlichkeit und Handlichkeit betrifft, später recht wohl befriedigen wird, ohne daß man die alten Ziffern der Beilage B noch anfügt. Etwas Anderes ist es, wenn die Civilprozeßordnung und ähnliche Gesetze neu nummerirt wurden. Dieß ist geschehen, weil diese Gesetze früher schon Jahre lang als Gesetze in Geltung waren. Hier handelt es sich aber nur um einen Gesetzentwurf, um einen inneren Verhandlungsvorgang, der uns einige Wochen beschäftigte. Das wird nach wenigen Jahren wieder vergessen sein und man würde nicht mehr wissen, was mit den eingeklammerten Ziffern gemeint ist. Wenn beabsichtigt ist, das Ausführungsgesetz in zwei Theile zu zerlegen, so würde es genügen, wenn hinter Artikel 122 die Ueberschrift aufgenommen würde: „Aenderungen der seit 1818 erlassenen Gesetze." Ich wäre also der Meinung, daß wir die zuletzt besprochene Form beobachten sollten.

Abg. **von Walter** (Referent): So gar leicht wird die Auffindung der Verhandlungen nicht sein, wie es der Herr Senatspräsident in Aussicht gestellt hat. Allen Schwierigkeiten, auch in der Allegation der Gesetze, hätte man am einfachsten dadurch begegnen können, daß man das eine Ausführungsgesetz mit Nummer I und das andere mit Nummer II bezeichnete. Dann wäre die Auffindung des Materials leicht. Allein die Herren sprechen sich, wie es scheint, für die Zusammenlegung aus und ich habe schon Eingangs erklärt, daß ich mich derselben auch nicht widersetze.

Was die Aeußerung Seiner Excellenz anlangt, daß man schon nach einigen Jahren nicht mehr wissen würde, was die eingeschalteten Ziffern zu bedeuten haben, so, meine ich, trifft diese Befürchtung gerade so gut zu auf die Zusammenlegung und die Neuartikulirung der Gesetzentwürfe. Da wird auch nach einigen Jahren ein angehender Jurist nicht mehr wissen, wo er das Auslegungsmaterial suchen soll.

Abg. Dr. **Casselmann:** Ich möchte bitten, es beim Vorschlage der k. Staatsregierung zu belassen. Ich glaube nicht, daß es in der Praxis für Jemand, der sich für das Auslegungsmaterial interessirt, allzu schwierig sein wird, dasselbe an der richtigen Stelle zu finden. Auch der eventuelle Vorschlag des Herrn Kollegen Wagner, der von dem Herrn Kollegen von Walter unterstützt wird, würde wieder zu Schwierigkeiten führen. Ich glaube wirklich, daß man das den Kommentatoren überlassen kann.

Schließlich möchte ich als Referent für die Ueberleitungsvorschriften mein Einverständniß damit erklären, daß diese als eigenes Gesetz erscheinen und nicht mit in das Ausführungsgesetz aufgenommen werden sollen.

Abg. **Michel:** Als Referent für den Theil, welcher das pfälzische Recht betrifft, schließe ich mich gleichfalls dem Vorschlage des Herrn Kollegen Dr. Casselmann an.

Vorsitzender: Wünscht noch einer der Herren das Wort? Es ist das nicht der Fall.

Meine Herren! Die Einleitungsworte des Entwurfes eines Ausführungsgesetzes zum Bürgerlichen Gesetzbuche liegen gedruckt vor; dieselben lauten:

Im Namen Seiner Majestät des Königs.

Seine Königliche Hoheit Prinz Luitpold, des Königreichs Bayern Verweser, haben nach Vernehmung des Staatsraths mit Beirath und Zustimmung der Kammer der Reichsräthe und der Kammer der Abgeordneten und in Ansehung der Artikel 122^{1}, 122^{5}, 122^{6}, des Artikel 122^{37} Ziff. V und des Artikel 122^{40} unter Beobachtung der in

Tit. X § 7 der Verfassungsurkunde vorgeschriebenen Formen beschlossen S. 578.
und verordnen, was folgt: —

Seine Excellenz der Herr Justizminister nehmen das Wort.

Der k. Staatsminister der Justiz: Ich habe zu den Einleitungsworten einen Antrag zu stellen. Dabei bin ‖ ich genöthigt, auf die Beilage M einzugehen, die unterdessen zur S. 579.
Vertheilung gekommen ist.

Der Herr Abg. von Walter vertritt in der Beilage M die Anschauung, daß die Gesetze, die unter Beobachtung der Vorschriften in Tit. X § 7 der Verfassungsurkunde erlassen worden sind, Verfassungsgesetze seien, wenn sie nicht ausdrücklich erklären, keine Verfassungsgesetze sein zu wollen.

Herr Abg. von Walter gibt zwar die Möglichkeit zu, daß ein Verfassungsänderungsgesetz kein Verfassungsgesetz ist, aber er meint, es spreche für die Eigenschaft eines Verfassungsänderungsgesetzes als Verfassungsgesetz die Vermuthung, die nur dadurch entkräftet werden könne, daß sich das Gesetz selbst als einfaches Gesetz, als ein Gesetz, das nicht Verfassungsgesetz ist, bezeichne. Da nun kein bayerisches Gesetz eine solche Erklärung, kein Verfassungsgesetz, sondern ein einfaches Gesetz sein zu wollen, enthält, so wären sämmtliche bayerische Verfassungsänderungsgesetze Verfassungsgesetze.

Die k. Staatsregierung dagegen vertritt schon seit dem Jahre 1850, als der damalige Ministerpräsident Freiherr von der Pfordten die Frage in überaus klarer Weise erörtert hat, den Standpunkt, daß aus der Beobachtung der Formen des Tit. X § 7 der Verfassungsurkunde lediglich zu entnehmen ist, daß das neue Gesetz eine Verfassungsbestimmung ändert, nicht aber, daß es selbst eine Verfassungsbestimmung setzt.

Ich halte es für wichtig, Ihnen zunächst jene im Namen der Regierung vom damaligen Ministerpräsidenten Dr. von der Pfordten in öffentlicher Sitzung der Kammer der Reichsräthe vom 4. Juni 1850 abgegebene Erklärung aus dem VII. Bande der Protokolle der Kammer der Reichsräthe vom Landtage des Jahres 1850 Seite 164 bekannt zu geben.

Die Erklärung betraf die Anzeige, daß die Kammern der Reichsräthe und der Abgeordneten sich über die gemeinschaftliche Zustimmung zu dem an sie gebrachten Gesetzentwurfe den Artikel 4 des Gesetzes über die Ablösung des Lehenverbandes vom 4. Juni 1848 betreffend, nicht vereinigen konnten, und lautet: „Ich würde das Wort nicht ergriffen haben, wenn mich nicht ein besonderer Grund veranlaßte, im Namen der Regierung noch eine kurze Erklärung zu geben. — Nach der gestern stattgehabten Verhandlung der Kammer der Abgeordneten ist zum Eingange des Gesetzentwurfes eine Modifikation vorgeschlagen und angenommen worden, wornach dieser Gesetzentwurf unter den in Tit. X § 7 der Verfassungsurkunde gegebenen Vorschriften zu Stande gebracht werden sollte. Nachdem diese Modifikation angenommen worden ist, war die Zustimmung von zwei Drittheilen der Kammermitglieder erforderlich, diese ist aber nicht gewonnen worden, indem zwar eine bedeutende Majorität, jedoch nicht zwei Drittheile sich für das Gesetz aussprachen. Die Regierung hat den Gesetzentwurf nicht in der Weise eingebracht, daß dazu die Zustimmung von zwei Drittheilen Stimmen erforderlich war. Es ist auch nach der festen Ueberzeugung der Regierung der Gesetzentwurf kein solcher, daß zwei Drittheile Stimmen dafür nothwendig wären. Dieß glaube ich nur wegen etwaiger Konsequenzen für künftige Fälle aussprechen zu müssen. Man ist bei dieser Frage, wie es scheint, von einer irrigen Voraussetzung ausgegangen, die unserer Verfassung nicht entspricht, und hat eine Unterscheidung übersehen, welche ziemlich klar vorliegt.

Zwei Drittheile Stimmen sind erforderlich zur Abänderung der Verfassungsbestimmungen. Daraus folgt aber noch nicht, daß dieses die Verfassung in irgend einem Punkte abändernde Gesetz selbst ein Verfassungsgesetz werde und bei seiner Abänderung wiederum zwei Drittheile erforderlich wären. Dieß ist ein Irrthum, auf den ich aufmerksam machen zu müssen glaubte. Es kann die Abänderung allerdings in der Art erfolgen, daß das abändernde Gesetz auch wieder ein Verfassungsgesetz wird, aber auch so, daß an die Stelle der Verfassungsbestimmung ein einfaches Gesetz tritt, und dann ist eine spätere Modifikation oder Abänderung nicht an die Majorität von zwei Drittheilen Stimmen gebunden. Dieser Fall liegt gerade hier vor. Im Jahre 1848 ist durch das Gesetz vom 4. Juni eine verfassungsmäßige Bestimmung abgeändert worden, daher waren dort zwei Drittheile Stimmen erforderlich. Jenes Gesetz ist aber selbst ein einfaches Gesetz und kein Verfassungsgesetz und daher sind jetzt zu Modifikationen dieses Gesetzes nicht zwei Drittheile erforderlich, sondern es genügt die einfache Majorität. Das Kriterium dafür, ob der eine oder andere Fall gegeben ist, liegt nicht im Eingange des Gesetzes, sondern, wie man sich leicht überzeugen kann, wenn man die Gesetze seit dem Bestehen der Verfassung vergleicht, in den Schlußworten. Wenn ein Gesetz ein Verfassungsgesetz sein soll, so ist am Schlusse beigefügt: „Gegenwärtiges Gesetz soll als Theil der Verfassungsurkunde behandelt werden und kann nur nach den in Tit. X § 7 der Verfassungsurkunde enthaltenen Normen abgeändert werden.“ Wenn aber

S. 579. blos im Eingange des Gesetzes darauf hingewiesen ist, so folgt daraus nur, daß dieses Gesetz eine Verfassungsbestimmung ändere, nicht aber, daß es selbst eine Verfassungsbestimmung setze. Es hat eine negative Richtung, nicht aber eine positive. Das fragliche Gesetz enthält am Schlusse diese Klausel nicht und daher ist zu dessen Aenderung einfache Majorität hinreichend. Die Regierung kann nicht gesonnen sein, hievon noch einmal eine Anwendung auf vorliegenden Fall zu machen, sie ist es aber dem bestehenden Rechte schuldig, diese verwahrende Erklärung für die Zukunft niederzulegen."

Nicht minder wichtig für die angeregte Frage ist eine Stelle aus den Motiven zum Gesetzentwurf über die Familienfideikommisse aus den Verhandlungen der Kammer der Reichsräthe vom Jahre 1851, Beil.-Band I Seite 323; sie lautet: „In den Eingangsworten desselben findet sich diejenige Form eingehalten, welche durch die in dem eingebrachten Gesetze enthaltenen Verfassungsabänderungen geboten ist; — dagegen wurde am Schlusse des Entwurfes die für die Bezeichnung neuer Verfassungsgesetze gewöhnliche Formel nicht gebraucht; denn es ist weder beabsichtigt noch erscheint es als sachgemäß, die neu zu erlassenden Vorschriften über Familienfideikommisse ihrem ganzen Inhalte nach für ein Staats-Grundgesetz zu erklären und sie unter die besonderen Garantien eines solchen zu stellen, — vielmehr sollen dieselben, ihrem größtentheils rein civilrechtlichen Charakter entsprechend, in Bezug auf künftige Abänderungen den gewöhnlichen Civilgesetzen gleichgestellt sein und nur die staatsrechtlichen Fundamentalsätze, von welchen sie ausgehen, in der Verfassungsurkunde bei deren bevorstehender Revision ihren Platz finden." Ebenso ist aus späterer Zeit von besonderer Bedeutung eine Stelle aus dem Vortrage des Reichsraths Freiherrn von Schrenck als Referenten, „den Beschluß der Kammer der Abgeordneten für den Antrag auf Revision der gesetzlichen Bestimmungen bezüglich des Geschäftsganges des Landtages betreffend", im ersten und dritten Ausschusse der Kammer der Reichsräthe vom 13. April 1870 (Verhandlungen der Kammer der Reichsräthe Beil.-Band I Seite 197—199).

Diese Stelle lautet: „Bevor auf die materielle Würdigung des vorliegenden Antrags
S. 580. eingegangen werden kann, wird die bereits in den ‖ Verhandlungen der Kammer der Abgeordneten angeregte Frage, ob das Gesetz vom 25. Juli 1850, den Geschäftsgang des Landtages betreffend, ein Verfassungs- oder ein gewöhnliches Gesetz sei, in das Auge zu fassen und näher zu erörtern sein, weil, wenn ersteres der Fall wäre, solches im Hinblick auf mehrere in Mitte liegende Beschlüsse der Kammer der Reichsräthe für die Form der Behandlung des vorliegenden Antrags von präjudizieller Bedeutung sein könnte.

Es liegt nun aber meines Erachtens außer allem Zweifel, daß das vorerwähnte Gesetz vom 25. Juli 1850 kein Verfassungsgesetz ist.

Allerdings ist dieses Gesetz, wie es dessen Eingang erwähnt, unter Beobachtung der in § 7 des Tit. X der Verfassungsurkunde vorgeschriebenen Formen berathen und beschlossen worden und es mußte dieses geschehen, weil durch dessen Art. 41 die §§ 6 und 15 Tit. VI, dann § 29 Tit. VII der Verfassungsurkunde, sowie die noch in Wirksamkeit gestandenen Theile der Beilage X zur Verfassungsurkunde aufgehoben wurden; allein es folgt hieraus noch keineswegs von selbst, daß das gedachte Gesetz ein ergänzender Bestandtheil der Verfassungsurkunde und ein Grundgesetz des Reiches geworden sei, es hätte vielmehr, um dem Gesetze diese höhere Bedeutung beizulegen, einer ausdrücklichen Bestimmung hierüber bedurft.

Unbestreitbar liegt es nämlich in der Berechtigung der Faktoren der Gesetzgebung, Bestimmungen der Verfassungsurkunde vollständig aufzuheben oder solche durch andere verfassungsmäßige Bestimmungen oder aber auch durch gewöhnliche Gesetze zu ersetzen, deßhalb muß aber, wenn Verfassungs-Bestimmungen geändert werden, in dem hierüber zu erlassenden Gesetze die in dieser Beziehung hiemit verbundene Absicht klar und unzweifelhaft ausgedrückt werden, und deßhalb ist auch in allen seit dem Bestehen der Verfassungsurkunde unter den in Tit. X § 7 vorgeschriebenen Formen erlassenen Gesetzen, welchen eine höhere grundgesetzliche Bedeutung eingeräumt werden wollte, solches, und zwar gewöhnlich in dem letzten oder vorletzten Artikel, in der einen oder anderen Form ausdrücklich ausgesprochen worden, jene Gesetze dagegen, in welchen sich die Bestimmung: „daß sie als ergänzender Theil der Verfassungsurkunde anzusehen sind", oder: „daß sie gleiche Kraft haben, als stünden sie wörtlich in der Verfassungsurkunde", oder: „daß sie nur in der durch den § 7 Tit. X der Verfassungsurkunde vorgeschriebenen Art wieder verändert werden können" u. s. w., nicht befindet, können nicht als Verfassungsgesetze betrachtet und behandelt werden, wenngleich bei ihrer Berathung die in § 7 Tit. X der Verfassungsurkunde vorgeschriebenen Formen eingehalten worden sind.

Letzteres ist nun bei dem Gesetze vom 25. Juli 1850 über den Geschäftsgang des Landtages der Fall und es liegt dafür, daß dasselbe kein Grundgesetz des Reiches sei und nicht unter die Bestimmungen des § 7 Tit. X der Verfassungsurkunde falle, auch bereits ein präjudizieller Vorgang vor.

Als nämlich im Jahre 1852 der § 4 des gedachten Gesetzes dahin abgeändert wurde, daß der I. Präsident der Kammer der Reichsräthe ferner nicht mehr zu wählen, sondern von

Seiner Majestät dem Könige zu ernennen sei, ist das desfallsige Gesetz vom 28. Mai 1852 S. 580.
nicht in den durch § 7 Tit. X der Verfassungsurkunde vorgezeichneten Formen berathen und beschlossen, hiedurch aber anerkannt worden, daß das fragliche Gesetz vom 25. Juli 1850 kein Verfassungsgesetz ist.

Es sind zwar außer diesem Gesetze für die Geschäftsbehandlung in den Kammern zur Zeit auch noch die Bestimmungen der §§ 19, 20 und 21 des Tit. VII der Verfassungsurkunde maßgebend; allein der Antrag der Kammer der Abgeordneten erbittet nur die Revision der gesetzlichen Bestimmungen über den Geschäftsgang des Landtages, und es sind auch in der Motivirung des veranlassenden Antrags der Abgeordneten Dr. Völk und Genossen lediglich Bestimmungen des Gesetzes vom 25. Juli 1850 als solche besonders hervorgehoben, welche einer Abänderung bedürfen; es kommen sonach die vorerwähnten Verfassungsbestimmungen vorerst nicht in Betracht.

Hienach dürfte wohl außer Zweifel stehen, daß die Berathung und Beschlußfassung über den vorliegenden Antrag jedenfalls nicht in der für Aenderung verfassungsmäßiger Bestimmungen vorgeschriebenen, sondern in gewöhnlicher Form stattzufinden habe."

Diese wichtigen Erklärungen, im Zusammenhalte mit der konstanten Praxis, mit welcher die k. Staatsregierung und der Landtag seit einem halben Jahrhundert bei der Berathung der Entwürfe von Gesetzen, durch welche die Verfassung geändert oder mit Zusätzen versehen werden soll, verfährt, im weiteren Zusammenhalte mit den Ausführungen Max von Seydel's in seinem Bayer. Staatsrecht (I. Aufl. Bd. III S. 575 ff., II. Aufl. Bd. II S. 323 ff.) lassen es uns geradezu nothwendig erscheinen, an folgenden Grundsätzen festzuhalten:

„I. Nicht jedes Verfassungs**änderungs**gesetz ist seinerseits wieder ein **Verfassungs**gesetz, es wird hiezu noch nicht dadurch, daß in seinem Eingange festgestellt wird, es sei mit Beobachtung der in Tit. X § 7 der Verfassungsurkunde vorgeschriebenen Formen zu Stande gekommen.

II. Ein Verfassungs**änderungs**gesetz wird vielmehr **regelmäßig** nur dadurch selbst wieder zum **Verfassungs**gesetze, daß es sich selbst ausdrücklich als solches erklärt; geschieht dieß nicht, so ist das neue Gesetz ein einfaches, kein Verfassungsgesetz, und es kann späterhin **ohne** Beobachtung der in Tit. X § 7 vorgeschriebenen Formen geändert werden.

Unter Umständen kann, wie auch Seydel sagt, bei Verfassungsänderungsgesetzen aus deren Inhalt selbst ihre verfassungsmäßige Eigenschaft erhellen, so daß es einer Hervorhebung derselben nicht bedarf."

Dieser Satz wird von dem Herrn Abg. von Walter in einer Ausdehnung verwerthet, welche ihm Seydel selbst offenbar keineswegs beilegen will. Seydel fährt nämlich fort: „Dieß ist z. B. bei Gesetzen der Fall, durch welche eine Verfassungsbestimmung bindend erläutert oder in ihrem Wortlaute verändert wird, wenn also gesagt wird: Titel x § x erhält folgende Fassung."

Man wird sich aber wohl davor hüten müssen, weiter zu gehen und zu sagen, es sei jede Gesetzesbestimmung über irgend einen beliebigen Gegenstand, welcher an sich nicht verfassungsrechtlicher Natur ist, welcher aber an irgend einer Stelle der Verfassungsurkunde erwähnt ist, auch schon deßwegen ein Verfassungsänderungsgesetz beziehungsweise ein Verfassungsgesetz.

Diesen Fehler begeht die Beilage M.

Recht deutlich wird die Sache an den folgenden Beispielen: Wenn Tit. IV § 8 der Verfassungsurkunde von der zwangsweisen Abtretung des Privateigenthums spricht, und wenn das Zwangsenteignungsgesetz vom 17. November 1837 sich in seinem Artikel XXII seinem ganzen Inhalte nach || für ein Verfassungsgesetz erklärt, so darf daraus noch keines- S. 581.
wegs gefolgert werden, daß jedes spätere Gesetz, welches die Zwangsenteignung berührt und durch welches einzelne Bestimmungen jener früheren Gesetze geändert worden sind, selbst wieder ein Verfassungsgesetz sei. Diese Frage ist vielmehr in jedem einzelnen Falle an der Hand der oben aufgestellten Grundsätze zu untersuchen.

So ist der Artikel 8 Ziff. 10 des Gesetzes vom 8. August 1878, die Errichtung eines Verwaltungsgerichtshofes ꝛc. betreffend, welcher bestrittene Rechtsansprüche und Verbindlichkeiten in Bezug auf die Zwangsabtretung von Grundeigenthum für Verwaltungsrechtssachen erklärt, und der Artikel 47 desselben Gesetzes, welcher bestimmt, daß bei Abtretungen für die Zwecke der Landesvertheidigung die Frage des gemeinen Nutzens durch Beschluß des Gesammtstaatsministeriums entschieden wird, mit Recht unter Beobachtung der Formen des Tit. X § 7 der Verfassungsurkunde beschlossen worden, da es sich um die Abänderung eines Verfassungsgesetzes, nämlich des Zwangsenteignungsgesetzes vom 17. November 1837, handelte. Dagegen kann kein Zweifel darüber bestehen, daß die beiden angeführten Bestimmungen des Gesetzes vom 8. August 1878 ihrerseits **nicht** die Eigenschaft verfassungsgesetzlicher Vorschriften haben, denn in Art. 53 dieses Gesetzes ist **nur der Art. 2 Abs. 1** des Gesetzes als verfassungsrechtliche Bestimmung erklärt.

S. 581. Hieraus geht klar hervor, daß der Gesetzgeber die übrigen in den Eingangsworten erwähnten verfassungsändernden Gesetzesbestimmungen nicht unter den Schutz des Tit. X § 7 stellen wollte, mit anderen Worten, daß er ihnen lediglich die Eigenschaft einfacher Gesetzesbestimmungen verleihen wollte, welche ohne die Beobachtung der strengeren Formen des Tit. X § 7 wieder geändert werden können.

In der Beilage M ist eine von dem jetzigen Herrn Finanzminister Namens der k. Staatsregierung abgegebene Erklärung abgedruckt und eine Schlußfolgerung daran gereiht, welche der genannte Herr Staatsminister, sofort nachdem er die vom Herrn Abg. von Walter unterzeichnete Druckschrift gelesen hatte, in einem an mich gerichteten Schreiben als unzutreffend bezeichnet hat.

Die Anwendung der vorstehend erörterten Grundsätze auf die einzelnen Bestimmungen des Gesetzentwurfes, deren Erwähnung in den Eingangsworten der Herr Abg. von Walter für erforderlich hält, ergibt Folgendes:

Nach der Beilage M sollen noch weiter folgende Artikel in die Einleitung des Entwurfes — als Verfassungsgesetze — eingestellt werden:

Artikel 7, Artikel 24 Ziff. XII, XIII, XIV, Artikel 25 Ziff. IV, Artikel 26 Ziff. IV, Artikel 32, Artikel 40.

Artikel 7. Das Gesetz vom 4. Juni 1848 übrr die Aufhebung der standes- und gutsherrlichen Gerichtsbarkeit, dann die Aufhebung, Fixirung und Ablösung von Grundlasten — Ges.-Bl. v. J. 1848 Seite 97 ff.

Dieses Gesetz enthält selbstverständlich im Eingang die Konstatirung der Beobachtung der im Tit. X § 7 der Verfassungsurkunde vorgeschriebenen Formen, während im Schlußartikel 41 gesagt ist:

„Vorstehendes Gesetz ist in allen **den** Theilen, wo es Bestimmungen der Verfassungsurkunde abändert, ganz so zu betrachten, als ob es der Verfassungsurkunde selbst einverleibt wäre."

Hienach unterliegt es keinem Zweifel, daß nicht das ganze Gesetz ein Verfassungsgesetz ist, sondern nur die unter Artikel 41 Abs. I fallenden Theile als solches gelten können.

Dieser Standpunkt nurde auch bei der Berathung des Gesetzes vom 28. April 1872, die Grundentlastung betreffend, von den gesetzgebenden Faktoren eingenommen, als Seitens eines Abgeordneten die Behauptung aufgestellt wurde, das letztere Gesetz müsse nach Tit. X § 7 der Verfassungsurkunde behandelt werden, da das ganze Gesetz vom 4. Juni 1848 ein Verfassungsgesetz sei. Ich verweise auf die Verhandlungen der Kammer der Abgeordneten 1872, Stenogr. Ber. Bd. II Seite 437, 440 bis 442.

Auch bei Erlassung des Gesetzes vom 2. Februar 1898, die Fortsetzung der Grundentlastung betreffend, ging man von der gleichen Anschauung aus, indem nur die Artikel 1 und 5 nach Tit. X § 7 der Verfassungsurkunde behandelt wurden, nicht aber die anderen das Gesetz vom 4. Juni 1848 berührenden Bestimmungen.

(Begründung zum Entwurfe eines Gesetzes, die Fortsetzung der Grundentlastung betreffend, Verhandl. d. K. d. Abg. 1897/98, Beil.-Bd. XIV S. 475.)

Die Frage, ob die Artikel 29 und 30 des Gesetzes vom 4. Juni 1848, welche durch Artikel 7 des gegenwärtigen Entwurfes geändert werden, unter die im Artikel 41 Abs. I des Gesetzes vom 4. Juni 1848 bezeichneten Theile fallen, ist zu verneinen, da die in Frage stehenden Vorschriften, welche gewisse Vorschriften des Hypothekengesetzes und der Prioritätsordnung auf die Bodenzinskapitalien und die Annuitäten übertragen haben, nicht die Verfassungsurkunde, sondern das Hypothekengesetz und die Prioritätsordnung geändert haben. Auch Dr. von Pözl spricht in seinem Kommentare zu dem Gesetze vom 4. Juni 1848 den Artikeln 29 und 30 die verfassungsgesetzliche Eigenschaft ab.

(Dollmanns Gesetzg. Thl. I Bd. I S. 262/3).

Artikel 24. Das Berggesetz vom 20. März 1869 (Ges.-Bl. S. 673 ff.) konstatirt im Eingang daß das Gesetz im Betreffe der Artikel 1, 124 bis 147 einschlüssig, 150 und 240 Abs. 1 unter Beobachtung der in Tit. X § 7 der Verfassungsurkunde vorgeschriebenen Formen beschlossen wurde, — das Gesetz ist aber nicht als Grundgesetz, Verfassungsgesetz erklärt.

Im gegenwärtigen Gesetzentwurf ist die Einschaltung eines Artikel 129 a unter Ziff. XII (S. 15 der Motive der Beil B) vorgeschlagen, durch Ziff. XIII soll der Artikel 134, durch Ziff. XIV soll der Artikel 135 eine andere, durch die Vorschriften des Bürgerl. Gesetzbuchs veranlaßte Fassung erhalten.

Einer Unterstellung dieser Aenderungen unter die Bestimmungen des Tit. X § 7 der Verfassungsurkunde bedarf es nicht, da das Berggesetz selbst zwar ein Verfassungsänderungsgesetz, aber kein Verfassungsgesetz ist.

Nicht alle Vorschriften, die sich auf Zwangsenteignung beziehen, sind Verfassungsgesetze.

In Tit. IV § 8 Abs. 4 ist eine Verordnung vom 14. August 1815 für maßgebend erklärt und diese ist durch das Gesetz vom 17. November 1837 aufgehoben. Dieses letztere ist ein Verfassungsgesetz, weil es in seinem Artikel XXII ausdrücklich als ein Grundgesetz des Reichs erklärt ist. S. 581.

Seitdem wurden Bestimmungen des Gesetzes geändert, so durch die Artikel 45—55 des Ausführungsgesetzes zur Civilprozeßordnung und Konkursordnung; diese wurden unter Beobachtung der strengeren Formen erlassen, aber nicht selbst wieder als Verfassungsgesetz erklärt; ebenso verhält es sich mit den das Enteignungsrecht betreffenden Bestimmungen im Berggesetze. S. 582.

Artikel 25 enthält Aenderungen der Gemeindeordnung für die Landestheile diesseits des Rheins vom 29. April 1869 [Ges.-Bl. S. 865 ff.] (Beil. B, D).

Die Ziff. IV betrifft den Artikel 67, der unter Beobachtung der Bestimmung in Tit. X § 7 der Verfassungsurkunde beschlossen wurde.

Im gegenwärtigen Entwurf ist dieß nicht erforderlich, weil weder die Gemeindeordnung für die Landestheile diesseits des Rheins im Ganzen, noch deren Artikel 67 als Verfassungsgesetz erklärt, somit als ein einfaches Gesetz zu erachten ist.

Artikel 26. Gemeindeordnung für die Pfalz vom 29. April 1869 (Ges.-Bl. S. 1009).

Im Eingange ist konstatirt, daß die Artikel 12 und 51 unter Beobachtung der Bestimmungen der Verfassungsurkunde in Tit. X § 7 beschlossen wurden.

Die Ziff. IV bezieht sich auf den Artikel 51.

Auch dieses Gesetz ist zwar ein Verfassungsänderungsgesetz, aber kein Verfassungsgesetz, deßhalb im Entwurf das Erforderniß der höheren Majorität bei der Abstimmung nicht geboten.

Daß die Artikel 25 und bezw. 26 die Verfassung nicht berühren, ist schon in den Motiven zum Gesetzentwurf erwähnt; sie ändern nur Vorschriften der Artikel 67 und 51 der Gemeindeordnungen, die einfache Gesetze sind.

Artikel 32: Artikel 7 Abs. 2 und Artikel 10 des Gesetzes vom 8. August 1878, betreffend die Errichtung eines Verwaltungsgerichtshofes und das Verfahren in Verwaltungsrechtssachen, erfahren durch den Artikel 32 des Entwurfs Aenderungen.

Die Beobachtung der Bestimmungen der Verfassungsurkunde in Tit. X § 7 wird im Entwurfe nicht gefordert, weil der Artikel 7 Abs. 2 zwar in diesen Formen beschlossen, aber nicht wieder als Verfassungsgesetz erklärt wurde, was vielmehr im Schlußartikel 53 des Gesetzes vom 8. August 1878 ausdrücklich nur in Ansehung des Artikel 2 Abs. 1 geschah, wodurch klar ausgesprochen wurde, daß von allen Artikeln des Gesetzes dieser allein nur unter den für Aenderungen der Verfassung vorgeschriebenen Formen aufgehoben oder geändert werden kann, somit nur dieser als Verfassungsgesetz zu betrachten ist.

Daß die in den Bemerkungen des Herrn Abg. von Walter niedergelegte Auslegung als richtig nicht anerkannt werden kann und auf einer irrigen Schlußfolgerung aus der dort angeführten Erklärung des jetzigen Herrn Staatsministers der Finanzen beruht, habe ich vorhin schon dargethan.

Der Artikel 10 Ziff. 3 a betrifft eine Zuständigkeitsfrage, die weder in der Verfassungsurkunde, noch in einem Verfassungsgesetze behandelt ist; die Sachlage ist die gleiche wie bei dem Artikel 4 a des Entwurfs Beilage A.

Artikel 40. In diesem Artikel schlägt der Entwurf die Aufhebung des Artikel 22 Abs. 1 Satz 2 des Gesetzes vom 2. Februar 1898, die Fortsetzung der Grundentlastung betreffend (Ges.- u. Verordn.-Bl. S. 19—27), vor.

Dieses Gesetz enthält im Eingange die Konstatirung, daß bezüglich der Artikel 1 und 5 die in Tit. X § 7 der Verfassungsurkunde vorgeschriebenen Formen beobachtet wurden; als Verfassungsgesetz ist dieses Gesetz nicht erklärt.

Demgemäß ist bei einer Aenderung eines Satzes im Artikel 22 kein Anlaß zu der gewünschten Vorschrift gegeben.

Nun komme ich zu dem von der k. Staatsregierung in der Einleitung des Gesetzentwurfes, die durch die Einführung des Bürgerlichen Gesetzbuchs veranlaßten Aenderungen der seit 1818 erlassenen Gesetze betreffend, bezeichneten Artikeln; diese sind zunächst die

Artikel 1 (nun 122^1)
„ 5 („ 122^5)
„ 6 („ 122^6)
„ 38 Ziff. V (nun 122^{37})
„ 41 (nun 122^{40}).

Artikel 1 betrifft die Verfassungsurkunde selbst (Beilagen VII und VIII).

Artikel 5 betrifft Aenderungen des Gesetzes vom 17. November 1837, die Zwangsabtretung von Grundeigenthum für öffentliche Zwecke betreffend.

S. 582. Dieses Gesetz ist in seinem Artikel XXII ausdrücklich als ein Verfassungsgesetz, als ein Grundgesetz des Reichs erklärt, das ohne die Beobachtung der strengeren Formen nicht abgeändert werden kann (Ges.-Bl. 1837 S. 109—128).

Artikel 6 enthält eine durch das Bürgerl. Gesetzbuch veranlaßte neue Fassung einer Bestimmung des Gesetzes vom 4. Juni 1848, die Wahl der Landtags-Abgeordneten betreffend, in der Fassung der Bekanntmachung vom 22. März 1881.

Das Gesetz vom 4. Juni 1848 wurde als Verfassungsgesetz erlassen, indem es unter Beobachtung der Formen des Tit. X § 7 der Verfassungsurkunde beschlossen wurde und im Schlußartikel 31 die Worte enthält:

„Vorstehende Bestimmungen sollen als Bestandtheile der Verfassungsurkunde angesehen werden und können nur in der durch den Tit. X § 7 der Verfassungsurkunde vorgeschriebenen Form abgeändert werden." (Ges.-Bl. 1848 S. 77 ff.)

Bei der Aenderung dieses Gesetzes wurde diese Form wiederum gewährt und die Beobachtung im Eingang konstatirt; bei der Neutextirung dieses Gesetzes ist im Artikel 37 gesagt: „Vorstehende Bestimmungen sollen als Bestandtheil der Verfassungsurkunde angesehen werden; .... und können nur in der durch den Tit. X § 7 der Verfassungsurkunde vorgeschriebenen Form abgeändert werden." (Ges.- u. Verordn.-Bl. 1881 S. 121.)

Die Ziff. V des Artikel 38 des Entwurfes ist unter die Bestimmungen, für welche die strengere Form der Abstimmung gilt, aufgenommen, weil hier für einen weiteren Fall bestimmt wird, daß das Oberlandesgericht eine Veränderung des Fideikommißvermögens zu genehmigen hat, ohne daß es der Vernehmung der Anwärter bedarf; es handelt sich also um eine weitere Abweichung von § 66 der VII. Verfassungsbeilage.

Artikel 41 berührt die Verfassungsurkunde und Verfassungsgesetze insofern, als die Einführung des Liegenschaftsrechtes des Bürgerl. Gesetzbuchs es nothwendig macht, zu bestimmen, ob die landesgesetzlichen Vorschriften, welche vom Hypothekenbuche sprechen, künftig vom Grundbuch zu verstehen sind, inwieweit die Verrichtungen, welche in den aufrecht-
S. 583. bleibenden Landesgesetzen den Hypothekenämtern || übertragen sind, künftig den Grundbuchämtern obliegen und inwieweit die für Hypotheken getroffenen Bestimmungen auch für Grundschulden und Rentenschulden gelten. Die in Betracht kommenden Gesetzesbestimmungen sind in den Motiven zu Beilage B Seite 88 oben angeführt.

Nun erlaube ich mir folgenden Antrag der Staatsregierung auf Ergänzung des Eingangs zum Gesetzentwurfe zu übergeben:

Der Eingang des Gesetzentwurfes soll lauten:

„Seine Königliche Hoheit Prinz Luitpold, des Königreichs Bayern Verweser, haben nach Vernehmung des Staatsraths mit Beirath und Zustimmung der Kammer der Reichsräthe und der Kammer der Abgeordneten und in Ansehung der Artikel 122^{1}, 122^{5}, 122^{6}, **des Artikel 122^{32} Ziff. VIII,** des Artikel 122^{37} Ziff. V, **XI** und des Artikel 122^{40} unter Beobachtung der in Tit. X § 7 der Verfassungsurkunde vorgeschriebenen Formen beschlossen und verordnen, was folgt:"

Zur Begründung habe ich Folgendes zu bemerken:

Artikel 33 Ziff. VIII (Art. 122^{33} Ziff. VIII) gibt dem Staate für den Fall, in welchem nach dem bisherigen Rechte die einstweilige Einweisung des Abtretungsberechtigten in den Besitz des zu enteignenden Grundstücks statthaft ist, das Recht auf sofortige Zwangsenteignung. Darin liegt eine neue Abweichung von dem in Tit. IV § 8 Abs. 4 der Verfassungsurkunde und in Artikel I lit. Ab des Gesetzes vom 17. November 1837 ausgesprochenen Grundsatze, daß die Zwangsenteignung nur „gegen vorgängige volle Entschädigung" stattfindet.

Artikel 38 Ziff. XI (Art. 122^{37} Ziff. XI) läßt unter gewissen Umständen die vorläufige Ausführung eines Flurbereinigungsplans durch Einweisung der Betheiligten in den Besitz der ihnen in dem Plane zugetheilten Grundstücke zu und weicht damit von dem in Tit. IV § 8 Abs. 4 der Verfassungsurkunde und in Artikel I lit. Aa des Gesetzes vom 17. November 1837 ausgesprochenen Grundsatz ab, daß die Zwangsenteignung die rechtskräftige Feststellung der Abtretungspflicht voraussetzt.

Vorsitzender: Der von Seiner Excellenz übergebene Antrag wurde bereits verlesen. Ich eröffne die Diskussion und gebe das Wort dem Herrn Abg. von Walter.

Abg. **von Walter:** Wenn sonst im Landtage niemals etwas Anderes vorgekommen wäre, als was uns heute Seine Excellenz ausgeführt haben, wäre ich wohl nicht veranlaßt gewesen, überhaupt einen Antrag einzubringen und die Bemerkungen in der Beilage M zu machen. Seine Excellenz haben heute nur Beispeile einer konstanten Praxis der k. Staatsregierung nachgewiesen. Ich glaube aber den Nachweis geführt zu haben, daß diese Praxis niemals eine konstante war, sondern daß man es heute so und morgen anders gemacht hat, und insbesondere habe ich den Nachweis geliefert, daß die gleiche Meinungsverschiedenheit wie im Schooße der Kammer so auch im Schooße der Regierung wiederholt aufgetaucht ist.

Es ist insbesondere darauf keine Rücksicht genommen worden, daß Fürst Wallerstein wiederholt mit Erfolg als Retter der Verfassung aufgetreten ist und daß er unter Zustimmung der k. Staatsregierung und des Landtags wiederholt nachgewiesen hat, daß nicht blos diejenigen Bestimmungen, für welche eine Schlußklausel eingesetzt ist, sondern auch diejenigen Bestimmungen, die unter der Form des Tit. X § 7 zu Stande gekommen sind, Verfassungsgesetze seien. Ich habe auch den Nachweis geliefert, daß die k. Staatsregierung selbst wiederholt diese Anschauung gehabt hat und daß insbesondere bei Abänderung des Artikel 84 des Wasserbenützungsgesetzes das der Fall gewesen ist. Die k. Staatsregierung war damals veranlaßt, diesen Standpunkt zu kennzeichnen, und dieser Standpunkt nähert sich dem meinigen mehr als derjenige, den Seine Excellenz der Herr Staatsminister der Justiz heute auseinandergesetzt hat. S. 583.

Was die Aeußerung Seiner Excellenz des Herrn Finanzministers bei der Berathung des Gesetzes über den Verwaltungsgerichtshof anlangt, so berufe ich mich auf den Wortlaut. Was der Herr Finanzminister dabei gedacht hat, konnte ich nicht wissen. Der Wortlaut spricht für meine Anschauung, das ist ganz zweifellos. Der Herr Finanzminister hat damals gesagt: Wenn es sich um ein neues Verfassungsgesetz handelt, muß die Schlußklausel in die Eingangsworte eingefügt werden, und wenn es sich um eine Abänderung handelt, muß die Beobachtung der Formen des Tit. X § 7 in den Einleitungsworten konstatirt werden. Ich bin leider für heute nicht auf die Sache vorbereitet, aber ich werde darauf noch zurückkommen.

Nun, mein Hauptzweck ist erreicht: Wenn heute oder durch die Beschlüsse der beiden Kammern die Anschauung, die die k. Staatsregierung heute vertritt, adoptirt wird, dann hat es dabei sein Verbleiben und es ist eine Klärung in einer nach meinem Dafürhalten außerordentlich wichtigen Frage gebracht, die bisher nicht bestanden hat. Ich habe deßhalb in meinen Bemerkungen ausdrücklich erklärt, daß ich wohl auch damit zufrieden wäre, wenn die Sache klar gestellt und einmal eine bestimmte Praxis eingeführt würde, an die sich Regierung und Landtag gleichmäßig halten. Bisher war das nicht der Fall und deßhalb ist die Verwirrung eine so große, daß man heute nicht weiß, was man in eine Sammlung von Verfassungsgesetzen aufnehmen soll oder nicht. Ich glaube, daß mein Standpunkt nach dem, was ich in meinen Bemerkungen angeführt habe, vollauf gerechtfertigt ist. Ich habe auch die Autoritäten, die für meine Ansicht sprechen, sowohl aus der Praxis als der Theorie angeführt, und ich glaube, daß man wohl sagen kann, daß auch diese Autoritäten schon ein gewisses Maß von Berücksichtigung zu beanspruchen haben. Ich habe mich insbesondere auf von Pözl berufen, ich habe mich auf die neue Ausgabe von Brater's Verfassungsurkunde berufen, und dort ist der Nachweis noch viel eingehender geführt, als ich mich veranlaßt gesehen habe, ihn zu führen. Ich bin nicht rechthaberisch. Mir ist für meine Person ganz gleichgiltig, wie man die Sache auffaßt, nur soll man sie einmal gleichheitlich auffassen und konstant festhalten. Das ist der Zweck, den ich mit meinen Bemerkungen verfolgt habe. Wenn der Zweck erreicht wird und die Staatsregierung die Hand zu einer Regelung bietet, ist es Sache des Landtages, wie er die Sache behandeln will, ob er will, daß man durch einfache Gesetze die Bestimmungen der Verfassung abändert, oder ob man die Verfassung auch in ihren einzelnen Theilen schützt und das, was einmal Verfassungsgesetz ist, auch in Zukunft als Verfassungsgesetz betrachten will.

Das Letztere gerade veranlaßt mich zu der Frage, ob auch die beiden Bestimmungen, die jetzt in dem Antrage der k. Staatsregierung berücksichtigt sind, künftig nur als einfache Gesetze oder als Verfassungsgesetze betrachtet werden sollen. Nachdem die Verfassung in wesentlichen Punkten || dadurch ebenfalls geändert wird, halte ich dafür, daß in der Beziehung S. 584.
auch die Festsetzung der Eigenschaft als Verfassungsgesetz geschehen soll. Einen eigenen Antrag stelle ich nicht.

Der k. Staatsminister der Justiz: Ich gebe zu, daß die Beilage M den guten Erfolg hatte, daß diese wichtige Frage neuerdings eingehend besprochen wurde, muß aber daran festhalten, daß die Ansicht des Herrn Abg. von Walter zu weit geht. Wenn man Verfassungsgesetze nicht durch Verfassungsänderungsgesetze, sondern immer blos durch neue Verfassungsgesetze ändern zu können glaubt, so bekommen wir nach und nach eine Menge von Verfassungsgesetzen und dadurch gelangt man gewissermaßen in ein Erstarrungsprinzip, weil es doch manchmal recht wünschenswerth und sogar dringend veranlaßt ist, ein Verfassungsgesetz zu ändern, die Aenderung aber wegen der strengeren Form auf Schwierigkeiten stoßen kann, namentlich wenn zwei große Parteien in der Kammer vertreten sind. Durch die strengeren Formen soll die Verfassung geschützt werden, bei der Erlassung neuer Gesetze hat aber die Gesetzgebung freie Hand, ob sie ein Verfassungsgesetz oder nur ein einfaches Gesetz schaffen will. Im ersteren Falle muß dieß, wie es bisher geschehen ist, in einer besonderen Bestimmung des zu erlassenden Gesetzes ausgesprochen werden.

Nun sagt Herr Abg. von Walter, die Praxis sei keine konstante gewesen. Bis 1870 war sie, wie aus der verlesenen Rede des Freiherrn von Schrenck hervorgeht, konstant.

S. 584. Es wird behauptet, sie sei nicht mehr konstant geblieben; aber es ist doch die Frage, ob nicht damals die Kammern die Absicht hatten, das Gesetz eben nicht mehr als Verfassungsgesetz zu erlassen, und man nur darüber hinweggegangen ist, in der Begründung es zu erwähnen. Ich bin damit einverstanden, daß die Frage in Zukunft schon in den Motiven der Entwürfe besprochen und bei der Berathung in den Ausschüssen genau geprüft wird. Der Herr Abg. von Walter hat jedenfalls nicht Recht, wenn er sagt, auch die Regierung habe sich öfter widersprochen. Ein einziges Mal erfolgte eine der konstanten Praxis widersprechende Aeußerung, die aber sofort wieder richtig gestellt wurde, die anderen Fälle, die Herr Abg. von Walter vorhin andeutete — ich glaube, es ist auf Fürst Wallerstein hingewiesen gewesen — betreffen nicht Aeußerungen und Anträge der Staatsregierung, da Fürst Wallerstein mit den Anträgen, die Herr Abg. von Walter im Sinne hat, als Abgeordneter hervorgetreten ist; er war damals nicht Minister. Ferner ist auf das Wasserbenützungsgesetz hingewiesen worden. Damals handelte es sich um die Einführung eines neuen Enteignungsgrundes und deßhalb mußte die strengere Form im Eingange des Gesetzes eingehalten werden.

Herr Abg. von Walter ist darauf zurückgekommen, daß der Herr Finanzminister selbst seine früheren Worte nicht richtig auslege. Ich kann nur sagen: als ich die Beilage M bekommen hatte und den Absatz fand, der unmittelbar auf die citirten Worte des Herrn Finanzministers, des damaligen Ministerialkommissärs, Bezug hat, habe ich mir sofort gedacht, das ist nicht möglich, das ist eine falsche Schlußfolgerung aus seinen Worten. Ich habe dem Herrn Finanzminister sofort diese Beilage zugeschickt und alsbald erhielt ich einen Brief von ihm, worin er mittheilt, diese Schlußfolgerung aus seinen Worten sei unzutreffend.

Abg. Joseph **Geiger**: Die Bemerkungen des Herrn von Walter in der Beilage M sind, wie die k. Staatsregierung selbst durch ihre abgegebene Erörterung anerkannt hat, sehr beachtenswerth. Wir haben nun die Erörterungen des Herrn Staatsministers gehört und es ist die Frage, ob wir jetzt in der Lage sind, uns eine Ueberzeugung zu bilden, daß die Bemerkungen des Herrn Kollegen von Walter durch die Erklärung des Herrn Staatsministers widerlegt seien oder ob das nicht der Fall sei. Ich muß gestehen, ich habe sehr aufmerksam zugehört und habe auch die Bemerkungen des Herrn von Walter aufmerksam gelesen, gleichwohl muß ich die bezügliche staatsrechtliche Frage noch als eine offene ansehen und ich glaube, wir sind auch heute in diesem Saale und wahrscheinlich auch in dieser Session nicht mehr in der Lage, diese wichtige Frage für zur Entscheidung bereift zu erachten. Eines aber darf ich betonen: zwar ist schon im Jahre 1850 in so klarer Weise, wie wir heute aus den damals gemachten Aeußerungen des Ministerpräsidenten Freiherr von der Pfordten entnommen haben, erklärt worden, daß, während jede Aenderung der Verfassung die besondere Form des Tit. X § 7 erheischt, dasjenige Gesetz, welches an Stelle der abgeänderten verfassungsmäßigen Bestimmung tritt, nur dann ein Verfassungsgesetz werde, wenn es ausdrücklich als solches in dem neuen Gesetze ausgesprochen ist — ich sage also, obgleich diese Erklärung an Klarheit und Bestimmtheit nichts zu wünschen übrig läßt, so ist gleichwohl noch ungewiß, ob der Landtag diese Erklärung als durchaus richtig damals in unzweifelhafter Form anerkannt habe. Und selbst wenn das der Fall ist, können wir behaupten, daß sich die Volksvertretung, daß sich der Landtag während der ganzen Zeitdauer bis heute bei der Berathung, bei der Zustimmung zu den Gesetzen stets bewußt war, daß die an Stelle der Verfassungsbestimmungen tretenden neuen Gesetze nicht von selbst die Qualität der Verfassungsbestimmungen erlangen? Das ist für mich die Hauptsache. Ich darf es bezweifeln, daß sich die Kammer der Abgeordneten und auch die Reichsrathskammer, wenn sie Verfassungsgesetze abgeändert hat, stets bewußt waren, daß, wenn sie nicht im letzten Artikel des neuen Gesetzes ausdrücklich den verfassungsmäßigen Charakter konstatirten, das abgeänderte Gesetz diesen Charakter nicht erlangte. Bei meinem Zweifel stütze ich mich auf die verhältnißmäßig kurze Zeit, in welcher ich die Ehre habe, Abgeordneter zu sein. Ich sage, wir waren uns nicht immer bewußt, daß das, was wir nach den Regeln des Tit. X § 7 abänderten, nur dann eine Ergänzung unserer Verfassung sein werde, wenn wir das auch ausdrücklich im Gesetze erklären lassen, und weil uns dieses Bewußtsein gemangelt hat, so kann ich nicht sagen, es ist außer Zweifel, daß alles das, was nicht mit dieser ausdrücklichen Klausel seit dieser Zeit gemacht worden ist, ein einfaches Gesetz geworden sei. Uebrigens steht gar nicht fest, ob die genannten Normen die richtigen und vom Landtag als richtige anerkannt worden seien und ob nicht von selbst die geänderten Bestimmungen in die Lücke der Verfassung treten.

Wenn wir den Inhalt mancher neuen Gesetze in's Auge fassen, so werden wir erkennen: hier ist nur eine Ergänzung, eine Abänderung dessen, was in der Verfassung bestimmt ist. Ich sage, wir müssen diese wichtige Fragr hier und wahrscheinlich auch in dieser Session des Landtags überhaupt als eine offene behandeln. Ich könnte mich nicht entschließen, weiter zu gehen und irgend eine Anerkennung für meine Person darüber auszusprechen, daß der erwähnte Grundsatz die ganze Zeit hindurch bei der Volksvertretung und zwar im Bewußtsein der Tragweite Geltung gehabt habe.

Wir kommen allerdings auf diesem Wege dazu, daß allmählich unsere Verfassung S. 585. zusammenschrumpft in einer Weise, daß wir sagen können, was bleibt noch übrig, wenn alles das, was an abändernden Bestimmungen der Verfassung bisher gemacht worden ist und nicht mit der Klausel versehen ist: „mit der Verfassung nichts mehr zu thun hat“, nicht mehr als Grundgesetz gilt? Die Staatsregierung stellt sich in Bezug auf Verfassungsbeschwerden konstant auf einen Standpunkt, den wir nicht theilen, aber der Standpunkt wird festgehalten. Die k. Staatsregierung erklärt: eine Verfassungsbeschwerde, also eine Beschwerde, wie sie die Verfassung jedem Bayer gewährt, ist nur dann vorhanden, wenn eine Verfassungsbestimmung als Gegenstand der Verletzung bezeichnet wird; wenn wir an dem festhalten wollten, was Seine Excellenz uns heute ausgeführt hat, und jetzt schon annehmen wollten, daß Alles, was an den neuen Gesetzen gemacht worden ist, in Abänderung der Verfassung aber ohne Klausel, dann würde der Beschwerdeausschuß nahezu gegenstandslos sein, dann werden wir in dieser Beziehung wenig mehr zu thun haben. Auch das müssen wir bedenken und uns darüber schlüssig machen.

Ich stelle keinen Antrag, ich begnüge mich mit dem, was heute gesagt worden ist; ich möchte nur bitten, daß diese wichtige staatsrechtliche Frage als offene behandelt und in späterer Zeit einer Lösung zugeführt wird; jedenfalls ist es wichtig, daß uns klar werde, ob das, was wir als neues Gesetz machen, als Verfassungsgesetz gelten könne, wenn es nicht mit der Klausel versehen ist, eine Klarheit, welcher wir bisher uns nicht erfreuten.

Abg. **Wagner**: Es ist sehr schwer, über diese Frage heute zu diskutiren. Ich habe zwar auch die Beilage M des Herrn von Walter gelesen, allein ich habe nicht die Zeit dazu gehabt, sie mit der Gründlichkeit zu studiren, die nothwendig wäre, um sich mit Sicherheit hierüber zu äußern. Das ist außer allem Zweifel, daß die Anregungen, die Herr von Walter gegeben hat, sehr verdienstvoll sind, und daß er auf einen wichtigen Punkt aufmerksam gemacht hat, der vielleicht bisher nicht immer beachtet worden ist. Aus den Deduktionen Seiner Excellenz des Herrn Ministers geht hervor, daß allmählich auch ein Verfassungsgesetz durch ein einfaches Gesetz geändert werden kann, wenn das erste Abänderungsgesetz in den Formeln, welche die Verfassungsurkunde vorschreibt, erlassen wird, aber die Schlußworte nicht enthält, welche von Seiten der k. Staatsregierung für erforderlich erachtet werden, um ein Gesetz als Grundgesetz des Reiches zu erklären. Dann ist das nächste Gesetz nur ein einfaches und wir können also bei dem zweiten Gesetz die Verfassung abändern, ohne daß wir die erschwerenden Bestimmungen der Verfassungsurkunde eingehalten haben. Das nöthigt dazu, daß in allen jenen Fällen, in welchen eine Verfassungsänderung beschlossen wird, sich der Landtag ganz genau überlegt, ob es denn wirklich für künftighin das, was er an der Verfassung ändert, so ändern will, daß künftighin die Sache nicht mehr unter den Schutz der Verfassung gestellt wird. Ich möchte da der Anschauung des Herrn Abg. Geiger vollständig beistimmen, daß es außerordentlich zweifelhaft ist, ob sich der Landtag jeweils immer bewußt war, daß er diesen Weg beträte, und unter allen Umständen wird es für uns nothwendig sein, uns für die Zukunft und zwar auch bei dem gegenwärtigen Gesetz diese Frage vorzulegen. Wir haben hier eine Reihe von Bestimmungen, die auch nach Anschauung der k. Staatsregierung solche sind, daß durch sie die Verfassung geändert wird.

Ich würde nun den Herrn von Walter bitten, daß er, der sich ja um diese Frage so verdienstvoll angenommen hat, sich genau überlege und uns nochmals genau angebe, ob er nicht für nothwendig hält, daß bezüglich derjenigen Bestimmungen, welche nunmehr in den Eingangsworten als Verfassungsänderung gekennzeichnet sind, eine Schlußklausel in dem Sinne aufgenommen wird, wie sie von der k. Staatsregierung für Verfassungsänderungen, die auch künftighin noch als Bestandtheil der Verfassung betrachtet werden wollen, für nothwendig erachtet werden. Ich würde Herrn von Walter also sehr dankbar sein, wenn er sich nochmals darüber äußern würde, ob er der Meinung ist, daß, wenn wir solche Bestimmungen hier ändern, auch künftighin dieselben noch als Bestandtheile der Verfassungsurkunde betrachtet werden sollen. Das dürfte für die Gegenwart nicht das einzige, aber das Hauptresultat der heutigen Diskussion sein. Im Uebrigen aber will auch ich in dieser Richtung den Rechten des Landtags nicht das Geringste vergeben, sondern würde auch der Meinung sein, daß es gut ist, vorsichtig zu sein und möglichst sich auf den strengen Verfassungsstandpunkt zu stellen.

Senatspräsident Dr. **von Jacubezky**: Bezüglich der Anregung des Herrn Abg. Wagner erlaube ich mir zu bemerken, daß die Artikel 122[1], 122[5], 122[6], soweit sie lediglich die Wortfassung einzelner Vorschriften der Verfassungsurkunde und zweier Verfassungsgesetze ändern, nach der von Seiner Excellenz vorgetragenen Auffassung der k. Staatsregierung von selbst Verfassungsgesetze werden. Wenn es im Artikel 122[1] heißt: In der VII. Beilage erhält der § 14 Abs. 3 folgende Fassung, so ist damit gesagt, daß der Satz, der die neue Fassung des § 14 Abs. 3 bildet, Bestandtheil der VII. Beilage werden soll. Er kann also nicht durch ein einfaches Gesetz geändert werden, sondern nur in den besonderen Formen des Tit. X § 7 der Verfassungsurkunde. Ebenso verhält es sich mit Artikel 5, welcher einzelne Vorschriften

S. 585. des Gesetzes vom 17. November 1837 über die Zwangsenteignung ändert und einige neue Vorschriften in dieses Gesetz einstellt. Wenn eine neue Vorschrift in ein bestehendes Gesetz eingestellt wird, so wird sie damit zum Bestandtheil dieses Gesetzes gemacht. Die in den Ziff. I, 3, 4 des Artikel 122[5] enthaltenen Zusätze zu dem Artikel XV des Gesetzes vom 17. November 1837 erhalten also dadurch, daß sie in dieses Gesetz eingefügt werden, die Eigenschaft verfassungsgesetzlicher Vorschriften. Dasselbe gilt von dem Artikel 122[6], der einer Vorschrift des Gesetzes über die Wahl der Landtagsabgeordneten eine neue Fassung gibt. Die neue Vorschrift wird Bestandtheil des Wahlgesetzes, das zu den Verfassungsgesetzen gehört.

Die übrigen in dem Eingange genannten Vorschriften sollen dagegen nach der Absicht der k. Staatsregierung nicht Verfassungsgesetze werden, weil sie, abgesehen von dem Artikel 122[40], der lediglich einige Ausdrücke in Verfassungsgesetzen und anderen Gesetzen dem neuen Rechte anpaßt, nur Zusätze zu solchen Gesetzen enthalten, die keine Verfassungsgesetze sind. Das gilt auch von den zwei Vorschriften, die die Staatsregierung nachträglich im Eingange des Gesetzentwurfes anzuführen beantragt. Sie sollen in das Ausführungsgesetz zur Civilprozeßordnung und Konkursordnung und in das Flurbereinigungsgesetz eingestellt werden, die beide nicht zu den Verfassungsgesetzen gehören. Die Anführung im Eingang ist deßwegen geboten, weil sie Abweichungen von Tit. IV § 8 Abs. 4 der Verfassungsurkunde und Artikel I des Gesetzes vom 17. November 1837 enthalten. Diese Abweichungen sind aber nicht von solcher Bedeutung, daß es sich empfehlen könnte, die neuen Vorschriften selbst zu verfassungs-
S. 586. gesetzlichen Vorschriften zu machen. Es handelt || sich um einstweilige Verfügungen, welche im Laufe des Enteignungsverfahrens und des Flurbereinigungsverfahrens zugelassen werden sollen. Die Regierungsvorlage hatte angenommen, daß in der Zulassung solcher Verfügungen eine Aenderung verfassungsgesetzlicher Vorschriften nicht liege, und der gleichen Ansicht scheint Herr Abg. von Walter zu sein, der den Artikel 122[32] Ziff. VIII und den Artikel 122[37] Ziff. XI in seinen Ausführungen gleichfalls nicht erwähnt hat. Bei nochmaliger Prüfung hat sich jedoch ergeben, daß die beiden Vorschriften in das Eigenthum weiter eingreifen, als es durch das Enteignungsgesetz geschieht, und daß es deßhalb richtiger ist, die Vorschrift des Tit. X § 7 der Verfassungsurkunde auch auf sie anzuwenden. Eine andere Frage ist es aber, ob sie selbst zu Verfassungsgesetzen erklärt werden sollen. Dazu dürften sie sich nicht eignen, theils wegen des Zusammenhanges mit den übrigen Vorschriften der einfachen Gesetze, in die sie eingestellt werden, theils deßwegen, weil ihre Bedeutung eine so geringe ist, daß es auffallen müßte, wenn sie zu Verfassungsgesetzen erklärt würden.

Abg. **Conrad** (Korreferent): Auch ich halte die Darlegungen des Herrn von Walter für sehr beachtenswerth. Ich habe seine gedruckten Bemerkungen nicht genügend studirt, um mich in ausführlicher Weise darüber auszusprechen. Gleichwohl glaube ich, mir einige kurze Bemerkungen gestatten zu dürfen.

Ich halte es für durchaus verdienstlich von Herrn von Walter, daß er einmal auf einen Punkt hingewiesen hat, der doch, wie ich glaube, nicht so vollkommen klar liegt, wie Seitens der k. Staatsregierung heute dargelegt worden ist. Ich hatte doch die Empfindung, als ob die Praxis da und dort eine andere und unsichere sei und daß man jedenfalls mit größerem Ernst und eingehender Prüfung an die Sach- und Rechtslage herantreten soll, wenn es sich um Aenderung verfassungsrechtlicher Bestimmungen oder um Neuschöpfung solcher handelt. Seine Excellenz hat bereits darauf hingewiesen, wie schwer es sei, heute noch in jedem einzelnen Falle die Intentionen der gesetzgebenden Faktoren aus zurückliegender Zeit zu erfassen. Herr Kollege Geiger hat darauf hingewiesen, daß dem Landtage vielleicht nicht immer ein klares Bewußtsein dessen vorlag, was man neu schaffen wollte. Ich meine daher, daß es gut ist, für die Folge dieses Bewußtsein wieder zu schärfen. Das wäre immerhin ein Verdienst der Anregungen des Herrn von Walter.

Nun könnte man noch etwas weitergehen. Seine Excellenz haben bemerkt, das Kriterium dafür, ob ein Verfassungsgesetz wieder gegeben werden wolle oder nicht, liegt nicht in den Eingangsworten, sondern jeweils im Schlußwort des neuen Gesetzes. Herr von Walter hat ausgeführt, die Präsumption für ein Verfassungsgesetz sei immer dann gegeben, wenn das bisherige ein solches war, weil das Surrogat zunächst immer den Charakter jenes Rechtsverhältnisses annimmt, an dessen Stelle es tritt. Es wäre daher logischer, zu fordern, daß der Gesetzgeber jedesmal ausdrücklich es auszusprechen hätte, wenn die gesetzliche Neuregelung der Materie n i c h t Verfassungsrecht sein solle. Aber ich gebe zu, man hat sich dieser Ausdrucksweise bisher nicht bedient und empfiehlt sich doch stets eher eine positive Ausdrucksweise. Logischer aber scheint mir schon die Auffassung des Herrn von Walter zu sein. Herr von Walter hat sich übrigens auch nicht darauf gesteift, sondern begnügte sich damit, auf den jetzigen Zustand hingewiesen zu haben. So können wir uns auch damit zufrieden geben.

Was die einzelnen Bestimmungen betrifft, die in den Eingangsworten aufgenommen werden sollen, so glaube auch ich, mich den Ausführungen des Herrn Senatspräsidenten anschließen zu müssen. Da es sich lediglich um Einstellung neuerer Sätze in zweifelloses

Verfassungsrecht und zwar theilweise in die Verfassungsurkunde selbst oder in solche Gesetze handelt, die zweifellos verfassungsrechtlicher Natur sind, wird ein weiteres Wort darüber nicht nöthig sein. S. 586.

Auch bezüglich der neu angeführten Bestimmungen zu Artikel 122[32], 122[37] des Entwurfes wird nichts zu erinnern sein.

Wenn Herr von Walter im Weiteren die Bestimmungen zu Artikel 67 der rechtsrheinischen und Artikel 12 und 51 der Gemeindeordnung für die Pfalz angeführt hat, so glaube ich, diese Ziffern wären unter die Eingangsworte nicht aufzunehmen, da es sich doch um wirkliche verfassungsrechtliche Materien nicht mehr handelt. Diese Bestimmungen waren bisher schon einfache Gesetze gewesen.

Im Uebrigen bin ich zu weiteren Ausführungen nicht veranlaßt.

Abg. Dr. **Casselmann:** Daß die in den Einleitungsworten enthaltenen Artikel unter Beobachtung der in Tit. X § 7 der Verfassungsurkunde vorgeschriebenen Form sowohl im Ausschusse als auch im Plenum Annahme finden werden, ist zweifellos. Die Frage ist nur, welche Wirkung eine solche Beschlußfassung für die Zukunft haben wird, ob wir durch Beobachtung dieser Vorschrift für alle oder wenigstens für einen Theil der in Frage kommenden Artikel Verfassungsgesetze schaffen wollen. Die Frage ist aber nach meinem Dafürhalten doch so wichtig, daß ich dem Vorschlage des Herrn Abg. Geiger nicht folgen möchte, der gemeint hat, die Frage sei derart, daß wir uns heute und auch in dieser Session über dieselbe nicht mehr schlüssig machen könnten. Ich bin im Gegentheil der Meinung, daß wir unter allen Umständen gerade jetzt, wo es sich um die Erlassung der Ausführungsgesetze zum Bürgerl. Gesetzbuch handelt, dieser Frage nicht aus dem Wege gehen sollten mit der Motivirung, daß es uns bei der beschränkten Zeit, die uns zur Verfügung steht, nicht mehr zugemuthet werden kann, diese schwierige Frage zu lösen. Ich dachte, es müßte gerade Aufgabe des Justizausschusses sein, einer solchen Frage in's Gesicht zu sehen und sich klar zu werden, ob man der Auffassung beitritt, die seinerzeit Herr von der Pfordten in der Kammer der Reichsräthe als Ansicht der Regierung zum Ausdruck gebracht hat und die wenigstens in dieser Kammer damals unwidersprochen geblieben ist und die auch, wenn ich den Ausführungen des Herrn Ministers richtig gefolgt bin, in der Folgezeit in der Kammer der Abgeordneten keinen ausführlichen Widerspruch gefunden hat.

Allerdings versichert Herr Abg. Geiger, daß der Landtag, wenn er unter Beobachtung der in Tit. X der Verfassungsurkunde vorgeschriebenen Form ein Gesetz beschlossen habe, das Bewußtsein gehabt habe, unter allen Umständen ein Verfassungsgesetz zu beschließen, allein zum Ausdruck ist das nicht gekommen. Die Untersuchung wird man übrigens hinterher schwer anstellen können, was die einzelnen Mitglieder in einem solchen Falle für ein Bewußtsein gehabt haben.

Also ich meine, es ist die Frage so wichtig, daß man der Anregung des Herrn Abg. von Walter noch in dieser Session nachgehen soll, damit einmal eine Klarheit der Verhältnisse für die Zukunft geschaffen wird. Man kann ja heute im Ausschusse dem Artikel vollständig zustimmen und || sich vorbehalten, im Plenum auf die Frage zurückzukommen und sie derart zu erörtern, daß für die Zukunft die ganze Frage erledigt wird. S. 587.

Abg. **von Walter:** Was die Anregungen des Herrn Dr. Casselmann anlangt, so glaube ich, daß wir wohl in dieser Session zu einer definitiven Lösung der Frage nicht kommen können, denn es stehen sich die Meinungen der Regierung und des Ausschusses noch diametral gegenüber, und die Frage jetzt zum Austrag zu bringen, scheint mir schon wegen der Kürze der Zeit, die uns zur Verfügung steht, geradezu unmöglich.

Ich meine nun, wir sollten die Frage offen lassen, wie Herr Abg. Geiger vorgeschlagen hat, sollten aber heute schon oder wenigstens im Plenum insofern eine Stellung zur Frage nehmen, als wir wenigstens diejenigen Abänderungen der Verfassungsurkunde enthaltenen Normen, welche wir in den Ausführungsgesetzen beschließen, als Verfassungsgesetze bezeichnen.

Unter allen Umständen bitte ich Sie, den Weg nicht einzuschlagen, den uns der Herr Senatspräsident vorgezeichnet hat. Nach meinem Dafürhalten steht die Aeußerung des Herrn Senatspräsidenten mit der Erklärung, die Seine Excellenz der Justizminister Namens der k. Staatsregierung abgegeben hat, nicht im Einklange. Der Herr Staatsminister der Justiz hat die Erklärung abgegeben, daß Verfassungsänderungen, welche nicht durch eine Schlußklausel als Bestandtheile der Verfassung erklärt werden, einfache Gesetze sind. So habe ich die Erklärung aufgefaßt.

(Der k. Staatsminister der Justiz: Regelmäßig!)

Nun kommt der Herr Senatspräsident auf die Meinung zurück, die Seydel aufgestellt hat, daß gewisse Gesetze schon an und für sich Verfassungsgesetze sind. Ja, dann unterscheiden wir wieder zwischen Verfassungsänderungen und Verfassungsänderungen, und diese Unterscheidung hat uns gerade in die Kalamität gebracht, in der wir uns jetzt befinden. Wenn der Herr Senatspräsident meint, daß Bestimmungen, die im Wortlaute der Verfassung etwas

S. 587. ändern, deßhalb nothwendig Verfassungsgesetze seien, diejenigen aber, die etwas anders ändern oder einen Zusatz machen, deßhalb keine Verfassungsgesetze seien, so kommen wir aus der Sackgasse absolut nicht heraus. Entweder — oder. Entweder sagen wir: Alles, was nicht in der Schlußklausel ausschließlich als Verfassungsbestimmung anerkannt ist, ist einfaches Gesetz, oder wir sagen umgekehrt: Alles, was unter den Formen des Tit. X § 7 angenommen worden ist, ist Verfassungsgesetz. Aber ein Mittelding gibt es nach meinem Dafürhalten nicht. Ich sehe auch nicht ein, welcher Unterschied wäre, wenn wir im Artikel 7 ein paar Worte ändern oder zum Zwangsenteignungsgesetze ganze Zusätze machen. In jedem Falle werden Bestimmungen der Verfassung abgeändert. Ich komme über die Alternative also nicht hinaus. Entweder sind alle Aenderungen Verfassungsgesetze oder sie sind es nicht. Wir überlassen es dem bloßen Zufalle, wenn wir dem Rathe des Herrn Senatspräsidenten folgen, wie später die Sache ausgelegt wird. Später wird man sich auf den Standpunkt stellen: da ist die Verfassung geändert worden, aber in einer Schlußklausel ist nicht festgelegt, daß die Aenderung eine Verfassungsbestimmung sein soll. Wir müssen uns einmal über eine ganz bestimmte Form einigen, durch welche zum Ausdruck gebracht werden muß, ob ein Verfassungsgesetz vorliegt oder nicht. Der Herr Senatspräsident hat gesagt, die blos vorläufigen Verfügungen des Zwangsenteignungsgesetzes sind keine Verfassungsänderungen. Sind denn die Formen, unter denen die Zwangsentäußerung herbeigeführt wird, für den Abtretungspflichtigen weniger von Bedeutung als die Höhe der Summe, haben die Formen nicht ungeheuren Einfluß auf die Feststellung der Summe und ist nicht der Abtretungspflichtige gerade auch durch die Formen in seinen Rechtsansprüchen geschützt? Wenn wir derartige Unterscheidungen machen, kommen wir nie zum Ziele.

Seine Excellenz der Herr Justizminister haben eine Bemerkung fallen lassen, die mich in meiner Annahme bestärkt, daß bisher Opportunitätsrücksichten maßgebend waren. Seine Excellenz haben zugegeben, daß man das Erstarren der Verfassungsurkunde damit vermeiden und sich die Möglichkeit offen lassen will, einzelne Anordnungen seinerzeit wieder durch einfaches Gesetz aufzuheben. Der Standpunkt darf nach meinem Dafürhalten der Standpunkt der Volksvertretung nie und nimmer werden. Die Volksvertretung hat ganz hervorragend die Pflicht und den Beruf, die Verfassung zu schützen, und der Schutz wird vereitelt, wenn man immer nur einfache Gesetzesbestimmungen an die Stelle der Verfassungsbestimmungen treten läßt, die durch einfache Majorität geändert und aufgehoben werden können. Wenn wirklich, wie es jetzt der Fall ist, zwei große Majoritäten in der Kammer sich gegenüberstehen und dadurch die Aenderung einer Verfassungsbestimmung auf verfassungsmäßigem Wege erschwert ist, so ist das ein Beweis, daß das Bedürfniß nicht so groß ist und daß man so auch auskommen kann. Eine Bestimmung nach der andern zu opfern und auf diese Weise die Verfassung zu einem Gerippe zu degradiren, aus dem Alles genommen ist, was lebensfähig ist, der Weg scheint mir nicht angezeigt.

Herr Abg. Wagner hat gemeint, man soll sich die Frage näher überlegen, was von den Bestimmungen, die wir abgeändert haben, allenfalls Gegenstand einer Schlußklausel sein soll. Ich kann von dem, was ich in meinem früheren Antrage gesagt habe und was auch in meinen Bemerkungen niedergelegt ist, nicht abgehen, daß alle die Aenderungen, welche getroffen werden, Verfassungsgesetze abändern und daß sie auch in Zukunft Verfassungsgesetze bleiben sollen, und hätte deßhalb nach meinem Dafürhalten die Schlußklausel dahin zu lauten, daß alle diese Bestimmungen, welche unter der Form des Tit. X § 7 angenommen werden, auch als Bestandtheile der Verfassungsurkunde erklärt werden. Man kann in den einzelnen Fällen ja wohl noch unterscheiden. Ich will nicht weiter darüber rechten, ob Herr Abg. Conrad Recht gehabt hat, wenn er die Aenderungen in den beiden Gemeindeordnungen nicht als Aenderungen der Verfassungsgesetze betrachtet. Ich weise nur darauf zurück, daß die betreffenden Artikel der Gemeindeordnungen, die wir jetzt in Bezug auf die Stiftungen ändern, ausdrücklich in den beiden Gesetzen als Verfassungsbestimmungen erklärt worden sind. Ob diese Gesetze Verfassungsgesetze sind oder nicht, das ist eine petitio principii. Ich sage: Sie sind es. Die k. Staatsregierung steht auf einem andren Standpunkte. Allein ich glaube, wir haben den Beruf, den Standpunkt vorläufig zu wahren und es späterer Einigung der Regierung und der Kammer zu überlassen, was künftighin als Verfassungsgesetz anerkannt und wie das Verfassungsgesetz gesichert werden soll. Aber heute müssen wir uns streng genommen auf den Standpunkt stellen, daß alle Gesetzesänderungen, die an Gesetzen vorgenommen werden, die unter dem Schutze der Verfassung zu Stande gekommen sind, auch als Verfassungsgesetze festgelegt werden.

Senatspräsident Dr. **von Jacubezky:** Ich glaube, von Herrn Abg. von Walter
S. 588. so gründlich mißverstanden worden zu sein, wie es mir von Seite dieses || Herrn Abgeordneten bisher wohl noch nicht begegnet ist. Ich habe keineswegs gesagt, daß diejenigen Vorschriften, nach welchen gewisse einstweilige Verfügungen im Enteignungsverfahren und im Flurbereinigungsverfahren getroffen werden können, deßwegen nicht materielle Aenderungen des

Enteignungsgesetzes, das ein Verfassungsgesetz ist, seien, weil es sich nur um einstweilige S. 588.
Verfügungen handelt. Die k. Staatsregierung hat ja heute selbst beantragt, diese Vorschriften in den Eingang des Gesetzentwurfes aufzunehmen, weil sie sich überzeugt hat, daß, obwohl es sich nur um einstweilige Verfügungen handelt, diese Vorschriften doch einen Eingriff in das Eigenthum enthalten, der über den Rahmen des Enteignungsgesetzes hinausgeht. Ich habe nur gesagt, daß man bei der Aufstellung des Entwurfes geglaubt hat, von der Beobachtung des Tit. X § 7 der Verfassungsurkunde absehen zu können, weil es sich nur um vorläufige Anordnungen handle. Die beiden Vorschriften sind übrigens auch in der Beilage M nicht genannt und der Herr Abg. von Walter hat auch heute nicht beantragt, daß sie als Verfassungsänderungen betrachtet werden sollen. Mit dem heute von der k. Staatsregierung gestellten Antrage dürfte diese Frage erledigt sein.

Ich bin auch insofern mißverstanden worden, als meine Aeußerung in einen Widerspruch gebracht worden ist mit dem, was Seine Excellenz der Herr Staatsminister vorgetragen hat. Der Herr Staatsminister hat ausgeführt, daß, wenn ein Gesetz Verfassungsgesetz sein soll, dieß regelmäßig in einer Schlußklausel ausgesprochen wird. Er hat aber unter Berufung auf von Seydel beigefügt, daß es nicht nothwendig ist, daß dieß gerade in einer Schlußklausel bestimmt wird, sondern daß es auch genügt, wenn das Gesetz sagt, es solle eine bestimmte Vorschrift der Verfassungsurkunde oder eines Verfassungsgesetzes einen neuen Wortlaut erhalten oder sie werde authentisch in einer bestimmten Weise erläutert. Wenn man genauer zusieht, so ist das gar keine Ausnahme, sondern die Regel lautet eigentlich so: Damit ein Gesetz Verfassungsgesetz wird, ist es nicht genügend, daß es in den Formen des Tit. X § 7 zu Stande kommt, denn diese Formen sind bei jeder Aenderung, auch bei einer ersatzlosen Aufhebung, zu beobachten. Es muß vielmehr die neue Vorschrift, welche an die Stelle der bisherigen gesetzt wird, zu erkennen geben, daß sie selbst ein Verfassungsgesetz sein will, d. h. daß sie nicht blos materiell eine Vorschrift des bisherigen Verfassungsrechts ersetzen, sondern auch formell als neue Vorschrift des Verfassungsrechts an deren Stelle treten will. Bei größeren Gesetzen, die eine ganze Materie neu regeln, geschieht das in der Weise, wie es vom Herrn Staatsminister als die Regel bezeichnet wurde, daß am Schlusse des Gesetzes bestimmt wird, welche Vorschriften des Gesetzes als Verfassungsgesetz oder als Grundgesetz gelten sollen. Wenn es sich dagegen blos um einzelne kleinere Aenderungen handelt, so wird häufig dem Paragraphen, der geändert werden soll, eine neue Fassung gegeben. Damit wird ausgesprochen, daß diese neue Vorschrift in die Verfassungsurkunde oder in das zu ändernde Verfassungsgesetz eingesetzt wird, daß sie ein Bestandtheil des bestehenden Gesetzes werden soll. Wir haben im Artikel 122[1] den § 14 Abs. 3 der VII. Beilage zu der Verfassungsurkunde in dieser Weise geändert. Das hat die Bedeutung, daß die neue Vorschrift nicht ein neben der Verfassungsurkunde stehendes Gesetz sein, sondern als Bestandtheil der VII. Verfassungsbeilage gelten soll. Sie will so angesehen werden, als ob sie der § 14 Abs. 3 wäre. Im Artikel 122[5], der das Gesetz vom 17. November 1837 zum Gegenstande hat, ist in der Ziff. I, 4 gesagt: „Im Artikel XV werden folgende Vorschriften als Abs. 2, 3 eingestellt." Ob das Gesetz sagt, die neue Vorschrift werde in ein bestehendes Verfassungsgesetz eingestellt, oder sie solle als Bestandtheil des Verfassungsgesetzes gelten, das ist offenbar gleichgiltig; verba solemnia, wie sie das ältere römische Recht kannte, sind ja der modernen Gesetzgebung fremd. Es kann nicht darauf ankommen, daß gerade die Wendung gebraucht wird, „die Vorschrift soll als Bestandtheil der Verfassungsurkunde gelten", sondern es genügt jede Wortfassung, die klarstellt, daß die Vorschrift Bestandtheil des formellen Verfassungsrechts sein soll.

Herr Abg. von Walter meint, wenn man die Verfassungsurkunde oder ein Verfassungsgesetz ändere, ohne die neue Vorschrift zu einem Verfassungsgesetze zu machen, so werde die Verfassungsurkunde allmählich zu einem hohlen Gerippe. Diese Befürchtung ist aber durchaus unbegründet. Die Staatsregierung hat selbstverständlich ebensowenig wie eine der Kammern des Landtags die Absicht, die Verfassungsurkunde nach und nach ihres Inhalts zu berauben. Sie erachtet es nur nicht für erforderlich und nicht für zweckmäßig, alle geringfügigen Zusätze, welche bei der Regelung einer nicht dem formellen Verfassungsrecht angehörenden Materie erforderlich werden, selbst wieder zu Vorschriften des formellen Verfassungsrechts zu machen. Ich verweise z. B. auf eine Vorschrift, die heute schon besprochen worden ist, den Artikel 122[37] Ziff. V, nach dem das Oberlandesgericht als Fideikommißgericht in einem bestimmten Falle einen Grundtausch, der nach dem Zeugnisse der Flurbereinigungskommission dem Fideikommiß zum Vortheil gereicht, ohne Vernehmung der Anwärter genehmigen soll, während § 66 der VII. Verfassungsbeilage die Regel aufstellt, daß das Oberlandesgericht die Zustimmung zu einer Veräußerung nur nach Vernehmung der Anwärter ertheilen darf. Diese Vorschrift gehört zu der Materie der Flurbereinigung und soll deßhalb auch in das Flurbereinigungsgesetz eingestellt werden. Warum soll diese Vorschrift zu einem Verfassungsgesetz erhoben werden? Wie soll die Verfassungsurkunde dadurch in die Gefahr gebracht werden, ihres Inhaltes beraubt zu werden, daß eine solche

S. 588. geringfügige Abweichung, die durch ein anderes Gesetz veranlaßt ist, nicht wieder zum Verfassungsgesetz erklärt wird? Ebenso verhält es sich mit den beiden Fällen der vorläufigen Verfügungen, die die Staatsregierung selbst im Eingange anführen will. Von dem verfassungsmäßigen Grundsatz, daß die Zwangsenteignung nur gegen vorgängige Entschädigung stattfindet, wird die Ausnahme gemacht, daß in einem Fall, in dem der Staat abtretungsberechtigt ist, nach rechtskräftiger Feststellung der Abtretungspflicht und Durchführung des Schätzungsverfahrens der Distriktsverwaltungsbehörde an Stelle der bloßen Besitzüberweisung die sofortige Abtretung verlangt werden kann, und im Flurbereinigungsverfahren wird unter gewissen Voraussetzungen vor der rechtskräftigen Genehmigung der Flurbereinigung eine vorläufige Ausführung der neuen Flureintheilung durch Besitzüberweisung zugelassen. Warum sollen diese Ausnahmen zu Verfassungsgesetzen gemacht werden? Würden die verfassungsmäßigen Grundsätze, von denen hier Ausnahmen gemacht werden, irgendwie berührt werden, wenn man diese Ausnahmen später wieder aufheben wollte? Der Herr Abg. von Walter hat auch selbst nicht beantragt, daß die Aenderungen der in dem Ausführungsgesetz zur Civilprozeßordnung und Konkursordnung enthaltenen Verfahrensvorschriften, die in dem Artikel 122[32] vorgenommen werden, im Eingange des Gesetzentwurfes genannt werden sollen. Er hat schon bei der früheren Besprechung ausdrücklich gesagt, auf diese Vorschriften
S. 589. erstrecke sich sein An‖trag nicht. Ich glaube er hat Recht gehabt, den Antrag nicht auf sie zu erstrecken, denn es handelt sich lediglich um Einzelheiten des Verfahrens, welche nicht die Wichtigkeit haben, daß es sich rechtfertigen würde, sie mit der Gewähr auszustatten, daß sie nur unter Beobachtung der Formen des Tit. X § 7 geändert werden können. Ebenso ist es nicht von wesentlicher Bedeutung, ob z. B. eine Frist von vierzehn Tagen oder vier Wochen bestimmt wird. Aus diesen Gründen wird es richtiger sein, in diesen Entwurf eine Schlußklausel, in der einzelne seiner Vorschriften zu Verfassungsgesetzen erklärt werden, nicht aufzunehmen.

Abgesehen von den drei Artikeln, in denen es sich darum handelt, daß Verfassungsgesetze dem Wortlaute nach geändert werden sollen, stehen nur Aenderungen von Gesetzen in Frage, die nicht Verfassungsgesetze sind. Herr Abgeordneter von Walter scheint allerdings von der Meinung auszugehen, daß es ein Zusatz zu einem Verfassungsgesetze sei, wenn in einem Gesetze eine Vorschrift gegeben wird, die eine verfassungsgesetzliche Bestimmung berührt. Mit dem Zusatz verhält es sich aber ebenso wie mit der Aenderung; eine neue Vorschrift ist nicht deßwegen, weil sie einen verfassungsrechtlichen Rechtssatz ergänzt, selbst eine verfassungsgesetzliche Vorschrift, sondern es bedarf einer besonderen Bestimmung des Gesetzgebers, um sie dazu zu machen. Es ist sogar ein wichtiger gesetzgeberischer Grundsatz, in die Staatsgrundgesetze nicht alle Einzelvorschriften aufzunehmen, sondern dem Wesen des Grundgesetzes gemäß nur die wichtigsten, die Grundlage des geltenden Rechtes bildenden Rechtssätze zu grundgesetzlichen Vorschriften zu erheben. Demgemäß ist z. B. weder in der geltenden Subhastationsordnung, noch in der Beilage C die Vorschrift, daß bei der Zwangsvollstreckung in ein Familienfideikommiß die Fideikommißschulden den Hypothekenschulden gleichstehen, als eine verfassungsgesetzliche Vorschrift behandelt worden. Sie ergänzt die Vorschriften der VII. Beilage über die Fideikommißschulden, aber es hat noch Niemand daran gedacht, sie deßwegen als eine Vorschrift anzusehen, die nur nach Tit. X § 7 geändert werden kann. Ebenso ist es bisher mit den Vorschriften gehalten worden, die bei der Regelung einer nicht verfassungsgesetzlichen Materie in untergeordneten Einzelheiten kleine Abweichungen von verfassungsgesetzlichen Vorschriften gebracht haben. Ein einleuchtendes Beispiel einer solchen geringfügigen Aenderung bildet der Artikel 122[40]. In den Verfassungsgesetzen, die das Fideikommißrecht betreffen, und im Zwangsenteignungsgesetze wird von dem Hypothekenbuch und dem Hypothekenamte gesprochen. In Folge der Einführung des Grundbuchs soll an die Stelle des Hypothekenbuchs das Grundbuch und an die Stelle des Hypothekenamtes das Grundbuchamt gesetzt werden. Ist das eine so wesentliche Aenderung des bestehenden Verfassungsrechts, daß die Vorschrift, welche diese Aenderung enthält, selbst zum Verfassungsgesetz gemacht werden muß? Ich meine, es liegt auf der Hand, daß das eine ganz unwesentliche Einzelheit ist, die sich nicht dazu eignet, zum Gegenstand einer grundgesetzlichen Vorschrift gemacht zu werden. Hätten wir den Artikel 122[40] weggelassen, so würde die Auslegung sich selbst geholfen haben, sie würde das, was der Artikel ausspricht, als eine selbstverständliche Folge der Einführung des Grundbuchs angesehen haben.

Abg. **von Walter:** Meine Bemerkungen in Beilage M haben nicht den Anspruch auf Vollständigkeit, namentlich auch nicht in Bezug auf die Bestimmungen der Ausführungsgesetze, welche als Verfassungsgesetze aufgefaßt werden sollen. Das wird mir wohl kaum zugemuthet werden können, daß ich neben aller anderen Arbeit eine vollständige Abhandlung darüber schreibe. Daß man dabei etwas übersehen kann, ist ganz natürlich. Im Uebrigen haben meine Bemerkungen hauptsächlich den Zweck, eine Regelung der Frage und zwar eine einheitliche Behandlung derselben herbeizuführen.

Nun frage ich, ob durch die Erörterungen des Herrn Senatspräsidenten dieser Zweck erreicht wird oder nicht. Der Herr Senatspräsident macht eine Reihe von Unterscheidungen. Er sagt z. B.: Unwesentliche Dinge brauchen nicht als Inhalt der Verfassungsurkunde erklärt zu werden, das ist nicht nothwendig. Ja, wenn wir uns auf die Unterscheidung stellen, haben wir eben in jedem einzelnen Falle den Streit wieder. Wer entscheidet darüber, ob eine Abänderung eine wesentliche oder eine unwesentliche ist? Der Herr Senatspräsident hält allerdings eine ganze Reihe von Dingen für unwesentlich, ich halte sie für wesentlich. Ich sage z. B.: die Bestimmung, daß der Fiskus sofort die Zwangsabtretung verlangen kann, ist eine ganz wesentliche, und wenn der Herr Senatspräsident meint, daß daran ja gar nichts liegt, weil der Staat doch Mann genug für die Bezahlung der Ablösungssumme sei und daß deßhalb eine einfache gesetzliche Bestimmung genüge, so sage ich: diese einfache Bestimmung kann man später dahin abändern, daß der Fiskus das Recht hat, die Zwangsabtretung zu verlangen, bevor überhaupt ein Verfahren eingeleitet ist; das ist dann auch unwesentlich, weil der Fiskus unter allen Umständen Mann genug ist, für die Entschädigungssumme aufzukommen; oder wenn der Herr Senatspräsident meint, daß es ganz gleichgiltig für den Bestand der Verfassung ist, daß statt der Frist von vier Wochen eine solche von vierzehn Tagen gesetzt wird, so stimme ich auch bei; aber so eine einfache Bestimmung wird nirgends getroffen. Die Fristbestimmungen sind immer mit anderen Bestimmungen verbunden. Ich gebe aber zu, diese Materie hätte durch einfaches Gesetz geregelt werden können. Der Gesetzgeber hat aber diesen Weg nicht eingeschlagen, sondern er hat alle Bestimmungen, die formellen und materiellen, als Bestandtheile der Verfassung erklärt. Nun glaube ich, hat später der Gesetzgeber kein Recht, unter solchen Umständen zu unterscheiden, was wesentlich und was unwesentlich und was durch einfaches Gesetz und was durch Verfassungsgesetz zu ersetzen sei. Ich habe schon betont, daß der Gesetzgeber nicht umsonst auch die formellen Bestimmungen dieser Gesetze als Verfassungsgesetz erklärt hat. Wenn man keine bestimmten Prozeßformen mehr hat, wird manches Recht verloren gehen, das jetzt durch die Prozeßform geschützt ist. S. 589.

Nun hat der Herr Senatspräsident weiter unterschieden: Wenn man den Wortlaut einer Bestimmung des Tit. VII der Verfassungsurkunde oder eine Verfassungsbeilage ändere, stelle man diese Aenderung von selbst in die Verfassung ein, das steht ja schon darin. Ich aber sage, wenn eine Aenderung in anderer Weise bewirkt wird, sei es durch Erläuterung, sei es durch Zusätze oder Abänderungen, so müsse das auch als in der Verfassung stehend angesehen werden. Seine Excellenz der Herr Justizminister haben in seinen Erörterungen bereits den Fall vorgeführt, in welchem sich die k. Staatsregierung veranlaßt gefunden hat, in den Motiven darzuthun, warum die abändernden Bestimmungen nicht als Verfassungsbestimmungen erklärt werden sollen. Warum schlägt die Staatsregierung nicht überall den Weg ein und gibt der Volksvertretung Gelegenheit, sich klar darüber zu werden, ob sie eine einfache Bestimmung für genügend erachte oder eine Verfassungsbestimmung für nothwendig halte. Das ist bisher || sonst nicht geschehen und daher kommt die Zerfahrenheit. Ich weiß nicht, warum man sich da gar so einseitig auf den Standpunkt stellt, der noch lange nicht als der richtige angenommen ist. Der Herr Senatspräsident geht von lauter prinzipiellen Fragen aus und hält sie bereits für beantwortet; das thun wir nicht, und deßhalb müssen wir uns sichern. Wir haben die Verfassung auch beschworen und haben allen Anlaß und Grund, uns um die Verfassung anzunehmen; wenn man den Weg beschreitet, den der Herr Senatspräsident vorschlägt, und es in jedem einzelnen Fall dem willkürlichen Ermessen anheimgibt, ob eine Verfassungsänderung wesentlich oder unwesentlich ist, dann ist die Verfassung in Gefahr und davor warne ich dringend; die Gefahr ist mir zu groß. S. 590.

Ich meine deßhalb, man sollte dem Vorschlag folgen, der wiederholt gemacht worden ist. Man sollte die entscheidende Frage einer späteren und dafür günstigeren Zeit überlassen. Man sollte aber heute zugeben, daß wir unseren Standpunkt für den vorliegenden Gesetzentwurf einstweilen festlegen; wir wollen das ohne Präjudiz. Wir lassen die Frage offen, wir sagen aber: Die Bestimmungen der Verfassungsurkunde, des Zwangsenteignungsgesetzes u. s. w., die wir abändern, halten wir für eine Verfassungsänderung und halten sie auch zugleich für die Zukunft für Verfassungsbestimmungen; damit ist die Frage nicht präjudizirt. Wenn wir uns ausdrücklich auf die Schlußklausel einigen, ist es leicht, in Zukunft die Frage als offene zu behandeln; das ist meine Ansicht. Wir kommen auf andere Weise kaum zu einem Ziele.

Der k. Staatsminister der Justiz: Der Herr Abg. von Walter hat Anfangs die Ansicht ausgesprochen, daß es das Richtigste sei, die ganze Frage erst später, vielleicht in einem kommenden Landtag zu behandeln. Allein er muß doch offenbar mit seinem Antrag in der Beilage M beabsichtigt haben, daß bei der Vorlage dieses Entwurfes an das Plenum der Kammer die Frage entschieden wird. Sie müssen sich doch wohl jetzt schlüssig machen, ob der Eingang dieses Gesetzentwurfes einige der vorgeschlagenen Artikel oder alle

S. 590. **enthalten soll oder nicht.** Nun hat der Herr Abgeordnete soeben am Schluß seiner Ausführungen gesagt: „Dadurch binden wir gar Niemand für die Zukunft, weder uns noch Andere.“ Wenn aber alle diese Artikel — die Zustimmung der hohen Kammer der Reichsräthe vorausgesetzt — als Verfassungsgesetze beschlossen würden, so kann dieß nicht mehr geändert werden. Ich bin selbstverständlich auch dafür, daß die Verfassung geschützt wird. Aber ich frage: Sind denn alle diese Bestimmungen, die wir in der Einleitung des gegenwärtigen Entwurfs aufgenommen haben, so wichtig, daß sie Verfassungsgesetze werden sollen?

Dann möchte ich noch dem Herrn Abg. Geiger erwidern, daß seine Bemerkung, als ob bisher so viel in dieser Richtung in Zweifel gelassen worden sei, sich doch als nicht ganz richtig darstellt, wenn man die Gesetze auf diese Frage prüft. Denn das wird der Herr Abgeordnete zugeben, daß auch seit dem Jahre 1850 viele Gesetze erlassen wurden, in welchen es am Schlusse ausdrücklich heißt, bestimmte Artikel sollen als Verfassungsgesetz betrachtet werden. Auch meine ich, daß, wenn die Kammer der Abgeordneten diese Gesetzentwürfe eingehend berathen und in öffentlicher Sitzung die Abstimmung vorgenommen hat, sie eben von denjenigen Gesetzen, in welchen eine solche Bestimmung nicht getroffen wurde, angenommen hat, sie seien keine Verfassungsgesetze. Daß man an diese Frage gar nicht gedacht habe, das läßt sich kaum annehmen, wenn man die einzelnen Gesetze liest und prüft.

Ich will nur noch mit ein paar Worten darauf zurückkommen, daß Herr Abg. von Walter vorhin äußerte, meine Worte und die des Herrn Regierungskommissärs deckten sich nicht. Der Herr Abgeordnete muß wohl die Worte überhört haben, die ich bei Anführung der beiden Grundsätze, an welchen die k. Staatsregierung festhält, gesprochen habe. Ich sagte, daß ein Verfassungsänderungsgesetz „regelmäßig“ nur dadurch selbst wieder zum Verfassungsgesetz wird, daß es sich selbst ausdrücklich als solches erklärt, und habe fortgefahren: „unter Umständen kann, wie auch Seydel sagt, bei Verfassungsänderungsgesetzen aus deren Inhalt selbst ihre verfassungsmäßige Eigenschaft erhellen, so daß es einer Hervorhebung derselben nicht bedarf“ u. s. w., und als Beispiel angeführt, daß eine verfassungsgesetzliche Vorschrift einen neuen Wortlaut erhält. Ich glaube also, daß die Ausführungen des Herrn Regierungskommissärs und die meinigen ganz die gleichen waren.

Senatspräsident Dr. **von Jacubezky:** Herr Abg. von Walter hat zugegeben, daß es auf mehr oder minder zufälligen Erwägungen beruht, daß das Gesetz vom 17. November 1837 über die Zwangsenteignung das ganze Verfahren in allen Einzelheiten geordnet und alle diese Vorschriften auch zu Bestandtheilen der Verfassungsurkunde erklärt hat. Der Herr Abgeordnete hat geglaubt, er würde im Jahre 1837 recht wohl angegangen sein, nur die wichtigeren Grundsätze zum Verfassungsgesetz zu erklären und die minder wichtigen Vorschriften über das Verfahren in einem einfachen Gesetz zu erlassen. Er glaubt aber, weil die Gesetzgebung im Jahre 1837 diese Scheidung nicht vorgenommen hat, sei für alle Zukunft bestimmt, daß die Vorschriften über das Verfahren in Zwangsenteignungssachen verfassungsgesetzliche Vorschriften sein müssen. Ich glaube nicht, daß das richtig ist. Ich glaube, daß der bayerische Gesetzgeber im Jahre 1899 ebenso souverän ist, wie er es im Jahre 1837 gewesen ist. Er hat nicht dadurch etwas von seinen Befugnissen verloren, daß im Jahre 1837 aus Zweckmäßigkeitsgründen beliebt wurde, auch die Verfahrensvorschriften zu grundgesetzlichen Vorschriften zu machen. Ich glaube, es läßt sich ganz einfach klarstellen, daß es so ist, wie ich gesagt habe. Der Gesetzgeber kann dasjenige, was bei jeder Aenderung eines Gesetzes stillschweigend geschieht, auch ausdrücklich sagen. Er kann 1. durch eine Vorschrift, die in den Formen des Tit. X § 7 erlassen wird, bestimmen, daß die abzuändernden Vorschriften aufgehoben werden, damit das bisherige Verfassungsrecht beseitigen, so daß das Verfassungsrecht über die Frage, die angeordnet werden soll, z. B. über das Verfahren in Enteignungssachen, nichts mehr enthält; 2. nachdem tabula rasa gemacht ist, ein einfaches Gesetz, z. B. über das Verfahren in Enteignungssachen, machen. Warum das nicht möglich sein soll, ist nicht einzusehen. Das Verfassungsrecht, das der Gesetzgeber vor sich hat, enthält ja über die zu ordnende Frage nichts, es steht also der Erlassung eines einfachen Gesetzes nichts im Wege. Soll es nun unmöglich sein, das, was man in zwei Abtheilungen machen kann, auf einmal zu machen? Die Aufhebung muß in den Formen von Tit. X § 7 beschlossen werden und die neuen Vorschriften werden als einfaches Gesetz erlassen. So geschieht es in der That, wenn das neue Gesetz nicht zu einem Verfassungsgesetz erklärt wird. Die Formen des Tit. X § 7 werden zu dem Zwecke beobachtet, um die entgegenstehenden Vorschriften des Verfassungsrechtes zu beseitigen und freie Bahn für ein einfaches Gesetz zu schaffen; die neuen Vorschriften, für die die
S. 591. Bahn || frei gemacht ist, werden als einfaches Gesetz erlassen. Ich möchte auch noch darauf aufmerksam machen, wie unzweckmäßig es sein würde, alle gesetzlichen Vorschriften, welche in irgend einer untergeordneten Beziehung die Verfassungsurkunde oder ein Verfassungsgesetz berühren, selbst wieder zu Verfassungsgesetzen zu machen. Die Folge würde die sein, daß der Umfang der Verfassungsgesetze sich immer mehr erweiterte. Die neuen Gesetze, welche bei Gelegenheit der Regelung einer anderen Materie eine verfassungsrechtliche Vorschrift in irgend einer

Beziehung ändern, bringen die Aenderung meistens in solchem Zusammenhang mit anderen S. 591.
Vorschriften, daß es nicht thunlich ist, die Aenderung zu einer verfassungsgesetzlichen Vorschrift zu erklären, ohne auch den anderen Vorschriften diese Eigenschaft beizulegen. Ein sehr lehrreiches Beispiel bietet der Artikel 7 Abs. 2 des Gesetzes über den Verwaltungsgerichtshof (Art. 122[31] Ziff. I). Er hat die strafprozeßrechtliche Vorschrift des § 16 der IX. Beilage zu der Verfassungsurkunde geändert. Diese ist inzwischen weggefallen, der Artikel 7 Abs. 2 gilt jetzt nur noch für die Verfolgung civilrechtlicher Ansprüche gegen Beamte und berührt die Vorschriften der Verfassungsurkunde gar nicht. Gleichwohl würde er, wenn er im Jahre 1878 zum Verfassungsgesetze erklärt worden wäre, nur nach Tit. X § 7 abgeändert werden können. Gegenwärtig besteht er aus einem einzigen Satze; in der neuen Fassung hat er sieben Sätze. Nach der Ansicht des Herrn Abg. von Walter würden also durch die Aenderung einer Vorschrift, die die Verfassungsurkunde gar nicht berührt, sieben Sätze in das formelle Verfassungsrecht aufgenommen werden. Man würde dazu kommen, daß eine Menge von Sätzen zu Bestandtheilen der Verfassungsurkunde erklärt würde und zwar lauter Sätze, bei denen es an inneren Gründen fehlt, ihnen diese Eigenschaft beizulegen.

Ich glaube auch, daß ich nicht Unrecht gehabt habe mit dem, was ich vorhin von der Zwangsenteignung gesagt habe. Gewiß ist es ein Eingriff in das Recht desjenigen, dessen Grundstück enteignet werden soll, daß der Staat enteignen kann, ohne vorher die Entschädigung bezahlt zu haben. Deßwegen soll ja die Vorschrift, die diesen Eingriff zuläßt, als eine Erweiterung des Enteignungsrechts im Eingange des Entwurfes angeführt werden. Aber wenn man einmal dazu kommen sollte, diese Erweiterung wieder aufzuheben, so vermag ich nicht einzusehen, warum das nicht durch ein einfaches Gesetz sollte geschehen können. Meines Erachtens ist die Sachlage diese: bei Erlassung eines neuen Gesetzes hat der Gesetzgeber sich die Frage vorzulegen, ist es zweckmäßig, das neue Gesetz zu einem Verfassungsgesetz zu machen oder nicht? Der Gesetzgeber kann auch solche Vorschriften zum Verfassungsgesetz machen, die mit dem bisherigen formellen Verfassungsrecht keinen Zusammenhang haben. Darauf bezog sich die Erklärung, die der jetzige Herr Finanzminister zum Artikel 2 des Gesetzes über den Verwaltungsgerichtshof abgegeben hat. Er sagte, eine Vorschrift, welche die Verfassungsurkunde in keiner Weise berührt, kann natürlich durch einfaches Gesetz erlassen werden. Wenn man aber dieser Vorschrift die Eigenschaft eines Verfassungsgesetzes geben will, so muß man nicht blos im Eingange des neuen Gesetzes sagen, daß die Formen des Tit. X § 7 beobachtet worden sind, sondern man muß auch noch ausdrücklich bestimmen, daß sie ein Verfassungsgesetz sein soll. In dieser Weise ist der Artikel 2 Abs. 1 des Gesetzes vom 8. August 1878 auch wirklich zum Verfassungsgesetze gemacht worden. Ebenso kann man, wenn ein Gesetz erlassen wird, das in einzelnen Vorschriften ein Verfassungsgesetz ändert, das ganze Gesetz, auch soweit es solche Aenderungen nicht enthält, zum Verfassungsgesetz erklären. Auf der anderen Seite kann der Gesetzgeber die neuen Vorschriften auch in der Weise erlassen, daß sie ein einfaches Gesetz werden. Er ist bei der Bestimmung darüber, ob die neuen Vorschriften Verfassungsgesetz oder einfaches Gesetz werden sollen, ebenso frei, wie er damals war, als er die bisherige Vorschrift zum Verfassungsgesetze machte. Er ist nicht genöthigt, die neuen Vorschriften wieder zum Verfassungsgesetze zu machen, weil die bisherigen es waren. Warum der Gesetzgeber durch sein früheres Verhalten seine Freiheit verloren haben soll, vermag ich nicht einzusehen. Ich glaube nicht, daß Herr Abg. von Walter sich in dieser Beziehung auf irgend einen Staatsrechtslehrer berufen kann.

Abg. **Landmann:** Aus den sehr bemerkenswerthen Aeußerungen des Herrn Senatspräsidenten ist mir klar geworden, daß sich wohl kaum eine Norm finden lassen wird, welche ein für allemal feststellt, ob eine Verfassungsänderung und damit die strengere Form der Verfassungsurkunde gegeben ist. Meines Erachtens muß immer von Fall zu Fall entschieden werden; die Volksvertretung hat vollständig die Möglichkeit in der Hand, ihre Rechte zu wahren. Wenn man so vorgehen wollte, wie Herr von Walter meint, wäre nothwendig, daß man eine Art Verfassungsverständniß vereinbart, wie das bezüglich einzelner wichtiger Budgetfragen schon der Fall ist. Es würde sich immer die Frage darum drehen: Handelt es sich um wichtigere Punkte, welche eine materielle Verfassungsänderung involviren oder nicht. Unter allen Umständen ist der Effekt der heutigen Verhandlung der, daß wir für die Zukunft jedes Gesetz genau darauf ansehen, ob es unter die strengere Form der Verfassungsurkunde zu stellen ist oder nicht.

Ich bin also der Meinung, daß wir, nachdem wir vor einem solchen Gesetze stehen, uns dasselbe genau ansehen und darüber befinden, ob und inwieweit es als verfassungsmäßige Bestimmung zu erklären ist. Wenn wir die Sache nicht so behandeln, werden wir kaum fertig werden und es wird sich die Sache immer in einem Kreise drehen, der zu keinem Ende führt. Jedenfalls ist das gewonnen, daß für die Zukunft das Bewußtsein, von welchem Herr Collega Geiger gesprochen hat, wieder stärker in Geltung tritt.

Abg. Dr. **Casselmann:** Das ist ein schlechter Trost, den der Herr Vorredner gibt,

S. 591. wenn er sagt, daß die heutige Debatte dahin geführt habe, daß man wenigstens in der Zukunft das richtige Bewußtsein haben werde. Hic Rhodus, hic salta! Wir haben darüber zu entscheiden, wie wir das verstehen, wenn wir die Eingangsworte so annehmen, wie sie vorgeschlagen sind. Wenn wir blos negativ sagen: Die Frage lassen wir dahingestellt, das kann ein späterer Landtag thun, dann sind wir uns nicht klar darüber, was wir eigentlich beschließen wollen. Wir sind uns der Tragweite unseres Beschlusses einfach nicht bewußt, wenn wir die Frage so offen lassen, wie Herr Abg. Geiger und auch Herr Abg. Landmann in Vorschlag bringen. Ich habe vorhin Herrn von Walter dahin verstanden, daß er in diesem Gesetzentwurfe wenigstens durch eine Schlußklausel bezüglich derjenigen Artikel, bezüglich welcher eine Meinungsverschiedenheit zwischen der k. Staatsregierung und uns hinsichtlich der verfassungsgesetzlichen Qualität nicht besteht, letztere zum Ausdruck gebracht haben will. Wenn ein solcher Antrag gestellt werden würde, würde ich demselben zustimmen.

Ich möchte aber nochmals bitten, dieser Frage hier nicht aus dem Wege zu gehen. Man würde es nicht verstehen, wenn der Gesetzgebungsausschuß sich bei der Berathung
S. 592. dieser || Gesetze um die Frage einfach herumdrücken würde. Die Sache mag noch so schwierig sein, sie muß hier zum Austrag gebracht werden.

Abg. Joseph **Geiger:** Die Sache ist auf dem Wege, den Herr Dr. Casselmann vorschlägt, nicht zu erledigen. Es handelt sich nicht darum, daß wir uns schlüssig machen, welche einzelnen Artikel wir als Verfassungsbestimmung künftighin angesehen wissen wollen und zwar dadurch, daß wir die Klausel beifügen. Soweit sind wir noch nicht. Wir müssen daran festhalten, daß eine ganze Reihe von Gesetzen vorhanden ist, welche seit vielen Jahren erlassen worden sind, in welchen Verfassungsänderungen und Ergänzungen der Verfassung enthalten sind, ohne daß die Klausel sich vorfindet. Der Herr Senatspräsident hat ganz Recht, daß seit 1850 viele Gesetze erlassen worden sind, in welche die Klausel ausdrücklich eingefügt wurde, theils für das ganze Gesetz, theils für einzelne Artikel. Ich verwahre mich dagegen, aus dieser Thatsache den Schluß zu ziehen, daß, wo ein solcher Zusatz sich nicht eingefügt findet, der Landtag anerkannt habe, daß an Stelle der geänderten Verfassung nur ein einfaches Gesetz getreten sei. Gegen diese Annahme sind meines Erachtens die Bemerkungen des Herrn Abg. von Walter gerichtet, und wenn wir nun heute in irgend einer Form zum Ausdrucke bringen, daß gewisse Artikel in Zukunft als Bestandtheile der Verfassung angesehen werden sollen, so will ich damit nicht zugestanden haben, daß frühere Gesetze, bei welchen diese Klausel nicht steht, den Charakter von Verfassungsbestimmungen verloren oder überhaupt nicht erhalten haben. Wir können zwar von heute an sagen: wir acceptiren den Grundsatz, daß nur die Klausel oder eine ausdrückliche Erklärung ein neues Gesetz zum Bestandtheil der Verfassung mache, aber wir dürfen solches nicht ohne den Vorbehalt thun, daß hiedurch dem Charakter früher erlassener Gesetze, welche der Klausel entbehren, nicht präjudizirt werden wolle.

Ich glaube also, daß ich heute nicht die Lösung einer Frage befürworten kann, die so außerordentlich schwierig ist. Ich meinte, wir sollten zum Schlusse kommen dadurch, daß wir diejenigen Bestimmungen, bezüglich welcher wir glaubten, daß sie grundgesetzlichen, verfassungsmäßigen Charakter haben, als solche ausdrücklich bezeichnen, wobei aber selbstverständlich und ausdrücklich der Vorbehalt besteht, daß wir damit nicht gesagt haben wollen, daß, was in früherer Zeit ohne solchen Zusatz gemacht worden ist, keinen grundgesetzlichen Charakter habe.

Vorsitzender: Es liegt ein Antrag der k. Staatsregierung zu den Einleitungsworten vor; derselbe lautet:

> „Seine Königliche Hoheit Prinz Luitpold, des Königreichs Bayern Verweser, haben nach Vernehmung des Staatsraths mit Beirath und Zustimmung der Kammer der Reichsräthe und der Kammer der Abgeordneten und in Ansehung der Artikel 122^{1}, 122^{5}, 122^{6}, **des Artikel 122^{32} Ziff. VIII,** des Artikel 122^{37} Ziff. V, **XI** und des Artikel 122^{40} unter Beobachtung der in Tit. X § 7 der Verfassungsurkunde vorgeschriebenen Formen beschlossen und verordnen, was folgt:" —

Ich ersuche die Herren, welche mit diesem Antrage einverstanden sind, sich von den Sitzen zu erheben. (Geschieht.) Der Antrag ist mit 8 gegen 5 Stimmen angenommen.

Abg. **von Walter:** Ich glaube, daß auch hier die Formen des Tit. X § 7 der Verfassungsurkunde bei der Abstimmung zu beobachten sind.

Vorsitzender: Wenn das richtig wäre, so würde die Majorität nicht nur nicht hinreichen, sondern der Antrag selbst müßte als abgelehnt erachtet werden. Es könnte dann aber auch die Vorlage nicht am nächsten Montag in's Plenum kommen.

Abg. **von Walter:** Es ist außerordentlich peinlich, einem Ausschusse beizuwohnen, in S. 592.
dem nur ein Wille maßgebend ist. Wir (rechts) haben alles Mögliche unsererseits vorgeschlagen, um eine Einigung herbeizuführen. Es wurde aber Alles zurückgewiesen. Mein Vorschlag war doch sehr acceptabel und ging dahin, die prinzipielle Entscheidung der Frage zurückzustellen für eine andere Zeit und für heute uns dahin zu einigen, daß diejenigen Bestimmungen des Gesetzes, welche von der k. Staatsregierung selbst als Aenderung der Verfassung bezeichnet wurden und welche zugleich die Bedeutung von Verfassungsbestimmungen haben und nur unter der Form des Tit. X § 7 geändert oder aufgehoben werden können, ausdrücklich als solche bezeichnet werden. Jetzt müssen wir die Sache ihren Weg gehen lassen.

Abg. Dr. **Casselmann:** Herr von Walter hat ja gar keinen Antrag gestellt. Der Fehler liegt demnach wohl auf seiner Seite.

Abg. **von Walter:** Ein Versehen meinerseits liegt nicht vor. Ich wollte mich nicht der Gefahr aussetzen, einen Antrag zu stellen, nachdem mein Vorschlag von vorneherein schon eine solche Bekämpfung fand.

Abg. **Wagner:** Ich hatte erwartet, daß für die Schlußbestimmungen vom Abg. von Walter als Referenten noch ein Antrag kommt. Ich meine, wir sollten uns darauf beschränken, worüber wir uns einigen könnten. Sonst kommt schließlich gar kein Gesetz zu Stande. Herr von Walter wolle doch einen Antrag stellen. Wir werden ihm vielleicht zustimmen können.

Der k. Staatsminister der Justiz: Das Einverständniß wird sich nur beziehen auf die Artikel 112[1], 122[5] und 122[6]; bei Artikel 122[1] wird die Ziff. I nicht zu erwähnen sein.

Senatspräsident Dr. **von Jacubezky:** Diese Artikel enthalten theilweise einfache Aufhebungen, die selbstverständlich nicht zu Bestandtheilen der Verfassung erklärt werden können. Man müßte etwa sagen: Die Vorschriften des Artikel 122[1] Abs. 1 Ziff. II und Abs. 2, wonach Familienfideikommisse in der Pfalz nicht errichtet werden können, dann Artikel 122[5] Ziff. I und II (Ziff. III enthält lediglich eine Aufhebung) und Artikel 122[6] sollen als Verfassungsgesetze gelten.

Abg. **von Walter:** Ich meine, daß die Artikel, welche nach dem Antrage der k. Staatsregierung in den Einleitungsworten aufzunehmen sind, auch als Verfassungsgesetze für die Zukunft betrachtet werden müssen, soweit es sich nicht um bloße Aufhebung einzelner Bestimmungen handelt.

Der k. Staatsminister der Justiz: Das ist ein prinzipieller Widerspruch gegen die S. 593.
von mir in meiner Erklärung vertretenen Grundsätze.

Vorsitzender: Ich meine, man könnte die Sache an's Plenum geben mit dem Bemerken, daß der Antrag der k. Staatsregierung zwar angenommen, aber nicht mit der nöthigen Stimmenzahl nach Tit. X § 7 der Verfassungsurkunde.

Abg. **Landmann:** Wir stehen nun vor einer vollständig unvollendeten Arbeit und können nicht sagen, daß das Gesetz angenommen ist. Im Gegentheil, wir müssen dem Plenum berichten, daß es abgelehnt ist. Ich würde Herrn von Walter bitten, die Frage zurückzustellen und später einen motivirten Antrag einzubringen. Die Herren haben sich die definitive Austragung der Frage vorbehalten; wenn wir aber jetzt den Grundsatz aufstellen, daß alle die Gesetze, welche die strengere Form am Kopfe tragen, als Verfassungsgesetze behandelt werden, so haben wir damit thatsächlich schon definitiv Stellung genommen.

Abg. **von Walter:** Die Frage bleibt immerhin offen, aber wir lassen uns das Recht nicht nehmen, zu bestimmen, ob die Normen, die wir jetzt in den Ausführungsgesetzen treffen, in Zukunft als Verfassungsnormen oder als einfache Gesetze zu betrachten sind. Lediglich auf dieses Recht fußend habe ich meine Anregung gemacht.

Abg. **Wagner:** Wenn wir vielleicht einem Antrag zustimmen würden, wonach die sämmtlichen Artikel, wie sie jetzt im Eingang stehen, am Schluß in einer Schlußklausel als Verfassungsgesetze erklärt werden, so möchte ich den Herrn Kollegen von Walter fragen, ob er dann den Eingangsworten zustimmen kann.

Abg. Dr. **Casselmann:** Hiefür könnte ich nicht stimmen, da ich überzeugt bin, daß der Antrag unbegründet ist.

Abg. **von Walter:** Der Herr Kollege Geiger hat mir eben einen Gedanken nahe gelegt, der wohl auch zu einem Resultat führen kann. Wir könnten uns damit begnügen, daß die Verfassungsqualität der neu votirten Bestimmungen vollständig offen bleibt und daß nur ausdrücklich eine Konstatirung zu Protokoll dahin gemacht wird, daß die Einfügung der Schlußklausel blos deßhalb unterlassen wurde, weil wir auch diese Frage einer künftigen

S. 593. Regelung vorbehalten wollen und weil wir uns im gegenwärtigen Augenblick nicht darüber einigen konnten; ich glaube, daß damit die Schwierigkeit behoben wäre und dem Gesetzgebungsausschusse nicht später der Vorwurf gemacht werden könnte, daß er die Frage nicht jetzt schon entschieden habe.

Vorsitzender: Wenn die Herren damit einverstanden sind, darf ich den Herrn Schriftführer bitten, im Protokolle eine Konstatirung zu machen in dem Sinne, wie Herr Abg. von Walter mit Zustimmung der Herren eben sich geäußert hat.

Der k. Staatsminister der Justiz: Ich habe nichts dagegen einzuwenden, daß in dieser Weise der Gesetzentwurf an die Kammer gelangt.

Vorsitzender: Ich ersuche die Herren, welche nunmehr mit den Einleitungsworten nach dem Antrage der k. Staatsregierung einverstanden sind, sich von den Sitzen zu erheben. (Geschieht.) Ich konstatire, daß die vorgeschriebenen Formen des Tit. X § 7 nunmehr beobachtet sind. Ich lasse nun noch die namentliche Abstimmung folgen. (Geschieht.)

Die Einleitungsworte nach dem Antrage der k. Staatsregierung sind einstimmig angenommen. . . . . . .

S. 594. (Schluß der Sitzung um 1 Uhr 5 Minuten.)

von Stobäus, Vorsitzender.

Dr. Casselmann, Schriftführer.

Fortsetzung zu Abth. V s. Abth. IV, V Bd. 3.

Kolibri 360 GmbH
Ferdinand-Jühlke-Straße 7
99095 Erfurt, Deutschland
produktsicherheit@kolibri360.de